意大利葡萄酒年鉴

王桂科 题

Italian Wines

2012

大红虾控股有限公司　编

廣東省出版集團　广东人民出版社

· 广州 ·

图书在版编目（CIP）数据

意大利葡萄酒年鉴2012 / 大红虾控股有限公司编.
—广州：广东人民出版社，2012.9
ISBN 978-7-218-08109-0

Ⅰ. ①意… Ⅱ. ①大… Ⅲ. ①葡萄酒—酿酒工业—意大利—2012—年鉴 Ⅳ. ① F454.668-54

中国版本图书馆CIP数据核字（2012）第208306号

YIDALIPUTAOJIUNIANJIAN2012
意大利葡萄酒年鉴2012
大红虾控股有限公司编

出 版 人：金炳亮

责任编辑：翟新烨
插图设计：杨帷杨

出版发行：广东人民出版社
地　　址：广州市大沙头四马路10号（邮编：510102）
电　　话：（020）83798714（总编室）
传　　真：（020）83780199
网　　址：http：//www.gdpph.com
经　　销：广东大沿海出版工贸有限公司
印　　刷：珠海市鹏腾宇印务有限公司
书　　号：ISBN 978-7-218-08109-0
开　　本：787mm×1092mm 1/16
印　　张：58　　插页：56　　字数：900千
版　　次：2012年9月第1版　2012年9月第1次印刷
定　　价：180.00元

如发现印装质量问题，影响阅读，请与出版社(020-83795749)联系调换。
售书热线：(0756) 2634512 2634729 2634601 2634122

中文版编委会

英文版编委会

“大红虾”GAMBERO ROSSO®
Gambero Rosso Holding S.p.A.
恩里科·费米 （Enrico Fermi）, 161
罗马 ROMA
电话 +39-06-551121
传真 +39- 06-55112260
网站 www.gamberorosso.it
邮箱 gambero@gamberorosso.it

大红虾分社
USA and Canada
by Antique Collectors' Club, Eastworks, 116
Pleasant St #18, Easthampton, MA 010207, USA;
UK and Australia by Antique Collectors' Club Ltd
Sandy Lane, Old Martlesham, Woodbridge, Suffolk IP12 4SD - United Kingdom

ITALY

序一

走进意大利葡萄酒的世界

王桂科

"葡萄美酒夜光杯，欲饮琵琶马上催。"
一首《凉州词》抒咏了边塞开怀痛饮、
激情奔涌的酣醉场面……

“葡萄美酒夜光杯，欲饮琵琶马上催。”一首《凉州词》抒咏了边塞开怀痛饮、激情奔涌的酣醉场面。千百年来，葡萄美酒，它为人类带来多少的陶醉和美妙，留下多少的佳话和故事。

正如生活不能没有歌声和音乐一样，生活同样不能没有美酒。葡萄美酒几乎是人们生活必不可少的调味品，也是人们交往必不可少的润滑剂。古希腊哲学家苏格拉底说过：“葡萄酒能抚慰人们的情绪，让人忘记烦恼，使我们恢复生气，重燃生命之火。小小一口葡萄酒，会如同最甜美的晨露般渗入我们的五脏六腑……葡萄酒不会令我们丧失理智，它只会带给我们满心的喜悦。”

在葡萄酒的世界里，随便打开一扇窗，你都会感觉眼花缭乱，目不暇接。若要问选择什么样的酒，怎么去品赏美酒，委实难以一一道来。无论是新世界还是旧世界，葡萄美酒带给人们的，是如此的丰富多样，如此的纷繁复杂，如此的多姿多彩。

你要进入葡萄酒的世界，那意大利将是你必定要追寻的葡萄酒王国。本书将带你走进意大利葡萄酒的世界，带你领略各式各样的意大利酒庄和葡萄酒。

意大利葡萄酒的历史

意大利葡萄酒，可谓源远流长。早在公元前8世纪，伊特鲁里亚人和希腊移民就在古罗马建立自己的葡萄园。意大利是欧洲最早种植葡萄的国家之一，也是世界最古老的葡萄酒产区，在古希腊时期人们就将意大利叫做葡萄酒之国（Oenotria）。传说古时候的罗马将士征战沙场，每占领一处土地，随即在那里种上葡萄树。于是，葡萄种植与葡萄酒业随着战事和领土的扩张慢慢在欧洲传播并兴旺起来。

有人说意大利有三宝：葡萄酒、橄榄油和奶酪。葡萄酒最令意大利人引以为豪，尤其是葡萄酒的历史、产量、品种以及品质。意大利人坚信，他们的葡萄酒是全世界产量最高、品质最好的。

曾经听欧洲的一位葡萄酒专家说过，由于地理上的原因，法国与英国隔海相望，早在15世纪开始，法国就跟随着英国，向世界各地进行侵略扩张和殖民统治，法国人也就把葡萄酒和葡萄种苗带到了世界各地。此外，严格来说意大利位于欧洲大陆，它只是濒临地中海，离大洋还很远。法国则不同，它西面是烟波浩淼的大西洋，其航海业远比意大利发达，它可以利用其有利的自然条件，源源不断地将葡萄酒输送到世界上任何一个殖民地和贸易区。

虽然罗马帝国历史悠久，但意大利却是一个年轻的国家。16世纪起相继被法国、西班牙、奥地利占领，直至1861年才建立意大利王国。第一次世界大战后奥匈帝国将北部边界地区割让给意大利，才在1919年形成了目前的国土格局，1946年成立共和国。国家的动荡，导致意大利葡萄酒迟迟未能形成产业标准，亦迟迟未能成为庞大出口产业。

在第二次世界大战开始之前的漫长岁月里，意大利是一个农业国，农民在自己的土地悉心照料着一小块一小块的葡萄园，待果实成熟后采摘下来，拿到合作社里酿成葡萄酒，供家里享用，或作为馈赠亲友的礼品。

近几十年来，由于庞大的市场需求及其变化，不少意大利酒庄已采用一些现代的酿酒设备和技术，如不锈钢发酵罐、现代温控设施等。总体而言，意大利葡萄酒业是现代酿酒技术和传统酿酒技术并存。直到今天，我们仍然可以在一些古老的酒庄里看到古老的酒窖、酒具和酿酒方式，甚至仍沿用从古希腊和古罗马传承下来的酿酒工艺。

随着法国葡萄酒产业的蓬勃发展，葡萄酒作为国家的一个重要支柱产业，其影响力席卷全球。作为邻国的意大利政府终于按捺不住了，分别于1963年和1981年，仿效法国政府的做法，将葡萄酒分为四个等级，后又作了调整完善。这四个等级分别是：

第一等级：保证法定产区酒DOCG (Denominazione di Origine Controllata e Garantita)

第二等级：法定产区酒DOC(Denominazione di Origine Controllata)

第三等级：地区特色酒IGT (Indicazione Geografica Tipica)

第四等级：日常餐酒 VDT (Vino da Tavola)

DOCG和DOC两级均符合欧盟认可的Quality Wines Produced in Specified Regions（QWPSR，欧盟指定产区优质酒）；IGT和VDT这两个级别则可理解为餐酒类葡萄酒，IGT为地区特色餐酒、VDT为日常餐酒。

四个等级评定制度经过修订调整后，已经较为完善、严谨，这种统一规范的做法是世界上少有的，这也反映了意大利人精准严密的工作作风。

DOCG级别葡萄酒很容易辨认，它是意大利葡萄酒的最高荣誉，凡评定为该等级的，都会在酒瓶的瓶颈或瓶口上贴上粉红色的长形封条。意大利政府对于该级别酒的葡萄品种、品种比例、葡萄产量、种植间距、葡萄采摘、葡萄发酵和窖藏要求等都有严格的规定。

DOC级别葡萄酒，它表示已取得国家的品质认证，严格规定其生产地区、葡萄品种、酒精含量、酿造方法、窖藏方式和口感特点等。

IGT级别创建于1992年，是政府最迟颁布实施的葡萄酒级别。按理说它应是质量较高的餐酒，但由于缺少相应的地区标准，给各个酒庄提供了较为广阔的发挥空间，使得该级别的酒五花八门，多姿多彩。其实，将其称为酒庄特色酒似乎更合适。因为许多IGT级别的酒是酒庄以特定的葡萄品种和特定的酿造方式酿成的，比如有些酒庄就别出心裁地采用赤霞珠（Cabernet Sauvignon）、梅洛（Merlot）、西拉（Syrah）和莎当尼（Chardonnay）等外来葡萄品种，酿造出来后难以按标准要求进入DOCG或DOC级别，但这些酒却有着鲜明的酒庄特点，有些酒还十分珍贵和罕有，其价格甚至远远高出一些DOCG级别的葡萄酒。

VDT级别通常是指较低品质的葡萄酒，相当于法国的日常餐酒，是最低级别的葡萄酒，只要是意大利出产的葡萄，在意大利生产就可以了。在酒瓶的标签上仅需标明酒精含量、生产商名称即可。

变幻莫测的意大利葡萄酒

意大利国土形似一个长靴子，从南至北，全境4/5的面积是山地和丘陵，阿尔卑斯山脉（The Alps）位于北部，亚平宁山脉（Apennines Mountains）纵贯半岛。北部以高山为屏障，东南西三面临海，属于最利于葡萄生长的典型地中海气候。从阿尔卑斯山到西西里岛，几乎所有地区都种植葡萄。多种多样的地理、土质、气候和环境因素，形成了意大利葡萄酒的个性和特色。

一是狭长的地形。意大利的国土，跨越了10个纬度，南北长达1 200公里。北部稍冷，南部炎热，中部温和，正因为意大利气候的多样性造就了葡萄酒的复杂性。

二是丰富的地貌。意大利北部盘亘着阿尔卑斯山，亚平宁山脉纵横南北。假如你从南到北驱车游览意大利全境，你会发现意大利是一个山脉和丘陵遍布之国。刚跨过一座座山脉，经过一片原始森林后，又进入一片高低起伏的丘陵地带，葡萄园往往位于一片山坡或一座丘陵之中。

三是多变的天气。当你来到托斯卡纳地区（Tuscany）或西西里岛（Sicily）的乡间时，常常会遇到这样的景象：早上还下着淅淅沥沥的小雨，中午就阳光灿烂，可是到了傍晚又乌云密布，不一会儿又见绚丽的夕阳。即使是夏天，白天烈日炎炎，晚上也会凉风习习。这种多变天气和温度，为葡萄的生长提供了良好的生态环境。这也是意大利葡萄酒较之欧洲别国其酒精含量更高、果香味更浓厚的一个重要原因。

四是漫长的海岸线。地中海连接着欧、亚、非大陆，给沿岸国家带来了怡人的风光和丰富的物产。意大利国土像一只长长的马靴浅浅地踩在地中海边上，使其拥有漫长的海岸线，呈明显的地中海气候，坐拥湿温相宜、阳光充足、气温适度的葡萄生产沃土。

复杂多样的气候、地形和土质，造就了意大利葡萄酒的口味独特，品种多样。意大利葡萄酒的一个显著特点是其独特而强烈的个性。葡萄酒的个性和特点是葡萄的品种、土质、气候、酿造方式和酿造技术等因素构成的。不同种类的葡萄树形成众多小型地块的葡萄园，形成了采用人工培植、管理和采摘的原生态传统模式。因此，丰富多样和个性强烈是意大利葡萄酒最大的特色，也是意大利葡萄酒的生命力和灵魂所在。意大利葡萄酒有很多神奇之处，即使同一葡萄品种，在不同的产区、不同的葡萄园，以不同的酿造方式，亦会呈现出不同的个性。所以，意大利的葡萄酒丰富多样，甚至令人眼花缭乱。

遍布意大利各地的葡萄园和酒庄大小各异，约有70万公顷、80万个葡萄园。从等级类别来划分，上好的葡萄酒多不胜数；有16.5万家葡萄酒生产商遍布全国，葡萄酒产量和出口量号称全球第一。

意大利多如牛毛的葡萄种类，真是令人叹为观止。据统计，意大利全国种植的葡萄品种有850多种，其中意大利农业部认证的有300多种。与法国相比，要丰富得多，因为法国政府认证的葡萄品种只有几十种。然而意大利葡萄品种却犹如汗牛充栋，明遐世界的就有几十种。在这里，不妨列举几种最著名的红葡萄品种，也是意大利人至爱的葡萄。

圣乔维斯（Sangiovese）：是意大利种植最多的一个葡萄品种，原产于中部产区的托斯卡纳（Tuscany）。以其为原料酿造的葡萄酒含有樱桃的果香，还带有野外雪松的味道。主要用于酿造古典康帝（Chianti Classico）、康帝（Chianti）、蒙特奇洛红（Rosso di Montalcino）、布内罗红（Brunello di Montalcino）等葡萄酒。

巴贝拉（Barbera）：该葡萄品种在意大利享负盛名，主要产于西北部产区皮埃蒙特区（Piedmont）和伦巴第区（Lombardy），以其酿造的葡萄酒有着黑浆果的香气，酿出来的葡萄酒称作顶级巴贝拉（Barbera Superiore）和特酿巴贝拉（Barbera Barricato）（专指用法国橡木桶陈化）等葡萄酒。

内比奥罗（Nebbiolo）：意大利最为昂贵的一个葡萄品种，对种植环境和种植技术要求高，主要产于西北部产区的皮埃蒙特区（Piedmont）。以其酿造的葡萄酒含有野生蘑菇的香味，还带有玫瑰的花香。主要用于酿造著名的巴洛洛（Barolo）和巴巴莱斯科（Barbaresco）等葡萄酒。

科维纳（Corvina）：意大利最具特色的一个葡萄品种，主要产于东北部产区威尼托区（Veneto），以其为主酿造出著名的阿玛诺（Amarone）葡萄酒。每年葡萄采摘下来后，先晾至半干，再酿造成葡萄酒。以科维纳（Corvina）酿造而成的阿玛诺（Amarone）葡萄酒最大的特点是酒精含量高（通常酒精含量在15%以上），糖含量高，酒体丰满，果香浓烈，储放多年后往往价格奇高。

阿吉里安科（Aglianico）：意大利南部产区最有代表性的一个葡萄品种，被称为“南方的高贵品种”，主要出产于坎帕尼亚区（Campania）和巴西利卡塔区（Basilicata）。

黑达沃拉（Nero d'Avola）：意大利南部岛屿西西里岛（Sicily）种植的最著名的葡萄品种，以其酿造的葡萄酒带有李子的果香。

意大利的白葡萄也相当出色：特比安诺（Trebbiano）是意大利全国各地种植最广泛的白葡萄品种之一，以阿布鲁佐（Abruzzo）和拉齐奥（Lazio）出产的葡萄酒最为著名；莫斯卡托（Moscato）产于皮埃蒙特区（Piedmont），主要用于酿造微泡葡萄酒（Frizzante）和半甜阿斯蒂（Asti）莫斯卡托葡萄酒；此外，努拉古斯（Nuragus）、灰比诺（PinotGrigio）等葡萄品种亦占重要地位。

星罗棋布的意大利葡萄酒

不知是葡萄选择了意大利，还是意大利选择了葡萄。上帝眷顾意大利，给了意大利得天独厚的生长葡萄的沃土，仿佛意大利的每一寸土地都呼吸着葡萄的气息。葡萄园在意大利可谓满天星斗，星罗棋布。意大利有20个行政区域（相当于中国的省），18个位于陆地，2个是岛屿。有人将意大利相应地划分出20个葡萄酒产区，也有划分为四大产区。直观地看，四大产区的划分容易被人理解，即将意大利葡萄酒产区分为：东北部产区、西北部产区、中部产区和南部产区。

东北部产区：东北部产区受阿尔卑斯山环绕，北纬45.3度至47度，海拔在1 000米以下，年平均降雨量为1 530毫米。从亚得里海到阿尔卑斯山，到处是大片的葡萄园。东北部产区包括威尼托（Veneto）、特伦蒂诺—阿迪杰（Trentino-Alto Adige）和弗留利—威尼斯朱利亚（Friuli-Venezia Giulia）三个行政区。著名的商城和水城威尼斯就坐落在该区。该产区生产的葡萄酒种类较多，包括有红葡萄酒、白葡萄酒和起泡酒等。最重要的产区是威尼托（Veneto），是意大利DOC以上等级产量最大的地区，其中以风干葡萄酿造的阿玛诺（Amarone）葡萄酒最为著名。阿玛诺葡萄酒口感粗壮、浑厚，有点像古代斗兽场和现代足球场上的意大利男人：强壮、勇猛，甚至有点暴力的味道。

西北部产区：西北部产区自北至西被阿尔卑斯山及白朗峰环抱，北纬44度至46.5度，海拔从100米至

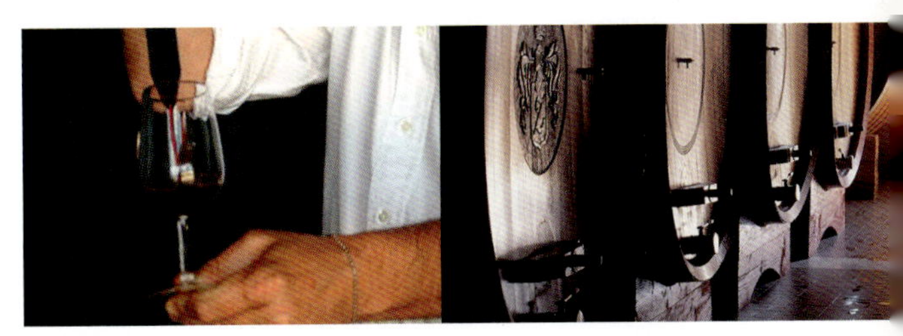

1 000米不等，年平均降雨量为850毫米，包括皮埃蒙特（Piedmont）、瓦莱达奥斯塔（Valle d'Aosta）、利古里亚（Liguria）、伦巴第（Lombardy）和艾米利亚—罗马涅（Emilia-Romagna）五个行政区。冬天稍为寒冷，夏天凉快，秋天时节较长。该产区最著名的是皮埃蒙特区（Piedmont）出产的巴洛洛（Barolo）和巴巴莱斯科（Barbaresco）葡萄酒，酒质强劲、圆润，大部分葡萄酒由单一品种葡萄酿造。意大利著名的时尚之都——米兰和工业之都——都灵就在该产区，皮埃蒙特区则是意大利驰名的葡萄美酒和美食的故乡。

中部产区：中部产区被称作意大利的心脏，罗马和佛罗伦萨位于产区内，是意大利葡萄酒的核心地带。该产区位于北纬41.5度至45度，海拔在700米以下，年平均降雨量为830毫米，包括阿布鲁佐（Abruzz）、莫里塞（Molise）、托斯卡纳（Tuscany）、拉齐奥（Lazio）、马尔凯（Marches）和翁布里亚（Umbria）等六个行政区。产区内山区和丘陵此起彼伏，地形、地貌差异迥然，亚平宁山脉将意大利中部地区分为东西两面，两侧的地中海给沿岸地区带来风格多样的葡萄酒。该产区拥有意大利数量最多的DOCG级别的葡萄酒，著名的葡萄酒有古典康帝（Chianti Classico）、布内罗红（Brunello di Montalcino）、贵族酒（Vino Nobile di Montepulciano）和超级托斯卡纳（Super Tuscan）等。

该产区地处西面的托斯卡纳（Tuscany）是意大利最为重要的产酒区，其葡萄酒品质最为上乘，拥有意大利一半以上的名酒庄，有人将其比喻为意大利的波尔多。位于佛罗伦萨西南方的圣古都酒庄（Tenuta San Guido），出产的西施佳雅（Sassicaia），引进法国拉菲庄园葡萄种树，选用85%赤霞珠（Cabernet Sauvignon）和15%品丽珠（Cabernet Franc），更新橡木桶和酿造技术，于1968年西施佳雅（Sassicaia）正式面市。1978年，英国《品醇客》（*Decanter*）杂志在伦敦举办品酒会，评审团从来自11个国家的33瓶极品葡萄酒中一致评定西施佳雅（Sassicaia）为最好的赤霞珠（Cabernet Sauvignon）红葡萄酒，轰动世界葡萄酒业。意大利餐饮协会也将西施佳雅（Sassicaia）评为20世纪的意大利酒王。由此可见托斯卡纳葡萄酒业的强劲实力，它已达到了可与波尔多顶级葡萄酒相媲美的地步。

当你经过长途跋涉来到托斯卡纳山区，下榻于历经数百年沧桑的古堡，在落霞的映照下静静地安坐在古老的餐桌边，夹几片菜园中摘下来的新鲜蔬菜，吃一块嫩滑的生切牛肉片，品一口酒庄酿造的葡萄美酒，嚼一片自己烤制的面包，那种惬意让你返璞归真，有如置身于世外桃源的感觉。

南部产区：包括坎帕尼亚（Campania）、普利亚（Puglia）、巴西利卡塔（Basilicata）、卡拉布里亚（Calabria）、西西里岛（Sicily）和撒丁岛（Sardinia）等六个行政区。该产区包括意大利半岛南部和南部各个岛屿，位于北纬37度至41.5度，海拔600米以下，年平均降雨量为550毫米。炎热的地中海气候形成了该产区既古典又现代，既特色明显又品种繁多的葡萄酒风格。虽然没有北面三大产区的著名品牌酒庄多，但以阿吉里安科（Aglianico）为代表的葡萄品种所酿造的葡萄酒越来越受人们的喜爱，你会在不经意中获得意想不到的惊喜。南部产区大部分位于丘陵地带，西西里岛（Sicily）和撒丁岛（Sardinia）上的葡萄园大都分布在各式各样的山坡上。普利亚（Puglia）和西西里岛（Sicily）是意大利产量最大的产酒区之一。

打开意大利葡萄酒地图

中国传统商道崇尚的是“酒香不怕巷子深”，而现代商道推崇的则是“好酒还需吆喝”。葡萄酒在意大利很神圣，它凝聚了意大利的历史、文化和艺术，更是一种生活方式，融入了浓厚的人文情怀。近二三十年来，意大利葡萄酒在国际市场上已经异军突起，引领风骚，这得益于意大利社会各界的倾力推介和宣传。大红虾（Gambero Rosso）这一意大利家喻户晓的传媒品牌，它的成功就体现在推动意大利葡萄酒文化的传播。

作为意大利著名的传媒企业，大红虾传媒集团通过期刊、电视、图书和网络等跨媒介模式向人们诠释意大利美酒、美食及其文化，探索意大利美酒、美食的奥秘，以全新视野展示意大利人的生活习惯、生活方式和生活情趣。其旗下的《大红虾》杂志（*Gambero Rosso*），自1986年创办以来，深得意大利人追捧，众望所归地成为意大利发布美酒、美食资讯的权威媒体。与此相映成趣的是，1987年大红虾传媒集团出版了其第一本《意大利葡萄酒年鉴》（*Vini d'Italia*），并从此开辟了意大利葡萄酒品评的新时代。在短时间内，《意大利葡萄酒年鉴》不负众望，成为意大利葡萄酒业界最具影响力的葡萄酒专业性出版物。《意大利葡萄酒年鉴》2012版（*Vini d'Italia* 2012）秉承其权威、专业、严谨的一贯

风格，由70多位专家组成评审团，历时数月奔波游走于意大利各个葡萄酒产区，以盲品的方式鉴赏数以万计的葡萄酒，以专业的角度评判数以万计的酒庄。这本年鉴，入选酒庄2 350家，入选酒品20 000款，是意大利2012年度葡萄酒和酒庄的百科全书，它对种类繁多又风格各异的意大利葡萄酒和酒庄作了客观的描述与评价。

美酒的芬芳是诱人的，也许你会觉得只有身临其境的体会才会抒发出真情实感。不过，当你翻开这本年鉴，浏览其中，同样可以做一次身未动、心已远的意大利葡萄酒深度游，领略不同地区的自然风貌，体味不同酒庄的风格，品评不同美酒的特质，了解不同酿酒师的个性，自然而然地就会感觉到意大利葡萄酒文化的博大精深和持久魅力。字里行间，细细读来，也不失为一种文化的体味，一种性情的陶冶。“三杯奖”（Tre Bicchieri）集中体现了意大利葡萄酒业的荣誉，它根据每款酒的不同品质，经过严格的评审，授予其一个到三个杯子的奖项。尤值得称道的是，意大利人酷爱葡萄酒，更懂得珍惜大自然的恩赐，他们把保护自然资源作为自己义不容辞的使命。为此，评审组织专门为那些在保护当地自然环境方面做出突出贡献的葡萄酒厂商设立“绿色三杯奖”。2012年，共有375款美酒获得“三杯奖”殊荣，从中可以窥见意大利葡萄酒的发展趋向和分布变化。在《意大利葡萄酒年鉴》出版25周年之际，广东大沿海出版工贸有限公司与意大利大红虾传媒集团（Gambero Rosso）联袂推出该书的中文版，以专业的翻译、精心的设计，为广大读者奉上犹如葡萄美酒一样醇厚美妙的图书盛宴。

本书向广大读者展示的仅仅是卷帙浩繁的意大利葡萄酒的精华和缩影，尽管总觉意犹未尽，但它却为人们领略意大利葡萄酒文化提供了十分重要的指南。通过本年鉴，无论是广大的葡萄酒爱好者还是业内专业人士，都可以得到意大利葡萄酒最为全面而详尽的资讯。

打开本年鉴，不啻于打开一本意大利葡萄酒地图，它全景式地展现了当今意大利的葡萄酒文化，带你走进多姿多彩的意大利葡萄酒世界。或者，你会从心底萌发出一种强烈的意欲，有要去一趟意大利践行一次葡萄酒深度游的冲动。

（本文作者系中国出版协会副理事长，中国最佳葡萄酒金樽奖评选组委会主席，广东省出版集团有限公司、南方出版传媒股份有限公司董事长）

序二

葡萄酒：一部意大利的成名史

1. 意大利葡萄酒行业
2. 出口
3. 意大利葡萄酒质量系统
4. 农产品和林业部的角色
5. 2011年优质葡萄酒前景
6. 国家原产地和地理标志的葡萄酒保护委员会
7. 葡萄酒行业质量保护和压制欺诈中央检查团的角色
8. 意大利葡萄酒的种类

葡萄酒是意大利诸多产品中最能代表意大利特点、团结和灵魂的一个。千百年来，葡萄藤一直是意大利迷人风景的有机统一体。

葡萄酒文化和意大利本土文化紧密联系，密不可分。葡萄酒堪称意大利优质食品的标本，也为生产、分配和形象宣传方面树立了典范。正因为葡萄酒是意大利的传统，所以农产品和林业部一直监督并积极提高葡萄酒的产品质量，增强葡萄酒产业在国内外的竞争力。如果说葡萄酒是意大利日常饮食的支柱之一真是一点也不夸张。这意味着葡萄酒注定要在意大利乃至世界消费者的餐桌上扮演着越来越重要的角色。以下的数据将证明，葡萄酒行业对于意大利和意大利在世界范围内的有形贸易，具有经济和社会的战略意义。更重要的是，2011年是葡萄酒行业的一个转折点。新的规章制度表明，基本目标是简化酒庄的官僚负担，激活国内外的消费状况。

如今，意大利葡萄酒为推进这部内容丰富的鸿篇巨制打下了坚实的基础。

1 意大利葡萄酒行业

以下意大利葡萄酒的数据表明，葡萄酒行业有着良好的立法系统和规章制度，并引导产品质量的提高，在保证稳步增长的同时，为今后取得更大的成功打下坚实基础。

主要数据如下：

- 意大利现今葡萄庄园面积：700 000 公顷
- 酒庄：700 000 家
- 装瓶机：30 000 个
- 前5年平均产量：4 700 万升
- 2010年预估产量：4 550 万升

葡萄酒行业国内生产总值达130亿欧元，其中39亿欧元来自出口。其他还包括20亿欧元的酒窖技术产业和包装、发行、旅游以及文化的收入。

这些数据足以勾勒出一部真实的意大利葡萄酒成名史。更重要的是，意大利是2011年世界葡萄酒产量的头号大国。非国内销售额激增，且以两位数的百分比增长。这些成果的取得源于意大利数以千计的葡萄酒企业家们艰辛的付出，他们将意大利的葡萄庄园增值，变成了环境的宝藏。值此意大利统一150周年之际，葡萄酒品质卓越，应当受到褒奖。意大利没有哪一寸土地不生产上等的葡萄酒。

这是意大利的优点之一。有了葡萄酒，意大利吸引着来自世界各地的不计其数的消费者，使他们如痴如醉地探寻着意大利精品葡萄酒的内涵和滋味。这种吸引力不仅吸引着越来越多的非本土葡萄酒旅客来意大利酒窖参观，更促使意大利葡萄酒出口额指数增长，从而成为了促进整个葡萄酒行业营业额的关键因素。

2 出口

意大利葡萄酒出口额的稳步增长象征着意大利葡萄酒行业的国际实力。尽管面临经济危机，国内市场也逐渐紧缩，意大利葡萄酒却开辟了新的市场（主要在亚洲），也巩固了传统市场（如美国）。

具体而言，近年来欧盟一直力促推广意大利葡萄酒行业的卓越品质，分配大量资源，提高酒庄的交流投资，增值地域特色，并为众多新的葡萄酒爱好者进行葡萄酒教育。在未来的三年中，意大利葡萄酒将有将近5亿欧元的预算，其中一般是由欧盟葡萄酒共同体提供的。有了这些资源，葡萄酒企业家们将通过对第三世界国家的定点介入项目进行出口，这也是促进近期葡萄酒市场发展的重要因素之一。

检测不同部门的市场增长额同样有趣。2010年葡萄酒出口总量达22亿 升（比2009年增长10.7%），价值39亿欧元（比2009年增长11.7%）。

	出口量（升）	增长率(%)	总额(欧元)	增长率(%)	单价(欧元/升)	增长率(%)
汽酒	185,446,830	19.7	444,898,195	14.6	2.4	-4.2
瓶装酒	1,264,026,583	7.8	3,122,299,218	12.2	2.47	4.1
散装酒	743,070,391	13.8	330,329,103	4.2	0.44	-8.5
总计	2,192,543,804	10.7	3,897,526,516	11.7	1.78	0.9

3 意大利葡萄酒质量系统

意大利葡萄酒质量系统着力加强葡萄和生产地的联系，重视平衡合理分配将果实转为葡萄酒的酿酒师和葡萄酒技术人员的工作。其立法系统一直基于欧盟法律，并由农产品部门和主管办公室贯彻执行。系统的基础是原产地的质量金字塔，低端的是餐用葡萄酒（VDT），中端的是地理标志葡萄酒（GI）和原产地注册葡萄酒（DOC），高端的是象征着感觉极限和地域潜力的原产地注册保质葡萄酒（DOCG）。据2010年61号《新葡萄酒共同体和法案》，葡萄酒产品强制规定，包括原产地保护（PDO）和典型地理标志葡萄酒（IGT），同时保持上述传统用语。这项有意义的行动强调意大利葡萄酒的安全，保证感官价值和意大利瓶装产品的来源。截止2011年7月5日，意大利原产地保护和典型地理标志葡萄酒如下表（葡萄酒种类用英文表示）：

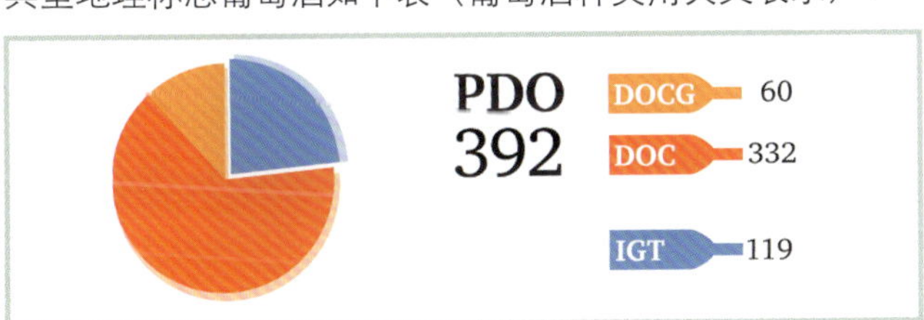

2009年产量衰减达4 300万升，如下表所示：

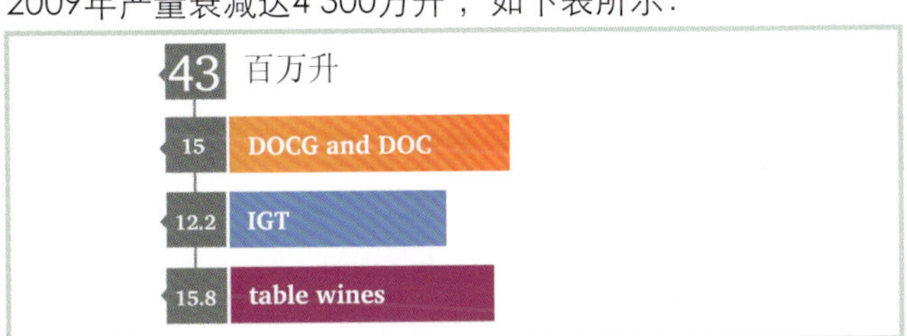

4 农产品和林业部的角色

农产品和林业部连同生产链、公共机构、地方政府携手合作，共同为意大利高品质的原产地和地理标志葡萄酒的累积与巩固作出了巨大的贡献。该部门一贯重视在国内、欧盟以及国际水平的重点技术和管理。

在新共同市场和欧盟的环境中，努力保证高品质和意大利产品的身份。实际上，新法规（包括：ECReg.No.479/2008, single CMO EC Reg.No.123472007, EC Reg.No.606/2009和607/2009）吸收了以往法规葡萄酒和传统造酒内容，也考虑到意大利葡萄酒的结构和营销的要求。

作为首要提案人，将参与采纳第61号法案（2010年4月8日生效）关于葡萄酒原产地和地理标志保护的条例，并贯彻执行继164/1992法案（按照新欧盟管理大纲制定的原产地和地理标志葡萄酒行业法案）出台20年后的欧盟No.88/2009法案。随着原产地保护和地理标志保护得到重视，葡萄酒法规可以和其他食品相提并论了。

同葡萄酒生产部门和地区政府紧密磋商，推广上述No.61/2010法案中的执行条例。最后四项法案是于2010年12月16日签署的，它将为葡萄酒行业带来大量管理创新经验，为酒家引进管理简化技术，鼓励公共管理的有效合作，监督有关部门并制定精准而严格的处罚机制。

国家原产地保护和地理标志保护委员会高瞻远瞩，审批通过上述众多关于生产方面的法规和议定书。

与地方政府齐心协力，共同执行新葡萄酒共同市场的财政支持措施，特别是对第三世界国家市场的相关规定。如上所说，意大利将进一步集思广益，扩大出口。

2011年优质葡萄酒的前景

2011年将执行No.61/2010法案的所有新管理条例和2011年光辉战绩之后生效的执行条例。这一年，所有葡萄酒行业的公司将获得高额的利润。这些措施旨在提高生产机制的创新能力和简化能力，并增强意大利品质葡萄酒行业的效率以及其在国内、欧盟乃至世界范围内的竞争力。

根据No.88/2009法案的目标，这些创新具有以下主要特点：

介绍简化管理程序的工具，这些程序符合酒庄及原产地和地理标志控制系统管理机构的要求。

推广原产地和地理标志葡萄酒的高质量和认可度。

保护消费者和公司权益，提高透明度，杜绝假冒伪劣和非法使用。

重新定义国家原产地和地理标志葡萄酒保护委员会的角色。

在效率和实际使用性的基础上修订控制和处罚机制。

基本执行条例涉及葡萄注册和回扣条款，关键在于简化管理。

国家农业信息系统（SIAN）目前已有一个单一的前台服务厅，可供酒家进行网上所有生产声明的申请。

国家农业信息系统和农村付款代理收集所有生产行业的数据，供所有职能部门（部长办公室、地区政府和商会）和机构（保护联盟）进行管理和监督。

法令还有助于提高系统控制能力，防止欺诈，杜绝意大利葡萄酒的假冒伪劣和非法使用，最重要的是保护酒家和消费者的合法权益。

强化措施需要商会保护、监督、增值，推广原产地和地理标志葡萄酒与所有酒庄的贯彻执行。

在当前情况下，农产品部门和林业部，特别是葡萄酒行业质量保护和欺诈压制中央检查团将全力以赴，尽己所能防止意大利葡萄酒的绯闻再次出现。

值得强调的是，生产链的管制应当根据生产质量水平而定，国家农业信息系统的高效发展应当保证这些管制对酒家来说效益最大，成本最低。

期待2012年葡萄酒行业新管理法案的具体内容。

6 国家原产地和地理标志的葡萄酒保护委员会

按照No.164/1992前法案的相关内容，葡萄酒委员会一直以来积极起草和计划国家原产地和地理标志的葡萄酒法规。

2011年以来，委员会再接再厉，处理所有关于认可和修改生产议定书的申请。这些申请达320项，在2009年7月31日之前已大约完成140项，仍然处于咨询的初级阶

段，但会根据新欧盟立法机构指定的转换条款按照之前意大利的审批程序进行评估。

具体而言，这项过程已在2011年12月31日前结束，其后此部门必须向欧盟提交认可原产地和地理标志详细档案资料。

此外，从2011年12月31日开始至今，将认证意大利的原产地注册保质葡萄酒（DOCG，60）、原产地注册葡萄酒（DOC，332）和意大利典型地理标志葡萄酒（IGT，119），同时也将按照转换程序认证其他产品。

如此庞大的工作量需要葡萄酒委员会的高效率、全力投入和高度合作，特别是由现任意大利酿酒师和葡萄酒技师联合会总干事——Giuseppe Martelli主持的最高权威机构和专业团队的交叉职业管理部门（Office SAQ IX）的配合。

对于意大利原产地保护和地理标志保护葡萄酒来说，2011年进入一个极其有历史意义的阶段。自此以后，葡萄酒行业将遵从欧盟其他原产地保护和地理标志保护葡萄酒的相关程序，做好准备，迎接和面对未来赋予的所有挑战。

7 葡萄酒行业质量保护和压制欺诈中央检查团的角色

根据462/86法案第十条，中央检查团全称为“压制欺诈中央检查团”，这是农产品和林业部的官方监督机构，涵盖意大利全部领土范围，进行预防和压制与食品、农产品和材料（如动物饲料、种子、化肥、植物保护剂）有关的欺诈。

葡萄酒的经营活动由分布在国内的所有检查团分支机构执行，包括生产、转型、储藏、分配和转售，以此保证葡萄酒生产法案的真实性和一致性，并有5家分析实验室在检测过程中对样品进行质和量的实际比例核查。中央实验室进行终审分析，也进行中央管理。管制包括对产品的一致性进行物理和文件的核查，持有法律规定的管理会计核算，以及在检测过程中样品标签和实验核对信息的准确性与真实性。

葡萄酒行业的监督

葡萄酒行业需要以下管制措施：

控制酿造葡萄酒过程中，原材料（葡萄和未发酵葡萄汁）的流通、引入和转型；

核对葡萄酒制作和处理的一致性；

大规模核对生产过程和法规要求下的成品质量特点的一致性；

检查共同市场强制要求的目标是否达成，包括欧盟支持下的发酵所得副产品的处理或蒸馏，浓缩葡萄汁和浓缩精馏葡萄汁的生产以及葡萄汁的转型和富集；

对库存葡萄酒的物理和文件核查；

控制代售葡萄酒产品的标签制度。

以下为控制由风险分析导致的安全隐患的具体步骤：

葡萄酒产品的质量保护

控制葡萄生产操作和制酒转型的生产议定书的统一

控制葡萄酒产品的准确发行，适当保留强制的会计凭证

控制葡萄酒生产议定书与大规模酿酒运作和具体酿酒操作处理法规（富集除外）的统一

控制品质葡萄酒生产核对操作的准确性

保证富集过程的准确执行

保证副产品的恰当处理

管制葡萄酒的进口和出口

保护除葡萄酒之外的葡萄酒行业产品

控制葡萄酒产品的准确发行，仓库管理和会计凭证的准确性

控制授权酿酒和处理的正确适用性

保证副产品的恰当处理

保护新共同体预算

管制新共同市场指定援助义务的履行

保护消费者合法权益，使其知晓产品的准确标签和表述

控制葡萄酒的准确标签表述和宣传

保证加工酒的质量

控制原材料的质量和来源

控制汽酒、半汽酒和甜酒的准确制作

控制加工酒的准确指定、表述和质量细则

葡萄酒行业控制总量的发生率

在管制活动中，葡萄酒行业在所有已执行的控制中占27%以上。2009年的为25.5%，2010年为28.5%。经营者和样品分析的葡萄酒行业控制总量的发生率分别从2009年的23%增至2010年的26%以上，从2009年的20%左右增至2010年的22%以上。典型地理标志葡萄酒的管制占2009年相关管制的31.4%和2010年的47%以上。

葡萄酒行业非规律性的主要类别

由葡萄酒行业质量保护和压制欺诈中央检查团在检测和分析过程中发现的不规律性构成了行政犯罪或具有犯罪性质。一般而言，常见的违规行为具有行政特点，也是几乎所有食物合法化和相关农业犯罪的原因。行政不规律性的本质规范性大多与立法的特殊复杂性相关，而这些立法经常规范着这个行业，也规定了经营者行政程序的负担。

2010年检查团的活动

2010年由葡萄酒行业质量保护和欺诈压制中央检查团对葡萄酒行业进行的管制活动统计的主要结果如下：

检查数量（个）	8 539
已查的经营者（个）	6 323
合格的经营者（%）	20.1
检查的产品数量（瓶）	18 054
不合格的产品（%）	10.8
抽查样品数量（瓶）	1 815
不合格的抽查样品（%）	7.0
没收数量	178
没收产品价值（欧元）	6 355 174
行政争议（起）	1 752
违法通告（份）	42

认定犯罪的主要类别

- 违反保持最新酒窖注册，随附单据，收获、生产和库存返回的相关规定
- 葡萄酒类型的制定系统和表述不规范
- 容器密封系统不符合法定条款的规定
- 持有大量未在官方葡萄酒文件中注册的黑市葡萄酒产品
- 以普通葡萄酒充当上等葡萄酒的欺诈贸易
- 生产和发布酒精含量与声明或法定限额不一致的葡萄酒
- 销售含未经许可的成分，超标或少于法定参数的葡萄汁或葡萄酒
- 蒸馏所得变性酒的不规律性
- 省略约束性步骤，包括酒窖计划、葡萄酒容器或业务获得，使葡萄酒残渣变性和变形而导致的变种

8 意大利葡萄酒的种类

意大利葡萄酒包括原产地注册葡萄酒（DOC）、意大利典型地理标志葡萄酒（IGT）和原产地注册保质葡萄酒（DOCG），以下表格中葡萄酒种类用英文表示。

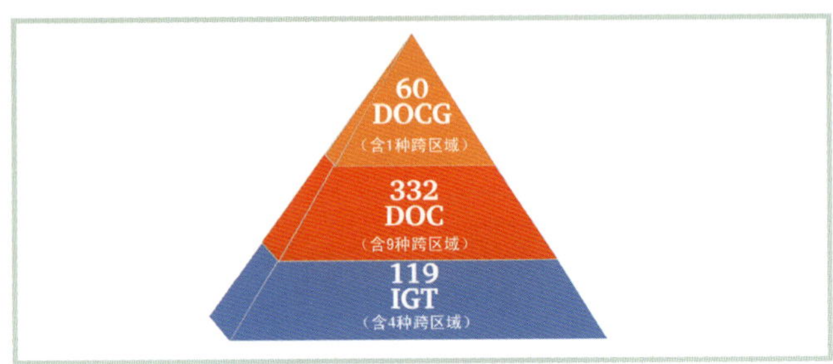

REGIONS	DOCG	DOC	IGT
皮埃蒙特区	16	41	
瓦莱达奥斯塔区		1	
伦巴第区	5	21	15
特伦蒂诺—上阿迪杰区		8	4
威尼托区	11	27	10
弗留利—威尼斯朱利亚区	3	10	3
利古里亚区		8	4
艾米利亚—罗马涅区	2	22	9
托斯卡纳区	8	37	7
翁布里亚区	2	13	6
马尔凯区	5	15	1
拉齐奥区	1	26	5
阿布鲁佐区	1	8	8
莫利塞区		4	2
坎帕尼亚区	3	17	9
普利亚区	1	26	6
巴西利卡塔区	1	4	1
卡拉布里亚区		12	13
西西里岛	1	22	6
撒丁岛	1	19	15

《意大利葡萄酒年鉴》由大红虾控股有限公司编辑，是一本具有历史意义的，适合所有葡萄酒消费者以及爱好者的工具书。《意大利葡萄酒年鉴》自首次出版至今已有20多年历史，如实地记载了意大利葡萄酒产业的革新以及追求卓越品质的努力。

几十年来葡萄酒、葡萄酒种植行业已成为意大利经济的重要组成部分。葡萄酒行业的总产值已达到140亿欧元，在出口方面表现更为出色。2011年意大利葡萄酒出口额大幅增长12%达44亿欧元，就目前形势来看，2012年将更加乐观。葡萄酒产业能够根据市场需求发展，保持古老的生产传统并遵照自然规律，以及葡萄酒生产商的创新能力，提高了意大利葡萄酒在国际市场上的竞争力，同时，也提高了优质意大利制造这个品牌。

我们感到自豪的是，全球每消费四瓶葡萄酒就有一瓶是意大利葡萄酒。我们也感到骄傲的是，意大利更能符合市场需求，可以生产各种价格各种质量的葡萄酒，从基本款到顶级酒，应有尽有。

近年来意大利葡萄酒出口在国际市场的领先地位，逐步证明意大利在改善葡萄酒质量上所作的努力。我们相信只要不断加强意大利葡萄酒的品牌信誉，意大利葡萄酒仍有很大的空间增加出口。我们的葡萄酒生产商、农学研究者和葡萄酒酿造者的辛勤工作为意大利葡萄酒的提升作出了重大贡献，但我们不敢丝毫懈怠，仍再继续努力。我们需要加大意大利葡萄酒的宣传推广力度，特别是在第三世界。通过利用欧盟资源，我们达到葡萄酒出口额两位数的增长速度以及开拓了新兴的亚洲消费市场。在稳定原有市

场的基础上，我们需要不断发现新的有潜力的市场，与酒庄生产商一起跟国际上其他葡萄酒生产商互相交流互相切磋，使意大利葡萄酒在国际葡萄酒领域发挥更加重要的作用。

由大红虾控股有限公司编辑出版的《意大利葡萄酒年鉴》，在推广意大利葡萄酒的过程中，作出了重要贡献。《意大利葡萄酒年鉴》宣传了意大利葡萄酒文化的价值，让读者了解到许多葡萄酒生产商为意大利葡萄酒所作的不懈努力，葡萄酒企业家们的能力、专业程度，以及他们对葡萄酒事业的卓越追求，使得意大利葡萄酒在全球范围内的声誉不断提高。

最后，希望《意大利葡萄酒年鉴》的读者们可以有更多的机会去品尝该年鉴里精心收录的、如此经典如此优秀的意大利葡萄酒。

Mario Catania

Minister of Agricultural Food and Forestry Policies

（马里奥•卡塔尼亚为意大利农产品和林业部部长，此篇为《意大利葡萄酒年鉴》英文版序）

威尼斯红酒会系广东大沿海出版工贸有限公司下属葡萄酒运营机构。
2010年，威尼斯红酒会与意大利一级酒庄协会合作，出版《意大利一级酒庄大全》（中文版）。

威尼斯红酒会简介

——中文版编者

威尼斯红酒会系广东大沿海出版工贸有限公司下属葡萄酒运营机构。该公司是一家拥有20余年历史的综合性全资国有文化企业，以图书编辑、出版、发行为主体，业务涵盖版权贸易、国际贸易、物业租赁、网络技术等领域。公司隶属广东省文化产业龙头企业——广东省出版集团有限公司，凭借国有企业资金的实力、文化企业推广的优势，于2008年强势介入葡萄酒领域，成立集葡萄酒文化研究、传播和葡萄酒进口、销售于一体的运营机构——威尼斯红酒会。

秉承国有企业诚信经营的优良传统，威尼斯红酒会始终不渝地坚持走专业化道路。在琳琅满目的世界葡萄酒中，威尼斯红酒会的定位聚焦于历史最悠久、酒品最个性的意大利葡萄酒，立志成为中国最专业的意大利葡萄酒供应商。威尼斯红酒会向葡萄酒爱好者郑重承诺，所有经营酒品均由精英品酒师团队远赴意大利拥有历史的城堡以及庄园现场采购，并在酒庄灌瓶。为确保所有酒品真实、安全、可靠，威尼斯红酒会自主进口，决不假手于人；并自建仓储酒窖，保障酒品原有的优秀品质。威尼斯红酒会用心尊重所有葡萄酒爱好者的客户体验，在客户体验过程中，传播葡萄酒核心文化。

2010年，威尼斯红酒会与意大利一级酒庄协会通力合作，出版《意大利一级酒庄大全》（中文版）。2011年，威尼斯红酒会首次与意大利美食界第一倡导者——GAMBERO ROSSO合作，出版风靡全球的《意大利葡萄酒年鉴》（2011中文版），获得中国意大利葡萄酒爱好者一致好评。威尼斯红酒会与意大利葡萄酒界、意大利葡萄酒传媒界的成功合作，构筑了中国和意大利在葡萄酒及葡萄酒文化领域交流的桥梁，奠定了威尼斯红酒会在中国和意大利两国葡萄酒领域无可争辩的领先地位。

作为意大利葡萄酒在中国的布道者，威尼斯红酒会于2012年再次联袂意大利葡萄酒权威传媒GAMBERO ROSSO，隆重推出《意大利葡萄酒年鉴》（2012中文版），将成为中国的意大利葡萄酒爱好者必备的权威工具书。

蒙塔尔奇诺布鲁耐罗红葡萄酒

I may not be perfect

But it scares me how close to it I am

PINOT GRIGIO

DAL VIGNETO VIGNE DAI VIERIS

PIERA MARTELLOZZO

Semplicemente vino

To my wine,
I give all I have got:
Passion, character,
expertise

And my name:

Piera

Piera Martellozzo S.p.A - Italy - www.pieramartellozzo.com

A campaign financied according to EC regulations N. 1234/07

25 YEARS OF GREAT WINE

Perched in the hills of Refrontolo, the Astoria estate is the historic headquarters of winemakers Giorgio and Paolo Polegato, who this year are celebrating the twenty-fifth anniversary of the company they founded and developed. A quarter of a century of hard work, dedication and great satisfaction have seen Astoria grow to become a leading name among Prosecco di Conegliano Valdobbiadene DOCG wines, and the top company in terms of the amount of grapes made into wine, as the quality of the main ingredient is essential for fine wines capable of winning the most prestigious wine tasting awards in the world.

The wine selected to mark this important event is, fittingly, "Celebration", a dry Prosecco DOC sparkling wine whose very packaging elegantly alludes to a joyous occasion. In keeping with the company's traditional style, the glass bottle features a sophisticated satin-finish with gold inserts and the company's 25th anniversary logo. It is a superior wine, the result of a night harvest to preserve the intense aromas of the grapes.

Celebration joins Astoria's historic line of Prosecco wines, well loved around the world. However, the company has not renounced its more creative, spontaneous side, the penchant for innovation that has made it a smash hit at the hottest bars in Italy and around the world, from Miami to Singapore, passing through Sardinia's Emerald Coast.

Indeed, 2012 is destined to be the year of 9.5 Pink, the very latest low-alcohol content extra dry rosé sparkling wine created through direct fermentation of the must of aromatic grapes, with the addition of 10% red grapes for a rosé wine. This is why 9.5 Pink should only be enjoyed on ice, which exalts its fresh and fruity aromas.
Pink follows in the footsteps of 9.5 Cold Wine brut, the low-alcohol content sparkling wine that took the wine market and industry players by surprise two years ago when it won the Grand Gold Medal at Vinitaly's International Wine Competition. Its sweeping success was celebrated at Vinitaly, by opening the millionth bottle of the limited edition 9.5 Cold Wine.

9.5 Pink is an ideal wine for anyone, and women in general - a consumer group that presents constant growth - enjoy sparkling rosé not only with a light lunch, but as an aperitif as well. Summer 2012 will be the season of Pink Parties at fashionable venues everywhere, where the proposed slogan is "Are You Ready to Get Iced?".

www.astoria.it

薇 拉 圣 地

迷人的土地

薇拉圣地是普罗塞柯法定产区酒和瓦尔多比亚优质法定产区酒的最知名酒庄之一。100历史，独特人文自然风光，为这片土地增添迷人色彩。

传统香槟法起泡酒

极干型、绝干型、桃红的阿玛丽娅•莫莱蒂珍藏起泡葡萄酒，在古老的地下酒窖内，发酵陈年长达3到7年之久。

梅洛&品丽珠

科波雷——卓越非凡的薇拉圣地干红葡萄酒，由优质的梅洛和品丽珠两种葡萄品种精心混酿而成，传递强烈的至尊贵族特质。

Gambero Rosso

产自薇拉圣地在卡蒂兹——瓦尔多比亚顶级产区的葡萄园“Vigna La Rivetta”,享负盛名，收获重大奖项。

全球70个国家

从香气、口感、氛围去发现意大利葡萄酒传统魅力。薇拉圣地葡萄酒已被全球70个国家的人们所享用。

1.6公里的地下酒窖

18世纪建立，位于薇拉圣地庄园地下7到10米深的酒窖，是葡萄酒陈年的绝佳理想之地。

如果你们想有一个令人陶醉的选择，
那就来尝一下弗留利-
威尼斯朱利亚的白葡萄酒吧。
在这里你们能找到色香味俱全的葡萄酒。
而在这么多葡萄酒中，弗瑠拉诺白葡萄酒
（以前叫做托凯）以领导姿态，独领风骚！

白葡萄酒乃天神所赐
“弗瑠拉诺”乃最佳之选

弗留利－威尼斯朱利亚是意大利最小的大区之一，
不过该区却能提供质量特别好的葡萄酒。弗留利-威尼斯朱利亚大区的面积中，
有两万公顷是专门种植葡萄的。
用于高质量、原汁原味、令人难忘的葡萄酒酿制。

其本地最出名的白葡萄酒为“弗瑠拉诺”、“马尔萨维亚”和“黄里波拉”。
还有几种比较国际性的比如“灰比诺特”、“白比诺特”、“长相思”和“霞多丽”。
值得一提的是还有高品质的白葡萄酒“皮克里特”、
“拉玛多罗”和“范杜佐”。

with funds from

MINISTERO DELLE POLITICHE AGRICOLE
ALIMENTARI E FORESTALI

Agenzia regionale per lo sviluppo rurale

www.friulano.fvg.it

The Winds of Change
CAMPAIGN FINANCED BY EU REGULATIONS N. 1234/07
MATERVITAE
BOMBINO NERO
PEZZAPIANA
TORREVENTO
vini di un'alt(r)a puglia
wines of Puglia another
www.torrevento.it - info@torrevento.it

目录

开卷语

25辑年鉴涵盖了意大利葡萄酒和庄园25年的发展史。设想将这些书放在书架上，摆成一列，真像一部百科全书，你便可以开始欣赏这项浩大的工程了。它是依靠我们这些品尝员们多年来的团队激情完成的。成百上千的贡献者跋涉千里来到意大利葡萄庄园参观，品尝这里的葡萄酒。

《意大利葡萄酒年鉴》真实地记录着1987年以来发生的所有重要事件。首先，意大利葡萄酒处于困难时期，需要先摆脱一些不光彩的形象，重新衡量自己，才能和世界其他葡萄酒相媲美。所以必须有人来讲述这个故事。

我们的第一辑发行于1988年，它凝聚着我们的无限激情和开拓精神，填补了20世纪70年代意大利（The Great Gino Veronelli's Catalogo Bolaffi dei Vini Italia）葡萄酒指南中的空白。新产生大约有500个葡萄园和1 500款葡萄酒，其中有30款葡萄酒被授予“三杯奖”的荣誉称号。年鉴发行的意义和对葡萄酒爱好者以及专业人士的影响在近年来得到了深入的推广，在某种程度上促成了德语版和英语版的迅速发行。

从今年起，《意大利葡萄酒年鉴》将作为第一个用汉语介绍意大利葡萄酒的向导。这要感谢合作者：广东大沿海出版工贸有限公司和上海华饮贸易有限公司团队的大力协作。特别鸣谢上海华饮董事长刘强先生对该书出版的大力支持。

这本指南主要作为一个工具，提高大家对意大利葡萄种植人员、酿酒师和葡萄酒酒庄的认识。从第一辑发行到现在已走过25个年头了，如今的《意大利葡萄酒年鉴》已经更新到2 350家酒庄和20 000款葡萄酒。我们和意大利品质葡萄酒行业都在以指数的方式成长着，这些数据和那些平行增多的葡萄酒消费者使这一切成为可能。

显而易见，在过去的25年里，人们对葡萄酒的品味也有所改变。从在新橡木桶的创新葡萄酒到更好的国际品种的寻找，我们走过了一条品味之旅，从而也让我们真正领悟到意大利葡萄酒的丰富内涵。我们重新研究了葡萄酒品种、地域特点、传统的酿造过程和古老的技术。在本书中，我们还提供了酒庄的藏酒销售（酒窖中的酒是否可销售）、预约参观（可否提供游客参观服务）、年产量（葡萄酒产量）、葡萄种植面积以及葡萄栽培方式等信息进行了介绍。

所有这些研究既没有阻碍现代酿酒技术的发展，也没有因为使用新橡木桶或创新技术而遭到嘲笑。和谐、平衡、健康和典雅是我们孜孜以求的目标，也一直延续到今天。年复一年，我们追寻着这些目标，从不盲目，努力杜绝形而上学，摆姿态和潮流。一如既往，我们希望能描绘出众多种植者和生产厂家这些年付出的艰辛，做出的牺牲，所拥有的激情以及葡萄酒行业稳定发展的美好愿景。意大利葡萄酒一直在改变，也将继续追求创新。

本书将讲述我们背后的故事。获得“年度最佳酒庄奖”的塔斯卡德安尔梅里塔（Tasca d'Almerita）酒庄充分说明了这一点。在过去的几十年里，该酒庄成功地进行了更新和创新，而且没有阻碍其在西西里岛的发展。如大家所说，这同样适用于葡萄栽培的持续发展。获得“年度最佳可持续葡萄栽培技术奖”的阿罗以斯拉哥德（Alois Lageder），作为葡萄种植的领头羊，其葡萄酒的品质更是源远流长。这是一个无止境的高深话题，两位机敏的葡萄种植者——Sergio Mottura 和Giuseppe Russo更是尾随其后，他们清楚地知道他们从事的工作。获得年度新兴酒庄奖的是位于圣吉米尼亚诺地区（San Gimignano）的玛提亚巴扎吉（Mattia Barzaghi）酒庄。玛提亚巴扎吉酒庄在很短的时间内迅速发展并生产出了绝妙的地域特色葡萄酒。获得年度最佳性价比葡萄酒奖的是来自詹弗兰科尔特里涅里地区（Gianfranco Paltrinieri）的2010年出品的朗布鲁斯科干红葡萄酒（Lambrusco di Sorbara Leclisse'10），它给我们带来了神奇的味觉体验。来自萨杜斯帕特（Sardu Pater）古老葡萄庄园的2007年出品的卡利格纳诺葡萄酒（Carignano del Sulcis Superiore Arruga'07）荣获“年度最佳红葡萄酒”，而荣获年度“最佳白葡萄酒”则是来自尤玛尼龙其（Umani Ronchi）的2009年出品的威迪科吉士堡白葡萄酒（Verdicchio de Castelli di Jesi Classico Superiore Vecchie Vigne'09）。还有，获得“年度最佳起泡葡萄酒”殊荣的是自菲戈提娜（Ferghettina）酒庄的2005年出品的弗兰夏克塔葡萄酒（Franciacorta Extra Brut'05）。获得“最佳甜酒奖”的是来自威尼托罗恩罗（Veneto Roeno）的2008年出品的克里斯提娜葡萄酒（Cristina Vendemmia Tardiva'08）。纵览获奖名单，你会同意我刚刚的说法。今年有95款“绿色三杯奖”精品，相比于去年的83款，更加说明了葡萄栽培技术走向自然和环保的趋势。2012年“三杯酒”佳酿的数量减少了，只有375款，但价格低于€15的“三杯酒”仍和去年持平，为52款，说明了意大利高质量酒庄的竞争力。

简而言之，如果没有大红虾高层合作团队的积极努力，放弃节假日，专注于此项宏伟的工程，就不会有集体智慧的结晶——《意大利葡萄酒年鉴》第25辑。短短几个月，我们的地方葡萄酒鉴定员盲品了3 000多款葡萄酒。这些品尝结果由官方机构和其他部门（如财团、商会或是地方酒家）统一整理，以确保活动的公正性。借此机会，我们感谢（希望我们没有遗漏任何一家酒庄）Genoa，Cagliari，Bolzano，Avellino，Trento和Perugia商会以及翁布里亚区葡萄酒和橄榄油行业协会的合作。同样感谢Unioncamere Basilicata(Matera)，Istituto Marchigiano di Tutela cini(IMT，Jesi)，Picenos-consorizio Cini Piceni and Cinea(Offida)，ERSA Friulicenezia Giulia(Pozzuolo)和the Istituto Agronomico Editerraneo(riccagioia)。还有一些保护性行业协会，比如Chianti Cassico，Brunello，Rosso di Montalcino，Vino Nobile di Montepulciano，Pernaccia di San Gimignano，Chianti，Rufina，Colli Fiorentini，Cortona，Morellino di Scansano，Montecucco，Moteregio di Massa Marittima，Gavi，Asti，Nebbioli dell'AltoPiemonte，Barolo,，Barbaresco，Alba，Langhe和Roero，还有Franciacorta，Oltrepo Pavese，Laugana，Valtellina 和 Soave de Valpolicella 或者是Roero，Monferrato，Nizza Monferrato，Canale，Emilia Romagna和Lazio或是Carmignano，Arezzo 以及 Costa degli Etruschi的区域酒窖。特别感谢私营企业，包括 the Ristorante La Cañonica （Casteldimezzo，Pesaro附近），the Due Sorella (Messina)，the Reserve (Caramanico in Abruzzo)，the Calidarium (Venturina)，the Relais l'Andana (Castiglione della Pescaia)，the Hotel Carpe Diem (Montaione)，Faenza Fiere, the Enoteca Millesimes (Collegno) 以及 Acqua San Martino di Codrongianos。第一轮的区域品尝，我们为"三杯奖"终审的出台筛选了800款葡萄酒，为"两杯红葡萄酒奖"筛选了20款。最终评奖的委员会由编辑人员、当地陪审团共同组成。同样，葡萄酒以盲品的方式进行评选，地点在大红虾控股有限公司的总部罗马。2012年，加入编辑部的有Nino Aiello，Alessandro Bocchetti，Antonio Boco，Francesco Beghi，Dario Cappelloni，Giuseppe Carrus，Paolo De Cristofaro，Nicola Frasson，Massimo Lanza，Giorgio Mclandrl，Gianni Ottogalli，Nereo Pederzolli，Pierpaolo Rastelli，Carlo Ravanello，Leonardo Romanelli，Lorenzo Ruggeri，Riccardo Viscardi 和 Paolo zaccari。衷心感谢每一个人。

2012年获“三杯奖”葡萄酒名录

瓦莱达奥斯塔区（Valle d'Aosta）

Valle d'Aosta Chardonnay Cuvée Bois '09	Les Crêtes	67
Valle d'Aosta Chardonnay Élevé en Fût de Chêne '10	Anselmet	66
Valle d'Aosta Fumin Esprit Follet '09	La Crotta di Vegneron	67
Valle d'Aosta Petite Arvine '10	Le Château Feuillet	66
Valle d'Aosta Petite Arvine '10	Elio Ottin	70

皮埃蒙特区（Piemonte）

Alta Langa Brut Zero Cantina Maestra Ris. '05	Enrico Serafino	203
Barbaresco '08	Gaja	140
Barbaresco Borgese '08	Piero Busso	101
Barbaresco Maria Adelaide '07	Bruno Rocca	190
Barbaresco Montefico '08	Carlo Giacosa	145
Barbaresco Ovello '07	Cantina del Pino	105
Barbaresco Pajoré '08	Sottimano	205
Barbaresco Rombone '07	Fiorenzo Nada	171
Barbaresco Valgrande '08	Ca' del Baio	102
Barbaresco Vanotu '08	Pelissero	177
Barbaresco Vign. Brich Ronchi Ris. '06	Albino Rocca	190
Barbera d'Alba Sup. '09	Hilberg - Pasquero	152
Barbera d'Asti Bricco dell'Uccellone '09	Braida	95
Barbera d'Asti Pomorosso '08	Coppo	127
Barbera d'Asti Sup. Bionzo '09	La Spinetta	206
Barbera d'Asti Sup. La Mandorla '09	Luigi Spertino	206
Barbera d'Asti Sup. Nizza '08	Tenuta Olim Bauda	174
Barbera d'Asti Sup. Nizza Acsé '08	Scrimaglio	201
Barbera del M.to Sup. Le Cave '09	Castello di Uviglie	116
Barolo '07	Bartolo Mascarello	163
Barolo Acclivi '07	G. B. Burlotto	100
Barolo Bricco Boschis V. S. Giuseppe Ris. '05	F.lli Cavallotto Tenuta Bricco Boschis	117
Barolo Bricco Sarmassa '07	Giacomo Brezza & Figli	96
Barolo Brunate '07	Mario Marengo	161
Barolo Brunate-Le Coste '07	Giuseppe Rinaldi	189
Barolo Cannubi Boschis '07	Luciano Sandrone	197
Barolo Cerequio '07	Michele Chiarlo	118
Barolo Cerequio '07	Roberto Voerzio	219
Barolo Cerretta V. Bricco '05	Elio Altare	79
Barolo Falletto '07	Bruno Giacosa	144
Barolo Fontanafredda V. La Rosa '07	Fontanafredda	139
Barolo Ginestra Casa Maté '07	Elio Grasso	149
Barolo Ginestra Ris. '05	Paolo Conterno	125
Barolo Gramolere Ris. '05	Giovanni Manzone	157
Barolo Monfortino Ris. '04	Giacomo Conterno	125
Barolo Monvigliero '06	Bel Colle	88

利古里亚区（**Liguria**）

伦巴第区（Lombardy）

Francacorta Brut Cellarius '07	Guido Berlucchi & C.	258
Franciacorta Cuvée Annamaria Clementi '04	Ca' del Bosco	261
Franciacorta Extra Brut '05	Ferghettina	271
Franciacorta Extra Brut '07	Ricci Curbastro	287
Franciacorta Extra Brut Vintage Ris. '05	La Montina	280
Franciacorta Gran Cuvée Pas Operé '05	Bellavista	257
Franciacorta Nature '07	Enrico Gatti	274
Franciacorta Pas Dosé R. D. '06	Cavalleri	267
Franciacorta Satèn Soul '05	Contadi Castaldi	268
Lugana Sup. Sel. Fabio Contato '09	Provenza	285
OP Brut Cl. Classese '04	Monsupello	278
OP Pinot Nero Brut Cl. 1870 '07	F.lli Giorgi	274
OP Pinot Nero Giorgio Odero '08	Frecciarossa	273
OP Pinot Nero Noir '08	Tenuta Mazzolino	277
OP Rosso Cavariola Ris. '07	Bruno Verdi	291
Valtellina Sforzato Albareda '09	Mamete Prevostini	285
Valtellina Sup. Sassella Stella Retica Ris. '06	Ar.Pe.Pe.	256
Valtellina Sup. Vign. Fracia '08	Nino Negri	282

特伦蒂诺区（Trentino）

Bianco Faye '08	Pojer & Sandri	320
Fratagranda '07	Pravis	320
San Leonardo '06	Tenuta San Leonardo	322
Trento Balter Ris. '05	Nicola Balter	311
Trento Brut Altemasi Graal Ris. '04	Cavit	313
Trento Brut Domini '07	Abate Nero	310
Trento Brut Methius Ris. '05	F.lli Dorigati	314
Trento Brut Ris. '06	Letrari	318
Trento Extra Brut Perlé Nero '05	Ferrari	315

阿尔托-阿迪杰区（Alto Adige）

A. A. Cabernet Löwengang '07	Alois Lageder	343
A. A. Gewürztraminer Kastelaz '10	Elena Walch	360
A. A. Gewürztraminer Nussbaumer '10	Cantina Tramin	357
A. A. Lago di Caldaro Cl. Sup. Puntay '10	Erste+Neue	335
A. A. Lagrein Grafenleiten Ris. '09	Obermoser H. & T. Rottensteiner	349
A. A. Lagrein Gries '09	Gummerhof - Malojer	338
A. A. Lagrein Mirell '09	Tenuta Waldgries	360
A. A. Lagrein Taber Ris. '09	Cantina Produttori Santa Maddalena Cantina Produttori Bolzano	353
A. A. Moscato Giallo Castel Giovanelli Passito Serenade '08	Cantina di Caldaro	332

A. A. Pinot Bianco Passion '09	Cantina Produttori San Paolo	353
A. A. Pinot Bianco Sirmian '10	Cantina Nals Margreid	347
A. A. Sauvignon Flora '10	Cantina Girlan	337
A. A. Sauvignon St. Valentin '10	Cantina Produttori San Michele Appiano	352
A. A. Terlano Nova Domus Ris. '08	Cantina Terlano	356
A. A. Terlano Pinot Bianco DeSilva '10	Peter Sölva & Söhne	354
A. A. Terlano Pinot Bianco Eichhorn '10	Manincor	345
A. A. Terlano Sauvignon '10	Ignaz Niedrist	348
A. A. Valle Isarco Kerner '10	Hoandlhof - Manfred Nössing	340
A. A. Valle Isarco Riesling '10	Köfererhof Günther Kershbaumer	341
A. A. Valle Isarco Riesling Kaiton '10	Kuenhof - Peter Pliger	342
A. A. Valle Isarco Riesling Praepositus '09	Abbazia di Novacella	330
A. A. Valle Isarco Veltliner '10	Strasserhof Hannes Baumgartner	355
A. A. Valle Venosta Pinot Bianco '10	Stachlburg - Baron von Kripp	354
A. A. Valle Venosta Riesling '10	Falkenstein - Franz Pratzner	336
A. A. Valle Venosta Riesling '10	Tenuta Unterortl- Castel Juval	358

威尼托区（Veneto）

Amarone della Valpolicella '06	Marion	402
Amarone della Valpolicella '06	Trabucchi d'Illasi	428
Amarone della Valpolicella Campo dei Gigli '07	Tenuta Sant'Antonio	420
Amarone della Valpolicella Case Vecie '07	Brigaldara	376
Amarone della Valpolicella Cl. '07	Allegrini	367
Amarone della Valpolicella Cl. '04	Cav. G. B. Bertani	371
Amarone della Valpolicella Cl. Vaio Armaron Serègo Alighieri '06	Masi	403
Amarone della Valpolicella Cl. Vign. di Ravazzol '07	Ca' La Bionda	378
Amarone della Valpolicella Cl. Vign. Monte Ca' Bianca '06	Lorenzo Begali	370
Amarone della Valpolicella Cl. Vign. Monte Sant'Urbano '07	F.lli Speri	423
Amarone della Valpolicella Ris. '07	Musella	411
Amarone della Valpolicella Roccolo Grassi '07	Roccolo Grassi	417
Capitel Croce '09	Roberto Anselmi	368
Cartizze V. La Rivetta '10	Villa Sandi	434
Colli Euganei Cabernet Sauvignon Ireneo Capodilista '08	La Montecchia - Emo Capodilista	407
Colli Euganei Fior d'Arancio Passito Alpianae '08	Vignalta	431
Conegliano Valdobbiadene Brut Rive di Col San Martino Cuvée del Fondatore Graziano Merotto '10	Merotto	404

Cristina V. T. '08	Roeno	418
Custoza Sup. Amedeo '09	Cavalchina	385
Custoza Sup. Ca' del Magro '09	Monte del Frà	406
Lugana Sergio Zenato '08	Zenato	436
Lugana Sup. Molceo '09	Ottella	414
Montello e Colli Asolani Il Rosso dell'Abazia '08	Serafini & Vidotto	422
Recioto di Soave Cl. Le Sponde '09	Coffele	387
Relógio '09	Ca' Orologio	379
Soave Cl. Calvarino '09	Leonildo Pieropan	414
Soave Cl. Campo Vulcano '10	I Campi	380
Soave Cl. Contrada Salvarenza Vecchie Vigne '09	Gini	397
Soave Cl. Monte Alto '09	Ca' Rugate	379
Soave Cl. Monte Carbonare '09	Suavia	424
Studio '09	Ca' Rugate	379
Valdobbiadene Extra Dry Giustino B. '10	Ruggeri & C.	419
Valpolicella Cl. Sup. Ripasso Saustò '07	Monte dall'Ora	405
Valpolicella Cl. Sup. Ripasso Solane '09	Santi	421

弗留利-威尼斯朱利亚区（**Friuli Venezia Giulia**）

Arbis Blanc '09	Borgo San Daniele	451
Braide Alte '09	Livon	479
Carso Malvasia '09	Zidarich	514
COF Friulano '10	Ronchi di Manzano	494
COF Friulano V. Cinquant'Anni '09	Le Vigne di Zamò	511
COF Il Friulano '09	Ronc di Vico	491
COF Pinot Bianco Zuc di Volpe '10	Volpe Pasini	514
COF Rosazzo Bianco Terre Alte '09	Livio Felluga	469
COF Rosso Sacrisassi '09	Le Due Terre	468
COF Sauvignon Zuc di Volpe '10	Volpe Pasini	514
Collio Bianco '10	Edi Keber	475
Collio Bianco Broy '10	Eugenio Collavini	461
Collio Bianco Fosarin '10	Ronco dei Tassi	496
Collio Bianco V. Runc '10	Il Carpino	458
Collio Bianco Zuani Vigne '10	Zuani	515
Collio Friulano '10	Franco Toros	505
Collio Malvasia '10	Doro Princic	488
Collio Sauvignon Ronco delle Mele '10	Venica & Venica	508
Desiderium Sel. I Ferretti '09	Tenuta Luisa	479
Friuli Isonzo Bianco Flors di Uis '09	Vie di Romans	509
Friuli Isonzo Malvasia '10	Ronco del Gelso	496
Friuli Isonzo Pinot Grigio Gris '09	Lis Neris	478
Kaplja '08	Damijan Podversic	487
Mario Schiopetto Bianco '08	Schiopetto	499
Ograde Non Filtrato '09	Skerk	502
W.... dreams... ...... '09	Jermann	474

艾米利亚-罗马涅区（**Emilia Romagna**）

Wine	Producer	Page
Albana di Romagna Passito Nontiscordardime '07	Leone Conti	536
C. B. Pignoletto Cl. V. del Grotto '09	Orsi - San Vito	546
Colli della Romagna Centrale Sangiovese Pertinello '08	Tenuta Pertinello	547
Lambrusco di Sorbara Leclisse '10	Gianfranco Paltrinieri	546
Lambrusco di Sorbara Vecchia Modena Premium '10	Chiarli 1860	535
Reggiano Concerto '10	Ermete Medici & Figli	544
Sangiovese di Romagna Redinoce Ris. '08	Balìa di Zola	528
Sangiovese di Romagna Sup. Avi Ris. '08	San Patrignano	550
Sangiovese di Romagna Sup. Il Moro Ris. '08	Tenuta Villa Trentola	558
Sangiovese di Romagna Sup. Petrignone Ris. '08	Tre Monti	553
Sangiovese di Romagna Sup. Pietramora Ris. '08	Fattoria Zerbina	559
Sangiovese di Romagna Sup. Primo Segno '09	Villa Venti	558
Sangiovese di Romagna Sup. Pruno Ris. '08	Drei Donà Tenuta La Palazza	539
Sangiovese di Romagna Sup. V. del Generale Ris. '08	Casetto dei Mandorli	532
Vigna del Volta '08	La Stoppa	552

托斯卡纳区（**Tuscany**）

Wine	Producer	Page
Ad Astra '08	Fattoria Nittardi	641
Baffo Nero '09	Rocca di Frassinello	660
Biserno '08	Tenuta di Biserno	577
Bolgheri Sassicaia '08	Tenuta San Guido	665
Bolgheri Sup. Campo al Fico '08	I Luoghi	633
Bolgheri Sup. Sapaio '08	Podere Sapaio	670
Brancaia Il Blu '08	Brancaia	579
Brunello di Montalcino '06	Biondi Santi - Tenuta Il Greppo	576
Brunello di Montalcino '06	Canalicchio di Sopra	585
Brunello di Montalcino '06	Caprili	588
Brunello di Montalcino '06	La Cerbaiola	602
Brunello di Montalcino '06	Cerbaiona	603
Brunello di Montalcino '06	Citille di Sopra	606
Brunello di Montalcino '06	Collelceto	609
Brunello di Montalcino '06	Andrea Costanti	612
Brunello di Montalcino '06	Podere La Fortuna	619
Brunello di Montalcino '06	Piancornello	647
Brunello di Montalcino '06	Querce Bettina	656
Brunello di Montalcino '06	Sesti - Castello di Argiano	674
Brunello di Montalcino '06	La Togata	679
Brunello di Montalcino Altero '06	Poggio Antico	652

马尔凯区（Marche）

Wine	Producer	Page
Barricadiero '09	Aurora	724
Kurni '09	Oasi degli Angeli	744
Offida Pecorino Ciprea '10	San Savino - Poderi Capecci	748
Rosso Piceno Sup. Roggio del Filare '08	Velenosi	754
Valturio '09	Valturio	754
Verdicchio dei Castelli di Jesi Cl. Gli Eremi Ris. '09	La Distesa	734
Verdicchio dei Castelli di Jesi Cl. Salmariano Ris. '08	Marotti Campi	742
Verdicchio dei Castelli di Jesi Cl. Sel. Gioacchino Garofoli Ris. '06	Gioacchino Garofoli	737
Verdicchio dei Castelli di Jesi Cl. Stefano Antonucci Ris. '09	Santa Barbara	749
Verdicchio dei Castelli di Jesi Cl. Sup. Balciana '09	Sartarelli	749
Verdicchio dei Castelli di Jesi Cl. Sup. Misco '10	Tenuta di Tavignano	751
Verdicchio dei Castelli di Jesi Cl. Sup. Pallio di S. Floriano '10	Monte Schiavo	743
Verdicchio dei Castelli di Jesi Cl. Sup. Vecchie Vigne '09	Umani Ronchi	753
Verdicchio dei Castelli di Jesi Cl. V. Novali Ris. '08	Terre Cortesi Moncaro	752
Verdicchio di Matelica Cambrugiano Ris. '08	Belisario	724
Verdicchio di Matelica Mirum Ris. '09	La Monacesca	742
Verdicchio di Matelica Vertis '09	Borgo Paglianetto	726
Verdicchio di Matelica Vign. Fogliano '08	Bisci	725

翁布里亚区（Umbria）

Wine	Producer	Page
Cervaro della Sala '09	Castello della Sala	768
Montefalco Rosso Ris. '08	Fattoria Colle Allodole	769
Montefalco Sagrantino '07	Còlpetrone	769
Montefalco Sagrantino Campo alla Cerqua '07	Giampaolo Tabarrini	779
Montefalco Sagrantino Col Cimino '08	Villa Mongalli	782
Montefalco Sagrantino Collepiano '08	Arnaldo Caprai	765
Montiano '09	Falesco	792
Orvieto Cl. Sup. Campo del Guardiano '09	Palazzone	775
Orvieto Cl. Sup. Il Bianco '10	Decugnano dei Barbi	771
Torgiano Rosso Vigna Monticchio Ris. '06	Lungarotti	773

拉齐奥区（Lazio）

Wine	Producer	Page
Clemens '09	Casale Marchese	789
Frascati Sup. Epos '10	Poggio Le Volpi	795
Grechetto Poggio della Costa '10	Sergio Mottura	794

Primitivo Old Vines '08	Morella	882
Salice Salentino Casili Ris. '08	Tenute Mater Domini	881
Salice Salentino Rosso Selvarossa Ris. '08	Cantine Due Palme	878
Torcicoda '09	Tormaresca	888

巴西利卡塔区（**Basilicata**）

Aglianico del Vulture Basilisco '08	Basilisco	864
Aglianico del Vulture Serra del Prete '09	Musto Carmelitano	869
Aglianico del Vulture Titolo '09	Elena Fucci	867

卡拉布里亚区（**Calabria**）

Gravello '09	Librandi	899
Moscato Passito '10	Luigi Viola	902

西西里岛（**Sicily**）

Cartagho Mandrarossa '09	Settesoli	926
Contea di Sclafani Rosso del Conte '07	Tasca d'Almerita	927
Contrada Porcaria '09	Passopisciaro	922
Etna Bianco '10	Graci	918
Etna Bianco A' Puddara '09	Tenuta di Fessina	915
Etna Rosso Cavanera Rovo delle Coturnie '09	Firriato	917
Etna Rosso Cirneco '08	Terrazze dell'Etna	927
Etna Rosso San Lorenzo '09	Girolamo Russo	925
Faro Palari '09	Palari	921
Lu Patri '09	Baglio del Cristo di Campobello	909
Nerobufaleffj '07	Gulfi	919
Passito di Pantelleria Ben Ryé '09	Donnafugata	914
Passito di Pantelleria Nes '09	Carlo Pellegrino	922
Passito Gianfranco Ferrè '09	Feudi del Pisciotto	916
Plumbago '09	Planeta	923
Sàgana '09	Cusumano	913

撒丁岛（**Sardinia**）

Alghero Marchese di Villamarina '06	Tenute Sella & Mosca	952
Cannonau di Sardegna Dule Ris. '08	Giuseppe Gabbas	945
Cannonau di Sardegna Keramos Ris. '07	Tenute Soletta	952
Carignano del Sulcis Sup. Arruga '07'	Sardus Pater	951
Carignano del Sulcis Sup. Terre Brune '07	Cantina di Santadi	950
Malvasia di Bosa V. Badde Nuraghe '06	Emidio Oggianu	948
Norace '08	Feudi della Medusa	945
Perda Pintà '09	Giuseppe Sedilesu	951
Turriga '07	Argiolas	940
Vermentino di Gallura Sup. Genesi '10	Cantina Gallura	946
Vermentino di Gallura Sup. Monteoro '10	Tenute Sella & Mosca	952
Vermentino di Gallura Sup. Thilibas '10	Cantina Pedres	949
Vermentino di Gallura Vigna'ngena '10	Capichera	941

最佳奖

年度最佳红葡萄酒

2007年出品卡利格纳诺葡萄酒（CARIGNANO DEL SULCIS SUP. ARRUGA '07） — 萨杜斯帕特（SARDUS PATER）

年度最佳白葡萄酒

2009年出品威迪科吉士堡葡萄酒（VERDICCHIO DE CASTELLI DI JESI CL. SUP. VECCHIE VIGNE '09 ） — 尤玛尼龙其(UMANI RONCHI)

年度最佳起泡葡萄酒

2005年出品弗朗洽科塔起泡葡萄酒(FRANCIACORTA EXTRA BRUT '05) —菲戈提娜(FERGHETTINA)

年度最佳甜葡萄酒

2008年出品西里斯提娜葡萄酒(CRISTINA V. T. '08)—罗恩罗(ROENO)

年度最佳酒庄

TASCA D'ALMERITA

年度最佳性价比葡萄酒

LAMBRUSCO DI SORBARA LECLISSE '10 - GIANFRANCO PALTRINIERI

年度最佳最佳葡萄种植者

SERGIO MOTTURA

GIUSEPPE RUSSO

年度最佳新兴酒庄

MATTIA BARZAGHI

年度最佳可持续葡萄栽培技术奖

ALOIS LAGEDER

出版特别鸣谢：广东大沿海出版工贸有限公司

上海华饮贸易有限公司

2012年获“三杯奖”的葡萄酒

（价格低于€15）

2012年共有52款价格低于€15且获得三杯奖的葡萄酒供大家挑选。2012年获奖总数的比例有所增加，尽管比例不大，但也从13%增加到14%。这是一个很有趣的数字，因为它清楚地见证了意大利葡萄酒行业是如何成功应对世界贸易的挑战的——更高的品质，更值得信赖的价格。有16款葡萄酒价格在€10左右，或者更低。产出这些具有竞争力的葡萄酒地区，马尔凯区（MARCHE）占了8款，艾米利亚-罗马涅区（EMILIA ROMAGNA）占了7款，皮埃蒙特区（PIEMONTE）和弗留利-威尼斯朱利亚区（FRIULI CENEZIA GIULIA）各占4款。

A. A. Lago di Caldaro Cl. Sup. Puntay '10	Erste+Neue	**Alto Adige**
A. A. Lagrein Gries '09	Gummerhof - Malojer	**Alto Adige**
A. A. Valle Venosta Pinot Bianco '10	Stachlburg - Baron von Kripp	**Alto Adige**
Aglianico del Vulture Serra del Prete '09	Musto Carmelitano	**Basilicata**
Barbera del M.to Sup. Le Cave '09	Castello di Uviglie	**Piedmonte**
C. B. Pignoletto Cl. V. del Grotto '09	Orsi - San Vito	**Emilia Romagna**
Cannonau di Sardegna Dule Ris. '08	Giuseppe Gabbas	**Sardinia**
Carema Et. Bianca '07	Cantina dei Produttori Nebbiolo di Carema	**Piedmont**
Cartagho Mandrarossa '09	Settesoli	**Sicily**
Castel del Monte Rosso V. Pedale Ris. '08	Torrevento	**Puglia**
Chianti Cl. '09	Tenuta di Lilliano	**Tuscany**
Clemens '09	Casale Marchese	**Lazio**
COF Friulano '10	Ronchi di Manzano	**Friuli Venezia Giulia**
Colli della Romagna Centrale Sangiovese Pertinello '08	Tenuta Pertinello	**Emilia Romagna**
Collio Bianco Fosarin '10	Ronco dei Tassi	**Friuli Venezia Giulia**
Collio Bianco V. Runc '10	Il Carpino	**Friuli Venezia Giulia**
Custoza Sup. Amedeo '09	Cavalchina	**Veneto**
Custoza Sup. Ca' del Magro '09	Monte del Frà	**Veneto**
Erbaluce di Caluso La Ructia '10	Orsolani	**Piedmont**
Erbaluce di Caluso Le Chiusure '10	Favaro	**Piedmont**
Fiano di Avellino '10	Rocca del Principe	**Campania**
Frascati Sup. Epos '10	Poggio Le Volpi	**Lazio**
Friuli Isonzo Malvasia '10	Ronco del Gelso	**Friuli Venezia Giulia**
Grechetto Poggio della Costa '10	Sergio Mottura	**Lazio**
Greco di Tufo '10	Pietracupa	**Campania**
Lambrusco di Sorbara Leclisse '10	Gianfranco Paltrinieri	**Emilia Romagna**
Lambrusco di Sorbara Vecchia Modena Premium '10	Chiarli 1860	**Emilia Romagna**
Molise Aglianico Contado Ris. '09	Di Majo Norante	**Molise**
Montepulciano d'Abruzzo Amorino '07	Podere Castorani	**Abruzzo**
Offida Pecorino Ciprea '10	San Savino - Poderi Capecci	**Marche**
Pecorino '10	Tiberio	**Abruzzo**
Plumbago '09	Planeta	**Sicily**

Reggiano Concerto '10	Ermete Medici & Figli	Emilia Romagna
Riviera Ligure di Ponente Pigato Cycnus '10	Poggio dei Gorleri	Liguria
Riviera Ligure di Ponente Vermentino '10	Laura Aschero	Liguria
Sangiovese di Romagna Sup. Petrignone Ris. '08	Tre Monti	Emilia Romagna
Sangiovese di Romagna Sup. Primo Segno '09	Villa Venti	Emilia Romagna
Soave Cl. Monte Alto '09	Ca' Rugate	Veneto
Soave Cl. Monte Carbonare '09	Suavia	Veneto
Valle d'Aosta Petite Arvine '10	Le Château Feuillet	Valle d'Aosta
Valle d'Aosta Petite Arvine '10	Elio Ottin	Valle d'Aosta
Valpolicella Cl. Sup. Ripasso Solane '09	Santi	Veneto
Verdicchio dei Castelli di Jesi Cl. Salmariano Ris. '08	Marotti Campi	Marche
Verdicchio dei Castelli di Jesi Cl. Sup. Gli Eremi Ris. '09	La Distesa	Marche
Verdicchio dei Castelli di Jesi Cl. Sup. Misco '10	Tenuta di Tavignano	Marche
Verdicchio dei Castelli di Jesi Cl. Sup. Pallio di S. Floriano '10	Monte Schiavo	Marche
Verdicchio di Matelica Cambrugiano Ris. '08	Belisario	Marche
Verdicchio di Matelica Vertis '09	Borgo Paglianetto	Marche
Verdicchio di Matelica Vign. Fogliano '08	Bisci	Marche
Vermentino di Gallura Sup. Monteoro '10	Tenute Sella & Mosca	Sardinia
Vernaccia di S. Gimignano Ris. '09	La Lastra	Tuscany
Vernaccia di S. Gimignano Zeta '10	Mattia Barzaghi	Tuscany

"绿色三杯奖"

授予各酒庄葡萄酒的"三杯奖"提名奖显示了对环境的特别关注。和2011年的成绩相比，这是一个伟大的成功，我们再接再厉。2012年我们筛选出了95款葡萄酒，比去年多12款。这意味着2012年（共375款）葡萄酒荣获"三杯奖"的比例从2011年的刚刚超过20%上升到了2012年的25%以上。这是令人欣喜的成果，同时也显示着意大利葡萄酒将蜚声海内外。意大利葡萄酒的出口将一点一点改变着。当今，只有1/4的"绿色三杯奖"获得者，在不久的将来，更多的葡萄酒将把绿色葡萄酒列入产品质量表中。然而，透明度仍待加强，我们期待着酒家的积极响应和及时声明。目前仅有4家酒家得到生机互动农耕认证，38家得到有机认证，比例上升到了44%。其他的都是天然葡萄酒，这种葡萄酒需要采用有机或者生机互动农耕认证技术，但目前还没有得到认证。换句话说，目前一半以上的葡萄酒酒庄还没有得到核实。另一方面，很多其他酒庄已经开始争取更高级的葡萄酒认证了，例如，UNI EN ISO 14000会审核酒庄碳含量，道德和经济的可持续性以及基本的环境可持续性。《意大利葡萄酒年鉴》正在统计这些数据。这些酒庄勇于争先、开拓进取，我们支持并相信他们是整个意大利农业的未来。

COF Sauvignon Zuc di Volpe '10	Volpe Pasini	Friuli Venezia Giulia
Colline Lucchesi Tenuta di Valgiano '08	Tenuta di Valgiano	Tuscany
Collio Bianco '10	Edi Keber	Friuli Venezia Giulia
Collio Bianco Broy '10	Eugenio Collavini	Friuli Venezia Giulia
Collio Bianco V. Runc '10	Il Carpino	Friuli Venezia Giulia
Collio Friulano '10	Franco Toros	Friuli Venezia Giulia
Costa d'Amalfi Furore Bianco '10	Marisa Cuomo	Campania
Derthona '09	Vigneti Massa	Piedmont
Etna Bianco '10	Graci	Sicily
Etna Bianco A' Puddara '09	Tenuta di Fessina	Sicily
Etna Rosso Cavanera Rovo delle Coturnie '09	Firriato	Sicily
Etna Rosso San Lorenzo '09	Girolamo Russo	Sicily
Fiano di Avellino '09	Guido Marsella	Campania
Fiano di Avellino Alimata '10	Villa Raiano	Campania
Fiano di Avellino Exultet '09	Quintodecimo	Campania
Flaccianello della Pieve '08	Az. Agr. Fontodi	Tuscany
Gioia del Colle Muro Sant'Angelo Contrada Barbatto '08	Chiaromonte	Puglia
Gioia del Colle Primitivo 17 '08	Polvanera	Puglia
Grechetto Poggio della Costa '10	Sergio Mottura	Lazio
Greco di Tufo Cutizzi '10	Feudi di San Gregorio	Campania
Il Carbonaione '08	Podere Poggio Scalette	Tuscany

Kaplja '08	Damijan Podversic	Friuli Venezia Giulia
Kurni '09	Oasi degli Angeli	Marche
Maestro Raro '08	Fattoria di Felsina	Tuscany
Molise Aglianico Contado Ris. '09	Di Majo Norante	Molise
Montecucco Grotte Rosse '08	Salustri	Tuscany
Montecucco Rosso Colle Massari Ris. '08	Colle Massari	Tuscany
Montello e Colli Asolani Il Rosso dell'Abazia '08	Serafini & Vidotto	Veneto
Montepulciano d'Abruzzo Amorino '07	Podere Castorani	Abruzzo
Montepulciano d'Abruzzo Cocciapazza '08	Torre dei Beati	Abruzzo
Moscato Passito '10	Luigi Viola	Calabria
Nambrot '08	Tenuta di Ghizzano	Tuscany
Nerobufaleffj '07	Gulfi	Sicily
Nobile di Montepulciano Salco Evoluzione '06	Salcheto	Tuscany
Offida Pecorino Ciprea '10	San Savino Poderi Capecci	Marche
Ograde Non Filtrato '09	Skerk	Friuli Venezia Giulia
Percarlo '07	San Giusto a Rentennano	Tuscany
Perda Pintà '09	Giuseppe Sedilesu	Sardinia
Relógio '09	Ca' Orologio	Veneto
Roero Ròche d'Ampsèj Ris. '07	Matteo Correggia	Piedmont
Roero Trinità Ris. '07	Malvirà	Piemonte
Sangiovese di Romagna Sup. Avi Ris. '08	San Patrignano	Emilia Romagna
Sangiovese di Romagna Sup. Primo Segno '09	Villa Venti	Emilia Romagna
Soave Cl. Calvarino '09	Leonildo Pieropan	Veneto
Terra di Lavoro '09	Galardi	Campania
Torcicoda '09	Tormaresca	Puglia
Trebbiano d'Abruzzo '09	Valentini	Abruzzo
Valle d'Aosta Petite Arvine '10	Le Château Feuillet	Valle d'Aosta
Valpolicella Cl. Sup. Ripasso Saustò '07	Monte dall'Ora	Veneto
Valtellina Sup. Sassella Stella Retica Ris. '06	Ar.Pe.Pe.	Lombardy
Valturio '09	Valturio	Marche
Verdicchio dei Castelli di Jesi Cl. Sup. Vecchie Vigne '09	Umani Ronchi	Marche
Verdicchio dei Castelli di Jesi Cl. Sup. Gli Eremi Ris. '09	La Distesa	Marche
Verdicchio di Matelica Vertis '09	Borgo Paglianetto	Marche
Vernaccia di S. Gimignano Fiore '09	Montenidoli	Tuscany
Vernaccia di S. Gimignano Zeta '10	Mattia Barzaghi	Tuscany
Vigna del Volta '08	La Stoppa	Emilia Romagna

1999—2010年葡萄酒列表

	BARBARESCO BAROLO	AMARONE	CHIANTI CLASSICO	BRUNELLO DI MONTALCINO	BOLGHERI	TAURASI
1990	4	5	4	5	5	5
1991	1	3	2	2	2	2
1992	1	1	1	1	3	4
1993	2	4	4	3	3	3
1994	1	3	3	2	3	3
1995	2	5	4	5	3	3
1996	5	3	3	2	3	3
1997	4	4	4	5	4	4
1998	3	3	3	3	5	2
1999	5	3	5	5	5	5
2000	4	4	4	3	3	3
2001	5	5	5	5	5	4
2002	2	3	2	2	3	3
2003	2	3	3	2	1	4
2004	5	4	4	4	3	4
2005	4	4	4	2	3	5
2006	5	4	3	4	4	3
2007	3	5	5	4	5	4

	ALTO ADIGE WHITE	SOAVE	FRIULI WHITE	VERDICCHIO DEI CASTELLI DI JESI	FIANO DI AVELLINO	GRECO DI TUFO
2000	3	4	5	3	2	2
2001	3	4	4	4	2	2
2002	5	5	2	2	3	2
2003	2	2	1	1	4	3
2004	4	4	4	4	3	3
2005	4	5	3	3	3	2
2006	3	3	5	5	4	5
2007	3	4	4	3	3	3
2008	3	4	3	4	5	5
2009	4	5	4	4	2	5
2010	5	4	3	5	4	3

星级评定

共有155家酒庄至少获得了意大利25个葡萄酒奖项中的10项“三杯奖”奖项。他们是酒中臻品、出类拔萃，是意大利酒中的极品。第一名又是Angelo Gaja酒庄，它斩获了49枚奖章，正向五星级荣誉的康庄大道迈进。Ca'del Bosco 和La Spinetta均获得36枚奖章，位列第二，尾随其后的是获得30枚奖章的Elio Altare，后面的是其他酒庄。今年有18个新晋酒庄获奖，包括皮埃蒙特区的Coppo,Hiberg Pasquero, Bartolo Mascarello和Braida酒庄，特伦蒂诺区的Cavit酒庄，威尼托区的Lorenzo Begali, Bertani, Tenuta Sant'Antonio, Speri, Suavia 和Zenato酒庄，弗留利-威尼斯朱利亚区的Borgo San Daniele 和Doro Prinic 酒庄，托斯卡纳区的La Cerbaiola和 Tenuta di Ghizzano酒庄，马尔凯区的La Monacesca, Oasi degli Angeli和Velenosi酒庄。

49

Gaja (Piedmont)

36

Ca' del Bosco (Lombardy)
La Spinetta (Piedmont)

30

Elio Altare (Piedmont)

27

Allegrini (Veneto)
Castello di Fonterutoli (Tuscany)
Fattoria di Felsina (Tuscany)
Valentini (Abruzzo)

23

Marchesi Antinori (Tuscany)
Castello di Ama (Tuscany)
Giacomo Conterno (Piedmont)
Masciarelli (Abruzzo)
Tenuta San Guido (Tuscany)
Cantina Produttori San Michele Appiano (Alto Adige)

22

Bellavista (Lombardy)
Castello della Sala (Umbria)
Ferrari (Trentino)
Feudi di San Gregorio (Campania)
Jermann (Friuli Venezia Giulia)
Planeta (Sicily)
Poliziano (Tuscany)
Villa Russiz (Friuli Venezia Giulia)

21

Domenico Clerico (Piedmont)
Gravner (Friuli Venezia Giulia)
Tasca d'Almerita (Sicily)
Cantina Tramin (Alto Adige)
Vie di Romans (Friuli Venezia Giulia)

20

Girolamo Dorigo (Friuli Venezia Giulia)
Livio Felluga (Friuli Venezia Giulia)

19

Az. Agr. Fontodi (Tuscany)
Bruno Giacosa (Piedmont)
Tenuta dell' Ornellaia (Tuscany)
Leonildo Pieropan (Veneto)
Schiopetto (Friuli Venezia Giulia)

18

Argiolas (Sardinia)
Cascina La Barbatella (Piedmont)
Castello Banfi (Tuscany)
Isole e Olena (Tuscany)
Tenimenti Ruffino (Tuscany)
Paolo Scavino (Piedmont)

17

Barone Ricasoli (Tuscany)
Arnaldo Caprai (Umbria)
Castello del Terriccio (Tuscany)
Matteo Correggia (Piedmont)
Elio Grasso (Piedmont)
Nino Negri (Lombardy)
Querciabella (Tuscany)
Cantina Produttori Santa Maddalena/
Cantina Produttori Bolzano (Alto Adige)

16

Michele Chiarlo (Piedmont)
Romano Dal Forno (Veneto)
Mastroberardino (Campania)
Miani (Friuli Venezia Giulia)
Montevetrano (Campania)
Tenute Sella & Mosca (Sardinia)
Venica & Venica (Friuli Venezia Giulia)
Le Vigne di Zamò (Friuli Venezia Giulia)
Elena Walch (Alto Adige)

15

Roberto Anselmi (Veneto)
Ca' Viola (Piedmont)
Cantina di Caldaro (Alto Adige)
Cantina Produttori Colterenzio (Alto Adige)
Conterno Fantino (Piemonte)
Les Crêtes (Valle d'Aosta)
Falesco (Umbria)
Tenuta San Leonardo (Trentino)
Luciano Sandrone (Piedmont)
Serafini & Vidotto (Veneto)
Roberto Voerzio (Piedmont)
Fattoria Zerbina (Emilia Romagna)

14

Bricco Rocche - Bricco Asili (Piemonte)
Casanova di Neri (Tuscany)
Aldo Conterno (Piedmont)
Gioacchino Garofoli (Marche)
Giuseppe Quintarelli (Veneto)
Ronco del Gelso (Friuli Venezia Giulia)
Cantina Terlano (Alto Adige)
Franco Toros (Friuli Venezia Giulia)
Uberti (Lombardy)
Vietti (Piedmont)

13

Abbazia di Novacella
(Trentino Alto Adige)
Avignonesi (Tuscany)
Castellare di Castellina (Tuscany)
Cusumano (Sicily)
Edi Keber (Friuli Venezia Giulia)
Lis Neris (Friuli Venezia Giulia)
Le Macchiole (Tuscany)
Maculan (Veneto)
Montevertine (Tuscany)
Palari (Sicily)
Tua Rita (Tuscany)
Vigna Rionda - Massolino (Piedmont)
Volpe Pasini (Friuli Venezia Giulia)

12

Brancaia (Tuscany)
Ca' Rugate (Veneto)
Castello dei Rampolla (Tuscany)
Luigi Cataldi Madonna (Abruzzo)
Còlpetrone (Umbria)
Donnafugata (Sicily)
Foradori (Trentino)
Cantina Convento Muri-Gries
(Alto Adige)
Fiorenzo Nada (Piedmont)
Pecchenino (Piedmont)
Albino Rocca (Piedmont)
Bruno Rocca (Piedmont)
Podere Rocche dei Manzoni (Piedmont)
San Patrignano (Emilia Romagna)
Cantina di Santadi (Sardinia)
Sottimano (Piedmont)

11

Antoniolo (Piedmont)
Firriato (Sicily)
Tenute Ambrogio e Giovanni Folonari
(Tuscany)

Gini (Veneto)
Kuenhof - Peter Pliger (Alto Adige)
Livon (Friuli Venezia Giulia)
Malvirà (Piemonte)
Franco M. Martinetti (Piemonte)
Masi (Veneto)
La Massa (Toscana)
Monsupello (Lombardia)
Fattoria Petrolo (Toscana)
Produttori del Barbaresco (Piemonte)
Prunotto (Piemonte)
Fattoria Le Pupille (Toscana)
Ronco dei Tassi (Friuli Venezia Giulia)
Umani Ronchi (Marche)

10

Gianfranco Alessandria (Piemonte)
Lorenzo Begali (Veneto)
Benanti (Sicilia)
Cav. G. B. Bertani (Veneto)
Borgo San Daniele (Friuli Venezia Giulia)
Braida (Piemonte)
Bucci (Marche)
Cavit (Trentino)
La Cerbaiola (Toscana)
Tenute Cisa Asinari dei Marchesi di Grésy (Piemonte)
Tenuta Col d'Orcia (Toscana)
Coppo (Piemonte)
Poderi Luigi Einaudi (Piemonte)
Marchesi de' Frescobaldi (Toscana)
Tenuta di Ghizzano (Toscana)
Hilberg - Pasquero (Piemonte)
Tenuta J. Hofstätter (Alto Adige)
Bartolo Mascarello (Piemonte)
La Monacesca (Marche)
Monte Rossa (Lombardia)
Oasi degli Angeli (Marche)
Doro Princic (Friuli Venezia Giulia)
Dario Raccaro (Friuli Venezia Giulia)
Tenuta Sant'Antonio (Veneto)
F.lli Speri (Veneto)
Suavia (Veneto)
Velenosi (Marche)
Villa Matilde (Campania)
Viviani (Veneto)
Zenato (Veneto)

如何使用本指南

酒庄基本资料

年产量
葡萄种植面积（公顷数）
葡萄栽培方式

标志符号

○ 白葡萄酒
⊙ 桃红葡萄酒
● 红葡萄酒

评　级

- 🍷 在其各自的类别中为中等良好到良好级别的葡萄酒
- 🍷🍷 在其各自的类别中品质为非常好到优秀之间的葡萄酒
- 🍷🍷（红色）在其各自的类别中品质非常好到优秀之间的葡萄酒，有望进入后期酒评
- 🍷🍷🍷 在其各自的类别中品质优秀的葡萄酒.

只要被列入往年版别《指南》中的葡萄酒喝起来依然有之前获奖时的那种水准，在2012年版的《指南》中都会以白色酒杯（🍷 🍷🍷 🍷🍷🍷）来表示。

星　形★

已获得10次“三杯奖”的酒庄

价格范围

1 .将近€3.50
2 .从€3.51到€5.00
3 .从€5.01到€7.50
4 .从€7.51到€13.00
5 .从€13.01到€20.00
6 .从€20.01到€30.00
7. 从€30.01到€40.00
8. 高于€40.00

星　号*表示品质极其优良

注　意 标出的价格为葡萄酒商店的平均价格

针对有白色玻璃杯标记的葡萄酒（即入选之前版别《指南》中的葡萄酒）而标出的价格范围适当考虑了随着时间的推移物价上涨的因素。

缩略词

缩略词	含义
A. A.	Alto Adige（阿尔托-阿迪杰产区）
C.	Colli（丘陵）
Cl.	Classic（经典）
C.S.	Cantina Sociale （联营酒庄）(co-operative winery)
Cant.	Cellar（酒窖）
CEV	Colli Etruschi Viterbesi（拉齐奥区维泰博省DOC等级产区）
Cast.	Castello (castle)（城堡）
COF	Colli Orientali del Friuli（威尼托区弗留利-威尼斯-朱利亚地区DOC等级产区）
Cons.	Consorzio (Consortium)（社团）
Coop.Agr.	Cooperativa Agricola（合作耕种）(farming co-operative)
C. B.	Colli Bolognesi（博洛尼亚产区）
C. P.	Colli Piacentini（艾米利亚-罗马涅地区产区）
Et.	Etichetta (label)（商标）
M.	Metodo (method)（方法）
M.to	Monferrato（蒙费拉托镇）
OP	Oltrepò Pavese（伦巴第区帕维亚省产区）
P.R.	Peduncolo Rosso(red bunchstem)（弗留利-威尼斯-朱利亚地区DOC等级地区）
P.	Prosecco（普若赛科）
Rif. Agr.	Riforma Agraria(agrarian reform)（农业改革）
Ris.	Riserva（珍藏）
Sel.	Selezione （珍选）
Sup.	Superiore（顶级）
TdF	Terre di Franciacorta（伦巴第区Franciacorta起泡葡萄酒DOCG等级产区）
V.	Vigna (vineyard)（葡萄园）
Vign.	Vigneto (vineyard)（葡萄园）
V. T.	Vendemmia Tardiva(late harvest)（晚收酒）

注：书中涉及的地名均以中国地图出版社的意大利地图为准。

意大利葡萄酒各产区介绍

瓦莱达奥斯塔区

VALLE D'AOSTA

瓦莱达奥斯塔区（Valle d'Aosta）的葡萄种植者孜孜不倦地在那片土地上耕耘着，为提高农业质量贡献着自己的力量。对当地葡萄园的保护造就了瓦莱达奥斯塔区葡萄酒的原始特色与典型风貌，也将葡萄酒文化推向了前沿。这些葡萄生长在高山上，这里环境没有遭到破坏，虽生长艰辛但具有独特的口味和果香。采取这种方法虽然产量少却保证了葡萄的高质量。“高山葡萄酒”说明了土地的贫瘠，更彰显了瓦莱达奥斯塔区小规模葡萄种植者们守卫传统和土地资源的勇气。他们抵制诱惑，没有选用新型知名的葡萄品种来赢得名声，而是坚持选用传统的不知名品种，这些品种甚至在相邻村庄里都没有名气。瓦莱达奥斯塔区当地品种具有鲜明的特点，用他们独特的口感刺激着人们的味蕾，把我们带入了一片神奇的阿尔卑斯山景。这种葡萄酒的香味充满了阿尔卑斯草地上的甘草味、花香味和香草味。这些口感的结合保证了其无与伦比的新鲜感，在某种程度也侧面反映了种植的艰辛和酸楚。李斯-科瑞迪斯（Les Crêtes）2009年出品的博艺思白葡萄酒（Cuvée Bois）和安塞尔梅特（Anselmet）酒庄2010年出品的艾丽维（Élevé en Fût de Chene）葡萄酒因其传统的霞多丽（Chardonnays）巩固了三杯奖的地位再次获奖。马里兹奥地区（Maurizio Fiorano）的费由伊勒堡葡萄酒（Château Feuillet）和艾里奥葡萄酒（Elio Ottin）因其质量和当地品质也夺得奖牌。他们有着贵族式矿物纹理的小粒阿伟翁（Petite Arvines）葡萄酒同样也不容错过。压轴的安德烈地区（Andre Costa）2009年出品的福民葡萄酒（Fumin Esprit Follet）也是另一个不容错过的酒中臻品。它是由沙姆巴瓦（Chambave）拉科罗塔（La Crotta di Vegneron）的酿酒师酿造。更重要的是，它确保了瓦莱达奥斯塔区（Valle d'Aosta）获得一项“三杯奖”。

Anselmet

FRAZ. LA CRÊTE, 194
11018 VILLENEUVE [AO]
TEL. 3484127121
www.maisonanselmet.vievini.it

藏酒销售
预约参观
年产量 35 000 瓶
葡萄种植面积 5 公顷

安塞尔梅（Anselmet）酒庄坐落在历史古城托瑞特（Torrette），地处圣•皮埃尔（Saint-Pierre）和维伦纽夫（Villeneuve）交界处。它位于奥斯塔（Aosta）的北部，是该地区首屈一指的酒庄之一，多年来一直产生着积极的影响。和其他瓦莱达奥斯塔地域的葡萄酒一样，安塞尔梅（Anselmet）酒庄出售的葡萄酒种类繁多，制酒流程复杂，是该地域的典范。但这并没有阻止安塞尔梅家族取得成功，其葡萄酒由国际葡萄——霞多丽（Chardonnay）酿造而成。回首过去，安塞尔梅斩获多项大奖；展望未来，它将蜚声酒界，获得肯定和奖励。

酒款	评级
○ Valle d'Aosta Chardonnay Élevé en Fût de Chêne '10	🍷🍷🍷 6
● Valle d'Aosta Fumin Élevé en Fût de Chêne '09	🍷🍷 6
● Valle d'Aosta Petit Arvine '10	🍷🍷 5
● Valle d'Aosta Torrette Sup. '09	🍷🍷 6
○ Arline	🍷🍷 5
● Le Prisonnier	🍷🍷 6
○ Valle d'Aosta Chardonnay '10	🍷🍷 4
○ Valle d'Aosta Müller Thurgau '10	🍷🍷 4
○ Valle d'Aosta Pinot Gris '10	🍷🍷 5
● Valle d'Aosta Syrah Henri '09	🍷 6
○ Valle d'Aosta Chardonnay Élevé en Fût de Chêne '09	🍸🍸🍸 6
○ Valle d'Aosta Chardonnay Élevé en Fût de Chêne '08	🍸🍸🍸 6
○ Valle d'Aosta Chardonnay Élevé en Fût de Chêne '07	🍸🍸🍸 6
○ Valle d'Aosta Chardonnay Élevé en Fût de Chêne '06	🍸🍸🍸 6

Le Château Feuillet

LOC. CHÂTEAU FEUILLET, 12
11010 SAINT-PIERRE
TEL. 3287673880
www.chateaufeuillet.vievini.it

藏酒销售
年产量 30 000 瓶
葡萄种植面积 5 公顷
葡萄栽培方式 有机种植

费由伊勒堡酒庄的负责人毛里奇奥•菲奥拉罗（Maurizio Fiorano）已经在圣德•皮埃尔（Saint-Pierre）辛苦经营多年，这个小镇也因他的酒庄而闻名。该酒庄地处在葡萄种植最好的区域，毛里奇奥以其高超的技术诠释了这里葡萄酒的传统制作。每次品尝该酒庄的酒，都为其绝妙的品质和质量叫好，2012年也毫不例外。这些酒都是当地葡萄酒中的珍品，完美的诠释了周围山脉的平衡与整体和谐。

酒款	评级
○ Valle d'Aosta Petite Arvine '10	🍷🍷🍷 4*
○ Valle d'Aosta Chardonnay '10	🍷🍷 4*
● Valle d'Aosta Fumin '09	🍷🍷 5
● Valle d'Aosta Torrette Sup. '09	🍷🍷 5
● Valle d'Aosta Torrette '10	🍷 4
○ Valle d'Aosta Chardonnay '08	🍸🍸 4*
● Valle d'Aosta Fumin '08	🍸🍸 5
○ Valle d'Aosta Petite Arvine '09	🍸🍸 4
○ Valle d'Aosta Petite Arvine '08	🍸🍸 4*
● Valle d'Aosta Torrette '09	🍸🍸 4
● Valle d'Aosta Torrette Sup. '08	🍸🍸 4
● Valle d'Aosta Torrette Sup. '06	🍸🍸 4

★Les Crêtes

LOC. VILLETOS, 50
11010 AYMAVILLES [AO]
TEL. 0165902274
www.lescretes.it

藏酒销售
预约参观
年产量 230 000 瓶
葡萄种植面积 23 公顷

2012年，科斯坦提罗•查勒乐（Costantino Charrère）将酒庄的指挥棒交接给了他的女儿伊乐罗拉（Eleonora）和伊乐娜（Elena）。根据近期的发展状况，李斯-科勒提斯（Les Crêtes）酒庄将成为本地区最为现代化的酒庄。坦提罗（Costantino）计划扩大酒庄面积，建造一个橡木桶酒窖和一个感觉观察室。这种新型的原创方式旨在体现酒庄的热情友好，并将葡萄酒爱好者们引入一场错综复杂却又无与伦比的旅行。这种创新方式和酒庄丰富的葡萄酒种类相得益彰，完美相融。

- ○ Valle d'Aosta Chardonnay Cuvée Bois '09 — YYY 7
- ○ Valle d'Aosta Chardonnay '10 — YY 5
- ○ Valle d'Aosta Petite Arvine '10 — YY 4*
- ○ Neblù M. Cl. Brut — YY 6
- ● Valle d'Aosta Syrah Coteau La Tour '09 — Y 5
- ● Coteau La Tour '01 — YYY 6
- ○ Valle d'Aosta Chardonnay Cuvée Bois '08 — YYY 7
- ○ Valle d'Aosta Chardonnay Cuvée Bois '07 — YYY 7
- ○ Valle d'Aosta Chardonnay Cuvée Bois '06 — YYY 7
- ○ Valle d'Aosta Chardonnay Cuvée Frissonnière Les Crêtes Cuvée Bois '05 — YYY 7
- ○ Valle d'Aosta Chardonnay Cuvée Frissonnière Les Crêtes Cuvée Bois '04 — YYY 6
- ○ Valle d'Aosta Chardonnay Cuvée Frissonnière Les Crêtes Cuvée Bois '03 — YYY 6
- ○ Valle d'Aosta Chardonnay Cuvée Frissonnière Les Crêtes Cuvée Bois '02 — YYY 6
- ● Valle d'Aosta Fumin Vigne La Tour '02 — YYY 6

La Crotta di Vegneron

P.ZZA RONCAS, 2
11023 CHAMBAVE [AO]
TEL. 016646670
www.lacrotta.it

藏酒销售
预约参观
年产量 300 000 瓶
葡萄种植面积 39 公顷

克拉塔（Crotta di Vegneron）联营酒庄位于沙姆巴瓦（Chambave），刚好在奥斯塔（Aosta）的外围。它的葡萄园分布分散，种植人员数目可观（大约120人），大多来自纳斯（Nus）和沙姆巴瓦（Chambave）。这也造就了其成为该地区规模最大且影响最广的酒庄。联营酒庄成立于1980年，于1985年酿造出了第一批葡萄酒。其所选用的葡萄历史悠久（包括麝香葡萄muscat），并受到萨沃伊公爵（the dukes of Savoy）的喜爱。另外一种重要的葡萄酒是人们耳熟能详的灰皮诺（Pinot Grigio），又名纳斯马尔沃伊斯（Nus Malvoisie）。

- ● Valle d'Aosta Fumin Esprit Follet '09 — YYY 5
- ○ Valle d'Aosta Chambave Moscato Passito Prieuré '09 — YY 6
- ● Valle d'Aosta Chambave Sup. Quatre Vignobles '09 — Y 5
- ● Valle d'Aosta Nus Sup. Crème '09 — Y 4
- ○ Valle d'Aosta Chambave Moscato Passito Prieuré '08 — YYY 6
- ● Valle d'Aosta Fumin Esprit Follet '07 — YYY 5*
- ○ Valle d'Aosta Chambave Moscato Passito '04 — YY 6
- ○ Valle d'Aosta Chambave Moscato Passito Prieuré '07 — YY 6
- ○ Valle d'Aosta Chambave Moscato Passito Prieuré '06 — YY 6
- ● Valle d'Aosta Chambave Sup. Quatre Vignobles '08 — YY 4*
- ● Valle d'Aosta Chambave Sup. Quatre Vignobles '07 — YY 4*
- ● Valle d'Aosta Fumin Esprit Follet '08 — YY 5
- ● Valle d'Aosta Fumin Esprit Follet '05 — YY 5

Di Barrò

LOC. CHÂTEAU FEUILLET, 8
11010 SAINT-PIERRE
TEL. 0165903671
www.vievini.it

藏酒销售
预约参观
年产量 20 000 瓶
葡萄种植面积 2.5 公顷
葡萄栽培方式 有机种植

埃尔维拉•瑞妮（Elvira Rini）和丈夫安德里亚•巴兹开创的葡萄园位于（Andrea Barmaz）特伦托区（Torrette）中心地带，是瓦莱达奥斯塔区（Valle d'Aosta）最传统的葡萄园。在尊重传统的同时，他们也将质量作为制酒的核心，而这两者都直白地展现在了他们的葡萄酒中。在当地葡萄酒中加入享有国际声誉的霞多丽（Chardonnay），其结果无比绝伦。产量虽小，但强有力的市场营销策略，却也保证了它实至名归的影响力。迪巴罗酒庄（Di Barrò）是第一个实行特伦托区流派的酒庄。

● Valle d'Aosta Fumin '09	🍷🍷 5
○ Lo Flapì	🍷🍷 7
● Valle d'Aosta Syrah V. de Conze '09	🍷🍷 5
● Valle d'Aosta Torrette Sup. Clos de Château Feuillet '08	🍷🍷 5
● Valle d'Aosta Torrette Sup. V. de Torrette '07	🍷🍷 7
● Valle d'Aosta Torrette Sup. V. de Torrette '06	🍷🍷🍷 7
○ Valle d'Aosta Chardonnay '08	🍷🍷 4*
● Valle d'Aosta Fumin '07	🍷🍷 5
● Valle d'Aosta Syrah V. de Conze '08	🍷🍷 5
● Valle d'Aosta Syrah V. de Conze '07	🍷🍷 5
● Valle d'Aosta Torrette '07	🍷🍷 4
● Valle d'Aosta Torrette Sup. Clos de Château Feuillet '07	🍷🍷 5

Caves Cooperatives de Donnas

VIA ROMA, 97
11020 DONNAS [AO]
TEL. 0125807096
www.donnasvini.it

藏酒销售
预约参观
年产量 150 000 瓶
葡萄种植面积 26 公顷

对来自南方的游客来说，瓦莱达奥斯塔区最美妙的风景莫过于多纳斯地区（Donnas）的葡萄园。这里有低矮的峡谷，仍保留着相邻地区皮埃蒙特区（Piemonte）的风俗传统。主要的葡萄种类是内比奥罗（Nebbiolo）葡萄。多年来，马里奥•达尔巴（Mario Dalbar）以其高超的管理技术经营着这家联营酒庄，保证其质量和品行代表着该地区的特色。这里的温和气候适宜很多植物的栽培，如橄榄和柠檬。

● Valle d'Aosta Donnas Napoléon '07	🍷🍷 5
● Valle d'Aosta Donnas Sup. Vieilles Vignes '07	🍷🍷 5
● Valle d'Aosta Donnas '07	🍷 4
● Valle d'Aosta Donnas Napoléon '06	🍷🍷 5
● Valle d'Aosta Donnas Napoléon '04	🍷🍷 5
● Valle d'Aosta Donnas Sup. Vieilles Vignes '05	🍷🍷 5
● Valle d'Aosta Donnas Sup. Vielles Vignes Cavour '06	🍷🍷 5

Feudo di San Maurizio

FRAZ. MAILLOD, 44
11010 SARRE [AO]
TEL. 3383186831
www.feudo.vievini.it

藏酒销售
预约参观
年产量 40 000 瓶
葡萄种植面积 7 公顷

当你沿着瓦莱达奥斯塔区到白朗峰（Mont Blanc）而行，映入眼帘的第一个村庄就是萨勒（Sarre）。这个小村庄地处城市边缘，1989年，米歇尔•瓦莱特（Michel Wallet）在这里创办了费多•圣•毛里奇奥（Feudo di San Maurizio）酒庄，如今酒庄已颇有名气。米歇尔热爱当地的传统，将其热情倾注在他所酿造的葡萄酒中。选用的葡萄种类真实地反映了当地文化和他所生长的那片热土。米歇尔虽已退休，但他将对工作的热情化作对每一位叩开酒窖（位于村庄的入口）大门的人的亲切问候。

Wine	Rating
○ Valle d'Aosta Gewürztraminer '10	▼▼ 5
○ Valle d'Aosta Petite Arvine '10	▼▼ 5
● Valle d'Aosta Torrette '10	▼▼ 4
● Valle d'Aosta Torrette Sup. '09	▼▼ 5
○ Valle d'Aosta Chardonnay '09	▼ 5
● Valle d'Aosta Fumin '08	▼ 5
● Pierrots '07	▽▽ 6
○ Valle d'Aosta Chardonnay '08	▽▽ 4
● Valle d'Aosta Fumin '06	▽▽ 5
○ Valle d'Aosta Gewürztraminer Grapillon '09	▽▽ 5
● Valle d'Aosta Mayolet '07	▽▽ 5
● Valle d'Aosta Torrette '08	▽▽ 4
● Valle d'Aosta Torrette Sup. '07	▽▽ 5

F.lli Grosjean

VILLAGGIO OLLIGNAN, 1
11020 QUART [AO]
TEL. 0165775791
www.grosjean.vievini.it

藏酒销售
预约参观
年产量 90 000 瓶
葡萄种植面积 10 公顷
葡萄栽培方式 有机认证

话题转移到格罗斯（F.lli Grosjean）酒庄。说到威绅特（Vincent）这位超级阳光外向的人物，你首先注意到的是格罗斯家族（Grosjean）的团结。坐落于靠近奥斯塔（Aosta）夸尔特（Quart）山上的葡萄园是葡萄酒客人驻足赏玩的好去处。新酒窖隐映于绿林之中，葡萄园和果园令人赏心悦目。持久的高品质使其成为酒庄的灯塔，更是瓦莱达奥斯塔区最成功、最知名的酒庄之一。

Wine	Rating
● Valle d'Aosta Fumin V. Rovettaz '09	▼▼ (red) 6
● Valle d'Aosta Torrette Sup. V. Rovettaz '09	▼▼ (red) 4
● Valle d'Aosta Mayolet '10	▼▼ 4
○ Valle d'Aosta Petite Arvine V. Rovettaz '10	▼▼ 5
● Valle d'Aosta Pinot Noir '10	▼▼ 4
● Valle d'Aosta Fumin '06	▽▽▽ 5
● Valle d'Aosta Fumin V. Rovettaz '07	▽▽▽ 6
○ Valle d'Aosta Petite Arvine V. Rovettaz '09	▽▽▽ 5
● Valle d'Aosta Cornalin V. Rovettaz '09	▽▽ 4
● Valle d'Aosta Fumin V. Rovettaz '08	▽▽ 6
○ Valle d'Aosta Pinot Gris V. Creton '08	▽▽ 5
● Valle d'Aosta Pinot Noir '09	▽▽ 4
● Valle d'Aosta Torrette Sup. V. Rovettaz '07	▽▽ 4*

Lo Triolet

Loc. Junod, 7
11010 Introd [AO]
Tel. 016595437
www.lotriolet.vievini.it

藏酒销售
预约参观
年产量 30 000 瓶
葡萄种植面积 3 公顷

洛•特瑞（Lo Triolet）酒庄的葡萄园位于茵托德山村（Introd），马尔科•马丁（Marco Martin）成功地开辟了一个适合这家酒庄发展的市场，生产出了意大利最好的灰皮诺（Pinot Grigio）品种中的一种。这家制酒厂基于家族农庄，并融入了高超的传统烹饪技术。近年来，在纳斯（Nus）这片土地上，马尔科显示了他拥有酿制经典红葡萄酒的技术，这也为他追求更高超的葡萄酒制酒技术带来挑战。

- ○ Valle d'Aosta Pinot Gris '10 5
- ● Valle d'Aosta Coteau Barrage '09 5
- ● Valle d'Aosta Fumin '09 4
- ● Valle d'Aosta Nus '10 4
- ○ Valle d'Aosta Pinot Gris '09 5
- ○ Valle d'Aosta Pinot Gris '08 4*
- ○ Valle d'Aosta Pinot Gris '05 4*
- ○ Valle d'Aosta Pinot Gris '07 4
- ○ Valle d'Aosta Pinot Gris '06 4*
- ○ Valle d'Aosta Pinot Gris Élevé en Barriques '09 5
- ○ Valle d'Aosta Pinot Gris Élevé en Barriques '07 5
- ● Valle d'Aosta Rouge Coteau Barrage '08 5

Elio Ottin

Fraz. Porossan Neyves 209
11100 Aosta
Tel. 3474071331
elio.ottin@gmail.com

预约参观
年产量 20 000 瓶
葡萄种植面积 4 公顷

离开奥斯塔，前往罗伊三（Roisan），到达大圣百纳德（Great St Bernard），就是厄里奥•奥丁（Elio Ottin）酒庄。在来自卢卡卡拉梅里奥的资深酿酒师皮埃德蒙蒂斯（Piedmontese）的带领下，该酒庄发展越来越快，成为瓦莱达奥斯塔区的新秀。该酒庄在该地区树立了最高的威信，提高了它的信任度。酒庄的每一个葡萄园里所种植的葡萄，都是根据其与土壤和气候条件的匹配度，经过精心挑选的，主要是当地品种，有小粒阿伟翁（Petite Arvine）、佩蒂特（Petit）和福民（Fumin）。

- ○ Valle d'Aosta Petite Arvine '10 4*
- ● Valle d'Aosta Fumin '09 5
- ● Valle d'Aosta Torrette Sup. '09 4
- ○ Valle d'Aosta Petite Arvine '09 4
- ● Valle d'Aosta Torrette Sup. '08 4

Cave du Vin Blanc de Morgex et de La Salle

FRAZ. LA RUINE
CHEMIN DES ÎLES, 19
11017 MORGEX [AO]
TEL. 0165800331
www.caveduvinblanc.com

藏酒销售
预约参观
年产量 170 000 瓶
葡萄种植面积 20 公顷

如今，白莫吉科斯拉萨尔葡萄酒（Blanc de Morgex et de La Salle）的负责人兼酿酒师，吉安卢卡•特罗里（Gianluca Telloli）思考着改变，并着力于寻找新的方向。我们对他和他的接任者表示衷心的祝愿。白莫吉科斯•拉萨尔葡萄酒（Blanc de Morgex et de La Salle）术语地区文化遗产，是欧洲目前种植非嫁接葡萄最多的地方，而这也引起了世界葡萄酒爱好者的兴趣。该酒庄1989年创建于咚博物吉特（Don Bougeat），是瓦莱达奥斯塔区上部分法尔地格讷（Valdigne）所有人的自豪与骄傲。

酒款	评级
○ 4478 Nobleffervescence	🍷🍷 5
○ Caronte Brut	🍷🍷 5
○ Valle d'Aosta Blanc de Morgex et de La Salle Blanc des Glaciers '10	🍷🍷 4
○ Valle d'Aosta Blanc de Morgex et de La Salle M. Cl. Brut '08	🍷🍷 5
○ Refrain Dry	🍷 4
○ Valle d'Aosta Blanc de Morgex et de La Salle Chaudelune Vindeglace '09	🍷 3
○ Valle d'Aosta Blanc de Morgex et de La Salle Rayon '10	🍷 4
○ Valle d'Aosta Blanc de Morgex et de La Salle La Piagne '09	🍷🍷 4
○ Valle d'Aosta Blanc de Morgex et de La Salle Rayon '09	🍷🍷 4
○ Valle d'Aosta Blanc de Morgex et de La Salle Vini Estremi '09	🍷🍷 4

La Vrille

LOC. GRANGEON, 1
11020 VERRAYES [AO]
TEL. 0166543018
www.lavrille-agritourisme.com

藏酒销售
预约参观
年产量 10 000 瓶
葡萄种植面积 1.5 公顷
葡萄栽培方式 有机种植

维拉耶斯（Verrayes）是靠近瓦莱达奥斯塔区的一个小山村。坐落于绿林之中，满覆葡萄藤的圆形露天剧院是绝好的住处。埃尔维（Hervé Deguillame）祖父母是这里的人，他和他的妻子管理着这家酒庄，并热衷于研制新的葡萄酒。20世纪90年代，埃尔维开垦了属于自己的第一个葡萄园，购买了曾属于他们家族的土地，并迅速将其高超的造酒技术应用于白摩斯卡托（Moscato Bianco）葡萄。

酒款	评级
○ Valle d'Aosta Chambave Muscat Flétri '09	🍷🍷 6
○ Valle d'Aosta Chambave Muscat '10	🍷🍷 5
● Valle d'Aosta Cornalin '09	🍷🍷 5
● Valle d'Aosta Fumin '08	🍷🍷 5
○ Valle d'Aosta Chambave Muscat Flétri Passito '07	🍷🍷🍷 5*
○ Valle d'Aosta Chambave Muscat Flétri Passito '08	🍷🍷 6
○ Valle d'Aosta Chambave Muscat Flétri Passito '06	🍷🍷 5
● Valle d'Aosta Cornalin '08	🍷🍷 4
● Valle d'Aosta Fumin '07	🍷🍷 5
● Valle d'Aosta Fumin '06	🍷🍷 5

Coopérative de l'Enfer

VIA CORRADO GEX, 65
11011 ARVIER [AO]
TEL. 016599238
www.coenfer.it

- ● Valle d'Aosta Enfer d'Arvier Bio Et. Verde '10 — 4
- ● Valle d'Aosta Enfer d'Arvier Sup. Clos de L'Enfer '10 — 5
- ○ Valle d'Aosta Pinot Gris Soleil Couchant '10 — 3

D&D

VIA REGIONE BIOULA, 13
11100 AOSTA
TEL. 0165552687
www.maisonded.vievini.it

- ● Valle d'Aosta Fumin '09 — 4
- ○ Valle d'Aosta Petite Arvine '10 — 4
- ● Valle d'Aosta Torrette '10 — 4

Les Granges

FRAZ. LES GRANGES, 8
11020 NUS [AO]
TEL. 0165767229
www.lesgrangesvini.it

- ● Valle d'Aosta Fumin '09 — 6
- ○ Valle d'Aosta Nus Malvoisie '10 — 4
- ○ Valle d'Aosta Nus Malvoisie Flétri '09 — 5

Institut Agricole Régional

LOC. RÉGION LA ROCHÈRE, 1A
11100 AOSTA
TEL. 0165215811
www.iaraosta.it

- ● Valle d'Aosta Fumin '08 — 5
- ○ Valle d'Aosta Petite Arvine '10 — 4
- ○ Valle d'Aosta Pinot Gris '10 — 4
- ○ Valle d'Aosta Chardonnay '10 — 4

Cooperativa La Kiuva

FRAZ. PIED DE VILLE, 42
11020 ARNAD [AO]
TEL. 0125966351
lakiuva@libero.it

- ● Valle d'Aosta Arnad-Montjovet Sup. '07 — 4*
- ○ Valle d'Aosta Chardonnay '09 — 4
- ● Valle d'Aosta Merlot '09 — 3

Ermes Pavese

S.DA PINETA, 26
11017 MORGEX [AO]
TEL. 0165,00053
www.vievini.it

- ○ Valle d'Aosta Vin Blanc de Morgex et La Salle Nathan '10 — 4*
- ○ Valle d'Aosta Vin Blanc de Morgex et La Salle '10 — 4

皮埃蒙特区

PIEMONTE

皮埃蒙特区（Piemonte）葡萄酒在质量上口碑一直不错，但生产正规葡萄酒的酒庄一路减少，笼罩着经济危机氛围下的葡萄园，特别是以巴巴列斯科（Barbaresco）和多尔切托（Dolcetto）为主要品种的地区，目前正以最低价出售着他们的葡萄酒。即使是声誉最高的酒庄也不尽如人意，他们不得不为应对经济危机而大规模减少产量，其后果将在未来的几年里看到。基于此，在过去的5年中，该区域的葡萄种植面积继续减少，从原来的52 000公顷减少到48 000公顷。这表明我们正在舍弃那些需要大规模人工种植的整片葡萄园，同时也意味着所生产的葡萄每千克不能少于0.30欧元。然而皮埃蒙特区的总产量并没有下降，2010年官方水平大约在300 000 000升左右，尽管实际上远非有那么多。产地葡萄酒大约占总产量的85%，白葡萄酒占38%，红葡萄酒占62%。也许因为葡萄来源于日光较少的位置，2007年不仅仅是精选葡萄酒，还包括其他很多基本品牌如内比洛葡萄（Nebbiolo）收获良好。2008年内比奥罗葡萄和巴巴列斯科葡萄（Barbaresco）收获得也很好，至少那些决定等到9月份梅雨季节过后再收割的酒庄应该会丰收。随着第一季巴巴列斯科葡萄的创收，2009年可谓大丰收，而2010年更是产出了一些新颖的白葡萄。有三个新晋“三杯奖”得主获得了好收成，他们的葡萄酒值得您在葡萄酒商店、餐馆，或是直接从酒家那儿购买品鉴。一些新的奖章得主证明了即使是在不怎么有名的地区也可以产出高质量的葡萄酒。2010年出品的法瓦罗葡萄酒（Favaro's Fe Chiusure）是以艾维里阿地区（Ivrea）最具当地特色的白葡萄厄巴鲁斯葡萄（Erbaluce）为原材料酿制的，而2007年出品的卡纳玛葡萄酒（Carema Etichetta Biance）则是以内比洛葡萄为基础再加上堪提娜葡萄（Cantina Produttori di c Carema）的丰富性制成的，同样是令人印象深刻的精品。其他一些内比奥罗葡萄酒包括婆罗（Porro, Serralunga d' Alba）酒庄于2007年出品的巴罗洛葡萄酒（Barolo lazzairasco）、卡尔洛（Carlo Giacosa）酒庄于2008年出品的巴巴列斯科葡萄酒（Barbaresco Montefico）、布尔洛特（Burlotto）酒庄于2007年出品的巴罗洛葡萄酒（Barolo Acclivi）和贝尔（Bel colle）酒庄于2006年出品的蒙维格里阿罗葡萄酒（Monvigliero）。来自托特拉地区的新款葡萄酒包括维格纳（Vigne Marina Coppi）酒庄于2009年出品的普拉什葡萄酒（Plush Colli Tortonese Timorasso Fausto），最后是塔奇洛（Tacchino）酒庄于1980年出品的多尔切托葡萄酒（Dolcetto d'Ovada Superiore du Riva）。

Abbona

LOC. SAN LUIGI
B.TA SAN LUIGI, 40
12063 DOGLIANI [CN]
TEL. 0173721317
www.abbona.com

藏酒销售
预约参观
年产量 250 000 瓶
葡萄种植面积 45 公顷

玛奇埃罗（Marziano）孜孜不倦地经营着阿伯纳（Abbona）家族酒庄，带头研制出了品种丰富的葡萄酒，其值得信赖的质量及大规模的生产使该酒庄成为了当地的火车头。因其合理的价格和品质，多年来，阿伯纳酒庄已经逐渐蜚声国内外。葡萄酒品种繁多，上至诱人的以维欧尼（Viognier）为底酒的西恩瑞诺葡萄酒（Cinerino），下至几种精选葡萄品质合制而成的巴罗洛（Barolo），当然也有品种多样的嫁接多尔切托葡萄酒（Dolcettos）。

● Dogliani Papà Celso '09	🍷🍷🍷 5
● Barolo Pressenda '07	🍷🍷 8
● Barbera d'Alba Rinaldi '09	🍷🍷 5
● Barolo Terlo Ravera '07	🍷🍷 7
● Dolcetto di Dogliani San Luigi '10	🍷🍷 4*
○ Duemilaotto Extra Brut M. Cl. '08	🍷🍷 6
○ Langhe Bianco Cinerino '10	🍷🍷 5
● Nebbiolo d'Alba Bricco Barone '09	🍷🍷 4
● Barolo Terlo Ravera '06	🍷🍷🍷 7
● Dogliani Papà Celso '07	🍷🍷🍷 5
● Dogliani Papà Celso '06	🍷🍷🍷 5

Anna Maria Abbona

FRAZ. MONCUCCO, 21
12060 FARIGLIANO [CN]
TEL. 0173797228
www.annamariabbona.it

藏酒销售
预约参观
年产量 58 000 瓶
葡萄种植面积 10 公顷

在法利格里安诺（Farigliano），你仍可以遍尝具有多哥利安尼地区（Dogliani）特色的生物活力葡萄酒。这家酒庄的主人是安娜•玛利亚（Anna Maria）和她的丈夫弗兰克•斯切尔里罗（Franco Schellino）。酒庄地势较高，从其出品的葡萄酒就可以感知到那大约600米的海拔。多尔切托葡萄酒（Dolcettos）品种繁多，足以彰显葡萄在成熟几年中的不同寻常。在这10公顷的葡萄园里工作着三代人——安娜•玛利亚（Anna Maria）的父母，他们自己还有他们的儿子费得里克（Federico）。正是对葡萄酒文化和制酒技术的深爱，使得他们一家如此团结。

● Dogliani Maioli '09	🍷🍷 4*
● Dolcetto di Dogliani Sorì dij But '10	🍷🍷 4*
● Langhe Nebbiolo '08	🍷🍷 4*
● Langhe Rosso Cadò '08	🍷🍷 5
● Barbera d'Alba '10	🍷 4
○ Langhe Bianco L'Alman '10	🍷 5
○ Langhe Bianco Netta '10	🍷 5
● Langhe Dolcetto '10	🍷 3
● Dogliani Maioli '08	🍷🍷 4
● Dogliani Maioli '07	🍷🍷 4*
● Dolcetto di Dogliani Sorì dij But '09	🍷🍷 4*
● Dolcetto di Dogliani Sorì dij But '08	🍷🍷 4
● Langhe Nebbiolo '07	🍷🍷 4*
● Langhe Rosso Cadò '07	🍷🍷 5

F.lli Abrigo

loc. Berfi
via Moglia Gerlotto, 2
12055 Diano d'Alba [CN]
Tel. 017369104
www.abrigofratelli.com

藏酒销售
预约参观
年产量 60 000 瓶
葡萄酒种植面积 22 公顷

福瑞特里•阿布里格（Fratelli Abrigo）酒庄因其葡萄酒的突出品质，在蒂亚诺地区（Diano）产生着影响。更重要的是它极其诱人的价格。多尔切托葡萄酒（Dolcetto）是农场葡萄酒活动的里程碑。尽管和其他当地特色品种葡萄生长在一起，但也丝毫没有影响它的众多品质。该酒庄令人屏息、居高临下的地位值得前来一游。

- ● Barbera d'Alba La Galùpa '09 4*
- ● Diano d'Alba Sup. V. Pietrin '09 4*
- ● Barbera d'Alba Piasusa '10 4
- ● Diano d'Alba Rocche dei Berfi '10 3
- ○ Langhe Chardonnay Temp dër Fiù '10 4
- ● Langhe Rosso Tambuss '07 5
- ● Nebbiolo d'Alba Tardiss '09 5
- ○ Sivà Brut m. Cl. '08 6
- ● Barbera d'Alba La Galùpa '07 4*
- ● Barbera d'Alba Piasusa '07 3*
- ● Diano d'Alba Rocche dei Berfi '09 3*
- ● Diano d'Alba Sup. V. Pietrìn '08 4
- ● Nebbiolo d'Alba Tardiss '08 5

Orlando Abrigo

via Cappelletto, 5
12050 Treiso [CN]
Tel. 0173630232
www.orlandoabrigo.it

藏酒销售
预约参观
年产量 80 000 瓶
葡萄酒种植面积 18 公顷

20年前，乔瓦尼•阿布里格（Giovanni Abrigo）继承了其父奥兰多（Orlando）的事业，上任初期，他就开始扩大领地。如今，他种植的葡萄园地处特雷斯（Treiso）、特雷泽（Trezzo）、第内拉（Tinella）及维扎（Vezza d'Alba）。其葡萄酒风格有所改变，红葡萄酒和白葡萄酒丰富的果汁和润滑的口感在某种程度上，是由于新型小木桶的集中使用。尽管也有国际品牌梅洛（Merlot）、霞多丽（Chardonnay）和苏维翁（Sauvignon），该葡萄园里生长的主要还是传统葡萄品种，如朗格地区（Langhe）的内比奥多（Nebbiolo）、巴贝拉（Barbera）和多尔切托（Dolcetto）。

- ● Barbaresco Montersino '08 7
- ● Barbaresco Rocche Meruzzano '08 6
- ● Barbaresco Rocche Meruzzano V. Rongallo '08 7
- ● Barbera d'Alba Mervisano '08 5
- ● Barbera d'Alba V. Roreto '09 4
- ○ Langhe Bianco D'Amblè '10 4*
- ● Langhe Nebbiolo Settevie '09 4
- ● Nebbiolo d'Alba Valmaggiorc '09 6
- ● Barbaresco Montersino '07 7
- ● Barbaresco Rocche Meruzzano '07 6
- ● Barbaresco Rocche Meruzzano V. Rongallo '07 7
- ● Barbera d'Alba Mervisano '07 5
- ○ Langhe Bianco D'Amblè '09 4
- ● Langhe Nebbiolo Settevie '08 4
- ● Langhe Rosso Livraie '06 5
- ● Nebbiolo d'Alba Valmaggiore '08 6

Giulio Accornero e Figli

CA' CIMA, 1
15049 VIGNALE MONFERRATO [AL]
TEL. 0142933317
www.accornerovini.it

藏酒销售
预约参观
年产量 100 000 瓶
葡萄种植面积 22 公顷
葡萄栽培方式 有机种植

吉利奥•阿科尔内罗斯（Giulio Accornero e Figli）酒庄是阿勒桑得利亚省（Alessandria）历史最悠久的品牌。每年该酒庄出品的葡萄酒品种无不说明他和该地区根深蒂固的关系。对卡萨勒斯地区（Casalese）的歌颂，激发了一种灵感——把格里格萝莉罗（Grignolino）改进成一种新的品种，并由此产生了一个新的项目。这个新品种竭力获得圈外的影响力，并为厄尔曼诺•阿科尔内罗斯（Eemanno Accornero）熟知。所以除了产量高之外，还融有润滑的巴贝拉口味，该酒庄正致力于将格里格萝莉罗葡萄酒（Grignolino）打造成皮埃蒙特大区的贵族珍品。

- ● Barbera del M.to Giulin '09 4
- ● Barbera del M.to Sup. Cima '06 7
- ● Grignolino del M.to Casalese Bricco del Bosco '10 4
- ● Barbera del M.to Sup. Bricco Battista '08 6
- ● Casorzo Brigantino '10 4
- ● Grignolino del M.to Casalese Bricco del Bosco Vigne Vecchie '06 7
- ● M.to Freisa La Bernardina '10 4
- ○ Monferrato Bianco Fonsìna '10 4
- ● Monferrato Rosso Centenario '07 6
- ● Barbera d'Asti Bricco Battista '97 5
- ● Barbera del M.to Sup. Bricco Battista '07 6
- ● Barbera del M.to Sup. Bricco Battista '04 6
- ● Barbera del M.to Sup. Bricco Battista '99 6
- ● Barbera del M.to Sup. Bricco Battista '98 6

Marco e Vittorio Adriano

FRAZ. SAN ROCCO SENO D'ELVIO, 13A
12051 ALBA [CN]
TEL. 0173362294
www.adrianovini.it

藏酒销售
预约参观
年产量 100 000 瓶
葡萄种植面积 22 公顷

该酒庄位于阿尔巴地区（Alba），但有趣的是，其生产的葡萄酒却源自享有声望的内华城堡（Neive）的巴萨林（Basarin）一个6公顷的葡萄园，这里同时也是巴巴列斯科葡萄酒（Barbarescos）的原料地。该精选葡萄酒以高标准出品，属于有珍藏2年之久的维沙华系列葡萄酒（Riserva）。近20年来，葡萄酒的制酒方法没有多大改变。这些都是由新鲜的葡萄并在斯拉夫尼亚（Slavonian）橡木桶中熟化酿制的葡萄酒。

- ● Barbaresco Basarin '08 5
- ● Barbaresco Basarin Ris. '06 6
- ● Barbaresco Sanadaive '08 5
- ● Barbaresco Basarin '07 5
- ● Barbaresco Basarin '06 5*
- ● Barbaresco Basarin Ris. '05 6
- ● Barbaresco Basarin Ris. '04 6
- ● Barbaresco Sanadaive '07 5
- ● Barbaresco Sanadaive '06 5*
- ● Barbera d'Alba Sup. '07 4*
- ● Langhe Freisa '09 4
- ● Langhe Nebbiolo '08 4
- ● Langhe Nebbiolo '07 4*

Claudio Alario

via Santa Croce, 23
12055 Diano d'Alba [CN]
Tel. 0173231808
aziendaalario@tiscali.it

藏酒销售
预约参观
年产量 45 000 瓶
葡萄种植面积 10 公顷

仅仅在20年间，克劳迪奥•阿莱锐欧（Claudio Alario）酒庄已经在多尔切托（Dolcetto di Diano）葡萄酒庄逐渐树立威信并奠定了自己的地位。这要归功于他精选的科斯塔葡萄（Costa Fiore）酿造的种种珍品。然而，多年来，他一直尝试使用兰格地区（Langhe）的品牌葡萄品种——巴罗洛（Barolo），并最终在保证法定餐酒区购买了新的葡萄园。克劳迪奥•阿莱锐欧（Claudio Alario）酒庄因其葡萄酒均衡的配比、各成分的恰当融合以及劲道的酒精脱颖而出，使得精选多尔切托葡萄酒（Dolcetto）设定了具有竞争力的价格，这一点更是诱人。

- ● Barolo Riva Rocca '07 7
- ● Diano d'Alba Costa Fiore '10 4*
- ● Barbera d'Alba Valletta '09 5
- ● Barolo Sorano '07 8
- ● Diano d'Alba Montagrillo '10 4*
- ● Diano d'Alba Pradurent Sup. '09 4*
- ● Nebbiolo d'Alba Cascinotto '09 5
- ● Barolo Sorano '05 8
- ● Barbera d'Alba Valletta '08 5
- ● Barolo Riva '06 7
- ● Barolo Sorano '06 8
- ● Diano d'Alba Costa Fiore '09 4*
- ● Diano d'Alba Montagrillo '09 4*
- ● Nebbiolo d'Alba Cascinotto '08 5

F.lli Alessandria

via B. Valfré, 59
12060 Verduno [CN]
Tel. 0172470113
www.fratellialessandria.it

藏酒销售
预约参观
年产量 70 000 瓶
葡萄种植面积 14 公顷

吉安•巴蒂斯塔（Gian Battista Alessandria）自18世纪以来，就在威尔多诺地区（Verduno）辛勤耕耘着，这其中和他的家人的帮助分不开，特别是他非常优秀的儿子维特勒（Vittore）。其生产的巴罗洛葡萄酒（Barolo）根据传统技术制成，并按照不同的度数进行分类，包括蒙维格里阿罗（Monvigliero）、格拉莫勒乐（Gramolere）和桑洛伦佐（San Lorenzo）。仅仅是酒庄就值得一游，而他的秀丽和制酒技术曾经得到意大利国王卡米罗（Camillo Benso, Conte di Cavour）的称赞。14公顷的葡萄园主要种植者内比洛（Nebbiolo）以及当地的本土葡萄培拉威尔噶（Pelaverga）。该酒庄历来重视保护环境，从不使用化学药物。

- ● Barolo '07 6
- ● Barolo Gramolere '07 7
- ● Barolo S. Lorenzo '07 7
- ● Barbera d'Alba Sup. La Priora '08 5
- ● Barolo Monvigliero '07 7
- ● Langhe Nebbiolo Prinsiot '09 4
- ● Langhe Rossoluna '08 5
- ● Verduno Pelaverga Speziale '10 4
- ● Barolo Gramolere '05 7
- ● Barolo Monvigliero '06 7
- ● Barolo Monvigliero '00 7
- ● Barolo Monvigliero '95 7
- ● Barolo S. Lorenzo '04 7
- ● Barolo S. Lorenzo '01 7
- ● Barolo S. Lorenzo '97 7

★Gianfranco Alessandria

LOC. MANZONI, 13
12065 MONFORTE D'ALBA [CN]
TEL. 017378576
www.gianfrancoalessandria.com

藏酒销售
预约参观
年产量 45 000 瓶
葡萄种植面积 7 公顷

自20世纪80年代以来，吉安弗朗克•亚力山德利亚（Gianfranco Alessandria）通过采取简单的表皮接触和新橡木的多样熟化技术，以其独特创新的酿酒方法使巴罗洛葡萄酒（Barolo）成为兰格地区（Langhe）制酒技术的弄潮儿。吉安弗朗克（Gianfranco）的妻子布鲁娜（Bruna）和女儿维特利亚（Vittoria）也积极地管理这个规模虽小却在国内外享誉盛名的家庭酒庄，所有这些要归功于他们生产的领先品牌葡萄酒——巴罗洛葡萄酒（Barolo San Giovanni）和巴贝拉葡萄酒（Barbera d'Alba Vittoria），其中吉安弗朗克（Gianfranco）将后者主要归功于他的女儿。

● Barolo S. Giovanni '07	8
● Barolo '07	7
● Barolo S. Giovanni '04	8
● Barolo S. Giovanni '01	8
● Barolo S. Giovanni '00	8
● Barolo S. Giovanni '99	8
● Barolo S. Giovanni '98	8
● Barolo S. Giovanni '97	8
● Barbera d'Alba '09	4*
● Barbera d'Alba Vittoria '07	6
● Barolo '06	7
● Barolo S. Giovanni '06	8
● Langhe Nebbiolo '08	5
● Langhe Rosso L'Insieme '07	6

Marchesi Alfieri

P.ZZA ALFIERI, 28
14010 SAN MARTINO ALFIERI [AT]
TEL. 0141976015
www.marchesialfieri.it

藏酒销售
预约参观
年产量 90 000 瓶
葡萄种植面积 21 公顷

阿尔菲利（Alfieri）酒庄于1990年由圣马尔蒂诺（San Martino di San Germano）三姐妹共同开创，主要生产巴贝拉葡萄酒（Barbera），地理位置十分优越，处于靠近圣•马尔蒂诺（San Martino）市政区的夸格利亚（Quaglia）山腰上。这是一片古老的土地，从1377年就有记载该葡萄园属于圣马尔蒂诺家族。巴贝拉葡萄（Barbera）仍然是阿尔菲利酒庄的头号葡萄品种，这不仅仅是由于酒庄有70多年的历史，更是因为在酒庄25公顷的土地上，不同品种所占的种植面积就达15公顷。其他品种还包括格里格诺里诺（Grignolino）、内比奥罗（Nebbiolo）和黑皮诺（Pinot Nero），这些葡萄都是经过精湛的嫁接技术得到的现代品种。

● Barbera d'Asti La Tota '09	4*
● M.to Rosso Costa Quaglia '08	5
● M.to Rosso Sostegno '09	4*
● Piemonte Grignolino Sansoero '10	4*
● Barbera d'Asti Sup. Alfiera '08	6
● M.to Rosso S. Germano '09	6
● Barbera d'Asti Sup. Alfiera '07	6
● Barbera d'Asti La Tota '08	4
● Barbera d'Asti La Tota '07	4
● Barbera d'Asti La Tota '06	4*
● Barbera d'Asti Sup. Alfiera '06	6
● M.to Rosso Sostegno '08	4*

Giovanni Almondo

VIA SAN ROCCO, 26
12046 MONTÀ [CN]
TEL. 0173975256
www.giovannialmondo.com

藏酒销售
预约参观
年产量 85 000 瓶
葡萄种植面积 16 公顷

30年来，多米尼克•阿尔蒙达（Domenico Almondo）为我们呈现了罗埃洛地区（Roero）一些最好的葡萄酒。葡萄园中9/15的面积主要种植着阿尔内斯葡萄（Arneis），其中也不乏当地的经典红葡萄品种，如罗埃洛（Roero）和巴贝拉（Barbera）。阿尔内斯葡萄（Arneis）主要种植在沙质土壤中，罗埃洛（Roero）和巴贝拉（Barbera）葡萄则种植于石灰岩土壤。尽管布里克葡萄酒是当地最为丰饶复杂的阿尔内斯品种之一，号称葡萄酒界的老大，但这里生产的葡萄酒也是别具一格，典雅可口。

○ Roero Arneis Bricco delle Ciliegie '10	4
● Roero Bric Valdiana '09	6
● Roero Giovanni Almondo Ris. '08	6
○ Langhe Bianco Sassi e Sabbia '09	4
● Roero '09	4
○ Roero Arneis V. Sparse '10	4
● Roero Bric Valdiana '07	6
● Barbera d'Alba Valbianchera '08	5
● Barbera d'Alba Valbianchera '06	5
○ Roero Arneis Bricco delle Ciliegie '07	4*
● Roero Bric Valdiana '08	6
● Roero Bric Valdiana '06	6
● Roero Giovanni Almondo Ris. '06	6

★★★Elio Altare

FRAZ. ANNUNZIATA, 51
12064 LA MORRA [CN]
TEL. 017350835
www.elioaltare.com

预约参观
年产量 60 000 瓶
葡萄种植面积 10 公顷
葡萄栽培方式 有机种植

伊利奥•阿尔托雷（Elio Altare）30岁的时候就宣布放弃在葡萄园使用化学药品，也不在酒窖中使用陈旧的木桶，现在他刚过花甲，已经用自己独到的方法研制出了45种葡萄酒。伊利奥（Elio）处事风格简约而优雅，他采取短时间浸泡法，采用新型小橡木桶和自然葡萄园管理方法，这一切使他逐渐成为现代巴罗洛葡萄酒（Barolo）大师。伊利奥（Elio）的妻子露西亚（Lucia）一直支持着他，他的女儿斯尔维亚（Silvia）也在这里工作。该酒庄规模小，以巴罗洛葡萄酒（Barolo）为主，同时也有知名的兰格•阿波利那葡萄酒（Langhe Arborina）和兰格•拉里吉葡萄酒（Langhe Larigi）。

● Barolo Cerretta V. Bricco '05	8
● Barolo Vign. Arborina '07	8
● Langhe Arborina '09	8
● Langhe Larigi '09	8
● Barbera d'Alba '10	5
● Barolo '07	8
● Dolcetto d'Alba '10	4
● L'Insieme '09	7
● Langhe La Villa '09	8
● Langhe Nebbiolo '10	5
● Langhe Arborina '08	8
● Langhe La Villa '06	8
● Langhe Larigi '07	8

Antichi Vigneti di Cantalupo

VIA MICHELANGELO BUONARROTI, 5
28074 GHEMME [NO]
TEL. 0163840041
www.cantalupo.net

藏酒销售
预约参观
年产量 200 000 瓶
葡萄种植面积 35 公顷

阿鲁罗（Arlunno）家族拥有科林内•诺瓦勒斯（Colline Novaresi）当地一些代表性的葡萄酒，这是一个丘陵山村，由来自蒙特罗莎（Monte Rosa）的冰川在很久以前沉积而成。该酒庄34公顷左右的葡萄园里主要种植内比洛•西班纳（Nebbiolo Spanna）和格美葡萄（Ghemme）。这些葡萄可制成四种高品质的葡萄酒，其中三款精品一直保持透露着随岁月流转而灵活应变的青春特质。其他品种比较单一，主要融合了思韦伯诺拉（Vespolina）、优化拉雅（Uva Rara）、厄柏露丝（Erbaluce）、阿内斯（Arneis）和霞多丽（Chardonnay）。

- ● Ghemme Collis Carellae '07 — 7
- ● Colline Novaresi Agamium '07 — 4*
- ⊙ Colline Novaresi Nebbiolo Il Mimo '10 — 4
- ● Ghemme '05 — 5
- ● Ghemme Collis Breclemae '00 — 7
- ○ Carolus '09 — 4*
- ● Ghemme '06 — 5
- ● Ghemme Signore di Bayard '01 — 6

Antico Borgo dei Cavalli

VIA DANTE, 54
28010 CAVALLIRIO [NO]
TEL. 016380115
www.vinibarbaglia.it

藏酒销售
预约参观
年产量 20 000 瓶
葡萄种植面积 3 公顷

欢迎访问者的蝴蝶结标志着安提科•博尔格•卡瓦利（Antico Borgo dei Cavalli）酒庄第四代传人小卢卡（Luca）的到来。该酒庄由马里奥•巴巴格里亚（Mario Barbaglia）开创，现在由其儿子塞尔吉奥（Sergio）和刚刚做妈妈的孙女西尔维娅（Silvia）共同经营。我们对这个新生的婴儿和那些品质不断提高的葡萄酒表示祝贺。这些葡萄酒主要是传统风格，包括内比洛（Nebbiolo）、优化拉雅（Uva Rara）、克罗地那（Croatina）、思韦伯诺拉（Vespolina）和厄柏露丝（Erbaluce）以及一些逐渐个人化并广受关注的经典系列葡萄酒。

- ● Boca '07 — 6
- ○ Colline Novaresi Bianco Lucino '10 — 4*
- ● Colline Novaresi Croatina Clea '09 — 4
- ● Colline Novaresi Nebbiolo Il Silente '07 — 4
- ○ Curticella Caballi Regis Brut M. Cl. — 6
- ● Colline Novaresi Vespolina Ledi '09 — 4
- ○ Curticella Dosaggio Zero M. Cl. — 6
- ● Boca '04 — 6
- ● Boca '01 — 6
- ● Colline Novaresi Nebbiolo Il Silente '06 — 5
- ● Colline Novaresi Uva Rara Lea '07 — 3*
- ● Colline Novaresi Vespolina Ledi '04 — 4*

★Antoniolo

C.SO VALSESIA, 277
13045 GATTINARA [VC]
TEL. 0163833612
antoniolovini@bmm.it

藏酒销售
预约参观
年产量 60 000 瓶
葡萄种植面积 12 公顷

有多少葡萄酒可以享誉百年，从开始的那一刻就彰显卓越？我们相信答案是凤毛麟角，然而这其中必定包括有阿尔伯特（Antoniolo）家族出品的加地娜拉葡萄酒（Gattnara）。这些天才的高地人完美地呈现了传奇般的葡萄园魅力，如圣弗朗西斯科（San Francesco）、奥索•圣格拉托（Osso San Grato）、卡斯特里（Castelle）和波瑞丽（Borelle）。该酒庄将该地区纯度、能量和深度浓缩于每一滴葡萄酒中，也提出了针对葡萄酒酿制工艺和酒窖议定书重要性的讨论，在意大利很少有酒庄可以和它相提并论。

- ● Gattinara Vign. S. Francesco '07 ▼▼▼ 6
- ● Gattinara '07 ▼▼ 6
- ● Gattinara Vign. Osso S. Grato '07 ▼▼ 7
- ● Gattinara Vigneto Castelle '07 ▼▼ 6
- ● Coste della Sesia Nebbiolo Juvenia '09 ▼▼ 4*
- ⊙ Coste della Sesia Rosato Bricco Lorella '10 ▼ 4
- ● Gattinara Vign. Castelle '00 ▽▽▽ 7
- ● Gattinara Vign. Castelle '99 ▽▽▽ 7
- ● Gattinara Vign. Osso S. Grato '06 ▽▽▽ 7
- ● Gattinara Vign. Osso S. Grato '05 ▽▽▽ 7
- ● Gattinara Vign. Osso S. Grato '04 ▽▽▽ 7
- ● Gattinara Vign. Osso S. Grato '01 ▽▽▽ 7
- ● Gattinara Vign. S. Francesco '06 ▽▽▽ 6
- ● Gattinara Vign. S. Francesco '05 ▽▽▽ 7
- ● Gattinara Vign. S. Francesco '03 ▽▽▽ 7
- ● Gattinara Vign. S. Francesco '01 ▽▽▽ 6

Anzivino

C.SO VALSESIA, 162
13045 GATTINARA [VC]
TEL. 0163827172
www.anzivino.it

藏酒销售
预约参观
年产量 60 000 瓶
葡萄种植面积 11 公顷

20世纪90年代后期，安兹维诺（Anzivino）家族就从米兰迁居到加地娜拉（Gattnara），开始从事种植和酿制葡萄酒。他们在希维帕赛尔（Ciuppasell）的祖先因制桶和葡萄种植而闻名于皮埃蒙特（Piemonte），在某种程度上说，这是对他们的一种回忆。11公顷的葡萄园中栽培着波纳达（Bonarda）、克罗地那（Croatina）、厄柏露丝（Erbaluce），当然还有内比洛（Nebbiolo）。这些品种多样的葡萄为制作现代的葡萄酒奠定了基础，如布尔马特拉斯（Bramaterras）和加地娜拉（Gattnara）以及一些创新冒险，如酿制法提卡特（Faticato）的葡萄在发酵之前就要在架子上晾干3个月。

- ● Bramaterra '07 ▼▼ 4
- ● Coste della Sesia Faticato '07 ▼▼ 6
- ● Bramaterra Ris. '05 ▼ 5
- ● Coste della Sesia Nebbiolo '06 ▼ 4
- ● Gattinara '07 ▼ 5
- ● Bramaterra '05 ▽▽ 4
- ● Bramaterra Ris. '04 ▽▽ 5
- ● Coste della Sesia Nebbiolo Faticato '06 ▽▽ 6
- ● Gattinara '04 ▽▽ 5
- ● Gattinara Ris. '03 ▽▽ 6

Araldica Vini Piemontesi

V.LE LAUDANO, 2
14040 CASTEL BOGLIONE [AT]
TEL. 014176311
www.araldicavini.com

藏酒销售
预约参观
年产量 6 000 000 瓶
葡萄种植面积 900 公顷

阿娜迪卡（Arldica）是一个大型的合作酒庄，共有320位葡萄种植者，他们把葡萄运送到安提卡•肯提（Antica Contea di Castelvero）进行发酵和陈化。每位葡萄种植者的产品都将追踪，并由酒庄严格监督，以保证合作的高质量，特别是这些葡萄酒将用于餐用和销售。当地葡萄品种被广泛利用，主要包括来自卡斯特尔（Castel）、伯格里尔内（Boglione）、卡斯西诺内（Cascinone）和佳维地区（Gavi）的巴贝拉（Barbera）和柯蒂斯（Cortese）葡萄。

- ● Barbera d'Asti Sup. Ceppi Storici '08 — 4*
- ● Barbera d'Asti Sup. Rive '08 — 4
- ○ Gavi La Battistina '10 — 4
- ○ Gavi La Lancellotta '10 — 4
- ○ Gavi del Comune di Gavi Nuovo Quadro '10 — 4
- ○ Piemonte Brut Alasia '06 — 4
- ● Barbera d'Asti Sup. D'Annona '07 — 4*
- ● Barbera d'Asti Sup. Rive '07 — 4
- ● Barbera d'Asti Sup. Rive '06 — 4*
- ● Barbera d'Asti Sup. Rive '04 — 4*
- ● Langhe Nebbiolo Castellero '06 — 4
- ● Langhe Nebbiolo Castellero '05 — 4*

Tenuta dell'Arbiola

LOC. ARBIOLA
REG. SALINE, 67
14050 SAN MARZANO OLIVETO [AT]
TEL. 0141856194
www.saiagricola.it

藏酒销售
预约参观
年产量 100 000 瓶
葡萄种植面积 20 公顷

特纳塔•亚比奥拉（Tenuta Arbiola）地处美丽的景区，可以远眺尼斯山谷（Nizza Valley），从2008年起就属于赛亚格瑞克罗（Saiagricola）家族。该酒庄在圣马尔扎诺市中心有两家葡萄园，土壤为白垩质兼沙石质。20公顷葡萄园中有12公顷种植着当地的经典葡萄品种——巴贝拉（Barbera），还有一些超过60多年的品种，如莫斯卡托麝香葡萄（Moscato）、赤霞珠（Cabernet Sauvigon）、梅洛（Merlot）、黑皮诺（Pinot Nero）、莎当尼（Chardonnay）和苏维翁（Sauvignon）。这些葡萄酒有着现代风格及精准的香味，堪称完美。

- ● Barbera d'Asti Sup. Nizza Romilda '08 — 5
- ● Barbera d'Asti Carlotta '09 — 4*
- ○ Moscato d'Asti Ferlingot '10 — 4*
- ○ M.to Bianco Arbiola '10 — 4
- ● Barbera d'Asti Carlotta '08 — 4*
- ● Barbera d'Asti Sup. Nizza Romilda IX '04 — 5
- ● Barbera d'Asti Sup. Nizza Romilda VIII '03 — 6
- ● Barbera d'Asti Sup. Nizza Romilda X '05 — 6
- ● Barbera d'Asti Sup. Nizza Romilda XII '07 — 6

L'Armangia

FRAZ. SAN GIOVANNI, 122
14053 CANELLI [AT]
TEL. 0141824947
www.armangia.it

预约参观
年产量 85 000 瓶
葡萄种植面积 7.1 公顷

阿曼吉亚（Armangia）酒庄创建于1988年，新酒窖于1993年正式投入使用，并由伊格纳奇奥•吉欧维尼（Ignazio Giovine）和他的父亲吉伟塞佩（Giuseppe）共同管理。尽管传统意义上，该酒庄主要出品白葡萄酒，包括莫斯卡托麝香葡萄（Moscato）、莎当尼（Chardonnay）和苏维翁（Sauvignon），但近年来也成为巴贝拉•德•艾斯提（Barbera d'Asti）最令人兴奋的生产者之一。葡萄园采用严格的环境兼容性标准进行管理，位于酒庄周围，朝南是石灰质陶土土壤，朝东是有着肥沃土壤的莫阿斯卡（Moasca），朝西是圣马尔扎诺（San Marzano Oliveto）市政区域。

- ● Barbera d'Asti Sopra Berruti '10 🍷🍷 3*
- ● Barbera d'Asti Sup. Nizza Titon '08 🍷🍷 4*
- ● Barbera d'Asti Superiore Nizza Vignali '06 🍷🍷 6
- ○ Mesicaseu 🍷🍷 4
- ○ Moscato d'Asti Il Giai '10 🍷🍷 3*
- ● Piemonte Albarosso Macchiaferro '09 🍷🍷 4
- ● Barbera d'Asti Sopra Berruti '08 ŸŸ 3*
- ● Barbera d'Asti Sup. Nizza Titon '07 ŸŸ 4*
- ● M.to Rosso Pacifico '06 ŸŸ 4
- ○ Moscato d'Asti Il Giai '09 ŸŸ 3*
- ○ Robi & Robi '06 ŸŸ 4

Ascheri

VIA PIUMATI, 23
12042 BRA [CN]
TEL. 0172412394
www.ascherivini.it

藏酒销售
预约参观
年产量 240 000 瓶
葡萄种植面积 40 公顷

对于兰格（Langhe）和罗恩罗（Roero）地区来说，40公顷的葡萄园一年产出240 000瓶葡萄酒，这个数字是不同寻常的。马特奥•阿斯切里（Matteo Ascheri）拥有如此骄人的成绩，却从未在葡萄酒质量上打折扣。相反，对于阿斯切里家族（Ascheri）来说，令人高兴的是来自索拉诺•迪•塞拉朗佳（Sorano di Serralunga）和里瓦尔塔（Rivalta）的葡萄酒。他们把西拉（Syrah）和维欧尼（Viognier）葡萄园建在蒙塔卢帕（Montalupa）的布拉（Bra）山上，为当地提供原汁原味的兰格（Langhe）餐用葡萄酒。阿斯切里（Ascheri）家族经营的妙丽味驰饭店（Murivecchi）和可爱的旅馆为游客们提供膳宿服务。

- ● Barolo Sorano '07 🍷🍷 6
- ● Barolo Sorano Coste & Bricco '07 🍷🍷 7
- ● Barbera d'Alba Fontanelle '09 🍷🍷 4
- ○ Langhe Bianco Montalupa Viognier '07 🍷🍷 5
- ● Nebbiolo d'Alba Bricco S. Giacomo '09 🍷🍷 4
- ● Barolo Pisapola '07 🍷 6
- ● Dolcetto d'Alba Nirane '10 🍷 4
- ● Dolcetto d'Alba S. Rocco '10 🍷 4
- ○ Langhe Arneis Criotina Ascheri '10 🍷 4
- ● Barolo Sorano '00 ŸŸŸ 6*
- ● Barolo Sorano Coste & Bricco '06 ŸŸŸ 7
- ● Langhe Rosso Montalupa '06 ŸŸ 6
- ● Nebbiolo d'Alba Fontanelle '08 ŸŸ 4

Paolo Avezza

REGIONE MONFORTE, 62
14053 CANELLI [AT]
TEL. 0141822296
www.paoloavezza.com

藏酒销售
预约参观
年产量 20 000 瓶
葡萄种植面积 7 公顷

纳塔勒•阿维萨（Natale Avezza）于1956年购买了该酒庄。到2001年，该酒庄的第三代传人保罗•阿维萨（Paolo Avezza）接管该酒庄，着手全力打造高品质葡萄酒。葡萄生长在卡内利（Canelli）和尼扎•蒙菲拉特（Nizza Monferrato）地区含有很多沙子与淤泥的白垩质土壤。当地最具代表性的葡萄品种莫过于巴贝拉（Barbera）、多尔切托（Dolcetto）、莫斯卡托（Moscato）和内比奥多（Nebbiolo）葡萄。莎当尼（Chardonnay）和黑皮诺（Pinot Nero）葡萄酒是经由再次发酵制成的具有阿尔塔•兰格（Alta Langa）特色的苏打白葡萄酒（spumante）。这些出品的葡萄酒优雅至纯、堪称完美，很好地体现了当地的品种和地域特色。

- ● Barbera d'Asti Sup. Nizza Sotto la Muda '08 — 5
- ○ Alta Langa Brut '08 — 5
- ● Barbera d'Asti '10 — 3
- ○ Moscato d'Asti La Commenda '10 — 3*
- ● M.to Pulo '08 — 4
- ○ Piemonte Chardonnay Bricco della Croce '10 — 3
- ● Barbera d'Asti Sup. Nizza Sotto la Muda '07 — 5*
- ● Barbera d'Asti '09 — 3*
- ● Barbera d'Asti '07 — 3*
- ● Barbera d'Asti Nizza Sotto la Muda '06 — 5*

Azelia

FRAZ. GARBELLETTO
VIA ALBA-BAROLO, 53
12060 CASTIGLIONE FALLETTO [CN]
TEL. 017362859
www.azelia.it

藏酒销售
预约参观
年产量 75 000 瓶
葡萄种植面积 15 公顷

这家兰格（Langhe）的酒庄有深厚的底蕴，我们很荣幸介绍这家最新一代酒庄的积极形象。如今洛伦佐（Lorenzo）已有能力帮助他那孜孜以求的父亲路易吉•思佳维诺（Luigi Scavino）管理酒庄。该酒庄的两个重要葡萄园是卡斯蒂格隆•华立托（Castiglione Falletto）和赛诺兰格•迪•阿尔巴（Serralunga d'Alba）地区葡萄园。这里生产的巴罗洛葡萄（Barolo）具有非常不同的口感，同时带有一点现代风格和些许的橡木香味。

- ● Barolo Bricco Fiasco '07 — 8
- ● Barolo Margheria '07 — 8
- ● Barbera d'Alba Vign. Punta '09 — 5
- ● Barolo '07 — 7
- ● Barolo S. Rocco '07 — 7
- ● Dolcetto d'Alba Bricco dell'Oriolo '10 — 4
- ● Langhe Nebbiolo '10 — 4
- ● Barolo Margheria '06 — 8
- ● Barolo Voghera Brea Ris. '01 — 8

Antonio Baldizzone Cascina Lana

C.SO ACQUI, 187
14049 NIZZA MONFERRATO [AT]
TEL. 0141726734
www.cascinalanavini.it

藏酒销售
年产量 60 000 瓶
葡萄种植面积 18 公顷

安东尼奥•巴尔迪乔恩（Antonio Baldizzone）和他的妻子格拉齐亚娜•瑞奇奥利（Graziana Rizzoli）是这家酒庄的主人。该酒庄四周环绕葡萄园，地处尼斯•蒙菲拉脱（Nizza Monferrato）和阿克亏温泉（Acqui Terme）的交界处。这造就了葡萄酒极好的品质，特别是用尼斯校区的巴贝拉（Barbera）葡萄酿制的葡萄酒。该酒庄同时也生产艾斯提地区（Asti）的另外一些葡萄酒，如莫斯卡托麝香葡萄酒（Moscato）、多尔切托葡萄酒（Dolcetto）和弗雷萨葡萄酒（Freisa）。所有这些葡萄园都占据着面朝东南方向的理想位置。这些酒风格经典，尤其是巴贝拉品种繁多。

- ● Barbera d'Asti La Cirimela '10 3
- ● Barbera d'Asti Sup. Nizza '08 5
- ○ Moscato d'Asti '10 3
- ● Barbera d'Asti l'Anniversario '07 5
- ● Barbera d'Asti La Cirimela '08 3*
- ● Barbera d'Asti La Cirimela '07 3*
- ● Barbera d'Asti Sup. Nizza '07 5
- ● Barbera d'Asti Sup. Nizza '06 5
- ● Barbera d'Asti Sup. Nizza '05 5
- ● Barbera d?Asti La Cirimela '06 3*
- ● Barbera d?Asti Sup. Vën ëd Michen '05 5
- ● M.to Rosso Vën ëd Michen '08 5
- ● M.to Rosso Vën ëd Michen '06 5

★Cascina La Barbatella

S.DA ANNUNZIATA, 55
14049 NIZZA MONFERRATO [AT]
TEL. 0141701434
www.labarbatella.com

藏酒销售
预约参观
年产量 22 000 瓶
葡萄种植面积 4 公顷

安格洛•宋维克（Angelo Sonvico）在经营了卡斯那•拉•巴尔巴特拉（Cascina La Barbatella）将近30年之后，将其制酒风格和团队交接给了酒庄的新主人罗勒佐•裴乐哥（Lorenzo Perego）。该酒庄坐落于尼扎•蒙菲拉特（Nizza Monferrato）山上大约有20到50多年的历史，是艾斯提地区种植葡萄最好也是风景最优美的地方之一。巴贝拉葡萄酒（Barbera）是酒庄的主要品种。优质的尼扎葡萄酒（Nizza）则仅仅是在最古老的酒窖中酿造而成。但是像霞珠（Cabernet Sauvigon）、科尔提斯（Cortese）、黑皮诺（Pinot Nero）和苏维翁（Sauvignon）则拥有自己的风格，口感清爽，具有贵族气质。

- ● Barbera d'Asti Sup. Nizza V. dell'Angelo '08 6
- ○ M.to Bianco Noè '10 4
- ● M.to Rosso Mystère '08 6
- ● M.to Rosso Ruanera '08 5
- ● Barbera d'Asti Sup. Nizza V. dell'Angelo '07 6
- ● Barbera d'Asti Sup. Nizza V. dell'Angelo '01 7
- ● M.to Rosso Mystère '01 7
- ● M.to Rosso Sonvico '06 6
- ● M.to Rosso Sonvico '04 6
- ● M.to Rosso Sonvico '03 7
- ● M.to Rosso Sonvico '00 7
- ● M.to Rosso Sonvico '98 7
- ● M.to Rosso Sonvico '97 7

Osvaldo Barberis

B.TA VALDIBÀ, 42
12063 DOGLIANI [CN]
TEL. 017370054
www.osvaldobarberis.com

藏酒销售
预约参观
年产量 18 000 瓶
葡萄种植面积 9 公顷
葡萄栽培方式 有机认证

该酒庄总面积达9公顷，专门出品多尔切托葡萄酒（Dolcetto）。它是如何成为靠近多哥里亚尼（Dogliani）的肯特达地区（Contrada Caldib）酒庄的呢？其中在蒙福尔特（Monforte）的葡萄园有2公顷种植着巴贝拉•德•阿尔巴（Barbaer d'Alba）和内比洛罗（Nebbiolo d'Alba）。在2000年，该酒庄转向有机农耕，充分利用奥斯维尔多人（Osvaldo Barberis）相当自豪的皮埃蒙特牛粪作为肥料。这也是该酒庄坚持不懈，仅从其生产的少量葡萄中酿造葡萄酒的原因之一。

- ● Dogliani Puncin '09 ⅡⅡ 4*
- ● Nebbiolo d'Alba Muntajà '09 ⅡⅡ 5
- ● Barbera d'Alba Castella '10 ⅡⅡ 5
- ● Dolcetto di Dogliani Avrì Senza Solfiti Aggiunti '10 ⅡⅡ 4*
- ● Dolcetto di Dogliani Valdibà '10 ⅡⅡ 4*
- ● Piemonte Barbera Brichat '10 Ⅰ 4
- ● Barbera d'Alba Castella '08 ⅡⅡ 5
- ● Dogliani Puncin '08 ⅡⅡ 4*
- ● Dolcetto di Dogliani Valdibà '09 ⅡⅡ 4*
- ● Nebbiolo d'Alba Muntajà '08 ⅡⅡ 5

Batasiolo

FRAZ. ANNUNZIATA, 87
12064 LA MORRA [CN]
TEL. 017350130
www.batasiolo.com

预约参观
年产量 2 500 000 瓶
葡萄种植面积 107 公顷

多哥利阿尼（Dogliani）家族生产的一系列葡萄酒珍品其实都要归功于酒庄拥有的系列葡萄园。他们的葡萄酒品种大多是兰格（Langhe）和蒙菲拉特（Monferrato）系列，包括佳维（Gavi）和莫斯卡特•德•艾斯提（Moscato d'Asti）品种。然而，真正保证葡萄酒高品质的是丰富的巴罗洛精品葡萄酒（Barolo）。它产于一些上等葡萄园，包括赛拉朗佳（Serralunga）的科尔达（Corda della Briccolina）和波斯卡勒特（Boscareto），蒙佛尔特（Monforte）的勃发尼（Bofani）和拉•摩尔拉（La Morra）的塞勒奎奥（Cerequio）。他们保证了葡萄酒持久的品质，令人艳羡。这些巴罗洛葡萄酒酿造风格相当传统，在法国橡木桶中经过熟化而成，简约至纯，但不妨害其有内比奥罗（Nebbiolo）的口感。

- ● Barolo Corda della Briccolina '07 ⅡⅡ 8
- ● Barolo Vign. Boscareto '07 ⅡⅡ 8
- ● Barbaresco '08 ⅡⅡ 6
- ● Barbera d'Alba Sovrana '09 ⅡⅡ 5
- ● Barolo '07 ⅡⅡ 7
- ● Barolo Vign. Bofani '07 ⅡⅡ 8
- ● Langhe Rosso '09 ⅡⅡ 4
- ● Barolo Vign. Cerequio '07 Ⅰ 8
- ● Dolcetto d'Alba Bricco di Vergne '10 Ⅰ 4
- ○ Gavi del Comune di Gavi Granée '10 Ⅰ 4
- ○ Langhe Chardonnay Vign. Morino '09 Ⅰ 6
- ○ Moscato d'Asti Bosc da Rei '10 Ⅰ 4
- ● Barolo Boscareto '05 ⅡⅡⅡ 8
- ● Barolo Corda della Briccolina '90 ⅡⅡⅡ 8
- ● Barolo Corda della Briccolina '89 ⅡⅡⅡ 8
- ● Barolo Corda della Briccolina '88 ⅡⅡⅡ 8
- ● Barolo Cerequio '06 ⅡⅡ 8

Fabrizio Battaglino

LOC. BORGONUOVO
VIA MONTALDO ROERO, 44
12040 VEZZA D'ALBA [CN]
TEL. 0173658156
www.battaglino.com

藏酒销售
预约参观
年产量 20 000 瓶
葡萄种植面积 4 公顷

法布里奇奥•巴塔里格诺（Fabrizio Battaglino）正在全力以赴守护家族企业，延续酒庄无与伦比的葡萄酒。那是由他的祖父酿造的葡萄酒曾被路易吉•维罗内力（Luigi Ceronelli）在他1973年的卡塔罗格•波拉费（Catalogo Bolaffi dei Vini del Mondo）中提到。法布里奇奥正在为成为最有创意的年轻酒家而努力，并渴望成为维扎•德•阿尔巴地区（Vezza d'alba）的品质代言人。葡萄园位于科拉（Colla）和梦贝尔山（Mombello）海拔350米高的地方。那里土壤类型为沙质土壤，种植着阿内斯（Arneis）、巴贝拉（Barbera）和内比奥罗（Nebbiolo）经典罗恩罗（Roero）葡萄品种。葡萄酒风格现代，特别注重酒的新鲜和可口。

○ Passito Bric Bastia	5
● Roero Sergentin '08	4*
● Barbera d'Alba V. Munbèl '08	4
● Nebbiolo d'Alba V. Colla '08	4
● Nebbiolo d'Alba '09	4
○ Roero Arneis '10	4
● Nebbiolo d'Alba V. Colla '07	4*
● Nebbiolo d'Alba '07	4*
○ Roero Arneis '09	4*
● Roero Sergentin '07	4*

Bava

S.DA MONFERRATO, 2
14023 COCCONATO [AT]
TEL. 0141907083
www.bava.com

藏酒销售
预约参观
年产量 500 000 瓶
葡萄种植面积 50 公顷

巴伐（Bava）家族的酒庄建于1911年，现由罗伯特（Roberto）、朱利欧（Giulio）和保罗•巴伐（Paolo Bava）共同经营。公司总部位于可可拉图•迪•阿斯蒂（Cocconato d'Asti），该酒庄扩大了葡萄园面积，在可可拉图（Cocconato）的梦菲拉图（Monferrato）、西奥卡罗（Cioccaro）、阿格里亚诺•特尔梅（Agliano Terme）以及卡斯提戈里奥内•法雷特（Castiglione Falletto）都有葡萄园。该酒庄出品至少20款以上的非起泡葡萄酒，包括驰名的巴贝拉斯（Barberas）、两款巴罗洛（Barolo）以及12款左右的起泡葡萄酒，特别是知名酒庄积威里奥系列（Giulio Coochi）下的阿尔塔•兰佳葡萄酒（alta Lange），如今已被巴伐家族所拥有。该酒庄生机活泼，葡萄酒风格现代，酿制精良。

○ Alta Langa Brut Bianc 'd Bianc Giulio Cocchi '06	6
⊙ Alta Langa Brut Rösa Giulio Cocchi '07	6
● Barbera d'Asti Libera '09	4
● Barolo Scarrone '06	7
○ Moscato d'Asti Bass Tuba '10	4
○ Piemonte Chardonnay Thou Bianc '10	4
● Barbera d'Asti Libera '07	4*
● Barbera d'Asti Libera '06	4*
● Barbera d'Asti Sup. Nizza Piano Alto '07	5
● Barbera d'Asti Sup. Stradivario '01	7
● Barolo Scarrone '05	7
● Barolo Scarrone '04	7

Bel Colle

FRAZ. CASTAGNI, 56
12060 VERDUNO [CN]
TEL. 0172470196
www.belcolle.it

藏酒销售
预约参观
年产量 180 000 瓶
葡萄种植面积 10 公顷

贝尔•科勒（Bel Colle）酒庄一直坚持经典酿酒的传统，杜绝使用非常新的橡木桶，由于市场的活跃，多年来该酒庄一直保质良好而稳定的收益。2012年，它终于成功超越自我，赢得了“三杯奖”，这要归功于其酿制的维尔度诺葡萄酒（Verduno）、巴罗洛葡萄酒（Barolo）和培拉维尔加葡萄酒（Pelaverga）。该酒庄由旁提格里奥勒（Pontiglione）家族和朱塞佩•旁底格里昂（Giuseppe Priola）于1976年开创，其葡萄酒的酿造师保罗•托奇奥（Paolo Torchio）技艺精湛。酒庄实至名归，值得一游。

- ● Barolo Monvigliero '06 — 三杯 6
- ● Barolo '07 — 两杯（红） 6
- ● Barbera d'Alba Sup. Ape Reale '09 — 两杯 4
- ○ Roero Arneis '10 — 一杯 4
- ● Barbaresco Roncaglie '06 — 两杯（空） 6
- ● Barolo '06 — 两杯（空） 6
- ● Barolo Boscato '04 — 两杯（空） 6
- ● Barolo Monvigliero '05 — 两杯（空） 6
- ● Barolo Monvigliero Ris. '04 — 两杯（空） 7

Bera

VIA CASTELLERO, 12
12050 NEVIGLIE [CN]
TEL. 0173630194
www.bera.it

藏酒销售
预约参观
年产量 130 000 瓶
葡萄种植面积 22 公顷

沃尔特•贝拉（Walter Bera）是摩斯卡托•迪•阿斯蒂葡萄酒（Moscato d'Asti）酿造领域中鼎鼎有名的人物之一。他不仅被公认为此类葡萄酒的最佳酿酒师之一，更是传统艾斯提•斯普曼特葡萄（Asti Spumante）的尖端种植者之一。贝拉也研制出了一系列价值不菲的红葡萄酒，包括巴尔巴勒斯克（Barbaresco）、多尔切托（Dolcetto）和巴贝拉•德•阿尔巴（Barbera d'Alba）葡萄酒。贝拉（Bera）酒庄位于内维格列（Neviglie），种植带为粘土和拥有很多石灰岩的石灰质土壤。这里通风良好，从南到西南海拔320米到380米。

- ● Barbaresco '07 — 两杯（红） 6
- ○ Alta Langa Bera Brut '05 — 两杯 5
- ● Langhe Sassisto '08 — 两杯 5
- ○ Moscato d'Asti '10 — 两杯 4
- ○ Asti '10 — 一杯 4
- ● Barbera d'Alba Sup. La Lena '08 — 一杯 4
- ○ Asti '09 — 两杯（空） 4*
- ● Barbera d'Alba Sup. La Lena '07 — 两杯（空） 4*
- ● Barbera d'Asti '08 — 两杯（空） 4*
- ○ Moscato d'Asti Su Reimond '09 — 两杯（空） 4*

Cinzia Bergaglio

VIA GAVI, 29
15060 TASSAROLO [AL]
TEL. 0143342203
la.fornace@virgilio.it

藏酒销售
预约参观
年产量 25 000 瓶
葡萄种植面积 5 公顷

该酒庄的葡萄园全部种植柯尔特斯葡萄（Cortese），总面积仅有5公顷，年产量达25 000瓶，这数字背后是新兹亚•贝加格里奥（cizia Bergaglio）的默默耕耘和辛苦劳动。葡萄园位于塔赛欧罗（Tassarolo）和盖维（Gavi）市区，海拔大约300米，为高粘性、石灰质土壤，并含有大量凝灰岩和铁，这为拉•福尔那瑟地区（La Fornance）的水果产量提供了好的物质基础。该酒庄出品的两款葡萄酒有些许的新鲜感，强烈的地域特色口感，劲道十足而不失醇厚。

- ○ Gavi del Comune di Tassarolo La Fornace '10 — 3*
- ○ Gavi del Comune di Gavi Grifone delle Roveri '10 — 3
- ○ Gavi del Comune di Gavi Grifone delle Roveri '09 — 3*
- ○ Gavi del Comune di Gavi Grifone delle Roveri '08 — 3*
- ○ Gavi del Comune di Gavi Grifone delle Roveri '07 — 3*
- ○ Gavi del Comune di Tassarolo La Fornace '08 — 3*
- ○ Gavi La Fornace '09 — 3*

Nicola Bergaglio

FRAZ. ROVERETO
LOC. PEDAGGERI, 59
15066 GAVI [AL]
TEL. 0143682195
nicolabergaglio@alice.it

藏酒销售
预约参观
年产量 120 000 瓶
葡萄种植面积 16 公顷

凡对科尔提斯•迪•盖维葡萄酒（Cortese di Gavi）的典藏潜力持怀疑态度的人，可以咨询贝尔盖格里奥（Bergaglio）家族，他们的经典葡萄酒会让那些即使是最固执的质疑烟消云散。酒窖中减少的典藏白葡萄酒让位给了至纯刚劲的米娜雅葡萄酒（Minaia），它产于当地最好的葡萄种植地罗维乐特山（Rovereto）。这些葡萄酒熟化缓慢，但口感会更紧致纯粹，从长远的观点来看，值得我们长时间的耐心等待。

- ○ Gavi del Comune di Gavi Minaia '10 — 5
- ○ Gavi del Comune di Gavi '10 — 4
- ○ Gavi del Comune di Gavi Minaia '09 — 5
- ○ Gavi del Comune di Gavi '09 — 4
- ○ Gavi del Comune di Gavi Ciapon '05 — 4*

Bersano

P.ZZA DANTE, 21
14049 NIZZA MONFERRATO [AT]
TEL. 0141720211
www.bersano.it

藏酒销售
预约参观
年产量 2 600 000 瓶
葡萄种植面积 240 公顷

巴沙拉（Baersano）酒庄是皮埃蒙特地区（Piemonte）最古老的的酒庄，其资产分布在兰格（Langhe）、蒙菲拉特（Monferrato）和亚利山德利亚地区（Alessandria）。酒庄产量庞大，其生产的葡萄酒仍然保证了风格现代、质量良好、毫无瑕疵并具有鲜明的地方特色。最令人感兴趣的是源自3个最美丽的巴贝拉（Barbera）葡萄园生产的葡萄，这些葡萄园分布在艾斯提（Asti）、卡斯西纳•可乐摩斯那（Cascina Cremosina）、卡斯西纳•拉•杰内拉娜（Cascina La Generala）和伟哥内特•蒙特奥利奥（Vigneto Monteolivo）的整个地区。还有一点需要记住的是其以传统技术酿造的起泡葡萄酒：黑皮诺（Pinot Nero）和莎当尼（Chardonnay）。

- ● Barbera d'Asti Cremosina '09 — 4
- ● Barbera d'Asti Sup. Generala '08 — 6
- ○ Moscato d'Asti Monte Olivo '10 — 4*
- ○ Arturo Bersano Brut '08 — 5
- ○ Gavi del Comune di Gavi '10 — 4
- ● Ruché di Castagnole Monferrato S. Pietro '10 — 4
- ○ Arturo Bersano Brut Ris. '07 — 5
- ⊙ Arturosé Brut '06 — 5
- ● Barbera d'Asti Cremosina '08 — 4
- ● Barbera d'Asti Sup. Cremosina '07 — 4
- ● Barbera d'Asti Sup. Cremosina '06 — 4
- ● Barbera d'Asti Sup. Generala '07 — 6
- ● Barbera d'Asti Sup. Generala '06 — 6
- ● Barbera d'Asti Sup. Nizza '06 — 5
- ● Ruché di Castagnole Monferrato S. Pietro '08 — 4

Guido Berta

LOC. SALINE, 53
14050 SAN MARZANO OLIVETO [AT]
TEL. 0141856193
www.guidoberta.com

藏酒销售
预约参观
年产量 30 000 瓶
葡萄种植面积 11 公顷
葡萄栽培方式 有机种植

1997年，吉多•贝尔塔（Guido Berta）开创了以其家族命名的酒庄，目前位于圣•马尔扎诺•奥利费托地区（San Marzano Oliveto）的市区。酒庄拥有的葡萄园除了当地之外，还遍布阿格里阿诺•特尔梅（Agliano Terme）和尼扎•蒙菲拉特（Nizza Monferrato）。一些葡萄园有30年多年的历史，为粘性石灰质土壤，从东南面一直延伸到西南方向。葡萄园里主要种植巴贝拉（Barbera），用于酿制两款不同的葡萄酒，还有莎当尼葡萄（Chardonnay）、莫斯卡特麝香葡萄（Moscato）和内比奥罗葡萄（Nebbiolo）。该酒庄出品的葡萄酒不仅风格现代，更彰显了酿酒师表达当地特色的匠心独运。

- ● Barbera d'Asti Sup. '08 — 4
- ● Barbera d'Asti Sup. Nizza Canto di Luna '08 — 5
- ● Monferrato Rosso '09 — 5
- ○ Piemonte Chardonnay '10 — 4
- ● Barbera d'Asti Sup. '07 — 4
- ● Barbera d'Asti Sup. '05 — 4
- ● Barbera d'Asti Sup. Canto di Luna '05 — 4
- ● Barbera d'Asti Sup. Canto di Luna '04 — 4
- ● Barbera d'Asti Sup. Nizza Canto di Luna '07 — 5
- ● Barbera d'Asti Sup. Nizza Canto di Luna '06 — 5
- ● Barbera d?Asti Sup. Nizza Canto di Luna '03 — 5
- ○ Moscato d'Asti '09 — 4
- ○ Piemonte Chardonnay '08 — 4
- ○ Piemonte Chardonnay '07 — 4*

Eugenio Bocchino

FRAZ. SANTA MARIA
LOC. SERRA, 96A
12064 LA MORRA [CN]
TEL. 0173500358
www.eugeniobocchino.it

藏酒销售
预约参观
年产量 30 000 瓶
葡萄种植面积 5.5 公顷

15年前，欧根尼奥•波奇诺（Eugenio Bocchino）和妻子新兹亚•佩拉扎（Cinzia Pelazza）开创了他们的酒庄，这让他们欢欣鼓舞，津津乐道。从此，他们爱上了那些规模虽小的葡萄园。葡萄园位于巴罗洛葡萄（Barolo）种植区北部的拉莫罗（La Morra）、阿尔巴（Alb）和凡尔登奴若迪（Verduno Ruddi）。如今，欧根尼奥和新兹亚采用自然管理方法经营葡萄园。比如“有机栽培”、“生物活力栽培”或“类活力栽培”这些术语，对于波奇诺家族来说不仅仅具有字面的积极意义，更是一条探索的大道。酒窖里力求干扰最小化，以保证至纯的香味和口感的圆润，葡萄酒熟化是在新型小木桶中适度进行。

- Barolo La Serra '07 7
- Barolo Lu '06 7
- Langhe Nebbiolo Roccabella '09 6
- Nebbiolo d'Alba La Perucca '07 6
- Barbera d'Alba '07 4*
- Barolo La Serra '06 7
- Barolo La Serra '05 8
- Barolo Lu '05 7
- Langhe Nebbiolo Roccabella '06 6
- Langhe Rosso Suo di Giacomo '06 6
- Nebbiolo d'Alba La Perucca '06 6
- Nebbiolo d'Alba La Perucca '05 6

Enzo Boglietti

VIA FONTANE, 18A
12064 LA MORRA [CN]
TEL. 017350330
www.enzoboglietti.com

藏酒销售
预约参观
年产量 100 000 瓶
葡萄种植面积 22 公顷

恩佐（Enzo）和吉安尼（Gianni Boglietti）堪称现代葡萄酒酿造的模范。他们的酒庄创建于1991年，近来创立了一家新型而卓越的总部。波格列提（Boglietti）以其独树一帜的创新葡萄园和酿酒技术闻名。葡萄园里采用高密度种植方式，经常每公顷种植7 000株，并在新型法国木桶中熟化巴罗洛葡萄（Barolo）。该酒庄现正转型为一家新型、单一的酿造兰格•梅洛（Langhe Merlot）和兰格•卡贝内特（Langhe Cabernet）葡萄酒的酒庄。此外，波格列提葡萄酒（Boglietti）融鲜明的深色、时髦的舒适香味、强劲的结构和完美的口感于一身，一次又一次的获得了世界知名大奖。

- Barolo V. Arione '07 8
- Barbera d'Alba V. dei Romani '07 7
- Barolo Brunate '07 8
- Barbera d'Alba Roscaleto '08 6
- Barolo Case Nere '07 8
- Barolo Fossati '07 8
- Langhe Rosso Buio '08 6
- Barolo Arione '06 8
- Barolo Arione '05 8
- Barolo Brunate '01 8
- Barolo Case Nere '04 8
- Barolo Case Nere '99 8

Bondi

S.DA CAPPELLETTE, 73
15076 OVADA [AL]
TEL. 0143299186
www.bondivini.it

藏酒销售
年产量 20 000 瓶
葡萄种植面积 5 公顷

这是一家小型的家族酒庄，于2000年开始其酿酒之旅。从那时起，多米尼克•邦迪（Domenico Bondi）一直重点关注葡萄酒的地域特色和产品质量。这家酒庄面积虽只有5公顷，却种植着半个世纪以前的葡萄品种和采用最新技术培植的葡萄新品种。为了推广当地的特色葡萄酒，其出品的葡萄酒只包含由巴贝拉或多尔切托•德•欧瓦达（Dolcetto d' Ovada）酿造的红葡萄酒，他们要么是单一品种的葡萄酒，要么是乐•古意（Le Guie）那样的一流葡萄酒。

● Dolcetto di Ovada Nani '09	3
● Ovada D'Uien '09	4
● M.to Barbera Banaiotta '09	3
● Dolcetto di Ovada Nani '08	3
● Dolcetto di Ovada Nani '07	3*
● Dolcetto di Ovada Nani '06	3*
● Dolcetto di Ovada Sup. D'Uien '08	4
● Dolcetto di Ovada Sup. d'Uien '07	4
● Dolcetto di Ovada Sup. Du'ien '06	4

Borgo Maragliano

REG. SAN SEBASTIANO, 2
14051 LOAZZOLO [AT]
TEL. 014487132
www.borgomaragliano.com

藏酒销售
预约参观
年产量 295 000 瓶
葡萄种植面积 21 公顷

在劳佐罗（Loazzolo），吉伟瑟培•加利亚诺（Giuseppe Galliano）和他的儿子卡罗（Carlo）成功的研制出了意大利一种起泡葡萄酒的佳品。葡萄园朝向南方，种植着梅特多经典葡萄（Metodo），海拔350米到450米，气候宜人，沙质、凝灰岩和石灰岩质的土壤不含粘质土壤。其出品的起泡葡萄酒和甜葡萄酒以绝佳的舒适度与浓密的芳香脱颖而出。甜葡萄酒中出名的有劳佐罗葡萄酒（Loazzolo），产自60多年前开创的葡萄园。那里主要种植着莫斯卡特麝香葡萄（Moscato）、莎当尼（Chardonnay）和黑皮诺葡萄（Pinot Nero）。

⊙ Giovanni Galliano Brut Rosé M. Cl. '07	5
○ Giuseppe Galliano Brut '07	5
○ Francesco Galliano Blanc de Blancs '08	5
○ Loazzolo Borgo Maragliano V. T. '08	6
○ Moscato Borgo Maragliano '10	4
○ Moscato d'Asti La Caliera '10	4*
○ El Calié '10	3
○ Giuseppe Galliano Chardonnay Brut	5
○ Piemonte Chardonnay Crevoglio '10	4
○ El Calié '09	3*
○ Francesco Galliano Blanc de Blancs '07	5*
○ Giuseppe Galliano Brut '06	5*

Giacomo Borgogno & Figli

via Gioberti, 1
12060 Barolo [CN]
Tel. 017356108
www.borgogno.com

藏酒销售
预约参观
年产量 110 000 瓶
葡萄种植面积 15 公顷

法利内提（farinetti）家族于2008年购买了这家历史悠久的葡萄园，并从2009年开始着手进行大改良，将古老的博格葛诺（Borgogno）和菲戈利葡萄酒（Figli）带回了皮埃蒙特（Piemonte）的酿酒第一线。品种繁多的葡萄酒与传统方法相协调，使两种珍藏葡萄酒和逐渐兴起的地区葡萄酒相得益彰而不相互埋没。令人惊喜的是，酒庄的潜力为这一系列葡萄酒增值不少。

● Barolo V. Liste '06	🍷🍷🍷	8
● Barbera d'Alba '09	🍷🍷	4
● Barbera d'Alba Sup. '09	🍷🍷	5
● Barolo '06	🍷🍷	7
● Dolcetto d'Alba '10	🍷	4
● Barolo Cl. '98	🍷🍷🍷	8
● Barolo Liste '05	🍷🍷🍷	8
● Barbera d'Alba Sup. '08	🍷🍷	5
● Barbera d'Alba Sup. '07	🍷🍷	5
● Barolo '05	🍷🍷	7
● Barolo '04	🍷🍷	8
● Barolo Liste '04	🍷🍷	8
● Barolo Ris. '04	🍷🍷	8

Francesco Boschis

fraz. San Martino di Pianezzo, 57
12063 Dogliani [CN]
Tel. 017370574
www.marcdegrazia.com

藏酒销售
预约参观
年产量 40 000 瓶
葡萄种植面积 11 公顷

这个规模不大的酒庄以全力投入到各种多尔切托（Dolcetto）的酿造中。他们不仅为拥有11公顷的葡萄园自豪，更为其紧致稳定的结构和蜂窝式建筑骄傲。在1919年，该葡萄园的主人福朗赛思克（Francesco），他把葡萄卖给当地酒庄。如今葡萄园的主人是马里奥（Marco）和斯莫纳•波斯琪斯（Simona Boschis），他们的孩子马克（Marco）、保罗（Paolo）和齐亚娜（Chiara）则予以协助。尽管他们没有遵循当地葡萄酒的规则，于1997年出品了特例葡萄酒——长相思白葡萄酒（Sauvignon Blanc），但仍和当地保持着紧密联系，这从他们生产的传统葡萄酒品种（如傅雷伊萨 Feisa）就可以看出来。

● Dogliani Sorì S. Martino '09	🍷🍷	4*
● Dogliani V. dei Prey '09	🍷🍷	4*
● Dolcetto di Dogliani Pianezzo '10	🍷🍷	4*
○ Langhe Sauvignon V. dei Garisin '10	🍷🍷	4*
● Barbera d'Alba Sup. Le Masserie '08	🍷	5
● Barbera d'Alba Sup. Le Masserie '07	🍷🍷	5
● Dogliani Sorì S. Martino '08	🍷🍷	4*
● Dogliani V. dei Prey '08	🍷🍷	4*
● Dolcetto di Dogliani Pianezzo '09	🍷🍷	4*
○ Langhe Bianco V. dei Garisin '09	🍷🍷	4

Luigi Boveri

LOC. MONTALE CELLI
VIA XX SETTEMBRE, 6
15050 COSTA VESCOVATO [AL]
TEL. 0131838165
www.boveriluigi.com

藏酒销售
预约参观
年产量 60 000 瓶
葡萄种植面积 15 公顷

路易吉•柏维力（Luigi Boveri）在过去的20年里全方位地监察着酒庄的生产，从葡萄园的种植，到葡萄酒的酿造，最后到酒窖的分布。这是一个既艰辛又耗时的工作，但近来却收到了很好的效果。我们期待开启每一瓶酒，期待了解每一瓶贮藏的喜悦。路易吉精心酿造了提摩拉索（Timorasso）、巴贝拉（Barbera）、科提斯（cortese）和科尔提娜（Croatina），其中最好的就是提摩拉索（Timorasso），但巴贝拉也相当不错。如果你把他酿造的新鲜波拉内拉•巴贝拉葡萄酒（Boccanera Barbera）在酒窖里放上几年，就会很容易的爱上它，因为这些葡萄酒物超所值。

- ● Colli Tortonesi Barbera Poggio delle Amarene '09 — 🍷🍷 4*
- ○ Colli Tortonesi Timorasso Filari di Timorasso '08 — 🍷🍷 5
- ● Colli Tortonesi Barbera Vignalunga '08 — 🍷🍷 6
- ○ Colli Tortonesi Timorasso Derthona '09 — 🍷🍷 4
- ● Colli Tortonesi Barbera Boccanera '10 — 🍷 3
- ○ Colli Tortonesi Cortese V. del Prete '10 — 🍷 3
- ○ Colli Tortonesi Timorasso Filari di Timorasso '07 — 🍷🍷🍷 5
- ● Colli Tortonesi Barbera Poggio delle Amarene '07 — 🍷🍷 4*
- ● Colli Tortonesi Barbera Vignalunga '07 — 🍷🍷 6
- ● Colli Tortonesi Barbera Vignalunga '06 — 🍷🍷 6

Gianfranco Bovio

FRAZ. ANNUNZIATA
B.TA CIOTTO, 63
12064 LA MORRA [CN]
TEL. 017350667
www.boviogianfranco.com

藏酒销售
预约参观
年产量 60 000 瓶
葡萄种植面积 10 公顷

吉安•鲍威奥（Gian Bovio）酒庄仍然是兰格地区（Langhe）的领先知名餐厅，这要靠拉•摩尔拉（La Morra）的众多极其有名的贝尔韦德葡萄酒（Belvedere）和与其同名的、规模虽小却样样俱全的餐厅。鲍威奥于1976年开始酿酒，其成绩日益显著，其中酒庄管理者瓦尔特•波拉索（Walter Porasso）功不可没。酿酒的葡萄除了来自拉•摩尔拉（La Morra）的罗切特维诺葡萄园（Rocchettevino）、盖特纳葡萄园（Gattera）和阿尔伯丽娜葡萄园（Arborina）之外，还来自卡斯提戈里奥（Castiglione Falletto）的布里克•帕路斯葡萄园（Bricco Parussi）。这些巴罗洛葡萄酒（Barolo）风格经典，将葡萄藏于橡木中，在起初的几年是很难察觉的。

- ● Barolo Arborina '07 — 🍷🍷 7
- ● Barolo Bricco Parussi Ris. '04 — 🍷🍷 8
- ● Barolo Rocchettevino '07 — 🍷🍷 6*
- ● Barbera d'Alba Il Ciotto '10 — 🍷🍷 4*
- ● Barolo Gattera '07 — 🍷🍷 7
- ● Dolcetto d'Alba Dabbene '10 — 🍷 4
- ● Barolo Bricco Parussi Ris. '01 — 🍷🍷🍷 7
- ● Barolo Rocchettevino '06 — 🍷🍷🍷 6*
- ● Barolo V. Arborina '90 — 🍷🍷🍷 8

★Braida

S.DA PROVINCIALE, 9
14030 ROCCHETTA TANARO [AT]
TEL. 0141644113
www.braida.it

藏酒销售
预约参观
年产量 600 000 瓶
葡萄种植面积 53 公顷
葡萄栽培方式 有机种植

当布尔艾达（Braida）准备庆祝自己50周年纪念时，拉菲拉•波罗格纳（Raffaella）和佩普•波罗格纳（Peppe Bologna）继续书写着这家酒庄的传奇史。波罗格纳（Bologna）家族是一部追求质量和创新的故事。他们拥有5个葡萄园：罗切塔•塔纳罗（Rocchetta Tanaro），用来酿造知名的巴贝拉葡萄酒（Babera），如布鲁克•德尔•维赛罗内（Bricco dell'Uccellone）和布里克•德拉•比格塔河蒙特布鲁娜（Brrico Della Bigotta）；科斯提戈奥勒•迪•艾斯提（Montebruna Costigliole d'Asti）；卡斯尔诺沃•卡尔赛（Castelnuovo calcea）；芒戈（Mango）和特勒佐•提内拉（Trezzo Tinella），这里土质特别，适合种植用于酿制白葡萄酒的塞拉•得依•菲奥（sella dei Fiori）的葡萄。

● Barbera d'Asti Bricco dell'Uccellone '09 7
● Barbera d'Asti Ai Suma '09 8
● Barbera d'Asti Bricco della Bigotta '09 7
● Barbera d'Asti Montebruna '09 4
○ Langhe Bianco Il Fiore '10 4
● M.to Rosso Il Baclalé '09 4
○ Moscato d'Asti V. Senza Nome '10 4*
● Barbera del M.to La Monella '10 4
● Grignolino d'Asti '10 4
○ Langhe Bianco Re di Fiori '10 5
● Barbera d'Asti Bricco della Bigotta '07 7
● Barbera d'Asti Ai Suma '08 8
● Barbera d'Asti Ai Suma '07 8
● Barbera d'Asti Bricco dell'Uccellone '07 7
● Barbera d'Asti Bricco della Bigotta '08 7

Brema

VIA POZZOMAGNA, 9
14045 INCISA SCAPACCINO [AT]
TEL. 014174019
vinibrema@inwind.it

藏酒销售
预约参观
年产量 150 000 瓶
葡萄种植面积 25 公顷

布瑞玛（Brema）酒庄成立于19世纪，自20世纪70年代就由厄曼诺（Ermanno）和亚历山德拉•布瑞玛（alessandra Brema）共同经营。这家美丽酒庄的名字和1970年巴贝拉•艾斯提葡萄酒（Babera d'Asti）的研制成功紧密相关。这里生产的葡萄酒品种多样，有传统的，也有在桶中熟化、更加劲道的葡萄酒，原料来自酒庄最古老也是最好的葡萄园。葡萄园位于市区多个地方：因奇萨•斯卡帕奇诺（Incisa Scarpaccino）、尼斯•蒙菲拉脱（Nizza Monferrato）、莫姆博鲁佐（Mombaruzzo）和方太尼勒•迪•阿斯蒂（Fontanile d'Asti），种植着多尔切托（dolcetto）葡萄、格里格罗丽诺葡萄（Grignolino）、布拉切特葡萄（Brachetto）、莫斯卡特麝香葡萄（Moscato）和巴贝拉葡萄（Barbera）。

● Barbera d'Asti Sup. Bricco della Volpettona '09 6
● Barbera d'Asti Ai Cruss '09 4
○ Gavi Gavise '10 4
● M.to Rosso Il Fulvo '09 5
● M.to Rosso Umberto '09 5
● Barbera d'Asti Sup. Nizza A Luigi Veronelli '06 7
● Barbera d'Asti Ai Cruss '08 4*
● Barbera d'Asti Ai Cruss '07 4*
● Barbera d'Asti Sup. Bricco della Volpettona '06 6
● Barbera d'Asti Sup. Nizza A Luigi Veronelli '07 7
● Barbera d'Asti Sup. Tre Gelsi '07 6
● Dolcetto d'Asti Montera '09 4*
● Dolcetto d'Asti V. Impagnato '08 4
● M.to Rosso Il Fulvo '06 5

Giacomo Brezza & Figli

via Lomondo, 4
12060 Barolo [CN]
Tel. 0173560921
www.brezza.it

藏酒销售
预约参观
年产量 80 000 瓶
葡萄种植面积 16.5 公顷
葡萄栽培方式 有机种植

2012年1月，我们品尝了一瓶布勒莎（Brezza）酒庄1996年出品的巴罗洛•萨尔马萨葡萄酒（Barolo Sarmassa）。它是酒中极品，是该类品种所具有的所有特点的完美体现，我们预测它有悠久的历史。这件事或许可以简要传达出这家传奇的兰格（Langhe）的酒庄的精粹。该酒庄拒绝使用任何现代的酿酒方法，其原材料的质量是酒品的重中之重。我们还要特别介绍一下，布勒莎（Brezza）家族还拥有一家家庭式的旅馆和餐馆，那里是葡萄酒爱好者们渴望去的地方。

● Barolo Bricco Sarmassa '07 8
● Barolo Sarmassa '07 7
● Barbera d'Alba Cannubi Muscatel '09 5
● Barolo Cannubi '07 7
● Nebbiolo d'Alba Santa Rosalia '09 4
● Dolcetto d'Alba S. Lorenzo '10 4
● Langhe Freisa Santa Rosalia '10 4
● Barolo Cannubi '01 7
● Barolo Cannubi '96 7
● Barolo Sarmassa '05 7
● Barolo Sarmassa '04 7
● Barolo Sarmassa '03 7

Bric Cenciurio

via Roma, 24
12060 Barolo [CN]
Tel. 017356317
www.briccenciurio.com

藏酒销售
预约参观
年产量 45 000 瓶
葡萄种植面积 15 公顷

萨西托•皮泰托（Sacchetto Pittatore）家族是这个酒庄的主人，他们生产的葡萄酒完美地展现了塔纳罗河（Tanaro）两岸不同寻常的地域风格：右边是洛尔罗地区（Roero），左边是兰格地区（Langhe）。两岸的葡萄园景致不同，所生产的葡萄酒品种多样，风格不一。所有这些葡萄酒，不论红葡萄酒还是白葡萄酒，全都品质卓越，物超所值，堪称酒中臻品，更适合不同人群，可以是含蓄悠闲的品酒人，也可以是品位高深的巴罗洛•科斯塔•第玫瑰葡萄酒（Barolo Costa di Rose）专家。

● Barbera d'Alba '09 4*
● Barbera d'Alba Sup. Naunda '08 5
● Barolo '07 6
● Barolo Coste di Rose '07 7
○ Langhe Bianco '09 4
● Langhe Nebbiolo '07 5
● Langhe Rosso Rosso di Caialupo '07 5
○ Roero Arneis '10 4*
○ Roero Arneis Sito dei Fossili '09 4*
○ Sito dei Fossili V. T. '08 6
● Barbera d'Alba '08 4*
● Barbera d'Alba Naunda '07 5
● Barolo '06 6
● Barolo Coste di Rose '06 7
○ Roero Arneis '09 4*
○ Roero Arneis Sito dei Fossili '08 4*

Bricco del Cucù

loc. Bricco, 10
12060 Bastia Mondovì [CN]
Tel. 017460153
www.briccocucu.com

藏酒销售
预约参观
年产量 50 000 瓶
葡萄种植面积 10 公顷

达里奥•西欧那（Dario Sciolla）的布里克•德尔•库促（Bricco del Cucù）酒庄坐落在多哥里亚尼（Dogliani）西南面一片风景优美的兰格地区（Langhe），靠近阿尔卑斯山脉（Alps）。在地处偏远的葡萄酒酿造地和观光地里，葡萄园里的小径和绿色的牧草地以及褐色的果林交错着，并由二战护党人的石碑守卫着。西欧那（Sciolla）家族世世代代在这里酿造着葡萄酒。葡萄园里主要种植巴罗洛（Barolo），也有少量的梅洛（Merlot）和当地的葡萄酒品种。他们以精湛的技艺，酿制成了丰富的兰格罗索葡萄酒（Langhe Rosso）。

● Dolcetto di Dogliani '10	4*
○ Langhe Bianco Livor '10	3*
● Langhe Dolcetto '10	3
● Dogliani Bricco S. Bernardo '08	4*
● Dolcetto di Dogliani '09	4*
○ Langhe Bianco Livor '09	3*
● Langhe Dolcetto '09	3*
● Langhe Rosso Diavolisanti '08	4*
● Langhe Rosso Superboum '07	5

Bricco Maiolica

fraz. Ricca
via Bolangino, 7
12055 Diano d'Alba [CN]
Tel. 0173612049
www.briccomaiolica.it

藏酒销售
预约参观
年产量 90 000 瓶
葡萄种植面积 21 公顷

该酒庄总面积达21公顷，地处宏伟的山腰上，是佩普•阿卡莫（Beppe Accomo）的明信片。佩普对酒庄有着无穷的激情，更有数十年的酿酒经验。当地最有名的葡萄酒当数多尔切托•迪•蒂亚诺（Dolcetto di Diano），而他酿制的巴贝拉•迪•阿尔巴（Barbera d'Alba）也同样不容小觑。巴贝拉风格相当现代，这有赖于它在橡木桶中长时间的熟化和内比洛（Nebbiolo）那持久而香醇可口的味道。

● Diano d'Alba Sup. Sörì Bricco Maiolica '09	4*
● Nebbiolo d'Alba Cumot '08	5
● Barbera d'Alba '09	4*
● Barbera d'Alba Sup. V. Vigia '08	5
● Diano d'Alba Dolcetto '10	4*
○ Langhe Bianco Pensiero Infinito '07	8
● Langhe Rosso Filius '07	6
● Langhe Rosso Trio '09	4*
● Langhe Rosso Perlei '07	6
● Diano d'Alba Sup. Sörì Bricco Maiolica '07	4*
● Barbera d'Alba Sup. V. Vigia '07	5
● Nebbiolo d'Alba Cumot '07	5

Bricco Mondalino

REG. MONDALINO, 5
15049 VIGNALE MONFERRATO [AL]
TEL. 0142933204
www.briccomondalino.it

藏酒销售
预约参观
年产量 80 000 瓶
葡萄种植面积 13 公顷

高迪奥（Gaudios）家族有几十代人的酿酒历史。20世纪70年代对于这个家族来说具有里程碑的意义，他们兴建了新的酒庄，可以直接向顾客销售葡萄酒，而不用再通过葡萄酒零售商。该酒庄地处陡峭的芒达利诺（Mondalino）山坡，海拔300米，以布里克（bricco）出名。如今，大量出品的当地葡萄酒成了焦点，而该酒庄也大量使用巴贝拉（Barbera）、格里格诺里诺（Grignolino）、福瑞沙（Freisa）和马尔瓦西亚•迪•卡索佐葡萄（Malvasia di Casorzo）。

- ● Barbera del M.to Sup. '09 — 🍷🍷 4
- ● Barbera del M.to Zerolegno '09 — 🍷🍷 4*
- ● Grignolino del M.to Casalese Bricco Mondalino '10 — 🍷🍷 4
- ● Barbera d'Asti Il Bergantino '08 — 🍷 4
- ● Grignolino del M.to Casalese '10 — 🍷 4
- ○ M.to Casalese Cortese L'Amor Cortese '10 — 🍷 3
- ● Malvasia di Casorzo Dolce Stil Novo '10 — 🍷 4
- ● Barbera del M.to Zerolegno '08 — 🍷🍷 4
- ● Grignolino del M.to Casalese Bricco Mondalino '09 — 🍷🍷 4

Francesco Brigatti

VIA OLMI, 31
28019 SUNO [NO]
TEL. 032285037
www.vinibrigatti.it

藏酒销售
预约参观
年产量 20 000 瓶
葡萄种植面积 6 公顷

酒庄所有者弗朗西斯科•布瑞哥提（Francesco Brigatti）是个多面手，酿酒师和水果处理师都由他担任。每年，人们都会为他所酿造的一流且与众不同的系列葡萄酒而惊讶不已。这些葡萄酒都产自他那坐落在诺瓦拉希山和松奥地区的葡萄园。他所种植的葡萄品种有内比奥罗（Nebbiolo）、优化拉雅（Uva Rara）、维斯伯若拉（Vespolina）、伯纳达（Bonarda）、巴贝拉（Barbera）以及厄拜柳丝（Erbaluce）。这些葡萄酒在大小不一的橡木桶中熟化，但风格严谨，值得信赖，物超所值。

- ● Colline Novaresi V. MötZiflon '08 — 🍷🍷 4*
- ● Colline Novaresi Nebbiolo V. Mötfrei '08 — 🍷🍷 4
- ● Colline Novaresi Vespolina '10 — 🍷🍷 4*
- ○ Costabella — 🍷🍷 6
- ● Colline Novaresi Barbera Campazzi '10 — 🍷 4
- ○ Colline Novaresi Bianco V. Mottobello '10 — 🍷 3
- ● Colline Novaresi Uva Rara '10 — 🍷 3
- ○ Colline Novaresi Bianco V. Mottobello '05 — 🍷🍷 3*
- ● Colline Novaresi Nebbiolo Mötfrei '07 — 🍷🍷 4*
- ● Colline Novaresi Nebbiolo MötZiflon '07 — 🍷🍷 4*
- ● Colline Novaresi Nebbiolo V. Mötfrei '04 — 🍷🍷 4*
- ● Colline Novaresi Uva Rara '09 — 🍷🍷 4*

Vitivinicola Broglia

LOC. LOMELLINA, 22
15066 GAVI [AL]
TEL. 0143642998
www.broglia.eu

藏酒销售
预约参观
年产量 未提供
葡萄种植面积 57 公顷

布若格里亚（Broglia）家族庄园的名字是拉•梅拉娜（La,Meirana），由布鲁诺（Bruno）建立，如今由他的儿子吉安•皮尔洛（Gian Piero）和保罗（Paolo）共同管理。该葡萄园中一半以上的面积种植着科提斯葡萄（Cortese）。他们将葡萄放置在不锈钢桶中进行发酵，可以用于酿造4种不同的葡萄酒。多哥二代（Il Doge）是盖维（Gavi）的初级水平，拉•梅拉娜（La Meirana）和布鲁诺•布罗歌利亚（Bruno Broglia）则是酒中极品，当然还少不了罗维乐洛（Roverello）这种通过罐式香槟法发酵的起泡葡萄酒，最后还有由巴贝拉（barbera）、梅洛（merlot）、赤霞珠（cabernet）葡萄酿成的罗维乐洛玫瑰红起泡葡萄酒（Roverello Spumante Rosé）和由多尔切托（dolcetto）、梅洛和巴贝拉葡萄酿成的勒•佩尔尼茨混合葡萄酒（Le Pernici）。

- ○ Gavi del Comune di Gavi Bruno Broglia '10 — 🍷🍷 6
- ○ Gavi del Comune di Gavi La Meirana '10 — 🍷🍷 4
- ⊙ Roverello Brut Rosé — 🍷🍷 4
- ○ Gavi del Comune di Gavi Spumante Brut Roverello '10 — 🍷 4
- ● M.to Rosso Le Pernici '10 — 🍷 4
- ○ Gavi del Comune di Gavi Bruno Broglia '08 — 🍷🍷🍷 6
- ○ Gavi del Comune di Gavi Bruno Broglia '07 — 🍷🍷🍷 6
- ○ Gavi del Comune di Gavi Bruno Broglia '06 — 🍷🍷 5
- ○ Gavi del Comune di Gavi Bruno Broglia '04 — 🍷🍷 5
- ○ Gavi del Comune di Gavi La Meirana '03 — 🍷🍷 4*

Brovia

VIA ALBA-BAROLO, 54
12060 CASTIGLIONE FALLETTO [CN]
TEL. 017362852
www.brovia.net

藏酒销售
预约参观
年产量 60 000 瓶
葡萄种植面积 18 公顷

古老的卡斯提戈里奥内•法雷特（Castiglione Falletto）的酒庄，代表着经典巴罗洛（Barolo）的精粹。源于对传统的感知与现代潮流的完美展现，酒庄出品的所有酒对于布若维亚（Brovia）家族来说都是头等大事。目前，该酒庄主导着大局，引领着葡萄酒的潮流。尽管刚刚成立不久，但在某种程度上流露出一种不易解读的感觉，恰当时间的熟化更使其具有一种独特而令人回味。拥有布尔维亚葡萄酒（Brovia），你将拥有令所有人艳羡的东西。

- ● Barolo Villero '06 — 🍷🍷🍷 8
- ● Barolo Rocche dei Brovia '07 — 🍷🍷 8
- ● Barolo Ca' Mia '07 — 🍷🍷 8
- ● Barolo Garblèt Sué '07 — 🍷 8
- ● Barolo Ca' Mia '00 — 🍷🍷🍷 8
- ● Barolo Ca' Mia '96 — 🍷🍷🍷 8
- ● Barolo Monprivato '90 — 🍷🍷🍷 8
- ● Barolo Rocche dei Brovia '06 — 🍷🍷🍷 8

Renato Buganza

LOC. CASCINA GARBINOTTO, 4
12040 PIOBESI D'ALBA [CN]
TEL. 0173619370
www.renatobuganza.it

藏酒销售
预约参观
年产量 未提供
葡萄种植面积 10 公顷

在2012年的年鉴中，布甘扎（Buganza）家族进一步巩固了它的地位。该庄园分为两个农庄，戈柏（Gerbore）和加比艾诺图（Garbianotto），而酿酒厂却在洛尔罗葡萄酒产区（Roero）的边界。当地的知名葡萄品种有内比奥罗（Nebbiolo）、巴贝拉（Barbera）、阿内斯（Arneis）和多尔切托（Dolcetto），这些都是在四五十年前就用有机农耕法培植的，此外还有少许的莎当尼（Chardonnay）。该酒庄出品的葡萄酒都是传统风格的。

- ● Nebbiolo d'Alba Gerbole '07 5
- ● Barolo '06 7
- ○ Claudette Brut 4
- ○ Roero Arneis dla Trifula '10 4
- ● Barbera d'Alba Gerbole '08 4
- ● Langhe Rosso '08 4
- ● Nebbiolo d'Alba Bric Paradis '08 4
- ● Roero Gerbole '08 5
- ● Barbera d'Alba Gerbole '07 4
- ● Barbera d'Alba V. Veja '07 4
- ● Langhe Rosso '07 4
- ○ Roero Arneis dla Trifula '09 4
- ● Roero Bric Paradis '07 5
- ● Roero Gerbole '07 5

G. B. Burlotto

VIA VITTORIO EMANUELE, 28
12060 VERDUNO [CN]
TEL. 0172470122
www.burlotto.com

藏酒销售
预约参观
年产量 60 000 瓶
葡萄种植面积 12 公顷

五代人的历史和150年的经营一直传承着该酒庄的经典与传统。这要归功于其使用3 500到5 000升的大桶，长时间的浸渍和有条不紊的熟化。酿制巴罗洛葡萄酒（Barolo）的葡萄品种是知名的芒菲格列若（Monvigliero）和坎奴比（Cannubi）。他们也种植其他葡萄品种，如福瑞沙（Freisa）和多尔切托葡萄（Dolcetto）。身为著名大统领的曾孙女的玛丽娜•博洛托（Marina Burlotto）和丈夫朱塞佩•亚历山大利亚（Giuseppe Alessandria）以及他们热情的儿子法比洛（Fabio），他还是葡萄酒专业和酿酒专业的大学生。

- ● Barolo Acclivi '07 7
- ○ Langhe Bianco Dives '09 4*
- ● Barbera d'Alba Aves '09 5
- ● Barolo '07 7
- ● Barolo Vign. Cannubi '07 7
- ● Verduno Pelaverga '10 4*
- ● Langhe Nebbiolo '09 4
- ● Barolo Acclivi '06 7
- ● Barolo Acclivi '05 7
- ● Barolo Acclivi '04 7
- ● Barolo Vign. Monvigliero '04 7
- ● Verduno Pelaverga '10 4*

Piero Busso

via Albesani, 8
12052 Neive [CN]
Tel. 017367156
www.bussopiero.com

藏酒销售
预约参观
年产量 30 000 瓶
葡萄种植面积 8 公顷

皮耶罗•布索（Piero Busso）家族酒庄建于1953年，目前由皮耶罗（Piero）、露西亚（Lucia）和他们的儿女皮尔奎多（Pierguido）、伊曼纽拉（Emanuela）共同运作。该酒庄一直以来是巴巴列斯科葡萄酒（Barbaresco）行业里的龙头企业之一。皮耶罗早年着力于葡萄酒的实验和研究，并描绘出了酒庄宏伟的发展蓝图。最知名的葡萄酒有贾丽娜（Gallina）、圣特•斯特凡厄特（Santo Srefanetto）。产自阿尔贝萨尼葡萄园（Albesani）的博尔格瑟（Borgese）也同样是精品。产量不高但结构丰富的红葡萄酒以及温和的酿酒技术，使得皮耶罗的葡萄酒既具有个性，又有持久的丰富口感。

● Barbaresco Borgese '08	7
● Barbaresco Gallina '07	8
● Barbaresco S. Stefanetto '08	8
○ Langhe Bianco '10	4*
● Barbaresco Mondino '08	6
● Barbera d'Alba S. Stefanetto '08	6
● Barbera d'Alba V. Majano '09	4*
○ Langhe Arneis '10	4
● Barbaresco Gallina '05	8
● Barbaresco S. Stefanetto '07	8
● Barbaresco S. Stefanetto '04	8

Ca' Bianca

reg. Spagna, 58
15010 Alice Bel Colle [AL]
Tel. 0144745420
www.cantinacabianca.it

藏酒销售
预约参观
年产量 650 000 瓶
葡萄种植面积 39 公顷

卡•比安卡（Ca'Bianca）酒庄是意大利维尼集团（Gruppo Italiano Vini）旗下企业，维尼集团在意大利拥有总面积达1 000公顷的葡萄园。受其影响，卡•比安卡酒庄也经营得很好。该酒庄葡萄园占地面积39公顷，位于风景宜人的山坡上，毗邻爱丽丝•贝尔•科勒（Alice Bel Colle）小镇。如今，该酒庄出品的葡萄酒达60款，已经成为蒙菲拉托（Monferrato）实力雄厚的一个上等酒庄。

● Barbera d'Asti Sup. Chersì '08	5
○ Gavi '10	4
○ Roero Arneis '10	4
● Barbera d'Asti Sup. Antè '09	4
● Barbera d'Asti Teis '10	4
● Barbera d'Asti Sup. Chersì '07	5
● Barbera d'Asti Sup. Chersì '06	5
● Barolo '05	6

Ca' d' Gal

FRAZ. VALDIVILLA
S.DA VECCHIA DI VALDIVILLA, 1
12058 SANTO STEFANO BELBO [CN]
TEL. 0141847103
www.cadgal.it

藏酒销售
预约参观
年产量 60 000 瓶
葡萄种植面积 8 公顷

该酒庄坐落在圣•斯特凡诺•波伊多（Santo Stefano Belbo）山上，由技艺娴熟、富有激情的酿酒师亚历山德罗•波伊多（alessandro Boido）经营着，他一直下决心重振莫斯卡特麝香葡萄酒（Moscato）的雄风。葡萄园里有的品种已经有50多年历史，土壤为沙质土，需要精心配制以保证低产。其出品的葡萄酒彰显了不同寻常的风格、难以言喻的口感和令人回味的醇厚。与酒庄相毗邻的是华尔迪维拉（Caldicilla）农庄，这里是波伊多（Boido）家族的农场度假中心，有着可爱宜人的葡萄园景致。

- ○ Asti Dolce '10 — 2 4*
- ○ Moscato d'Asti Lumine '10 — 1 4
- ○ Moscato d'Asti Lumine '09 — 2 4*
- ○ Moscato d'Asti V. Vecchia '09 — 2 5

Ca' del Baio

VIA FERRERE, 33
12050 TREISO [CN]
TEL. 0173638219
www.cadelbaio.com

藏酒销售
预约参观
年产量 100 000 瓶
葡萄种植面积 25 公顷

朱里奥（Giulio）和卢卡西娜（Luciana Grasso），由他们的女儿保拉（Paola）和瓦伦蒂娜（Valentina）辅助着。他们兢兢业业，一丝不苟，辛勤劳作，今天的荣耀对他们而言，实在是实至名归。他们酿酒技术精湛而严谨，在葡萄酒生产过程中认真且有条不紊。所有的葡萄酒风格独特，与众不同，和不同区域的特色完美相合，在劲道和优雅中取得了和谐的平衡，质量上等而有保证。必须指明的是，由于葡萄生长季度天气环境恶劣，他们没有生产2008年版的巴巴列斯科•马卡连尼（Barbaresco Marcarini）。

- ● Barbaresco Valgrande '08 — 3 6
- ● Barbaresco Asili '08 — 2 6
- ● Barbaresco Pora '07 — 2 7
- ● Langhe Nebbiolo Bric del Baio '10 — 2 4
- ● Langhe Nebbiolo Bric del Baio '09 — 2 4*
- ○ Moscato d'Asti 101 '10 — 2 4
- ● Barbera d'Alba Paolina '09 — 1 4
- ● Dolcetto d'Alba Lodoli '09 — 1 4
- ○ Langhe Chardonnay Sermine '10 — 1 4
- ● Barbaresco Asili '06 — 3 6
- ● Barbaresco Pora '06 — 3 7
- ● Barbaresco Pora '04 — 3 7
- ● Barbaresco Valgrande '04 — 3 6

Ca' Rome' Romano Marengo

S.DA RABAJÀ, 86/88
12050 BARBARESCO [CN]
TEL. 0173635126
www.carome.com

藏酒销售
预约参观
年产量 30 000 瓶
葡萄种植面积 7 公顷

这家小规模的家族酒庄有着一流的农庄，分布在塞拉朗佳（Serralunga）和巴巴列斯科（Barbaresco）市区。卡•罗马（Ca'Rome）展现的是对至纯地域特色的真挚追求。该酒庄出品两款知名并越来越受重视的皮埃蒙特葡萄酒（Piemonte）：巴罗洛（Barolo）和巴巴列斯科（Barbaresco），在适当时间的熟化之后浓香袭人、口感可佳。

- ● Barbaresco Sorì Rio Sordo '08 7
- ● Barolo Rapet '07 8
- ● Barbaresco Chiaramanti '08 7
- ● Barolo V. Cerretta '07 8
- ● Barbaresco Chiaramanti '06 7
- ● Barbaresco Sorì Rio Sordo '06 7
- ● Barolo V. Cerretta '06 8
- ● Barolo V. Cerretta '05 8

Cascina Ca' Rossa

LOC. CASCINA CA' ROSSA, 56
12043 CANALE [CN]
TEL. 017398348
www.cascinacarossa.com

藏酒销售
预约参观
年产量 60 000 瓶
葡萄种植面积 15 公顷
葡萄栽培方式 有机种植

15年来，安吉洛•费里奥（Angelo Ferrio）是洛尔罗地区（Roero）上等制酒技术的领军人物之一。所有的葡萄园都位于山坡上，最前面的是酒庄。酿制奥迪纳吉奥（Audinaggio）的内比奥罗葡萄（Nebbiolo），来自位于陡峭的维扎•迪•阿尔巴（Vezza d'alba）葡萄园，那里主要是沙质土壤，没有梯田。酿制莫姆皮萨诺葡萄酒（Mompissano）的葡萄，来自粘土、石灰质土壤的卡纳勒（Canale）葡萄园。酿制穆拉萨的巴贝拉葡萄，来自种植在富含泥灰和粘土的沙质土壤的葡萄园，位于卡纳勒（Canale）地区。安吉洛生产的这些葡萄酒品质非凡，与众不同，具有鲜明的地域特色。

- ● Roero Audinaggio '09 6
- ● Barbera d'Alba '09 4
- ● Barbera d'Alba Mulassa '09 6
- ● Roero Mompissano Ris. '08 6
- ● Langhe Nebbiolo '09 4
- ○ Roero Arneis Merica '10 4
- ● Roero Audinaggio '07 6
- ● Roero Mompissano Ris. '07 6
- ● Roero Audinaggio '08 6
- ● Roero Mompissano Ris. '06 6

★Ca' Viola

B.TA SAN LUIGI, 11
12063 DOGLIANI [CN]
TEL. 017370547
www.caviola.com

藏酒销售
预约参观
年产量 50 000 瓶
葡萄种植面积 10 公顷

佩普•卡怀尔拉（Beppe Caviola）以无与伦比的专业精神继续着他的辉煌业绩。这位著名的酿酒学家致力于多种不同事业，闲暇之余，他也会赶回自己那位于多哥利亚利（Dogliani）风景宜人的酒庄。2012年，酒庄酿制的巴罗洛（Barolo）名声大振，它源自诺维罗（Novello）市区的单个葡萄园。这个新来者和上等的多尔切托（Dolcetto）、巴贝拉（Barbera）、内比奥罗（Nebbiolo）葡萄酒相比毫不逊色。该酒庄出品的葡萄酒浓郁醇厚，富有层次感，是地域特色的完美展现。

- Barolo Sottocastello '06 8
- Barbera d'Alba Bric du Luv '09 6
- Dolcetto d'Alba Barturot '10 5
- Langhe Nebbiolo '09 6
- Barbera d'Alba Brichet '10 5
- Dolcetto d'Alba Vilot '10 4*
- Barbera d'Alba Bric du Luv '07 6
- Dolcetto d'Alba Barturot '07 5
- Dolcetto d'Alba Barturot '05 5
- Dolcetto d'Alba Barturot '01 5
- Langhe Nebbiolo '08 6
- Langhe Rosso Bric du Luv '05 6
- Langhe Rosso Bric du Luv '03 6
- Langhe Rosso Bric du Luv '01 6

Marco Canato

FRAZ. FONS SALERA
LOC. CA' BALDEA, 18/2
15049 VIGNALE MONFERRATO [AL]
TEL. 0142933653
www.canatovini.it

藏酒销售
预约参观
年产量 30 000 瓶
葡萄种植面积 11 公顷

巴尔迪（Baldea）农庄自1740年被卡萨勒•蒙菲拉托（Casale Monferrato）大主教收购之后，其足迹就被印刻在历史上。该酒庄是连接巴尔迪老庄园（Baldea）和卡•巴尔迪（Cà Baldea）的纽带，目前整个生产过程都由两位技艺精湛的酿酒师马尔科（Marco）和罗伯托•卡纳图（Roberto Canato）共同管理着。葡萄园里种植着传统的巴贝拉（Barbera）、格里诺利诺（Grignolino）和福瑞沙（Freisa）葡萄，这些用来酿造红葡萄酒，而用来酿造白葡萄酒的则是莎当尼葡萄（Chardonnay）。该酒庄同时提供膳宿服务。

- Barbera del M.to Sup. La Baldea '08 4
- Grignolino del M.to Casalese Celio '10 3*
- Barbera del M.to Gambaloita '10 3
- 50 Anni '07 4
- Barbera del M.to Sup. La Baldea '07 4
- Barbera del M.to Sup. Rapet '07 4*
- Barbera del M.to Sup. Rapet '06 4
- Grignolino del M.to Casalese Celio '09 4*

Cantina del Pino

s.da Ovello, 31
12050 Barbaresco [CN]
Tel. 0173635147
www.cantinadelpino.com

年产量 35 000 瓶
葡萄种植面积 7 公顷

雷纳托•华卡（Renato Vacca）在脱离了巴巴列斯科葡萄酒生产协会（Produttori di Barbaresco）之后，仅仅只花了几年的时间就成为其同辈中最有才华的葡萄种植者和酿酒师之一。成功的背后没有任何捷径或秘密，他那享有名望和极其古典的奥维拉葡萄园（Ovello）、阿尔贝萨尼葡萄园（Albesani）与大规模、配备齐全的酒庄相得益彰。在那里，雷纳托将自己独特的酿酒知识应用到了内比奥罗葡萄酒（Nebbiolo）的酿制中。持久的浸渍和小型橡木桶的熟化，再加上一点点现代风格，使得葡萄酒透着浓浓的地域特色。虽然葡萄酒起初可能有些粗糙，但却越放越有味道。

● Barbaresco Ovello '07	🍷🍷🍷 7
● Barbaresco Albesani '07	🍷🍷 7
● Barbaresco '08	🍷🍷 6
● Barbera d'Alba '09	🍷🍷 5
● Langhe Nebbiolo '09	🍷🍷 4
● Dolcetto d'Alba '10	🍷 4
● Langhe Freisa '10	🍷 4
● Barbaresco '04	🍷🍷🍷 6*
● Barbaresco '03	🍷🍷🍷 5*
● Barbaresco Albesani '05	🍷🍷🍷 7
● Barbaresco Ovello '99	🍷🍷🍷 6

La Caplana

via Circonvallazione, 4
15060 Bosio [AL]
Tel. 0143684182
lacaplana@email.it

藏酒销售
预约参观
年产量 100 000 瓶
葡萄种植面积 5 公顷

这家小型的拉•卡普拉纳酒庄（La Caplana）又名纳塔利诺•奎多（Natalino Guido），位于阿勒圣德利亚省（Alessandria）的一个小山村波斯奥（Bosio），地处利古里亚•阿本尼斯（Ligurian Apennines）北部山下，阿尔达纳河岸（Ardana）以东。这个边界区域完美地反映了两个主题：坚持不懈和凌云壮志。一方面是以科惕斯葡萄（Cortese）为原料的盖维白葡萄酒（Gavi），另一方面是多尔切托•迪•阿瓦达葡萄酒（Dolcetto d'Ovada）。这两种主要葡萄酒品种来自艾斯提区（Asti）的巴贝拉葡萄（Barberas）和莎当尼葡萄（Chardonnay）。

● Dolcetto di Ovada Narciso '09	🍷🍷 4
○ Gavi '10	🍷🍷 3*
○ Gavi del Comune di Gavi '10	🍷🍷 4*
● Barbera d'Asti La Caplana '09	🍷 3
● Barbera d'Asti Rubis '08	🍷 4
● Dolcetto di Ovada '10	🍷 3
○ Piomonte Chardonnay Porfirio '10	🍷 3
● Dolcetto di Ovada Narciso '08	🍷🍷 3*
● Dolcetto di Ovada Narciso '07	🍷🍷 3*
○ Gavi del Comune di Gavi V. Vecchia '07	🍷🍷 3*
○ Gavi V. Vecchia '08	🍷🍷 3*

La Casaccia

via D. Barbano, 10
15034 Cella Monte [AL]
Tel. 0142489986
www.lacasaccia.biz

藏酒销售
预约参观
年产量 25 000 瓶
葡萄种植面积 6.7 公顷
葡萄栽培方式 有机认证

卡拉•蒙特（Cella Monte）作为一个中世纪的小镇，其建筑材料是意大利鼎鼎有名的第三世纪中新世建筑石材之一的皮亚特拉•达•坎特尼（pietra da cantoni）。当地人挖掘着沉积的岩石，制造真正的艺术品——“人间地狱”（infernot），作为贮存和熟化葡萄酒的地下室。在卡萨西亚（Casacccia）就有一个这样的地方，古老的酒窖今天仍在使用。到丰收季节，由拉瓦（Rava）家族采用有机种植法收获的葡萄被成批的带到这里进行加工。

- ● Grignolino del M.to Casalese Poggeto '10 — 3
- ● Barbera del M.to Sup. Bricco del Bosco '09 — 4
- ○ Piemonte Chardonnay Charnò '10 — 4
- ● Barbera d'Asti Sup. Calichè '07 — 4
- ● Barbera del M.to Sup. Bricco del Bosco '07 — 4*
- ● Grignolino del M.to Casalese Poggeto '09 — 3*
- ● Grignolino del M.to Casalese Poggeto '08 — 3*
- ● Grignolino del M.to Casalese Poggeto '07 — 4*

Casalone

via Marconi, 100
15040 Lu [AL]
Tel. 0131741280
www.casalone.it

藏酒销售
预约参观
年产量 50 000 瓶
葡萄种植面积 10 公顷

卢•蒙菲拉托（Lu Monferrato）这个小镇位于美丽的山丘上，根据考古发现，其历史极其古老，可以追溯到11世纪，有着传统的酿酒历史。18世纪早期，现在主人的祖先就耕耘在这片土地上。如今，卡萨龙内（Casalone）家族已经使用现代酿酒技术，推广使用当地乃至世界知名葡萄酒品种。

- ● M.to Rosso Rus '08 — 4
- ● Barbera d'Asti Rubermillo '08 — 4
- ● Barbera del M.to Bricco Morlantino Sup. '08 — 4*
- ○ Monemvasia V. T. '08 — 4
- ● Monferrato Rosso Fandamat '08 — 4
- ● Barbera del M.to Bricco Morlantino Sup. '07 — 4*
- ● Barbera del M.to Bricco Morlantino Sup. '06 — 4*
- ● M.to Rosso Rus '07 — 4*
- ○ Monemvasia '09 — 4
- ● Monferrato Rosso Fandamat '07 — 4

Cascina Adelaide

VIA AIE SOTTANE, 14
12060 BAROLO [CN]
TEL. 0173560503
www.cascinaadelaide.com

藏酒销售
预约参观
年产量 50 000 瓶
葡萄种植面积 9.2 公顷

皮埃蒙特（Piemonte）的企业家爱摩拜尔•德诺克（Amabile Drocco）在酿酒业取得了一系列成功，坚定不移地积极实践着他的酿酒使命。酒庄总部有着一种担当着葡萄酒的未来的使命感，与环境更是完美相融，年复一年的继续着它一流葡萄酒的传奇。其出品的巴罗洛精选葡萄酒（Barolo）品质优秀，巧妙的反映了德罗克（Drocco）的当地特色。除了主要葡萄园坎奴比（cannubi）之外，还有一个鲜为人知的布莱达（Preda）葡萄园，这里凝灰岩质和钙质泥灰岩土壤总能让这个酒庄酿出美味可口的葡萄酒。

- ● Barolo Pernanno '07 8
- ● Barbera d'Alba Sup. V. Preda '08 5
- ● Barolo Fossati '06 8
- ● Barolo Per Elen Ris. '05 8
- ● Barolo Cannubi '07 8
- ● Barolo Preda '07 8
- ○ Langhe Bianco Le Pernici '09 5
- ● Barolo Cannubi '06 8
- ● Barolo Per Elen Ris. '01 8
- ● Barolo Preda '04 8

Cascina Barisél

REG. SAN GIOVANNI, 30
14053 CANELLI [AT]
TEL. 0141824848
www.barisel.it

藏酒销售
预约参观
年产量 35 000 瓶
葡萄种植面积 4 公顷
葡萄栽培方式 有机种植

该酒庄位于卡内利（Canelli）市区，由彭娜（Penna）家族经营了40多年，并以出品上等质量的当地葡萄酒而出人头地。头号葡萄品种是莫斯卡特麝香葡萄（moscato），而巴贝拉（barbera）、多尔切托（dolcetto）和法维奥利塔（facorita）葡萄也是通过有机农耕法培植在石灰质的土壤上。这些葡萄园位于农场周围。其中最有名的葡萄园是卡佩乐塔（Cappelletta），建于20世纪五六十年代。酿造顶级巴贝拉•迪•艾斯提（Barbera d'Asti Superiore）的葡萄就产于此。

- ○ Moscato d'Asti '10 4*
- ● Barbera d'Asti '09 4
- ● Barbera d'Asti '08 4*
- ● Barbera d'Asti Sup. La Cappelletta '06 5
- ● Barbera d'Asti Sup. La Cappelletta '05 5
- ○ L'Avìja '04 6
- ○ Moscato d'Asti '08 4*

Cascina Bongiovanni

LOC. UCCELLACCIO
VIA ALBA BAROLO, 4
12060 CASTIGLIONE FALLETTO [CN]
TEL. 0173262184
www.cascinabongiovanni.it

藏酒销售
预约参观
年产量 35 000 瓶
葡萄种植面积 7 公顷

这个家族酒庄出品的葡萄酒为我们树立也持续了以理性价格追求质量的良好典范。多年以来，戴维德•莫佐恩（Davide Mozzone）继续着他坚持不懈的艰辛，这些从她清晰可见的方向和近来酿制的各种葡萄酒中可以得到验证。戴维德追求葡萄酒的特色和至纯，因此可以解释葡萄酒熟化早期的粗糙，然而这也为以后葡萄酒不同寻常的个性和甘醇奠定了基础。

● Barolo '07	🍷🍷 6
● Barbera d'Alba '09	🍷🍷 5
● Barolo Pernanno '07	🍷🍷 7
● Dolcetto d'Alba '10	🍷🍷 4*
● Dolcetto di Diano d'Alba '10	🍷🍷 4*
● Langhe Rosso Faletto '09	🍷🍷 5
○ Langhe Arneis '10	🍷 4
● Barolo Pernanno '01	🍷🍷🍷 7
● Barolo '06	🍷🍷 6*
● Barolo Pernanno '05	🍷🍷 7
● Barolo Pernanno '04	🍷🍷 7

Cascina Bruciata

S.DA RIO SORDO, 46
12050 BARBARESCO [CN]
TEL. 0173638826
www.cascinabruciata.it

藏酒销售
预约参观
年产量 25 000 瓶
葡萄种植面积 7 公顷

10年前，卡洛•巴尔博（Carlo Balbo）接手了这个历史悠久的家族酒庄，继续深化酒庄设备和葡萄园管理的改革，并试验有机农耕法，并更加着眼于知名葡萄酒的全自动化操作，如巴巴列斯科（Barbaresco）的里奥•索尔多葡萄酒（Rio Sordo）和巴罗洛（Barolo）的坎奴比•缪斯卡特尔葡萄酒（Cannubi Muscatel），直接效果显著。如今，酒庄在传统和现代风格中取得了良好的平衡。

● Barbaresco Rio Sordo '08	🍷🍷 6
● Barbaresco Rio Sordo Ris. '06	🍷🍷 7
● Barolo Cannubi Muscatel '07	🍷🍷 7
● Dolcetto d'Alba Vign. Rio Sordo '10	🍷🍷 4*
● Barbaresco '08	🍷 6
● Dolcetto d'Alba Rian '10	🍷 4
● Langhe Nebbiolo Vign. dell'Usignolo '09	🍷 4
● Barbaresco '04	🍷🍷 6
● Barbaresco Rio Sordo Ris. '04	🍷🍷 7

Cascina Castlet

S.DA CASTELLETTO, 6
14055 COSTIGLIOLE D'ASTI [AT]
TEL. 0141966651
www.cascinacastlet.com

藏酒销售
预约参观
年产量 240 000 瓶
葡萄种植面积 22 公顷
葡萄栽培方式 有机种植

美丽的卡西纳•卡斯特内特（Cascina Castlet）庄园，由玛丽佑西亚（Mariuccia）和安达•勃利敖（Ada borio）共同经营着。他们一直积极改善酒庄，推广当地葡萄品种。他们计划采用有机农耕法，引入当地鸟类以保护葡萄园免受害虫破坏，并回复濒危的葡萄品种，如种植在酒庄附近的维瓦利诺葡萄（uvalino）。其出品的葡萄酒风格传统，凸显着卓越的清晰度和浓香。

- ● Barbera d'Asti '10 4
- ○ Moscato d'Asti '10 4*
- ○ Piemonte Moscato Passito Avié '08 5
- ● Barbera del M.to Goj '10 4
- ● M.to Rosso Policalpo '07 5
- ● M.to Rosso Uceline '07 6
- ● Barbera d'Asti '09 4*
- ● Barbera d'Asti Sup. Litina '07 4
- ● Barbera d'Asti Sup. Passum '07 6
- ● Barbera d'Asti Sup. Passum '06 6
- ● M.to Rosso Policalpo '06 5
- ○ Piemonte Moscato Passito Avié '07 5

Cascina Chicco

VIA VALENTINO, 144
12043 CANALE [CN]
TEL. 0173979411
www.cascinachicco.com

藏酒销售
预约参观
年产量 300 000 瓶
葡萄种植面积 40 公顷

卡西纳•芝哥（Cascina Chicco）酒庄继续沿着几年前开辟的道路，走向复兴，走向投资之路。今年最突出的成果之一就是巴罗洛•罗切•德尔•卡斯特罗（Barolo Rocche del Castello）的首次推广，其原料来自于位于蒙佛尔特•第•阿尔巴（Monforte d'aAlba）的5公顷葡萄园。然而，这丝毫没有动摇恩里克（Enrico）和马里奥•发萨尔达（Mario Faccenda）到洛尔罗（Roero）的决心，他们开始注意卡纳乐葡萄园（Canale）、安特里斯奥葡萄园（Anterisio）和莫皮萨诺葡萄园（Mompissano）。这些改变似乎在卡斯西纳•芝哥葡萄酒（Cascina Chicco）的风格上得到体现。他们2012年展现的风格比去年更加传统、更具有当地特色。

- ● Barolo Rocche di Castelletto '07 6
- ● Roero Valmaggiore Ris. '08 5
- ○ Arcass V. T. '07 5
- ● Roero Montespinato '09 4
- ● Barbera d'Alba Bric Loira '09 5
- ● Barbera d'Alba Granera Alta '10 4
- ● Nebbiolo d'Alba Mompissano '09 5
- ○ Roero Arneis Anterisio '10 4
- ○ Arcàss Passito '06 5
- ○ Arcass V. T. '08 5
- ● Roero Montespinato '08 4*
- ● Roero Valmaggiore '05 5
- ● Roero Valmaggiore Ris. '07 5
- ● Roero Valmaggiore Ris. '06 5

Cascina Corte

FRAZ. SAN LUIGI
B.TA VALDIBERTI, 33
12063 DOGLIANI [CN]
TEL. 0173743539
www.cascinacorte.it

藏酒销售
预约参观
年产量 30 000 瓶
葡萄种植面积 5 公顷
葡萄栽培方式 有机认证

这个小庄园正在不断发展壮大，得到越来越多的认可，并开始转向有机农耕法。桑德罗•巴罗斯（Sandro Barosi）和阿玛利亚•巴塔歌利亚（amalia Battaglia）夫妇有条不紊、热情洋溢的继续着他们的信念。这段故事从2001年购买卡斯西纳•科特（Cascina Corte）开始，逐渐从一个工作型农场一直发展为一家理想的酒庄。始建于20世纪四五十年代的葡萄园相当美丽。酒庄位于一个山坡边缘，一边可以远眺多哥里亚尼（Dogliani），另一边则是孟菲尔特•迪•阿尔巴（Monforte d'Alba）。那些渴望得到放松的人们可以在这里找到四间舒适的房间和所提供的膳宿服务。

酒款	评分
● Dogliani Pirochetta V. V. '09	🍷🍷 4*
● Piemonte Barbera '09	🍷🍷 4
● Barnedòl	🍷🍷 4
● Dolcetto di Dogliani '10	🍷🍷 3*
● Langhe Nebbiolo '09	🍷🍷 5
⊙ Matilde Rosato	🍷🍷 4
● Dogliani Vecchie V. Pirochetta '08	🍷🍷🍷 4*
● Dolcetto di Dogliani '09	🍷🍷 3*
● Langhe Nebbiolo '08	🍷🍷 5
● Langhe Nebbiolo '07	🍷🍷 5

Cascina Cucco

LOC. CUCCO
VIA MAZZINI, 10
12050 SERRALUNGA D'ALBA [CN]
TEL. 0173613003
www.cascinacucco.com

藏酒销售
预约参观
年产量 60 000 瓶
葡萄种植面积 12 公顷

鼎鼎有名的卡斯西纳•库克（Cascina Cucco）酒庄，其建筑宏伟地耸立在塞拉朗格•迪•阿尔巴（Serralunga d'Alba）中心之外。该酒庄的主人是皮埃蒙特（Piemonte）有名的实业家族——斯特若皮亚纳（Stroppiana family）家族。他们年复一年，坚定不移地追求着产品质量的提高和酒庄在意大利乃至全球的知名度。他们出品的特色葡萄酒有着持久的上等质量和清晰多样的口味特点，给消费者留下了独特的斯特若皮亚纳•迪•阿尔巴特色印象。

酒款	评分
● Barbera d'Alba Sup. '09	🍷🍷 5
● Barolo Cerrati V. Cucco '07	🍷🍷 7
● Barolo di Serralunga '07	🍷🍷 6
● Barolo Cerrati '07	🍷🍷 6
● Langhe Rosso Mondo '09	🍷🍷 5
● Barbera d'Alba '10	🍷 4
● Dolcetto d'Alba Vughera '10	🍷 4
○ Langhe Chardonnay '10	🍷 4
● Barolo V. Cerrati '01	🍷🍷 7
● Barolo V. Cucco '04	🍷🍷 7
● Barolo V. Cucco '01	🍷🍷 7

Cascina Fonda

Loc. Cascina Fonda, 45
12056 Mango [CN]
Tel. 0173677877
www.cascinafonda.com

藏酒销售
预约参观
年产量 120 000 瓶
葡萄种植面积 12 公顷

卡西纳•凡达（Cascina Fonda）酒庄全力着眼于酿制莫斯卡特麝香葡萄酒（Moscato），目前由有着无限激情和精湛技术的马尔科（Marco）与马斯莫（Massimo）共同管理着。他们的父亲赛肯迪诺（Secondino）创建这家酒庄，并在20世纪60年代开始种植莫斯卡特麝香葡萄，其后他们接管了这家酒庄，并发展壮大起来。马尔科与马斯莫分工明确，前者负责酒庄的经营，后者负责葡萄园的管理。酒庄位于芒哥（Mango）和内维（Neive）市区，葡萄园有40年的历史，坐落在海拔450米的山上，东南朝向。其出品的葡萄酒清爽甘甜、细腻可口。

○ Moscato d'Asti Bel Piano '10	🍷🍷	4
○ Moscato Spumante Tardivo '09	🍷🍷	4
○ Vendemmia Tardiva '09	🍷🍷	4
○ Asti Bel Piasì '10	🍷	4
○ Asti Bel Piasì '09	🍷🍷	4*
○ Asti Bel Piasì '08	🍷🍷	4*
○ Asti Driveri M. Cl. '05	🍷🍷	6
○ Moscato d'Asti Bel Piano '09	🍷🍷	4*
○ Moscato d'Asti Bel Piano '08	🍷🍷	4*
○ Moscato d'Asti Bel Piano '07	🍷🍷	4*

Cascina Gilli

via Nevissano, 36
14022 Castelnuovo Don Bosco [AT]
Tel. 0119876984
www.cascinagilli.it

藏酒销售
预约参观
年产量 140 000 瓶
葡萄种植面积 23 公顷

该酒庄创建于20世纪80年代，位于蒙菲拉托（Monferrato）市区下段的卡斯特尔挪威•东•巴斯克阿尔布格纳诺（Castelnuovo don Bosco）。葡萄园地处思齐尔纳诺山（Schierano）、科尔纳乐特（Cornareto）的山顶上，为泥灰质和粘土质土壤，地区延伸到农场建筑周围。尽管葡萄园种植着巴贝拉（harbera）、伯纳尔达（bonarda）、马尔瓦西亚（malvasia）和莎当尼葡萄（chardonnay），但其名声却和弗雷萨葡萄（freisa）密不可分。因为这种弗雷萨葡萄是卡西纳•吉利（Cascina Gilli）和吉安尼•魏格纳诺（Giaani Vergnano）共同创造并深信不疑的葡萄品种。他们出品的葡萄酒真实的体现了当地葡萄特色。

● Barbera d'Asti Sebrì '09	🍷🍷	5
● Freisa d'Asti Arvelé '07	🍷🍷	5
● Piemonte Bonarda Sernù '07	🍷🍷	4*
● Freisa d'Asti Vivace Luna di Maggio '10	🍷	3
● Malvasia di Castelnuovo Don Bosco '10	🍷	4
● Barbera d'Asti V. delle More '08	🍷🍷	4*
● Barbera d'Asti V. delle More '04	🍷🍷	4*
● Freisa d'Asti V. del Forno '08	🍷🍷	4*
● Freisa d'Asti Vivace Luna di Maggio '09	🍷🍷	3*

Cascina La Maddalena

FRAZ. SAN GIACOMO
LOC. PIANI DEL PADRONE, 257
15078 ROCCA GRIMALDA [AL]
TEL. 0143876074
www.cascina-maddalena.com

藏酒销售
预约参观
年产量 30 000 瓶
葡萄种植面积 5 公顷

葡萄酒和全程热情服务的完美结合是卡西纳•拉•马达莲娜（Cascina La Maddalena）酒庄的核心。顾客对有限的房间孜孜以求，在那里可以享受到乡村令人神清气爽的宁谧，最重要的是就着当地的乳酪、熟食品尝这里酿造的葡萄酒。葡萄园种植的都是红皮葡萄品种，主要有巴贝拉（Barbera）、多尔切托•迪•阿瓦达（Dolcetto d'Ovada）和少量的梅洛（Merlot）葡萄。

● Dolcetto di Ovada Bricco del Bagatto '09	🍷🍷 4*
● M.to Rosso Pian del Merlo '10	🍷🍷 4
● Dolcetto di Ovada '10	🍷🍷 3*
● Barbera del M.to Rossa d'Ocra '08	🍷 4
● Dolcetto di Ovada '09	🍷🍷 3*
● Dolcetto di Ovada Bricco del Bagatto '06	🍷🍷 4
● M.to Rosso La Decima Vendemmia '06	🍷🍷 6

Francesca Castaldi

VIA NOVEMBRE, 6
BRIONA [NO]
TEL. 0321826520
francesca_castaldi@libero.it

藏酒销售
预约参观
年产量 10 000 瓶
葡萄种植面积 6 公顷

弗朗西斯科（Francesca）和朱塞佩•卡斯塔尔迪（Giuseppe Castaldi）兄妹为了追寻不同凡响的生活，来到了布里奥纳（Briona）这个诺瓦拉（Novara）冰碛山的最南面地带，坡下是大面积的稻田。如今，在皮亚纳泽（Pianazze）、瓦尔•萨尔勒索乐（Wal Ceresole）和贝尔维德勒（Belvedere），6公顷的土地对于酒庄的在1997年的复兴来说是一个重要的起点。这里种植着内比奥罗（Nebbiolo）、维斯坡丽娜（Vespolina）和厄巴鲁赛（Erbaluce）葡萄，所有这些葡萄都采用低化学影响法培植。如今，只有部分葡萄被酿制成葡萄酒，但这仅有的葡萄酒却丝毫不影响其展现葡萄酒的精致浓香和结实口感。

● Fara '07	🍷🍷 5
○ Colline Novaresi Bianco '10	🍷🍷 3*
● Colline Novaresi Vespolina '09	🍷 3
○ Colline Novaresi Bianco '09	🍷🍷 3*
● Fara '06	🍷🍷 5

Renzo Castella

via Alba, 15
12055 Diano d'Alba [CN]
Tel. 017369203
renzocastella@virgilio.it

藏酒销售
预约参观
年产量 25 000 瓶
葡萄种植面积 10 公顷

过硬的酿酒技术，收益好的葡萄园特别是利维奥利亚（Rivolia）葡萄园令人兴奋的成功范例，具有竞争力的价格葡萄酒，成为了小规模棱佐•卡斯特拉（Renzo Castella）酒庄的主要明信片，更奠定了酒庄在酿制多尔切托•迪•蒂亚诺葡萄酒（Dolcetto di Diano d'Alba）方面的领先地位。可以理直气壮地说，酒庄经典的酿酒风格为多尔切托葡萄（dolcetto）提供了尽情展现其果香的机会。在某种程度上，这要归功于棱佐父母一丝不苟的辛劳。

● Dolcetto di Diano d'Alba '10	3*
● Dolcetto di Diano d'Alba Rivolia '10	3*
● Barbera d'Alba Piadvenza '10	3
● Nebbiolo d'Alba V. Madonnina '10	4
● Dolcetto di Diano d'Alba Rivolia '09	3*

Castellari Bergaglio

fraz. Rovereto, 136
15066 Gavi [AL]
Tel. 014364,000
www.castellaribergaglio.it

藏酒销售
预约参观
年产量 80 000 瓶
葡萄种植面积 12 公顷

卡斯特拉里•博加戈里奥（Castelari Bergaglio）酒庄生产葡萄酒历史悠久，如今由马尔科•博加戈里奥（Marco Bergaglio）负责管理。其出品的一系列葡萄酒是对科提斯•迪•噶维葡萄（Cortese Di Gavi）的风格和当地多样性的深情赞歌，有5款不同的葡萄酒着眼于此目的。萨鲁维葡萄（Salluvii）是最基本的品种，佛尔纳西（Fornaci）和洛龙娜葡萄（Rolona）在土壤与塔萨洛罗（Tassarolo）以及噶维（Gavi）存在着差异，罗维乐特葡萄（Rovereto）通过低温的表皮接触增强了这个最古老葡萄园里的芳香特点，而皮林葡萄（pilin）则需要延长丰收时间，在橡木桶中进行熟化。

○ Gavi del Comune di Tassarolo Fornaci '10	4
○ Gavi Salluvi '10	4
○ Gavi del Comune di Gavi Rolona '10	4
○ Gavi del Comune di Gavi Rovereto Vignavecchia '09	4
○ Gavi Pilìn '07	5
○ Gavi del Comune di Gavi Rolona '03	4*
○ Gavi del Comune di Gavi Rovereto Vignavecchia '08	4
○ Gavi del Comune di Gavi Rovereto Vignavecchia '07	4
○ Gavi Pilìn '06	5

Castello del Poggio

Loc. Poggio, 9
14100 Portacomaro [AT]
Tel. 0141202543
www.poggio.it

藏酒销售
预约参观
年产量 800 000 瓶
葡萄种植面积 158 公顷

卡斯特罗•迪•伯吉（Castello di Poggio）酒庄规模较大，占地186公顷，其中160公顷种植着皮埃蒙特（Piemonte）所有的葡萄品种，主要是莫斯卡特麝香葡萄（moscato），另外还有巴贝拉（barbera）、多尔切托（dolcetto）、布拉凯多（brachetto）和格瑞格诺里诺葡萄（grignolino）等。葡萄园平均有25年的历史，位于科斯提格里奥勒•迪•艾斯提地区（Coatigliole d'Asti）附近的伯塔克马洛（Portacomaro）和圣塔•马尔戈和丽塔（Santa Margherita），土壤为淤泥和粘土性质。酒庄出品的葡萄酒风格现代，着眼于酒的果味和可口。

Wine	Rating
○ Asti	🍷🍷 4
● Barbera d'Asti '08	🍷🍷 4
● M.to Dolcetto '09	🍷 4
● Piemonte Brachetto	🍷 4
● Barbera d'Asti '07	♀♀ 4
● Grignolino d'Asti '09	♀♀ 4*
○ Moscato d'Asti Vign. Castello del Poggio '09	♀♀ 4

Castello di Neive

via Castelborgo, 1
12052 Neive [CN]
Tel. 017367171
www.castellodineive.it

预约参观
年产量 150 000 瓶
葡萄种植面积 26 公顷

卡斯特罗•迪•内华（Castello di Neive）酒庄自从1964年以来，一直由司徒皮诺（Stupino）家族经营着。如今，它各个方面都可以和博尔德奥尔西（Bordeaux）酒庄相媲美。这是一个规模较大的庄园，面积达60公顷，其中一半的土地种植着葡萄。除了壮观的城堡和酒窖之外，酒庄还拥有位于阿尔贝萨尼（Albesani）葡萄园中圣•斯特凡诺•迪•内华（Santo sStefano di Neive）的股份，使其几乎成为行业垄断者。从20世纪90年代至今，伊泰洛•司徒皮诺（Italo Stupino）和卡劳迪奥•罗格里（Claudio Roggeri）一心追求葡萄酒的细腻和优雅，通过他们的辛勤努力，葡萄酒质量有了很大提高。

Wine	Rating
● Barbaresco Gallina '08	🍷🍷 6
● Barbaresco S. Stefano '08	🍷🍷🍷 7
● Barbaresco S. Stefano Ris. '06	🍷🍷🍷 8
● Barbaresco '08	🍷🍷 6
● Barbera d'Alba S. Stefano '09	🍷🍷 5
● Dolcetto d'Alba Basarin '10	🍷🍷 4
○ Piemonte Pinot Nero Brut '07	🍷🍷 6
● Langhe Rosso Albarossa '08	🍷 6
● Langhe Rosso I Cortini '09	🍷 5
● Barbaresco S. Stefano Ris. '01	♀♀♀ 8
● Barbaresco S. Stefano Ris. '99	♀♀♀ 8

Tenuta Castello di Razzano

FRAZ. CASARELLO
LOC. RAZZANO, 2
15021 ALFIANO NATTA [AL]
TEL. 0141922124
www.castellodirazzano.it

藏酒销售
预约参观
年产量 200 000 瓶
葡萄种植面积 38 公顷

卡斯特罗•迪•兰达佐（Castello di Randazzo）酒庄颇有影响力，位于一个贵族公馆，其历史可以追溯到17世纪，至今那里还竖立着中世纪的建筑。目前酒庄的主人是欧力洛（Oleаro）家族，他们于20世纪60年代来到这里，不仅保留了城堡原有的风格，还推行一系列葡萄酒生产项目。阿特维诺博物馆（AeteVino Museo）于2009年10月对外开放，展示了葡萄酒以及艺术装置相关的各种乡村生活的浮雕（若想参观，请提前订票）。

- ● Barbera d'Asti Sup. Del Beneficio '09 🍷🍷 5
- ● Barbera d'Asti Sup. Eugenea '09 🍷🍷 5
- ● Barbera d'Asti Sup. Campasso '08 🍷🍷 4
- ● M.to Rosso Cuntrà '09 🍷🍷 4
- ● Grignolino del M.to Casalese Pianaccio '10 🍷 3
- ○ Piemonte Chardonnay Costa al Sole '10 🍷 3
- ● Barbera d'Asti Sup. Campasso '07 🍷🍷 4
- ● Barbera d'Asti Sup. Eugenea '06 🍷🍷 5
- ● Barbera d'Asti Sup. V. Valentino Caligaris '04 🍷🍷 5

Castello di Tassarolo

CASCINA ALBORINA, 1
15060 TASSAROLO [AL]
TEL. 0143342248
www.castelloditassarolo.it

藏酒销售
预约参观
年产量 130 000 瓶
葡萄种植面积 20 公顷
葡萄栽培方式 有机认证

卡斯特罗•迪•塔萨洛罗（Castello di Tassarolo）酒庄自14世纪以来，一直是由马尔切斯•马戏米利亚诺娜（Marchesi Massimiliana）和伯尼法西奥（Bonifacio）两个家族共同经营着。他们出品的柯尔特瑟•迪•噶维葡萄酒（cortese di Gavi）原味指数最高。在维瑟佐•穆尼（Vincenzo Muni）和久里奥•摩尔拉哥伊（Giulio Moiraghi）的辅佐下，几年前，他们在20公顷左右的葡萄园里开始试验生物活力种植法。除了经典的葡萄酒之外，他们还出品一些没有添加硫酸盐的实验性葡萄酒。有时这些葡萄酒太过极端，需要精细和耐心，特别是在葡萄酒装瓶过程中。

- ○ Gavi V. Alborina '08 🍷🍷 4*
- ○ Gavi del Comune di Tassarolo Spinola '10 🍷🍷 3*
- ○ Gavi del Comune di Tassarolo Il Castello '10 🍷 3
- ● M.to Rosso Cuveè No Sulphites '10 🍷 4
- ○ Gavi Castello di Tassarolo '08 🍷🍷 4*
- ○ Gavi del Comune di Tassarolo Il Castello '09 🍷🍷 4
- ○ Gavi del Comune di Tassarolo Spinola '09 🍷🍷 3*
- ○ Gavi Vign. Alborina '07 🍷🍷 5*

Castello di Uviglie

via Castello di Uviglie, 73
15030 Rosignano Monferrato [AL]
Tel. 0142488132
www.castellodiuviglie.com

藏酒销售
预约参观
年产量 80 000 瓶
葡萄种植面积 25 公顷
葡萄栽培方式 有机种植

在卡萨勒•蒙菲拉托地区（Casale Monferrato），古老的庄园和酿酒厂通常是连在一起的，庄园里有很多城堡和宏伟建筑，环绕着历史悠久的葡萄园。西蒙•鲁帕罗（Simone Lupano）作为罗斯格纳诺•蒙菲拉托（Rosignano Monferrato）的一员，为当地酿酒行业添上了浓墨重彩的一笔，质量逐渐提高，最近取得了一系列显著的成果。该酒庄是由1239—1271年期间所建的城堡转型而来的。那里是文化的摇篮，更是遗产的纪念碑，纪念着西蒙为出品多汁和丰满口感的红葡萄酒而做出的努力。

酒款	评级
● Barbera del M.to Sup. Le Cave '09	🍷🍷🍷 (红) 4*
● Barbera del M.to Sup. Pico Gonzaga '08	🍷🍷 5
● M.to Rosso 1491 '08	🍷🍷 5
○ Piemonte Chardonnay Ninfea '10	🍷🍷 4
● Barbera del M.to Bricco del Conte '10	🍷 4
● Grignolino del M.to Casalese San Bastiano '10	🍷 4
● Barbera del M.to Sup. Le Cave '07	ΥΥΥ 5
● Barbera del M.to Sup. Pico Gonzaga '07	ΥΥΥ 5*
● Barbera del M.to Sup. Le Cave '08	ΥΥ 4*

Castello di Verduno

via Umberto I, 9
12060 Verduno [CN]
Tel. 0172470284
www.castellodiverduno.com

藏酒销售
预约参观
年产量 50 000 瓶
葡萄种植面积 7.4 公顷

这家极其美丽的索沃伊城堡（Savoy）最初因巴罗洛葡萄酒（Barolo）而闻名，后来卡罗•阿尔贝托•迪•索沃伊亚（Carlo Alberto di savoia）酿制出了一款新的内比奥罗葡萄酒（Nebbiolo）。一直致力于葡萄酒的布尔洛特家族（Burlotto）于20世纪早期接管了卡斯特罗•迪•凡尔登奴（Castello di Verduno）酒庄。酒庄如今声名远播，这要归功于嘉博瑞•布尔洛特（Gabriella Burlotto）和弗朗克•比安科（Franco Bianoco）的结合，后者是巴巴列斯科葡萄酒（Barbaresco）的重要生产厂家负责人。城堡的工作着眼于表现兰格地区品牌葡萄的卓越特色，并取得了原产地注册保质葡萄酒（DOCG）的圆满成功。

酒款	评级
● Barbaresco Faset '07	🍷🍷 (红) 6
● Barbaresco Faset '06	🍷🍷 (红) 6
● Barbaresco Rabajà '06	🍷🍷 (红) 7
● Barbera d'Alba Bricco del Cuculo '09	🍷🍷 (红) 7
● Barolo Monvigliero Ris. '05	🍷🍷 (红) 8
● Barbaresco Rabajà '07	🍷🍷 7
● Barolo Massara '07	🍷🍷 7
● Verduno Pelaverga Basadone '10	🍷🍷 4
● Barbaresco Rabajà '04	ΥΥΥ 7
● Barolo Monvigliero Ris. '04	ΥΥΥ 8
● Barbaresco Rabajà '05	ΥΥ 7
● Barolo Massara '04	ΥΥ 7

La Caudrina

S.DA BROSIA, 21
12053 CASTIGLIONE TINELLA [CN]
TEL. 0141855126
www.caudrina.it

藏酒销售
预约参观
年产量 200 000 瓶
葡萄种植面积 24 公顷

罗马诺•多格里奥迪（Romano Dogliotti）充满自信地掌管着这家龙头企业，该酒庄主要出品莫斯卡特麝香葡萄酒（Moscato）。24公顷的葡萄园着力于种植卡斯蒂格里奥内•迪内拉地区（Castiglione Tinella）所有的葡萄品种，其中部分葡萄历史长达1个世纪之久。种植巴贝拉（barbera）的葡萄园位于尼扎•蒙菲拉托（Nizza Monferrato）地区。多年来，莫斯卡特麝香葡萄酒为消费者和同行带来了不同的演绎。罗马诺（Romano）的葡萄酒丰满而有个性，从不流于大众。这些充分显示了莫斯卡特（fascinating）这个迷人而与众不同的葡萄品种的真正魅力。

- ● Barbera d'Asti La Solista '09 — 4*
- ● Barbera d'Asti Sup. Monte Venere '08 — 5
- ○ Moscato d'Asti La Caudrina '10 — 4
- ○ Moscato d'Asti La Galeisa '10 — 4
- ○ Moscato d'Asti La Selvatica '10 — 4
- ● Piemonte Barbera La Guerriera '10 — 4
- ○ Moscato d'Asti La Caudrina '09 — 4*
- ○ Moscato d'Asti La Caudrina '07 — 4*
- ○ Moscato d'Asti La Galeisa '06 — 3*

F.lli Cavallotto Tenuta Bricco Boschis

LOC. BRICCO BOSCHIS
S.DA ALBA-MONFORTE
12060 CASTIGLIONE FALLETTO [CN]
TEL. 017362814
www.cavallotto.com

藏酒销售
预约参观
年产量 100 000 瓶
葡萄种植面积 24 公顷
葡萄栽培方式 有机种植

在巴罗洛葡萄酒（Barolo）的一段历史上，卡瓦罗特（Cavallotto family）家族扮演着具有重要意义和象征性的角色。品尝这家经典酒庄的陈酿是一段令人陶醉的经历，能使你更加了解这款佳酿之所以跻身于世界高品质葡萄酒行列中的原因。近年来，我们清楚地见证了葡萄酒在多样性表现和结构更加凝重方面的进步。这些微妙的变化丝毫不影响葡萄酒的个性，反而增强了其口感的复杂和深度。

- ● Barolo Bricco Boschis V. S. Giuseppe Ris. '05 — 8
- ● Barbera d'Alba V. del Cuculo '07 — 5*
- ● Barolo Bricco Boschis '07 — 8
- ● Barolo Vignolo Ris. '05 — 8
- ● Dolcetto d'Alba V. Scot '10 — 4
- ● Langhe Freisa '09 — 5
- ● Langhe Nebbiolo '09 — 5
- ● Barolo Bricco Boschis '05 — 7
- ● Barolo Bricco Boschis '04 — 8
- ● Barolo Bricco Boschis V. S. Giuseppe Ris. '01 — 8
- ● Barolo Bricco Boschis V. S. Giuseppe Ris. '00 — 8
- ● Barolo Vignolo Ris. '04 — 8

Ceretto

Loc. San Cassiano, 34
12051 Alba [CN]
Tel. 0173282582
www.ceretto.com

藏酒销售
预约参观
年产量 940 000 瓶
葡萄种植面积 105 公顷

赛拉图（Ceretto family）家族生产多种葡萄酒：布里克•博世（Bricco Roccche）出品的巴罗洛•比克•博世葡萄酒（Barolo Bicco Rocche）、皮娜坡葡萄酒（Prapò）、布鲁娜特葡萄酒（Brunate）和坎奴比葡萄酒（Cannubi），还有布里克•阿西里（Bricco asili）出品的巴巴列斯科•布里克•阿西里（Barbaresco Bricco Asili）和贝纳多特葡萄酒（Bernardot）。这些经典的葡萄酒在世界红葡萄酒之林都占有一席之地。这也给美丽的贝纳蒂娜（Bernadina）出品的葡萄酒增色不少。其中产量最大的是著名的兰格•阿尔内斯•布兰格（Langhe arneis balngé）。该酒庄由布鲁诺（Bruno）负责管理，马尔克罗（Marcello）负责技术问题，目前正在准备第三代酒品的推广，包括丽萨（Lisa）、阿勒桑迪罗（Alessandro）、罗贝塔（Roberta）和费得里克（Federico）葡萄酒。

- ● Barolo Bricco Rocche Bricco Rocche '07 — 8
- ● Barolo Brunate Bricco Rocche '07 — 8
- ● Langhe Rosso Monsordo '09 — 6
- ● Barolo Prapò Bricco Rocche '07 — 8
- ○ Langhe Bianco Arbarei '09 — 6
- ● Nebbiolo d'Alba Bernardina '09 — 6
- ● Barbaresco Asij '08 — 8
- ● Barbaresco Bernardot Bricco Asili '08 — 8
- ● Barbera d'Alba Piana '10 — 6
- ● Barolo Zonchera '07 — 8
- ● Dolcetto d'Alba Rossana '10 — 5
- ● Barolo Zonchera '06 — 8
- ○ Langhe Bianco Arbarei '06 — 5
- ● Langhe Rosso Monsordo '05 — 5

★Michele Chiarlo

s.da Nizza-Canelli, 99
14042 Calamandrana [AT]
Tel. 0141769030
www.chiarlo.it

藏酒销售
预约参观
年产量 950 000 瓶
葡萄种植面积 100 公顷

人们谈论米切乐•驰阿罗（Michele Chiarlo）时，你会了解到意大利葡萄酒40年的故事和它的光辉形象。如今驰阿罗和他卓越的葡萄酒仍处于前列，这要感谢他的儿子阿尔贝托（Alberto）和斯特法诺（Stefano）的辛勤劳动。经过一系列并购之后，酒庄拥有了一些皮埃蒙特（Piemonte）的重点区域。处于领先行列的葡萄园是出品巴罗洛葡萄酒（Barolo）的坎奴比（Cannubi）和科勒曲奥葡萄园（Cerequio），此外还有位于卡斯特诺瓦•卡尔西亚（Castelnuovo Calcea）的拉•科特葡萄园（La Court），其出品的巴贝拉•尼扎葡萄酒（Barbera Nizza）品质一流，口感清爽，具有清晰可辨的香味。

- ● Barolo Cerequio '07 — 8
- ● Barolo Cannubi '07 — 8
- ● Barbera d'Asti Sup. Cipressi della Court '09 — 4
- ● Barolo Tortoniano '07 — 6
- ○ Gavi del Comune di Gavi Rovereto '10 — 4*
- ● Piemonte Albarossa Montald '09 — 5
- ○ Moscato d'Asti Nivole '10 — 3
- ● Barbera d'Asti Sup. Nizza La Court '06 — 6
- ● Barolo Cannubi '06 — 8
- ● Barolo Cannubi '04 — 8
- ● Barbera d'Asti Sup. Nizza La Court '07 — 6
- ● Barolo Cannubi '05 — 8
- ● Barolo Cerequio '06 — 8
- ● Barolo Cerequio '05 — 8

Quinto Chionetti

B.TA VALDIBERTI, 44
12063 DOGLIANI [CN]
TEL. 017371179
www.chionettiquinto.com

预约参观
年产量 84 000 瓶
葡萄种植面积 16 公顷

和奎恩特•奇奥内提（Quinto Chionetti）交谈，有点像一次多尔切托葡萄酒（Dolcetto）历史之旅。这位年过花甲的兰格老人早就将指挥棒传给了年轻一代，却仍然经常在初秋的葡萄园里品尝、评估着葡萄酒。自1912年创建以来，酒庄16公顷的葡萄园年产量大都在80 000瓶以上，彰显了酒庄对品质而非数量的重视。在长期对多尔切托葡萄酒的倾力之后，酒庄增强了对兰格内比奥罗葡萄酒（Langhe Nebbiolo）这一新的品牌的关注。

- ● Dolcetto di Dogliani Briccolero '10 4
- ● Langhe Nebbiolo '09 4
- ● Dolcetto di Dogliani S. Luigi '10 4
- ● Dolcetto di Dogliani Briccolero '07 4*
- ● Dolcetto di Dogliani Briccolero '04 4*
- ● Dolcetto di Dogliani Briccolero '09 4*
- ● Dolcetto di Dogliani Briccolero '08 4*

Cieck

FRAZ. SAN GRATO
CASCINA CIECK
10011 AGLIÈ [TO]
TEL. 0124330522
www.cieck.it

藏酒销售
预约参观
年产量 75 000 瓶
葡萄种植面积 16 公顷

希克（Ciek）酒庄和1985年创建于名誉圣•哥拉脱•迪•阿哥列（San Grato di Agliè）的一个农场酒庄，都由乐莫•法尔科涅利（Remo Falconieri）和多蒙尼克•卡勒托（Domenico Caretto）共同经营，酒庄总面积达13公顷以上，还有3公顷的租地。他们主要出品厄拜柳丝葡萄酒（Erbaluce），还有在不锈钢桶中熟化的圣•乔治奥葡萄酒（san Giorgio）和在木桶中熟化的卡里奥培葡萄酒（Calliope）这两种美托多经典（Metodo Classicos），三种非气泡葡萄酒卡鲁索斯（Calusos），米索波罗葡萄酒（Misobolo），非陈酿葡萄酒和在橡木桶中熟化的T系列产品，干葡萄酒帕斯托•安娜丢穆葡萄酒（Passito Alladium），以及玫瑰红葡萄酒坎纳维瑟•罗索（Canavese Rosso）和内乐托（Neretto）。

- ○ Erbaluce di Caluso Misobolo '10 4*
- ○ Erbaluce di Caluso '10 3*
- ○ Erbaluce di Caluso T '09 4
- ● Canavese Rosso Cieck '08 3
- ● Canavese Rosso Cieck Neretto '09 4
- ⊙ Rosé Brut M.Cl. 4
- ○ Erbaluce di Caluso '09 3*
- ○ Erbaluce di Caluso Brut S. Giorgio '05 5
- ○ Erbaluce di Caluso Calliope Brut '06 5
- ○ Erbaluce di Caluso Misobolo '09 4*
- ○ Erbaluce di Caluso Misobolo '08 4*
- ○ Erbaluce di Caluso S. Giorgio Brut '06 5

F.lli Cigliuti

via Serraboella, 17
12052 Neive [CN]
Tel. 0173677185
www.cigliuti.it

藏酒销售
预约参观
年产量 30 000 瓶
葡萄种植面积 6.5 公顷

勒纳托•西格琉提（Renato Cigliuti）的女儿克劳迪娅（Claudia）和西尔维娅（Silvia）。她们和父亲一样对巴巴列斯科葡萄酒（Barbaresco）执着而充满激情，并分担着酒庄在葡萄园、酒窖和生产等方面不同的工作与责任。西格琉提的生活和工作全都围绕他那位于内维（Neive）附近塞拉伯尔纳地区（Serraboella）的5公顷葡萄园和布里克（Bricco）的另外一处葡萄园。酒庄彰显了巴巴列斯科（Barbaresco）历史的一幕。伟大的勒纳托（Renato）实际上是第一个将他的葡萄酒包装并销售到国外的种植者之一。

酒款	评级
● Barbaresco Serraboella '07	🍷🍷 7
● Langhe Rosso Briccoserra '08	🍷🍷 6
● Barbera d'Alba Campass '08	🍷🍷 5
● Barbera d'Alba Serraboella '08	🍷🍷 5
● Barbaresco Serraboella '01	🍷🍷🍷 7
● Barbaresco Serraboella '00	🍷🍷🍷 7
● Barbaresco V. Erte '04	🍷🍷🍷 7
● Barbaresco Serraboella '04	🍷🍷 7
● Barbaresco V. Erte '06	🍷🍷 6
● Barbaresco V. Erte '05	🍷🍷 7

★Tenute Cisa Asinari dei Marchesi di Grésy

s.da della Stazione, 21
12050 Barbaresco [CN]
Tel. 0173635222
www.marchesidigresy.com

藏酒销售
预约参观
年产量 200 000 瓶
葡萄种植面积 35 公顷

年轻的阿尔贝托•迪•格瑞西（Alberto di Gresy）在1973年接受了这家著名的酒庄。该酒庄在市区拥有三片种植地，分别是巴巴列斯科（Barbaresco）宏伟的马尔廷能加葡萄园（Martinenga），全部种植着内比奥罗葡萄（nebbiolo），同时也是酒庄建筑群的集中地，值得一游；特雷索（Treiso）德蒙特•阿里巴尔多（Monte Aribaldo）葡萄园，那里种植着多尔切托（dolcetto）、莎当尼（chardonnay）和苏维翁葡萄（sauvignon）；还有卡斯内（Cassine），这里是莫斯卡特麝香葡萄（moscato）、巴贝拉（barbera）和梅洛（merlot）葡萄的天堂。世界知名的是嘎君葡萄酒（Gajun）和巴巴列斯科•卡佩•格罗斯葡萄酒（Barbaresco Camp Gros）。

酒款	评级
● Barbaresco Camp Gros '07	🍷🍷 8
● Barbera d'Asti Monte Colombo '07	🍷🍷 6
● Barbaresco Martinenga '08	🍷🍷 8
● Barbera d'Asti '09	🍷🍷 4
○ Langhe Bianco Villa Giulia '10	🍷🍷 4
○ Langhe Chardonnay '10	🍷🍷 4
● Langhe Nebbiolo Martinenga '10	🍷🍷 5
● Langhe Rosso Virtus '06	🍷🍷 7
○ Langhe Sauvignon '10	🍷🍷 5*
● M.to Rosso Merlot da Solo '06	🍷🍷 6
● Dolcetto d'Alba Monte Aribaldo '10	🍷 4
○ Moscato d'Asti La Serra '10	🍷 4
● Barbaresco Camp Gros '06	🍷🍷🍷 8

★★Domenico Clerico

LOC. MANZONI, 67
12065 MONFORTE D'ALBA [CN]
TEL. 017378171
domenicoclerico@libero.it

预约参观
年产量 110 000 瓶
葡萄种植面积 21 公顷

第一批葡萄酒于1977年得以销售，从那以后一系列的成功使得多米尼克•科勒里克（Domenico Clerico）脱颖而出，成为了国际著名的葡萄酒生产者之一。他们的葡萄酒风格相当现代，颜色丰富，果汁丰满，口感饱满而不腻，可以存放好久。巴罗洛葡萄酒（Barolo）品质上乘。历史悠久的巴贝拉（Barbera）、兰格•阿特（Langhe Arte）和多尔切托（Dolcetto）葡萄酒全都可口而时髦。新酒窖的建设工作即将竣工，引人关注。

Wine	Glasses	Score
● Barolo Pajana '07	3 (red)	8
● Barolo Percristina '04	3 (red)	8
● Barolo Serralunga Aeroplanservaj '06	3 (red)	8
● Barbera d'Alba Trevigne '09	2	5
● Barolo Ciabot Mentin Ginestra '07	2	8
● Langhe Nebbiolo Capismee '10	2	5
● Langhe Rosso Arte '09	2	6
● Langhe Dolcetto Visadì '10	1	4
● Barolo Ciabot Mentin Ginestra '05	3 (white)	8
● Barolo Ciabot Mentin Ginestra '04	3 (white)	8
● Barolo Ciabot Mentin Ginestra '01	3 (white)	8
● Barolo Ciabot Mentin Ginestra '92	3 (white)	8
● Barolo Percristina '01	3 (white)	8
● Barolo Percristina '99	3 (white)	8

Elvio Cogno

VIA RAVERA, 2
12060 NOVELLO [CN]
TEL. 0173744006
www.elviocogno.com

藏酒销售
预约参观
年产量 70 000 瓶
葡萄种植面积 13 公顷

在妻子娜迪亚（Nadia）的全力帮助下，沃尔特•菲索瑞（Walter Fissore）自信地经营着这家可爱的兰格酒庄。伊尔怀尔•柯格奴（Elvio Cogno）酒庄最与众不同的特点是它注意追求葡萄酒真正个性品质的风格，以及酒庄膳宿设备各个方面的细节。从兰格•比安科（Langhe Bianco）到巴罗洛精选葡萄酒（Barolo），所有的葡萄酒都值得信赖，彰显了当地特色葡萄酒的潜力，令人印象深刻。

Wine	Glasses	Score
● Barolo Ravera '07	3 (red)	8
● Barolo Bricco Pernice '06	3 (red)	8
● Barolo V. Elena Ris. '05	3 (red)	8
○ Langhe Bianco Anas-cëtta '10	3 (red)	5*
● Barbera d'Alba Bricco dei Merli '09	2	5
● Barolo Cascina Nuova '07	2	7
● Langhe Rosso Montegrilli '09	2	6
● Barbaresco Bordini '08	1	6
● Dolcetto d'Alba V. del Mandorlo '10	1	4
● Barolo Bricco Pernice '05	3 (white)	8
● Barolo Ravera '04	3 (white)	7
● Barolo Ravera '01	3 (white)	7
● Barolo V. Elena '04	3 (white)	8
● Barolo V. Elena '01	3 (white)	8

Colle Manora

s.da Bozzole, 5
15044 Quargnento [AL]
Tel. 0131219252
www.collemanora.it

藏酒销售
预约参观
年产量 70 000 瓶
葡萄种植面积 20 公顷

该酒庄位于荃哥内托（Quargnento）和复比内（Fubine）市区，离阿勒桑（Alessandria）大约15千米，在山顶上远眺波浪起伏的蒙菲拉托葡萄（Monferrato）景致、农田和森林，风景宜人。众所周知，要生产出高品质的葡萄酒，第一步是葡萄园里的工作，科勒•马诺拉（Colle Manora）酒庄精益求精，着眼于葡萄酒细化的工作程序，收获品质较高的葡萄，最终制成可口优雅的佳酿。

Wine	Rating
● M.to Rosso Ray '09	🍷🍷 5
● Barbera del M.to Pais '09	🍷🍷 4
○ M.to Bianco Mila '09	🍷 5
○ M.to Bianco Mimosa '10	🍷 4
● M.to Rosso Pais '09	🍷 4
● M.to Rosso Palo Alto '07	🍷 5
● Barbera d'Asti Sup. Manora '07	🍷🍷 5
○ M.to Bianco Mimosa '09	🍷🍷 4
● M.to Rosso Barchetta '07	🍷🍷 6
● M.to Rosso Palo Alto '06	🍷🍷 6

Collina Serragrilli

loc. Serragrilli
via Serragrilli, 30
12057 Neive [CN]
Tel. 0173677010
www.serragrilli.it

藏酒销售
预约参观
年产量 100 000 瓶
葡萄种植面积 15 公顷

近年来，卢克伊奥三姐妹（Lequio sisters）收获了家族一个多世纪辛苦经营的成果，从19世纪末期农场销售葡萄开始，如今终于硕果累累，从最初的桶装葡萄酒销售到如今由当地经典葡萄酿制的精装葡萄酒系列。该酒庄的亮点是销售不同款的巴巴列斯科葡萄酒（Barbaresco）。酿酒风格相当现代，这要归功于由技艺精湛的酿酒师吉安弗克•科尔德罗（Gianfranco Cordero）精选的不同型号法国橡木桶的使用。

Wine	Rating
● Barbaresco Serragrilli '08	🍷🍷 6
● Langhe Grillorosso '07	🍷🍷 4
● Barbera d'Alba Grillaia '09	🍷 4
● Dolcetto d'Alba '10	🍷 4
● Barbaresco Serragrilli '07	🍷🍷 6
● Barbaresco Serragrilli '05	🍷🍷 6
● Langhe Grillorosso '05	🍷🍷 4*

La Colombera

S.C. VHO, 7
15057 TORTONA [AL]
TEL. 0131867795
www.lacolomberavini.it

藏酒销售
预约参观
年产量 60 000 瓶
葡萄种植面积 20 公顷

拉•克伦贝拉（La Colombera）酒庄确立了其在托特纳地区（Tortona）的重要地位，并成为当地众多年轻人参与酿酒的地方。该酒庄近年来的成果和所获得的荣耀充分展现了其在酿酒行业中的积极与活力。这个家族新一辈的代表人是伊莉莎（Elisa Semino），她帮助父亲皮尔卡罗（Piercarlo）经营，受家庭的影响，她对葡萄酒有着充分的激情。在这块离托特纳（Tortona）仅仅5千米、只种植当地葡萄品种的酒庄里，他们父女俩共同创造了辉煌的成绩。

- ○ Colli Tortonesi Timorasso Il Montino '09 — 🍷🍷🍷 6
- ● Colli Tortonesi Barbera Elisa '09 — 🍷🍷 5
- ○ Colli Tortonesi Timorasso Derthona '09 — 🍷🍷 5
- ● Colli Tortonesi Barbera Vegia Rampana '09 — 🍷🍷 4*
- ● Colli Tortonesi Croatina Arché '09 — 🍷🍷 4
- ○ Colli Tortonesi Cortese Bricco Bartolomeo '10 — 🍷 3
- ● Colli Tortonesi Nibiô Suciaja '09 — 🍷 5
- ○ Colli Tortonesi Timorasso Il Montino '06 — 🍷🍷🍷 5
- ○ Colli Tortonesi Timorasso Derthona '08 — 🍷🍷 5
- ○ Colli Tortonesi Timorasso Derthona '06 — 🍷🍷 5
- ● Colli Tortonesi Rosso Elisa '07 — 🍷🍷 5
- ○ Colli Tortonesi Timorasso Il Montino '08 — 🍷🍷 6
- ○ Colli Tortonesi Timorasso Il Montino '07 — 🍷🍷 6

Il Colombo - Barone Riccati

VIA DEI SENT, 2
12084 MONDOVÌ [CN]
TEL. 017441607
www.ilcolombo.com

藏酒销售
预约参观
年产量 14 000 瓶
葡萄种植面积 3.3 公顷
葡萄栽培方式 有机认证

在蒙多维（Mondovì）的兰格•蒙勒伽乐斯地区（Langhe Monregalesi），最多样的风景是那茵茵的草地、宁静的田野和环绕着葡萄园的灌木林。6年前，挪威的布里特（Britt）和西奥•赫尔姆（Theo Holm）夫妇在这片迷人的地方相爱，并从里卡提（Riccati）家族买下了这栋18世纪的建筑。当地出品的多尔切托葡萄酒（Dolcettos）要比多哥里亚尼（Dogliani）出品的更加细腻和芳香。在顾问萨比纳•波斯奥（Sabina Bosio）和布鲁诺•奇奥内提（Bruno Chionetti）的帮助下，该酒庄采用自然、非侵害性的农耕法，作为有机农耕认证的前奏。

- ● Barolo Sarmassa '07 — 🍷🍷 7
- ● Dolcetto delle Langhe Monregalesi La Chiesetta '10 — 🍷🍷 3*
- ● Dolcetto delle Langhe Monregalesi Sup. Il Colombo '09 — 🍷🍷 4
- ● Dolcetto delle Langhe Monregalesi Il Colombo '98 — 🍷🍷🍷 4
- ● Dolcetto delle Langhe Monregalesi Il Colombo '97 — 🍷🍷🍷 4
- ● Dolcetto delle Langhe Monregalesi La Chiesetta '09 — 🍷🍷 3*
- ● Dolcetto delle Langhe Monregalesi Sup. Il Colombo '08 — 🍷🍷 4*
- ● Dolcetto delle Langhe Monregalesi Sup. Il Colombo '07 — 🍷🍷 4*
- ● Dolcetto delle Langhe Monregalesi Sup. Il Colombo '06 — 🍷🍷 4*

★Aldo Conterno

LOC. BUSSIA, 48
12065 MONFORTE D'ALBA [CN]
TEL. 017378150
www.poderialdoconterno.com

年产量 120 000 瓶
葡萄种植面积 25 公顷

如今，弗朗科（Franco）和斯特凡诺（Stefano）管理着这家全国享有盛名的酒庄，这要得益于他们的父亲阿尔多•康塔诺（Aldo Conterno）。阿尔多于1969年创建了这个酒庄，那时他刚从加利福尼亚冒险回来，其中也包括酿制葡萄酒。酒庄凭借着20世纪七八十年代在蒙菲特（Monforte）的布希亚葡萄园（Bussia）出品的巴罗洛葡萄酒（Barolo）而蜚声世界。他们出品的葡萄酒通常先在小型不锈钢容器放置一个月，再置于大型的斯拉夫橡木桶中熟化，这样可以促进葡萄酒的口感更加纯净。

酒款	评级	
● Barolo Bussia Cicala '07	🍷🍷 (红)	8
● Barbera d'Alba Conca Tre Pile '08	🍷🍷	6
● Barolo '07	🍷🍷	8
● Langhe '08	🍷🍷	6
○ Langhe Bussiador '09	🍷🍷	6
● Langhe Dolcetto Il Masante '10	🍷	4
● Barolo Gran Bussia Ris. '01	🍷🍷🍷 (空)	8
● Barolo Gran Bussia Ris. '95	🍷🍷🍷 (空)	8
● Barolo Gran Bussia Ris. '90	🍷🍷🍷 (空)	8
● Barolo Vigna del Colonnello '82	🍷🍷🍷 (空)	6

Diego Conterno

VIA MONTÀ, 27
12065 MONFORTE D'ALBA [CN]
TEL. 0173789265
www.diegoconterno.it

藏酒销售
预约参观
年产量 45 000 瓶
葡萄种植面积 7.5 公顷

迭戈•康塔诺（Diego Conterno）酒庄是蒙菲特地区（Monforte）制酒业的新秀，但是迭戈（Diego）本人早已有20年的酿酒经验，他很早就决定创建属于自己的酒庄。这里生产的品牌葡萄酒风格现代，果味香浓，带有一点儿法国现代感和清晰可辨的当地特色。在未来的几年中，这家酒庄值得关注，不仅仅是因为与鼎鼎有名的勒•克斯特葡萄园（Le Coste）的巴罗洛精选葡萄酒（Barolo）同名而具有很大的潜力。

酒款	评级	
● Barolo Le Coste '07	🍷🍷 (红)	7
● Barolo '07	🍷🍷	7
● Langhe Rosso Monguglielmo '07	🍷🍷	5
● Nebbiolo d'Alba Baluma '09	🍷🍷	4*
● Barbera d'Alba Ferrione '08	🍷	4
● Dolcetto d'Alba Bricco Rosso '10	🍷	4
● Barbera d'Alba Ferrione '07	🍷🍷 (空)	4
● Barolo '06	🍷🍷 (空)	7
● Barolo Le Coste '06	🍷🍷 (空)	7
● Nebbiolo d'Alba Baluma '08	🍷🍷 (空)	4*

★★Giacomo Conterno

LOC. ORNATI, 2
12065 MONFORTE D'ALBA [CN]
TEL. 017378221
conterno@conterno.it

预约参观
年产量 60 000 瓶
葡萄种植面积 17 公顷

罗伯托•康塔诺（Reberto Conterno）正在向世人表明，他已经成功地掌握了他的父亲乔范尼（Giovanni）和祖父吉亚科莫（Giacomo）的酿酒精髓。正是他的祖父酿制出了这款举世闻名、广受追捧的巴罗洛•蒙菲提诺葡萄酒（Barolo Monfortino）。目前该酒庄拥有90款葡萄酒，虽然实际上这些酒只在生长旺季才销售。但是有了位于萨尔那朗格•迪•阿尔巴（Serralunga d'Alba）的弗朗西亚葡萄园（Francia）这张令人印象深刻的的明信片，蒙菲提诺葡萄酒即使在装瓶之前需要在大木桶中熟化长达7年，也掩盖不了它无比绝伦的潜力。酒庄采用的风格十分传统，着力于呈现巴罗洛（Barolo）的经典风格，这也和吉亚科莫•康塔诺酿制其他精致葡萄酒的初衷不谋而合。

酒款	评级	分数
● Barolo Monfortino Ris. '04	🍷🍷🍷	8
● Barbera d'Alba Cascina Francia '09	🍷🍷	6
● Barbera d'Alba Cerretta '09	🍷🍷	6
● Barolo Cascina Francia '07	🍷🍷	8
● Barolo Cascina Francia '06	🍷🍷🍷	8
● Barolo Cascina Francia '05	🍷🍷🍷	8
● Barolo Cascina Francia '01	🍷🍷🍷	8
● Barolo Cascina Francia '97	🍷🍷🍷	8
● Barolo Monfortino Ris. '02	🍷🍷🍷	8
● Barolo Monfortino Ris. '01	🍷🍷🍷	8
● Barolo Monfortino Ris. '00	🍷🍷🍷	8
● Barolo Monfortino Ris. '99	🍷🍷🍷	8
● Barolo Monfortino Ris. '96	🍷🍷🍷	8
● Barbera d'Alba '03	🍷🍷	5

Paolo Conterno

VIA GINESTRA, 34
12065 MONFORTE D'ALBA [CN]
TEL. 017378415
www.paoloconterno.com

预约参观
年产量 60 000 瓶
葡萄种植面积 12 公顷

这家小型的家族经营酒庄的历史可以追溯到1886年，吉奥尔吉奥（Giorgio）的曾祖父保罗（Paolo）那时刚刚开始在吉内斯特拉葡萄园（Ginestra）工作，这里平均海拔350米，斜坡陡峭，风景宜人。酒庄主要出品巴罗洛葡萄酒（Barolo），采用传统酿酒技术。为防止过多的橡木味，熟化过程是在大型的法国橡木桶中进行的。我们敢说，近来酒庄出品的葡萄酒完全能够证明其品质卓越，足以珍藏。

酒款	评级	分数
● Barolo Ginestra Ris. '05	🍷🍷🍷	8
● Barolo Ginestra '07	🍷🍷	8
● Barbera d'Alba Bricco '10	🍷🍷	4
● Barolo Riva del Bric '07	🍷🍷	7
● Langhe Nebbiolo '09	🍷🍷	5
● Langhe Nebbiolo Bric Ginestra '08	🍷🍷	6
● Barbera d'Alba Ginestra '10	🍷	5
● Dolcetto d'Alba Ginestra '10	🍷	4
● Barolo Ginestra '06	🍷🍷🍷	0
● Barolo Ginestra '05	🍷🍷🍷	8
● Barolo Ginestra Ris. '01	🍷🍷🍷	8

★Conterno Fantino

VIA GINESTRA, 1
12065 MONFORTE D'ALBA [CN]
TEL. 017378204
www.conternofantino.it

预约参观
年产量 140 000 瓶
葡萄种植面积 25 公顷
葡萄栽培方式 有机种植

奎多•芳提诺（Guido Fantino）和克劳迪奥•康塔诺（Claudio Conterno），以及一个10人的家庭成员和雇员团队，一起经营着这家以巴罗洛葡萄酒（Barolo）而闻名的酒庄。酒庄创建于1982年，并迅速在意大利和美国酿酒业崛起。这个美丽而现代的多功能酒庄，可以自然调节温度。葡萄园里保持着10多年没有使用杀虫剂的记录。最重要的成功还要数其出品的两款头号巴罗洛葡萄酒（Barolo）——索里•吉内斯特拉（Sori Ginestra）和维格纳•德尔•格里斯葡萄酒（Vigna del Gris）。需要声明的是，所有葡萄酒全都是美丽至纯，甘甜可口。其出品的葡萄酒中有一半以上出口到30个不同的国家。

- ● Barolo Sorì Ginestra '07 8
- ● Barolo V. del Gris '07 8
- ● Barbera d'Alba Vignota '08 5
- ● Barolo Mosconi '07 8
- ○ Langhe Chardonnay Bastia '09 6
- ○ Langhe Chardonnay Prinsipi '10 4
- ● Langhe Nebbiolo Ginestrino '09 5
- ● Langhe Rosso Monprà '08 6
- ● Dolcetto d'Alba Bricco Bastia '10 4
- ● Barolo Mosconi '05 8
- ● Barolo Mosconi '04 8
- ● Barolo Parussi '01 8
- ● Barolo Sorì Ginestra '05 8
- ● Barolo Sorì Ginestra '04 8
- ● Langhe Rosso Monprà '06 6

Vigne Marina Coppi

VIA SANT'ANDREA, 5
15051 CASTELLANIA [AL]
TEL. 3385360111
www.vignemarinacoppi.com

藏酒销售
预约参观
年产量 25 000 瓶
葡萄种植面积 4 公顷

弗朗西斯科•贝勒奇奥（Francesco Bellocchio）是福奥斯托（Fausto Coppi）的孙子。后者于2003年创建了这家酒庄，并在几年之内就证明他也具备成为酿酒冠军的潜力。卡斯特拉尼亚山（Castellania）的粘性和石灰质土壤再加上高超的管理技术，为提姆拉索葡萄（timorasso）、法维利塔葡萄（favorita）、巴贝拉葡萄（barbera）和内比奥罗葡萄（nebbiolo）提供了良好的生长环境。这些葡萄经过平顶修剪，全部向上，并在竖直方向搭葡萄架以促进生长。葡萄园的平均密度是每公顷种植5 000株葡萄。葡萄通过人工采摘，并在认真挑选后存储在小型的箱子里。

- ○ Colli Tortonesi Timorasso Fausto '09 7
- ● Colli Tortonesi Barbera I Grop '08 6
- ● Colli Tortonesi Barbera Sant'Andrea '10 4
- ● Colli Tortonesi Rosso Lindin '08 6
- ● Colli Tortonesi Barbera Castellania '07 5
- ○ Colli Tortonesi Timorasso Fausto '08 7
- ○ Colli Tortonesi Timorasso Fausto '07 7

★Coppo

via Alba, 68
14053 Canelli [AT]
Tel. 0141823146
www.coppo.it

藏酒销售
预约参观
年产量 400 000 瓶
葡萄种植面积 52 公顷

柯伯（Coppo）酒庄一直以来就是卡奈利地区（Canelli）重要的起泡葡萄酒（sparkling wine）产家之一。近年来，该酒庄同样出品了一系列上等非起泡葡萄酒。值得一提的是巴贝拉葡萄酒（Barbera）和意大利最有趣的酒窖葡萄酒——莎当尼（Chardonnay）。这些葡萄酒酿制精细，展现了现代风格，口感清爽。大部分葡萄园位于卡奈利周边山坡上，但是也有用于酿制巴罗洛（Barolo）和噶维葡萄酒（Gavi）的内比奥罗（nebbiolo）和科提斯葡萄园（cortese）。

Wine	Glasses	Score
● Barbera d'Asti Pomorosso '08	🍷🍷🍷	7
○ Piemonte Chardonnay Monteriolo '07	🍷🍷	6
○ Piemonte Chardonnay Riserva della Famiglia '06	🍷🍷	8
○ Asti Moscato Moncalvina '10	🍷🍷	4
● Barbera d'Asti Camp du Rouss '09	🍷🍷	4
● Barbera d'Asti L'Avvocata '10	🍷🍷	4
● Barolo '07	🍷🍷	8
○ Gavi La Rocca '10	🍷🍷	4*
○ Luigi Coppo Brut	🍷🍷	5
○ Piemonte Chardonnay Costebianche '10	🍷🍷	4
● Barbera d'Asti Pomorosso '07	🍷🍷🍷	7
○ Piemonte Chardonnay Monteriolo '06	🍷🍷🍷	6
● Barbera d'Asti Sup. Nizza Riserva della Famiglia '04	🍷🍷	8
● Langhe Rosso Mondaccione '05	🍷🍷	7

Giovanni Corino

fraz. Annunziata, 24b
12064 La Morra [CN]
Tel. 0173509452
www.corino.it

藏酒销售
预约参观
年产量 40 000 瓶
葡萄种植面积 8 公顷

吉欧凡尼•柯瑞诺（Giovanni Corino）酒庄30年前就已经开始运营，并迅速取得国际性成功。这要得益于他们对葡萄酒的密切关注，产品无可挑剔的口感特别是多尔切托（Dolcetto）和巴贝拉•迪•阿尔巴葡萄酒（Barbera d'Alba）的品牌特点。这里没有种植白葡萄品种，也没有世界知名葡萄品种，有的只是当地品种，如超群的阿尔伯丽娜葡萄（Aborina）和吉亚奇尼葡萄（Giachini），后者用来酿制精致而劲道的巴罗洛•维格内•维奇葡萄酒（Barolo Vigne Vecchie）。吉欧凡尼•柯瑞诺不间断地研制着广受消费者喜欢并以果味为导向的葡萄酒，使用的是小型法国橡木桶熟化技术。

Wine	Glasses	Score
● Barolo V. Giachini '07	🍷🍷	8
● Barolo Vecchie Vigne '06	🍷🍷	8
● Barolo '07	🍷🍷	7
● Barolo Vign. Arborina '07	🍷🍷	8
● Barbera d'Alba V. Pozzo '96	🍷🍷🍷	8
● Barolo Rocche '01	🍷🍷🍷	8
● Barolo Vecchie Vigne '99	🍷🍷🍷	8
● Barolo Vecchie Vigne '98	🍷🍷🍷	8
● Barolo V. Giachini '06	🍷🍷	8
● Barolo Vecchie Vigne '04	🍷🍷	8
● Barolo Vign. Arborina '06	🍷🍷	8

Renato Corino

FRAZ. ANNUNZIATA - B.TA POZZO, 49A
12064 LA MORRA [CN]
TEL. 0173500349
renatocorino@alice.it

藏酒销售
预约参观
年产量 40 000 瓶
葡萄种植面积 7 公顷

尽管雷纳托•克里奥（Renato Corino）早就在父亲吉奥瓦尼（Giocanni）的酒庄和葡萄园里与父亲一起工作并继承了家族酿制和管理葡萄酒的技术，但是他的名字却是到了2005年才出现在标签上。一直以来，精选维格内托•罗切葡萄酒（Vigneto Rocche）和维切•维格内葡萄酒（Vecchie Vigne）都处于巴罗洛葡萄酒（Barolo）的前列，这些高品质、劲道足和优雅的葡萄酒来自于酒庄众多葡萄酒中历史最久的葡萄酒的混合体，得益于酿造者持久的辛劳，特别是在小型和中型法国橡木桶中的熟化过程。著名的巴贝拉•迪•阿尔巴•维格•伯佐葡萄酒（Carbera d'Alba Vigna Pozzo）一直以来是这类葡萄酒中最为成功的一款。

酒款	评分
● Barolo Arborina '07	8
● Barolo Vecchie Vigne Ris. '05	8
● Barbera d'Alba V. Pozzo '08	6
● Barolo '07	6
● Barolo Rocche dell'Annunziata '07	8
● Nebbiolo d'Alba '09	4*
● Barolo Vign. Rocche '06	8
● Barolo Vign. Rocche '04	8
● Barolo Vign. Rocche '03	8
● Barbera d'Alba V. Pozzo '07	6
● Barolo '06	6

Cornarea

VIA VALENTINO, 150
12043 CANALE [CN]
TEL. 017365636
www.cornarea.com

藏酒销售
预约参观
年产量 90 000 瓶
葡萄种植面积 15 公顷

博文（Covone）家族把卡纳里亚山（Cornarea）变成了一个真正的葡萄园。酒庄主要种植单一品种——阿内斯葡萄（Arneis），其中大部分已有35年之久。粘性石灰岩土壤中含有大量的镁。卡纳里亚（Cornarea）酒庄出品的葡萄酒属于传统风格，非常精细地反映了当地阿内斯葡萄酒（Arneis）和近来颇受欢迎的洛尔罗葡萄酒（Roero）的风格。酒庄位于一个风景宜人、适合度假的好地方。

酒款	评分
● Roero '08	5
○ Roero Arneis '10	4*
○ Tarasco Passito '07	6
● Nebbiolo d'Alba '08	5
● Nebbiolo d'Alba '07	5
● Roero '07	5
○ Tarasco Passito '06	6

★Matteo Correggia

LOC. GARBINETTO
VIA SANTO STEFANO ROERO, 124
12043 CANALE [CN]
TEL. 0173978009
www.matteocorreggia.com

藏酒销售
预约参观
年产量 120 000 瓶
葡萄种植面积 20 公顷
葡萄栽培方式 有机种植

10年前，马提欧（Matteo）去世之后，其孀妇欧妮娜•科斯塔（Ornella costa）仍然勤勤恳恳地经营着酒庄。葡萄园位于卡纳尔（Canale）和圣托•斯特凡诺•罗埃洛（Santo Stefano Roero）之间，主要种植内比奥罗葡萄（nebbiolo）和巴贝拉葡萄（barbera），也有一些阿内斯（arneis）、苏维翁（sauvignon）、卡贝内特（cabernet）和梅洛葡萄（merlot），还有一些当地和国际品种。土壤具有鲜明洛尔罗（Roero）特色，沙质、疏松并带有少许的粘土或淤泥。洛尔罗•里萨尔瓦•罗切•迪•阿姆普赛吉（Roero Riserva Roche d'Ampsej）仍然是酒庄的顶梁柱，近年来多种葡萄酒都表现出质量的良好平衡和高标准。

● Roero Ròche d'Ampsèj Ris. '07	🍷🍷🍷	7
● Anthos '10	🍷🍷	4*
● Barbera d'Alba Marun '09	🍷🍷	6
● Langhe Rosso Le Marne Grigie '08	🍷🍷	7
● Barbera d'Alba '09	🍷	4
● Nebbiolo d'Alba La Val dei Preti '09	🍷	6
● Roero '09	🍷	4
○ Roero Arneis '10	🍷	4
● Roero Ròche d'Ampsèj Ris. '06	🍷🍷🍷	7
● Barbera d'Alba Marun '08	🍷🍷	6
● Langhe Rosso Le Marne Grigie '06	🍷🍷	7
● Nebbiolo d'Alba La Val dei Preti '08	🍷🍷	6

La Corte - Cusmano

REGIONE QUARTINO, 7
14042 CALAMANDRANA [AT]
TEL. 014176910
www.cusmano.it

年产量 未提供
葡萄种植面积 50 公顷

美丽的拉•卡特（La Corte）农庄位于卡拉芒德拉纳地区（Calamandrana），不仅提供度假膳宿服务，更有多种葡萄酒可共享用，特别是巴贝拉葡萄酒（Barbera）。葡萄园位于卡拉芒德拉纳、卡斯特尔•福格里奥内（Castel foglione）和尼扎•蒙菲拉托市区（Nizza Monferrato），海拔在350米到400米之间，土壤为泥灰质和石灰质。现代风格的葡萄酒主要通过3个精选的葡萄园展现了当地特色，即拉•格里撒葡萄园（La Grissa）、赫斯托里卡尔葡萄园（Historical）和阿尔琴卡葡萄园（Archincà）。进入这里，可以感受到葡萄酒的所有美丽和真正内涵。

● Barbera d'Asti Sup. Nizza Archincà '08	🍷🍷	4
● Barbera d'Asti Historical Sup. '07	🍷🍷	5
● Barbera d'Asti La Grissa '09	🍷🍷	4
● M.to Rosso Le Due Lune di Ottobre '08	🍷	4

Giuseppe Cortese

S.DA RABAJÀ, 80
12050 BARBARESCO [CN]
TEL. 0173635131
www.cortesegiuseppe.it

藏酒销售
预约参观
年产量 50 000 瓶
葡萄种植面积 8 公顷

自1971年以来，科特斯（Cortese family）家族就已经在拉巴雅（Rabajà）自然露天剧院开辟了自己的葡萄园，这是巴巴列斯科葡萄（barbarlesco）中心种植区一个无与伦比的葡萄园。如今，8公顷的葡萄园由家族所有成员共同经营着，但是酒庄更是佩尔卡罗（Piercarlo）的王国。他个人偏好采用1 700到2 500升的斯拉夫或法国中型橡木桶。葡萄园主要种植内比奥罗（nebbiolo）、巴贝拉（barbera）、多尔切托（dolcetto）和其他一些兰格（Langhe）当地葡萄，为了品种多样性，也有少许的莎当尼葡萄（chardonnay）。

- ● Barbaresco Rabajà '08 6
- ● Barbaresco Rabajà Ris. '04 8
- ● Barbera d'Alba '10 4*
- ● Barbera d'Alba Morassina '08 5
- ● Langhe Nebbiolo '09 5
- ● Dolcetto d'Alba Trifolera '10 4
- ○ Langhe Chardonnay '10 4
- ● Barbaresco Rabajà '05 6
- ● Barbaresco Rabajà Ris. '01 8
- ● Barbaresco Rabajà Ris. '99 8

Clemente Cossetti

VIA GUARDIE, 1
14043 CASTELNUOVO BELBO [AT]
TEL. 0141799803
www.cossetti.it

藏酒销售
预约参观
年产量 700 000 瓶
葡萄种植面积 22 公顷

这家大型的蒙菲拉托（Monferrato）酒庄目前仍由科斯蒂（Cossetti family）家族经营着，2011年是该酒庄120周年纪念。尽管葡萄园主要种植巴贝拉葡萄（barbera），其中某些葡萄园也种植莎当尼（chardonnay）、科提斯（cortese）和多尔切托（dolcetto）葡萄。其出品的葡萄酒平均拥有30年的历史。酒庄位于卡斯特诺瓦•贝尔波市区（Castelnuovo Belbo），面朝南方和东南方。酒庄出品的葡萄酒风格现代，注重新鲜感和优雅，特别是巴贝拉系列葡萄酒（Barbera）更是如此。

- ● Barbera d'Asti Sup. Nizza '08 5
- ● Barbera d'Asti Venti di Marzo '10 4
- ● Ruchè di Castagnole Monferrato '10 4
- ● Grignolino D'Asti '10 3
- ● Barbera d'Asti La Vigna Vecchia '07 3*
- ● Barbera d'Asti La Vigna Vecchia '06 3*
- ● Barbera d'Asti La Vigna Vecchia '05 3*
- ● Barbera d'Asti Sup. Nizza '07 5
- ● Barbera d'Asti Sup. Nizza '04 5
- ● Barbera d'Asti Venti di Marzo '08 3*
- ● Grignolino D'Asti '09 3*

Stefanino Costa

B.TA BENNA, 5
12046 MONTÀ [CN]
TEL. 0173976336
www.ninocosta.eu

年产量 未提供
葡萄种植面积 7 公顷

斯特法尼诺•考斯塔（Stefanino Costa）酒庄是罗埃洛葡萄酒（Roero）行业中最令人兴奋的酒庄之一。葡萄园主要位于卡奈尔（Canale）、蒙特（Montà）、圣托•斯特凡诺•罗埃洛（Santo Stefano Roero）的山坡上，土壤为沙质。该酒庄出品一系列葡萄酒，其原料来自当地传统葡萄品种：阿内斯（arneis）、巴贝拉（barbera）、布拉切特（brachetto）和内比奥罗葡萄（nebbiolo），还有来自特雷索地区（Treiso）的兰格多尔切托葡萄（Langhe Dolcetto）。酒庄出品的葡萄酒所表现的传统风格具有鲜明的地方特色，良好的口感和卓越的净香。

- ● Langhe Nebbiolo '10 — 4
- ● Nebbiolo d'Alba '09 — 4
- ● Roero '08 — 5
- ○ Roero Arneis Bric Sarun '10 — 4
- ● Barbera d'Alba Sup. Bric Cichin '07 — 4
- ● Barbera d'Alba Sup. Bric Cichin '06 — 4
- ● Roero Bric del Medic '07 — 4
- ● Roero Bric del Medic '06 — 4

Daniele Coutandin

B.TA CIABOT, 12
10063 PEROSA ARGENTINA [TO]
TEL. 0121803473
ramie.countadin@alpimedia.it

预约参观
年产量 4 000 瓶
葡萄种植面积 0.8 公顷

该酒庄创建于1997年，自从丹尼勒•考丹迪（Daniele Coutandin）投入这里的工作以来，发展比较稳定。家族成员继续着力于重修干石墙和恢复梯田，并在这些小葡萄园里重新种植当地传统葡萄品种。在父母劳拉（Laura）和久里亚诺（Giuliano）的帮助下，丹尼勒采用自然农耕法，尽量减少葡萄园和酒窖的干扰。在现有的地理位置和当地气候条件下，丹尼勒对自然的追求使得他酿造出具有强烈高山特色和纯正气味的红葡萄酒。

- ● Barbichè — 5
- ● Pinerolese Ramìe '08 — 5
- ● Gagin — 4
- ● Pinerolese Ramìe '07 — 5
- ● Pinerolese Ramìe '06 — 5
- ● Pinerolese Ramìe '05 — 5
- ● Pinerolese Ramìe '04 — 5

Dacapo

S.DA ASTI MARE, 4
14040 AGLIANO TERME [AT]
TEL. 0141964921
www.dacapo.it

藏酒销售
预约参观
年产量 49 000 瓶
葡萄种植面积 8 公顷
葡萄栽培方式 有机种植

保罗•达尼亚（Paolo Dania）和迪诺•瑞克芒哥诺（Dino Riccomagno）从事葡萄生产已经有好多年了，他们决定在1997年开创自己的达卡波（Dacapo）酒庄。他们购买了阿格里亚诺•特尔梅（Agliano Terme）的老农庄，有2公顷的石灰质和淤泥土壤，可用于种植巴贝拉葡萄（barbera）。其中一些葡萄已有60年的历史，是酿制尼扎葡萄酒（Nizza）的原料。最终，迪诺开创了一个简约的酒庄，重点只出品上等质量的葡萄酒。另外4公顷土地在卡斯塔葛诺勒•蒙菲拉托地区（Castagnole Monferrato），那里也主要种植巴贝拉葡萄和有少量的内比奥罗（nebbiolo）、露西（ruché）、黑皮诺（pinot nero）以及梅洛葡萄（merlot）。酒庄出品的葡萄酒极具当地特色，相当可口。

● Barbera d'Asti Sanbastiàn '09	🍷🍷 4*
● Barbera d'Asti Sup. Nizza V. Dacapo '08	🍷🍷 5
● M.to Rosso Cantacucco '09	🍷🍷 6
● Ruché di Castagnole M.to Bric Majoli '10	🍷🍷 4
● M.to Rosso Tre '07	🍷 6
● Barbera d'Asti Sanbastiàn '07	🍷🍷 4*
● Barbera d'Asti Sup. Nizza V. Dacapo '07	🍷🍷 5
● M.to Rosso Cantacucco '08	🍷🍷 6
● Ruché di Castagnole M.to Bric Majoli '06	🍷🍷 4*

Damilano

VIA ROMA, 31
12060 BAROLO [CN]
TEL. 017356105
www.cantinedamilano.it

藏酒销售
预约参观
年产量 430 000 瓶
葡萄种植面积 48 公顷

告知大家一个令人悲伤的消息，马尔格丽塔•达米拉诺（Margherita Damilano）英年早逝，这一切来得如此突然。他和奎多（Guido）、保罗（Paolo）还有马里奥（Mario）为兰格酒庄谱写新的历史篇章做出了巨大贡献。在过去的10年里，多米拉诺（Damilano）酒庄发展稳定，在意大利和国外很多国家市场取得了相当大的成功。酒庄出品的葡萄酒倾向于多汁、果香、异域风格并伴有橡木桶香味。

● Barolo Brunate '07	🍷🍷🍷 8
● Barolo Cannubi '07	🍷🍷🍷 8
● Barbera d'Alba La Blu '09	🍷🍷 5
● Barolo Cerequio '07	🍷🍷 8
● Barolo Liste '07	🍷🍷 8
● Nebbiolo d'Alba Marghe '09	🍷🍷 5
● Barbera d'Asti '10	🍷 4
● Dolcetto d'Alba '10	🍷 4
○ Moscato d'Asti '10	🍷 4
● Barolo Cannubi '04	🍷🍷🍷 8
● Barolo Cannubi '01	🍷🍷🍷 8
● Barolo Cannubi '00	🍷🍷🍷 8
● Barolo Brunate '06	🍷🍷 8
● Barolo Cannubi '06	🍷🍷 8

Deltetto

C.SO ALBA, 43
12043 CANALE [CN]
TEL. 0173979383
www.deltetto.com

藏酒销售
预约参观
年产量 170 000 瓶
葡萄种植面积 21 公顷

安东尼奥•德尔迪托（Antonio Deltetto）经营这个家族酒庄已经有30多个年头了。他扩展了葡萄酒的生产领域，到今天已经达到18款葡萄酒。他更是实现了当初的梦想——通过黑皮诺（pinot nero）和莎当尼（chardonnay）的经典组合酿制传统的起泡葡萄酒，还通过黑皮诺（pinot nero）和内比奥罗（nebbiolo）更加传统的组合酿制玫瑰红葡萄酒（Rosé）。还有经典罗埃罗葡萄酒（Roero），它来源于内比奥罗葡萄（nebbiolo）、巴贝拉（barbera）、阿内斯（arneis）和法维利塔葡萄（favorita）。此外还有传统的兰格葡萄酒（Langhe）——多尔切托•迪•阿尔巴葡萄酒（Dolcetto d'Alba）和巴罗洛葡萄酒（Barolo）。其出品的葡萄酒风格相当现代，彰显了丰富的果汁，且丝毫没有忽略其健康和层次感，特别是有不同的度数含量。

Wine	Rating
● Roero Braja Ris. '08	🍷🍷🍷 5
● Barbera d'Alba Sup. Bramé '09	🍷🍷 4
● Barbera d'Alba Sup. Rocca delle Marasche '08	🍷🍷 6
● Barolo Sistaglia '07	🍷🍷 6
○ Deltetto Brut	🍷🍷 5*
○ Roero Arneis Daivej '10	🍷🍷 4
⊙ Deltetto Extra Brut Rosé	🍷 6
○ Langhe Favorita Sarvai '10	🍷 4
● Langhe Nebbiolo '09	🍷 4
○ Roero Arneis S. Michele '10	🍷 4
● Roero Braja Ris. '07	🍷🍷🍷 5
● Barbera d'Alba Sup. Rocca delle Marasche '07	🍷🍷 6

Destefanis

VIA MORTIZZO, 8
12050 MONTELUPO ALBESE [CN]
TEL. 0173617189
www.marcodestefanis.it

藏酒销售
预约参观
年产量 60 000 瓶
葡萄种植面积 12 公顷

芒特鲁伯•阿尔贝斯（Montelupo Albese）位于一个不为人知的葡萄酒旅游地，离小镇阿尔巴（Alba）只有几千米远，却出品着上等的葡萄酒。马尔科•德斯特法尼斯（Marco Desrefanis）就是最好的例子，他的葡萄园坐落在山坡上，总面积还不到12公顷，一部分是租赁来的，一部分是自己的。在这里，他酿制出了多尔切托葡萄酒（Dolcetto）、巴贝拉葡萄酒（Barbera）和内比奥罗葡萄酒（Nebbiolo）。目前只有在酿制内比奥罗葡萄酒时才使用木桶熟化。多尔切托•维格纳•摩尼亚•巴萨葡萄酒（Dolcetto Vigna Monia Bassa）来源于陈年佳酿，是此类贵族葡萄酒中的佼佼者。

Wine	Rating
● Dolcetto d'Alba V. Monia Bassa '10	🍷🍷 4*
● Nebbiolo d'Alba '08	🍷🍷 4*
● Barbera d'Alba Bricco Galluccio '07	🍷🍷 4
● Dolcetto d'Alba Bricco Galluccio '10	🍷🍷 3*
○ Langhe Chardonnay '10	🍷🍷 2*
○ Langhe Arneis '10	🍷 2
● Langhe Rosso '09	🍷 4
● Dolcetto d'Alba V. Monia Bassa '09	🍷🍷 4*
● Dolcetto d'Alba V. Monia Bassa '07	🍷🍷 4*
● Nebbiolo d'Alba '07	🍷🍷 4*

Gianni Doglia

VIA ANNUNZIATA, 56
14054 CASTAGNOLE DELLE LANZE [AT]
TEL. 0141878359
www.giannidoglia.it

藏酒销售
预约参观
年产量 70 000 瓶
葡萄种植面积 8 公顷

经过年复一年的努力，吉安尼•多格里亚（Gianni Doglia）终于实现了他成为一名顶级葡萄酒厂家的宏伟蓝图。他采取更加严格的程序来管理葡萄园，更加注重酒窖的正常运转。葡萄园海拔300米到350米，朝向东面，为石灰质土壤。葡萄平均有20年到40年的历史，主要品种是莫斯卡特麝香葡萄（moscato）和巴贝拉葡萄（babera）。酒庄地理位置较好，主人待人热情友好，值得一游。

● Barbera d'Asti Sup. '09 5
● Barbera d'Asti Boscodonne '10 4*
○ Mà '10 5
○ Moscato d'Asti '10 4
● M.to Rosso "!" '08 6
● Barbera d'Asti Sup. '07 5

★Poderi Luigi Einaudi

B.TA GOMBE, 31/32
12063 DOGLIANI [CN]
TEL. 017370191
www.poderieinaudi.com

藏酒销售
预约参观
年产量 250 000 瓶
葡萄种植面积 52 公顷

路易吉•恩奥迪（Luigi Einaudi）在23岁的时候就购买了多哥里亚尼（Dogliani）的圣•吉亚科莫农庄（San Giacomo）。1897年，该农庄成为博得里•恩奥迪公司（Poderi Einaudi）的核心产业。酒庄的名望和以多尔切托为主打品牌的葡萄酒是密不可分的。恩奥迪（Einaudi）酒庄也有一些最宜人的巴罗洛葡萄园（Barolo），位于坎奴比（Cannubi）、科斯塔•格里纳尔迪（Costa Grimaldi）和特尔罗地区（Terlo）。酒庄附近宏伟的乐莱斯（Relais）酒店也曾经属于恩奥迪酒庄，至今仍保持着原本的优雅和当地魅力。

● Barolo Terlo '07 7
● Langhe Rosso Luigi Einaudi '07 7
● Barolo Costa Grimaldi '07 8
● Barolo nei Cannubi '07 8
● Dogliani V. Tecc '09 5
● Dolcetto di Dogliani '10 4*
● Langhe Nebbiolo '09 4*
● Barolo Costa Grimaldi '05 8
● Barolo Costa Grimaldi '01 8
● Barolo nei Cannubi '00 8
● Dogliani V. Tecc '06 5
● Langhe Rosso Luigi Einaudi '04 6

Tenuta Il Falchetto

FRAZ. CIOMBI
VIA VALLE TINELLA, 16
12058 SANTO STEFANO BELBO [CN]
TEL. 0141840344
www.ilfalchetto.com

藏酒销售
预约参观
年产量 180 000 瓶
葡萄种植面积 28 公顷

近年来，福尔诺（Forno）家族四兄弟成功将其酒庄打造成为圣托•斯特法诺•贝尔波地区（Santo Stefano Belbo）实力最雄厚、信誉最高的酒庄之一，这不仅仅是因为其出品的莫斯卡特麝香葡萄酒（Moscato）居于最佳酿品之列。2000年，他们在阿格里亚诺•特尔梅地区（Agliano Terme）购买了两处宏伟的房产，为其销售两款巴贝拉•迪•艾斯提葡萄酒（Barbera d'Astis）做好了铺垫。如今，该酒庄拥有兰格地区（Langhe）的两套房产，蒙菲拉托地区（Monferrato）的3套房产，种植了当地和国际11种不同的葡萄品种。其出品的葡萄酒质量上等，价格诱人。

● Barbera d'Asti Bricco Paradiso '09	🍷🍷	6
○ Moscato d'Asti Ciombi '10	🍷🍷	5
● Barbera d'Asti Pian Scorrone '10	🍷🍷	4
● Barbera d'Asti Sup. Lurëi '09	🍷🍷	5
● M.to Rosso La Mora '09	🍷🍷	6
○ Moscato d'Asti Tenuta del Fant '10	🍷🍷	5
○ Moscato d'Asti Tenuta del Fant '09	🍷🍷🍷	4*
● Barbera d'Asti Sup. Bricco Paradiso '06	🍷🍷	6
○ Moscato d'Asti Ciombi '09	🍷🍷	4*
○ Moscato d'Asti Tenuta del Fant '08	🍷🍷	4*

Favaro

S.DA CHIUSURE, 1BIS
10010 PIVERONE [TO]
TEL. 012572606
www.cantinafavaro.it

藏酒销售
预约参观
年产量 18 000 瓶
葡萄种植面积 3 公顷

该酒庄由卡米罗•法瓦诺（Camillo Favaro）的父亲贝尼托（Benito）创建于1992年，位于皮维罗内地区（Piverone）。仅仅40多年的时间，卡米罗（Camillo）就成为了丽•秀秀葡萄酒（Le Chiusure）的形象代言人。酒庄的3公顷葡萄园全部位于风景优美、冰碛土壤的塞拉山（Serra）上。其中两公顷土地种植厄拜柳丝葡萄（erbaluce），用来酿制烈性、带有矿物质元素的丽•秀秀葡萄酒和在大桶中陈化一年的梅斯13葡萄酒（Mesi 13）。另外还有一系列该地区不常见的的红葡萄佐餐酒品种，如西拉（syrah）、傅雷伊萨（freisa）和巴贝拉（babera）。

○ Erbaluce di Caluso Le Chiusure '10	🍷🍷🍷	4*
○ Erbaluce di Caluso 13 Mesi '09	🍷🍷	4
● Rossomeraviglia '09	🍷🍷	6
● Basy '09	🍷	4
● F2 '09	🍷	4
⊙ Rosacherosanonsei '10	🍷	4
● Basy '08	🍷🍷	4*
○ Caluso Passito Sole d'Inverno '00	🍷🍷	7
○ Erbaluce di Caluso 13 Mesi '07	🍷🍷	4
○ Erbaluce di Caluso Le Chiusure '09	🍷🍷	4*
○ Erbaluce di Caluso Le Chiusure '08	🍷🍷	4*
● F2 '08	🍷🍷	4*
○ Sole d'Inverno '00	🍷🍷	6

Giacomo Fenocchio

LOC. BUSSIA, 72
78675 MONFORTE D'ALBA [CN]
TEL. 017378675
www.giacomofenocchio.com

藏酒销售
预约参观
年产量 80 000 瓶
葡萄种植面积 14 公顷

吉亚科莫•芬纳西奥（Giacomo Fenocchio）酒庄出品的葡萄酒风格相当传统和经典，主人是克劳迪奥•芬纳西（Claudio Fenocchio），他会很坚定地告诉你："这就是巴罗洛葡萄酒（Barolo）的酿制过程，需要持久的浸渍、周围的酵母还有每天人工操作发酵过程，而不是因为我们而改变了酿制方法或是葡萄酒文化。"熟化过程没有使用旋转浸渍机器或大型的斯拉夫橡木桶。葡萄园周围的环境得到重视，避免过多的葡萄藤疏化。

- ● Barolo Bussia '07 🍷🍷 7
- ● Barolo Bussia Ris. '05 🍷🍷 8
- ● Barolo Cannubi '07 🍷🍷 7
- ● Barolo Villero '07 🍷🍷 7
- ● Langhe Nebbiolo '09 🍷🍷 4
- ● Barbera d'Alba Sup. '09 🍷 4
- ● Langhe Freisa '09 🍷 4
- ○ Roero Arneis '10 🍷 4
- ● Barbera d'Alba Sup. '08 🍷🍷 4*
- ● Barolo Bussia '06 🍷🍷 7
- ● Barolo Bussia Ris. '04 🍷🍷 8
- ● Barolo Cannubi '06 🍷🍷 7
- ● Barolo Villero '06 🍷🍷 7

Ferrando

VIA TORINO, 599A
10015 IVREA [TO]
TEL. 0125633550
www.ferrandovini.it

藏酒销售
预约参观
年产量 50 000 瓶
葡萄种植面积 6.5 公顷

费蓝多（Ferrando）酒庄在一个多世纪以来，一直和位于奥斯塔山（Valle d'Aosta）与皮埃蒙特（Piemonte）交界处的小山村卡尔玛（Carema）联系紧密。其出品的高山内比奥罗葡萄酒（Nebbiolo）无可比拟，葡萄生长在岩石上蜿蜒而下的梯田中。厄提切塔•白安卡（Etichetta Bianca）要比厄提切卡•内拉（Etichetta Nera）早一年推广，后者通常只在生长旺季的时候才酿制。费蓝多酒庄还出品一系列的卡纳维萨葡萄酒（Canavese），包括内比奥罗（nebbiolo）和巴贝拉（babera）的混合葡萄酒，两款非起泡卡利奥拉起泡葡萄酒（Cariolo）——厄拜柳丝•迪•卡鲁索葡萄酒（Erbaluce di Caluso）和拉•特拉扎葡萄酒（La Torrazza），以及两款甜葡萄酒——维格内托•卡利奥拉（Vigneto Cariola）和索拉提沃葡萄酒（Solativo）。

- ● Carema Et. Nera '06 🍷🍷🍷 7
- ● Carema Et. Bianca '07 🍷🍷 6
- ○ Solativo V.T. 🍷 5
- ● Carema Et. Nera '05 🍷🍷🍷 7
- ● Carema Et. Nera '01 🍷🍷🍷 6
- ○ Caluso Passito Vign. Cariola '04 🍷🍷 6
- ● Carema Et. Nera '04 🍷🍷 7
- ● Carema Etichetta Bianca '06 🍷🍷 5
- ○ Erbaluce di Caluso Cariola '09 🍷🍷 4*

Roberto Ferraris

FRAZ. DOGLIANO, 33
14041 AGLIANO TERME [AT]
TEL. 0141954234
www.robertoferraris.it

藏酒销售
预约参观
年产量 50 000 瓶
葡萄种植面积 9 公顷

近年来，该酒庄在巴贝拉•迪•艾斯提葡萄酒（Babera d'Asti）领域中拔得头筹，扬眉吐气。酒庄位于安格利亚诺•瑟姆地区（Agliano Terme），主人是罗伯特•法拉斯利（Roberto Ferraris）。葡萄园已有近80年的历史，部分葡萄仍然种在维提斯（Vitis）的岩石上。葡萄园从东南一直延伸到西南，为石灰岩质土壤，适宜种植巴贝拉葡萄（Babera）。品质的追求基于低产和对乡村传统风格的保持。罗伯特•法拉利斯（Roberto Ferraris）酒庄出品的葡萄酒主要包括巴贝拉系列葡萄酒（Babera）和由内比奥罗葡萄（nebbiolo）酿制而成的蒙菲拉托•罗索葡萄酒（Monferrato Rosso）。

- Barbera d'Asti Nobbio '09 — 4*
- Barbera d'Asti Sup. La Cricca '09 — 5*
- Barbera d'Asti Sup. Riserva del Bisavolo '09 — 4
- Monferrato Grixa '09 — 5
- Barbera d'Asti '09 — 3*
- Barbera d'Asti Nobbio '08 — 4*
- Barbera d'Asti Sup. La Cricca '08 — 5
- Barbera d'Asti Sup. La Cricca '07 — 4*
- Barbera d'Asti Sup. Riserva del Bisavolo '08 — 4*
- Monferrato Grixa '08 — 5

Carlo Ferro

REG. SALERE 41
14041 AGLIANO TERME [AT]
TEL. 014195,000
ferro.vini@tiscali.it

藏酒销售
预约参观
年产量 20 000 瓶
葡萄种植面积 12 公顷

20世纪初期，费罗家族（Ferro family）就拥有这家安格利亚诺•瑟姆地区（Agliano Terme）的卡罗（Carlo）酒庄，但是直到90年代中叶，酒庄才开始出品葡萄酒。葡萄园朝向南方，每公顷种植大约4 000到5 000株葡萄，全部采用平顶技术。酒庄主要种植巴贝拉葡萄（Babera），但也不乏一些当地葡萄品种，如多尔切托葡萄（Dolcetto）和内比奥罗葡萄（Nebbiolo），以及少量的国际品种赤霞珠葡萄（Cabernet Sauvignon）。其出品的葡萄酒极具当地特色。

- Barbera d'Asti Superiore Notturno '07 — 4*
- Barbera d'Asti Giulia '09 — 3*
- Barbera d'Asti Superiore Notturno '08 — 4
- Monferrato Rosso Paolo '06 — 5
- Barbera d'Asti '10 — 2
- Barbera d'Asti Superiore Roche '06 — 4

Fabio Fidanza

VIA RODOTIGLIA, 55
14052 CALOSSO [AT]
TEL. 0141826921
castellodicalosso@tin.it

藏酒销售
预约参观
年产量 21 000 瓶
葡萄种植面积 7 公顷

这家可爱的家族酒庄由厄皮法尼奥（Epifanio）和厄尔内斯托•菲旦扎（Ernesto Fidanza）创建于1976年，如今由年轻的法比奥（Fabio）全方位负责，继续发扬光大。葡萄园主要种植巴贝拉葡萄（babera），在适宜生长的卡罗索地区（Calosso）也不乏种植其他品种，如多尔切托（dolcetto）、卡贝内特（cabernet）和内比奥罗葡萄（nebbiolo）。酒庄出品的所有葡萄酒的发酵过程都在混凝土大桶中进行，颇具现代风味和个性特色。酒庄旨在最大程度上展现当地葡萄酒的特色。

● Barbera d'Asti '09	🍷🍷	3*
● Barbera d'Asti Sup. Sterlino '08	🍷🍷	6
● M.to Rosso Que Duàn '09	🍷🍷	4*
● Barbera d'Asti '06	ΥΥ	3*
● Barbera d'Asti Sterlino Castello di Calosso '05	ΥΥ	5
● Barbera d'Asti Sup. Sterlino '07	ΥΥ	6
● Barbera d'Asti Sup. Sterlino '06	ΥΥ	5
● Barbera d?Asti '05	ΥΥ	3*
● Barbera d?Asti Sterlino Castello di Calosso '04	ΥΥ	5
● M.to Rosso Que Duàn '07	ΥΥ	4*
● M.to Rosso Que Duàn '04	ΥΥ	4*

Fontanabianca

VIA BORDINI, 15
12057 NEIVE [CN]
TEL. 017367195
www.fontanabianca.it

藏酒销售
预约参观
年产量 50 000 瓶
葡萄种植面积 14 公顷
葡萄栽培方式 有机种植

福塔纳比安卡（Fontanabianca）酒庄拥有15公顷农田，其出品的葡萄酒令人印象深刻，颇具鲜明的当地特点，品质优雅，极具特色。对所有葡萄酒实行的二次评估暗示着酒庄的新活力，也为酒庄走向复兴奠定了基础。葡萄酒定价合理，特别是当你想到产品具有的高品质时。

● Barbaresco Bordini '08	🍷🍷	7
● Barbaresco Serraboella '08	🍷🍷	6
● Barbera d'Alba Sup. '08	🍷🍷	4
● Langhe Nebbiolo '09	🍷🍷	4
● Dolcetto d'Alba '10	🍷	4
● Barbaresco Serraboella '06	ΥΥΥ	7
● Barbaresco Sorì Burdin '05	ΥΥΥ	7
● Barbaresco Sorì Burdin '04	ΥΥΥ	7
● Barbaresco Sorì Burdin '01	ΥΥΥ	7
● Barbaresco Sorì Burdin '98	ΥΥΥ	7
● Barbaresco Sorì Burdin '07	ΥΥ	7
● Barbera d'Alba Brunet '07	ΥΥ	5

Fontanafredda

via Alba, 15
12050 Serralunga d'Alba [CN]
Tel. 0173626100
www.fontanafredda.it

藏酒销售
预约参观
年产量 7 500 000 瓶
葡萄种植面积 85 公顷

这家传统的芳塔纳福瑞达（Fontanafredda）酒庄是意大利葡萄酒在世界的重要明信片。奥斯卡•法利内提（Oscar Farinetti）和他的团队以其商业才能，为保存这家鼎鼎大名的酒庄往日的荣耀做出了重要贡献。出品的葡萄酒特色鲜明，各具风格，颇有当地特色和个性特点。葡萄酒涵盖了当地所有重要的品种，高产量更是令人惊叹。酒庄风景宜人，值得一游。

- ● Barolo Fontanafredda V. La Rosa '07 🍷🍷🍷 8
- ● Barolo Lazzarito Mirafiore '07 🍷🍷 8
- ● Barolo Serralunga '07 🍷🍷 6
- ○ Alta Langa Pas Dosé Contessa Rosa '06 🍷🍷 5
- ● Diano d'Alba La Lepre '10 🍷🍷 4
- ● Langhe Nebbiolo Mirafiore '08 🍷🍷 5
- ○ Moscato d'Asti Moncucco '10 🍷🍷 5
- ● Nebbiolo d'Alba Marne Brune '09 🍷🍷 4*
- ○ Asti Galarej '10 🍷 5
- ● Barbera d'Alba Sup. Mirafiori '08 🍷 5
- ○ Roero Arneis Pradalupo '10 🍷 4
- ● Barolo Casa E. di Mirafiore Ris. '04 🍷🍷🍷 8
- ● Barolo Lazzarito V. La Delizia '04 🍷🍷🍷 8

Forteto della Luja

reg. Candelette, 4
14051 Loazzolo [AT]
Tel. 014487197
www.fortetodellaluja.it

藏酒销售
预约参观
年产量 55 000 瓶
葡萄种植面积 9 公顷
葡萄栽培方式 有机认证

西尔维娅（Silvia）和吉安尼•斯卡格里奥内（Gianni Scaglione）负责的这家酒庄，位于兰格地区（Langhe）艾斯提辖区（Astigiana）。酒庄以尊重环境为指导原则。2007年，酒庄创立了一笔世界自然基金会自然储备金（WWF）。酒庄采用有机清洁能源，并拟定有机管理技术条约。葡萄园位于海拔550米左右的山坡上，为淤泥和石灰岩质土壤。最主要的是，这里种植着当地大部分葡萄品种，以莫斯卡特麝香葡萄（moscato）为主。出品的葡萄酒风格传统，颇有当地特色。

- ● M.to Rosso Le Grive '09 🍷🍷 5
- ○ Moscato d'Asti Piasa San Maurizio '10 🍷🍷 4
- ● Piemonte Brachetto Pian dei Sogni '09 🍷🍷 6
- ○ Loazzolo Forteto della Luja Piasa Rischei '07 🍷🍷 7
- ○ Loazzolo Piasa Rischei '05 🍷🍷 7
- ○ Loazzolo Piasa Rischei V.T. '06 🍷🍷 7
- ● M.to Rosso Le Grive '08 🍷🍷 5
- ● M.to Rosso Le Grive '07 🍷🍷 5
- ● M.to Rosso Le Grive '04 🍷🍷 5

Gaggino

S.DA SANT'EVASIO, 29
15076 OVADA [AL]
TEL. 0143822345
www.gaggino.it

藏酒销售
预约参观
年产量 150 000 瓶
葡萄种植面积 20 公顷

加布里埃莱•加吉诺（Gabriele Gaggino）在两年前就推出了一项新的计划，并特别邀请了国外的弗朗科•索加图（Franco Sorgato）和马西莫•特雷索尔迪（Massimo Tresoldi）加入，如今他仍然继续追寻着当初的梦想。要想在新市场上取得突破，在短期内提高酒庄形象，并开始一种新的品牌设计，对营销技能提出了很大的挑战。毋庸置疑，加布里埃莱管理着从葡萄园到酒窖整个生产线，并提供强大的后备力量。其出品的葡萄酒包括红葡萄酒和白葡萄酒佳酿，必须要声明的是，价格极其诱人。

- ● Dolcetto di Ovada Il Convivio '10 — 3*
- ● Dolcetto di Ovada Sup. Sant' Evasio '09 — 4*
- ● Barbera del M.to La Lazzarina '10 — 3
- ○ Cortese dell'Alto M.to Madonna della Villa '10 — 3
- ○ M.to Bianco La Bionda '10 — 3
- ● Dolcetto di Ovada Il Convivio '09 — 3*
- ● Dolcetto di Ovada Il Convivio '08 — 3
- ● M.to Rosso Il Ticco '07 — 5

★★★★Gaja

VIA TORINO, 18
12050 BARBARESCO [CN]
TEL. 0173635158
info@gajawines.com

年产量 350 000 瓶
葡萄种植面积 100 公顷

曾经被称作葡萄酒界传奇的巴巴列斯科•索里•提尔丁葡萄酒（Barbaresco Sorì Tildin）、科斯塔•露丝葡萄酒（Casta Russi）和索里•圣•洛伦佐葡萄酒（Sorì San Lorenzo），如今已在简约的兰格内比奥罗地区（Langhe Nebbiolo）全面推广，但是它们无可比拟的优良品质却经久未变。还有一些葡萄酒也同样是高标准、高品质。只需知道这家位于皮埃蒙特（Piemonte）、总面积达100公顷的佳雅葡萄园（Gaja）每年的葡萄酒产量之少就可以知道其对葡萄精选的严格，以及在葡萄园和酒窖中为追求高质量而做出的割舍。其出品的葡萄酒风格轻松，颇具现代感，获得了国际评论家的最高赞誉。

- ● Barbaresco '08 — 8
- ● Langhe Nebbiolo Costa Russi '08 — 8
- ● Langhe Nebbiolo Sorì S. Lorenzo '08 — 8
- ● Langhe Nebbiolo Sorì Tildin '08 — 8
- ● Langhe Nebbiolo Sperss '07 — 8
- ● Langhe Nebbiolo Conteisa '07 — 8
- ● Barbaresco '04 — 8
- ● Langhe Nebbiolo Conteisa '01 — 8
- ● Langhe Nebbiolo Costa Russi '07 — 8
- ● Langhe Nebbiolo Costa Russi '05 — 8
- ● Langhe Nebbiolo Costa Russi '04 — 8
- ● Langhe Nebbiolo Costa Russi '03 — 8
- ● Langhe Nebbiolo Sorì S. Lorenzo '06 — 8
- ● Langhe Nebbiolo Sorì S. Lorenzo '03 — 8
- ● Langhe Nebbiolo Sorì S. Lorenzo '01 — 8
- ● Langhe Nebbiolo Sorì Tildin '07 — 8
- ● Langhe Nebbiolo Sorì Tildin '06 — 8
- ● Langhe Nebbiolo Sperss '04 — 8

Filippo Gallino

FRAZ. MADONNA LORETO
VALLE DEL POZZO, 63
12043 CANALE [CN]
TEL. 017398112
www.filippogallino.com

藏酒销售
预约参观
年产量 9 000 瓶
葡萄种植面积 14 公顷

多年来，菲利普•加里诺（Filippo Gallino）和他的儿子吉安尼•加里诺（Gianni）在罗埃罗（Roero）传统制酒业占有举足轻重的地位。加里诺（Gallino）庄园的葡萄园位于卡纳乐（Canale）市区，为沙质和粘土质土壤。该酒庄重视当地特色，尊重环境，从其销售的葡萄酒就可以看出来。葡萄酒的原材料来自当地品种，如阿内斯（arneis）、巴贝拉（babera）和内比奥罗葡萄（nebbiolo）。葡萄园的乡村智慧与酒窖现代酿酒风格的完美结合，使得其出品的葡萄酒极其纯正。

● Roero '09 5
● Barbera d'Alba Elaine '09 4*
● Barbera d'Alba Sup. '09 5
● Langhe Nebbiolo Licin '09 4
● Barbera d'Alba Sup. '05 5
● Barbera d'Alba Sup. '04 5
● Roero '06 6
● Roero Sup. '03 6
● Roero Sup. '01 6
● Roero Sup. '99 6
● Barbera d'Alba '09 4
● Barbera d'Alba '07 4*
● Langhe Nebbiolo Licin '08 5

Gancia

C.SO LIBERTÀ, 66
14053 CANELLI [AT]
TEL. 01418301
www.gancia.it

藏酒销售
预约参观
年产量 30 000 000 瓶

卡尔洛•甘西亚（Carlo Gancia）帝国的创始者，于1850年在卡内利（Canelli）学习香槟（Champagne）酿制技术，并引进气泡葡萄酒的酿制技巧。如今甘西亚（Gancia）家族仍然代表着这类葡萄酒的最高标准。葡萄园和生产设备全都位于艾斯提省。10年过去了，该酒庄出品了一系列非起泡葡萄酒，如特努特•德伊•瓦拉里诺葡萄酒（Tenute dei Callarino）。酒庄同样出品一系列毫无技术瑕疵的高标准产品，也将在全球市场中占有一席之地。

○ Alta Langa Cuvée 36 Brut '08 6
○ Alta Langa Cuvée 60 Brut Ris. '05 6
○ Asti M. Cl. Cuvée 24 '08 6
● Barbera d'Asti Sup. La Ladra '08 4
● Monferrato Rosso Rispetto '08 6
○ Monferrato Bianco Pèporo '10 4
○ Monferrato Bianco Unisono '10 4
○ Moscato d'Asti Castello di Canelli '10 4
○ Asti M. Cl. Cuvée 24 '08 6
● Barbera d'Asti La Ladra '07 4
● Barbera d'Asti Sup. Bricco Asinari '07 6
○ Cuvée 18 M. Cl. Brut 5
⊙ Cuvée 18 M. Cl. Brut Rosé 5

Tenuta Garetto

S.DA ASTI MARE, 30
14041 AGLIANO TERME [AT]
TEL. 0141954068
www.garetto.it

藏酒销售
预约参观
年产量 100 000 瓶
葡萄种植面积 20 公顷

亚历山德罗•盖瑞图（Alessandro Garetto）的酒庄位于巴贝拉金三角（Babera Golden Triangle）的中心地带，介于塔纳罗（Tanaro）和贝尔波河（Belbo）之间。葡萄园大多有60到70年历史，除了两处租赁的葡萄园，其他主要位于酒庄后面的山坡上，朝向南方和西南方，土壤为石灰质和泥灰质。酒庄主要出品巴贝拉•迪•艾斯提葡萄酒（Babera d'Asti），颇具现代感，果汁丰满而香气四溢。80%的土地用于种植巴贝拉葡萄（babera）。

- ● Barbera d'Asti Sup. In Pectore '09 🍷🍷 4
- ● Barbera d'Asti Sup. Nizza Favà '08 🍷🍷 5
- ● Barbera d'Asti Tra Neuit e Dì '10 🍷🍷 3*
- ● Barbera d'Asti Sup. In Pectore '08 🍷 4
- ● Barbera d'Asti Sup. In Pectore '07 🍷 4*
- ● Barbera d'Asti Sup. In Pectore '06 🍷 4*
- ● Barbera d'Asti Sup. Nizza Favà '07 🍷 5
- ● Barbera d'Asti Sup. Nizza Favà '06 🍷 5
- ● Barbera d'Asti Sup. Nizza Favà '05 🍷 5
- ● Barbera d'Asti Tra Neuit e Dì '09 🍷 3*
- ● Barbera d'Asti Tra Neuit e Dì '08 🍷 3*
- ● Barbera d'Asti Tra Neuit e Dì '07 🍷 3*
- ○ Piemonte Chardonnay Diversamente '07 🍷 4

Antonia Gazzi

STRADA GAVARRA, 12
14049 NIZZA MONFERRATO [AT]
TEL. 0141793512
azienda.gazzi@virgilio.it

藏酒销售
预约参观
年产量 10 000 瓶
葡萄种植面积 1.5 公顷

酒庄的主人是安东尼亚•盖兹（Antonia Gazz）和塞尔吉奥•玛丽安妮（Sergio Mariani），2011年该酒庄就在《指南》（*Guide*）中崭露头角。葡萄园里唯一种植的是巴贝拉葡萄（babera），可以追溯到20世纪30年代末期。葡萄园地理位置较好，为凝灰质和沙质土壤，采用人工劳作，植株之间丝毫不见杂草。安东尼亚和塞尔吉奥酿制的葡萄酒风格传统，特别注重酒窖工作，确保其代表当地特色又不失个性特点。

- ● Barbera d'Asti Sup. Nizza Praiot '08 🍷🍷 6
- ● Barbera d'Asti Praiot '08 🍷🍷 4
- ● Barbera d'Asti Praiot '07 🍷 4*
- ● Barbera d'Asti Sup. Nizza Praiot '07 🍷 6
- ● Barbera d'Asti Sup. Nizza Praiot '06 🍷 6

Ettore Germano

LOC. CERRETTA, 1
12050 SERRALUNGA D'ALBA [CN]
TEL. 0173613528
www.germanoettore.com

藏酒销售
预约参观
年产量 70 000 瓶
葡萄种植面积 13.5 公顷

通过25年的经商生涯，塞尔吉奥•吉尔马洛（Sergio Germano）已经打造出一个极具实力的葡萄酒企业，并为提高葡萄酒在意大利乃至国外的知名度做出了重要贡献。其出品的葡萄酒凭借着与众不同的特性和鲜明的特征脱颖而出，特别是巴罗洛精选葡萄酒（Barolo）可谓浑然天成。还要强调的是塞尔吉奥酿造雷司令（Riesling）的决心，这款葡萄酒口感迷人，酿造过程极其复杂，仅仅一年，他生产的雷司令就跃居意大利最佳葡萄酒的行列。

○ Langhe Bianco Hérzu '09 6
● Barolo Cerretta '07 8
● Barolo Lazzarito Ris. '05 8
● Barbera d'Alba V. della Madre '08 6
● Barolo Prapò '07 8
● Barolo Serralunga '07 7
○ Langhe Bianco Binel '09 5
○ Langhe Chardonnay '10 4*
● Langhe Nebbiolo '09 5
● Langhe Rosso Balàu '08 5
● Barolo Cerretta '05 8
● Barolo Prapò '04 7
○ Langhe Bianco Hérzu '08 6
● Barolo Cerretta '06 8
● Barolo Lazzarito Ris. '04 8
● Barolo Prapò '06 8

La Ghibellina

FRAZ. MONTEROTONDO, 61
15066 GAVI [AL]
TEL. 0143686257
www.laghibellina.it

藏酒销售
预约参观
年产量 60 000 瓶
葡萄种植面积 7.5 公顷

从2000年起，阿尔贝托（Alberto）和玛丽娜•吉贝尔里尼（Marina Ghibellini）就开始在蒙特罗特多地区（Montertondo）酿制葡萄酒，该地区隶属于佳维（Gavi），并以其葡萄酒的高质量而闻名。拉•吉贝尔丽娜（La Ghibelling）葡萄园采用平顶技术，种植密度很高。主要种植科提斯（cortese）和巴贝拉葡萄（babera），还有少量的梅洛葡萄（merlot）。在过去10年的酿酒过程中，葡萄酒质量稳定提高。实际上，在第一次销售时，蒙菲拉托•罗索•皮图吉葡萄酒（Monferrato Rosso Pituj）就进入了“三杯奖”（Three Glasses）的决赛，并在比赛过程中为酒庄在《向导》（*Guide*）中赢得一席之地。

● M.to Rosso Pituj '09 4
○ Gavi del Comune di Gavi Brut '08 5
● M.to Rosso Nero del Montone '08 5
○ Gavi del Comune di Gavi Altius '09 5
● M.to Rosso Nero del Montone '07 5

Attilio Ghisolfi

LOC. BUSSIA, 27
12065 MONFORTE D'ALBA [CN]
TEL. 017378345
www.ghisolfi.com

藏酒销售
预约参观
年产量 45 000 瓶
葡萄种植面积 6.5 公顷

布斯亚（Bussia）葡萄园是内比奥罗葡萄（nebbiolo）最好的种植区之一。吉安马克•吉索尔福（Gianmarco Ghisolfi）是技术高超的阿提里奥（Attilio）的儿子，他从1988年开始，就全面着手酿制出高品质的初级巴罗洛葡萄酒（Barolo）和知名的布里克•维赛特精选葡萄酒（Bricco Visette selection）。后者在里塞娃•凡提尼（Riserva Fantini）的努力下，近来刚刚加入了纯正上等葡萄酒的行列。酒庄在重视葡萄园生产程序的同时，经济效益逐渐提高，并越发尊重环境。葡萄园采用有机化肥和机械播种，避免使用化学除草剂。

- ● Barolo Bussia Bricco Visette '07 7
- ● Barolo Fantini Ris. '05 8
- ● Barolo Bussia '07 6
- ● Langhe Nebbiolo '08 4*
- ● Langhe Rosso Alta Bussia '07 6
- ● Barolo Bricco Visette '05 7
- ● Barolo Bricco Visette '01 7
- ● Barolo Fantini Ris. '01 8
- ● Langhe Rosso Alta Bussia '01 6
- ● Langhe Rosso Alta Bussia '00 6
- ● Langhe Rosso Alta Bussia '99 6

★Bruno Giacosa

VIA XX SETTEMBRE, 52
12057 NEIVE [CN]
TEL. 017367027
www.brunogiacosa.it

年产量 500 000 瓶
葡萄种植面积 22 公顷

吉雅克萨（Giacosa）是闻名世界的葡萄酒经典品牌。毋庸置疑，布鲁诺•吉雅克萨（Bruno Giacosa）是兰格葡萄酒（Langhe）酿造的领头专家，他花了将近60年时间试验并酿制葡萄酒。在深思熟虑之后，他继续购买葡萄园，近年来，布鲁诺已经拥有了自己的庄园，包括巴巴列斯科（Barbaresco）的埃斯利葡萄园（Asili）和塞拉朗佳•迪•阿尔巴（Serralunga d'Alba）的法勒托葡萄园（Falletto）。所有葡萄酒采用高超的技术进行管理，从按自己名字命名并享有盛誉的布鲁诺起泡葡萄酒（Bruno），至名声并不显赫的罗埃罗•阿内斯葡萄酒（Roero Arneis）。

- ● Barolo Falletto '07 8
- ● Barbaresco Asili '08 8
- ● Barbera d'Alba Falletto '09 7
- ● Barbaresco Santo Stefano '08 8
- ● Nebbiolo d'Alba Valmaggiore '09 6
- ○ Roero Arneis '10 5
- ● Dolcetto d'Alba Falletto '10 5
- ● Barbaresco Asili '05 8
- ● Barbaresco Rabajà Ris. '01 8
- ● Barbaresco Santo Stefano '01 8
- ● Barolo Falletto '04 8
- ● Barolo Le Rocche del Falletto '05 8
- ● Barolo Le Rocche del Falletto '04 8
- ● Barolo Le Rocche del Falletto Ris. '01 8
- ● Barbaresco Asili '07 8
- ● Barbaresco Rabajà '04 8

Carlo Giacosa

S.DA OVELLO, 9
12050 BARBARESCO [CN]
TEL. 0173635116
www.carlogiacosa.it

藏酒销售
预约参观
年产量 35 000 瓶
葡萄种植面积 5 公顷

在积累了40多年的辉煌业绩后，卡尔洛•吉雅克萨（Carlo Giacosa）开始将工作交接给充满激情、信心坚定的玛利亚•格拉齐亚（Maria Grazia）。酒庄以经典为导向，只使用当地葡萄作为原料，其中以内比奥罗葡萄（nebbiolo）最多。该酒庄凭借巴巴列斯科（Barbaresco）生产的蒙特菲克（Montefico）这款当地最好的葡萄酒在众多酒庄中脱颖而出。同样知名的还有埃斯利（Asili）和奥维罗（Ovello）葡萄酒，而那林葡萄酒（Narin）质量稍佳。葡萄酒价格绝对受消费者欢迎。

酒款	评分	价格
● Barbaresco Montefico '08	🍷🍷🍷	6*
● Barbaresco Narin '08	🍷🍷	5*
● Barbaresco Montefico '07	🍷🍷	6
● Barbera d'Alba Lina '09	🍷🍷	4*
● Langhe Nebbiolo Maria Grazia '09	🍷🍷	4*
● Barbera d'Alba Mucin '10	🍷	4
● Dolcetto d'Alba Cuchet '10	🍷	3
● Barbaresco Montefico '06	🍷🍷	6
● Barbaresco Narin '07	🍷🍷	5
● Barbaresco Narin '06	🍷🍷	6*
● Barbaresco Narin '05	🍷🍷	6*
● Barbera d'Alba Lina '07	🍷🍷	4*
● Dolcetto d'Alba Cuchet '10	🍷	3

F.lli Giacosa

VIA XX SETTEMBRE, 64
12057 NEIVE [CN]
TEL. 017367013
www.giacosa.it

藏酒销售
预约参观
年产量 500 000 瓶
葡萄种植面积 50 公顷

吉雅克萨（Giacosa）酒庄继续推行以往认可的政策，购买技艺高超的种植者的葡萄，同时也获得了总面积达50公顷的土地。因此他们可以继续贯彻环境友好型农业的措施，开始使用天然化肥。葡萄园分布在多个不同的市区，可以生产所有当地传统葡萄酒，包括巴罗洛（Barolo）、巴巴列斯科（Barbaresco）、巴贝拉（Barbera）和多尔切托•迪•阿尔巴葡萄酒（Dolcetto d'Alba），以及少量的国际品牌莎当尼葡萄酒（Chardonnay）。

酒款	评分	价格
● Barolo Bussia '07	🍷🍷	7
● Barbaresco Basarin '08	🍷🍷	6
● Barolo V. Mandorlo '06	🍷🍷	7
● Barbaresco Basarin V. Gianmatè '08	🍷	6
● Barbera d'Alba '08	🍷	5
● Dolcetto d'Alba '10	🍷	4
○ Roero Arneis '10	🍷	4
● Barbaresco Basarin '06	🍷🍷	6
● Barbaresco Basarin V. Gianmatè '07	🍷🍷	6
● Barbaresco Basarin V. Gianmatè '05	🍷🍷	6
● Barbaresco Gian Matè '04	🍷🍷	6
● Barbera d'Alba Madonna di Como '06	🍷🍷	4*
● Barolo Bussia '06	🍷🍷	6
● Barolo V. Mandorlo '04	🍷🍷	7

Giovanni Battista Gillardi

CASCINA CORSALETTO, 69
12060 FARIGLIANO [CN]
TEL. 017376306
www.gillardi.it

藏酒销售
预约参观
年产量 35 000 瓶
葡萄种植面积 7 公顷

多尔切托葡萄（dolcetto）是这家位于法利歌利亚诺（Farigliano）酒庄的中流砥柱，尽管它不是基亚克力诺•吉拉尔迪（Giacolino Gillardi）唯一关注的葡萄品种。酒庄在不到8公顷的土地上，每年生产35 000瓶葡萄酒，其中包括国际葡萄品种西拉（syrah）和梅洛（merlot）。酒庄主要出品传统的多尔切托葡萄酒（dolcetto），如果生长的季节天气好，酒劲就够足，而遇到收成不好的时候口感可能就欠佳。酒庄主要种植法国葡萄，颇有现代感和国际风格。

- ● Dolcetto di Dogliani Cursalet '10 4
- ● Langhe Rosso Harys '09 7
- ● Dolcetto di Dogliani Maestra '10 4*
- ● Langhe Rosso Il Fiore di Harys '09 7
- ● Dolcetto di Dogliani Cursalet '09 4*
- ● Dolcetto di Dogliani Cursalet '08 4
- ● Dolcetto di Dogliani Vign. Maestra '09 4*
- ● Dolcetto di Dogliani Vign. Maestra '08 4*
- ● Granaccio '06 8
- ● Langhe Rosso Harys '08 7
- ● Langhe Rosso Harys '07 7
- ● Langhe Rosso Merlò '07 7
- ● Langhe Rosso Yeta '07 5

Cascina Giovinale

S.DA SAN NICOLAO, 102
14049 NIZZA MONFERRATO [AT]
TEL. 0141793005
www.cascinagiovinale.com

藏酒销售
预约参观
年产量 25 000 瓶
葡萄种植面积 7 公顷

布鲁诺•西奥卡（Bruno Ciocca）和他的妻子安娜•玛利亚（Anna Maria Solaini）于1980年共同开创了酒庄的葡萄园。葡萄园位于尼扎•蒙菲拉托地区（Nizza Monferrato）的圣•尼克劳山（San Nicolao），海拔大约260米，面朝西南方向，为沙质和石灰质土壤。葡萄园种植的当地品种主要是巴贝拉（Barbera）、科提斯（cortese）、多尔切托（dolcetto）和莫斯卡特麝香葡萄（moscato），还有少量的赤霞珠（cabernet sauvignon），大部分葡萄都有50多年的历史。

- ● Barbera d'Asti Sup. '09 4*
- ● Barbera d'Asti Sup. Nizza Anssèma '08 5
- ○ Piemonte Cortese Naiss '10 4
- ● Barbera d'Asti Sup. '07 4*
- ● Barbera d'Asti Sup. '06 4*
- ● Barbera d'Asti Sup. Nizza Anssèma '07 5
- ● Barbera d'Asti Sup. Nizza Anssèma '06 5*

La Giribaldina

REG. SAN VITO, 39
14042 CALAMANDRANA [AT]
TEL. 0141718043
www.giribaldina.com

藏酒销售
预约参观
年产量 60 000 瓶
葡萄种植面积 10 公顷

自1995年以来，科隆博（Colombo）家族就怀着无比的激情经营着这家酒庄，他们来自瓦乐塞省（Warese）。酒庄位于卡拉曼德拉那（calamandrana）市区的吉利巴尔迪农场（giribaldi）。目前，酒庄的主要葡萄品种是巴贝拉葡萄（Barbera），大约占据了70%的产量，还有一些莫斯卡特麝香葡萄（Moscato）和苏维翁葡萄（Sauvignon）。主要的葡萄园位于瓦格里奥（Vaglio Serra）市区的布里克•卡斯特拉罗（Bricco Castellaro）和瓦尔•萨尔马萨自然公园（Val Sarmassa nature park）的蒙特•德尔•马勒（Monte del Mare）。拉•吉利巴尔迪那葡萄酒（La Giribaldina）风格现代，清香袭人。

● Barbera d'Asti Sup. Vign. della Val Sarmassa '09	4
● Barbera d'Asti Monte del Mare '10	3
● Barbera d'Asti Sup. Nizza Cala delle Mandrie '08	5
○ M.to Bianco Ferro di Cavallo '10	4
○ Moscato d'Asti '10	4
● Barbera d'Asti Monte del Mare '08	3*
● Barbera d'Asti Sup. Nizza Cala delle Mandrie '07	5

La Gironda

S.DA BRICCO, 12
14049 NIZZA MONFERRATO [AT]
TEL. 0141701013
www.lagironda.com

藏酒销售
预约参观
年产量 40 000 瓶
葡萄种植面积 8 公顷

拉•吉罗达（La Gironda）酒庄经营不到10年，却拥有一些历史长达半个世纪的葡萄园。酒庄位于尼扎•蒙菲拉托拉（Nizza Monferrato）山坡上，是布里克•科勒莫斯那地区（Bricco Cremosina）最顶尖的酒庄之一。酒庄规模不大，目前由有着30年酿酒经验的阿格斯提诺•加兰德里诺（Agostino Galandrino）和他的女儿苏珊娜（Susanna）、女婿阿尔贝托•安达莫（Alberto Adamo）经营着。葡萄酒中以巴贝拉•迪•艾斯提（babera d'Asti）最具现代感，别具一格。种植的葡萄品种有多尔切托（dolcetto）、莫斯卡特麝香葡萄（moscato）、科提斯（cortese）、布拉奇托（brachetto）、内比奥罗（nebbiolo）、梅洛（merlot）和品丽珠（cabernet frac）葡萄。

● Barbera d'Asti La Gena '09	4*
● Barbera d'Asti La Lippa '10	3*
● Barbera d'Asti Sup. Nizza Le Nicchie '08	5
○ Monferrato Bianco L'Aquilone '10	4*
● M.to Rosso Chiesavecchia '08	5
● Barbera d'Asti La Gena '06	4*
● Barbera d'Asti Sup. Nizza Le Nicchie '07	5
● Barbera d'Asti Sup. Nizza Le Nicchie '06	5
● Barbera d'Asti Sup. Nizza Le Nicchie '05	5
● M.to Rosso Chiesavecchia '07	4*
● M.to Rosso Chiesavecchia '06	4*

La Giustiniana

LOC. ROVERETO
FRAZ. ROVERETO, 5
15066 GAVI [AL]
TEL. 0143682132
www.lagiustiniana.it

藏酒销售
预约参观
年产量 200 000 瓶
葡萄种植面积 39 公顷

这家锦绣的别墅山庄就是著名的拉•吉斯提尼亚那酒庄（La Giustiniana）。自17世纪以来，它就消失在了时间的迷雾中。如今这家酒庄属于洛姆巴尔蒂尼（Lombardini family）家族。在恩里克•汤马里诺（Enrico Tomalino）的帮助下，酒庄大约有40公顷土地，位于海拔300—500米的山上，种植着科提斯葡萄（cortese）。酒庄管理中避免使用化学除草剂或是其他葡萄菌孢方法。该酒庄在当地率先独自出品葡萄酒。其葡萄园更是别具一格，既不同于路加拉拉（Lugarara）的麻灰土壤（grey marl），也不同于蒙特索拉（Montessora）的红色土壤（terra rossa）。所有这些葡萄酒都在不锈钢桶中发酵。

○ Gavi del Comune di Gavi Il Nostro Gavi '09	🍷🍷 6
○ Gavi del Comune di Gavi Montessora '10	🍷🍷 5
○ Gavi del Comune di Gavi Lugarara '10	🍷 4
○ Gavi del Comune di Gavi Il Nostro Gavi '07	🍷🍷🍷 5
○ Gavi del Comune di Gavi Il Nostro Gavi '06	🍷🍷 5
○ Gavi del Comune di Gavi Lugarara '07	🍷🍷 4
○ Gavi del Comune di Gavi Montessora '09	🍷🍷 5

Cantina del Glicine

VIA GIULIO CESARE, 1
12052 NEIVE [CN]
TEL. 017367215
www.cantinadelglicine.it

藏酒销售
预约参观
年产量 40 000 瓶
葡萄种植面积 4 公顷

该酒庄的建筑有着简约庄重的17世纪风格，位于小镇最古老地段的一头。因为建筑上有些许绿色和美丽的紫藤镶嵌，因此得名堪提娜•德尔•吉利西内（Cantina del Glicine）。酒庄内部更是令人叹为观止，单单地下酒窖就值得一游。阿迪利亚纳•马兹（Adriana Mazzi）和罗伯托•布鲁诺（Roberto Bruno）已经经营这家小酒庄30年了，他们尊重环境，力求极具个性的葡萄品种。他们摒弃一切冗余，一心追求葡萄酒的卓越品质。

● Barbaresco Currà '08	🍷🍷 5
● Barbaresco Marcorino '08	🍷🍷 6
● Barbera d'Alba Sup. La Dormiosa '08	🍷🍷 4
● Barbera d'Alba La Sconsolata '09	🍷 4
● Dolcetto d'Alba Olmiolo '10	🍷 4
○ Roero Arneis Il Mandolo '10	🍷 4
● Barbaresco Currà '07	🍷🍷 6
● Barbaresco Marcorino '07	🍷🍷 6
● Barbera d'Alba Sup. La Dormiosa '07	🍷🍷 5

★Elio Grasso

LOC. GINESTRA, 40
12065 MONFORTE D'ALBA [CN]
TEL. 017378491
www.eliograsso.it

藏酒销售
预约参观
年产量 75 000 瓶
葡萄种植面积 18 公顷

我们强烈推荐大家来伊利奥•吉拉索酒庄（Elio Grasso）参观，即使可能无法绕道蒙福尔特地区（Monforte），却依旧可以通过网络了解到酒庄运行的方法。一直以来，伊利奥（Elio）的妻子玛丽娜•福塔纳（Marina Fontana）意志坚定并支持丈夫的工作。自从1996年他们的儿子吉安卢卡（Gianluca）回到酒庄工作后，伊利奥更是倾心于酿酒行业，这使得他成为了兰格地区（Langhe）最受尊敬的酿酒师之一，同时也使他们获得了酿制世界经典巴罗洛葡萄酒（Barolo）的冠军。酒庄所有的红葡萄酒都是当地品种，白葡萄酒则是通过木桶发酵和熟化的莎当尼葡萄酒（Chardonnay）。

Wine	Rating
● Barolo Ginestra Casa Maté '07	8
● Barolo Gavarini Chiniera '07	8
● Barbera d'Alba V. Martina '08	5
● Dolcetto d'Alba dei Grassi '10	4
● Langhe Nebbiolo Gavarini '10	5
● Barolo Gavarini V. Chiniera '06	8
● Barolo Gavarini V. Chiniera '01	8
● Barolo Ginestra V. Casa Maté '05	8
● Barolo Ginestra V. Casa Maté '04	8
● Barolo Ginestra V. Casa Maté '03	8
● Barolo Rüncot '01	8
● Barolo Rüncot '00	8
● Barolo Rüncot '99	8
● Barbera d'Alba V. Martina '07	5
● Barolo Ginestra V. Casa Maté '06	8

Silvio Grasso

FRAZ. ANNUNZIATA
CASCINA LUCIANI, 112
12064 LA MORRA [CN]
TEL. 017350322

藏酒销售
年产量 70 000 瓶
葡萄种植面积 11 公顷

这家有趣的企业在20世纪80年代中开始运营，其制酒风格逐渐由传统转向娴熟的现代感。费得里克•吉拉索（Federico Grasso）一直以来有他能干的妻子玛丽蕾娜（Marilena）协助，目前还有他的儿子保罗（Paolo）和斯尔维奥（Silvio）帮忙。他们深深尊重每一个葡萄品种的特性，根据不同的葡萄酒熟化协议书，生产出6款不同的巴罗洛葡萄酒（Barolo）。目前巴贝拉•迪•阿尔巴福塔尼勒葡萄酒（Barbera d'Alba）得到了经典葡萄酒的认可，一旦装瓶生产，必将在未来的时间里不断提高品质。

Wine	Rating
● Barolo Bricco Luciani '07	8
● Barolo Ciabot Manzoni '07	8
● Barolo Pì Vigne '07	6
● Barolo V. Plicotti '07	7
● Barolo Turné '07	7
● Dolcetto d'Alba '10	4
● Barbera d'Alba Fontanile '06	5
● Barolo Bricco Luciani '06	8
● Barolo Bricco Luciani '05	8
● Barolo Ciabot Manzoni '06	8
● Barolo Ciabot Manzoni '05	8
● Barolo Giachini '06	7
● Barolo Giachini '05	7
● Barolo Pì Vigne '06	6
● Barolo Pì Vigne '05	6
● Barolo Turné '06	7
● Barolo Turné '05	7

Bruna Grimaldi

via Roddino
12050 Serralunga d'Alba [CN]
Tel. 0173262094
www.grimaldibruna.it

藏酒销售
年产量 60 000 瓶
葡萄种植面积 11 公顷

布鲁纳•吉利马尔蒂（Bruna Gimaldi）和弗兰克•福奥利诺（Franco Fiorino）这对夫妻共同经营着这家酒庄。酒庄是布鲁纳的祖父在第二次世界大战末期创建的，那时仅仅生产少量的葡萄酒。如今，布鲁纳和弗兰克将收官之作放到了吉利恩扎内•卡瓦尔地区（Grinzane Cavour）的木桶酒窖上。这里生产的是需要足够时间才能酿制出全部韵味、并可长期存放的塞拉朗佳•迪•阿尔巴经典葡萄酒（Serralunga d'Alba）。对那些不想等待的人来说，由基恩扎内地区的内比奥罗葡萄（nebbiolo）酿制的巴罗洛•卡米拉葡萄酒（Barolo Camilla）是最好的选择。最重要的是这些葡萄酒价格极其公道。

- ● Barolo Badarina '07 7
- ● Barolo Camilla '07 6*
- ● Barbera d'Alba Sup. Scassa '09 4*
- ● Barolo Bricco Ambrogio '07 6
- ● Nebbiolo d'Alba Briccola '09 4
- ● Barbera d'Alba Sup. Scassa '06 4*
- ● Barolo Badarina '06 7
- ● Barolo Badarina V. Regnola '05 7
- ○ Langhe Chardonnay Valscura '09 4*
- ● Nebbiolo d'Alba Briccola '08 4*

Giacomo Grimaldi

via Luigi Einaudi, 8
12060 Barolo [CN]
Tel. 0173560536
ferruccio.grimaldi@libero.it

藏酒销售
预约参观
年产量 50 000 瓶
葡萄种植面积 12 公顷

该酒庄由费卢西奥•吉利马尔蒂（Ferruccio Grimaldi）家族经营着，面积大约10公顷，有着一流的葡萄生长环境。年复一年，费卢西奥持续着他要为兰格上等葡萄酒增光添彩的承诺。酒庄拥有位于巴罗洛地区（Barolo）的勒•克斯特葡萄园（Le Coste）和诺维罗地区（Novello）的索托•卡斯特罗葡萄园（Sotto Castello）。葡萄酒深度较高，与众不同，但又保留其他葡萄酒的优雅和品质。其出品的葡萄酒有上等的巴贝拉精选葡萄酒（Barbera selections），一个来自洛尔罗地区（Roero），另一个是维扎•迪•阿尔巴地区（Vezza d'Alba）的瓦尔马吉奥勒葡萄园（Valmaggiore），其出产当地知名的内比奥罗葡萄酒（Nebbiolo）。

- ● Barolo Le Coste '07 7
- ● Barolo '07 6
- ● Barolo Sotto Castello di Novello '07 7
- ● Barolo Sotto Castello di Novello '05 7
- ● Barbera d'Alba Fornaci '07 5
- ● Barolo Le Coste '05 7

Sergio Grimaldi Ca' du Sindic

LOC. SAN GRATO, 15
12058 SANTO STEFANO BELBO [CN]
TEL. 0141840341
grimaldi.sergio@virgilio.it

藏酒销售
预约参观
年产量 45 000 瓶
葡萄种植面积 10 公顷

塞尔吉奥•吉利马尔蒂（Sergia Grimaldi）的酒庄多年来一直是最有趣的莫斯卡特•迪•艾斯提葡萄酒（Moscato d'Asti）的生产者之一。该酒庄位于贝尔波峡谷（Belbo），是最好的莫斯卡特麝香葡萄（Moscato）产区之一。葡萄园有50多年的历史。酒庄出品了由莫斯卡特麝香葡萄酿制的多款葡萄酒，成为了酒庄多样葡萄酒的代表。其出品的葡萄酒不仅可口多样，更具有深度和层次感。2012年，酒庄推出的由塞尔吉奥儿子保罗（Paolo）酿制的巴贝拉葡萄酒（Babera）和布拉奇托葡萄酒（Brachetto），加入了新型干红气泡葡萄酒的行列。

- ● Barbera d'Asti '10 🍷🍷 4
- ○ Moscato d'Asti Ca' du Sindic Capsula Oro '10 🍷🍷 4
- ○ Piemonte Moscato Passito Montaldi '07 🍷🍷 6
- ⊙ Ventuno Brut Rosé '09 🍷🍷 4*
- ○ Moscato d'Asti Ca' du Sindic Capsula Argento '10 🍷 3
- ○ Ventuno Brut '09 🍷 4
- ● Barbera d'Asti '07 🍷🍷 4*
- ● Barbera d'Asti San Grato '07 🍷🍷 4*
- ● Barbera d'Asti San Grato '06 🍷🍷 4*
- ○ Moscato d'Asti Ca' du Sindic Capsula Argento '08 🍷🍷 3*
- ○ Moscato d'Asti Ca' du Sindic Capsula Oro '09 🍷🍷 4*

La Guardia

POD. LA GUARDIA, 74
15010 MORSASCO [AL]
TEL. 014473076
www.laguardiavilladelfini.it

藏酒销售
预约参观
年产量 120 000 瓶
葡萄种植面积 35 公顷

在奥瓦达（Ovada）和多尔切托•迪•奥瓦达葡萄酒（Dolcetto di Ovada）生产地区，拉•吉亚尔迪亚（La Guardia）酒庄被誉为引航灯塔。皮里亚罗内（Priarone family）家族自始至终都管理着葡萄酒的生产过程，用他们娴熟的技术和激情在这个35公顷的葡萄园里兢兢业业地工作着。吉拉兹拉（Graziella）负责酒窖的工作，其中主要是熟化方面。酒庄是一座辉煌的17世纪建筑。其出品的葡萄酒包括当地和国际品种的红葡萄酒与白葡萄酒，其中多尔切托•迪•奥瓦达葡萄酒和巴贝拉•蒙菲拉托葡萄酒（Babera Monferrato）独占鳌头。

- ● Doppio Rosso '08 🍷🍷 5
- ● M.to Rosso Leone '06 🍷🍷 4
- ● M.to Rosso Sacroeprofano '06 🍷🍷 5
- ● Ovada Il Gamondino Ris. '08 🍷🍷 4
- ● Dolcetto di Ovada Il Bacio '07 🍷 4
- ● Ovada Vign. Bricco Riccardo '08 🍷 4
- ● Barbera del M.to Ornovo '07 🍷🍷 4
- ● Dolcetto di Ovada Sup. Bricco Riccardo '06 🍷🍷 4
- ● Doppio Rosso '07 🍷🍷 5
- ● M.to Rosso 805 '07 🍷🍷 5

Clemente Guasti

c.so IV Novembre, 80
14049 Nizza Monferrato [AT]
Tel. 0141721350
www.guasti.it

藏酒销售
预约参观
年产量 120 000 瓶
葡萄种植面积 30 公顷

这家历史悠久的吉瓦斯提（Guasti）酒庄位于尼扎•蒙菲拉托（Nizza Monferrato）小镇中心，由科勒蒙特（Clemente Guasti）创建于1946年，目前由他的儿子阿勒桑迪罗（Alessandro）和安德烈（Andre）共同经营着。该酒庄拥有4处房产，3处在尼扎当地，还有1处在梦巴鲁佐地区（Mmombaruzzo）。位于山坡上的葡萄园主要种植着巴贝拉葡萄（barbera）、巴斯奇托•维奇奥葡萄（boschetto vecchio）和尼扎当地的芳达•圣•尼克劳传统品种（Fonda San Nicolao）。其出品的葡萄酒种类繁多，包括皮埃蒙特（Piemonte）等最为重要的几种葡萄酒，其中简约的巴贝拉精选葡萄酒（Barbera）也很有名。

- ● Barbera d'Asti Sup. Cascina Fonda San Nicolao '07 — 5
- ● Barbera d'Asti Sup. Cascina Boschetto Vecchio '07 — 5
- ● Barbera d'Asti Sup. Nizza Barcarato '07 — 6
- ● Barbera del M.to Frizzante Clementina '10 — 4
- ○ Moscato d'Asti Santa Teresa '10 — 4
- ● Barbera d'Asti Desideria '08 — 4*
- ● Barbera d'Asti Desideria '07 — 4*
- ● Barbera d'Asti Sup. Cascina Fonda San Nicolao '06 — 5
- ● Barbera d'Asti Sup. Nizza Barcarato '06 — 6
- ● Barbera del M.to Frizzante Clementina '08 — 4*

★Hilberg - Pasquero

via Bricco Gatti, 16
12040 Priocca [CN]
Tel. 0173616197
www.hilberg-pasquero.com

藏酒销售
预约参观
年产量 25 400 瓶
葡萄种植面积 6 公顷
葡萄栽培方式 有机种植

20年来，被昵称为“米克罗”（Miclo）的米切兰格罗•帕斯克罗（Michelangelo Pasquero）和阿内特•赫本尔格（Annette Hillberg）成为了上等洛尔罗葡萄酒（Roero）生产行业中最具代表性和权威的声音。他们的葡萄园遍布酒庄周围，位于布里克•加提（Bricco Gatti）的山顶，紧靠皮里奥卡（Priocca），为淤泥灰质土壤。酒庄采用有机农耕的主要目的是增强罗埃罗（Roero）的主要红葡萄品种——内比奥罗葡萄（nebbiolo）、巴贝拉葡萄（barbera）和布拉切特葡萄（brachetto）的品质。当地品种的葡萄酒袭人浓香，甘醇浓度，是完美和平衡的结合。

- ● Barbera d'Alba Sup. '09 — 6
- ● Barbera d'Alba '10 — 4
- ● Nebbiolo d'Alba '09 — 6
- ● Vareij Rosso '10 — 4
- ● Nebbiolo d'Alba '06 — 6
- ● Nebbiolo d'Alba '05 — 6
- ● Nebbiolo d'Alba '04 — 6
- ● Nebbiolo d'Alba '03 — 6
- ● Nebbiolo d'Alba '01 — 6
- ● Nebbiolo d'Alba '00 — 6
- ● Nebbiolo d'Alba '99 — 6
- ● Barbera d'Alba '09 — 4
- ● Vareij Rosso '09 — 4

Icardi

LOC. SAN LAZZARO
S.DA COMUNALE BALBI, 30
12053 CASTIGLIONE TINELLA [CN]
TEL. 0141855159
www.icardivini.it

藏酒销售
预约参观
年产量 386 000 瓶
葡萄种植面积 75 公顷
葡萄栽培方式 生机互动农耕

爱卡迪（Icardi）酒庄旨在追求葡萄酒的纯净和自然，多年以来从未使用过化学制剂。大面积的葡萄园里种植着多种兰格地区（Langhe）和罗埃罗地区（Roero）的当地葡萄。酒庄由克罗迪奥•爱卡迪（Claudio Icardi）掌舵，这是他的父亲皮亚里诺（Pierino）在大约一个世纪之前创建的，自20世纪60年代以来不断发展壮大。酒庄因其葡萄酒具备纯正的当地特色而出名。如今，有机栽培和有机活力栽培并不是保证高质量的唯一方法，特别是设计到卡斯西纳•圣•拉杂罗项目（Cascina San Lazzaro project）的时候。

- ● Barolo Parej '07 7
- ○ Dadelio Bianco Cascina San Lazzaro '10 6
- ● Barbaresco Montubert '08 7
- ● Barbera d'Asti Nuj Suj '09 6
- ● Langhe Rosso Dadelio Cascina San Lazzaro '07 6
- ● Langhe Rosso Nej '08 6
- ○ M.to Bianco Pafoj '10 6
- ● Dolcetto d'Alba Rousori '10 4
- ○ Moscato d'Asti La Rosa Selvatica '10 4
- ● Barolo Parej '06 7
- ○ Dadelio Bianco Cascina San Lazzaro 6
- ● Langhe Rosso Dadelio Cascina San Lazzaro '06 6
- ● Langhe Rosso Pafoj '07 6

Isolabella della Croce

FRAZ. LOC. SARACCHI
REG. CAFFI, 3
14051 LOAZZOLO [AT]
TEL. 014487166
www.isolabelladellacroce.it

藏酒销售
预约参观
年产量 60 000 瓶
葡萄种植面积 15 公顷
葡萄栽培方式 有机种植

该酒庄创建于2001年，属于伊索拉贝拉•德尔拉•克罗塞（Isolabella della Croce family）家族，有着较为优越的地位。葡萄园位于海拔450米到550米的山上，为石灰岩质泥灰土壤，面朝东南和西南方向。葡萄园种植着巴贝拉（barbera）、莫斯卡特麝香葡萄（moscato）、布拉切特（brachetto）、科提斯（cortese）、莎当尼（chardonnay）、卡贝内特（cabernet）、梅洛（merlot）、苏维翁（sauvignon）以及皮埃蒙特（piemonte）少数几个地区的黑皮诺葡萄（pinot nero），这些葡萄酒保证了酒庄出品高级上等葡萄酒的品质要求。

- ● M.to Rosso Bricco del Falco '06 6
- ● M.to Rosso Superlodo '07 5
- ● Piemonte Barbera Frizzante Ginevra '10 4
- ○ Piemonte Sauvignon Blanc '10 4
- ● Barbera d'Asti Sup. Nizza Augusta '07 5
- ○ Loazzolo Solio '05 6
- ○ M.to Bianco Solum '07 4*

Iuli

FRAZ. MONTALDO
VIA CENTRALE, 27
15020 CERRINA MONFERRATO [AL]
TEL. 0142946657
www.iuli.it

藏酒销售
预约参观
年产量 35 000 瓶
葡萄种植面积 8.5 公顷
葡萄栽培方式 有机种植

路里（Luli）酒庄辉煌的酒窖位于皮埃蒙特（Piemonte），有着17世纪的传统。我们推荐大家到此一游，最重要的是察看那里的熟化区域、发酵工作间还有绝妙的建筑特点。法布里兹奥•路里（Fabrizio Luli）家族的产品品质来自于其对古老葡萄园的低产要求，同时也减少了葡萄园和酒窖工作的相互干扰。他们期待着人们对其出品的葡萄酒的喜爱，其中包括对单一巴贝拉葡萄酒（Barbera）以及内比奥罗（Nebbiolo）和巴贝拉（Barbera）混合葡萄酒的完美解读。

- ● Barbera del M.to Sup. Rossore '09 🍷🍷 4*
- ● M.to Rosso Malidea '08 🍷🍷 6
- ● M.to Rosso Nino '09 🍷🍷 6
- ● Barbera del M.to Sup. Barabba '04 🍷🍷🍷 6
- ● Barbera del M.to Sup. Barabba '07 🍷🍷 6
- ● Barbera del M.to Sup. Barabba '06 🍷🍷 6
- ● Barbera del M.to Sup. Rossore '06 🍷🍷 4*
- ● M.to Rosso Malidea '07 🍷🍷 6

Tenuta Langasco

FRAZ. MADONNA DI COMO, 10
12051 ALBA [CN]
TEL. 0173286972
www.tenutalangasco.it

预约参观
年产量 60 000 瓶
葡萄种植面积 22 公顷

克劳迪奥•萨克（Claudio Sacco）是这家稳健农耕家族的第三代传人。之前该家族一直从事葡萄酒的营销，如今他们拥有了一处可以远眺兰格（Langhe）省会阿尔巴地区（Alba）的大规模房产，俊秀无比。葡萄园主要种植经典的阿尔巴葡萄（Alba）即内比奥罗葡萄（nebbiolo）、多尔切托葡萄（dolcetto）和巴贝拉葡萄（barbera）以及少量的法国品种。酒庄根据当地酿酒传统，结合适当的酿酒技术，生产属于他们自己的葡萄酒。

- ● Barbera d'Alba Madonna di Como '09 🍷🍷 4
- ● Barbera d'Alba Sorì '09 🍷🍷 4*
- ● Dolcetto d'Alba Madonna di Como V. Miclet '10 🍷🍷 3*
- ● Nebbiolo d'Alba Sorì Coppa '09 🍷🍷 5
- ⊙ Gredo Brut Rosé M. Cl. '07 🍷 5
- ● Barbera d'Alba Madonna di Como '07 🍷🍷 4
- ● Nebbiolo d'Alba Sorì Coppa '08 🍷🍷 5

Ugo Lequio

via del Molino, 10
12057 Neive [CN]
Tel. 0173677224
www.ugolequio.it

藏酒销售
预约参观
年产量 25 000 瓶

我们迎来了这家小型传统兰格（Langhe）酒庄的20周年纪念。优格•勒奇奥（Ugo Lequio）并非真正拥有葡萄园，只是作为所有葡萄园和葡萄酒的专家。他直接监管和选择最适合酿制高品质葡萄酒的葡萄。如今，该酒庄的经营令人刮目相看，葡萄酒在长期的营销成长之后才真正成就了自己的品牌。品尝在酒窖中贮藏了几年的巴巴列斯科•贾丽娜葡萄酒（Barbaresco Gallina）后，你会明白它们所蕴含的真正意义。

● Barbaresco Gallina '08	🍷🍷 6
● Barbera d'Alba Sup. Gallina '09	🍷🍷 5
● Langhe Nebbiolo '09	🍷🍷 5
○ Langhe Arneis '10	🍷 4
● Barbaresco Gallina '07	🍷🍷 6
● Barbaresco Gallina '06	🍷🍷 6
● Barbera d'Alba Sup. Gallina '07	🍷🍷 5

Cascina Luisin

s.da Rabajà, 34
12050 Barbaresco [CN]
Tel. 0173635154
cascinaluisin@tiscali.it

预约参观
年产量 30 000 瓶
葡萄种植面积 7 公顷

该酒庄由罗伯特•米纳图（Roberto Minuto）的祖父在1913年创建。如今，罗伯特和他80岁的老父亲监管着葡萄酒的整个生产过程，他们传递着一种激情，一种只酿制卓越红葡萄酒的激情，他们任重道远，竭力将酒庄发扬光大。巴巴列斯科葡萄酒（Barbaresco）来自拉巴佳（Rabajà）和巴萨林葡萄园（Basarin），巴罗洛•勒奥恩葡萄酒（Barolo Léon）来自塞拉朗佳地区（Serralunga）的科勒塔葡萄园（Cettetta）。所有这些葡萄酒都需要时间来彰显其价值。

● Barbaresco Rabajà '08	🍷🍷 7
● Barbaresco Sorì Paolin '08	🍷🍷 7
● Barbera d'Alba Asili '09	🍷🍷 5
● Barolo Leon '07	🍷🍷 7
● Langhe Nebbiolo Maggiur '09	🍷🍷 5
● Barbera d'Alba Maggiur '09	🍷 4
● Dolcetto d'Alba Bric Trifüla '10	🍷 4
○ Roero Arneis Ave '10	🍷 4
● Barbera d'Alba Asili '00	🍷🍷🍷 6
● Barbera d'Alba Asili '99	🍷🍷🍷 6
● Barbera d'Alba Asili Barrique '97	🍷🍷🍷 6
● Barbaresco Rabajà '07	🍷🍷 7
● Barbaresco Sorì Paolin '05	🍷🍷 7
● Langhe Nebbiolo Maggiur '04	🍷🍷 4*

Malabaila di Canale

FRAZ. MADONNA DEI CAVALLI, 19
12043 CANALE [CN]
TEL. 017398381
www.malabaila.com

藏酒销售
预约参观
年产量 100 000 瓶
葡萄种植面积 22 公顷

马拉柏拉•迪•卡纳尔（Malabaila di Canale）酒庄令人瞩目，其面积达90公顷，其中22公顷土地用来种植葡萄。葡萄园为疏松干燥土壤，容易侵蚀，海拔300米，主要种植当地特色品种，包括内比奥罗（nebbiolo）、阿内斯（arneis）、巴贝拉（babera）、法瓦利塔（favorita）、多尔切托（dolcetto）和布拉切特葡萄（brachetto），这些葡萄逐渐和环境管理相融洽。他们采用非侵害性种植技术，虽低产却保证了葡萄酒的高品质。酒庄出品的葡萄酒为经典风格，极具当地特色。

○ Roero Arneis '10	4*
○ Langhe Favorita '10	4*
● Roero Castelletto Ris. '07	5
○ Roero Arneis Pradvaj '10	4
● Barbera d'Alba Mezzavilla '08	4*
● Barbera d'Alba Mezzavilla '07	4
○ Roero Arneis Pradvaj '08	4*

★Malvirà

LOC. CANOVA
VIA CASE SPARSE, 144
12043 CANALE [CN]
TEL. 0173978145
www.malvira.com

藏酒销售
预约参观
年产量 350 000 瓶
葡萄种植面积 40 公顷
葡萄栽培方式 有机种植

马斯莫（Massimo）和罗伯特•达蒙特兄弟（Roberto Damonte）在马尔韦拉（Malvirà）酒庄的唯一宗旨，就是提高葡萄酒的品质，推广当地特色。他们完成了高标准的葡萄酒产量，并开创了皮埃蒙特（Piemonte）维拉•提波尔蒂地区（Villa tiboldi）一家最有魅力的乐莱斯（Relais）乡村酒店。最近，酒庄扩大产业，拥有了一系列葡萄园，但是各地的葡萄酒全部独自酿造。这些葡萄园主要在卡纳乐地区（Canale），为石灰岩质、粘性沙质土壤。酒庄出品的葡萄酒带有强烈的地域特色，其中最卓越的代表要数罗埃罗葡萄酒（Roero）。

● Roero Trinità Ris. '07	6
● Barbera d'Alba Sup. S. Michele '07	5
○ Roero Arneis Renesio '10	4
○ Roero Arneis Saglietto '09	4
○ Langhe Bianco Treuve '09	4
○ Langhe Favorita '10	4
○ Roero Arneis '10	4
○ Roero Arneis Trinità '10	4
● Roero Mombeltramo Ris. '05	6
● Roero Renesio Ris. '05	6
○ Roero Arneis Trinità '09	4
● Roero Renesio Ris. '07	6
○ Roero Arneis Saglietto '09	4

Giovanni Manzone

via Castelletto, 9
12065 Monforte d'Alba [CN]
Tel. 017378114
www.manzonegiovanni.com

藏酒销售
预约参观
年产量 40 000 瓶
葡萄种植面积 7.5 公顷

乔范尼•曼佐恩（Giocanni Manzone）的祖父于1925年开创了这家酒庄，他本人和祖父同名，在1965年也加入了该酒庄的工作，他富有激情的儿子马尔科（Marco）近来也投入到葡萄酒的事业中来。曼佐恩•巴罗洛葡萄酒（Manzone Barolo）展现了鲜明的经典风格，这要得益于相当长时间的浸渍、中型橡木桶中的熟化和随机筛选与分类的装瓶技术。所有这些因素都涵盖在内比奥罗葡萄（Nebbiolo）最清晰的香味中。其出品的葡萄酒标准较高，包括由罗塞斯•比安科葡萄（Rossese Bianco）酿制的不仅赏心悦目而且更加罕见的兰格罗塞托葡萄酒（Langhe Rosserto）。

- Barolo Gramolere Ris. '05 8
- Barolo Castelletto '07 6
- Barolo Gramolere '07 7
- Barolo Bricat '07 7
- Dolcetto d'Alba Le Ciliegie '10 3
- Langhe Nebbiolo Il Crutin '09 4
- Barolo Bricat '05 7
- Barolo Le Gramolere '04 7
- Barolo Le Gramolere Ris. '01 8
- Barolo Le Gramolere Ris. '00 8
- Barolo Le Gramolere Ris. '99 8

Paolo Manzone

loc. Meriame, 1
12050 Serralunga d'Alba [CN]
Tel. 0173613113
www.barolomeriame.com

藏酒销售
预约参观
年产量 80 000 瓶
葡萄种植面积 10 公顷

这个家族酒庄面积大约10公顷，分布在斯尼奥（Sinio）和塞拉朗佳•迪•阿尔巴（Serralunga d'Alba）地区最好的地域。酒庄还有一家广受欢迎的农庄。葡萄酒种类繁多，在口味的深度和品种的代表性中找到了完美的平衡。酒庄出品的葡萄酒从一个方面完美地展现了乡村的活力和田园风光。保罗•曼佐恩葡萄酒（Paolo Manzone）的价格十分公道，人们可以负担得起。

- Barolo Meriame '07 7
- Barolo Serralunga '07 7
- Nebbiolo d'Alba Mirinè '09 5*
- Dolcetto d'Alba Magna '10 4
- Langhe Rosso Ardì '10 4
- Langhe Rosso Luvì '09 5
- Barbera d'Alba Fiorenza '08 4*
- Barolo Meriame '06 7
- Barolo Serralunga '06 6
- Barolo Serralunga '05 6
- Dolcetto d'Alba Magna '08 4*
- Langhe Rosso Ardì '09 4*
- Langhe Rosso Luvì '08 4
- Nebbiolo d'Alba Mirinè '08 4

Marcalberto

VIA PORTA SOTTANA, 9
12058 SANTO STEFANO BELBO [CN]
TEL. 0141844022
marcalbertopc@libero.it

藏酒销售
预约参观
年产量 15 000 瓶
葡萄种植面积 2.5 公顷

这家小型的酒庄位于圣托•斯特法诺•贝尔波市（Santo Stefano Belbo）中心。他们致力于经典起泡葡萄酒的生产，2012年第一次得到了全面的肯定。皮亚罗•卡内（Piero Cane）是一名技艺精湛的起泡葡萄酒的鉴赏家。他由儿子马尔科（Marco）和阿尔贝托（Alberto）辅佐，共同研制他们极具特色的葡萄酒，他们的努力得到了认可和赞扬。供熟化处理的酒窖建筑风格别致，酒庄风景如画，卡内（Cane）家族更是热情周到，此处值得一游。

Wine	Glasses
○ Marcalberto Brut '06	🍷🍷 6
○ Marcalberto Brut	🍷🍷 5
⊙ Marcalberto Brut Rosé	🍷🍷 5
○ Marcalberto Brut '05	🍷🍷 6

Poderi Marcarini

P.ZZA MARTIRI, 2
12064 LA MORRA [CN]
TEL. 017350222
www.marcarini.it

藏酒销售
预约参观
年产量 118 000 瓶
葡萄种植面积 20 公顷

马卡瑞妮（Marcarini）酒庄从某个角度说是经典葡萄酒之最，他们经过了一个世纪的改进，不变的是对高品质的不懈追求。酒庄有着十分卓越的葡萄酒种类，其中不乏美味绝伦的产品，如著名的巴罗洛•布拉纳特葡萄酒（Barolo Brunate）。他们生产的独特的多尔切托•迪•阿尔巴葡萄酒（Dolcetto d'Alba Boschi）源自19世纪末期开创的葡萄园。他们解决了沙质土壤容易滋生葡萄根瘤蚜的问题。葡萄园追求低产，酒窖则追求绝对传统，唯一最新的技术是采用不锈钢桶和温度调控进行发酵。

Wine	Glasses
● Barolo Brunate '07	🍷🍷 7
● Barolo La Serra '07	🍷🍷 7
● Langhe Nebbiolo Lasarin '10	🍷🍷 4*
● Barbera d'Alba Ciabot Camerano '10	🍷 4
● Dolcetto d'Alba Boschi di Berri '10	🍷 4
● Dolcetto d'Alba Fontanazza '10	🍷 4
○ Moscato d'Asti '10	🍷 4
○ Roero Arneis '10	🍷 4
● Barolo Brunate '05	🍷🍷🍷 7
● Barolo Brunate '03	🍷🍷🍷 8
● Barolo Brunate '01	🍷🍷🍷 7
● Barolo Brunate '99	🍷🍷🍷 7
● Barolo Brunate '96	🍷🍷🍷 7
● Barolo Brunate Ris. '85	🍷🍷🍷 7
● Dolcetto d'Alba Boschi di Berri '96	🍷🍷🍷 5

Marchese Luca Spinola

FRAZ. ROVERETO DI GAVI
LOC. CASCINA MASSIMILIANA
15066 GAVI [AL]
TEL. 0143682514
www.marcheselucaspinola.it

藏酒销售
预约参观
年产量 20 000 瓶
葡萄种植面积 13 公顷

品尝了多款安德烈•斯皮诺拉（Andrea）酒庄的葡萄酒后，我们真的要为其诠释科提斯葡萄（Cortese）的精湛技术和当地特色鼓掌。2012年，马切赛•卢卡•斯皮诺拉酒庄（Marchese Luca Spinola）提供的令人深刻的葡萄酒获得了年鉴的全面肯定。该酒庄创建于1955年，直至2004年才开始装瓶营销。酒庄位于罗维勒托•迪•佳维（Rovereto di Gavi）地理位置最好的区域之一，葡萄园中有5公顷位于佳维市区，6公顷位于毗邻的塔萨洛罗区（Tassarolo）。

Wine	Rating
○ Gavi di Gavi Tenuta Massimiliana '10	4
○ Gavi del Comune di Gavi '10	4
○ Gavi del Comune di Tassarolo '10	3*
○ Gavi del Comune di Tassarolo Gorrina '09	3*
○ Gavi di Gavi '08	4
○ Gavi Tenuta Massimiliana '08	4

Marchesi di Barolo

VIA ROMA, 1
12060 BAROLO [CN]
TEL. 0173564400
www.marchesibarolo.com

藏酒销售
预约参观
年产量 1 500 000 瓶
葡萄种植面积 156 公顷

马尔切斯•迪•巴罗洛（Marchesi di Barolo）酒庄凭借其丰富的葡萄酒品种和世界品牌的知名度这些基本优势，成为了皮埃蒙特（Piemonte）的龙头企业。其出品的葡萄酒十分有名，享誉世界，一直以来为巩固部分兰格（Langhe）重点葡萄酒的地位做出了努力。如今，阿伯纳（Abbona familu）家族通过年轻一代的努力，成为了葡萄酒爱好者追求卓越品质的不二选择。一直以来，酒庄追求传统，并广为认可的原则从未动摇过，而且所有的葡萄酒价格都相当合理。

Wine	Rating
● Barolo Sarmassa '07	8
● Barolo Cannubi '07	8
● Barbaresco Serragrilli '08	6
● Barbera d'Alba Paiagal '09	5
● Barbera d'Alba Ruvei '08	4*
● Barolo Coste di Rose '07	7
● Barolo Vign. di Proprietà in Barolo '07	8
● Dolcetto d'Alba Boschetti '09	5
○ Gavi del Comune di Gavi '10	5
● Nebbiolo d'Alba Michet '09	5
○ Roero Arneis '10	4
● Dolcetto d'Alba Madonna di Como '10	4
● Barolo Ris. Grande Annata '99	7
● Barolo Sarmassa '06	8
● Barolo Sarmassa '05	8

Marchesi Incisa della Rocchetta

VIA ROMA, 66
14030 ROCCHETTA TANARO [AT]
TEL. 0141644647
www.lacortechiusa.it

藏酒销售
预约参观
年产量 40 000 瓶
葡萄种植面积 27 公顷

马尔切斯•茵塞萨（Marchesi Incisa）长久以来都从事着酿酒和葡萄种植工作。自1986年以来，芭芭拉•茵塞萨•德拉•罗切塔（Marchesi Incisa dell Rocchetta）和她的儿子费力贝托•玛索（Filiberto Massone）共同经营这家位于罗切塔•塔纳罗（Rocchetta Tanaro）并和自然公园同名的酒庄。多纳托•拉那提（Donato Lanati）在酒庄也有投资。酒庄的葡萄园主要种植巴贝拉葡萄（babera），还有部分格里格罗丽诺葡萄（grignolino）、黑皮诺葡萄（pinot nero）和梅洛葡萄（merlot）。葡萄全部进行平顶修剪，种植在沙质粘性土壤的山坡上。该酒庄出品的葡萄酒相当纯净，香味清晰，具有多重特点，而且有超级丰富的果肉。

- ● Barbera d'Asti Sup. Sant'Emiliano '08 — 5
- ● Barbera d'Asti Valmorena '10 — 4*
- ● M.to Rosso Rollone '09 — 4*
- ● Grignolino d'Asti '10 — 4
- ● M.to Rosso Colpo d'Ala '08 — 7
- ● Piemonte Pinot Nero Marchese Leopoldo '09 — 5
- ● Barbera d'Asti Sup. Sant'Emiliano '07 — 5
- ● Barbera d'Asti Sup. Sant'Emiliano '06 — 5
- ● Barbera d'Asti Sup. Sant'Emiliano '05 — 5
- ● Barbera d'Asti Valmorena '09 — 4
- ● Grignolino d'Asti '09 — 4
- ⊙ M.to Chiaretto Futurosa '09 — 3*
- ● M.to Rosso Marchese Leopoldo '08 — 5
- ● M.to Rosso Rollone '07 — 4*

Marenco

P.ZZA VITTORIO EMANUELE II, 10
15019 STREVI [AL]
TEL. 0144363133
www.marencovini.com

藏酒销售
预约参观
年产量 300 000 瓶
葡萄种植面积 80 公顷

马伦科（Marenco family）家族几代人都从事着酿酒事业，其中很多人将自己的一生都奉献给了这片土地，因而酒庄积累了令人艳羡的酿酒经验。目前，酒庄共由8处房产构成，总面积达80公顷。葡萄酒种类繁多，包括白葡萄酒、红葡萄酒、甜葡萄酒和干型葡萄酒。葡萄酒生产工作主要着眼于创新机制和推广当地葡萄酒，如玛目葡萄酒（MaMu）就是一款令人惊叹的干型莫斯卡特麝香葡萄酒（dry moscato）。

- ● Barbera d'Asti Bassina '09 — 4
- ● Brachetto d'Acqui Pineto '10 — 5
- ⊙ Bollicine Brut Rosé — 5
- ● Dolcetto d'Acqui Marchesa '10 — 4
- ● M.to Albarossa Red Sunrise '07 — 5
- ○ Strevi Passrì di Scrapona '06 — 6

Mario Marengo

VIA XX SETTEMBRE, 34
12064 LA MORRA [CN]
TEL. 017350115
marengo1964@libero.it

藏酒销售
预约参观
年产量 25 000 瓶
葡萄种植面积 4 公顷

勒•布鲁娜特（Le Brunate）酒庄横跨拉•莫尔纳市（La Morra）和巴罗洛市（Barolo），无疑是酿制巴罗洛葡萄酒（Barolo）的内比奥罗葡萄（Nebbiolo）最好的产地之一。当地崇尚葡萄酒的浓郁香味，并夹杂些许的干紫罗兰和烟草的甜味而不是味觉的强度，单宁酸浓度恰好，既不太高也不低。马尔科•马勒格（Marco Marengo）获得了他父亲的酿酒真传，在妻子伊格尼亚•巴塔格里诺（Eugenia Battaglino）的支持下，酿造出了一些巴罗洛葡萄酒。他们的销售量达到6 000瓶，而且品质绝对上乘，令人艳羡。

酒款	评级	价格
● Barolo Brunate '07	🍷🍷🍷	7
● Barolo '07	🍷🍷	6
● Barolo Bricco Viole '07	🍷🍷	7
● Barbera d'Alba Pugnane '09	▼▼	4
● Nebbiolo d'Alba Valmaggiore '09	▼▼	4
● Barolo Brunate '06	▽▽▽	7
● Barolo Brunate '05	▽▽▽	7
● Barolo Brunate '04	▽▽▽	7
● Barbera d'Alba Pugnane '08	▽▽	4*
● Barbera d'Alba Pugnane '07	▽▽	4*
● Barolo Bricco Viole '06	▽▽	7
● Barolo Bricco Viole '05	▽▽	7
● Barolo Bricco Viole '04	▽▽	7
● Nebbiolo d'Alba Valmaggiore '07	▽▽	4*

Claudio Mariotto

S.DA PER SAREZZANO, 29
15057 TORTONA [AL]
TEL. 0131868500
www.claudiomariotto.it

藏酒销售
预约参观
年产量 100 000 瓶
葡萄种植面积 32 公顷

克劳迪奥•马勒格（Claudio marengo）聪明绝顶，精力旺盛，是一个令人感到鼓舞而又随和的酿酒师。他多年来一直在葡萄园兢兢业业地辛劳着，谦逊的性格始终依旧，并时刻准备着组织一场活动或是在公司度过一个惬意的夜晚。酒庄由他和兄弟毛罗（Mauro）共同经营着，近年来受到很多葡萄酒栽培专家和葡萄酒狂热爱好者的关注。他们的葡萄酒十分受欢迎，其中提莫拉索葡萄酒（Timorasso）所达到的酿酒高度是人们难以置信也是从未想到的。品种也相当繁多，可以密切关注红葡萄酒，它的魅力令人兴奋，鼓舞人心。

酒款	评级	价格
○ Colli Tortonesi Timorasso Derthona '09	🍷🍷	5
○ Colli Tortonesi Timorasso Pitasso '09	🍷🍷	6
● Colli Tortonesi Freisa Braghè '10	▼▼	4
● Colli Tortonesi Poggio del Rosso '09	▼▼	6
● Colli Tortonesi Vho '09	▼▼	5
● Colli Tortonesi Croatina Montemirano '09	▼	5
○ Colli Tortonesi Bianco Pitasso '06	▽▽▽	6
○ Colli Tortonesi Bianco Pitasso '05	▽▽▽	5
○ Colli Tortonesi Timorasso Pitasso '08	▽▽▽	6
○ Colli Tortonesi Bianco Derthona '06	▽▽	5
○ Colli Tortonesi Bianco Derthona '05	▽▽	5
● Colli Tortonesi Rosso Vho '08	▽▽	5
● Colli Tortonesi Rosso Vho '07	▽▽	5
○ Colli Tortonesi Timorasso Derthona '08	▽▽	5
○ Colli Tortonesi Timorasso Derthona '07	▽▽	5
○ Colli Tortonesi Timorasso Pitasso '07	▽▽	6

Marsaglia

VIA MADAMA MUSSONE, 2
12050 CASTELLINALDO [CN]
TEL. 0173213048
www.cantinamarsaglia.it

藏酒销售
预约参观
年产量 70 000 瓶
葡萄种植面积 15 公顷

马尔萨格利亚（Marsaglia family）家族是酒庄的主人。酒庄面积15公顷，葡萄园主要朝向南方，位于洛尔罗（Roero）卡斯特里纳尔多（Castellinaldo）市区。葡萄于20世纪50年代种植，主要品种有内比奥罗（nebbiolo）、巴贝拉（babera）、阿内斯（arneis）和皮埃蒙特（Piemonte）当地的重要品种，以及少量的西拉葡萄（syrah）。酒窖是一个天然的石灰岩洞穴，相当美丽。其出品的葡萄酒风格传统，鲜明地彰显了卡斯特里纳尔多的地域特色，口感丰富并带有一点鲜明的单宁口感。

● Barbera d'Alba Castellinaldo '07	🍷🍷	5
● Nebbiolo d'Alba S. Pietro '08	🍷🍷	4
○ Roero Arneis Serramiana '10	🍷🍷	4
● Roero Brich d'America '07	🍷🍷	5
● Barbera d'Alba S. Cristoforo '09	🍷	4
● Langhe Rosso Complotto '08	🍷	5
● Barbera d'Alba S. Cristoforo '07	🍷🍷	4*
● Nebbiolo d'Alba S. Pietro '06	🍷🍷	4*
○ Roero Arneis Serramiana '08	🍷🍷	4*
○ Roero Arneis Serramiana '07	🍷🍷	4*
● Roero Brich d'America '05	🍷🍷	5

★Franco M. Martinetti

VIA SAN FRANCESCO DA PAOLA, 18
10123 TORINO
TEL. 0118395937
www.francomartinetti.it

预约参观
年产量 150 000 瓶
葡萄种植面积 4 公顷

皮埃德蒙特（Piemonte）的弗朗哥•马丁内（Franco Martinetti）酒庄出品的葡萄酒没有任何必要羡慕法国葡萄酒。弗朗哥（Franco）是一个葡萄酒爱好者，知道如何选择自己种植的葡萄。这可以从其酿制的白葡萄酒中看出，而且他一出手就是酿造以巴贝拉葡萄（babera）为原料的艾斯提品牌葡萄酒（Asti）。由于对葡萄酒的喜爱，弗朗哥对质量的追求永无止境。人们只需要知道，弗朗哥是一名意大利葡萄酒协会成员就足够了，同时他对其他事物也相当有激情，还是一名资深的美食家。

● M.to Rosso Sul Bric '09	🍷🍷🍷	7
● Barbera d'Asti Sup. Montruc '09	🍷🍷	6
○ Gavi Minaia '10	🍷🍷	6
● Barolo Marasco '07	🍷🍷	8
● Colli Tortonesi Rosso Georgette '09	🍷🍷	6
● Colli Tortonesi Rosso Lauren '09	🍷🍷	6
○ Gavi del Comune di Gavi '10	🍷🍷	5
● Barbera d'Asti Bric dei Banditi '10	🍷	4
○ Colli Tortonesi Bianco Martin '09	🍷	7
● Barbera d'Asti Sup. Montruc '06	🍷🍷🍷	6
● Barbera d'Asti Sup. Montruc '01	🍷🍷🍷	6
● Barbera d'Asti Sup. Montruc '97	🍷🍷🍷	6
● Barolo Marasco '01	🍷🍷🍷	8
● Barolo Marasco '00	🍷🍷🍷	8
● M.to Rosso Sul Bric '00	🍷🍷🍷	6
○ Minaia '98	🍷🍷🍷	6

★Bartolo Mascarello

VIA ROMA, 15
12060 BAROLO [CN]
TEL. 017356125

藏酒销售
预约参观
年产量 30 000 瓶
葡萄种植面积 5 公顷

经营这笔资产，远非玛利亚•特雷萨•马斯卡勒罗（Maria Teresa Mascarello）想象中的那么容易，对其而言是一项挑战，责任重大，但从目前取得的成果和各方的回应来讲，可以说已经达到尽善尽美的地步了。很难想象巴尔托罗•马斯卡勒罗（Bartolo Mascarello）的传奇能以一种比这更好的方式继续。其出品的葡萄酒从未失去巴罗洛葡萄酒（Barolo）一直追求和保证的简约风格与特点。说实话，酒庄在浓度和深度方面取得了相当令人刮目的成果。

- Barolo '07 8
- Barolo '06 8
- Barolo '05 8
- Barolo '01 8
- Barolo '99 8
- Barolo '98 8
- Barolo '89 8
- Barolo '85 8
- Barolo '84 8
- Barolo '83 8

Giuseppe Mascarello e Figlio

VIA BORGONUOVO, 108
12060 MONCHIERO [CN]
TEL. 0173792126
www.mascarello1881.com

藏酒销售
预约参观
年产量 50 000 瓶
葡萄种植面积 17 公顷

对于有长久记忆的葡萄酒爱好者来说，这家大型的兰格（Langhe）酒庄为巴罗洛葡萄酒（Barolo）的历史谱写了一个篇章。马斯卡勒罗（Mascarello）酒庄出品的几款葡萄酒，对推广内比奥罗葡萄酒在全球的知名度起到了重要作用。一些葡萄酒需要长久的熟化才能展现它们的真实魅力，如果时间较短则无法达到此目的。2012年初，我们有幸品尝了1989年版巴罗洛•梦普利瓦托葡萄酒（Barolo Monprivato），口感诱人，货真价实。

- Barolo S. Stefano di Perno '06 8
- Barbera d'Alba Scudetto '06 6
- Barolo Monprivato '06 8
- Barolo Villero '06 8
- Dolcetto d'Alba Bricco '09 4
- Dolcetto d'Alba S. Stefano di Perno '09 4
- Langhe Nebbiolo '08 6
- Barolo Monprivato '01 8
- Barolo Monprivato '85 8
- Barolo S. Stefano di Perno '98 8
- Barolo Villero '06 8
- Barolo Monprivato '98 8

Mazzoni

via Roma, 73
28010 Cavaglio d'Agogna [NO]
Tel. 0322806612
www.vinimazzoni.it

藏酒销售
预约参观
年产量 15 000 瓶
葡萄种植面积 4.5 公顷

这家提紫亚诺•马佐尼（Tiziano Mazzoni）经营的酒庄严格来说并非一流。自20世纪80年代以来，提紫亚诺（Tiziano）酒庄开始储存一些果实作为家庭消费或款待访客。酒庄在1999年曾倒闭，就在那时提紫亚诺和妻子丽塔（Rita）决定购买一些格美地区（Ghemme）的葡萄园，重新种植3年前被连根拔起的维斯坡丽娜葡萄（Vespolina）。他们的儿子吉磊斯（Gilles）几年前也加入进来。如今，马佐尼（Tiziano）家族出品的所有葡萄酒都来自诺瓦拉省（Novara），风格纯正，没有丝毫马虎。

● Ghemme Ai livelli '07	🍷🍷 7
○ Passito Le Masche	🍷🍷 5
● Ghemme dei Mazzoni '07	🍷🍷 6
● Colline Novaresi Vespolina Il Ricetto '10	🍷 4
● Ghemme dei Mazzoni '06	🍷🍷 5
○ Passito Le Masche	🍷🍷 5

Tenuta La Meridiana

via Tana Bassa, 5
14048 Montegrosso d'Asti [AT]
Tel. 0141956172
www.tenutalameridiana.com

藏酒销售
预约参观
年产量 90 000 瓶
葡萄种植面积 11 公顷
葡萄栽培方式 有机种植

比安科（Bianco）家族自20世纪60年代开始销售葡萄酒，直到如今一直经营着这家蒙菲拉托（Monferrato）的小型酒庄。吉亚麻皮亚罗•比安科（Giampiero Bianco）和他的妻子基拉紫亚（Grazia）用激情和技术浇灌着这家酒庄。葡萄园为灰质粘性土层，种植着以巴贝拉葡萄（barbera）为代表的知名品种，以及包括200年前来自西班牙的马拉加（malaga）国际葡萄品种。葡萄园朝向东南和西南方向，为葡萄的枝繁叶茂和丰富果肉提供了良好条件。

● Barbera d'Asti Le Gagie '09	🍷🍷 4*
● Barbera d'Asti Sup. Tra La Terra e Il Cielo '08	🍷🍷 5
● Monferrato Rosso Rivaia '07	🍷🍷 5
● Barbera d'Asti Sup. Bricco Sereno '08	🍷 4
● Barbera d'Asti Vitis '09	🍷 3
● Barbera d'Asti Le Gagie '07	🍷🍷 4*
● Barbera d'Asti Le Gagie '06	🍷🍷 4*
● Barbera d'Asti Sup. Nizza Tra La Terra e Il Cielo '07	🍷🍷 5
● Barbera d'Asti Sup. Nizza Tra La Terra e Il Cielo '05	🍷🍷 5
● Barbera d'Asti Sup. Nizza Tra La Terra e Il Cielo '04	🍷🍷 5

Moccagatta

S.DA RABAJÀ, 46
12050 BARBARESCO [CN]
TEL. 0173635228

藏酒销售
预约参观
年产量 60 000 瓶
葡萄种植面积 12 公顷

经过20年在一线的奋斗，塞吉奥（Sergio）和法兰克•米奴托兄弟（Franco Minuto）现在终于找到了下一代的接班人，而酒庄的酿酒技术和品质一如既往。米奴托（Minuto）家族一直以来保持着稳健的风格，从未动摇过。其中最重要的品种是来自布里克•巴林（Bric Balin）和科勒（Cole）地区的巴巴列斯科精选葡萄酒（Barbaresco selections），它彰显了低产水平的极限品质。这些超群的红葡萄酒由于使用新的橡木桶熟化，带有一些额外的异域风味。其他葡萄酒也不错，领头的就是与新世界有着细微差别的橡木莫卡佳塔•莎当尼葡萄酒（Moccagatta Chardonnay）。

- ● Barbaresco Bric Balin '08 — 7
- ● Barbaresco Cole '08 — 7
- ○ Langhe Chardonnay '10 — 4*
- ○ Langhe Chardonnay Buschet '09 — 6
- ● Barbaresco '08 — 6
- ● Barbaresco Basarin '08 — 7
- ● Dolcetto d'Alba '10 — 4
- ● Barbaresco Bric Balin '05 — 7
- ● Barbaresco Bric Balin '04 — 7
- ● Barbaresco Bric Balin '01 — 8
- ● Barbaresco Basarin '07 — 7
- ● Barbaresco Basarin '06 — 7
- ● Barbaresco Bric Balin '07 — 7
- ● Barbaresco Bric Balin '06 — 7
- ● Barbaresco Cole '07 — 7
- ● Barbaresco Cole '06 — 7
- ○ Langhe Chardonnay '09 — 4
- ○ Langhe Chardonnay '08 — 4

Mauro Molino

FRAZ. ANNUNZIATA
B.TA GANCIA, 111
12064 LA MORRA [CN]
TEL. 017350814
www.mauromolino.com

藏酒销售
预约参观
年产量 72 000 瓶
葡萄种植面积 12 公顷

酿酒师毛罗•莫里洛（Mauro Molino）在1978年接管了由他的父亲吉赛普（Giuseppe）在1953年开创的这个酒庄。如今毛罗的儿子玛提纳（Martina）和女儿马特奥（Matteo）双双从阿尔巴葡萄酒学校（Alba）毕业，也投入到葡萄酒的事业中。葡萄园60%的土地种植着内比奥罗葡萄（nebbiolo），同时不间断的种植着一流品质的维格纳•科恩卡葡萄（Vigna Conca）。仅仅在丰收后的几年里，所有这些葡萄酒就颇具现代感，有着绝妙清晰地香味，并带有些许的烘烤味，口感软滑舒适。

- ● Barolo V. Conca '07 — 8
- ● Barolo V. Gallinotto '07 — 7
- ● Barbera d'Alba '10 — 4*
- ● Barbera d'Alba V. Gattere '09 — 6
- ● Barolo '07 — 6
- ● Barolo V. Gancia '07 — 8
- ● Barbera d'Alba V. Gattere '00 — 6
- ● Barbera d'Alba V. Gattere '96 — 6
- ● Barolo V. Conca '00 — 8
- ● Barolo V. Conca '97 — 8
- ● Barolo V. Conca '96 — 8
- ● Barolo V. Gallinotto '03 — 8
- ● Barolo V. Gallinotto '01 — 8

Monchiero Carbone

via Santo Stefano Roero, 2
12043 Canale [CN]
Tel. 017395568
www.monchierocarbone.com

藏酒销售
预约参观
年产量 150 000 瓶
葡萄种植面积 18 公顷
葡萄栽培方式 有机种植

弗兰克斯科•蒙切罗（Francesco Monchiero）酒庄多年以来一直是罗埃罗地区（Roero）最重要的酒庄之一，这不仅仅是因其卓越的产品，更多的是他们对当地特色葡萄酒推广和品质标准提高所做的贡献。酒庄位于卡纳乐（Canale）市区、维扎•迪•阿尔巴（Vezza d'Alba）市区和皮里奥卡（Priocca）市区的山坡上，为石灰质粘性和沙质土壤，具有鲜明的当地特色。酿酒采用现代方法，其出品的葡萄酒具有清晰的香味，将矿物质、果肉和新鲜感完美地融合到层次感中。

- ● Barbera d'Alba MonBirone '09 — 🍷🍷 5
- ○ Roero Arneis Cecu d'la Biunda '10 — 🍷🍷 4
- ● Roero Printi Ris. '08 — 🍷🍷 6
- ● Roero Srü '08 — 🍷🍷 5
- ● Barbera d'Alba Pelisa '09 — 🍷🍷 4
- ○ Langhe Bianco Tamardì '10 — 🍷 4
- ○ Roero Arneis Re cit '10 — 🍷 4
- ● Roero Printi Ris. '07 — 🍷🍷🍷 6
- ● Roero Printi Ris. '06 — 🍷🍷🍷 6
- ● Barbera d'Alba MonBirone '08 — 🍷🍷 5
- ● Barbera d'Alba MonBirone '07 — 🍷🍷 5
- ● Barbera d'Alba Pelisa '07 — 🍷🍷 4*
- ○ Roero Arneis Cecu d'la Biunda '09 — 🍷🍷 4
- ○ Roero Arneis Re cit '09 — 🍷🍷 4
- ● Roero Srü '08 — 🍷🍷 5

Monfalletto Cordero di Montezemolo

fraz. Annunziata, 67
12064 La Morra [CN]
Tel. 017350344
www.corderodimontezemolo.com

藏酒销售
预约参观
年产量 220 000 瓶
葡萄种植面积 35 公顷
葡萄栽培方式 有机种植

该酒庄的第一条准则就是尊重自然。在蒙法勒托地区（Monfaletto），这种尊重体现在杜绝使用化学制剂上。日常工作就是机械加工天然化肥、铜和硫磺，并使用清洁能源。吉奥范尼•科尔德罗•迪•蒙特泽莫罗（Giovanni Cordero di Montezemolo）在子女伊乐娜（Elena）和阿尔贝托（Alberto）的无条件支持下，决心酿造出融合现代和经典风格的葡萄酒。这种目标只有这家酒庄才能达到，因为他们凭借着艺术般的酿酒技术，在多个世纪之前就成为了皮埃蒙特（Piemonte）在世界上最知名的品牌之一。

- ● Barolo Enrico VI '07 — 🍷🍷 8
- ● Barolo V. Bricco Gattera '07 — 🍷🍷 8
- ● Barbera d'Alba Sup. Funtanì '08 — 🍷🍷 6
- ● Barolo Monfalletto '07 — 🍷🍷 7
- ○ Langhe Chardonnay Elioro '09 — 🍷🍷 5
- ● Barbera d'Alba '10 — 🍷 4
- ● Dolcetto d'Alba '10 — 🍷 4
- ○ Langhe Arneis '10 — 🍷 4
- ● Langhe Nebbiolo '10 — 🍷 5
- ● Barolo Enrico VI '04 — 🍷🍷🍷 8
- ● Barolo Enrico VI '03 — 🍷🍷🍷 8
- ● Barolo V. Bricco Gattera '99 — 🍷🍷🍷 8
- ● Barolo V. Enrico VI '00 — 🍷🍷🍷 8
- ● Barolo V. Enrico VI '97 — 🍷🍷🍷 8
- ● Barolo V. Enrico VI '96 — 🍷🍷🍷 8

Montalbera

via Montalbera, 1
14030 Castagnole Monferrato [AT]
Tel. 0119433311
www.montalbera.it

预约参观
年产量 300 000 瓶
葡萄种植面积 115 公顷

这家大型葡萄酒制造商致力于主要酿制当地的知名葡萄酒——神秘的路切葡萄酒（Ruché），这种酒带有独特的辛辣香味。恩里克•里卡尔多•莫兰多（Enrico Riccardo Morando）的酒庄近来成为了生产原产地法定葡萄酒（DOCG）的新型酒庄之一，这要得益于他在葡萄园坚持不懈的研究和为了彰显路切•迪•卡斯塔葛诺勒•蒙菲拉托（Ruché di Castagnole Monferrato）个性的最深品质而在酿酒试验中的长期辛劳。除了酿造路切葡萄酒（Ruché）也伴有酿造少量的其他当地葡萄酒。

Wine	Rating
● Barbera d'Asti La Ribelle '10	🍷🍷 4
● Ruché di Castagnole M.to La Tradizione '10	🍷🍷 4
● Ruché di Castagnole M.to Laccento '10	🍷🍷 5
● Barbera del M.to Frizzante La Briosa '10	🍷 3
● Ruché di Castagnole M.to Limpronta '08	🍷 6

Montaribaldi

fraz. Tre Stelle
s.da Nicolini Alto, 12
12050 Barbaresco [CN]
Tel. 0173638220
www.montaribaldi.com

藏酒销售
预约参观
年产量 70 000 瓶
葡萄种植面积 21 公顷

这家酒庄一直以来就是兰格（Langhe）的巴巴列斯科地区（Barbaresco）最美的风景区之一。自1993年以来，塔利亚诺（Taliano）家族就由卢西亚诺（Luciano）和罗伯特兄弟（Roberto brothers）带领着进行葡萄酒的销售，他们年轻而富有激情。为这些葡萄酒提供原料的葡萄园是由他们的祖父在20世纪60年代购置的。酒庄有着一流的酿酒技术，包括旋转式发酵机和不同型号的法国橡木桶。这些葡萄酒以突出的经典风格著称，避免了过度集中和多余的橡木使用。

Wine	Rating
● Barbaresco Palazzina '08	🍷🍷 5
● Barbaresco Ricü '06	🍷🍷 7
● Barbaresco Sorì Montaribaldi '08	🍷🍷 6
● Barbera d'Alba Frere '10	🍷🍷 3*
● Barolo Borzoni '07	🍷🍷 7
○ Langhe Chardonnay Stissa d'le Favole '10	🍷🍷 3*
● Barbera d'Asti La Consolina '10	🍷 3
● Dolcetto d'Alba Vagnona '10	🍷 3
● Langhe Nebbiolo Gambarin '09	🍷 4
○ Roero Arneis Capural '10	🍷 4
● Barbaresco Palazzina '07	🍷🍷 5*
● Barbaresco Sörì Montaribaldi '07	🍷🍷 6
● Barbera d'Alba dü Gir '08	🍷🍷 4
● Barbera d'Alba Frere '09	🍷🍷 3*
● Dolcetto d'Alba Vagnona '09	🍷🍷 3*
● Langhe Nebbiolo Gambarin '08	🍷🍷 4
● Langhe Rosso Nicolini '09	🍷🍷 4

Monti

LOC. SAN SEBASTIANO
FRAZ. CAMIE, 39
12065 MONFORTE D'ALBA [CN]
TEL. 017378391
www.paolomonti.com

藏酒销售
预约参观
年产量 50 000 瓶
葡萄种植面积 16 公顷
葡萄栽培方式 有机种植

15年的酿酒历史已使皮尔•保罗•穆特（Pier Paolo Monti）成为兰格（Langhe）红葡萄酒领域的专家，他们对酿酒技术孜孜不倦的追求，使酒庄又增添了梅洛、赤霞珠、白雷司令以及莎当妮几款国际品种。穆特的独领风味，颇具个性，至臻完美，坐落于得天独厚之地，得到了精心经营和尊重。本酒庄葡萄酒不含任何化学添加剂。

- Barbera d'Alba '08 6
- Barolo '07 8
- Langhe '07 8
- Nebbiolo d'Alba '08 5
- Barbera d'Alba '07 6
- Barolo Bussia '04 8
- Barolo Bussia '01 8
- Langhe Dossi Rossi '07 6
- Langhe Rosso Dossi Rossi '04 6

Cascina Morassino

S.DA BERNINO, 10
12050 BARBARESCO [CN]
TEL. 0173635149
morassino@gmail.com

藏酒销售
预约参观
年产量 20 000 瓶
葡萄种植面积 4.5 公顷

比安科（Bianco）家族酒庄值得所有兰格葡萄酒（Langhe）迷恋者去追捧。然而，随着时间的流逝，此酒庄却只为少数行内人士所熟悉。酒庄占地面积不到5公顷，年产量仅为20. 000瓶，这更加降低了其品牌的知名度，但管理者马罗（Mauro）及其子罗伯特（Roberto）却一直勇敢地延续着酒庄的传统规模。罗伯特坚信只有继续延续家族传统经营酒庄和酒窖，酒庄才能产出高品质的酒。品质、独特、结构、长久是卡西纳•莫娜西诺（Cacina Morassino）酒庄最好的代名词。

- Barbaresco Ovello '08 7
- Barbaresco Morassino '08 7
- Barbera d'Alba Vignot '09 5
- Langhe Nebbiolo '09 5
- Langhe Rosso '09 5
- Dolcetto d'Alba '10 4
- Barbaresco Morassino '05 7
- Barbaresco Ovello '07 7
- Barbaresco Ovello '06 7
- Barbera d'Alba Vignot '07 5*

Stefanino Morra

via Castagnito, 50
12050 Castellinaldo [CN]
Tel. 0173213489
www.morravini.it

藏酒销售
预约参观
年产量 65 000 瓶
葡萄种植面积 10 公顷

史蒂芬诺•摩尔（Stefanino Morra）酒庄自在卡斯特里那多（Castellinaldo）创立以来，历经3代，仍在不断取得进步。酒庄位于体现本地区特色的沙地和石灰岩地貌的卡斯特里那多（Castellinaldo）、卡纳莱（Canale）和维尔兹维洛（Vezza d'Alba）三个自治区。酒庄产出的酒品种较少，仅限于基本的传统罗埃洛系列（Roero），包括罗埃洛（Roero）、巴贝拉（Barbera d'Alba）、阿内斯（Arneis）葡萄酒，简洁地表达了当地地域特色和酒庄的独有风格。

- ● Barbera d'Alba '08 — 4*
- ○ Roero Arneis Vign. S. Pietro '09 — 5
- ● Roero Srai Ris. '07 — 6
- ○ Langhe Favorita '10 — 4
- ● Roero '08 — 5
- ○ Roero Arneis '10 — 4
- ● Barbera d'Alba Castellinaldo '07 — 5
- ● Barbera d'Alba Castlè '07 — 6
- ● Barbera d'Alba Castlè '06 — 5
- ● Roero '07 — 5
- ● Roero '06 — 5
- ● Roero Srai Ris. '06 — 6

F.lli Mossio

fraz. Cascina Caramelli
via Montà, 12
12050 Rodello [CN]
Tel. 0173617149
www.mossio.com

藏酒销售
预约参观
年产量 50 000 瓶
葡萄种植面积 10 公顷
葡萄栽培方式 有机种植

摩索（Mossio）家族已成功地让罗德隆地区（Rodello）重获人们的关注。历史上，该地区因出产优质的多尔切托葡萄（Dolcetto）而闻名，这种葡萄的购买商主要是阿尔巴（Alba）葡萄酒厂，而很少在本地用于酿酒。凭着对成果的绝对尊重和忠诚，葡萄园和酒窖工人艰苦劳作，酒庄终于获得了人们的认可，声名远扬。再看酒庄的经营，有贝佩•蔡维欧拉（Beppe Caviola）大师为兰格葡萄酒（Langhe）做顾问指导。最后值得一提的是，该酒庄的葡萄酒因其价格合理而颇具诱惑力。

- ● Dolcetto d'Alba Bricco Caramelli '10 — 4*
- ● Langhe Nebbiolo '07 — 5
- ● Dolcetto d'Alba Piano delli Perdoni '10 — 4*
- ● Barbera d'Alba '08 — 5
- ● Langhe Rosso '08 — 5
- ● Barbera d'Alba '07 — 5
- ● Dolcetto d'Alba Bricco Caramelli '09 — 4*
- ● Dolcetto d'Alba Bricco Caramelli '07 — 4

Mutti

LOC. SAN RUFFINO, 49
15050 SAREZZANO [AL]
TEL. 0131884119
aziendagricola.mutti@libero.it

年产量 55 000 瓶
葡萄种植面积 15 公顷

毋庸置疑，安德里亚（Andrea）是当地葡萄种植高手之一，他拥有农艺和酿酒专业学位，从酿酒开始到结束，整个过程他必亲自监管。和沃尔特•玛莎（Walter Massa）一样，他是发现蒂莫拉索（Timorasso）潜力的先驱者之一。安德里亚酿制的酒凸显直率之风，完美地表达了各个品种的独有特征，有时它们稍显粗糙，有时又让你感觉到巴贝拉（Barbera）散发出的强烈酸味，但它们同样能演译出蒂莫拉索般的纯粹和优雅。

○ Colli Tortonesi Timorasso Castagnoli '09	🍷🍷 5
● San Ruffino '08	🍷🍷 5
○ Sull'Aia '10	🍷🍷 4*
● BoscoBarona '10	🍷 3
● Colli Tortonesi Rosso S. Ruffino '07	🍷🍷 5
○ Colli Tortonesi Timorasso Derthona Castagnoli '08	🍷🍷 5
○ Colli Tortonesi Timorasso Derthona Castagnoli '07	🍷🍷 5

Ada Nada

LOC. ROMBONE
VIA AUSARIO, 12B
12050 TREISO [CN]
TEL. 0173638127
www.adanada.it

藏酒销售
预约参观
年产量 未提供
葡萄种植面积 10 公顷

安娜丽丝•纳达（Annalisa Nada）和埃尔维奥•凯扎罗（Elvio Cazzaro）掌管着这个魅力无穷的酒庄。酒庄位于特雷索（Teriso）镇的瓦雷拉诺（Valeirano）和罗摩波那•克鲁（Rombone cru）的葡萄园内。在酿酒的同时，酒庄也发展农业旅游业。酒庄的酒价格合理，建筑风格各异，把对美酒的鉴赏力传达得淋漓尽致。他们出品的葡萄酒的另一大受欢迎特点是酒窖的深藏，酒庄虽年轻，但已成功地展现了独到的品味，体现了当地地域特色。

● Barbaresco Elisa '07	🍷🍷 7
● Barbaresco Valeirano '07	🍷🍷 6
● Barbera d'Alba V. 'd Pierin '09	🍷🍷 4
● Barbaresco Cichin '07	🍷 7
● Dolcetto d'Alba Autinot '10	🍷 4
○ Moscato d'Asti Vigna d'La Bria '10	🍷 4
● Barbaresco Elisa '04	🍷🍷 7
● Barbaresco Valeirano '06	🍷🍷 7

★Fiorenzo Nada

LOC. ROMBONE
VIA AUSARIO, 12C
12050 TREISO [CN]
TEL. 0173638254
www.nada.it

藏酒销售
预约参观
年产量 40 000 瓶
葡萄种植面积 7 公顷

30年间，佛奥伦佐（Fiorenzo）这个重要的家族取得了突飞猛进的进展，并对兰格产生了巨大的影响。佛奥伦佐•纳达（Fiorenzo Nada）酒庄作为著名的内比奥罗葡萄（nebbiolo）品种生产的领头羊，在世界上扮演着使节的角色。布鲁诺（Bruno）的工作得到了其子女丹尼澳（Danilo）和莫妮卡（Monica）的鼎力支持，同时也因其对葡萄园精心管理而闻名。他们精心照料酿造出了具有鲜明特色的葡萄酒。新酿的葡萄酒口感质朴，而陈酒则会带给您感官上的震撼。

- ● Barbaresco Rombone '07 8
- ● Barbaresco Manzola '07 7
- ● Barbera d'Alba '09 5
- ● Dolcetto d'Alba '10 4
- ● Langhe Nebbiolo '09 4*
- ● Langhe Rosso Seifile '07 8
- ● Barbaresco Manzola '06 7
- ● Barbaresco Rombone '06 8
- ● Barbaresco Rombone '05 8
- ● Barbaresco Rombone '04 8
- ● Langhe Rosso Seifile '01 8
- ● Langhe Nebbiolo '08 4*

Cantina dei Produttori Nebbiolo di Carema

VIA NAZIONALE, 32
10010 CAREMA [TO]
TEL. 0125811160
www.saporipiemontesi.it

藏酒销售
预约参观
年产量 65 000 瓶
葡萄种植面积 17 公顷

葡萄酒界某些荣誉必须赐给普罗度多里（Cantina Produttori Nebiolo di Carema）酒庄，因为现在，我们可以把这个处于皮埃蒙特（Piemonte）高地的小酒庄看作繁荣稳固、“英雄”式葡萄栽培方式的真正体现。在内比奥罗葡萄酒（Nebbiolos）并不受欢迎的年代，这个合作式酒庄仍然经营稳定，很具实力。现在，酒庄已有80名成员，拥有约17公顷的土地。其出品的优质的额提克他•内拉葡萄酒（Etichetta Nera）系列以及额提克他•比安科收藏酒（Etichetta Bianca）都是用大木桶陈酿而得。

- ● Carema Et. Bianca '07 4*
- ● Carema '05 4
- ● Carema Et. Bianca '06 4*
- ● Carema Et. Bianca '05 4
- ● Carema Et. Nera '06 4*
- ● Carema Ris. '04 4*

Lorenzo Negro

FRAZ. S. ANNA
FRAZ. SAN ANNA, 55
12040 MONTEU ROERO [CN]
TEL. 017390645
www.negrolorenzo.com

藏酒销售
预约参观
年产量 30 000 瓶
葡萄种植面积 8 公顷

年轻的洛伦佐•内格罗（Lorenzo Negro）酒庄坐落在位于蒙特•罗埃洛（Monteu Roero）附近的圣•安娜（San' Anna）的塞拉卢皮尼山上。大部分葡萄园分布在酒窖周围，主要是沙石、泥沙和粘土地带。葡萄园面向东南和西南方向，海拔约300米。酒庄酿造的酒主要是此地区的经典品种，即阿内斯（arneis）、内比奥罗（nebbiolo）、巴贝拉（barbera）和波纳达（bonarda），储藏16年至30年之久，既含传统之风格，又不失个性之丰富。

● Barbera d'Alba Sup. La Nanda '06	🍷🍷	4
● Langhe Rosso Arbesca '08	🍷🍷	4
● Roero San Francesco Ris. '07	🍷🍷	4
● Barbera d'Alba '09	🍷	3
○ Roero Arneis '10	🍷	4
● Barbera d'Alba '07	🍷🍷	4*
● Roero San Francesco Ris. '06	🍷🍷	5

Angelo Negro & Figli

FRAZ. SANT'ANNA, 1
12040 MONTEU ROERO [CN]
TEL. 017390252
www.negroangelo.it

藏酒销售
预约参观
年产量 300 000 瓶
葡萄种植面积 60 公顷

年年如是，内格罗（Negro）家族继续出品整个罗埃洛地区（Roero）最有趣的、被精心酿造的葡萄酒中的一些精品，其葡萄园酒窖位于蒙特•罗埃洛（Montea Roero）和克莱尔地区（Canal），在内毕（Neive）公社也有专门负责酿造巴巴列斯科葡萄酒（Barbarescos）的分厂。庄园葡萄酒种类不少于20种，主要是经典的罗埃洛地区系列，包括阿内斯（aneis）、法沃里达（favorita）、内比奥罗（nebbiolo）、巴巴列斯科布拉凯多（brachetto）和巴贝拉（barbera），其风格真实地体现了当地特色，得到了罕见的践行。

● Roero Sudisfà Ris. '08	🍷🍷🍷	6
○ Roero Arneis Serra Lupini '10	🍷🍷	4
● Roero San Bernardo '09	🍷🍷	6
● Barbaresco Cascinotta '08	🍷🍷	6
● Barbera d'Alba Bertu '09	🍷🍷	5
● Barbera d'Alba Nicolon '09	🍷🍷	4
● Roero Prachiosso '08	🍷🍷	5
○ Roero Arneis Gianat '09	🍷	5
○ Roero Arneis Perdaudin '10	🍷	4
○ Roero Arneis Perdaudin '09	🍷🍷	4
● Roero Sudisfà Ris. '07	🍷🍷	6

Andrea Oberto

B.TA SIMANE, 11
12064 LA MORRA [CN]
TEL. 017350104
www.andreaoberto.com

藏酒销售
预约参观
年产量 100 000 瓶
葡萄种植面积 16 公顷

安德里亚•欧贝托（Andrea Oberto）已为经典的兰格葡萄酒开辟了新的经销道路。从20世纪80年代开始，欧贝托庄园一直为世界市场提供由多种水果酿造，清香宜人的葡萄酒，既时尚，又优雅。现在，欧贝托家族拥有一个位于溪边的构造完美的新酒窖，父亲安德里亚和儿子法比奥（Fahio）已有能力提升其生产管理技术。通过购置位置优越的葡萄园，酒庄实力年年增强，它的驰名不仅因为其多样化的巴罗洛葡萄酒品种，还因为其天鹅绒般的，极具诱惑力的陈酒巴贝拉•阿尔巴红葡萄酒（Barberd' Alba Giada）。

Wine	Rating
● Barbera d'Alba Vign. S. Giuseppe '09	🍷🍷 4
● Barolo '07	🍷🍷 7
● Barolo Vign. Albarella '07	🍷🍷 8
● Barolo Vign. Brunate '07	🍷🍷 8
● Barolo Vign. Rocche '07	🍷🍷 8
● Dolcetto d'Alba Vign. Vantrino Albarella '09	🍷🍷 4
● Langhe Nebbiolo '09	🍷🍷 4
● Dolcetto d'Alba '10	🍷 4
● Barolo Vign. Brunate '05	🍸🍸🍸 8
● Barolo Vign. Albarella '06	🍸🍸 8
● Barolo Vign. Albarella '05	🍸🍸 8
● Barolo Vign. Brunate '06	🍸🍸 8

Oddero Poderi e Cantine

FRAZ. SANTA MARIA
VIA TETTI, 28
12064 LA MORRA [CN]
TEL. 017350618
www.oddero.it

藏酒销售
预约参观
年产量 110 000 瓶
葡萄种植面积 35 公顷
葡萄栽培方式 有机认证

自1878年以来近一个半世纪酿酒历史的积淀，使奥德罗（Oddero）成为少数几个可以酿造巴罗洛葡萄酒的酒庄之一。此后，酒窖也因其葡萄酒和崇尚当代经典而非追赶潮流的制酒风格而不断取得成功。葡萄园的选择更是体现了家族的远见：位于瑟拉朗加•阿尔巴（Serralubga d'alba）地区的维格拉•里昂达（Vigna Rionda）葡萄品种，位丁拉莫拉（La Morra）地区的布鲁纳特（Brunate）葡萄品种，位于蒙佛洛特阿尔巴和罗杰法雷托地区（Monforte d'Alba and Rocche di Castiglione）的蒙多卡迪•布希亚•索普拉纳（Mondoca di Bussia Soprana）葡萄品种，位于卡斯提里奥内法列多（Castiglione Falletto）地区的菲亚斯科（Fiasco）和维勒罗（Villero）葡萄品种以及位于内华（Neive）地区的嘎里拉（Gallina）葡萄品种，此地区酿造精致的巴巴列斯科（Barbaresco）葡萄酒。

Wine	Rating
● Barbaresco Gallina '08	🍷🍷 (red) 7
● Barolo Brunate '07	🍷🍷 (red) 8
● Barolo Vigna Rionda '05	🍷🍷 (red) 8
● Barolo Villero '07	🍷🍷 (red) 7
● Barbera d'Asti Vinchio '08	🍷🍷 4
● Barolo '07	🍷🍷 6
○ Moscato d'Asti Cascina Fiori '10	🍷🍷 4
● Dolcetto d'Alba '10	🍷 4
● Barbaresco Gallina '04	🍸🍸🍸 7
● Barolo Mondoca di Bussia Soprana '04	🍸🍸🍸 8
● Barolo Vigna Rionda '01	🍸🍸🍸 8
● Barolo Mondoca di Bussia Soprana '05	🍸🍸 8
● Barolo Rocche di Castiglione '06	🍸🍸 8
● Barolo Rocche di Castiglione '04	🍸🍸 8
● Barolo Vigna Rionda '04	🍸🍸 8

Tenuta Olim Bauda

via Prata, 50
14045 Incisa Scapaccino [AT]
Tel. 0141702171
www.tenutaolimbauda.it

藏酒销售
预约参观
年产量 145 000 瓶
葡萄种植面积 30 公顷

在购置了不同的葡萄园后，从20世纪90年代开始，贝托里诺（Bertolino）家族庄园开始从商业型转为农业型。庄园拥有5处产业，分布在尼斯蒙费拉托（Nizza Monferrato）、伊索拉•达斯蒂（Isola d'Asti）、佛泰来尔（Fontanile）和卡斯德尔诺•凯瑟（Castelnuovo Calcea）地区，葡萄园都是从30年到60年前开始栽培的，土壤类型多样，从最基本的粘性土壤到沙质土壤。酒庄出品的葡萄酒主要是多样化的巴贝拉葡萄酒（Barberas），酒庄在保持产品作为其名片的新鲜酸度的同时，追求酒的复杂性和丰富水果味。

- ● Barbera d'Asti Sup. Nizza '08 🍷🍷🍷 6
- ● Barbera d'Asti Sup. Le Rocchette '09 🍷🍷 5
- ● Barbera d'Asti La Villa '10 🍷🍷 4*
- ○ Moscato d'Asti Centive '10 🍷🍷 4
- ○ Gavi del Comune di Gavi '10 🍷 4
- ● Barbera d'Asti Sup. Nizza '07 🍷🍷🍷 6
- ● Barbera d'Asti Sup. Nizza '06 🍷🍷🍷 6
- ● Barbera d'Asti La Villa '09 🍷🍷 4
- ● Barbera d'Asti La Villa '08 🍷🍷 4*
- ● Barbera d'Asti Sup. Le Rocchette '08 🍷🍷 5
- ● Barbera d'Asti Sup. Le Rocchette '07 🍷🍷 5
- ○ Moscato d'Asti Centive '08 🍷🍷 4*
- ○ Piemonte Chardonnay I Boschi '08 🍷🍷 4
- ○ Piemonte Chardonnay I Boschi '07 🍷🍷 4*

Orsolani

via Michele Chiesa, 12
10090 San Giorgio Canavese [TO]
Tel. 012432386
www.orsolani.it

藏酒销售
预约参观
年产量 130 000 瓶
葡萄种植面积 20 公顷

渥索兰尼（Orsolani）投资于葡萄酒业开始于1894年的一家临时小旅店。现在，吉安•路易格（Gian Luig）在其父亲吉安•弗朗西斯科（Gian Francesco）的协助下，负责管理酒庄。弗朗西斯科在20世纪60年代曾第一次进行厄拜柳丝酒（Erbaluce）实验，并推出了渥索兰尼葡萄酒系列：维吉娜•圣安东尼（Vignat Sant' Antonia）和拉路斯蒂（La Rustia）将厄拜柳丝•卡拉索地区（Erbaluce di Calaso）从传统的葡萄酒品种中解放出来。酒庄除了出品厄拜柳丝系列葡萄酒外，还有卡纳维瑟红葡萄酒（Canaves）和卡瑞玛（Carema）品种，分布在卡鲁梅（Caluso）、马扎（Mazza）和圣•乔治（San Giorgio）一带16公顷的土地上。

- ○ Erbaluce di Caluso La Rustìa '10 🍷🍷🍷 4*
- ○ Erbaluce di Caluso '10 🍷🍷 3*
- ○ Caluso Brut Cuvée Tradizione '06 🍷🍷 5
- ○ Erbaluce di Caluso Vignot S. Antonio '09 🍷🍷 5
- ○ Caluso Passito Sulé '04 🍷🍷🍷 6
- ○ Caluso Passito Sulé '98 🍷🍷🍷 6
- ○ Erbaluce di Caluso La Rustìa '09 🍷🍷🍷 4*
- ○ Caluso Bianco Vignot S. Antonio '06 🍷🍷 5

Paitin

LOC. BRICCO
VIA SERRA BOELLA, 20
12052 NEIVE [CN]
TEL. 017367343
www.paitin.it

藏酒销售
预约参观
年产量 80 000 瓶
葡萄种植面积 17 公顷

作为兰格地区（Langhe）最古老的庄园之一，派汀（paitin）的历史可追溯至19世纪晚期，那是当巴巴列斯科（Barbaresco）刚开始流行的时候，派汀就出品了第一款巴巴列斯科葡萄酒。年轻的乔瓦尼（Givanni）和希尔瓦诺（Silvano）以及父亲瑟俄多•帕斯奎罗（Seondo Pasquero）共同管理着庄园。在过去30年来，瑟俄多将酿酒技术推向了一个新的高度，使得酒庄蜚声海外。

● Barbaresco Serra '08	🍷🍷 (红)	6
● Barbaresco Sorì Paitin '08	🍷🍷🍷	6
● Barbera d'Alba Sup. Campolive '09	🍷🍷	5
● Dolcetto d'Alba Sorì Paitin '10	🍷🍷	4
● Nebbiolo d'Alba Ca Veja '09	🍷🍷	5
○ Roero Arneis Elisa '10	🍷	4
● Barbaresco Sorì Paitin '07	🍷🍷🍷 (空)	6
● Barbaresco Sorì Paitin '04	🍷🍷🍷 (空)	6
● Barbaresco Sorì Paitin Vecchie Vigne '04	🍷🍷🍷 (空)	8
● Barbaresco Sorì Paitin Vecchie Vigne '01	🍷🍷🍷 (空)	0

Armando Parusso

LOC. BUSSIA, 55
12065 MONFORTE D'ALBA [CN]
TEL. 017378257
www.parusso.com

藏酒销售
预约参观
年产量 120 000 瓶
葡萄种植面积 23 公顷

在姐姐蒂齐安娜（Tizianan）的大力帮助下，马可•帕鲁索（Marco Parusso）从1985年开始销售自己的葡萄酒。从那以后，为了提升葡萄的品质，他不断在蒙福特（Monforte）和郎世宁•菲莱特（Castiglione Falleto）的优质葡萄园进行实验。为了保证内比奥罗葡萄（Nebbiolo）的绝对成熟，浆果在压榨之前会在一定的温度下储藏几天，受到精心照料。酒窖设备精良，功能齐全，在陈酒的头几年，为了增加酒的芳香度，酒窖采用小型橡木桶来陈酒。

● Barolo Bussia Special '07	🍷🍷 (红)	8
● Barolo Vign. in Castiglione Falletto e Monforte D'Alba '07	🍷🍷 (红)	7
● Barolo Bussia '07	🍷🍷	8
● Barolo Mariondino '07	🍷🍷	8
○ Langhe Bricco Rovella '09	🍷🍷	6
○ Testone '09	🍷🍷	7
● Barbera d'Alba Ornati '10	🍷	5
● Barolo Le Coste Mosconi '07	🍷	8
● Dolcetto d'Alba Piani Noci '10	🍷	4
○ Langhe Bianco '10	🍷	4

Massimo Pastura Cascina La Ghersa

VIA SAN GIUSEPPE, 19
14050 MOASCA [AT]
TEL. 0141856012
www.laghersa.it

藏酒销售
预约参观
年产量 185 000 瓶
葡萄种植面积 22 公顷

马西莫•帕斯图拉（Massimo Pastura）追求卓越，不断探索，在过去几年的大部分时间里，他一直致力于扩建葡萄品种。卡西纳拉•戈萨（Cascina la Ghersa）是生产的中心。尼斯蒙费拉托（Nizza Moferrato）和摩艾斯卡（Moasca）的土壤尤其适合栽种巴贝拉葡萄（barbera），而22公顷的葡萄园恰好就位于这两处的山坡上。马西莫也收购和掌管阿斯蒂（Asti）以外的葡萄园，种植适宜酿造科利•托尼斯（Colli Tortonesi）的蒂莫拉索葡萄（Timorasso）和适宜酿造嘎维葡萄酒（Gavi）的库特斯葡萄（Cotese）。

- ● Barbera d'Asti Sup. Muascae '09 — 7
- ● Barbera d'Asti Sup.Vignassa '08 — 4
- ○ Colli Tortonesi Timorasso Timian '09 — 5
- ● Grignolino d'Asti Spineira '10 — 4*
- ● Barbera d'Asti Piagé '10 — 4
- ● Barbera d'Asti Sup. Le Cave '08 — 4
- ○ M.to Bianco Sivoy '10 — 4
- ● M.to Rosso La Ghersa '08 — 5
- ○ Moscato d'Asti Giorgia '10 — 4
- ● Barbera d'Asti Sup. Camparò '08 — 4
- ● Barbera d'Asti Sup. Camparò '07 — 4*
- ● Barbera d'Asti Sup. Nizza Vignassa '07 — 5

Agostino Pavia e Figli

FRAZ. BOLOGNA, 33
14041 AGLIANO TERME [AT]
TEL. 0141954125
www.agostinopavia.it

藏酒销售
预约参观
年产量 75 000 瓶
葡萄种植面积 9 公顷

1905年，奥古斯丁（Agostino）创立了酒庄，现在由儿子约瑟夫（Giuseppe）和莫罗•帕维亚（Mauro Pavia）以传统方式经营。葡萄园分布在酒厂周围，土壤为泥砂质粘性土壤，部分为粘性土质及泥土质。最古老的葡萄栽种于50年前。帕维亚（Pavia）家族3个优质的葡萄园提供了为世人高度认同的葡萄酒系列，即布里科•布利那（Bricco Blina）、莫利斯（Moliss）和玛丽希亚拉（Marescialla），三大系列的葡萄酒都是采用不同方式发酵和陈化，每瓶酒都体现了出品酒厂的风格，实现了传统与现代的绝佳平衡。帕维亚家族对酒庄实行集中管理，很重视低产量。

- ● Barbera d'Asti Bricco Blina '09 — 4*
- ● Barbera d'Asti La Marescialla '08 — 5
- ● Monferrato Rosso Talin '07 — 4
- ● Barbera d'Asti Sup. Moliss '08 — 4
- ● Barbera d'Asti La Marescialla '07 — 5
- ● Barbera d'Asti Sup. La Marescialla '06 — 5
- ● Barbera d'Asti Sup. Moliss '07 — 4
- ● Barbera d'Asti Sup. Moliss '06 — 4
- ● Grignolino d'Asti '09 — 3*
- ● Grignolino d'Asti '08 — 3*
- ● M.to Rosso Talin '06 — 4

★Pecchenino

B.TA VALDIBERTI, 59
12063 DOGLIANI [CN]
TEL. 017370686
www.pecchenino.com

藏酒销售
预约参观
年产量 90 000 瓶
葡萄种植面积 25 公顷

阿提里利奥（Atilio）和奥兰多•皮切尼诺（Oriando Pecchenino）兄弟代表了情感与理智的完美平衡。在倾注情感艰辛工作的同时，他们也用理智去仔细分析市场。皮切尼诺把成功归于上等的丰富多汁的多尔赛托红葡萄酒（Dolcetto）。近年来，兄弟俩开始酿造内比奥罗（nebbiolo）葡萄酒，也逐渐取得成功，此外，酒庄出品的巴罗诺葡萄酒（Barolo）也值得一品。酒庄采取环境友好型方式管理，兄弟俩认为这是必须的。

Wine	Rating
● Dogliani Sirì d'Jermu '09	3 red glasses 5*
● Barolo Le Coste '07	2 red glasses 8
● Barolo S. Giuseppe '07	2 red glasses 7
○ Langhe V. Maestro '09	2 red glasses 5
● Barbera d'Alba Quass '09	2 black glasses 5
● Dogliani Bricco Botti '08	2 black glasses 5
● Langhe Nebbiolo V. Botti '09	1 black glass 5
● Barolo Le Coste '05	3 white glasses 7
● Dogliani Bricco Botti '07	3 white glasses 5
● Dogliani Sirì d'Jermu '06	3 white glasses 5
● Dolcetto di Dogliani Sirì d'Jermu '03	3 white glasses 5
● Dolcetto di Dogliani Sirì d'Jermu '01	3 white glasses 5
● Dolcetto di Dogliani Sup. Bricco Botti '04	3 white glasses 5
● Barbera d'Alba Quass '08	2 white glasses 5
● Barolo Le Coste '06	2 white glasses 7
● Barolo S. Giuseppe '06	2 white glasses 7

Pelissero

VIA FERRERE, 10
12050 TREISO [CN]
TEL. 0173638430
www.pelissero.com

藏酒销售
预约参观
年产量 250 000 瓶
葡萄种植面积 35 公顷

佩里赛洛（Pelissero）酒庄作为兰格地区（Langhe）主要的酒庄，驰名意大利国内外，其葡萄园占据了特莱索（Treiso）、巴巴列斯科（Barbaresco）、内华（Neive）等地区的大片土地。乔治奥（Giorgio）在历史上用活力书写了一篇又一篇重要篇章，一次又一次地证明了自己的实力，即使是处在面对巨大压力，需要奋力拼搏才能生存的年代。酒庄的闻名来源于其独特和个性，所出品的酒不仅新酒诱人，而且陈酒也颇具潜力。

Wine	Rating
● Barbaresco Vanotu '08	3 red glasses 8
● Barbaresco Nubiola '08	2 black glasses 6
● Barbaresco Tulin '08	2 black glasses 7
● Barbera d'Alba Piani '10	2 black glasses 4
● Dolcetto d'Alba Augenta '10	2 black glasses 4
● Langhe Nebbiolo '10	2 black glasses 5
● Langhe Rosso Long Now '09	2 black glasses 6
● Dolcetto d'Alba Munfrina '10	1 black glass 4
○ Langhe Favorita Le Nature '10	1 black glass 3
● Barbaresco Vanotu '07	3 white glasses 0
● Barbaresco Vanotu '06	3 white glasses 8

Cascina Pellerino

LOC. SANT'ANNA, 93
12043 MONTEU ROERO [CN]
TEL. 0173978171
www.cascinapellerino.com

藏酒销售
预约参观
年产量 50 000 瓶
葡萄种植面积 8 公顷

在克里斯汀诺•波诺（Cristiano Bono）和罗伯托•吉奥尼（Roverto Ghione）的共同经营下，卡西纳•佩雷里诺（Cascina Pellerino）近年来实现了产品线的持续延伸。酒庄的葡萄园分布在卡纳尔（Canale）、山托•斯德凡诺•罗伊诺（Monteu Stefano Roero）和维扎德•阿尔巴（Vazza d'Alba）等地。除颇受期待的当地经典品种内比奥罗（nebbiolo）、巴贝拉（barbera）和很受欢迎的阿内斯（arneis）葡萄酒外，酒庄还酿造国际品种，出品的葡萄酒不仅充满现代气息，还清香宜人。

● Roero Vicot '08	🍷🍷 6
○ Langhe Favorita Lorena '10	🍷🍷 4*
● Langhe Rosso René '07	🍷🍷 6
● Barbera d'Alba Diletta '09	🍷 4
● Roero André '09	🍷 5
○ Roero Arneis Boneur '10	🍷 4
● Barbera d'Alba Diletta '07	🍷🍷 4*
● Barbera d'Alba Sup. Gran Madre '07	🍷🍷 6
● Nebbiolo d'Alba Denise '06	🍷🍷 5
● Roero André '08	🍷🍷 5
○ Roero Arneis Boneur '09	🍷🍷 4
● Roero Vicot '07	🍷🍷 6
● Roero Vicot '06	🍷🍷 6
● Roero Vicot '05	🍷🍷 5

Elio Perrone

S.DA SAN MARTINO, 3BIS
12053 CASTIGLIONE TINELLA [CN]
TEL. 0141855803
www.elioperrone.it

预约参观
年产量 150 000 瓶
葡萄种植面积 13 公顷

斯特凡诺•佩罗内（Stefano Perrone）在1989年接管家族酒庄。在卡斯提格林•泰勒拉（castigline Tinela）的山上种植莫斯卡托（moscato）葡萄。大部分葡萄园绕酒窖而建，都位于海拔约360米的山坡上。除了莫斯卡托葡萄外，酒庄还在伊索拉•阿斯蒂（Isola d'Asti）4公顷的独立片区种植巴贝拉（Barbere）和布拉凯多（brachetto）葡萄。从每个葡萄园收回的葡萄都分开酿造，所以酒庄产酒虽少，却质量上乘，酒也因其鲜美，给人以和谐之感，而且因为再现了当地品种特色而著名。

● Barbera d'Asti Tasmorcan '10	🍷🍷 4*
○ Moscato d'Asti Sourgal '10	🍷🍷 4*
● Barbera d'Asti Sup. Mongovone '09	🍷 6
○ Char - de S.	🍷 3
○ Clartè '10	🍷 4
● Barbera d'Asti Sup. Mongovone '06	🍷🍷 6
● Barbera d'Asti Tasmorcan '09	🍷🍷 4*
○ Clartè '09	🍷🍷 4*

Le Piane

VIA CERRI, 10
28010 BOCA [NO]
TEL. 3483354185
www.bocapiane.com

藏酒销售
预约参观
年产量 35 000 瓶
葡萄种植面积 7 公顷

关于瑞士进口商克里斯托夫•库茨利（Christoph Künzli）的生活和制酒时代的传说从未停止流传。他痴迷于波卡（Boca）的乡村美景，于是在1989年，他从受人尊敬的葡萄园主安东尼奥•赛瑞（Antonia Cerri）手上买下了葡萄园。经过积累，库茨利一共收购了6.5公顷的葡萄园，其中一部分采用当地传统的玛吉奥里纳（magginrina）棚架系统，种植内比奥罗（nebbiolo）、克罗地亚（croatina）、拉维（uva rara）葡萄和维斯波利那（vespolina）葡萄。酒庄最著名的产品是波卡红酒（Boca），此酒用2 500～2 800升的拉斯沃尼亚橡木桶进行3年陈化而来。

酒款	评分
● Boca '07	8
● Colline Novaresi Le Piane '08	6
● La Maggiorina '10	4
● Boca '06	7
● Boca '05	7
● Boca '04	7
● Boca '03	7
● Colline Novaresi Le Piane '07	6
● Colline Novaresi Le Piane '05	6

Pio Cesare

VIA CESARE BALBO, 6
12051 ALBA [CN]
TEL. 0173440386
www.piocesare.it

预约参观
年产量 400 000 瓶
葡萄种植面积 52 公顷

作为阿尔巴（Alba）地区主要酒庄之一的皮奥•凯萨尔（Pio Cesare）酒庄，现已驰名世界。其成功可以用三个词来概括：历史、恒久、活力。他们出产的葡萄酒畅销40个国家，不愧为全球最有名望的意大利酿酒商之一。酒庄葡萄酒囊括了所有品种，从巴罗诺（Barolo）和巴巴列斯科（Barbaresco）系列到上等的皮埃蒙特（Piemonte）红白葡萄酒系列。酒庄建筑风格和谐典雅，优质品牌的橡木建造让酒庄呈现传统经典之美，所酿之酒同样给人以浓厚之感。

酒款	评分
● Barbaresco '07	8
● Barolo '07	8
● Barolo Ornato '07	8
○ Langhe Chardonnay PiodiLei '09	6
● Barbaresco Il Bricco '07	8
● Barbera d'Alba Fides '08	6
● Dolcetto d'Alba '10	4
○ Langhe Nebbiolo '08	4
● Langhe Oltre '08	5
● Langhe Rosso Il Nebbio '10	5
● Barbera d'Alba '09	6
○ Gavi '10	4
○ Piemonte Chardonnay L'Altro '10	4

Pioiero

CASCINA PIOIERO, 1
12040 VEZZA D'ALBA [CN]
TEL. 017365492
www.pioiero.com

藏酒销售
预约参观
年产量 35 000 瓶
葡萄种植面积 9 公顷

皮饿厄尔罗（Pioiero）酒庄从1968年开始由安东尼奥•拉比诺（Antonia Rabino）和妻子布鲁亚•盖亚（Bruna Gaia）共同掌管，酒庄以维萨•德•阿尔巴公社（Vezze d'Alba）为基地，虽然面积较小，却很丰产。安东尼奥和布鲁亚主要种植当地的典型葡萄：阿内斯（arneis）、法沃里达（favrita）、巴贝拉（barbera）和内比奥罗（nebbiolo），这些酒都吸收了传统酿酒的精华，体现当地特色。葡萄园绕窖而建，大多为粘土质和石灰石质土壤，海拔300～500米。

- ● Nebbiolo d'Alba '09 4
- ○ Roero Arneis Cascina Pioiero '10 4
- ● Barbera d'Alba '09 3
- ● Roero '08 4
- ● Nebbiolo d'Alba '08 4
- ● Roero '07 4
- ● Roero '06 4*
- ○ Roero Arneis Cascina Pioiero '09 4*

Luigi Pira

VIA XX SETTEMBRE, 9
12050 SERRALUNGA D'ALBA [CN]
TEL. 0173613106
pira.luigi@alice.it

藏酒销售
预约参观
年产量 50 000 瓶
葡萄种植面积 10 公顷

路易吉•辟拉（Luigi Pira）酒庄最近在精心筹划扩建酒窖的项目，这足以证明辟拉家族确实是兰格地区（Langhe）酿酒商学习的楷模。作为酒庄支柱的葡萄园位置颇优，出品的葡萄酒也惊喜不断，质量上等。多年来，酒庄嫌出品的葡萄酒橡木味稍浓，于是提高了标准，逐渐将葡萄酒风格转向优雅别致，味道更为和谐。

- ● Barolo Marenca '07 8
- ● Barolo Margheria '07 7
- ● Barolo V. Rionda '07 8
- ● Barbera d'Alba '09 5
- ● Barolo '07 6
- ● Dolcetto d'Alba '10 4*
- ● Langhe Nebbiolo '09 5
- ● Barolo V. Marenca '01 8
- ● Barolo V. Marenca '97 8
- ● Barolo V. Rionda '06 8
- ● Barolo V. Rionda '04 8
- ● Barolo V. Rionda '00 8
- ● Barolo V. Marenca '06 8
- ● Barolo V. Margheria '06 7
- ● Barolo V. Margheria '05 7

E. Pira & Figli

via Vittorio Veneto, 1
12060 Barolo [CN]
Tel. 017356247
www.pira-chiaraboschis.com

藏酒销售
预约参观
年产量 20 000 瓶
葡萄种植面积 4.5 公顷
葡萄栽培方式 有机认证

齐亚拉•波斯奇思（Chiara Boschis）酿酒追求优质和精益求精，是著名的高尚兰格酒传统的优雅女性楷模。过去几年里，齐亚拉的酿酒风格有了微小的变化，更加慎重和谐。不论是葡萄园，还是酒窖，都属上乘，可见，齐亚拉拥有极佳的原材料。极具吸引力的酒窖比例恰当，不同寻常，处于巴罗洛（Brolo）的中心地带。单是凭园主齐亚拉的个人魅力和超凡的酿酒技巧，酒庄也值得你到此一游。

● Barolo Cannubi '07	8
● Barbera d'Alba Sup. '09	5
● Barolo Via Nuova '07	8
● Dolcetto d'Alba '10	4*
● Langhe Nebbiolo '09	5
● Barolo '94	8
● Barolo Cannubi '05	8
● Barolo Cannubi '00	8
● Barolo Cannubi '97	8
● Barolo Cannubi '96	8
● Barolo Ris. '90	8
● Barbera d'Alba '07	6
● Barolo Cannubi '06	8
● Barolo Via Nuova '06	8

Podere Macellio

via Roma, 18
10014 Caluso [TO]
Tel. 0119833511
www.erbaluce-bianco.it

藏酒销售
预约参观
年产量 30 000 瓶
葡萄种植面积 4 公顷

这个精小、传统的家族庄园的历史可以追溯到18世纪晚期。如今，波特瑞•玛瑟里奥（Podere Macellio）酒庄由技巧娴熟且富有激情的雷纳托•比安科（Renato Bianco）和他的儿子丹尼尔（Daniele）管理。他们有两款享有盛名的佳酿：陈年的卡鲁索•帕西托（Caluso Passito）和鲜美的厄拜柳丝•卡鲁索（Erbaluce di caluso）。此外，比安科也很有远见地将苏打白葡萄酒（Spumante Metodo Classico）纳入生产。

○ Erbaluce di Caluso '10	3*
○ Caluso Passito '06	6
○ Erbaluce di Caluso Brut M. Cl.	5
○ Caluso Passito '02	5
○ Erbaluce di Caluso '07	3*
○ Erbaluce di Caluso Brut	5

Poderi Colla

LOC. SAN ROCCO SENO D'ELVIO, 82
12051 ALBA [CN]
TEL. 0173290148
www.podericolla.it

预约参观
年产量 150 000 瓶
葡萄种植面积 26 公顷

经过10年的经验积累和努力，包括贝佩（Beppe）的酿酒经验和蒂诺（Tino）的管理经验，以及后来者费德瑞克（Federica）和皮埃特罗（Pietro）的尽心经营，科拉（Colla）家族在1993年建立了波特里•科拉（Poderi colla）酒庄，经营皮埃蒙特（Piemonte）多处产区，其中以年代悠久的普莱诺（Prunotto）酒厂最出名，此酒厂在1989年卖给安提诺里（Antinori）。酒庄由主要3个葡萄园组成：生产巴巴列斯科（Barbaresco）的诺卡格尼（Roncaglie）葡萄园、生产巴罗诺（Barolo）的巴西亚•戴迪（Bussia Dardi）葡萄园和特鲁塔•德拉格（Tenuta Drago）葡萄园。特鲁塔•德拉葡萄园主要是用于陈酒和种植其他葡萄品种。所有的葡萄酒都是陈年酿造的，并且以兰格传统经典方法进行发酵和陈化。

● Barbera d'Alba Costa Bruna '09	🍷🍷 4*
● Barbaresco Roncaglie '08	🍷🍷 7
● Barolo Bussia Dardi Le Rose '07	🍷🍷 7
● Langhe Pinot Nero Campo Romano '09	🍷🍷 5
○ Langhe Riesling '10	🍷🍷 4
● Nebbiolo d'Alba '09	🍷🍷 5
○ Pietro Colla M. Cl. Extra Brut '08	🍷🍷 5
● Dolcetto d'Alba Pian Balbo '10	🍷 4
● Barolo Bussia Dardi Le Rose '99	🍷🍷🍷 7
● Barbaresco Roncaglie '07	🍷🍷 7
● Barbaresco Roncaglie '06	🍷🍷 7
● Barolo Bussia Dardi Le Rose '06	🍷🍷 7
● Barolo Bussia Dardi Le Rose '05	🍷🍷 7
● Langhe Bricco del Drago '07	🍷🍷 5
● Langhe Bricco del Drago '06	🍷🍷 5

Paolo Giuseppe Poggio

VIA ROMA, 67
15050 BRIGNANO FRASCATA [AL]
TEL. 0131784929
cantinapoggio@tiscali.it

藏酒销售
预约参观
年产量 18 000 瓶
葡萄种植面积 3.1 公顷

保罗•朱塞佩•波吉奥（Paolo Giuseppe Poggio）酒庄在保罗•波吉奥（Paolo Poggio）的管理下，正以强劲的势头向前发展。酒庄建立于20世纪初，位于瓦尔库罗内（Val Curone）的中心瓦尔库罗内•格鲁•沃索那（Vali Curone Gru Ossona）山区。酒庄约有13公顷，其中3公顷种植葡萄，另外3公顷是果园。白葡萄酒主要由提莫拉索（timorasso）和科特斯（Cortese）葡萄酿造。红葡萄酒主要由巴贝拉（barbara）、佛莱萨（freisa）、克罗地亚（croatina）和波纳达（bonarda）葡萄酿造。当然，酒庄也有一块地种植莫斯卡托•比安科葡萄（mosca bianco），保罗主要用它来酿造餐后葡萄酒。

● Colli Tortonesi Barbera Campo La Bà '09	🍷🍷 3*
○ Colli Tortonesi Timorasso Ronchetto '09	🍷🍷 4*
○ Campogallo '10	🍷 2
● Colli Tortonesi Barbera Campo La Bà '07	🍷🍷 2*
● Colli Tortonesi Barbera Derio '07	🍷🍷 4
● Colli Tortonesi Barbera Derio '06	🍷🍷 4
○ Colli Tortonesi Ronchetto '08	🍷🍷 4
● Colli Tortonesi Rosso Prosone '07	🍷🍷 2*

Pomodolce

via IV Novembre, 7
15050 Montemarzino [AL]
Tel. 0131878135
www.pomodolce.it

藏酒销售
预约参观
年产量 12 000 瓶
葡萄种植面积 4 公顷
葡萄栽培方式 有机认证

波莫多尔塞（Pomodolce）酒庄坐落于蒙特玛兹洛市（Montemarzino）托尔托纳地区（Tortona）的山上，是相对比较年轻的酒庄。尽管大卫科斯（Davicos）已经进入当地饮食业30多年，做过制酒、水果、蔬菜、腌肉生意，但酒庄却是几年前才建立的。西尔维奥（Silvio）在提莫拉索（Timorasso）葡萄酒业的成功或多或少激起了托尔托拉地区制酒专家和葡萄酒爱好者的兴趣。酒庄仅有4公顷的葡萄园，为酿制白葡萄酒种植提莫拉索和科特斯（cortese）葡萄，为酿制红葡萄酒种植克罗地亚（croatina）、多尔切托（dolcetto）和巴贝拉（barbare）葡萄。

○ Colli Tortonesi Timorasso Grue '09	🍷🍷	5
○ Colli Tortonesi Timorasso Diletto '09	🍷🍷	4
● Colli Tortonesi Croatina Fontanino '08	🍷	4
● Colli Tortonesi Rosso Niali '08	🍷	5
○ Colli Tortonesi Timorasso Derthona Grue '07	🍷🍷🍷	5
○ Colli Tortonesi Timorasso Derthona Diletto '08	🍷🍷	4
○ Colli Tortonesi Timorasso Derthona Diletto '07	🍷🍷	5
○ Colli Tortonesi Timorasso Grue '08	🍷🍷	6

Marco Porello

c.so Alba, 71
12043 Canale [CN]
Tel. 0173979324
www.porellovini.it

藏酒销售
预约参观
年产量 100 000 瓶
葡萄种植面积 15 公顷

该酒庄自1994年开始进入葡萄酒制造业，至今已有3代。与罗埃诺（Roero）其他大部分地区一样，该酒庄全部采用当地的葡萄酿酒，以打造具有鲜明地域特色的葡萄酒，其品牌主要包括阿内斯（aineis）、法沃里达（favorita）、巴贝拉（barbera）、内比奥罗（nebbiolo）。酿制白葡萄酒的品种和内比奥罗葡萄种植在富含矿物盐的沙质土中，而巴贝拉葡萄种植在石灰质和粘性土中。葡萄酒的酿制和瓶装工作在卡纳尔（Canale）进行，而陈化工艺则在位于加瑞内（Guarene）附近的酒窖进行。

○ Roero Arneis Camestrì '10	🍷🍷	4*
● Barbera d'Alba Mommiano '10	🍷🍷	4*
● Roero Torretta '08	🍷🍷	5
● Barbera d'Alba Filatura '09	🍷	4
● Nebbiolo d'Alba '09	🍷	4
● Roero Torretta '06	🍷🍷🍷	5*
● Roero Torretta '04	🍷🍷🍷	5
● Barbera d'Alba Mommiano '09	🍷🍷	4*
○ Langhe Favorita '09	🍷🍷	3
● Nebbiolo d'Alba '08	🍷🍷	4
● Roero Torretta '07	🍷🍷	5

Guido Porro

via Alba, 1
12050 Serralunga d'Alba [CN]
Tel. 0173613306
www.guidoporro.com

藏酒销售
预约参观
年产量 30 000 瓶
葡萄种植面积 7 公顷

圭多•波罗（Guido Porro）从酿制木桶的选择，到合理价格的制定都进行精心的衡量，在有限的土地上追求葡萄园的绝对质量。其葡萄园和酒窖位于塞拉伦加（Serralunga）的拉兹瑞托园（Lazzarito）内。在塞拉伦加，拉兹瑞托斯科（Lazzalrasca）葡萄园一直在生产质量上乘的葡萄。让我们一起举杯畅饮巴罗诺（Barolo）07系列的美酒，庆祝布鲁诺•波罗（Bruno Porro）在圭多地区（Guido）的首次登台。

- Barolo V. Lazzairasco '07 6*
- Lange Nebbiolo '09 5
- Barolo V. Santa Caterina '07 6
- Barbera d'Alba V. Santa Caterina '10 4
- Dolcetto d'Alba '10 4

Post dal Vin Terre del Barbera

fraz. Possavina
via Salie, 19
14030 Rocchetta Tanaro [AT]
Tel. 0141644143
www.postdalvin.com

藏酒销售
预约参观
年产量 80 000 瓶
葡萄种植面积 115 公顷

建立于1959年的波斯特•达尔文-特瑞德•巴贝拉（Post dal Vin - Terre del Barbera）酒庄是一个合作式酒庄。据记载，现在酒庄有110个工人。葡萄园主要在罗凯塔（Rocchtta）、塔纳罗（Tanaro）、卡斯塔格尼（Cortgliona）和马西欧（Macio）等地区。正如庄名所示，酒庄主要产巴贝拉葡萄酒（barbera），但也出品其他品种的葡萄酒，包括当地的著名品种吉诺林诺（grignolino）、多尔切托（dolceto）和莫斯卡托（moscato）。其出品的葡萄酒颇具传统风格，物美价廉。

- Barbera d'Asti Sup. Castagnassa '09 4
- Barbera d'Asti Maricca '10 3*
- Barbera d'Asti Sup. BriccoFiore '09 3*
- Grignolino d'Asti '10 2*
- Barbera d'Asti Sup. BriccoFiore '08 3*

Ferdinando Principiano

VIA ALBA, 19
12065 MONFORTE D'ALBA [CN]
TEL. 0173787158
www.ferdinandoprincipiano.it

藏酒销售
预约参观
年产量 50 000 瓶
葡萄种植面积 8.5 公顷

费尔迪兰多（Ferdinando）继承了家族100多年的传统。最初，酒庄只栽种葡萄，将葡萄销售给兰格地区（Langhe）的一些大的酿酒商。1993年，庄园开始建造酒窖，并开始了酿酒。不久之后，获得了专家的好评，努力得到了回报。近年来，酒窖将重点放在酿造更加自然的葡萄酒上，不加入接种酵母或者二氧化硫，并且，所种葡萄不加任何化学制品。酒庄葡萄园位于蒙福特（Menforte）地区，但别具一格的斯卡托葡萄酒（Barolo Boscarto）出自位于著名的塞拉伦加•阿尔巴地区（Serralunga d'Alba）占地2公顷的葡萄园。

● Barolo Ravera '07	8
● Barbera d'Alba Laura '10	4*
● Barolo Serralunga '07	6
● Dolcetto d'Alba S. Anna '10	4*
● Langhe Nebbiolo Coste '10	4
● Barolo Boscareto '93	8
● Barbera d'Alba La Romualda '06	6
● Barbera d'Alba La Romualda '05	6
● Barbera d'Alba La Romualda '04	6
● Barolo Boscareto '05	7
● Barolo Boscareto '04	8
● Barolo Boscareto '01	8
● Barolo Ravera '06	7
● Barolo Serralunga '05	6

★Produttori del Barbaresco

VIA TORINO, 54
12050 BARBARESCO [CN]
TEL. 0173635139
www.produttoridelbarbaresco.com

藏酒销售
预约参观
年产量 500 000 瓶
葡萄种植面积 100 公顷

一流的普罗度托瑞•巴巴列斯科（Produttori del Barbaresco）属于合作式酒庄，现有50多个种植工人。其经营作风严谨，追求卓越的质量。生产的巴贝瑞斯科葡萄酒（Barbaresco）以合理的价格出售，完美地体现了兰格的本质。酒庄采用传统方法酿酒，使用大木桶，进行缓慢浸泡，酒本身也是经过长年储藏的。

● Barbaresco '07	6
● Langhe Nebbiolo '09	4*
● Barbaresco '99	5
● Barbaresco Vign. in Montefico Ris. '00	6*
● Barbaresco Vign. in Montefico Ris. '99	6
● Barbaresco Vign. in Montestefano Ris. '05	6
● Barbaresco Vign. in Montestefano Ris. '04	6*
● Barbaresco Vign. in Montestefano Ris. '01	8
● Barbaresco Vign. in Montestefano Ris. '96	6
● Barbaresco Vign. in Pajé Ris. '01	6*
● Barbaresco Vign. in Rio Sordo Ris. '01	6*
● Barbaresco Vign. in Rio Sordo Ris. '97	6
● Barbaresco Vigneti in Montestefano Ris. '99	6

★Prunotto

REG. SAN CASSIANO, 4G
12051 ALBA [CN]
TEL. 0173280017
www.prunotto.it

预约参观
年产量 600 000 瓶
葡萄种植面积 55 公顷

普莱诺（Prunotto）酒庄由马尔凯西•安提诺里（Marchesi Antinori）掌管，历史悠久，驰名国内外市场，是皮埃蒙特（Piemonte）最著名和最值得信赖的酒庄之一。酒庄可用的土地大量在拥有优质土壤的乡村地区，所出品的酒保持着一贯的优质，是皮埃蒙特地区优质酒的代表。从最简单的标准化的巴贝拉•菲优洛葡萄酒（Barbera Fiulot），到其独有的巴罗诺•芭西亚（Barolo Bussia），酒庄的所有酒都无可挑剔，达到了结构和味道的和谐。

- Barolo Bussia '07 8
- Barbaresco Bric Turot '07 7
- Barbera d'Alba '09 4
- Barbaresco '08 6
- Barbera d'Asti Fiulòt '10 4
- Barolo '07 7
- Dolcetto d'Alba '10 4
- Nebbiolo d'Alba Occhetti '08 5
- Barbera d'Asti Costamiòle '99 6
- Barolo Bussia '01 8
- Barolo Bussia '99 8
- Barolo Bussia '98 8
- Barbera d'Asti Sup. Nizza Costamiòle '07 6
- Barolo Bussia '06 8
- Nebbiolo d'Alba Occhetti '07 5

La Querciola

LOC. PIANCERRETO, 85/TER
12060 FARIGLIANO [CN]
TEL. 0713737026
www.laquerciola.com

藏酒销售
预约参观
年产量 80 000 瓶
葡萄种植面积 25 公顷

本酒庄每年都会出品一两款新酒，这说明酒庄在不断壮大。酒庄现在主要出品多尔切托•多格莱特葡萄酒（Dolcetto di Dogliant），但近来将主要的精力转向内比奥罗葡萄（nebbiolo），打算在巴罗拉市（Barolo）建造一个酒窖。经验十足的酿酒学家布鲁洛•吉奥内蒂（Bruno Chionetti）是酒庄的领军人。酒庄至今仅出品红葡萄酒，偏向于传统，散发出橡木桶的味道，结构严密。

- Barolo Donna Bianca '07 7
- Dogliani Cornole '09 5
- Dolcetto di Dogliani Carpeneta '10 4*
- Langhe Rosso Barilin '09 4
- Langhe Rosso Chicchivello '10 4
- Barolo Donna Bianca '06 6
- Barolo Donna Bianca '04 6
- Dogliani Cornole '08 4*
- Dolcetto di Dogliani Carpeneta '09 4*

Renato Ratti

FRAZ. ANNUNZIATA, 7
12064 LA MORRA [CN]
TEL. 017350185
www.renatoratti.com

藏酒销售
预约参观
年产量 300 000 瓶
葡萄种植面积 40 公顷

该酒庄建于1965年，其意义由雷纳托•拉蒂•阿尔巴酒（Renatto Ratti Alba）博物馆记录，博物馆有许多有趣的收藏酒，位于拉莫拉地区（La Morra）的安农齐阿（Annunziata）修道院内。现在，酒庄由雷纳托的儿子皮埃特罗（Pietro）经营，他是保护联盟的主席，把主要精力放在葡萄园上。他说他对内比奥罗葡萄（Nebbiolo）的质量更感兴趣，而不是传统和创新的激烈争论。皮埃特罗也生产巴罗诺（barolo），同时还酿造其他优质品种，比如出自蒙特尤•罗埃洛（Monteu Roero）葡萄园的内比奥罗•阿尔巴•奥特提葡萄酒（Nebbiolo d'Alba Ochetti）和出自芒果葡萄园（Mango）的多尔切托•阿尔巴•克罗莫比葡萄酒（Dolcetto d'Alba Colombè）。

- ● Barolo Conca '07 8
- ● Barolo Marcenasco '07 7
- ● Barbera d'Alba Torriglione '10 4
- ● Barolo Rocche '07 8
- ● Monferrato Rosso Villa Pattono '09 5
- ● Dolcetto d'Alba Colombè '10 4
- ○ Monferrato Bianco I Cedri di Villa Pattono '09 5
- ● Nebbiolo d'Alba Ochetti '09 5
- ● Barolo Rocche '06 8
- ● Barolo Rocche '05 8
- ○ Monferrato Bianco I Cedri di Villa Pattono '08 4*

Ressia

VIA CANOVA, 28
12052 NEIVE [CN]
TEL. 0173677305
www.ressia.com

藏酒销售
预约参观
年产量 30 000 瓶
葡萄种植面积 5.5 公顷
葡萄栽培方式 有机认证

在美丽的内华市（Neive）卡洛瓦葡萄园（Canova）的旁边，有一个小巧却引人注目的雷西亚（Ressia）酒庄。在过去的几年里，酒庄在提高葡萄酒质量和专业水平上取得了不小成就。法布里奇奥•雷西亚（Fabrizio Ressia）在这个约6公顷的庄园里，生产了一系列反映当地地域特色的葡萄酒。酒窖特有的风格使新酿之酒就很诱人，凸显和谐，并且价格合理。

- ● Barbaresco Canova '08 6*
- ○ Evien '10 4
- ● Barbera d'Alba Sup. Canova '09 4
- ● Dolcetto d'Alba Canova '10 4
- ● Barbaresco Canova '06 6*
- ● Barbaresco Canova '05 6
- ● Barbaresco Canova '04 6
- ● Barbera d'Alba Sup. Canova '07 4*

F.lli Revello

FRAZ. ANNUNZIATA, 103
12064 LA MORRA [CN]
TEL. 017350276
www.revellofratelli.it

藏酒销售
预约参观
年产量 65 000 瓶
葡萄种植面积 12 公顷
葡萄栽培方式 有机种植

卡罗（Carlo）和恩佐•雷维洛（Enzo Revello）刚踏入酒业20年，所以制酒并不多，但已经蜚声国内外。1990年，兄弟俩接受巴罗洛葡萄酒（Barolo）大师艾里奥•阿尔塔雷（Eliot Atare）和比皮•卡维欧拉（Beppe Caviola）的建议，采用现代方式酿酒，在新酿期使用法国的小型橡木桶、完全成熟的葡萄以及柔顺单宁。酒庄出品的葡萄酒包括巴罗诺（Barolo）、兰格内比奥罗（Nebbiolo）、多尔切托（Dolcetto）和巴贝拉•阿尔巴（Barbera d'Alba），所有的酒都很好地反映了当地的地域特色。

- ● Barolo Rocche dell'Annunziata '07 8
- ● Barolo V. Gattera '07 7
- ● Barolo '07 6
- ● Barolo V. Conca '07 8
- ● Barolo V. Giachini '07 8
- ● Barbera d'Alba Ciabot du Re '05 6
- ● Barbera d'Alba Ciabot du Re '00 7
- ● Barolo '93 8
- ● Barolo Rocche dell'Annunziata '01 8
- ● Barolo Rocche dell'Annunziata '00 8
- ● Barolo Rocche dell'Annunziata '97 8
- ● Barolo V. Conca '99 8
- ● Barolo Rocche dell'Annunziata '06 8
- ● Barolo V. Gattera '06 7
- ● Barolo V. Giachini '06 8

Michele Reverdito

FRAZ. RIVALTA
B.TA GARASSINI, 74B
12064 LA MORRA [CN]
TEL. 017350336
www.reverdito.it

藏酒销售
预约参观
年产量 70 000 瓶
葡萄种植面积 18 公顷

在姐姐萨宾娜（Sabina）和父母的鼓励与实质性的帮助下，迈克尔•雷威迪托（Michele Reverdito）仅用了11年就引起了广大消费者的关注，酿造了一系列的水果型葡萄酒，通过陈化葡萄酒的单宁度，迈克尔酿造的酒柔滑可口。雷威迪托大部分的酒在拉莫地区享有盛名，最好的当属巴瑞克•可格尼葡萄酒（Bricco Cogni），当然巴罗诺•巴达瑞拉（Barolo Badarina）同样颇受欢迎，它们都来自塞拉伦加（Serralunga）。

- ● Barolo Riva Rocca Ris. '05 7
- ● Barbera d'Alba Delia '07 5
- ● Barolo Badarina '06 6
- ● Barolo Castagni '07 6
- ● Barolo Moncucco '06 6
- ● Barolo Bricco Cogni '05 7
- ● Langhe Nebbiolo Simane '09 4
- ● Barolo Bricco Cogni '04 7
- ● Barolo Moncucco '04 6
- ● Barolo Serralunga '04 6

Giuseppe Rinaldi

VIA MONFORTE, 3
12060 BAROLO [CN]
TEL. 017356156
rinaldimarta@libero.it

藏酒销售
预约参观
年产量 35 000 瓶
葡萄种植面积 6.5 公顷
葡萄栽培方式 有机种植

酒庄的特点可以用三个词来概括：恒久、个性、区域化。酒庄位于巴罗诺（Barolo）山丘中的一座引人注目的建筑中。酒庄所出品的的酒无一例外地都诱惑力十足。也许，短时间内你无法理解其精髓，但时间会证明它们的品质。酒庄风格低调，毫无夸饰，一切都留给葡萄酒来代言，让惊人的恒久来描画经典。

● Barolo Brunate Le Coste '07	🍷🍷🍷	8
● Barolo Cannubi S. Lorenzo Ravera '07	🍷🍷	8
● Langhe Nebbiolo '09	🍷🍷	5
● Barolo Brunate Le Coste '06	♀♀♀	8
● Barolo Brunate Le Coste '01	♀♀♀	7
● Barolo Brunate Le Coste '00	♀♀♀	7
● Barolo Brunate Le Coste '97	♀♀♀	7
● Barolo Cannubi S. Lorenzo-Ravera '04	♀♀♀	7

Rizzi

VIA RIZZI, 15
12050 TREISO [CN]
TEL. 0173638161
www.cantinarizzi.it

藏酒销售
预约参观
年产量 50 000 瓶
葡萄种植面积 35 公顷

大约40年前，欧内斯特•德拉皮亚纳（Ernesto Dellapiana）离开都灵（Turin）和自己如意的事业，回到了特莱索（Treiso），转行酿酒。今天，欧内斯特得到了他整个家庭的帮助，包括妻子和孩子，他们都是酿酒的好手。酒庄占地35公顷，每年出品约50 000瓶酒。巴巴列斯科（Barbaresco）是里奇葡萄园（Rizz）的酿酒天才，内沃葡萄园（Nervo）和帕古瑞葡萄园（Pajoré）产销最好的酒。几年来，德拉皮亚纳（Dellapiana）家族已经开始在内威格莱（Neviglie）酿造莫斯卡托葡萄酒（Moscato）。

● Barbaresco Rizzi Boito '07	🍷🍷	6
● Barbaresco Nervo Fondetta '08	🍷🍷	6
● Barbaresco Pajorè '08	🍷🍷	6
● Barbaresco Rizzi '07	🍷🍷	6
● Barbera d'Alba '09	🍷🍷	4
○ Extra Brut '07	🍷🍷	5
● Dolcetto d'Alba '10	🍷	4
○ Langhe Chardonnay '10	🍷	4
○ Moscato d'Asti '10	🍷	4
● Barbaresco Nervo Fondetta '06	♀♀	6
● Barbaresco Pajorè '06	♀♀	6
● Barbaresco Rizzi '06	♀♀	6

★Albino Rocca

s.da Ronchi, 18
12050 Barbaresco [CN]
Tel. 0173635145
www.roccaalbino.com

藏酒销售
预约参观
年产量 130 000 瓶
葡萄种植面积 23 公顷

得益于女儿鲍拉（Paola）、莫妮卡（Monica）和丹妮拉（Daniela）的有效协助，安吉洛•罗卡（Angelo Rocca）在酒质的提高上不断取得卓越成绩。酒庄出品的葡萄酒包括白葡萄酒和巴巴列斯科（Barbaresco）系列，很好地体现了简单优雅与地域特色平衡的风格。酒庄建筑美丽，是兰格地区魅力风景之一，值得人们亲身体验。酒庄出品的葡萄酒价格合理，他们的成功还在继续。

- ● Barbaresco Vign. Brich Ronchi Ris. '06 ΨΨΨ 8
- ● Barbaresco Brich Ronchi '08 ΨΨ 7
- ● Barbaresco Ovello Vign, Loreto '08 ΨΨ 7
- ○ Piemonte Cortese La Rocca '10 ΨΨ 5
- ● Barbaresco Duemilaotto '08 ΨΨ 6
- ● Barbera d'Alba Gepin '09 ΨΨ 5
- ● Dolcetto d'Alba Vignalunga '10 ΨΨ 4
- ○ Langhe Chardonnay da Bertü '10 ΨΨ 4
- ● Nebbiolo d'Alba Duemilanove '09 ΨΨ 4*
- ● Barbera d'Alba '10 Ψ 4
- ○ Moscato d'Asti '10 Ψ 4
- ● Barbaresco Ovello V. Loreto '07 ΨΨΨ 7
- ● Barbaresco Vign. Brich Ronchi '05 ΨΨΨ 7
- ● Barbaresco Vign. Brich Ronchi '03 ΨΨΨ 7
- ● Barbaresco Vign. Brich Ronchi Ris. '04 ΨΨΨ 8
- ● Barbaresco Vign. Loreto '04 ΨΨΨ 7

★Bruno Rocca

via Rabajà, 60
12050 Barbaresco [CN]
Tel. 0173635112
www.brunorocca.it

藏酒销售
预约参观
年产量 60 000 瓶
葡萄种植面积 15 公顷

30年前，布鲁诺•洛卡（Bruno Rocca）酿造了他的第一瓶葡萄酒，在奋斗之路上，有许多可以代表其成功的里程碑。酒庄享誉意大利国内外，在提高兰格葡萄酒质量方面起着重要作用。酒庄所出品的酒凸显慷慨和饱满，但在经过一段酿造期以后，却会显示它们的深度和优雅。最近，我们有幸品尝到了巴巴列斯科•瑞巴雅（Barbaresco Rabja）99葡萄酒，毫无疑问，此酒显示了布鲁诺（Bruno）酒庄的潜力。

- ● Barbaresco Maria Adelaide '07 ΨΨΨ 8
- ● Barbaresco Coparossa '08 ΨΨ 8
- ● Barbaresco '08 ΨΨ 7
- ● Barbera d'Alba '09 ΨΨ 6
- ● Barbera d'Asti '09 ΨΨ 5
- ○ Langhe Chardonnay Cadet '10 ΨΨ 5
- ● Langhe Nebbiolo Fralù '09 ΨΨ 5
- ● Langhe Rosso Rabajolo '09 ΨΨ 6
- ● Dolcetto d'Alba Vigna Trifolè '10 Ψ 4
- ● Barbaresco Coparossa '04 ΨΨΨ 8
- ● Barbaresco Maria Adelaide '04 ΨΨΨ 8
- ● Barbaresco Maria Adelaide '01 ΨΨΨ 8
- ● Barbaresco Rabajà '01 ΨΨΨ 8
- ● Barbaresco Rabajà '00 ΨΨΨ 8
- ● Barbaresco Rabajà '98 ΨΨΨ 8

Rocche Costamagna

via Vittorio Emanuele, 8
12064 La Morra [CN]
Tel. 0173509225
www.rocchecostamagna.it

藏酒销售
预约参观
年产量 85 000 瓶
葡萄种植面积 14 公顷

漫步于酒庄最近修复的一个酒窖，会让你感到惊讶和兴奋。该酒庄真正的历史开始于1841年，但是直到1970年才开始走上酿酒之路，这主要归功于克劳迪娅•佛列拉稀（Claudia Ferraresi）和丈夫乔治•洛卡特利（Giorgio Locatelli）购买了一些新的葡萄园。在此基础上，亚历山大•洛卡特利（Alessandro Locatelli）在1985年开始出品传统型葡萄酒，都是用中型的斯拉夫尼亚中大型橡木桶酿造。从2008年起，他们开始采用现代技术酿酒，最初在拉莫（La Morra）的安农齐阿（Annunziata）地区的新酒窖试用。

● Barolo Rocche dell'Annunziata '07	6
● Barbera d'Alba Annunziata '09	4
● Barolo Rocche dell'Annunziata Bricco Francesco '07	7
● Langhe Nebbiolo Roccardo '10	4
● Dolcetto d'Alba Murrae '10	4
○ Langhe Arneis '10	4
⊙ Langhe Rosato Osé '10	4
● Barolo Rocche dell'Annunziata '04	6
● Barbera d'Alba Sup. Rocche delle Rocche '07	5
● Barolo Bricco Francesco Rocche dell'Annunziata '06	7
● Barolo Bricco Francesco Rocche dell'Annunziata '04	7
● Barolo Rocche dell'Annunziata '05	6

★Podere Rocche dei Manzoni

loc. Manzoni Soprani, 3
12065 Monforte d'Alba [CN]
Tel. 017378421
www.rocchedeimanzoni.it

藏酒销售
预约参观
年产量 250 000 瓶
葡萄种植面积 40 公顷

酒庄从1974年出品了第一款酒以后，急需在兰格竞争激烈的葡萄酒市场上找到一席之地，洛多尔佛•米格利奥尼（Rodolfo Migliorini）从此承担起了改进酒庄的大任。现在，我们可以在农作方法上看到他的计划：避开化学物，让每个葡萄园展现自己的特色。酒庄值得人们前去参观，你会发现酒庄绝非徒有虚名，尤其是可调温度的酿酒室，成百上千的葡萄酒在这里陈化。

● Barolo V. d'la Roul '07	8
● Barolo V. Cappella di S. Stefano '07	8
○ Valentino Brut Zéro Ris. '01	6
● Barolo V. Big 'd Big '07	8
○ Langhe Chardonnay L'Angelica '07	8
○ Valentino Brut Ris. Elena '06	6
● Barolo V. Big 'd Big '99	8
● Barolo V. Big Ris. '89	8
● Barolo V. Cappella di S. Stefano '01	8
● Barolo V. Cappella di S. Stefano '90	8
● Barolo Vigna Big Ris. '90	6
● Langhe Rosso Quatr Nas '99	7
● Langhe Rosso Quatr Nas '96	8
○ Valentino Brut Zero Ris. '98	6
Valentino Brut Zero Ris. '93	6
Valentino Brut Zerò Ris. '92	6

Roccolo di Mezzomerico

Cascina Roccolo Bellini, 4
28040 Mezzomerico [NO]
Tel. 0321920407
www.ilroccolovini.it

藏酒销售
预约参观
年产量 30 000 瓶
葡萄种植面积 7 公顷

看着葡萄园里种植的内比奥罗（nebbiolo）、拉雅（uva rara）、伯纳达（vespolina）、维斯伯诺拉（vespolina）、厄拜柳丝（erbaluce）、莎当妮（chardonnay）葡萄，你可以享受到蒙特•罗莎（Monte Rosa）绝美的景色，仅此就值得人们前往。该酒庄现由玛格瑞特（Margherita）和彼得•格米妮（Pietro Gelmini）掌管，生产出了一系列质优的葡萄酒。他们现在生产的数量有限，但很鲜明地体现了当地地域特色，尤其两款瓦伦缇娜葡萄酒（Valentina），因质量上乘而著名。酒窖较小却很实用，装备有可控制温度的不锈钢大缸和橡木桶。

- ● Colline Novaresi Nebbiolo Valentina V.T. '07 — 5
- ● Colline Novaresi Nebbiolo La Cascinetta '09 — 4*
- ● Colline Novaresi Nebbiolo Valentina '06 — 4*
- ○ Colline Novaresi Francesca '10 — 4
- ⊙ Colline Novaresi Nebbiolo La Chimera '10 — 4
- ○ Colline Novaresi Francesca '04 — 3*
- ● Colline Novaresi Nebbiolo Valentina '00 — 5
- ○ Il Mataccio — 4

Flavio Roddolo

Fraz. Bricco Appiani
Loc. Sant'Anna, 5
12065 Monforte d'Alba [CN]
Tel. 017378535

年产量 22 500 瓶
葡萄种植面积 6 公顷

佛拉维奥•洛多罗（Flavio Roddolo）在1990年进入葡萄酒业。这家酒庄的合作方式简单。从1999年以后，酒庄因布瑞克•阿比安妮（Bricco Appiani）爵士出乎意料地得到了很好的发展，他已经在美国和欧洲获得了许多奖项，赢得了极大好评。佛拉维奥•洛多罗不仅是一个出色的葡萄种植者，还是一个细心的葡萄酒酿造者。他酿造的每一瓶酒都追求精益求精，不管是著名的巴罗诺葡萄酒（Barolo），令人震惊的多尔切托葡萄酒（Dolcetto），极尽豪华的巴贝拉•阿尔巴葡萄酒（Barbera d'Alba）还是引人入胜的用卡比内（carbnet）和索味浓（Sauvignon）酿造的兰格葡萄酒，最后一款是他唯一一款采用现代风格酿造的葡萄酒。

- ● Barolo Ravera '06 — 6
- ● Dolcetto d'Alba '09 — 3*
- ● Dolcetto d'Alba Sup. '08 — 4*
- ● Langhe Rosso Bricco Appiani '06 — 6
- ● Barolo Ravera '04 — 6
- ● Barolo Ravera '01 — 6
- ● Barolo Ravera '97 — 6
- ● Bricco Appiani '99 — 6
- ● Barolo Ravera '05 — 6
- ● Dolcetto d'Alba Sup. '04 — 4*
- ● Langhe Rosso Bricco Appiani '05 — 6
- ● Langhe Rosso Bricco Appiani '04 — 6
- ● Nebbiolo d'Alba '06 — 5
- ● Nebbiolo d'Alba '03 — 5

Ronchi

S.DA RONCHI, 23
12050 BARBARESCO [CN]
TEL. 0173635156
info@aziendaagricolaronchi.it

藏酒销售
预约参观
年产量 25 000 瓶
葡萄种植面积 5.5 公顷
葡萄栽培方式 有机种植

隆齐（Ronchi）是巴巴列斯科市（Barbaresco）的一个区，同时也是一个葡萄酒庄园。现在酒庄由创始人阿方索（Alfonso）的儿子吉安卡罗•洛卡（Giancarlo Rocca）掌管。毫无疑问，酒庄的品牌酒自然是巴巴列斯科，此酒反映了选址、地域和葡萄园的紧密联系。这个小巧的酒窖正在质量上不断取得提升。隆齐采用环境友好型经营酒窖，不添加化学物种植葡萄。酒庄建筑风格再现了优雅和结构的融合。

- ● Barbaresco Ronchi '07 6*
- ● Barbera d'Alba Terlé '09 4*
- ○ Langhe Chardonnay '09 4
- ● Langhe Rosso '09 4
- ● Dolcetto d'Alba '10 4
- ● Barbaresco Ronchi '04 7
- ● Barbaresco '07 6
- ● Barbaresco Ronchi '06 6*
- ● Barbaresco Ronchi '05 6

Giovanni Rosso

LOC. BAUDANA, 6
12050 SERRALUNGA D'ALBA [CN]
TEL. 0173613340
www.giovannirosso.com

藏酒销售
预约参观
年产量 55 000 瓶
葡萄种植面积 10 公顷
葡萄栽培方式 有机种植

年复一年，年轻、富有激情、待人忠诚的大卫•洛索（Davide Rosso）不断获得他应得的来自意大利国内外的高度赞赏。庄园的葡萄园属于友好型，大卫给予了精心的照料，酿造出了颇具个性且具有储藏潜力的葡萄酒。产品个性十足，彰显着地域特色。该酒庄是意大利酿酒精髓的正面写照，更是意大利著名的重要酿酒商之一。

- ● Barbera d'Alba Donna Margherita '09 4*
- ● Barolo Cerretta '07 8
- ● Barolo La Serra '07 8
- ● Barolo Serralunga '07 6
- ● Barolo Cerretta '06 8
- ● Barbera d'Alba Donna Margherita '08 4
- ● Barolo Cerretta '05 8
- ● Barolo Cerretta '04 8
- ● Barolo Cerretta '03 8
- ● Barolo Cerretta '01 7
- ● Barolo La Serra '06 8
- ● Barolo La Serra '05 8
- ● Barolo La Serra '04 8
- ● Dolcetto d'Alba Le Quattro Vigne '08 4*

Rovellotti

Interno Castello, 22
28074 Ghemme [NO]
Tel. 0163841781
www.rovellotti.it

藏酒销售
年产量 55 000 瓶
葡萄种植面积 17 公顷
葡萄栽培方式 有机种植

安托内罗（Antonello）和保罗•维洛蒂（Paolo Rovellotti）拥有的酒庄是竞争力日渐增强的上皮埃蒙特酿酒区（Piemont）最美丽、最震撼人心的庄园之一。酒窖位于古城堡利齐托•杰默（Richetto di Ghemme），这一个很难满足现代和传统严格框架的制酒完美之地。酒庄出品当地葡萄所酿造的内比奥罗（nebbiolo）和维斯伯诺拉（vespolina）等经典葡萄酒品种，还有卡比内（carbernet）、梅洛（merlot）和黑比诺（pinot noir）等国际品种。

- ● Ghemme Costa del Salmino Ris. '05 🍷🍷 6
- ○ Colline Novaresi Bianco Vitigno Innominabile Il Criccone '10 🍷🍷 4*
- ● Colline Novaresi Vespolina Ronco al Maso '10 🍷🍷 4
- ○ Passito Valdenrico '07 🍷 6
- ○ Colline Novaresi Bianco Il Criccone '09 🍷🍷 4*
- ● Colline Novaresi Nebbiolo Valplazza '08 🍷🍷 4
- ● Colline Novaresi Vespolina Ronco al Maso '09 🍷🍷 3*
- ● Colline Novaresi Vespolina Ronco al Maso '07 🍷🍷 3*

Podere Ruggeri Corsini

Loc. Bussia Corsini, 106
12065 Monforte d'Alba [CN]
Tel. 017378625
www.ruggericorsini.com

藏酒销售
预约参观
年产量 60 000 瓶
葡萄种植面积 9.8 公顷

洛雷达纳•阿达利（Loredana Addari）和尼古拉•阿加曼特（Nicola Argamante）在1995年建立了这个酒庄，他们都曾在大学学习葡萄栽培学和酿酒学。近年来，他们对葡萄酒的激情和酿酒技术不断提升，现在，他们出品了一系列精心酿造、个性十足、可信度高的品牌酒。因为这个酒庄在国际市场上享有盛名，我们强力推荐大家前去参观，人们可以在舒适而美丽的品尝室里静品佳酿。

- ● Barbera d'Alba Sup. Armujan '09 🍷🍷 5
- ● Barolo Bussia Corsini '07 🍷🍷 6
- ● Barolo San Pietro '07 🍷🍷 6
- ● Langhe Nebbiolo '09 🍷🍷 4
- ● Langhe Rosso Argamakow '09 🍷🍷 5
- ● Langhe Rosso Autenzio '08 🍷🍷 5
- ● Barbera d'Alba '10 🍷 4
- ● Dolcetto d'Alba '10 🍷 4
- ○ Langhe Bianco '10 🍷 4
- ● Barbera d'Alba '09 🍷🍷 4*
- ● Barolo Corsini '06 🍷🍷 6
- ● Barolo S. Pietro '06 🍷🍷 6
- ● Barolo S. Pietro '05 🍷🍷 6
- ● Langhe Rosso Autenzio '07 🍷🍷 5

Josetta Saffirio

Loc. Castelletto, 39
12065 Monforte d'Alba [CN]
Tel. 0173787278
www.josettasaffirio.com

藏酒销售
预约参观
年产量 25 000 瓶
葡萄种植面积 5.5 公顷

1985至1992年，酒庄由约瑟塔（Josetta）和父亲罗伯特（Roberto）经营时，就已经生产出了一系列高品质的酒。1999年，萨拉•维扎（Sara Vezza）接手经营酒庄，扩建葡萄园并建了一个新的实用的酒庄。巴罗诺（Barolo）和巴列斯科•阿尔巴（Barbera d'Alba）是酒庄的核心出品酒，但酒庄同时在一款兰格白葡萄酒方面也有所成就，它由稀有的利古利亚（Liguria）行政区的罗塞斯葡萄（Rossess）酿制，富有现代性，香味馥郁，口感平和。

● Barolo Francesco Millenovecentoquarantotto '07	🍷🍷 8
● Barolo Persiera '07	🍷🍷 8
○ Langhe Bianco '09	🍷🍷 4*
● Barbera d'Alba '09	🍷🍷 4
● Barolo '07	🍷🍷 6
● Langhe Alna Rosso '09	🍷🍷 5
● Langhe Nebbiolo '09	🍷🍷 5
● Barolo '89	🍷🍷🍷 8
● Barolo '88	🍷🍷🍷 8
● Barolo '01	🍷🍷 6
● Barolo Persiera '06	🍷🍷 8
● Barolo Persiera '04	🍷🍷 8
● Barolo Persiera Ris. '04	🍷🍷 8
○ Langhe Bianco '08	🍷🍷 4*

Cascina Salicetti

via Cascina Salicetti, 2
15050 Montegioco [AL]
Tel. 0131875192
www.cascinasalicetti.it

藏酒销售
预约参观
年产量 25 000 瓶
葡萄种植面积 16 公顷

在家族42公顷的庄园上，葡萄园仅占16公顷。卡西纳•萨利塞蒂（Cascina Salicetti）酒庄由酿酒家安森莫（Anselmo）协助经营，他通过细心的葡萄园管理，改进土质和本地品种，把重心放在提高质量上。在收获时节，酒庄收获结果较少的葡萄串，选择上好的葡萄，这样让每公顷的收产量较低，保证用于酿酒的葡萄质量上乘。该酒庄种植的葡萄包括蒂莫拉索（timorasso）、巴贝拉（barbera）、多尔切托（dolcetto）、科特斯（cortese）和伯纳达•皮埃蒙特（bonarda piemontese），最后一款葡萄用于酿造静止葡萄酒。

● Colli Tortonesi Barbera Morganti '10	🍷🍷 4
● Colli Tortonesi Barbera Punta del Sole '08	🍷🍷 5
● Colli Tortonesi Dolcetto Di Marzi '09	🍷🍷 3
● Colli Tortonesi Dolcetto Rugras '08	🍷🍷 3*
○ Colli Tortonesi Timorasso Derthona '09	🍷🍷 4*
○ Colli Tortonesi Timorasso Ombra di Luna '09	🍷🍷 5
○ Colli Tortonesi Cortese Montarlino '10	🍷 4
● Colli Tortonesi Barbera Punta del Sole '07	🍷🍷 5
● Colli Tortonesi Dolcetto Rugras '07	🍷🍷 3
○ Colli Tortonesi Timorasso Derthona '07	🍷🍷 4*
○ Colli Tortonesi Timorasso Ombra di Luna '08	🍷🍷 5

San Fereolo

LOC. SAN FEREOLO
B.TA VALDIBÀ, 59
12063 DOGLIANI [CN]
TEL. 0173742075
www.sanfereolo.com

预约参观
年产量 46 000 瓶
葡萄种植面积 12 公顷
葡萄栽培方式 有机种植

这是一个女人的表演，尼古勒塔•波卡（Nicoletta Bocca）和圣•费雷奥罗（San Fereolo）已融为一体，圣•费雷奥罗已是尼古勒塔的命脉。她来自米兰，现定居多格里安妮（Dogliani），她喜爱多尔切托陈葡萄酒（Dolcetto），可以很好地处理在新酿期的技术问题。尼古勒塔总是很乐意交流她是如何进入酒业，如何把酒庄做到今天这个样子的。酒庄已有70年的历史，现在正在将有机栽培转化为生物技能方式栽培。

● Dolcetto di Dogliani Valdibà '10	🍷🍷 4*
● Dolcetto di Dogliani S. Fereolo '99	🍷🍷🍷 4
● Dolcetto di Dogliani S. Fereolo '97	🍷🍷🍷 4
● Langhe Rosso Austri '03	🍷🍷🍷 5
● Langhe Rosso Brumaio '97	🍷🍷🍷 5
● Dogliani '07	🍷🍷 4*
● Dolcetto di Dogliani Valdibà '09	🍷🍷 4*
● Dolcetto di Dogliani Valdibà '08	🍷🍷 4*
● Langhe Rosso Austri '07	🍷🍷 5

Tenuta San Sebastiano

CASCINA SAN SEBASTIANO, 41
15040 LU [AL]
TEL. 0131741353
www.dealessi.it

藏酒销售
预约参观
年产量 70 000 瓶
葡萄种植面积 10 公顷

该酒庄海拔约300米，坐落在拥有很多罗马遗址的美丽的山村里。借着这如画般的美景，技巧娴熟的忠实酿酒商罗伯特•德•阿勒西（Roberto De Alessi）用激情经营着自己的酒庄。不论是管理葡萄园，还是酿酒，整个过程他都亲自践行。酒庄基于追求质量的家族传统，采用现代技术和酒窖管理方式。

● Barbera del M.to Sup. Mepari '08	🍷🍷 5
● Barbera del M.to '09	🍷🍷 3*
○ Piemonte Cortese Memi '10	🍷 3
● Piemonte Grignolino '10	🍷 3
● Barbera del M.to Sup. Mepari '07	🍷🍷 5
● Barbera del M.to Sup. Mepari '06	🍷🍷 5
● Grignolino del M.to Casalese '07	🍷🍷 3*
● M.to Rosso Sol-Do '05	🍷🍷 4*

★Luciano Sandrone

via Pugnane, 4
12060 Barolo [CN]
Tel. 0173560023
www.sandroneluciano.com

藏酒销售
预约参观
年产量 95 000 瓶
葡萄种植面积 25 公顷

卢西亚诺•圣德罗内（Luciano Sandrone）在兄弟卢卡（Luca）和女儿芭芭拉（Barbara）的辅佐下，管理着这个家族酒庄。酒庄因其美景而闻名并获得尊重。从传奇的89款和90款巴罗诺葡萄酒（Barolo）和坎努比•波切丝葡萄酒（Cannubi Boschi）开始，卢西亚诺从未停止过对葡萄酒完美的追求。酒庄所出品的葡萄酒充满个性，特色明显，既显力度，又显优雅，就算在新酿期也很不错。圣德罗内红酒是酒中之魁，它颇具深度，并且经过多年陈酿。

- ● Barolo Cannubi Boschis '07 8
- ● Barolo Le Vigne '07 8
- ● Barbera d'Alba '09 6
- ● Nebbiolo d'Alba Valmaggiore '09 6
- ● Barolo '84 8
- ● Barolo '83 8
- ● Barolo Cannubi Boschis '06 8
- ● Barolo Cannubi Boschis '05 8
- ● Barolo Cannubi Boschis '04 8
- ● Barolo Cannubi Boschis '03 8
- ● Barolo Cannubi Boschis '01 8
- ● Barolo Cannubi Boschis '00 8
- ● Barolo Cannubi Boschis '87 8
- ● Barolo Le Vigne '99 8

Cantine Sant'Agata

reg. Mezzena, 19
14030 Scurzolengo [AT]
Tel. 0141203186
www.santagata.com

藏酒销售
预约参观
年产量 150 000 瓶
葡萄种植面积 12 公顷

酿酒学家克劳迪奥（Claudio）和弗朗科（Franco）兄弟共同管理着这个酒庄，佛朗科负责市场营销，现在这个家族管理这个酒庄已一个多世纪之久。尽管酒庄也酿造巴贝拉（baraera）、内比奥罗（nebbiolo）、卡比内（cabernet）和吉诺林诺（grignolino）葡萄酒，但主要是因为其酿造的芳香馥郁的拉彻葡萄酒（raché）而出名，此葡萄品种是该地区的特色品种，更是庄园很多葡萄酒的来源。葡萄园坐落于斯克鲁伦哥（Scurzolengo）、卡内利（Caneli）和蒙佛特•阿尔巴（Monforte d'Alba），酒窖也位于斯克鲁伦哥。

- ○ Gavi di Gavi Ciarea '10 4
- ● Ruché di Castagnole M.to Genesi '08 6
- ● Barbera d'Asti Baby '10 3
- ● Barbera d'Asti Sup. Altea '09 4
- ● Grignolino d'Asti Miravalle '10 4
- ● Ruché di Castagnole M.to 'Na Vota '10 4
- ○ Suavissimus Brut M. Cl. '07 5
- ● Barbera d'Asti Sup. Cavalò '07 5
- ● M.to Rosso Genesi '07 6
- ● Ruché di Castagnole M.to 'Na Vota '08 4

Paolo Saracco

via Circonvallazione, 6
12053 Castiglione Tinella [CN]
Tel. 0141855113
info@paolosaracco.it

藏酒销售
预约参观
年产量 400 000 瓶
葡萄种植面积 40 公顷

保罗•萨拉科（Paolo Saracco）酒庄是阿斯提葡萄酒（Asti）领域的领军人物，是小生产者的倡导者，尽管他自己经过过去几年的一系列收购后，现在产量近50万瓶。葡萄园海拔300至460米，在围绕着以酒窖为中心的3 000米的范围内，土壤由沙质土、石灰岩土和泥沙土组成。近几年来，保罗的莫斯卡托葡萄酒（Moscatos）已成为该酒庄酿酒的基准。酒窖也生产国际品种，包括雷司令（riesling）、莎当妮（chardonnay）和黑品诺（pinot nero）。

○ Piemonte Moscato d'Autunno '10	🍷🍷 4
○ Langhe Chardonnay Prasuè '10	🍷 4
○ M.to Bianco Riesling '10	🍷 4
○ Moscato d'Asti '10	🍷 4
○ Piemonte Moscato d'Autunno '09	🍷🍷🍷 4*
○ Moscato d'Asti '09	🍷🍷 4
○ Piemonte Moscato d'Autunno '08	🍷🍷 4*
○ Piemonte Moscato d'Autunno '07	🍷🍷 4*

Roberto Sarotto

via Ronconuovo, 13
12050 Neviglie [CN]
Tel. 0173630228
www.robertosarotto.com

藏酒销售
预约参观
年产量 150 000 瓶
葡萄种植面积 50 公顷

该酒庄最初的基地在内威戈尼（Neviglie）和莫斯卡托（Moscato），到后来一直扩大到诺维罗（Novello）、内华（Neive）和嘎维（Gavi）几个地区，所以罗伯特•赛洛托（Roberto Sarotto）出品的葡萄酒品种丰富，并且他很明确自己所追求的风格。他希望白葡萄酒对刚开始喝酒的人具有吸引力，而希望红葡萄酒酒体圆润。他认为传统应该时刻更新，与时俱进。其酿制的葡萄酒价格合理。

● Barbaresco Currà Ris. '06	🍷🍷 7
○ Gavi del Comune di Gavi Bric Sassi '10	🍷🍷 4*
○ Gavi del Comune di Gavi Campo dell'Olio '10	🍷🍷 5
● Barbaresco Gaia Principe '08	🍷🍷 6
● Barbaresco Gaia Principe '07	🍷🍷 6
● Barbaresco Gaia Principe Ris. '06	🍷🍷 7
● Barbera d'Alba Elena '09	🍷🍷 4*
● Barolo Audace '07	🍷🍷 6
● Barolo Audace Ris. '05	🍷🍷 7
● Barolo Bricco Bergera '07	🍷🍷 6
○ Gavi del Comune di Gavi Aurora '10	🍷🍷 4
● Langhe Rosso Enrico I '09	🍷🍷 6
○ Moscato d'Asti Solatìo '10	🍷 4
● Barbaresco Gaia Principe Ris. '04	🍷🍷 7
● Barolo Audace '06	🍷🍷 6
○ Gavi del Comune di Gavi Bric Sassi '09	🍷🍷 4*

Scagliola

via San Siro, 42
14052 Calosso [AT]
Tel. 0141853183
www.scagliola-sansi.com

藏酒销售
预约参观
年产量 140 000 瓶
葡萄种植面积 25 公顷

该酒庄位于两个最适合种植酿造阿斯缇葡萄酒（Asti）的葡萄的地区：种植巴贝拉（barbera）的卡洛索（Calosso）山丘和种植莫斯卡托（Moscato）的卡内里地区（Canelli）。酒庄主要种植这两种葡萄，但也种植其他品种，包括多尔切托（dolcetto）、内比奥罗（nebbiolo）、吉诺林诺（grignolino）、柯蒂斯（cortese）、卡比内（cabernet）和莎当妮（chardonnay）。酒庄的葡萄园土壤类型为中型颗粒结构的石灰岩及粘土土质或沙质泥灰岩。酒庄出品的每一款酒都清冽醇香，体现了当地地域特色。

- ○ Asti Moscato Primo Bacio '10 — 4
- ○ Asti Moscato Volo di Farfalle '10 — 5
- ○ Piemonte Chardonnay Casot dan Vian '10 — 4
- ● Barbera d'Asti Sup. SanSì Sel. '01 — 7
- ● Barbera d'Asti Sup. SanSì Sel. '00 — 7
- ● Barbera d'Asti Sup. SanSì Sel. '99 — 7
- ● Barbera d'Asti Sup. SanSì '07 — 7
- ● Barbera d'Asti Sup. SanSì Sel. '07 — 8
- ○ Piemonte Chardonnay Casot dan Vian '07 — 4*

La Scamuzza

cascina Pomina, 17
15049 Vignale Monferrato [AL]
Tel. 0142926214
www.lascamuzza.it

藏酒销售
预约参观
年产量 15 000 瓶
葡萄种植面积 6 公顷

从亚历山大（Alessandria）走到维格那尔•蒙费拉托（Vignale Monferrato），过了福斌（Fubine）以后大约再走1千米，就会发现在左边有一个指示该酒庄的标志。这个家族酒庄现在由充满活力的劳拉•扎瓦塔罗（Laura Zavattaro）经营，生产精细，酒质上等，始终如一。酒庄主要种植巴贝拉（babera）和吉诺林诺（grignolino）葡萄，也种植少部分的酿造布利科•圣•他玛索红葡萄酒（Bricco San Tomaso reds）的卡比内索味浓葡萄（cabernet sauvignon）。

- ● Barbera del M.to Baciamisubito '10 — 4
- ● Barbera del M.to Sup. Vign. della Amorosa '08 — 5
- ● Grignolino del M.to Casalese Tumas '09 — 4
- ● Barbera del M.to Sup. Vign. della Amorosa '07 — 5
- ● Grignolino del M.to Casalese Tumas '07 — 4*
- ● M.to Rosso Bricco S. Tomaso '08 — 5
- ● M.to Rosso Bricco S. Tomaso '07 — 5

Giorgio Scarzello e Figli

via Alba, 29
12060 Barolo [CN]
Tel. 017356170
www.barolodibarolo.com

藏酒销售
预约参观
年产量 25 000 瓶
葡萄种植面积 5.5 公顷

这个小型的家族式经营的酒庄坐落于巴罗洛镇（Barolo）中心外。酒庄酿酒崇尚传统，所以，其出品的葡萄酒都很忠实地再现了当地地域风格，其中巴罗洛•维格纳•美伦达（Barolo Vigna Merenda）是酒庄精品，采用著名的撒马萨（Sarmassa）葡萄园中相应地块种植的葡萄酿制，在价格方面也同样具有竞争力。该酒庄的酒都很具有储藏潜力，这意味着即使在酒窖经过长时间陈酿后，葡萄酒仍然值得品尝和鉴赏。

Wine	Rating
● Barolo Sarmassa V. Merenda '06	🍷🍷 7
● Barbera d'Alba Sup. '08	🍷🍷 5
● Barolo V. Merenda '99	ΥΥΥ 6
● Barbera d'Alba Sup. '07	ΥΥ 5
● Barbera d'Alba Sup. '06	ΥΥ 5
● Barolo '06	ΥΥ 6
● Barolo '05	ΥΥ 6
● Barolo V. Merenda '06	ΥΥ 7
● Barolo V. Merenda '05	ΥΥ 7
● Barolo V. Merenda '04	ΥΥ 7
● Barolo V. Merenda '01	ΥΥ 7
● Langhe Nebbiolo '07	ΥΥ 4*

★Paolo Scavino

fraz. Garbelletto
via Alba-Barolo, 59
12060 Castiglione Falletto [CN]
Tel. 017362850
www.paoloscavino.com

藏酒销售
预约参观
年产量 100 000 瓶
葡萄种植面积 20 公顷

这家兰格的卡斯蒂格隆•法列多（Castiglione Falletto）酒庄很久以前就获得世界认可，许多国家的酒业报纸都对其做过很有激情的评价。在不屈不挠的恩里科（Enrica）的支持下，恩丽萨（Elisa）和恩利卡（Enrica）现在是酒庄的管理者，酒庄仍然继续着他们已选择好的酿酒之路。酒庄的总部值得参观，他们建筑的颇具吸引力，既采用现代前沿科技，又保持个性。

Wine	Rating
● Barolo Rocche dell'Annunziata Ris. '05	🍷🍷🍷 8
● Barolo Carobric '07	🍷🍷 8
● Barolo Monvigliero '07	🍷🍷 8
● Barbera d'Alba Affinato in Carati '08	🍷🍷 6
● Barolo '07	🍷🍷 8
● Barolo Bric del Fiasc '07	🍷🍷 8
● Barolo Bricco Ambrogio '07	🍷🍷 8
● Barolo Cannubi '07	🍷🍷 8
● Langhe Nebbiolo '08	🍷🍷 6
○ Langhe Sorriso '09	🍷🍷 6
Barolo '84	ΥΥΥ 6
● Barolo Bric del Fiasc '06	ΥΥΥ 8
● Barolo Bric del Fiasc '89	ΥΥΥ 6
● Barolo Cannubi '92	ΥΥΥ 6
● Barolo Rocche dell'Annunziata Ris. '01	ΥΥΥ 8
● Barolo Rocche dell'Annunziata Ris. '97	ΥΥΥ 8

Schiavenza

VIA MAZZINI, 4
12050 SERRALUNGA D'ALBA [CN]
TEL. 0173613115
www.schiavenza.com

藏酒销售
预约参观
年产量 35 000 瓶
葡萄种植面积 8 公顷

对于追求兰格原味的美食美酒鉴赏家来说，参观这家索拉郎佳•阿尔巴（Serralunga d'Alba）重要的酒庄和家庭式餐馆是必须的。酒庄一流的葡萄园出品了一系列个性丰富的葡萄酒，不仅风格简洁明快，而且完美地诠释了当地的地域特色。酒庄出品的葡萄酒都经过严格的熟化，价格根据酒质的不同层次来定，颇具吸引力。

- Barolo Bricco Cerretta '07 6
- Barolo Broglio '07 6
- Barolo Prapò '07 7
- Barbera d'Alba '10 4*
- Barolo Serralunga '07 6
- Dolcetto d'Alba Vughera '10 4*
- Langhe Nebbiolo '09 4
- Dolcetto d'Alba '10 3
- Barolo Broglio '05 6
- Barolo Broglio '04 6
- Barolo Broglio Ris. '04 6
- Barolo Bricco Cerretta '06 6
- Barolo Prapò '06 6
- Barolo Prapò '05 6

Scrimaglio

S.DA ALESSANDRIA, 67
14049 NIZZA MONFERRATO [AT]
TEL. 0141721385
www.scrimaglio.it

藏酒销售
预约参观
年产量 700 000 瓶
葡萄种植面积 20 公顷
葡萄栽培方式 有机认证

从1921年开始，圣马尼奥（Scrimaglio）家族已经在尼萨•蒙费拉托（Nizza Monferrato）开始生产葡萄酒。现在，酒庄出品的葡萄酒主要分为两大类：经典品种和时髦品种。酒庄的重心仍然是生产多样的巴贝拉葡萄酒，从清淡易入口系列到更复杂的系列。酒庄也出品一系列葡萄园实验酒，其中一些采用有机种植方法，还有些是在储藏时采用金属瓶盖密封而非软木塞瓶装葡萄酒。酒庄给人们的整体印象是既和地域风格紧密联系，也注重创新和活力。

- Barbera d'Asti Sup. Nizza Acsé '08 6
- Barbera d'Asti Sup. Fiat '09 5
- Barbera d'Asti Sup. RoccaNivo '09 4*
- Piemonte Barbera No Cork '10 4
- Barbera d'Asti NoWood '10 4
- Barbera d'Asti Sup. Nizza Acsé '07 6
- Barbera d'Asti NoWood '09 4*
- Barbera d'Asti Sup. Acsé '04 6
- Barbera d'Asti Sup. Crôutin '07 6
- Barbera d'Asti Sup. Crôutin '06 6
- Barbera d'Asti Sup. Fiat '07 5
- Barbera d'Asti Sup. Nizza Acsé '06 6
- Barbera d'Asti Sup. Nizza Acsé '05 6
- Barbera d'Asti Sup. RoccaNivo '08 4*

Mauro Sebaste

FRAZ. GALLO
VIA GARIBALDI, 222BIS
12051 ALBA [CN]
TEL. 0173262148
www.maurosebaste.it

藏酒销售
预约参观
年产量 150 000 瓶
葡萄种植面积 25 公顷

总的说来，莫罗•瑟巴斯特（Mauro Sebaste）酒庄的表现令人钦佩。在20年间，在充满激情的庄主强有力的推动下，庄园不断收购其他葡萄园，并对酒窖进行现代化管理，提升酒庄的地位，莫罗（Mauro）的根本目标是生产兰格和周边地区的所有葡萄品种，包括从嘎维（Gavi）到兰格佛雷依撒（Lange Freisa）、莫斯卡托•阿斯缇（Moscato d'Asti）和巴罗诺（Barolo）之间的所有地区。莫罗出品的所有酒都忠实于对应的葡萄品种和葡萄园特色及当地的地域特色，凸显深度。

Wine	Rating
● Barolo Monvigliero '07	🍷🍷🍷 7
○ Gavi '10	🍷🍷 4
● Nebbiolo d'Alba Parigi '09	🍷🍷 5
● Barolo Prapò '07	🍷 8
● Langhe Freisa Sylla '10	🍷 4
○ Roero Arneis '10	🍷 4
● Barolo Monvigliero '04	♀♀ 7
● Barolo Prapò '05	♀♀ 8
● Barolo Prapò '04	♀♀ 8

F.lli Seghesio

LOC. CASTELLETTO, 19
12065 MONFORTE D'ALBA [CN]
TEL. 017378108
az.agricolaseghesio@libero.it

藏酒销售
预约参观
年产量 60 000 瓶
葡萄种植面积 10 公顷

该酒庄建立在20世纪80年代中期，这一时期，一大批年轻的兰格葡萄种植者建立起自己的酒庄，而不再把葡萄直接卖给合作者，这受到了人们的极大称赞，也是喜格士（Seghesio）兄弟走上成功的道路。在这里，大多数情况之下没有人会把工作重心从葡萄园移开。他们选用法国橡木桶，酿造散发浓郁果香的美酒，但关键点仍然是对葡萄精细的照料。现在，在年轻的桑德罗（Sandro）和马克（Marco）的帮助下，里卡多（Riccardo）仍然掌管这个庄园。

Wine	Rating
● Barolo Vign. La Villa '07	🍷🍷🍷 7
● Barbera d'Alba '10	🍷🍷 4*
● Langhe Nebbiolo '09	🍷🍷 4
● Dolcetto d'Alba '10	🍷 3
● Barbera d'Alba Vign. della Chiesa '00	♀♀♀ 6
● Barbera d'Alba Vign. della Chiesa '97	♀♀♀ 6
● Barolo Vign. La Villa '04	♀♀♀ 7
● Barolo Vign. La Villa '99	♀♀♀ 7
● Barolo Vign. La Villa '91	♀♀♀ 7
● Barbera d'Alba Vign. della Chiesa '06	♀♀ 5
● Barbera d'Alba Vign. della Chiesa '05	♀♀ 6
● Barolo Vign. La Villa '06	♀♀ 7
● Barolo Vign. La Villa '05	♀♀ 7
● Barolo Vign. La Villa '03	♀♀ 7

Sella

via IV Novembre, 130
13060 Lessona [BI]
Tel. 01599455
www.tenutesella.it

藏酒销售
预约参观
年产量 80 000 瓶
葡萄种植面积 20 公顷

酒庄有10公顷极其分散的土地位于勒索那（Lessona），另外还有13公顷位于巴拉玛特拉（Bramaterra）的一整块土地上，所以，萨拉（Salla）家族的葡萄酒体现了沙质土和比耶拉（Biella）的斑岩土的激动人心的较量，比耶拉的土壤很适合内比奥罗葡萄生长，却不是种植维斯伯诺那（Vespolino）和克罗蒂娜（Croatina）葡萄的佳选之地。该酒庄酒窖装备有25 000升的斯拉夫尼亚橡木桶和法国橡木桶，只有一小部分是新木桶，这仅仅是酒庄天才般创造经典酒的小部分原因，克里斯蒂亚诺•格瑞拉（Cristiano Garella）的辛苦劳作才起着更为重要的作用。

- ● Bramaterra I Porfidi '07 — 🍷🍷🍷 6
- ● Lessona '08 — 🍷🍷 6
- ● Bramaterra '08 — 🍷🍷 6
- ● Coste della Sesia Casteltorto '09 — 🍷 5
- ● Coste della Sesia Rosso Orbello '10 — 🍷 4
- ● Bramaterra I Porfidi '05 — 🍷🍷🍷 6
- ● Bramaterra I Porfidi '03 — 🍷🍷🍷 6
- ● Lessona Omaggio a Quintino Sella '05 — 🍷🍷🍷 7
- ● Loccona S. Sebastiano allo Zoppo '04 — 🍷🍷🍷 6
- ● Lessona S. Sebastiano allo Zoppo '01 — 🍷🍷🍷 6
- ● Coste della Sesia Rosso Orbello '09 — 🍷🍷 4*
- ● Lessona '06 — 🍷🍷 5

Enrico Serafino

c.so Asti, 5
12043 Canale [CN]
Tel. 0173979485
www.enricoserafino.it

藏酒销售
预约参观
年产量 450 000 瓶
葡萄种植面积 13 公顷

恩里科•塞拉菲尼（Enrico Serafino）酒庄已成为金巴利（Campari）旗下羽翼丰满的成员，现在正处于酿造罗埃诺葡萄酒（Roero）产品的繁荣期，包括用本地葡萄酿造的静止葡萄酒、阿尔塔•朗格（Alta Langa）产地系列以及采用传统方法用莎当妮（chardonnay）和黑品诺（pinot nero）酿造的起泡葡萄酒，其中最著名的要属康提娜•马伊阿斯科（Cantina Maestra）。酒庄出品的葡萄酒口感极佳，体现一种极强的地域感，而且种类超过23种，囊括了从巴罗诺（Barolo）到多尔切托•阿尔巴（Dolcetto d'Alba）、吉诺林诺•阿斯蒂（Grignolino d'Asti）、巴巴列斯科、嘎维（Gavin）等葡萄酒。

- ○ Alta Langa Brut Zero Cantina Maestra Ris. '05 — 🍷🍷🍷 7
- ○ Alta Langa Brut Cantina Maestra '06 — 🍷🍷 5
- ● Barbera d'Alba Sup. Pardunè '08 — 🍷🍷 4*
- ● Nebbiolo d'Alba Diauleri Cantina Maestra '09 — 🍷🍷 4
- ○ Roero Arneis Canteiò Cantina Maestra '10 — 🍷🍷 4
- ● Barbera d'Alba Bacajé Cantina Maestra '10 — 🍷 4
- ● Roero '08 — 🍷 4
- ○ Roero Arneis '10 — 🍷 4
- ● Roero Pasiunà Cantina Maestra '08 — 🍷 5
- ○ Alta Langa Brut Cantina Maestra '05 — 🍷🍷 5
- ● Barbera d'Alba Sup. Pardunè Cantina Maestra '05 — 🍷🍷 5
- ● Nebbiolo d'Alba Diauleri Cantina Maestra '08 — 🍷🍷 4*
- ● Roero Pasiunà Cantina Maestra '06 — 🍷🍷 5
- ● Roero Pasiunà Cantina Maestra '05 — 🍷🍷 5

Aurelio Settimo

FRAZ. ANNUNZIATA, 30
12064 LA MORRA [CN]
TEL. 017350803
www.aureliosettimo.com

藏酒销售
预约参观
年产量 40 000 瓶
葡萄种植面积 6.64 公顷

奥雷里奥•瑟提莫（Aurelio Settimo）酒庄位于美丽的罗彻•拉莫（Rocche di La Morra）地区，2012年，酒庄会庆祝它出品的第一款酒的50岁生日，此款酒是由奥雷里奥在1962年酿造。现在，在家人的支持下，奥雷里奥用天才般的激情管理着这个酒庄。酒庄出品的酒质量不断提升，仍然保持着对该地区酿酒传统的尊重。酒庄运作环保，不在葡萄园使用任何化学物品。

● Barolo Rocche Ris. '04	🍷🍷🍷 8
● Barolo '07	🍷🍷 6
● Barolo Rocche '06	🍷🍷 6
● Barolo Rocche dell' Annunziata '07	🍷🍷 6
● Langhe Nebbiolo '06	🍷🍷 5
● Barolo Rocche '97	🍷🍷 6
● Barolo Rocche '96	🍷🍷 6
● Barolo Rocche Ris. '96	🍷🍷 7

Poderi Sinaglio

FRAZ. RICCA
VIA SINAGLIO, 5
12055 DIANO D'ALBA [CN]
TEL. 0173612209
www.poderisinaglio.it

藏酒销售
预约参观
年产量 44 000 瓶
葡萄种植面积 13 公顷

被授予保证法定地区餐酒（DOCG），多尔切托•蒂诺葡萄酒（Dolcetto di Diano）的历史翻开了新的篇章。这份晋升的荣誉大部分授予给一系列的小酒庄，这些酒庄都坚信并且精心酿造传统的具有浓郁果香的葡萄酒。布鲁诺（Bruno）和希尔瓦诺•阿克莫（Silvano Accomo）兄弟俩就是采用这种传统方式酿酒的。15年来，他们不仅酿造了多尔切托•蒂诺葡萄酒，还出品了一系列的传统经典，包括内比奥罗（Nebbilo）和巴贝拉•阿尔巴（Barbera d'Alba）葡萄酒。

● Barbera d'Alba V. Erta '09	🍷🍷 4*
● Dolcetto di Diano d'Alba Sorì Bric Maiolica '09	🍷🍷 4*
● Barbera d'Alba '10	🍷 4
○ Langhe Bianco Boccabarile '10	🍷 4
● Langhe Nebbiolo '10	🍷 4
● Langhe Rosso Sinaij '09	🍷 5
● Nebbiolo d'Alba Giachét '09	🍷 5
● Diano d'Alba Sörì Bric Maiolica '03	🍷🍷 4*
● Dolcetto di Diano d'Alba '09	🍷🍷 3*
● Langhe Rosso Sinaij '07	🍷🍷 5

La Smilla

via Garibaldi, 7
15060 Bosio [AL]
Tel. 0143684245
www.lasmilla.it

藏酒销售
年产量 100 000 瓶
葡萄种植面积 6 公顷

拉斯米拉（La Smilla）酒庄地处嘎维（Gavi）和多尔切托•欧瓦达（Dolceto d'Ovada）地区，是由马特奥•奇诺（Metto Guido）命名的。庄园仅占地6公顷，全部用于种植经典的当地品种，包括巴贝拉（barbera）、多尔切托（dolcetto）和克蒂斯（cortese）葡萄，所有出品的葡萄酒都质量上乘。酒庄成功地将葡萄酒的接近性、吸引力和持久性结合起来。除了嘎维•伯格（Gavi Bergi）系列和巴贝拉•卡利坎托（Berbera Calicanto）在木桶里熟化外，其他品种的酒都在钢制桶里陈化。

- ● Dolcetto di Ovada '09 3*
- ○ Gavi del Comune di Gavi '10 3*
- ○ Gavi del Comune di Gavi I Bergi '08 4
- ● Barbera del M.to '09 3
- ○ Gavi '10 3
- ● M.to Rosso Calicanto '09 4
- ● Dolcetto di Ovada '08 3*
- ● Dolcetto di Ovada Nsè Pesa '07 4*
- ○ Gavi '09 3*
- ○ Gavi del Comune di Gavi I Bergi '08 4

★Sottimano

loc. Cottà, 21
12052 Neive [CN]
Tel. 0173635186
www.sottimano.it

藏酒销售
预约参观
年产量 65 000 瓶
葡萄种植面积 14 公顷

基地索蒂马诺（Sottimano）酒庄坐落在科塔地区（Cotta）地区，此地是兰格最美丽的地方之一。酒庄位于内华（Neive）地区，种植14公顷的葡萄，现有4个巴巴列斯科（Barbaresco）葡萄园、一款巴巴列斯科珍藏酒、一款多尔切托葡萄酒（Dolcetto）和一款布拉凯多干酒（Brachetto）。酒庄的成功不仅来源于葡萄园工人的辛苦劳作和避免化学物，还来源于对酿酒的每一个细节的精心处理。酒窖采用小型橡木桶，只有一小部分是新制的。

- ● Barbaresco Pajoré '08 8
- ● Barbaresco Cottà '08 8
- ● Barbera d'Alba Pairolero '09 5
- ● Barbaresco Fausoni '08 8
- ● Langhe Nebbiolo '09 5
- ● Dolcetto d'Alba Bric del Salto '10 4
- ● Maté '10 4
- ● Barbaresco Cottà '05 8
- ● Barbaresco Currà '04 7
- ● Barbaresco Pajoré '01 7
- ● Barbaresco Pajoré '00 7
- ● Barbaresco Ris. '05 8
- ● Barbaresco Ris. '04 8

Luigi Spertino

VIA LEA, 505
14047 MOMBERCELLI [AT]
TEL. 0141959098
www.luigispertino.it

藏酒销售
预约参观
年产量 40 000 瓶
葡萄种植面积 9 公顷
葡萄栽培方式 有机种植

斯佩尔蒂诺（Spertino）酒庄除了是吉诺林诺葡萄酒（Grignolino）的酿造冠军外，还在其他品种的葡萄的酿造上有所成功。其中特别令人感兴趣的要数源自拉曼多尔拉山丘（La mandorla）的拉曼多尔（La Mandorla）生产线的葡萄酒，还有来源于从最健康、成熟的葡萄里精挑细选之后部分风干的葡萄酿造的巴贝拉葡萄酒（Barbera），以及黑比诺葡萄酒（Pinot Nero）。用柯蒂斯（cortese）酿造并从表皮开始发酵的的白葡萄酒同样也值得一提。酒庄出品的一系列产品都与当地地域特色紧密相连，既具原味，而且个性丰富，理念独特。

● Barbera d'Asti Sup. La Mandorla '09	8
○ Piemonte Cortese Vilet '09	7
● Grignolino d'Asti '10	5
● Barbera d'Asti '09	5
● Barbera d'Asti Sup. La Mandorla '07	8
● M.to Rosso La Mandorla '07	6
● Barbera d'Asti '06	4*
● Barbera d'Asti '05	4*
● Barbera d'Asti '04	4*
● Barbera d'Asti '02	4
● Barbera d'Asti Sup. La Mandorla '06	6

★★★La Spinetta

VIA ANNUNZIATA, 17
14054 CASTAGNOLE DELLE LANZE [AT]
TEL. 0141877396
www.la-spinetta.com

藏酒销售
预约参观
年产量 500 000 瓶
葡萄种植面积 100 公顷
葡萄栽培方式 有机种植

这家地域广阔，颇具影响力和活力的酒庄最近收购了著名的特拉托（Contratto）酒窖并扩大了其面积。他们采用经典方法酿造的高品质起泡酒给酒庄品种众多的葡萄酒进行了完美的补充。酒庄原来的生产链从皮埃蒙特（Piemonte）到托斯卡纳地区（Tuscany）。作为酒庄的推动者，乔治奥•里维迪（Giorgio Rivetti）志存高远，目标明确，得到了家人的有力支持，他最初是一个莫斯卡托葡萄酒（moscato）的生产者。

● Barbera d'Asti Sup. Bionzo '09	7
● Barbaresco Vign. Gallina '08	8
● Barbaresco Vign. Valeirano '08	8
● Barolo Campè '07	8
● M.to Rosso Pin '09	7
● Barbaresco Vign. Bordini '08	8
● Barbaresco Vign. Starderi '08	8
● Barbera d'Asti Ca' di Pian '09	5
● Barolo Garretti '06	8
○ Langhe Bianco Sauvignon '08	7
● Barbaresco Vign. Starderi '07	8
● Barbaresco Vign. Starderi '05	8
● Barbaresco Vign. Starderi '04	8
● Barbaresco Vign. Valeirano '04	8
● Barbera d'Asti Sup. Bionzo '07	7
● M.to Rosso Pin '06	7

Stroppiana

FRAZ. RIVALTA
RIVALTA, S. GIACOMO, 6
12064 LA MORRA [CN]
TEL. 0173509419
www.cantinastroppiana.com

藏酒销售
预约参观
年产量 30 000 瓶
葡萄种植面积 4.5 公顷

达里奥•沙特诺皮安娜（Dario Stroppiana）在妻子斯蒂芬妮（Stefania）的帮助下，经营着这个美丽的庄园。达里奥通过一系列仔细周密的实验，形成了特色鲜明的生产风格，特别是在巴罗诺葡萄酒（Barolo）的熟化技术上。同时采用小型橡木桶和大的容器生产经典与现代葡萄酒。这个酒庄的主打产品是巴罗诺•圣•吉亚科莫葡萄酒（Barolo San Giacomo），所用的葡萄来自拉莫（La Morra）的里瓦尔卡（Rivalta）的葡萄园。另外，原料来源于蒙福特（Monfert）葡萄园的布西亚葡萄酒（Bussia）也并不逊色。

● Barolo Gabutti Bussia '07	6
● Barolo Vigna S. Giacomo '07	6
● Barbera d'Alba Sup. Altea '09	4
● Barolo Leonardo '07	5
● Langhe Rosso '09	4
● Dolcetto d'Alba '10	3

Luigi Tacchino

VIA MARTIRI DELLA BENEDICTA, 26
15060 CASTELLETTO D'ORBA [AL]
TEL. 0143830115
www.luigitacchino.it

藏酒销售
预约参观
年产量 120 000 瓶
葡萄种植面积 12 公顷

这个值得赞扬的家族式酒庄有很大的发展潜力，塔奇诺斯（Tacchino）家族经营这家酒庄，历经几代，现在罗密欧（Romina）和艾丽西奥（Alessio）经营着这家酒庄，并把从父辈那儿汲取的经验付诸实践，但他们也有自己的方法和激情。酒庄的葡萄园占地12公顷，种植着巴贝拉（barbera）、多尔切托•迪奥瓦（dolcetto d'Ovada）和柯蒂斯（cortese）葡萄，还有用于酿造蒙费拉托红酒（Monferrato Rosso）的赤霞珠葡萄。

● Dolcetto di Ovada Sup. Du Riva '08	5*
● Barbera del M.to Albarola '09	4*
● M.to Rosso Di Fatto '08	5
● Barbera del M.to '10	4
○ Gavi del Comune di Gavi '10	4
○ Cortese dell'Alto M.to Marsenca '10	3
● Barbera del M.to Albarola '07	4*
● Dolcetto di Ovada Du Riva '06	4*
● Dolcetto di Ovada Sup. Du Riva '07	4*
● M.to Rosso Di Fatto '07	5

Michele Taliano

C.SO A. MANZONI, 24
12046 MONTÀ [CN]
TEL. 0173976512
www.talianomichele.com

藏酒销售
预约参观
年产量 60 000 瓶
葡萄种植面积 12 公顷

该酒庄由塔里安诺（Taliano）家族于1930年在蒙塔•阿尔巴（Montà d'Alba）建立，葡萄园在罗埃诺地区（Roero）和兰格地区（Langhe）之间。罗埃诺（Roero）葡萄园主要在蒙塔的中南山坡地带，种植内比奥罗（nebbiolo）、阿内斯（arneis）和布拉凯多（brachetto）葡萄，同时也种植索味浓（sauvignon）和赤霞珠（cabernet sauvignon）葡萄。其中，最主要的是来自位于罗彻（Rocche）果园的拉伯索拉（La Bossora）系列。酒庄的酒口感清新而富含矿物质。兰格地区的葡萄园主要位于圣•洛克•瑟罗•埃尔维奥地区（San Rocco Seno d'Elvio），属于巴巴列斯科葡萄酒（Barbaresco）产区，种植用于酿造巴巴列斯科•阿缇欧拉（Barbaresco Ad Altiora）的内比奥罗葡萄，巴贝拉（barbera）、多尔切托（Dolcetto）和莫斯卡托（moscato）葡萄。

- ● Barbaresco Tera Mia Ris. '05 6
- ● Nebbiolo d'Alba Blagheur '09 4*
- ● Roero Ròche dra Bòssora Ris. '08 5
- ● Barbaresco Ad Altiora '08 6
- ● Barbera d'Alba A Bon Rendre '10 4
- ● Barbera d'Alba Laboriosa '08 4
- ● Langhe Rosso '08 4
- ○ Roero Arneis Sernì '10 4
- ● Barbaresco Ad Altiora '07 6
- ● Roero Ròche dra Bòssora '05 5
- ● Roero Ròche dra Bòssora '04 5
- ● Roero Ròche dra Bòssora Ris. '07 5
- ● Roero Ròche dra Bòssora Ris. '06 5

Tenuta La Tenaglia

S.DA SANTUARIO DI CREA, 5C
15020 SERRALUNGA DI CREA [AL]
TEL. 0142940252
www.latenaglia.com

藏酒销售
预约参观
年产量 100 000 瓶
葡萄种植面积 30 公顷

蒙卡奥（moncalvo）的地方长官乔治奥•特纳格利亚（Giorgio Tenaglia）在17世纪决定将一些山区发展成为葡萄园进行酿酒，并建立了该酒庄。现在，酒庄的目标是生产绝对高质量的葡萄酒。盖特奥栽种方法，通过减少每串葡萄所结数量来使葡萄保持每公顷的低产量。葡萄园主要栽种蒙费拉托（Monferrato）的经典品种，包括巴贝拉（barbera）、吉诺林诺（grignolino）和佛莱伊萨（freisa）葡萄，还有国际品种莎当妮和席拉（syrah）葡萄，最后一种葡萄用来酿造独特品种蒙费拉托•奥利维埃里红酒（Monferrato Rosso Olivieri）。

- ● Grignolino del M.to Casalese '10 4*
- ● M.to Rosso Olivieri '08 6
- ● Barbera del M.to Cappella 3 del Sacro Monte di Crea '10 4
- ● Barbera d'Asti Bricco Crea '10 4
- ● Barbera del M.to '10 4
- ○ Piemonte Chardonnay '10 4
- ○ Piemonte Chardonnay '08 4
- ● Barbera del M.to Sup. 1930 Una Buona Annata '07 6
- ● Grignolino del M.to Casalese '09 4*
- ● Grignolino del M.to Casalese '08 4*
- ○ Piemonte Chardonnay '09 4

Terralba

Fraz. Inselmina, 25
15050 Berzano di Tortona [AL]
Tel. 013180403
www.terralbavini.com

预约参观
年产量 70 000 瓶
葡萄种植面积 20.5 公顷

酒庄位于伯扎罗（Berzano）附近的印瑟米娜（Inselmina），离托尔托纳（Tortone）不远，地处乡村，风景格外秀丽，作为葡萄园的大背景，庄主斯特凡诺•达芬奇（Stefano Daffonchi）非常满意。酒庄产品主要是本地品种，庄主知道如何挖掘其潜力。这些葡萄酒都很复杂，结构缜密，所以，这些酒不适合早期饮者，但任何有耐心的饮者都可以体会到这些酒的美妙绝伦之处。

- ○ Colli Tortonesi Timorasso Stato '09 6
- ● Veyo '07 8
- ○ Colli Tortonesi Timorasso Derthona '09 5
- ● Identità '09 5
- ● La Vetta '09 4
- ● Colli Tortonesi Rosso Montegrande '06 5
- ● Colli Tortonesi Rosso Terralba '06 6
- ● Colli Tortonesi Rosso V. di Mezzo '06 5
- ○ Colli Tortonesi Timorasso Derthona '08 5
- ○ Colli Tortonesi Timorasso Stato '08 6
- ● Piemonte Barbera Identità '08 4
- ● Piemonte Barbera Identità '07 5

Terre da Vino

via Bergesia, 6
12060 Barolo [CN]
Tel. 0173564611
www.terredavino.it

藏酒销售
预约参观
年产量 5 000 000 瓶
葡萄种植面积 4 500 公顷

如果想寻找皮埃蒙特地区（Piemonte）可靠的、物有所值的葡萄酒的代表，无论你是在意大利还是在国外，这个大型的一流酒庄绝对是人们的佳选。这家合作式的酒庄总部非同一般，有专门设计的直销分店供参观者游览。总的来说，建筑风格在整个范围内都很明显，个性含蓄而多样，带有很柔和的酒劲，显示了酒的平衡与和谐的潜力。该酒庄出品的很多酒名不虚传。

- ● Barbera d'Asti Sup. La Luna e I Falò '09 4*
- ● Barolo Essenze '07 7
- ● Barolo Paesi Tuoi '07 6
- ● Barbera d'Alba Sup. Croere '09 5
- ● Brachetto d'Acqui Asinari '10 4
- ● Langhe Nebbiolo La Malora '09 5
- ○ Piemonte Sauvignon Chardonnay Tra Donne Sole '10 4*
- ○ Asti Monti Furchi '10 4
- ○ Piemonte Moscato Passito La Bella Estate '09 5
- ○ Piemonte Pinot Nero Extra Brut Molinera 4
- ● Barolo Essenze '06 7
- ● Barolo Paesi Tuoi '06 6

Terre del Barolo

via Alba-Barolo, 5
12060 Castiglione Falletto [CN]
Tel. 0173262053
www.terredelbarolo.com

藏酒销售
预约参观
年产量 2 500 000 瓶
葡萄种植面积 610 公顷

马迪奥•波斯科（Matteo Bosco）经营着这家重要的酒庄，在价格合理的基础上，继续大踏步地改进其酒质。酒庄出品的酒包括本地的主要品种，对于意大利国内外想要发掘了解酿酒丰富的爱好者来说，这些品种无疑是他们绝好的参考。酒庄也出品多种巴罗诺（Barolo）系列，还有内比奥罗（Nebbiolo），多尔切托（Dolcetto）和巴贝拉（Babera）葡萄酒，它们都因其典型的清冽酒香和美妙的酒劲而出名。

● Barolo Rocche Ris. '04	🍷🍷 6*
● Barbera d'Alba Valdisera '09	🍷🍷 3*
● Barolo '07	🍷🍷 6
● Barolo Cannubi '06	🍷🍷 7
● Barolo Castello Ris. '04	🍷🍷 7
● Dogliani '09	🍷🍷 4
● Barbera d'Alba Sup. '09	🍷 3
● Barolo Monvigliero '06	🍷 6
● Barolo Ravera '06	🍷 6
● Dolcetto d'Alba Castello '09	🍷 4
● Dolcetto di Diano d'Alba Cascinotto '09	🍷 4
● Barolo '06	🍷🍷 6
● Barolo Cannubi '04	🍷🍷 7
● Barolo Castello Ris. '99	🍷🍷 7
● Barolo Rocche Ris. '99	🍷🍷 6

La Toledana

loc. Sermoira,5
15066 Gavi [AL]
Tel. 014188551
www.latoledana.it

预约参观
年产量 未提供
葡萄种植面积 28 公顷

拉•托勒达（La toledana）酒庄在16世纪是嘎维地区（Gavi）最美丽的庄园之一，有在当地被称为图勒腾（tuledon）的双塔。这只是酒庄酒业的开始，酒庄以吉安尼•马提尼（Gianni Martini）命名，在吉安尼拥有的企业群星中，此酒庄堪称最耀眼的一颗。葡萄园只种植柯蒂斯（cortese），但风格不一：用木桶培植拉•托勒达；把卡斯特罗•托勒达（Castello Toledana）在木桶里熟化并在瓶子里慢慢陈年，为了酿好拉阔托•塔迪奥葡萄酒（Raccolto Tardivo），酒庄采摘11月份晚熟的葡萄。

○ Gavi del Comune di Gavi La Toledana '10	🍷🍷 5
○ Gavi del Comune di Gavi La Toledana Raccolto Tardivo '10	🍷🍷 6
○ Gavi del Comune di Gavi La Toledana '09	🍷🍷 5
○ Gavi del Comune di Gavi La Toledana V.T. '09	🍷🍷 6

Torraccia del Piantavigna

via Romagnano, 69a
28067 Ghemme [NO]
Tel. 0163840040
www.torracciadelpiantavigna.it

藏酒销售
预约参观
年产量 90 000 瓶
葡萄种植面积 40 公顷

该酒庄由佛朗科利（Francoli）兄弟掌管，是意大利西北部一家著名的蒸馏酒生产商，酒庄名字是当地地域名和家族名的结合。托瑞斯亚（Torraccia）是一个地区名，1997年，佛朗科利（Francoli）家族建立了第一个内比奥罗葡萄园（nebbiolo），皮安踏维格纳（Piantavigna）是佛朗科利兄弟外公的姓氏。酒庄建立于1990年，现在面积已扩大到40多公顷，分布在诺瓦拉（Novara）和维切利（Vecelli）省的六个地区。酒庄的主要红酒都是在2 300升到2 800升的法国橡木桶里陈化了3年，将严谨和质感紧密结合起来。

- ● Ghemme '07 — 🍷🍷🍷 6
- ● Gattinara '07 — 🍷🍷 6
- ● Colline Novaresi Nebbiolo Tre Confini '09 — 🍷🍷 4
- ○ Colline Novaresi Bianco Erbavoglio '10 — 🍷 4
- ⊙ Colline Novaresi Nebbiolo Barlàn Rosato '10 — 🍷 5
- ● Colline Novaresi Nebbiolo Ramale '08 — 🍷 5
- ● Colline Novaresi Vespolina Maretta '09 — 🍷 5
- ● Gattinara '06 — 🍷🍷🍷 6
- ● Gattinara '05 — 🍷🍷🍷 6
- ● Ghemme '04 — 🍷🍷🍷 6
- ● Colline Novaresi Nebbiolo Ramale '03 — 🍷🍷 5*
- ● Colline Novaresi Nebbiolo Tre Confini '04 — 🍷🍷 4
- ● Colline Novaresi Vespolina La Mostella '03 — 🍷🍷 4*

Giancarlo Travaglini

via delle Vigne, 36
13045 Gattinara [VC]
Tel. 0163833588
www.travaglinigattinara.it

藏酒销售
预约参观
年产量 250 000 瓶
葡萄种植面积 42 公顷

拥有着超过指定种植面积60公顷的约110公顷的葡萄种植园，特拉瓦格里奥（Travaglini）家族是意大利加蒂娜拉（Gattinara）法定保证原产地酒的主要投资者。葡萄园土壤呈酸性，铁含量丰富，受阿尔卑斯山（Alps）的影响，当地气候干燥，多轻风。这些特点都在一款标准酒特勒•维加（Tre Vigne）和一款珍藏酒上得到了印证，这两款酒都出自不同的葡萄园，由不同的葡萄类型酿造，来自内比奥罗（Nebbiolo）的熟透的葡萄和索格诺二代（Il Sogno）在橡木桶里酿制而成。

- ● Gattinara Ris. '06 — 🍷🍷🍷 6
- ● Gattinara '07 — 🍷🍷 5
- ● Coste della Sesia Nebbiolo '09 — 🍷🍷 4*
- ● Gattinara Tre Vigne '06 — 🍷🍷 6
- ● Gattinara Ris. '04 — 🍷🍷🍷 6
- ● Gattinara Ris. '01 — 🍷🍷🍷 6
- ● Gattinara Tre Vigne '04 — 🍷🍷🍷 6
- ● Coste della Sesia Nebbiolo '08 — 🍷🍷 4*
- ● Gattinara '04 — 🍷🍷 5*
- ● Il Suo Sogno '04 — 🍷🍷 7

G. D. Vajra

LOC. VERGNE
VIA DELLE VIOLE, 25
12060 BAROLO [CN]
TEL. 017356257
www.gdvajra.it

藏酒销售
预约参观
年产量 220 000 瓶
葡萄种植面积 50 公顷
葡萄栽培方式 有机种植

位于路易吉•邦达娜（Luigi Baudana）的塞拉卢加•德阿尔巴（Serralunga d'Alba）酒庄的事业，是从出品一款古德葡萄酒（Guide）开始的，现在已经为维基拉家族（Vajra）收购。这次收购为维基拉（Vajra）酒庄本来就已经很广阔的葡萄园锦上添花，更增加了葡萄酒的品种和出售量。酒庄本来就出品许多品种，从独一无二的雷司令葡萄酒（Riesling）到个性鲜明的巴贝拉（Barbera）和巴罗诺葡萄酒（Barolo），每瓶酒都是在美丽如画的酒窖里，经过专业技术精心酿造的。

酒款	评级
● Barolo Bricco delle Viole '07	🍷🍷 8
● Barolo Cerretta Luigi Baudana '07	🍷🍷 7
○ Langhe Bianco Pétracine '10	🍷🍷 6
● Langhe Freisa Kyè '08	🍷🍷 6
● Barbera d'Alba '09	🍷🍷 5
● Barbera d'Alba Sup. '07	🍷🍷 6
● Barolo Baudana Luigi Baudana '07	🍷🍷 7
● Dolcetto d'Alba Coste & Fossati '10	🍷🍷 5
● Langhe Nebbiolo '09	🍷🍷 5
● Barolo Albe '07	🍷 7
● Dolcetto d'Alba '10	🍷 4
○ Moscato d'Asti '10	🍷 5
● Barolo Bricco delle Viole '05	🍷🍷🍷 8
● Barolo Bricco delle Viole '01	🍷🍷🍷 8

Cascina Val del Prete

S.DA SANTUARIO, 2
12040 PRIOCCA [CN]
TEL. 0173616534
www.valdelprete.com

藏酒销售
预约参观
年产量 50 000 瓶
葡萄种植面积 13 公顷
葡萄栽培方式 有机种植

以前，巴托洛梅奥（Bartolomeo）和卡罗妮娜（carolina）一直是在瓦尔•德尔•普雷特葡萄园（Val del Prete）种植葡萄的农民，从1977年起，罗迦那（Roagna）家族收购并一直管理着这个庄园。酒庄拥有不少于8公顷的葡萄园，景色怡人，让人好像置身在一个露天剧场里。1995年，罗迦那的儿子马里奥（Mario）接手酒庄，并以激情经营这份家业。几年来，他们一直采用生物机能方式并选用传统罗埃洛（Roero）品种，包括阿内斯（arnei）、巴贝拉（Barbera）和内比奥罗（nebbiolo）葡萄，因为这些葡萄能使酿造的酒很好地体现地域特色。

酒款	评级
● Roero '07	🍷🍷 7
● Barbera d'Alba Serra de' Gatti '10	🍷🍷 4*
○ Roero Arneis Luet '10	🍷🍷 4*
● Barbera d'Alba Sup. Carolina '09	🍷 6
● Nebbiolo d'Alba V. di Lino '09	🍷 5
● Barbera d'Alba Sup. Carolina '07	🍷🍷 6
● Nebbiolo d'Alba V. di Lino '08	🍷🍷 5
● Nebbiolo d'Alba V. di Lino '07	🍷🍷 5
● Roero '06	🍷🍷 7
● Roero Bricco Medica '07	🍷🍷 6
● Roero Bricco Medica '06	🍷🍷 6

Mauro Veglio

FRAZ. ANNUNZIATA
CASCINA NUOVA, 50
12064 LA MORRA [CN]
TEL. 0173509212
www.mauroveglio.com

藏酒销售
预约参观
年产量 60 000 瓶
葡萄种植面积 13 公顷
葡萄栽培方式 有机种植

这家小型的酒庄即将迎来它的20岁生日。讨人喜爱的、技巧娴熟的毛罗（Mauro）在妻子丹妮拉（Daniela）的辅助下，经营着这家酒庄。他保持葡萄园的低产量，酿造的酒风格独特，在旋转式的发酵器里短暂浸渍，在相对较新的木桶里陈化，把重点放在酒的优雅和细致上。毛罗同样追求酒的纯度，在种植时不使用农药，拒绝酵母接种，在酒窖里进行过滤。该酒庄已经加入了莱斯美（L'insieme）项目，他们种植内比奥罗（Nebbiolo）、巴贝拉（Barbera）和赤霞珠（Cabernet sauvignon）葡萄。

● Barolo Vign. Arborina '07 — 🍷🍷 7
● Barolo Vign. Gattera '07 — 🍷🍷 7
● Barolo '07 — 🍷🍷 6
● Barolo Castelletto '07 — 🍷🍷 7
● Barolo Rocche dell'Annunziata '07 — 🍷🍷 8
● Langhe Nebbiolo Angelo '09 — 🍷🍷 5
● Barolo Vign. Arborina '01 — 🍷🍷🍷 7
● Barolo Vign. Arborina '00 — 🍷🍷🍷 7
● Barolo Vign. Gattera '05 — 🍷🍷🍷 7
● Barolo Castelletto '06 — 🍷🍷 7
● Barolo Vign. Arborina '04 — 🍷🍷 7
● Barolo Vign. Rocche dell'Annunziata '06 — 🍷🍷 8
● Barolo Vign. Rocche dell'Annunziata '05 — 🍷🍷 8
● Barolo Vign. Rocche dell'Annunziata '04 — 🍷🍷 7

Vicara

CASCINA MADONNA DELLE GRAZIE, 5
15030 ROSIGNANO MONFERRATO [AL]
TEL. 0142488054
www.vicara.it

藏酒销售
预约参观
年产量 200 000 瓶
葡萄种植面积 40 公顷
葡萄栽培方式 生机互动农耕认证

维卡拉（Vicara）酒庄追求酒的质量的第一步，是从葡萄园开始的，可持续性的农业，天然的杀虫剂，绿草高树更是证明了酒庄对创造一个类似古老传统的葡萄栽培生态体系做出的贡献。葡萄产量通过降低结串数来保持低产量，对于酿造陈年的高质量的酒来说，每公顷收获5 500到6 000公斤是最合适的。优秀的酿酒学家马里奥•龙果（Mario Ronco）监管着酒窖的运行。

● Grignolino del M.to Casalese '10 — 🍷🍷 4
● Barbera del M.to Sup. Vadmò '07 — 🍷🍷 5
● Barbera del M.to Volpuva '10 — 🍷🍷 4
● M.to Rosso Rubello '07 — 🍷🍷 5
⊙ M.to Chiaretto '10 — 🍷 3
● Barbera del M.to Sup. Cantico della Crosia '07 — 🍷🍷 5
● Barbera del M.to Sup. Cantico della Crosia '06 — 🍷🍷 5
● Barbera del M.to Sup. Vadmò '06 — 🍷🍷 4*
● Grignolino del M.to Casalese '09 — 🍷🍷 4*

★Vietti

P.ZZA VITTORIO VENETO, 8
12060 CASTIGLIONE FALLETTO [CN]
TEL. 017362825
www.vietti.com

藏酒销售
预约参观
年产量 250 000 瓶
葡萄种植面积 35 公顷

出色的维提（Vietti）葡萄园包括兰格地区（Langhe）一些著名的葡萄园，它为酿造一系列绝对优质的葡萄酒提供了上等质量的葡萄。家族经营的理念是精心的挑选和精细的工作，无论是栽种葡萄还是酿酒，这让酒庄打造出了风格纯粹的葡萄酒，每款酒都清列醇香。此外，酒庄酿造的巴罗诺（Barolo）和巴贝拉（Barbera）葡萄酒都是经过长年陈化的。对于酒庄出色的表现，我们还能说什么呢？

● Barolo Villero Ris. '04	8
● Barolo Brunate '07	8
● Barolo Castiglione '07	7
● Barolo Lazzarito '07	8
● Barolo Rocche '07	8
● Barbera d'Alba Scarrone V. Vecchia '09	7
● Barbera d'Alba Tre Vigne '09	5
● Barbera d'Asti Tre Vigne '09	5
● Langhe Nebbiolo Perbacco '08	4
○ Roero Arneis '10	4
● Barolo Lazzarito '05	8
● Barolo Lazzarito '04	8
● Barolo Rocche '06	8
● Barolo Villero Ris. '01	8
● Barbera d'Alba Scarrone V. Vecchia '07	7
● Barbera d'Asti Sup. Nizza La Crena '07	6
● Barolo Lazzarito '06	8

★Vigna Rionda - Massolino

P.ZZA CAPPELLANO, 8
12050 SERRALUNGA D'ALBA [CN]
TEL. 0173613138
www.massolino.it

藏酒销售
预约参观
年产量 120 000 瓶
葡萄种植面积 21 公顷

宏伟的家族，宏伟的传统，对当地特色的宏伟追求，这些就是这个颇具影响力的酒庄的秘密。广阔而优质的葡萄园为酒窖生产一系列葡萄酒提供了良好条件，这些酒都是巴罗诺（Barolo）的不同系列。如果你想探求兰格地区（Langhe）葡萄酒的卓越，这些酒都是重要的参考，他们的产品维持着百分之百的传统风格，目的就是为了能够保存当地地域才能表达出来的典型和深度。

● Barolo Vigna Rionda Ris. '05	8
● Barbera d'Alba Gisep '09	6
● Barolo Parafada '07	8
● Barolo Parussi '07	8
● Barolo '07	6
● Barolo Margheria '07	8
○ Langhe Chardonnay '10	4
● Langhe Nebbiolo '08	5
● Barbera d'Alba '10	4
● Dolcetto d'Alba '10	4
○ Moscato d'Asti di Serralunga '10	4
● Barolo Margheria '05	8
● Barolo Parafada '04	8
● Barolo Vigna Rionda Ris. '04	8
● Barolo Vigna Rionda Ris. '01	8
● Barolo Vigna Rionda Ris. '99	8

I Vignaioli di Santo Stefano

LOC. MARINI, 26
12058 SANTO STEFANO BELBO [CN]
TEL. 0141840419
www.ceretto.com

藏酒销售
预约参观
年产量 335 000 瓶
葡萄种植面积 40 公顷

该酒庄是赛拉图（Ceretto）家族在1976年与塞吉尼奥•斯卡维诺（Sergio Scavino）、吉安皮诺（Gianpiero）合作建立的，生产一系列的名副其实的莫斯卡托葡萄酒（Moscato）。酒庄的大部分葡萄园都位于瓦地维拉山（Valdivilla）的南坡，土壤为灰色石灰质泥灰岩。维拉山以作为"比安科的土地"而闻名于兰格地区（Langhe），它处于美丽的瑞拉斯•圣毛里奇奥（Relais San Maurizio），山下是静谧的山谷。酒庄出品经典的标准软木塞系列品种，选用独特的莱茵河风格，这让酒庄的莫斯卡托•阿斯缇葡萄酒（Moscato d'Asti）颇具真实独特性。

○ Asti '10	🍷🍷 5
○ Moscato d'Asti '10	🍷🍷 4

Vignaioli Elvio Pertinace

LOC. PERTINACE, 2
12050 TREISO [CN]
TEL. 0173442238
www.pertinace.it

藏酒销售
预约参观
年产量 200 000 瓶
葡萄种植面积 60 公顷

该酒庄的历史是地域和艰辛劳作的结合，这个合作式的小酒庄是在20世纪70年代早期在特雷索（Treiso）建立的。数年来，酒庄一直在扩大其范围，更新其设备。它的目标就是要生产出价格合理、质量上等的葡萄酒。酒庄的巴巴列斯科葡萄酒系列（Barbaresco），包括马佳连妮（Marcarini）、内沃（Nervo）和卡斯特里赞罗（Canstellizzano）都是很好的葡萄酒，另外酒庄也酿造出了其他兰格（Langhe）的品种：巴贝拉（Barbera）、多尔切托•阿尔巴葡萄酒（Dolcetto d'Alba）和罗埃诺白葡萄酒（Roero）。

● Barbaresco '08	🍷🍷 6
● Barbaresco Vign. Castellizzano '08	🍷🍷 6
● Langhe Nebbiolo '09	🍷🍷 4*
● Barbaresco Marcarini '08	🍷 6
● Barbaresco Nervo '08	🍷 6
● Barbera d'Alba '09	🍷 4
● Dolcetto d'Alba Vign. Castellizzano '10	🍷 4
● Dolcetto d'Alba Vign. Nervo '10	🍷 4
○ Roero Arneis '10	🍷 4
● Barbaresco Castellizzano '07	🍷🍷 6
● Barbaresco Marcarini '07	🍷🍷 6
● Barbaresco Nervo '07	🍷🍷 6

Vigne Regali

via Vittorio Veneto, 76
15019 Strevi [AL]
Tel. 0144362600
www.castellobanfi.it

预约参观
年产量 2 000 000 瓶
葡萄种植面积 76 公顷

酒庄在很久以前就在班菲（Banfi）酿酒业里培育了一块自己的专有市场。酒庄的葡萄园从诺维•利古里亚（novi Ligure）的嘎维（Gavi），一直延伸到了阿奎温泉（Acqui Terme）的斯维特（Strevi）。在嘎维地区，生产的克特斯葡萄（cortese）和嘎维•博瑞瑟匹萨•嘎维亚（Gavi Principessa Gavia）混合；在斯维特，生产其他皮埃蒙特地区的法定地区餐酒和保证法定地区餐酒，完成整个生产过程。值得一提的是，该酒庄的部分酒是在斯维特一些拥有起泡葡萄酒加工设施的酒厂进行加工的。

酒款	评级
○ Banfi Brut Talento	2 4
● Dolcetto d'Acqui L'Ardì '10	2 4
● M.to LaLus '08	2 6
⊙ Alta Langa Cuvée Aurora Rosé '08	1 6
● Brachetto d'Acqui Rosa Regale '09	1 5
○ Moscato d'Asti Strevi '10	1 4
○ Tener Brut	1 4
○ Alta Langa Cuvée Aurora '04	2 6
● Barbera d'Asti Sup. Vign. Banin '07	2 6

Vigneti Massa

p.zza G. Capsoni, 10
15059 Monleale [AL]
Tel. 013180302
vignetimassa@libero.it

藏酒销售
预约参观
年产量 80 000 瓶
葡萄种植面积 19.5 公顷
葡萄栽培方式 有机种植

维格勒缇•马萨（Vigneti Massa）酒庄的总部和葡萄园都位于蒙李勒市（Monleale），离托尔托纳（Tortona）大约10 000米，葡萄栽种地海拔50至310米。对那些最新酒，瓦尔特（Walter）选用密集的栽种方式，每公顷产量达到6 500株葡萄。这些葡萄都是本地的传统品种，经过精心酿造，质量无懈可击，并再现了当地地域特色。尽管瓦尔特是因对提莫拉索（timorasso）的改革而出名，但他酿造的红酒在经过陈酿后同样能给你带来满足感。

酒款	评级
○ Derthona '09	3 6
○ Sterpi '09	2 7
○ Anarchia Costituzionale '10	2 4
● Colli Tortonesi Barbera Monleale '08	2 6
○ Costa del Vento '09	2 7
● Sentieri '10	2 5
● Colli Tortonesi Croatina Pertichetta '08	1 5
● Pietra del Gallo '10	1 4
○ Colli Tortonesi Bianco Costa del Vento '05	3 8
○ Colli Tortonesi Timorasso Derthona '06	3 6
○ Colli Tortonesi Timorasso Sterpi '08	3 7
○ Colli Tortonesi Timorasso Sterpi '07	3 7
● Colli Tortonesi Barbera Monleale '07	2 6
○ Colli Tortonesi Timorasso Derthona '08	2 6
○ Colli Tortonesi Timorasso Derthona '07	2 6
○ Colli Tortonesi Timorasso Sterpi '06	2 7

Villa Giada

REG. CEIROLE, 10
14053 CANELLI [AT]
TEL. 0141831100
www.andreafaccio.it

藏酒销售
预约参观
年产量 190 000 瓶
葡萄种植面积 25 公顷

安德里亚•法西奥（Andrea Faccio）在1992年建立了酒庄。酒庄包含了三部分：位于康奈利（Canelli）的葡萄酒酿造厂总部切尔诺里（Ceirole）；位于安格利亚诺（Agliano Terme）的丹尼（Dani），这里也有农业旅游业设施；位于卡洛索（Calosso）的帕罗克（Parroco）葡萄园。酒庄生产分为两大部分：一种是葡萄园酿造的酒，另一种是苏瑞（Suri）和阿吉安（Ajan）葡萄酒。这些酒具有现代风格，都是以纯熟技艺酿造的，既有著名的巴贝拉葡萄（barbera），也有国际品种。

● Barbera d'Asti Sup. Nizza Bricco Dani '08	5
○ Moscato d'Asti Ceirole '10	4*
● Barbera d'Asti Ajan '09	4
● Barbera d'Asti I Surì '10	3
● Barbera d'Asti Sup. La Quercia '09	4
● Barbera d'Asti Sup. Nizza Dedicato a... '07	6
● M.to Rosso Troponti '08	4
● Barbera d'Asti Sup. Bricco Dani '05	5
● Barbera d'Asti Sup. La Quercia '08	4*
● Barbera d'Asti Sup. Nizza Bricco Dani '05	5
● Barbera d'Asti Ajan '09	4

Villa Sparina

FRAZ. MONTEROTONDO, 56
15066 GAVI [AL]
TEL. 0143633835
www.villasparina.it

预约参观
年产量 500 000 瓶
葡萄种植面积 73 公顷

该庄园景色迷人，历史悠久，在20世纪70年代由莫凯盖塔斯（Moccagatta）家族建立，他们在莫凯盖斯塔地区（Moccagatta）建立了酒厂，并采用了这个地名。酒庄的大部分葡萄园位于蒙特罗顿多•嘎维地区（Monterotondo di Gavi），约有60公顷，种植克特斯葡萄（cortese）；4公顷位于多尔切托•欧瓦达（Dolcetto d'Ovada）的卡深勒（Cassinelle）；还有9公顷位于上皮埃蒙特地区的柏明达（Bermida），种植巴贝拉葡萄（barbera）。在风格上，酒庄出品的葡萄酒展现出高档的质感，口感上好。

○ Gavi del Comune di Gavi Monterotondo '09	7
● Barbera del M.to Sup. '09	4
○ Gavi del Comune di Gavi Etichetta Gialla '10	4
● Barbera del M.to Montej Rosso '09	4
● Barbera del M.to Sup. Rivalta '08	7
○ M.to Montej Bianco '10	4
○ Villa Sparina Brut M. Cl.	5
● Barbera del M.to Rivalta '97	8
○ Gavi del Comune di Gavi Monterotondo '08	7
○ Gavi del Comune di Gavi Monterotondo '07	6
○ Gavi del Comune di Gavi Monterotondo '99	5
● M.to Rosso Rivalta '04	6
● M.to Rosso Rivalta '00	6
● M.to Rosso Rivalta '99	6

Cantina Sociale di Vinchio Vaglio Serra

REG. SAN PANCRAZIO, 1
14040 VINCHIO [AT]
TEL. 0141950903
www.vinchio.com

藏酒销售
预约参观
年产量 1 550 000 瓶

这家大型的合作式酒庄已有半个多世纪的历史，现有200多个工人，在阿斯缇葡萄酒（Asti）酿造领域，该酒庄算得上是一个标杆。酒庄储酒30多种，主要为巴贝拉系列（Barbera），质量上乘，价格诱人，其葡萄园主要集中在温齐（Vinchio）、瓦里奥•塞拉（Vaglio Serra）、茵齐萨•斯卡帕奇诺（Incisa Scapaccino）、康蒂奥利（Cortiglione）和尼斯•蒙费拉托（Nizza monferrato）等5个地方。

- ● Barbera d'Asti Sup. Vigne Vecchie '08 — 5
- ● Barbera d'Asti Sorì dei Mori '10 — 3*
- ● Barbera d'Asti Sup. I Tre Vescovi '09 — 4*
- ● Piemonte Barbera Arengo '10 — 4
- ● Barbera d'Asti '07 — 4
- ● Barbera d'Asti Sup. I Tre Vescovi '06 — 4
- ● Barbera d'Asti Sup. Nizza Bricco Laudana '06 — 5
- ● Barbera d'Asti Sup. Sei Vigne Insynthesis '04 — 7
- ● Barbera d'Asti Sup. Sei Vigne Insynthesis '03 — 7
- ● Barbera d'Asti Sup. Vigne Vecchie '06 — 5
- ● Barbera d'Asti Sup. Vigne Vecchie '05 — 5
- ● Barbera d'Asti Sup. Vigne Vecchie '03 — 5
- ● Barbera d'Asti Vigne Vecchie 50 '08 — 4

Virna

VIA ALBA, 73/24
12060 BAROLO [CN]
TEL. 017356120
www.virnabarolo.it

藏酒销售
预约参观
年产量 60 000 瓶
葡萄种植面积 12 公顷

该家小型而历史悠久的酒庄，在第三代生产者沃尔纳（Virna）和伊凡娜（Ivana）姐妹的管理下，正走在一条耀眼的复兴之路上。因为拥有一流的葡萄园和装备精良的酒窖，姐妹俩可以选用最好的葡萄，进行精细的发酵和熟化。酒庄的地块主要分布在巴罗诺（Barolo）、蒙佛特（Monforte）和诺维罗（Novello）几个地区，巴罗诺地区的葡萄园表现极佳，带有很明显的传统风格。

- ● Barolo Cannubi Boschis '07 — 6
- ● Barbera d'Alba San Giovanni '09 — 5
- ● Barolo '07 — 6
- ● Barolo Preda Sarmassa '07 — 6
- ● Nebbiolo d'Alba '09 — 4
- ● Barolo Cannubi Boschi '04 — 6
- ● Barolo Preda Sarmassa '06 — 6
- ● Barolo Preda Sarmassa Ris. '04 — 7

Gianni Voerzio

s.da Loreto, 1
12064 La Morra [CN]
Tel. 0173509194
voerzio.gianni@tiscali.it

藏酒销售
预约参观
年产量 60 400 瓶
葡萄种植面积 12 公顷
葡萄栽培方式 有机种植

在年初的一次品酒会上，我们有机会重新品尝到了该酒庄出品的巴罗诺•拉•塞拉96系列（Barolo La Serra '96），这款酒个性鲜明，保持了它多年来一贯的风格。该酒庄出品的葡萄酒品种多样，可信度高，拥有许多兰格地区（Langhe）主要的葡萄酒。酒庄的另一大吸引人的特点是房价公平，这使得该酒庄蜚声意大利国内外。

- ● Barolo La Serra '07 — 8
- ● Barbera d'Alba Ciabot della Luna '09 — 5
- ○ Langhe Arneis Bricco Cappellina '10 — 5
- ● Langhe Nebbiolo Ciabot della Luna '09 — 6
- ● Dolcetto d'Alba Rocchettevino '10 — 4
- ● Langhe Freisa Sotto I Bastioni '10 — 4
- ○ Moscato d'Asti Vignasergente '10 — 5
- ● Barbera d'Alba Ciabot della Luna '07 — 5
- ● Barolo La Serra '06 — 8
- ● Barolo La Serra '05 — 8
- ● Barolo La Serra '04 — 8
- ● Barolo La Serra '01 — 8

★Roberto Voerzio

loc. Cerreto, 1
12064 La Morra [CN]
Tel. 0173509196
voerzioroberto@libero.it

年产量 35 000 瓶
葡萄种植面积 17 公顷

罗伯托•沃尔吉奥（Roberto Voerzio）已经闻名国内外，成为葡萄酒鉴赏家的崇拜标签，该酒庄的产量控制得很低，将酒放在小桶里熟化。酒庄已建立25年，尽管罗伯托酿酒风格逐渐趋于优雅和以水果为重心，但在本质上却没有改变。除了著名的巴罗诺葡萄酒（Barolo）之外，酒庄还因巴贝拉•阿尔巴•维基内特•波卓•安农齐阿葡萄酒（Barbera d'Alba Vigncto Pozzo dell'Annunziata）而出名，这款酒只在价值高昂的酒瓶里出售。

- ● Barolo Cerequio '07 — 8
- ● Barolo Brunate '07 — 8
- ● Barolo Rocche dell'Annunziata Torriglione '00 — 8
- ● Barbera d'Alba Vign. Pozzo dell'Annunziata Ris. '04 — 8
- ● Barolo Brunate '04 — 8
- ● Barolo Brunate '01 — 8
- ● Barolo Cerequio '05 — 8
- ● Barolo Cerequio '04 — 8
- ● Barolo La Serra '05 — 8
- ● Barolo Rocche dell'Annunziata Torriglione '04 — 8
- ● Barolo Rocche dell'Annunziata Torriglione '01 — 8
- ● Barolo Sarmassa di Barolo '04 — 8
- ● Barolo Sarmassa di Barolo '01 — 8
- ● Barolo Vecchie Viti dei Capalot delle Brunate Ris. '01 — 8
- ● Barolo Vecchie Viti dei Capalot e delle Brunate Ris. '99 — 8

Odilio Antoniotti

V.LO ANTONIOTTI, 9
13868 SOSTEGNO [BI]
TEL. 0163860309

- ● Bramaterra '07 — 6
- ● Coste della Sesia Nebbiolo '08 — 4

Baravalle

REG. VALLE CHIOZZE, 24
CALAMANDRANA [AT]
TEL. 014175159
www.baravallevini.com

- ● Barbera d'Asti '09 — 3*
- ● Barbera d'Asti Sup. Nizza '07 — 4*
- ○ Cortese dell'Alto Monferrato '10 — 3
- ○ Piemonte Chardonnay '10 — 4

Battaglio

LOC. BORBORE
VIA SALERIO, 15
12040 VEZZA D'ALBA [CN]
TEL. 017365423
www.battaglio.com

- ● Nebbiolo d'Alba Valmaggiore '08 — 4
- ○ Roero Arneis Piasì '10 — 4
- ○ Vendemmia Tardiva White Amus — 4
- ● Nebbiolo d'Alba Valmaggiore Surì '08 — 6

Davide Beccaria

VIA GIOVANNI BIANCO, 3
15039 OZZANO MONFERRATO [AL]
TEL. 0142487321
www.beccaria-vini.it

- ● Barbera del M.to Evoè '10 — 3*
- ● Barbera del M.to Sup. Convivium '07 — 4
- ● Grignolino del M.to Casalese Grignò '10 — 3
- ● M.to Freisa Lilàn '10 — 3

Antonio Bellicoso

FRAZ. MOLISSO, 5A
14048 MONTEGROSSO D'ASTI [AT]
TEL. 0141953233
antonio.bellicoso@alice.it

- ● Barbera d'Asti Amormio '10 — 3*
- ● Barbera d'Asti Merum '08 — 4
- ● Freisa d'Asti '09 — 3

Bianchi

VIA ROMA, 37
28070 SIZZANO [NO]
TEL. 032180004
www.bianchibiowine.it

- ● Ghemme '07 — 5
- ● Sizzano '06 — 4*
- ● Ghemme '07 — 5

Gigi Bianco

V. TORINO 63
12050 BARBARESCO [CN]
TEL. 0173635137
www.gigibianco.it

- ● Barbaresco Ovello '08 — 6
- ● Barbaresco Pora '08 — 6
- ● Barbera d'Alba '09 — 4

Massimo Bo

FRAZ. SANT'ANNA
VIA SANT'ANNA, 19
14055 COSTIGLIOLE D'ASTI [AT]
TEL. 0141961891
bo.massimo@hotmail.com

- ● Barbera d'Asti Arbuc '10 — 3
- ● Grignolino D'Asti '10 — 4
- ● Barbera d'Asti Sup. Costiliolae '09 — 4

Alfiero Boffa

via Leiso, 50
14050 San Marzano Oliveto [AT]
Tel. 0141856115
www.alfieroboffa.com

- ● Barbera d'Asti Sup. Collina della Vedova '08 — 2 glasses 5
- ● Barbera d'Asti Sup. More '09 — 1 glass 5
- ● Barbera d'Asti Sup. Nizza V. La Riva '08 — 1 glass 5
- ● Barbera d'Asti Sup. V. Cua Longa '09 — 1 glass 5

Boroli

fraz. Madonna di Como, 34
12051 Alba [CN]
Tel. 0173365477
www.boroli.it

- ● Barolo Villero '07 — 2 glasses 8
- ● Dolcetto d'Alba Madonna di Como '09 — 2 glasses 4
- ● Barolo Cerequio '07 — 1 glass 8
- ● Langhe Rosso Anna '08 — 1 glass 4

Brangero

via Provinciale, 26
12055 Diano d'Alba [CN]
Tel. 017369423
m.brangero@libero.it

- ● Dolcetto di Diano d'Alba Sörì Rabino Soprano '10 — 2 glasses 3*
- ● Langhe TreMarzo '07 — 2 glasses 4
- ○ Langhe Chardonnay Vignacento '10 — 1 glass 3
- ● Nebbiolo d'Alba Bricco Bertone '08 — 1 glass 5

Ca' dei Mandorli

via IV Novembre, 15
14010 Castel Rocchero [AT]
Tel. 0141760131
www.cadeimandorli.com

- ○ Moscato d'Asti dei Giari '10 — 2 glasses 4
- ● Barbera d'Asti Sup. La Bellalda '07 — 1 glass 5
- ⊙ Ca' dei Mandorli Brut Rosé — 1 glass 4

Ca' Nova

via San Isidoro, 1
28010 Bogogno [NO]
Tel. 0322863406
www.cascinacanova.it

- ● Colline Novaresi Nebbiolo V. San Quirico '06 — 2 glasses 5
- ○ Colline Novaresi Bianco Rugiada '10 — 1 glass 4
- ● Colline Novaresi Nebbiolo Melchiòr '06 — 1 glass 5

La Ca' Növa

s.da Ovello, 4
12050 Barbaresco [CN]
Tel. 0173635123
lacanova@libero.it

- ● Barbaresco '08 — 2 glasses 5*
- ● Barbaresco Montefico V. Bric Mentina '08 — 1 glass 6
- ● Barbaresco Montestefano '08 — 1 glass 6

Pierangelo Careglio

loc. Aprato, 15
12040 Baldissero d'Alba [CN]
Tel. 017240294
Andreacare41@yahoo.it

- ● Barbera d'Alba '09 — 2 glasses 3
- ● Roero '08 — 2 glasses 4*
- ○ Roero Arneis '10 — 2 glasses 3*

Carussin

reg. Mariano, 27
14050 San Marzano Oliveto [AT]
Tel. 0141831358
www.carussin.it

- ● Barbera d'Asti Lia Vì '10 — 2 glasses 4*
- ● Barbera d'Asti Sup. Nizza Ferro Carlo '07 — 2 glasses 5
- ● Barbera d'Asti Asinoi '10 — 1 glass 3
- ● Barbera d'Asti La Tranquilla '08 — 2 white glasses 5

Cascina Ballarin

FRAZ. ANNUNZIATA, 115
12064 LA MORRA [CN]
TEL. 017350365
www.cascinaballarin.it

- ● Barolo Bricco Rocca '07 — 8
- ● Barbera d'Alba Pilade '09 — 4
- ● Barolo Bussia '07 — 8

Cascina Christiana

S.DA SAN MICHELE, 24
14049 NIZZA MONFERRATO [AT]
TEL. 0141725100
www.cascinachristiana.com

- ● Barbera d'Asti Sup. La Mòta '09 — 5
- ● M.to Rosso Perida '10 — 5
- ● Barbera d'Asti Reiss '09 — 3
- ● Barbera d'Asti Reiss '08 — 3*

Cascina Flino

VIA ABELLONI, 7
12055 DIANO D'ALBA [CN]
TEL. 017369231
silvana.bona@uvetitn.it

- ● Barbera d'Alba Flin '09 — 4*
- ● Barolo San Lorenzo '07 — 5
- ● Diano d'Alba V. Vecchia '10 — 4*
- ● Nebbiolo d'Alba '09 — 4

Cascina Garitina

VIA GIANOLA, 20
14040 CASTEL BOGLIONE [AT]
TEL. 0141762162
www.cascinagaritina.it

- ● M.to Rosso Amis '08 — 5
- ● Barbera d'Asti Vera '10 — 4
- ● Rugiada '08 — 6

Cascina lo Zoccolaio

LOC. BOSCHETTI, 4
12060 BAROLO [CN]
TEL. 014188551
www.cascinalozoccolaio.it

- ● Barolo '07 — 6
- ● Barolo Ravera '07 — 7

Cascina Montagnola

S.DA MONTAGNOLA, 1
15058 VIGUZZOLO [AL]
TEL. 0131898558
www.cascinamontagnola.com

- ○ Colli Tortonesi Timorasso Morasso '09 — 5
- ● Colli Tortonesi Barbera Rodeo '08 — 6
- ○ Colli Tortonesi Cortese Dunin '10 — 4*
- ○ Colli Tortonesi Bianco Risveglio '10 — 5

Cascina Roccalini

LOC. ROCCALINI, 12
12050 BARBARESCO [CN]
TEL. 3470526898
paolo.veglio@yahoo.it

- ● Barbaresco Roccalini '08 — 6
- ● Barbaresco Roccalini '07 — 6
- ● Dolcetto d'Alba '10 — 3*
- ● Barbera d'Alba '10 — 4

Cascina Roera

FRAZ. BIONZO
VIA BIONZO, 32
14055 COSTIGLIOLE D'ASTI [AT]
TEL. 0141968437
www.cascinaroera.com

- ● Barbera d'Asti Sup. Cardin Sel. '06 — 5
- ● Barbera d'Asti Sup. S. Martino '06 — 4
- ● La Rovere '09 — 4
- ● Barbera d'Asti '08 — 3*
- ● Cardin — 5

Cascina Salerio

S.DA SALERIO, 16
14055 COSTIGLIOLE D'ASTI [AT]
TEL. 0141966294
casalerio@alice.it

- Barbera d'Asti Sup. Terra '09 — 4
- Barbera d'Asti Terra '10 — 4
- M.to Rosso Aqua '10 — 4

Cascina Tavijn

FRAZ. MONTEROVERE, 7
14030 SCURZOLENGO [AT]
TEL. 01412031
www.cascinatavijn.it

- Barbera d'Asti Sup. '07 — 4
- Grignolino d'Asti '10 — 4*
- Ruchè di Castagnole Monferrato '10 — 4

Cascina Zoina

FRAZ. LORETO
VIA RONCHETTO, 5
28047 OLEGGIO [NO]
TEL. 3356350692
www.cascinazoina.it

- Colline Novaresi Centoundici '10 — 4*
- Ghemme Olegium '05 — 5
- Colline Novaresi Ricardo Della Zoina '07 — 4
- Colline Novaresi Vespolina Nubie della Zoina '10 — 4

Castello di Gabiano

VIA DEFENDENTE, 2
15020 GABIANO [AL]
TEL. 0142945004
www.castellodigabiano.com

- Barbera d'Asti Sup. Adornes '08 — 6
- ○ M.to Bianco Corte '10 — 4
- M.to Rosso Gavius '08 — 4
- Rubino di Cantavenna '08 — 4

Le Cecche

VIA MOGLIA GERLOTTO, 10
12055 DIANO D'ALBA [CN]
TEL. 017369323
www.lececche.com

- Barbera d'Alba '09 — 4
- Diano d'Alba '10 — 3*
- Nebbiolo d'Alba '08 — 4
- Langhe Rosso Fiammingo '09 — 5

Cerutti

VIA CANELLI, 205
14050 CASSINASCO [AT]
TEL. 0141851286
info@cascinacerutti.it

- ○ M.to Bianco Riva Granda '10 — 4*
- ○ Moscato d'Asti Surì Sandrinet '10 — 3*
- Barbera d'Asti '10 — 3
- Barbera d'Asti Sup. Foje Russe '07 — 4

Erede di Armando Chiappone

S.DA SAN MICHELE, 51
14049 NIZZA MONFERRATO [AT]
TEL. 0141721424
www.eredechiappone.com

- Barbera d'Asti Brentura '09 — 4
- Barbera d'Asti Sup. Nizza Ru '06 — 5
- Barbera d'Asti Sup. Nizza Ru '04 — 5
- Barbera d'Asti Sup. Nizza Ru '03 — 5

La Chiara

LOC. VALLEGGE, 24
15066 GAVI [AL]
TEL. 0143642293
www.lachiara.it

- ○ Gavi del Comune di Gavi La Chiara '10 — 3*
- M.to Rosso Nabarì '09 — 4
- ○ Gavi del Comune di Gavi Groppella '09 — 4

Il Chiosso

viale Guglielmo Marconi 45-47A
13045 Gattinara [VC]
Tel. 0163826739
www.ilchiosso.it

- ● Colline Novaresi Nebbiolo '07 — 5
- ● Fara '07 — 5
- ● Gattinara '07 — 5
- ● Ghemme '07 — 5

Antica Cascina Conti di Roero

Val Rubiagno, 2
12040 Vezza d'Alba [CN]
Tel. 017365459
www.oliveropietro.it

- ○ Brut M. Cl. — 5
- ● Roero '07 — 5
- ○ Langhe Favorita '10 — 4
- ● Nebbiolo D'Alba '09 — 4

Costa Olmo

via San Michele, 18
14040 Vinchio [AT]
Tel. 0141950423
www.costaolmo.com

- ● Barbera d'Asti La Madrina '08 — 4
- ● Barbera d'Asti Sup. Costa Olmo '07 — 5
- ○ Piemonte Chardonnay A Paola '08 — 5
- ● Barbera d'Asti La Madrina '08 — 4
- ● Barbera d'Asti La Madrina '08 — 4

Giovanni Daglio

via Montale Celli, 10
15050 Costa Vescovato [AL]
Tel. 0131838262
giovanni.daglio@tiscali.it

- ● Colli Tortonesi Barbera Basinas '07 — 4
- ● Colli Tortonesi Barbera Pias '09 — 4
- ○ Colli Tortonesi Timorasso Cantico '09 — 5

Gianni Gagliardo

Serra dei Turchi, 88
12064 La Morra [CN]
Tel. 017350829
www.gagliardo.it

- ● Barbera d'Alba La Matta '07 — 5
- ● Barolo Cannubi '06 — 8
- ● Barolo Serre '07 — 8
- ● Nebbiolo d'Alba San Ponzio '08 — 5

Pierfrancesco Gatto

via Vittorio Emanuele II, 13
14030 Castagnole Monferrato [AT]
Tel. 0141292149
vinigatto@libero.it

- ● Barbera d'Asti '09 — 4*
- ● Barbera d'Asti Vigna Serra '09 — 4
- ● Grignolino d'Asti Montalto '10 — 4
- ● Ruché di Castagnole M.to Caresana '10 — 4

Raffaele Gili

loc. Pautasso, 7
12050 Castellinaldo [CN]
Tel. 0173639011

- ● Langhe Nebbiolo '10 — 4
- ● Barbera d'Alba Pautasso '09 — 4
- ○ Roero Arneis '10 — 4

Incisiana

via Sant'Agata, 10/12
14045 Incisa Scapaccino [AT]
Tel. 0141747113
www.incisiana.com

- ● Barbera d'Asti '09 — 4
- ● Barbera d'Asti Sup. Zerosso '06 — 6
- ○ M.to Bianco Serafino Bianco '10 — 4

Ioppa

fraz. Mauletta
via delle Pallotte 10
28078 Romagnano Sesia [NO]
Tel. 0163833079
www.viniioppa.it

- ● Colline Novaresi Nebbiolo '08 — 3*
- ● Colline Novaresi Vespolina Coda Rossa '10 — 3*
- ● Ghemme '06 — 5
- ○ Passito Stransì '06 — 6

Isabella

fraz. Corteranzo
via Gianoli, 64
15020 Murisengo [AL]
Tel. 014169,000
info@isabellavini.com

- ● Barbera d'Asti Truccone '09 — 4
- ● Barbera del M.to Vivace Bricco Montemà '10 — 3
- ● Grignolino del M.to Casalese Monte Castello '10 — 4
- ● M.to Freisa Vivace Sobric '10 — 3

Lodali

via Rimembranza, 5
12050 Treiso [CN]
Tel. 0173638109
www.lodali.it

- ● Barbaresco Lorens '08 — 6
- ● Barolo Bric Sant'Ambrogio '07 — 7
- ● Barbera d'Alba Lorens '09 — 4

Le Marie

via Sandefendente, 6
12032 Barge [CN]
Tel. 0175345159
www.lemarievini.eu

- ● Pinerolese Barbera '09 — 4*
- ● Pinerolese Debàrges '09 — 4
- ○ Blanc de Lissart — 4
- ● Pinerolese Dolcetto '10 — 3

F.lli Molino

loc. Ausario
via Ausario, 5
12050 Treiso [CN]
Tel. 0173638384
www.molinovini.com

- ● Barbaresco Ausario '08 — 6
- ● Barbaresco Teorema '08 — 6
- ● Barbera d'Asti Loreto '10 — 4
- ● Dolcetto d'Alba Le Querce '10 — 3

Franco Mondo

reg. Mariano, 33
14050 San Marzano Oliveto [AT]
Tel. 0141834096
www.francomondo.net

- ● Barbera d'Asti Sup. V. del Salice '09 — 4
- ○ M.to Bianco Di. Vino '10 — 4*
- ● Barbera d'Asti Sup. Nizza V. delle Rose '06 — 5
- ○ Cortese dell'Alto Monferrato '10 — 3

Il Mongetto

via Piave, 2
15049 Vignale Monferrato [AL]
Tel. 0142933442
www.mongetto.it

- ● Barbera del M.to Sup. V. Mongetto '08 — 4
- ● Barbera d'Asti V. Guera '08 — 5
- ● Grignolino del M.to Casalese V. Solin '10 — 4
- ● M.to Rosso V. Telegro '08 — 4

Cecilia Monte

via Serracapelli, 17
12052 Neive [CN]
Tel. 017367454
cecilia.monte@libero.it

- ● Barbaresco Ris. '06 — 8
- ● Barbaresco Vign. Serracapelli '07 — 7
- ● Dolcetto d'Alba '10 — 4

Cantina del Nebbiolo

via Torino, 17
12040 Vezza d'Alba [CN]
Tel. 017365040
www.cantinadelnebbiolo.com

- ● Nebbiolo d'Alba Valmaggiore '08 — 🍷🍷 4*
- ● Roero '08 — 🍷🍷 4
- ○ Roero Arneis '10 — 🍷🍷 4
- ● Barbaresco '08 — 🍷 5

Cantina Sociale di Nizza

via Alessandria, 57
14049 Nizza Monferrato [AT]
Tel. 0141721348
www.nizza.it

- ● Barbera d'Asti Le Pole '10 — 🍷🍷 3*
- ● Barbera d'Asti Sup. 50 Vendemmie '09 — 🍷🍷 4*
- ● Barbera d'Asti Sup. Ceppi Vecchi '09 — 🍷🍷 4*
- ● Barbera d'Asti Sup. Magister '09 — 🍷🍷 4*

Vigneti Luigi Oddero

fraz. S. Maria
b.ta Bettolotti, 95
12604 La Morra [CN]
Tel. 0173500386
www.vignetiluigioddero.it

- ● Barolo Vigna Rionda '06 — 🍷🍷 7
- ● Barolo Rocche Rivera '06 — 🍷🍷 7
- ● Langhe Nebbiolo '08 — 🍷🍷 4
- ● Langhe L'Armand '09 — 🍷 4

Pace

fraz. Madonna di Loreto
cascina Pace, 52
12043 Canale [CN]
Tel. 0173979544
aziendapace@infinito.it

- ○ Roero Arneis '10 — 🍷🍷 4*
- ● Barbera d'Alba '09 — 🍷 3
- ● Roero '08 — 🍷 4
- ● Roero Ris. '08 — 🍷 5

I Pola

via Crosio
15010 Cremolino [AL]
Tel. 0143879058
www.ipola.it

- ● Dolcetto di Ovada Il Bricco '09 — 🍷🍷 3*
- ● Dolcetto di Ovada Sup. Orchestra '09 — 🍷🍷 4

Giovanni Prandi

fraz. Cascina Colombè
via Farinetti, 5
12055 Diano d'Alba [CN]
Tel. 017369248
www.prandigiovanni.it

- ● Dolcetto di Diano Sorì Colombè '10 — 🍷🍷 3*
- ● Dolcetto di Diano Sorì Cristina '10 — 🍷🍷 3*
- ● Barbera d'Alba Santa Eurosia '09 — 🍷 3

Cantina Produttori del Gavi

via Cavalieri di Vittorio Veneto, 45
15066 Gavi [AL]
Tel. 0143642786
www.cantinaproduttoridelgavi.it

- ○ Gavi del Comune di Gavi GG '10 — 🍷🍷 4
- ○ Gavi G '10 — 🍷🍷 3*
- ○ Gavi Primi Grappoli '10 — 🍷🍷 4
- ○ Gavi Il Forte '10 — 🍷 4

La Raia

s.da Monterotondo, 79
15067 Novi Ligure [AL]
Tel. 0143743685
www.la-raia.it

- ○ Gavi Pisè '09 — 🍷🍷 4*
- ● Piemonte Barbera '10 — 🍷🍷 4*
- ○ Gavi '10 — 🍷 4
- ● Piemonte Barbera Largé '09 — 🍷 6

F.lli Raineri
V. Torino, 2
12060 Farigliano [CN]
Tel. 017376223
www.cantineraineri.it

- ● Barolo '07 🍷🍷 6
- ● Barolo Monserra '07 🍷🍷 7
- ● Dolcetto di Dogliani Cornole '10 🍷🍷 3*
- ● Langhe Nebbiolo Farigliano '09 🍷🍷 5

Rattalino
s.da Giro del Mondo, 4
12050 Barbaresco [CN]
Tel. 3492155012
www.massimorattalino.it

- ● Barbaresco Quarantadue '07 🍷🍷 7
- ● Barbaresco Quarantatre '07 🍷🍷 6
- ● Barolo Trentacinque '06 🍷🍷 8
- ● Barolo Trentaquattro '06 🍷🍷 7

Carlo Daniele Ricci
via Montale Celli, 9
15050 Costa Vescovato [AL]
Tel. 0131838115
www.aziendaagricolaricci.com

- ● Colli Tortonesi Rosso S. Martino '08 🍷🍷 4
- ● Colli Tortonesi Barbera Barbarossa '09 🍷 4
- ● Colli Tortonesi Rosso Elso Ris. '04 🍷 4
- ○ Rispetto 🍷 3

Pietro Rinaldi
Fr. Madonna di Como
12051 Alba [CN]
Tel. 0173360090
www.pietrorinaldi.com

- ● Barbaresco San Cristoforo '07 🍷🍷 6
- ● Barbera d'Alba Bricco Cichetta '09 🍷🍷 5
- ● Barolo Monvigliero '06 🍷🍷 7
- ● Dolcetto d'Alba Madonna di Como '10 🍷🍷 4*

Franco Roero
via Zucchetto, 8
14048 Montegrosso d'Asti [AT]
Tel. 0141956160
franco.roero@gmail.com

- ● Barbera d'Asti Carbunè '10 🍷🍷 3*
- ● Barbera d'Asti Cellarino '09 🍷🍷 4*
- ● Grignolino d'Asti '10 🍷🍷 3*
- ● Barbera d'Asti Sup. Sichei '09 🍷 5

Tenuta Roletto
V. Porta Pia 69
10090 Cuceglio [TO]
Tel. 0124492293
www.tenutaroletto.it

- ○ Erbaluce di Caluso '10 🍷🍷 4*
- ○ Erbaluce di Caluso Muliné '09 🍷🍷 4
- ○ Erbaluce di Caluso Passito '03 🍷🍷 6
- ⊙ Canavese Rosato '10 🍷 3

Rossi Contini
s.da San Lorenzo, 20
15071 Ovada [AL]
Tel. 0143822530
www.rossicontini.com

- ● Dolcetto di Ovada San Lorenzo '09 🍷🍷 4
- ● Dolcetto di Ovada Vign. Ninan '08 🍷🍷 5
- ● Barbera del M.to Sup. Cras Tibi '08 🍷 4
- ○ Monferrato Cortesia '10 🍷 4

F.lli Rovero
loc. Valdonata
fraz. San Marzanotto, 218
14100 Asti
Tel. 0141592460
www.rovero.it

- ● Barbera d'Asti Sup. Rouvè '08 🍷🍷 5
- ● Barbera d'Asti Sup. Vign. Gustin '08 🍷🍷 4*
- ● Barbera d'Asti Sanpansè '10 🍷 3
- ● Grignolino d'Asti Vign. La Casalina '10 🍷 3

San Bartolomeo

LOC. VALLEGGE
CASCINA SAN BARTOLOMEO, 26
15066 GAVI [AL]
TEL. 01436431280
fulviobergaglio@alice.it

- ○ Gavi Quinto '10 🍷🍷 4*
- ○ Gavi del Comune di Gavi Pelöia '10 🍷 4

Tenuta San Pietro

LOC. SAN PIETRO, 2
15060 TASSAROLO [AL]
TEL. 0143342422
www.tenutasanpietro.it

- ○ Brut Le Rie' 🍷🍷 4
- ○ Gavi del Comune di Tassarolo Il Mandorlo '10 🍷🍷 5
- ○ Gavi San Pietro '10 🍷🍷 4
- ● M.to Rosso Nero San Pietro '09 🍷 4

Giacomo Scagliola

REG. SANTA LIBERA, 20
14053 CANELLI [AT]
TEL. 0141831146
www.scagliolagiacomo.it

- ● Barbera d'Asti '08 🍷🍷 3*
- ● Barbera d'Asti La Faia '08 🍷🍷 4
- ○ Moscato d'Asti Santa Libera '10 🍷 4

Simone Scaletta

LOC. MANZONI, 61
12065 MONFORTE D'ALBA [CN]
TEL. 3484912733
www.viniscaletta.com

- ● Barbera d'Alba Sarsera '09 🍷🍷 4
- ● Barolo Chirlet '07 🍷🍷 7
- ● Langhe Nebbiolo Autin 'd Madama '09 🍷🍷 5
- ● Dolcetto d'Alba Viglioni '10 🍷 4
- ● Langhe Nebbiolo Autin 'd Madama '09 🍷🍷 5

Antica Casa Vinicola Scarpa

VIA MONTEGRAPPA, 6
14049 NIZZA MONFERRATO [AT]
TEL. 0141721331
www.scarpavini.it

- ● Barbaresco Tettineive '08 🍷🍷 8
- ● Barbera d'Asti CasaScarpa '09 🍷🍷 4
- ● Barbera d'Asti I Bricchi '07 🍷🍷 5
- ● Barbera d'Asti La Bogliona '08 🍷🍷 6

La Spinosa Alta

C.NE SPINOSA ALTA, 6
15038 OTTIGLIO [AL]
TEL. 0142921372
lanzani.vini@tin.it

- ● Barbera del M.to Sup. La Punta '08 🍷🍷 4
- ● Grignolino del M.to Casalese '10 🍷 4

Giuseppe Stella

S.DA BOSSOLA, 8
14055 COSTIGLIOLE D'ASTI [AT]
TEL. 0141966142
stellavini@libero.it

- ● Grignolino d'Asti Vign. Sufragio '10 🍷🍷 4*
- ● Barbera d'Asti Vign. Stravisan '10 🍷 3

Sylla Sebaste

VIA S. PIETRO, 4
12060 BAROLO [CN]
TEL. 017356266
www.syllasebaste.com

- ● Barolo Bussia '06 🍷🍷 7
- ● Barolo '06 🍷 6

F.lli Trinchero

via Gorra, 49
14048 Montegrosso d'Asti [AT]
Tel. 0141956167
www.fllitrincherovino.com

● Barbera d'Asti Sup. Merico '08	6
● Barbera d'Asti Sup. Rico '08	4
● Barbera d'Asti Sup. Rico '07	4*

Laura Valditerra

s.da Monterotondo, 75
15067 Novi Ligure [AL]
Tel. 0143321451
laura@valditerra.it

○ Gavi '10	4*
○ Gavi Tenuta Merlassino '10	4
● Piemonte Barbera '06	4

La Vecchia Posta

via Montebello, 2
15050 Avolasca [AL]
Tel. 0131876254
lavecchiaposta@virgilio.it

○ Colli Tortonesi Timorasso Il Selvaggio '09	4
● Colli Tortonesi Dolcetto Teraforta No Sulphites '10	3

Giacomo Vico

via Torino, 80/82
12043 Canale [CN]
Tel. 0173979126
www.giacomovico.it

● Nebbiolo D'Alba '08	4
● Roero '08	5
○ Roero Arneis '10	4*
● Langhe Rosso	4

Villa Fiorita

via Case Sparse, 2
14034 Castello di Annone [AT]
Tel. 0141401738
www.villafiorita-wines.com

● Barbera d'Asti Sup. Il Giorgione '09	6
● Barbera d'Asti Sup. '09	4
● Barbera d'Asti Sup. Il Giorgione '07	5
● Barbera d'Asti Sup. Il Giorgione '06	5

La Zerba

s.da per Francavilla, 1
15060 Tassarolo [AL]
Tel. 0143342259
www.la-zerba.it

○ Gavi La Zerba '10	3*
○ Gavi Terrarossa '10	3*
● Piemonte Barbera '09	3

利古里亚区
LIGURIA

对于利古里亚（Liguria）来说，生产葡萄酒并不容易，它处于山和海之间，平地较少，所以几乎每个葡萄园的种植都是一个挑战，但在这里，我们看到了它的五渔村（Cinque Terre）系列的精品葡萄酒。在这样一个实行规模经济经营不实际也不可能的地方，生产葡萄酒同样是一个挑战，因为葡萄园和酒窖的管理成本较高，逻辑上的解释是利古里亚的酒庄成本稍高于平均成本。但是，如果说消费者愿意支付那一点点多余的费用，也是因为他们发现了利古里亚的不同：芳香的白酒，优雅的红酒，还有无与伦比的干葡萄酒。我们的导游在2012年又一次不厌其烦的回述了利古里亚种植者的艰辛和地中海地区醇香的葡萄酒。在这里的品酒会是一次愉快的经历，2012年有71个酒庄递交了作品，数量比去年有所增加，还有22款葡萄酒进入决赛，其中有11款来自因佩里亚省（Imperia），7款来自拉•斯皮齐阿省（La Spizia），2款来自萨沃纳省（Savora），还有2款来自热那亚省（Genoa）。这些数字简单却清晰地反映了相应产区的重要性。有11款酒虽然代表了当地最好的产质，却未能成功入选，它们都是白酒。另外11款中有7款红酒，4款风干甜酒。以上这些数据都只是对2012年5个大奖获得者的一个引入。在这5款获得大奖的酒中，有4款来自维埃拉•迪•波南托（Riviera di Ponente）：劳拉•阿奇诺酒厂（Laura Aschero）的马克•瑞卓（Marco Rizzo）酿造的醇香维蒙蒂诺葡萄酒（Vermentino）2010年版，这是2012年的新秀；卢皮（Lupi）的经典品质，香浓复杂的维蒙蒂诺•塞勒葡萄酒（Vermention Sere）2009年版；由波吉奥•德•格列里（Poggio dei Gorleri）庄园的梅拉罗（Merano）家族出品的地中海阳光派毕加图•基克罗斯（Pigato Cycnus）；由鲁南（Lunae）波索尼（Bosoni）家族的科林•迪•卢娜（Colli di Luna）酿造的维蒙蒂诺•伊提基塔•内拉葡萄酒（Vermentino Etichetta Nera），此款葡萄酒颇具深度，香味浓厚。以上说的都是白葡萄酒，除此之外，来自特里•比安切（TecrreBianche）的费丽坡•容德勒葡萄酒（FilippoRondelle）同样也见证了当地红酒的名气，尤其是罗塞斯•迪•多奇岸沃斯葡萄酒（Rossese di Dolceacqua）以及布里科•阿卡纳葡萄酒（Bricco Arcagna），体现了2009年版酿造的复杂和高品质。

Massimo Alessandri

via Costa Parrocchia, 42
18028 Ranzo [IM]
Tel. 018253458
www.massimoalessandri.it

藏酒销售
预约参观
年产量 30 000 瓶
葡萄种植面积 6 公顷

马西莫（Massimo）在他选择的葡萄栽种之路上继续坚定地前行。酒庄的葡萄园分散在兰泽（Ranzo）的向阳坡，马西莫一丝不苟地照料着它们，他长期坚持种植非本地品种，如维欧尼葡萄（viognier）和路沙妮葡萄（roussanne），当然也种植传统品种，这让酒庄产品颇令人满意。然而，酒庄在2012年最具信服力的品种是利古里亚维埃拉葡萄(Ligurian riviera)的冠军：毕加图（pigato）。

○ Riviera Ligure di Ponente Pigato Vigne Vegie '09	🍷🍷 5
○ Riviera Ligure di Ponente Pigato Costa de Vigne '10	🍷🍷 4
● Ligustico '08	🍷 6
○ Nicol '09	🍷 6
○ Riviera Ligure di Ponente Vermentino Costa de Vigne '10	🍷 4
○ Viorus Costa de Vigne '09	🍷 6
● Ligustico '05	🍷🍷 6
● Ligustico '04	🍷🍷 6
○ Riviera Ligure di Ponente Pigato Vigne Vegie '07	🍷🍷 5
○ Viorus '07	🍷🍷 6
○ Viorus Costa de Vigne '08	🍷🍷 6

Laura Aschero

p.zza Vittorio Emanuele, 7
18027 Pontedassio [IM]
Tel. 0183710307
lauraaschero@uno.it

藏酒销售
预约参观
年产量 60 000 瓶
葡萄种植面积 5 公顷

这段快乐的日子是属于阿斯加罗（Aschero）的，但更确切地说，是属于酒庄创始者劳拉•阿斯加罗（Laura Aschero）的儿子马克•瑞泽（Rizzo）的，因为是瑞泽继承了母亲的产业。劳拉的孙女比安科•瑞泽（Bianca Rizza）决定跟随祖母的酿酒生涯，并开辟了市场。现在他们正在忙着收获菩提达西亚（Pontedassio）的葡萄。受到这次意想不到的激励，马克决定再种植1公顷毕加图葡萄（Pigato），将葡萄园的面积扩大到5公顷。

○ Riviera Ligure di Ponente Vermentino '10	🍷🍷🍷 4*
○ Riviera Ligure di Ponente Pigato '10	🍷 4
○ Riviera Ligure di Ponente Pigato '08	🍷🍷 4*
○ Riviera Ligure di Ponente Pigato '06	🍷🍷 4
● Riviera Ligure di Ponente Rossese '07	🍷🍷 4
○ Riviera Ligure di Ponente Vermentino '09	🍷🍷 4
○ Riviera Ligure di Ponente Vermentino '08	🍷🍷 4*
○ Riviera Ligure di Ponente Vermentino '07	🍷🍷 4
○ Riviera Ligure di Ponente Vermentino '06	🍷🍷 4
● Riviera Ligure di Ponente Rossese '09	🍷 4

La Baia del Sole

FRAZ. LUNI ANTICA
VIA FORLINO, 3
19034 ORTONOVO [SP]
TEL. 0187661821
www.cantinefederizci.com

藏酒销售
预约参观
年产量 140 000 瓶
葡萄种植面积 22 公顷

我们之前已经提过朱里奥•费得里亚（Giulio Federici）的酿酒理念和产品理念，正是这种信念推动他大量投资于葡萄园和酒窖。酒庄最好的酒厂位于萨提克拉（Sarticola）海拔300米的地方，另有一个具有吸引力的新酒窖蔓延1 600多平方米，分布在三块平地上，位于地下两米，这可以利用地心引力的力量，还可以进行地热隔热。

酒款	评级
● Colli di Luni Eutichiano '10	4*
○ Colli di Luni Gladius '10	4
○ Colli di Luni Vermentino Oro d'Isée '10	5
○ Colli di Luni Vermentino Solaris '10	4
● Colli di Luni Terre D'Oriente Ris. '07	6
○ Colli di Luni Vermentino Sarticola '10	6
● Colli di Luni Terre D'Oriente '06	5
○ Colli di Luni Vermentino Sarticola '09	5
○ Colli di Luni Vermentino Sarticola '08	5
○ Muri Grandi Golfo dei Poeti '08	3*

Maria Donata Bianchi

LOC. VALCROSA
VIA MEREA
18013 DIANO ARENTINO [IM]
TEL. 0183498233
www.aziendagricolabianchi.com

藏酒销售
预约参观
年产量 25 000 瓶
葡萄种植面积 4 公顷
葡萄栽培方式 有机种植

1977年，伊曼纽尔（Emanuele）和他的父亲皮耶特罗•特来维亚（Pietro Trevia）种植了他们的第一款葡萄。从那以后，他们的生产不断进步，质量始终如一，并且他们在迪安诺•阿伦提诺（Diano Arentino）连绵的山上建立了他们的商业酒窖。酒窖拥有一个极美的类似露天电影城的葡萄园，仰望着酒窖，并且，酒窖配备有酿酒和食宿设施。伊曼纽尔仍然喜爱采用传统的工作方式，在18摄氏度以下用本地酵母酿制白葡萄酒。

酒款	评级
○ Riviera Ligure di Ponente Vermentino '10	5
○ Riviera Ligure di Ponente Pigato '10	5
○ Riviera Ligure di Ponente Vermentino '09	5
○ Riviera Ligure di Ponente Vermentino '07	4*
○ Antico Sfizio '04	4*
● La Mattana '06	6
● La Mattana '04	6
● La Mattana '01	6
○ Riviera Ligure di Ponente Vermentino '08	5
○ Riviera Ligure di Ponente Vermentino '04	4*

BioVio

FRAZ. BASTIA
VIA CROCIATA, 24
17031 ALBENGA [SV]
TEL. 018220776
www.biovio.it

藏酒销售
预约参观
年产量 40 000 瓶
葡萄种植面积 4.5 公顷
葡萄栽培方式 有机认证

艾蒙（Aimone）和齐亚拉（Chiara）在酿造白葡萄酒的同时，也种植香草，所以很多人就想他们的白葡萄酒会不会有香草的味道呢？我们后来意识到其实葡萄园和香草园并不毗邻，香草园位于肥沃的阿本达平原（Albenga），而喜山的葡萄则蔓延在阿诺斯亚山谷（Arroscia）的向阳坡。但是，葡萄和香草都得到了精心的照料，这也许就是两者常被类同的原因吧。

- ○ Riviera Ligure di Ponente Vermentino Aimone '10 — 🍷🍷 4*
- ● Granaccia Gigò '10 — 🍷🍷 4*
- ● Bacilò '10 — 🍷 4
- ○ Riviera Ligure di Ponente Pigato Marixe '10 — 🍷 4
- ○ Riviera Ligure di Ponente Pigato Bon in da Bon '09 — 🍷🍷 4*
- ○ Riviera Ligure di Ponente Pigato Bon in da Bon '06 — 🍷🍷 4*
- ○ Riviera Ligure di Ponente Vermentino Aimone '09 — 🍷🍷 4*
- ○ Riviera Ligure di Ponente Vermentino Aimone '08 — 🍷🍷 4*

Enoteca Bisson

C.SO GIANELLI, 28
16043 CHIAVARI [GE]
TEL. 0185314462
www.bissonvini.it

藏酒销售
预约参观
年产量 80 000 瓶
葡萄种植面积 10 公顷
葡萄栽培方式 有机种植

皮尔诺•卢加诺（Piero Lugano）的酒窖位于齐瓦瑞（Chiavari）的中心，人所共知，在历史上他被称为比森（BIsson）。在很短的一段商业阶段后，皮尔诺转移到在自己的庄园里生产葡萄。结果，他建立了很多属于自己的葡萄园，生产该地区不常见的品种，如格安茨亚（Granaccia）和毕加图（Pigato）葡萄，还有被认为已经消失很久的本地传奇品种西米霞（Cimixà）葡萄。

- ● Braccorosso '09 — 🍷🍷 5
- ○ Golfo del Tigullio Vermentino V. Erta '08 — 🍷🍷 4
- ● Il Musaico '09 — 🍷🍷 4
- ○ Golfo del Tigullio Bianchetta Genovese Ü Pastine '10 — 🍷 4
- ○ Golfo del Tigullio Vermentino Vigna Intrigoso '10 — 🍷 4
- ● Il Granaccia '09 — 🍷 6
- ○ Pigato '10 — 🍷 4
- ○ Golfo del Tigullio Bianchetta Genovese Ü Pastine '09 — 🍷🍷 4
- ○ Golfo del Tigullio Vermentino V. Erta '08 — 🍷🍷 4
- ○ Golfo del Tigullio Vermentino V. Intrigoso '09 — 🍷🍷 4

Cantina Bregante

via Unità d'Italia, 47
16039 Sestri Levante [GE]
Tel. 018541388
www.cantinebregante.it

藏酒销售
年产量 100 000 瓶
葡萄种植面积 未提供

该酒庄现在由塞尔吉奥•圣圭内蒂（Sergio Sanguineti）掌管，原由其岳父费迪兰多•伯勒甘特（Ferdinando Bregante）创立，费迪兰多的祖先和家族早在19世纪就开始在厄尔巴岛（Elba）的拉瓦格纳镇（Lavagna）卖酒。2001年，塞尔吉奥给了酒庄一个具有决定性意义的转折点，但仍保持酒庄原有的理念，即仍把酒庄的生产优势基于50个种植工人上。酒庄一直对葡萄的成熟度和在酿酒前的含糖度进行严格控制，这使得它出品的酒的质量不断提升。

- ○ Golfo del Tigullio Bianchetta Genovese Segesta '10 — 2 (red glasses) 4
- ○ Golfo del Tigullio Moscato '10 — 2 4*
- ○ Golfo del Tigullio Passito '09 — 2 6
- ○ Golfo del Tigullio Vermentino '10 — 2 4
- ● Golfo del Tigullio Ca' du Diau '10 — 1 4
- ● Golfo del Tigullio Ciliegiolo '10 — 1 3
- ○ Golfo del Tigullio Moscato '09 — 2 (white) 4
- ○ Golfo del Tigullio Vermentino '08 — 2 (white) 4*

Bruna

fraz. Borgo
via Umberto I, 81
18020 Ranzo [IM]
Tel. 0183318082
www.brunapigato.it

藏酒销售
预约参观
年产量 45 000 瓶
葡萄种植面积 7 公顷

在过去几年里，佛兰西斯卡（Francesca）和她的丈夫罗贝托（Ronerto）选择继续从事她父亲里卡尔多（Riccardo）创立的产业，里卡尔多因被称为“由拜卡”而出名（U Baccan，在当地语言里是“首领”的意思），他已经经营了这家酒庄近半个世纪。该酒庄的酿造方法更偏向采用自然酿造，所以，酒庄出品的酒风格独特，优雅别致，并且，他们采用当地酵母对葡萄进行发酵，带皮浸渍，进行精心照料。

- ○ Riviera Ligure di Ponente Pigato Maje '10 — 2 4
- ○ Riviera Ligure di Ponente Pigato U Baccan '09 — 2 6
- ● Riviera Ligure di Ponente Rossese '10 — 1 4
- ● Rosso Bansigu '10 — 1 4
- ● Rosso Pulin '09 — 1 5
- ○ Riviera Ligure di Ponente Pigato U Baccan '07 — 3 (white) 6
- ○ Riviera Ligure di Ponente Pigato U Baccan '06 — 3 (white) 5
- ○ Riviera Ligure di Ponente Pigato U Baccan '05 — 3 (white) 5
- ○ Riviera Ligure di Ponente Pigato U Baccan '04 — 3 (white) 5
- ○ Riviera Ligure di Ponente Pigato U Baccan '03 — 3 (white) 5
- ○ Riviera Ligure di Ponente Pigato U Baccan '08 — 2 (white) 6
- ● Rosso Pulin '08 — 2 (white) 5
- ● Rosso Pulin '06 — 2 (white) 5

Enoteca Andrea Bruzzone

via Bolzaneto, 94/96/98
16162 Genova
Tel. 0107455157
www.andreabruzzonevini.it

藏酒销售
年产量 未提供
葡萄种植面积 1.6 公顷

安德里亚•布鲁索内（Andrea Bruzzone）体现了当地地域特色。1950年，在当地一个激流形成的河床上发现了一块博塞威若（Polcevera）铜匾（也称为“Sententia Minuciorum”），上面刻有铭文，是公元前117年罗马政府用来指示地区边界的，包括伊索塞克（Isosecco）和伊索维达（Isoverde）的葡萄园的界限。这些地域现在仍然为洛索•特雷帕克斯葡萄酒（Rosso Treipaexi）提供葡萄，酒庄的“三村酒”指的是可芒果（Comago）、塞拉内斯（Ceranesi）和塞拉•瑞科（Serrà Ricco）。

● Val Polcèvera Rosso Treipaexi '10	🍷🍷 3
○ Val Polcèvera Coronata '10	🍷🍷 4
● Val Polcèvera Rosso Treipaexi '09	🍷🍷 3

Buranco

via Buranco, 72
19016 Monterosso al Mare [SP]
Tel. 0187817677
www.burancocinqueterre.it

藏酒销售
预约参观
年产量 25 400 瓶
葡萄种植面积 2 公顷

议员路易吉•格里奥（Luigi Grillo）巧妙地安排了自己本来就很忙碌的时间，既在意大利议院工作，在国际上忙碌，又打理自己在蒙特罗索•阿马尔（Monterroaao al Mare）的葡萄园。蒙特罗索•阿马尔也是热那亚诗人蒙塔莱的家乡。就像蒙塔莱，格里奥也可以时常思考，思考自己已获奖的森林葡萄品种：维蒙蒂诺（vermentino）和艾尔巴罗拉（albarola），他们酿造了独特的斯阿特（Sciacchtrà）葡萄酒，此款酒胜似花蜜不似酒。

○ Cinque Terre Sciacchetrà '09	🍷🍷 8
● Buranco Rosso '09	🍷 5
○ Cinque Terre '10	🍷 5
○ Cinque Terre Sciacchetrà '07	🍷🍷 8
○ Cinque Terre Sciacchetrà '04	🍷🍷 8
○ Cinque Terre Sciacchetrà '03	🍷🍷 8

Cantine Calleri

LOC. SALEA
REG. FRATTI, 2
17031 ALBENGA [SV]
TEL. 018220085
postmaster@cantinecalleri.com

年产量 55 000 瓶
葡萄种植面积 6 公顷

马塞洛•卡里尼（Marcello Calleri）用激情管理着庄园，特别是在他80多岁的父亲奥尔多（Aldo）——阿尔伯塔（Albenga）酿酒的先驱——退休后。自从马塞洛跟他父亲一起打理庄园以后就一直进步，他把重点放在地区的经典品种上，包括毕加图（Pigato）和维蒙蒂诺（Vermentino）葡萄，最近又新添了奥罗米亚•迪•伯纳赛欧葡萄（Ormeasco di Pornassio）。

- ○ Riviera Ligure di Ponente Pigato Saleasco '10 — 🍷🍷 4
- ● Ormeasco di Pornassio '09 — 🍷 4
- ○ Riviera Ligure di Ponente Pigato '10 — 🍷 4
- ○ Riviera Ligure di Ponente Vermentino '10 — 🍷 4
- ○ Riviera Ligure di Ponente Vermentino I Muzazzi '10 — 🍷 4
- ● Ormeasco di Pornassio '08 — ΥΥ 4
- ○ Riviera Ligure di Ponente Pigato Saleasco '08 — ΥΥ 4*
- ○ Riviera Ligure di Ponente Vermentino '09 — ΥΥ 4
- ○ Riviera Ligure di Ponente Vermentino '08 — ΥΥ 4*
- ○ Riviera Ligure di Ponente Vermentino I Murazzi '09 — ΥΥ 4
- ○ Riviera Ligure di Ponente Vermentino I Muzazzi '08 — ΥΥ 4

Cascina Nirasca

FRAZ. NIRASCA
VIA ALPI, 3
18026 PIEVE DI TECO [IM]
TEL. 0183368067
www.cascinanirasca.com

藏酒销售
预约参观
年产量 30 000 瓶
葡萄种植面积 4 公顷

要去拜访这个真实的勇敢的开拓者，必须从彼维•迪•特科（Pieve di Teco）爬到海拔500米的卡西纳•妮瑞斯卡（Cascina Nirasca），马克•特美思奥（Marco Temesio）和盖伯瑞勒•马格里奥（Gabriele Maglio）在这里大胆地种植了约3公顷多的奥罗米亚斯科葡萄（ormeasco），这是因佩米亚省（Imperia）山区的本地葡萄。盖博瑞拉负责葡萄园，马克负责酒窖和销售，他们是一对绝佳的搭档，知道如何在极端的情况下取得最好的效果。

- ● Ormeasco di Pornassio '10 — 🍷🍷 4
- ○ Riviera Ligure di Ponente Pigato '10 — 🍷🍷 4
- ⊙ Ormeasco di Pornassio Sciac-Trà '10 — 🍷 4
- ● Ormeasco di Pornassio Sup. '09 — 🍷 4
- ○ Riviera Ligure di Ponente Vermentino '10 — 🍷 4
- ● Ormeasco di Pornassio Sup. '07 — ΥΥ 4*
- ○ Riviera Ligure di Ponente Pigato '09 — ΥΥ 4
- ○ Riviera Ligure di Ponente Pigato '08 — ΥΥ 4*
- ○ Riviera Ligure di Ponente Vermentino '09 — ΥΥ 4

Cantina Cinqueterre

FRAZ. MANAROLA
LOC. GROPPO
19010 RIOMAGGIORE [SP]
TEL. 0187920435
www.cantinacinqueterre.com

预约参观
年产量 20 000 瓶
葡萄种植面积 50 公顷

合作式的五乡地酒窖（Cinqueterre）的300多个工人多年来一直为获得丰收而努力，这已在世界各地传诵。在奥马焦雷（Riomaddiore）和蒙特罗索（Meonterosso）的葡萄园都是世界文化遗产。酒窖位于罗波（Groppo）的山坡上，拥有最新的生产设施，景色独特优美。在这里，延续着古老的独一无二的葡萄风干方法。

- ○ Cinque Terre Sciacchetrà '09 ΨΨ 7
- ○ Cinque Terre '10 ΨΨ 4*
- ○ Cinque Terre Costa da Posa di Volastra '10 ΨΨ 4
- ○ Cinque Terre Costa du Campu '10 ΨΨ 4
- ○ Cinque Terre Costa de Sèra di Riomaggiore '10 Ψ 4
- ○ Cinque Terre Costa do Sèra di Riomaggiore '09 ΨΨ 4
- ○ Cinque Terre Sciacchetrà '07 ΨΨ 7

Azienda Agricola Durin

LOC. ORTOVERO
VIA ROMA, 202
17037 ORTOVERO [SV]
TEL. 0182547007
www.durin.it

藏酒销售
预约参观
年产量 130 00 瓶
葡萄种植面积 15. 5 公顷

安东尼奥（Antonio）和劳拉•巴索（Laura Basso）的生产一直在艰难之中进行。他们购买了翁佐市（Onzo）塔瓦娜（Taverna）5.5公顷的地块，并为培育维蒙蒂诺（vermentino）、毕加图（Pigato）和罗塞斯（rossese）葡萄筑起了干石墙，之后把精力放在了恢复周围的建筑上。现在酒窖已经有接待和食宿服务。当然，巴索（Basso）家族的工作重心始终放在照料酒窖上。

- ● Alicante '09 ΨΨ 5
- ● Ormeasco di Pornassio '10 ΨΨ 4
- ● Ormeasco di Pornassio Passito '09 ΨΨ 6
- ○ Riviera Ligure di Ponente Pigato I S-cianchi '10 ΨΨ 4
- ○ A' Matetta '10 Ψ 4
- ● Granaccia '10 Ψ 4
- ● I Matti '09 Ψ 5
- ○ Riviera Ligure di Ponente Pigato '10 Ψ 4
- ○ Riviera Ligure di Ponente Vermentino '10 Ψ 4
- ○ Riviera Ligure di Ponente Pigato I S-cianchi '09 ΨΨ 4*
- ○ Riviera Ligure di Ponente Pigato I S-cianchi '08 ΨΨ 4*
- ○ Riviera Ligure di Ponente Vermentino '08 ΨΨ 4*
- ○ Riviera Ligure di Ponente Vermentino '07 ΨΨ 4

Ottaviano Lambruschi

via Olmarello, 28
19030 Castelnuovo Magra [SP]
Tel. 0187674261
www.ottavianolambruschi.com

藏酒销售
年产量 30 000 瓶
葡萄种植面积 6 公顷

有些人说欧塔维诺（Ottaviano）会在酿酒之路上松懈下来，但我们相信事实并非如此。他仍然像一棵挺拔多年的榆树一样，盘踞在辛苦开辟的领土上。30多年前，该酒庄出品了第一款酒，但直到现在，欧塔维诺和他的儿子法毕欧（Fabio）仍然为了他们唯一的目标——酿造高品质的酒——而奋斗。酒庄种植着6公顷的葡萄园。

○ Colli di Luni Vermentino Sarticola '10 — 4
○ Colli di Luni Vermentino Costa Marina '10 — 5
○ Colli di Luni Vermentino Costa Marina '09 — 5
○ Colli di Luni Vermentino Sarticola '08 — 4*
○ Colli di Luni Vermentino Sarticola '09 — 4

Cantine Lunae Bosoni

fraz. Isola di Ortonovo
via Bozzi, 63
19034 Ortonovo [SP]
Tel. 0187669222
www.cantinelunae.com

藏酒销售
预约参观
年产量 450 000 瓶
葡萄种植面积 65 公顷

现在酒庄由65公顷的葡萄园和150个当地种植者组成，在酒窖技术人员的技术支撑下，葡萄园种植者努力创收，重新发掘当地品种，并修复最适合葡萄栽种的地带。巴罗诺•波索尼（Paolo Bosoni）的实验项目现在得到了其孩子的帮助，正在研发当地品种，也尊重生物多样性，研究土壤类型，以达到葡萄酒对当地地域特色的精准诠释。

○ Colli di Luni Vermentino Et. Nera '10 — 5
○ Colli di Luni Vermentino Cavagino '10 — 6
○ Colli di Luni Onda di Luna '10 — 5
○ Colli di Luni Vermentino Et. Grigia '10 — 4*
● Colli di Luni Niccolò V '07 — 5
○ Colli di Luni Vermentino Lunae Et. Nera '09 — 5
○ Colli di Luni Vermentino Lunae Et. Nera '08 — 4
● Colli di Luni Niccolò V '05 — 5
○ Colli di Luni Vermentino Cavagino '09 — 6

Lupi

via Mazzini, 9
18026 Pieve di Teco [IM]
Tel. 018336161
www.casalupi.it

藏酒销售
预约参观
年产量 140 000 瓶
葡萄种植面积 7 公顷

在酿酒50多年以后，我们的老朋友托玛索（Tommaso）退休了，对此我们深表遗憾，但是他卓越的酿酒事业并没有结束，因为他的儿子马赛莫（Massimo）继承了酒庄，马赛莫是个很有能力的庄主，必将带领酒庄继续进步，当然，我们的老朋友托玛索会当顾问。

- ○ Riviera Ligure di Ponente Vermentino Le Serre '09 — 3 5
- ○ Passito La Vinsa '07 — 2 7
- ○ Riviera Ligure di Ponente Pigato '10 — 2 4
- ○ Riviera Ligure di Ponente Pigato Le Petraie '09 — 2 5
- ● Ormeasco di Pornassio '09 — 1 4
- ⊙ Ormeasco di Pornassio Sciac-trà '10 — 1 4
- ○ Riviera Ligure di Ponente Vermentino '10 — 1 4
- ● Rossese di Dolceacqua '10 — 1 5
- ○ Riviera Ligure di Ponente Vermentino Le Serre '08 — 3 5
- ○ Riviera Ligure di Ponente Vermentino Le Serre '07 — 3 5
- ○ Riviera Ligure di Ponente Pigato '09 — 2 4
- ○ Riviera Ligure di Ponente Vermentino '09 — 2 4
- ○ Vignamare '06 — 2 5

Maccario Dringenberg

via Torre, 3
18036 San Biagio della Cima [IM]
Tel. 0184289947
maccariodringenberg@yahoo.it

藏酒销售
预约参观
年产量 23 000瓶
葡萄种植面积 3. 5 公顷

这款罗塞斯•迪•多奇亚卡葡萄酒（Rossese di Dolceacqua）成为意大利膜拜酒的趋势已是不可阻挡，而站在其后面的是一个女人——乔治安娜•马卡里奥（Giovanna Mavanna），她目前是罗塞斯葡萄酒学协会（Associazione Vigne Storiche del Rossese）的重要人物，这个协会是安佛索斯（Anfossos）和荣得利斯（Rondelis）创立的。现在，乔治安娜想把罗塞斯•迪•多卡奇亚改名为多卡奇亚（Dolceacqua），这是对的，因为这样可以避免这款葡萄酒传入其他地区后产生的一些问题。

- ● Rossese di Dolceacqua '10 — 2 4
- ○ Lady Dringernberg '10 — 1 4
- ● Rossese di Dolceacqua Sup. Vign. Luvaira '07 — 3 5
- ● Rossese di Dolceacqua Sup. Vign. Posau '08 — 3 5
- ● Rossese di Dolceacqua Sup. Vign. Luvaira '08 — 2 5
- ● Rossese di Dolceacqua Sup. Vign. Posau '07 — 2 3

Il Monticello

via Groppolo, 7
19038 Sarzana [SP]
Tel. 0187621432
www.ilmonticello.vai.li

藏酒销售
预约参观
年产量 55 000 瓶
葡萄种植面积 10 公顷
葡萄栽培方式 有机种植

对于像涅利（Neris）家族那样的使用有机和生物机能方式发展农业的酿酒商，天气的微小变化（其实在2010年已经经历很多这种变化）都足以让酿酒商做出一丝不苟的选择。保持质量是要付出代价的，但是大卫（Davide） 和亚力山大（Alessandro）兄弟得到了一位富有激情的客户的支持，他坚持酒庄的信条，全力以赴地支持该酒庄。温和的环境为酒庄发展提供了一个有效的策略。

- ● Colli di Luni Rosso Poggio dei Magni Ris. '07 — 🍷🍷 4
- ○ Colli di Luni Vermentino Poggio Paterno '09 — 🍷🍷 4
- ● Colli di Luni Rosso Rupestro '10 — 🍷 4
- ○ Colli di Luni Vermentino '10 — 🍷 4
- ○ Passito dei Neri '09 — 🍷 6
- ○ Colli di Luni Vermentino '08 — 🍷🍷 4*
- ○ Colli di Luni Vermentino Poggio Paterno '08 — 🍷🍷 4
- ○ Colli di Luni Vermentino Poggio Paterno '07 — 🍷🍷 4*

Conte Picedi Benettini

via Mazzini, 57
19038 Sarzana [SP]
Tel. 0187625147
www.picedibenettini.it

藏酒销售
预约参观
年产量 30 000 瓶
葡萄种植面积 20 公顷

孔蒂•尼诺（Conte Nino）的伊尔•乔索•迪•阿尔科拉（Il Chioso di Arocola）是意大利后文艺复兴时期最富有意义的葡萄园建筑之一。在蔓延几千米的高围墙的背后，是一个贵族人物。我们知道，在17世纪，贵族是不需要使用“入侵”这个词就可以随意扩大自己的葡萄园的。只有意大利大家族的后裔通过参观法国葡萄园高墙，才能知道这些紧锁的秘密，才能获得那些酿造勃艮第（Burgundy）和波尔多（Bordeaux）葡萄酒的技艺。

- ⊙ Ciliegiolo '10 — 🍷🍷 4*
- ○ Colli di Luni Vermentino Stemma '10 — 🍷🍷 4
- ○ Colli di Luni Bianco Villa Il Chioso '10 — 🍷 4
- ○ Colli di Luni Vermentino Il Chioso '10 — 🍷 4
- ○ Passito del Chioso — 🍷 5
- ○ Colli di Luni Bianco Villa Il Chioso '09 — 🍷🍷 4*
- ○ Colli di Luni Vermentino Il Chioso '09 — 🍷🍷 3*
- ○ Colli di Luni Vermentino Stemma '09 — 🍷🍷 4*

La Pietra del Focolare

via Isola, 74
19034 Ortonovo [SP]
Tel. 0187662129
www.lapietradelfocolare.it

藏酒销售
预约参观
年产量 30 000 瓶
葡萄种植面积 7 公顷
葡萄栽培方式 有机种植

适宜的气候，加上真诚的虚心求知、学习的能力与对自然的爱和坚定的追求，都是酿出好酒的条件——这些就是劳拉•安吉利尼（Laura Angelini）和斯蒂凡诺•萨尔维迪（Stefano Salvetti）的信念。他们白手起家不到几年，只有自己种植的7公顷的葡萄园，其中6公顷用于种植本地主要品种维蒙蒂诺（vermentino）。他们坚守信念，继续创新，复兴古品种，用现在的材料去再植。

- ○ Colli di Luni Vermentino Solarancio '10 — 5
- ● Colli di Luni Rosso La Merla dal Becco '09 — 6
- ○ Colli di Luni Vermentino Augusto '08 — 4*
- ○ Colli di Luni Vermentino S olarancio '09 — 6
- ○ Colli di Luni Vermentino Solarancio '08 — 5

Poggio dei Gorleri

fraz. Gorleri
via San Leonardo
18013 Diano Marina [IM]
Tel. 0183495207
www.poggiodeigorleri.com

藏酒销售
预约参观
年产量 60 000 瓶
葡萄种植面积 9 公顷

歌利亚里（Gorleri）是迪安诺•马瑞娜（Diano Marina）众多美景之一，面向西部，靠近因佩里亚镇（Imperia）。梅拉诺（Merano）家族从蒙塔里（Mentali）和特美思奥（Temesio）酒厂购买了他们的制酒设备和第一个葡萄园，在这里，他们酿造维梦蒂诺（Vermentino）。然后他们又在艾尔班加（Albenga）地区买了一个葡萄园酿造毕加图（Pigato），在彼维（Pieve）买了一个葡萄园酿制伯纳斯澳（Pornassio）。该酒庄把葡萄园分散在不同的地方是个明智的选择，因为这可以丰富酒的个性。

- ○ Riviera Ligure di Ponente Pigato Cycnus '10 — 4
- ○ Riviera Ligure di Ponente Vermentino '10 — 4*
- ○ Riviera Ligure di Ponente Vermentino V. Sorì '10 — 4
- ○ Riviera Ligure di Ponente Pigato Cycnus '09 — 4*
- ○ Riviera Ligure di Ponente Pigato Cycnus '08 — 4*
- ○ Riviera Ligure di Ponente Pigato Albium '09 — 5
- ○ Riviera Ligure di Ponente Pigato Albium '08 — 5
- ○ Riviera Ligure di Ponente Pigato Albium '07 — 5
- ○ Riviera Ligure di Ponente Vermentino '08 — 4*
- ○ Riviera Ligure di Ponente Vermentino Apricus '08 — 5
- ○ Riviera Ligure di Ponente Vermentino Apricus '07 — 5
- ○ Riviera Ligure di Ponente Vermentino V. Sorì '09 — 4
- ○ Riviera Ligure di Ponente Vermentino V. Sorì '08 — 4*

Sancio

via Laiolo, 73
17028 Spotorno [SV]
Tel. 019743255
cantinasancio@libero.it

藏酒销售
预约参观
年产量 38 000 瓶
葡萄种植面积 5 公顷

里卡尔多•圣西奥（Riccardo Sancio）酒庄离波托尔诺（Spotorno）中心仅几千米，人们在这里可以一览海洋无边的美景，向东到萨沃纳港（Savona），向西到古诺里独立共和国（the ancient independent republic of Noli）。该酒庄的酒窖位于生活区凉爽的地下，这里的农业旅游业设施很受美食者欢迎。里卡尔多（Riccardo）是一个虔诚的葡萄种植者，他亲自监管生产的整个过程，从葡萄园到酒窖，甚至是销售，他都会照看。

○ Riviera Ligure di Ponente Vermentino '10	4
○ Riviera Ligure di Ponente Pigato '10	4*
● Riviera Ligure di Ponente Rossese '10	4*
○ Lumassina Lilaria '10	4
○ Lumassina Mataosso '09	3
○ Il Bacioccio Passito	6
○ Riviera Ligure di Ponente Pigato '09	4*
○ Riviera Ligure di Ponente Pigato '07	4
○ Riviera Ligure di Ponente Pigato Cappellania '07	4
● Riviera Ligure di Ponente Rossese '10	4*

Terre Bianche

loc. Arcagna
18035 Dolceacqua [IM]
Tel. 018431426
www.terrebianche.com

藏酒销售
预约参观
年产量 61 000 瓶
葡萄种植面积 8.5 公顷

菲利波•当昂迪利（Filippo Rondelli）身高至少有1.9米，但他不会因为这一点而轻视他的葡萄园和橄榄树。位于阿卡格纳（Arcagna）的德尔•比安奇（Terre Bianche）酒庄地势陡峭，很难想象在这里会有人去种植葡萄。酒庄发展农业旅游业和食宿，建筑美丽而舒适，在这里，你可以一览利古里亚海到滨海阿尔卑斯山脉的全部美景，面对如此怡人的美景，品尝早点，海风拂面，就像和天使在蓝天下翱翔。

● Rossese di Dolceacqua Bricco Arcagna '09	5
○ Aurin '07	6
○ Riviera Ligure di Ponente Vermentino '10	4
● Rossese di Dolceacqua '10	4
○ Riviera Ligure di Ponente Pigato '10	4
● Rossese di Dolceacqua Bricco Arcagna '08	6
● Arcana Rosso '03	5
● Rossese di Dolceacqua '08	4*
● Rossese di Dolceacqua Bricco Arcagna '06	5
● Rossese di Dolceacqua Bricco Arcagna '01	5

Cascina delle Terre Rosse

via Manie, 3
17024 Finale Ligure [SV]
Tel. 019698782

藏酒销售
预约参观
年产量 30 000 瓶
葡萄种植面积 4.5 公顷
葡萄栽培方式 有机种植

德尔•罗斯（Terre Rosse）酒庄的名字来源于富含铁矿物质的红土，它是萨沃纳省（Savona）最古老的酒窖之一。该酒庄建立于1970年，数年来，它出品的葡萄酒保持了始终如一的高品质，这让它获得的肯定地位更加稳固。接下来，酒庄将扩建一个新的木桶酒窖，一个更大的环境可控的仓库和一个新的品酒室，游客在品酒的同时还可以享受酒庄四周的乡村美景。

酒款	评分
○ Apogeo '10	5
○ Le Banche '10	8
○ L'Acerbina '10	5
○ Riviera Ligure di Ponente Pigato '10	5
○ Riviera Ligure di Ponente Vermentino '10	5
● Solitario '09	8
○ Apogeo '09	5
○ Riviera Ligure di Ponente Pigato '08	5
○ Riviera Ligure di Ponente Vermentino '09	5
● Solitario '07	8
○ Riviera Ligure di Ponente Pigato '10	5

Vis Amoris

loc. Caramagna
s.da Molino Javè, 23
18100 Imperia
Tel. 3483959569
visamoris@libero.it

藏酒销售
预约参观
年产量 28 000 瓶
葡萄种植面积 4 公顷

维斯•艾莫莉丝（vis Amoris）酒窖（意思是“爱的力量”）讲述了它所有的历史，包括罗赞娜（Rossana）和罗伯特•扎帕（Robert Zappa）曾经想要建立一个真正的酒窖的乡村梦想。现在，这个梦想已经实现了，扎帕（Zappa）家族在因佩里亚省(Imperia)的一个狭窄的山谷里建立了一个酒窖，对面是面朝西南方的山坡，种满了葡萄，其中有4公顷种的是毕加图（Pigato），其中一半毕加图葡萄已经全熟，剩下的长势良好，还未成熟。

酒款	评分
○ Dulcis in Fundo '09	4
○ Riviera Ligure di Ponente Pigato Sogno '10	6
○ Riviera Ligure di Ponente Pigato V. Domè '10	5
○ Riviera Ligure di Ponente Pigato Sogno '09	6
○ Riviera Ligure di Ponente Pigato V. Domè '08	5
○ Riviera Ligure di Ponente Pigato V. Domè '07	5*
○ Riviera Ligure di Ponente Pigato V. Domè '06	5*
○ Riviera Ligure di Ponente Pigato V. Domè '05	4*

Carlo Alessandri

via Umberto I, 15
18020 Ranzo [IM]
Tel. 0183318114
az.alessandricarlo@libero.it

- ● Ormeasco di Pornassio '10 — 🍷🍷 4
- ● Ormeasco di Pornassio Sciac-Trà '10 — 🍷 4
- ○ Riviera Ligure di Ponente Pigato '10 — 🍷 4

Alta Via

loc. Arcagna
18035 Dolceacqua [IM]
Tel. 0184488230

- ○ Noname '10 — 🍷🍷 5
- ● Rossese di Dolceacqua Sup. '10 — 🍷🍷 5
- ● Skip Intro '08 — 🍷 5
- ● Toraggio '05 — 🍷 5

Anfossi

fraz. Bastia
via Paccini, 39
17031 Albenga [SV]
Tel. 018220024
www.aziendaagrariaanfossi.it

- ⊙ Paraxo '10 — 🍷🍷 3*
- ● Riviera Ligure di Ponente Rossese '10 — 🍷🍷 4*
- ○ Riviera Ligure di Ponente Pigato '10 — 🍷 4
- ○ Riviera Ligure di Ponente Vermentino '10 — 🍷 4

Tenuta Anfosso

c.so Verbone, 175
18036 Soldano [IM]
Tel. 0184289906
www.tenutaanfosso.it

- ● Rossese di Dolceacqua Sup. Poggio I Pini '09 — 🍷🍷 5
- ● Rossese di Dolceacqua Sup. '09 — 🍷🍷 4
- ○ Rossese Bianco '10 — 🍷 6
- ● Rossese di Dolceacqua Luvaira Sup. '09 — 🍷 5

Riccardo Arrigoni

loc. Migliarini
via Sarzana, 224
19126 La Spezia
Tel. 0187504060
www.awf2000.com

- ○ Colli di Luni Vermentino V. del Prefetto '10 — 🍷🍷 5
- ○ Colli di Luni Vermentino La Cascina Dei Peri '10 — 🍷 4
- ○ Golfo dei Poeti Albarola '10 — 🍷 4

Luigi Bianchi Carenzo

Via I. Lantero, 19
18013 Diano San Pietro [IM]
Tel. 0183429072

- ○ Riviera Ligure di Ponente Vermentino '10 — 🍷🍷 4
- ○ Riviera Ligure di Ponente Pigato '10 — 🍷 4
- ● Riviera Ligure di Ponente Rossese '10 — 🍷 4

Samuele Heydi Bonanini

via San Antonio, 72
19017 Riomaggiore [SP]
Tel. 0187920959
www.possa.it

- ○ Cinque Terre Ecrù '10 — 🍷🍷 7
- ○ Cinque Terre Sciacchetrà '09 — 🍷🍷 8
- ● Passito La Rinascita '10 — 🍷🍷 8
- ● Rosso U Neigru '10 — 🍷 5

Luigi Calvini

via Solaro, 76-78a
18038 San Remo [IM]
Tel. 0184660242
www.luigicalini.com

- ● Riviera Ligure di Ponente Rossese '10 — 🍷🍷 4
- ● Riviera Ligure di Ponente Vermentino '10 — 🍷🍷 4

Cascina Feipu dei Massaretti

FRAZ. BASTIA
REG. MASSARETTI, 7
17031 ALBENGA [SV]
TEL. 018220131
www.paginegialle.it/massaretti

- ○ Riviera Ligure di Ponente Pigato '10 🍷🍷 4
- ○ Riviera Ligure di Ponente Pigato La Palmetta '10 🍷 4

Cheo

VIA BRIGATE PARTIGIANE, 1
19018 VERNAZZA [SP]
TEL. 0187821189
cheochea@hotmail.com

- ○ Cinque Terre Sciacchetrà '08 🍷🍷 8
- ○ Cinque Terre Perciò '10 🍷🍷 5
- ○ Cinque Terre Cheo '10 🍷 4

Walter De Batté

VIA TRARCANTU, 25
19017 RIOMAGGIORE [SP]
TEL. 0187920127

- ○ Carlaz '09 🍷🍷 5
- ● Çerico '08 🍷 5
- ○ Harmoge '09 🍷 5

Fontanacota

LOC. PONTI - FRAZ. PORNASSIO
VIA PROVINCIALE
18100 IMPERIA
TEL. 0183293456
www.fontanacota.it

- ○ Riviera Ligure di Ponente Pigato '10 🍷🍷 4*
- ● Ormeasco di Pornassio '10 🍷 4
- ⊙ Ormeasco di Pornassio Sciac- Trà '10 🍷 4

Foresti

VIA BRAIE, 223
18033 CAMPOROSSO [IM]
TEL. 0184292377
www.forestiwine.it

- ○ Riviera Ligure di Ponente Pigato I Soli '10 🍷🍷 4*
- ○ Riviera Ligure di Ponente Vermentino I Soli '10 🍷🍷 4*

Forlini Cappellini

LOC. MANAROLA
VIA RICCOBALDI, 45
19010 RIOMAGGIORE [SP]
TEL. 0187920496
forlinicappellini@libero.it

- ○ Bucce '10 🍷🍷 8
- ○ Cinque Terre '10 🍷 5

Gajaudo Cantina del Rossese

LOC. BUNDA - S.DA PROVINCIALE, 7
18035 IMPERIA
TEL. 0184208095
www.cantinagajaudo.com

- ● Dolceacqua Rossese '10 🍷🍷 4
- ● Dolceacqua Rossese Arcagna '08 🍷🍷 5
- ○ Riviera Ligure di Ponente Pigato '10 🍷🍷 4
- ○ Riviera Ligure di Ponente Vermentino Pejuna '10 🍷 5

Giacomelli

VIA PALVOTRISIA, 134
19030 CASTELNUOVO MAGRA [SP]
TEL. 0187674155

- ○ Colli di Luni Vermentino '10 🍷 5
- ○ Colli di Luni Vermentino Boboli '10 🍷 5

Podere Grecale

LOC. BUSSANA
CIOUSSE
SAN REMO [IM]
TEL. 01841956107
www.poderegrecale.it

- ○ Riviera Ligure di Ponente Pigato '10 — 1 glass, 4
- ○ Riviera Ligure di Ponente Vermentino '10 — 1 glass, 4

Ka' Manciné

FRAZ. SAN MARTINO
P.ZZA OTTO LUOGHI, 36
18036 SOLDANO [IM]
TEL. 0184289089
www.kamancine.it

- ● Rossese di Dolceacqua Beragna '10 — 2 red glasses, 4
- ● Rossese di Dolceacqua Galeae '10 — 1 glass, 5
- ⊙ Sciakk '10 — 1 glass, 5

Tenuta La Ghiaia

VIA FALCINELLO, 127
19038 SARZANA [SP]
TEL. 0187627307
www.tenutalaghiaia.it

- ○ Colli di Luni Vermentino Ithaa '08 — 2 red glasses, 4
- ○ Colli di Luni Vermentino Atys '10 — 2 glasses, 4
- ● Colli di Luni Rosso 11 Nodi '09 — 1 glass, 4
- ○ Colli di Luni Vermentino Almagesto '08 — 1 glass, 4

Tenuta Maffone

LOC. ACQUETICO
VIA S. ROCCO 18
18026 PIEVE DI TECO [IM]
http://www.tenutamaffone.it

- ○ Riviera Ligure di Ponente Pigato '09 — 2 glasses, 4

Maixei

LOC. REGIONE PORTO
18035 DOLCEACQUA [IM]
TEL. 0184205015
www.maixei.it

- ○ Dolceacqua Rossese Sup. '09 — 2 glasses, 5
- ○ Dolceacqua Rossese '10 — 1 glass, 5
- ○ Dolceacqua Rossese Sup. Barbadirame '09 — 1 glass, 5

Paganini

LOC. LOC. CHIAZZARI, 15
17024 FINALE LIGURE [SV]
TEL. 335211931
www.cantinapaganini.it

- ○ Riviera Ligure di Ponente Pigato '10 — 2 glasses, 4
- ○ Riviera Ligure di Ponente Vermentino '10 — 1 glass, 4

F.lli Parma

VIA G. GARIBALDI, 8
16040 NE [GE]
TEL. 0185337073
www.fratelliparma.it

- ○ Golfo del Tigullio Bianchetta Genovese I Canselè '10 — 2 glasses, 4
- ⊙ Golfo del Tigullio Ciliegiolo Le Vigne del Tigullio '10 — 1 glass, 3
- ○ Golfo del Tigullio Vermentino '10 — 1 glass, 3

Gino Pino

FRAZ. MISSANO
VIA PODESTÀ, 31
16030 CASTIGLIONE CHIAVARESE [GE]
TEL. 0185408036
pinogino.az.agricola@tin.it

- ○ Golfo del Tigullio Moscato '10 — 2 glasses, 5
- ○ Golfo del Tigullio Bianchetta Genovese '10 — 1 glass, 4
- ● Golfo del Tigullio Ciliegiolo '10 — 1 glass, 4

Danila Pisano

via San Martino, 20
18036 Soldano [IM]
Tel. 0184208551
www.danilapisano.com

- ● Rossese di Dolceacqua Sup. '09 🍷 4
- ● Rossese di Dolceacqua V. Savoia '09 🍷 5

Poggi dell'Elmo

c.so Verbone, 135
18036 Soldano [IM]
Tel. 0184289148
guglielmi.g@libero.it

- ● Rossese di Dolceacqua Elmo '09 🍷🍷 4
- ● Rossese di Dolceacqua Vigneto dei Pini '09 🍷🍷 4
- ● Rossese di Dolceacqua '10 🍷 4

Cascina Praié

loc. Colla Micheri
s.da Castello, 20
17051 Andora [SV]
Tel. 019602377
www.cascinapraievino.it

- ○ Riviera Ligure di Ponente Pigato Il Canneto '10 🍷🍷 4
- ○ Riviera Ligure di Ponente Vermentino Colla Micheri '10 🍷 4
- ○ Riviera Ligure di Ponente Vermentino Il Lunatico '10 🍷 4
- ⊙ Ros'è '10 🍷 4

La Ricolla

via Garibaldi, 12/2
16040 Ne [GE]
Tel. 0185337087
laricolla@alice.it

- ○ Golfo Del Tigullio Bianchetta Genovese Autoctona '10 🍷 4
- ○ Golfo Del Tigullio Vermentino Fliscano '10 🍷 4
- ● La Ricolla '09 🍷 4

Luigi Sartori

fraz. Leca
reg. Torre Pernice, 3
17031 Albenga [SV]
Tel. 018220042
sartoripigato@libero.it

- ○ Oro di Aleramo '10 🍷 7
- ○ Riviera Ligure di Ponente Pigato '10 🍷 5
- ○ Riviera Ligure di Ponente Pigato Torre Pernice '10 🍷 5
- ○ Riviera Ligure di Ponente Vermentino '10 🍷 4

Tenuta Selvadolce

Selva Dolce, 14
18012 Bordighera [IM]
Tel. 3492225844
www.selvadolce.it

- ○ Riviera Ligure di Ponente Vermentino Selvadolce '09 🍷🍷 6
- ○ Riviera Ligure di Ponen ucantù '09 🍷🍷 6

Agostino Sommariva

via Mameli, 1
17031 Albenga [SV]
Tel. 0182559222
www.oliosommariva.it

- ○ Riviera Ligure di Ponente Pigato Nin '10 🍷 4
- ● Riviera Ligure di Ponente Rossese Dee '10 🍷 4

Valdiscalve

loc. Reggimonti
SP 42
19011 Bonassola [SP]
Tel. 0187818178
www.vermenting.com

- ○ Colline di Levanto Bianco Verment Ing V. Salice '10 🍷🍷 4
- ○ Colline di Levanto Bianco Verment Ing V. Salice '09 🍷🍷 4

La Vecchia Cantina

fraz. Salea
via Corta, 3
17031 Albenga [SV]
Tel. 0182559881

- ○ Colline Savonesi Passito '03 — 6
- ○ Riviera Ligure di Ponente Pigato '10 — 4

Claudio Vio

fraz. Crosa, 16
17032 Vendone [SV]
Tel. 018276338
claudio.vio@libero.it

- ○ Riviera Ligure di Ponente Pigato '10 — 4
- ○ Riviera Ligure di Ponente Vermentino '10 — 4
- ○ U Grottu '08 — 5

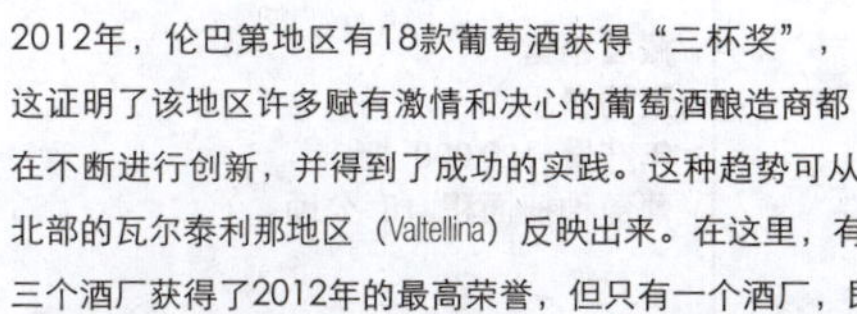

伦巴第区
LOMBARDY

2012年，伦巴第地区有18款葡萄酒获得“三杯奖”，这证明了该地区许多赋有激情和决心的葡萄酒酿造商都在不断进行创新，并得到了成功的实践。这种趋势可从北部的瓦尔泰利那地区（Valtellina）反映出来。在这里，有三个酒厂获得了2012年的最高荣誉，但只有一个酒厂，即马美特•博勒维奥斯缇尼（Mamete Prevostini）酒庄，他们生产了优质的斯佛扎托•阿尔巴勒得（Sforzato, Albareda）2009年款。另外的两个酒庄，尼诺•内格里（Nino Negri）则出品了瓦尔泰利那•德尔•维戈勒特•佛莱萨（Valtellina del Vigneto Fracia）2008年款，阿土诺•皮利扎提•佩勒果（Arturo Pelizzati Perego）出品了精美的撒塞拉•斯特拉•瑞提克白葡萄酒（Sassella Stella Retica Risera）2009年款，证明了干葡萄酒并不是瑞提克•阿尔卑斯山脉（Rhaetic Alps）的专属。相反，常规酿造的内比奥罗（nebbiolo）在这里却可以被酿造到极致。该地区获奖的唯一一款静止葡萄酒是普诺文扎（Provenza）酒庄的西里基奥尼•法比奥葡萄酒（Lugana Selcziono Fabio Contato），它和法定地区的其他两款酒组成了伦巴第一威尼托（Lombard-Veneto）“三重唱”，一起庆祝加尔达白葡萄酒(Garda)的卓越。2012年同样是奥尔特波（Oltrepo）表现很好的一年，这里酿造了越来越多的黑皮诺（Pinot Noir），包括红酒和传统酒。弗莱斯埃罗（Frecciarosso）酒庄的地中海乔治奥•奥德罗葡萄酒（Giogio Odero）2008年款和特鲁塔•马佐里（Tenuta Mazzolino）的法国风格葡萄酒再一次进入了本年鉴。孟苏佩罗（Monsupello）当然也不示弱，展示了顶级的值得信赖的布鲁特（Classese Brut ）2004年款和佛拉特里•乔治奥•布鲁特1870（Fratelli Giorgi Brut 1870）2007年款。历史悠久的保罗•维迪（Paolo Verdi）酒庄的经典酒奥尔特波•帕维斯•罗斯•卡瓦瑞奥拉葡萄酒（Oltrepo Pavese Rosso Cavariola Riserva）2007年款以其优雅和美丽也同样进入了决赛。接着是要庆贺弗朗洽科塔气泡酒（Franciacorta），这9款极品酒让其作为保证法定地区餐酒产区的地位更加稳固，它们组成了一个经验丰富的常胜将军团队：首先是卡德尔•波斯卡•库维•安娜马瑞克勒蒙提（Ca' del Bosco's Cuvée Annamaria Clmenti）2004年款，然后是卡威乐瑞（Cavalleri）的帕斯•多萨（Pas Dosé R.D.）2006年款，贝拉维斯塔（Bellavista）的弗朗洽科塔•格兰•库维•帕斯•奥佩拉葡萄酒（Franciacorta Gran Cuvée Pas Operé），最后是盖提（Gatti）的那图拉葡萄酒（Natura）。拉莫缇娜（La Montina）的弗朗洽科塔•毛利特别珍藏酒（Franciacorta）2005年款和奇诺•博鲁茨（Guido Berlucchi）的弗朗洽科塔•塞拉利乌斯•布鲁特(Franciacorta Cellarius Brut)2007年款也是难得的高质酒。里奇（Ricci Curbastro）和康达迪•卡斯塔迪（Contadi Castaldi）也分别展示了他们的布鲁特（Brut）2007年版特别系列和斯达芬•斯奥尔（Saté Soul）2005年款。最后，本年度费格缇娜（Ferghettina）的布鲁特特别版（Extra Brut）2005年款葡萄酒独占鳌头，夺得本年度起泡葡萄酒冠军，成为本地区报纸最激动人心的新闻。

Marchese Adorno

VIA CORIASSA, 4
27050 RETORBIDO [PV]
TEL. 0383374404
www.marcheseadorno-wines.it

藏酒销售
预约参观
年产量 200 000 瓶
葡萄种植面积 85 公顷

该酒庄种植范围广泛，从种植草料的平地到种植葡萄的高山。1997年，马奇斯•马塞洛•卡塔内奥•阿多诺（Marchese Marcello Cattaneo Adorno）决定建立自己的家族式酒庄，从那以后，他就开始大量投资，重建酒窖。现在，酒窖由经验丰富的酿酒专家佛朗塞斯克•切维提（Francesco Cervetti）掌舵。酒庄出品的新酒值得一品，在酒窖里陈化的葡萄酒也值得期待。

● OP Barbera V. del Re '08	🍷🍷 6
● OP Bonarda Vivace Costa del Sole '10	🍷🍷 4
○ OP Pinot Grigio Dama D'Oro '09	🍷🍷 4*
● OP Pinot Nero Brughero '09	🍷🍷 5
● OP Pinot Nero Rile Nero '08	🍷🍷 6
● Cliviano '09	🍷 4
● Cliviano '06	🍷🍷 4
○ OP Pinot Grigio Dama D'Oro '09	🍷🍷 4
○ OP Pinot Grigio Dama D'Oro '08	🍷🍷 4*
● OP Pinot Nero Rile Nero '07	🍷🍷 6

F.lli Agnes

VIA CAMPO DEL MONTE, 1
27040 ROVESCALA [PV]
TEL. 038575206
www.fratelliagnes.it

藏酒销售
预约参观
年产量 120 000 瓶
葡萄种植面积 18 公顷

尽管在奥尔特波•帕维斯（Oltrepo Pavese）每个地方都生产伯纳达葡萄酒（Bonarda），但洛维斯凯拉（Rovescala）仍然被公认为是它的家乡。多年来，塞尔吉奥（Sergio）和克里斯蒂亚诺（Crisatiano）兄弟的酒庄一直是生产伯纳达葡萄酒的标杆，他们酿造克罗蒂娜系列（Crotina）葡萄酒，从起泡葡萄酒到早期饮者的静止葡萄酒，再到陈年酿造的静止酒。在艾格尼丝（Agnes）家族的葡萄园里，种植的都是伯纳达•比奈泰诺葡萄（bonarda pignola），这是一种接串小果实的品种，所酿之酒完美至极。

● OP Bonarda Vivace Campo del Monte '10	🍷🍷 4*
● Vignazzo '08	🍷🍷 4*
● OP Bonarda Millenium '08	🍷🍷 5
● OP Bonarda Vivace Cresta del Ghiffi '10	🍷🍷 4
● Poculum '09	🍷🍷 5
⊙ Martinotti Rosé Pindesa	🍷 4
● OP Bonarda Possessione del Console '10	🍷 4
● OP Bonarda Frizzante Campo del Monte '09	🍷🍷 3*
● OP Bonarda Frizzante Cresta del Ghiffi '09	🍷🍷 3*
● OP Bonarda Millenium '07	🍷🍷 5
● Poculum '08	🍷🍷 5
● Poculum '07	🍷🍷 5

Anteo

Loc. Chiesa
27040 Rocca de' Giorgi [PV]
Tel. 038599073
www.anteovini.it

藏酒销售
预约参观
年产量 20 000 瓶
葡萄种植面积 27 公顷

该酒庄是特兰托•克里贝拉提（Trento Cribellati）30年前在洛卡•德尔•乔吉（Rocca de' Giorgi）高处建立的，海拔380米。现在，它由特兰托的孩子皮尔诺（Piero）和安东妮娜（Antonella）接管。这里是传统起泡葡萄酒爱好者应该去参观的地方，而且一定要完整地游览拱形的地下酒窖，那里一排排葡萄酒靠墙而列，在长排的桌子中间陈列着传统生产方式的货架，每一个瓶的转动旋拧都是手工完成的。这里是黑皮诺（Pinot Nero）的王国，不论在酒窖，还是在葡萄园，都是一样的卓越。

○ OP Pinot Nero Brut Cl. Riserva del Poeta '04	7
● OP Bonarda Frizzante Staffolo '10	4
○ OP Pinot Nero Brut Cl.	5*
⊙ OP Pinot Nero Brut Martinotti Rosé	4
○ OP Pinot Nero Nature Écru '06	6
○ OP Riesling Sup. Quadro di Mezzo '10	4
⊙ OP Cruase	5
○ OP Pinot Nero Brut Martinotti	4
○ OP Pinot Nero Brut Cl. Nature Écru '03	5
○ OP Pinot Nero Brut Cl. Nature Écru '05	5
○ OP Pinot Nero Brut Cl. Riserva del Poeta '03	6
⊙ OP Pinot Nero Brut Cl. Rosé '05	5
○ OP Pinot Nero Brut Riserva del Poeta '02	6

Antica Fratta

via Fontana, 11
25040 Monticelli Brusati [BS]
Tel. 030652068
www.anticafratta.it

藏酒销售
预约参观
年产量 360 000 瓶

多年来，该酒庄一直为吉莉安（Zilliani）家族保持着弗朗洽科塔葡萄酒（Franciacorta）的活力。酒庄设置在一幢风格华丽的19世纪建筑内，有4条通道通向酿酒厂地下美丽的拱形酒窖——坎蒂诺（cantinonoe）内。克里斯蒂娜•吉莉安（Cristina Ziliant）是一个事必躬亲的管理者，与她的兄弟阿土诺（Arturo）、保罗（Paolo）还有奇诺•博卢彻（Guido Berlucchi）合作。吉莉安拥有单独的技术与葡萄园，生产出一系列优质的葡萄酒，其中主要是玫瑰红葡萄酒。

○ Franciacorta Brut Essence '06	6
○ Franciacorta Brut	5
⊙ Franciacorta Rosé	6
⊙ Franciacorta Rosé Essence '07	6
○ Franciacorta Satèn	6

Ar.Pe.Pe.

Via del Buon Consiglio, 4
23100 Sondrio
Tel. 0342214120
www.arpepe.com

藏酒销售
预约参观
年产量 32 500 瓶
葡萄种植面积 11 公顷
葡萄栽培方式 有机种植

该酒庄历史悠久，自1860年开始已历经四代葡萄种植者。1984年，瓦泰利纳（Vatellina）葡萄酒商阿土诺•贝利扎提•柏木（Arturo Pellizzati Perego）建立了该酒庄，现在由其孩子伊萨贝拉（Isabella）和厄玛卢勒（Emanuele）经营。他们把酿酒的重点放在体现葡萄园和地域特色上，风格独特。

- ● Valtellina Sup. Sassella Stella Retica Ris. '06 — 3 6
- ● Valtellina Sup. Grumello Rocca de Piro Ris. '06 — 2 6
- ● Rosso di Valtellina '09 — 2 4*
- ● Valtellina Sup. Inferno Fiamme Antiche '06 — 2 6
- ● Rosso di Valtellina '07 — 2 4
- ● Valtellina Sup. Sassella Rocce Rosse Ris. '99 — 2 6
- ● Valtellina Sup. Sassella Ultimi Raggi '04 — 2 7

Barone Pizzini

via San Carlo, 14
25050 Provaglio d'Iseo [BS]
Tel. 0309848311
www.baronepizzini.it

藏酒销售
预约参观
年产量 375 000 瓶
葡萄种植面积 47 公顷
葡萄栽培方式 有机认证

该酒庄历史悠久，由几个布雷西亚（Brescia）的企业家在1991年建立。希尔瓦诺•布拉斯奇里尼（Silvano Brescianini）负责管理，采用有机方式和生物机能方式种植葡萄与酿酒。后来酒庄又增加了托斯卡纳（Tuscan Maremma）区的宝乐（Padere Ghiaccioforte）山庄和马尔凯地区（Marche）的皮尔沃塔（Pievalta）酒庄两处地产。在地莫利纳（Timoline）的现代酒窖是生态建筑的模范，出品全系列有机认证的弗朗洽科塔葡（Franciacorta）。

- ○ Franciacorta Satèn '07 — 2 6
- ○ Curtefranca Polzina Binco '10 — 2 4
- ○ Franciacorta Bagnadore Pas Dosé Ris '05 — 2 6
- ○ Franciacorta Nature — 2 6
- ● San Carlo Sebino '08 — 2 6
- ○ Franciacorta Brut — 1 5
- ● Curtefranca Rosso '08 — 2 4
- ○ Franciacorta Brut Nature Bagnadore '04 — 2 6
- ○ Franciacorta Extra Brut Bagnadore '03 — 2 6
- ○ Franciacorta Extra Brut Bagnadore '02 — 2 6
- ● San Carlo '07 — 2 6

★★Bellavista

via Bellavista, 5
25030 Erbusco [BS]
Tel. 0307762000
www.bellavistawine.it

预约参观
年产量 1 300 000 瓶
葡萄种植面积 184 公顷

该酒庄是特拉•莫雷蒂集团（Terre Moretti Group）的主要酒庄，集团在伦巴第和托斯卡纳地区都有其领地。该集团是由充满智慧的企业家维托里奥（Vittorio）建立，他女儿佛兰萨斯喀（Francesca）偶尔会帮忙打理。酒庄拥有180多公顷的葡萄园，成为该集团的一颗明珠，也是意大利葡萄酒在国际上名气较大的一个品牌。酿酒学家兼总经理马提亚•维泽拉（Matti Vezzola）巧妙地利用了本地风土条件，并同莫雷蒂（Moretti）一起创造出了独特的贝尔维斯塔（Bellavista）酒庄风格的葡萄，风格复杂和精妙典雅。

酒款	评级
○ Franciacorta Gran Cuvée Pas Operé '05	🍷🍷🍷 8
○ Curtefranca Convento Ss. Annunciata '08	🍷🍷 7
○ Franciacorta Extra Brut Vittorio Moretti '04	🍷🍷 8
○ Franciacorta Satèn Gran Cuvée	🍷🍷 8
○ Curtefranca Bianco '10	🍷🍷 4
○ Curtefranca Uccellanda '08	🍷🍷 7
○ Franciacorta Brut Cuvée	🍷🍷 6
⊙ Franciacorta Rosé Brut Gran Cuvée '06	🍷🍷 0
○ Franciacorta Brut Gran Cuvée '04	🍷🍷🍷 7
○ Franciacorta Brut Gran Cuvée '02	🍷🍷🍷 7
○ Franciacorta Brut Gran Cuvée '99	🍷🍷🍷 6
○ Franciacorta Extra Brut Vittorio Moretti '02	🍷🍷🍷 8
○ Franciacorta Extra Brut Vittorio Moretti '01	🍷🍷🍷 8
○ Franciacorta Gran Cuvée Pas Operé '04	🍷🍷🍷 8
○ Franciacorta Gran Cuvée Pas Operé '00	🍷🍷🍷 7
○ Franciacorta Gran Cuvée Pas Operé '99	🍷🍷🍷 7

F.lli Berlucchi

loc. Borgonato
via Broletto, 2
25040 Corte Franca [BS]
Tel. 030984451
www.fratelliberlucchi.it

藏酒销售
预约参观
年产量 400 000 瓶
葡萄种植面积 70 公顷

当你穿过16世纪的别墅、民房和酒庄美丽的大门时，你就会感觉到博鲁其（Berlucchi）家族与该地区几个世纪的纽带越来越清晰。但只有在品尝了弗朗洽科塔•布鲁特葡萄酒（Franciacorta Brut）后，才更能体会到这种联系是多么的亲密和深厚。皮亚•多纳塔•博鲁其（Pia Donta Berlucchi）在其女儿锑丽•法拉利（Tilli Rizza）的协助下管埋着这个酒庄，这两个富有激情的管理者酿造着优质的葡萄酒，全部葡萄都来自70公顷的葡萄园，那是本地区种植得最好的葡萄园。

酒款	评级
○ Franciacorta Pas Dosé '07	🍷🍷 6
○ Franciacorta Brut '07	🍷🍷 6
○ Franciacorta Brut 25	🍷🍷 5*
○ Franciacorta Satèn '07	🍷🍷 6
○ Curtefranca Bianco '10	🍷 4
● Curtefranca Rosso '09	🍷 4
⊙ Franciacorta Brut Rosé '07	🍷 6
○ Franciacorta Brut '06	🍷🍷 5*
○ Franciacorta Brut '05	🍷🍷 5
○ Franciacorta Pas Dosé '06	🍷🍷 6
○ Franciacorta Satèn '06	🍷🍷 6
● TdF Rosso Dossi delle Querce '05	🍷🍷 4*

Guido Berlucchi & C.

LOC. BORGONATO
P.ZZA DURANTI, 4
25040 CORTE FRANCA [BS]
TEL. 030984381
www.berlucchi.it

藏酒销售
预约参观
年产量 5 000 000 瓶
葡萄种植面积 650 公顷

吉莉安尼（Zilliani）家族最近正在庆祝他们吉多•博鲁其（Guido）酒庄成立50周年。半个世纪以来，该酒庄酿酒质量始终如一，取得了不小的成功。在这里，我们必须提到这家大型的酒庄每年出品5 00万瓶葡萄酒，并种植600多公顷的葡萄，在过去10年里，葡萄种植质量大幅度提升。这些荣誉都归功于已经80岁的酒庄创始者弗兰克（Franco），还有他的孩子阿图诺（Arturo）、保罗（Paolo）和克里斯蒂娜（Cristina）以及酒庄所有的员工。

Wine	Rating
○ Francacorta Brut Cellarius '07	🍷🍷🍷 6
⊙ Francacorta Brut Rosé Cellarius '07	🍷🍷 6
○ Francacorta Cellarius Pas Dosé '06	🍷🍷 6
○ Brut Cuvée Imperiale Vintage '04	🍷🍷 6
○ Cuvée Imperiale Brut	🍷🍷 5*
○ Franciacorta Brut 61	🍷🍷 5
⊙ Franciacorta Brut Rosé 61	🍷🍷 6
○ Franciacorta Satèn 61	🍷🍷 6
○ Cuvée Imperiale Demi Sec	🍷 6
⊙ Cuvée Imperiale Rosé Max	🍷 6
○ Franciacorta Brut Extrême Palazzo Lana '05	ΥΥΥ 7
○ Franciacorta Brut Extrême Palazzo Lana '04	ΥΥΥ 7
○ Cellarius Brut '07	ΥΥ 6

Bersi Serlini

LOC. CERETO
VIA CERETO, 7
25050 PROVAGLIO D'ISEO [BS]
TEL. 0309823338
www.bersiserlini.it

藏酒销售
预约参观
年产量 220 000 瓶
葡萄种植面积 32 公顷

靠近现代酒窖和接待中心的一栋古老建筑物，曾是拉莫萨（Lamosa）的圣•彼得（San Pietro）大教堂僧侣的庄园。后来，它成了该酒庄的中心，在1886年被波西•瑟里尼（Bersi Serlini）收购。现在酒庄由热忱的葡萄酒爱好者玛塔莲娜（Maddalena）管理，姐姐齐亚拉（Chiara）协助经营。酒庄只用自己种植的葡萄，专业酿造质量上乘的弗朗洽科塔葡萄酒（Franciacorta）。

Wine	Rating
○ Franciacorta Brut Cuvée n. 4 '06	🍷🍷 5*
○ Franciacorta Brut Ed. 50 anni	🍷🍷 6
○ Franciacorta Satèn	🍷🍷 6
⊙ Franciacorta Brut Rosé Rosa Rosae	🍷 6
○ Franciacorta Brut Vintage Ris. '03	🍷 7
○ Franciacorta Demi Sec Nuvola	🍷 5
○ Franciacorta Brut Cuvée n. 4 '05	ΥΥ 5
○ Franciacorta Extra Brut Ris. '03	ΥΥ 6
○ Franciacorta Satèn	ΥΥ 6

Bisi

LOC. CASCINA SAN MICHELE
FRAZ. VILLA MARONE, 70
27040 SAN DAMIANO AL COLLE [PV]
TEL. 038575037
www.aziendagricolabisi.it

藏酒销售
预约参观
年产量 100 000 瓶
葡萄种植面积 30 公顷

尽管比西（Bisi）酒庄在圣•达米阿诺•阿尔•科勒地区（San Damiano al Colle）已经有很多年的历史，但对典型的比西风格和高品质的追求则开始于克劳迪奥（Claudio）和他的合作伙伴——大学酿酒学教授莱奥纳多•华伦帝（Lenasdo Valenti）。他们践行新的低产量策略，精细地选择葡萄和集中酿酒，尤其是红葡萄酒，换句话说就是要酿造纯粹的酒。多年来，他们的酒愈见优雅，质量越好，即使是该酒庄二线的酒，无需推销也能获得品酒者的好评。

○ Bianco Passito Villa Marone '07	ΨΨ	5
● OP Barbera Roncolongo '08	ΨΨ	5
● OP Bonarda Frizzante '10	ΨΨ	3*
● OP Cabernet Sauvignon Primm '08	ΨΨ	5
● OP Pinot Nero Calonga '08	ΨΨ	5
● Ultrapadum '09	ΨΨ	4
○ Bianco Passito Villa Marone '06	ΨΨ	5
● OP Barbera Roncolongo '07	ΨΨ	5
● OP Barbera Roncolongo '06	ΨΨ	5
● OP Bonarda Frizzante '09	ΨΨ	3*
○ OP Riesling '09	ΨΨ	3*
● Ultrapadum '08	ΨΨ	4

Tenuta Il Bosco

LOC. IL BOSCO
27049 ZENEVREDO [PV]
TEL. 0385245326
www.ilbosco.com

藏酒销售
预约参观
年产量 800 000 瓶
葡萄种植面积 150 公顷

该酒庄是奥尔特波•帕维色地区（Oltrepo Pavese）最大的私有酒庄，拥有150公顷的葡萄园，是佐妮（Zonin）家族20多年前在泽尼沃利多（Zenevredo）建立的，这里靠近埃米尼奥（Emilia）的边界，曾经从属于圣•玛利亚•西奥多托斯（Santa Maria Teodote）女修道院。葡萄园的土壤类型多样，葡萄品种繁多，所以，管理者皮尔尼克拉•奥尔默（Piernicola Olmo）可以酿造一系列完美的葡萄酒，其中以传统方式酿造的起泡酒最突出。

⊙ OP Pinot Nero Brut M. Cl. Oltrenero Cruasé	ΨΨ	6
● OP Bonarda Vivace '10	ΨΨ	4*
○ OP Pinot Nero Brut M. Cl. Oltrenero	ΨΨ	6
● OP Pinot Nero Poggio Pelato '09	ΨΨ	5
○ OP Pinot Nero Brut Philéo	Ψ	5
⊙ OP Pinot Nero Extra Dry Rosé Philèo	Ψ	5
● OP Bonarda Vivace Teodote '09	ΨΨ	3*
⊙ OP Pinot Nero Brut Cruasè Oltrenero '07	ΨΨ	5
○ OP Pinot Nero Brut M. Cl. Oltrenero '07	ΨΨ	6
⊙ Phileo Rosè Brut Martinotti	ΨΨ	3*

Bosio

LOC. TIMOLINE
VIA MARIO GATTI
25040 CORTE FRANCA [BS]
TEL. 030984398
www.bosiofranciacorta.it

藏酒销售
预约参观
年产量 100 000 瓶
葡萄种植面积 23 公顷

年轻的波西奥（Bosio）姐妹都有很好的背景：凯撒是一个值得尊敬的农学家，妹妹劳拉毕业于经济学专业。在一家人的帮助下，该酒庄在几年时间里就产出了高质量的酒，跻身于该地区最好的酒庄之一。现在，酒庄拥有23公顷精心照料的葡萄，受环境影响较小，生产出了一系列独特的、优雅至极的弗朗洽科塔葡萄酒（Franciacortas）。漂亮的现代型酒窖也对游览者开放。

○ Franciacorta Extra Brut Boschedòr '07	🍷🍷 6
○ Curtefranca Bianco '09	🍷🍷 4*
○ Franciacorta Pas Dosé Girolamo Bosio Ris. '04	🍷🍷 6
⊙ Franciacorta Rosé Brut Gran Cuvée	🍷🍷 6
○ Franciacorta Satèn	🍷🍷 6
○ Franciacorta Brut	🍷 6
○ Franciacorta Extra Brut Boschedòr '05	🍷🍷 6
○ Franciacorta Extra Brut Boschedòr '04	🍷🍷 6
● TdF Rosso Zenighe '06	🍷🍷 4

La Brugherata

FRAZ. ROSCIATE
VIA G. MEDOLAGO, 47
24020 SCANZOROSCIATE [BG]
TEL. 035655202
www.labrugherata.it

藏酒销售
预约参观
年产量 40 000 瓶
葡萄种植面积 11 公顷

该酒庄属本迪内利（Bendineli）姐妹所有，在酿酒学家贝佩•巴斯（Beppe Bassi）和农学家皮鲁格•迪•多拉（Pierluigi Di Donna）的协助下，弗里达•蒂诺尼（Frida Tironi）管理着酒庄。该酒庄在罗斯艾特山（Rosciate）上面，属于斯堪卓罗斯艾特市（Scanzorosciate）的两个组成部分之一。该酒庄出品一系列传统的、充满艺术性的葡萄酒，因其上乘的红酒莫斯卡托（Moscato）而出名。我们对他们2012年获得荣誉的其他酒也同样感兴趣。

● Moscato di Scanzo Doge '08	🍷🍷 8
● Valcalepio Rosso Doglio Ris. '07	🍷🍷 5
● Valcalepio Rosso Vescovado '09	🍷🍷 4
● Vermiglio di Roxia '10	🍷 4
○ Vescovado del Feudo '10	🍷 4
● Moscato di Scanzo Doge '07	🍷🍷 8
○ Valcalepio Bianco Vescovado del Feudo '09	🍷🍷 4*
● Valcalepio Rosso Doglio Ris. '06	🍷🍷 5

Ca' dei Frati

FRAZ. LUGANA
VIA FRATI, 22
25019 SIRMIONE [BS]
TEL. 030919468
www.cadeifrati.it

藏酒销售
预约参观
年产量 1 400 000 瓶
葡萄种植面积 120 公顷

这是出品卢加纳葡萄酒（Lugana）的典型酒庄，拥有120公顷的葡萄园，其中一些位于本地区地理位置优越的地方。该酒庄由菲力瑟•达尔•塞尔诺（Filice Dal Cero）在1939年建立，但有资料说该酒庄其实在1782年就已经存在了。1969年，菲力瑟的儿子皮特诺（Pietro）建立这个酒庄的品牌，成为酒庄成名的核心人物。现在管理酒庄的是第三代，包括吉安•弗兰克（Gian Franco）、安娜•玛丽（Anna Maria）和酿酒学家伊基诺（Igino），他们成为这个家族式酒庄的宝贵人才，使这个伦巴第酒窖蜚声国内外。

- ○ Lugana Brolettino '09 4*
- ○ Lugana I Frati '10 4*
- ○ Pratto '09 5
- ● Ronchedone '08 5
- ○ Tre Filer '08 4
- ○ Cuvée dei Frati Brut '08 5
- ⊙ Riviera del Garda Bresciano Rosa dei Frati '10 4
- ○ Lugana Brolettino '07 4*
- ○ Pratto '96 4
- ○ Lugana I Frati '09 4*
- ○ Lugana I Frati Sel. Vecchie Annate '04 5
- ● Ronchedone Grande Annata '04 6

★★★Ca' del Bosco

LOC. ERBUSCO
VIA ALBANO ZANELLA, 13
25030 BRESCIA
TEL. 0307766111
www.cadelbosco.it

藏酒销售
预约参观
年产量 1 400 000 瓶
葡萄种植面积 149 公顷

卡德•博斯克（Ca' del Bossco）酒庄的创始者和弗朗洽科塔（Franciacorta）财团的主席马里奥•扎内拉（Maurizio Zanella），是现代弗朗洽科塔葡萄酒（Franciacorta）的先驱之一，也是意大利酿酒业的一位重要人物。扎内拉已经把酒庄建成为意大利最成功的酒庄之一。在葡萄园里的酒窖令人瞩目，好像一座艺术殿堂。约150公顷的葡萄园生产出的葡萄酿造了一系列可口的静止酒和弗朗洽科塔葡萄酒，个性鲜明。该酒庄可算得上是一个国际标杆。

- ○ Franciacorta Cuvée Annamaria Clementi '04 8
- ○ Chardonnay Ca' del Bosco '08 8
- ⊙ Franciacorta Cuvée Annamaria Clementi Rosé '03 8
- ○ Franciacorta Dosage Zéro '06 7
- ○ Franciacorta Satèn '06 7
- ● Carmenèro '04 7
- ○ Curtefranca Bianco '10 5
- ○ Franciacorta Brut '06 7
- ○ Franciacorta Brut Cuvée Prestige 6
- ⊙ Franciacorta Rosé Cuvée Prestige 7
- ● Pinèro '07 8
- ○ Franciacorta Cuvée Annamaria Clementi '03 8
- ○ Franciacorta Cuvée Annamaria Clementi '02 8
- ○ Franciacorta Cuvée Annamaria Clementi '01 8
- ○ Franciacorta Dosage Zéro '04 7
- ○ TdF Chardonnay '07 8

Ca' del Gè

FRAZ. CA' DEL GÈ, 3
27040 MONTALTO PAVESE [PV]
TEL. 0383870179
www.cadelge.it

藏酒销售
预约参观
年产量 180 000 瓶
葡萄种植面积 45 公顷

该酒庄可以自豪地把自己定义为一个完全的家族式酒庄。最近，家族的先驱因佐•帕德罗吉（Enzo Padroggi）去世，他是他那个时代一位伟大的绅士和酿酒商。他的逝世并没有让酿酒事业停止，其妻子露西亚（Lucia）以更大的决心和孩子斯蒂芬妮（Stefania）、萨拉（Sara）、凯罗（Carlo）一起继续着他的事业。45公顷的葡萄园的海拔高度约300米，位置优越，适合种植白葡萄，主要是雷司令（Riesling）。酒庄来自帕德诺吉斯（Padroggis）的全系列葡萄酒也都值得信赖。

● OP Barbera V. Varmasi '09	🍷🍷 4
● OP Bonarda La Fidela '07	🍷🍷 4
○ OP Riesling '10	🍷🍷 2
○ OP Riesling Italico Filagn Long '10	🍷🍷 3*
○ Chardonnay '10	🍷 3
● OP Bonarda Vivace '10	🍷 3
○ OP Moscato Frizzante '10	🍷 3
○ OP Pinot Nero Brut Cl. '06	♈♈ 4
○ OP Riesling '09	♈♈ 2*
○ OP Riesling Italico Filagn Long '09	♈♈ 3*
○ OP Riesling Renano V. Marinoni '05	♈♈ 5

Ca' di Frara

VIA CASA FERRARI, 1
27040 MORNICO LOSANA [PV]
TEL. 0383892299
www.cadifrara.it

藏酒销售
预约参观
年产量 400 000 瓶
葡萄种植面积 46 公顷

有才干的卢卡•贝拉尼（Luca Bellani）是奥尔特波（Oltrepo）酿酒地区的重要人物。在他哥哥马迪奥（Matteo）和母亲丹尼尔拉（Daniela）的支持下，年轻的卢卡从其父亲特里奥（Tullio）的手中接管了这个酒庄。他们尽力采取酿造顶级白葡萄酒、新酿红酒和陈酿红酒的方法，最近又在进行一个酿造起泡酒的项目。卢卡的所有决定并非都会得到好的结果，但贝拉尼（Bellani）家族的勇气和对酿酒的忠诚确实温暖人心，值得我们支持。

⊙ OP Pinot Nero Brut Oltre il Classico Rosé Ris. '05	🍷🍷🍷 6
● Io Rosso '08	🍷🍷 5
⊙ OP Cruasé Oltre il Classico '08	🍷🍷 5
● OP Pinot Nero Il Raro Nero '08	🍷🍷 5
○ OP Riesling Oliva '07	🍷🍷 4
● OP Rosso Il Frater Ris. '08	🍷🍷 6
○ Oltre il Classico Blanc de Blancs	🍷 5
⊙ OP Pinot Nero Brut Oltre il Classico Rosé	♈♈ 5
⊙ OP Pinot Nero Brut Oltre il Classico Rosé Ris. '05	♈♈ 6
● OP Pinot Nero Il Raro Nero '06	♈♈ 5
○ OP Riesling Renano Apogeo Raccolta Tardiva '09	♈♈ 4*
● OP Rosso Il Frater Ris. '07	♈♈ 6

Ca' Lojera

LOC. ROVIZZA
VIA 1886, 19
25019 SIRMIONE [BS]
TEL. 0457551901
www.calojera.com

藏酒销售
预约参观
年产量 160 000 瓶
葡萄种植面积 18 公顷

卡罗•杰拉（Ca' Lojera）又称为“狼的古屋”（the ancient House of Wolves），传说曾是加尔达湖（Lake Garda）酒走私者的基地。现在，酒庄由亚伯拉（Ambra）和弗兰克•提拉波斯齐（Franco Tiraboschi）掌管。18公顷的葡萄园分布在粘土质紧密的平地和蒙特•德拉•古地亚山（Monte della Guardia）的上面，在平地上主要种植酿造卢加纳葡萄酒（Lugana）的图毕安娜葡萄（turbiana），在山上种植卡比内和梅洛葡萄。他们正在建造的现代型酒窖即将竣工。

- ○ Lugana Sup. '09 — 5
- ○ Chardonnayt Monte della Guardia '09 — 5
- ○ Lugana '10 — 4*
- ● Merlot Monte della Guardia '08 — 5
- ⊙ Rosato Monte della Guardia '10 — 3*
- ● Cabernet Monte della Guardia '08 — 5
- ○ Lugana Riserva del Lupo '09 — 5
- ○ Lugana '09 — 4*
- ○ Lugana '08 — 4*
- ○ Lugana Riserva del Lupo '07 — 5
- ○ Lugana Riserva del Lupo '06 — 5
- ○ Lugana Sup. '08 — 5

Il Calepino

VIA SURRIPE, 1
24060 CASTELLI CALEPIO [BG]
TEL. 035847178
www.ilcalepino.it

藏酒销售
预约参观
年产量 200 000 瓶
葡萄种植面积 15 公顷

把此荣誉献给弗拉•艾蒙伯诺格奥•达•卡莱皮诺（Fra' Ambrogio da Calepio）（也被叫做卡莱皮诺），他是第一本拉丁文字典的编者——皮勒巴尼（Plebani）家族酒庄是贝加莫地区（Bergamo）最稳固的酒庄之一。年复一年，酒庄出品的每款酒都证明了自己的质量，其中最值得骄傲的当然是有4种酿造系列的苏打白葡萄酒。我们也不能忽视酒庄的红酒和白静止酒，它们属于国际品种，在维卡勒皮奥（Valcalepio）已经繁荣了多年。

- ○ Brut Cl. Non Dosato '06 — 5
- ⊙ Brut Cl. Rosé '07 — 5
- ○ Chardonnay Epias — 6
- ● Kalòs '06 — 6
- ● Valcalepio Rosso Surìe Ris. '07 — 4
- ○ Brut Cl. Il Calepino '07 — 5
- ⊙ Brut Cl. Non Dosato '05 — 5
- ○ Brut Cl. Ris. Fra' Ambrogio '05 — 5
- ⊙ Brut Cl. Rosé '04 — 5
- ● Valcalepio Rosso '08 — 4

Camossi

via Metelli, 5
25030 Erbusco [BS]
Tel. 0307268022
www.camossi.it

藏酒销售
年产量 60 000 瓶
葡萄种植面积 24 公顷

慢慢地，卡西（Camossi）兄弟以不屈的精神坐到了弗朗洽科塔（Franciacorta）联盟的桌旁。在父母的帮助下，克劳迪奥（Claudio）和达里奥（Dario）在10年前就开始酿造弗朗洽科塔葡萄酒（Franciacortas），他们既拥有激情，又拥有大面积的葡萄园。酒庄总部坐落于厄布索科（Erbusco），拥有24公顷的葡萄园，种植帕拉提克（Paratico）和普洛瓦格里奥（Provaglio）葡萄。在尼克•丹内瑟（Nico Danesi）的指导下，酒庄用这些优质的葡萄酿酒。

酒款	评级	价格
○ Franciacorta Extra Brut '07	🍷🍷	6
⊙ Franciacorta Rosé	🍷🍷	6
○ Franciacorta Satèn	🍷🍷	6
○ Franciacorta Brut	🍷	6
○ Franciacorta Brut	🍷🍷 (白)	5
○ Franciacorta Extra Brut '06	🍷🍷 (白)	5

Cantrina

fraz. Cantrina
via Colombera, 7
25081 Bedizzole [BS]
Tel. 0306871052
www.cantrina.it

藏酒销售
预约参观
年产量 25 000 瓶
葡萄种植面积 5. 8 公顷

坎特瑞纳（Cantrina）大约在20年前建立，位于瓦尔提内西（Valtenesi）的中心，它是一个小型的家族式酒庄，由充满活力的克里斯蒂娜•印甘尼（Cristina Inganni）管理，蒂亚戈•拉沃（Diedo Lavo）协助，同时得到了葡萄酒酿造顾问塞里斯蒂诺•加斯帕里（Celestino Gaspari）支持。因为该酒庄属于意大利独立酿酒者联盟，以像“运动一样自由”（Libero Esercizio di Stile）这样的名字出品葡萄酒，我们不难猜出克里斯蒂娜和蒂亚戈的酿酒理念。酒庄最初种植国际品种，几年之后逐渐增加了一些当地的品种。

酒款	评级	价格
● Garda Cl. Groppello '10	🍷🍷	4*
○ Rinè '09	🍷🍷	4
○ Sole di Dario '07	🍷🍷	6
● Zerdì '08	🍷🍷	4
⊙ Libero Esercizio di Stile Rosato '10	🍷	4
● Garda Cl. Groppello '09	🍷🍷 (白)	4*
● Nepomuceno '06	🍷🍷 (白)	6
● Nepomuceno '04	🍷🍷 (白)	6
● Nepomuceno Esercizio 5 '05	🍷🍷 (白)	6
○ Rinè '08	🍷🍷 (白)	4*
○ Sole di Dario '06	🍷🍷 (白)	6

Cantina di Casteggio Terre d'Oltrepò

via Torino, 96
27045 Casteggio [PV]
Tel. 0383806311
www.cantinacasteggio.it

藏酒销售
预约参观
年产量 2 500 000 瓶
葡萄种植面积 950 公顷

坎缇娜•迪•卡斯特吉奥（Cantina di Casteggio）和坎缇娜•索塞勒•迪•博洛尼（Cantina Sociale di Broni）在3年前合并成为特尔•奥尔特波（Terre d'Oltrepo），旗下有约900名种植者。董事长利维奥•卡格诺尼（Livio Cagnoni）在皮埃蒙特酿酒学家卡罗•卡塞维奇亚（Carlo Casavecchia）的技术支持下，决定将两个庄园分开进行一线生产，并且把重点放在坎缇娜•迪•卡斯特吉奥上，因为它多年以前就已经开展了提高质量的项目。

⊙ OP Cruasé	4*
○ OP Pinot Nero Brut Cl.	4
○ OP Pinot Nero Brut Cl. Postumio	4
○ OP Malvasia '10	3
○ OP Moscato Frizzante '10	3
● OP Barbera Autari '07	4*
● OP Barbera Console Marcello '07	4*
● OP Barbera Console Marcello '06	4*
⊙ OP Cruasé Postumio	4*
○ OP Malvasia '08	4*
○ OP Sauvignon '08	4*

CastelFaglia

Fraz. Calino
Loc. Boschi, 3
25046 Cazzago San Martino [BS]
Tel. 059812411
www.cavicchioli.it

藏酒销售
预约参观
年产量 250 000 瓶
葡萄种植面积 20 公顷

卡维齐奥利（Caviccioli）家族在艾米莉亚地区（Emilia）制酒业里非常有名，他们喜好酿造起泡葡萄酒。近年来，他们购买了位于波摩朋托（Bomporto）的贝雷（Bellei）酒庄，还购买了位于卡里诺的斐格莉亚城堡（Castle Faglia），拥有20公顷的葡萄园，该葡萄园位于山坡上，海拔300米左右。酿酒学家卡维齐奥利监管着整个生产过程，主要出品的酒是莫诺格拉蒙（Monogram）。

○ Franciacorta Brut Monogram Cuvée Giunone '06	6
○ Franciacorta Extra Brut	5
○ Franciacorta Satèn	6
○ Franciacorta Satèn Monogram Cuvée Giunone '07	6
○ Franciacorta Blanc de Blancs Monogram	6
○ Franciacorta Blanc de Blancs Monogram	5
⊙ Franciacorta Rosé Brut	6
○ Franciacorta Satèn	6
○ Franciacorta Satèn Blanc de Blancs	6

Castello Bonomi

via San Pietro, 46
25030 Coccaglio [BS]
Tel. 0307721015
www.castellobonomi.it

藏酒销售
预约参观
年产量 150 000 瓶
葡萄种植面积 17 公顷

帕拉丁（Paladin）家族是威尼托（Veneto）葡萄酒业非常有名气的家族之一。从建立以来，他们已经将出品的葡萄酒品种扩大到吉安蒂经典葡萄酒（Chianti Classico）和弗朗洽科塔葡萄酒（Franciacorta）。几年前，酒庄就购买了波诺米（Bonomi）家族的弗朗洽科塔（Franciacorta）地产，它位于蒙特•奥法诺（Monte Orfano）的山坡上，中间是充满艺术风格的别墅。卡罗（Carlo）、露西亚（Lucia）和罗伯特（Roberto），修复了阶梯型的葡萄园，海拔约300米，酒窖位于弗朗洽科塔，出品的酒质量上乘。

- ○ Franciacorta Brut Cru Perdü 7
- ○ Franciacorta Brut '05 8
- ⊙ Franciacorta Brut Rosé 7
- ○ Franciacorta Extra Brut Lucrezia '04 8
- ○ Franciacorta Satèn 7
- ● Curtefranca Rosso Cordelio '07 5
- ○ Franciacorta Brut Cru Perdu 7
- ○ Franciacorta Satèn 7

Castello di Cigognola

p.zza Castello, 1
27040 Cigognola [PV]
Tel. 0385284828
www.castellodicigognola.com

藏酒销售
预约参观
年产量 70 000 瓶
葡萄种植面积 17 公顷

该酒庄由吉安马克(Gianmarco)和雷迪斯亚•莫拉蒂（Letizia Moratti）运营，酒庄的建筑可追溯至1212年，它位于山麓之上，俯瞰波河流域。年复一年，该酒庄证明了它作为生产者标杆的地位，这部分归功于酿酒顾问理查德•科塔蕾拉（Riccardo Cotarella）。2012年，酒庄在原两款巴贝拉葡萄酒（Barberas）的基础上，增加了富有前景的黑皮诺起泡酒（Pinot Nero），新产品肯定会带来更多的发展。其中最好的是内比奥罗葡萄酒（Nebbiolo），它属于奥尔特波•帕维斯（Oltrepo Pavese）的本地品种，曾以老皮埃蒙特（Old Piedmont）著名。

- ⊙ More Rosé 6
- ● OP Barbera Dodicidodici '09 4
- ● OP Barbera Castello di Cigognola '07 7
- ● OP Barbera Castello di Cigognola '06 7
- ● OP Barbera Poggio Della Maga '05 8
- ● OP Barbera Dodicidodici '06 5

Cavalleri

via Provinciale, 96
25030 Erbusco [BS]
Tel. 0307760217
www.cavalleri.it

藏酒销售
预约参观
年产量 250 000 瓶
葡萄种植面积 45 公顷

在弗朗治科塔（Franciacorta）葡萄酒业历史开端的标志中，乔安妮•卡瓦勒里（Giovanni Cavaller）占有一席之地。从20世纪60年代以来，他就在厄尔布斯克（Erbusco）历史悠久的家族式庄园种植葡萄，尝试酿造起泡酒。现在，乔安妮的女儿吉利亚（Giulia）接手了庄园，同时由技艺娴熟的工作小组帮助。该酒庄出品的酒，就质量和优雅风格而言在本地区很少有酒庄能与之匹敌。

○ Franciacorta Pas Dosé R. D. '06	7
○ Franciacorta Brut Blanc de Blancs	6
⊙ Franciacorta Rosé Collezione '06	7
○ Franciacorta Satèn	6
○ Franciacorta Au Contraire Pas Dosé '01	8
○ Franciacorta Brut Collezione '05	7
○ Franciacorta Brut Collezione '99	6
○ Franciacorta Brut Collezione Esclusiva '99	8
○ Franciacorta Brut Collezione Esclusiva Giovanni Cavalleri '01	8
⊙ Franciacorta Rosé Collezione '05	7

Civielle

via Pergola, 21
25080 Moniga del Garda [BS]
Tel. 0365502002
www.civielle.com

藏酒销售
预约参观
年产量 500 000 瓶
葡萄种植面积 55 公顷
葡萄栽培方式 有机认证

这个合作式酒庄集团在美丽的瓦特内斯（Valtenesi）公园的中心，在这里，橄榄树和柠檬树围着加尔达湖（Lake Garda）。该集团大约有30个小酒庄，已经在酒业活跃了30年，并且在该地区稳固了自己作为地区标杆的地位，因为它不断地进行培训项目，帮助那些想要自己酿酒的小型种植者，并开设最好的本地酒的分销处。集团共占地55公顷，大部分采用有机方式种植。除了制酒，他们还销售质量上等的橄榄油。

⊙ Garda Cl. Chiaretto Pergola '10	3*
● Garda Cl. Groppello Elianto '09	4
○ Lugana Biocòra '10	4*
○ Zublì '10	4
⊙ Garda Cl. Chiaretto Selene '10	3
● Garda Cl. Rosso Brol '05	5
○ Lugana Brut Cl. '07	4
○ Lugana Pergola '10	4
○ Lugana Biocòra '08	4

Battista Cola

via Indipendenza, 3
25030 Adro [BS]
Tel. 0307356195
www.colabattista.it

藏酒销售
预约参观
年产量 60 000 瓶
葡萄种植面积 10 公顷

该酒庄由巴蒂斯塔•科拉（Battista Cola）建立，在20世纪80年代中期就已经使用现代设备，为了酿造弗朗洽科塔葡萄酒（Franciacorta）而收购新的葡萄园。科拉的优势就在于其位于奥德罗（Adro）与科特佛郎卡（Cortefranca）之间的蒙特•阿尔托山脉（Monte Slto）上那美丽的10公顷葡萄园。现在，斯蒂凡诺（Stefano）掌管着酒庄，由酿酒顾问阿尔贝托•穆萨迪（Alberto Musatti）指导和吉阿克默•基诺佩提（Giacomo Groppeti）的农艺帮助。酒庄所产的酒品质上乘，再现了当地地域特色。

○ Franciacorta Brut '07	6
○ Franciacorta Brut	6
○ Franciacorta Extra Brut	5
○ Franciacorta Satèn '07	6
● Curtefranca Rosso '08	3
○ Franciacorta Brut Rosé Athena	6
○ TdF Curtefranca Bianco '10	4
○ Franciacorta Brut '04	6
○ Franciacorta Dosage Zéro Etichetta Storica '06	6

Contadi Castaldi

loc. Fornace Biasca
via Colzano, 32
25030 Adro [BS]
Tel. 0307450126
www.contadicastaldi.it

藏酒销售
预约参观
年产量 900 000 瓶
葡萄种植面积 130 公顷

如果我们是在法国，而不是在弗朗洽科塔（Franciacorta），康塔蒂•卡斯塔尔迪（Contadi Castaldi）庄园（第二个被特拉•莫雷提集团收购的酒庄）就会成为中间商（maison négociant-manipulant），因为酒庄只有部分酒的原材料来自本酒庄，其余的都来自与他签约并进行技术指导的120家葡萄园。该酒庄的酒窖由吉安•卢卡•由塞利（Gian Luca Uccelli）管理，在阿德诺（Adro）的砖窑内，现在酿造质量极好的起泡酒和静止酒。

○ Franciacorta Satèn Soul '05	7
○ Franciacorta Zero '07	6
○ Curtefranca Bianco '10	4
○ Franciacorta Brut	5
⊙ Franciacorta Brut Rosé '07	6
○ Pinodisé	6
● Curtefranca Rosso '08	4
○ Franciacorta Satèn	6
○ Franciacorta Brut	5
⊙ Franciacorta Brut Rosé '05	6
⊙ Franciacorta Rosé '06	6
○ Franciacorta Satèn '06	6
○ Franciacorta Zero '06	6

Conte Vistarino

FRAZ. SCORZOLETTA, 82/84
27040 PIETRA DE' GIORGI [PV]
TEL. 038585117
www.contevistarino.it

藏酒销售
预约参观
年产量 550 000 瓶
葡萄种植面积 180 公顷

1865年，孔蒂•乔治•迪•维斯塔瑞诺（Conte Giogi di Vistarino）和来自皮埃蒙特地区的甘西亚（Gancia）合作，从法国进口了黑皮诺（Pinot Nero），用于酿造起泡酒。当你想到那是1865年，你就知道该酒庄的历史有多悠久了。多年来，历史悠久的皮埃蒙特酒庄都用来自威莱•斯库罗帕索（Valle Scuropasso）葡萄园的葡萄来酿造成千上万的葡萄酒，出口到世界各地。近年来，该酒庄在年轻有为的奥塔维亚（Ottavia）的指导下，生产了一系列属于自己品牌的葡萄酒。结果如何，一品即知。

⊙ OP Cruasé Saignée della Rocca	🍷🍷 5
● OP Buttafuoco Monte Selva '09	🍷🍷 3*
● OP Pinot Nero Costa del Nero '09	🍷🍷 3*
○ OP Pinot Nero Brut Cl. 1865 '04	🍷 6
○ OP Pinot Nero Brut Martinotti Cuvée della Rocca	🍷 3
● OP Sangue di Giuda Costiolo '10	🍷 3
● OP Pinot Nero Pernice '06	♡♡♡ 4*
⊙ OP Cruasé Saignée della Rocca '07	♡♡ 5
○ OP Pinot Nero Brut Cl. 1865 '05	♡♡ 5
● OP Pinot Nero Pernice '07	♡♡ 4
● Sorbe '06	♡♡ 4

La Costa

FRAZ. COSTA
VIA CURONE, 15
23888 PEREGO [LC]
TEL. 0395312218
www.la-costa.it

藏酒销售
预约参观
年产量 30 000 瓶
葡萄种植面积 12 公顷
葡萄栽培方式 有机种植

在著名的布里安扎（Brianza），分布着很多小生产者，离米兰和莱科几千米有一个天堂般的地方，它就是拉科斯塔（La Costa），这里不仅是一个拥有12公顷葡萄园，采用生物机能方式栽种的酒庄，更是一个由克利帕（Crippa）家族在1996年建立的一个生态农业项目。该酒庄食宿实行360度全方位服务，提供酒、食物和房间，味道既自然又完美。克劳迪娅•克利帕（Claudia Crippa）管理着酒窖，既放眼未来，又着眼于实际。

● San Giobbe '09	🍷🍷 5
● Serìz '08	🍷🍷 5
○ Solesta '09	🍷🍷 4
○ Càlido '07	♡♡ 5
● Serìz '07	♡♡ 5
○ Solesta '08	♡♡ 4

Costaripa

VIA COSTA, 1A
25080 MONIGA DEL GARDA [BS]
TEL. 0365502010
www.costaripa.it

藏酒销售
预约参观
年产量 300 000 瓶
葡萄种植面积 36 公顷

酒庄位于地中海一角，离阿尔卑斯山（Alps）不远，处在加尔达湖瓦特内斯自然公园（Valtenesi nature park）里。这里的气候非常适合种植橄榄树和葡萄。在这里，马提亚•维佐拉（Mattia Vezzola）经营着他祖父创立的酒庄，推进和创新他的传统葡萄酒，从“夜之酒”查内托（chiaretto）到优雅的葛诺佩罗红酒（groppello）和风格独特的起泡酒。其中，玫瑰红酒的发酵最为特别。

- ● Garda Cl. Groppello Maim '09 — 5
- ⊙ Garda Cl. Chiaretto Rosamara '10 — 4*
- ● Garda Cl. Rosso Campostarne '09 — 4*
- ● Garda Marzemino Mazane '10 — 4*
- ⊙ Garda Cl. Chiaretto Molmenti '10 — 5
- ○ Costaripa Brut Ris. '04 — 5
- ⊙ Costaripa Brut Rosé — 5
- ● Garda Cabernet Sauvignon Pradamonte '07 — 5
- ⊙ Garda Cl. Chiaretto Molmenti '09 — 5
- ● Garda Cl. Groppello Maim '08 — 5
- ● Garda Cl. Groppello Maim '07 — 5

Dirupi

LOC. MADONNA DI CAMPAGNA
VIA GRUMELLO, 1
23020 MONTAGNA IN VALTELLINA [SO]
TEL. 3472909779
www.dirupi.com

年产量 15 000 瓶
葡萄种植面积 3. 8 公顷

大卫•法索里尼（Davide Fasolini）和皮尔帕奥罗•迪•弗兰克（Pierpaolo Di Franco）选择了一条正确的道路。他们的酒庄不到60年历史，但他们有丰富专业的酿酒知识和对当地地域特点的深入理解。他们的勇气、技艺很快得到了葡萄酒品论家、消费者和同行们的赞赏。酒庄的大部分葡萄园都种植多年，采用盖奥特种植方法种植葡萄已达80年，葡萄园大多位于海拔400到650米之间的地方。

- ● Valtellina Sup. Dirupi '09 — 5
- ● Nebbiolo Olè '09 — 5
- ● Nebbiolo Olè '07 — 5
- ● Valtellina Sup. '08 — 5
- ● Valtellina Sup. Ris. '07 — 7

Sandro Fay

LOC. SAN GIACOMO DI TEGLIO
VIA PILA CASELLI, 1
23030 TEGLIO [SO]
TEL. 0342786071
elefay@tin.it

藏酒销售
预约参观
年产量 38 000 瓶
葡萄种植面积 13 公顷

山德罗（Sandro）在他孩子马克（Marco）和艾伦那（Elena）的支持下，经营着这家酒庄。多年来在葡萄园大量的投资终于给费依（Fay）家族带来了质量上的回报和专业的满足感。费依家族的一些葡萄园位于瓦尔泰利那地区（Valtellina）的瓦尔格那（Valtellina），海拔315到700米的海拔高度，俯瞰山谷。酒庄的荣誉部分要归功于这些葡萄园对盖亚特（Guyot）种植方式的改进。红酒是酒庄的代表作之一。

- ● Valtellina Sforzato Ronco del Picchio '07 🍷🍷 7
- ● Valtellina Sup. Valgella Ca' Morèi '09 🍷🍷 5
- ● Valtellina Sup. Valgella Carterìa '09 🍷🍷 5
- ● Nebbiolo '09 🍷🍷 4*
- ● Valtellina Sforzato Ronco del Picchio '02 🍷🍷🍷 7
- ● Nebbiolo '07 🍷🍷 4
- ● Valtellina Sforzato Ronco dol Picchio '06 🍷🍷 7
- ● Valtellina Sup. Valgella Ca' Morèi '06 🍷🍷 5
- ● Valtellina Sup. Valgella Carterìa '07 🍷🍷 5

Ferghettina

VIA SALINE, 11
25030 ADRO [BS]
TEL. 0307451212
www.ferghettina.it

藏酒销售
预约参观
年产量 350 000 瓶
葡萄种植面积 120 公顷

在20年的时间里，罗贝托•盖提（Roberto Gatti）就建立起了弗朗洽科塔地区（Franciacorta）最具活力、最值得信赖的酒庄之一。酒庄的土地从最初的4公顷扩大到了现在的120公顷，分布在弗朗洽科塔的6个区域，还有一个漂亮的、功能齐全的酒窖在奥德罗地区（Adro）。酒庄一直大量生产高档的葡萄酒。罗贝托的真正优势在于他的妻子安德雷纳（Andreina）和两个获得酿酒学位的孩子劳拉（Laura）和马迪奥（Matteo），他们以激情支持着罗贝托的工作。

- ○ Franciacorta Extra Brut '05 🍷🍷🍷 6
- ○ Franciacorta Pas Dosé Riserva 33 '04 🍷🍷 6
- ○ Franciacorta Satèn '07 🍷🍷 6
- ○ Curtefranca Bianco '10 🍷🍷 4*
- ⊙ Franciacorta Rosé '07 🍷🍷 6
- ● Curtefranca Rosso '09 🍷 4
- ○ Franciacorta Extra Brut '04 🍷🍷🍷 6
- ○ Franciacorta Extra Brut '02 🍷🍷🍷 6
- ○ Franciacorta Extra Brut '98 🍷🍷🍷 6
- ○ Franciacorta Satèn '04 🍷🍷🍷 6
- ○ Franciacorta Satèn '99 🍷🍷🍷 6
- ○ Franciacorta Satèn '97 🍷🍷🍷 5*

Fiamberti

via Chiesa, 17
27044 Canneto Pavese [PV]
Tel. 038588019
www.fiambertivini.it

藏酒销售
预约参观
年产量 140 000 瓶
葡萄种植面积 18 公顷

坎内特•帕维斯（Canneto Pavese）是奥尔特波（Oltrepo）制酒业最重要的城市之一。从无法追忆的年代到今天，费安博提斯（Fiambertis）就一直在山上酿酒，现在，安布罗基奥（Ambrogio）和他的儿子朱利欧（Giulio）接手了酒庄。该地区以红酒的醇厚和陈酿而出名。随着时间的流逝，当地的品种都会和地理特征达到完美的统一，即使是用于酿造起泡白酒的白葡萄和黑皮诺（Pinot Nero）。该酒庄不断取得稳定的进步，2012年在盖得（Guide）上的成就最为显著。

○ OP Pinot Nero Brut Cl. Fiamberti	🍷🍷 5
● OP Bonarda Frizzante Bricco della Sacca '10	🍷🍷 4
● OP Buttafuoco Storico V. Solenga '06	🍷🍷 5
○ OP Riesling Italico V. Croce Monteveneroso '10	🍷🍷 4*
● OP Sangue di Giuda Costa Paradiso '10	🍷🍷 3*
⊙ OP Cruasé '08	🍷 5
○ OP Pinot Nero Brut Martinotti	🍷 3
● OP Pinot Nero Nero '09	🍷 4
● OP Buttafuoco Poderi Fiamberti '05	🍸🍸 4*
⊙ OP Pinot Nero Brut Cl. Cruasé	🍸🍸 5
⊙ OP Pinot Nero Brut Cl. Fiamberti Rosé	🍸🍸 5

Le Fracce

fraz. Mairano
via Castel del Lupo, 5
27045 Casteggio [PV]
Tel. 038382526
www.lefracce.com

藏酒销售
预约参观
年产量 180 000 瓶
葡萄种植面积 40 公顷

我们曾说过，这个美丽的酒庄的葡萄酒质量优异，但是，我们还是想期待更多的东西，一些可以把李•弗拉克（Le Fracce）酒庄推上顶点的东西。实际上，该酒庄的酒和往年一样无可挑剔，手艺和技术都很完美，但欠缺的是酒庄的一种历史厚重感。我们期待酒庄出品的经典起泡酒从黑暗中释放的那一刻的惊艳。

● OP Bonarda La Rubiosa '10	🍷🍷 4
○ OP Riesling Landò '10	🍷🍷 4*
● OP Rosso Bohemi '05	🍷🍷 7
● Garboso '09	🍷 4
○ OP Pinot Grigio Levriere '10	🍷 4
● Garboso '08	🍸🍸 4*
● OP Bonarda Frizzante La Rubiosa '09	🍸🍸 4*
○ OP Pinot Nero Extra Brut Cuvée Bussolera '07	🍸🍸 4
○ OP Riesling Landò '09	🍸🍸 4*
● OP Rosso Bohemi '03	🍸🍸 6
● OP Rosso Cirgà '04	🍸🍸 5

Frecciarossa

via Vigorelli, 141
27045 Casteggio [PV]
Tel. 0383804465
www.frecciarossa.com

藏酒销售
预约参观
年产量 150 000 瓶
葡萄种植面积 23 公顷

在克劳迪奥•乔治（Claudio Giorgi）和卢卡•伯格民（Luca Berhamin）离开后，这个古老的奥尔特波•帕维斯（Oltrepo Pavese）酒庄发生了很大的转变，庄主玛格丽特•奥德罗（Margherite Odero）将家族的重要事物从伯格罗（Bergolo）那里转交给皮特罗•卡尔维（Pietro Calvi），同时进行内部的重建，这会带来某些酒的改变。该酒庄刚好位于北纬45度，充满生机活力，酿酒质量高。酒庄出品的无与伦比的黑皮诺葡萄酒（Pinot Nero）是带皮酿造的。

● OP Pinot Nero Giorgio Odero '08	🍷🍷🍷 6
● Croatina '07	🍷🍷 6
● Francigeno '06	🍷🍷 6
● OP Bonarda Vivace Dardo '10	🍷🍷 4*
○ OP Pinot Nero Sillery '10	🍷 4
● OP Pinot Nero Giorgio Odero '07	🍷🍷🍷 6
● OP Pinot Nero Giorgio Odero '05	🍷🍷🍷 6
● Francigeno '04	🍷🍷 5
○ OP Riesling Renano Gli Orti '09	🍷🍷 4*

Gatta

via San Rocco, 33/37
25064 Gussago [BS]
Tel. 0302772950
www.agricolagatta.com

藏酒销售
预约参观
年产量 100 000 瓶
葡萄种植面积 25 公顷

这个关系紧密的家族继续着安吉洛（Angelo）在20世纪60年代创立的事业，他种植了第一个葡萄园，酒庄至今仍生产一款由安吉洛的昵称命名的葡萄酒“尼格斯”（Negus）。现在，他的儿子马里奥（Mario）掌管着酒庄，他的弟弟塞吉奥（Sergio）、妻子唐娜泰拉（Donatella）和孩子尼古拉（Nicola）、吉塞佩（Giuseppe）组成了密切的小组协助经营，共同解决从市场销售到养护的问题。25公顷的葡萄园处于弗朗洽科塔地区（Franciacortas）最东边的席拉提卡（Cellatica）和盖萨格（Gussago）。

○ Franciacorta Extra Brut Molenér '04	🍷🍷 6
○ Franciacorta Satèn '06	🍷🍷 6
○ Franciacorta Zero '04	🍷🍷 6
● Cellatica Rosso Negus '05	🍷 4
○ Franciacorta Brut	🍷 5
○ Franciacorta Extra Brut Rosé	🍷 6
○ Franciacorta Brut Arcano Ris. '97	🍷🍷 7
⊙ Franciacorta Extra Brut Rosé	🍷🍷 5

Enrico Gatti

via Metelli, 9
25030 Erbusco [BS]
Tel. 0307267999
www.enricogatti.it

藏酒销售
预约参观
年产量 120 000 瓶
葡萄种植面积 17 公顷

1975年，恩里克•盖提（Enrico Gatti）建立了该酒庄。现在，她的孩子洛伦佐（Lorenzo）和宝拉（Paola），还有她的丈夫巴尔扎克利尼（Balzarini）管理着这个精品酒庄，仅用自家17公顷葡萄园产的葡萄酿酒。该酒庄的弗朗洽科塔葡萄酒（Franciacortas）的标志性特点是稳固的层次感以及高雅的矿物气息。酒庄位于厄尔布斯克（Erbusco），尽管每年仅产120 000瓶葡萄酒，但它已经成为弗朗洽科塔酒的大牌。

酒款	评级
○ Franciacorta Nature '07	🍷🍷🍷 6
○ Franciacorta Brut '06	🍷🍷 7
⊙ Franciacorta Rosé	🍷🍷 6
○ Franciacorta Satèn '07	🍷🍷 6
○ Franciacorta Brut	🍷 5
○ Franciacorta Brut '05	🍷🍷🍷 7
○ Franciacorta Satèn '05	🍷🍷🍷 6
○ Franciacorta Satèn '03	🍷🍷🍷 6
○ Franciacorta Satèn '02	🍷🍷🍷 6
○ Franciacorta Satèn '01	🍷🍷🍷 5
○ Franciacorta Satèn '00	🍷🍷🍷 6

F.lli Giorgi

fraz. Camponoce, 39a
27044 Canneto Pavese [PV]
Tel. 0385262151
www.giorgi-wines.it

藏酒销售
预约参观
年产量 1 600 000 瓶
葡萄种植面积 30 公顷

这家重要的酒庄再一次证明了自己是整个奥特波•帕维斯地区（Oltrepo Pavese）最完美、最值得信赖的酒庄之一。这不仅是因为酒庄对诸如阿贝托•穆塞提（Alberto Musatti）之类的葡萄酒做出了有价值的贡献，还因为促使酒庄达到事业高峰的信念，即法比亚诺•乔治（Fabiano Giorgi）从他父亲安东尼奥（Antonio）和叔叔吉安弗兰克（Gianfranco）继承来的信念。在他的妹妹艾雷诺拉（Eleonora）和妻子爱内那（Ileana）的帮助下，现在酒庄出品了一系列无懈可击的葡萄酒。

酒款	评级
○ OP Pinot Nero Brut Cl. 1870 '07	🍷🍷🍷 6
⊙ OP Cruasé '08	🍷🍷 5
● OP Bonarda Frizzante La Brughera '10	🍷🍷 4*
● OP Buttafuoco Clilele '08	🍷🍷 4
● OP Buttafuoco Storico V. Casa del Corno '07	🍷🍷 4
○ OP Pinot Nero Brut Cl. Gianfranco Giorgi '08	🍷🍷 6
○ OP Riesling Il Bandito '10	🍷🍷 4*
● OP Sangue di Giuda '10	🍷🍷 4
● Vigalòn '10	🍷🍷 3*
○ Crudoo	🍷 4
○ OP Pinot Nero Extra Dry Cuvée Eleonor Martinotti	🍷 4
⊙ OP Pinot Nero Extra Dry Cuvée Eleonor Martinotti Rosé	🍷 4
● OP Pinot Nero Giorginero '10	🍷 4
● OP Pinot Nero Monteroso '09	🍷 5
○ OP Pinot Nero Brut Cl. 1870 '06	🍷🍷🍷 6
○ OP Pinot Nero Brut Cl. 1870 '05	🍷🍷🍷 6

Isimbarda

FRAZ. CASTELLO
CASCINA ISIMBARDA
27046 SANTA GIULETTA [PV]
TEL. 0383899256
www.tenutaisimbarda.it

藏酒销售
预约参观
年产量 130 000 瓶
葡萄种植面积 40 公顷

该酒庄位于圣特•吉乌勒塔（Santa Giuletta）的高处，到此一游绝对是个不错的选择，约40公顷的葡萄园绵延到了临近的莫里卡•罗萨那（Molico Losana）市区。在17世纪还是马奇斯•伊斯穆巴达（Marxhesi Isimbardi）掌管这片土地的时候，这里就已经开始酿酒。酒庄土壤类型多样，有适合白葡萄特别是雷司令（riesling）生长的石灰岩泥土，品尝维格纳•马缇娜葡萄酒（Vigna Martina）总会是一次有趣的经历，还有适合种植传统的奥特波红葡萄（Oltrepo）的粘土。

● OP Bonarda Vivace V. delle More '10	🍷🍷 4
○ OP Pinot Nero Brut	🍷🍷 5
● OP Pinot Nero V. del Cardinale '08	🍷🍷 5
○ OP Riesling Renano V. Martina '10	🍷🍷 4*
● OP Rosso Montezavo Ris. '08	🍷🍷 5
○ Varméi '10	🍷🍷 4
○ OP Pinot Nero Brut Martinotti	🍷 4
● OP Rosso Monplò '08	🍷 4
● OP Bonarda Vivace V. delle More '09	♡♡ 4*
● OP Pinot Nero V. del Cardinale '07	♡♡ 5
○ OP Riesling Renano V. Martina '09	♡♡ 4*
● OP Rosso Monplò '07	♡♡ 4*

Cantina Sociale La Versa

VIA F. CRISPI, 15
27047 SANTA MARIA DELLA VERSA [PV]
TEL. 0385798411
www.laversa.it

藏酒销售
预约参观
年产量 5 000 000 瓶
葡萄种植面积 1 300 公顷

这家位于圣•玛丽沃萨（Santa Maria della）历史悠久的联营酒庄经历了大起大落。前任管理者佛朗西斯科•瑟沃提（Francesco Cervetti）做了一个转折性的决定，提升了酒的质量，特别是在起泡酒方面，这带来了酒庄的辉煌。地下的酒窖储藏了成千上万的葡萄酒，包括马格卢默（magums）、基诺薄膜（jeroboams）和黑皮诺（Pinot Nero）酿造的起泡酒。现在，酒庄又处于一个转型期，新的管理者克拉多•卡瓦罗（Corrado Cavallo）即将上任，将会把酒庄带入正轨。

○ EIS Brut	🍷🍷 4
● OP Bonarda Vivace '10	🍷🍷 4
⊙ OP Pinot Nero Brut Cuvée Testarossa Rosé '05	🍷🍷 6
● OP Barbera '09	🍷 4
○ OP Brut Testarossa '06	🍷 5
○ OP Cuvée Storica Brut	🍷 4
○ OP Moscato di Volpara '10	🍷 4
● OP Pinot Nero '09	🍷 4
○ Cuvée Testarossa Brut Principio '03	♡♡ 8
○ Cuvée Testarossa Principio '01	♡♡ 8
⊙ OP Pinot Nero Brut Cuvée Testarossa Rosé '04	♡♡ 6
○ OP Pinot Nero Testarossa Principio '00	♡♡ 8

Lantieri de Paratico

Loc. Colzano
via Simeone Paratico, 50
25031 Capriolo [BS]
Tel. 030736151
www.lantierideparatico.it

藏酒销售
预约参观
年产量 150 000 瓶
葡萄种植面积 17 公顷

兰迪尔瑞•德•帕拉提克（Lantieri de Paratico）是一个历经千年的弗朗洽科塔（Franciacorta）的家族。法比奥•兰迪尔瑞（Fabio Lantieri）生活在位于卡普瑞尔罗（Capriolo）的一座颇具历史的住宅中。在抛弃了自己之前的事业后，他现在继续发扬家族在16世纪著名的制酒传统，并且取得了成功，在16世纪，兰迪尔瑞（Lantieri）家族为皇室和贵族提供葡萄酒。现在，法比奥用葡萄园的葡萄生产弗朗洽科塔葡萄酒（Franciacorta）和本地葡萄酒，他的很多葡萄园都靠近酒窖，其余的都位于阿德诺（Adro）。

○ Franciacorta Brut Arcadia '07 6
○ Franciacorta Brut 5
○ Franciacorta Extra Brut 5
⊙ Franciacorta Rosé Arcadia 5
○ Franciacorta Satèn 5
○ Curtefranca Bianco '10 4
● Curtefranca Rosso '09 4
○ Franciacorta Brut Arcadia '05 6
○ Franciacorta Brut Arcadia '04 6
○ Franciacorta Satèn 5
○ TdF Bianco Colzano '06 5

Majolini

Loc. Valle
via Manzoni, 3
25050 Ome [BS]
Tel. 0306527378
www.majolini.it

藏酒销售
预约参观
年产量 250 000 瓶
葡萄种植面积 24 公顷

马乔里尼（Majolini）兄弟在布雷西亚商业界颇有影响力。在20世纪80年代，他们决定放弃工业，回归农业。他们重修了位于奥美（Ome）的美丽农田，并建立了一个酒窖。弟弟埃其奥（Ezio）承担者主要的任务，他同时也是弗朗洽科塔（Franciacorta）联盟的主席。在侄子西蒙尼（Simone）的协助下，埃其奥让酒窖名声大振，酒质也达到了顶级。马乔里尼主要用自己20多公顷葡萄园的葡萄酿酒，葡萄园主要位于奥美。

○ Franciacorta Pas Dosé Aligi Sassu '06 8
○ Franciacorta Brut 7
⊙ Franciacorta Rosé Altera 6
○ Franciacorta Satèn '06 8
○ Franciacorta Brut Electo '00 7
○ Franciacorta Brut Electo '99 6
○ Franciacorta Brut Electo '97 6
○ Franciacorta Brut Electo '05 8
○ Franciacorta Pas Dosé Aligi Sassu '05 8
○ Franciacorta Satèn Ante Omnia '03 8

Le Marchesine

via Vallosa, 31
25050 Passirano [BS]
Tel. 030657005
www.lemarchesine.it

藏酒销售
预约参观
年产量 450 000 瓶
葡萄种植面积 44 公顷

比安塔斯（Biattas）是自12世纪以来，布雷西亚地区（Brescia）历史上有记载的一个古老家族。乔瓦尼•比安塔斯（Giovanni Biatta）在1985年购买了最初的3公顷土地。现在，他的儿子洛里斯（Loris）在其他子女的帮助下管理着酒庄。酒庄拥有将近50公顷地理位置优越的葡萄园。酒庄出品的葡萄酒不仅数量多，质量也很好，尤其是弗朗洽科塔（Franciacortas），还有顶级的静止酒。现在，酒庄由法国酿酒学家简•皮埃尔•瓦莱德（Jean Pierre Valade）做顾问。

○ Franciacorta Brut Secolo Novo '06	🍷🍷	8
○ Franciacorta Brut '07	🍷🍷	6
○ Franciacorta Brut	🍷🍷	5
⊙ Franciacorta Brut Rosé '07	🍷🍷	6
○ Franciacorta Extra Brut	🍷🍷	6
○ Franciacorta Satèn	🍷🍷	6
○ Franciacorta Brut '04	🍷🍷🍷	6
○ Franciacorta Brut Secolo Novo '05	🍷🍷🍷	8
○ Franciacorta Brut '01	🍷🍷	6
○ Franciacorta Satèn '02	🍷🍷	6

Tenuta Mazzolino

via Mazzolino, 26
27050 Corvino San Quirico [PV]
Tel. 0383876122
www.tenuta-mazzolino.com

藏酒销售
预约参观
年产量 100 000 瓶
葡萄种植面积 25 公顷

马佐理尼（Mazzolino）酒庄是奥特波（Oltrepo）最美丽的酒庄之一，建立在一个天然的高地上，可以俯瞰整个波河河谷。这里充满了勃艮第葡萄酒（Burgundy）之风，因为这里有勃艮第（Burgundy）的酿酒学家简•佛朗克斯•卡卡多（Jean-Francois Coquard）和顾问克雅斯科•科尼古普路（Kyriakos Kynigopoulos）的足迹。现在克劳迪奥•乔治（Claudio Giorgi）已经来到了酒庄，他们开始将重点转向黑皮诺（Pinot Nero）和莎当妮（Chardonnay）。他们的目标就是要生产出各种系列的两种类型的葡萄酒：新酿的、陈酿的和经典的起泡酒。

● OP Pinot Nero Noir '08	🍷🍷🍷	6
○ Mazzolino Brut Blanc de Blancs	🍷🍷	5
○ OP Chardonnay Blanc '09	🍷🍷	4
⊙ OP Pinot Nero Brut Cruasé Mazzolino	🍷🍷	5
○ Camarà '10	🍷	3
● OP Bonarda Mazzolino '10	🍷	4
● Terrazze '10	🍷	4
● OP Pinot Nero Noir '07	🍷🍷🍷	6
● OP Pinot Nero Noir '06	🍷🍷🍷	6
● OP Cabernet Sauvignon Corvino '07	🍷🍷	5
○ OP Chardonnay Blanc '08	🍷🍷	4

★Monsupello

via San Lazzaro, 5
27050 Torricella Verzate [PV]
Tel. 0383896043
www.monsupello.it

藏酒销售
预约参观
年产量 280 000 瓶
葡萄种植面积 50 公顷

卡罗•波阿迪（Carlo Boatti）在2011年逝世是这个家族的一个损失，但他的家人并没有被打垮。现在，他的孩子皮尔兰格罗（Pierangelo）、劳拉（Laura）和他们的母亲卡纳（Carla）在酿酒学家马克•伯特内格尼（Marco Bertelegni）的支持下，更加坚定地继续着他开创的事业。卡罗•波阿迪是第一批相信奥尔特波（Oltrepo）有发展潜力的人。该酒庄因其质量顶级的起泡酒而出名，他们还生产一系列好的静止酒，包括陈酿的红酒。

○ OP Brut Cl. Classese '04	6
○ OP Cà Del Tava M. Cl.	7
○ OP Pinot Nero Cl. Nature	5
⊙ Brut Rosé	5
○ Chardonnay Senso '09	6
● OP Bonarda Vivace Vaiolet '10	4*
● OP Rosso Podere La Borla '07	4
○ Pinot Grigio '10	4
○ Riesling Renano '10	4
● Calcacabio	4
● Monsupè '10	4
⊙ Brut Rosé	5*
○ OP Brut Cl. Cuvée Ca' del Tava	7
○ OP Pinot Nero Cl. Nature	5*
○ OP Pinot Nero Cl. Nature	5
○ OP Pinot Nero Cl. Nature	5

Francesco Montagna

via Cairoli, 67
27043 Broni [PV]
Tel. 038551028
www.cantinemontagna.it

藏酒销售
预约参观
年产量 80 000 瓶
葡萄种植面积 未提供

酒庄原来由波特（Berte）和可蒂尼（Cordini）管理，我们已经留意他们有一段时间了，特别是在纳特勒•波特（Natale Berte）的儿子马特奥（Matteo）接手以后。每年我们都会在品酒会上品尝他们的酒，也都会发现其进步，尽管他们以各种品牌稀疏地陈列：起泡酒、静止酒、有时还有经典的苏打白葡萄酒。因为这些原因，也考虑到该酒庄进步的潜力，我们把很多奖项赐予了它。

⊙ OP Pinot Nero Rosé Brut Cl.	5
● OP Bonarda Frizzante Sabion Bertè & Cordini '10	4
○ OP Pinot Nero Brut Cl. Cuvée della Casa Bertè & Cordini	5
● OP Pinot Nero Nuval Bertè & Cordini '09	4
● OP Rosso Valmaga Bertè & Cordini '06	4
○ OP Sauvignon Masaria Bertè & Cordini '10	3*
● OP Bonarda Frizzante Sopralerighe '10	3
● OP Bonarda Frizzante Viti di Luna '10	3
○ OP Pinot Nero Brut Martinotti Sopralerighe	3
● OP Bonarda Frizzante Viti di Luna '09	3*
○ OP Moscato Frizzante Viti di Luna '09	3*
○ OP Pinot Nero Brut Cl. Cuvée Tradizione Bertè & Cordini	5
⊙ OP Pinot Nero Rosé Brut Cl.	4*
● OP Pinot Nero Viti di Luna '06	3*

Marchesi di Montalto

Loc. Costa Gallotti, 5
27040 Montalto Pavese [PV]
Tel. 0383870358
www.marchesidimontalto.it

藏酒销售
预约参观
年产量 50 000 瓶
葡萄种植面积 100 公顷

管理一个100公顷的葡萄园并不是一件容易的事，尽管很多葡萄销售给了当地的合作式酒庄。当加布里埃莱•马奇斯（Gabriele Marchesi）接手了这个酒庄后，他就试图把酒庄众多的葡萄品种和同等数量的葡萄酒带上正轨。尽管这里是奥尔特波（Oltrepo）雷司令葡萄的王国，类型多样的葡萄园土壤也适合红葡萄生长，尤其是黑皮诺（Pinot Nero），它们都能够很快适应这里的环境。

⊙ OP Cruasé Costadelvento '08	5
○ OP Pinot Nero Brut Tersilio Marchesi Ris. '05	6
● OP Pinot Nero Pizzotorto '07	5
○ OP Riesling Monsaltus '09	4
○ OP Riesling Passirè '09	7
○ OP Riesling Pezzolo V.T. '09	4
● OP Rosso Montespinato Ris. '09	4
○ OP Pinot Nero Brut Tersilio Marchesi Ris. '04	6
○ OP Riesling Brut Martinotti	4*
○ OP Riesling Italico Monsaltus '07	4
○ OP Riesling Italico Monsaltus '05	4
○ OP Riesling Passirè '08	7

★Monte Rossa

Fraz. Bornato
via Monte Rossa, 1
25040 Cazzago San Martino [BS]
Tel. 030725066
www.monterossa.com

藏酒销售
预约参观
年产量 500 000 瓶
葡萄种植面积 70 公顷

该酒庄由拉伯蒂（Rabotti）家族掌管，是弗朗洽科塔地区（Franciacorta）最美丽的酒庄之一，更是一个历史上重要的酒庄，它在20世纪70年代就已经注册了。保罗•拉伯蒂（Paolo Rabotti）和他的妻子保罗•洛瓦塔（Paolo Rovetta）建立了该酒庄，保罗是弗朗洽科塔（Franciacorta）联盟的创始人之一，是第一任主席。现在，保罗的儿子伊曼纽尔（Emanuele）以激情和娴熟的技艺经营酒庄。他重建了酒窖和酒庄所有的70公顷的葡萄园，将酒庄推上了自建立以来40年的最高峰。

○ Franciacorta Brut P. R.	6
○ Franciacorta Brut Prima Cuvée	6
○ Franciacorta Extra Brut Salvadek '07	7
⊙ Franciacorta Rosé P. R.	7
○ Franciacorta Satèn Sansevé	6
○ Franciacorta Brut Cabochon '05	7
○ Franciacorta Brut Cabochon '04	7
○ Franciacorta Brut Cabochon '03	7
○ Franciacorta Brut Cabochon '01	7
○ Franciacorta Brut Cabochon '99	8
○ Franciacorta Brut Cabochon '98	6
○ Franciacorta Brut Cabochon '97	6

Montelio

via D. Mazza, 1
27050 Codevilla [PV]
Tel. 0383373090
montelio.gio@alice.it

藏酒销售
预约参观
年产量 130 000 瓶
葡萄种植面积 27 公顷

从乔安娜（Giovanna）和卡特里娜•布拉佐拉（Caterina Brazzola）经营的这家酒庄，你可以看到技术的写照。当你经过通向庭院的拱道时，时间仿佛停滞了。这个漂亮的品酒室弥漫着乡村的气息，如果需要，可以把它变为一个餐厅。在最深的地下空间，陈列着一系列八角形的陶瓶，装着醇香的葡萄酒。在这里，你会看到马里奥•马费(Mario Maffi)，他不仅是一个酿酒学家，还是奥尔特波（Oltrepo）历史的见证者。

● OP Pinot Nero Costarsa '07	🍷🍷 5
● OP Rosso Solarolo Ris. '07	🍷🍷 5
○ Müller Thurgau '10	🍷 3
○ Müller Thurgau La Giostra '08	🍷 3
● OP Bonarda Frizzante '10	🍷 3
⊙ OP Rosato Frizzante '10	🍷 4
● OP Bonarda Frizzante '09	🍷🍷 3*
● OP Pinot Nero Costarsa '03	🍷🍷 5
○ OP Riesling Italico '09	🍷🍷 3*
● OP Rosso Solarolo Ris. '05	🍷🍷 5

La Montina

via Baiana, 17
25040 Monticelli Brusati [BS]
Tel. 030653278
www.lamontina.it

藏酒销售
预约参观
年产量 450 000 瓶
葡萄种植面积 72 公顷

该酒庄由维托里奥（Vittorio）兄弟吉安•卡罗（Gian Carlo）和埃尔伯托•波扎（Alberto Bozza）掌管，出品质量上乘、值得信赖的葡萄酒，年年如是。波扎兄弟在20世纪80年代初期买下了该酒庄，以蒙蒂尼（Montini）家族为其命名——蒲波•保罗六世教皇（Pope Paul VI）就诞生于这个家族。酿酒学家凯瑟•法拉利（Cesare Ferrari）、农学家埃尔赛迪•托托（Alceo Toto）、洛克•马里诺（Rocco Marino）以及商务主管米歇尔•波扎（Michele Bozza）进行联营销售，并且形成了一个联系紧密的管理小组。他们用产自72公顷葡萄园的葡萄酿造独一无二的葡萄酒，这些葡萄园分布在7个不同的市。

○ Franciacorta Extra Brut Vintage Ris. '05	🍷🍷🍷 7
○ Curtefranca Bianco Palanca '10	🍷🍷 4
● Curtefranca Rosso dei Dossi '08	🍷🍷 5
○ Franciacorta Brut	🍷🍷 5
○ Franciacorta Extra Brut	🍷🍷 5
⊙ Franciacorta Rosé Demi Sec	🍷🍷 5
⊙ Franciacorta Rosé Extra Brut	🍷🍷 5
○ Franciacorta Satèn	🍷🍷 6
○ Franciacorta Brut '05	🍷🍷🍷 6
○ Franciacorta Extra Brut Ris. Vintage '04	🍷🍷🍷 7

Monzio Compagnoni

via Nigoline, 18
25030 Adro [BS]
Tel. 0307457803
www.monziocompagnoni.com

藏酒销售
预约参观
年产量 250 000 瓶
葡萄种植面积 30 公顷

几年前，在对起泡酒特别是对弗朗洽科塔（Franciacorta）的爱的驱使下，成功的瓦尔卡里皮奥（Valcalepio）制酒商马塞洛•梦吉奥•康派格罗尼（Marcello Monzio Compagnoni）来到布雷西亚（Brescia）。他在奥德罗（Adro）建立了一个新的现代的酒窖，作为生产的中心，出品用酒庄30公顷葡萄园的葡萄酿造的精品酒和弗朗洽科塔葡萄酒（Franciacorta）。其中，在原来位于斯堪佐罗斯艾特（Scanzorociate）酒窖酿造的瓦尔卡里奥酒质量始终如一，从未让人失望过。

○ Franciacorta Extra Brut '07 6
○ Curtefranca Bianco Ronco della Seta '10 4*
○ Franciacorta Brut '07 5
○ Franciacorta Satèn '07 6
● Moscato di Scanzo Don Quijote 6
⊙ Franciacorta Brut Rosé '07 6
○ Valcalepio Bianco Colle della Luna '10 4
○ Franciacorta Extra Brut '04 6
○ Franciacorta Extra Brut '03 6
○ Franciacorta Brut '05 5
○ Franciacorta Satèn Brut '04 6

Il Mosnel

loc. Camignone
via Barboglio, 14
25040 Passirano [BS]
Tel. 030653117
www.ilmosnel.com

藏酒销售
预约参观
年产量 250 000 瓶
葡萄种植面积 39. 54 公顷

该酒庄坐落在一所17世纪的建筑中，它位于凯米葛诺（Camignone）附近的帕瑟拉罗（Passirano），最近被完美修复。酒庄是弗朗洽科塔（Franciacorta）生产者的标杆，周围环绕着一片近40公顷的整块葡萄园，整块葡萄园在这个地区是很少见的。朱里奥(Giulio)和卢西卡•巴扎诺（Lucia Barzano）姐妹从她们的母亲伊曼纽拉•巴伯吉利奥（Emanuela Barboglio）手中接过这个酒庄，家族在1836年就建立了该酒庄，并且从20世纪60年代开始就致力于专业酿造白酒和弗朗洽科塔酒（Franciacorta）。

⊙ Franciacorta Pas Dosé Parosé '07 6
● Curtefranca Fontecolo Rosso '08 4*
⊙ Franciacorta Brut Rosé 5
○ Franciacorta Extra Brut EBB '07 6
○ Franciacorta Pas Dosé 5
○ Franciacorta Satèn '07 6
○ Sebino Passito Sulif '09 6
○ Curtefranca Bianca Campolarga '10 4
○ Franciacorta Brut 5
○ Franciacorta Pas Dosé QdE Ris. '04 7
○ Franciacorta Satèn '05 6

Muratori - Villa Crespia

VIA VALLI, 31
25030 ADRO [BS]
TEL. 0307451051
www.arcipelagomuratori.it

藏酒销售
预约参观
年产量 350 000 瓶
葡萄种植面积 60 公顷
葡萄栽培方式 有机种植

穆拉多里（Muratori）兄弟在事业达到了一定高度后，把重心回到土地和投资上来。他们大刀阔斧地进行改变。克莱斯比亚别墅（Villa Crespia）拥有60公顷位置优越的一流葡萄园，又得到了酿酒学家和研究者佛朗塞斯克•兰克诺（Francesco Iacono）的策略和技术的管理。克莱斯比亚别墅、托斯卡纳（Tuscany）和卡帕尼亚（Campania）组成了生产高质量葡萄酒的连锁酒庄，体现了“一方水土一种酒”的信念。

⊙ Franciacorta Rosé Extra Brut Brolese	6
○ Franciacorta Brut Novalia	6
○ Franciacorta Dosaggio Zero Numerozero	6
○ Franciacorta Satèn Cesonato	6
○ Franciacorta Brut Miolo	6
○ Franciacorta Dosaggio Zero Cisiolo '04	6
○ Franciacorta Dosaggio Zero Cisiolo '03	6
○ Franciacorta Extra Brut Francesco Iacono Ris. '02	8

★Nino Negri

VIA GHIBELLINI
23030 CHIURO [SO]
TEL. 0342485211
www.ninonegri.it

藏酒销售
预约参观
年产量 800 000 瓶
葡萄种植面积 36 公顷

毫无疑问，尼诺•涅格（Nino Negri）酒庄是瓦尔泰利那（Valtellina）地区最古老的酒庄之一。它已有110年的历史，享誉全球，早在20世纪80年代，该酒庄就是意大利葡萄酒集团的成员，并很快成为该集团最有影响力的酒庄之一。有250多个葡萄种植者给酒庄提供葡萄，这些葡萄质量很高，都是经过精心挑选的。这些葡萄位于瓦尔泰利那的主要地区。

● Valtellina Sup. Vign. Fracia '08	6
● Valtellina Sfursat '08	7
○ Ca' Brione '10	6
● Valtellina Sup. Grumello V. Sassorosso '08	5
● Valtellina Sup. Inferno C. Negri '07	6
● Valtellina Sup. Mazer '08	5
● Valtellina Sup. Nino Negri Ris. '05	5
● Valtellina Sup. Sassella Le Tense '08	5
● Valtellina Sfursat '05	8
● Valtellina Sfursat '04	7
● Valtellina Sfursat '03	7
● Valtellina Sfursat 5 Stelle '07	8
● Valtellina Sfursat 5 Stelle '06	8
● Valtellina Sfursat 5 Stelle '03	8
● Valtellina Sfursat 5 Stelle '01	7

Pasini - San Giovanni

FRAZ. RAFFA
VIA VIDELLE, 2
25080 PUEGNAGO SUL GARDA [BS]
TEL. 0365651419
www.pasiniproduttori.it

藏酒销售
预约参观
年产量 300 000 瓶
葡萄种植面积 36 公顷

该酒庄建立于1958年，自创立以来经历了一些重要里程碑事件，现在由其第三代传人卢卡（Luca）和保罗（Paolo）掌管。酒庄拥有36公顷葡萄园，在靠近普格纳格·苏·加尔达（Puegnago sul Garda）的拉法（Raffa）的新酒窖酿酒。酒庄酿酒结构组织严密，目标明确，就是要体现当地的地域特色。酒庄出品当地标志性的吉格罗派诺葡萄酒（Groppello），是去皮酿造的，还出品经典的起泡酒。

● Garda Cl. Groppello Vign. Arzane Ris. '08	4*
○ Ceppo 326 Brut M. Cl.	5
⊙ Ceppo 326 Brut M. Cl. Rosé	5
● Garda Cl. Groppello Il Groppello '10	4*
○ San Gioan Brinat Bianco Dolce	5
○ 100% Brut M. Cl.	5
⊙ Garda Cl. Chiaretto '10	4
⊙ Garda Cl. Chiaretto Il Chiaretto '10	4
○ Lugana Il Lugana '10	4
○ Ceppo Brut 326 M. Cl.	5
⊙ Garda Cl. Chiaretto Il Chiaretto '09	4*
● Garda Cl. Groppello Il Groppello '08	4*
● Garda Cl. Groppello Vign. Arzane Ris. '07	4*
● Garda Cl. Groppello Vign. Arzane Ris. '06	4*
○ Lugana Il Lugana '08	4*

Perla del Garda

VIA FENIL VECCHIO, 9
25017 LONATO [BS]
TEL. 0309103109
www.perladelgarda.it

年产量 120 000 瓶
葡萄种植面积 30 公顷

酒庄建立于10年前，位于罗纳托（Lonato），从开始就拥有雄心抱负。30公顷的葡萄园生产时下的国际品种和当地流行品种，像特拉比安诺·迪·卢格娜（trebbiano di Lugana）和内博（rebo）葡萄。酒庄三层循环式的酒窖功能齐全，是一个精品建筑，充分利用地心引力来酿酒，并且用最少的资源来实现酿酒的各个环节。

○ Drajibo Passito '10	6
○ Garda Cl. Brut Settimo Cielo	7
○ Lugana Sup. Madonna della Scoperta '09	6
○ Lugana Sup. Madreperla '09	6
● Terre Lunari '08	5
○ Lugana Perla '10	5
○ Garda Brut Chardonnay	5
○ Lugana Madreperla '08	4
○ Lugana Madreperla '07	5*

Andrea Picchioni

FRAZ. CAMPONOCE, 8
27044 CANNETO PAVESE [PV]
TEL. 0385262139
www.picchioniandrea.it

藏酒销售
预约参观
年产量 60 000 瓶
葡萄种植面积 10 公顷
葡萄栽培方式 有机种植

脚踏实地、坚持、对自己工作和原则的坚定信仰，使酒庄在安德里亚•皮科奇奥尼（Andrea Picchioni）和他的家人经营这个小酒庄取得了成功。酒庄位于坎尼托•佩沃西（Canneto Pavese）的低地，在瓦尔•索林格（Val Solinga）的进口处，酒庄的大部分葡萄园就位于这里。该酒庄生产的红酒非常有名，不仅出品新酿酒也出品陈酿酒，陈酿酒需要由陈年的克罗蒂娜葡萄（croatina）酿造而来，结构丰富。

酒款	评分
○ OP Profilo Brut Nature M. Cl. '96	🍷🍷 6
● Monnalisa '07	🍷🍷 5
● OP Bonarda Vivace '10	🍷🍷 3*
● OP Buttafuoco Bricco Riva Bianca '07	🍷🍷 5
● Rosso d'Asia '07	🍷🍷 5
● OP Buttafuoco Luogo della Cerasa '09	🍷 4
● OP Sangue di Giuda '10	🍷 3
● Pinot Nero Arfena '09	🍷 5
● Monnalisa '06	🍷🍷 5
● OP Buttafuoco Bricco Riva Bianca '06	🍷🍷 5
○ OP Profilo Brut Nature M. Cl. '98	🍷🍷 6
○ OP Profilo Brut Nature M. Cl. '94	🍷🍷 7
● Rosso d'Asia '06	🍷🍷 5
● Rosso d'Asia '05	🍷🍷 5

Plozza

VIA SAN GIACOMO, 22
23037 TIRANO [SO]
TEL. 0342701297
www.plozza.com

藏酒销售
预约参观
年产量 450 000 瓶
葡萄种植面积 28 公顷

1919年，皮特罗•皮罗扎（Pietro Plozza）建立了该酒庄，现在酿酒学家安德里亚•扎诺拉里（Andrea Zanolari）担任酒庄总经理。该酒庄的酒窖位于瑞士的提拉诺（Tilano）和布鲁瑟奥（Brusio）地区，葡萄园则位于瓦尔泰利那（Valtellina）下属的主要地区。所有的葡萄园都处于海拔400至700米的地方，种植内比奥罗（nebbiolo）葡萄，风格简洁。

酒款	评分
● Valtellina Numero Uno '07	🍷🍷 8
● Valtellina Sforzato Vin da Cà '07	🍷🍷 6
● Passione Barrique '06	🍷🍷 7
● Valtellina Sup. Inferno Ris. '07	🍷🍷 5
● Valtellina Sup. Sassella La Scala Ris. '07	🍷🍷 5
● Valtellina Numero Uno '06	🍷🍷 8
● Valtellina Numero Uno '05	🍷🍷 8
● Valtellina Sforzato Vin da Cà '06	🍷🍷 6
● Valtellina Sforzato Vin da Cà '05	🍷🍷 6

Mamete Prevostini

VIA LUCCHINETTI, 63
23020 MESE [SO]
TEL. 034341522
www.mameteprevostini.com

藏酒销售
预约参观
年产量 160 000 瓶
葡萄种植面积 18 公顷

马米特•普莱奥斯蒂尼（Mamete Prevostini）是一个颇具智慧的酿酒学家，1987年从科内格里安诺（Conegliano）制酒学校毕业以后，他在酿酒之路上探索了很长一段时间。1990年，在购买了他的第一批葡萄园后，他的酿酒事业一直处于上升趋势。3年前，他成为了瓦尔泰利纳葡萄酒协会（Valtellina wine consortium）的会长。马米特稳重和坚定的酿酒风格，使他酿出的酒个性独特、优雅别致。

● Valtellina Sforzato Albareda '09	🍷🍷🍷	7
● Valtellina Sup. Ris. '07	🍷🍷	6
● Valtellina Sup. Sassella Sommarovina '09	🍷🍷	5
● Valtellina Sforzato Corte di Cama '09	🍷🍷	6
● Valtellina Sup. Grumello '09	🍷🍷	4
● Valtellina Sup. Sassella '09	🍷🍷	4*
○ Vertemate '09	🍷🍷	7
● Dotonero '10	🍷	3
○ Opera Bianco '10	🍷	5
⊙ Rosato '10	🍷	4
● Valtellina Santarita '10	🍷	4
● Valtellina Sforzato Albareda '08	🍷🍷🍷	7
● Valtellina Sforzato Albareda '06	🍷🍷🍷	7
● Valtellina Sforzato Albareda '05	🍷🍷🍷	7
● Valtellina Sforzato Albareda '04	🍷🍷🍷	7
● Valtellina Sforzato Albareda '03	🍷🍷🍷	7

Provenza

VIA DEI COLLI STORICI
25015 DESENZANO DEL GARDA [BS]
TEL. 0309910006
www.provenzacantine.it

藏酒销售
预约参观
年产量 1 500 000 瓶
葡萄种植面积 120 公顷

意大利没有多少酒庄可以把100万多瓶葡萄酒的规模和质量兼顾。法比奥（Fabio）和帕特里吉亚•康塔托（Patrizia Contato）接手父亲瓦尔特在1967年建立的酒庄以后，将酒庄推向了又一个高度。酒庄位于德森扎诺•德尔•加尔达（Desenzano del Garda）和西米内（Simione）的山村里，现在面积已经从12公顷扩大到了120公顷。在卢加纳（Lugana），酒庄酿造5种特比安娜葡萄酒（turbiana），果香味浓，结构复杂。

○ Lugana Sup. Sel. Fabio Contato '09	🍷🍷🍷	6
● Garda Cl. Rosso Sel. Fabio Contato '08	🍷🍷	6
⊙ Garda Cl. Chiaretto Tenuta Maiolo '10	🍷🍷	4
○ Lugana Molin '10	🍷🍷	5
○ Lugana Prestige '10	🍷🍷	4
○ Lugana Tenuta Maiolo '10	🍷🍷	4*
⊙ Garda Cl. Chiaretto Roserì '10	🍷	3
● Garda Cl. Groppello '10	🍷	4
○ Lugana Sel. Fabio Contato '07	🍷🍷🍷	6
○ Lugana Sup. Sel. Fabio Contato '06	🍷🍷🍷	6
○ Lugana Molin '09	🍷🍷	5
○ Lugana Sel. Fabio Contato '08	🍷🍷	6
○ Lugana Sup. Sel. Fabio Contato '05	🍷🍷	5

Francesco Quaquarini

LOC. MONTEVENEROSO
VIA CASA ZAMBIANCHI, 26
27044 CANNETO PAVESE [PV]
TEL. 038560152
www.quaquarinifrancesco.it

藏酒销售
预约参观
年产量 650 000 瓶
葡萄种植面积 60 公顷
葡萄栽培方式 有机认证

该酒庄由佛兰西斯科（Francesco）掌管，两个孩子翁贝托（Umberto）和玛利亚•特里萨（Maria Teresa）都是酿酒学家。尽管他妻子的去世对于酒庄是一个打击，但夸夸里尼（Quaquarini）家族仍然决心继续这个靠近蒙特委内罗萨（Monteveneroso）的酒庄的事业。他们不断追求质量的改进，这在总体质量很好的奥尔特波•帕维斯酿酒区是非常具有价值的。尽管这里不缺少精品出色的葡萄酒，我们感觉该酒庄还可以更进一步。

- ● OP Bonarda '10 3
- ● OP Pinot Nero Blau '08 4
- ○ OP Pinot Nero Brut Classese '06 4*
- ● OP Sangue di Giuda '10 3*
- ● OP Sangue di Giuda V. Acqua Calda '10 4
- ⊙ OP Pinot Nero Brut Martinotti Rosé 4
- ● OP Pinot Nero Blau '07 4
- ○ OP Pinot Nero Brut Classese 4*
- ○ OP Pinot Nero Brut Classese 4*
- ● OP Sangue di Giuda '09 4*
- ● OP Sangue di Giuda Acqua Calda '09 4*

Aldo Rainoldi

LOC. CASACCE DI CHIURO
VIA STELVIO, 128
23030 CHIURO [SO]
TEL. 0342482225
www.rainoldi.com

藏酒销售
预约参观
年产量 200 000 瓶
葡萄种植面积 9.6 公顷

佩皮诺•雷恩奥迪（Peppino Rainoldi）和他的外甥奥尔多（Aldo）组成了一个有效的小组。他们灵活的经营方式和当地的地域特色及传统达到了完美的和谐。他们已经建立了一个项目，由奥尔多合作协调，此项目名为“Adotta un vigneto Veltellina”（意思是“在瓦尔泰利那开辟一个葡萄园”），目的就是要保证和推进一些特定葡萄酒产区的发展。

- ● Valtellina Sfursat Fruttaio Ca' Rizzieri '07 7
- ● Valtellina Sup. Dossi Salati '07 6
- ⊙ Brut Rosé 5
- ● Valtellina Sup. Grumello '07 4*
- ● Valtellina Sup. Sassella '08 5
- ○ Ghibellino '10 5
- ● Valtellina Sfursat Fruttaio Ca' Rizzieri '06 7
- ● Valtellina Sfursat Fruttaio Ca' Rizzieri '02 7
- ● Valtellina Sfursat Fruttaio Ca' Rizzieri '00 7
- ● Valtellina Sfursat Fruttaio Ca' Rizzieri '98 6
- ● Valtellina Sup. Sassella Ris. '06 6

Riccafana - Fratus

VIA FACCHETTI, 91
25033 COLOGNE [BS]
TEL. 0307156797
www.riccafana.com

藏酒销售
年产量 10 000 瓶
葡萄种植面积 15 公顷
葡萄栽培方式 有机认证

在国外工作了许多年后，吉奥瓦尼•佛拉图斯（Giovanni Fratus）在20世纪60年代回到了意大利，在祖国建立起自己的商业。对农业的兴趣促使他购买了位于克洛格内（Cologne）的拉瑞卡法那（La Riccafana）庄园。多年以后他建立了装备现代的葡萄园和酒窖。酒庄现在的葡萄园大约有15公顷，生产更令人信服。吉奥瓦尼的儿子现在也在董事会，他倡导自然葡萄栽种法，这会让葡萄的质量更进一步。

○ Franciacorta Brut '06	🍷🍷	5
○ Franciacorta Brut	🍷🍷	5
○ Franciacorta Satèn	🍷🍷	4
○ Franciacorta Brut	♀♀	5
○ Franciacorta Dosaggio Zero '04	♀♀	5
○ Franciacorta Satèn	♀♀	4

Ricci Curbastro

VIA ADRO, 37
25031 CAPRIOLO [BS]
TEL. 030736094
www.riccicurbastro.it

藏酒销售
预约参观
年产量 240 000 瓶
葡萄种植面积 25.5 公顷

身为企业家智慧和酿酒家的卡尔多•里奇•科巴斯特罗（Riccardo Ricci Curbastro）把自己的全部才华都献给了这个家族酒庄。酒庄总部位于卡普里奥罗（Capriolo）一个美丽的别墅里，酒庄还有一个现代的地下酒窖，一个体现葡萄酒和乡村生活的博物馆与设备精良的会议中心。卡尔多在经营酒窖的同时，也花费了大量精力在与葡萄酒相关的组织上。从1998年开始，他就是意大利法定葡萄产区联盟的主席，从2009年开始，他是欧洲原产酒联盟（EFOW）的主席。在他的领导下，酒庄已经实现了自己主要的质量目标。

○ Franciacorta Extra Brut '07	🍷🍷🍷	6
○ Franciacorta Dosaggio Zero Gualberto '05	🍷🍷	6
○ Franciacorta Extra Brut M.R. '04	🍷🍷	6
○ Franciacorta Satèn	🍷🍷	5
○ Franciacorta Satèn Brut M.R. '05	🍷🍷	6
● Pinot Nero Sebino '07	🍷🍷	5
○ Curtefranca Bianco '10	🍷	3
● Curtefranca Rosso '08	🍷	3
○ Franciacorta Brut	🍷	5
⊙ Franciacorta Brut Rosé	🍷	6
○ Franciacorta Extra Brut '05	♀♀	5
○ Franciacorta Satèn Brut M.R. '04	♀♀	6

Ronco Calino

Loc. Quattro Camini
Fraz. Torbiato
via Fenice, 45
25030 Adro [BS]
Tel. 0307451073
www.roncocalino.it

预约参观
年产量 70 000 瓶
葡萄种植面积 10 公顷

带着对葡萄酒的激情热爱和企业家精神，保罗•雷迪齐（Paolo Radici）在1996年决定从钢琴家阿土罗•班耐代提•米开朗基里（Arturo Benedetti Michelangeli）手中购买位于托比阿土•迪•奥尔多（Torbiato di Adro）的精美别墅。该别墅由10公顷的葡萄园所环绕，葡萄园好似一个竞技场，为设备先进的新酒窖提供原材料，这里的酿造数量有限却精心制造。该酒庄在米兰大学莱昂纳多•华伦帝（Leonardo Valenti）教授的建议下，生产一整套系列产品。

○ Franciacorta Nature '07	6
○ Curtefranca Bianco '09	4
● Curtefranca Rosso '07	5
○ Franciacorta Brut '07	6
○ Franciacorta Satèn	6
○ Franciacorta Brut	5
⊙ Franciacorta Brut Rosé Radijan	6
○ Franciacorta Brut '06	6
○ Franciacorta Brut Centoventi '99	8

San Cristoforo

via Villanuova, 2
25030 Erbusco [BS]
Tel. 0307760482
www.sancristoforo.eu

藏酒销售
预约参观
年产量 80 000 瓶
葡萄种植面积 12 公顷

大约在20年前，布鲁诺•多蒂（Bruno Dotti）和他的妻子克劳迪娅•卡瓦勒里（Claudia Cavalleri）决定改变他们的生活，购买了位于厄布斯克（Erbusco）的一座美丽的庄园，并用信念和激情经营着。几年来，酒庄的葡萄种植面积扩大到了12公顷，并且对地下酒窖进行现代化翻修。现在年产量为8万瓶，新酒窖建成后就有可能达到10万瓶。该酒庄出品的酒绝对是物有所值。

○ Franciacorta Brut '07	5
○ Franciacorta Brut	5
○ Franciacorta Pas Dosé '07	6
● San Cristoforo Uno '07	5
○ Franciacorta Brut '06	5
○ Franciacorta Pas Dosé '06	6
○ Franciacorta Pas Dosé '05	6
○ Franciacorta Pas Dosé '04	6

Triacca

VIA NAZIONALE, 121
23030 VILLA DI TIRANO [SO]
TEL. 0342701352
www.triacca.com

藏酒销售
预约参观
年产量 700 000 瓶
葡萄种植面积 47 公顷

该酒庄是生产瓦尔泰利那葡萄酒（Valtellina）历史悠久的酒庄之一。它建于19世纪，是第一个将重点转到实验采用农艺管理上来的酒庄，并且是多年前第一个机械化耕种13公顷实验葡萄园的酒庄。他们曾在齐安提•卡拉希克（Chianti Classico）和蒙特浦西安诺（Montepulciano）拥有两个图斯卡（Tuscan）庄园。

- ● Valtellina Sup. Prestigio '07 ŸŸ 7
- ● Valtellina Sforzato San Domenico '06 ŸŸ 7
- ● Valtellina Sup. Casa La Gatta '08 ŸŸ 5
- ● Valtellina Sup. La Gatta Ris. '06 ŸŸ 6
- ● Valtellina Sup. Sassella '08 ŸŸ 5
- ○ Del Frate '10 Ÿ 6
- ○ Triacca Brut Ÿ 5
- ● Valtellina Sforzato '00 ŸŸŸ 7
- ● Valtellina Sforzato San Domenico '03 ŸŸŸ 7
- ● Valtellina Sforzato San Domenico '01 ŸŸŸ 7
- ● Valtellina Sup. Prestigio '05 ŸŸ 7

★Uberti

LOC. SALEM
VIA E. FERMI, 2
25030 ERBUSCO [BS]
TEL. 0307267476
www.ubertivini.it

预约参观
年产量 180 000 瓶
葡萄种植面积 24 公顷

在妻子艾里奥诺拉（Eleonora）的帮助下，阿戈斯蒂诺•乌伯蒂（Agostino Uberti）继承家族的酿酒传统，将酒庄推上了顶级。他们最引以为豪的葡萄园主要位于厄布斯克（Erbusco），包括著名的弗朗洽科塔葡萄园。库玛瑞•德•塞勒姆（Comari del Salem），乌伯蒂的女儿西尔维娅（Silvia）是一个酿酒学家，在国外有过相关工作经验，现在加入了家族酒庄，她和父母及负责接待的妹妹佛朗切丝卡（Francesca）一样，也对葡萄酒有着一种天生的激情和商业技巧。

- ○ Franciacorta Extra Brut Comarì del Salem '06 ŸŸ 7
- ○ Franciacorta Non Dosato Sublimis '05 ŸŸ 7
- ○ Curtefranca Bianco Maria Medici '08 ŸŸ 5
- ○ Franciacorta Extra Brut Francesco I ŸŸ 6
- ○ Franciacorta Satèn Magnificentia ŸŸ 7
- ● Rosso dei Frati Priori ŸŸ 6
- ○ Curtefranca Bianco '10 Ÿ 4
- ○ Franciacorta Brut Francesco I Ÿ 6
- ⊙ Franciacorta Rosé Francesco I Ÿ 6
- ○ Franciacorta Extra Brut Comarì del Salem '00 ŸŸŸ 7
- ○ Franciacorta Brut Magnificentia ŸŸŸ 7
- ○ Franciacorta Extra Brut Comarì del Salem '03 ŸŸŸ 7
- ○ Franciacorta Extra Brut Comarì del Salem '02 ŸŸŸ 7
- ○ Franciacorta Extra Brut Comarì del Salem '01 ŸŸŸ 7
- ○ Franciacorta Extra Brut Comarì del Salem '98 ŸŸŸ 7
- ○ Franciacorta Satèn Magnificentia ŸŸŸ 7

Vanzini

FRAZ. BARBALEONE, 7
27040 SAN DAMIANO AL COLLE [PV]
TEL. 038575019
www.vanzini-wine.com

藏酒销售
预约参观
年产量 600 000 瓶
葡萄种植面积 27 公顷

安东尼奥（Antonio）、皮尔•保罗（Pier Paolo）和密歇拉（Michala）组成的密切小组已经让该酒庄成为本地区最值得信赖的、始终如一的酒庄之一。品酒会上该酒庄提供的传统葡萄酒包括伯纳德(Bonarda)、犹大之血（Sangue di Giuda）和莫斯卡托（Moscato），它们都是以标准瓶塞或蘑菇型瓶塞装瓶的。酒庄出品的马蒂诺提（Martinotti）起泡白酒和红酒系列充满了水果香和真实感，清冽至纯。我们期待酒庄在酒质上有一个新的飞跃，包括陈酿红酒和经典的苏打白葡萄酒。

● OP Bonarda Vivace '10	4*
● OP Barbera '10	4
○ OP Pinot Nero Extra Dry	4
⊙ OP Pinot Nero Extra Dry Rosé	4
● OP Sangue di Giuda '10	4*
● OP Barbaleone '05	6
● OP Barbera '08	4*
● OP Bonarda Vivace '09	3*
● OP Sangue di Giuda '09	4*
● OP Sangue di Giuda '08	4*

Vercesi del Castellazzo

VIA AURELIANO, 36
27040 MONTÙ BECCARIA [PV]
TEL. 038560067
vercesidelcastellazzo@libero.it

藏酒销售
预约参观
年产量 80 000 瓶
葡萄种植面积 15 公顷

该酒庄靠近穆图•贝卡利亚（Montu Beccaria），是奥尔特波•帕维斯（Oltrepo Pavese）最美的景色之一，可以俯瞰沃萨（Versa）与波河(Po)的美景。马克（Marco）和吉安马瑞•维瑟西（Gianmaria Vercesi）兄弟是酒庄红酒的制造者，他们一直致力于酿造全系列的葡萄酒，从新酿酒到单宁丰富的陈年酒。2012年，他们出品的品种增加了马蒂诺提（Matinotti）起泡葡萄酒。

● OP Barbera Clà '09	4*
● OP Bonarda Fatila '07	5
● OP Bonarda Luogo della Milla '10	3*
● OP Rosso Pezzalunga '10	3*
● Vespolino '10	3
● Bacca Rossa '10	2
○ Brut Martinotti Edoné	3
○ OP Pinot Nero in Bianco Gugiarolo '10	3
● OP Barbera Clà '09	4
● OP Barbera Clà '08	4*
● OP Bonarda Fatila '03	5
● OP Bonarda Fatila '03	5
● OP Bonarda Vivace Luogo della Milla '09	3*
● OP Pinot Nero Luogo dei Monti '07	4*
● OP Rosso Pezzalunga '09	3*
● Rosso del Castellazzo '03	5

Bruno Verdi

via Vergomberra, 5
27044 Canneto Pavese [PV]
Tel. 038588023
www.brunoverdi.it

藏酒销售
预约参观
年产量 100 000 瓶
葡萄种植面积 9 公顷

没有父亲的帮助，但在母亲卡罗（Carla）、妹妹密歇拉（Michela）和妻子恩瑞卡（Enrica）的帮助下，保罗•沃迪（Paolo Verdi）成功地经营着家族式酒庄。经过20多年，保罗已经把酒庄从一个营销型运作变为一个奥尔特波•帕维斯（Oltrepo Pavese）最有趣的生产者之一，这一切都源于酒庄酒质的提升和品种的多样，包括白葡萄酒、新酿红葡萄酒、陈酿红葡萄酒还有起泡酒。

● OP Rosso Cavariola Ris. '07	🍷🍷🍷 5
● OP Barbera Campo del Marrone '08	🍷🍷 4*
● OP Bonarda Vivace Possessione di Vergombera '10	🍷🍷 4*
● OP Buttafuoco '10	🍷🍷 4
○ OP Moscato Volpara '10	🍷🍷 4
○ OP Riesling Renano V. Costa '09	🍷🍷 4
● OP Sangue di Giuda Dolce Paradiso '10	🍷🍷 3
⊙ OP Cruasé '07	🍷 5
○ OP Pinot Grigio '10	🍷 4
● OP Bonarda Vivace Possessione di Vergombera '09	ΥΥ 4*
● OP Pinot Nero '07	ΥΥ 4
● OP Rosso Cavariola Ris. '06	ΥΥ 5
● OP Rosso Cavariola Ris. '05	ΥΥ 5
● OP Rosso Cavariola Ris. '04	ΥΥ 5

Giuseppe Vezzoli

via Costa Sopra, 22
25030 Erbusco [BS]
Tel. 0307267579
eveniogv@libero.it

藏酒销售
预约参观
年产量 130 000 瓶
葡萄种植面积 40 公顷

几年前，朱塞佩•维佐利（Giuseppe Vezzoli）决定改变自己的生活，放弃原来的工作，开始用心经营父亲在厄尔布斯克（Erbusco）5公顷的葡萄园。几年后，酒庄的面积已经扩大到60公顷，一些是属于酒庄的，一些是租出去的，酒庄每年出产130 000瓶葡萄酒。颇有经验的起泡酒酿造者萨瑟尔•法拉利（Cesare Ferrari）是他们的葡萄酒顾问，在他的帮助下，朱塞佩所酿的酒都质量上乘，值得信赖。现在，他的孩子达瑞奥（Dario）和节塞卡（Jessica）在稳固的家庭基业上，一起参与经营酒庄。

○ Franciacorta Brut '07	🍷🍷 6
○ Franciacorta Brut	🍷🍷 5
○ Franciacorta Brut Nefertiti '05	🍷🍷 7
○ Franciacorta Extra Brut Nefertiti Dizeta '05	🍷🍷 7
○ Franciacorta Satèn	🍷🍷 6
○ Franciacorta Brut Collezione Oro	🍷 7
⊙ Franciacorta Brut Rosé	🍷 6
○ Franciacorta Brut '01	ΥΥ 6
○ Franciacorta Extra Brut Nefertiti Dizeta '03	ΥΥ 7
⊙ Franciacorta Rosé Brut	ΥΥ 6

Villa

VIA VILLA, 12
25040 MONTICELLI BRUSATI [BS]
TEL. 030652329
www.villafranciacorta.it

年产量 310 000 瓶
葡萄种植面积 37 公顷

比利亚（Villa）酒庄是蒙蒂塞利•布鲁塞提地区（Monticelli Brusati）一个美丽的小村庄，由亚历山大•比安奇（Alessandro Bianchi）于20世纪60年代购买，酒庄周围大约有100公顷的土地。后期，亚历山大对酒庄的古建筑进行了翻修，并一心一意经营庄园，修复了位于麦当娜山（Madonna della Rosa）石块土壤之上的色格朗多尼葡萄园（Gradoni），它是该村庄最重要的葡萄园。该酒庄出品一系列精心酿造的弗朗洽科塔葡萄酒（Franciacortas），现在保罗•皮泽奥尔（Paolo Pizziol）管理着酒庄。该酒庄同时也提供食宿服务。

○ Curtefranca Pian della Villa '08	🍷🍷 4
● Curtefranca Rosso Gradoni '07	🍷🍷 5
○ Franciacorta Brut '07	🍷🍷 7
⊙ Franciacorta Brut Rosé '07	🍷🍷 6
○ Franciacorta Brut Sel. '04	🍷🍷 7
○ Franciacorta Extra Blu '06	🍷🍷 6
○ Franciacorta Extra Brut Nobile Alessandro Bianchi Ris. '04	🍷🍷 8
○ Franciacorta Satèn '07	🍷🍷 6
○ Franciacorta Pas Dosé Diamant '05	🍷 6
⊙ Franciacorta Rosé Demi Sec	🍷 6
○ Franciacorta Extra Brut '98	🍷🍷🍷 5*
○ Franciacorta Brut '06	🍷🍷 5
○ Franciacorta Brut Cuvette '05	🍷🍷 6
○ Franciacorta Satèn '06	🍷🍷 6

Chiara Ziliani

VIA FRANCIACORTA, 7
25050 PROVAGLIO D'ISEO [BS]
TEL. 030981661
www.cantinazilianichiara.it

预约参观
年产量 210 000 瓶
葡萄种植面积 17 公顷

齐亚拉•吉莉安尼（Chiara Ziliani）带着激情和技艺经营这家酒庄。酒庄四周围绕着美丽的普罗瓦格尼•伊赛欧（Provaglio d'Iseo）。酒庄有一个设计精美、装备现代的酒窖，周围环绕着17公顷的葡萄园。该地密度高，可达每公顷700株葡萄，但环境影响小。酒庄有优越的地理位置，葡萄种植在海拔250米的南坡和东南坡，加上酒窖精心的照料，保证了出酒质量。酒庄总共有3条生产线。

○ Franciacorta Brut Conte di Provaglio	🍷🍷 4
○ Franciacorta Satèn Conte di Provaglio	🍷🍷 5
○ Franciacorta Satèn Duca d'Iseo	🍷🍷 5
○ Franciacorta Satèn Ziliani C '06	🍷🍷 5
○ Franciacorta Satèn Ziliani C	🍷🍷 5
⊙ Franciacorta Brut Rosé Conte di Provaglio	🍷 5
⊙ Franciacorta Brut Rosé Ziliani C	🍷 5
○ TdF Bianco Conte di Provaglio '10	🍷 3
● TdF Rosso Conte di Provaglio '08	🍷 3
○ Franciacorta Brut Duca d'Iseo	🍷🍷 4
⊙ Franciacorta Brut Rosé Conte di Provaglio	🍷🍷 5
○ Franciacorta Satèn Duca d'Iseo	🍷🍷 5
○ Franciacorta Satèn Ziliani C	🍷🍷 5

Elisabetta Abrami

S.DA VICINALE DELLE FOSCHE
25050 PROVAGLIO D'ISEO [BS]
TEL. 0306857185
www.vinielisabettaabrami.it

○ Franciacorta Brut 5
○ Franciacorta Satèn 6
⊙ Franciacorta Rosé 6

Al Rocol

VIA PROVINCIALE, 79
25050 OME [BS]
TEL. 0306852542
www.alrocol.com

○ Franciacorta Extra Brut Castellini '07 6
● TdF Rosso Borbone '07 5
● TdF Rosso Roncat '07 5

Riccardo Albani

LOC. CASONA
S.DA SAN BIAGIO, 46
27045 CASTEGGIO [PV]
TEL. 038383622
www.vinialbani.it

● OP Bonarda Vivace '10 4
○ OP Riesling '09 5
● OP Barbera '08 5

Alziati Annibale Tenuta San Francesco

LOC. FRAZIONE SCAZZOLINO
VIA SCAZZOLINO, 55 - 27040 ROVESCALA [PV]
TEL. 038575261
www.alziati.it

● Gagglarone Viligni Giovani 4*
● OP Bonarda Gaggiarone '05 6
● Dispensator de' Tripoli '08 4

Tenute Ambrosini

VIA DELLA PACE, 58
25046 CAZZAGO SAN MARTINO [BS]
TEL. 0307254850
www.tenutambrosini.it

⊙ Franciacorta Rosé 6
○ Franciacorta Brut '06 6
○ Franciacorta Satèn 6

Antica Tesa

LOC. MATTINA
VIA MERANO, 28
25080 BOTTICINO [BS]
TEL. 0302691500

● Botticino Pià della Tesa '07 4*
● Botticino V. degli Ulivi '07 4*

Avanzi

VIA TREVISAGO, 19
25080 MANERBA DEL GARDA [BS]
TEL. 0365551013
www.avanzi.net

○ Lugana Sup. Sirmione Borghetta '08 4
● Garda Cl. Groppello Giovanni Avanzi '10 4
● Garda Cl. Sup. Rosso '09 4

Barbacarlo - Lino Maga

S.DA BRONESE, 3
27043 BRONI [PV]
TEL. 038551212
barbacarlodimaga@libero.it

● Barbacarlo '09 6

Luciano Barberini

via Emilia, 93
27050 Redavalle [PV]
Tel. 038574164
www.barberinilucianovini.it

- ● Castlà '10 — 2 glasses 3*
- ● La Gatta '06 — 1 glass 5
- ● Montecastello '10 — 1 glass 4
- ○ OP Riesling La Morena '10 — 1 glass 3

Barboglio De Gaioncelli

fraz. Colombaro
via Nazario Sauro
25040 Corte Franca [BS]
Tel. 0309826831
www.barbogliodegaioncelli.it

- ⊙ Franciacorta Rosé Donna Alberta — 2 glasses 5
- ○ Franciacorta Brut — 1 glass 5
- ○ Franciacorta Extra Dry — 1 glass 5

La Basia

loc. La Basia
via Predefitte, 31
25080 Puegnago sul Garda [BS]
Tel. 0365555958
www.labasia.it

- ● Garda Cl. Sup. Martì '07 — 1 glass 4
- ● Predefitte '07 — 1 glass 5

Cascina Belmonte

fraz. Moniga del Bosco
loc. Toppe
25080 Muscoline [BS]
Tel. 3335051606
www.cascinabelmonte.it

- ● Stramonia '08 — 2 glasses 4
- ● Fuochi Nella Notte di San Giovanni '08 — 1 glass 4
- ○ Serése '10 — 1 glass 4

Cantina Sociale Bergamasca

via Bergamo, 10
24060 San Paolo d'Argon [BG]
Tel. 035951098
www.cantinabergamasca.it

- ● Valcalepio Moscato Passito Perseo '07 — 2 glasses 5
- ⊙ Schiava '10 — 1 glass 3
- ○ Sogno '10 — 1 glass 3

Bertagna

via Madonna della Porta, 14
46040 Cavriana [MN]
Tel. 037682211
www.cantinabertagna.it

- ● Rosso del Chino '08 — 2 glasses 4
- ○ Chardonnay Mombrione '10 — 1 glass 4
- ○ Montevolpe Bianco '10 — 1 glass 4

F.lli Bettini

loc. San Giacomo
via Nazionale, 4a
23036 Teglio [SO]
Tel. 0342786068
bettvini@tin.it

- ● Valtellina Sup. Inferno Prodigio '07 — 2 glasses 5
- ● Valtellina Sup. Sant'Andrea '07 — 2 glasses 5
- ● Valtellina Sup. Valgella V. La Cornella '07 — 2 glasses 5

Conti Bettoni Cazzago

via Marconi, 6
25046 Cazzago San Martino [BS]
Tel. 0307750875
www.contibettonicazzago.it

- ○ Franciacorta Non Dosato — 2 glasses 6
- ○ Franciacorta Satèn — 2 glasses 5
- ○ Franciacorta Brut '06 — 1 glass 6

Biava

via Monte Bastia, 7
24020 Scanzorosciate [BG]
Tel. 035655581
www.aziendabiava.it

- ● Moscato di Scanzo '08 🍷🍷 7
- ● Moscato di Scanzo '07 🍷🍷 7

Bonaldi - Cascina del Bosco

loc. Petosino
via Gasparotto, 96
24010 Sorisole [BG]
Tel. 035571701
www.cascinadelbosco.it

- ○ Bonaldi Brut M. Cl. '08 🍷🍷 5
- ○ Valcalepio Bianco '10 🍷 3
- ● Valcalepio Rosso Cantoalto Ris. '07 🍷 5

Borgo La Gallinaccia

via IV Novembre, 15
25050 Rodengo Saiano [BS]
Tel. 030611314
www.borgolagallinaccia.it

- ○ Franciacorta Satèn 🍷🍷 5
- ○ Franciacorta Brut 🍷 5
- ○ Franciacorta Pas Dosé 🍷 5

La Boscaiola

via Riccafana, 19
25033 Cologne [BS]
Tel. 0307156386
www.laboscaiola.com

- ○ Franciacorta Brut 🍷🍷 5
- ○ Franciacorta Satèn 🍷🍷 6
- ○ Curtefraqnca Bianco Anirau '10 🍷 3
- ● Il Ritorno '06 🍷 4

Alessio Brandolini

fraz. Boffalora, 68
27040 San Damiano al Colle [PV]
Tel. 038575232
www@alessiobrandolini.com

- ● OP Bonarda Il Soffio '09 🍷🍷 3
- ● OP Bonarda Vivace Il Cassino '10 🍷🍷 3*
- ● Il Beneficio '09 🍷 3

Bredasole

loc. Bredasole
via San Pietro, 44
25030 Paratico [BS]
Tel. 035910407
www.bredasole.it

- ○ Franciacorta Brut 🍷🍷 6
- ○ Franciacorta Brut XXX Raccolto '07 🍷🍷 7
- ● Curtefranca Rosso Brume '08 🍷 4

Luciano Brega

fraz. Bergamasco, 7
27040 Montù Beccaria [PV]
Tel. 038560237
www.lucianobrega.it

- ⊙ Gran Montù Brut Rosé 🍷🍷 4*
- ● OP Bonarda Vivace '10 🍷🍷 3*
- ● OP Bonarda Casapaia '09 🍷 4

Cantina Sociale di Broni

via Sansaluto, 81
27043 Broni [PV]
Tel. 038551505
www.bronis.it

- ● OP Barbera Bronis Sel. '07 🍷🍷 3
- ● OP Bonarda Vivace Bronis Sel. '10 🍷🍷 3*
- ● OP Pinot Nero Bronis Sel. '08 🍷🍷 4

Bulgarini

loc. Vaibò, 1
25010 Pozzolengo [BS]
Tel. 030918224
www.vini-bulgarini.com

- ○ Lugana '10 — 🍷🍷 4*

Ca' del Santo

loc. Campolungo, 4
27040 Montalto Pavese [PV]
Tel. 0383870545
www.cadelsanto.it

- ● OP Bonarda Vivace Grand Cuvée '10 — 🍷🍷 4*
- ⊙ OP Cruasé Costadelvento '08 — 🍷🍷 3*
- ● OP Rosso Carolo Ris. '09 — 🍷🍷 4

Ca' Tessitori

via Matteotti, 15
27043 Broni [PV]
Tel. 038551495
www.catessitori.it

- ○ Agolo '10 — 🍷🍷 3*
- ● OP Bonarda Frizzante '10 — 🍷🍷 3*
- ○ OP Pinot Nero Cl. Brut — 🍷🍷 5
- ● OP Rosso Borghesa '10 — 🍷🍷 3*

Calvi

fraz. Vigalone, 13
27044 Canneto Pavese [PV]
Tel. 038560034
www.andreacalvi.it

- ● OP Bonarda Vivace '10 — 🍷🍷 3*
- ○ OP Pinot Nero Brut — 🍷🍷 5
- ● Rui '07 — 🍷🍷 4

Caminella

Dante Alighieri, 13
24069 Cenate Sotto [BG]
Tel. 035941828
www.caminella.it

- ○ Ripa di Luna Brut '08 — 🍷 5
- ● Valcalepio Rosso Ripa di Luna '08 — 🍷 4
- ○ Verde Luna Bianco '10 — 🍷 4

Cascina la Pertica

loc. Picedo
via Rosario, 44
25080 Polpenazze del Garda [BS]
Tel. 0365651471
www.cascinalapertica.it

- ● Marzemino Il Papüc '10 — 🍷🍷 4
- ○ Garda Chardonnay Le Sincette '10 — 🍷 4
- ⊙ Garda Cl. Chiaretto Le Sincette '10 — 🍷 4

Castello di Gussago

via Manica, 24
25064 Gussago [BS]
Tel. 0302525267
www.castellodigussago.it

- ○ Franciacorta Brut — 🍷🍷 5
- ⊙ Franciacorta Rosé — 🍷 5
- ○ Franciacorta Satèn — 🍷 5

Castello di Luzzano

loc. Luzzano, 5
27040 Rovescala [PV]
Tel. 0523863277
www.castelloluzzano.it

- ● OP Bonarda Vivace Sommossa '10 — 🍷🍷 3*
- ● OP Pinot Nero Umore Nero '10 — 🍷 4

Castelveder
via Belvedere, 4
25040 Monticelli Brusati [BS]
Tel. 030652308
www.castelveder.it

○ Franciacorta Brut '06 ŸŸ 6
○ Franciacorta Extra Brut Ÿ 5
○ Franciacorta Satèn Ÿ 5

Le Chiusure
fraz. Portese
via Boschette, 2
25010 San Felice del Benaco [BS]
Tel. 0365626243
www.lechiusure.net

● Garda Cl. Groppello '07 ŸŸ 5
● Campei '08 Ÿ 4

Il Cipresso
fraz. Tribulina
via Cerri, 2
24020 Scanzorosciate [BG]
Tel. 0354597005
www.ilcipresso.info

● Moscato di Scanzo Serafino '08 ŸŸ 7
● Valcalepio Rosso Bartolomeo Ris. '07 Ÿ 5
● Valcalepio Rosso Dionisio '09 Ÿ 4

Citari
fraz. San Martino della Battaglia
loc. Citari, 2
25015 Desenzano del Garda [BS]
Tel. 3457137064
www.citari.it

○ Lugana Vign. La Conchiglia '10 ŸŸ 4*
○ Lugana Terre Bianche '10 Ÿ 4
○ Lugana Vign. La Sorgente '09 Ÿ 4

Clastidio Ballabio
via San Biagio, 32
27045 Casteggio [PV]
Tel. 0383805728
www.ballabio.net

● OP Bonarda Vigna Delle Cento Pertiche '10 ŸŸ 4*
○ Brut Cl. Farfalla Ÿ 5

Comincioli
loc. Castello
via Roma, 10
25080 Puegnago sul Garda [BS]
Tel. 0365651141
www.comincioli.it

○ Perlì '10 ŸŸ 4*
⊙ Riviera del Garda Bresciano Chiaretto Diamante '10 ŸŸ 4
● Riviera del Garda Bresciano Groppello Gropèl '07 ŸŸ 5

Delai
via Moro, 1
25080 Puegnago sul Garda [BS]
Tel. 0365555527

⊙ Garda Bresciano Chiaretto '10 ŸŸ 4*
○ Passito Arianna ŸŸ 5
● Garda Bresciano Groppello Mogrì '10 Ÿ 4

Derbusco Cives
via Provinciale
25030 Erbusco [BS]
Tel. 3929283698
www.derbuscocives.com

○ Franciacorta Brut '05 ŸŸ 6
○ Franciacorta Brut Doppio Erre Bi '05 ŸŸ 5
○ Franciacorta Extra Brut '06 ŸŸ 6

Doria
loc. Casa Tacconi, 3
27040 Montalto Pavese [PV]
Tel. 0383870143
www.vinidoria.com

- ○ OP Riesling Roncobianco '08 — 🍷🍷 4
- ● OP Barbera A.D. '08 — 🍷 5
- ● Rosso A.D. Memorial '08 — 🍷 6

Luca Faccinelli
via Cesure, 19
23030 Chiuro [SO]
Tel. 3470807011
www.lucafaccinelli.it

- ● Valtellina Sup. Ortensio Lando '08 — 🍷🍷 5
- ● Valtellina Sup. Ortensio Lando '07 — 🍷🍷 5

Lorenzo Faccoli & Figli
via Cava, 7
25030 Coccaglio [BS]
Tel. 0307722761
az.faccoli@libero.it

- ○ Franciacorta Dosage Zero '06 — 🍷🍷 6
- ○ Franciacorta Brut — 🍷 5
- ⊙ Franciacorta Rosé Brut — 🍷 5

Franca Contea
via Valli, 130
25030 Adro [BS]
Tel. 0307451217
www.francacontea.it

- ○ Franciacorta Brut '07 — 🍷🍷 5
- ○ Franciacorta Satèn '07 — 🍷🍷 5

I Gessi - Fabbio De Filippi
fraz. Fossa, 8
27050 Oliva Gessi [PV]
Tel. 0383896606
www.cantinagessi.it

- ○ OP Pinot Nero Brut Maria Cristina — 🍷🍷 4
- ○ OP Riesling '10 — 🍷🍷 2*
- ● OP Bonarda '10 — 🍷 2
- ⊙ OP Cruasé Maria Cristina — 🍷 4

F.lli Guerci
fraz. Crotesi, 20
27045 Casteggio [PV]
Tel. 038382725
guerci_flli@libero.it

- ⊙ OP Pinot Cruasé 222 a.C. '07 — 🍷🍷 4*
- ○ OP Pinot Nero Brut Cl. 222 a.C. '08 — 🍷🍷 4

La Fiorita
via Maglio, 14
25020 Ome [BS]
Tel. 030652279
www.lafiorita.bs.it

- ⊙ Franciacorta Brut Rosé — 🍷🍷 5
- ○ Franciacorta Extra Brut Ris. '04 — 🍷🍷 6
- ○ Franciacorta Satèn — 🍷🍷 5
- ○ Franciacorta Dosaggio Zero — 🍷 5

La Valle
via Sant'Antonio, 4
25050 Rodengo Saiano [BS]
Tel. 0307722045
www.vinilavalle.it

- ○ Franciacorta Brut Regium '05 — 🍷🍷 6
- ○ Franciacorta Extra Brut Naturalis '05 — 🍷🍷 6
- ⊙ Franciacorta Rosé — 🍷 5
- ○ Franciacorta Satèn — 🍷 6

Lazzari

via Mella, 49
25020 Capriano del Colle [BS]
Tel. 0309747387
www.lazzarivini.it

- ○ Capriano del Colle Bianco '10 — 🍷 3
- ● Capriano del Colle Riserva degli Angeli Ris. '08 — 🍷 5

Leali di Monteacuto

fraz. Monteacuto
via Dosso, 5
25080 Puegnago sul Garda [BS]
Tel. 0365651291
antonio.leali@genie.it

- ⊙ Garda Bresciano Chiaretto '10 — 🍷 4
- ● Garda Bresciano Groppello '09 — 🍷 4
- ○ Garda Riesling '10 — 🍷 4

Locatelli Caffi

via A. Moro, 6
24060 Chiuduno [BG]
Tel. 035838308
www.locatellicaffi.it

- ● Valcalepio Moscato Passito '07 — 🍷🍷 7
- ● Valcalepio Rosso I Pilendrì '08 — 🍷 4

Cantina Lovera

via Lovera, 14a
25030 Erbusco [BS]
Tel. 0307760491
www.cantinalovera.it

- ⊙ Franciacorta Betella Ardi Rosé — 🍷🍷 7
- ○ Franciacorta Brut Merum — 🍷🍷 6
- ○ Franciacorta '07 — 🍷 6
- ○ Franciacorta Betella Satèn Adamantis — 🍷 6

Malavasi

v.le Gramsci, 24
25019 Sirmione [BS]
Tel. 0309196189
www.malavasivini.it

- ⊙ Garda Bresciano Chiaretto Rosa del Lago '10 — 🍷🍷 4*
- ⊙ Brut Rosé — 🍷 4
- ○ Garda Cl. Brut — 🍷 4

Marangona

loc. Marangona 1
25010 Pozzolengo [BS]
Tel. 030919379
www.marangona.com

- ○ Lugana Marangona '10 — 🍷🍷 3*
- ○ Lugana Trecampane '10 — 🍷 4

Martilde

fraz. Croce, 4a/1
27040 Rovescala [PV]
Tel. 0385756280
www.martilde.it

- ● OP Bonarda '10 — 🍷🍷 4*
- ○ OP Malvasia Dedica '10 — 🍷🍷 4
- ● OP Pinot Nero Nina '10 — 🍷🍷 4
- ● OP Barbera '10 — 🍷 4

Medolago Albani

via Redona, 12
24069 Trescore Balneario [BG]
Tel. 035942022
www.medolagoalbani.it

- ○ Valcalepio Bianco '10 — 🍷🍷 3*
- ● Valcalepio Rosso '09 — 🍷🍷 4
- ● Valcalepio I Due Lauri Ris. '06 — 🍷 5

Monte Cicogna
VIA DELLE VIGNE, 6
25080 MONIGA DEL GARDA [BS]
TEL. 0365503200
www.montecicogna.it

- ⊙ Garda Cl. Chiaretto Siclì '10 — 4*
- ● Garda Cl. Rosso Groppello Beana '09 — 4
- ○ Lugana Imperiale '10 — 4

Tenuta Monte Delma
VIA VALENZANO, 23
25050 PASSIRANO [BS]
TEL. 0306546161
www.montedelma.it

- ○ Franciacorta Satèn — 6
- ○ Franciacorta Brut — 5
- ⊙ Franciacorta Rosé — 5

Montenato Griffini
VIA SPARANO, 13/14
27040 BOSNASCO [PV]
TEL. 0385272904
www.montenatogriffini.it

- ● OP Pinot Nero '09 — 4*

Montenisa
FRAZ. CALINO
VIA PAOLO VI, 62
25046 CAZZAGO SAN MARTINO [BS]
TEL. 0307750838
www.montenisa.it

- ⊙ Franciacorta Rosé — 6
- ○ Blanc de Blancs Dizero — 6
- ○ Franciacorta Brut — 6

Monterucco
VALLE CIMA, 38
27040 CIGOGNOLA [PV]
TEL. 038585151
www.monterucco.it

- ○ Malvasia Valentina '10 — 4
- ○ OP Pinot Nero Brut Classese '07 — 4*
- ● OP Bonarda Vivace V. Il Modello '10 — 3

Il Montù
VIA MARCONI, 10
27040 MONTÙ BECCARIA [PV]
TEL. 0385262252
www.ilmontu.com

- ⊙ Pinot Rosé da Noir — 5
- ○ Pinot Blanc da Noir — 4

Nettare dei Santi
VIA CAPRA, 17
20078 SAN COLOMBANO AL LAMBRO [MI]
TEL. 0371200523
www.nettaredeisanti.it

- ○ Brut Cl. Domm — 4
- ○ Chardonnay Mombrione '10 — 3

Olivini
LOC. DEMESSE VECCHIE, 2
25015 DESENZANO DEL GARDA [BS]
TEL. 0309910268
www.olivini.net

- ○ Lugana Sup. Demesse Vecchie '08 — 5
- ● Garda Cl. Rosso '09 — 3
- ○ Lugana '10 — 3

Panigada - Banino

via della Vittoria, 13
20078 San Colombano al Lambro [MI]
Tel. 037189103
vinobanino@hotmail.com

- ● San Colombano Banino Ris. '06 🍷🍷 4
- ○ Banino Bianco '10 🍷 3

Angelo Pecis

via San Pietro delle Passere, 12
24060 San Paolo d'Argon [BG]
Tel. 035959104

- ○ Brut M. Cl. Maximus '02 🍷🍷 5
- ● Valcalepio Rosso della Pezia Ris. '05 🍷🍷 5
- ○ Laurenzio '08 🍷 4

Pedrinis

loc. Santo Stefano
via Sgaruga, 19
24060 Carobbio degli Angeli [BG]
Tel. 0354259111
www.pedrinis.it

- ● Valcalepio Passito Betinus '07 🍷🍷 6
- ○ Valcalepio Bianco Petrinus '10 🍷 3
- ● Valcalepio Rosso Felix '08 🍷 4

Piccolo Bacco dei Quaroni

fraz. Costamontefedele
27040 Montù Beccaria [PV]
Tel. 038560521
www.piccolobaccodeiquaroni.it

- ○ Malvasia Passita Elos '09 🍷🍷 5
- ● OP Pinot Nero Vign. La Fiocca '09 🍷🍷 4
- ⊙ OP Cruasé PBQ 🍷🍷 4*
- ● OP Buttafuoco Vign. Ca' Padroni '07 🍷 3

Pietrasanta

via Sforza, 55/57
20078 San Colombano al Lambro [MI]
Tel. 0371897540
carlopietrasanta@mivlombardia.com

- ● San Colombano Ris. '07 🍷🍷 5

Pilandro

fraz. San Martino della Battaglia
loc. Pilandro, 1
25010 Desenzano del Garda [BS]
Tel. 0309910363
www.pilandro.it

- ● Garda Merlot Settant'anni '09 🍷🍷 5
- ○ Lugana '10 🍷 4
- ○ Lugana Arilica '10 🍷 4

Plozza di Ome

via Lizzana, 13
25050 Ome [BS]
Tel. 0306527775
www.plozzaome.it

- ○ Franciacorta Brut 🍷🍷 5
- ○ Franciacorta Satèn 🍷 5

Pratello

via Pratello, 26
25080 Padenghe sul Garda [BS]
Tel. 0309907005
www.pratello.com

- ○ Garda M. Cl. Extra Brut Millesimo '05 🍷🍷 5*
- ● Garda Marzemino Poderi D'Ogaria '10 🍷🍷 4
- ○ Lieti Conversari '10 🍷🍷 4

Quadra

via Sant'Eusebio, 1
25033 Cologne [BS]
Tel. 0307157314
www.quadrafranciacorta.it

⊙ Franciacorta Rosé	🍷🍷 6
○ Franciacorta Satèn '07	🍷🍷 6
○ Franciacorta Brut Q21 '06	🍷 6

Le Quattro Terre

via Risorgimento, 11
25040 Corte Franca [BS]
Tel. 030984312
www.quattroterre.it

○ Franciacorta Brut	🍷🍷 5
○ Franciacorta Dosaggio Zero '07	🍷🍷 6
⊙ Franciacorta Rosé	🍷 5
○ Franciacorta Satèn Armonia	🍷 5

Redaelli de Zinis

via N.H. Ugo De Zinis, 10
25080 Calvagese della Riviera [BS]
Tel. 030601001
www.dezinis.it

○ Garda Cl. Bianco '10	🍷🍷 4
● Garda Cl. Groppello Riserva del Fondatore '07	🍷🍷 5
⊙ Garda Cl. Chiaretto '10	🍷 4
○ Garda Sauvignon '10	🍷 4

Ricchi

fraz. Ricchi
via Festoni, 13d
46040 Monzambano [MN]
Tel. 0376800238
www.cantinaricchi.it

● Garda Cabernet Ribò '08	🍷🍷 4
○ Garda Chardonnay Meridiano '10	🍷 4
● Garda Merlot Carpino '07	🍷 5
○ Passito Le Cime	🍷 5

Rocche dei Vignali

loc. Sant
25040 Losine [BS]
Tel. 3393698953
www.rocchedeivignali.it

● Assolo '07	🍷🍷 4
● Camunnorum '07	🍷 4

Tenuta Roveglia

loc. Roveglia, 1
25010 Pozzolengo [BS]
Tel. 030918663
www.tenutaroveglia.it

○ Lugana Limne '10	🍷🍷 4
⊙ Garda Cl. Chiaretto '10	🍷 4
○ Lugana Vigne di Catullo '09	🍷 4

Podere San Giorgio

loc. Castello, 1
27046 Santa Giuletta [PV]
Tel. 0383899168
www.poderesangiorgio.it

● OP Bonarda Vivace Rebecca '10	🍷 4
⊙ OP Cruasé	🍷 5
○ OP Pinot Nero Brut Cl.	🍷 5

Poderi di San Pietro

via Monti, 35
20078 San Colombano al Lambro [MI]
Tel. 0371208050
www.poderidisanpietro.it

● San Colombano Rosso di Valbissera '07	🍷🍷 5
● Trianon '06	🍷🍷 7
● San Colombano Collada '09	🍷 4

Cantine Selva Capuzza

Fraz. San Martino della Battaglia
Loc. Selva Capuzza
25010 Desenzano del Garda [BS]
Tel. 0309910381
www.selvacapuzza.it

- ● Garda Cl. Rosso Dunant '09 — 🍷🍷 4*
- ○ Lugana Sup. Menasasso '08 — 🍷🍷 5
- ○ San Martino della Battaglia Campo del Soglio '10 — 🍷🍷 4

Solive

via Bellavista
25030 Erbusco [BS]
Tel. 0307450138
www.solive.it

- ○ Franciacorta Brut — 🍷🍷 5
- ○ Franciacorta Satèn — 🍷🍷 5
- ○ Franciacorta Pas Dosé — 🍷 5

Lo Sparviere

via Costa, 2
25040 Monticelli Brusati [BS]
Tel. 030652382
www.losparviere.com

- ○ Franciacorta Extra Brut '05 — 🍷🍷 6
- ○ Franciacorta Extra Brut — 🍷🍷 5
- ○ Franciacorta Brut '07 — 🍷 6
- ○ Franciacorta Satèn — 🍷 5

Benedetto Tognazzi

Fraz. Caionvico
via Sant'Orsola, 161
25135 Brescia
Tel. 0302692695
www.tognazzivini.it

- ● Botticino Vigne di Mattina '08 — 🍷🍷 3*
- ○ Lugana Cascina Ardea '10 — 🍷🍷 4
- ● Botticino Cobio '08 — 🍷 5

Togni Rebaioli

Fraz. Erbanno
via Rossini, 19
25047 Darfo Boario Terme [BS]
Tel. 0364529706

- ● Lambrù '08 — 🍷🍷 3*
- ● Merlot Rebaioli Cav. Enrico '08 — 🍷 4
- ● Vidur '07 — 🍷 4

La Tordela

via Torricella, 1
24060 Torre de' Roveri [BG]
Tel. 035580172
www.latordela.it

- ● Valcalepio Rosso '08 — 🍷🍷 4*
- ○ Incrocio Manzoni '10 — 🍷 3

Pietro Torti

Fraz. Castelrotto, 9
27047 Montecalvo Versiggia [PV]
Tel. 038599763
www.pietrotorti.it

- ● Castelrosso '07 — 🍷🍷 5
- ● OP Bonarda '10 — 🍷🍷 3*
- ○ OP Riesling Italico Moglialunga '10 — 🍷🍷 3*
- ● OP Pinot Nero Terre Gobbe '10 — 🍷 4

Travaglino

Loc. Travaglino, 6a
27040 Calvignano [PV]
Tel. 0383872222
www.travaglino.it

- ⊙ OP Cruasé Monteceresimo '08 — 🍷🍷 5
- ○ OP Pinot Nero Brut Cl. Cuvée 59 '08 — 🍷🍷 5
- ○ OP Pinot Nero Brut Cl. Classese '06 — 🍷 6

Cantina Sociale Val San Martino

VIA BERGAMO, 1195
24030 PONTIDA [BG]
TEL. 035795035
www.cantinavalsanmartino.com

- ● Val San Martino Rosso '09 — 🍷🍷 3*
- ○ Bianco Drezza '10 — 🍷 3

Valle

VIA VALLE, 21
25031 CAPRIOLO [BS]
TEL. 0307461620
www.ripadelbosco.it

- ○ Franciacorta Brut — 🍷🍷 5
- ○ Franciacorta Satèn — 🍷🍷 5

Vigna Dorata

FRAZ. CALINO
VIA SALA, 80
25046 CAZZAGO SAN MARTINO [BS]
TEL. 0307254275
www.vignadorata.it

- ○ Franciacorta Brut — 🍷🍷 5
- ○ Franciacorta Extra Brut — 🍷 5

Vignenote

FRAZ. TIMOLINE
VIA BRESCIA, 3A
25040 CORTE FRANCA [BS]
TEL. 030652329
www.vignenote.it

- ○ Franciacorta Pas Dosé — 🍷🍷 6
- ○ Franciacorta Satèn — 🍷🍷 6
- ○ Franciacorta Brut — 🍷 5

I Vinautori

PALAZZO MERIZZI
23037 TIRANO [SO]
TEL. 0041552108338
www.vinautori.com

- ● Garibalda '04 — 🍷🍷 7
- ● Nebbiolo '07 — 🍷🍷 6
- ● Syrah '07 — 🍷🍷 6
- ○ Saga '09 — 🍷 6

Visconti

VIA C. BATTISTI, 139
25015 DESENZANO DEL GARDA [BS]
TEL. 0309120681
www.luganavisconti.it

- ⊙ Garda Cl. Chiaretto '10 — 🍷🍷 4
- ○ Lugana Franco Visconti '10 — 🍷 4

Zamichele

VIA ROVEGLIA PALAZZINA, 2
25010 POZZOLENGO [BS]
TEL. 030918631
cantinazamichele@libero.it

- ○ Lugana Gardè '09 — 🍷🍷 4
- ○ Lugana '10 — 🍷 4

Emilio Zuliani

VIA TITO SPERI, 28
25080 PADENGHE SUL GARDA [BS]
TEL. 0309907026
www.vinizuliani.it

- ⊙ Garda Cl. Chiaretto Pink Dream '10 — 🍷🍷 4*
- ● Garda Cl. Groppello Ris. '08 — 🍷 4

特伦蒂诺区
TRENTINO

如果有一种酒可以代表特伦蒂诺区葡萄种植者细心的个性，可以看出他们在葡萄培育上辛苦的工作，即使需要是在地理最优越的葡萄园种植难度最大的葡萄，那这种酒就是法定产区（DOC）葡萄酒，它需要酿酒者既有扎实的专业知识，也要有艺术家的敏感性，这也许是因为当地具有酿造经典起泡酒的历史传统，或者是因为对付全球变暖的方法就只有把葡萄种植到更高的地方。但我们确定的是，特伦蒂诺地区确实是意大利地区最好的起泡酒酿造地区之一。该地区酿造起泡酒与其他地区相比，又多了一大特点，那就是用娴熟的技术和简单的设备，并且让葡萄种植者、购买葡萄的公司和大型的合作企业了解这些，一起决定珍选和特酿。确实，我们的9个三杯奖中有6个是特伦蒂诺法定葡萄产区。关于卡维地区（Cavit）的特伦蒂诺•阿尔特玛瑟•格拉阿尔葡萄酒（Trento Altemasi Graal）我们已经说了很多了，它传承了精心的酿造也持续激发着酿酒者的激情，04年款就是一个见证。阿贝特•尼罗（Abate Nero）和露西安诺•卢内利（Luciano Luneli）今年酿造了优雅的特伦蒂诺•布鲁特•多米尼葡萄酒（Trento Brut Domini ）07年款，拥有各种技艺的起泡酒酿酒大师莱昂内罗•莱特拉里（Leonello Letrari）酿造了复杂而优雅的布鲁特珍藏系列06年款。有三款2005年系列葡萄酒值得我们称赞：尼克拉•巴尔特（Nicola Balter）的新鲜不失活力的05年珍藏版；多利噶提（Dorigati）和恩瑞克•帕特诺斯特（Enric Paternoster）酿造的颇具深度的米修斯（Mithius）以及卢内利（Luneli）家族历史悠久的法拉利（Ferrari）酒庄酿造的黑皮诺葡萄酒（Perle Nero）。接下里我们要说的是静止酒，首先是圣•莱昂纳多（San Leonardo）和古力瑞•冈萨加（Guerrieri Gonzaga）酿造的波尔多型红混酿（red Bordeaux）06年款，其次是普拉维斯（Pravis）-顶级的佛拉塔格兰达葡萄酒（Fratagranda），最后是波捷•三德里（Pojer Sandri）的比安科•法耶葡萄酒（Bianco Faye），它把莎当妮（Chardonnay）和法多•白皮诺（Pinot Bianco di Faedo）完美地结合了起来。今年获奖的9款葡萄酒都很好地再现了当地的地域特色，当然，除了这9款还有其他值得我们期待的顶级珍酿葡萄酒，这里只提两种，朱里奥•法拉利（Giulio Ferrari）和马赫（Mach）珍藏酒就因为还在陈酿，并没有展出。

Abate Nero

FRAZ. GARDOLO
SPONDA TRENTINA, 45
38014 TRENTO
TEL. 0461246566
www.abatenero.it

藏酒销售
预约参观
年产量 68 000 瓶
葡萄种植面积 65 公顷

阿贝特•尼罗（Abate Nero）是特伦蒂诺区最早把酿酒重点放在起泡酒上的酒庄之一。快40年了，卢西亚诺•卢内利（Luciano Lunelli）和负责监管酒庄整个生产过程的尤格尼奥•德•卡斯特•特拉格（Eugenio De Castel Terlago）一同进行酒庄的酿造改革。所有的成功都得归功于酒庄的员工，他们不断提高酒质，赢得了人们的赞赏。多年来，起泡酒的酿造是为了纪念香槟酒的创始人，它已经至臻完美，风格诱人，香味十足，复杂却怡人，并且它将直率和和傲气结合起来。

Wine	Rating
○ Trento Brut Domini '07	🍷🍷🍷 6
○ Trento Brut Cuvée dell'Abate Ris. '06	🍷🍷 7
○ Trento Extra Brut Abate Nero	🍷🍷 5
○ Trento Extra Dry Abate Nero	🍷🍷 5
○ Trento Brut Abate Nero	🍷 5
⊙ Trento Brut Rosé	🍷 5
○ Trento Brut Cuvée dell'Abate Ris. '04	🍷🍷🍷 7
○ Trento Brut Cuvée dell'Abate Ris. '03	🍷🍷🍷 6
○ Trento Brut Cuvée dell'Abate Ris. '02	🍷🍷🍷 6
○ Trento Brut Cuvée dell'Abate Ris. '01	🍷🍷🍷 6
○ Trento Brut Domini '05	🍷🍷🍷 6

Agririva

VIA SAN NAZZARO, 4
38066 RIVA DEL GARDA [TN]
TEL. 0464552133
www.agririva.it

藏酒销售
预约参观
年产量 250 000 瓶
葡萄种植面积 280 公顷

该酒庄是特伦蒂诺的一个沿海酒庄，既种植葡萄，也种植橄榄树。加尔达湖（Lake Garda）是种植橄榄树的最北界限，该酒庄酿酒和制橄榄油都在同一个地方。酒庄功能齐全的运作中心坐落在通向加尔各答湖的小路的入口处，设施既现代又完美，为整个加尔各答地区农业提供支持。该酒庄在葡萄酒质量上取得了很大进步，酿造全系列的本地酒。

Wine	Rating
● Maso Lizzone '09	🍷🍷 4*
● Trentino Merlot Crea '09	🍷🍷 3*
○ Trento Brut BrezzaRiva	🍷🍷 4
● Rival'dego Ilare '09	🍷 3
○ Trentino Chardonnay Loré '10	🍷 3
○ Trentino Traminer Aromatico La Prea '10	🍷 3

Nicola Balter

VIA VALLUNGA II, 24
38068 ROVERETO [TN]
TEL. 0464430101
www.balter.it

藏酒销售
预约参观
年产量 80 000 瓶
葡萄种植面积 10 公顷

尼古拉•巴尔特（Nicola Balter）得到70多个成员的支持，当选为特伦蒂诺葡萄种植者协会主席，处理小生产者、小企业和大型合作式酒庄的复杂关系。尽管每天事务繁忙，尼古拉还是抽出时间经营自己的葡萄园和美丽的酒窖。该酒庄位于罗威雷托山（Roverto）的向阳坡，坐落在冷杉树、草地和一些考古遗址中。考古遗址中还留有恐龙的脚印，这让酒庄赢得了“森林古镇”的称呼。

- ○ Trento Balter Ris. '05 6
- ● Barbanico '09 5
- ○ Sauvignon '10 4
- ○ Trento Balter Brut 5
- ⊙ Trento Balter Rosé 5
- ● Cabernet Sauvignon '09 4
- ● Lagrein Merlot '10 4
- ● Barbanico '97 5
- ○ Trento Balter Ris. '04 6
- ○ Trento Balter Ris. '01 6

Bellaveder

LOC. MASO BELVEDERE
38010 FAEDO [TN]
TEL. 0461650171
www.bellaveder.it

藏酒销售
预约参观
年产量 37 000 瓶
葡萄种植面积 8 公顷

少言寡语的特朗奎罗•鲁其艾诺（Tranquillo Lucchetta）几年前才进入酿酒业。因为最初是建筑行业的企业家，他就在自家的葡萄园里白手起家，修建了一个美丽的地下酒窖。酒庄有一些葡萄园位于费尔多的缓坡之上，面阳，靠近著名的圣米歇尔•奥阿迪杰（San Michele）农学院。贝拉沃（Bellaveder）酒庄完美地诠释了当地地域特色，几乎生产所有的常规酒。正如其名字一样，该酒庄值得你前去观赏。

- ● Trentino Lagrein Mansum '08 5
- ○ Trentino Müller Thurgau '10 5
- ○ Trentino Sauvignon '10 4
- ○ Trentino Traminer '09 4
- ○ Trento Brut Ris. '06 6
- ● Teroldego Mas Picol '09 4
- ● Teroldego Mas Picol '07 4*
- ○ Trentino Chardonnay '07 4*
- ○ Trento Brut '06 5

Bolognani

via Stazione, 19
38015 Lavis [TN]
Tel. 0461246354
www.bolognani.com

藏酒销售
预约参观
年产量 70 000 瓶
葡萄种植面积 4.4 公顷

年轻的伯罗格纳尼（Bolognani）四兄弟已经成功地重建了他们的庄园，其中包括对酒风格的改变。他们出品的酒最初偏向于技术性，因为过于追求完美的质量，而减弱了酒的表达性。酒庄既购进葡萄，也自己栽种葡萄酿造特色酒，就是这一瓶瓶酒建立了伯罗格纳尼家族的信誉，伯罗格纳尼家族以制酒起家，后来逐渐把经营的重心转向葡萄栽培。

- ● Gabàn '07 🍷🍷 6
- ● Teroldego Armilo '09 🍷🍷 4
- ○ Trentino Traminer Aromatico Sanròc '09 🍷🍷 4
- ○ Müller Thurgau '10 🍷 4
- ○ Sauvignon '10 🍷 4
- ● Teroldego Armilo '06 🍷🍷🍷 4*
- ● Teroldego Armilo '08 🍷🍷 4
- ● Teroldego Armilo '07 🍷🍷 4*

Borgo dei Posseri

loc. Pozzo Basso, 1
38061 Ala [TN]
Tel. 0464671899
www.borgodeiposseri.com

藏酒销售
预约参观
年产量 60 000 瓶
葡萄种植面积 21 公顷
葡萄栽培方式 有机认证

该酒庄位于瓦拉格里纳山脉（Vallagarina）最南端的阿拉山（Ala）的最高处。对于外界来说，实际上这是一个不可进入的地方，但其实它是一个窥探生物多样性的宝地。这里，森林围着美丽的牧草地，鲜花盛开，草药丰富，在陡峭的山坡上，酿酒业最终发达繁盛。该酒庄的葡萄沿着特伦蒂诺和威尼托的边界线生长，天地在这里会合。玛格丽塔•德•辟拉提（Margherita de Pilati）和马汀（Matin）爱上了这里，爱上了这块土地，将他们的酒庄就在建在了这里。他们的努力值得钦佩，结果更是鼓舞人心。

- ● Merlot Rocòl '08 🍷🍷 4
- ○ Müller Thurgau Quaron '09 🍷🍷 4
- ○ Gewürztraminer Arliz '10 🍷 5
- ● Pinot Nero Paradis '09 🍷 4
- ○ Sauvignon Furiel '10 🍷 5
- ● Merlot Rocol '06 🍷🍷 4
- ● Merlot Rocol '05 🍷🍷 4*
- ● Pinot Nero Paradis '06 🍷🍷 4

Conti Bossi Fedrigotti

VIA UNIONE, 43
38068 ROVERETO [TN]
TEL. 0456832511
masi@masi.it

藏酒销售
预约参观
年产量 160 000 瓶
葡萄种植面积 40 公顷

波西•费得里格蒂（Bossi Fedrigotti）家族刚刚经历了一个重要的里程碑：佛加内格葡萄酒（Fojaneghe）的50岁生日。该酒庄建立于1961年，是当时庄园酿酒者康特•费德里科（Conte Federico）和侬内罗•勒特拉里（Leonello Letrari）创立的，他们是特伦蒂诺和周边地区葡萄酒再生的导航灯。从1697年开始，费得里格蒂家族就开始生产葡萄酒，其酒庄既有厚重的历史感，又有一个颇具活力的未来。该酒庄已经和马斯集团（Masi group）合并，马斯集团属于波斯凯那（Boscaini）家族，也就是原来是瓦尔波西拉（Valpolicella）的酿酒商。

Wine	Rating
● Fojaneghe Rosso '08	🍷🍷 6
○ Trento Brut	🍷🍷 5
● Trentino Marzemino '10	🍷🍷 4
○ Trentino Gewürztraminer '10	🍷 4
○ Valdadige Pinot Grigio '10	🍷 4
● Fojaneghe Rosso '07	🍷🍷 6
● Fojaneghe Rosso '06	🍷🍷 6
● Teroldego '06	🍷🍷 5*
● Trecento '04	🍷🍷 4

★Cavit

VIA DEL PONTE, 31
38040 TRENTO
TEL. 0461381711
www.cavit.it

藏酒销售
预约参观
年产量 65 000 000 瓶
葡萄种植面积 5 512 公顷

重建特伦蒂诺酿酒业的荣誉大部分要授予给卡维特（Cavit）酒庄，因为它建立起了合作酒厂、酿酒商和葡萄种植者之间的生产和销售纽带。60多年以来，它一直是特伦蒂诺，甚至是特伦蒂诺之外地区酿酒业的指明灯，他把大规模生产的商业分量、一亿多瓶葡萄酒的销售、其他地区葡萄酒和当地原滋原味葡萄酒结合了起来。你只有品尝了卡维特出品的酒以后，你才会体会到它对酒质的追求。

Wine	Rating
○ Trento Brut Altemasi Graal Ris. '04	🍷🍷🍷 8
● Rosso Maso Toresella '08	🍷🍷 6
○ Trentino Chardonnay Sup. Maso Toresella '09	🍷🍷 5
○ Maso Torresella Cuvée	🍷🍷 5
● Teroldego Rotaliano Maso Cervara '09	🍷🍷 6
○ Trentino Müller Thurgau Sup. Zeveri '10	🍷🍷 4
○ Trentino Nosiola Bottega Vinai '10	🍷🍷 4
● Trentino Rosso Quattro Vicariati '07	🍷🍷 5
○ Trentino Sup. V. T. Rupe Re '08	🍷🍷 5
⊙ Trento Altemasi Rosé	🍷🍷 5
● Trentino Lagrein Dunkel Bottega Vinai '09	🍷 5
● Teroldego Rotaliano Maso Cervara '07	🍷🍷🍷 5
○ Trento Altemasi Graal Brut '01	🍷🍷🍷 7
○ Trento Altemasi Graal Brut Ris. '03	🍷🍷🍷 7
○ Trento Altemasi Graal Brut Ris. '02	🍷🍷🍷 7
○ Trento Altemasi Graal Brut Ris. '00	🍷🍷🍷 6

Concilio

ZONA INDUSTRIALE, 2
38060 VOLANO [TN]
TEL. 0464411000
www.concilio.it

藏酒销售
预约参观
年产量 6 000 000 瓶
葡萄种植面积 640 公顷

虽然是一个历史久远的酒窖，但它以却以拥有40年的酒商经验而自豪。技巧娴熟的酿酒家们选择一系列小型的合作式酒窖，该酒庄就是其中著名的一家，位处于特伦蒂诺，产品却带着酒庄源生地多洛迈特省（Dolomite）的多面性特征。赛斯科尼（Concilio）酒庄产品价廉物美，部分原因是因为酒庄对整个生产过程的严格监控，从葡萄园到酿酒，都有许多种植持股者的参与。简单地说，该酒庄出品的酒质量上乘，价格合理。

酒款	评级
● Trentino Pinot Nero Ris. '08	4*
● Teroldego Rotaliano Braide '09	4
○ Trentino Gewürztraminer Sel. '10	4
● Trentino Mori Vecio Ris. '07	4
○ Trentino Müller Thurgau Sel. '10	4
● Trentino Marzemino Mozart '09	4
○ Trentino Sauvignon Arjent Sel. '10	4
● Teroldego Rotaliano Braide '07	4*
● Trentino Mori Vecio Ris. '05	4*
○ Trentino Müller Thurgau '08	4*
○ Trentino Pinot Grigio Maso Guà Sel. '06	4

F.lli Dorigati

VIA DANTE, 5
38016 MEZZOCORONA [TN]
TEL. 0461605313
www.dorigati.it

藏酒销售
预约参观
年产量 100 000 瓶
葡萄种植面积 13 公顷

该酒庄一直把自己描述成一个红酒生产者，并拥有一份对白葡萄酒的热情。酒庄将大部分精力放在泰若迭戈葡萄酒（Teroldego）上，除此，还生产穆瑟斯葡萄酒（Methius），它是意大利一种著名的白葡萄酒。这两款酒完全不同，但都具重要意义，因为他们都完美地诠释了这个历史悠久的酒庄产品的质量。这里的产品都是技艺和科学的酿酒研究的结合，是专家卡罗（Carlo）和法兰克•多瑞加迪斯（Franco Dorigati）及他们令人尊敬的儿子——酿酒师保罗（Paolo）和生物学家米歇尔（Michele）共同努力的结晶。

酒款	评级
○ Trento Brut Methius Ris. '05	7
● Teroldego Rotaliano '09	4
● Trentino Cabernet Grener '07	6
○ Trentino Chardonnay Majerla Ris. '09	5
⊙ Trentino Lagrein Kretzer '10	4
○ Trentino Pinot Grigio '10	4
○ Trento Brut Methius Ris. '04	7
○ Trento Brut Methius Ris. '03	7
○ Trento Brut Methius Ris. '02	7
○ Trento Brut Methius Ris. '00	7
○ Trento Brut Methius Ris. '98	7
○ Trento Methius Ris. '95	5

Endrizzi

LOC. MASETTO, 2
38010 SAN MICHELE ALL'ADIGE [TN]
TEL. 0461650129
www.endrizzi.it

藏酒销售
预约参观
年产量 500 000 瓶
葡萄种植面积 40 公顷

安德里奇（Endrici）家族酒庄蕴含了他们几个世纪的历史是和创新。他们已经完全革新了自己的庄园，在原来的建筑旁边建立了一个现代酒窖，这形成了精心设计的对比。保罗•安德里奇和他的妻子克里斯蒂娜（Christine）还有他们的孩子总是铭记着家族酒庄的身份和定位。酒窖拥有艺术展览馆，还会举办一些文艺演出，还有先锋人物塑像立在葡萄园中，周围是鸟巢，这显示了葡萄园与自然和谐统一的管理。

Wine	Rating	Score
● Gran Masetto '07	3 red glasses	7
○ Trentino Gewurztraminer '09	2 red glasses	4
○ Masetto Bianco '09	2 black glasses	4
● Teroldego Rotaliano '08	2 black glasses	5
○ Trentino Chardonnay '09	2 black glasses	4
● Trentino Moscato Rosa '09	2 black glasses	5
○ Trento Brut Endrizzi '07	2 black glasses	5
○ Trentino Riesling '10	1 black glass	4
● Gran Masetto '06	2 white glasses	7
● Gran Masetto '05	2 white glasses	7
● Teroldego Rotaliano Maso Camorz Ris. '04	2 white glasses	4

★★Ferrari

VIA PONTE DI RAVINA, 15
38123 TRENTO
TEL. 0461972311
www.cantineferrari.it

藏酒销售
预约参观
年产量 4 800 000 瓶
葡萄种植面积 120 公顷

卢内利（Lunellis）家族正在改革酒庄管理结构，为了年轻的酒庄第三代管理者亚力三大罗（Alessandro）、马特奥（Matteo）、玛瑟罗（Marcello）和卡米拉（Camilla）更好地掌管酒庄。新的管理者意味着新的项目和方向，但酒庄仍然一如既往地把重心放在贵族法拉利起泡葡萄酒（Ferrari）上。酒庄建筑理念包括两方面：尽可能地减小葡萄园化学剂的使用；为了扩大市场份额继续提升质量。酒庄正在扩大酒窖，精益求精生产运作，唤起更过游客旅游兴趣和他们的感官享受。

Wine	Rating	Score
○ Trento Extra Brut Perlé Nero '05	3 red glasses	8
○ Trento Brut Perlé '06	2 red glasses	7
○ Trento Extra Brut Lunelli Ris. '04	2 red glasses	8
○ Trento Brut	2 black glasses	6
⊙ Trento Brut Rosé	2 black glasses	6
○ Giulio Ferrari '94	3 white glasses	8
○ Giulio Ferrari '93	3 white glasses	8
○ Giulio Ferrari '91	3 white glasses	8
○ Trento Brut Giulio Ferrari Riserva del Fondatore '01	3 white glasses	8
○ Trento Brut Giulio Ferrari Riserva del Fondatore '00	3 white glasses	8
○ Trento Brut Giulio Ferrari Riserva del Fondatore '99	3 white glasses	8
○ Trento Brut Perlé '02	3 white glasses	6
○ Trento Giulio Ferrari '97	3 white glasses	8
○ Trento Giulio Ferrari '96	3 white glasses	8
○ Trento Giulio Ferrari '95	3 white glasses	8

★Foradori

via Damiano Chiesa, 1
38017 Mezzolombardo [TN]
Tel. 0461601046
www.elisabettaforadori.com

藏酒销售
预约参观
年产量 160 000 瓶
葡萄种植面积 23 公顷
葡萄栽培方式 生机互动农耕认证

伊莎贝塔尔•佛拉多利（Elisabetta Foradori）把超凡的领导力和权力还有让其成为酒业第一夫人的女性魅力巧妙地结合了起来。她总是把酒质标准定得很高，围绕该酒庄主要葡萄品种特尔奥德罗葡萄（Teroldego）选择战略。伊莎贝塔尔避免采用传统的农业方式，而采用生物机能方式。酒庄注重与自然的和谐，把酒窖里的不锈钢大桶替换为土罐。这标志着她的酒业事业的新篇章——米奇协会（Dolomitic）——的新开端。

Wine	Rating
● Granato '08	8
○ Nosiola Fontanasanta '09	6
● Teroldego Rotaliano Foradori '08	5
● Granato '07	8
● Granato '04	7
● Granato '03	7
● Granato '02	7
● Granato '01	7
● Granato '00	7
● Granato '99	5
● Teroldego Rotaliano Sgarzon '94	4

Grigoletti

via Garibaldi, 12
38060 Nomi [TN]
Tel. 0464834215
www.grigoletti.com

藏酒销售
预约参观
年产量 60 000 瓶
葡萄种植面积 7 公顷

格里格莱迪（Grigolettis）家族几代以来一直秉承着“真实、坚定、日益熟练”的风格默默地从事葡萄酒酿制。葡萄园和崭新漂亮的酒窖是整个家族多年来艰辛工作的结果。但酒庄最珍贵的财产是家族管理每个葡萄园的能力。葡萄园位于右岸山坡阿迪杰（Adigo）和把瓦尔加瑞纳（Vallagarina）和阿迪杰山谷分开的斯蒂沃山（Stivo）之间。正如格里格莱迪家族一样，他们酿的酒蕴含了着很浓厚的历史韵味。

Wine	Rating
○ Retiko '09	5
● Gonzalier '08	5
○ Trentino Chardonnay L'Opera '10	4
● Trentino Merlot Antica Vigna di Nomi '09	5
○ San Martim V.T. '09	5
● Trentino Marzemino '10	4
● Gonzalier '06	5
○ Retiko '08	5
● Trentino Merlot Antica Vigna di Nomi '08	5
● Trentino Merlot Antica Vigna di Nomi '07	5
● Trentino Merlot Carestel '06	4

La Vis/Valle di Cembra

via Carmine, 7
38034 Lavis [TN]
Tel. 0461440111
www.la-vis.com

藏酒销售
预约参观
年产量 5 500 000 瓶
葡萄种植面积 1 500 公顷
葡萄栽培方式 有机认证

今年可以说是酒庄的分水岭，处于一个大力扩张后重建的艰难时期。酒庄已收购了本区之外的几处地产，包括托斯卡纳区（Tuscany）的卡法吉奥（Cafaggio）别墅和莫瑞罗宝乐山庄（Podere Morino）。酒庄的下步计划可能是将重心转回历史目标，即生产典型的特伦蒂诺葡萄酒，继承该酒庄在这方面一贯优秀的传统。

- ○ Ritratto Bianco '09 5
- ○ Trentino Müller Thurgau Vigna delle Forche '10 4*
- ● Trentino Merlot Ritratti '09 5
- ○ Trentino Müller Thurgau Dos Caslìr '10 4
- ○ Trentino Müller Thurgau Maso Roncador '10 4
- ○ Trentino Müller Thurgau Ritratti '10 4
- ● Trentino Pinot Nero Dos Caslìr '09 5
- ● Trentino Pinot Nero Vigna di Saoisent '09 4
- ○ Trentino Traminer Aromatico Maso Clinga '10 5
- ● Trentino Pinot Nero Ritratti '09 5
- ○ Ritratto Bianco '07 5
- ● Ritratto Rosso '03 5
- ○ Trentino Pinot Grigio Ritratti '95 4

Cantina Sociale di Trento Le Meridiane

via dei Viticoltori, 2/4
38123 Trento
Tel. 0461920189
www.cantinasocialetrento.it

藏酒销售
预约参观
年产量 250 000 瓶

特伦蒂诺的纹章上有一只鹰，它的喙朝向左边，象征着山区人民的独立和自豪。鹰同时也是特伦蒂诺城市的象征，所以它被这个历史悠久的当地酒窖采用并非偶然。60年的生产包括了前3年由特伦蒂诺之外的技术小组的监管。在酒庄的众多成就中，其中一项是酒庄在围绕特伦蒂诺山上重建葡萄园过程中发挥了重要作用，这些葡萄园就像开窗盒一样，透过它，你放佛可以看到中世纪永生的壁画，其实你可以在布昂康色格里奥（Buonconsiglio）城堡里找到这些壁画的踪迹。

- ○ Trentino Bianco Heredia '10 4
- ● Trentino Lagrein Heredia '09 4
- ● Trentino Rosso Heredia '08 4
- ● Trentino Marzemino Heredia '09 4
- ○ Trentino Pinot Grigio Heredia '10 4

Letrari

VIA MONTE BALDO, 13/15
38068 ROVERETO [TN]
TEL. 0464480200
www.letrari.it

藏酒销售
预约参观
年产量 1500 000 瓶
葡萄种植面积 23 公顷

人们称列奥内罗•莱特拉里（Leonello Letrari）为元老，但谦逊的他却只谈他对葡萄深厚的感情和对酿造经典的起泡酒的激情。该酒庄拥有60公顷的土地，也是特伦蒂诺几段重要历史的见证者。列奥内罗是坲亚内格（Fojaneghe）葡萄酒、艾奎佩（Equipe）第5款和其他颇具影响力葡萄酒的创立者。在我们和他边聊天边品酒时，他谈论了他过去遇到的挑战、艰苦工作和梦想，而许多梦想他都已经实现了。现在，酒庄由列奥内罗的孩子——酿酒学家卢西卡（Lucia）和负责市场的保罗（Paolo）经营。但列奥内罗这位元老仍然监管着酒庄，尤其是经典起泡酒的酿造。

○ Trento Brut Ris. '06	🍷🍷🍷 6
○ Trento Riserva del Fondatore 976 '01	🍷🍷 8
● Maso Lodron '07	🍷🍷 4
○ Trento Brut Letrari '08	🍷🍷 5
⊙ Trento Brut Rosé +4 '07	🍷🍷 7
○ Trento Dosaggio Zero '06	🍷🍷 5
● Ballistarius '06	🍷 6
● Trentino Marzemino '10	🍷 4
○ Trento Brut Letrari Ris. '05	🍷🍷🍷 6
○ Trento Riserva del Fondatore 976 '00	🍷🍷 8

Maso Poli

LOC. MASI DI PRESSANO, 33
38015 LAVIS [TN]
TEL. 0461871519
www.masopoli.com

藏酒销售
预约参观
年产量 80 000 瓶
葡萄种植面积 11 公顷

该酒庄属于托更（Togn）家族，托更家族是来自罗维勒•德拉•卢娜地区（Rovere della Luna）的老酿酒商，他们重建了位于拉维斯山（Lavis）上19世纪的老农庄，把它变为一个超级现代的酒窖，俯瞰阿迪杰山谷（Adige）。酒庄悬臂式结构虽显大胆，却与美丽的乡村完美地协调起来了。酒窖同时也举办文化盛会，设有接待设施和教育性的品酒室。该酒庄将重点放在对少数品种的精细照料上，注重酿酒和品种的选择，当然结果也是令人兴奋的。

○ Trentino Nosiola '10	🍷🍷 4
● Trentino Pinot Nero Sup. '08	🍷🍷 5
○ Trentino Riesling '10	🍷🍷 4
● Trentino Sorni Rosso Marmoram '08	🍷🍷 4
○ Trentino Pinot Grigio '10	🍷 4
○ Trentino Traminer '10	🍷 4

MezzaCorona

VIA DEL TEROLDEGO, 1
38016 MEZZOCORONA [TN]
TEL. 0461616399
www.mezzacorona.it

藏酒销售
预约参观
年产量 30 000 000 瓶
葡萄种植面积 3 500 公顷

该酒庄的标志是一个半切的王冠，是为了纪念首次在麦扎科罗娜（Mezzocorona）建立世纪酒庄的镇的名字。酒庄现在正在扩大生产销售，收入也在增加，生产也逐渐扩至西西里岛，大量投资于用太阳能供能的生态酒窖，并扩大自己的领地开拓新的市场。但这些都不会让酒庄从白云山脉（Dolomites）这个中心偏离，在这里，酒庄改进葡萄种植和本地品种的种植，最著名的是特尔奥德罗葡萄（Teroldego），同时酒庄也推进灰比诺葡萄酒（Pinot Grigio）和特伦蒂诺法定地区起泡酒的销售。

● Teroldego Rotaliano Nos Ris. '06	🍷🍷 6
○ Trentino Traminer Castel Firmian '10	🍷🍷 4*
● Teroldego Rotaliano Castel Firmian '10	🍷🍷 4
○ Trentino Müller Thurgau Castel Firmian '10	🍷🍷 4
○ Trentino Pinot Grigio Ris. '09	🍷🍷 3*
● Trentino Pinot Nero Castel Firmian '09	🍷🍷 4
○ Trento Rotari Cuvée 28°	🍷🍷 5
⊙ Trento Brut Rosé Rotari	🍷 5
○ Trento Brut Rotari Ris.	🍷 4
● Teroldego Rotaliano Nos Ris. '04	🍷🍷🍷 6
● Teroldego Rotaliano Nos Ris. '05	🍷🍷 6
○ Trento Rotari Flavio Ris. '04	🍷🍷 7
○ Trento Rotari Flavio Ris. '03	🍷🍷 7

Casata Monfort

VIA CARLO SETTE, 21
38015 LAVIS [TN]
TEL. 0461246353
www.cantinemonfort.it

藏酒销售
预约参观
年产量 140 000 瓶
葡萄种植面积 40 公顷

该酒庄的神经中枢位于拉维斯，心脏位于慈维扎诺（Civezzano），总部位于拉维斯美丽宅邸之内，酒庄是由乔瓦尼（Giovanni）建立的，现在尤其孙子洛伦佐（Lorenzo）掌管。多年来，酒庄的身份一直与玛索•坎堂厄尔（Maso Cantanghel）和毗邻的慈维扎诺哈布斯堡（Hapsburg）相连，就是在这里，西蒙（Simoni）家族建立自己的葡萄园，在曾经装炮的地方酿造葡萄酒。该酒庄出品的葡萄酒品种多样，酒庄品牌就因玛索•坎堂厄尔葡萄酒和特勒•德尔•佛恩（Terre del Fohn）而出众。

● Trentino Pinot Nero Maso Cantanghel '08	🍷🍷 5
○ Sotsas Maso Cantanghel '09	🍷🍷 4
● Trentino Lagrein '09	🍷🍷 4
○ Trentino Müller Thurgau '10	🍷🍷 4*
● Trentino Pinot Nero '09	🍷🍷 5
○ Trentino Traminer Aromatico '09	🍷🍷 4
○ Blanc de Sers '09	🍷 4
○ Trento Brut	🍷 5
● Trentino Pinot Nero Casata Monfort '07	🍷🍷 5
● Trentino Pinot Nero Maso Cantanghel '06	🍷🍷 5
○ Trento Brut '05	🍷🍷 5

Pojer & Sandri

Loc. Molini, 4
38010 Faedo [TN]
Tel. 0461650342
www.pojeresandri.it

藏酒销售
预约参观
年产量 250 000 瓶
葡萄种植面积 25 公顷

该酒庄在白云山脉（Dolomites）近期的酿酒历史上发挥着领导作用。在这片优质的土地上，佛洛伦蒂•桑德里（Fiorentino Sandri）和马里奥•波捷（Mario Pojer）从未停止过奋斗。他们最先酿造斯查瓦葡萄（Schiava），然后转移到多种多样木桶里，将葡萄冷冻，采用极限温度，将葡萄洗至压碎，最后酿造出了只有9度的葡萄酒，通过与白兰地勾兑，酒达到了28度。现在，他们在一个高海拔地区种植抵御害虫的杂交葡萄，生产出与环境和谐统一的葡萄酒。

○ Bianco Faye '08 6
○ Besler Biank '06 5
● Besler Ross '08 5
○ Cuvée Extra Brut 6
⊙ Cuvée Rosé 5
○ Essenzia Vendemmia Tardiva '08 5
○ Müller Thurgau Palai '10 4
● Rosso Faye '08 6
● Pinot Nero Rodel Pianezzi Ris. '07 5
○ Bianco Faye '01 5
● Rosso Faye '05 6
● Rosso Faye '00 6
● Rosso Faye '94 5
● Rosso Faye '93 5

Pravis

Loc. Le Biolche, 1
38076 Lasino [TN]
Tel. 0461564305
www.pravis.it

藏酒销售
预约参观
年产量 200 000 瓶
葡萄种植面积 32 公顷

该酒庄是以普拉维斯（Pravis）葡萄园命名的，普拉维斯葡萄园是马里奥•扎蒙巴达（Mario Zambarda）、多梅内克•佩德里尼（Domenico Pedrini）和吉安尼•其斯地（Gianni Chiste）三位创立者40年之前种植的葡萄园之一，他们仍然掌管着葡萄园，为新一代开辟道路：多梅内克的酿酒学家女儿——艾丽卡(Erika)和吉利亚（Giulia）以及吉安尼的农学家儿子——阿莱西奥（Alessio）。年轻一代在不大的酒庄的事务中发挥着重要作用，这一点可以从美丽精干的艾丽卡身上看出来，她拥有两个酿酒学位。酒庄酿酒精细，几乎不使用化学剂，充满自然气息，所以，酒庄出品的酒越来越好。

● Fratagranda '07 5
● Pinot nero Madruzzo '08 5
○ Gold Soliva '08 5
○ Müller Thurgau St. Thomà '10 4
○ Nosiola Le Frate '10 5
○ Solaris Naran '10 4
● Syrae '07 5
○ L'Ora '08 5
○ Stravino di Stravino '99 6
● Fratagranda '02 5
○ L'Ora '05 5
○ Soliva '06 6
○ Stravino di Stravino '07 5
○ Trentino Vino Santo Arèle '97 7

Redondèl

via Roma, 28
38017 Mezzolombardo [TN]
Tel. 0461605861
www.redondel.it

藏酒销售
预约参观
年产量 9 500 瓶
葡萄种植面积 3.3 公顷

“Rotaliao”来源于“Ro”，意思是“平坦的地方”，“Tal”是前罗马时期位于阿迪杰山谷(Adige)管理葡萄酒贸易的地方。最近的一项研究证明酿酒可以追溯至1147年。当地的每个地主都自夸说自己拥有最好的葡萄园，为其扬名，给每块地都会取一个名字，“Rotaliao”就是其中最老的一个。保罗•扎妮妮(Paolo Zanini)在就在这里种植葡萄，并在这个历史悠久的小酒窖里酿酒。

● Beato me '07	🍷🍷 7
● Teroldego Rotaliano Il Dannato '08	🍷🍷 5
⊙ Teroldego Rotaliano Assolto '10	🍷 4
● Beato me '06	🍷🍷 7
● Teroldego Rotaliano '06	🍷🍷 4*
● Teroldego Rotaliano Il Dannato '02	🍷🍷 6

Eugenio Rosi

via Tavernelle, 3b
38060 Volano [TN]
Tel. 0464461375
www.vignaioli.trentino.it

藏酒销售
预约参观
年产量 18 000 瓶
葡萄种植面积 5.5 公顷
葡萄栽培方式 有机认证

欧亨尼奥•罗西(Eugenio Rosi)的魅力可从他的酒看出，他所有的酒都是自然地风格，可见欧亨尼奥对生物机能方式的坚持并非偶然，但对他来说，生物机能不仅是一种农业策略，更是一种生活方式。他的庄园给人一种天真烂漫的感觉，如果一定说有什么瑕疵，好像就是一点点的傲慢和自由。这可能就是他出品的酒在不断变化的真实写照，采用百分之百的环保方式酿造，从葡萄种植工人到眼光敏锐的消费者，整个过程都贯穿了令人自豪的手艺技术。没什么可多说的，就是“真实”。

● Cabernet Franc 7OttoNove	🍷🍷 6
○ Anisos '08	🍷🍷 5
● Dòron '07	🍷🍷 6
● Esegesi '07	🍷🍷 5
● Poiema '08	🍷 5
● Cabernet Franc '08	🍷🍷 6
● Esegesi '05	🍷🍷 5
● Esegesi '04	🍷🍷 5
● Trentino Marzemino Poiema Ris. '05	🍷🍷 5

Cantina Rotaliana

via Trento, 65b
38017 Mezzolombardo [TN]
Tel. 0461601010
www.cantinarotaliana.it

藏酒销售
预约参观
年产量 1 000 000 瓶
葡萄种植面积 330 公顷

特尔奥德罗葡萄酒（Teroldego）一直是洛塔利安娜（Cantina Rotaliana）酒庄的骄傲。该酒庄制酒一直秉着尊重平易近人诺维罗葡萄酒酿造的原则，为了酿出红葡萄的力量和魅力，酒庄对葡萄进行精挑细选。酒庄坚定地尊重当地地域特色，在这里，酒庄种植者为自己属于“王者酒窖”而自豪，“王者酒窖”是该酒庄的LOGO。酒庄出品的酒主要集中在多功能酒和洛塔利安娜地区本地酒，此外，也出品一系列其他产品，包括经典的特伦蒂诺法定地区起泡酒。

Wine	Rating
● Teroldego Rotaliano Clesurae '07	🍷🍷 6
● Teroldego Rotaliano Et. Rossa '10	🍷🍷 4*
○ Thamè Bianco '10	🍷🍷 5
○ Trentino Müller Thurgau '10	🍷🍷 4*
⊙ Thamè Rosato '10	🍷 4
○ Trentino Moscato Giallo '10	🍷 4
● Teroldego Rotaliano Clesurae '06	🍷🍷🍷 6
● Teroldego Rotaliano Clesurae '02	🍷🍷🍷 6
● Teroldego Rotaliano Clesurae '99	🍷🍷🍷 6
● Teroldego Rotaliano Ris. '04	🍷🍷🍷 4
● Teroldego Rotaliano Ris. '07	🍷🍷 5
● Teroldego Rotaliano Ris. '05	🍷🍷 5
○ Trentino Chardonnay '09	🍷🍷 4*
○ Trentino Moscato Giallo '09	🍷🍷 4*

★Tenuta San Leonardo

fraz. Borghetto all'Adige
loc. San Leonardo
38060 Avio [TN]
Tel. 0464689004
www.sanleonardo.it

藏酒销售
预约参观
年产量 180 000 瓶
葡萄种植面积 25 公顷

圣莱昂纳多（San Leonardo）出品的葡萄酒代表了手艺和得天独厚地理条件的完美结合，而吉尔莱利•冈萨加（Guerrieri Gonzagas）的绝妙酒庄就是制酒绝佳地理位置的代表，也见证了特伦蒂诺的酿酒历史。从9世纪开始，这里就开始种植葡萄，现在，玛吉斯•卡罗（Marchese Carlo）和他的儿子安塞尔莫（Anselmo）决定保持酿酒传统，只生产红酒。酒庄出品的独具一格的葡萄酒再现了他们对葡萄园精心的照料，酒庄葡萄园蔓延在阿迪杰山谷和上坡上。

Wine	Rating
● San Leonardo '06	🍷🍷🍷 8
● Villa Gresti '06	🍷🍷 6
● Terre di San Leonardo '08	🍷🍷 4
● San Leonardo '05	🍷🍷🍷 8
● San Leonardo '04	🍷🍷🍷 8
● San Leonardo '03	🍷🍷🍷 8
● San Leonardo '01	🍷🍷🍷 8
● San Leonardo '00	🍷🍷🍷 8
● San Leonardo '99	🍷🍷🍷 8
● San Leonardo '97	🍷🍷🍷 5
● San Leonardo '96	🍷🍷🍷 5
● Villa Gresti '03	🍷🍷🍷 7

Istituto Agrario Provinciale San Michele all'Adige

via Edmondo Mach, 1
38010 San Michele all'Adige [TN]
Tel. 0461615252
www.ismaa.it

藏酒销售
预约参观
年产量 250 000 瓶
葡萄种植面积 60 公顷
葡萄栽培方式 有机认证

之前作为把重点放在葡萄和酿酒上的多学科学校，它为酒庄的发展奠定了基础。因为有了140多年的传统，该研究实验中心和特伦蒂诺大学、乌迪内大学以及德国的盖森汉姆（Geisenheim）密切合作，扩大它所有的酿酒部门。该酒庄由著名的酿酒师恩瑞克•帕特罗斯特（Enrico Paternoster）经营，正在进行重组和葡萄栽培策略的创新。他第一步就是对葡萄进行DNA分析，以此创造未来的葡萄酒。

Wine	Rating
○ Trentino Müller Thurgau Monastero '10	5
○ Trentino Sauvignon Monastero '10	5
○ Castel San Michele Bianco '09	5
● Castel San Michele Rosso '09	5
○ Trentino Pinot Bianco Monastero '10	4
● Trentino Lagrein Monastero '09	4
○ Trento Mach Riserva del Fondatore '04	6
○ Trentino Bianco Monastero '05	5
○ Trentino Pinot Bianco '09	4*
○ Trentino Riesling Monastero '09	4

Armando Simoncelli

via Navicello, 7
38068 Rovereto [TN]
Tel. 0464432373
www.simoncelli.it

藏酒销售
预约参观
年产量 90 000 瓶
葡萄种植面积 10.5 公顷

尽管西蒙瑟里斯（Simoncellis）家族开始出品葡萄酒不过35年，但他们进入制酒业却已数代。这一切都得归功于阿曼多（Armando）对自己葡萄园潜力的自信，他的葡萄园位于靠近洛维特（Rovereto）河港博尔格•萨克（Borgo Sacco）附近的阿迪杰河畔旁。阿曼多花了数年的精力提高其葡萄酒的可见度以及提高马泽米诺葡萄（Marzemino）品质，他很喜爱马泽米诺葡萄，虽然他的葡萄园大多不在著名地区：仅仅伊泽尔省（Isera）和沃拉诺省（Volano）有他的葡萄园。阿曼多的酒窖约出品10种葡萄酒，包括特伦蒂诺法定地区白葡萄酒，正是这种酒证明了阿曼多的能力和经验。

Wine	Rating
● Trentino Rosso Navesèl '08	4
● Trentino Marzemino '10	4
Trentino Pinot Bianco '10	4
○ Trento Brut '08	5
○ Trentino Chardonnay '05	4
● Trentino Rosso Navesèl '06	4
● Trentino Rosso Navesèl '04	5
○ Trento Brut '04	4

Vallarom

FRAZ. MASI, 21
38063 AVIO [TN]
TEL. 0464684297
www.vallarom.it

藏酒销售
预约参观
年产量 45 000 瓶
葡萄种植面积 7 公顷
葡萄栽培方式 有机认证

巴贝拉（Barbara）和飞利浦•塞恩扎（Fillippo Scienza）已经完成了他们酒庄重建项目，原酒庄是当地典型的作为民房和酒窖的农场。该酒庄位于卡斯特尔•艾维欧（Castel d'Avio）对面，地处位于阿迪杰河和瓦纳格瑞那（Vallagarina）低地之间的山坡上。此次酒庄重建的目的是为酿酒提供一个完美的储存空间，酒庄的葡萄酒都来源于采用生物机能自然方式栽培的葡萄。这里没有噱头：眼见为实。同样地，酒庄也提供食宿设施，发展农业旅游业，葡萄都蔓延在山上，与树共生。

● Campi Sarni Rosso '08	🍷🍷 5
● Pinot Nero '08	🍷🍷 5
● Syrah '08	🍷🍷 6
○ Vadum Caesaris '10	🍷🍷 4
○ Chardonnay '09	🍷 5
● Merlot '10	🍷 4
○ Moscato Giallo '10	🍷 5
● Campi Sarni Rosso '07	🍷🍷 5
● Campi Sarni Rosso '06	🍷🍷 5
● Campi Sarni Rosso '05	🍷🍷 5
○ Chardonnay Ris. '07	🍷🍷 5
○ Vadum Caesaris '07	🍷🍷 4*

Villa Corniole

FRAZ. VERLA
VIA AL GREC', 23
38030 GIOVO [TN]
TEL. 0461695067
www.villacorniole.com

藏酒销售
预约参观
年产量 60 000 瓶
葡萄种植面积 14 公顷

该酒庄可能是本山谷地区最年轻的酒窖之一，但比利亚•科尼奥尔（Villa Corniole）却有一种坚定的商业态度，更重要的是，他酿的酒质量正在稳步提升。佩勒格瑞尼（Pellegrini）家族只用自家酒庄栽培在河谷的葡萄酿酒，还有其他的一些葡萄园分散在瑟蒙波拉山谷（Cembra）。酒窖是由斑岩、淡红色石板和其他石头打造而来的，里面陈列着木桶和其他制酒设备。酒窖之外，酒庄的葡萄园得到了像花圃一样悉心照料，这让高海拔的葡萄，尤其是米勒（muller thurgau）在乡村美景中更显优美。

● Cimbro Rosso Vign. Dolomiti '09	🍷🍷 4
○ Trentino Chardonnay '10	🍷🍷 4
○ Trentino Gewürztraminer '10	🍷🍷 4
● Trentino Merlot '09	🍷🍷 4
○ Trentino Müller Thurgau '10	🍷🍷 4
● Hambros Vign. Dolomiti '09	🍷 7
○ Trentino Pinot Grigio '10	🍷 4
● Trentino Teroldego Rotaliano '09	🍷 4
● Cimbro '05	🍷🍷 4*
● Teroldego Rotaliano 7 Pergole '06	🍷🍷 6
○ Trentino Chardonnay Lukin '06	🍷🍷 5

Vindimian

via Zandonai, 40
38015 Lavis [TN]
Tel. 0461242171
www.vindimian.it

藏酒销售
预约参观
年产量 150 000 瓶
葡萄种植面积 3 公顷
葡萄栽培方式 有机种植

在今年品酒会上我们遇到的最大的惊喜就是来自该酒庄。该酒庄由自学成才的葡萄种植者鲁迪•温迪米安（Rudy Vindimian）掌管。鲁迪发扬家族自1880年来几代农业和葡萄种植的传统，最近又扩大到餐饮业。该酒庄酿酒都采用本庄的葡萄，葡萄种植在靠近米阿诺（Meano）的佩勒萨诺（Pressano）的拉维斯山上，还有一些芬芳的葡萄种植在帕格内拉（Paganella）下的蒙特•特拉格（Monte Terlago）800米的海拔高度。葡萄都在小型精致的酒窖里酿造。

○ Trentino Traminer Aromatico '09	🍷🍷 5
● Merlot Dolomiti '07	🍷🍷 4*
● Teroldego Dolomiti '07	🍷🍷 5
○ Müller Thurgau St. Thomà '08	🍷 4
○ Pinot Grigio Dolomiti '08	🍷 4

Roberto Zeni

fraz. Grumo
via Stretta, 2
38010 San Michele all'Adige [TN]
Tel. 0461650456
www.zeni.tn.it

藏酒销售
预约参观
年产量 190 000 瓶
葡萄种植面积 20 公顷

经营酒庄的两兄弟都是酿酒学家、葡萄种植者和专业蒸馏酒者。扎尼（Zenis）家族已经在他们美丽的蒸馏酒窖里工作了差不多40年，酒窖位于圣米歇尔（San Michele）的古代河港的阿迪杰（Adige）砾石河岸上。酒窖附近是葡萄园，位于拉维斯（Lavis）陡峭的山坡上，每个葡萄园都是根据地区研究结果种植一个品种。下一代的经营者将掌管庄园，将会在保存原有风格的基础上，让葡萄酒更加诱人，给人一种全球本土化的感觉，将特伦蒂诺地域风格和国际多样性结合起来。

○ Trento Maso Nero '05	🍷🍷 6
● Trentino Moscato Rosa '09	🍷🍷 5
○ Trentino Müller Thurgau '10	🍷🍷 4
○ Trentino Nosiola Maso Nero '10	🍷🍷 4
⊙ Trento Maso Nero Rosé '06	🍷🍷 6
○ Pinot Grigio Fontante '10	🍷 4
○ Trentino Chardonnay Vigneto Zaraosti '10	🍷 4
○ Trentino Pinot Bianco Sei Pergole '10	🍷 4
● Teroldego Rotaliano Pini '05	🍷🍷 7
● Teroldego Rotaliano Vign. Le Albere '07	🍷🍷 4
○ Trento Maso Nero '04	🍷🍷 6
⊙ Trento Maso Nero Rosé '05	🍷🍷 6

Acino d'Oro

FRAZ. BORGHETTO ALL'ADIGE
LOC. SAN LEONARDO, 3
38060 AVIO [TN]
TEL. 0464689004

- ● Villa Imperiale '08 — 🍷🍷 3*
- ● Villa Imperiale '07 — 🍷🍷 3*

Cantina Sociale di Avio

VIA DANTE, 14
38063 AVIO [TN]
TEL. 0464684008
www.viticoltoriinavio.it

- ○ Trentino Pinot Bianco Avio '10 — 🍷🍷 3
- ○ Trentino Traminer Avio '10 — 🍷🍷 3*
- ● Valdadige Terra dei Forti Enantio '06 — 🍷🍷 4
- ● Trentino Lagrein Dunkel Avio '12 — 🍷 3

Cesarini Sforza

FRAZ. RAVINA
VIA STELLA, 9
38123 TRENTO
TEL. 0461382200
www.cesarinisforza.com

- ○ Trento Aquila Reale Ris. '04 — 🍷🍷 8
- ○ Trento Tridentum '07 — 🍷🍷 5
- ⊙ Trento Tridentum Rosé — 🍷🍷 5
- ○ Trento Cuvée Brut — 🍷 5

Cantina d'Isera

VIA AL PONTE, 1
38060 ISERA [TN]
TEL. 0464433795
www.cantinaisera.it

- ○ Trento Brut '07 — 🍷🍷 5
- ○ Trento Extra Brut — 🍷🍷 5
- ● Trentino Marzemino '10 — 🍷 4
- ○ Trentino Pinot Grigio '10 — 🍷 4

Marco Donati

VIA CESARE BATTISTI, 41
38016 MEZZOCORONA [TN]
TEL. 0461604141
donatimarcovini@libero.it

- ○ Trentino Riesling Stellato '10 — 🍷🍷 4*
- ● Teroldego Rotaliano Bagolari '10 — 🍷🍷 5
- ● Teroldego Rotaliano Sangue del Drago '09 — 🍷🍷 6
- ● Costa Dei Sauri '09 — 🍷 5

Francesco Moser

FRAZ. MEANO
VIA CASTEL DI GARDOLO, 5
38121 TRENTO
TEL. 0461990786
www.cantinemoser.com

- ● Lagrein Dea Mater '09 — 🍷🍷 5
- ○ Riesling '10 — 🍷🍷 4*
- ○ Trento 51,151 — 🍷🍷 5
- ○ Traminer Aromatico '10 — 🍷 4

Madonna delle Vittorie

VIA LINFANO, 81
38062 ARCO [TN]
TEL. 0464505432
www.madonnadellevittorie.it

- ○ Trento Brut '06 — 🍷🍷 4*
- ● Trentino Lagrein Dunkel '09 — 🍷 3

Maso Bastie

LOC. BASTIE, 1
38060 VOLANO [TN]
TEL. 0464412747
www.masobastie.it

- ● Pra' dei Fanti '10 — 🍷🍷 5
- ● Trentino Moscato Rosa '10 — 🍷🍷 6
- ○ Edys — 🍷 6

Maso Martis

LOC. MARTIGNANO
VIA DELL'ALBERA, 52
38121 TRENTO
TEL. 0461821057
www.masomartis.it

○ Trento Maso Martis Ris. '05	6
⊙ Trento Maso Martis Rosè	6
● Moscato Rosa '10	6
○ Trentino Chardonnay '10	4

Opera

VIA III NOVEMBRE, 8
38030 GIOVO [TN]
TEL. 0461684302
www.operavaldicembra.it

○ Trento Opera '07	6
⊙ Trento Opera Rosè	5

Pisoni

LOC. SARCHE - FRAZ. PERGOLESE DI LASINO
VIA SAN SIRO, 7A
38070 LASINO [TN]
TEL. 0461564106
www.pisoni.net

○ Trento Brut '07	4
⊙ Trento Brut Rosé '08	6
○ Trento Extra Brut Ris. '05	6

Revì

VIA FLORIDA, 10
38060 ALDENO [TN]
TEL. 3466651853
www.revispumanti.com

○ Trento Revì Brut '07	5
○ Trento Revì Rosè	4
○ Trento Pas Dosé	5

Arcangelo Sandri

VIA VANEGGE, 4
38010 FAEDO [TN]
TEL. 0461650935
www.arcangelosandri.it

○ Trentino Chardonnay I Canopi '10	4*
● Trentino Lagrein Capòr '08	5
○ Trentino Müller Thurgau Cosler '10	4*
○ Trentino Traminer Razer '10	4*

Toblino

FRAZ. SARCHE
VIA LONGA, 1
38070 CALAVINO [TN]
TEL. 0461564168
www.toblino.it

○ L'Ora	5
● Teroldego '09	4*
● Trentino Lagrein '09	3*
○ Trentino Müller Thurgau '10	3

Vinicola Aldeno

VIA ROMA, 76
38060 ALDENO [TN]
TEL. 0461842511
www.cantina-aldeno.it

● Trentino Rosso San Zeno '06	4
○ Trentino Traminer Aromatico Enopere '10	4*
○ Trento Altinum Brut	4*
● Trentino Merlot Althesin Flumen '09	4

Conti Wallenburg

LOC. MARTIGNANO
VIA BASSANO, 3
38040 TRENTO
TEL. 045913399
www.masowallenburg.it

○ Trento Riserva del Conte '06	6
○ Trentino Traminer Maria Adelaide '10	6
○ Trento Corte Imperiale Brut	5

阿尔托—阿迪杰区
ALTO ADIGE

2012年，阿尔托—阿迪杰（Alto Adige）地区带给我们许多惊喜。一些生产商在本年鉴上缺席数年后，重新回归。如阿罗伊斯•拉加德（Alois Lageder）以及其他酒庄，此前几年均与“三杯奖”擦肩而过，2012年再次获奖。情况相同的还有工艺精良的伊格纳兹•涅德里斯特（Ignaz Niedrist）酒庄和施塔尔贝格•拜伦•西格蒙德•克里普（Stachlburg Baron Sigmund Kripp）酒庄。以下是首次获奖的酒庄，如梅洛杰（Malojer）家族的古莫霍夫（Gummerhof）酒庄，海恩里奇与托马斯•罗特斯坦纳（Obermoser Heinrich &Thomas Rottensteiner）酒庄，圣保罗（Cantina Produttori San Paolo）酒庄。博尔扎诺省（Bolzano）的整体成绩非常不错。2010年有多款优质白葡萄酒出产，但琼瑶浆葡萄酒（Gewürztraminer）可能是唯一的例外，其中尤其出色的是白皮诺（Pinot Bianco）和苏维翁（Sauvignon），这两款葡萄酒各自的高雅气质和清新口味为它们赢得了一系列了不起的奖项。与往年相同，出自伊萨尔科山谷（Arco）和韦诺斯塔山谷（Venosta）的多款葡萄酒均获得了“三杯奖”。特别是伊萨尔科山谷（Venosta）生产的葡萄酒，已经体现出成熟的风格和真实的地域性，令人印象深刻。我们也注意到，被长期忽视的灰皮诺（Pinot Grigio）葡萄酒，其品质在数年前就开始大幅提升。2012年出现了一系列优质、口感均衡的葡萄酒产品。红葡萄酒方面，拉格林（Lagrein）在2009年表现甚佳，其在生产技术和产品的个性表达上取得了很大进步。迄今为止，橡木桶质量衡定的不断精确、陈酿过程中口感的均衡以及萃取程度的准确把握，均使以泥土味和柑橘味为主的葡萄酒，拥有了看不见的复杂性、协调性和优雅气质。本地另一款杰出葡萄酒——斯其阿瓦（Schiava）在2009年不断成长发展，但在2010年表现欠佳。不同的是，产自卡尔达罗湖（Caldaro）的优质葡萄酒一直保持着甘醇甜美的口感，令人满意，普恩泰（Puntay）庄园从厄斯特&涅维（Erste&Neue）酒庄中挑选出来的葡萄酒已获得“三杯奖”，足以印证这一点。我们关于巴列•韦诺斯塔（Valle Venosta）的评论同样适用于特拉诺（Terlano），这是阿尔托—阿迪杰地区（Alto Adige）另一重要的葡萄酒产区。最初，提到该地区我们几乎仅能想到特拉诺（Terlano）联营酒庄出产的葡萄酒，而现在，该地区在整体上似乎已形成了一种清晰、复杂而和谐的风格，这种风格与其“一级葡萄酒”的称号是十分相符的。

★Abbazia di Novacella

Fraz. Novacella
via dell'Abbazia, 1
39040 Varna/Vahrn [BZ]
Tel. 0472836189
www.abbazianovacella.it

藏酒销售
预约参观
年产量 650 000 瓶
葡萄种植面积 20 公顷

始建于1142年的阿巴吉亚（Abbazia di Novacella）酒庄，位于意大利葡萄酒生产的顶级行列。该酒庄生产的葡萄酒拥有广阔并在不断扩大的市场，而酒庄的管理者乌尔班•冯•克里布莱斯伯格（Urban von Kleblesberg），以及这座宏伟庄园的所有者奥古斯丁尼安斯（Augustinians）以及酿酒师克莱斯蒂诺•卢西恩（Celestino Lucin）才是酒庄成功背后的真正原因。他们生产的威尔提丽娜（Veltliner）葡萄酒、克内（Kerner）葡萄酒、塞尔瓦纳（Sylvaner）葡萄酒是他们的明星级产品，他们同样生产雷司令（Riesling）葡萄酒、苏维翁（Sauvignon）葡萄酒、灰皮诺（Pinot Grigio）葡萄酒以及拉格林（Lagrein）和黑皮诺（Pinot Nero）这两款红葡萄酒。千万不要错过前往这座独特而美丽的酒庄参观游览。

○ A. A. Valle Isarco Riesling Praepositus '09	🍷🍷🍷	6
○ A. A. Valle Isarco Kerner Praepositus '10	🍷🍷	5
○ A. A. Valle Isarco Sylvaner Praepositus '10	🍷🍷	5
● A. A. Moscato Rosa Praepositus '10	🍷🍷	6
○ A. A. Sauvignon '10	🍷🍷	4
○ A. A. Valle Isarco Gewürztraminer Praepositus '10	🍷🍷	5
○ A. A. Valle Isarco Kerner '10	🍷🍷	4
○ A. A. Valle Isarco Kerner Praepositus Passito '09	🍷🍷	6
○ A. A. Valle Isarco Müller Thurgau '10	🍷🍷	4
○ A. A. Valle Isarco Pinot Grigio '10	🍷🍷	4
○ A. A. Valle Isarco Sylvaner '10	🍷🍷	4
○ A. A. Valle Isarco Veltliner '10	🍷🍷	4
○ A. A. Valle Isarco Riesling Praepositus '08	🍷🍷🍷	6
○ A. A. Valle Isarco Riesling Praepositus '06	🍷🍷🍷	5
○ A. A. Valle Isarco Sylvaner Praepositus '08	🍷🍷🍷	5
○ A. A. Valle Isarco Sylvaner Praepositus '07	🍷🍷🍷	5

Cantina Produttori Andriano

via Silberleiten, 7
39018 Terlano/Terlan [BZ]
Tel. 0471257156
www.cantina-andriano.com

藏酒销售
预约参观
年产量 300 000 瓶
葡萄种植面积 70 公顷

安德里亚诺（Andriano）酒庄已达到了葡萄酒界中较高的水准，它一直在进步。“特拉诺（Terlano）待遇”已取得成效：从葡萄园到葡萄本身，不同的产品系列都是经过精心挑选的，为了保证其出产酒品的标志性特色。安德里亚诺（Andriano）酒庄生产的多为白葡萄酒，其拥有阿尔托—阿迪杰（Alto Adige）地区最好的梅洛（merlot）葡萄园。

○ A. A. Gewürztraminer Movado '10	🍷🍷	6
● A. A. Lagrein Rubeno '10	🍷🍷	4*
○ A. A. Pinot Bianco '10	🍷🍷	4*
○ A. A. Sauvignon Blanc Andrius '10	🍷🍷	6
● A. A. Lagrein Tor di Lupo '08	🍷🍷	6
○ A. A. Pinot Grigio '10	🍷🍷	4*
● A. A. Santa Maddalena '10	🍷🍷	4*
● A. A. Traminer Aromatico Passito Juvelo '09	🍷🍷	5
● A. A. Merlot Gant '08	🍷	6
● A. A. Cabernet Tor di Lupo '00	🍷🍷🍷	5
○ A. A. Gewürztraminer Movado '09	🍷🍷🍷	6
● A. A. Lagrein Scuro Tor di Lupo '00	🍷🍷🍷	5

Baron Widmann

Endergasse, 3
39040 Cortaccia/Kurtatsch [BZ]
Tel. 0471880092
www.baron-widmann.it

藏酒销售
预约参观
年产量 35 000 瓶
葡萄种植面积 15 公顷

安德里亚斯•惠特曼（Andreas Widmann）是一个极其谨慎、谦礼待人的人。他极力维护自己的葡萄种植和酿造法，但同时流露出想要尝试新鲜事物的强烈欲望，这是不同寻常的。他的葡萄酒充分体现了他的风格，成熟却又拥有华而不露的高贵气息，其口感是如此的微妙细致，所以不易被人察觉。在这样一个过分追求浓郁和奢华的葡萄酒的年代，此举无疑是非常冒险的。但正因如此，拜伦•惠特曼（Baron Widmann）出品的葡萄酒大受欢迎。

○ A. A. Sauvignon '10	4*
○ Vigneto delle Dolomiti Bianco Weiss '10	5
● A. A. Schiava '10	4*
● Vigneto delle Dolomiti Rosso Rot '09	5
● A. A. Cabernet Feld '91	5
● A. A. Cabernet-Merlot Auhof '97	5
● A. A. Merlot '93	5
● A. A. Cabernet-Merlot Rot '04	5
○ A. A. Gewürztraminer '09	5
● A. A. Schiava '07	4*
○ A. A. Weiss '08	4*
● Rot '08	5

Josef Brigl

loc. San Michele
via Madonna del Riposo, 3
39057 Appiano/Eppan [BZ]
Tel. 0471662419
www.brigl.com

藏酒销售
预约参观
年产量 1 500 000 瓶
葡萄种植面积 50 公顷

伊格纳兹（Ignaz）和约瑟夫•布里吉尔（Josef Brigl）拥有阿尔托—阿迪杰地区最古老的酒庄之一，其所拥有的葡萄园也是博尔扎诺省（Bolzano）最好的葡萄园之一。该酒庄有着悠久的传统，最早关于它的文字记录要追溯到14世纪早期。但是你会发现，它有能力适应日益苛刻的市场要求。然而，我们感觉到，它巨大的潜力还没有被完全发掘出来。

○ A. A. Terlano Drei König Hof '10	4*
○ A. A. Gewürztraminer Windegg '10	4
○ A. A. Sauvignon '10	4
● A. A. Lago di Caldaro Cl. Sup. Kaltenburg '10	4
● A. A. Lagrein Briglhof '08	6
○ A. A. Pinot Grigio Windegg '10	4
● A. A. Pinot Nero Briglhof '08	6
● A. A. Pinot Nero Kreuzbichler '08	5
● A. A. Santa Maddalena Rielerhof '10	4
● A. A. Schiava Haselhof '10	4
● A. A. Lago di Caldaro Scelto Cl. Sup. Windegg '09	4*
● A. A. Santa Maddalena Rielerhof '06	4*
○ A. A. Sauvignon '07	4*

★Cantina di Caldaro

VIA CANTINE, 12
39052 CALDARO/KALTERN [BZ]
TEL. 0471963149
www.kellereikaltern.com

藏酒销售
预约参观
年产量 1 900 000 瓶
葡萄种植面积 300 公顷

卡尔达罗（Cantina di Caldaro）酒庄是阿尔托—阿迪杰地区最具影响力、最稳固的葡萄酒生产商之一，其主管为阿尔民•迪瑟托里（Armin Dissertori）。近几年来，该酒庄出品的葡萄酒在整体风格上获得了较大提升，很大程度上归功于谦虚的酒窖技师安德里亚斯•普莱斯特（Andreas Praest）。该酒庄出品的葡萄酒包括具有个性的木地特色葡萄酒，从拉格•迪卡尔达罗（Lago di Caldaro）葡萄酒到赤霞珠（Cabernet Sauvignon）红葡萄酒、白皮诺（Pinot Bianco）葡萄酒以及琼瑶浆（Gewürztraminer）葡萄酒。该酒庄还出品一款采用生机互动农耕认证的葡萄酒——索罗斯（Solos）葡萄酒。值得一提的是，该酒庄出品的莫斯卡托•吉阿洛•帕西托•赛瑞纳德（Moscato Giallo Passito Serenade）葡萄酒是意大利最好的甜葡萄酒之一。

○ A. A. Moscato Giallo Castel Giovanelli Passito Serenade '08	🍷🍷🍷 8
● A. A. Lago di Caldaro Scelto Cl. Sup. Pfarrhof '10	🍷🍷 4*
○ A. A. Pinot Bianco Vial '10	🍷🍷 4*
○ A. A. Sauvignon Premstaler '10	🍷🍷 5
● A. A. Cabernet Sauvignon Pfarrhof Ris. '08	🍷🍷 7
○ A. A. Gewürztraminer Campaner '10	🍷🍷 5
● A. A. Lagrein Spigel '09	🍷🍷 5
○ A. A. Moscato Giallo Campaner '10	🍷🍷 5
○ Solos Bianco '10	🍷🍷 5
○ A. A. Kerner Carned '10	🍷 5
○ A. A. Moscato Giallo Passito Serenade '07	🍷🍷🍷 7
○ A. A. Moscato Giallo Passito Serenade '06	🍷🍷🍷 6
○ A. A. Moscato Giallo Passito Serenade '05	🍷🍷🍷 6
○ A. A. Moscato Giallo Passito Serenade '04	🍷🍷🍷 6

Castelfeder

VIA FRANZ HARPF, 15
39040 CORTINA SULLA STRADA DEL VINO/ KURTINIG [BZ]
TEL. 0471820420
www.castelfeder.it

藏酒销售
预约参观
年产量 400 000 瓶
葡萄种植面积 20 公顷

该酒庄是一家大型家族酒庄，自1989年起便由古恩瑟•乔安奈特（Günther Giovanett）管理。古思瑟将酒庄迁移至康蒂娜葡萄酒街村（Cortina Sulla Strada del Vino），一个拥有悠久葡萄种植历史的村庄。在这个村庄，主要种植的是白葡萄，如莎当尼（chardonnay）葡萄，灰皮诺（pinot grigio）葡萄，苏维翁（sauvignon）葡萄，以及琼瑶浆（gewürztraminer）葡萄。该酒庄的酒都是精心酿造，展现出固定结构和自身特色。最近几年，古恩瑟（Günther）的两个孩子开始和他一起工作：27岁的伊万（Ivan）极富天赋，尤其喜欢黑皮诺（Pinot Nero）葡萄酒，小女儿伊尼斯（Ines）也是一名葡萄酒酿造师。卡特斯特尔费尔德（Castelfeder）酒庄的未来似乎尽在其掌握之中，安全无忧。

● A. A. Pinot Nero Glener '09	🍷🍷 4*
○ A. A. Pinot Bianco Vom Stein '10	🍷🍷 4*
○ A. A. Gewürztraminer Vom Lehm '10	🍷 4
● A. A. Lagrein Burgum Novum Ris. '08	🍷 5
● A. A. Pinot Nero Burgum Novum Ris. '08	🍷 6
● A. A. Santa Maddalena Schallerhof '10	🍷 4
○ Sauvignon Raif '10	🍷 4
○ A. A. Chardonnay Villa Karneid '08	🍷🍷 4*
○ A. A. Gewürztraminer Endidae Passito '07	🍷🍷 6
○ A. A. Gewürztraminer Endidae Passito '05	🍷🍷 6
○ A. A. Gewürztraminer Vom Lehm '09	🍷🍷 4*
○ A. A. Gewürztraminer Vom Lehm '08	🍷🍷 4*
⊙ A. A. Lagrein Rosato '09	🍷🍷 4
○ A. A. Pinot Bianco '06	🍷🍷 4*
○ A. A. Pinot Grigio 15er '09	🍷🍷 4*
● A. A. Pinot Nero Burgum Novum Ris. '04	🍷🍷 6

★Cantina Produttori Colterenzio

LOC. CORNAIANO/GIRLAN
S.DA DEL VINO, 8
39057 APPIANO/EPPAN [BZ]
TEL. 0471664246
www.colterenzio.it

藏酒销售
预约参观
年产量 1 600 000 瓶
葡萄种植面积 315 公顷

斯科莱克比奇（Schreckbichl）或者说是柯尔特兰吉奥（Colterenzio）酒庄，都与阿尔托—阿迪杰地区的葡萄酒历史及其成功密不可分。20年前，该酒庄出品的葡萄酒就位于意大利葡萄酒界的顶级行列。刘易斯•雷弗（Luis Reifer）作为这座大型联营酒庄的长期管理者，和他的儿子霍夫冈（Wolfgang），将继续为这座根基牢固的酒庄创造一个又一个的成功。该酒庄因其生产的拉法•赤霞珠（Cabernet Sauvignon Lafoa）红葡萄酒以及同名的苏维翁葡萄酒而享誉国际。其始终如一、紧跟实际的定价政策，也是其取得巨大成功的重要原因。

- ● A. A. Merlot-Cabernet Sauvignon Cornelius Cornell '08 🍷🍷 6
- ● A. A. Moscato Rosa Rosatum Cornell '09 🍷🍷 6
- ○ A. A. Chardonnay Cornell Formigar '09 🍷🍷 6
- ○ A. A. Moscato Giallo Sand Praedium '10 🍷🍷 4
- ○ A. A. Pinot Bianco Thurner '10 🍷🍷 4*
- ○ A. A. Pinot Grigio '10 🍷🍷 4*
- ○ A. A. Pinot Grigio Puiten Praedium '10 🍷🍷 4
- ○ A. A. Chardonnay Altkirch '10 🍷 4
- ● A. A. Lagrein Cornell Sigis Mundus '07 🍷 6
- ○ A. A. Sauvignon Prail Praedium '10 🍷 4
- ● A. A. Cabernet Sauvignon Lafòa '04 🍷🍷🍷 7
- ● A. A. Cabernet Sauvignon Lafòa '03 🍷🍷🍷 8
- ● A. A. Cabernet Sauvignon Lafòa '01 🍷🍷🍷 8
- ● A. A. Cabernet Sauvignon Lafoa '00 🍷🍷🍷 8
- ○ A. A. Chardonnay Cornell '00 🍷🍷🍷 6
- ○ A. A. Gewürztraminer Cornell '05 🍷🍷🍷 5

Cantina Produttori Cortaccia

S.DA DEL VINO, 23
39040 CORTACCIA/KURTATSCH [BZ]
TEL. 0471880115
www.cantina-cortaccia.it

藏酒销售
预约参观
年产量 1 100 000 瓶
葡萄种植面积 180 公顷

科塔西亚（Cantina Produttori di Cortaccia）酒庄拥有在阿尔托—阿迪杰地区最稳固的葡萄酒联合运营传统。该酒庄的葡萄园占地约180公顷，有几处位于特级酒区的葡萄园。其中有一处便是靠近科塔西亚的弗雷恩费尔德（Freienfeld）。该葡萄园生产的赤霞珠（cabernet sauvignon）红葡萄以及品丽珠（cabernet franc）葡萄，都是用于生产该地区最好的解百纳（Cabernet）葡萄酒。该酒庄生产的葡萄酒还包括一系列由最优质的葡萄酿造的葡萄酒和高品质的基础系列葡萄酒。

- ○ A. A. Pinot Bianco Hofstatt '10 🍷🍷 4*
- ● A. A. Schiava Grigia Sonntaler '10 🍷🍷 4*
- ● A. A. Cabernet Kirchhügel Ris. '09 🍷🍷 5
- ○ A. A. Gewürztraminer '10 🍷🍷 5
- ○ A. A. Gewürztraminer Brenntal '09 🍷🍷 6
- ● A. A. Lagrein Frauriegel '08 🍷🍷 6
- ● A. A. Merlot Cabernet Soma '08 🍷🍷 5
- ○ A. A. Müller Thurgau Graun '10 🍷🍷 4
- ○ A. A. Sauvignon Kofl '10 🍷🍷 5
- ● A. A. Cabernet Freienfeld '97 🍷🍷🍷 6
- ○ A. A. Gewürztraminer Brenntal '02 🍷🍷🍷 6
- ○ A. A. Gewürztraminer Brenntal '00 🍷🍷🍷 5
- ● A. A. Lagrein Scuro Fohrhof '00 🍷🍷🍷 5

Peter Dipoli

via Villa, 5
39055 Egna/Neumarkt [BZ]
Tel. 0471813400
www.peterdipoli.com

年产量 35 000 瓶
葡萄种植面积 4.6 公顷

毋庸置疑，皮特•迪泊利（Peter Dipoli）在阿尔托—阿迪杰葡萄酒界极为出名。他好辩，却不擅交际。皮特在意大利葡萄酒、法国葡萄酒以及其他种类葡萄酒方面是个专家，特别喜爱黑皮诺（Pinot Noir）葡萄酒。他开放兼容，心胸宽广，因而成就了他最著名的一款葡萄酒的风格——品位高雅、技艺精良的苏维翁•沃格拉（Sauvignon Voglar）葡萄酒，其在同类葡萄酒中独树一帜。值得一提的还有两款红葡萄酒：一款是用赤霞珠（cabernet sauvignon）红葡萄酿造的雅格穆（Yugum）葡萄酒，另一款是梅洛•菲儿（Merlot Fihl）葡萄酒。

- ● A. A. Merlot-Cabernet Sauvignon Yugum '07 — 5
- ○ A. A. Sauvignon Voglar '09 — 5
- ● A. A. Merlot-Cabernet Sauvignon Yugum '05 — 5
- ○ A. A. Sauvignon Voglar '08 — 5
- ○ A. A. Sauvignon Voglar '07 — 5
- ○ A. A. Sauvignon Voglar '06 — 5

Egger-Ramer

via Guncina, 5
39100 Bolzano/Bozen
Tel. 0471280541
www.egger-ramer.com

藏酒销售
预约参观
年产量 100 000 瓶
葡萄种植面积 14 公顷

技术高超的葡萄栽培家和葡萄酒酿造师皮特•伊格（Peter Egger）管理经验丰富，一直经营着这家历史悠久的酒庄，并一直有着提升出产葡萄酒品质的强烈愿望。最近几年，他们生产的葡萄酒的确在稳步改进，幸运的是，它们的价格依然保持在极易让人接受的水平。该酒庄每年生产100 000瓶左右的葡萄酒，包括本地所有经典系列酒品，其中首推拉格林（Lagrein）葡萄酒和圣塔•玛塔莲娜（Santa Maddalena）葡萄酒，它们保持着一贯的优雅，极富特色。

- ● A. A. Lagrein Kristan '09 — 4*
- ● A. A. Santa Maddalena 1880 '10 — 4*
- ● A. A. Lagrein '09 — 4
- ○ A. A. Valle Isarco Müller Thurgau '10 — 4
- ● A. A. Lagrein Gries Tenuta Kristan Ris. '05 — 5
- ● A. A. Lagrein Gries Tenuta Kristan Ris. '04 — 5
- ● A. A. Lagrein Scuro Gries Kristan '04 — 4*
- ● A. A. Lagrein Scuro Gries Tenuta Kristan '06 — 4*
- ● A. A. Santa Maddalena Cl. Reiseggerhof '06 — 4*
- ○ A. A. Valle Isarco Müller Thurgau '07 — 4*

Erbhof Unterganzner Josephus Mayr

FRAZ. CARDANO
VIA CAMPIGLIO, 15
39053 BOLZANO/BOZEN
TEL. 0471365582
www.tirolensisarsvini.it

藏酒销售
预约参观
年产量 65 000 瓶
葡萄种植面积 9 公顷

约瑟夫•迈尔（Josephus Mayr）是一个十分出色的葡萄栽培家，他渴望试验出新款葡萄酒并始终热情高涨，为该酒庄更好的发展做出了贡献。位于博尔扎诺（Bolzano）盆地东部边缘的安特甘泽那（Unterganzner）农场，生产的葡萄酒特色鲜明，口感稠密，味道集中，有时显得十分朴素但绝对与众不同，包括圣塔•玛塔莲娜（Santa Maddalena）葡萄酒、拉格林（Lagrein）葡萄酒以及解百纳（Cabernet）红葡萄酒。以干拉格林葡萄酿造的拉玛林（Lamarein）葡萄酒尤其值得一提，其在阿尔托—阿迪杰地区出品的葡萄酒中风格独特。

- ● A. A. Lagrein Ris. '08 YY 6
- ● Composition Reif '09 YY 7
- ● Lamarein '09 YY 7
- ● A. A. Santa Maddalena Cl. '09 YY 4
- ○ A. A. Sauvignon Platt & Pignat '10 YY 4
- ● A. A. Lagrein Scuro Ris. '05 YYY 5
- ● A. A. Lagrein Scuro Ris. '01 YYY 5
- ● A. A. Lagrein Scuro Ris. '00 YYY 5
- ● A. A. Lagrein Scuro Ris. '99 YYY 5
- ● A. A. Lagrein Scuro Ris. '98 YYY 5
- ● A. A. Lagrein Scuro Ris. '97 YYY 5
- ● Lamarein '05 YYY 7

Erste+Neue

VIA DELLE CANTINE, 5/10
39052 CALDARO/KALTERN [BZ]
TEL. 0471963122
www.erste-neue.it

藏酒销售
预约参观
年产量 1 000 000 瓶
葡萄种植面积 320 公顷

厄斯特&涅维（Erste&Neue）酒庄位于卡尔达罗（Caldaro），是博尔扎诺（Bolzano）省最顶尖的联营酒庄之一。该酒庄现拥有三处庄园，年产量达到100万瓶，其中最重要的一处是普恩泰庄园（Puntay）。其生产的葡萄酒种类几乎包含了阿尔托—阿迪杰地区所有类型的葡萄酒，而拉格•迪卡尔达罗（Lago di Caldaro）葡萄酒则成了该酒庄标志性葡萄酒。除此之外，该酒庄还生产普鲁纳（Prunar）葡萄酒，这是一款顶级的白皮诺（Pinot Bianco）葡萄酒，年轻的酒窖技师格哈德（Gerhard）对此十分喜爱。该酒庄的所有葡萄酒类型优良，风格定位准确。

- ● A. A. Lago di Caldaro Cl. Sup. Puntay '10 YYY 4*
- ● A. A. Moscato Rosa '08 YY 6
- ○ A. A. Pinot Bianco Prunar '10 YY 4*
- ○ A. A. Sauvignon Puntay '10 YY 6
- ● A. A. Cabernet-Merlot Feld '09 YY 5
- ● A. A. Lago di Caldaro Cl. Sup. Leuchtenburg '10 YY 4*
- ○ A. A. Pinot Grigio Grauer '10 YY 4
- ○ A. A. Sauvignon Stern '10 YY 5
- ○ Anthos '08 YY 6
- ○ A. A. Gewürztraminer Puntay '10 Y 6
- ○ A. A. Riesling Rifall '10 Y 5
- ○ A. A. Gewürztraminer Puntay '01 YYY 5
- ○ A. A. Sauvignon Puntay '06 YYY 5

Falkenstein - Franz Pratzner

via Castello, 15
39025 Naturno/Naturns [BZ]
Tel. 0473666054
www.falkenstein.bz

藏酒销售
预约参观
年产量 45 000 瓶
葡萄种植面积 7 公顷
葡萄栽培方式 有机种植

20世纪90年代中期，弗朗泽•普拉泽纳（Franz Pratzner）酒庄开始名声大噪，因其生产的雷司令（Riesling）葡萄酒口感稠密，味道集中，特色鲜明，强调了瓦尔•维诺斯塔（Valle Venosta）风格，该风格最近变得十分流行。酒庄的访客不仅可以品尝到优质的雷司令（Riesling）葡萄酒，更能欣赏到阿尔托—阿迪杰地区最为陡峭而浓密的葡萄园所呈现的壮观景象。弗朗泽（Franz）是一个行胜于言的人。他的雷司令（Riesling）和白皮诺（Pinot Bianco）是你不能错过的优质葡萄酒，其生产的黑皮诺葡萄酒（Pinot Nero）和苏维翁葡萄酒（Sauvignon）同样趣味盎然。

○ A. A. Valle Venosta Riesling '10	🍷🍷🍷 6
○ A. A. Valle Venosta Pinot Bianco '10	🍷🍷 5
○ A. A. Valle Venosta Sauvignon '10	🍷🍷 5
● A. A. Valle Venosta Pinot Nero '08	🍷🍷 6
○ A. A. Valle Venosta Pinot Bianco '07	🍷🍷🍷 5
○ A. A. Valle Venosta Riesling '09	🍷🍷🍷 6
○ A. A. Valle Venosta Riesling '08	🍷🍷🍷 6
○ A. A. Valle Venosta Riesling '07	🍷🍷🍷 6
○ A. A. Valle Venosta Riesling '06	🍷🍷🍷 6
○ A. A. Valle Venosta Riesling '05	🍷🍷🍷 6
○ A. A. Valle Venosta Riesling '00	🍷🍷🍷 5
○ A. A. Valle Venosta Riesling '98	🍷🍷🍷 5

Garlider
Christian Kerchbaumer

via Untrum, 20
39040 Velturno/Feldthurns [BZ]
Tel. 0472847296
www.garlider.it

藏酒销售
预约参观
年产量 20 000 瓶
葡萄种植面积 4 公顷
葡萄栽培方式 有机认证

克里斯坦•科奇宝莫（Christian Kerchbaumer）是个年轻有为、技术高超的葡萄酒生产商，但最重要的是，他对葡萄酒有着极大的热情。他的新葡萄园、新研究项目以及进行的实验都是在探究如何合理使用环境酵母。在加尔里德（Garlider）酒庄，白葡萄酒占生产的主导地位，主要为经典版的伊萨科山谷（Valle Isarco）类型的葡萄酒。此外，该酒庄还生产产量仅为几百瓶的当地黑皮诺（Pinot Nero）葡萄酒。该酒庄生产的葡萄酒口感自然、富有表现力、个性鲜明，总会带有伊萨科山谷以南的葡萄酒风格的味道。我们毕竟是在山谷的最南边——维尔特鲁诺地区（Velturno）。

○ A. A. Valle Isarco Sylvaner '10	🍷🍷 4*
○ A. A. Valle Isarco Veltliner '10	🍷🍷 5
○ A. A. Valle Isarco Gewürztraminer '10	🍷🍷 5
○ A. A. Valle Isarco Müller Thurgau '10	🍷🍷 4*
○ A. A. Valle Isarco Pinot Grigio '10	🍷🍷 5
○ A. A. Valle Isarco Veltliner '09	🍷🍷 5
● A. A. Pinot Nero '09	🍷 5
○ A. A. Valle Isarco Sylvaner '09	🍷🍷🍷 4*
○ A. A. Valle Isarco Veltliner '08	🍷🍷🍷 5*
○ A. A. Valle Isarco Veltliner '07	🍷🍷🍷 6
○ A. A. Valle Isarco Veltliner '05	🍷🍷🍷 4*
○ A. A. Valle Isarco Müller Thurgau '09	🍷🍷 4*

Cantina Girlan

LOC. CORNAIANO/GIRLAN
VIA SAN MARTINO, 24
39050 APPIANO/EPPAN [BZ]
TEL. 0471662403
www.girlan.it

藏酒销售
预约参观
年产量 1 000 000 瓶
葡萄种植面积 230 公顷

该酒庄作为阿尔托—阿迪杰地区最具活力的酒庄之一而跻身前列。我们十分期待奥斯卡•罗兰迪（Oscar Lorandi）格尔拉德•科弗勒（Gherard Kofler）的合作。他们生产的葡萄酒口感浓郁，展示出了超高的酿造技术水平和愈发鲜明的个性。酒庄产出的主要酒品有皮诺（Pinot Bianco）葡萄酒、苏维翁（Sauvignon）葡萄酒、琼瑶浆（Gewürztraminer）葡萄酒以及黑皮诺（Pinot Nero）葡萄酒。还有两款传奇葡萄酒：斯其阿瓦（Schiava）葡萄酒和法斯（Fass N°9）葡萄酒是该酒庄的主要产品。该酒庄的另一大优势是具有吸引力的价格，公道合理，丝毫不会影响出产酒品受欢迎的程度。

- ○ A. A. Sauvignon Flora '10 — 6
- ○ A. A. Gewürztraminer Flora '10 — 6
- ○ A. A. Pinot Bianco Plattenriegl '10 — 4*
- ● A. A. Pinot Nero Patricia '09 — 5
- ○ A. A. Bianco Riserva '09 — 5
- ○ A. A. Chardonnay Flora '09 — 5
- ○ A. A. Pinot Grigio '10 — 4*
- ○ A. A. Sauvignon Indra '10 — 5
- ● A. A. Schiava Faß N° 9 '10 — 4
- ○ A. A. Sauvignon Indra '08 — 4*
- ○ A. A. Sauvignon Sel. Flora '09 — 5
- ● A. A. Schiava Gschleier '90

Glögglhof - Franz Gojer

FRAZ. SANTA MADDALENA
VIA RIVELLONE, 1
39100 BOLZANO/BOZEN
TEL. 0471978775
www.gojer.it

藏酒销售
预约参观
年产量 45 000 瓶
葡萄种植面积 6.5 公顷

弗朗泽•格济尔（Franz Gojer）在葡萄酒生产商中声名远播。他是一个知识渊博、力争上游、平易近人的人。自1982年继承这家酒庄后，他开始生产一些博尔扎诺地区最为经典、优质的葡萄酒。格洛格霍夫（Glögglhof）酒庄位于博尔扎诺北部地区的圣塔•玛塔莲娜山（Santa Maddalena）上，位置显眼，生产的葡萄酒类型为当地特有的葡萄酒，其中为首的便是以圣塔•玛塔莲娜山命名的葡萄酒。过去，弗朗泽（Franz）曾是生产圣塔•玛塔莲娜（Santa Maddalena）葡萄酒的大师，而他的普通酒款式和隆代尔（Rondell）精选葡萄酒同样长期位于最优质的葡萄酒行列。

- ○ A. A. Kerner Karneid '10 — 4
- ● A. A. Lagrein Furggl '10 — 4
- ● A. A. Santa Maddalena Rondell '10 — 4
- ● A. A. Lagrein Ris. '08 — 5
- ● A. A. Santa Maddalena Cl. '10 — 4
- ● A. A. Schiava Karneid '10 — 3
- ● A. A. Lagrein '09 — 4*
- ● A. A. Lagrein '08 — 4*
- ● A. A. Lagrein Scuro Ris. '04 — 5
- ● A. A. Lagrein Scuro Ris. '03 — 5
- ● A. A. Santa Maddalena Rondell '09 — 4*
- ● A. A. Santa Maddalena Rondell '07 — 4*

Cantina Gries
Cantina Produttori Bolzano

FRAZ. GRIES
P.ZZA GRIES, 2
39100 BOLZANO/BOZEN
TEL. 0471270909
www.cantinabolzano.com

藏酒销售
预约参观
年产量 1 500 000 瓶
葡萄种植面积 170 公顷

格利斯（Gries）酒庄位于博尔扎诺郊外南部的格利斯地区（Gries），是生产阿尔托—阿迪杰古老传统版红葡萄酒的核心地区。该酒庄是拉格林•斯库罗（Lagrein Scuro）葡萄酒的顶级生产商。经典而具有威望的葡萄酒生产线出产的拜伦•卡尔•艾尔收藏版葡萄酒（the Collection Baron Carl Eyrl）以及标准的拉格林•格雷瑟（Lagrein Griser）葡萄酒是该品牌的出色代表。该酒庄同样生产大品牌的葡萄酒，例如莫斯卡托•吉阿罗•维耐利亚（Moscato Giallo Vinalia）葡萄酒、莫斯卡托（Moscato Rosa Rosis）葡萄酒和梅洛（Merlot Otto Graf Huyn Riserva）珍藏版葡萄酒。

● A. A. Lagrein Prestige Line Ris. '09	🍷🍷	6
● A. A. Cabernet Gries '09	🍷🍷	5
● A. A. Lagrein Collection '09	🍷🍷	4
● A. A. Lagrein Merlot '09	🍷🍷	7
○ A. A. Moscato Giallo Vinalia '09	🍷🍷	8
● A. A. Lagrein Scuro Grieser Prestige Line Ris. '93	🍷🍷🍷	5
● A. A. Lagrein Scuro Prestige Line Ris. '06	🍷🍷🍷	6
● A. A. Lagrein Scuro Prestige Line Ris. '00	🍷🍷🍷	6
● A. A. Lagrein Scuro Prestige Line Ris. '99	🍷🍷🍷	6
○ A. A. Moscato Giallo Vinalia '03	🍷🍷🍷	6
○ A. A. Moscato Giallo Vinalia '99	🍷🍷🍷	5
○ A. A. Pinot Bianco Collection Dellago '06	🍷🍷🍷	4*
● A. A. Lagrein Collection Baron Eyrl '08	🍷🍷	4*

Gummerhof - Malojer

VIA WEGGESTEIN, 36
39100 BOLZANO/BOZEN
TEL. 0471972885
www.malojer.it

藏酒销售
预约参观
年产量 100 000 瓶
葡萄种植面积 6 公顷

最早关于古莫霍夫（Gummerhof）酒庄的文字记载可以追溯到1480年。酒庄曾位于博尔扎诺北部大片葡萄园中，现今由乌尔班（Urban）、伊丽莎白（Elisabeth）以及阿尔弗雷德•梅洛杰（Alfred Malojer）经营。该酒庄主要集中生产该地区传统经典类型的红葡萄酒，比如拉格林（Lagrein）葡萄酒、圣塔•玛塔莲娜（Santa Maddalena）葡萄酒。与此同时，他们也生产过几款相当不错的白葡萄酒和行销海外的红葡萄酒，比如解百纳（Cabernet）红葡萄酒和梅洛（Merlot）葡萄酒。通过酒庄工作人员的辛勤工作加上酒庄技师的卓越技巧，该酒庄出品的葡萄酒质量上乘、口感高雅，一直以来价格也十分合理，值得购买。

● A. A. Lagrein Gries '09	🍷🍷🍷	4*
● A. A. Cabernet Ris. '08	🍷🍷	5
● A. A. Lagrein Ris. '08	🍷🍷	5
○ A. A. Pinot Bianco '10	🍷🍷	4*
○ A. A. Pinot Grigio Gur zu Sand '10	🍷🍷	4*
● A. A. Cabernet-Lagrein Bautzanum Cuvée Ris. '08	🍷	5
● A. A. Lagrein Scuro Gummerhof zu Gries '07	🍷🍷	4*
● A. A. Lagrein Scuro Ris. '05	🍷🍷	5
● A. A. Lagrein Scuro Ris. '04	🍷🍷	5
○ A. A. Pinot Grigio Gur zu Sand '08	🍷🍷	4*
● A. A. Santa Maddalena Cl. '09	🍷🍷	4*
○ A. A. Sauvignon Gur zur Sand '07	🍷🍷	4*

Gumphof
Markus Prackwieser

LOC. NOVALE DI PRESULE, 8
39050 FIÈ ALLO SCILIAR/VÖLS AM SCHLERN [BZ]
TEL. 0471601190
www.gumphof.it

藏酒销售
预约参观
年产量 40 000 瓶
葡萄种植面积 5 公顷

马库斯•普拉克维瑟（Markus Prackwieser）是一个充满热情的年轻人，他代表了最近十年来，新一批葡萄栽培家为阿尔托—阿迪杰地区葡萄酒业带来的巨大的、积极的影响。他的小型酒庄有一座葡萄园，位于西利亚山（Sciliar）陡峭的山坡上，距伊萨克（Valle Isarco）山庄仅有几百米，却受到了一些该地区葡萄酒风格的影响。酒庄出产的白葡萄酒充满活力，富含矿物气息，由于马库斯（Markus）在葡萄园中的辛勤工作，出品的酒品中更添加了个性和复杂性。该酒庄出品白皮诺（Pinot Bianco）葡萄酒、苏维翁（Sauvignon）葡萄酒、黑皮诺（Pinot Nero）葡萄酒和琼瑶浆（Gewürztraminer）葡萄酒，而其生产的斯其阿瓦（Schiava）葡萄酒是最好的葡萄酒之一。

○ A. A. Pinot Bianco Praesulis '10	4*
● A. A. Pinot Nero Gumphof '09	5
○ A. A. Sauvignon Praesulis '10	5
○ A. A. Gewürztraminer Praesulis '10	5
○ A. A. Pinot Bianco '10	4*
● A. A. Schiava '10	4*
○ A. A. Pinot Bianco Praesulis '06	4*
○ A. A. Sauvignon Praesulis '09	5
○ A. A. Sauvignon Praesulis '07	5*
○ A. A. Sauvignon Praesulis '04	5*
○ A. A. Gewürztraminer Praesulis '07	5
○ A. A. Pinot Bianco Praesulis '09	4*
○ A. A. Pinot Bianco Praesulis '08	4*
○ A. A. Pinot Bianco Praesulis '07	4*
○ A. A. Sauvignon Praesulis '08	5

Franz Haas

VIA VILLA, 6
39040 MONTAGNA/MONTAN [BZ]
TEL. 0471812280
www.franz-haas.it

藏酒销售
预约参观
年产量 290 000 瓶
葡萄种植面积 50 公顷
葡萄栽培方式 有机种植

弗朗兹•哈斯（Franz Haas）和路易莎•玛娜（luisa Manna）凭借高度的专业性和对工作非比寻常的热情，在葡萄酒界常年占据领先地位。的确，孟坦（Montan）酒庄是阿尔托—阿迪杰地区最具声望的酒庄之一，不仅在意大利知名度高，更是享誉国际。持续进行着的农场有机改造和红葡萄酒生产过程中酵母的使用，就是这对夫妻不懈努力的见证。该酒庄出品的葡萄酒包括黑皮诺（Pinot Nero）葡萄酒、苏维翁（Sauvignon）葡萄酒、白皮诺（Pinot Bianco）葡萄酒和莫斯卡托玫瑰红（Moscato Rosa）葡萄酒，它们个性鲜明、风味优雅、品质可靠。

● A. A. Pinot Nero Schweizer '08	7
○ Manna '09	5
● A. A. Lagrein '09	5
○ A. A. Pinot Grigio '10	4
● A. A. Pinot Nero '09	5
⊙ A. A. Pinot Nero Rosé '10	5
● Istante '07	6
○ Moscato Giallo '10	5
● Schiava Sofi '10	5
○ A. A. Gewürztraminer '10	5
● A. A. Moscato Rosa Schweizer '00	5
● A. A. Pinot Nero Schweizer '02	6
● A. A. Pinot Nero Schweizer '01	6
○ Manna '07	5
○ Manna '05	5
○ Manna '04	5

Haderburg

FRAZ. BUCHOLZ
LOC. POCHI, 30
39040 SALORNO/SALURN [BZ]
TEL. 0471889097
www.haderburg.it

藏酒销售
预约参观
年产量 80000 瓶
葡萄种植面积 12 公顷
葡萄栽培方式 生机互动农耕认证

1977年，奥罗斯•奥奇森雷塔（Alois Ochsenreiter）和妻子克里斯蒂娜（Christine）决定将种植葡萄和苹果的果园改造成为生产起泡葡萄酒的酒庄，他们是阿尔托—阿迪杰地区最先进行此项尝试的人。他们不仅追求葡萄酒质量，同时尊重葡萄和葡萄酒本身最原始的质感。除了起泡葡萄酒，他们还生产黑皮诺（Pinot Nero）葡萄酒、苏维翁（Sauvignon）葡萄酒和琼瑶浆（Gewürztraminer）葡萄酒。奥罗斯（Alois）同时照管葡萄园和酒窖，酒窖的一部分位于全家人居住的农庄下面。该酒庄同时拥有奥博马尔霍夫（Obermairlhof）葡萄园，位于伊萨科山谷（Valle Isarco），采用生机互动农耕方式种植葡萄。

Wine	Rating
○ A. A. Spumante Hausmannhof Ris. '02	🍷🍷 7
⊙ A. A. Spumante Haderburg Rosé	🍷🍷 5
● A. A. Merlot - Cabernet Sauvignon Erah '07	🍷 6
● A. A. Pinot Nero Hausmannhof Ris. '08	🍷 6
○ A. A. Spumante Haderburg Pas Dosé '07	🍷 5
○ A. A. Spumante Hausmannhof Ris. '97	🍷🍷🍷 7
○ A. A. Valle Isarco Sylvaner Obermairlhof '05	🍷🍷🍷 4*
○ A. A. Cl. Brut Hausmannhof Ris. '96	🍷🍷 7
● A. A. Erah '03	🍷🍷 6
● A. A. Pinot Nero Hausmannhof Ris. '03	🍷🍷 6
○ A. A. Sauvignon Hausmannhof '08	🍷🍷 5
○ A. A. Spumante Hausmannhof Ris. '00	🍷🍷 7
○ A. A. Spumante Hausmannhof Ris. '99	🍷🍷 7
○ A. A. Valle Isarco Riesling Obermairlhof '05	🍷🍷 5*
○ A. A. Valle Isarco Sylvaner Obermairl '09	🍷🍷 4
○ A. A. Valle Isarco Sylvaner Obermairl '08	🍷🍷 4*

Hoandlhof Manfred Nössing

FRAZ. KRANEBIH
VIA DEI VIGNETI, 66
39042 BRESSANONE/BRIXEN [BZ]
TEL. 0472832672
www.manni-noessing.com

预约参观
年产量 17000 瓶
葡萄种植面积 4.3 公顷

曼尼•诺星（Manni Nössing）个性突出，对于自己的想法直言不讳，并不在意他人的好恶。他生产的葡萄酒与众不同、风味优雅、口感大胆，真实地反映了当地特色。曼尼（Manni）酒庄生产的葡萄酒类型包括经典版的伊萨科山谷葡萄酒（Valle Isarco）、维尔特里娜（Veltliner）葡萄酒、塞尔瓦纳（Sylvaner）葡萄酒、科纳（Kerner）葡萄酒以及穆勒•图尔高（Müller Thurgau）葡萄酒，总是与众不同，令人称奇。曼尼渴望生产更多特色鲜明、品质上乘的葡萄酒，这是他近乎疯狂的追求，但这并没有使该酒庄出品的葡萄酒丧失原有的复杂性。

Wine	Rating
○ A. A. Valle Isarco Kerner '10	🍷🍷🍷 5*
○ A. A. Valle Isarco Sylvaner '10	🍷🍷 5
○ A. A. Valle Isarco Veltliner '10	🍷🍷 5
○ A. A. Valle Isarco Müller Thurgau Sass Rigais	🍷🍷 5
○ A. A. Valle Isarco Kerner '06	🍷🍷🍷 4*
○ A. A. Valle Isarco Kerner '05	🍷🍷🍷 4*
○ A. A. Valle Isarco Kerner '03	🍷🍷🍷 4*
○ A. A. Valle Isarco Kerner '02	🍷🍷🍷 4
○ A. A. Valle Isarco Sylvaner '08	🍷🍷🍷 5*
○ A. A. Valle Isarco Sylvaner '04	🍷🍷🍷 4*
○ A. A. Valle Isarco Veltliner '09	🍷🍷🍷 6*
○ A. A. Valle Isarco Veltliner '07	🍷🍷🍷 5
○ A. A. Valle Isarco Müller Thurgau '08	🍷🍷 5
○ A. A. Valle Isarco Sylvaner '09	🍷🍷 5*
○ A. A. Valle Isarco Sylvaner '07	🍷🍷 4*

Köfererhof Günther Kershbaumer

FRAZ. NOVACELLA
VIA PUSTERIA, 3
39040 VARNA/VAHRN [BZ]
TEL. 0472836649
www.koefererhof.it

藏酒销售
预约参观
年产量 48 000 瓶
葡萄种植面积 5.5 公顷

古恩特•科斯宝莫（Günther Kershbaumer）既是年轻的葡萄酒生产商，也是极具天赋的品酒师，他本人和他酒庄出产的葡萄酒即使是在博尔扎诺省外也是极其有名的。该酒庄位于布莱萨诺（Bressanone）城郊，是古老的家族庄园，生产的白葡萄酒口感强烈、富有高贵气息并且均衡协调，迅速稳居意大利葡萄酒的顶级行列。该酒庄出产的塞尔瓦纳（Sylvaner）葡萄酒、科纳（Kerner）葡萄酒、雷司令（Riesling）葡萄酒、穆勒•图尔高（Müller Thurgau）葡萄酒以及灰皮诺（Pinot Grigio）葡萄酒都是其中的佼佼者。面对各式各样的葡萄酒，你将感到眼花缭乱，难以抉择。

- ○ A. A. Valle Isarco Riesling '10 — 5
- ○ A. A. Valle Isarco Pinot Grigio '10 — 5
- ○ A. A. Valle Isarco Sylvaner R '10 — 5
- ○ A. A. Valle Isarco Veltliner '10 — 4
- ○ A. A. Valle Isarco Kerner '10 — 5
- ○ A. A. Valle Isarco Müller Thurgau '10 — 4
- ○ A. A. Valle Isarco Sylvaner '10 — 4
- ○ A. A. Valle Isarco Gewürztraminer '10 — 5
- ○ A. A. Valle Isarco Pinot Grigio '09 — 5*
- ○ A. A. Valle Isarco Sylvaner R '09 — 5
- ○ A. A. Valle Isarco Sylvaner R '08 — 5
- ○ A. A. Valle Isarco Sylvaner R '07 — 5
- ○ A. A. Valle Isarco Sylvaner R '06 — 5
- ○ A. A. Valle Isarco Kerner '07 — 5
- ○ A. A. Valle Isarco Pinot Grigio '06 — 4*
- ○ A. A. Valle Isarco Riesling '07 — 5

Tenuta Kornell

FRAZ. SETTEQUERCE
VIA BOLZANO, 23
39018 TERLANO/TERLAN [BZ]
TEL. 0471917507
www.kornell.it

藏酒销售
预约参观
年产量 60 000 瓶
葡萄种植面积 15 公顷

该酒庄作为阿尔托—阿迪杰地区最美丽的庄园之一，四周葡萄园环绕，而这些葡萄园的土壤充满粘土和沙石，并且富含斑岩，其中有12公顷是酒庄所有的，另外3公顷则是租赁而来。庄园所在地属于地中海气候，园内的葡萄是1985至2005年间种植的，庄园的所有者弗洛瑞安•布瑞格（Florian Brigl）是一个充满激情、对自然有着深厚情感的人。所有这些都在其出产葡萄酒中有所体现，它们充满特色、近乎完美，不仅仅是因为这里有着最佳的土壤条件。这些葡萄酒同时具有极高的价值。

- ● A. A. Lagrein Greif '10 — 4
- ○ A. A. Pinot Bianco Eich '10 — 4
- ○ A. A. Sauvignon Cosmas '10 — 4
- ● A. A. Cabernet - Merlot Zeder '09 — 5
- ● A. A. Pinot Nero Marith '09 — 4
- ● A. A. Cabernet Sauvignon Staves '07 — 6
- ● A. A. Cabernet Sauvignon Staves '04 — 6
- ● A. A. Cabernet Sauvignon Staves '03 — 6
- ● A. A. Lagrein Staves Ris. '07 — 4*
- ● A. A. Merlot Staves '03 — 6
- ● A. A. Merlot-Cabernet Sauvignon Staves '03 — 6
- ○ A. A. Pinot Bianco Pinus '09 — 4
- ○ A. A. Sauvignon Cosmas '09 — 4
- ○ A. A. Sauvignon Cosmas '07 — 4*
- ○ A. A. Terlaner Savignon Cosmas '06 — 4*
- ● A. A. Zeder '07 — 4*

Tenuta Kränzl Graf Franz Pfeil

VIA PALADE, 1
39010 CERMES/TSCHERMS [BZ]
TEL. 0473564549
www.labyrinth.bz

藏酒销售
预约参观
年产量 35 000 瓶
葡萄种植面积 6 公顷
葡萄栽培方式 有机认证

有关市场全球化、口味标准化和喜好一致化等问题的讨论日益增多，对于想要逃离这一切的人们而言，他们可以在弗朗泽•普费尔（Franz Pfeil）的维恩古特•克朗泽尔（Weingut Kränzl）酒庄找到慰藉。这位技术非凡的葡萄栽培家和葡萄酒酿造家在连接博尔扎诺（Bolzano）和梅拉诺（Merano）的山谷处——斯凯尔莫斯（Tscherms），创造了一个生态环境绿洲。酒庄的葡萄园在1985年就开始有机化种植，葡萄园内部迷宫般的花园见证了弗朗泽坚定不移、秉承多年的保护环境的决心。该酒庄出品的葡萄酒充分体现了他的人生哲学，从不刻意追求过高的人工技术，有时则会出其不意，令人体验到无穷乐趣。

● A. A. Cabernet Lagrein Sagittarius '09	🍷🍷	6
○ Pinot Bianco Helios '10	🍷🍷	5
○ A. A. Gewürztraminer V.T. Dorado '09	🍷🍷	6
● Pinot Nero '08	🍷🍷	5
● A. A. Meranese Hügel '09	ΥΥ	4*
○ A. A. Passito Dorado '08	ΥΥ	6
○ A. A. Pinot Bianco Helios '08	ΥΥ	5
● A. A. Pinot Nero '06	ΥΥ	5
○ Corona '07	ΥΥ	6
○ Farnatzer '00	ΥΥ	8
○ Pinot Bianco Helios '07	ΥΥ	5
● Sagittarius '05	ΥΥ	6
● Schiava Baslan '09	ΥΥ	4*
● Schiava Baslan '08	ΥΥ	4*
● Schiava Baslan '07	ΥΥ	4*

★Kuenhof - Peter Pliger

LOC. MARA, 110
39042 BRESSANONE/BRIXEN [BZ]
TEL. 0472850546
pliger.kuenhof@rolmail.net

藏酒销售
预约参观
年产量 30 000 瓶
葡萄种植面积 6 公顷
葡萄栽培方式 有机种植

想将皮特•普利格（Peter Pliger）和他的葡萄酒酿造厂或是布莱萨诺（Bressanone）以南几公里外美丽的葡萄园分开是很困难的。他和那片土地以及曾经照料过的葡萄藤之间是密不可分的，这也是他工作的本质。所以他将外界事务统统交由美丽的妻子布利格蒂（Brigitte）处理。之前曾提到过，位于库恩霍夫（Kuenhof）的新葡萄园开始结第一批果实了。葡萄园的产量在逐渐增加，仓库也在逐步扩大。该酒庄出产的葡萄酒口感纯正，清新自然，个性突出。雷司令•凯顿（Riesling Kaiton）葡萄酒是该酒庄的代表性葡萄酒，与此同时，他们的塞尔瓦纳（Sylvaner）葡萄酒、威尔提丽娜（Veltliner）葡萄酒以及琼瑶浆葡萄酒（Gewürztraminer）也同样诱人。

○ A. A. Valle Isarco Riesling Kaiton '10	🍷🍷🍷	5
○ A. A. Valle Isarco Sylvaner '10	🍷🍷	5
○ A. A. Valle Isarco Veltliner '10	🍷🍷	5
○ A. A. Valle Isarco Gewürztraminer '10	🍷🍷	5
○ A. A. Valle Isarco Riesling Kaiton '07	ΥΥΥ	5*
○ A. A. Valle Isarco Riesling Kaiton '05	ΥΥΥ	4*
○ A. A. Valle Isarco Sylvaner '08	ΥΥΥ	5
○ A. A. Valle Isarco Sylvaner '06	ΥΥΥ	4*
○ A. A. Valle Isarco Sylvaner '03	ΥΥΥ	4*
○ A. A. Valle Isarco Sylvaner '02	ΥΥΥ	4*
○ A. A. Valle Isarco Sylvaner V.T. '04	ΥΥΥ	4*
○ A. A. Valle Isarco Veltliner '09	ΥΥΥ	4*
○ Kaiton '01	ΥΥΥ	4
○ A. A. Valle Isarco Sylvaner '07	ΥΥ	5
○ A. A. Valle Isarco Veltliner '07	ΥΥ	5

Alois + Tenuta Lageder

LOC. TÒR LÖWENGANG
V.LO DEI CONTI, 9
39040 MAGRÈ/MARGREID [BZ]
TEL. 0471809500
www.aloislageder.eu

藏酒销售
预约参观
年产量 1 500 000 + 250 000 瓶
葡萄种植面积 100 + 52 公顷
葡萄栽培方式 生机互动农耕认证

阿罗伊斯•拉加德（Alois Lageder）酒庄在意大利葡萄酒历史上占据着十分重要的地位，这一点在阿尔托—阿迪杰地区的葡萄酒历史中体现得尤为明显。罗文冈（Löwengang）葡萄酒、卡拉法斯（Krafuss）葡萄酒以及赤霞珠（Cor Römigberg）葡萄酒享誉国际，成为了意大利葡萄酒界的里程碑。该庄园由两部分组成：一部分是阿罗伊斯•拉加德（Alois Lageder）葡萄酒生产区，生产所用的葡萄从葡萄栽培者手中收购得来，生产过程由酒庄技术人员严格监控把关；另一部分是特鲁塔•拉加德（Tenutæ Lageder）葡萄酒生产区，占地面积52公顷，自20世纪90年代早期开始采用生机互动耕作法进行栽种，年产量约为每年250 000瓶。该酒庄出品的高品质葡萄酒展现了其对优雅高贵的追求，以及对每种葡萄酒不同特点的尊重。

● A. A. Cabernet Löwengang '07 7
○ A. A. Chardonnay Löwengang '08 7
● A. A. Lagrein Lindenburg '07 7
● A. A. Pinot Nero Krafuss '08 7
○ A. A. Beta Delta '10 5
○ A. A. Gewürztraminer Am Sand '09 6
○ A. A. Pinot Grigio '10 5
○ A. A. Riesling Rain '10 5
○ A. A. Sauvignon '10 5
○ A. A. Terlano Sauvignon Lehen '10 6
○ Contest '08 8
● A. A. Cabernet Löwengang '92 5
● A. A. Cabernet Sauvignon Cor Romigberg '90 6
○ A. A. Chardonnay Löwengang '89 5
○ A. A. Pinot Bianco Haberlerhof '93 5
○ A. A. Terlano Sauvignon Lehenhof '88 5

Cantina Laimburg

LOC. LAIMBURG, 6
39040 VADENA/PFATTEN [BZ]
TEL. 0471969700
www.laimburg.bz.it

预约参观
年产量 160 000 瓶
葡萄种植面积 45 公顷
葡萄栽培方式 有机种植

该酒庄位于瓦德纳地区（Vadena），是博尔扎诺省农业实验中心的一部分，用于葡萄栽培和酿造技术的研究。其45公顷的葡萄园分布在阿尔托—阿迪杰地区最优秀的葡萄种植区域，位于不同的地段，不同的纬度。酒窖拥有两条优质生产线，宝乐（Vini del Podere）葡萄酒生产线用于生产传统类型的葡萄酒，而赛里基恩（Selezione Maniero）葡萄酒生产线生产的葡萄酒与众不同、年代久远、口感稠密，名字多取自白云石山脉的拉登（Ladine）传奇故事。

● A. A. Lagrein Barbagòl Ris. '07 6
○ A. A. Gewürztraminer Elyònd '09 5
○ A. A. Pinot Grigio '10 4
○ A. A. Sauvignon Oyèll '09 5
● A. A. Cabernet Sauvignon Sass Roà Ris. '07 6
○ A. A. Pinot Bianco '10 4
○ A. A. Riesling '09 5
○ A. A. Gewürztraminer '94 4
● A. A. Lagrein Scuro Barbagòl Ris. '00 6
● A. A. Cabernet Sauvignon Sass Roà Ris. '04 6
○ A. A. Gewürztraminer Elyònd '08 5
● A. A. Lagrein Scuro Barbagòl Ris. '06 6
● A. A. Pinot Nero Selyèt Ris. '07 5
● A. A. Pinot Nero Selyèt Ris. '06 5
○ A. A. Sauvignon Passito Saphir '07 8
● Col de Réy '04 7

Loacker Schwarhof

LOC. SANTA GIUSTINA, 3
39100 BOLZANO/BOZEN
TEL. 0471365125
www.loacker.net

藏酒销售
预约参观
年产量 60 000 瓶
葡萄种植面积 7 公顷
葡萄栽培方式 生机互动农耕认证

洛克（Loackers）家族是葡萄酒界的艺术家和哲学家，同时也是阿尔托—阿迪杰地区葡萄酒酿造的开拓者。几十年来他们一直通过生机互动耕作法栽种的葡萄酿酒，并在酒窖和葡萄园中采用同样的技术。在发展过程中，他们对于自己的决定毫不动摇，并为此承担了风险，他们的葡萄酒因此而诞生，同时也展示出他们对原则的严格遵守。梅洛•伊维恩（Merlot Ywian）葡萄酒、拉格林•格兰•拉雷恩（Lagrein Gran Lareyn）葡萄酒、黑皮诺（Pinot Nero Norital）葡萄酒、圣塔•玛塔莲娜（Santa Maddalena Morit）葡萄酒是其中最有代表性也是最令人感到兴奋的葡萄酒。

● A. A. Lagrein Gran Lareyn '09	5
● A. A. Santa Maddalena Morit '10	4
● A. A. Cabernet Sauvignon Lagrein Kastlet '08	5
● Pinot Nero Norital '09	5
○ Chardonnay Ateyon '09	5
○ Yedra '10	5
● A. A. Merlot Ywain '04	5*
○ A. A. Chardonnay Ateyon '06	5
● A. A. Lagrein Gran Lareyn '07	5
● A. A. Lagrein Gran Lareyn Ris. '07	5
● A. A. Pinot Nero Norital '07	5*
● A. A. Pinot Nero Norital '06	5
● A. A. Santa Maddalena Cl. Morit '07	4*

H. Lun

VIA VILLA, 22/24
39044 EGNA/NEUMARKT [BZ]
TEL. 0471813256
www.lun.it

藏酒销售
预约参观
年产量 300 000 瓶
葡萄种植面积 30 公顷

卢恩（Lun）酒庄是阿尔托—阿迪杰（Alto Adige）地区年代最久远的私人酒庄之一，其建造于1840年，总部位于艾格纳（Egna）的普莱特恩霍夫（Plattenhof）。几年来，在优秀的酒窖技师格尔哈德•科弗勒（Gherard Kofler）的技术指导下，该酒庄已经逐步成为格兰（Girlan）酒庄的一部分。该酒庄的葡萄酒，尤其是山德比凯勒（Sandbichler）系列葡萄酒，一直采用最优质的葡萄进行酿造，品质、类型和品种的表现均属上乘，价值极高。

○ A. A. Pinot Grigio '10	4*
○ A. A. Sauvignon '10	4
● A. A. Lago di Caldaro Scelto Cl. '10	3
● A. A. Lagrein Sandbichler Ris. '08	6
○ A. A. Pinot Bianco '10	4
● A. A. Pinot Nero Sandbichler Ris. '08	4
○ A. A. Riesling '10	4
● A. A. Santa Maddalena '10	4
○ A. A. Bianco Sandbichler '07	4*
● A. A. Cabernet Sauvignon Ris. '07	4
○ A. A. Gewürztraminer Sandbichler '07	5
● A. A. Lagrein Sandbichler Ris. '07	6
○ A. A. Moscato Giallo Sandbichler Passito '06	6
● A. A. Santa Maddalena '09	4

Manincor

San Giuseppe al Lago, 4
39052 Caldaro/Kaltern [BZ]
Tel. 0471960230
www.manincor.com

藏酒销售
预约参观
年产量 250 000 瓶
葡萄种植面积 50 公顷
葡萄栽培方式 生机互动农耕认证

该酒庄成立于1996年，其历史可以追溯到17世纪初，意大利葡萄酒生产者协会主席迈克尔•古斯•恩泽伯格（Michael Goëss-Enzenberg）伯爵是其所有者。自迈克尔（Michael）经营酒庄之日起，他便采用生机互动农耕法管理酒庄。海尔姆斯•佐津（Helmuth Zozin）作为生物动力学的主要支持者，完善了该酒庄的特色。该酒庄的白葡萄酒，如白皮诺（Pinot Bianco）葡萄酒和苏维翁（Sauvignon）葡萄酒高贵优雅，其生产的红葡萄酒，如黑皮诺（Pinot Nero）葡萄酒和梅洛（Merlot）葡萄酒充满特色，与众不同。

○ A. A. Terlano Pinot Bianco Eichhorn '10	🍷🍷🍷 5
○ A. A. Terlano Chardonnay Sophie '10	🍷🍷 5
○ A. A. Terlano Sauvignon di Lieben Aich '10	🍷🍷 5
○ A. A. Terlano Sauvignon Lieben Aich '09	🍷🍷 7
○ A. A. Bianco Passito Le Petit '09	🍷🍷 5
● A. A. Lagrein Rubatsch '09	🍷🍷 5
○ A. A. Moscato Giallo '10	🍷🍷 4
● A. A. Pinot Nero Mason di Mason '09	🍷🍷 8
○ A. A. Terlano Réserve della Contessa '10	🍷🍷 4
● A. A. Cabernet Sauvignon Cassiano '97	🍷🍷🍷 5
○ A. A. Terlano Pinot Bianco Eichhorn '09	🍷🍷🍷 5
○ A. A. Terlano Sauvignon '08	🍷🍷🍷 5
○ A. A. Terlano Sauvignon '09	🍷🍷 5

K. Martini & Sohn

loc. Cornaiano
via Lamm, 28
39057 Appiano/Eppan [BZ]
Tel. 0471663156
www.martini-sohn.it

藏酒销售
年产量 250 000 瓶
葡萄种植面积 1 公顷

马蒂尼&索恩（K.Martini &Sohn）酒庄位于科纳亚诺（Cornaiano），是该地区最为稳定可靠的酒庄之一。该酒庄于1976年由卡尔•马蒂尼（Karl Martini）创办，是该地区家庭联营最经典的范例。卡尔（Karl）的儿子加布里埃尔（Gabriel）现在和卢卡斯（Lukas）一起经营着这家酒庄。卢卡斯（Lukas）是一名年轻且充满激情的酿酒师，他努力让酒庄出品的葡萄酒能为大众所接受，并给它们贴上标签。这家中等规模的酒庄成功地将技术创新和传统结合在一起，出品的葡萄酒质量上乘。马图洛姆（Maturum）葡萄酒和帕拉蒂姆（Palladium）葡萄酒是加布里埃尔•马蒂尼（Gabriel Martini）最引以为傲的作品，而且，该酒庄生产的全部葡萄酒都是优质优价的。

● A. A. Lagrein Maturum '09	🍷🍷 6
● A. A. Lago di Caldaro Cl. Felton '10	🍷🍷 4*
● A. A. Lagrein Cabernet Coldirus '09	🍷🍷 4
● A. A. Lagrein Rueslhof '10	🍷🍷 4
○ A. A. Sauvignon Palladium '10	🍷🍷 4
○ A. A. Gewürztraminer Palladium '10	🍷 4
○ A. A. Pinot Bianco Lamm '10	🍷 4
○ A. A. Pinot Bianco Palladium '10	🍷 4
○ A. A. Sauvignon '10	🍷 4
● A. A. Schiava Palladium '10	🍷 4
○ A. A. Sauvignon Palladium '04	🍷🍷🍷 4*
● A. A. Lagrein Scuro Maturum '07	🍷🍷 6
● A. A. Lagrein Scuro Maturum '01	🍷🍷 5

Cantina Meran Burggräfler

via Palade, 64
39020 Marlengo/Marling [BZ]
Tel. 0473447137
www.cantinamerano.it

藏酒销售
预约参观
年产量 1 000 000 瓶
葡萄种植面积 260 公顷

巴格拉弗勒（Burggräfler）联营酒庄和梅拉诺（Merano）酒庄的合并已经完成，并生产了梅拉（Meran）品牌下新的葡萄酒产品，该酒庄的发展方向正发生着改变。不变的是其地理位置优越的葡萄园，与梅拉诺（Merano）距离较远，大致相当于从瓦尔•维诺斯塔（Valle Venosta）到梅拉诺（Merano）。在任职多年的酒窖技师斯蒂芬•凯普芬格（Stefan Kapfinger）的指导下，这家新成立的联营酒庄所出品的葡萄酒，在质量方面已经达到了令人满意的水平，类型优良，个性十足，而个别葡萄酒的地域特色令人印象深刻。此外，这一系列葡萄酒的价格公道合理，吸引力十足。

○ A. A. Gewürztraminer Labers '10	YY 5
● A. A. Meranese Schickenburg '10	YY 4*
○ A. A. Pinot Bianco Tyrol '10	YY 5
● A. A. Val Venosta Pinot Bianco Sonnenberg '10	YY 4*
○ A. A. Kerner Graf Von Meran '10	YY 5
● A. A. Lagrein Segen '09	YY 6
● A. A. Meranese St. Valentin '10	YY 4*
○ A. A. Pinot Bianco Graf Von Meran '10	YY 4
● A. A. Val Venosta Sonnenberg '10	YY 4*
○ A. A. Gewürztraminer Graf Von Meran '10	Y 5
○ A. A. Riesling Graf von Meran '10	Y 5
○ A. A. Sauvignon Mervin '10	Y 5
○ A. A. Moscato Giallo Passito Sissi Graf von Meran '08	YYY 6
○ A. A. Val Venosta Pinot Bianco Sonnenberg '08	YYY 4*
● A. A. Val Venosta Schiava Sonnenberg '08	YY 3*

★Cantina Convento Muri-Gries

fraz. Gries
p.zza Gries, 21
39100 Bolzano/Bozen
Tel. 0471282287
www.muri-gries.com

藏酒销售
预约参观
年产量 650 000 瓶
葡萄种植面积 30 公顷

像克里斯汀•沃斯（Christian Werth）这样的人并不常见。他专业、激情、谦逊，从1988年起便开始执掌穆里•格利斯（Muri Gries）酒庄，是意大利最古老的酒庄之一。岁月流逝，克里斯汀（Christian）满腔的热情和探索新道路的积极性却始终如一，从未改变。他的工作成果便是酒庄出品的葡萄酒风格变得更加清晰。拉格林•阿贝泰（Lagrein Abtei Riserva）典藏版已经成为这类葡萄酒中的经典款式。出品的其他葡萄酒同样无可挑剔，无论是从黑皮诺（Pinot Nero）葡萄酒到白皮诺（Pinot Bianco）葡萄酒，还是从圣塔•玛塔莲娜（Santa Maddalena）葡萄酒到莫斯卡托玫瑰（Moscato Rosa）红葡萄酒，品质上乘，令人满意。

○ A. A. Bianco Abtei Muri '09	YY 5
● A. A. Santa Maddalena '10	YY 3*
⊙ A. A. Lagrein Rosato '10	YY 4*
● A. A. Moscato Rosa Abtei Muri '09	YY 6
○ A. A. Pinot Grigio '10	YY 4*
● A. A. Pinot Nero Abtei Muri Ris. '08	YY 6
○ A. A. Muller Thurgau '10	Y 4
● A. A. Schiava Grigia '10	Y 3
○ A. A. Terlano Pinot Bianco '10	Y 4
● A. A. Lagrein Abtei Ris. '07	YYY 6
● A. A. Lagrein Abtei Ris. '06	YYY 5
● A. A. Lagrein Abtei Ris. '05	YYY 5
● A. A. Lagrein Abtei Ris. '04	YYY 5
● A. A. Lagrein Abtei Ris. '03	YYY 5
● A. A. Lagrein Abtei Ris. '02	YYY 5
● A. A. Lagrein Abtei Ris. '01	YYY 5

Cantina Nals Margreid

via Heiligenberg, 2
39010 Nalles/Nals [BZ]
Tel. 0471678626
www.kellerei.it

藏酒销售
预约参观
年产量 900 000 瓶
葡萄种植面积 150 公顷

纳尔斯•马格雷迪（Nals Margreid）酒庄的成立标志着其进入了阿尔托—阿迪杰地区顶级葡萄酒庄的行列。经营着这座美丽酒庄的是哥提尔德•波令格（Gottfried Pollinger），天赋异禀、前途远大的酒窖技师哈拉尔德•斯克拉夫（Harald Schraffl）是他的助手。酒庄出品的葡萄酒，特别是白葡萄酒，地域特色越来越明显，而依靠精心的选种和完美精湛的生产技术使得它们的风格日益突出。白皮诺•瑟米安（Pinot Bianco Sirmian）葡萄酒、苏维翁•曼特勒（Sauvignon Mantele）葡萄酒以及灰皮诺•庞吉尔（Pinot Grigio Punggl）葡萄酒均是白葡萄酒中的精品，拜伦•萨尔瓦多里生产线（Baron Salvadori）出品的红葡萄酒同样优质出色，斯其阿瓦•盖里（Schiava Galea）葡萄酒更加不容错过。

Wine	Rating
○ A. A. Pinot Bianco Sirmian '10	🍷🍷🍷 5*
○ A. A. Chardonnay Baron Salvadori '09	🍷🍷 6
○ A. A. Pinot Grigio Punggl '10	🍷🍷 5*
○ A. A. Sauvignon Mantele '10	🍷🍷 5
● A. A. Merlot - Cabernet Anticus Baron Salvadori '08	🍷🍷 6
● A. A. Merlot Levad '09	🍷🍷 5
○ A. A. Moscato Giallo Passito Baron Salvadori '08	🍷🍷 7
○ A. A. Pinot Bianco Penon '10	🍷🍷 4*
○ A. A. Pinot Grigio '10	🍷🍷 4*
● A. A. Schiava Galea '10	🍷🍷 4
● A. A. Cabernet Sauvignon Lafot '08	🍷 5
○ A. A. Chardonnay '10	🍷 4
● A. A. Pinot Nero Mazzon '08	🍷 5
○ A. A. Pinot Bianco Sirmian '09	🍷🍷🍷 4*
○ A. A. Pinot Bianco Sirmian '08	🍷🍷🍷 4*
○ A. A. Pinot Bianco Sirmian '07	🍷🍷🍷 4*

Josef Niedermayr

loc. Cornaiano/Girlan
via Casa di Gesù, 15/23
39057 Appiano/Eppan [BZ]
Tel. 0471662451
www.niedermayr.it

藏酒销售
预约参观
年产量 220 000 瓶
葡萄种植面积 35 公顷

约瑟夫•涅得迈尔（Josef Niedermayr）是带领阿尔托—阿迪杰地区葡萄酒业重新崛起的人物之一。在洛伦兹•马蒂尼（Lorenz Martini）的指导帮助下，约瑟夫•涅得迈尔（Josef Niedermayr）对这家酒庄的管理专业可靠。我们品尝过众多类型的葡萄酒，但奥里斯（Aureus）似乎是意大利最好的甜葡萄酒之一。这款干白葡萄酒由莎当尼（chardonnay）葡萄混合少量的琼瑶浆（gewürztraminer）葡萄和适当的苏维翁（sauvignon）葡萄酿制而成。所有的阿尔托—阿迪杰葡萄酒做工精湛，品味纯正。

Wine	Rating
● A. A. Lagrein Gries Ris. '09	🍷🍷 6
○ A. A. Sauvignon Naun '10	🍷🍷 5
● A. A. Lagrein Blacedelle '10	🍷🍷 5
● A. A. Pinot Nero Precios '08	🍷🍷 5
● Euforius '09	🍷🍷 6
○ A. A. Aureus '09	🍷 7
● A. A. Pinot Nero Ris. '09	🍷 6
○ A. A. Aureus '99	🍷🍷🍷 6
○ A. A. Aureus '98	🍷🍷🍷 6
○ A. A. Aureus '95	🍷🍷🍷 6
○ A. A. Aureus '07	🍷🍷 7
○ A. A. Aureus '06	🍷🍷 7
○ A. A. Aureus '05	🍷🍷 7
● A. A. Lagrein Gries Ris. '08	🍷🍷 6

Ignaz Niedrist

LOC. CORNAIANO/GIRLAN
VIA RONCO, 5
39050 APPIANO/EPPAN [BZ]
TEL. 0471664494
ignazniedrist@rdmail.net

藏酒销售
预约参观
年产量 40 000 瓶
葡萄种植面积 6.5 公顷

伊格纳兹•涅德里斯特（Ignaz Niedrist）技艺高超，极富智慧，后者显而易见，因为他拥有一个藏书馆，里面的藏书均与葡萄酒酿造有关，是本地区的最佳藏书馆之一。他不断地学习、探索、思考，并研究葡萄的品种，比如雷司令（riesling）、白皮诺（pinot Bianco）和苏维翁（sauvignon）等白葡萄品种，黑皮诺（pinot Nero）、拉格林（lagrein）等红葡萄品种。在他的酒庄内不大可能找到瓶装葡萄酒，因为出产的40 000多瓶葡萄酒会马上到达葡萄酒经销商、亲朋好友和葡萄酒爱好者手中。该酒庄出产的葡萄酒卓越不凡、个性突出、高贵优雅、品质一流。

○ A. A. Terlano Sauvignon '10 5
● A. A. Pinot Nero '09 5
○ A. A. Riesling Berg '10 4
○ A. A. Terlano Pinot Bianco '10 4*
● A. A. Lagrein Berger Gei '09 5
○ Trias '10 4
○ A. A. Terlano Sauvignon '00 4*
● A. A. Lagrein Berger Gei '07 5
● A. A. Pinot Nero '08 5
○ A. A. Riesling Renano '09 4*
○ A. A. Terlano Pinot Bianco '09 4*
○ A. A. Terlano Pinot Bianco '04 4*
○ A. A. Terlano Sauvignon '02 5

Niklaserhof - Josef Sölva

LOC. SAN NICOLÒ
VIA DELLE FONTANE, 31A
39052 CALDARO/KALTERN [BZ]
TEL. 0471963432
www.niklaserhof.it

藏酒销售
预约参观
年产量 45 000 瓶
葡萄种植面积 5.5 公顷

尼科拉瑟霍夫（Niklaserhof）酒庄出品个性鲜明的高品质葡萄酒。酒庄在卡尔达罗（Caldaro）上游的圣•尼可洛地区（San Nicoló），周围为葡萄园所环绕，极具特色的酒窖由石头搭砌而成，外围有一圈木质栅栏，向外界证明着传统能够和高新技术与创新精神相结合。最近几年，尼科拉瑟霍夫（Niklaserhof）酒庄在其位于制高点的葡萄园生产了一些高品质葡萄酒，其中白皮诺（Pinot Bianco）葡萄酒再次赢得好评，反响强烈。

○ A. A. Pinot Bianco Klaser Ris. '09 4
○ A. A. Pinot Bianco Weingut Niklas '10 4
○ A. A. Sauvignon Weingut Niklas '10 4
○ A. A. Kerner Weingut Niklas '10 4
● A. A. Lago di Caldaro Scelto Cl. Weingut Niklas '10 3
● A. A. Lagrein Mondevinum Ris. '08 5
● A. A. Merlot Mondevinum Ris. '08 5
○ A. A. Bianco Mondevinum '05 5
○ A. A. Kerner '05 4*
● A. A. Lago di Caldaro Scelto Cl. '09 3
● A. A. Lagrein '08 4
○ A. A. Pinot Bianco Klaser '07 4
○ A. A. Pinot Bianco Klaser R '05 4*

Obermoser H. & T. Rottensteiner

FRAZ. RENCIO
VIA SANTA MADDALENA, 35
39100 BOLZANO/BOZEN
TEL. 0471973549
www.obermoser.it

藏酒销售
预约参观
年产量 30 000 瓶
葡萄种植面积 3 公顷

这家典型的家族酒庄的管理者是海恩里奇•罗特斯坦纳（Heinrich Rottensteiner）与他的儿子托马斯（Thomas）。该酒庄的葡萄园面积只有3公顷，葡萄藤从中蔓延而出，如同一个窗槛花箱。酒庄年产量约为30 000瓶，出产的葡萄酒品种包含了阿尔托—阿迪杰地区最著名的葡萄酒类型，如拉格林（Lagrein）葡萄酒和圣塔•玛塔莲娜（Santa Maddalena）葡萄酒。一直以来，生产期间的技术运用保证了传统类型葡萄酒的高品质。

- ● A. A. Lagrein Grafenleiten Ris. '09 🍷🍷🍷 5
- ● A. A. Lagrein '10 🍷🍷 5
- ● A. A. Santa Maddalena Cl. '10 🍷🍷 4
- ● A. A. Lagrein '09 ŸŸ 4*
- ● A. A. Lagrein '08 ŸŸ 4*
- ● A. A. Lagrein Scuro Grafenleiten Ris. '07 ŸŸ 5
- ● A. A. Lagrein Scuro Grafenleiten Ris. '00 ŸŸ 5
- ● A. A. Santa Maddalena Cl. '09 ŸŸ 4
- ● A. A. Santa Maddalena Cl. '08 ŸŸ 4*
- ● A. A. Santa Maddalena Cl. '07 ŸŸ 4*
- ● A. A. Santa Maddalena Cl. '06 ŸŸ 4*
- ○ A. A. Sauvignon '07 ŸŸ 4*

Pacherhof - Andreas Huber

FRAZ. NOVACELLA
V.LO PACHER, 1
39040 VARNA/VAHRN [BZ]
TEL. 0472835717
www.pacherhof.com

藏酒销售
预约参观
年产量 70 000 瓶
葡萄种植面积 8 公顷
葡萄栽培方式 有机种植

帕切（Pacher）农庄位于布莱萨诺（Bressanone）北部的诺瓦塞拉（Novacella）修道院之上，历史可以追溯到11世纪。胡博（Huber）家族从1849年开始接手这家酒庄。约瑟夫•胡博（Josef Huber）是伊萨克（Isarco）山谷葡萄栽培的先驱。1880年，他们从欧洲旅游归来后，引进了塞尔瓦纳（sylvaner）葡萄和穆勒•图尔高（müller thurgau）葡萄，这是该地区第一次种植白葡萄。今天，安德里亚斯•胡博（Andreas Huber）和他的父亲约瑟夫（Josef）共同照管这个8公顷的葡萄园。采摘的葡萄通过钢制大桶和大型滚筒的酿造，生产出的葡萄酒口感鲜活、芳香四溢、高贵古雅、口感浓郁。该酒庄生产的雷司令（Riesling）葡萄酒、科纳（Kerner）葡萄酒、塞尔瓦纳（Sylvaner）葡萄酒、灰皮诺（Pinot Grigio）葡萄酒和穆勒•图尔高（Müller Thurgau）葡萄酒都是杰出的精品。

- ○ A. A. Valle Isarco Sylvaner Alte Reben '10 🍷🍷 6
- ○ A. A. Valle Isarco Kerner '10 🍷🍷 5
- ○ A. A. Valle Isarco Pinot Grigio '10 🍷🍷 5
- ○ A. A. Valle Isarco Riesling '10 🍷🍷 5
- ○ A. A. Valle Isarco Sylvaner '10 🍷🍷 5
- ○ A. A. Valle Isarco Veltliner '10 🍷🍷 5
- ○ A. A. Valle Isarco Müller Thurgau '10 🍷 4
- ○ A. A. Valle Isarco Riesling '04 ŸŸŸ 5
- ○ A. A. Valle Isarco Sylvaner Alte Reben '05 ŸŸŸ 5
- ○ A. A. Valle Isarco Riesling '08 ŸŸ 5
- ○ A. A. Valle Isarco Riesling '07 ŸŸ 5
- ○ A. A. Valle Isarco Riesling '06 ŸŸ 5
- ○ A. A. Valle Isarco Sylvaner Alte Reben '09 ŸŸ 6
- ○ A. A. Valle Isarco Sylvaner Alte Reben '08 ŸŸ 6
- ○ A. A. Valle Isarco Sylvaner Alte Reben '07 ŸŸ 5

Pfannenstielhof Johannes Pfeifer

via Pfannestiel, 9
39100 Bolzano/Bozen
Tel. 0471970884
www.pfannenstielhof.it

藏酒销售
预约参观
年产量 40 000 瓶
葡萄种植面积 4 公顷

约翰内斯•普费尔（Johannes Pfeifer）是一个专业的葡萄栽培家，他的妻子活力四射，可爱美丽，协助他经营这家酒庄。他拥有一个4公顷的葡萄园，位于拉格林（Lagrein）生产区域的中心地带。该葡萄园的年产量约为40 000瓶，生产的葡萄酒拥有极佳的款式，均为优质红葡萄酒，其中最为出色的是圣塔•玛塔莲娜（Santa Maddalena）葡萄酒，这款葡萄酒在法内斯蒂霍夫地区（Pfannenstielhof）格外成功。而拉格林典藏版（Lagrein Riserva）以及最新出品的黑皮诺（Pinot Nero）葡萄酒则是口感出众，设计精美。

● A. A. Lagrein vom Boden '10	🍷🍷 4*
● A. A. Santa Maddalena Cl. '10	🍷🍷 4*
● A. A. Lagrein Ris. '08	🍷🍷 6
● A. A. Pinot Nero '08	🍷🍷 5
● A. A. Santa Maddalena Cl. '09	🍷🍷🍷 4*
● A. A. Lagrein '09	🍷🍷 4
● A. A. Lagrein Ris. '07	🍷🍷 5
● A. A. Lagrein Scuro '08	🍷🍷 4*
● A. A. Pinot Nero '07	🍷🍷 5*
● A. A. Santa Maddalena Cl. '08	🍷🍷 3*
● A. A. Santa Maddalena Cl. '06	🍷🍷 3*
● A. A. Santa Maddalena Cl. '03	🍷🍷 3*

Tenuta Ritterhof

s.da del Vino, 1
39052 Caldaro/Kaltern [BZ]
Tel. 0471963298
www.ritterhof.it

藏酒销售
预约参观
年产量 290 000 瓶
葡萄种植面积 7.5 公顷

这座酒庄年代久远，出产葡萄酒的特点可以用“口感愉悦”、“制作精良”和“价格公道”这几个词来概括。里特霍夫（Ritterhof）酒庄生产阿尔托—阿迪杰当地特色葡萄酒，属于罗纳（Roner）家族。该家族同样拥有一处极为出名的酿酒厂。酒庄的葡萄园分布于卡尔达罗（Caldaro）和特梅诺（Termeno）周边最优质的葡萄种植区。除了酒庄自身拥有的7公顷葡萄园和租赁的一小部分葡萄园种植的葡萄外，另外大约有40名果农将他们种植的葡萄运往酒庄，而伯恩哈德•哈尼斯（Bernhard Hannes）将对这些葡萄进行加工，过程一丝不苟。该酒庄的星级葡萄酒包括琼瑶浆增强型（Gewürztraminer Crescendo）葡萄酒、拉格林•马努斯典藏版（Lagrein Manus Riserva）葡萄酒和灰皮诺（Pinot Grigio）葡萄酒。

● A. A. Lago di Caldaro Cl. Ritterhof '10	🍷🍷 3*
○ A. A. Pinot Bianco Ritterhof '10	🍷🍷 4*
○ A. A. Gewürztraminer Crescendo '10	🍷🍷 5
● A. A. Lagrein Manus Crescendo Ris. '07	🍷🍷 5
○ A. A. Pinot Nero Crescendo Ris. '08	🍷🍷 6
● Perlhof Crescendo '10	🍷🍷 5
○ A. A. Gewürztraminer Ritterhof '10	🍷 4
○ A. A. Müller Thurgau Ritterhof '10	🍷 4
○ A. A. Pinot Grigio Ritterhof '10	🍷 4
● A. A. Santa Maddalena Ritterhof '10	🍷 4
○ A. A. Sauvignon Ritterhof '10	🍷 4
○ A. A. Gewürztraminer Crescendo '09	🍷🍷 5
○ A. A. Pinot Grigio '09	🍷🍷 4

Röckhof - Konrad Augschöll

via San Valentino, 9
39040 Villandro/Villanders [BZ]
Tel. 0472847130
roeck@rolmail.net

藏酒销售
预约参观
年产量 10 000 瓶
葡萄种植面积 3.5 公顷

孔莱德•奥古斯切奥（Konrad Augschöll）是契乌萨地区（Chiusa）最早生产瓶装葡萄酒的的葡萄栽培者之一。位于契乌萨（Chiusa）和维拉德罗（Villandro）之间的洛克霍夫（Röckhof）酒庄始建于15世纪，历史悠久，种植了约3公顷多的葡萄。这座葡萄园位于海拔600至700米之间的陡峭斜坡上。孔莱德•奥古斯切奥（Konrad Augschöll）在其中辛勤耕作，精心照料。其中白葡萄类占所种植葡萄种类的半数，主要为雷司令（riesling）葡萄和穆勒•图尔高（müller thurgau）葡萄。其他的主要为黑皮诺（pinot nero）葡萄和泽维盖特（zweigelt）葡萄，后者是一款传统的奥地利产葡萄，由于极度耐寒，适合种植于高纬度葡萄园。该酒庄的红葡萄酒极富表现力，个性突出，适合家庭聚会时饮用。

Wine	Rating
○ A. A. Valle Isarco Riesling Viel Anders '10	🍷🍷 4*
○ A. A. Valle Isarco Müller Thurgau '10	🍷🍷 4*
○ Caruess '10	🍷🍷 4
○ A. A. Valle Isarco Riesling Viel Anders '08	🍷🍷🍷 4*
○ A. A. Valle Isarco Müller Thurgau '09	🍷🍷 4*
○ A. A. Valle Isarco Müller Thurgau '08	🍷🍷 4*
○ A. A. Valle Isarco Müller Thurgau '07	🍷🍷 4*
○ A. A. Valle Isarco Riesling '07	🍷🍷 4*
○ A. A. Valle Isarco Riesling '06	🍷🍷 4*
○ A. A. Valle Isarco Riesling Viel Anders '09	🍷🍷 4*
○ Caruess '09	🍷🍷 4*
○ Caruess '08	🍷🍷 4
○ Caruess '07	🍷🍷 4*

Hans Rottensteiner

fraz. Gries
via Sarentino, 1a
39100 Bolzano/Bozen
Tel. 0471282015
www.rottensteiner-weine.com

藏酒销售
预约参观
年产量 450 000 瓶
葡萄种植面积 10 公顷

在博尔扎诺省的西北部，瓦尔•萨伦迪诺（Val Sarentino）的入口处，矗立着该区域内最值得信赖的葡萄酒酿造厂之一，即托尼与汉尼斯•罗特斯坦纳（Toni and Hannes Rottensteiner）酒庄。其生产的葡萄酒展现了完美的生产工艺和鲜明的个性，引人注目的是当地经典系列葡萄酒，如拉格林（Lagrein）葡萄酒，以及一直表现出色、现被视为经典的圣塔•玛塔莲娜（Santa Maddalena Premstallerhof）葡萄酒。该系列其他的葡萄酒同样表现不凡，而其中最突出的是琼瑶浆•帕西托（Gewürztraminer Passito Creasta）葡萄酒。

Wine	Rating
○ A. A. Chardonnay '10	🍷🍷 4*
○ A. A. Müller Thurgau '10	🍷🍷 4*
○ A. A. Pinot Bianco Carnol '10	🍷🍷 4*
○ A. A. Gewürztraminer Cancenai '10	🍷 5
⊙ A. A. Lagrein Rosato '10	🍷 4
○ A. A. Valle Isarco Sylvaner '10	🍷 4
● Prem '10	🍷 4
● A. A. Lagrein Ris. '02	🍷🍷🍷 4*
○ A. A. Gewürztraminer Passito Cresta '08	🍷🍷 6
○ A. A. Gewürztraminer Passito Cresta '06	🍷🍷 6
● A. A. Lagrein Grieser Select Ris. '07	🍷🍷 5
● A. A. Lagrein Grieser Select Ris. '05	🍷🍷 5
○ A. A. Pinot Bianco Carnol '09	🍷🍷 4*
○ A. A. Pinot Grigio '08	🍷🍷 4*
● A. A. Santa Maddalena Cl. Premstallerhof '09	🍷🍷 4*

Castel Sallegg

v.lo di Sotto, 15
39052 Caldaro/Kaltern [BZ]
Tel. 0471963132
www.castelsallegg.it

藏酒销售
预约参观
年产量 120 000 瓶
葡萄种植面积 31 公顷

格奥尔格•冯•库恩伯格（Georg von Kuenburg）拥有博尔扎诺省历史最悠久、传统气息最为浓厚的酒庄。近几年来，该酒庄总是被频繁提起，就因为它著名的莫斯卡托（Moscato Rosa）葡萄酒。然而情况正悄然发生着变化。酒庄现在生产的众多品种的产品，如拉格•迪卡尔达罗（Lago di Caldaro）葡萄酒、拉格林（Lagrein）葡萄酒以及灰皮诺（Pinot Grigio）葡萄酒，均为质量上乘、个性突出的佳品。对葡萄酒充满激情的冯•库恩伯格已找到了理想的助手——酿酒师马提亚•豪瑟（Matthias Hauser），这也预示着酒庄光明的未来。

- ● A. A. Lago di Caldaro Scelto Bischofsleiten '10 — 🍷🍷 4*
- ○ A. A. Pinot Grigio '10 — 🍷🍷 4*
- ● A. A. Cabernet Ris. '07 — 🍷🍷 5
- ⊙ A. A. Lagrein Rosé '10 — 🍷🍷 5
- ○ A. A. Moscato Giallo '10 — 🍷🍷 4
- ○ A. A. Pinot Bianco '10 — 🍷🍷 4*
- ○ A. A. Sauvignon '10 — 🍷🍷 4*
- ● A. A. Lago di Caldaro Scelto Bischofsleiten '09 — 🍷🍷 4*
- ● A. A. Moscato Rosa '03 — 🍷🍷 7
- ● A. A. Moscato Rosa '01 — 🍷🍷 7
- ○ A. A. Pinot Bianco '07 — 🍷🍷 4*
- ○ A. A. Pinot Grigio '09 — 🍷🍷 4*
- ○ A. A. Pinot Grigio '07 — 🍷🍷 4*

★★Cantina Produttori San Michele Appiano

via Circonvallazione, 17/19
39057 Appiano/Eppan [BZ]
Tel. 0471664466
www.stmichael.it

藏酒销售
预约参观
年产量 2 200 000 瓶
葡萄种植面积 370 公顷

我们曾不吝笔墨，描写圣•米歇尔酒庄（San Michele Appiano）和管理酒庄多年的酒窖技师汉斯•特尔泽（Hans Terzer）。事实上，汉斯•特尔泽是阿尔托—阿迪杰地区葡萄酒界丰碑式的人物。紧张的生产过程之后诞生了一系列高质葡萄酒，其中不乏品质举世无双的精品。这几年来，圣科特•瓦伦汀生产线（Sanct Valentin Line）一直代表着意大利葡萄酒界的最高水平，出品的苏维翁（Sauvignon）葡萄酒颇具传奇色彩，现被视为名副其实的经典之作，随后加入的还有出自同一生产线的拉格林（Lagrein）葡萄酒、黑皮诺（Pinot Nero）葡萄酒和莎当尼（Chardonnay）葡萄酒。以上种类的葡萄酒全部达到了该酒庄预设的高标准。

- ○ A. A. Sauvignon St. Valentin '10 — 🍷🍷🍷 6
- ● A. A. Cabernet St. Valentin '06 — 🍷🍷 6
- ○ A. A. Chardonnay St. Valentin '09 — 🍷🍷 6
- ● A. A. Lagrein St. Valentin '06 — 🍷🍷 6
- ○ A. A. Pinot Bianco Schulthause '10 — 🍷🍷 4
- ● A. A. Pinot Nero St. Valentin '08 — 🍷🍷 6
- ○ A. A. Gewürztraminer St. Valentin '10 — 🍷🍷 6
- ● A. A. Merlot St. Valentin '06 — 🍷🍷 6
- ○ A. A. Pinot Bianco St. Valentin '09 — 🍷🍷 6
- ○ A. A. Pinot Grigio Anger '10 — 🍷🍷 4
- ○ A. A. Pinot Grigio St. Valentin '09 — 🍷🍷 6
- ○ A. A. Riesling Montiggl '10 — 🍷🍷 4
- ○ A. A. Sauvignon Lahn '10 — 🍷🍷 4
- ○ A. A. Bianco Passito Comtess '05 — 🍷🍷🍷 6
- ○ A. A. Sauvignon St. Valentin '09 — 🍷🍷🍷 6
- ○ A. A. Sauvignon St. Valentin '08 — 🍷🍷🍷 6

Cantina Produttori San Paolo

LOC. SAN PAOLO
VIA CASTEL GUARDIA, 21
39050 APPIANO/EPPAN [BZ]
TEL. 0471662183
www.kellereistpauls.com

藏酒销售
预约参观
年产量 1 000 000 瓶
葡萄种植面积 170 公顷

圣•保罗（Cantina Sociale di San Paolo）酒庄坐落于景色优美的圣保罗村，是一个中等规模、美丽悦目的酒庄，距离阿皮阿诺（Appiano）较近。酒庄位于奥尔特拉蒂格（Oltradige）中心，周围遍布葡萄藤。该酒庄出品的葡萄酒口感精致，调制精美，质量上乘，制作工艺极为出色。葡萄酒质量的不断提升应归功于年轻的酿酒师沃尔夫冈•特拉特尔（Wolfgang Tratter）的不懈努力。该酒庄的伊克库鲁榭生产线（Exclusiv）和新开发的帕森生产线（Passion）代表了该酒庄系列葡萄酒的最高品质，而后者来源于一个大胆的商业决定，即在葡萄收获至少两年之后再进行对外的葡萄酒销售，因为该酒庄一直以来最注重白葡萄酒的质量。

葡萄酒	评级	价格
○ A. A. Pinot Bianco Passion '09	🍷🍷🍷	5
○ A. A. Gewürztraminer Passion '09	🍷🍷	5
● A. A. Lagrein Passion '09	🍷🍷	6
● A. A. Pinot Nero Passion '08	🍷🍷	6
● A. A. Schiava Sarnerhof '10	🍷🍷	4*
○ A. A. Spumante Praeclarus Brut	🍷🍷	6
○ A. A. Pinot Bianco Plotzner '10	🍷	5
○ A. A. Sauvignon Gfillhof '10	🍷	5
○ A. A. Gewürztraminer St. Justina Exclusiv '08	🍷🍷	5*
○ A. A. Pinot Bianco Exclusiv Plötzner '08	🍷🍷	4*
○ A. A. Pinot Bianco Passion '08	🍷🍷	5
○ A. A. Pinot Bianco Passion '07	🍷🍷	5
○ A. A. Sauvignon Passion '08	🍷🍷	5
● A. A. Schiava Passion '07	🍷🍷	4*
● A. A. Schiava Sarnerhof Exclusiv '09	🍷🍷	4*

★Cantina Produttori Santa Maddalena/ Cantina Produttori Bolzano

VIA BRENNERO, 15
39100 BOLZANO/BOZEN
TEL. 0471270909
www.cantinabolzano.com

藏酒销售
预约参观
年产量 1 100 000 瓶
葡萄种植面积 130 公顷

这座规模庞大、影响深远的酒庄和他的主人斯蒂凡•费利佩（Stefan Filippi）多年来一直处于意大利葡萄酒酿造界的顶级行列，其主打产品拉格林典藏版泰伯（Lagrein Riserva Taber）葡萄酒一直以来被认为是意大利的顶级红葡萄酒之一。然而酒庄不能仅仅依靠一款葡萄酒而在激烈的竞争中存活下来，因此该酒庄同时生产高档的莎当尼•克雷斯坦（Chardonnay Kleinstein）葡萄酒、经典版苏维翁•默克（Sauvignon Mock）葡萄酒、普通款的琼瑶浆（Gewürztraminer）葡萄酒、克雷斯坦（Kleinstein）系列葡萄酒、绝对不能错过的圣塔•玛塔莲娜（Santa Maddalena Huck am Bach）葡萄酒和极为出色的白皮诺•德拉格（Pinot Bianco Dellago）葡萄酒，最后一款葡萄酒是多年来同类型中最出色的葡萄酒之一。该酒庄生产的葡萄酒口感浓郁，特色鲜明，品质上乘。

葡萄酒	评级	价格
● A. A. Lagrein Taber Ris. '09	🍷🍷🍷	7
● A. A. Cabernet Mumelter Ris. '09	🍷🍷	7
● A. A. Lagrein Perl '09	🍷🍷	5
⊙ A. A. Moscato Rosa Rosis '10	🍷🍷	6
○ A. A. Pinot Bianco Dellago '10	🍷🍷	5
● A. A. Santa Maddalena Cl. Huck am Bach '10	🍷🍷	4*
○ A. A. Chardonnay Kleinstein '10	🍷🍷	5
○ A. A. Gewürztraminer Kleinstein '10	🍷🍷	6
⊙ A. A. Lagrein Rosé Pichl '10	🍷🍷	4
● A. A. Merlot Siebeneich Ris. '09	🍷🍷	6
○ A. A. Pinot Grigio '10	🍷🍷	5
● A. A. Santa Maddalena Cl. '10	🍷🍷	4*
○ A. A. Sauvignon Mock '10	🍷🍷	5
● A. A. Lagrein Scuro Taber Ris. '07	🍷🍷🍷	7
● A. A. Lagrein Scuro Taber Ris. '05	🍷🍷🍷	6
○ A. A. Pinot Bianco Dellago '09	🍷🍷🍷	5

Peter Sölva & Söhne

VIA DELL'ORO, 33
39052 CALDARO/KALTERN [BZ]
TEL. 0471964650
www.soelva.com

藏酒销售
预约参观
年产量 75 000 瓶
葡萄种植面积 11 公顷

位于卡尔达罗（Caldaro）的皮特•索尔瓦&索恩酒庄（Peter Sölva & Söhne）有史可查始于1731年。索尔瓦家族（Sölva）每年生产大约75 000瓶葡萄酒，两条葡萄酒生产线分别为迪席尔瓦（DeSilva）和阿米斯塔（Amistar）。与葡萄酒酿造师克里斯汀•贝鲁蒂（Christian Belittu）一起工作的斯蒂凡•索尔瓦（Stephan Sölva）虽然年轻但是意志坚定，十分清楚自己究竟想要呈现出怎样的葡萄酒风格。他想要生产的是：口感清新高雅的白葡萄酒以及口感浓郁的红葡萄酒。该酒庄出品的葡萄酒特色鲜明，工艺精良，口感迷人。

○ A. A. Terlano Pinot Bianco DeSilva '10 — 5
○ A. A. Gewürztramimer Amistar '10 — 6
○ A. A. Sauvignon DeSilva '10 — 5
● A. A. Lago di Caldaro Scelto Cl. Sup. DeSilva Peterleiten '10 — 4
● A. A. Lagrein DeSilva '08 — 5
○ Amistar Bianco '10 — 5
○ A. A. Terlano Pinot Bianco DeSilva '09 — 5
● A. A. Lagrein Scuro DeSilva '05 — 4
○ A. A. Sauvignon Desilvas '06 — 5
○ A. A. Terlano Pinot Bianco DeSilva '07 — 5
○ A. A. Terlano Pinot Bianco DeSilva '06 — 5
● Amistar Edizione '05 — 7
● Amistar Rosso '04 — 6

Stachlburg Baron von Kripp

VIA MITTERHOFER, 2
39020 PARCINES/PARTSCHINS [BZ]
TEL. 0473968014
www.stachlburg.com

藏酒销售
预约参观
年产量 30 000 瓶
葡萄种植面积 7 公顷
葡萄栽培方式 有机认证

斯塔切博格（Stachlburg）酒庄曾在12世纪被宫廷官员用做堡垒，自1540年开始属于克利普（Kripp）家族。该酒庄的葡萄过去曾生长在海拔650米的山地上，后逐步被苹果园所取代。自1990年起，西格蒙德•冯•克利普（Sigmund von Kripp）开始重新种植莎当尼（chardonnay）葡萄、黑皮诺（pinot nero）葡萄和白皮诺（pinot bianco）葡萄。这些葡萄在炎热、朝阳的山坡上长势良好，十分适应威尔•维纳斯托地区（Val Venosta）温和干燥的气候。该酒庄的葡萄酒品质上乘，高贵优雅，特色鲜明，在阿尔托—阿迪杰地区生产的葡萄酒中鲜有能与之匹敌者。

○ A. A. Valle Venosta Pinot Bianco '10 — 4*
○ A. A. Pinot Grigio '09 — 5
● A. A. Valle Venosta Pinot Nero '09 — 5
⊙ A. A. Lagrein Rosé '10 — 5
○ A. A. Spumante '06 — 5
○ A. A. Valle Venosta Chardonnay '10 — 4
○ A. A. Valle Venosta Gewürztraminer '09 — 5
○ A. A.Terlano Sauvignon '09 — 5
○ A. A. Valle Venosta Chardonnay '05 — 4
○ A. A. Valle Venosta Chardonnay '99 — 4
○ A. A. Valle Venosta Pinot Bianco '07 — 4*
● A. A. Valle Venosta Pinot Nero '07 — 5
● A. A. Valle Venosta Pinot Nero '06 — 5
● A. A. Valle Venosta Pinot Nero '04 — 5*
○ Vign. Dolomiti Chardonnay '03 — 4

Strasserhof
Hannes Baumgartner

FRAZ. NOVACELLA
LOC.UNTERRAIN, 8
39040 VARNA/VAHRN [BZ]
TEL. 0472830804
www.strasserhof.info

藏酒销售
预约参观
年产量 35 000 瓶
葡萄种植面积 5 公顷

斯特拉瑟霍夫（Strasserhof）是伊萨克山谷（Valle Isarco）最为古老的庄园之一，拥有博尔扎诺省最靠北的几公顷葡萄园，是该地区最为有趣的酒庄之一。年轻的哈尼斯•宝摩加特纳（Hannes Baumgartner）在葡萄园内辛勤工作，四周风景秀美。最近几年，斯特拉瑟霍夫酒庄出品的葡萄酒已形成了自己鲜明的风格，这种风格我们非常欣赏，因为它们口感清新诱人，矿物气息浓厚，结构稳定，工艺精湛。威尔提丽娜（Veltliner）葡萄酒、雷司令（Riesling）葡萄酒、塞尔瓦纳（Sylvaner）葡萄酒、科纳（Kerner）葡萄酒、穆勒•图尔高（Müller Thurgau）葡萄酒均为优质优价的上乘佳酿。

- ○ A. A. Valle Isarco Veltliner '10 🍷🍷🍷 5*
- ○ A. A. Valle Isarco Riesling '10 🍷🍷 5
- ○ A. A. Valle Isarco Sylvaner '10 🍷🍷 4*
- ○ A. A. Valle Isarco Kerner '10 🍷🍷 5
- ○ A. A. Valle Isarco Müller Thurgau '10 🍷🍷 4
- ○ A. A. Valle Isarco Gewürztraminer '10 🍷 5
- ○ A. A. Valle Isarco Veltliner '09 YYY 4*
- ○ A. A. Valle Isarco Gewurztraminer '04 YY 4
- ○ A. A. Valle Isarco Kerner '08 YY 4*
- ○ A. A. Valle Isarco Kerner '06 YY 4*
- ○ A. A. Valle Isarco Kerner '05 YY 4
- ○ A. A. Valle Isarco Kerner '04 YY 4*
- ○ A. A. Valle Isarco Riesling '09 YY 5*
- ○ A. A. Valle Isarco Sylvaner '06 YY 4*
- ○ A. A. Valle Isarco Sylvaner '04 YY 4*
- ● Thurner '03 YY 4

Stroblhof

LOC. SAN MICHELE
VIA PIGANÒ, 25
39057 APPIANO/EPPAN [BZ]
TEL. 0471662250
www.stroblhof.it

藏酒销售
预约参观
年产量 30 000 瓶
葡萄种植面积 3. 7 公顷

斯特洛霍夫（Stroblhof）位于阿皮阿诺地区（Appiano）经典白葡萄酒的生产中心地带，拥有悠久的葡萄栽培历史。自1995年，安德里亚•尼科鲁西莱克（Andreas Nicolussi-Leck）开始经营酒庄和酒窖。如果说他年轻时有些稚嫩冲动，那么最近几年，他生产的葡萄酒风格逐渐成熟，口感清新，富含活力，极具特色，有着传奇般的醇化效果。在汉斯•特尔泽（Hans Terzer）担任酒庄顾问后，斯特洛霍夫酒庄开始生产部分意大利最优质的黑皮诺（Pinot Nero）葡萄酒和白皮诺（Pinot Bianco）葡萄酒，前者是安德里亚的最爱。

- ○ A. A. Pinot Bianco Strahler '10 🍷🍷 4*
- ● A. A. Pinot Nero Pigeno '09 🍷🍷 5
- ○ A. A. Sauvignon Nico '10 🍷🍷 5
- ● A. A. Pinot Nero Ris. '08 🍷🍷 6
- ○ A. A. Chardonnay Schwarzhaus '10 🍷 4
- ○ A. A. Pinot Bianco Strahler '09 YYY 4*
- ● A. A. Pinot Nero Ris. '05 YYY 6
- ○ A. A. Gewürztraminer Pigeno '07 YY 5
- ○ A. A. Pinot Bianco Strahler '08 YY 4*
- ○ A. A. Pinot Bianco Strahler '07 YY 4*
- ● A. A. Pinot Nero Ris. '07 YY 6
- ● A. A. Pinot Nero Ris. '06 YY 6
- ● A. A. Pinot Nero Ris. '04 YY 6

Taschlerhof - Peter Wachtler

LOC. MARA, 107
39042 BRESSANONE/BRIXEN [BZ]
TEL. 0472851091
www.taschlerhof.com

藏酒销售
预约参观
年产量 28 500 瓶
葡萄种植面积 4 公顷

这家小型庄园位于布莱萨诺（Bressanone）南部的马拉地区（Mara），皮特•瓦奇特勒（Peter Wachtler）是庄园的主人，一直以来，他都在为伊萨克（Isarco）山谷葡萄酒的成功做出贡献。该酒庄位于海拔550米的高地上，面向东南，周围森林环绕。出品的葡萄酒设计精巧、特点鲜明，与当地其他酒庄生产的葡萄酒相比酸度略低，但矿物气息浓厚，此特点恰是伊萨克山谷（Valle Isarco）白葡萄酒的典型标志。塞尔瓦纳•拉赫那（Sylvaner Lahner）葡萄酒已成为该酒庄的标志葡萄酒。

- ○ A. A. Valle Isarco Kerner '10 🍷🍷 5
- ○ A. A. Valle Isarco Gewürztraminer '10 🍷🍷 5
- ○ A. A. Valle Isarco Riesling '10 🍷🍷 5
- ○ A. A. Valle Isarco Sylvaner Lahner '10 🍷🍷 5
- ○ A. A. Valle Isarco Sylvaner '10 🍷 4
- ○ A. A. Valle Isarco Kerner '07 🍷🍷 5
- ○ A. A. Valle Isarco Kerner '05 🍷🍷 4*
- ○ A. A. Valle Isarco Riesling '09 🍷🍷 5
- ○ A. A. Valle Isarco Riesling '08 🍷🍷 6
- ○ A. A. Valle Isarco Sylvaner Lahner '09 🍷🍷 5
- ○ A. A. Valle Isarco Sylvaner Lahner '08 🍷🍷 6
- ○ A. A. Valle Isarco Sylvaner Lahner '05 🍷🍷 5*

★Cantina Terlano

VIA SILBERLEITEN, 7
39018 TERLANO/TERLAN [BZ]
TEL. 0471257135
www.cantina-terlano.com

藏酒销售
预约参观
年产量 1 000 000 瓶
葡萄种植面积 150 公顷

特拉诺（Terlano）酒庄在国内外取得的巨大成功绝非侥幸，也不仅仅是土壤的功劳。该酒庄的葡萄酒是辛勤工作和无限工作热情共同作用下的产物，这也使得他们能够对园内葡萄进行观察，并详细记录生产量。该酒庄生产的一系列葡萄酒，主要是白葡萄酒，大受市场欢迎，主要原因在于其拥有传奇的醇化效果。酒庄生产的白葡萄酒，如白皮诺（Pinot Bianco）葡萄酒、莎当尼（Chardonnay）葡萄酒和苏维翁（Sauvignon）葡萄酒，还有红葡萄酒，如拉格林（Lagrein）葡萄酒和斯其阿瓦（Schiava）葡萄酒都极具特点，口感微咸，回味悠长。

- ○ A. A. Terlano Nova Domus Ris. '08 🍷🍷🍷 6
- ○ A. A. Gewürztraminer Lunare '09 🍷🍷 6
- ○ A. A. Terlano Chardonnay '98 🍷🍷 8
- ○ A. A. Terlano Chardonnay Kreuth '09 🍷🍷 5
- ○ A. A. Terlano Pinot Bianco Vorberg '08 🍷🍷 5
- ○ A. A. Terlano Sauvignon Quarz '09 🍷🍷 6
- ○ A. A. Chardonnay '10 🍷🍷 4*
- ● A. A. Lagrein Porphyr '08 🍷🍷 6
- ● A. A. Merlot Siebeneich '08 🍷🍷 5
- ○ A. A. Pinot Grigio '10 🍷🍷 4
- ● A. A. Santa Maddalena Haüsler '10 🍷🍷 4*
- ○ A. A. Terlano '10 🍷🍷 4*
- ○ A. A. Terlano Sauvignon Winkl '10 🍷🍷 4
- ○ A. A. Terlano Pinot Bianco Vorberg '01 🍷🍷🍷 4*
- ○ A. A. Terlano Pinot Bianco Vorberg Ris. '07 🍷🍷🍷 5
- ○ A. A. Terlano Pinot Bianco Vorberg Ris. '06 🍷🍷🍷 5*
- ○ A. A. Terlano Sauvignon Quarz '05 🍷🍷🍷 6

Tiefenbrunner

FRAZ. NICLARA
VIA CASTELLO, 4
39040 CORTACCIA/KURTATSCH [BZ]
TEL. 0471880122
www.tiefenbrunner.com

藏酒销售
预约参观
年产量 800 000 瓶
葡萄种植面积 23 公顷

作为第一个在博尔扎诺省以外地区销售阿尔托—阿迪杰葡萄酒的酒庄，蒂芬布鲁纳（Tiefenbrunner）酒庄颇有名气。而这一切归功于赫伯特•蒂芬布鲁纳（Herbert Tiefenbrunner），这位富有人格魅力的酿酒师。他酿出最为有名的高品质葡萄酒——费尔德玛斯切尔•冯•芬纳（Feldmarschall von Fenner），属于穆勒•图尔高葡萄酒（Müller Thurgau）系列，是由种植在海拔1 000米以上的葡萄酿造而成的。赫伯特的儿子克里斯托弗（Christof）为人内向、少言寡语，但他酿造的葡萄酒高贵典雅，口感细腻，结构稳定却毫不夸张，完美地呈现了该类葡萄酒的特点和不同地区的地域特色。

Wine	Glasses	
○ A. A. Müller Thurgau Feldmarschall von Fenner '10	2 red	6
○ A. A. Pinot Grigio Turmhof '10	2 red	4
● A. A. Cabernet Merlot Linticlarus Cuvée '08	2 black	7
○ A. A. Gewürztraminer Turmhof '10	2 black	6
● A. A. Lagrein Linticlarus Ris. '08	2 black	6
○ A. A. Pinot Bianco Anna Turmhof '10	2 black	4
○ A. A. Sauvignon Kirchleiten '10	2 black	5
○ A. A. Traminer Aromatico V. T. Linticlarus '09	2 black	5
● A. A. Lagrein Turmhof '09	1 black	5
● A. A. Pinot Nero Linticlarus Ris. '08	1 black	6
○ A. A. Gewürztraminer Castel Turmhof '02	3 white	5
● A. A. Lagrein Linticlarus Ris. '07	3 white	6
○ Feldmarschall von Fenner zu Fennberg '08	3 white	6
○ Feldmarschall von Fenner zu Fennberg '05	3 white	5

★★Cantina Tramin

S.DA DEL VINO, 144
39040 TERMENO/TRAMIN [BZ]
TEL. 0471096633
www.cantinatramin.it

藏酒销售
预约参观
年产量 1 500 000 瓶
葡萄种植面积 235 公顷

虽然总有新酒庄和新品牌葡萄酒出现，但是特拉明（Tramin）酒庄却始终是博尔扎诺省葡萄酒生产的标准，它的经营者就是意大利最伟大的酿酒师之一——威利•斯图尔兹（Willi Stürz）。该酒庄声名远播，依靠的是最著名的琼瑶浆•努斯宝莫（Gewürztraminer）葡萄酒以及它的干红系列——特明诺姆（Terminum）葡萄酒。酒厂地位则是通过生产一系列味道纯正、口感浓郁、个性鲜明的葡萄酒得到巩固的。这家联营酒庄生产的白皮诺葡萄酒（Pinot Bianco）、拉格林葡萄酒（Lagrein）、灰皮诺葡萄酒（Pinot Grigio）和斯其阿瓦葡萄酒（Schiava）全部属于阿尔托—阿迪杰葡萄酒的顶级行列。

Wine	Glasses	
○ A. A. Gewürztraminer Nussbaumer '10	3 red	6
● A. A. Cabernet Merlot Loam '09	2 red	6
○ A. A. Gewürztraminer Terminum V. T. '09	2 red	6
○ A. A. Pinot Grigio Unterebner '10	2 red	5
○ A. A. Sauvignon Montan '10	2 red	5
○ A. A. Gewürztraminer '10	2 black	4
○ A. A. Gewürztraminer Roan V. T. '09	2 black	6
● A. A. Lagrein '10	2 black	4*
● A. A. Lagrein Urban '09	2 black	6
○ A. A. Pinot Bianco Moriz '10	2 black	4
○ A. A. Pinot Grigio '10	2 black	4*
○ A. A. Sauvignon '10	2 black	4*
● A. A. Schiava Freisinger '10	2 black	4
○ A. A. Stoan '10	2 black	5
○ T Bianco '10	2 black	3*
○ A. A. Gewürztraminer Nussbaumer '09	3 white	6
○ A. A. Gewürztraminer Terminum V. T. '07	3 white	6

Untermoserhof Georg Ramoser

via Santa Maddalena, 36
39100 Bolzano/Bozen
Tel. 0471975481
untermoserhof@rolmail.net

藏酒销售
预约参观
年产量 35 000 瓶
葡萄种植面积 4.5 公顷

圣•玛塔莲娜山（Santa Maddalena）是一个奇幻之地，也是技术精湛、平易近人的酿酒师格奥尔格•拉莫瑟（Georg Ramoser）生活和工作的地方。安特莫瑟霍（Untermoserhof）酒庄建于17世纪，拉莫瑟（Ramoser）家族手中历经三代。该酒庄现在的年产量约为35 000瓶，出品的葡萄酒主要为当地经典类型的葡萄酒，虽属现代风格，却保留了纯正的当地特色。

- ● A. A. Lagrein Ris. '08 — 5
- ● A. A. Lagrein '10 — 4
- ● A. A. Santa Maddalena Cl. '10 — 4
- ● A. A. Lagrein Scuro Ris. '03 — 5*
- ● A. A. Lagrein Scuro Ris. '97 — 5
- ● A. A. Lagrein Scuro '09 — 4*
- ● A. A. Lagrein Scuro '04 — 4*
- ● A. A. Lagrein Scuro Ris. '07 — 5
- ● A. A. Lagrein Scuro Ris. '06 — 5
- ● A. A. Santa Maddalena Cl. '09 — 4*
- ● A. A. Santa Maddalena Cl. '08 — 4

Tenuta Unterortl Castel Juval

loc. Juval, 1b
39020 Castelbello Ciardes/Kastelbell Tschars [BZ]
Tel. 0473667580
www.unterortl.it

藏酒销售
预约参观
年产量 30 000 瓶
葡萄种植面积 4.2 公顷

卡斯特贝罗（Castelbello）位于维诺斯塔（Valle Venosta）山谷，其高处的风景极为壮观震撼。该酒庄的葡萄园分布在海拔600至850米之间的悬崖上，坡度极陡，这就是马丁（Martin）和吉塞拉•奥利奇（Ghisela Aurich）工作的地方。他们生产的葡萄酒声名远扬，大受追捧，最为受欢迎的是雷司令（Riesling）葡萄酒，当然还有白皮诺（Pinot Bianco）葡萄酒、黑皮诺（Pinot Nero）葡萄酒以及新加入的穆勒•图尔高（Müller Thurgau）葡萄酒。以上均是口感细腻、结构稳固、味道纯正的白葡萄酒。同样值得一试的还有酒庄小型门店内销售的鲜果味葡萄酒，由精力充沛的马丁（Martin）制作，以及吉塞拉•奥利奇（Ghisela Aurich）的自制果酱。

- ○ A. A. Valle Venosta Riesling '10 — 5
- ○ A. A. Valle Venosta Pinot Bianco '10 — 4
- ○ A. A. Valle Venosta Riesling V. T. '09 — 5
- ○ A. A. Valle Venosta Müller Thurgau '10 — 4
- ● A. A. Valle Venosta Pinot Nero '09 — 5
- ● Juval Gneis '10 — 4
- ○ Juval Glimmer '10 — 4
- ○ A. A. Valle Venosta Pinot Bianco '07 — 4*
- ○ A. A. Valle Venosta Riesling '09 — 5
- ○ A. A. Valle Venosta Riesling '08 — 5
- ○ A. A. Valle Venosta Riesling '07 — 5*
- ○ A. A. Valle Venosta Riesling '04 — 5*
- ○ A. A. Valle Venosta Riesling '03 — 5*
- ○ A. A. Valle Venosta Riesling Windbichel '05 — 5

Cantina Produttori Valle Isarco

via Coste, 50
39043 Chiusa/Klausen [BZ]
Tel. 0472847553
www.cantinavalleisarco.it

藏酒销售
预约参观
年产量 700 000 瓶
葡萄种植面积 130 公顷

始建于1961年的伊萨克山谷（Valle Isarco）酒庄是阿尔托—阿迪杰地区成立时间最短的联营葡萄酒企业。每年秋季，130位葡萄种植者会将他们生产的葡萄送往位于契乌萨（Chiusa）的现代化酒窖。此处靠近葡萄种植区的最北部，气候条件并不适宜葡萄的生长，葡萄的收获时间要远远晚于奥特拉蒂格地区（Oltradige），葡萄种植者采摘白葡萄至少要等到9月末。托马斯•多尔夫曼（Thomas Dorfmann）长期担任酒窖技师的工作，严把质量关，生产的葡萄酒类型优良，口感新鲜，本地特色鲜明。基础生产线的产品经济价值极高，而阿里斯托（Aristos）生产线的产品个性突出，架构得体，适宜长期储存。

- ○ A. A. Valle Isarco Kerner Aristos '10 — 5
- ○ A. A. Valle Isarco Riesling Aristos '10 — 5
- ○ A. A. Sauvignon Aristos '10 — 4
- ○ A. A. Valle Isarco Müller Thurgau Aristos '10 — 5
- ○ A. A. Valle Isarco Pinot Grigio Aristos '10 — 5
- ○ A. A. Valle Isarco Sylvaner Aristos '10 — 5
- ○ A. A. Valle Isarco Traminer A. P. Nectaris '09 — 5
- ○ A. A. Valle Isarco Kerner Sabiona '09 — 6
- ○ A. A. Valle Isarco Sylvaner Sabiona '09 — 6
- ○ A. A. Valle Isarco Veltliner Aristos '10 — 5
- ○ A. A. Valle Isarco Kerner Aristos '05 — 4*
- ○ A. A. Valle Isarco Veltliner Aristos '03 — 4*
- ○ A. A. Valle Isarco Gewürztraminer Aristos '09 — 5
- ○ A. A. Valle Isarco Kerner Aristos '09 — 4

Vivaldi - Arunda

via Josef-Schwarz, 18
39010 Meltina/Mölten [BZ]
Tel. 0471668033
www.arundavivaldi.it

藏酒销售
预约参观
年产量 90 000 瓶

约瑟夫•雷特洛（Joseph Reiterer）是公认的阿尔托—阿迪杰地区生产起泡葡萄酒的领袖，同时也是阿尔托—阿迪杰经典葡萄酒酿造协会的创始人之一兼会长。他与妻子共同经营的这家酒庄位于梅尔蒂娜（Meltina）海拔1 200米的高山上，如果不是世界最高，也算得上是欧洲最高的起泡葡萄酒酒庄。阿伦达（Arunda）酒庄或者说是维瓦尔蒂（Vivaldi）酒庄（究竟叫什么名字取决于其出产的葡萄酒是销往德语市场还是意大利语市场），生产大量的库维葡萄酒（Cuvée），一种是纯正的布兰科•德布兰科葡萄酒（Blanc de Blancs），而另一种则是含有大量莎当尼（chardonnay）的混合葡萄酒。酒渣的浓度和成熟度使得该酒庄出品的起泡葡萄酒品味高贵典雅。

- ○ A. A. Spumante Arunda Cuvée Marianna — 6
- ○ A. A. Spumante Blanc de Blancs Arunda — 6
- ⊙ A. A. Arunda R&R Rosé — 6
- ⊙ A. A. Spumante Arunda Rosé — 6
- ○ A. A. Spumante Brut Arunda — 6
- ○ A. A. Spumante Extra Brut Arunda — 6
- ○ A. A. Spumante Extra Brut Arunda Ris. '05 — 6
- ○ A. A. Spumante Extra Brut Arunda Ris. '98 — 6
- ⊙ A. A. Spumante Rosé Brut — 6
- ○ A. A. Spumante Vivaldi Ris. '97 — 5

★Elena Walch

VIA A. HOFER, 1
39040 TERMENO/TRAMIN [BZ]
TEL. 0471860172
www.elenawalch.com

藏酒销售
预约参观
年产量 500 000 瓶
葡萄种植面积 33 公顷

艾琳娜•沃尔什（Elena Walch）是该酒庄的经营者，虽然酒庄内的工作人员均为女性，但酒庄长期位于阿尔托—阿迪杰地区葡萄酒生产领域的顶尖行列。卡斯特尔•瑞伯格（Castel Ringberg）地势高，俯视拉格•迪卡尔达罗（Lago di Caldaro）和凯斯特（Kastelaz），是生产葡萄酒的理想场所。一个典型的例子就是琼瑶浆•凯斯特葡萄酒（Gewürztraminer Kastelaz），现为该类型葡萄酒中的经典之作，另一款拉格林•卡斯特尔•瑞伯格珍藏版葡萄酒（Lagrein Castel Ringberg Riserva）也是如此。随后加入该行列的葡萄酒，比如凯斯特•白皮诺葡萄酒（Pinot Bianco Kastelaz）和白•帕西托•卡什米尔葡萄酒（Bianco Passito Cashmere）都是用琼瑶浆葡萄（gewürztraminer）和苏维翁葡萄（sauvignon）酿造而成的。

○ A. A. Gewürztraminer Kastelaz '10	5*
● A. A. Cabernet Sauvignon Ris. '06	7
○ A. A. Bianco Beyond the Clouds '10	7
● A. A. Pinot Nero Ludwig '08	6
○ A. A. Resling Castel Ringberg '10	5
○ A. A. Chardonnay Cardellino '10	5
● A. A. Moscato Rosa Cashmere '09	6
○ A. A. Bianco Beyond the Clouds '06	7
○ A. A. Bianco Beyond the Clouds '02	6
○ A. A. Gewürztraminer Kastelaz '09	6
○ A. A. Gewürztraminer Kastelaz '08	6
○ A. A. Gewürztraminer Kastelaz '07	6
○ A. A. Gewürztraminer Kastelaz '06	6
○ A. A. Gewürztraminer Kastelaz '05	6
● A. A. Lagrein Castel Ringberg Ris. '04	6
● A. A. Lagrein Castel Ringberg Ris. '03	6

Tenuta Waldgries

LOC. SANTA GIUSTINA, 2
39100 BOLZANO/BOZEN
TEL. 0471323603
www.waldgries.it

藏酒销售
预约参观
年产量 50 000 瓶
葡萄种植面积 5.1 公顷
葡萄栽培方式 有机种植

在短短几年内，克里斯坦•普莱特纳（Christian Plattner）就成为了阿尔托—阿迪杰地区著名红葡萄酒生产的代表人物之一。他的葡萄酒结构稳定，款式现代，个性突出，口感和谐。而他的最爱则是该酒庄生产的圣•玛塔莲娜葡萄酒（Santa Maddalena）。事实上，他为这款葡萄酒重新搭建了一个葡萄园。克里斯坦（Christian）的酒庄位于圣•玛塔莲娜山（Santa Maddalena）的正中心处，里面还有一家饶有趣味的葡萄酒博物馆。

● A. A. Lagrein Mirell '09	7
● A. A. Santa Maddalena '10	4*
○ A. A. Sauvignon '10	5
● A. A. Lagrein '10	5
● A. A. Lagrein Ris. '09	6
● A. A. Santa Maddalena Cl. Antheos '10	5
● A. A. Cabernet Sauvignon '99	6
● A. A. Lagrein Scuro Mirell '08	7
● A. A. Lagrein Scuro Mirell '07	7
● A. A. Lagrein Scuro Mirell '01	7
● A. A. Lagrein Scuro Ris. '08	6
● A. A. Moscato Rosa Passito '07	6
● A. A. Santa Maddalena Cl. '09	4*
○ A. A. Sauvignon '09	5

Tenuta Baron Di Pauli

via Cantine, 12
39052 Caldaro/Kaltern [BZ]
Tel. 0471963696
www.barondipauli.com

- ○ A. A. Gewürztraminer Exilissi '09 — 7
- ● A. A. Lago di Caldaro Cl. Sup. Kalkofen '10 — 4

Bessererhof - Otmar Mair

Novale di Presule, 10
39050 Fiè allo Sciliar/Völs am Schlern [BZ]
Tel. 0471601011
www.bessererhof.it

- ○ A. A. Chardonnay Ris. '08 — 4
- ○ A. A. Moscato Giallo '10 — 4
- ○ A. A. Pinot Bianco '10 — 4

Brunnenhof Kurt Rottensteiner

loc. Mazzon - via degli Alpini, 5
39044 Egna/Neumarkt [BZ]
Tel. 0471820687
www.brunnenhof-mazzon.it

- ○ A. A. Gewürztraminer '10 — 5
- ● A. A. Pinot Nero Ris. '08 — 6

Glassierhof - Stefan Vaja

via Villa, 13
39044 Egna/Neumarkt [BZ]
Tel. 3351031673
glassierhof@tin.it

- ● A. A. Lagrein Glassier '09 — 5
- ● A. A. Cabernet Sauvignon Merlot Learn '09 — 5
- ○ A. A. Sauvignon Geboch '09 — 5
- ● A. A. Schiava '10 — 5

Griesbauerhof Georg Mumelter

via Rencio, 66
39100 Bolzano/Bozen
Tel. 0471973090
www.tirolensisarsvini.it

- ● A. A. Lagrein Ris. '08 — 5
- ● A. A. Merlot Spitz '09 — 5
- ● A. A. Santa Maddalena Cl. '10 — 3*
- ● A. A. Lagrein '10 — 4

Happacherhof Istituto Tecnico Agrario Ora

via del Castello, 10
39040 Ora/Auer [BZ]
Tel. 0471810538
www.ofl-auer.it

- ● A. A. Merlot-Cabernet Rubin Ris. '09 — 5
- ● A. A. Lagrein Ris. '09 — 5
- ● A. A. Merlot '09 — 4
- ○ A. A. Chardonnay '10 — 4

Hof Gandberg Rudolf Niedermayr

s.da Castel Palú, 1
39057 Appiano/Eppan [BZ]
Tel. 0471664152

- ○ A. A. Pinot Bianco '10 — 4*
- ● Beerl '10 — 4*
- ○ Bronner '10 — 4*
- ○ Sonnrain '10 — 4*

Kettmeir

via delle Cantine, 4
39052 Caldaro/Kaltern [BZ]
Tel. 0471963135
www.kettmeir.com

- ○ A. A. Müller Thurgau Athesis '10 — 5
- ○ A. A. Chardonnay Maso Reiner '09 — 5
- ● A. A. Lagrein Athesis Ris. '08 — 6
- ● A. A. Moscato Rosa Athesis '08 — 6

Tenuta Klosterhof Oskar Andergassen

LOC. CLAVENZ, 40
39052 CALDARO/KALTERN [BZ]
TEL. 0471961046
www.garni-klosterhof.com

- ● A. A. Lago di Caldaro Cl. Sup. Plantaditsch '10 — 🍷🍷 4*
- ○ A. A. Pinot Bianco Trifall '10 — 🍷🍷 4
- ● A. A. Merlot Ris. '08 — 🍷 5

Kössler

VIA CASTEL GUARDIA, 21
39050 APPIANO/EPPAN [BZ]
TEL. 0471662183
www.koessler.it

- ○ A. A. Pinot Grigio '10 — 🍷🍷 4*
- ● A. A. Pinot Nero '10 — 🍷🍷 4
- ○ A. A. Pinot Bianco '10 — 🍷 4
- ○ A. A. Sauvignon '10 — 🍷 4

Lahnhof - Tenute Costa

LOC. MONTE APPIANO
VIA MASACCIO, 4
39057 BOLZANO/BOZEN
TEL. 0521786870
www.tenutecosta.it

- ○ A. A. Pinot Bianco Lahnhof '10 — 🍷🍷 4
- ○ A. A. Pinot Grigio Lahnhof '10 — 🍷🍷 4
- ○ A. A. Sauvignon '10 — 🍷🍷 4
- ○ A. A. Gewürztraminer '10 — 🍷 4

Larcherhof - Spögler

VIA RENCIO, 82
39100 BOLZANO/BOZEN
TEL. 0471365034
larcherhof@yahoo.de

- ● A.A. Lagrein '10 — 🍷🍷 4
- ○ A.A. Pinot Grigio '10 — 🍷🍷 4*
- ● A.A. Santa Maddalena Cl. '10 — 🍷🍷 4*

Lieselehof Werner Morandell

VIA KARDATSCH, 6
39052 CALDARO/KALTERN [BZ]
TEL. 0471965060
www.lieselehof.com

- ○ Pinot Bianco '10 — 🍷🍷 4
- ○ Sweet Claire '09 — 🍷🍷 7
- ● Maximilian VI '07 — 🍷 5

Marinushof - Heinrich Pohl

LOC. MARAGNO - S.DA VECCHIA, 9B
39020 CASTELBELLO CIARDES/KASTELBELL TSCHARS [BZ]
TEL. 0473624717
www.marinushof.it

- ● Zweigelt '10 — 🍷🍷 6
- ● A.A. Valle Venosta Pinot Nero '09 — 🍷 6
- ○ Venoster '10 — 🍷 5

Lorenz Martini

LOC. CORNAIANO/GIRLAN
VIA PRANZOL, 2D
39057 APPIANO/EPPAN [BZ]
TEL. 0471664136
www.lorenz-martini.it

- ○ A. A. Spumante Comitissa Brut Ris. '07 — 🍷🍷 6

Messnerhof Bernhard Pichler

LOC. SAN PIETRO, 7
39100 BOLZANO/BOZEN
TEL. 0471977162
www.messnerhof.net

- ● A. A. Lagrein Ris. '09 — 🍷🍷 5
- ● A. A. Santa Maddalena Cl. '10 — 🍷🍷 4*
- ○ A. A. Terlano Sauvignon '10 — 🍷🍷 4

Oberrautner - Anton Schmid

FRAZ. GRIES
VIA M. PACHER, 3
39100 BOLZANO/BOZEN
TEL. 0471281440
www.schmid.bz

- ● A. A. Lagrein '10 — 4
- ⊙ A. A. Lagrein Rosato Grieser '10 — 4*
- ● A. A. Pinot Nero Villa Schmid '08 — 5
- ● A. A. Merlot Tulledro '10 — 4

Tenuta Pfitscherhof Klaus Pfitscher

VIA GLENO, 9
39040 MONTAGNA/MONTAN [BZ]
TEL. 0471819773
www.pfitscher.it

- ● A. A. Lagrein Kotznloater '09 — 5
- ● A. A. Pinot Nero Matan '08 — 6
- ● A. A. Merlot Stoass '09 — 5

Pranzegg - Martin Gojer

VIA KAMPENNERWEG, 8
39100 BOLZANO/BOZEN
TEL. 0471977436
gojer.martin@dnet.it

- ● A. A. Lagrein Quirein Ris. '09 — 6
- ● Campill '09 — 5
- ○ Caroline '09 — 5
- ⊙ Jacob '10 — 5

Thurnhof - Andreas Berger

LOC. ASLAGO
VIA CASTEL FLAVON, 7
39100 BOLZANO/BOZEN
TEL. 0471288460
www.thurnhof.com

- ○ A. A. Moscato Giallo '10 — 4
- ○ A. A. Sauvignon 800 '10 — 4
- ● A. A. Cabernet Merlot Wienegg '07 — 6
- ● A. A. Santa Maddalena '10 — 4

Wilhelm Walch

VIA A. HOFER, 1
39040 TERMENO/TRAMIN [BZ]
TEL. 0471860103
www.walch.it

- ● A. A. Cabernet - Sauvignon Ris. '08 — 5
- ● A. A. Merlot '09 — 3*
- ○ A. A. Pinot Bianco '10 — 4*
- ○ A. A. Müller Thurgau '10 — 3

Alois Warasin

LOC. CORNAIANO/GIRLAN
VIA COLTERENZIO, 1
39047 APPIANO/EPPAN [BZ]
TEL. 0471662462
weine.a.warasin@rolmail.net

- ○ A.A. Sauvignon '10 — 5
- ● A.A. Schiava Privat '09 — 4

Josef Weger

LOC. CORNAIANO
VIA CASA DEL GESÙ, 17
39050 APPIANO/EPPAN [BZ]
TEL. 0471662416
www.wegerhof.it

- ○ A. A. Pinot Bianco Maso delle Rose '09 — 5
- ● Joanni Maso delle Rose '06 — 5
- ○ A. A. Pinot Bianco '10 — 4

Peter Zemmer

S.DA DEL VINO, 24
39040 CORTINA SULLA STRADA DEL VINO/KURTINIG [BZ]
TEL. 0471817143
www.peterzemmer.com

- ● A. A. Lagrein Reserve '09 — 5
- ○ A. A. Pinot Bianco '10 — 4
- ○ A. A. Pinot Grigio '10 — 4
- ○ Cortinie Bianco '10 — 5

威尼托区
VENETO

威尼托（Veneto）长久以来保持着生机和活力，这一点非常明显地体现在该地区众多的葡萄酒产区和首次获得“三杯奖”的酒庄上。瓦波利切拉葡萄酒（Valpolicella）和索阿维葡萄酒（Soave）仍是该地区重要的葡萄酒产品，在过去的20年中，成功地将本地葡萄与传统技艺完美结合起来，因而进入了一流葡萄酒的行列。阿玛罗奈葡萄酒（Amarone）因拥有较强的抗旱能力而蝉联冠军。因此，和2006年一样，葡萄酒生产商能够提供更多平易近人的葡萄酒，或者说和2007年一样，能够生产更多富含活力的葡萄酒。除了历史上十分著名的艾格尼（Allegrini）酒庄和贝塔尼（Bertani）酒庄，许多名气较小却天赋十足的酒庄后来居上，包括卡斯特拉尼兄弟（Castellani）的卡拉•碧昂达（Ca' La Bionda）酒庄、玛塔莲娜（Maddalena）和艾米丽奥•帕斯卡（Emilio Pasqua）的缪泽拉（Musella）酒庄，更不用说位于蒙多尔吾（Monte dall'Ora） 的卡尔罗•范德瑞尼（Carlo Venturini）酒庄，其生产的萨乌斯托葡萄酒（Saustò）证明了即使是使用二次发酵技术，也可以达到葡萄酒的经典和灵巧。在索阿维（Soave），我们不得不提到对于凯菲勒（Coffele）酒庄和凯菲勒•丽俏朵甜白葡萄酒（Recioto Le Sponde）意义重大的结果。这家酒庄曾获得过“三杯奖”但这是该酒庄著名的甜葡萄酒第一次获得此项荣誉。罗贝托•塞拉美（Roberto Anselmi）带着豪华的卡皮特尔•克罗斯葡萄酒（Capite Croce）和取得巨大成功的卡瑞哥特葡萄酒（Ca' Rugate）重新回归。这两款获得“三杯奖”的葡萄酒仅仅体现了塞拉美（Anselmi）出产葡萄酒品质的冰山一角。科斯多佐葡萄酒（Custoza）地位得到稳固后，罗埃欧（Roeno）的克里斯蒂娜（Cristina）的出现绝对是一个惊喜。这款品质极佳的甜葡萄酒居然是来自阿迪杰地区（Adige），此地出产的优质葡萄酒屈指可数。鲁加纳葡萄酒（Lugana）、科里•尤佳内葡萄酒（Colli Euganei）和蒙特洛葡萄酒（Montello）一直都是品质极佳，价值不菲。在瓦尔多比阿德内地区（Valdobbiadene），麦荣托（Merotto）酒庄成为了焦点，因为其在很短的时间内就上升到了葡萄酒生产的主导地位。2012年的年鉴迎来了许多新的酒庄，几乎有1/5的“三杯奖”获奖酒庄在以前从未获过奖。这意味着该地区从未耽于过去的荣誉而停滞不前。该地区不仅一直努力提高产量，更注意到了葡萄酒品质和环境之间的关系，品质的提高离不开环境的改善。10年前，投资资金仅仅用于修建豪华酒窖，但现在的情形与之前完全相反。许多酒庄在扩建的同时，更注重在酿酒质量上的提升和对环境的保护与促进。

Stefano Accordini

FRAZ. CAVALO
LOC. CAMPAROL, 10
37022 FUMANE [VR]
TEL. 0457760138
www.accordinistefano.it

藏酒销售
预约参观
年产量 120 000 瓶
葡萄种植面积 13 公顷

2010年的收获见证了提兹阿诺（Tiziano）的阿克蒂尼（Accordini）酒庄迁移到马祖莱加山（Mazzurega），位于多山的瓦波利切拉地区（Valpolicella）。现在，该酒庄的空间终于可以同时满足仔细监控和有效生产两方面的要求。提兹阿诺（Tiziano）的儿子加可莫（Giacomo）在酒庄的运营中变得越来越重要，他为葡萄园管理和葡萄酒生产均注入了新的生机和活力。他的目标是用山中采摘的葡萄酿造出最优质的葡萄酒。

● Amarone della Valpolicella Cl. Vign. Il Fornetto '04	🍷🍷 8
● Amarone della Valpolicella Cl. Acinatico '07	🍷🍷 8
● Paxxo '09	🍷🍷 5
● Recioto della Valpolicella Cl. Acinatico '08	🍷🍷 6
● Valpolicella Cl. '10	🍷🍷 4*
● Valpolicella Cl. Sup. Ripasso Acinatico '09	🍷🍷 5
● Amarone della Valpolicella Cl. Vign. Il Fornetto '95	🍷🍷🍷 8
● Recioto della Valpolicella Cl. Acinatico '04	🍷🍷🍷 7
● Recioto della Valpolicella Cl. Acinatico '00	🍷🍷🍷 7
● Amarone della Valpolicella Cl. Acinatico '06	🍷🍷 8
● Recioto della Valpolicella Cl. Acinatico '07	🍷🍷 7
● Recioto della Valpolicella Cl. Acinatico '06	🍷🍷 7
● Valpolicella Cl. Sup. Ripasso Acinatico '06	🍷🍷 5

Adami

FRAZ. COLBERTALDO
VIA ROVEDE, 27
31020 VIDOR [TV]
TEL. 0423982110
www.adamispumanti.it

藏酒销售
预约参观
年产量 600 000 瓶
葡萄种植面积 11 公顷

在普若赛科葡萄酒（Prosecco）的中心生产区陷入混乱时，阿达米（Adami）兄弟带领酒庄稳步前进，追求尽可能高的品质和优雅气质，以及只有用山间生长的特雷维索葡萄（Treviso）酿造的葡萄酒才能拥有的稠密口感。酒庄的吉阿迪诺（Giardino）葡萄园历史悠久，视野开阔，现在新增了几处在山里开辟的葡萄园，有的海拔甚至超过300米，弗兰克（Franc）对于利用从中收获的葡萄酿造出全新系列的葡萄酒抱有很高的期望。酒庄从值得信任的果农处购得葡萄，保证了葡萄酒长期一贯的高品质。

○ Valdobbiadene Rive di Colbertaldo Dry Vign. Giardino '10	🍷🍷 4
○ Cartizze '10	🍷🍷 5
○ Valdobbiadene Brut Bosco di Gica '10	🍷🍷 4*
○ Valdobbiadene Extra Dry Dei Casel '10	🍷🍷 4*
○ Prosecco di Treviso Brut Garbel	🍷 4
○ Valdobbiadene Tranquillo Giardino '10	🍷 4
○ Cartizze Dry	🍷🍷 5
○ Cartizze Dry	🍷🍷 5
○ P. di Valdobbiadene Dry Vign. Giardino '08	🍷🍷 4*
○ P. di Valdobbiadene Dry Vign. Giardino '07	🍷🍷 4*
○ P. di Valdobbiadene Dry Vign. Giardino '06	🍷🍷 4
○ P. di Valdobbiadene Extra Dry Dei Casel '09	🍷🍷 4*
○ Valdobbiadene Rive di Colbertaldo Dry Vign. Giardino '09	🍷🍷 4*

Ida Agnoletti

LOC. SELVA DEL MONTELLO
VIA SACCARDO, 55
31040 VOLPAGO DEL MONTELLO [TV]
TEL. 0423620947
ettore.agnoletti@virgilio.it

藏酒销售
预约参观
年产量 50 000 瓶
葡萄种植面积 6.5 公顷

年复一年，这家中等规模的酒庄一直生产着质量上乘的瓶装葡萄酒，证明了它始终在朝着正确的方向发展。现在的蒙塔洛地区（Montello）绝不是只有几位享誉多年的葡萄酒酿造师。富有奉献精神的酿酒师不断增多，并非常有希望能很快体会到该地区葡萄酒品质所蕴含的潜力。伊达•阿格诺莱蒂（Ida Agnoletti）生产的葡萄酒真实地反映了本地特色，口感柔顺，酒体纤细，气质高雅，避免了蛮力。本地特色红葡萄为波尔多葡萄酒（Bordeaux），工艺精湛，纤细灵巧，口感紧实。

- ● Ludwy '08 — 4
- ● Montello e Colli Asolani Merlot '09 — 3*
- ● Montello e Colli Asolani Merlot La Ida '09 — 3
- ● Seneca '08 — 4
- ○ Manzoni 6.0.13 '09 — 3
- ○ Manzoni 6.0.13 Follia '09 — 3
- ● Montello e Colli Asolani Cabernet Sauvignon '09 — 3
- ○ Prosecco di Treviso Il Tranquillo — 3
- ○ Prosecco Frizzante P.S.L. — 3
- ● Ludwy '07 — 4*
- ● Montello e Colli Asolani Merlot '08 — 3*
- ● Montello e Colli Asolani Merlot '07 — 3*
- ● Seneca '06 — 4*

★★Allegrini

VIA GIARE, 5
37022 FUMANE [VR]
TEL. 0456832011
www.allegrini.it

藏酒销售
预约参观
年产量 900 000 瓶
葡萄种植面积 120 公顷

马瑞丽莎（Marilisa）和弗兰克•艾格尼（Franc Allegrini）在葡萄园的重建中带领着酒庄不断前进，他们关注的重点放在了一座年代最悠久的葡萄园上，就是普拉索•德拉•托雷（Palazzo della Torre）周围的一小块地。他们勤勉努力，关注葡萄园的方方面面，既注重保护本地经典的干石墙，也在不适宜推行平棚架栽培模式的地区培育能够垂直缠绕的葡萄藤。他们生产的瓶装葡萄酒，历史悠久，果味浓郁，气息优雅。

- ● Amarone della Valpolicella Cl. '07 — 8
- ● La Poja '08 — 8
- ● Recioto della Valpolicella Cl. Giovanni Allegrini '08 — 7
- ● Bardolino Cl. Le Barbere Naiano '10 — 4*
- ● La Grola '09 — 6
- ● Palazzo della Torre '09 — 5
- ○ Soave '10 — 4*
- ● Valpolicella Cl. '10 — 4*
- ● Villa Giona '06 — 7
- ● Amarone della Valpolicella Cl. '06 — 8
- ● Amarone della Valpolicella Cl. '05 — 8
- ● Amarone della Valpolicella Cl. '04 — 8
- ● Amarone della Valpolicella Cl. '03 — 8
- ● Amarone della Valpolicella Cl. '01 — 8
- ● Amarone della Valpolicella Cl. '00 — 8
- ● La Poja '01 — 8

★Roberto Anselmi

via San Carlo, 46
37032 Monteforte d'Alpone [VR]
Tel. 0457611488
www.anselmi.eu

藏酒销售
预约参观
年产量 700 000 瓶
葡萄种植面积 70 公顷

塞拉美（Anselmi）一直是酒庄的管理者，他同时也从子女丽莎（Lisa）和托马索（Tommaso）那里获得越来越多的帮助。塞拉美的能力是多方面的，不论是面对市场需求还是酒庄内复杂的生产系统的需求，他都能轻松应对，更不用提该地区2011年洪水过后的善后工作。葡萄园正逐步恢复重建，一些平棚架正被垂直藤架取代，园内除了加格奈拉葡萄（garganega）外还引进种植了新的葡萄品种。但是罗贝托葡萄（Roberto）的风格没有变化，生产的葡萄酒充满活力，果味浓郁，散发着典型的塞拉美（Anselmi）香气。

○ Capitel Croce '09	5*
○ Capitel Foscarino '10	4*
○ I Capitelli '08	7
○ San Vincenzo '10	4*
○ Capitel Croce '06	5
○ Capitel Croce '05	5
○ Capitel Croce '04	5
○ Capitel Croce '03	5
○ Capitel Croce '02	5
○ Capitel Croce '08	5
○ Capitel Foscarino '09	4
○ Capitel Foscarino '08	4*

Antolini

via Prognol, 22
37020 Marano di Valpolicella [VR]
Tel. 0457755351
www.antolinivini.it

藏酒销售
预约参观
年产量 40 000 瓶
葡萄种植面积 8 公顷

20世纪90年代，皮尔保罗（Pierpaolo）和斯蒂凡诺•安东里尼（ Stefano Antolini）兄弟开始接手管理这座家族酒庄，并立即停止了葡萄的对外销售，更倾向于在种植葡萄的同时进行葡萄酒的生产。葡萄园有近10公顷的山地，分布在马拉诺山谷（Marano）和尼格拉（Negrar）两地。酒庄在拉诺山谷，而卡可奥托（Ca' Coato）葡萄园在尼格拉。在短短几年内，两兄弟的努力就取得了成效，出品的葡萄酒堪称经典瓦波利切拉（Valpolicella）风格的典范。

● Amarone della Valpolicella Cl. Ca' Coato '07	7
● Theobroma '08	4
● Valpolicella Cl. Sup. Ripasso '09	4*
● Valpolicella Cl. '09	3
● Amarone della Valpolicella Cl. Ca' Coato '06	7
● Amarone della Valpolicella Cl. Moròpio '06	6
● Recioto della Valpolicella Cl. '07	5
● Valpolicella Cl. Sup. Ripasso '08	4

Balestri Valda

via Monti, 44
37038 Soave [VR]
Tel. 0457675393
www.vinibalestrivalda.com

藏酒销售
预约参观
年产量 50 000 瓶
葡萄种植面积 13 公顷

尽管该酒庄属于后起之秀，吉多•瑞泽托（Guido Rizzotto）在索阿维地区（Soave）却算得上是经验独特的葡萄酒生产者，这一点在品尝该酒庄的葡萄酒时表露无遗。他十分清楚自己的葡萄园处在一个著名的葡萄酒国度，位于法定原产地葡萄酒产区的西部，并曾致力于研究葡萄如何从卡斯特尔赛瑞诺（Castelcerino）山下的玄武岩、凝灰岩和石灰岩的独特混合物中获得纤细灵巧的特质。他的女儿劳拉（Laura）在酒庄中扮演越来越重要的角色，处理一切和销售贸易相关的事宜。

○ Soave Cl. Sengialta '10	🍷🍷 4*
○ Recioto di Soave Cl. '08	🍷🍷 6
○ Recioto di Soave Spumante '08	🍷 5
● Scaligio '06	🍷 5
○ Soave Cl. '10	🍷 4
○ Soave Cl. '09	🍷🍷 4
○ Soave Cl. '08	🍷🍷 4*
○ Soave Cl. '06	🍷🍷 4
○ Soave Cl. Lunalonga '08	🍷🍷 4*
○ Soave Cl. Sengialta '09	🍷🍷 4*
○ Soave Cl. Sengialta '08	🍷🍷 4*
○ Soave Cl. Sengialta '07	🍷🍷 1

Barollo

via Rio Serva, 4b
35123 Preganziol [TV]
Tel. 0422633014
www.barollo.com

藏酒销售
预约参观
年产量 50 000 瓶
葡萄种植面积 30 公顷

莫格里阿诺温尼托镇（Mogliano Veneto）与特雷维索（Treviso）的过渡地带分布着大片农田，主要种植庄稼，葡萄种植居于次要地位。尼可拉（Nicola）和马可•巴罗洛（Marco Barollo）的做法却恰好相反，他们大力投资葡萄种植，现拥有一个30公顷的葡萄园。巴罗洛（Barollo）的藏酒包括波尔多葡萄酒（Bordeaux）类型和其他更受欢迎的白葡萄酒品种。尽管酒庄在皮亚韦（Piave）原产地葡萄酒产区，他们更希望自由发挥，生产风格简约、容易入口的日常餐酒。酒庄葡萄酒生产的风格就是简约大方，平易近人。

● Frank '09	🍷🍷 5
○ Pinot Bianco '10	🍷🍷 4*
● Frater Rosso '10	🍷 4
○ Manzoni Bianco '10	🍷 5
○ Pinot Grigio '10	🍷 5
● Frank '08	🍷🍷 5
○ Pinot Bianco '09	🍷🍷 5
○ Pinot Bianco '08	🍷🍷 4
○ Pinot Grigio '09	🍷🍷 5
○ Pinot Grigio '08	🍷🍷 4

Beato Bartolomeo da Breganze

VIA ROMA, 100
36042 BREGANZE [VI]
TEL. 0445873112
www.cantinabreganze.it

藏酒销售
年产量 3 500 000 瓶
葡萄种植面积 800 公顷

巴萨诺（Bassano）和塞尼（Thiene）之间的山地均属于布莱甘泽（Breganze）原产地葡萄酒产区，地处维琴察省（Vicenza）的北部。布莱甘泽（Breganze）酒庄是该地区最大的葡萄酒生产商，葡萄园占地面积达800公顷，包括多种土壤类型，如冲积平原和由火山爆发后形成的石灰岩组成的阿齐亚戈高原（Asiago）下的山地。在酒庄的技术人员中，埃尔维奥•佛拉托（Elvio Forato）和卢卡•特撒罗（Luca Tessaro）在酒窖工作，阿尔伯特•布莱泽尔（Alberto Brazzale）在田间协助果农种植葡萄，同时组织前往欧洲主要葡萄酒产区的学习旅行。

- ● Breganze Cabernet Kilò Ris. '08 — 5
- ● Breganze Cabernet Sup. Bosco Grande '08 — 4
- ● Breganze Merlot Bosco Grande '08 — 4
- ○ Breganze Torcolato '08 — 5
- ● Breganze Cabernet Sup. Savardo '09 — 4
- ● Breganze Pinot Nero Sup. Savardo '09 — 4
- ○ Breganze Torcolato Bosco Grande Ris. '08 — 5
- ○ Breganze Vespaiolo Extra Dry — 4
- ○ Breganze Vespaiolo Savardo '10 — 4
- ○ Breganze Vespaiolo sulla rotta del Bacalà '10 — 4
- ● Breganze Cabernet Kilò Ris. '07 — 5
- ○ Breganze Torcolato '07 — 6
- ○ Breganze Torcolato '06 — 6
- ○ Breganze Vespaiolo Sup. Savardo '08 — 4

★Lorenzo Begali

VIA CENGIA, 10
37020 SAN PIETRO IN CARIANO [VR]
TEL. 0457725148
www.begaliwine.it

藏酒销售
预约参观
年产量 60 000 瓶
葡萄种植面积 8 公顷

森吉亚村（Cengia）中的贝加利（Begali）酒庄规模较小，位于卡斯特罗托山（Castelrotto）的山脚处。酒庄主人洛伦佐（Lorenzo）近几年来一直致力于提升出产葡萄酒的品质水平，包括酒庄旗舰葡萄酒在内的所有葡萄酒产品。贝加利酒庄的风格在清澈、透明、个性鲜明的葡萄酒产品中得到充分体现。整个系列的葡萄酒充满活力，饱满馥郁，并转变成为优雅灵巧，而这一点正是高贵葡萄酒的标志。

- ● Amarone della Valpolicella Cl. Vign. Monte Ca' Bianca '06 — 8
- ● Amarone della Valpolicella Cl. '07 — 7
- ● Recioto della Valpolicella Cl. '08 — 7
- ● Tigiolo '07 — 6
- ● Valpolicella Cl. Sup. Ripasso Vign. La Cengia '09 — 4*
- ● Valpolicella Cl. '10 — 3
- ● Amarone della Valpolicella Cl. '03 — 7
- ● Amarone della Valpolicella Cl. Vign. Monte Ca' Bianca '05 — 8
- ● Amarone della Valpolicella Cl. Vign. Monte Ca' Bianca '04 — 8
- ● Amarone della Valpolicella Cl. Vign. Monte Ca' Bianca '03 — 8
- ● Amarone della Valpolicella Cl. Vign. Monte Ca' Bianca '01 — 7
- ● Amarone della Valpolicella Cl. Vign. Monte Ca' Bianca '00 — 8

Cecilia Beretta - Pasqua

LOC. SAN FELICE EXTRA
S.DA DELLA GIARA, 10
37131 VERONA
TEL. 0458432111
www.ceciliaberetta.it

藏酒销售
预约参观
年产量：200 000+19 000 000 瓶
葡萄种植面积：89+1 000 公顷

维罗纳（Verona）酒庄历史悠久，因其能将葡萄酒的质量与数量完美地结合起来而令人印象深刻。塞西莉亚•贝瑞塔葡萄酒（Cecilia Beretta）是酒庄引以为傲的一款。帕斯卡（Pasqua）酒庄的葡萄园内种植着品种协调、品质上乘的葡萄，而酒庄的高产量来自于原产地的葡萄。酒庄里经验丰富的技师保证了葡萄酒的高品质和真实纯正的口感，出品的葡萄酒不仅体现了葡萄生长时的气候特点，也具有极高的品尝价值。

- ● Amarone della Valpolicella Cl. Terre di Cariano '07 — 8
- ● Amarone della Valpolicella Cl. Villa Borghetti Pasqua '07 — 7
- ● Picàie '08 — 6
- ○ Soave Cl. Brognoligo '10 — 3*
- ● Valpolicella Cl. Sup. Terre di Cariano '08 — 4
- ● Valpolicella Sup. Mizzole '09 — 4*
- ● Valpolicella Sup. Ripasso '09 — 5
- ● Valpolicella Sup. Ripasso Villa Borghetti Pasqua '09 — 5
- ○ Soave Cl. Villa Borghetti Pasqua '10 — 4
- ● Valpolicella Cl. Villa Borghetti Pasqua '10 — 5
- ● Amarone della Valpolicella Cl. Terre di Cariano '04 — 8
- ● Amarone della Valpolicella Cl. Terre di Cariano '99 — 7
- ● Amarone della Valpolicella Cl. Terre di Cariano '06 — 8

★Cav. G. B. Bertani

VIA ASIAGO,1
37023 GREZZANA [VR]
TEL. 0458658444
www.bertani.net

藏酒销售
预约参观
年产量：2 000 000 瓶
葡萄种植面积 200 公顷

这座位于格拉赞纳（Grezzana）的酒庄成功地适应了世界市场的需求而没有丧失自身特色。即使市场需求曾是口感柔软、酒体丰满、质感舒适的葡萄酒，贝塔尼（Bertani）的葡萄酒依然坚持保留复杂性高、气质典雅的特点。而在当下，葡萄酒生产似乎回到了之前那种更为传统的模式，由于生产了一系列高品质的葡萄酒，贝塔尼（Bertani）的地位上升，令人艳羡。用于酿造葡萄酒的葡萄来自经典葡萄产区和瓦尔潘提娜地区（Valpantena）的葡萄园，土壤类型和海拔高度多种多样，总面积达200公顷。

- ● Amarone della Valpolicella Cl. '04 — 8
- ○ Soave Sereole '10 — 4*
- ● Valpolicella Cl. Sup. Vign. Ognisanti '08 — 4*
- ● Albion Cabernet Sauvignon Villa Novare '08 — 6
- ● Amarone della Valpolicella Valpantena Villa Arvedi '07 — 7
- ⊙ Bertarose Chiaretto '10 — 4*
- ○ Lugana Le Quaiare '10 — 4
- ● Valpolicella Cl. Sup. Ripasso Villa Novare '08 — 4
- ● Valpolicella Valpantena Secco Bertani '08 — 5*
- ○ Le Lave '09 — 4
- ● Amarone della Valpolicella Cl. '03 — 8
- ● Amarone della Valpolicella Cl. '01 — 8
- ● Amarone della Valpolicella Cl. '00 — 8
- ● Amarone della Valpolicella Cl. '99 — 8
- ● Valpolicella Cl. Sup. Vign. Ognisanti '06 — 4*

La Biancara

FRAZ. SORIO
C.DA BIANCARA, 14
36053 GAMBELLARA [VI]
TEL. 0444444244
www.biancaravini.it

藏酒销售
预约参观
年产量 65 000 瓶
葡萄种植面积 13 公顷
葡萄栽培方式 有机种植

酒庄主人安吉奥利诺•马乌莱（Angiolino Maule）已经管理拉•比安卡拉（La Biancara）酒庄超过20年，在此期间，这座家庭经营的酒庄对本地葡萄酒和意大利葡萄酒产生了深刻的影响。拉•比安卡拉酒庄从拥护有机农场开始起步，并在几年后推行生机互动农耕模式。事实上，安吉奥利诺•马乌莱是这项运动的领导人之一。生机互动农耕模式需要人们进行不断的实验和研究，因为根据自然的要求，不论是在葡萄园还是酒窖，葡萄酒的酿造过程应避免使用任何形式的化学制品。

酒款	评分
○ Pico '09	5
○ Sassaia '10	4*
○ Masieri Bianco '10	3*
● So San '08	6
● Masieri Rosso '10	4
○ Pico '02	4
○ Recioto di Gambellara '07	6
○ Pico '08	5
○ Pico '07	5
○ Recioto di Gambellara '02	7
○ Sassaia '09	4*
○ Sassaia '08	4*
○ Sassaia '07	4*

Desiderio Bisol & Figli

FRAZ. SANTO STEFANO
VIA FOLLO, 33
31049 VALDOBBIADENE [TV]
TEL. 0423900138
www.bisol.it

藏酒销售
预约参观
年产量 1 500 000 瓶
葡萄种植面积 100 公顷

比索尔（Bisol）酒庄的葡萄种植面积每年都在扩大，葡萄酒产量一直在提高，现在的年产量超过了1 500 000瓶，但不变的是酒庄对于葡萄酒每一个生产环节的热情和关注，从田间一直到酒厂。家庭成员组成了酒庄的管理团队，一直进行着葡萄酒生产的实验和探索。不论是在有机田间，还是在低亚硫酸盐葡萄酒或者起泡葡萄酒（Metodo Classico）的生产间，都能找到比索尔（Bisol）家族成员的身影。酒庄的葡萄酒产量高，品种类型丰富。

酒款	评分
○ Cartizze '10	6
○ Talento Pas Dosé Extra Brut '02	6
○ Valdobbiadene Brut Crede '10	5
○ Valdobbiadene Dry Salis '10	5
○ Valdobbiadene Extra Dry Vigneti del Fol '10	5
○ Cartizze Jeio	5
○ Talento Ris. '02	6
○ Valdobbiadene Brut Jeio	4
○ Valdobbiadene Tranquillo Molera '10	5
○ P. di Valdobbiadene Dry Garnei '95	5
○ Cartizze '09	6
○ P. di Valdobbiadene Brut Crede '09	5
○ P. di Valdobbiadene Extra Dry Vigneti del Fol '09	5
○ P. di Valdobbiadene Extra Dry Vigneti del Fol '06	5

F.lli Bolla

FRAZ. PEDEMONTE
VIA ALBERTO BOLLA, 3
37029 SAN PIETRO IN CARIANO [VR]
TEL. 0456836555
www.bolla.it

藏酒销售
预约参观
年产量 15 000 000 瓶
葡萄种植面积 350 公顷

波拉（Bolla）酒庄在佩德蒙特（Pedemonte），有着悠久的葡萄酒酿造历史，数年来一直致力于提高葡萄酒生产线品质水准，投入了许多的人力、物力和财力。我们最近对其葡萄酒的品尝已经证实了他们取得的成功。占地数百公顷的葡萄园有利于克斯斯坦•斯克林兹（Cristian Scrinzi）生产优质葡萄酒，酒庄的技术人员也响应他的号召，以激情和奉献精神迎接新的发展方向。波拉酒庄现在力求突出每类葡萄酒中代表作的特色。

Wine	Rating
● Valpolicella Cl. Sup. Le Pojane Ripasso '09	4
● Amarone della Valpolicella Cl. '07	7
○ Soave Cl. '10	4*
○ Soave Cl. Tufaie '10	4*
● Valpolicella Cl. Sup. Ripasso '09	4
● Bardolino Cl. '10	3
● Valpolicella Cl. '10	4
● Amarone della Valpolicella Cl. Capo di Torbe '05	8
● Amarone della Valpolicella Cl. Capo di Torbe '03	8
● Amarone della Valpolicella Cl. Le Origini '07	8
● Amarone della Valpolicella Cl. Le Origini '03	7
○ Soave Cl. Tufaie '09	4
● Valpolicella Cl. Sup. Capo di Torbe '03	5
● Valpolicella Cl. Sup. Le Pojane Ripasso '08	4

Bonotto delle Tezze

FRAZ. TEZZE DI PIAVE
VIA DUCA D'AOSTA, 16
31020 VAZZOLA [TV]
TEL. 0438488323
www.bonottodelletezze.it

藏酒销售
预约参观
年产量 100 000 瓶
葡萄种植面积 43 公顷

波诺托（Bonotto）家族有着广阔的葡萄园和几代人积累下来的葡萄酒酿造经验，是当地最重要的酒庄之一，安东尼奥•波诺托（Antonio Bonotto）为家族重新赢回了荣誉。最近几年，他精神焕发地找到了多种能为葡萄酒增添个性的新方法，他的葡萄酒不再仅仅依靠重量，而是更多地展现出紧实的口感和上佳的味道。酒庄推行的生产程序使得葡萄酒的价格非常具有竞争力，这是因为酒庄生产的葡萄酒仅有一小部分是瓶装的。

Wine	Rating
● Piave Merlot Spezza '09	4*
● Piave Raboso Potestà '07	5
○ Manzoni Bianco Novalis '10	4
● Piave Carmenere Barabane '09	4
○ Piave Chardonnay Oseada '10	4
○ Piave Pinot Grigio Montesanto '10	4
● Raboso Passito '09	6
● Piave Carmenere Barabane '08	4
● Piave Merlot Spezza '08	4
● Piave Raboso Potestà '05	4
● Raboso Passito '07	6

Borin Vini & Vigne

FRAZ. MONTICELLI
VIA DEI COLLI, 5
35043 MONSELICE [PD]
TEL. 042974384
www.viniborin.it

藏酒销售
预约参观
年产量 140 000 瓶
葡萄种植面积 28 公顷

科里•尤佳内（Colli Euganei）的崛起仿佛帕多瓦（Padua）南部波河流域（Po valley）里群岛上的山丘。这些圆锥形的山丘为受保护区提供了360度全方位的植被保护。博林（Borin）家族的酒庄镶嵌在山谷之中，位于巴塔利亚温泉（Battaglia Terme）和阿尔卡（Arquà Petrarca）之间。酒庄沿酒厂和山坡分布，面积不超过30公顷。吉安尼（Gianni）和特莱萨（Teresa）在儿子吉亚姆保罗（Gianpaolo）和弗朗塞斯克（Francesco）的帮助下，满怀热情地进行当地经典葡萄酒的专业生产。

- ● Zuan '09 — 6
- ● Colli Euganei Cabernet Sauvignon Mons Silicis Ris. '07 — 5
- ● Colli Euganei Cabernet Sauvignon V. Costa '09 — 4*
- ○ Colli Euganei Fior d'Arancio Passito Sette Chiesette '07 — 6
- ○ Colli Euganei Spumante Fior d'Arancio '10 — 4*
- ○ Corte Borin '09 — 4*
- ○ Fiore di Gaia '10 — 4*
- ○ Colli Euganei Chardonnay V. Bianca '09 — 4
- ● Colli Euganei Merlot V. del Foscolo '09 — 4
- ○ Colli Euganei Pinot Bianco Monte Archino '10 — 4
- ○ Colli Euganei Serprino '10 — 3
- ○ Prosecco Extra Dry Mill. '10 — 4
- ● Zuan '08 — 6
- ● Zuan '07 — 6
- ● Zuan '06 — 6

F.lli Bortolin

FRAZ. SANTO STEFANO
VIA MENEGAZZI, 5
31049 VALDOBBIADENE [TV]
TEL. 0423900135
www.bortolin.com

藏酒销售
预约参观
年产量 300 000 瓶
葡萄种植面积 20 公顷

伯特尼（Bortolin）酒庄是当地葡萄酒生产区域的核心和灵魂，瓦勒瑞阿诺•伯特尼（Valeriano Bortolin）则是酒庄管理的核心和灵魂，尽管他能够依靠来自子女安德里亚（Andrea）、克劳迪娅（Claudia）和迪亚戈（Diego）越来越多的协助。伯特尼酒庄的优势在于拥有面积达20公顷的葡萄园以及在葡萄种植最困难的时期依旧能生产出高品质葡萄酒的神奇能力。伯特尼酒庄同时和广大葡萄种植者合作，许多果农和酒庄渊源已经有好几代人的历史。

- ○ Andéla Passito — 6
- ○ Cartizze — 5
- ○ Valdobbiadene Brut — 4*
- ○ Valdobbiadene Extra Dry Rù '10 — 4
- ○ Valdobbiadene Dry — 4
- ○ Valdobbiadene Extra Dry — 4

Bortolomiol

VIA GARIBALDI, 142
31049 VALDOBBIADENE [TV]
TEL. 0423974911
www.bortolomiol.com

藏酒销售
预约参观
年产量 2 000 000 瓶
葡萄种植面积 5 公顷

波托洛米奥（Bortolomiol）酒庄一直是瓦尔多比亚德尼地区（Valdobbiadene）葡萄酒生产的标准和基石，因为他们生产的葡萄酒产量高、品质可靠，获得了广大消费者的喜爱，整个葡萄产区也因此而获益。波托洛米奥酒庄能把葡萄酒的质与量结合起来，这得益于酒庄和培育该地区最佳葡萄的种植者之间深刻的双边关系。

- ○ Valdobbiadene Brut Prior 🍷🍷 4
- ○ Valdobbiadene Dry Maior 🍷🍷 4
- ○ Valdobbiadene Extra Dry Banda Rossa '10 🍷🍷 5*
- ○ Cartizze '10 🍷 6
- ⊙ Filanda Rosé Brut '09 🍷 5
- ● Piave Cabernet Sauvignon Mormorò '08 🍷 4
- ○ Valdobbiadene Brut Motus Vitae '09 🍷 5
- ○ Valdobbiadene Extra Dry Senior 🍷 4
- ○ Valdobbiadene Frizzante Il Ponteggio '10 🍷 4
- ○ Valdobbiadene Tranquillo Canto Fermo '10 🍷 4
- ○ P. di Valdobbiadene Brut Motus Vitae '08 ♡♡ 5
- ○ Ris. del Governatore Extra Brut '07 ♡♡ 4
- ○ Valdobbiadene Extra Dry Banda Rossa '09 ♡♡ 4*

Bosco del Merlo

VIA POSTUMIA, 14
30020 ANNONE VENETO [VE]
TEL. 0422768167
www.boscodelmerlo.it

藏酒销售
预约参观
年产量 240 000 瓶
葡萄种植面积 84 公顷
葡萄栽培方式 有机种植

从威尼斯（Venice）一直延伸到弗留利（Friuli）的海岸线构成了法定礼尚•普拉玛吉奥（Lison Pramaggiore）产区。此处属于葡萄酒的传统产区，土壤类型是黏土，在遭受长年忽视后，正试图重新崛起。帕拉丁（Paladin）兄妹的酒庄曾做过一段时间的领导者。卢西亚（Lucia）、卡尔洛（Carlo）和罗贝托（Roberto）三人不遗余力地向全世界宣传他们的酒庄和葡萄酒产地。面积广阔、管理良好的葡萄园为酒庄的技术人员提供了优质葡萄原料，使他们酿造出顶级的、能够真实反映葡萄特色和出产地特色的葡萄酒。

- ● 360 Ruber Capitae '08 🍷🍷 6
- ○ Lison-Pramaggiore Sauvignon Turranio '10 🍷🍷 5*
- ● Lison-Pramaggiore Merlot Campo Camino '09 🍷🍷 5
- ● Lison-Pramaggiore Refosco P. R. Roggio dei Roveri '08 🍷🍷 6
- ● Lison-Pramaggiore Rosso Vineargenti Ris. '06 🍷🍷 6
- ○ Lison-Pramaggiore Lison Cl. Juli '10 🍷 5
- ○ Lison-Pramaggiore Pinot Grigio '10 🍷 5
- ● 360 Ruber Capitae '07 ♡♡ 5
- ● Lison-Pramaggiore Refosco P. R. Roggio dei Roveri '07 ♡♡ 6
- ○ Lison-Pramaggiore Sauvignon Turranio '09 ♡♡ 4*
- ○ Lison-Pramaggiore Sauvignon Turranio '08 ♡♡ 4*
- ● Vineargenti Rosso '05 ♡♡ 6

Brigaldara

FRAZ. SAN FLORIANO
VIA BRIGALDARA, 20
37020 SAN PIETRO IN CARIANO [VR]
TEL. 0457701055
www.brigaldara.it

藏酒销售
预约参观
年产量 250 000 瓶
葡萄种植面积 50 公顷

瓦波利切拉地区（Valpolicella）取得的成功延续了20年，根基稳固，很大程度上来说是少数几个能够避免金融危机打击的DOC产区。因此，像斯蒂法诺•赛撒瑞（Stefano Cesari）这样的葡萄栽培家们十分重要，即使市场要求他们在发展自身的酒庄时要改变，但他们始终没有破坏原产地的风味或者抛弃传统。分布于各地、面积达50公顷的葡萄园是该酒庄高品质葡萄酒生产的原料提供地。

- ● Amarone della Valpolicella Case Vecie '07 — 8
- ● Amarone della Valpolicella Cl. '07 — 7
- ● Recioto della Valpolicella Cl. '06 — 7
- ○ Soave '10 — 4*
- ● Valpolicella Cl. Sup. Ripasso Il Vegro '09 — 5
- ⊙ Dindarella '10 — 4
- ● Valpolicella Cl. '09 — 4
- ● Amarone della Valpolicella Case Vecie '03 — 8
- ● Amarone della Valpolicella Case Vecie '00 — 7
- ● Amarone della Valpolicella Cl. '06 — 7
- ● Amarone della Valpolicella Cl. '05 — 7
- ● Amarone della Valpolicella Cl. '99 — 7
- ● Amarone della Valpolicella Cl. '98 — 7
- ● Amarone della Valpolicella Cl. '97 — 7

Sorelle Bronca

FRAZ. COLBERTALDO
VIA MARTIRI, 20
31020 VIDOR [TV]
TEL. 0423987201
www.sorellebronca.com

藏酒销售
预约参观
年产量 250 000 瓶
葡萄种植面积 50 公顷
葡萄栽培方式 有机认证

在普若赛科（Prosecco）新的DOCG产区中，大多数酒庄都很关注生产世界闻名的特雷维索起泡葡萄酒（Treviso），而安东内拉（Antonella）和厄尔西丽安娜•布隆卡（Ersiliana Bronca）的酒庄在这一点上显得极其突出。他们在维多（Vidor）除了生产气泡葡萄酒（spumante）外，还生产数量有限但品质上佳的静止葡萄酒。实行有机种植的葡萄园面积广阔，出品的葡萄可以满足酒庄所有的生产要求。近几年来，厄尔西丽安娜的女儿酿酒师伊莉莎（Elisa）为酒庄做出了越来越重要的贡献，她和皮尔洛•贝尔肯（Piero Balcon）一起从事技术方面的工作。

- ● Colli di Conegliano Rosso Ser Bele '08 — 6
- ○ Valdobbiadene Brut Particella 68 '10 — 5
- ○ Colli di Conegliano Bianco Delico '10 — 5
- ○ Valdobbiadene Brut '10 — 4*
- ○ Valdobbiadene Extra Dry '10 — 4*
- ● Colli di Conegliano Rosso Ser Bele '05 — 6
- ● Colli di Conegliano Rosso Ser Bele '07 — 6
- ● Colli di Conegliano Rosso Ser Bele '06 — 6
- ● Colli di Conegliano Rosso Ser Bele '04 — 6
- ○ P. di Valdobbiadene Extra Dry Particella 68 '08 — 5
- ○ P. di Valdobbiadene Extra Dry Particella 68 '07 — 5
- ○ Valdobbiadene Extra Dry Particella 68 '09 — 5

Luigi Brunelli

via Cariano, 10
37029 San Pietro in Cariano [VR]
Tel. 0457701118
www.brunelliwine.com

藏酒销售
预约参观
年产量 100 000 瓶
葡萄种植面积 12 公顷

布鲁内利（BrunelliLe）家族位于凯利亚诺地区（Cariano）圣•皮尔诺（San Pietro）西部方向的平原上，庭院是庄园的中心，周围坐落着家族的房子和酒庄。葡萄园占地约12公顷，一部分采用高架棚，还有一部分于近几年被更易于操作的平架棚所取代。成排的葡萄藤为路易吉（Luigi）、卢西亚娜（Luciana）和他们的儿子阿尔贝托（Alberto）提供了酿造葡萄酒的优质原材料，因而他们能够酿造出多种系列的、口感均衡、轻盈清淡的葡萄酒，如今这种特点的葡萄酒十分流行。

- ● Amarone della Valpolicella Cl. Campo Inferi Ris '06 — 8
- ● Amarone della Valpolicella Cl. '07 — 8
- ● Amarone della Valpolicella Cl. Campo del Titari Ris. '06 — 8
- ● Valpolicella Cl. '10 — 4*
- ● Valpolicella Cl. Sup. Campo Praesel '09 — 4
- ● Valpolicella Cl. Sup. Ripasso Pa' Riondo '09 — 4*
- ● Corte Cariano Rosso '09 — 4
- ○ Passito Re Sol '09 — 6
- ● Recioto della Valpolicella Cl. '09 — 6
- ● Amarone della Valpolicella Cl. Campo del Titari '97 — 8
- ● Amarone della Valpolicella Cl. Campo del Titari '96 — 8
- ● Amarone della Valpolicella Cl. Campo Inferi Ris. '05 — 8

Tommaso Bussola

loc. San Peretto
via Molino Turri, 30
37024 Negrar [VR]
Tel. 0457501740
www.bussolavini.com

藏酒销售
预约参观
年产量 70 000 瓶
葡萄种植面积 15 公顷

20世纪90年代，当国际上突然大力追捧瓦波利切拉地区（Valpolicella）生产的红葡萄酒时，索拉（Bussola）家族酒庄成为了第一批生产高级葡萄酒的酒庄之一。20多年过去，托马索（Tommaso）和妻子丹妮拉（Daniela）对工作的热情不减，酒庄不断扩大并添购了用于陈酿的装置，葡萄园也扩建到了更高海拔的地区。他们的儿子保罗（Paolo）和朱塞佩（Giuseppe）也为酒庄做出了越来越多的贡献，不仅为酒庄注入了新的活力，更刺激了葡萄酒的生产。

- ● Amarone della Valpolicella Cl. TB '06 — 8
- ● Amarone della Valpolicella Cl. '06 — 8
- ● Amarone della Valpolicella Cl. Vign. Alto '06 — 8
- ● Valpolicella Cl. '09 — 4
- ● Valpolicella Cl. Sup. Ripasso Ca' del Laito '07 — 5
- ● Valpolicella Cl. Sup. TB '06 — 6
- ● Recioto della Valpolicella Cl. '04 — 7
- ● Recioto della Valpolicella Cl. BG '03 — 7
- ● Recioto della Valpolicella Cl. TB '04 — 8
- ● Recioto della Valpolicella Cl. TB '99 — 8
- ● Recioto della Valpolicella Cl. TB '98 — 8
- ● Recioto della Valpolicella Cl. TB '95 — 8
- ● Amarone della Valpolicella Cl. '05 — 8
- ● Recioto della Valpolicella Cl. '08 — 8

Ca' La Bionda

FRAZ. VALGATARA
VIA BIONDA, 4
37020 MARANO DI VALPOLICELLA [VR]
TEL. 0456801198
www.calabionda.it

藏酒销售
预约参观
年产量 110 000 瓶
葡萄种植面积 29 公顷
葡萄栽培方式 有机种植

在瓦波利切拉地区（Valpolicella），马拉诺山谷（Marano）的土壤类型为火山土，气温偏低，生产出的葡萄新鲜脆嫩，芳香浓郁，味道上佳，因而显得尤为突出。亚里桑德罗（Alessandro）和尼古拉•卡斯特拉尼（Nicola Castellani）一直努力想要突出以上特点，并尽可能在生产过程中减少化学制剂的使用。其出品的葡萄酒都尽可能地表现出自身特色，真实反映生产地情况。卡斯特拉尼斯（Castellanis）家族拥有约30公顷的葡萄园，只有最好的葡萄才用于酿造卡拉•拜恩达葡萄酒（Ca' La Bionda），该款葡萄酒是本地区的经典葡萄酒类型。

- ● Amarone della Valpolicella Cl. Vign. di Ravazzol '07 — 🍷🍷🍷 7
- ● Amarone della Valpolicella Cl. '07 — 🍷🍷 7
- ● Valpolicella Cl. Sup. Campo Casal Vegri '09 — 🍷🍷 6
- ● Valpolicella Cl. '09 — 🍷 4
- ● Amarone Cl. Vign. di Ravazzol Ris. Pietro Castellani '01 — 🍷🍷 8
- ● Amarone della Valpolicella Cl. '06 — 🍷🍷 6
- ● Amarone della Valpolicella Cl. Vign. di Ravazzol '06 — 🍷🍷 7
- ● Amarone della Valpolicella Cl. Vign. di Ravazzol '05 — 🍷🍷 7
- ● Amarone della Valpolicella Cl. Vign. di Ravazzol '03 — 🍷🍷 7
- ● Valpolicella Cl. Sup. Campo Casal Vegri '08 — 🍷🍷 5
- ● Valpolicella Cl. Sup. Campo Casal Vegri '07 — 🍷🍷 5

Ca' Lustra

LOC. FAEDO
VIA SAN PIETRO, 50
35030 CINTO EUGANEO [PD]
TEL. 042994128
www.calustra.it

藏酒销售
预约参观
年产量 180 000 瓶
葡萄种植面积 25 公顷
葡萄栽培方式 有机认证

近几年来，大家一直都说科里•尤佳内葡萄酒（Colli Euganei）的产地是威尼托地区最令人感到兴奋的葡萄酒生产区。当属于后起之秀的酒庄正逐步站稳脚跟时，许多历史悠久的古老酒庄也不甘落后，其中就包括卡•鲁斯特拉（Ca'Lustra）酒庄。弗朗克•扎诺韦洛（Franco Zanovello）利用精湛的技术和对生产地的充分了解，生产出不同系列高品质的葡萄酒。弗朗克的儿子马尔克（Marco）在酒庄中扮演着越来越重要的角色，但一直很低调，恰如酒庄的风格传统，拘谨矜持。

- ● Colli Euganei Vittoria Aganoor Ris. '08 — 🍷🍷 5
- ○ Colli Euganei Olivetani '10 — 🍷🍷 4
- ⊙ Aganoor Rosato '10 — 🍷 4
- ○ Colli Euganei Chardonnay Roverello '09 — 🍷 3
- ● Colli Euganei Cabernet Girapoggio '05 — 🍷🍷🍷 5
- ○ Colli Euganei Fior d'Arancio Passito '07 — 🍷🍷🍷 5
- ● Colli Euganei Merlot Sassonero Villa Alessi '05 — 🍷🍷🍷 5
- ● Colli Euganei Cabernet Girapoggio '07 — 🍷🍷 5
- ● Colli Euganei Cabernet Girapoggio '06 — 🍷🍷 5
- ○ Colli Euganei Fior d'Arancio Passito '08 — 🍷🍷 5
- ○ Colli Euganei Fior d'Arancio Passito Villa Alessi '05 — 🍷🍷 4
- ● Colli Euganei Merlot Sassonero '08 — 🍷🍷 5
- ● Colli Euganei Merlot Sassonero '07 — 🍷🍷 5

Ca' Orologio

via Ca' Orologio, 7a
35030 Baone [PD]
Tel. 042950099
www.caorologio.com

藏酒销售
预约参观
年产量 27 000 瓶
葡萄种植面积 12 公顷
葡萄栽培方式 有机认证

宝尼（Baone）属山区，位于波河流域内帕多瓦（Padua）南部，是科里•尤佳内葡萄酒（Colli Euganei）产地中最有趣的分区之一。夏季的高温使这里变成了地中海，葡萄藤似乎向周围的树林寻求阴凉。在进行葡萄酒生产之前，该酒庄就推行了有机种植的栽培方式。近年来，马里亚吉奥亚（Mariagioia）正在逐渐减少参与一般性的葡萄种植和葡萄酒酿造的过程，更加致力于生产能够展现当地特色的葡萄酒。

● Relógio '09	5
● Colli Euganei Rosso Calaóne '09	5
● Lunisóle '09	5
⊙ Mezzo Rosato Brut M. Cl.	5
○ Salaróla '10	4
● Colli Euganei Rosso Calaóne '05	5*
● Relógio '07	5
● Relógio '06	5
● Relógio '04	5*
● Colli Euganei Rosso Calaóne '08	5*
● Colli Euganei Rosso Calaóne '07	5
● Colli Euganei Rosso Calaóne '06	5
● Relógio '00	5

★Ca' Rugate

via Pergola, 36
37030 Montecchia di Crosara [VR]
Tel. 0456176328
www.carugate.it

藏酒销售
预约参观
年产量 550 000 瓶
葡萄种植面积 58 公顷

卡•瑞格特（Ca' Rugate）是整个葡萄酒产区都敬仰的名字之一。酒庄的葡萄园在索阿维（Soave）和瓦波利切拉（Valpolicella）两地,占地面积达50多公顷，为生产高质葡萄酒提供原料。揭开高品质的表面，就会发现酒庄和土地深厚、真诚的联系，这种联系始于米歇尔（Michele）的祖父法尔维奥（Fulvio），并通过阿米迪欧（Amedeo）和吉阿尼（Gianni）一直延续至今。酒庄关于向吉阿姆皮尔欧•罗玛娜（Giampiero Romana）和贝皮•卡维奥拉（Beppe Caviola）咨询的决定，表明了其想要更加清楚地了解本地和本地区所产的葡萄酒，这是生产一流品质葡萄酒的必要前提。

○ Soave Cl. Monte Alto '09	4*
○ Studio '09	5
● Amarone della Valpolicella '07	8
○ Soave Cl. Sup. Monte Fiorentine '10	4*
● Valpolicella Sup. Campo Lavei '09	5
○ Soave Cl. San Michele '10	4*
● Valpolicella Rio Albo '10	4*
● Valpolicella Sup. Ripasso '09	5
○ Recioto di Soave La Perlara '07	6
○ Soave Cl. Monte Fiorentine '09	4*
○ Soave Cl. Monte Fiorentine '08	4*
○ Soave Cl. Monte Fiorentine '07	4*
○ Soave Cl. Monte Fiorentine '06	4*
○ Soave Cl. Monte Fiorentine '05	4*
○ Soave Cl. Monte Fiorentine '04	4*
○ Soave Cl. Sup. Monte Alto '00	4

Giuseppe Campagnola

FRAZ. VALGATARA
VIA AGNELLA, 9
37020 MARANO DI VALPOLICELLA [VR]
TEL. 0457703900
www.campagnola.com

藏酒销售
预约参观
年产量 4 800 000 瓶
葡萄种植面积 130 公顷

贝皮•康帕尼奥拉（Beppe Campagnola）的酒庄，不仅完美地体现了瓦波里切拉（Valpolicella）葡萄酒产业的特点，还有三个不同之处：卡特瑞娜•扎迪尼（Caterina Zardini）生产线是酒庄的领导者，从接受指导和提供协助一年的果农手中购得葡萄，酒窖同时储存其他品牌的葡萄酒。酒庄出产的葡萄酒不负众望，不单只有高浓度，更以优雅气质占据上风。

酒款	评级
● Valpolicella Cl. Sup. Caterina Zardini '09	5
● Recioto della Valpolicella Cl. Casotto del Merlo '09	6
● Valpolicella Cl. Sup. Ripasso Le Bine '09	4*
● Amarone della Valpolicella Cl. '08	6
⊙ Bardolino Cl. Chiaretto Roccolo del Lago '10	4
● Bardolino Cl. Roccolo del Lago '10	4
● Amarone della Valpolicella Cl. Caterina Zardini '04	7
● Amarone della Valpolicella Cl. Caterina Zardini '01	7
● Amarone della Valpolicella Cl. Caterina Zardini '99	7
● Valpolicella Cl. Sup. Caterina Zardini '05	4*
● Amarone della Valpolicella Cl. Caterina Zardini '06	7
● Amarone della Valpolicella Cl. Caterina Zardini '05	7

I Campi

VIA SARMAZZA, 29A
37032 MONTEFORTE D'ALPONE [VR]
TEL. 04566175915
www.icampi.it

预约参观
年产量 60 000 瓶
葡萄种植面积 7 公顷

弗拉维奥•普拉（Flavio Pra）的酒庄正逐步成形并积聚优势，而他本人则是一名酿酒师，因生产索阿维葡萄酒（Soaves）和瓦波利切拉红葡萄酒（Valpolicella）而备受尊敬。新酒庄位于伊尔拉斯（Illasi）附近的塞勒罗（Cellore），其红酒上市销售的时间明显较晚，保证了葡萄酒生产过程中必要的质量关注和从容的节奏。通过几年时间，弗拉维奥（Flavio）充分了解了本地情况，选择的葡萄来自于适宜各种葡萄生长的葡萄园，并将关注的重点放在了白葡萄酒的细腻度、口感紧实度以及红葡萄酒的饱满度上。

酒款	评级
○ Soave Cl. Campo Vulcano '10	5*
● Valpolicella Sup. Ripasso Campo Ciotoli '09	5
● Amarone della Valpolicella Campo Marna 500 '05	8
○ Soave Cl. Campo Vulcano '09	4*
○ Soave Cl. Campo Vulcano '08	5
● Amarone della Valpolicella Campo Marna '04	8
○ Soave Cl. Campo Vulcano '07	5

Canevel Spumanti

loc. Saccol
via Roccat e Ferrari, 17
31049 Valdobbiadene [TV]
Tel. 0423975940
www.canevel.it

藏酒销售
预约参观
年产量 600 000 瓶
葡萄种植面积 12 公顷

卡尼维尔（Canevel）酒庄为普若赛科起泡葡萄酒（Prosecco）的成功做出了巨大的贡献，在当今的国际市场中实属幸运。12公顷的葡萄园为酒庄酿造高档葡萄酒提供原料，酒庄另外从许多果农手中购进葡萄，酒庄的工作人员与这些果农在葡萄的种植年份共同工作。酒庄的年产量超过500万瓶，多数都是起泡葡萄酒，风格上更突出不同葡萄品种的微妙差异，所有的瓶装葡萄酒口感平滑。更能体现酒庄主人远大理想的葡萄酒则产自酒庄自有的葡萄园。

○ Cartizze '10	🍷🍷 6
○ Valdobbiadene Extra Dry '10	🍷🍷 4*
○ Valdobbiadene Extra Dry Il Millesimato '10	🍷🍷 4
○ Valdobbiadene Extra Dry Vign. del Faè '10	🍷🍷 4*
○ Valdobbiadene Brut '10	🍷 4
○ Valdobbiadene Frizzante Vign. S. Biagio '10	🍷 4
○ Cartizze	🍷🍷 6
○ Conegliano Valdobbiadene Extra Dry Il Millesimato '09	🍷🍷 4
○ P. di Valdobbiadene Extra Dry '08	🍷🍷 4
○ P. di Valdobbiadene Extra Dry Vign. del Faè	🍷🍷 4*

La Cappuccina

fraz. Costalunga
via San Brizio, 125
37032 Monteforte d'Alpone [VR]
Tel. 0456175036
www.lacappuccina.it

藏酒销售
预约参观
年产量 300 000 瓶
葡萄种植面积 37 公顷
葡萄栽培方式 有机认证

泰萨利家族（Tessari）酒庄坐落于克斯泰伦加（Costalunga）的一个小村庄内，蒙特佛特（Monteforte）冲积平原在此处开始上升，慢慢靠近山丘上以玄武岩为主的土壤。葡萄园分布在各处，一些位于平原，另一些位于山坡上。关键在于埃琳娜（Elena）、斯思托（Sisto）和皮尔诺（Pietro）的投入。他们在有机种植流行起来之前便开始采用这种种植方式，并放弃了传统的架藤方式，采用垂直栽培的方式。他们用2012年最优质的葡萄酒缅怀离世不久的父亲，表达敬意，再合适不过。

● Campo Buri '08	🍷🍷 5
● Madégo '10	🍷🍷 4*
○ Recioto di Soave Arzìmo '09	🍷🍷 5
○ Soave Fontégo '10	🍷🍷 4*
○ Soave San Brizio '09	🍷🍷 4
● Cabernet Sauvignon Senza Solfiti Aggiunti '10	🍷 4
● Carmenos Passito '09	🍷 5
○ Sauvignon '10	🍷 4
○ Soave '10	🍷 3
● Cabernet Franc Campo Buri '95	🍷🍷🍷 5
● Campo Buri '07	🍷🍷 5
● Carmenos Passito '08	🍷🍷 5
○ Soave San Brizio '04	🍷🍷 4*
○ Soave San Brizio '03	🍷🍷 4

Carpenè Malvolti

via Antonio Carpenè, 1
31015 Conegliano [TV]
Tel. 0438364611
www.carpene-malvolti.com

藏酒销售
预约参观
年产量 5 100 000 瓶
葡萄种植面积 26 公顷

卡帕尼（Carpenè）家族一直是卡玛（Carpenè Malvolti）酒庄的管理者，由于它有超过百年的历史和积极培育的传统，所以成为了意大利葡萄酒行业标志性的组成部分。如果说特雷维索地区（Treviso）的起泡葡萄酒能够行销世界各地，那么大部分的功劳都要归于科内利亚诺（Conegliano）的卡帕尼家族，他们现在仍是普若赛葡萄酒（Prosecco）的最大生产商。卡帕尼家族一直在探索新方向，在生产大量优质葡萄酒的同时，用从其他葡萄园购进的葡萄生产少量起泡葡萄酒，这些起泡葡萄酒也是他们引以为傲的作品。

○ Cartizze	🍷🍷 6
○ Kerner Brut	🍷🍷 5
○ Carpenè Rosé Brut	🍷 4
○ Conegliano Valdobbiadene Cuvée Brut	🍷 5
○ Conegliano Valdobbiadene Dry Cuvée Oro	🍷 4
○ Conegliano Valdobbiadene Extra Dry Cuvée Storica	🍷 4

Casa Cecchin

via Agugliana, 11
36054 Montebello Vicentino [VI]
Tel. 0444649610
www.casacecchin.it

藏酒销售
预约参观
年产量 25 000 瓶
葡萄种植面积 6 公顷

盖姆贝拉罗（Gambellara）拥有和邻近索阿维地区（Soave）非常相似的气候条件与火山土壤，但并没有因产酒的质量得到太多的关注。雷纳托（Renato）和罗贝塔（Roberta）现在正努力吸引更多的人关注盖姆贝拉罗（Gambellara）和勒斯西尼亚地区（Lessinia），后者是达莱洛葡萄（durello）的原产地。盖姆贝拉罗为酒庄生产静止葡萄酒提供原料，而来自勒斯西尼亚地区的葡萄则同时生产静止葡萄酒和起泡葡萄酒，这两个地区一直出产风干葡萄酿造的高品质葡萄酒。

○ Gambellara Cl. '10	🍷🍷 3*
○ Lessini Durello Brut M. Cl. '06	🍷🍷 4
○ Lessini Durello Passito Il Montebello '08	🍷🍷 5
○ Lessini Durello Sup. '10	🍷🍷 3*
○ Gambellara Cl. La Guarda '09	🍷 4
○ Lessini Durello Sup. Pietralava '09	🍷 4
○ Recioto Cl. Gambellara Le Ginestre '07	🍷 5
○ Gambellara Cl. La Guarda '07	ΥΥ 3*
○ Lessini Durello Brut M. Cl. '05	ΥΥ 4
○ Lessini Durello Brut M. Cl. '04	ΥΥ 4*
○ Lessini Durello Sup. '09	ΥΥ 3*
○ Lessini Durello Sup. Pietralava '08	ΥΥ 4

Casa Roma

via Ormelle, 19
31020 San Polo di Piave [TV]
Tel. 0422855339
www.casaroma.com

藏酒销售
预约参观
年产量 200 000 瓶
葡萄种植面积 28 公顷

最近，安德里亚诺（Adriano）和表兄吉吉•佩鲁泽托（Luigi Peruzzetto）的合作关系中断。安德里亚诺将继续种植葡萄并供应给其他酒庄，吉吉将承担起经营酒庄和葡萄园的责任。我们祝愿他们二人都能取得成功，并拭目以待未来的发展。关于卡萨•罗马（Casa Roma）酒庄出产的葡萄酒，我们发现质量没有发生任何变化，一些葡萄酒雄心勃勃、不同寻常，其他的葡萄酒和皮亚韦地区（Piave）出产的葡萄酒一样口感爽快，仍保持鲜明的个性。

- ● Piave Raboso '07 🍷🍷 5
- ● Pro Fondo Rosso 🍷🍷 3
- ● Raboso Passito Callarghe '06 🍷🍷 6
- ○ Venezia Pinot Grigio '10 🍷🍷 3*
- ○ Manzoni Bianco '10 🍷 3
- ● Piave Carmenère '10 🍷 3
- ● Piave Merlot '10 🍷 3
- ● Piave Merlot Ris. '07 🍷 4
- ⊙ Rosé Brut. M. Cl. 🍷 5
- ○ Venezia Chardonnay '10 🍷 3
- ○ Marzemina Bianca '09 🍷🍷(白) 3*
- ● Piave Raboso '06 🍷🍷(白) 5
- ● Piave Raboso '02 🍷🍷(白) 5
- ● Raboso Passito Callarghe '05 🍷🍷(白) 6

Case Paolin

via Madonna Mercede, 53
31040 Volpago del Montello [TV]
Tel. 0423871433
www.casepaolin.it

藏酒销售
预约参观
年产量 70 000 瓶
葡萄种植面积 10 公顷
葡萄栽培方式 有机认证

博泽本（Pozzobon）兄弟在十年前接管了这家由父亲埃米利奥（Emilio）建立起来的酒庄，将出产葡萄酒的品质提升了几个档次。迪亚哥（Diego）照料葡萄园，阿德里诺（Adelino）负责生产葡萄酒，米克罗（Mirco）是为多家酒庄服务的酿酒师。酒窖和葡萄园位于沃帕格•德尔•蒙特洛（Volpago del Montello）较为平坦的区域，处在特雷维索山区（Treviso）南部的山脚下，此处土壤铁含量丰富，使得出自此处的红葡萄拥有了独特的酸味。该酒庄尤其关注本地的波尔多葡萄（Bordeaux）和格莱拉葡萄（glera），生产一系列品种均衡的葡萄酒。

- ○ Asolo Brut 🍷🍷 4*
- ● Montello e Colli Asolani Sup. San Carlo '07 🍷🍷 5
- ○ Soér Passito '09 🍷🍷 5
- ● Cabernet '10 🍷 4
- ○ Manzoni Bianco Santi Angeli '09 🍷 4
- ○ Prosecco di Teviso Frizzante 🍷 4
- ○ Asolo Brut '09 🍷🍷(白) 4*
- ● Montello e Colli Asolani Rosso del Milio '08 🍷🍷(白) 4*
- ● Rosso Del Milio '06 🍷🍷(白) 4*

Michele Castellani

FRAZ. VALGATARA
VIA GRANDA, 1
37020 MARANO DI VALPOLICELLA [VR]
TEL. 0457701253
www.castellanimichele.it

藏酒销售
预约参观
年产量 300 000 瓶
葡萄种植面积 40 公顷

卡斯特拉尼（Castellani）家族的葡萄园占地面积广大，部分属于自有，还有部分属于租赁，这使得他们能够对葡萄进行筛选，上等葡萄用于酿造葡萄酒，剩下的则对外销售。孩子们现在都有参与葡萄酒的制作和配送过程。塞尔吉奥（Sergio）从小和父亲米歇尔（Michele）一起工作时积累起来的宝贵经验，现正逐步传授给自己的孩子。卡斯特拉尼酒庄看重葡萄酒高贵的饱满口感，这是由葡萄半风干技术为传统的瓦波利切拉葡萄酒（Valpolicella）带来的变化。

- ● Amarone della Valpolicella Cl. Campo Casalin I Castei '07 🍷🍷 7
- ● Amarone della Valpolicella Cl. Cinquestelle Collezione Ca' del Pipa '07 🍷🍷 8
- ● Recioto della Valpolicella Cl. Il Casale Ca' del Pipa '08 🍷🍷 7
- ● Valpolicella Cl. Campo del Biotto I Castei '10 🍷 4
- ● Valpolicella Cl. Sup. Ripasso Costamaran I Castei '09 🍷 4
- ● Recioto della Valpolicella Cl. Le Vigne Ca' del Pipa '99 🍷🍷🍷 7
- ● Amarone della Valpolicella Cl. Campo Casalin I Castei '06 🍷🍷 8
- ● Recioto della Valpolicella Cl. Monte Fasenara I Castei '08 🍷🍷 7
- ● Recioto della Valpolicella Cl. Monte Fasenara I Castei '07 🍷🍷 7

Cantina del Castello

CORTE PITTORA, 5
37038 SOAVE [VR]
TEL. 0457680093
www.cantinacastello.it

藏酒销售
预约参观
年产量 130 000 瓶
葡萄种植面积 12 公顷

卡斯特特罗（Cantina del Castello）酒庄位于索阿维（Soave）中心位置的科尔特•皮托拉（Corte Pittora），是一座属于萨博尼法思奥（Sanbonifacio）伯爵家族的中世纪城堡。葡萄园地处经典葡萄酒产区，与普莱索尼（Pressoni）较近，属于蒙特福地•德•阿尔伯尼（Monteforte d'Alpone）和索阿维（Soave）自治市，一直能得到悉心的照料。阿尔图•斯托切蒂（Arturo Stocchetti）拥有双重身份，既是索阿维（Soave）葡萄酒协会的会长，也是本地葡萄酒生产者。他酿造的葡萄酒十分美味可口，没有沉重感，他努力酿造拥有经典葡萄酒芳香和爽口的酸味的葡萄酒。

- ○ Soave Cl. Carniga '08 🍷🍷 5
- ○ Recioto di Soave Cl. Corte Pittora '06 🍷 6
- ○ Soave Cl. Castello '10 🍷 4
- ○ Soave Cl. Pressoni '10 🍷 4
- ○ Soave Cl. Sup. Monte Pressoni '01 🍷🍷🍷 4
- ○ Soave Cl. Carniga '04 🍷🍷 4*
- ○ Soave Cl. Pressoni '08 🍷🍷 4*
- ○ Soave Cl. Pressoni '07 🍷🍷 4
- ○ Soave Cl. Pressoni '06 🍷🍷 4*
- ○ Soave Cl. Pressoni '05 🍷🍷 4*

Cavalchina

LOC. CAVALCHINA
FRAZ. CUSTOZA
VIA SOMMACAMPAGNA, 7
37066 SOMMACAMPAGNA [VR]
TEL. 045516002
www.cavalchina.com

藏酒销售
预约参观
年产量 450 000 瓶
葡萄种植面积 60 公顷

皮尔纳（Piona）家族出产的葡萄酒品质上乘，显得格外突出。该酒庄近几年来发展势头良好，从库斯托扎地区（Custoza）扩大到了曼图阿（Mantua）和瓦波利切拉（Valpolicella）的附近区域。葡萄园占地面积超过50公顷。弗朗克（Franco）和卢西亚诺（Luciano）之前曾在多家酒庄工作过，加入酒庄后亲自指导葡萄酒生产过程。位于库斯托扎（Custoza）的酒庄生产格兰达葡萄酒（Garda），位于曼图阿（Mantua）附近的皮奥纳斯（Pionas）酒庄同时生产本地和国际化的葡萄品种，位于瓦波利切拉（Valpolicella）的葡萄园则生产阿玛罗奈葡萄酒（Amarone）和瓦波利切拉红葡萄酒（Valpolicella）。

Wine	Rating
○ Custoza Sup. Amedeo '09	🍷🍷🍷 4*
○ Garda Garganega Paroni La Prendina '09	🍷🍷 4
● Amarone della Valpolicella Torre d'Orti '07	🍷🍷 6
○ Custoza '10	🍷🍷 4*
● Garda Cabernet Sauvignon Vign. Il Falcone La Prendina '08	🍷🍷 5
● Garda Merlot Faial La Prendina '08	🍷🍷 6
○ Garda Sauvignon Valbruna La Prendina '09	🍷🍷 4
● Valpolicella Sup. Morari Torre d'Orti '09	🍷🍷 5
● Bardolino '10	🍷 4
⊙ Bardolino Chiaretto '10	🍷 4
⊙ Feniletto La Prendina '09	🍷 4
○ Garda Pinot Bianco La Prendina '10	🍷 4
○ Pinot Grigio La Prendina '10	🍷 4
● Rosso Torre d'Orti '10	🍷 4
● Valpolicella Sup. Ripasso Torre d'Orti '08	🍷 5

Domenico Cavazza & F.lli

C.DA SELVA, 22
36054 MONTEBELLO VICENTINO [VI]
TEL. 0444649166
www.cavazzawine.com

藏酒销售
预约参观
年产量 1 000 000 瓶
葡萄种植面积 150 公顷

如果卡瓦扎（Cavazza）兄弟有值得称赞的地方的话，那就是他们锲而不舍的精神。即使关注葡萄酒产量是非常保险的选择，他们仍追求生产当下流行的葡萄酒，不论是流行的风格还是流行的葡萄种类。该公司有两处葡萄园，一处位于蒙特贝罗镇（Montebello）附近的盖姆贝拉罗（Gambellara），土壤类型为火山土；还有一处位于科里•贝瑞西（Colli Berici），此处的红土山是波尔多葡萄（Bordeaux）和泰品种红葡萄（tai rosso）的原产地。

Wine	Rating
● Cicogna Syrhae '09	🍷🍷 5
● Colli Berici Merlot Cicogna '09	🍷🍷 5
○ Gambellara Cl. Creari '09	🍷🍷 4
○ Recioto di Gambellara Cl. Capitel S. Libera '08	🍷🍷 5
● Colli Berici Cabernet Cicogna '09	🍷 5
○ Gambellara Cl. La Bocara '10	🍷 4
● Colli Berici Merlot Cicogna '08	🍷🍷 (white) 5
○ Gambellara Cl. Creari '08	🍷🍷 (white) 4
○ Gambellara Cl. Creari Capitel S. Libera '06	🍷🍷 (white) 4*
● Syrhae Cicogna '08	🍷🍷 (white) 5

Giorgio Cecchetto

FRAZ. TEZZE DI PIAVE
VIA PIAVE, 67
31028 VAZZOLA [TV]
TEL. 043828598
www.rabosopiave.com

藏酒销售
预约参观
年产量 200 000 瓶
葡萄种植面积 73 公顷

乔吉奥（Giorgio）和克里斯蒂娜•赛奇埃托（Cristina Cecchetto）的酒庄，是皮亚韦（Piave）法定原产地葡萄酒产区的生产标准，酒庄从特雷维索（Treviso）阿尔卑斯山之前一直延伸到亚得里亚海（Adriatic）。习惯上，这里种植的是国际化的葡萄品种与赛奇埃托（Cecchetto）家族最爱的曼佐尼白葡萄（Manzoni bianco）和拉伯托葡萄（raboso）。乔吉奥（Giorgio）和克里斯蒂娜（Cristina）十分关注这两个著名的葡萄品种，付出了巨大努力想要生产出具有陈酿潜力的葡萄酒。乔吉奥数年来一直沿用着从维罗纳地区（Verona）引进的制作葡萄干的方法，使葡萄的口感变得柔和。

● Piave Merlot Sante '08	🍷🍷 4
● Raboso Passito RP	🍷🍷 5
⊙ Rosa Bruna Cuvée 21 Brut M.Cl.	🍷🍷 5
● Piave Cabernet Sauvignon '10	🍷 3
● Piave Carmenère '10	🍷 3
● Piave Raboso '07	🍷 5
● Gelsaia '07	🍷🍷 6
● Piave Merlot Sante '07	🍷🍷 4
● Piave Raboso '06	🍷🍷 5
● Piave Raboso '05	🍷🍷 5

Italo Cescon

FRAZ. RONCADELLE
P.ZZA DEI CADUTI, 3
31024 ORMELLE [TV]
TEL. 0422851033
www.cesconitalo.it

藏酒销售
预约参观
年产量 800 000 瓶
葡萄种植面积 115 公顷

伊塔洛•斯康（Italo Cescon）家族经营的奥梅勒（Ormelle）酒庄在过去的几年中重振旗鼓，他们找到了生产葡萄酒的新方法，并在新购进的土地上全部种植了葡萄，使酒庄的葡萄园面积扩大了许多。奥梅勒酒庄对部分葡萄酒抱有很高期望，因为这些酒所用的葡萄来自有长期合作的供应者，选材讲究。这点似乎无足轻重，但对于奥梅勒酒庄而言是决定性的一步，因为这使得他们能够停止生产华而不实的葡萄酒产品，转向生产更具竞争力、口感更加自然纯净的葡萄酒。

● Chieto '09	🍷🍷 4
○ Manzoni Bianco '10	🍷🍷 6
○ Manzoni Bianco Svejo '10	🍷🍷 4
● Piave Raboso Malanotte Rabià '08	🍷 6
● Chieto '08	🍷🍷 4
● Chieto '07	🍷🍷 4
○ Manzoni Bianco '09	🍷🍷 6
○ Manzoni Bianco '08	🍷🍷 6

Coffele

VIA ROMA, 5
37038 SOAVE [VR]
TEL. 0457680007
www.coffele.it

藏酒销售
预约参观
年产量 120 000 瓶
葡萄种植面积 25 公顷

阿尔贝托（Alberto）和卡拉•凯菲勒（Chiara Coffele）兄妹两人在索阿维产区（Soave）领域备受尊敬。该酒庄的部分葡萄来自卡斯特尔赛瑞诺（Castelcerino）海拔最高的地带，由此酿造的葡萄酒香味浓郁、纤细灵巧。面积25公顷的葡萄园仅选择质量最上乘的葡萄酿酒装瓶。他们在葡萄酒生产过程中尽量减少人为干涉，尽可能保证葡萄和原产地特色的完整性。

○ Recioto di Soave Cl. Le Sponde '09	6
○ Soave Cl. Alzari '09	5
○ Soave Cl. Ca' Visco '10	4*
○ Terra Crea Passito '05	8
○ Soave Cl. '10	4
○ Soave Cl. Ca' Visco '05	4*
○ Soave Cl. Ca' Visco '04	4
○ Soave Cl. Ca' Visco '03	4
○ Recioto di Soave Cl. Le Sponde '08	6
○ Recioto di Soave Cl. Le Sponde '07	6
○ Soave Cl. Alzari '07	5
○ Soave Cl. Ca' Visco '09	4*
○ Soave Cl. Ca' Visco '08	4*

Col Vetoraz

FRAZ. SANTO STEFANO
S.DA DELLE TRESIESE, 1
31040 VALDOBBIADENE [TV]
TEL. 0423975291
www.colvetoraz.it

藏酒销售
预约参观
年产量 800 000 瓶
葡萄种植面积 12 公顷

20年来，科尔•维托拉泽（Col Vetoraz）的酒庄一直是普若赛科葡萄酒（Prosecco）原产地中最有趣的酒庄之一。葡萄园位于种植条件优越的郊外，葡萄藤生长在山坡上。酒庄生产的起泡葡萄酒别具特色，风格为其他酒庄竞相模仿。自从酒庄成立之日起，洛瑞斯•戴尔•埃可夸（Loris Dall'Acqua）作为酒庄的技术推动力，和保罗•德•伯特利（Paolo De Bortoli）以及弗朗切斯科•米奥托（Francesco Miotto）就一起经营酒庄。他们依靠众多的葡萄种植者，这些果农种植的葡萄往往多于他们需要的数量。

○ Valdobbiadene Dry '10	4
○ Valdobbiadene Extra Dry '10	4*
○ Cartizze '10	6
○ Valdobbiadene Brut '10	4
○ Cartizze '09	6
● Moraio Rosso '02	5
○ P. di Valdobbiadene Dry '02	4
○ P. di Valdobbiadene Dry '01	4

Conte Collalto

VIA 24 MAGGIO, 1
31058 SUSEGANA [TV]
TEL. 0438738241
www.cantine-collalto.it

藏酒销售
预约参观
年产量 800 000 瓶
葡萄种植面积 141 公顷

卡莱托（Collalto）贵族的酒庄也许是所在地中最美的：葡萄园有超过100公顷，广泛分布在更为广阔的庄园内的林地、草地和农场上。庄园内的建筑物地势高，远眺着前方的平原，葡萄园和酒窖地势较低，这所有的一切构成了一幅独特的画面。葡萄园内种植最广泛的是格莱拉葡萄（glera），还有波尔多葡萄（Bordeaux）、原产巴切尔野生葡萄（wildbacher）和曼佐尼葡萄（Manzoni）。在过去的几年中，庄园也在向室内养殖业发展。

○ Conegliano Valdobbiadene Dry	🍷🍷 4
● Incrocio Manzoni 2.15 '08	🍷🍷 4*
● Piave Merlot '08	🍷🍷 3*
○ Rosabianco '10	🍷🍷 4
● Wildbacher '08	🍷🍷 4*
○ Chardonnay '10	🍷 3
○ Colli di Conegliano Bianco Schenella I '10	🍷 4
○ Conegliano Valdobbiadene Brut	🍷 4
○ Conegliano Valdobbiadene Extra Dry	🍷 4
○ Manzoni Bianco '10	🍷 3
● Piave Cabernet Torrai Ris. '06	🍷 6
○ Pinot Grigio '10	🍷 3
○ Prosecco di Treviso Tranquillo '10	🍷 4
○ Verdiso '10	🍷 3
● Piave Cabernet Torrai Ris. '00	🍷🍷(白) 5
● Rambaldo VIII '05	🍷🍷(白) 6

Le Colture

FRAZ. SANTO STEFANO
VIA FOLLO, 5
31049 VALDOBBIADENE [TV]
TEL. 0423900192
www.lecolture.it

藏酒销售
预约参观
年产量 650 000 瓶
葡萄种植面积 40 公顷

拉格里（Ruggeri）兄弟酒庄的葡萄酒产量在过去几年中有了大幅提升，但品质一如既往，值得信赖。他们在普罗赛柯葡萄（Valdobbiadene）种植区显得与众不同，不仅面积广阔，还为酒庄提供了质量上佳的葡萄。几年前来到酒庄的玛兹奥•波尔（Marzio Pol）为每一阶段的葡萄种植都带来了一流的管理技术。库尔特瑞（Colture）生产的起泡葡萄酒芳香四溢，展现出了普罗赛柯葡萄能拥有的最佳品质。

○ Cartizze	🍷🍷 5
○ Valdobbiadene Dry Cruner	🍷🍷 4
○ Valdobbiadene Extra Dry Pianer	🍷🍷 4
○ Valdobbiadene Brut Fagher	🍷 4
○ Cartizze Dry	🍷🍷(白) 5

Contrà Soarda

Loc. Contrà Soarda, 26
36061 Bassano del Grappa [VI]
Tel. 0424566785
www.contrasoarda.it

年产量 70 000 瓶
葡萄种植面积 20 公顷

迈克尔•哥塔迪（Mirco Gottardi）家族原来一直在巴萨诺地区（Bassano）经营餐馆。几年前，他发现了葡萄种植的新方法，兴趣爱好逐步发展成为对葡萄的热情，于是他卖掉了餐馆，开始专心照料自己的葡萄园。他的葡萄园位于圣•米歇尔（San Michele），面积有12公顷。在过去的10年中，麦克罗•博纳贝（Marco Bernabei）协助将这片土地改造成葡萄园，并建好了一座壮观的地下酒窖。在妻子和孩子的热情帮助下，迈克尔成为了本地值得信赖的葡萄酒生产商之一，生产的葡萄酒占本地生产葡萄酒的半数以上。

○ Breganze Torcolato Sarson '08	6
● Il Saggio '07	5
● Marzemino Gaggion '08	4
● Vigna Correjo '08	8
● Breganze Rosso Terre di Lava '08	5
○ Breganze Vespaiolo Soarda '10	4
○ Breganze Vespaiolo Vigna Silan '09	5
○ Il Pendio '09	4
○ Breganze Torcolato '07	6
● Il Saggio '05	8
● Vigna Correjo '07	8
● Vigna Correjo '06	8

Corte Gardoni

Loc. Gardoni, 5
37067 Valeggio sul Mincio [VR]
Tel. 0457950382
www.cortegardoni.it

藏酒销售
预约参观
年产量 200 000 瓶
葡萄种植面积 25 公顷

皮科利（Piccoli）家族正在庆祝从商30周年。他们从种植水果起步，之后逐步放弃了水果种植，将重心转移到葡萄栽培上来。现在能使我们想起吉亚尼（Gianni）之前从事的行业就是几棵苹果树了。现在马蒂亚（Mattia）、斯蒂芬诺（Stefano）和安德里（Andrea）与他们的父亲共同经营这家酒庄。葡萄园内种植的是加尔达湖葡萄（Lake Garda），该葡萄气质优雅，冰碛土使得葡萄变得轻盈芳香。对于法国葡萄酒的热情，使皮科利（Piccoli）在园中种上了几排非传统品种的葡萄。

● Bardolino Sup. Pradicà '09	5
● Becco Rosso '09	4*
○ Custoza Mael '10	4*
○ Fenili Passito '08	6
○ Nichesole Vallidium '10	4*
⊙ Bardolino Chiaretto '10	3
● Bardolino Le Fontane '10	3
○ Custoza '10	3
○ Bianco di Custoza Mael '09	4*
○ Bianco di Custoza Mael '08	4*
● Bardolino Cl. Sup. Pradicà '08	5*
● Bardolino Sup. '06	4
● Bardolino Sup. Pradicà '07	5*

Tenuta Corte Giacobbe

via Moschina, 11
37030 Roncà [VR]
Tel. 0457460110
www.vinidalcero.com

藏酒销售
预约参观
年产量 60 000 瓶
葡萄种植面积 20 公顷

隆卡地区（Roncà）的戴尔•赛罗（Dal Cero）家族，在维罗纳地区（Verona）拥有科尔特•吉阿可博（Corte Giacobbe）酒庄，并在索阿维地区（Soave）和靠近科尔托纳（Cortona）的托斯卡纳地区（Tuscany）均有葡萄园。在位于托斯卡纳地区15公顷的葡萄园中，除了种植着传统的索阿维（Soave）葡萄外，还有数量虽然不多但十分重要的灰皮诺葡萄（pinot grigio）和莎当尼葡萄（chardonnay），用这些葡萄生产出来的葡萄酒风格简约大方。他们最近对酒窖进行改造，尽可能减少葡萄酒生产过程中的人为干扰，使得葡萄酒能充分展现原产地的地域特色。

○ Soave Runcata '09	🍷🍷 4
○ Passito del Casale '07	🍷 6
○ Pinot Grigio '10	🍷 4
○ Pinot Grigio Blush '10	🍷 4
○ Soave '10	🍷 4

Corte Rugolin

fraz. Valgatara
loc. Rugolin, 1
37020 Marano di Valpolicella [VR]
Tel. 0457702153
www.corterugolin.it

藏酒销售
预约参观
年产量 75 000 瓶
葡萄种植面积 11 公顷

在激烈的瓦波利切拉葡萄酒（Valpolicella）竞争中，艾伦娜（Elena）和费尔德瑞克•可艾提（Federico Coati）的地位正逐渐上升，变得越来越重要。他们的葡萄园占地超过10公顷，为传统类型的葡萄酒，包括瓦波利切拉葡萄酒和阿玛罗奈葡萄酒（Amarone）的生产提供原料。一部分葡萄园位于酒庄后面瓦尔加塔拉（Valgatara）的平地上，还有一部分位于卡斯特尔罗特（Castelrotto）的蒙特•丹尼尔利（Monte Danieli）的山坡上。酒庄追求的葡萄酒风格是传统浓郁口感和葡萄清新自然两者之间的平衡兼顾。

● Amarone della Valpolicella Cl. Monte Danieli '05	🍷🍷 8
● Valpolicella Cl. Sup. Ripasso '09	🍷🍷 5
● Valpolicella Cl. '10	🍷 3
● Amarone della Valpolicella Cl. Crosara de le Strie '06	🍷🍷 7
● Amarone della Valpolicella Cl. Monte Danieli '03	🍷🍷 7
● Amarone della Valpolicella Cl. Monte Danieli '01	🍷🍷 7
● Recioto della Valpolicella Cl. '03	🍷🍷 6
● Valpolicella Cl. '09	🍷🍷 3*
● Valpolicella Cl. Sup. Ripasso '04	🍷🍷 5
● Valpolicella Cl. Sup. Ripasso '03	🍷🍷 5

Corte Sant'Alda

Loc. Fioi
via Capovilla, 28
37030 Mezzane di Sotto [VR]
Tel. 0458880006
www.cortesantalda.it

藏酒销售
预约参观
年产量 90 000 瓶
葡萄种植面积 19 公顷
葡萄栽培方式 生机互动农耕认证

玛丽尼拉•卡梅拉妮（Marinella Camerani）的圣阿尔达（Corte Sant'Alda）酒庄成立于25年前，拥有一流的葡萄园，专注于诠释不同类型的葡萄酒，为阿玛罗奈葡萄酒（Amarone）现象的诞生做出了突出贡献。随着时间的流逝，这些已变得不够，所以他们逐渐放弃传统种植方法，开始采用新的有机栽培模式，甚至看得更为长远。现在科特•如格林葡萄酒是葡萄酒（Corte Rugolin）中的完美代表，不仅品质上佳，更体现出了原产地的特色。

- ● Amarone della Valpolicella Mithas '06 — 🍷🍷 8
- ● Recioto della Valpolicella '08 — 🍷🍷 7
- ● Valpolicella Ca' Fiui '10 — 🍷🍷 4
- ● Valpolicella Sup. Ripasso Campi Magri '08 — 🍷🍷 5
- ○ Soave V. di Mezzane '10 — 🍷 4
- ● Amarone della Valpolicella '00 — 🍷🍷🍷 8
- ● Amarone della Valpolicella '98 — 🍷🍷🍷 8
- ● Amarone della Valpolicella '95 — 🍷🍷🍷 8
- ● Amarone della Valpolicella '90 — 🍷🍷🍷 8
- ● Amarone della Valpolicella Mithas '95 — 🍷🍷🍷 8
- ● Valpolicella Sup. '03 — 🍷🍷🍷 6
- ● Valpolicella Sup. Mithas '04 — 🍷🍷🍷 7
- ● Valpolicella Sup. Mithas '06 — 🍷🍷 8
- ● Valpolicella Sup. Ripasso Campi Magri '05 — 🍷🍷 5

Casa Coste Piane

fraz. Santo Stefano
via Coste Piane, 2
31040 Valdobbiadene [TV]
Tel. 0423900219
casacostepiane@libero.it

年产量 50 000 瓶
葡萄种植面积 6 公顷

罗瑞斯•弗拉德尔（Loris Follador）是众多意志坚定、倔强执著的果农之一，他打破了延续了几世纪的传统价值观念以及由此衍生出来的模式。同时，他是一个充满魅力、十分健谈的人，热爱艺术、文学和诗歌，对生活常常有新的领悟。他如磐石般坚定的决心使他离开了起泡葡萄酒的生产而转向其他，并开始专心研究瓶内葡萄酒的自然发酵，或者是叫做“保留酵母发酵”。他仅有的几公顷葡萄园出产的葡萄都用于酿造这种葡萄酒。

- ○ Valdobbiadene Frizzante Naturalmente — 🍷🍷 4*
- ○ Valdobbiadene Extra Dry San Venanzio — 🍷 4
- ○ Glera Frizzante Naturalmente Brichet — 🍷🍷 4*
- ○ P. di Valdobbiadene Frizzante Sur Lie — 🍷🍷 4*

★Romano Dal Forno

FRAZ. CELLORE
LOC. LODOLETTA, 1
37030 ILLASI [VR]
TEL. 0457834923
www.dalforno.net

藏酒销售
预约参观
年产量 50 000 瓶
葡萄种植面积 25 公顷

罗曼诺•达尔•佛诺（Romano Dal Forno）在20世纪80年代开始经营自己的酒庄，他的出现打破了瓦波利切拉葡萄酒（Valpolicella）生产地区的传统。他大幅度降低平均每株葡萄藤的产量，并采用将葡萄放置于小橡木桶中使其成熟的方法，这样得到的葡萄酒展现了浓郁的水果口感和饱满的结构。30年来，他的葡萄酒风格和工作方式没有发生变化。他非常热忱地关注葡萄园，新的葡萄园分布密集，以此为原料生产的葡萄酒是真正意义上的独一无二。

- ● Amarone della Valpolicella Vign. di Monte Lodoletta '04 — 🍷🍷🍷 8
- ● Amarone della Valpolicella Vign. di Monte Lodoletta '01 — 🍷🍷🍷 8
- ● Amarone della Valpolicella Vign. di Monte Lodoletta '00 — 🍷🍷🍷 8
- ● Amarone della Valpolicella Vign. di Monte Lodoletta '99 — 🍷🍷🍷 8
- ● Amarone della Valpolicella Vign. di Monte Lodoletta '98 — 🍷🍷🍷 8
- ● Amarone della Valpolicella Vign. di Monte Lodoletta '97 — 🍷🍷🍷 8
- ● Amarone della Valpolicella Vign. di Monte Lodoletta '96 — 🍷🍷🍷 8
- ● Amarone della Valpolicella Vign. di Monte Lodoletta '95 — 🍷🍷🍷 8
- ● Valpolicella Sup. Vign. di Monte Lodoletta '04 — 🍷🍷🍷 8
- ● Amarone della Valpolicella Vign. di Monte Lodoletta '04 — 🍷🍷 8

Luigino Dal Maso

C.DA SELVA, 62
36054 MONTEBELLO VICENTINO [VI]
TEL. 0444649104
www.dalmasovini.com

藏酒销售
预约参观
年产量 450 000 瓶
葡萄种植面积 30 公顷

达尔•玛索（Dal Maso）家族现在所拥有的蒙特贝罗（Montebello）酒庄是由路易吉诺（Luigino）创建，现在由尼古拉（Nicola）、安娜（Anna）和西尔维娅（Silvia）管理。酒庄跨越环绕维琴察省（Vicenza）的吉姆贝拉拉（Gambellara）和科里•贝瑞琪（Colli Berici）这两处最著名的葡萄酒原产地。前者基本只种植加格奈拉葡萄（garganega），出产的葡萄酒质量上乘。后者种植的是波尔多红葡萄（Bordeaux），用于萃取葡萄酒。泰红葡萄（tai rosso）则属例外，他们对这种传统类型的葡萄品种格外关注。

- ● Colli Berici Tai Rosso Colpizzarda '09 — 🍷🍷 5
- ● Colli Berici Cabernet Casara Roveri '08 — 🍷🍷 5
- ● Colli Berici Cabernet Montebelvedere '09 — 🍷🍷 4*
- ● Colli Berici Merlot Casara Roveri '08 — 🍷🍷 5
- ○ Gambellara Cl. Ca' Fischele '10 — 🍷🍷 3*
- ○ Gambellara Cl. Riva del Molino '10 — 🍷🍷 4*
- ○ Recioto di Gambellara Cl. Riva dei Perari '08 — 🍷🍷 6
- ● Terra dei Rovi '09 — 🍷🍷 5
- ○ Gambellara Cl. '10 — 🍷 2
- ● Montemitorio '09 — 🍷 3
- ○ Gambellara Cl. Riva del Molino '07 — 🍷🍷🍷 4*
- ● Colli Berici Tocai Rosso Colpizzarda '08 — 🍷🍷 5
- ● Colli Berici Tocai Rosso Colpizzarda '07 — 🍷🍷 5
- ○ Gambellara Cl. Ca' Fischele '09 — 🍷🍷 3*
- ○ Gambellara Cl. Riva del Molino '09 — 🍷🍷 4*
- ○ Gambellara Cl. Riva del Molino '08 — 🍷🍷 4*

De Stefani

via Cadorna, 92
30020 Fossalta di Piave [VE]
Tel. 042167502
www.de-stefani.it

藏酒销售
预约参观
年产量 300 000 瓶
葡萄种植面积 40 公顷

得•斯蒂芬妮（De Stefani）家族的酒庄拥有位于三个不同地带的葡萄园。他们在过去的十年辛勤工作，为的就是摆脱皮亚韦（Piave）产区的葡萄酒仅仅只是松脆爽口的形象。亚历桑德罗（Alessandro）将他生产的葡萄酒与葡萄藤和土壤类型进行合理配对，得到的葡萄酒具有复杂性，纤细灵巧。酒庄作出的生产风格独一无二的葡萄酒的决定，使他们基本上不采用原产地产区的葡萄作为酿酒的原料，而生长在莱弗朗托洛（Refrontolo）山坡上的普若赛科葡萄（Prosecco）则属于例外情况。

● Plavis '09	🍷🍷 4
● Terre Nobili '08	🍷🍷 6
○ Vitalys '10	🍷🍷 4
○ Olmera '09	🍷 5
○ Pinot Grigio '10	🍷 4
● Soler '09	🍷 5
● Stefen 1624 '06	🍷 8
○ Tai '10	🍷 4
○ Olmera '08	🍷🍷 5
● Soler '08	🍷🍷 5
○ Tai '09	🍷🍷 5
○ Vitalys '09	🍷🍷 4*

Fasoli

fraz. San Zeno
via C. Battisti, 47
37030 Colognola ai Colli [VR]
Tel. 0457650741
www.fasoligino.com

藏酒销售
预约参观
年产量 300 000 瓶
葡萄种植面积 40 公顷
葡萄栽培方式 有机认证

有机种植法和生机互动农耕法正逐步成为维罗纳地区（Verona）的主导。事实上，早在这些方法流行起来之前，法索里（Fasoli）就是众多葡萄酒生产商中第一个采取这种种植方法的人。法索里兄弟使用这种创新的方法和传统的葡萄晾干法有着密切的联系，葡萄的自然半晾干法也是瑞西欧托甜葡萄（Recioto）和阿玛罗奈葡萄（Amarone）常规的晾干方法。另一方面，这对于梅洛（Merlot）葡萄和黑皮诺（pinot nero）葡萄是极不寻常的，半干法让法索里生产的瓶装葡萄酒拥有极高的浓度。

● Amarone della Valpolicella La Corte del Pozzo '06	🍷🍷 8
○ Soave Pieve Vecchia '09	🍷🍷 5
● Calle Merlot '08	🍷 7
○ Soave Borgoletto '10	🍷 4
○ Liber Bianco '08	🍷🍷 4
○ Liber Bianco '07	🍷🍷 4
● Merlot Calle '07	🍷🍷 7
○ Recioto di Soave S. Zeno '06	🍷🍷 6
○ Soave Pieve Vecchia '08	🍷🍷 5

Giovanni Fattori

FRAZ. TERROSSA
VIA OLMO, 6
37030 RONCÀ [VR]
TEL. 0457460041
www.fattorigiovanni.it

藏酒销售
预约参观
年产量 180 000 瓶
葡萄种植面积 57 公顷

法特里（Fattori）酒庄位于索阿维（Soave）东部地区的特洛萨镇（Terrossa）附近，他们生产葡萄酒的历史迄今为止长达数十年。安东尼奥（Antonio）勇敢地承担起了家族的传统，将葡萄园扩大到50多公顷，产量将近20万瓶。他的关注焦点是索阿维葡萄（Soave），但是达莱洛葡萄（durello）和国际化的葡萄品种也占有一席之地。酒庄在迎来弗拉维奥•普拉（Flavio Pra）到来之后，生产的葡萄酒品质逐年稳步上升，因为他减少了二氧化硫的使用。

○ Recioto di Soave Motto Piane '09	🍷🍷 5
○ Soave Motto Piane '10	🍷🍷 4
○ Lessini Durello Brut I Singhe	🍷 4
○ Roncha '10	🍷 4
○ Soave Cl. Danieli '10	🍷 4
○ Soave Cl. Runcaris '10	🍷 4
○ Valparadiso '10	🍷 4
○ Vecchie Scuole Sauvignon '10	🍷 4
○ Recioto di Soave Motto Piane '08	🍷🍷 5
○ Soave Motto Piane '10	🍷🍷 4
○ Soave Motto Piane '08	🍷🍷 4

Il Filò delle Vigne

VIA TERRALBA, 14
35030 BAONE [PD]
TEL. 042956243
www.ilfilodellevigne.it

藏酒销售
预约参观
年产量 50 000 瓶
葡萄种植面积 17 公顷

菲洛•黛拉•维格内（Filò delle Vigne）酒庄位于科里•尤佳内葡萄酒（Colli Euganei）原产地的最南端，生产的葡萄酒拥有极佳的结构和明显的地中海特点。葡萄园占地17公顷，主要种植的是波尔多红葡萄（Bordeaux），还有一小部分莫斯卡托白葡萄（Moscato），这里海拔低、朝南向、降雨量少等地理和气候特点孕育出了优质的葡萄。菲丽波•吉安诺尼（Filippo Giannone）、安德里•博阿瑞提（Andrea Boaretti）和马蒂奥•扎耐卡（Matteo Zanaica）用这些葡萄酿造的葡萄酒，品质极为出色，酒庄的主人卡尔洛•吉奥达尼（Carlo Giodani）和尼可洛•沃尔坦（Niccolò Voltan）也十分令人喜爱。

● Colli Euganei Cabernet Borgo delle Casette Ris. '07	🍷🍷🍷 6
● Colli Euganei Cabernet Vigna Cecilia di Baone '07	🍷🍷 5
○ Colli Euganei Fior d'Arancio Luna del Parco '07	🍷🍷 6
○ Il Calto delle Fate '09	🍷🍷 4
● Colli Euganei Cabernet Borgo delle Casette Ris. '06	🍷🍷🍷 6
● Colli Euganei Cabernet Borgo delle Casette Ris. '05	🍷🍷 6
● Colli Euganei Cabernet Borgo delle Casette Ris. '04	🍷🍷 6
● Colli Euganei Cabernet Borgo delle Casette Ris. '02	🍷🍷 5
● Colli Euganei Cabernet Vigna Cecilia di Baone Ris. '06	🍷🍷 5

Silvano Follador

Loc. Follo
Fraz. Santo Stefano
via Callonga, 11
31040 Valdobbiadene [TV]
Tel. 0423900295
www.silvanofollador.it

藏酒销售
预约参观
年产量 23 000 瓶
葡萄种植面积 3.7 公顷
葡萄栽培方式 有机种植

希尔瓦诺（Silvano）和阿尔贝塔•法勒多（Alberta Follador）兄妹依旧坚持自我。除了逐渐接受本地还很少见的生机互动农耕方式外，他们生产的葡萄酒风格非凡，表现出了和本地之前生产的葡萄酒完全不同的特点。范例就是他们生产的卡蒂兹葡萄酒（Cartizze）不含残余糖量，因为他们曾宣布这样做的目的是让地区特色在没有人为介入下充分地展现出来。利用格莱拉葡萄（glera）生产出用经典方法酿出的香槟酒（Brut）同样是逆潮流的，因为这种类型的葡萄通常用于酿造消费起来方便迅速的瓶装葡萄酒。

O Cartizze Brut '10	🍷🍷	5
O Dosaggio Zero '09	🍷🍷	5
O Cartizze Brut '08	🍷🍷🍷	5
O Cartizze Brut '09	🍷🍷	5
O P. di Valdobbiadene Brut '09	🍷🍷	4*
O Valdobbiadene Brut	🍷🍷	4*

Le Fraghe

Loc. Colombara, 3
37010 Cavaion Veronese [VR]
Tel. 0457236832
www.fraghe.it

藏酒销售
预约参观
年产量 90 000 瓶
葡萄种植面积 32 公顷
葡萄栽培方式 有机认证

马蒂尔德•波吉（Matilde Poggi）的酒庄位于巴尔多力诺（Bardolino），在加尔达湖（Garda）、阿迪杰山谷（Adige）和周边的山地之间，该地区气候凉爽，总伴有徐徐清风。马蒂尔德（Matilde）对于酿造葡萄酒的热情使得她逐步失去了对国际化葡萄品种的兴趣，转而关注加格奈拉葡萄（garganega）和库维纳葡萄（corvina），这两种葡萄酿造而成的葡萄酒是维罗纳地区（Verona）所产葡萄酒的支柱，但在本地区却并不重要。本地极为有利的气候条件使得马蒂尔德（Matilde）在几年前就开始采用有机种植的栽培方式。

● Bardolino '10	🍷🍷	3*
⊙ Bardolino Chiaretto Ròdon '10	🍷🍷	3*
O Garganega Camporengo '10	🍷🍷	4*
● Bardolino '09	🍷🍷	3*
● Bardolino '08	🍷🍷	3*
● Bardolino '07	🍷🍷	3*
O Garganega Camporengo '09	🍷🍷	4*
O Garganega Camporengo '08	🍷🍷	4*
O Garganega Camporengo '07	🍷🍷	4*

Marchesi Fumanelli

FRAZ. SAN FLORIANO
VIA SQUARANO, 1
37029 SAN PIETRO IN CARIANO [VR]
TEL. 0457704875
www.squarano.com

藏酒销售
预约参观
年产量 87 000 瓶
葡萄种植面积 45 公顷

许多酒庄在最近几年实现了大的飞跃，位于卡里亚诺（Cariano）境内圣•皮尔诺（Piana di San Pietro）平原的中间地带的马奇斯•法曼内利（Marchesi Fumanelli）酒庄就是其中之一。葡萄园占地近50公顷，葡萄藤主要位于酒庄周围，种植的是传统的瓦波利切拉（Valpolicella）品种的葡萄。他们收获的葡萄需要经过严格挑选，因为其中只有一小部分的葡萄用于内部自己生产。他们与弗拉维奥•皮罗尼（Flavio Peroni）的默契合作，保证了出产的葡萄酒拥有细腻而非浓缩的风格。

● Amarone della Valpolicella Cl. Octavius Ris. '05	🍷🍷 8
● Amarone della Valpolicella Cl. '06	🍷🍷 6
○ Terso '06	🍷🍷 6
● Valpolicella Cl. Sup. '05	🍷🍷 4
● Valpolicella Cl. '10	🍷 3
● Amarone della Valpolicella Cl. '05	🍷🍷 6
● Amarone della Valpolicella Cl. '04	🍷🍷 6
● Amarone della Valpolicella Cl. Pralongo '01	🍷🍷 6

Fattoria Garbole

LOC. GARBOLE
VIA FRACANZANA, 6
37039 TREGNAGO [VR]
TEL. 0457809020
www.fattoriagarbole.it

藏酒销售
预约参观
年产量 15 000 瓶
葡萄种植面积 6 公顷

埃多勒（Ettore）和菲利波•费内托（Filippo Finetto）兄弟的酒庄坐落于一条狭窄的小溪旁，这条小溪河床较深，流经伊拉西山谷（Val d'Illasi），在这里有着葡萄理想的生长环境。酒庄的标志性葡萄酒用传统类型的葡萄酿造而成，口感浓郁强烈。弗拉维奥•皮罗尼（Flavio Peroni）是瓦波利切拉葡萄酒（Valpolicella）和该类型葡萄酒方面的专家，为酒庄提供的咨询服务使得酒庄获益不少。在现代化、功能强大的酒庄中，两兄弟努力将人为干扰降到最低，力图保证每种葡萄酒都能够充分表现自身的天然特质。

● Amarone della Valpolicella '07	🍷🍷 8
● Recioto della Valpolicella '07	🍷🍷 6
● Valpolicella Sup. '08	🍷🍷 6
● Amarone della Valpolicella '06	🍷🍷🍷 8
● Amarone della Valpolicella '05	🍷🍷 8
● Recioto della Valpolicella '06	🍷🍷 6

★Gini

via Matteotti, 42
37032 Monteforte d'Alpone [VR]
Tel. 0457611908
www.ginivini.com

藏酒销售
预约参观
年产量 200 000 瓶
葡萄种植面积 30 公顷

山德罗（Sandro）和克劳迪奥•基尼（Claudio Gini）在其所在地算得上是值得尊敬的葡萄栽培家。他们一直追随着父亲奥林托（Olinto）的脚步，奥林托是酒庄的创始人，也是令人难忘的索阿维葡萄酒（Soave）的先驱。葡萄园清晰地体现出了酒庄的优势：这些葡萄园有100多年的历史，部分葡萄没有经过嫁接，主要生长在火山土上。酒庄在近几年逐年扩大，不锈钢桶和各种不同型号的橡木桶都用于生产索阿维葡萄酒以外的葡萄酒。

Wine	Glasses	Score
○ Soave Cl. Contrada Salvarenza Vecchie Vigne '09	YYY	5
○ Soave Cl. La Froscà '10	YY	5
○ Soave Cl. '10	YY	4*
○ Soave Cl. Contrada Salvarenza Vecchie Vigne '08	YYY	5
○ Soave Cl. Contrada Salvarenza Vecchie Vigne '07	YYY	5
○ Soave Cl. La Froscà '06	YYY	5
○ Soave Cl. La Froscà '05	YYY	5
○ Soave Cl. Sup. Contrada Salvarenza Vecchie Vigne '00	YYY	6
○ Soave Cl. Sup. Contrada Salvarenza Vecchie Vigne '98	YYY	5
○ Soave Cl. Sup. La Froscà '99	YYY	5
○ Soave Cl. Sup. La Froscà '97	YYY	4

Gregoletto

fraz. Premaor
via San Martino, 83
31050 Miane [TV]
Tel. 0438970463
www.gregoletto.com

藏酒销售
预约参观
年产量 200 000 瓶
葡萄种植面积 15 公顷

从没想过格雷格莱托（Gregoletto）酒庄生产的葡萄酒会让人感到惊奇。酒庄追求葡萄酒完全的纯粹和乡村风格的优雅，从容地将生产地佛利娜（Follina）附近的普瑞玛诺山（Premaor）的精华嵌入酒瓶中。格雷格莱托（Gregoletto）长期在特雷维索葡萄酒（Treviso）产区生产葡萄酒，与生产地的关系融洽和谐，也只有像他这样聪明的人才能达到如此恰到好处的真实性和连贯性。随着时间的流逝，这些酒会逐步显露出其背后复杂的秘密，人们只有用时间才能探索这些酒的单纯质感。

Wine	Glasses	Score
○ Manzoni Bianco '10	YY	4
● Cabernet '09	YY	4
○ Colli di Conegliano Bianco Albio '10	YY	4
● Colli di Conegliano Rosso '04	YY	6
○ Conegliano Valdobbiadene Extra Dry	YY	4
○ Conegliano Valdobbiadene Prosecco Tranquillo '10	YY	4
○ Prosecco di Treviso Frizzante	YY	4
○ Zophai Chardonnay '10	YY	4
○ Conegliano Valdobbiadene Extra Dry Monte Corbino	Y	4
● Merlot '09	Y	4
○ Pinot Bianco '10	Y	4
○ Verdiso Frizzante	Y	4
● Cabernet '08	YY	4
● Colli di Conegliano Rosso '04	YY	6
○ Manzoni Bianco '09	YY	4*
○ P. di Conegliano Valdobbiadene Tranquillo '09	YY	4*

Grotta del Ninfeo

via Boschetto, 6
37030 Lavagno [VR]
Tel. 0458980154
www.grottadelninfeo.it

藏酒销售
预约参观
年产量 30 000 瓶
葡萄种植面积 27 公顷

弗拉卡洛里（Fraccaroli）家族的格兰塔•德尔•尼菲诺（Grotta del Ninfeo）酒庄，其用于生产葡萄酒的葡萄来自广袤的瓦波利切拉葡萄酒（Valpolicella）原产地，占地近30公顷。酒庄位于原产地东部，在过去的20年中，葡萄园有了惊人的扩张，其中新的栽培模式代替了过去的平棚架栽培模式，并由此收获了质量更高的葡萄。玛拉（Mara）、多米尼克（Domenico）和卢卡•弗拉卡洛里（Luca Fraccaroli）三人共同管理酒庄，他们的父亲蒂兹阿诺（Tiziano）在其中参与较多，而朱塞佩•卡尔瑟埃瑞（Giuseppe Carcereri）的专业技能保证了葡萄酒稳定的结构和极其可口的特质。

- ● Recioto della Valpolicella '08 5
- ● Valpolicella '10 4
- ● Valpolicella Sup. Ripasso '08 5
- ● Amarone della Valpolicella '06 7
- ● Amarone della Valpolicella '05 7
- ● Valpolicella Sup. '08 4*
- ● Valpolicella Sup. Ripasso '06 5

Guerrieri Rizzardi

via Verdi, 4
37011 Bardolino [VR]
Tel. 0457210028
www.guerrieri-rizzardi.it

藏酒销售
预约参观
年产量 700 000 瓶
葡萄种植面积 100 公顷

里扎迪（Rizzardi）家族的酒庄位于巴尔多[illegible]（Bardolino），原在靠近加尔达湖（Lake Gar[illegible]的小镇的中心，后来迁址到山坡上，俯瞰[illegible]座小镇。酒庄的房屋为生产过程中需要的[illegible]料理提供了充足的空间。葡萄藤全部位于[illegible]纳地区（Verona）的主要葡萄酒原产地，[illegible]尔多力诺地区（Bardolino）、瓦波利切拉[illegible]（Valpolicella）、索阿维地区（Soave）和瓦达[illegible]杰地区（Valdadige）。酒庄格外重视葡萄酒的[illegible]腻口感和气质，对瓦波利切拉红葡萄[illegible]（Valpolicella）也是如此。

- ● Amarone della Valpolicella Cl. Villa Rizzardi '07 8
- ● Valpolicella Cl. Sup. Ripasso Poiega '09 [illegible]
- ● Bardolino Cl. Tacchetto '10 [illegible]
- ⊙ Rosa Rosae '10 [illegible]
- ● Bardolino Cl. Sup. Munus '09 [illegible]
- ○ Recioto di Soave Costeggiola '08 [illegible]
- ○ Soave Cl. Costeggiola '10 4
- ● Amarone della Valpolicella Cl. Calcarole '06 8
- ● Amarone della Valpolicella Cl. Calcarole '03 8
- ● Amarone della Valpolicella Cl. Villa Rizzardi '04 7
- ● Amarone della Valpolicella Cl. Villa Rizzardi '01 7
- ● Valpolicella Cl. Sup. Ripasso Poiega '07 4*
- ● Amarone della Valpolicella Cl. Villa Rizzardi '06 7
- ● Bardolino Cl. Sup. Munus '08 5

Inama

LOC. BIACCHE, 50
37047 SAN BONIFACIO [VR]
TEL. 0456104343
www.inamaaziendaagricola.it

藏酒销售
预约参观
年产量 420 000 瓶
葡萄种植面积 54 公顷
葡萄栽培方式 有机认证

斯蒂法诺•伊纳玛（Stefano Inama）酒庄是众多成功诠释索阿维葡萄酒（Soave）的酒庄之一，它提供了一种将饱满和紧凑两种口感结合起来的风格。近年来，斯蒂法诺（Stefano）和儿子马蒂奥（Matteo）一直在关注东方，在靠近科利•贝瑞西（Colli Berici）附近的地方，他们把葡萄园扩大到了近30公顷，并成功采取了有机栽培方式。在使用这种栽培方式的10多年中，他们关于生产地和葡萄品种的知识帮助其生产出优质的葡萄酒，完美展现了该地区地中海式的热情。

- Oratorio di San Lorenzo '07 — 7
- Soave Cl. Vign. di Foscarino '09 — 5
- Bradisismo '07 — 6
- Cabernet Sauvignon Sel. '04 — 7
- Carmenere Più '08 — 4*
- Soave Cl. Vign. Du Lot '09 — 5
- Soave Cl. Vin Soave '10 — 4*
- Vulcaia Fumé '09 — 6
- Chardonnay '10 — 4
- Sauvignon Vulcaia '10 — 4
- Sauvignon Vulcaia Fumé '96 — 6
- Soave Cl. Vign. di Foscarino '08 — 5
- Soave Cl. Vign. Du Lot '05 — 5
- Soave Cl. Vign. Du Lot '01 — 5
- Soave Cl. Vign. Du Lot '00 — 5
- Soave Cl. Vign. Du Lot '99 — 5

Lenotti

VIA SANTA CRISTINA, 1
37011 BARDOLINO [VR]
TEL. 0457210484
www.lenotti.com

藏酒销售
预约参观
年产量 1 400 000 瓶
葡萄种植面积 15 公顷

加尔达湖（Lake Garda）周围分布着许多小型酒庄，它们集中生产余韵爽快、具有亲和力、易于接受、口感清新的瓶装葡萄酒，这些葡萄酒和该地区一直有着传统上的联系。吉安卡尔诺•莱诺迪（Giancarlo Lenotti）和他的儿子克劳迪（Claudio）经营的酒庄就是这样一个例子。一直以来，莱诺迪（Lenotti）家族的葡萄园都极其优秀，使得他们生产的葡萄酒在数量上和质量上远远超越了平均水平。此外，吉安卡尔诺和克劳迪还从其他栽培者处购进葡萄，他们因而可以全部利用维罗纳地区（Verona）的葡萄来生产葡萄酒。

- Amarone della Valpolicella Cl. '07 — 7
- Bardolino Cl. Sup. Le Olle '09 — 5
- Capomastro '09 — 4*
- Valpolicella Cl. Sup. Le Crosare Ripasso '08 — 5
- Bardolino Chiaretto Cl. '10 — 3
- Bardolino Cl. '10 — 3
- Colle dei Tigli '10 — 3
- Massimo '08 — 5
- Soave Cl. '10 — 3
- Amarone della Valpolicella Cl. Di Carlo '05 — 8
- Bardolino Cl. Sup. Le Olle '08 — 4*
- Capomastro '07 — 4*
- Valpolicella Cl. Sup. Le Crosare Ripasso '07 — 4

Conte Loredan Gasparini

FRAZ. VENEGAZZÙ
VIA MARTIGNAGO ALTO, 23
31040 VOLPAGO DEL MONTELLO [TV]
TEL. 0438870024
www.venegazzu.com

藏酒销售
预约参观
年产量 320 000 瓶
葡萄种植面积 80 公顷
葡萄栽培方式 有机种植

蒙特洛（Montello）是一片中等规模的葡萄种植区，地理环境极佳，位于阿尔卑斯山前沿和波河（Po）平原之间，后面是威尼斯环礁湖，土壤富含铁元素，生产出的葡萄酒因此个性突出。通过创始人孔蒂•皮尔罗•劳洛丹•加斯帕里尼（Conte Piero Loredan Gasparini）的努力，酒庄成为了当地葡萄酒生产的先驱，也是第一家展现出该区域品质潜力的酒庄。如今，酒庄由帕拉（Palla）家族经营，洛伦佐（Lorenzo）的儿子热爱葡萄酒，雄心勃勃地想在葡萄酒领域有所作为，一直对葡萄酒生产有着很高的要求。

- ● Falconera Merlot '08 🍷🍷 4
- ○ Asolo Brut 🍷 4
- ● Capo di Stato '07 🍷🍷 7
- ● Capo di Stato '06 🍷🍷 7
- ● Capo di Stato '05 🍷🍷 6
- ○ Manzoni Bianco '09 🍷🍷 4
- ● Venegazzù della Casa '06 🍷🍷 5

★Maculan

VIA CASTELLETTO, 3
36042 BREGANZE [VI]
TEL. 0445873733
www.maculan.net

藏酒销售
预约参观
年产量 750 000 瓶
葡萄种植面积 50 公顷

国际市场中，马库兰（Maculan）是众多最能代表意大利葡萄酒的品牌之一。品牌形象的背后是这样一个家族，他们一直在发展所继承的农场，不再眷顾仅能用来赢得葡萄酒酿造标准名号的葡萄酒。法斯托（Fausto）热切地想要为布莱甘泽地区（Breganze）引进新的方法，于是在女儿安吉拉（Angela）和玛丽亚•维多利亚（Maria Vittoria）的陪伴下，参观了世界上许多享有盛誉的葡萄酒生产地。结构良好的波尔多（Bordeaux）葡萄酒和温和诱人的干白葡萄酒都是酒庄的名片。

- ○ Acininobili '06 🍷🍷 8
- ● Breganze Cabernet Palazzotto '08 🍷🍷 5
- ○ Breganze Torcolato '07 🍷🍷 7
- ● Brentino '09 🍷🍷 4*
- ● Marzemino Cornorotto '09 🍷🍷 4
- ● Speaia '09 🍷🍷 4
- ○ Bidibi '10 🍷 4
- ● Breganze Pinot Nero '09 🍷 4
- ○ Breganze Vespaiolo '10 🍷 4
- ● Cabernet '09 🍷 4
- ⊙ Costadolio '10 🍷 4
- ○ Dindarello '10 🍷 5
- ○ Ferrata Sauvignon '10 🍷 5
- ● Madoro Passito '09 🍷 6
- ○ Pino & Toi '10 🍷 3
- ● Breganze Cabernet Sauvignon Palazzotto '05 🍷🍷🍷 5

Manara

Fraz. San Floriano
via Don Cesare Biasi, 53
37029 San Pietro in Cariano [VR]
Tel. 0457701086
www.manaravini.it

藏酒销售
预约参观
年产量 90 000 瓶
葡萄种植面积 11 公顷

过去的20年中，许多位于瓦波利切拉地区（Valpolicella）的酒庄都从单纯的种植葡萄扩展到直接参与葡萄酒的生产，其中一个就是乔瓦尼（Giovanni）、法比奥（Fabio）和洛伦佐（Lorenzo）三兄弟的马纳拉（Manara）酒庄，他们代表了农业传统和现代酿酒业之间的联系。葡萄园占地将近12公顷，用该园出产的葡萄酿造的葡萄酒品质可靠，完美展现了瓦波利切拉葡萄酒（Valpolicella）的淡雅香气。他们用传统品种的葡萄生产经典款葡萄酒，也用国际化品种的葡萄生产非法定原产地类型的葡萄酒。

● Amarone della Valpolicella Cl. '07	▼▼	6
● Amarone della Valpolicella Cl. Postera '07	▼▼	6
● Recioto della Valpolicella Cl. El Rocolo '08	▼▼	5
● Recioto della Valpolicella Cl. Moronalto '08	▼▼	5
● Valpolicella Cl. Sup. Le Morete Ripasso '08	▼▼	4
● Valpolicella Cl. Sup. Ripasso '08	▼▼	4*
● Amarone della Valpolicella Cl. '00	▽▽▽	0
● Amarone della Valpolicella Cl. '06	▽▽	6*
● Amarone della Valpolicella Cl. '05	▽▽	6*
● Amarone della Valpolicella Cl. '01	▽▽	6*
● Guido Manara '06	▽▽	6

Marcato

via Prandi, 10
37030 Roncà [VR]
Tel. 0457460070
www.marcatovini.it

藏酒销售
预约参观
年产量 400 000 瓶
葡萄种植面积 85 公顷

这家位于隆卡地区（Roncà）的酒庄正在逐渐扩大其范围，他们不仅在索阿维地区（Soave），同时也在莱西尼地区（Lessinia）和科里•贝瑞西地区（Colli Berici）进行葡萄栽培。酒庄尽管成立于100多年以前，但发展的辉煌时期却始于20世纪80年代，由于恩里科（Enrico）和安德里•马尔卡托（Andrea Marcato）的推动与无私奉献，该酒庄出品的葡萄酒的质量得到了大幅度提升。过去的葡萄酒品质可靠，但并不复杂，而现在的葡萄酒给人的印象极为深刻，特别是起泡葡萄酒。达莱洛葡萄酒（durello）酸度适中，特别是在酿造时采用瓶装二次发酵法效果尤佳。

● Baraldo '07	▼▼	5
● Colli Berici Cabernet Pianalto La Giareta Ris. '07	▼▼	7
○ Lessini Durello Brut M. Cl. 36	▼▼	5*
○ Lessini Durello Brut M. Cl. A.R. '01	▼▼	6
○ Soave Cl. Sup. Il Tirso '09	▼▼	5
● Barattaro Pinot Nero '09	▼	5
● Colli Berici Cabernet La Giareta '09	▼	3
● Colli Berici Tai Rosso Palladiano La Giareta '09	▼	4
○ Lessini Durello Brut M. Cl. '04	▼	5
○ Pinot Grigio La Giareta '10	▼	3
○ Soave Cl. Le Barche '10	▼	4
○ Soave I Prandi '10	▼	3
○ Col Creo '07	▽▽	4*
● Colli Berici Cabernet Pianalto Ris. '06	▽▽	7
○ Lessini Durello Passito '04	▽▽	5
● Palladiano La Giareta '08	▽▽	4

Marion

FRAZ. MARCELLISE
VIA BORGO MARCELLISE, 2
37036 SAN MARTINO BUON ALBERGO [VR]
TEL. 0458740021
www.marionvini.it

预约参观
年产量 40 000 瓶
葡萄种植面积 14 公顷

过去20年中，瓦波利切拉地区（Valpolicella）面临着极大的挑战，看到马里恩（Marion）这样的酒庄依旧遵循严格的葡萄园管理制度和酒窖酿酒标准，而不是盲从市场要求真是令人欣喜。斯蒂凡诺（Stefano）和尼克莱塔•坎姆佩戴利（Nicoletta Campedelli）是受到启发的分区判断者，成功得非常快，但也熟练地做到了不屈服于市场压力。他们生产的葡萄酒革新了传统，多了一分饱满和干净，甚至在使用不同品种的葡萄酿酒时也保留了轻盈诱人的风格。

Wine	Rating
● Amarone della Valpolicella '06	🍷🍷🍷 8
● Valpolicella Sup. '07	🍷🍷 5*
● Cabernet Sauvignon '06	🍷🍷 5
● Calto '05	🍷🍷 5
● Teroldego '07	🍷🍷 6
● Amarone della Valpolicella '03	🍷🍷🍷 8
● Amarone della Valpolicella '01	🍷🍷🍷 8
● Valpolicella Sup. '06	🍷🍷🍷 5
● Valpolicella Sup. '05	🍷🍷🍷 5
● Amarone della Valpolicella '04	🍷🍷 8
● Valpolicella Sup. '04	🍷🍷 5
● Valpolicella Sup. '03	🍷🍷 6

Masari

LOC. MAGLIO DI SOPRA
VIA BEVILACQUA, 2A
36078 VALDAGNO [VI]
TEL. 0445410780
www.masari.it

藏酒销售
预约参观
年产量 25 000 瓶
葡萄种植面积 4 公顷
葡萄栽培方式 有机种植

艾瑞安娜•泰萨瑞（Arianna Tessari）和马西莫•达尔•拉格（Massimo Dal Lago）的酒庄是挑战遗忘农业基础区域的首要代表，农业基础也是他们想要恢复的。他们在山谷两边不同的地点拥有几公顷的葡萄园。一边种植的是波尔多红葡萄（Bordeaux）；另一边种植的是传统类型葡萄品种的灵魂：加格奈拉葡萄（garganega）和杜雷拉葡萄（durella）。葡萄园中，他们环境友好的观念使得人为干扰降到最低，酒窖中，葡萄酒也能自由寻求风格。结果得到的是口感实、易裂的红葡萄酒以及不甜、充满活力的白葡萄酒。

Wine	Rating
○ Doro Passito Bianco '08	🍷🍷 6
○ AgnoBianco '10	🍷🍷 4*
● Masari '08	🍷🍷 5
● Vicenza Rosso San Martino '08	🍷🍷 4*
○ Doro Passito Bianco '07	🍷🍷 6
○ Doro Passito Bianco '06	🍷🍷 6
○ Doro Passito Bianco '05	🍷🍷 5
○ Doro Passito Bianco '04	🍷🍷 5
○ Doro Passito Bianco '03	🍷🍷 5
● Masari '05	🍷🍷 6
● Masari '04	🍷🍷 6

★Masi

Fraz. Gargagnago
via Monteleone, 26
37015 Sant'Ambrogio di Valpolicella [VR]
Tel. 0456832511
www.masi.it

藏酒销售
预约参观
年产量 3 400 000 瓶
葡萄种植面积 520 公顷

由于毋庸置疑的高品质和长期不变的提升葡萄酒品质的承诺，特别是来自威尼托（Veneto）的葡萄酒，马斯（Masi）酒庄成为了享誉全球的意大利品牌之一。酿酒师安德里亚•戴尔•辛（Andrea Dal Cin）监管各种生产设备，包括瓦波利切拉地区（Valpolicella）、弗留利地区（Friuli）和阿根廷的门多萨（Mendoza）庄园，在酿酒师安德里亚（Andrea）和儿子拉斐尔（Raffaele）的协助下，山德罗•波斯卡尼（Sandro Boscaini）依旧管理着酒庄。其生产的葡萄酒，尤其是更能表现酒庄雄心壮志的葡萄酒，将传统和现代相结合，令人赞叹不已。

- ● Amarone della Valpolicella Cl. Vaio Armaron Serègo Alighieri '06 🍷🍷🍷 8
- ● Amarone della Valpolicella Cl. Costasera Ris. '06 🍷🍷 8
- ● Amarone della Valpolicella Cl. Campolongo di Torbe '06 🍷🍷 8
- ● Brolo di Campofiorin Oro '08 🍷🍷 5
- ● Campofiorin '08 🍷🍷 5
- ● Toar '08 🍷🍷 5
- ● Valpolicella Cl. Sup. Anniversario 650 Anni Serego Alighieri '08 🍷🍷 6
- ○ Masianco '10 🍷 4
- ○ Possessioni Binco Serègo Alighieri '10 🍷 4
- ● Amarone della Valpolicella Cl. Campolongo di Torbe '04 🍷🍷🍷 8
- ● Amarone della Valpolicella Cl. Mazzano '01 🍷🍷🍷 8
- ● Amarone della Valpolicella Cl. Mazzano '85 🍷🍷🍷 8
- ● Amarone della Valpolicella Cl. Mazzano '83 🍷🍷🍷 8
- ● Amarone della Valpolicella Cl. Mazzano '80 🍷🍷🍷 8
- ● Amarone della Valpolicella Cl. Vaio Armaron Serègo Alighieri '05 🍷🍷🍷 8

Masottina

loc. Castello Roganzuolo
via Bradolini, 54
31020 San Fior [TV]
Tel. 0438400775
www.masottina.it

藏酒销售
预约参观
年产量 1 000 000 瓶
葡萄种植面积 57 公顷

多年以来，达尔•比安科（Dal Bianco）家族酒庄通过有效组织，应对了现代葡萄酒生产对精密和实用的要求。酒庄崭新，对生态环境影响小，年产量超过了1 000 000瓶，与周围的景色融为一体，并为生产的每一阶段留足了空间。酒庄生产的葡萄酒种类广泛，以普若赛科起泡葡萄酒（Prosecco）为主。庄园的葡萄园为酒庄生产葡萄酒提供原料，出产的酒味道上佳，最能体现酒庄的雄心壮志。

- ○ Conegliano Valdobbiadene Brut 🍷🍷 4
- ● Piave Merlot Vign. Ai Palazzi Ris. '08 🍷🍷 7
- ○ Cartizze 🍷 6
- ○ Colli di Conegliano Bianco Rizzardo '10 🍷 8
- ● Colli di Conegliano Rosso Montesco '08 🍷 8
- ○ Conegliano Valdobbiadene Dry Rive di Ogliano '10 🍷 6
- ○ Conegliano Valdobbiadene Extra Dry 🍷 4
- ○ Manzoni Bianco '10 🍷 4
- ● Colli di Conegliano Rosso Montesco '07 🍷🍷 6
- ● Colli di Conegliano Rosso Montesco '06 🍷🍷 6
- ● Piave Cabernet Sauvignon Vign. ai Palazzi Ris. '06 🍷🍷 5
- ● Piave Merlot Vign. ai Palazzi Ris. '07 🍷🍷 5

Roberto Mazzi

LOC. SAN PERETTO
VIA CROSETTA, 8
37024 NEGRAR [VR]
TEL. 0457502072
www.robertomazzi.it

藏酒销售
预约参观
年产量 50 000 瓶
葡萄种植面积 8 公顷

圣•派瑞托（San Peretto）是一个小村庄，位于尼格拉（Negrar）附近，村里只有几栋房子，周围的丘陵上种满了葡萄。在这些丘陵中我们可以找到安东尼奥（Antonio）和斯蒂法诺•马泽（Stefano Mazzi）的葡萄园，他们继续着父亲罗伯托（Roberto）始于20世纪50年代晚期的工作，提高管理田间葡萄藤的水平，近几年也开始使扩大的、整修过的酒庄变得合理化。兄弟几人改变了原来葡萄酒的风格，而追求口感上的活泼、水果味和多汁。葡萄园种植的葡萄品种都是传统类型，酒庄酿酒的葡萄也全部来自这个葡萄园。

- ● Recioto della Valpolicella Cl. Le Calcarole '07 — 6
- ● Valpolicella Cl. Sup. Vign. Poiega '08 — 5
- ● Amarone della Valpolicella Cl. Castel '06 — 8
- ● Valpolicella Cl. Sup. Sanperetto '09 — 4*
- ● Amarone della Valpolicella Cl. Castel '05 — 8
- ● Amarone della Valpolicella Cl. Castel '03 — 8
- ● Amarone della Valpolicella Cl. Punta di Villa '05 — 8
- ● Amarone della Valpolicella Cl. Punta di Villa '04 — 8
- ● Valpolicella Cl. Sup. Vign. Poiega '07 — 5
- ● Valpolicella Cl. Sup. Vign. Poiega '06 — 5
- ● Valpolicella Cl. Sup. Vign. Poiega '05 — 5
- ● Valpolicella Cl. Sup. Vign. Poiega '04 — 5

Merotto

LOC. COL SAN MARTINO
VIA SCANDOLERA, 21
31010 FARRA DI SOLIGO [TV]
TEL. 0438989000
www.merotto.it

藏酒销售
预约参观
年产量 450 000 瓶
葡萄种植面积 25 公顷

法拉迪•索里戈（Farra di Soligo）这个小村庄，深藏于瓦尔多比亚德尼（Valdobbiadene）和科内利亚诺（Conegliano）之间的丘陵之中，这里的格莱拉（glera）葡萄藤与田野风光一起构成了迷人的风景。虽然该地的葡萄园面积一般都比较小，但格拉吉阿诺•梅洛托（Graziano Merotto）却在此经营着25公顷的葡萄园，这点十分罕见。普若赛科葡萄酒（Prosecco）是整个酒庄关注的焦点，也是酒庄生产的系列酒品。酿造上佳葡萄酒所用的葡萄都来自于庄园自己所有的葡萄园，而从其他葡萄种植者手中收购的葡萄则用于生产天然干型葡萄酒（Brut）和另一种略带甜味的香槟（Extra Dry）。

- ○ Valdobbiadene Brut Rive di Col San Martino Graziano Merotto '10 — 5
- ○ Cartizze — 6
- ○ Valdobbiadene Brut Bareta — 4*
- ○ Valdobbiadene Dry Rive di Col San Martino Colmolina '10 — 4
- ○ Valdobbiadene Dry Rive di Col San Martino La Primavera di Barbara — 4*
- ○ Valdobbiadene Extra Dry Colbelo — 4
- ⊙ Grani Rosa di Nero Brut — 4
- ○ Conegliano Valdobbiadene Brut Rive di Col San Martino Cuvée del Fondatore Graziano Merotto '09 — 5
- ○ P. di Valdobbiadene Dry Colmolina '08 — 4
- ○ P. di Valdobbiadene Dry Rive di Col San Martino Colmolina '09 — 4

Ornella Molon Traverso

FRAZ. CAMPO DI PIETRA
VIA RISORGIMENTO, 40
31040 SALGAREDA [TV]
TEL. 0422804807
www.ornellamolon.it

藏酒销售
预约参观
年产量 350 000 瓶
葡萄种植面积 42 公顷

奥内拉•莫伦（Ornella Molon）的酒庄长期以来都是整个皮亚韦地区（Piave）葡萄酒品质的标杆。该区域从亚得里亚海岸延伸到特雷维索地区（Treviso）的山丘，地形类型多样，使得出产的不同葡萄酒各具特色。过去几年中，莫伦•特拉弗索（Molon Traverso）酒庄见证了葡萄酒风格上的改变，曾经口感厚重的葡萄酒，现在已经变得清新淡雅。占地40多公顷的葡萄园按照不同的葡萄品种划分明确，平原的土壤类型主要为黏土。

● Piave Cabernet Ornella '08	5
● Piave Merlot Ornella '08	5
○ Traminer Ornella '10	4*
● Vite Rossa Ornella '08	5
● Piave Merlot Rosso di Villa '08	6
● Piave Raboso Ornella '07	5
○ Sauvignon Ornella '10	4
○ Vite Bianca Ornella '09	4
● Piave Merlot Ornella '07	5
● Piave Merlot Rosso di Villa '02	6
● Piave Merlot Rosso di Villa '01	6
● Rosso di Villa Ris. '00	7
○ Sauvignon Ornella '09	4
○ Traminer Ornella '09	4

Monte dall'Ora

LOC. CASTELROTTO
VIA MONTE DALL'ORA, 5
37029 SAN PIETRO IN CARIANO [VR]
TEL. 0457704462
www.montedallora.com

藏酒销售
预约参观
年产量 30 000 瓶
葡萄种植面积 6 公顷
葡萄栽培方式 有机认证

如果把凯利亚诺地区（Cariano）圣•皮尔诺平原（San Pietro）形容成大海，那么卡斯特罗托山（Castelrotto）就像海上隆起的一座小岛，上面有葡萄园、酒庄，还有卡洛•温杜里尼（Carlo Venturini）和妻子亚历山德拉（Alessandra），以及分区域使用生机种植法和生机互动法的经理人。葡萄园面向大海，海拔高度仅有几米，种植的葡萄品种都是传统类型，管理良好，但葡萄品种可能过于丰富。其出品的葡萄酒口感醇厚，属于传统风格，淳朴却不失魅力。

● Valpolicella Cl. Sup. Ripasso Saustò '07	6
● Recioto della Valpolicella Cl. Sant' Ulderico '07	7
● Amarone della Valpolicella Cl. '07	7
● Valpolicella Cl. Sup. Camporenzo '08	5
● Valpolicella Cl. Saseti '10	4
● Amarone della Valpolicella Cl. '06	7
● Amarone della Valpolicella Cl. Stropa '04	8
● Recioto della Valpolicella Cl. Sant' Ulderico '06	6
● Valpolicella Cl. Saseti '09	3*
● Valpolicella Cl. Sup. '06	5*

Monte del Frà

S.DA PER CUSTOZA, 35
37066 SOMMACAMPAGNA [VR]
TEL. 045510490
www.montedelfra.it

藏酒销售
预约参观
年产量 1 000 000 瓶
葡萄种植面积 178 公顷

波诺莫（Bonomo）家族的酒庄在维罗纳地区（Verona）一直扮演着重要角色，生产的葡萄酒不仅数量多，而且极具价值。近几年来，随着加尔达湖地区（Lake Garda）和瓦波利切拉地区（Valpolicella）新葡萄园的成立，酒庄步调发生变化，生产的葡萄酒质量大幅上升。葡萄园占地近200公顷，以生产巴多利诺葡萄酒（Bardolino）和库斯托扎葡萄酒（Custoza）为主，口感厚实、气味芬芳。我们对位于瓦波利切拉地区法曼内（Fumane）的勒达•迪•梅佐（Lena di Mezzo）庄园印象尤为深刻，这里出品的葡萄酒的精巧比丰富性更具特色。

○ Custoza Sup. Ca' del Magro '09	🍷🍷🍷 4*
● Amarone della Valpolicella Cl. Scarnocchio Tenuta Lena di Mezzo Ris. '06	🍷🍷 8
○ Garda Garganega Vign. Colombara '09	🍷🍷 4*
● Amarone della Valpolicella Cl. Tenuta Lena di Mezzo '07	🍷🍷 7
● Bardolino '10	🍷🍷 3*
○ Custoza '10	🍷🍷 4*
● Valpolicella Cl. Sup. Ripasso Tenuta Lena di Mezzo '09	🍷🍷 6
● Valpolicella Cl. Sup. Tenuta Lena di Mezzo '09	🍷🍷 5
● Valpolicella Cl. Tenuta Lena di Mezzo '10	🍷 4
○ Custoza Sup. Ca' del Magro '08	🍸🍸🍸 4*
● Bardolino Cl. '09	🍸🍸 3*
○ Custoza '09	🍸🍸 4*
○ Custoza Sup. Ca' del Magro '07	🍸🍸 4*

Monte Fasolo

LOC. FAEDO
VIA MONTE FASOLO, 2
35030 CINTO EUGANEO [PD]
TEL. 0429634030
www.montefasolo.com

藏酒销售
预约参观
年产量 200 000 瓶
葡萄种植面积 60 公顷

科里•尤佳内地区（Colli Euganei）或许是出色的葡萄酒之乡，但葡萄园分布并不密集，有的庄园占地仅有几公顷。但玛祖卡托（Mazzucato）家族是个例外，分布于三处的葡萄园占地面积超过60公顷，既有历史超过50年的老葡萄园，也有葡萄种植密度明显更高的新葡萄园，他们出产的葡萄只有一部分用于自己的酒庄生产葡萄酒。菲利波•吉安诺尼（Filippo Giannone）负责管理葡萄园，酿酒师安德里亚•波阿瑞提（Andrea Boaretti）保证出产的葡萄酒口感紧实和适合饮用。

● Cipressi '08	🍷🍷 4
○ Colli Euganei Fior d'Arancio Spumante '10	🍷🍷 4*
● Colli Euganei Merlot Miro '07	🍷🍷 5
○ Milante '10	🍷 4
● Colli Euganei Cabernet Podere Le Tavole '07	🍸🍸 4*
● Colli Euganei Cabernet Podere Le Tavole '06	🍸🍸 4*
● Colli Euganei Cabernet Podere Le Tavole '04	🍸🍸 4*
● Colli Euganei Rosso Rusta '08	🍸🍸 4*
● Colli Euganei Rosso Rusta '07	🍸🍸 4*

Monte Tondo

LOC. MONTE TONDO
VIA SAN LORENZO, 89
37038 SOAVE [VR]
TEL. 0457680347
www.montetondo.it

藏酒销售
预约参观
年产量 200 000 瓶
葡萄种植面积 30 公顷

玛格纳博斯克（Magnabosco）家族企业在过去的10年中经历了彻底的改善，最明显的就是位于葡萄园中的家族酒庄，但是能被察觉到的、最重大的变化却发生在葡萄园中。在瓦波利切拉地区（Valpolicella）葡萄园和一些翻新的葡萄园中，他们部分放弃了平棚架栽培模式，改为栽培垂直缠绕的葡萄藤。大多数瓶装葡萄酒表现出稳定的风格和良好的特点，还有一些面向市场进行销售。

○ Soave Cl. Sup. Foscarin Slavinus '09	🍷🍷	5
● Amarone della Valpolicella '07	🍷🍷	6
○ Soave Cl. Casette Foscarin '09	🍷🍷	4
○ Soave Cl. Monte Tondo '10	🍷🍷	4*
● Valpolicella Ripasso Campo Grande '07	🍷🍷	5
○ Recioto di Soave Nettare di Bacco '09	🍷	5
○ Recioto di Soave Spumante '09	🍷	5
○ Soave Cl. Monte Tondo '06	🍷🍷🍷	4*
○ Soave Cl. Casette Foscarin '08	🍷🍷	4*
○ Soave Cl. Casette Foscarin '05	🍷🍷	4
○ Soave Cl. Monte Tondo '08	🍷🍷	4*
○ Soave Cl. Monte Tondo '07	🍷🍷	4*
○ Soave Cl. Sup. Foscarin Slavinus '08	🍷🍷	5
○ Soave Cl. Sup. Foscarin Slavinus '07	🍷🍷	5

La Montecchia - Emo Capodilista

VIA MONTECCHIA, 16
35030 SELVAZZANO DENTRO [PD]
TEL. 049637294
www.lamontecchia.it

藏酒销售
预约参观
年产量 191 000 瓶
葡萄种植面积 20 公顷

2012年是吉奥达诺•艾默（Giordano Emo）酿造葡萄酒的第20年，他是葡萄酒之乡最成功的生产商之一。酒庄坐落在家族长期经营的农场上，位于波河流域（Po valley）帕多瓦（Padua）南部的科里•尤佳内（Colli Euganei）。葡萄园分布在两个特点鲜明的地区：一个在巴奥内（Baone）最南部，园内葡萄接受的日照更充足，出品的葡萄酒更有地中海风情；一个位于塞尔瓦扎诺（Selvazzano）最北部，生产的葡萄口感更为轻盈新鲜。安德里亚•波阿瑞提（Andrea Boaretti）的目标是尽可能地保留大自然的特色。

● Colli Euganei Cabernet Sauvignon Ireneo Capodilista '08	🍷🍷🍷	6
● Baon Capodilista '08	🍷🍷	6
○ Colli Euganei Fior d'Arancio Passito Donna Daria Capodilista '09	🍷🍷	6
● Colli Euganei Merlot '07	🍷🍷	5
● Colli Euganei Rosso Ca' Emo '09	🍷🍷	3*
● Colli Euganei Rosso Villa Capodilista '08	🍷🍷	6
● Godimondo Cabernet Franc '10	🍷🍷	4*
● Progetto Recupero Carmenere '09	🍷🍷	4
○ Colli Euganei Fior d'Arancio Spumante '10	🍷	4
○ Colli Euganei Pinot Bianco '10	🍷	3
● Forzaté Raboso '09	🍷	4
○ Piùchebello '10	🍷	4
● Colli Euganei Cabernet Sauvignon Ireneo Capodilista '07	🍷🍷🍷	6
● Baon Capodilista '07	🍷🍷	6
● Colli Euganei Rosso Villa Capodilista '07	🍷🍷	6

Monteforche

LOC. ZOVON
VIA ROVAROLLA, 2005
35030 VÒ [PD]
TEL. 3332376035

藏酒销售
预约参观
年产量 19 000 瓶
葡萄种植面积 4.5 公顷
葡萄栽培方式 有机种植

酒庄主人阿尔弗恩索•索兰佐（Alfonso Soranzo）是科里•尤佳内地区（Colli Euganei）最勇敢的生产商之一。从2003年开始，他在葡萄园中采用有机种植法，3年后渐渐发展为生机互动农耕法，并承担了此种栽培方法带来的所有风险。现在，阿尔弗恩索尽可能充分地将这些严谨的原理应用到生产中去。他的任务就是尽可能地保证葡萄和葡萄酒的纯天然特性。特别是阿尔弗恩索葡萄（Alfonso）和酒庄重新找到了几类本地的葡萄品种，因此应获得更多的荣誉和赞赏。

- ● Vigna del Vento '08 — 6
- ● Cabernet Franc '09 — 5
- ○ Cassiara '09 — 4*
- ○ Cassiara '08 — 4
- ● Vigna del Vento '07 — 6
- ○ Vigneto Carantina '08 — 4

Cantina Sociale di Monteforte d'Alpone

VIA XX SETTEMBRE, 24
37032 MONTEFORTE D'ALPONE [VR]
TEL. 0457610110
www.cantinadimonteforte.it

藏酒销售
预约参观
年产量 2 000 000 瓶
葡萄种植面积 1 300 公顷

蒙特福特（Monteforte）联营酒庄是索阿维地区（Soave）重要的葡萄酒生产商之一。本地区许多酒庄都是其中的成员，单个葡萄园的面积虽然不大，却成为了本地区的支柱。盖塔诺•托宾（Gaetano Tobin）是这家强大的联营酒庄长期的经营者，他不仅细致地观察着葡萄酒的制作过程，帮助成员酒庄提高品质，还为生产品质顶尖的葡萄酒保留优质葡萄。令人印象最深刻的一款葡萄酒展现出柔软顺滑又不失复杂性的风格。

- ○ Soave Cl. Sup. Vign. di Castellaro '09 — 4
- ● Amarone della Valpolicella Re Teodorico '08 — 6
- ○ Recioto di Soave Sigillo '07 — 5
- ○ Soave Cl. Clivus '10 — 3
- ○ Soave Cl. Terre di Monteforte '10 — 4
- ○ Soave Cl. Vicario '10 — 3
- ○ Soave Cl. Clivus '09 — 3*
- ○ Soave Cl. Clivus '08 — 3*
- ○ Soave Cl. Il Vicario '09 — 3*
- ○ Soave Cl. Sup. Vign. di Castellaro '08 — 4*

Montegrande

via Torre, 2
35030 Rovolon [PD]
Tel. 0495226276
www.vinimontegrande.it

藏酒销售
预约参观
年产量 250 000 瓶
葡萄种植面积 30 公顷

几十年来，克里斯托法诺（Cristofanon）家族一直是科里•尤佳内地区葡萄酒（Colli Euganei）生产领域的一部分。由于儿子拉斐尔（Raffaele）投入了全部的时间，把过去缺乏复杂性的葡萄酒渐渐变成了质量稳定的品牌产品，酒庄出产葡萄酒的质量上了好几个台阶。葡萄园占地30公顷，出产葡萄的特点鲜明多样，多数用于生产标准瓶装葡萄酒，但也有少数精品。他们种植的本地波尔多红葡萄（Bordeaux）和传统费欧甜葡萄（Fior d'Arancio），都是当地引以为傲的葡萄品种。

- ● Colli Euganei Cabernet Sereo '08 — 🍷🍷 4*
- ○ Colli Euganei Fior d'Arancio Passito '08 — 🍷🍷 5
- ● Colli Euganei Rosso V. delle Roche '08 — 🍷🍷 4*
- ○ Castearo '10 — 🍷 3
- ○ Colli Euganei Bianco '10 — 🍷 3
- ● Colli Euganei Cabernet '10 — 🍷 3
- ○ Colli Euganei Chardonnay S. Giorgio '09 — 🍷 4
- ● Colli Euganei Merlot '10 — 🍷 3
- ○ Colli Euganei Pinot Bianco '10 — 🍷 3
- ○ Castearo '08 — 🍷🍷 2*
- ● Colli Euganei Cabernet Sereo '07 — 🍷🍷 4*
- ● Colli Euganei Cabernet Sereo '06 — 🍷🍷 4*
- ○ Colli Euganei Fior d'Arancio Passito '07 — 🍷🍷 6

Giacomo Montresor

via Ca' di Cozzi, 16
37124 Verona
Tel. 045913399
www.vinimontresor.it

藏酒销售
预约参观
年产量 2 000 000 瓶
葡萄种植面积 150 公顷

维罗纳地区（Verona）有许多历史悠久的葡萄酒生产商，蒙特莎（Montresor）酒庄就是其中一家。在广阔的葡萄酒世界里，它展现出了迅速敏捷的适应能力。几年中，酒庄自觉地对葡萄园进行大规模的扩建，并改变了葡萄酒风格，生产了一些新品牌的瓶装葡萄酒以替代部分过去长期生产的品牌。酒庄出产的葡萄酒包括了维罗纳葡萄酒（Verona）的几款主要类型，气味更加芬芳，口感更为生动，还有瓦波利切拉（Valpolicella）葡萄酒。

- ● Amarone della Valpolicella Cl. Capitel della Crosara '07 — 🍷🍷 8
- ● Amarone della Valpolicella Il Fondatore '07 — 🍷🍷 7
- ● Cabernet Sauvignon Vign. Campo Madonna '09 — 🍷🍷 5
- ○ Lugana Gran Guardia '10 — 🍷🍷 5
- ● Valpolicella Cl. Ripasso Castelliere delle Gualte '08 — 🍷🍷 6
- ○ Bianco di Custoza Vign. Monte Fiera '10 — 🍷 5
- ● Pinot Nero n. 3 '08 — 🍷 6
- ○ Soave Cl. Capitel Alto '10 — 🍷 5
- ● Amarone della Valpolicella Cl. Capitel della Crosara '06 — 🍷🍷 8
- ● Amarone della Valpolicella Cl. Castelliere delle Guaite '04 — 🍷🍷 8
- ● Amarone della Valpolicella Giacomo Montresor '06 — 🍷🍷 8
- ○ Bianco di Custoza Vign. Monte Fiera '09 — 🍷🍷 5
- ○ Lugana Gran Guardia '09 — 🍷🍷 5

Marco Mosconi

via Paradiso, 5
37031 Illasi [VR]
Tel. 0457834080
www.marcomosconi.it

藏酒销售
预约参观
年产量 20 000 瓶
葡萄种植面积 6 公顷

马可•莫斯科尼（Marco Mosconi）酒庄位于伊拉西山谷（Illasi valley）的帕拉迪索村（Paradiso）。酒窖和古老的索阿维（Soave）葡萄园都位于相当宽广平坦的平原之上，海拔高度有200多米，其中碎石层的深度就超过了10米。而新开辟的瓦波利切拉（Valpolicella）葡萄园和阿玛罗奈（Amarone）葡萄园，则位于蒙特科托（Montecurto）。莫斯科尼对于葡萄和葡萄酒近乎狂热的关注，为酒庄出产葡萄酒的强劲口感和优良结构提供了保证。

● Amarone della Valpolicella '07	🍷🍷 8
○ Recioto di Soave '09	🍷🍷 6
○ Soave Corte Paradiso '10	🍷🍷 4*
● Valpolicella Sup. '08	🍷🍷 5
○ Recioto di Soave '06	🍷🍷 6
○ Soave Corte Paradiso '09	🍷🍷 4*
○ Soave Rosetta '08	🍷🍷 5
● Valpolicella Sup. '07	🍷🍷 5

Mosole

loc. Corbolone
via Annone Veneto, 60
30029 Santo Stino di Livenza [VE]
Tel. 0421310404
www.mosole.com

藏酒销售
预约参观
年产量 220 000 瓶
葡萄种植面积 30 公顷

礼尚•普拉玛吉奥产区（Lison Pramaggiore）位于威尼斯（Venice）东部，地形平坦，富含黏土，一直都是著名的葡萄酒之乡。卢西奥•莫索勒（Lucio Mosole）酒庄经营葡萄酒产业已有20余年，其葡萄酒产量高，生产原料全部自给，是最具代表性的酒庄之一。吉安尼•梅诺蒂（Gianni Menotti）接管酒庄之后，更加关注酒庄的基础产品，品质有了进一步的提升，个性也比以往更为突出。他一直把生产过程中的人为干扰控制在最低水平，以彰显每种葡萄酒的独特魅力。

● Lison-Pramaggiore Cabernet Franc '10	🍷🍷 4*
● Lison-Pramaggiore Cabernet Hora Sexta '09	🍷🍷 5
○ Lison-Pramaggiore Chardonnay Hora Sexta '09	🍷🍷 4
○ Lison-Pramaggiore Lison Eleo '10	🍷🍷 4*
● Lison-Pramaggiore Rosso Eleo '09	🍷🍷 4*
○ Lison-Pramaggiore Chardonnay '10	🍷 4
● Lison-Pramaggiore Merlot '10	🍷 4
● Lison-Pramaggiore Refosco P.R. '10	🍷 4
○ Lison-Pramaggiore Sauvignon '10	🍷 4
○ Pinot Grigio '10	🍷 4
○ Lison-Pramaggiore Eleo Bianco '08	🍷🍷 4*
● Lison-Pramaggiore Merlot '09	🍷🍷 4*
● Lison-Pramaggiore Merlot Ad Nonam '08	🍷🍷 5*
● Lison-Pramaggiore Merlot Ad Nonam '04	🍷🍷 5
● Lison-Pramaggiore Rosso Eleo '08	🍷🍷 4

Il Mottolo

LOC. LE CONTARINE
VIA COMEZZARE
35030 BAONE [PD]
TEL. 3479456155
www.ilmottolo.it

藏酒销售
预约参观
年产量 15 000 瓶
葡萄种植面积 6 公顷

科里•尤佳内（Colli Euganei）的气候条件带给了该地出产的葡萄酒显著的地中海式特点。莫托洛（Il Mottolo）酒庄坐落在科里•尤佳内南部，占地12公顷，其中有6公顷是葡萄园。赛尔吉奥•弗尔汀（Sergio Fortin）和罗贝托•达拉•里贝拉（Roberto Dalla Libera）在10年前成立酒庄的决定几乎算是一场赌博，但现在他们的产品晋级成了法定原产地品牌葡萄酒。庄园中葡萄园的占地面积较小，采用的格架系统是单干式，使用最少量的化学制剂。酒庄的目标是使葡萄酒达到浓郁却又不失优雅的风格。

- ● Colli Euganei Rosso Serro '08 — 5
- ● Vignànima '08 — 4*
- ● Colli Euganei Cabernet V. Marè '09 — 3*
- ○ Colli Euganei Fior d'Arancio Passito V. del Pozzo '09 — 4
- ● Colli Euganei Merlot Comezzara '09 — 3*
- ○ Le Contarine '10 — 4*
- ● Colli Euganei Cabernet V. Marè '08 — 3*
- ● Colli Euganei Cabernet V. Marè '07 — 3*
- ○ Colli Euganei Fior d'Arancio Passito V. del Pozzo '08 — 4
- ● Colli Euganei Merlot Comezzara '08 — 3*
- ● Colli Euganei Rosso Serro '07 — 4*
- ● Colli Euganei Rosso Serro '06 — 4*
- ○ Le Contarine '08 — 3*

Musella

LOC. FERRAZZE
VIA FERRAZZETTE, 2
37036 SAN MARTINO BUON ALBERGO [VR]
TEL. 045973385
www.musella.it

藏酒销售
预约参观
年产量 200 000 瓶
葡萄种植面积 43 公顷
葡萄栽培方式 有机种植

带有城墙的慕塞拉（Musella）庄园位于维罗纳地区（Verona）东北部，拥有悠久的历史。在这片广袤的地区中，艾米丽奥（Emilio）和玛塔莲娜•帕斯卡（Maddalena Pasqua）经营着他们家族的酒庄，专门从事瓦波利切拉传统葡萄酒（Valpolicella）和一些用于实验的葡萄酒的生产。庄园将原有的房屋翻新为游客的住所和一个功能齐全的、富有魅力的酒窖。酒庄生产的葡萄酒试图达到一种平衡，即传统类型葡萄酒要求的丰富度和葡萄内在的紧实口感之间的平衡。

- ● Amarone della Valpolicella Ris. '07 — 7
- ● Amarone della Valpolicella Senza Titolo '04 — 8
- ○ Bianco del Drago '10 — 3*
- ● Monte del Drago Rosso '07 — 6
- ● Recioto della Valpolicella '08 — 6
- ● Valpolicella Sup. Ripasso '08 — 4*
- ● Valpolicella Sup. Vigne Nuove di Musella '09 — 4
- ● Amarone della Valpolicella Ris. '05 — 7
- ● Amarone della Valpolicella Ris. '04 — 7
- ● Recioto della Valpolicella '06 — 6
- ● Valpolicella Sup. Ripasso '07 — 4*
- ● Valpolicella Sup. Ripasso '04 — 4*

Daniele Nardello

via IV novembre, 56
37032 Monteforte d'Alpone [VR]
Tel. 0457612116
www.nardellovini.it

藏酒销售
预约参观
年产量 30 000 瓶
葡萄种植面积 15 公顷
葡萄栽培方式 有机种植

在蒙特福地•德•阿尔伯尼地区（Monteforte d'Alpone）与索阿维地区（Soave）分水岭的南部，坐落着菲德瑞卡（Federica）和丹尼尔•纳德洛（Daniele Nardello）兄弟的酒庄，该酒庄占地15公顷，园中葡萄藤历史悠久，采取传统的栽培方式。这里生产的葡萄更成熟、更甜，因而出产的葡萄酒也拥有了更鲜明的醇和口感。酒庄虽小却功能齐全，葡萄酒的生产就在此完成。他们只把一小部分葡萄酒装瓶，而大部分葡萄酒会面向市场销售。

○ Recioto di Soave Suavissimus '08	🍷🍷 5
○ Soave Cl. Monte Zoppega '09	🍷🍷 4*
○ Soave Cl. V. Turbian '10	🍷🍷 4*
○ Blanc De Fe '10	🍷 4
○ Soave Cl. Meridies '10	🍷 3
○ Recioto di Soave Suavissimus '07	🍷🍷 5
○ Soave Cl. Monte Zoppega '08	🍷🍷 4
○ Soave Cl. Monte Zoppega '07	🍷🍷 4*
○ Soave Cl. V. Turbian '08	🍷🍷 4*

Angelo e Figli Nicolis

via Villa Girardi, 29
37029 San Pietro in Cariano [VR]
Tel. 0457701261
www.vininicolis.com

藏酒销售
预约参观
年产量 200 000 瓶
葡萄种植面积 42 公顷

尼古里斯（Nicolis）兄弟，吉安卡洛（Giancarlo）和朱塞佩（Giuseppe）经营家族酒庄多年，胸怀激情，工作认真。葡萄园跨越多个区域，每一个都与一个固定的品牌有联系。来自平原和丘陵地带的葡萄酒结构简单，来自古老葡萄园和山地葡萄园的葡萄酒系列有更加重要的地位。所有的葡萄酒都在圣•皮尔诺平原（San Pietro）上的宽敞酒窖中酿造。出产葡萄酒的主要风格是传统与现代的完美结合。

● Amarone della Valpolicella Cl. Ambrosan '05	🍷🍷 8
● Valpolicella Cl. Sup. Ripasso Seccal '08	🍷🍷 5
● Testal '07	🍷🍷 5
● Valpolicella Cl. Sup. '08	🍷🍷 4
● Valpolicella Cl. '10	🍷 4
● Amarone della Valpolicella Cl. Ambrosan '98	🍷🍷🍷 8
● Amarone della Valpolicella Cl. Ambrosan '93	🍷🍷🍷 8
● Amarone della Valpolicella Cl. '05	🍷🍷 7
● Amarone della Valpolicella Cl. Ambrosan '03	🍷🍷 8
● Amarone della Valpolicella Cl. Ambrosan '01	🍷🍷 8
● Valpolicella Cl. Sup. Rip. Seccal '07	🍷🍷 5
● Valpolicella Cl. Sup. Seccal '05	🍷🍷 5

Nino Franco

via Garibaldi, 147
31049 Valdobbiadene [TV]
Tel. 0423972051
www.ninofranco.it

藏酒销售
预约参观
年产量 1 200 000 瓶
葡萄种植面积 2.5 公顷
葡萄栽培方式 有机种植

普瑞莫•弗兰克（Primo Franco）在妻子安娜丽莎（Annalisa）和女儿西尔维亚（Silvia）的协助下最终成为了普若赛科起泡葡萄酒（Prosecco）的国际大使。他的葡萄酒产品基于众多葡萄栽培者的辛勤工作，这些葡萄栽培者进行种植时接受了酒庄技术人员一步步的指导。坐落于威亚•加利巴尔迪（Via Garibaldi）的酒窖不仅用于酿造葡萄酒和二次发酵，也用于进行一系列旨在降低人为干扰、显示各种葡萄酒不同特点的试验。结构坚实、口感松脆是该酒庄葡萄酒风格的核心。

○ Valdobbiadene Brut V. della Riva di S. Floriano	4*
○ Cartizze	5
○ Valdobbiadene Brut	4
○ Valdobbiadene Dry Primo Franco '10	4
⊙ Faive Rosé Brut	4
○ Prosecco di Treviso Rustico	4
○ Brut Grave di Stecca '09	6
○ Valdobbiadene Brut Grave di Stecca '08	6
○ P. di Valdobbiadene Dry Primo Franco '07	4
○ P. di Valdobbiadene Dry Primo Franco '05	4*

Novaia

via Novaia, 1
37020 Marano di Valpolicella [VR]
Tel. 0457755129
www.novaia.it

藏酒销售
预约参观
年产量 35 000 瓶
葡萄种植面积 7 公顷

马拉诺山谷（Marano）是整个瓦波利切拉地区（Valpolicella）唯一一处有火山岩的地方，虽然少了一些丰富度，火山岩却使得出产的传统葡萄变得更加优雅芬芳。马塞洛（Marcello）和父亲吉安姆帕罗•瓦奥纳（Giampaolo Vaona）知道如何利用这些葡萄生产出具有清新气息的葡萄酒。过去10年中他们对庄园进行了翻新，葡萄园面积7公顷，由部分历史悠久的平棚架和垂直棚架构成。酒窖位于瓦奥纳（Vaona）农场，规模虽小，但设施精良。

● Amarone della Valpolicella Cl. Corte Vaona '07	6
● Valpolicella Cl. '10	3*
● Valpolicella Cl. Sup. Ripasso '10	4*
● Valpolicella Cl. Sup. I Cantoni '08	5
● Amarone della Valpolicella Cl. Corte Vaona '06	6
● Amarone della Valpolicella Cl. Le Balze '01	8
● Amarone della Valpolicella Cl. Le Balze Ris. '05	8
● Valpolicella Cl. Sup. I Cantoni '07	5
● Valpolicella Cl. Sup. I Cantoni '06	5

Ottella

FRAZ. SAN BENEDETTO DI LUGANA
LOC. OTTELLA
37019 PESCHIERA DEL GARDA [VR]
TEL. 0457551950
www.ottella.it

藏酒销售
预约参观
年产量 30 000 瓶
葡萄种植面积 30 公顷

因为拥有朴素的芳香、坚实柔顺的结构和完全符合现代市场要求的特性，卢加纳葡萄酒（Lugana）曾在一段时期内大受欢迎。本地酒庄的长处在于能做出迅速反应，生产的葡萄酒展现了卢加纳葡萄（trebbiano di Lugana）以及加尔达湖（Lake Garda）南部地区黏土的特质，奥特拉（Ottella）酒庄就是典型代表之一。特来比阿诺葡萄（trebbiano）全部种植在加尔达湖地区（Lake Garda），红葡萄则种植在伯蒂•苏•米恩塞科（Ponti sul Mincio）的山地中。

○ Lugana Sup. Molceo '09	3 red glasses	5
○ Prima Luce Passito '08	2 red glasses	6
● Campo Sireso '09	2 black glasses	5
○ Lugana '10	2 black glasses	4*
○ Lugana Le Creete '10	2 black glasses	4
⊙ Roses Roses '10	2 black glasses	4*
○ Vignenuove '10	2 black glasses	4
● Gemei Rosso '10	1 black glass	4
○ Lugana Sup. Molceo '08	3 white glasses	5
○ Lugana Sup. Molceo '07	3 white glasses	5
● Campo Sireso '05	2 white glasses	5
● Campo Sireso '04	2 white glasses	5
○ Lugana Le Creete '07	2 white glasses	4*
○ Prima Luce Passito '07	2 white glasses	6

★Leonildo Pieropan

VIA CAMUZZONI, 3
37038 SOAVE [VR]
TEL. 0456190171
www.pieropan.it

藏酒销售
预约参观
年产量 400 000 瓶
葡萄种植面积 45 公顷
葡萄栽培方式 有机认证

正如过去一则意大利葡萄酒广告语所说：拥有皮尔洛潘（Pieropan）这个名字已经足够。这种情况下，这句广告语是对的，因为皮尔洛潘（Pieropan）这个名字就意味着索阿维地区（Soave）的上等品质和已获得经典地位的专注风格。过去几年，庄园对在索阿维地区和瓦波利切拉（Valpolicella）附近地区的葡萄园进行了扩建，充分挖掘老葡萄藤的能力，对有必要翻新的葡萄园进行改造。产量提升的同时也保留了所有突出的个性，这些个性正由尼诺（Nino）传给自己的儿子安德里（Andrea）和达里奥（Dario）。

○ Soave Cl. Calvarino '09	3 red glasses	5*
○ Passito della Rocca '06	2 red glasses	7
○ Soave Cl. La Rocca '09	2 red glasses	6
○ Recioto di Soave Le Colombare '07	2 black glasses	6
○ Soave Cl. '10	2 black glasses	4*
● Valpolicella Sup. Ruberpan '08	2 black glasses	5
○ Soave Cl. Calvarino '08	3 white glasses	5
○ Soave Cl. Calvarino '07	3 white glasses	5
○ Soave Cl. Calvarino '06	3 white glasses	5
○ Soave Cl. Calvarino '05	3 white glasses	5
○ Soave Cl. Calvarino '04	3 white glasses	5
○ Soave Cl. La Rocca '02	3 white glasses	6
○ Soave Cl. Sup. La Rocca '00	3 white glasses	6

Albino Piona

FRAZ. CUSTOZA
VIA BELLAVISTA, 48
37060 SOMMACAMPAGNA [VR]
TEL. 045516055
www.albinopiona.it

藏酒销售
预约参观
年产量 400 000 瓶
葡萄种植面积 70 公顷

加尔达湖地区（Lake Garda）的维罗纳（Verona）产区正随着生产清新、芳香、柔顺的葡萄酒逐步复兴。皮奥纳（Piona）兄弟生产的葡萄酒一直忠实于生产地特色。即使在所有人都支持口感浓郁、酒体重、结构巨大的葡萄酒时，兄弟俩从未犹豫动摇，依旧拥护巴尔多力诺葡萄酒（Bardolino）和库斯托扎葡萄酒（Custoza）的芳香气息与优雅风格。广阔的葡萄园种植的几乎全是传统类型的葡萄。他们的葡萄酒全部在酒窖中的钢桶中进行沉淀，整个过程进行得一丝不苟。

● Bardolino '10	2 3*
○ Bianco di Custoza '10	2 3*
○ Bianco di Custoza Passito La Rabitta '08	2 6
○ Custoza SP '10	2 4*
○ Gran Cuvóo Brut M. Cl.	2 5
⊙ Bardolino Chiaretto '10	1 3
⊙ Estro di Piona Rosato Brut	1 4
○ Verde Piona	1 4
○ Bianco di Custoza Sup. Campo del Selese '06	2 3*
● Campo Massimo Corvina Veronese '08	2 4*
● Campo Massimo Corvina Veronese '07	2 4*
○ Custoza SP '09	2 4*

Piovene Porto Godi

FRAZ. TOARA
VIA VILLA, 14
36020 VILLAGA [VI]
TEL. 0444885142
www.piovene.com

藏酒销售
预约参观
年产量 80 000 瓶
葡萄种植面积 32 公顷

威尼托地区（Veneto）的科里•贝里奇（Colli Berici）区域似乎仍处于沉睡之中，对于其巨大潜力的挖掘探索仅仅停留在表面。棕色石灰土、丰富的石灰岩和铁元素、干燥的气候给予了葡萄地中海式多汁的特点，这点在托马索•皮奥威尼（Tommaso Piovene）生产的所有葡萄酒中都能找到。酒窖位于肃穆的庄园内，地处深山之中，葡萄园则在酒窖附近的山坡上，其中种有波尔多葡萄（Bordeaux）和泰逸品种红葡萄（Tai Rosso）。

● Colli Berici Cabernet Vign. Pozzare '08	2 5
● Colli Berici Merlot Fra i Broli '09	2 5
● Colli Berici Cabernet Vign. Pozzare '09	2 5
● Colli Berici Tai Rosso Thovara '08	2 6
● Colli Berici Tai Rosso Vign. Riveselle '10	2 4
● Polveriera Rosso '10	2 4*
○ Campigie '09	1 5
○ Colli Berici Garganega Vign. Riveselle '10	1 4
○ Colli Berici Pinot Bianco Polveriera '10	1 4
○ Colli Berici Sauvignon Vign. Fostine '10	1 4
● Colli Berici Cabernet Vign. Pozzare '07	3 5
● Colli Berici Merlot Fra i Broli '08	2 5
● Colli Berici Merlot Fra i Broli '07	2 5
● Colli Berici Merlot Fra i Broli '06	2 5
● Colli Berici Tai Rosso Thovara '07	2 6

Prà

VIA DELLA FONTANA, 31
37032 MONTEFORTE D'ALPONE [VR]
TEL. 0457612125
info@vinipra.it

藏酒销售
预约参观
年产量 220 000 瓶
葡萄种植面积 20 公顷
葡萄栽培方式 有机种植

格拉基亚诺•普拉（Graziano Prà）在30多年前就开始生产索阿维葡萄酒（Soave），现在他又将葡萄园扩建至20公顷。葡萄园大部分位于索阿维地区（Soave），还有一小部分跨越到了邻近的瓦波利切拉地区（Valpolicella）。格拉基亚诺在瓦波利切拉地区大幅降低了化学品的使用，并逐步采用生机互动农耕法种植葡萄。白葡萄酒全部出自位于冯塔纳（Via Fontana）的酒庄，用于生产瓦波利切拉葡萄酒（Valpolicella）和阿玛罗奈葡萄酒（Amarone）的葡萄首先要在崔格纳格（Tregnago）酒窖中进行半风干处理。格拉基亚诺生产的纤体红葡萄酒口感紧实，白葡萄酒馥郁浓厚。

- ● Amarone della Valpolicella '07 8
- ○ Soave Cl. Monte Grande '10 5
- ○ Soave Cl. Staforte '09 5
- ○ Soave Cl. '10 4*
- ● Valpolicella Sup. Morandina '09 6
- ● Valpolicella Sup. Ripasso Morandina '08 5
- ○ Recioto di Soave Le Fontane '09 5
- ○ Soave Cl. Monte Grande '08 5
- ○ Soave Cl. Monte Grande '06 5
- ○ Soave Cl. Monte Grande '05 5
- ○ Soave Cl. Monte Grande '04 5
- ○ Soave Cl. Staforte '08 5
- ○ Soave Cl. Staforte '06 5*
- ○ Soave Cl. Staforte '07 5
- ● Valpolicella Sup. Morandina '07 6

★Giuseppe Quintarelli

VIA CERÈ, 1
37024 NEGRAR [VR]
TEL. 0457500016
giuseppe.quintarelli@tin.it

藏酒销售
预约参观
年产量 60 000 瓶
葡萄种植面积 12 公顷

参观了真正意义上传统葡萄酒的圣地——位于塞瑞的（Via Cerè）酒庄，你会发现一些预示着变化的迹象。朱佩赛（Giuseppe）给予了女儿菲奥伦扎（Fiorenza）更多展现才华的空间，却没有放弃继续管理葡萄酒生产。庄园拥有12公顷的葡萄园，在葡萄风干的过程酒庄细致照料，并耐心等待葡萄酒成熟。最终诞生的葡萄酒拥有突出的个性和复杂性，这些是该酒庄所有出产葡萄酒的显著特点。

- ● Rosso del Bepi '02 8
- ● Valpolicella Cl. Sup. '02 8
- ● Alzero Cabernet Franc '90 8
- ● Amarone della Valpolicella Cl. '00 8
- ● Amarone della Valpolicella Cl. '98 8
- ● Amarone della Valpolicella Cl. '97 8
- ● Amarone della Valpolicella Cl. Sup. Monte Cà Paletta '00 8
- ● Amarone della Valpolicella Cl. Sup. Monte Cà Paletta '93 8
- ● Recioto della Valpolicella Cl. '95 8
- ● Recioto della Valpolicella Cl. Monte Ca' Paletta '97 8
- ● Rosso del Bepi '96 8
- ● Valpolicella Cl. Sup. '99 8
- ● Alzero Cabernet Franc '98 8

Le Ragose

FRAZ. ARBIZZANO
VIA LE RAGOSE, 1
37024 NEGRAR [VR]
TEL. 0457513241
www.leragose.com

藏酒销售
预约参观
年产量 150 000 瓶
葡萄种植面积 18.5 公顷

保罗（Paolo）和马可•加利（Marco Galli）兄弟是酒庄的主人，这里出产的葡萄酒不仅融入了产地特色，更融入了葡萄酒生产者的特点。位于山坡上不到20公顷的葡萄园是酒庄真正的财富，任何有幸能够参观这座位于瓦波利切拉（Valpolicella）经典产区最东边的酒庄的人，都会意识到时间在这里划出了怎样不同的维度，以及为什么长时间的酿造和陈放对葡萄酒充分展现其特性如此重要。

- ● Valpolicella Cl. Sup. Ripasso Le Sassine '07 — 5
- ● Amarone della Valpolicella Cl. '05 — 8
- ● Valpolicella Cl. Sup. Marta Galli '07 — 6
- ● Valpolicella Cl. '10 — 4
- ● Amarone della Valpolicella Cl. '88 — 8
- ● Amarone della Valpolicella Cl. '86 — 8
- ● Amarone della Valpolicella Marta Galli '01 — 8
- ● Amarone della Valpolicella Marta Galli '00 — 8
- ● Valpolicella Cl. Sup. Le Sassine '05 — 4
- ● Valpolicella Cl. Sup. Le Sassine '03 — 4

Roccolo Grassi

VIA SAN GIOVANNI DI DIO, 19
37030 MEZZANE DI SOTTO [VR]
TEL. 0458880089
roccolograssi@libero.it

预约参观
年产量 42 000 瓶
葡萄种植面积 14 公顷

在瓦波利切拉（Valpolicella）产区，该酒庄是众多新面孔之一，尽管其已经活跃了10多年。弗朗塞斯卡（Francesca）和马可•萨托瑞（Marco Sartori）在接管这座家族酒庄后对葡萄园、葡萄酒和生产步骤进行了大改造。他们生产的葡萄酒都是对当地传统的尊重，不论是生产的葡萄酒类型还是种植的葡萄品种。与此同时，葡萄酒的结构稳固，层次丰富。葡萄园位于平地和附近的山坡上，同时使用了葛优剪枝法和平棚架栽培法。

- ● Amarone della Valpolicella Roccolo Grassi '07 — 8
- ● Recioto della Valpolicella Roccolo Grassi '07 — 6
- ● Valpolicella Sup. Roccolo Grassi '08 — 6
- ○ Recioto di Soave La Broia '08 — 5
- ○ Soave Sup. La Broia '09 — 4
- ● Amarone della Valpolicella Roccolo Grassi '00 — 8
- ● Amarone della Valpolicella Roccolo Grassi '99 — 8
- ● Valpolicella Sup. Roccolo Grassi '07 — 6
- ● Valpolicella Sup. Roccolo Grassi '04 — 6
- ● Amarone della Valpolicella Roccolo Grassi '06 — 8
- ● Recioto della Valpolicella Roccolo Grassi '06 — 6
- ○ Soave Vign. La Broia '08 — 4*

Vigna Roda

LOC. CORTELÀ
VIA MONTE VERSA, 1569
35030 VÒ [PD]
TEL. 0499940228
www.vignaroda.com

藏酒销售
预约参观
年产量 52 000 瓶
葡萄种植面积 17 公顷

吉安尼•斯他拉扎卡帕（Gianni Strazzacappa）在12年前从父亲手中接过酒庄后，便在妻子艾琳娜（Elena）的协助下重建了葡萄园，并为自己树立了远大的目标。葡萄园位于科里•尤佳内（Colli Euganei）西部的山坡上，产出的红葡萄用于生产一些体现酒庄远大志向的波尔多调配葡萄酒（Bordeaux）。酒庄生产的白葡萄酒包括莎当尼葡萄酒（Chardonnay）和莫斯卡托葡萄酒（Moscato），后者属于本地山地地区的传统葡萄酒。酒庄出产的葡萄酒果香浓郁，重量稳固，酒体浑厚。

● Colli Euganei Cabernet Espero '10	🍷🍷 4*
○ Colli Euganei Fior d'Arancio Passito Petali d'Ambra '08	🍷🍷 5
● Colli Euganei Merlot Il Damerino '10	🍷🍷 4
● Colli Euganei Rosso Scarlatto '08	🍷🍷 4*
○ Colli Euganei Bianco '10	🍷 3
○ Colli Euganei Chardonnay Ca' Zamira '10	🍷 4
● Colli Euganei Rosso '10	🍷 3
○ Colli Euganei Fior d'Arancio Passito '06	🍷🍷 5
● Colli Euganei Merlot '08	🍷🍷 4*
● Colli Euganei Rosso Scarlatto '06	🍷🍷 4*

Roeno

VIA MAMA, 5
37020 BRENTINO BELLUNO [VR]
TEL. 0457230110
www.cantinaroeno.com

藏酒销售
预约参观
年产量 100 000 瓶
葡萄种植面积 35 公顷

瓦尔达蒂格（Valdadige）是一条靠近高山的狭长走道，穿越了阿迪杰河（Adige）、高速公路和主要的铁路线。弗佳蒂（Fugattis）兄妹，克里斯汀娜（Cristina）和朱塞佩（Giuseppe）在这块弹丸之地生产出了大师级的葡萄酒，并提升了酒庄的地位，这座酒庄最初是由他们的父亲建立的。弗佳蒂（Fugattis）家族仅用一小部分收获来的葡萄生产葡萄酒。酒庄主要生产特伦提诺地区（Trentino）的典型葡萄酒，其中埃娜蒂诺葡萄酒（enantio）属于本地标志性产品。酒庄还生产雷司令葡萄酒（Riesling）和葡萄收获期较晚的克里斯汀娜葡萄酒（Cristina）。

○ Cristina V. T. '08	🍷🍷🍷 6
● La Rua Marzemino '10	🍷🍷 4*
○ Praecipuus '10	🍷🍷 5
○ Valdadige Chardonnay Le Fratte '10	🍷🍷 4*
● Valdadige Terra dei Forti Enantio '08	🍷🍷 5
⊙ Matì Rosé Brut	🍷 4
● Teroldego I Dossi '10	🍷 4
○ Valdadige Pinot Grigio Tera Alta '10	🍷 4
○ Cristina V. T. '07	🍷🍷 6
○ Cristina V. T. '06	🍷🍷 6
○ Cristina V. T. '05	🍷🍷 6
○ Cristina V. T. '04	🍷🍷 6
○ Passito Cristina Roeno '03	🍷🍷 5
○ Praecipuus '09	🍷🍷 5

Ruggeri & C.

via Prà Fontana
31049 Valdobbiadene [TV]
Tel. 04239092
www.ruggeri.it

预约参观
年产量 1 000 000 瓶
葡萄种植面积 14 公顷

每一年我们都因酒庄卓越的一致性而授予其荣誉。这些荣誉全部来自于酒庄长期的经验和对于生产地深刻的认识和了解。生产地在几年时间内就和瓦尔多比阿德内地区（Valdobbiadene）最好的葡萄栽培者形成了富有成效的关系。设备精良、结构组织完备的酒窖，具备了在收获期的短短几天内对大量葡萄进行处理的能力。

- ○ Valdobbiadene Extra Dry Giustino B. '10 🍷🍷🍷 5
- ○ Valdobbiadene Brut Vecchie Viti '10 🍷🍷 5
- ○ Cartizze 🍷🍷 5
- ○ L'Extra Brut '10 🍷🍷 4
- ○ P. di Valdobbiadene Extra Dry Giall'Oro 🍷🍷 4*
- ○ Valdobbiadene Dry S. Stefano 🍷🍷 4
- ⊙ Rosè di Pinot Brut 🍷 1
- ○ Valdobbiadene Brut Quartese 🍷 4
- ○ P. di Valdobbiadene Dry S. Stefano 🍷🍷🍷 4
- ○ Valdobbiadene Extra Dry Giustino B. '09 🍷🍷🍷 5
- ○ P. di Valdobbiadene Brut Vecchie Viti '08 🍷🍷 5
- ○ P. di Valdobbiadene Brut Vecchie Viti '07 🍷🍷 5
- ○ P. di Valdobbiadene Extra Dry Giustino B. '08 🍷🍷 5
- ○ Valdobbiadene Brut Vecchie Viti '09 🍷🍷 5

Le Salette

via Pio Brugnoli, 11c
37022 Fumane [VR]
Tel. 0457701027
www.lesalette.it

藏酒销售
预约参观
年产量 130 000 瓶
葡萄种植面积 20 公顷

尽管法曼内山谷（Fumane valley）因几处久负盛名的葡萄园感到骄傲，但真正的葡萄酒生产商并不多。就品质和可靠性而言，弗朗克•斯卡姆佩勒（Franco Scamperle）的酒庄显得十分突出。酒庄的葡萄藤主要分布在这一带的山谷中，有小部分在圣•弗洛里阿诺（San Floriano）和圣安姆布洛格伊欧（Sant'Ambrogio）。这里出产的葡萄全部用于酒庄葡萄酒的生产。酒窖位于布拉格诺尔（Via Brugnole）的部分被并入了原有酒庄的建筑中，剩下的部分位于地下，用于存放陈酿葡萄酒的酒桶。该酒庄出品葡萄酒的风格重点是寻找粗犷和纤细两种口感之间的平衡点。

- ● Amarone della Valpolicella Cl. Pergole Vece '07 🍷🍷 8
- ● Amarone della Valpolicella Cl. La Marega '07 🍷🍷 6
- ● Ca' Carnocchio '08 🍷🍷 5
- ● Recioto della Valpolicella Cl. Pergole Vece '08 🍷🍷 6
- ● Valpolicella Cl. Sup. Ripasso I Progni '08 🍷🍷 5
- ● Valpolicella Cl. '10 🍷 4
- ● Amarone della Valpolicella Cl. Pergole Vece '05 🍷🍷🍷 8
- ● Amarone della Valpolicella Cl. Pergole Vece '95 🍷🍷🍷 8
- ● Amarone della Valpolicella Cl. Pergole Vece '06 🍷🍷 8
- ● Valpolicella Cl. Sup. Ripasso I Progni '07 🍷🍷 5

La Sansonina

LOC. SANSONINA
37019 PESCHIERA DEL GARDA [VR]
TEL. 0457551905
www.sansonina.it

藏酒销售
年产量 21 000 瓶
葡萄种植面积 12 公顷

卡拉•普洛斯彼罗（Carla Prospero）在女儿纳迪亚（Nadia）的协助下，将全部精力倾注于酒庄之中，创建这个酒庄源自于她10年前的突发奇想。现在，她的酒庄在卢加纳地区（Lugana）位居顶尖行列。卢加纳地区位于加尔达湖（Lake Garda）附近，此地区坡度平缓的冰川山上覆盖着黏土。事实上，是这座湖影响了气温和空气流动。该酒庄仅种植两种葡萄，卢加纳葡萄（lugana）和梅洛葡萄（merlot）。第一种属于本地葡萄品种，后一种则是在加尔达湖边找到了新家。

○ Lugana Sansonina '10	🍷🍷 7
○ Lugana Sansonina '09	🍷🍷 4*
● Sansonina '07	🍷🍷 7
● Sansonina '06	🍷🍷 7

★Tenuta Sant'Antonio

LOC. SAN ZENO
VIA CERIANI, 23
37030 COLOGNOLA AI COLLI [VR]
TEL. 0457650383
www.tenutasantantonio.it

藏酒销售
预约参观
年产量 700 000 瓶
葡萄种植面积 100 公顷

瓦波利切拉地区（Valpolicella）面积宽广，包括经典产地的东部区域。在过去，这里的葡萄种植并不密集，生产商也不多。但这种情况在最近有所改变。该地的葡萄和葡萄酒因高品质而得到认可，产地也变成了极具吸引力的地方。20年前，卡斯塔格内迪（Castagnedi）兄弟在这里建立了圣安东尼奥（Sant'Antonio）酒庄，他们的名字现在产区内家喻户晓。酒庄出产的葡萄酒口感馥郁，富有冲击力，近几年来，风格开始往纤细方向发展。

● Amarone della Valpolicella Campo dei Gigli '07	🍷🍷🍷 8
○ Soave Monte Ceriani '09	🍷🍷 4*
● Valpolicella Sup. La Bandina '08	🍷🍷 6
● Amarone della Valpolicella Sel. Antonio Castagnedi '08	🍷🍷 7
● Valpolicella Sup. Ripasso Monti Garbi '08	🍷🍷 5*
○ Soave Fontana '10	🍷 3
● Amarone della Valpolicella Campo dei Gigli '06	🍷🍷🍷 8
● Amarone della Valpolicella Campo dei Gigli '05	🍷🍷🍷 8
● Amarone della Valpolicella Campo dei Gigli '04	🍷🍷🍷 8
● Amarone della Valpolicella Campo dei Gigli '99	🍷🍷🍷 8
○ Soave Monte Ceriani '05	🍷🍷🍷 4*
● Valpolicella Sup. La Bandina '01	🍷🍷🍷 6

Santa Margherita

via Ita Marzotto, 8
30025 Fossalta di Portogruaro [VE]
Tel. 0421246111
www.santamargherita.com

藏酒销售
预约参观
年产量 12 500 000 瓶

位于福萨尔塔（Fossalta）的圣塔•玛戈海利塔（Santa Margherita）酒庄历史悠久，在过去的几年中经历了巨大的变化。他们在威尼斯平原买下了50公顷的葡萄园，用这种葡萄生产新的葡萄酒，效果极佳。而且，他们和阿迪杰山谷（Adige）最好的葡萄酒生产商保持并重建了商业关系。

○ A. A. Pinot Grigio Impronta del Fondatore '10	🍷🍷 4*
○ Cartizze	🍷🍷 5
● Lison-Pramaggiore Malbech Impronta del Fondatore '09	🍷🍷 4
● Lison-Pramaggiore Refosco P.R. Impronta del Fondatore '09	🍷🍷 3*
○ Luna dei Feldi '10	🍷 4
○ Valdadige Pinot Grigio '10	🍷 4
○ Valdobbiadene Brut	🍷 4
○ Valdobbiadene Extra Dry	🍷 4
○ Valdobbiadene Extra Dry 52	🍷 4
○ A. A. Pinot Grigio Impronta del Fondatore '09	🍷🍷 4
○ A. A. Pinot Grigio Impronta del Fondatore '08	🍷🍷 4*
○ Luna dei Feldi '09	🍷🍷 4*
● Merlot '07	🍷🍷 4*

Santi

via Ungheria, 33
37031 Illasi [VR]
Tel. 0456269600
www.carlosanti.it

藏酒销售
预约参观
年产量 2 000 000 瓶
葡萄种植面积 70 公顷

这座位于伊尔拉斯（Illasi）的圣蒂（Santi）酒庄是意大利葡萄酒集团皇冠上一颗璀璨的明珠，其有幸能拥有70公顷葡萄园和克斯斯坦•斯克林兹（Cristian Scrinzi），后者负责协调集团中所有葡萄酒的生产。为了通过延长陈酿时间提升酒庄最负盛名的阿玛罗奈葡萄酒（Amarone Proemio）的品质，他们推迟了这种酒的上市时间。这些看似不起眼的决定体现出酒庄不遗余力生产顶级品质葡萄酒的决心，酒庄一直都知道如何开发瓦波利切拉葡萄酒（Valpolicella）纤巧细致的潜在特质。

● Valpolicella Cl. Sup. Ripasso Solane '09	🍷🍷🍷 4*
● Bardolino Cl. Vign. Ca' Bordenis '10	🍷🍷 4*
○ Lugana Melibeo '10	🍷🍷 4
● Valpolicella Cl. Le Caleselle '10	🍷🍷 4*
○ Soave Cl. Monteforte '10	🍷 4
● Amarone della Valpolicella Proemio '05	🍷🍷🍷 7
● Amarone della Valpolicella Proemio '03	🍷🍷🍷 7*
● Amarone della Valpolicella Proemio '00	🍷🍷🍷 7
● Amarone della Valpolicella Proemio '07	🍷🍷 7
● Amarone della Valpolicella Proemio '06	🍷🍷 7
● Amarone della Valpolicella Proemio '04	🍷🍷 7
● Valpolicella Cl. Sup. Solane Ripasso '07	🍷🍷 4*
● Valpolicella Cl. Sup. Solane Ripasso '06	🍷🍷 4*

Casa Vinicola Sartori

FRAZ. SANTA MARIA
VIA CASETTE, 2
37024 NEGRAR [VR]
TEL. 0456028011
www.sartorinet.com

预约参观
年产量 15 000 000 瓶
葡萄种植面积 40 公顷

在萨托里（Sartori）酒庄陷入经济困境数年后，卢卡（Luca）、安德里亚（Andrea）和保罗（Paolo）三人进行了重组，现在生产的葡萄酒类型极其广泛，质量始终如一。酒庄葡萄园面积不大，所以酒庄生产所依赖的，是长期值得信任的葡萄种植者以及与克洛格诺拉（Cantina di Colognola）酒窖的合作关系。10年前，萨尔塔里（Saltari）公司已出现在广袤的瓦波利切拉地区（Valpolicella），其只生产两个品牌的葡萄酒，阿玛罗奈葡萄酒（Amarone）和瓦波利切拉特级红葡萄酒（Valpolicella Superiore），二者均表现突出。

- ● Amarone della Valpolicella I Saltari '06 8
- ● Amarone della Valpolicella Cl. Corte Brà '06 8
- ● Valpolicella Sup. I Saltari '08 5
- ● Valpolicella Sup. Ripasso Regolo '08 5
- ○ Lugana La Musina '10 4
- ○ Marani '09 4
- ● Recioto della Valpolicella Cl. Rerum '09 7
- ○ Recioto di Soave Vernus '08 6
- ○ Soave Cl. Sella '10 4
- ● Amarone della Valpolicella Cl. Reius '06 7
- ● Amarone della Valpolicella Le Vigne di Turano I Saltari '04 8
- ● Amarone della Valpolicella Le Vigne di Turano I Saltari '03 8
- ● Bardolino Cl. Ca' Nova '09 4

★Serafini & Vidotto

VIA CARRER, 8/12
31040 NERVESA DELLA BATTAGLIA [TV]
TEL. 0422773281
www.serafinividotto.it

藏酒销售
预约参观
年产量 180 000 瓶
葡萄种植面积 21 公顷
葡萄栽培方式 有机种植

酒窖中的酿酒师十分迅速地挑选出了用于生产顶级葡萄酒的葡萄，剩下的则用于生产普通葡萄酒。一提起蒙特洛（Montello）和科里•阿萨拉尼（Colli Asolani）产区，马上就会想到这家酒庄，其领导指挥该地区的葡萄酒生产已有20余年，生产的葡萄酒极具表现力，获得了国际市场的认可。弗朗塞斯克•塞拉菲尼（Francesco Serafini）和安东内洛•维多托（Antonello Vidotto）这两位合作伙伴，对于受到的称赞当之无愧。正是他们具备非凡的勇气，相信该地区具有生产葡萄酒的潜力，这种想法超越了他们所在的时期。他们的决心，关于生产完整展现产地特色的葡萄酒，以及葡萄酒的生产应尊重环境、保证生态的可持续发展等等，都是前所未有的。

- ● Montello e Colli Asolani Il Rosso dell'Abazia '08 6
- ○ Il Bianco '10 4*
- ● Montello e Colli Asolani Phigaia '08 5
- ⊙ Bollicine Rosé Brut 4
- ● Il Rosso dell'Abazia '02 7
- ● Il Rosso dell'Abazia '01 7
- ● Il Rosso dell'Abazia '00 7
- ● Montello e Colli Asolani Il Rosso dell'Abazia '07 6
- ● Montello e Colli Asolani Il Rosso dell'Abazia '06 6
- ● Montello e Colli Asolani Il Rosso dell'Abazia '05 6
- ● Montello e Colli Asolani Il Rosso dell'Abazia '04 6

★F.lli Speri

Loc. Pedemonte
via Fontana, 14
37020 San Pietro in Cariano [VR]
Tel. 0457701154
www.speri.com

藏酒销售
预约参观
年产量 350 000 瓶
葡萄种植面积 50 公顷

斯佩里（Speri）酒庄不仅对瓦波利切拉葡萄酒（Valpolicella），而且对于阿玛罗奈葡萄酒（Amarone）同样有着重大意义。在今天，酒庄仍然是维罗纳地区（Verona）最具影响力的葡萄酒生产商之一。葡萄园面积广阔，分布广泛，延伸至多个地区，其中在蒙特•圣乌尔巴诺（Monte Sant'Urbano）等地就没有可与之相匹敌的同类葡萄园，而口感更为爽快的葡萄酒则出自位于其他地区的葡萄园。所有的葡萄酒均出自佩德蒙特（Pedemonte）酒窖。酒庄利用传统品种葡萄，生产的葡萄酒属于本地传统葡萄酒中的经典产品，风格则是优雅与个性的典范。

● Amarone della Valpolicella Cl. Vign. Monte Sant'Urbano '07	🍷🍷🍷	8
● Recioto della Valpolicella Cl. La Roggia '08	🍷🍷	7
● Valpolicella Cl. Sup. Ripasso '09	🍷🍷	5
● Valpolicella Cl. Sup. Sant'Urbano '08	🍷🍷	5*
● Valpolicella Cl. '10	🍷	4
● Amarone della Valpolicella Cl. Vign. Monte Sant'Urbano '06	🍷🍷🍷	8
● Amarone della Valpolicella Cl. Vign. Monte Sant'Urbano '04	🍷🍷🍷	8
● Amarone della Valpolicella Cl. Vign. Monte Sant'Urbano '01	🍷🍷🍷	8
● Amarone della Valpolicella Cl. Vign. Monte Sant'Urbano '00	🍷🍷🍷	8
● Amarone della Valpolicella Cl. Vign. Monte Sant'Urbano '97	🍷🍷🍷	8
● Amarone della Valpolicella Cl. Vign. Monte Sant'Urbano '93	🍷🍷🍷	8

I Stefanini

via Crosara, 21
37032 Monteforte d'Alpone [VR]
Tel. 0456175249
www.istefanini.it

藏酒销售
预约参观
年产量 80 000 瓶
葡萄种植面积 16 公顷

我们可以通过一些看似朴实的细节，来判断一家酒庄的专业性和其在关键时期做出抉择的能力。比如，弗朗塞斯克•特莱萨里（Francesco Tessari）坦白地承认了因冰雹而导致的2009年葡萄歉收。他没有生产蒙特•德•托尼（Monte de Toni）和蒙特•迪•法斯（Monte di Fice），它们都是属于斯蒂芬尼一级葡萄酒（Stefanini），相反的，在俯瞰酒庄的群山上栽种的葡萄提升了索阿维葡萄酒（Soave）原本就已十分出色的品质，而斯利斯葡萄酒（Selese）一般都是利用经典产区之外、生长在平原的葡萄酿造的。

○ Soave Il Selese '10	🍷🍷	2*
○ Soave Cl. Sup. Monte di Fice '07	🍷🍷🍷	3*
○ Soave Cl. Monte de Toni '08	🍷🍷	3*
○ Soave Cl. Monte de Toni '07	🍷🍷	3*
○ Soave Cl. Monte de Toni '06	🍷🍷	3*
○ Soave Cl. Sup. Monte di Fice '08	🍷🍷	4*
○ Soave Cl. Sup. Monte di Fice '06	🍷🍷	3*
○ Soave Il Selese '08	🍷🍷	2*

David Sterza

LOC. CASTERNA
VIA CASTERNA, 37
37022 FUMANE [VR]
TEL. 0457704201
www.davidsterza.it

藏酒销售
预约参观
年产量 30 000 瓶
葡萄种植面积 4.5 公顷

大卫•斯特尔扎（David Sterza）和保罗•马斯卡恩佐尼（Paolo Mascanzoni）是表兄弟，他们共同管理着这家依然年轻的企业。酒庄位于卡斯特纳（Casterna），是法曼内地区（Fumane）的一个小村庄。葡萄园散布于酒庄周围，占地约5公顷，位于蒙特•桑特•乌尔巴诺山（Monte Sant'Urbano）朝西的山脊上，葡萄藤似乎无限延伸，迎着来自加尔达湖（Lake Garda）凉爽的微风。葡萄园面积如此之小，使得酒庄专注于本地瓦波利切拉经典葡萄酒（Valpolicella），和利用同种传统类型葡萄生产的另一款品牌葡萄酒。斯特扎葡萄酒（Sterza）口感松脆，架构紧实，味道上佳。

● Amarone della Valpolicella Cl. '07	7
● Corvina Veronese '09	5
● Recioto della Valpolicella Cl. '08	6
● Valpolicella Cl. Sup. Ripasso '09	4
● Valpolicella Cl. '10	3
● Amarone della Valpolicella Cl. '06	6
● Corvina Veronese '08	5
● Corvina Veronese '07	5
● Valpolicella Cl. Sup. Ripasso '08	4

★Suavia

FRAZ. FITTÀ DI SOAVE
VIA CENTRO, 14
37038 SOAVE [VR]
TEL. 0457675089
www.suavia.it

藏酒销售
预约参观
年产量 100 000 瓶
葡萄种植面积 12 公顷

苏阿维亚（Suavia）是索阿维地区（Soave）最具代表性的酒庄之一，其作为典范，展现出了该地区酒庄本质发生的变化。酒庄已成立30多年，但近年随着艾瑞安娜（Arianna）和梅利（Meri）姐妹越来越多地参与到对酒庄的管理活动中来，酒庄葡萄酒的品质开始上升。酒庄最初关注的是顶级产品，然后是丽俏朵葡萄酒（Recioto）和索阿维经典款葡萄酒（Soave Classico），最后也关注由比亚诺葡萄（trebbiano di Soave）酿造的新品牌葡萄酒。这表现了酒庄的独特风格，反映了酿造方法的真实性和葡萄酒长期陈酿的潜力。

○ Soave Cl. Monte Carbonare '09	4*
○ Massifitti '08	5
○ Soave Cl. Le Rive '08	5
○ Soave Cl. '10	4*
○ Soave Cl. Le Rive '02	5
○ Soave Cl. Monte Carbonare '08	4*
○ Soave Cl. Monte Carbonare '07	4*
○ Soave Cl. Monte Carbonare '06	4*
○ Soave Cl. Monte Carbonare '05	4*
○ Soave Cl. Monte Carbonare '04	4
○ Soave Cl. Monte Carbonare '02	4
○ Soave Cl. Sup. Le Rive '00	5
○ Soave Cl. Sup. Le Rive '98	5

Sutto

VIA ARZIERI, 34/1
31040 SALGAREDA [TV]
TEL. 0422744063
www.sutto.it

藏酒销售
预约参观
年产量 145 000 瓶
葡萄种植面积 175 公顷

费鲁奇奥•苏托（Ferruccio Sutto）将酒庄交儿子斯蒂凡诺（Stefano）和路易吉（Luigi）进行管理后，酒庄在几年内发生了巨大的改变，葡萄园的面积扩大到了75公顷，还另外租赁了100公顷左右的葡萄园。全新的酒庄利用上佳的葡萄酿酒，剩下的葡萄则大量出售。费鲁奇奥（Ferruccio）依旧监督葡萄园内的工作，由酿酒师安德里亚•布鲁斯•德•格林（Andrea"Bruce" De Pellegrin）负责管理酒窖中葡萄酒的生产。

Wine	Rating
● Dogma Rosso '09	🍷🍷 5
● Piave Cabernet Ris. '09	🍷🍷 4
● Piave Merlot Ris. '09	🍷🍷 4
○ Ultimo '09	🍷🍷 5
○ Manzoni Bianco '10	🍷 4
● Piave Cabernet '10	🍷 3
○ Piave Chardonnay '10	🍷 3
● Piave Merlot '10	🍷 4
○ Pinot Grigio '10	🍷 4
○ Sauvignon '10	🍷 4
● Dogma Rosso '08	🍷🍷 5
● Dogma Rosso '07	🍷🍷 5
● Piave Cabernet Ris. '08	🍷🍷 4
● Piave Cabernet Ris. '07	🍷🍷 5
● Piave Merlot Ris. '08	🍷🍷 4
● Piave Raboso '06	🍷🍷 6

Tamellini

FRAZ. COSTEGGIOLA
VIA TAMELLINI, 4
37038 SOAVE [VR]
TEL. 0457675328
piofrancesco.tamellini@tin.it

藏酒销售
预约参观
年产量 220 000 瓶
葡萄种植面积 17 公顷

由于3 000万年前的火山喷发，索阿维地区（Soave）的土壤富含玄武岩。酒庄的葡萄园位于该地区最西端，这里的土壤富含石灰岩，出产的葡萄口感松脆，这点在酒庄生产的葡萄酒中有所体现。酒庄成立于10多年之前，拥有面积广阔的葡萄园，园中部分采用平棚架模式，部分改用更为高效的垂直栽培模式。

Wine	Rating
○ Soave Cl. Le Bine de Costiola '09	🍷🍷 4*
○ Soave '10	🍷🍷 4*
○ Soave Cl. Le Bine '04	🍷🍷🍷 4*
○ Soave Cl. Le Bine de Costiola '06	🍷🍷🍷 4*
○ Soave Cl. Le Bine de Costiola '05	🍷🍷🍷 4*
○ Recioto di Soave V. Marogne '02	🍷🍷 6
○ Soave Cl. Le Bine '03	🍷🍷 5
○ Soave Cl. Le Bine de Costiola '08	🍷🍷 4*
○ Soave Cl. Le Bine de Costiola '07	🍷🍷 4*

Tanorè

FRAZ. SAN PIETRO DI BARBOZZA
VIA MONT DI CARTIZZE, 3
31040 VALDOBBIADENE [TV]
TEL. 0423975770
www.tanore.it

藏酒销售
预约参观
年产量 80 000 瓶
葡萄种植面积 8 公顷

在桑•彼得•迪•巴博扎（San Pietro di Barbozza）的中心地带坐落着弗拉多（Follador）兄弟的酒庄，位于险峻陡峭的山坡上，掩映在一片葡萄藤中，这些葡萄藤已有50多年的历史，该酒庄因而成为了意大利最古老的酒庄之一。葡萄园占地8公顷，种植的葡萄可供生产100 000瓶葡萄酒，出产的葡萄酒类型全部为普若赛科葡萄酒（Prosecco）。酒庄出品的葡萄酒风格专一，个性突出。

○ Cartizze	🍷🍷 6
○ Valdobbiadene Brut	🍷🍷 4
○ Valdobbiadene Dry Il Tanorè '10	🍷🍷 4
○ Valdobbiadene Extra Dry	🍷 4
○ Cartizze	🍷🍷 5
○ Valdobbiadene Dry Il Tanorè '09	🍷🍷 4
○ Valdobbiadene Dry Sel. mill.	🍷🍷 4

Giovanna Tantini

LOC. OLIOSI
VIA GOITO, 10
37014 CASTELNUOVO DEL GARDA [VR]
TEL. 0457575070
www.giovannatantini.it

藏酒销售
预约参观
年产量 25 000 瓶
葡萄种植面积 11 公顷

使巴多利诺（Bardolino）种植区引以为荣的不仅有众多的联营酒庄和大规模的葡萄酒生产者，还有许多仅生产指定葡萄酒的中等规模酒庄，生产的葡萄酒销往本地以及附近地区。20世纪90年代早期，乔瓦娜•坦蒂尼（Giovanna Tantini）开始从商，并踏上了一条更加富有挑战、但也更具回报性的道路。她努力想将传统风格上简单、平易近人的红葡萄酒变得个性十足，令人印象深刻，她想酿造出一款能表现出真实的优雅与活力融合一体的红葡萄酒。

● Bardolino '10	🍷🍷 4*
● Ettore '08	🍷🍷 5
● Greta '08	🍷🍷 6
⊙ Bardolino Chiaretto '10	🍷 4
● Bardolino '09	🍷🍷 4*
● Bardolino '08	🍷🍷 4*
● Ettore '07	🍷🍷 5

F.lli Tedeschi

FRAZ. PEDEMONTE
VIA G. VERDI, 4
37029 SAN PIETRO IN CARIANO [VR]
TEL. 0457701487
www.tedeschiwines.com

藏酒销售
预约参观
年产量 500 000 瓶
葡萄种植面积 43 公顷
葡萄栽培方式 有机种植

泰德斯奇（Tedeschi）家族酒庄是瓦波利切拉地区（Valpolicella）悠久历史的象征，其由葡萄园、酒窖组成。安东涅塔（Antonietta）、里卡尔多（Riccardo）和萨布里纳（Sabrina）从父亲洛伦佐（Lorenzo）手中接下酒庄，并开始经营管理。现在洛伦佐继续运用他丰富的经验，进行观察、评论和提出建议的工作。得知儿子们十分能干，他也感到十分高兴。酒庄依然在为不断完善酿造葡萄酒的各个工序而努力着，多年之后葡萄酒风格依旧充满活力，并表现出了纤巧和活力等特点，但这些在酒庄初期生产的葡萄酒中是罕见的。酒庄生产所用的葡萄来自经典种植区以及扩展区域。

- ● Amarone della Valpolicella Cl. Capitel Monte Olmi '06 — 8
- ● Recioto della Valpolicella Cl. Capitel Monte Fontana '06 — 7
- ● Amarone della Valpolicella Cl. '07 — 6
- ● Valpolicella Cl. Sup. Capitel dei Nicalò '09 — 4*
- ● Valpolicella Sup. Ripasso Capitel San Rocco '09 — 5
- ● Valpolicella Cl. Lucchine '10 — 3
- ● Amarone della Valpolicella Cl. Capitel Monte Olmi '01 — 8
- ● Amarone della Valpolicella Cl. Capitel Monte Olmi '99 — 8
- ● Amarone della Valpolicella Cl. Capitel Monte Olmi '97 — 8
- ● Amarone della Valpolicella Cl. Capitel Monte Olmi '95 — 8
- ● Rosso della Fabriseria '97 — 6

Viticoltori Tommasi

LOC. PEDEMONTE
VIA RONCHETTO, 2
37020 SAN PIETRO IN CARIANO [VR]
TEL. 0457701266
www.tommasiwine.it

藏酒销售
预约参观
年产量 900 000 瓶
葡萄种植面积 165 公顷

这些年来，位于佩德蒙特（Pedemonte）的托马西（Tommasi）家族虽然发展了多项兴趣，例如现在经营着一家旅馆，但其重心仍放在酒庄和葡萄酒上。家族几代人共同经营着酒庄，达里奥（Dario）是其中的关键人物，而吉安卡洛（Giancarlo）是最后参与到酒庄管理中来的孙辈，他为葡萄酒酿造投入了全部精力。酒庄得到了扩建，生产变得合理，酒窖新增加了一块放置酒桶的壮观区域。

- ● Amarone della Valpolicella Cl. '07 — 7
- ● Amarone della Valpolicella Cl. Ca' Florian '07 — 7
- ● Recioto della Valpolicella Cl. Vign. Fiorato '08 — 6
- ● Valpolicella Cl. Ripasso '09 — 5
- ● Valpolicella Cl. Sup. Vign. Rafael '09 — 5*
- ● Arele Rosso '09 — 5
- ○ Lugana Vign. San Martino Il Sestante '10 — 4
- ○ Soave Cl. Vign. Le Volpare '10 — 4
- ● Amarone della Valpolicella Cl. '06 — 7
- ● Amarone della Valpolicella Cl. Monte Masua Il Sestante '03 — 8
- ● Crearo della Conca d'Oro '07 — 5*
- ● Crearo della Conca d'Oro '06 — 5
- ● Valpolicella Cl. Sup. Vign. Rafael '08 — 5

Trabucchi d'Illasi

LOC. MONTE TENDA
37031 ILLASI [VR]
TEL. 0457833233
www.trabucchidillasi.it

藏酒销售
预约参观
年产量 100 000 瓶
葡萄种植面积 22 公顷
葡萄栽培方式 有机认证

特拉布奇（Trabucchi）家族酒庄的历史可以追溯到20世纪初期，就在过去的20年中，酒庄在朱佩赛（Giuseppe）的管理下找到了新的发展方向，并在所在地区起到标杆作用。葡萄园位于特达山（Tenda）东边的山坡上，远在有机种植方法流行起来之前，葡萄园就开始采用此种方法种植葡萄。这个家族一直努力将隐藏在产地中的特质添加到葡萄酒中，这些特质使葡萄酒变得口感紧实，回味悠长，改变了其高浓度、高酸性的风格。

- ● Amarone della Valpolicella '06 — 8
- ● Valpolicella Sup. Terre del Cereolo '06 — 6
- ○ Margherita '10 — 4
- ● Valpolicella Un Anno '10 — 4*
- ● Amarone della Valpolicella '04 — 8
- ● Recioto della Valpolicella Cereolo '05 — 8
- ● Valpolicella Sup. Terre di S. Colombano '03 — 5*
- ● Recioto della Valpolicella Cereolo '04 — 8
- ● Recioto della Valpolicella Terre del Cereolo '06 — 8
- ● Valpolicella Sup. Terre del Cereolo '04 — 6
- ● Valpolicella Sup. Terre di S. Colombano '06 — 6
- ● Valpolicella Sup. Terre di S. Colombano '05 — 7

Cantina Sociale della Valpantena

FRAZ. QUINTO
VIA COLONIA ORFANI DI GUERRA, 5B
37034 VERONA
TEL. 045550032
www.cantinavalpantena.it

藏酒销售
预约参观
年产量 7 500 000 瓶
葡萄种植面积 680 公顷

酒庄属于联营性质，拥有一个占地680公顷的葡萄园，其中多数葡萄藤位于瓦波利切拉经典产区（Valpolicella）东部的山坡上。大部分出产的葡萄酒在第五酒窖装瓶，还有一小部分销售给其他的葡萄酒装瓶商。在卢卡•迪加尼（Luca Degani）的管理下，酒庄出产的葡萄酒拥有清爽的水果味，口感顺滑简单，这几点是酒庄一直专注的风格。酒庄出产众多品种的葡萄酒，价格合理。

- ● Recioto della Valpolicella Tesauro '08 — 6
- ● Valpolicella Sup. Ripasso Torre del Falasco '09 — 4*
- ● Valpolicella Sup. Torre del Falasco '09 — 4*
- ● Amarone della Valpolicella '08 — 6
- ○ Chardonnay Baroncino '10 — 3
- ● Corvina Torre del Falasco '10 — 2
- ○ Garganega Torre del Falasco '10 — 2
- ○ Lugana Torre del Falasco '10 — 4
- ● Valpolicella Valpantena Ritocco '09 — 4
- ● Recioto della Valpolicella Tesauro '06 — 6
- ● Valpolicella Sup. Ripasso Torre del Falasco '08 — 4*
- ● Valpolicella Sup. Ripasso Torre del Falasco '07 — 4*
- ● Valpolicella Valpatena Sup. Torre del Falasco '08 — 4*

Cantina Sociale Valpolicella

VIA CA' SALGARI, 2
37024 NEGRAR [VR]
TEL. 0456014300
www.cantinanegrar.it

藏酒销售
预约参观
年产量 7 500 000 瓶
葡萄种植面积 500 公顷

瓦波利切拉产区（Valpolicella）葡萄栽培景观的主要支柱之一就是众多的联营酒庄。该酒庄位于尼格拉（Negrar），拥有500多公顷的葡萄园，葡萄藤在平原和山地均有种植，分布于经典产区的所有城市。葡萄酒酿造专家仔细监督着葡萄酒的生产，决心用从葡萄种植能手中收购的葡萄酿造顶尖的葡萄酒。标准瓶装葡萄酒经常出自几种或所有品种葡萄的结合，但最好的葡萄酒则出自个别葡萄园。这些构成了多米尼•威尼提生产线（Domini Veneti line），是酒庄葡萄酒生产的标准。

- ● Recioto della Valpolicella Cl. Vign. di Moron Domini Veneti '08 — 6
- ● Valpolicella Cl. Sup. Verjago Domini Veneti '07 — 6
- ● Amarone della Valpolicella Cl. Biologico Domini Veneti '06 — 7
- ● Amarone della Valpolicella Cl. Mater Domini Veneti '04 — 8
- ● Recioto della Valpolicella Cl. Domini Veneti '09 — 6
- ● Valpolicella Cl. Sup. Ripasso La Casetta di Ettore Righetti Domini Veneti '08 — 5
- ● Valpolicella Cl. Sup. Ripasso Vign. di Torbe Domini Veneti '09 — 4*
- ● Recioto della Valpolicella Cl. Amando Domini Veneti '06 — 6
- ○ Soave Cl. Ca' de Na' Domini Veneti '10 — 4
- ● Recioto della Valpolicella Cl. Vigneti di Moron Domini Veneti '01 — 6

Vaona Odino

LOC. VALGATARA
VIA PAVERNO, 41
37020 MARANO DI VALPOLICELLA [VR]
TEL. 0457703710
www.vaona.it

藏酒销售
预约参观
年产量 50 000 瓶
葡萄种植面积 9 公顷

酒庄位于瓦尔加塔拉（Valgatara）境内马拉诺山谷（Marano）的出口，阿尔贝托•瓦奥纳（Alberto Vaona）是这座家庭式酒庄的管理者。葡萄园面朝西方，海拔高度在200到250米之间，种植了10公顷左右的本地传统类型葡萄。最近酒庄进行了重建，葡萄酒不是依靠泵而改靠重力传送运输。酒庄出品的葡萄酒口感强烈，架构良好，带有一丝质朴的乡村气息，令人愉悦，充满吸引力。

- ● Amarone della Valpolicella Cl. Pegrandi '07 — 6
- ● Amarone della Valpolicella Cl. Pegrandi Ris. '05 — 8
- ● Recioto Cl. Le Peagnè '09 — 5
- ● Valpolicella Cl. Sup. Ripasso Pegrandi '09 — 4
- ● Amarone della Valpolicella Cl. Paverno '06 — 6
- ● Amarone della Valpolicella Cl. Pegrandi '06 — 6

Massimino Venturini

FRAZ. SAN FLORIANO
VIA SEMONTE, 20
37020 SAN PIETRO IN CARIANO [VR]
TEL. 0457701331
www.viniventurini.com

藏酒销售
预约参观
年产量 90 000 瓶
葡萄种植面积 12 公顷

过去20年中，维恩特里尼（Venturini）兄弟的酒庄是众多取得巨大飞跃的家庭酒庄之一，其不再仅仅种植葡萄或者生产简单的瓶装葡萄酒，而是作为星级葡萄酒生产商脱颖而出。丹尼尔（Daniele）和米克罗•维恩特里尼（Mirco Venturini）调整了葡萄酒的风格，但是马斯米诺•维恩特里尼（Massimino Venturini）仍保持着和传统类型葡萄酒的联系，这一点表现得十分明显，因为他依旧使用本地葡萄生产口感柔顺的葡萄酒。酒庄葡萄园占地12公顷，全部采用棚架栽培模式。

- ● Amarone della Valpolicella Cl. '07 6
- ● Amarone della Valpolicella Cl. Campo Masua '06 7
- ● Valpolicella Cl. Sup. Ripasso Semonte Alto '07 4*
- ● Massimo Rosso '08 5
- ● Valpolicella Cl. '10 3
- ● Valpolicella Cl. Sup. '08 4
- ● Amarone della Valpolicella Cl. Campo Masua '05 7
- ● Recioto della Valpolicella Cl. Le Brugnine '97 6
- ● Amarone della Valpolicella Cl. '06 6
- ● Amarone della Valpolicella Cl. '05 6*
- ● Amarone della Valpolicella Cl. '04 6
- ● Amarone della Valpolicella Cl. Campomasua '03 7
- ● Recioto della Valpolicella Cl. Le Brugnine '04 6
- ● Recioto della Valpolicella Cl. Le Brugnine '03 6

Agostino Vicentini

FRAZ. SAN ZENO
VIA C. BATTISTI, 62C
37030 COLOGNOLA AI COLLI [VR]
TEL. 0457650539
www.vinivicentini.com

藏酒销售
预约参观
年产量 80 000 瓶
葡萄种植面积 20 公顷

瓦波利切拉产区（Valpolicella），位于蒙特福地•德•阿尔伯尼（Monteforte d'Alpone）和索阿维（Soave）的山地之中，再往西，葡萄仅属于众多农作物中的一种，其他的还有橄榄、樱桃等等水果。阿戈斯蒂诺•维森蒂尼（Agostino Vicentini）和妻子泰瑞莎（Teresa）耐心地将农场改造成为葡萄藤密集的葡萄园，并取得了令人印象深刻的结果，过去几年中曾多次获得“三杯奖”。他们出品的葡萄酒富有表现力，个性突出，这些都来源于对葡萄藤（平均每株的产量非常低）小心翼翼的照料，和对酒窖的密切关注。

- ○ Soave Il Casale '10 5*
- ○ Soave Vign. Terre Lunghe '10 3*
- ○ Recioto di Soave '09 6
- ● Valpolicella Sup. Idea Bacco '08 6
- ○ Soave Sup. Il Casale '09 4*
- ○ Soave Sup. Il Casale '08 5
- ○ Soave Sup. Il Casale '07 5
- ○ Soave Vign. Terre Lunghe '09 3*
- ○ Soave Vign. Terre Lunghe '08 3*

Vignale di Cecilia

Loc. Fornaci
via Croci, 14
35030 Baone [PD]
Tel. 042951420
www.vignaledicecilia.it

藏酒销售
预约参观
年产量 20 000 瓶
葡萄种植面积 8 公顷
葡萄栽培方式 有机种植

10年前，当保罗•布鲁奈罗（Paolo Brunello）接管位于宝尼（Baone）的家族酒庄时，他建立了这家酒庄。宝尼属于科里•尤佳内地区（Colli Euganei）最值得尊敬的葡萄种植区域之一。保罗建立起了一个简单却功能性十足的酒窖，重建并逐步在其他地区租下了葡萄园。红葡萄酒主要选材于波尔多葡萄（Bordeaux），这种葡萄100年前在此处长势良好，白葡萄酒主要选材于莫斯卡托葡萄（moscato）、加格奈拉葡萄（garganega）和泰逸葡萄（tai）。保罗下定决心将酿酒过程的操作干扰降至最低水平，并为之而努力。

- ● Colli Euganei Rosso Passacaglia '08 — 🍷🍷 5
- ○ Benavides '10 — 🍷🍷 4*
- ○ Cocài '09 — 🍷🍷 4
- ○ Benavides '09 — 🍷🍷 4
- ○ Benavides '08 — 🍷🍷 4*
- ○ Cocài '08 — 🍷🍷 4
- ● Colli Euganei Rosso Covolo '07 — 🍷🍷 4*
- ● Colli Euganei Rosso Passacaglia '07 — 🍷🍷 5

Vignalta

via Scalette, 23
35032 Arquà Petrarca [PD]
Tel. 0429777305
www.vignalta.it

藏酒销售
预约参观
年产量 280 000 瓶
葡萄种植面积 55 公顷

威格纳尔塔（Vignalta）酒庄是科里•尤佳内地区（Colli Euganei）最大的企业，拥有50多公顷的葡萄园。葡萄园中种植的品种多为梅洛葡萄（merlot）和解百纳葡萄（cabernet），以上两种葡萄均属于150年前引进的品种，现在发展壮大，成为了本地区内种植最广泛的葡萄品种。威格纳尔塔酒庄中的葡萄藤，不论栽种时间的长短，均分布在区域内的山地上，每一种葡萄都种植在最适宜其生长的环境中。火山土壤的特性在葡萄酒中有所呈现，土壤、天气和葡萄园多方面因素的完美结合带给了葡萄酒稳定的酒体。

- ○ Colli Euganei Fior d'Arancio Passito Alpianae '08 — 🍷🍷🍷 5
- ● Colli Euganei Rosso Arquà '07 — 🍷🍷 6
- ○ Agno Casto '10 — 🍷🍷 6
- ○ Colli Euganei Fior d'Arancio Spumante '10 — 🍷🍷 4
- ○ Colli Euganei Pinot Bianco '10 — 🍷🍷 4*
- ● Colli Euganei Rosso Ris. '07 — 🍷🍷 4*
- ● Colli Euganei Rosso Venda '09 — 🍷🍷 4*
- ○ Moscato L.H. '09 — 🍷🍷 4
- ○ Sirio '10 — 🍷🍷 4*
- ○ Colli Euganei Chardonnay '09 — 🍷 5
- ● Colli Euganei Rosso Arquà '04 — 🍷🍷🍷 6
- ● Colli Euganei Rosso Gemola '01 — 🍷🍷🍷 6
- ● Colli Euganei Rosso Gemola '00 — 🍷🍷🍷 6
- ● Colli Euganei Rosso Gemola '99 — 🍷🍷🍷 6
- ● Colli Euganei Rosso Gemola '98 — 🍷🍷🍷 6
- ● Colli Euganei Rosso Gemola '97 — 🍷🍷🍷 7

Le Vigne di San Pietro

VIA SAN PIETRO, 23
37066 SOMMACAMPAGNA [VR]
TEL. 045510016
www.levignedisanpietro.it

藏酒销售
预约参观
年产量 80 000 瓶
葡萄种植面积 20 公顷

卡洛•内罗兹（Carlo Nerozzi）一直以来都成功地走在不停变化的葡萄酒世界的前端。但是不论发生什么，他决不会将他敏锐的目光从葡萄酒的品质上移开，他感到这一点与他息息相关。让酒庄引以为荣的是，随着乔安尼•波斯凯尼（Giovanni Boscaini）和费德瑞克•吉奥托（Federico Giotto）的到来，真正的团队形成了，酒庄的葡萄酒也反映了团队的生产方法。每个成员都在葡萄酒酿造过程中运用了自己的敏感度、经验和专业知识，通过共同努力得到了优雅精妙、回味持久的葡萄酒。

酒款	
● Amarone della Valpolicella Cl. '07	7
● Bardolino '10	4*
○ Custoza '10	4*
⊙ CorDeRosa '10	4*
○ Due Cuori Passito '08	6
● Refolà Cabernet Sauvignon '07	7
● Valpolicella Cl. '10	4
● Refolà Cabernet Sauvignon '04	7
○ Sud '95	7
● Bardolino '09	4*
● Bardolino '08	4*
○ Due Cuori Passito '06	6
● I Balconi Rossi '04	6
● Solocorvina '06	3*

Vigneto Due Santi

V.LE ASIAGO, 174
36061 BASSANO DEL GRAPPA [VI]
TEL. 0424502074
vignetoduesanti@virgilio.it

藏酒销售
预约参观
年产量 100 000 瓶
葡萄种植面积 18 公顷

布莱甘泽（Breganze）葡萄种植区位于维琴察省（Vicenza）的北部山区，从瓦尔苏加纳河（Valsugana）一直向西延伸到位于埃斯阿格平原（Asiago）山坡上的塞尼（Thiene）。葡萄园大多面朝南方，土壤多为冰碛石和火山土。斯蒂凡诺•佐恩塔（Stefano Zonta）和安德里亚诺（Adriano）两人经营着产区东部边缘的葡萄园，占地面积约有20公顷，来自瓦尔苏加纳河的清爽凉风保证了昼夜间较大的温差，使葡萄健康生长。酒庄努力想生产果味丰富、味觉生动、口感鲜明柔软的葡萄酒。

酒款	
● Breganze Cabernet Vign. Due Santi '09	5*
○ Breganze Bianco Rivana '10	4*
● Breganze Cabernet '09	4*
● Breganze Merlot '09	4*
○ Breganze Sauvignon Vign. Due Santi '10	4
○ Malvasia Campo di Fiori '10	4
● Breganze Cabernet Vign. Due Santi '07	5
● Breganze Cabernet Vign. Due Santi '05	5
● Breganze Cabernet Vign. Due Santi '04	5
● Breganze Cabernet Vign. Due Santi '03	5
● Breganze Cabernet Vign. Due Santi '00	5
● Breganze Cabernet Vign. Due Santi '06	5
● Breganze Cabernet Vign. Due Santi '02	5
● Breganze Rosso '03	4*

Villa Bellini

LOC. CASTELROTTO DI NEGARINE
VIA DEI FRACCAROLI, 6
37020 SAN PIETRO IN CARIANO [VR]
TEL. 0457725630
www.villabellini.com

藏酒销售
预约参观
年产量 10 000 瓶
葡萄种植面积 3 公顷
葡萄栽培方式 有机认证

参观这家位于维罗纳平原（Verona）上的小规模酒庄并和塞西莉亚•特鲁奇（Cecilia Trucchi）交谈过后，你将很快意识到酒庄以及葡萄酒这二者与传统的结合是多么的完美与天衣无缝。塞西莉亚引以为荣的是得到她精心照顾、采用有机种植方法的葡萄园。葡萄园周围是保留完好的马拉格尼（marogne），这是一种将本地葡萄分隔出来的传统的石墙。魅力十足的别墅始建于18世纪，现正恢复重建，新酒窖就镶嵌其中，这也令她感到骄傲。

- ● Valpolicella Cl. Sup. Il Taso '08 ▼▼ 6
- ● Recioto della Valpolicella Cl. Uva Passa '06 ▽▽ 7
- ● Recioto della Valpolicella Cl. Uva Passa '04 ▽▽ 7
- ● Valpolicella Cl. Sup. Il Taso '07 ▽▽ 6
- ● Valpolicella Cl. Sup. Il Taso '06 ▽▽ 6
- ● Valpolicella Cl. Sup. Il Taso '05 ▽▽ 6
- ● Valpolicella Cl. Sup. Il Taso '04 ▽▽ 6
- ● Valpolicella Cl. Sup. Il Taso '03 ▽▽ 5

Villa Monteleone

FRAZ. GARGAGNAGO
VIA MONTELEONE, 12
37020 SANT'AMBROGIO DI VALPOLICELLA [VR]
TEL. 0457704974
www.villamonteleone.com

藏酒销售
预约参观
年产量 40 000 瓶
葡萄种植面积 7 公顷

卢西亚•杜兰（Lucia Duran）经营的这家酒庄位于加尔格纳格（Gargagnago），一座靠近圣安姆布洛格伊欧（Sant'Ambrogio）的小村庄。周围山丘环绕，呈开放式，几乎拥抱着加尔达湖（Lake Garda），气候温和宜人。葡萄园面积不大，得到了卢西亚（Lucia）的精心照顾，这也反映了合作伙伴安东尼•雷蒙迪（Antony Raimondi）的梦想。酒庄专注于本地经典款葡萄酒，产量属于中等规模，出产的葡萄酒完全成熟，口感甜美圆润。

- ● Amarone della Valpolicella Cl. '07 ▼▼ 8
- ● Valpolicella Cl. Campo S. Lena '10 ▼ 4
- ● Valpolicella Cl. Sup. Campo S. Vito Ripasso '09 ▼ 5
- ● Amarone della Valpolicella Cl. '05 ▽▽▽ 8
- ● Amarone della Valpolicella Cl. '06 ▽▽ 8
- ● Amarone della Valpolicella Cl. '04 ▽▽ 8
- ● Amarone della Valpolicella Cl. '03 ▽▽ 8
- ● Amarone della Valpolicella Cl. Campo S. Paolo '01 ▽▽ 8
- ● Valpolicella Cl. Sup. Campo S. Vito '03 ▽▽ 5
- ● Valpolicella Cl. Sup. Campo S. Vito Ripasso '08 ▽▽ 5
- ● Valpolicella Cl. Sup. Campo S. Vito Ripasso '07 ▽▽ 5
- ● Valpolicella Cl. Sup. Campo S. Vito Ripasso '06 ▽▽ 5

Villa Sandi

via Erizzo, 112
31035 Crocetta del Montello [TV]
Tel. 0423665033
www.villasandi.it

藏酒销售
预约参观
年产量 3 000 000 瓶
葡萄种植面积 310 公顷
葡萄栽培方式 有机种植

莫莱蒂•泊莱加托（Moretti Polegato）家族的酒庄位于蒙特洛产区（Crocetta del Montello），并一直延伸到科内格里阿诺•瓦尔多比阿德内产区（Conegliano Valdobbiadene）。建于17世纪的帕拉迪安（Palladian）别墅雄伟壮观，拥有特来维吉安内（Trevigiane）生产线，用于生产起泡葡萄酒，而附近更为现代的酒窖则生产二次发酵的起泡葡萄酒和静止葡萄酒。最近，泊莱加托家族又买下了位于卡蒂兹产区（Cartizze）中心的拉•瑞威塔（La Rivetta）庄园，并对其进行了重建，生产酒庄中最具标志性的葡萄酒。现在他们正忙于一系列与酒庄上等葡萄酒有关的活动。

- ○ Cartizze V. La Rivetta '10 5
- ● Corpore '08 6
- ● Marinali Rosso '09 5
- ○ Valdobbiadene Brut 4*
- ● Filio '09 5
- ○ Marinali Bianco '10 5
- ○ Opere Trevigiane Brut 5
- ○ Opere Trevigiane Brut Ris. '06 5
- ○ Valdobbiadene Brut Mill. '10 4
- ○ Valdobbiadene Dry Cuvée Oris 4
- ○ Cartizze Brut V. La Rivetta '09 5
- ○ Cartizze Brut V. La Rivetta '08 5
- ● Corpore '07 6
- ● Corpore '06 6

Villa Spinosa

loc. Jago dall'Ora
37024 Negrar [VR]
Tel. 0457500093
www.villaspinosa.it

藏酒销售
预约参观
年产量 45 000 瓶
葡萄种植面积 20 公顷

卡斯塞拉（Cascella）家族的酒庄位于尼格拉（Negrar）的加戈（Jago），现在的经营者为恩里科（Enrico）。葡萄园占地20公顷，采取棚架种植，葡萄品种单一，仅种植传统的瓦波利切拉葡萄（Valpolicella）。酒庄对这种葡萄进行的诠释，真实反映了本地的传统风格。他们努力使葡萄酒的表达更为精致，而不是更高的浓度或者密度。家族的酒窖和酒桶间虽然小，但装备齐全。在出售之前，大多数葡萄酒要经过长时间的成熟期。

- ● Amarone della Valpolicella Cl. Guglielmi di Jago '01 8
- ● Valpolicella Cl. Sup. Figari '08 4*
- ● Valpolicella Cl. Sup. Ripasso Jago '08 5
- ● Valpolicella Cl. '09 3
- ● Amarone della Valpolicella Cl. Anteprima '06 6
- ● Valpolicella Cl. '07 3*
- ● Valpolicella Cl. Sup. Figari '07 4*
- ● Valpolicella Cl. Sup. Figari '06 4*
- ● Valpolicella Cl. Sup. Ripasso Jago '06 4

Vigneti Villabella

FRAZ. CALMASINO
LOC. CANOVA, 2
37011 BARDOLINO [VR]
TEL. 0457236448
www.vignetivillabella.com

藏酒销售
预约参观
年产量 500 000 瓶
葡萄种植面积 220 公顷
葡萄栽培方式 有机认证

40年前，戴利伯瑞（Delibori）和克里斯托弗雷迪（Cristoforetti）两大家族开始合作，这座酒庄便随之诞生，其位于维罗纳产区（Verona），附近环绕着加尔达湖（Lake Garda）。10年前，酒庄得到了科迪维戈（Cordevigo）别墅并将其改造成了酒店，成为酒庄对外奢华的门面。庄园和租赁来的葡萄园面积广阔，占地面积超过了200公顷。以前种植的葡萄藤采用的是平棚架栽培模式，新种植的葡萄藤则是垂直栽培，适合机械作业。

- ● Amarone della Valpolicella Cl. '06 🍷🍷 6
- ● Amarone della Valpolicella Cl. Fracastoro '04 🍷🍷 7
- ○ Fiordilej Passito '08 🍷🍷 4
- ⊙ Bardolino Chiaretto Cl. Pozzo dell'Amore '10 🍷 3
- ● Bardolino Cl. Sup. Terre di Cavagion '09 🍷 4
- ● Bardolino Cl. V. Morlongo '10 🍷 4
- ○ Custoza Fiordaliso '10 🍷 4
- ○ Lugana Ca' del Lago '10 🍷 4
- ● Montemazzano Rosso '07 🍷 4
- ○ Pinot Grigio V. di Pesina '10 🍷 4
- ● Valpolicella Cl. I Roccoli '10 🍷 4
- ● Valpolicella Cl. Sup. Ripasso '08 🍷 4
- ○ Villa Cordevigo Bianco '08 🍷 5
- ● Amarone della Valpolicella Cl. '05 🍷🍷 6
- ○ Fiordilej Passito '07 🍷🍷 6
- ● Villa Cordevigo Rosso '05 🍷🍷 6

★Viviani

LOC. MAZZANO
VIA MAZZANO, 8
37020 NEGRAR [VR]
TEL. 0457500286
www.cantinaviviani.com

藏酒销售
预约参观
年产量 70 000 瓶
葡萄种植面积 10 公顷

瓦波利切拉产区（Valpolicella）内最佳的区域是马扎诺（Mazzano），酒庄便位于这个区域内的尼格拉（Negrar）山谷，海拔400米，地理条件优越。对于本地葡萄酒蕴含的品质潜力，克劳迪奥•维亚尼（Claudio Viviani）有着十分清楚的认识，他为葡萄园经营的专业性付出了巨大努力。他保留了过去最优秀的葡萄藤，并将它们与垂直栽培的新葡萄藤融合起来。就这样，在果味综合平衡的探索中，他成功地使多种培育系统和谐共存。

- ● Amarone della Valpolicella Cl. Casa dei Bepi '06 🍷🍷 8
- ● Valpolicella Cl. Sup. Campo Morar '08 🍷🍷 6
- ● Amarone della Valpolicella Cl. '07 🍷🍷 6
- ● Recioto della Valpolicella Cl. '08 🍷🍷 7
- ● Valpolicella Cl. '09 🍷🍷 4*
- ● Amarone della Valpolicella Cl. Casa dei Bepi '05 🍷🍷🍷 8
- ● Amarone della Valpolicella Cl. Casa dei Bepi '04 🍷🍷🍷 8
- ● Amarone della Valpolicella Cl. Casa dei Bepi '01 🍷🍷🍷 8
- ● Amarone della Valpolicella Cl. Casa dei Bepi '00 🍷🍷🍷 8
- ● Amarone della Valpolicella Cl. Casa dei Bepi '98 🍷🍷🍷 8
- ● Valpolicella Cl. Sup. Campo Morar '05 🍷🍷🍷 6
- ● Valpolicella Cl. Sup. Campo Morar '01 🍷🍷🍷 6

★Zenato

FRAZ. SAN BENEDETTO DI LUGANA
VIA SAN BENEDETTO, 8
37019 PESCHIERA DEL GARDA [VR]
TEL. 0457550300
www.zenato.it

藏酒销售
预约参观
年产量 1 500 000 瓶
葡萄种植面积 70 公顷

纳迪亚（Nadia）和阿尔贝托（Alberto）是这座位于佩斯奇埃拉（Peschiera）的大规模酒庄的继承者，他们的父亲塞尔吉奥（Sergio）是我们十分怀念的卢加纳葡萄酒（Lugana）和瓦波利切拉葡萄酒（Valpolicella）的生产者。兄弟俩关注酒庄的方方面面，从葡萄酒的酿造到销售都亲自参与。大多数葡萄藤种植在庄园里，其余的葡萄藤则种植在过去10年中从靠近圣安姆布洛格伊欧（Sant'Ambrogio）的瓦波利切拉（Valpolicella）北部收购来的土地上。葡萄品质上佳，使得出产的葡萄酒果味浓郁，层次丰富。

- ○ Lugana Sergio Zenato '08 🍷🍷🍷 5
- ● Amarone della Valpolicella Cl. '07 🍷🍷 8
- ● Cresasso '06 🍷🍷 6
- ○ Lugana Vign. Massoni Santa Cristina '10 🍷🍷 4*
- ● Valpolicella Cl. Sup. '08 🍷🍷 4*
- ● Valpolicella Sup. Ripassa '08 🍷🍷 5
- ○ Lugana Brut M. Cl. 🍷 4
- ○ Lugana S. Benedetto '10 🍷 4
- ● Amarone della Valpolicella Cl. '05 🍷🍷🍷 7
- ● Amarone della Valpolicella Cl. Ris. Sergio Zenato '95 🍷🍷🍷 6
- ● Amarone della Valpolicella Cl. Sergio Zenato '05 🍷🍷🍷 8
- ● Amarone della Valpolicella Cl. Sergio Zenato '03 🍷🍷🍷 8
- ● Amarone della Valpolicella Cl. Sergio Zenato '00 🍷🍷🍷 8
- ● Amarone della Valpolicella Cl. Sergio Zenato Ris. '98 🍷🍷🍷 8

F.lli Zeni

VIA COSTABELLA, 9
37011 BARDOLINO [VR]
TEL. 0457210022
www.zeni.it

藏酒销售
预约参观
年产量 1 000 000 瓶
葡萄种植面积 25 公顷

艾琳娜（Elena）、福斯特（Fausto）和费德丽卡•泽尼（Federica Zeni）经营着这座家族酒庄，20世纪80年代是其发展最为鼎盛的时期，那时酒庄还在他们天才般的父亲尼诺（Nino）的管理之下。过去的几年中，这一代年轻管理者努力的方向在于建造一个新酒窖、扩大葡萄园的面积，以及加强与个体葡萄栽培者间的联系，这些栽培者为酒庄提供葡萄。酒庄年产量为100万瓶，这些葡萄酒向位于维罗那（Verona）的产区展现了纤巧精致、平易近人的风格，就连阿玛罗奈葡萄酒（Amarone）也是如此。

- ● Amarone della Valpolicella Cl. Barrique '06 🍷🍷 8
- ● Costalago Rosso '09 🍷🍷 4
- ● Amarone della Valpolicella Cl. '08 🍷 7
- ⊙ Bardolino Chiaretto Brut 🍷 4
- ⊙ Bardolino Chiaretto Cl. Vigne Alte '10 🍷 4
- ● Bardolino Cl. Sup. '09 🍷 4
- ● Bardolino Cl. Vigne Alte '10 🍷 4
- ○ Garganega Vigne Alte '10 🍷 4
- ○ Lugana Marogne '10 🍷 4
- ○ Lugana Vigne Alte '10 🍷 4
- ● Recioto della Valpolicella Cl. Vigne Alte '09 🍷 6
- ● Valpolicella Cl. Vigne Alte '10 🍷 4
- ● Valpolicella Sup. Ripasso Marogne '09 🍷 4
- ● Amarone della Valpolicella Cl. '88 🍷🍷🍷 6
- ● Amarone della Valpolicella Cl. Vigne Alte '07 🍷🍷 7
- ● Valpolicella Sup. Ripasso Marogne '08 🍷🍷 4*

Zonin

via Borgolecco, 9
36053 Gambellara [VI]
Tel. 0444640111
www.zonin.it

藏酒销售
预约参观
年产量 28 000 000 瓶
葡萄种植面积 1 820 公顷

佐尼（Zonin）家族领导着一支庞大的团队，其拥有的酒庄遍布意大利，这种情况在其他国家也存在。但佐尼家族的灵魂始终都在威尼托（Veneto），这里有他们的根，加姆贝拉拉（Gambellara）则是总部的所在地。酒庄所在产区跨越维罗纳（Verona）和维察琴（Vicenza）两省，多数葡萄酒由高岗（garganega）葡萄酿造而成，该品种葡萄几个世纪以来一直占据着产区的主导地位。但近年来格莱拉葡萄（glera）的地位变得越来越重要，酒庄因此开始生产各种风格的普若赛科葡萄酒（Prosecco）。佐尼家族的目标是生产口感细腻、酒体轻盈的葡萄酒。

- ● Berengario '08 — 5
- ● Amarone della Valpolicella '08 — 6
- ○ Gambellara Cl. Podere Il Giangio '10 — 4
- ○ Prosecco Brut — 4
- ○ Prosecco Brut Cuvée 1821 — 4
- ● Valpolicella Sup. Ripasso '09 — 4
- ● Amarone della Valpolicella '06 — 6
- ● Berengario '06 — 5
- ○ Recioto di Gambellara Cl. Il Giangio '04 — 4
- ● Valpolicella Sup. Ripasso '08 — 4

Zymè

via Ca' del Pipa, 1
37029 San Pietro in Cariano [VR]
Tel. 0457701108
www.zyme.it

藏酒销售
预约参观
年产量 30 000 瓶
葡萄种植面积 16 公顷

兹米（Zymè）初期是一家由三位合作者管理的咨询顾问公司，随着时间的流逝，公司改由塞莱斯蒂诺•加斯帕里（Celestino Gaspari）管理。他之后将外界的事务放在一边，开始专注于葡萄酒的生产，出产的多数葡萄酒都是瓦波利切拉地区（Valpolicella）的经典产品。但是，越来越多的瓶装葡萄酒使得他们越来越关注采用新的葡萄作为原料，这些葡萄多为本地葡萄、变种葡萄和国际品种葡萄的混合体。新酒窖的的建设尚在筹划中，马上就会开始。

- ● Harlequin '06 — 8
- ● 60 20 20 '07 — 6
- ● Valpolicella Cl. Sup. '06 — 6
- ● Valpolicella Reverie '10 — 4
- ○ Il Bianco From Black to White '10 — 4
- ● Amarone della Valpolicella Cl. '04 — 8
- ● Amarone della Valpolicella Cl. '03 — 8
- ● Amarone della Valpolicella Cl. '01 — 8
- ● Harlequin '01 — 8
- ● Kairos '05 — 8
- ● Kairos '04 — 8
- ● Valpolicella Revirie '09 — 4

Andreola

LOC. COL SAN MARTINO
VIA CAL LONGA, 52
31010 FARRA DI SOLIGO [TV]
TEL. 0438989379
www.andreola.eu

Wine	Rating
○ Cartizze	🍷🍷 6
○ Valdobbiadene Brut 26° 1° '10	🍷 4
○ Valdobbiadene Dry Crus Mas de Fer '10	🍷 4

Albino Armani

VIA CERADELLO, 401
37020 DOLCÈ [VR]
TEL. 0457290033
www.albinoarmani.com

Wine	Rating
○ Terra dei Forti Chardonnay Piccola Botte '08	🍷🍷 4
● Trentino Marzemino "Io" '10	🍷🍷 4*
○ Vallagarina Sauvignon Campo Napoleone '10	🍷🍷 4
● Vallagarina Teroldego "Io" '10	🍷🍷 4

Astoria Vini

VIA CREVADA, 44
31020 REFRONTOLO [TV]
TEL. 04236699
www.astoria.it

Wine	Rating
○ Valdobbiadene Brut Rive di Refrontolo Casa di Vittorino '10	🍷🍷 4
○ Valdobbiadene Extra Dry '10	🍷🍷 4
○ Cartizze	🍷 4

BiancaVigna

LOC. SAN PIETRO DI FELETTO
VIA CREVADA, 9/1
31010 SOLIGO
TEL. 0438801098
www.biancavigna.it

Wine	Rating
○ Conegliano Valdobbiadene Extra Dry	🍷🍷 4*
○ Conegliano Valdobbiadene Brut '10	🍷 4
○ Prosecco Tranquillo	🍷 4

Antonio Bigai

FRAZ. LISON
VIA CADUTI PER LA PATRIA, 29
30026 PORTOGRUARO [VE]
TEL. 336592660
www.amimanera.com

Wine	Rating
● A Mi Manera Rosso '10	🍷🍷 4*
○ Tai '10	🍷🍷 4
○ Malvasia d'Istria '10	🍷 4
● Merlot '10	🍷 4

Borgo Stajnbech

FRAZ. BELFIORE
VIA BELFIORE, 109
30020 PRAMAGGIORE [VE]
TEL. 0421799929
www.borgostajnbech.com

Wine	Rating
○ Lison-Pramaggiore Cl. 150 '10	🍷🍷 4*
● Lison-Pramaggiore Stajnbech Rosso '07	🍷🍷 4
● Lison-Pramaggiore Cabernet Franc. '09	🍷 3
● Lison-Pramaggiore Refosco P.R. '09	🍷 3

Borgoluce

LOC. MUSILE, 2
31058 SUSEGANA [TV]
TEL. 0438435287
www.borgoluce.it

Wine	Rating
○ Valdobbiadene Brut	🍷🍷 4*
○ Valdobbiadene Dry '10	🍷🍷 4
○ Valdobbiadene Extra Dry	🍷 4

Carlo Boscaini

VIA SENGIA, 15
37010 SANT'AMBROGIO DI VALPOLICELLA [VR]
TEL. 0457731412
www.boscainicarlo.it

Wine	Rating
● Amarone della Valpolicella Cl. San Giorgio '07	🍷🍷 7
● Valpolicella Cl. Sup. Ripasso Zane '08	🍷🍷 5
● Recioto della Valpolicella Cl. La Sengia '09	🍷 5

Cambrago

FRAZ. SAN ZENO
VIA CAMBRAGO, 7
37030 COLOGNOLA AI COLLI [VR]
TEL. 0457650745
www.cambrago.it

- ○ Recioto di Soave I Cerceni '07 — 6
- ○ Soave Cl. I Cerceni '10 — 4*
- ○ Soave Vigne Maiores '10 — 3

Le Carline

VIA CARLINE, 24
30020 PRAMAGGIORE [VE]
TEL. 0421799741
www.lecarline.com

- ● Carline Rosso '07 — 5
- ○ Dogale Passito — 5
- ○ Lison-Pramaggiore Lison '10 — 3
- ○ Lison-Pramaggiore Pinot Grigio '10 — 3

Gerardo Cesari

LOC. SORSEI, 3
37010 CAVAION VERONESE [VR]
TEL. 0456260928
www.cesariverona.it

- ● Amarone della Valpolicella Bosan '04 — 8
- ● Amarone della Valpolicella Cl. Il Bosco '05 — 8
- ● Valpolicella Sup. Ripasso Bosan '08 — 6
- ● Valpolicella Sup. Ripasso Mara '09 — 5

Colvendrà

VIA LIBERAZIONE, 39
31020 REFRONTOLO [TV]
TEL. 0438894265
www.colvendra.it

- ● Colli di Conegliano Rosso del Groppo '07 — 5
- ○ Conegliano Valdobbiadene Extra Dry — 4
- ○ Prosecco Treviso Tranquillo '10 — 4

Corte Adami

CIRCONVALLAZIONE ALDO MORO, 32
37038 SOAVE [VR]
TEL. 0457680423
www.corteadami.it

- ○ Soave Vigna della Corte '09 — 4*
- ● Valpolicella Sup. '08 — 5
- ○ Soave '10 — 3
- ● Valpolicella Sup. Ripasso '08 — 5

Corte Moschina

VIA MOSCHINA, 1
37030 RONCÀ [VR]
TEL. 0457460788
www.cortemoschina.it

- ○ Soave I Tarai '09 — 4
- ○ Soave Roncathe '10 — 4
- ○ Lessini Durello Brut — 4
- ○ Lessini Durello Cl. Brut '08 — 5

Crodi

LOC. COMBAI
VIA CAPOVILLA, 19
31030 MIANE [TV]
TEL. 0438960064

- ○ Prosecco di Treviso Tranquillo San Vittore '09 — 4
- ● 500 Rosso Piccolo '09 — 4
- ○ Prosecco di Treviso San Vittore Brut — 4

F.lli Degani

FRAZ. VALGATARA
VIA TOBELE, 3A
37020 MARANO DI VALPOLICELLA [VR]
TEL. 0457701850
info@deganivini.it

- ● Amarone della Valpolicella Cl. La Rosta '08 — 6
- ● Valpolicella Cl. Sup. Cicilio Ripasso '09 — 4
- ● Amarone della Valpolicella Cl. '08 — 6
- ● Valpolicella Cl. Sup. '09 — 4

L' Arco

Loc. Santa Maria
s.da Roverina, 1
37024 Negrar [VR]
Tel. 3486955914
www.larcovini.it

- ● Amarone della Valpolicella Cl. '05 — 🍷🍷 8
- ● Rubeo '04 — 🍷🍷 7
- ● Valpolicella Cl. Sup. Ripasso '05 — 🍷🍷 5

Latium

Loc. Leon
37030 Mezzane di Sotto [VR]
Tel. 0457834037
www.latiummorini.it

- ● Amarone della Valpolicella Campo Leon '06 — 🍷🍷 7
- ○ Soave '10 — 🍷🍷 3*
- ● Valpolicella Sup. Ripasso Campo dei Ciliegi '08 — 🍷🍷 4

Le Battistelle

Loc. Brognoligo
via Sambuco, 110
37030 Monteforte d'Alpone [VR]
Tel. 0456175621
www.lebattistelle.it

- ○ Soave Cl. Montesei '10 — 🍷🍷 3*
- ○ Soave Cl. Roccolo de Durlo '09 — 🍷🍷 4
- ○ Soave Cl. Battistelle '09 — 🍷 4

Le Mandolare

Loc. Brognoligo
via Sambuco, 180
37032 Monteforte d'Alpone [VR]
Tel. 0456175083
www.cantinalemandolare.com

- ○ Soave Cl. Corte Menini '10 — 🍷🍷 3*
- ○ Il Vignale Passito '08 — 🍷 5
- ○ Soave Cl. Il Roccolo '10 — 🍷 3
- ○ Soave Cl. Sup. Monte Sella '08 — 🍷 4

Marsuret

Loc. Guia
via Spinade, 41
31040 Valdobbiadene [TV]
Tel. 0423900139
www.marsuret.it

- ○ Cartizze — 🍷🍷 5
- ○ Valdobbiadene Extra Dry Il Soler — 🍷🍷 4*
- ○ Prosecco di Treviso Dry Agostino '09 — 🍷 4
- ○ Valdobbiadene Brut San Boldo — 🍷 4

Firmino Miotti

via Brogliati Contro, 53
36042 Breganze [VI]
Tel. 0445873006
www.firminomiotti.it

- ● Breganze Rosso '08 — 🍷🍷 6
- ● Rosso Valletta '07 — 🍷🍷 6
- ● Groppello '09 — 🍷 4
- ○ Le Colombare '10 — 🍷 3

Monte Faustino

via Bure Alto
37029 San Pietro in Cariano [VR]
Tel. 0457701651
www.fornaser.com

- ● Recioto della Valpolicella Cl. '06 — 🍷🍷 6
- ● Valpolicella Cl. Sup. Ripasso La Traversagna '07 — 🍷🍷 5
- ● Amarone della Valpolicella Cl. '06 — 🍷 7

Paladin

via Postumia, 12
30020 Annone Veneto [VE]
Tel. 0422768167
www.paladin.it

- ● Malbech Gli Aceri '08 — 🍷🍷 6
- ○ Lison-Pramaggiore Pinot Grigio '10 — 🍷 4
- ○ Prosecco Dry — 🍷 4
- ● Refosco P.R. '10 — 🍷 4

Giorgio Poggi

VIA POGGI, 7
37010 AFFI [VR]
TEL. 0457236222
www.cantinepoggi.com

- ● Amarone della Valpolicella Cl. Corte dei Castaldi '07 — 🍷🍷 6
- ● Amarone della Valpolicella Cl. Corte Saibante '06 — 🍷🍷 6
- ● Bardolino Ribaldo '10 — 🍷 3

Umberto Portinari

LOC. BROGNOLIGO
VIA SANTO STEFANO, 2
37032 MONTEFORTE D'ALPONE [VR]
TEL. 0456175087
portinarivini@libero.it

- ○ Soave Cl. Ronchetto '09 — 🍷🍷 4*
- ○ Soave Albare '09 — 🍷 4
- ○ Soave Santo Stefano '06 — 🍷 5

Luca Ricci

LOC. COLLALTO
VIA CUCCO, 27
31058 SUSEGANA [TV]
TEL. 0438980130
www.lefade.com

- ● Baùsk '06 — 🍷🍷 5
- ● Apaiolo '08 — 🍷 5
- ○ Conegliano Valdobbiadene Le Fade Extra Dry — 🍷 4

Rubinelli - Vajol

LOC. SAN FLORIANO
VIA PALADON,31
37020 SAN PIETRO IN CARIANO [VR]
TEL. 0456839277
www.rubinellivajol.it

- ● Amarone della Valpolicella Cl. '07 — 🍷🍷 7
- ● Valpolicella Cl. '10 — 🍷 4
- ● Valpolicella Cl. Sup. '08 — 🍷 5

Tenuta San Basilio

VIA MONTE VERSA, 1348
35030 VÒ [PD]
TEL. 0499941420
www.tenutasanbasilio.it

- ● Colli Euganei Rosso Fenice '09 — 🍷🍷 5
- ⊙ Calantha Rosato Extra Dry — 🍷 4
- ○ Colli Euganei Bianco Fenice '10 — 🍷 4

San Cassiano

VIA SAN CASSIANO, 17
37030 MEZZANE DI SOTTO [VR]
TEL. 0458880665
www.cantinasancassiano.it

- ● Valpolicella '10 — 🍷🍷 3*
- ● Valpolicella Sup. '09 — 🍷🍷 5
- ● Amarone della Valpolicella '07 — 🍷 6

San Rustico

FRAZ. VALGATARA DI VALPOLICELLA
VIA POZZO, 2
37020 MARANO DI VALPOLICELLA [VR]
TEL. 0457703348
www.sanrustico.it

- ● Amarone della Valpolicella Cl. Gaso '05 — 🍷🍷 7
- ● Valpolicella Cl. Sup. '09 — 🍷🍷 4*
- ● Amarone della Valpolicella Cl. '06 — 🍷 6
- ● Valpolicella Cl. Sup. Ripasso Gaso '08 — 🍷 5

Sandre

FRAZ. CAMPODIPIETRA
VIA RISORGIMENTO, 16
31040 SALGAREDA [TV]
TEL. 0422804135
www.sandre.it

- ● Cuor di Vigna '06 — 🍷🍷 5
- ● Piave Merlot '09 — 🍷 4
- ● Piave Raboso '06 — 🍷 5
- ● Raboso '08 — 🍷 4

Tenuta Sant' Anna

loc. Loncon
via Monsignor P. L. Zovatto, 71
30020 Annone Veneto [VE]
Tel. 0422864511
www.tenutasantanna.it

- ● Lison-Pramaggiore Cabernet Sauvignon Podere 47 Ris. '07 — 🍷🍷 5
- ○ Lison-Pramaggiore Cl. Goccia '10 — 🍷 4
- ○ Lison-Pramaggiore Pinot Grigio Goccia '10 — 🍷 4

Tenuta Santa Maria alla Pieve

fraz. Pieve - via Cavour, 34
37030 Colognola ai Colli [VR]
Tel. 0456152087
www.tenutapieve.com

- ● Amarone della Valpolicella '06 — 🍷🍷 8
- ● Decima Aurea '06 — 🍷🍷 7
- ○ Torre Pieve '08 — 🍷🍷 6
- ● Pragal '09 — 🍷 4

Santa Sofia

fraz. Pedemonte
via Ca' Dedé, 61
37020 San Pietro in Cariano [VR]
Tel. 0457701074
www.santasofia.com

- ● Amarone della Valpolicella Cl. '06 — 🍷🍷 7
- ○ Lugana '10 — 🍷 3
- ● Recioto della Valpolicella Cl. '07 — 🍷 6
- ● Valpolicella Sup. Ripasso '08 — 🍷 4

Secondo Marco

v.le Campagnolo, 9
37022 Fumane [VR]
Tel. 0456800954
www.secondomarco.it

- ● Amarone della Valpolicella Cl. '06 — 🍷🍷 8
- ● Recioto della Valpolicella Cl. '08 — 🍷🍷 7
- ● Valpolicella Cl. Ripasso Sup. '08 — 🍷🍷 5
- ● Valpolicella Cl. '09 — 🍷 4

Tezza

fraz. Poiano di Valpantena
via Maioli, 4
37142 Verona
Tel. 045550267
www.tezzawines.it

- ● Amarone della Valpolicella Brolo delle Giare Ris. '03 — 🍷🍷 8
- ● Amarone della Valpolicella Corte Majoli '07 — 🍷🍷 6
- ● Valpolicella Ripasso Ma Roat '09 — 🍷 3

Villa Angarano

via Corte, 15
36061 Bassano del Grappa [VI]
Tel. 0424503086
www.villaangarano.com

- ● Breganze Rosso Angarano '09 — 🍷🍷 4
- ● Breganze Torcolato San Biagio Ris. '08 — 🍷🍷 6
- ● Quare di Angarano '08 — 🍷🍷 5

Villa Brunesca

via Serenissima, 12
31040 Gorgo al Monticano [TV]
Tel. 0422800026
www.villabrunesca.it

- ● Refosco P. R. V. Olinda '09 — 🍷🍷 4*
- ● Merlot '10 — 🍷 4
- ● Piave Cabernet '10 — 🍷 4
- ○ Pinot Bianco '10 — 🍷 4

Villa Medici

via Campagnol, 11
37066 Sommacampagna [VR]
Tel. 045515147
www.cantinavillamedici.it

- ● Bardolino '10 — 🍷🍷 3*
- ○ Le Moscatelle '06 — 🍷🍷 5
- ⊙ Bardolino Chiaretto '10 — 🍷 3
- ○ Custoza '10 — 🍷 3

Zardetto Spumanti

via Martiri delle Foibe, 18
31015 Conegliano [TV]
Tel. 0438394969
www.zardettoprosecco.com

- ○ Cartizze C n°5 '10 — 6
- ○ Conegliano Valdobbiadene Brut B — 4
- ○ Conegliano Valdobbiadene Brut Rive di Ogliano Tre Venti '10 — 4

Pietro Zardini

via Don P. Fantoni, 3
37029 San Pietro in Cariano [VR]
Tel. 0456800989
www.pietrozardini.it

- ● Valpolicella Sup. Ripasso Austero '07 — 5
- ● Amarone della Valpolicella Cl. '06 — 7
- ● Recioto della Valpolicella Cl. '08 — 5
- ● Valpolicella '09 — 4

弗留利-威尼斯朱利亚区
FRIULI VENEZIA GIULIA

2012年，弗留利—威尼斯朱利亚区（Friuli Venezia Giulia）开始崭露头角，该大区有多达26种美酒参与“三杯奖（Three Glass Awards）”评选。该大区的顶级酒中，只有一种是红葡萄酒，这说明该大区生产白葡萄酒的天职得到公认。我们从红酒讲起，塞克瑞沙斯•罗素（Sacrisassi Rosso）2009年款是由弗拉维奥和西尔瓦娜•福尔特的酒庄生产，他们两个人对葡萄酒的强大激情和信念也使得我们感受到他们过去生产的酒的品质。其余都是白葡萄酒。弗留利葡萄酒（Friulano）的销售拔得头筹为弗留利产区作出卓越贡献。东科利山（Colli Orientali）有几种葡萄酒拥有弗留利的特性：洛克迪维科（Ronc di Vico）2009年款，摩萨（ Le Vigne di Zamò）的维尼西特安妮（superb Vigne Cinquant）2009年款以及来自隆齐迪曼萨诺（Ronchi di Manzano）的2010年款，来自弗兰克•托诺斯（Franco Toros）的完美2010年款。我们必须铭记，在各种混酿中，弗留利都是主要原料，它最初被饮用是在白科里奥酒（Collio Bianco）中。2010年起，有五种极好的科里奥拜恩科（Collio Bianco）酒满足着我们的味蕾，它们是：爱迪•科波尔（Edi Keber）、布罗伊（Broy）的欧吉尼奥•克拉维尼（Eugenio Collavini）、福萨琳（Fosarin）的龙科•塔斯（Ronco dei Tassi）、维格纳•朗科（Vigna Runc）的卡尔品诺二代（Il Carpino）和韦格尼（Vigne）的祖安妮（Zuani）。这个绝佳产酒地区的集会是两种更出色的传统酒完成的，它们是玛乐维热亚2010年款（Doro Princic's '10 Malvasia）和龙科•梅利2010年款（Sauvignon Ronco delle Mele '10 from Venica）。科里奥地区的非官方酒庄也产出了一些好酒，如：丽雯的阿尔缇2009年款（Braide Alte '09 from Livon）、伯德威斯克的卡普里亚2008年款（ Kaplia '08 from Podversic）、 洁尔曼的梦想2009年款（Jermann's W... Dreams '09）及思齐偶皮特的拜安科2008年款（the Mario Schiopetto Bianco '08 from Schiopetto）。东科利山（Colli Orientali）的酒的特性可以再两种酒上体现，一种是利维奥•菲鲁格的拜恩科•特丽•阿尔特09年款（Rosazzo Bianco Terre Alte '09 from Livio Felluga），另一种是沃尔皮•帕斯尼（Volpe Pasini）的酒，后者是该区唯一获得最高奖项的酒，在意大利获此殊荣的也不多。人们关心的酒是来自于组克•沃尔皮酒庄（Zuc di Volpe）生产线的塞维农和比诺•拜安科2010年款（'10 Sauvignon and Pinot Bianco）。伊松佐（Isonzo）河畔的酒庄提供给我们的是一流的弗洛•尤伊斯（Flor di Uis '09 from Vie di Romans）、玛乐维热亚2010年款（ Malvasia '10 from Ronco del Gelso）和比诺•格里吉奥09年款（ Pinot Grigio Gris '09 from Lis Neris）以及两种混合酒：阿尔比斯•布兰科09款（Arbis Blanc '09 from Borgo San Daniele）和费勒提09款（Desiderium Selezione I Ferretti'09 by Eddi Luisa）。这次酒庄旅行的最后一站是卡尔索（Carso），该酒庄采用浸皮方式酿造了玛乐维热亚2009年款（Malvasia '09 from Zidarich）和欧格拉德•菲尔特拉托2009年款（Ograde Non Filtrato '09 by Skerk）。总体上说，酒品琳琅满目、又富含韵味。伟大的葡萄园、艺术性的酿酒方式、酿酒知识渊博和技巧丰富的酿酒师，共同酿造了这些精美绝伦的葡萄酒。

Tenuta di Angoris

Loc. Angoris, 7
34071 Cormòns [GO]
Tel. 048160923
www.angoris.com

藏酒销售
预约参观
年产量 850 000 瓶
葡萄种植面积 130 公顷

安格里斯（Tenuta di Angoris）酒庄早在1648年就建成了。酒庄建成三个世纪以来，屡次更换庄主。如今该酒庄的葡萄种植面积多达130公顷，大部分位于庄园在科蒙斯（Cormóns）弗留利伊松诺（Friuli Isonzo DOC）的主要栖居地，剩下部分在地处科里奥山（Collio）的龙科安迪科（Ronco Antico）与弗留利东科利山（Colli Orientali del Friuli DOC）的司丹比利德拉洛卡（Stabili della Rocca）。1968年，安格里斯酒庄被洛克特罗•洛克特里（Locatello Locatelli）收购，如今该酒庄由他的女儿克劳蒂娅（Claudia）及她的同辈玛尔塔（Marta）和马西莫（Massimo）经营。

○ COF Bianco Spìule '09	🍷🍷	5
○ COF Friulano Vôs da Vigne '10	🍷🍷	4
⊙ 1648 Rosé '07	🍷🍷	6
○ COF Sauvignon Vôs da Vigne '10	🍷🍷	5
○ Collio Pinot Grigio Vôs da Vigne '10	🍷🍷	4
○ 1648 Brut '07	🍷	6
○ COF Ribolla Gialla Vôs da Vigne '10	🍷	4
○ Friuli Isonzo Pinot Bianco Villa Angoris '10	🍷	4
○ Friuli Isonzo Sauvignon Villa Angoris '10	🍷	4
○ COF Friulano Vôs da Vigne '07	🍷🍷	5
○ COF Ribolla Gialla Vôs da Vigne '08	🍷🍷	4*
○ COF Sauvignon Vôs da Vigne '07	🍷🍷	5
○ COF Sauvignon Vôs da Vigne '06	🍷🍷	4*
○ Collio Tocai Friulano Vôs da Vigne '06	🍷🍷	4*

Antonutti

Fraz. Colloredo di Prato
via D'Antoni, 21
33037 Pasian di Prato [UD]
Tel. 0432662001
www.antonuttivini.it

藏酒销售
预约参观
年产量 700 000 瓶
葡萄种植面积 17 公顷

在1921年，伊格纳兹奥•安东努帝（Ignazio Antonutti）辟道拓荒，现在他的女儿阿德里安娜（Adriana）遵循着同样的道路。这位顽强的酒商经营着位于科罗雷多迪普拉托（Colloredo di Prato）弗留利格雷夫（Grave del Friuli）的最著名的酒庄之一，她的丈夫力诺德•杜兰迪（Linod Durandi）的葡萄园位于斯普利姆伯格市（Spilimbergo）的巴尔比诺（Barbeano）。夫妇二人与他们的子女卡塔琳娜（Caterina）和尼古拉（Nicola）组成了绝佳团队，这个团队倾向于在尊重传统的基础上改革创新。

○ Friuli Grave Pinot Grigio '10	🍷🍷	4
○ Friuli Grave Traminer Aromatico Vis Terrae '09	🍷🍷	6
○ Lindul '08	🍷🍷	8
● Friuli Grave Cabernet Sauvignon Vis. Terrae '06	🍷	4
○ Friuli Grave Chardonnay Vis Terrae '10	🍷	6
○ Friuli Grave Friulano '10	🍷	4
○ Friuli Grave Sauvignon '10	🍷	4
○ Friuli Grave Traminer Aromatico '10	🍷	4
○ Friuli Grave Pinot Grigio Vis Terrae '07	🍷🍷	4*
○ Friuli Grave Sauvignon '08	🍷🍷	4*
○ Friuli Grave Traminer Aromatico Vis Terrae '08	🍷🍷	4
○ Friuli Grave Traminer Aromatico Vis Terrae '07	🍷🍷	4*

Aquila del Torre

FRAZ. SAVORGNANO DEL TORRE
VIA ATTIMIS, 25
33040 POVOLETTO [UD]
TEL. 0432666428
www.aquiladeltorre.it

藏酒销售
预约参观
年产量 50 000 瓶
葡萄种植面积 18 公顷

阿奎拉迪托雷（Aquila del Torre）酒庄地处托雷区圣瓦哥纳诺山（Savorgnano del Torre），位于被誉为美酒之乡的弗留利（Friuli）。酒庄自20世纪早期开始经营，1996年被希尔尼（Ciani）家族收购。18公顷的土地被分为若干部分进行葡萄种植，而特定的土壤类型和气候特点为葡萄园提供了条件。其中16公顷的种植区连绵在森林中。同时，这片植物区有橡树、栗树、角树繁荣茂盛地生长。

- ○ COF At Sauvignon Blanc '10 — 4*
- ○ COF At Friulano '10 — 4
- ○ COF Picolit '08 — 7
- ○ COF Riesling '09 — 4
- ○ COF Friulano '09 — 4
- ○ COF Friulano '08 — 5
- ○ COF Picolit '07 — 8
- ● COF Refosco P. R. '08 — 4
- ● COF Refosco P. R. '07 — 5
- ○ COF Sauvignon Vit dai Maz '08 — 6

Attems

FRAZ. CAPRIVA DEL FRIULI
VIA AQUILEIA, 30
34070 GORIZIA
TEL. 0481806098
www.attems.it

藏酒销售
预约参观
年产量 365 000 瓶
葡萄种植面积 62 公顷

作为有深远历史家族的传统，自1935年开始，康特•吉斯蒙多•道格拉斯•艾登斯（Conte Douglas Attems）致力于酿酒事业。1964年，他建立了科里奥（Collio）葡萄酒协会，并持续担任主席。2000年，作为优质葡萄酒酿造引领者的登斯（Attems）家族与意大利高级葡萄酒酿造世家——花思蝶（Marchesi di Frescobaldi）家族强强联手，该家族拥有30代优质酒酿造史。

- ○ Collio Bianco Cicinis '09 — 5
- ○ Collio Pinot Bianco '10 — 4*
- ○ Collio Pinot Grigio '10 — 4*
- ○ Collio Pinot Grigio Cupra Ramato '10 — 4*
- ○ Collio Sauvignon '10 — 4*
- ○ Chardonnay '10 — 4
- ○ Collio Friulano '10 — 4
- ○ Collio Bianco Cicinis '08 — 5
- ○ Collio Bianco Cicinis '07 — 5
- ○ Collio Bianco Cicinis '06 — 5
- ○ Collio Friulano '08 — 4*
- ● Collio Merlot '06 — 4
- ○ Collio Pinot Grigio '08 — 4*

Giorgio Bandut - Colutta

via Orsaria, 32
33044 Manzano [UD]
Tel. 0432740315
www.colutta.it

藏酒销售
预约参观
年产量 130 000 瓶
葡萄种植面积 20 公顷

克鲁塔（Colutta）酒庄，又名半多特（Bandut）酒庄，根据该地区一个古老的农场命名。在20世纪早期，被安东尼奥•克鲁塔购得。如今，该酒庄由吉尔吉奥•克鲁塔（Giorgio Colutta）负责。吉尔吉奥拥有医学学位，对这块土地有无限的热情，他经营着位于曼萨诺（Manzano）的酒庄。这里酒窖设施新近重置，现已拥有农场住宿条件。葡萄园分布于波特里奥(Buttrio)、曼萨诺（Manzano）、罗萨佐（Rosazzo）和周边地区，是享有盛誉的弗留利东科利山（Colli Orientali del Friuli）葡萄园和葡萄酒区。

Wine	Rating
○ COF Friulano '10	4*
● COF Refosco P. R. '08	4
○ COF Sauvignon '10	4
○ Picolit '07	8
○ COF Ribolla Gialla '10	5
● COF Schioppettino '09	5
○ COF Picolit '03	7
○ COF Pinot Grigio '09	4*
○ COF Sauvignon '09	4*
● COF Schioppettino '07	5
● COF Schioppettino '06	5

Tenuta di Blasig

via Roma, 63
34077 Ronchi dei Legionari [GO]
Tel. 0481475480
www.tenutadiblasig.it

藏酒销售
预约参观
年产量 100 000 瓶
葡萄种植面积 16.5 公顷

1788年，多梅尼克•布拉斯格（Domenico Blasig）在适宜制酒的迪松佐河平原（Lsonzo）上的龙基代莱焦纳里（Ronchi dei Legionari）建立了酒庄，至此已有七代种植者先后在此经营。现在酒庄由艾丽莎贝塔•托洛托•萨尔奇奈利（Elisabetta Bortolotto Sarcinelli）管理，这是一位有能力的女性，在德国和美国都有自己的事业。如今，艾丽莎贝塔只专注于家族的酒庄。虽然她的主要注意力集中于市场营销方面，但是她也密切关注从葡萄园种植到地窖藏酒的每个生产环节。

Wine	Rating
● Friuli Isonzo Merlot '08	4*
● Friuli Isonzo Refosco P. R. '08	4*
○ Friuli Isonzo Friulano '10	4
○ Friuli Isonzo Malvasia '10	4
○ Friuli Isonzo Pinot Bianco '10	4
○ Malvasia Elisabetta Extra Dry	4
● Friuli Isonzo Cabernet '06	4*
○ Friuli Isonzo Friulano '09	4*
○ Friuli Isonzo Malvasia '09	4*
○ Friuli Isonzo Malvasia '08	4*
● Friuli Isonzo Merlot '06	4*
● Rosso Gli Affreschi '03	5

La Boatina

VIA CORONA, 62
34071 CORMÒNS [GO]
TEL. 048160445
www.paliwines.com

藏酒销售
预约参观
年产量 120 000 瓶
葡萄种植面积 62 公顷

几年前，洛伦佐•巴利（Lorenzo Pali）将他经营的用于葡萄酒观光旅游的地产整合为巴利葡萄酒集团（Pail Wines），旗下的酒庄包括卡斯特罗迪斯波沙（Castello di Spessa）、拉宝蒂娜（La Boatina）、艾伦卡地（I Roncati）和帝斯蒂勒尔迪孟佐（Distillerie De Mezzo）。拉宝蒂娜一直被作为弗留利伊松诺法定产区葡萄酒（Friuli Lsonzo DOC）的商标。这些庄园坐落在戈里齐亚（Gorizia）和科尔蒙斯（Cormòns）之间，在与斯洛文尼亚（Slovenia）相邻的边界地带。一直以来，酒庄不仅以生产葡萄酒出名，而且向游客提供舒适的床铺和丰盛的早餐等农场食宿条件。

● Friuli Isonzo Cabernet Sauvignon '08	4
○ Friuli Isonzo Friulano '10	4
● Friuli Isonzo Merlot '08	4
○ Friuli Isonzo Chardonnay '10	4
○ Friuli Isonzo Pinot Bianco '10	4
○ Friuli Isonzo Pinot Grigio '10	4
○ Friuli Isonzo Sauvignon '10	4
● Collio Cabernet Sauvignon '00	4
● Collio Rosso Picol Maggiore '99	5
● Collio Rosso Picol Maggiore Ris. '01	5
○ Collio Sauvignon '01	4
○ Friuli Isonzo Friulano '09	4*
○ Friuli Isonzo Friulano '08	4*
○ Friuli Isonzo Pinot Bianco '09	4*
○ Friuli Isonzo Pinot Grigio '09	4*

Borgo Conventi

S.DA DELLA COLOMBARA, 13
24070 FARRA D'ISONZO [GO]
TEL. 0481888004
www.ruffino.it

藏酒销售
年产量 350 000 瓶
葡萄种植面积 30 公顷

1975年，博尔格贡文迪（Borgo Conventi）酒庄在科里奥法定原产葡萄酒产地（Collio DOC）建立，并很快跻身于弗留利地区优秀葡萄酒制造商之列。2001年，拥有托斯卡纳（Tuscan）高端葡萄酒品牌的特丽蒙提鲁芬诺公司（Tenimenti Ruffino）接手，从此调整了发展战略。博尔格贡文迪酒庄拥有的30公顷葡萄园均位于科里奥（Collio）和弗留利伊松诺法定原产葡萄酒产地（Friuli Isonzo DOC）中最为适宜种植葡萄的村庄。本酒庄装备了现代化的设备，同时拥有设置了品尝室的豪华别墅群。

○ Collio Chardonnay '10	4
○ Collio Sauvignon '10	4
○ Collio Sauvignon Colle Blanchis '10	5
○ Friuli Isonzo Pinot Grigio '10	4*
○ Collio Friulano '10	4
● Collio Merlot '09	4
○ Collio Pinot Grigio '10	4
○ Collio Ribolla Gialla '10	4
● Friuli Isonzo Cabernet Franc '09	4
○ Friuli Isonzo Chardonnay '10	4
○ Friuli Isonzo Sauvignon '10	4
● Braida Nuova '91	7
○ Collio Bianco Colle Russian '06	5
○ Collio Sauvignon '09	4*
○ Collio Sauvignon '08	5

Borgo del Tiglio

FRAZ. BRAZZANO
VIA SAN GIORGIO, 71
34070 CORMÒNS [GO]
TEL. 048162166

藏酒销售
预约参观
年产量 35 000 瓶
葡萄种植面积 8.5 公顷

即使是认识尼古拉•曼法拉利（Nicola Manferrari）的人也未必知道，其实他是一位药剂师。正是他被培养的方式激励着他努力寻求各项事业的平衡。他集炼金术师的灵性和药剂师的严谨于一身。土地的潜质，高超的技术，对各项环节的关注与富有雄心壮志的梦想，敏锐接近完美的洞察力紧密结合，共同造就了沁人心脾的葡萄酒。尼古拉为成就更高品质的美酒而不懈努力。

● Collio Rosso della Centa '06	8
○ Collio Bianco Ronco della Chiesa '06	7
○ Collio Bianco Ronco della Chiesa '02	7
○ Collio Bianco Ronco della Chiesa '01	7
○ Collio Chardonnay '00	5
○ Collio Chardonnay Sel. '99	6
○ Collio Tocai Friulano Ronco della Chiesa '90	6
○ Collio Chardonnay Sel. '06	7
○ Collio Malvasia '07	7
○ Collio Malvasia '06	7
○ Collio Sauvignon '09	7
○ Collio Studio di Bianco '05	7
○ Collio Tocai Friulano '05	6

Borgo delle Oche

VIA BORGO ALPI, 5
33098 VALVASONE [PN]
TEL. 0434840640
www.borgodelleoche.it

藏酒销售
预约参观
年产量 35 000 瓶
葡萄种植面积 7 公顷

博尔格德勒奥克（Borgo delle Oche）酒庄在波带内诺省（Pordenone）瓦尔瓦松内市（Valvasone）的无与伦比的具有中世纪风格的中心地区，酒庄也以该地区的名称而命名。酒庄于2004年开始经营，开创者是拥有食品技术方面学位的路易莎•曼尼尼（Luisa Menini）和她的丈夫兼合伙人尼古拉•皮蒂尼（Nicola Pittini），一位农学家和酿酒学家。路易莎喜欢户外作业，热情投身于葡萄种植行业中。她培育出优质的葡萄，这为尼古拉酿造出博尔格德勒奥克（Borgo delle Oche）品牌独特风味的美酒奠定了基础。

○ Bianco Alba '10	6
○ Pinot Grigio '10	4*
● Refosco P. R. '09	4*
○ Traminer Aromatico '10	4*
○ Chardonnay '09	4
● Merlot '09	4
○ Terra & Cielo Brut	4
○ Bianco Alba '09	6
○ Bianco Alba '08	6
○ Bianco Alba '07	5
○ Bianco Alba '06	5
○ Bianco Alba '05	5
○ Bianco Lupi Terrae '07	5
○ Pinot Grigio '07	4
○ Traminer Aromatico '06	4*

Borgo Judrio

VIA AQUILEIA, 79
33040 CORNO DI ROSAZZO [UD]
TEL. 0432755896
borgojudrio@alice.it

预约参观
年产量 20 000 瓶
葡萄种植面积 12 公顷

博尔格朱吉奥（Borgo Judrio）酒庄于2007年由阿尔伯特•吉甘特（Alberto Gigante）成立。酒庄名字的灵感来源于流经本区山丘的朱吉奥河（Judrio）。几百年来，这里以盛产美酒闻名。本酒庄位于弗留利东科利山法定原产地葡萄酒产区（Colli Orientali del Friuli DOC）的科诺迪洛萨佐（Corno di Rosazzo）。阿尔伯特的兄弟阿里尔多（Ariedo）利用他作为酿酒学家的经验，在藏酒和葡萄园管理方面为酒庄服务。阿里尔多对这块土地和在此生产的美酒有深厚的感情。

○ COF Chardonnay '09	🍷🍷	4*
● COF Refosco P. R. '09	🍷🍷	4*
○ COF Verduzzo Friulano '09	🍷🍷	4*
○ COF Friulano '10	🍷	4
○ COF Ribolla Gialla '10	🍷	4
○ COF Sauvignon '10	🍷	4
○ COF Friulano '09	🍷🍷	4*
○ COF Friulano '08	🍷🍷	4*
● COF Refosco P. R. '06	🍷🍷	4*
○ COF Sauvignon '09	🍷🍷	4*
○ COF Sauvignon '08	🍷🍷	4*

★Borgo San Daniele

VIA SAN DANIELE, 16
34071 CORMÒNS [GO]
TEL. 048160552
www.borgosandaniele.it

藏酒销售
预约参观
年产量 56 000 瓶
葡萄种植面积 18.75 公顷

博尔格圣丹尼勒区（Borgo San Daniele）位于科蒙斯（Cormòns），这里是安东尼奥•毛里（Antonio Mauri）的家乡和他拥有的酒厂的所在地。当他过世后，将数公顷的土地留给了孙子毛罗（Mauro）和孙女亚历桑德拉（Alessandra）。这对兄妹也继承了祖父对这片土地的深深的爱。怀着梦想，他们作出了影响一生的选择，投入到祖父留下的产业中。短短几年，酒庄的良好经营就在本区广为称赞。

○ Arbis Blanc '09	🍷🍷🍷	5
○ Friuli Isonzo Friulano '09	🍷🍷	5
○ Friuli Isonzo Pinot Grigio '09	🍷🍷	5
○ Arbis Blanc '05	🍷🍷🍷	5
○ Friuli Isonzo Arbis Blanc '02	🍷🍷🍷	5
○ Friuli Isonzo Friulano '08	🍷🍷🍷	5*
○ Friuli Isonzo Friulano '07	🍷🍷🍷	5*
○ Friuli Isonzo Pinot Grigio '04	🍷🍷🍷	5
○ Friuli Isonzo Pinot Grigio '99	🍷🍷🍷	5
○ Friuli Isonzo Tocai Friulano '03	🍷🍷🍷	5
○ Friuli Isonzo Tocai Friulano '97	🍷🍷🍷	5
● Gortmarin '03	🍷🍷🍷	5
○ Friuli Isonzo Pinot Grigio '08	🍷🍷	5*
○ Friuli Isonzo Tocai Friulano '06	🍷🍷	5

Borgo Savaian

via Savaian, 36
34071 Cormòns [GO]
Tel. 048160725
stefanobastiani@libero.it

藏酒销售
预约参观
年产量 40 000 瓶
葡萄种植面积 15 公顷

2001年，斯特凡诺•巴斯蒂安妮（Stefano Bastiani）在父亲的精心安排下接手酒厂，打造出博尔格赛维安（Borgo Savaian）品牌。该品牌名字来源于酒厂所在的科里奥（Collio）的奎里昂山（Mount Quarin）脚下科蒙斯（Cormòns）的一处区名。斯特凡诺拥有在奇维达莱（Cividale）一所农业大学的学位，他的妹妹罗莎娜（Rosanna）拥有葡萄酒工艺学学位。凭借专业的知识和经验，兄妹二人将家族酒厂建设得非常成功。

- ● Collio Merlot Tolrem '07 5
- ○ Collio Friulano '10 4*
- ○ Collio Pinot Bianco '10 4*
- ○ Collio Sauvignon '10 4
- ○ Friuli Isonzo Traminer Aromatico '10 4
- ○ Collio Chardonnay '04 4*
- ○ Collio Friulano '09 4*
- ○ Collio Pinot Bianco '05 4*
- ○ Collio Pinot Bianco '04 4*
- ○ Collio Pinot Grigio '05 4
- ○ Collio Sauvignon '09 4*
- ○ Collio Sauvignon '08 4*
- ● Friuli Isonzo Cabernet Franc '07 4*

Cav. Emiro Bortolusso

via Oltregorgo, 10
33050 Carlino [UD]
Tel. 043167596
www.bortolusso.it

藏酒销售
预约参观
年产量 100 000 瓶
葡萄种植面积 40 公顷

在安尼亚法定原产葡萄酒产地（Annia DOC）的卡里诺（Carlino），坐落着博托鲁斯兄妹（Bortolusso）——塞尔吉奥（Sergio）和克拉拉（Clara）的酒庄。本区根据一条公路命名，公元前131年，罗马行政官提图斯•安尼乌斯•鲁弗斯（Titus Annius Rufus）建造该公路，意在连接阿奎莱亚（Aquileia）和艾米利亚（Via Emilia）。塞尔吉奥和克拉拉的酒庄位于马拉诺泻湖国家公园（Marano Lagunare）旁，此处风景优美。经过兄妹二人数年的苦心经营，之前不见经传的酒庄现已名声大振。

- ○ Friuli Annia Malvasia '10 3*
- ○ Friuli Annia Chardonnay '10 3*
- ○ Friuli Annia Traminer Aromatico '10 3
- ○ Friuli Annia Friulano '10 3
- ○ Friuli Annia Pinot Bianco '10 3
- ○ Friuli Annia Pinot Grigio '10 3
- ● Friuli Annia Refosco P. R. '09 3
- ○ Friuli Annia Sauvignon '10 3
- ○ Friuli Annia Chardonnay '09 3*
- ○ Friuli Annia Friulano '09 3*
- ○ Friuli Annia Malvasia '09 3*
- ○ Friuli Annia Malvasia '08 3*
- ○ Friuli Annia Malvasia '02 4
- ○ Friuli Annia Pinot Grigio '09 3*
- ○ Friuli Annia Sauvignon '09 3*

Rosa Bosco

via Roma, 5
33040 Moimacco [UD]
Tel. 0432722461
www.rosabosco.it

藏酒销售
预约参观
年产量 14 000 瓶

在朋友的心目中，罗斯塔博斯克（Rosa Bosco）是一位优秀的女性，凭借她的坚强和热情，将生意打理地井井有条。她的儿子阿利索•道里格（Alessio Dorigo）是位年轻聪颖的酿酒师，同时是当地颇有声望的咨询师。在弗留利东科利山（Colli Orientali del Friuli）租赁的葡萄园，以及根据需要灵活购买的葡萄，使罗斯塔能够酿造出一系列美酒。其中的杰出代表黄瑞伯拉（Ribolla Gialla）和苏维翁（Sauvignon）葡萄酒，更是闪耀着迷人的红色光泽。

- ● Il Boscorosso '07 7
- ○ Blanc de Blancs Brut 6
- ○ Ribolla Gialla '10 5
- ○ COF Sauvignon Blanc '02 6
- ○ Blanc de Blancs Brut 6
- ● COF Rosso Il Boscorosso '04 7
- ● COF Rosso Il Boscorosso '01 7
- ● COF Rosso Il Boscorosso '99 7
- ○ COF Sauvignon Blanc '06 6
- ○ COF Sauvignon Blanc '05 6
- ○ COF Sauvignon Blanc '04 6
- ○ COF Sauvignon Blanc '03 6
- ● Il Boscorosso '06 7

Conte Brandolini

via Vistorta, 82
33077 Sacile [PN]
Tel. 0434782490
www.vistorta.it

藏酒销售
预约参观
年产量 250 000 瓶
葡萄种植面积 36 公顷
葡萄栽培方式 有机认证

19世纪，富有远见的圭多•布兰多里尼（Guido Brandolini）将弗留利（Friuli）西部的维斯托塔（Vistorta）改造成具备现代化经营模式的酒庄。自1980年起，酒庄一直由布兰迪诺•布兰多里尼•德阿达（Brandino Brandolini d'Adda）管理。在此之前，他曾有管理家族其他产业的经验，曾管理位于默多克（Médoc）的格里塞克（Chateau Greysac）酒庄。在他的带领下，酒庄专注于酿造高品质红酒。此外，维斯托塔葡萄酒现已跻身法国葡萄酒之列。

- ● Friuli Grave Merlot Vistorta '08 5
- ○ Vistorta Bianco '10 5
- ● Friuli Grave Merlot Vistorta '07 5
- ● Friuli Grave Merlot Vistorta '06 5
- ● Friuli Grave Merlot Vistorta '05 5
- ○ Friuli Grave Chardonnay '09 3*
- ○ Friuli Grave Chardonnay '07 3*
- ○ Friuli Grave Friulano '08 4*
- ○ Friuli Grave Friulano '07 4
- ○ Friuli Grave Pinot Grigio '07 4
- ○ Friuli Grave Sauvignon '08 4*
- ○ Friuli Grave Sauvignon '07 4*

Branko

Loc. Zegla, 20
34071 Cormòns [GO]
Tel. 0481639826
info@brankowines.com

藏酒销售
预约参观
年产量 50 000 瓶
葡萄种植面积 9 公顷

艾格尔•艾泽蒂可（Igor Erzetic）的父亲布兰科（Branko）是酒庄的前任主人，酒庄即是以他的名字命名的。布兰科在1950年开始经营。20世纪90年代，艾格尔在别的酒庄学习到新的经验，学到新的储藏葡萄的技术。接着，他在普利斯瓦（Plessiva）和诺瓦里斯（Novali）购置了新的地产。布兰科是一个小而精致的酒庄，位于以美酒著称的科里奥（Collio）的中心地带泽格拉（Zegla）。这里的地形地势、温度变化和通风情况都十分理想。

酒款	评级
○ Collio Friulano '10	🍷🍷 5
○ Collio Pinot Grigio '10	🍷🍷 5
○ Collio Sauvignon '10	🍷🍷 5
○ Collio Chardonnay '10	🍷 5
○ Collio Pinot Grigio '08	ΩΩΩ 5*
○ Collio Pinot Grigio '07	ΩΩΩ 5
○ Collio Pinot Grigio '06	ΩΩΩ 5
○ Collio Pinot Grigio '05	ΩΩΩ 5
○ Collio Chardonnay '08	ΩΩ 5
○ Collio Friulano '08	ΩΩ 5
○ Collio Friulano '07	ΩΩ 5
○ Collio Pinot Grigio '09	ΩΩ 5
○ Collio Sauvignon '06	ΩΩ 5
○ Collio Sauvignon '05	ΩΩ 5
○ Collio Tocai Friulano '06	ΩΩ 5

Livio e Claudio Buiatti

via Lippe, 25
33042 Buttrio [UD]
Tel. 0432674317
www.buiattivini.it

藏酒销售
预约参观
年产量 35 000 瓶
葡萄种植面积 8 公顷

布拉迪（Buiatti）家族有100多年在弗留利东科利山（Colli Orientali del Friuli）南部地区种植葡萄的经验。一代代的继承者，在尊重传统的同时，也注重开拓创新。如今，克劳迪奥•布拉迪（Claudio Buiatti）和妻子维维安娜（Viviana）共同经营着从父亲利维奥（Livio）那里继承来的创新世山（Eocene）的庄园。葡萄园从布特里奥（Buttrio）延绵至普力马里克（Premariacco），穿过拉蒙特盘尼斯（in Mont e Poanis）风景如画的美丽乡村。

酒款	评级
○ COF Friulano '10	🍷🍷 4*
○ COF Malvasia '10	🍷🍷 4*
● COF Refosco P. R. '09	🍷🍷 4*
● COF Rosso Momon Ros Ris. '08	🍷🍷 5
○ COF Sauvignon '10	🍷🍷 4*
● COF Cabernet '09	🍷 4
● COF Merlot '09	🍷 4
○ COF Verduzzo Friulano Momon d'Aur '09	🍷 4
● COF Merlot '06	ΩΩ 4
● COF Refosco P. R. '08	ΩΩ 4
● COF Rosso Momon Ros Ris. '05	ΩΩ 5
○ COF Sauvignon '08	ΩΩ 4*
○ COF Sauvignon '07	ΩΩ 4*
○ COF Tocai Friulano '04	ΩΩ 4*

Valentino Butussi

via Prà di Corte, 1
33040 Corno di Rosazzo [UD]
Tel. 0432759194
www.butussi.it

藏酒销售
预约参观
年产量 100 000 瓶
葡萄种植面积 18 公顷
葡萄栽培方式 有机种植

19世纪早期，瓦伦蒂诺（Valentino）建立了酒庄，从20世纪70年代起，酒庄交由他的儿子安吉鲁•布塔西（Angelo Butussi）经营。现在安吉鲁已经将生意交由四个孩子管理，但他仍然是这个大家庭的领导者。菲利普（Filippo）照看藏酒，东毕亚（Tobia）负责种植园，马蒂亚（Mattia）和艾丽卡（Erika）主管销售。他们位于威斯纳朱吉奥（Visinale dello Judrio）的17世纪精心建造的别墅由安吉鲁的妻子皮丽娜（Pierina）管理，女主人热情好客。

○ COF Picolit '08	7
○ COF Bianco di Corte '10	4
● COF Cabernet Sauvignon '09	4
○ COF Chardonnay '10	4*
● COF Pignolo '07	6
● COF Rosso di Corte '08	5
○ COF Verduzzo Friulano '09	4*
● COF Cabernet Franc '09	4
○ COF Friulano '10	4
● COF Merlot '09	4
○ COF Pinot Grigio '10	4
○ COF Sauvignon '10	4
○ COF Friulano '09	4*
○ COF Picolit '07	7
○ COF Sauvignon '09	4*

Maurizio Buzzinelli

loc. Pradis, 20
34071 Cormòns [GO]
Tel. 048160902
www.buzzinelli.com

藏酒销售
预约参观
年产量 100 000 瓶
葡萄种植面积 24 公顷

毛利佐•布兹内里（Maurizio Buzzinelli）的酒窖坐落于普拉迪斯（Pradis），邻近科蒙斯（Cormòns），位于终年阳光充足的山坡上，俯视着弗留利（Friulian）的乡村美景，遥望亚得里亚海（Adriatic）沿岸。为了生计，同时也为这里的自然美景所吸引，毛利佐的祖父路易吉（Luigi）于1937年在此定居。从此家族在此生息。如今，毛利佐负责家族事务。

○ Collio Friulano '10	4
○ Collio Malvasia '10	4*
● Collio Rosso Frututis '09	5
○ Collio Sauvignon '10	4
○ Collio Ribolla Gialla '10	4
○ Collio Friulano '09	4*
○ Collio Friulano '07	4
○ Collio Malvasia Ronc dal Luis '08	4*
○ Collio Pinot Grigio '08	4*
○ Collio Ribolla Gialla '09	4*
○ Collio Sauvignon '09	4*
○ Collio Tocai Friulano '06	4

Ca' Bolani

VIA CA' BOLANI, 2
33052 CERVIGNANO DEL FRIULI [UD]
TEL. 043132670
www.cabolani.it

藏酒销售
预约参观
年产量 2 500 000 瓶
葡萄种植面积 500 公顷

卡波拉尼（Ca' Bolani）酒庄位于弗留利阿奎莱亚法定原产地葡萄酒产区（Friuli Aquileia DOC），酒庄由三部分构成：卡波拉尼（Ca' Bolani）、莫林狄朋（Molin del Ponte）和卡维斯科沃（Ca' Vescovo）。庄园的总面积超过800公顷，其中500公顷用于葡萄种植。这使得卡波拉尼地产成为意大利北部最大的庄园。同时，这也是左宁（Zonin）家族第一次在威尼托地区（Veneto）之外的地方收购地产。现在，酿酒已经成为弗留利最富盛名的产业，出产的美酒远销至世界每一个角落。

- ○ Friuli Aquileia Sauvignon Aquilis '10 — 2 glasses (red) 4*
- ● Friuli Aquileia Refosco P. R. '09 — 2 glasses 4*
- ● Friuli Aquileia Refosco P. R. Alturio '07 — 2 glasses 5
- ○ Friuli Aquileia Sauvignon Tamànis '10 — 2 glasses 5
- ○ Friuli Aquileia Friulano '10 — 1 glass 4
- ○ Friuli Aquileia Pinot Bianco '10 — 1 glass 4
- ○ Prosecco Ca' Bolani — 1 glass 3
- ○ Friuli Aquileia Pinot Bianco '09 — 3 glasses 4*
- ● Friuli Aquileia Conte Bolani Gianni Zonin Vineyards '00 — 2 glasses 6
- ● Friuli Aquileia Refosco P. R. '08 — 2 glasses 4*
- ● Friuli Aquileia Refosco P. R. Alturio Gianni Zonin Vineyards '05 — 2 glasses 4*
- ○ Friuli Aquileia Sauvignon Aquilis '09 — 2 glasses 4*
- ○ Friuli Aquileia Sauvignon Tamànis Gianni Zonin Vineyards '08 — 2 glasses 5*
- ○ Opimio Gianni Zonin Vineyards '01 — 2 glasses 4*

Ca' Ronesca

LOC. LONZANO
CASALI ZORUTTI, 2
34070 DOLEGNA DEL COLLIO [GO]
TEL. 048160034
www.caronesca.it

藏酒销售
预约参观
年产量 200 000 瓶
葡萄种植面积 56 公顷

卡罗尼斯卡（Ca' Ronesc）酒庄于1972年建立，地产是由100多块已经半废弃的坡地合并而成。其中大部分的土地用于葡萄种植，余下的土地被森林覆盖，以保持本地区的生态和气候平衡。葡萄分别贮藏在科里奥的道拉格那（Dolegna del Collio）和弗留利东科利山（Colli Orientali del Friuli）普瑞马瑞可区（Premariacco）的伊普利斯（Ipplis）。如今在掌舵人戴维德•阿尔西德•西顿（Davide Alcide Setten）的带领下，酒庄迎来了新生。

- ● COF Rosso Sariz '08 — 2 glasses 5
- ○ COF Sauvignon Podere di Ipplis '09 — 2 glasses 5
- ○ Collio Malvasia '10 — 2 glasses 4*
- ○ Collio Pinot Bianco '10 — 2 glasses 4
- ○ Collio Ribolla Gialla '10 — 2 glasses 4*
- ○ Collio Sauvignon Blanc '10 — 2 glasses 5
- ○ Collio Chardonnay '10 — 1 glass 4
- ○ Collio Friulano '10 — 1 glass 4
- ○ Collio Pinot Grigio '10 — 1 glass 4
- ○ Ribolla Gialla Brut '10 — 1 glass 4
- ○ Sauvignon del Podere di Ipplis '86 — 3 glasses
- ○ COF Sauvignon Podere di Ipplis '03 — 2 glasses 5
- ○ Collio Bianco Marnà '01 — 2 glasses 4*
- ○ Collio Pinot Grigio Podere San Giacomo '02 — 2 glasses 5
- ○ Collio Sauvignon '06 — 2 glasses 4*

Ca' Tullio & Sdricca di Manzano

via Beligna, 41
33051 Aquileia [UD]
Tel. 0431919700
www.catullio.it

藏酒销售
预约参观
年产量 450 000 瓶
葡萄种植面积 78 公顷

保罗•卡力佳利斯（Paolo Calligaris）的卡托里奥（Ca' Tullio）酒庄十分宏伟，建造于20世纪末。曾经这里被用来干燥烟草，如今已成为工业化的见证之地。1994年艰苦的重建工作使这里保持了原来的建筑风格。这里用于酿酒的葡萄来自弗留利阿奎莱亚法定原产地葡萄酒产区（Friuli Aquileia DOC）和弗留利东科利山（Colli Orientali del Friuli）曼萨诺（Manzano）的斯德里卡地区（Sdricca）。

- ○ COF Sauvignon Sdricca '10 ♥♥ 4*
- ● COF Schioppettino Sdricca '09 ♥♥ 5
- ○ Friuli Aquileia Traminer Viola '10 ♥♥ 4*
- ○ COF Ribolla Gialla Sdricca '10 ♥ 4
- ○ Friuli Aquileia Friulano '10 ♥ 4
- ○ Friuli Aquileia Muller Thurgau '10 ♥ 4
- ○ COF Friulano Sdricca '09 ♡♡ 4*
- ○ COF Friulano Sdricca '08 ♡♡ 4*
- ● COF Pignolo Sdricca '08 ♡♡ 6
- ● COF Pignolo Sdricca '06 ♡♡ 5
- ○ COF Verduzzo Friulano Sdricca '06 ♡♡ 6
- ● Friuli Aquileia Rosso Aquileia Duemila '01 ♡♡ 4*
- ○ Friuli Aquileia Traminer Viola '09 ♡♡ 4
- ○ Friuli Aquileia Traminer Viola '08 ♡♡ 4*

Cadibon

via Casali Gallo, 1
33040 Corno di Rosazzo [UD]
Tel. 0432759316
www.cadibon.com

藏酒销售
预约参观
年产量 55 000 瓶
葡萄种植面积 11 公顷

1977年吉安尼（Gianni）在弗留利东科利山法定原产地葡萄酒产区（Colli Orientali del Friuli）的科诺迪洛萨佐（Corno di Rosazzo）建立了酒庄。如今，酒庄由他的儿子卢卡（Luca）和弗兰西斯卡•波（Francesca Bon）共同经营。他们的经营目标是要向顾客提供纯正而有现代气息的弗留利经典酒品。为了向继承的产业致敬，他们为地产取名为“Cà di Bon”，在当地这意味着“这里是波家族的地产”。本酒庄的葡萄种植遍及三个法定原产地葡萄酒产区，即弗留利东科利山法定原产地葡萄酒产区、科里奥（Collio）法定原产地葡萄酒产区和弗留利墓（Friuli Grave）法定原产地葡萄酒产区。

- ○ COF Friulano Bontaj '10 ♥♥ 4*
- ● COF Refosco P. R. '09 ♥♥ 4
- ○ COF Ribolla Gialla '10 ♥♥ 4
- ● COF Schioppettino '09 ♥♥ 4
- ○ Ronco del Nonno '10 ♥♥ 4
- ○ COF Pinot Grigio '08 ♡♡ 4*
- ● COF Refosco P. R. '08 ♡♡ 4*
- ○ COF Ribolla Gialla '08 ♡♡ 4*
- ○ COF Ribolla Gialla '07 ♡♡ 4
- ○ COF Sauvignon '08 ♡♡ 4*
- ○ Friuli Grave Sauvignon '09 ♡♡ 4*
- ○ Ronco del Nonno '08 ♡♡ 4*

Canus

VIA GRAMOGLIANO, 21
33040 CORNO DI ROSAZZO [UD]
TEL. 0432759427
www.canus.it

藏酒销售
预约参观
年产量 45 000 瓶
葡萄种植面积 9 公顷

仓鼠（Canus）酒庄位于靠近科诺迪洛萨佐（Corno di Rosazzo）的格莫戈连诺地区（Gramogliano），处于朱吉奥河畔（Judrio）。该河恰是弗留利东科利山（Colli Orientali del Friuli）和科里奥法定原产地葡萄酒产区（Colli DOC zones）的分界线。2004年，历史悠久的酒庄被雨果•罗塞托（Ugo Rossetto）收购后，进行了大翻新，也由此注入了新的活力。后来，雨果将酒庄交给他的孩子经营，达里奥（Dario）负责生产，而劳拉（Lara）负责管理和公关。

● COF Pignolo '08	🍷🍷	5
○ COF Chardonnay '10	🍷🍷	4*
○ COF Malvasia '10	🍷	4
○ COF Pinot Grigio '10	🍷	4
● COF Refosco P. R. '08	🍷	5
○ COF Sauvignon '10	🍷	4
○ COF Bianco Jasmine '07	🍷🍷	5
○ COF Chardonnay '08	🍷🍷	4*
● COF Refosco P. R. '07	🍷🍷	5
● COF Refosco P. R. '06	🍷🍷	5
○ COF Ribolla Gialla '09	🍷🍷	4
○ COF Ribolla Gialla Ribuele Blancie '07	🍷🍷	5
○ COF Tocai Friulano '06	🍷🍷	4*

Il Carpino

LOC. SOVENZA, 14A
34070 SAN FLORIANO DEL COLLIO [GO]
TEL. 0481884097
www.ilcarpino.com

藏酒销售
预约参观
年产量 7 000 瓶
葡萄种植面积 16 公顷
葡萄栽培方式 有机种植

博尔格地卡皮诺（Borgo del Carpino）位于索维扎（Sovenza），处于从奥斯拉维亚（Oslavia）到圣•弗洛里亚努科里奥（San Floriano del Collio）的公路边。1987年，安娜（Anna）和弗朗科•索尔（Franco Sosol）在他们的孩子耐克（Naike）和曼奴埃尔（Manuel）的协助下，共同建立酒庄，并为酒庄命名。酒庄以家族经营方式运营；从葡萄园管理到成熟葡萄发酵，从成品酒的酿造到产品的最终分配，无不精心照料。经营者秉承尊重自然的原则，在选择生产方式的同时注重对自然的保护。

○ Collio Bianco V. Runc '10	🍷🍷🍷	4*
○ Bianco Carpino '08	🍷🍷	5
○ Malvasia '08	🍷🍷	6
○ Chardonnay '08	🍷🍷	5
○ Collio Friulano V. Runc '10	🍷🍷	4*
○ Pinot Grigio Vis Uvae '08	🍷🍷	6
○ Friulano Exordium '08	🍷	6
○ Ribolla Gialla '08	🍷	5
● Rubrum '99	🍷🍷🍷	8
○ Bianco Carpino '06	🍷🍷	5
○ Bianco Carpino '04	🍷🍷	5
○ Bianco Carpino '03	🍷🍷	5
○ Collio Malvasia Carpino '04	🍷🍷	6
○ Collio Ribolla Gialla V. Runc '09	🍷🍷	4*

Casa Zuliani

VIA GRADISCA, 23
34072 FARRA D'ISONZO [GO]
TEL. 0481888506
www.casazuliani.com

藏酒销售
预约参观
年产量 130 000 瓶
葡萄种植面积 21 公顷

1932年，组里阿诺•组里阿尼（Zuliano Zuliani）建立了卡萨组里阿尼（Casa Zuliani）酒庄。酒庄现在的主人是里卡尔多•曼费蒂诺（Riccardo Monfardino），一个出生于撒丁岛（Sardinian），被弗留利人（Friulian）抚养大的孤儿。他在酒庄工作多年，主要负责国际市场方面的监管事务。他非常喜欢这里并最终买下酒庄。管理机构在一幢华丽的宅邸里，酒窖坐落在法拉伊松诺（Farra d'Isonzo），而酒庄的葡萄园位于科里奥（Collio）和弗留利法定原产葡萄酒产地（Friuli Isonzo DOC）。

● Winter Rosso 59/5 '06	6
○ Collio Friulano '10	4
○ Collio Malvasia '10	4
● Winter Rosso 95/5 '06	6
○ Winter Sauvignon '09	5
● Collio Merlot '10	4
○ Collio Sauvignon Blanc '10	4
○ Winter Chardonnay '08	6
○ Collio Chardonnay '08	4*
○ Collio Friulano '09	4*
○ Collio Friulano '08	4*

La Castellada

FRAZ. OSLAVIA, 1
34170 GORIZIA
TEL. 048133670
nicolobensa@virgilio.it

藏酒销售
预约参观
年产量 23 000 瓶
葡萄种植面积 9 公顷
葡萄栽培方式 有机种植

1978年，吉尔吉奥（Giorgio）和尼克拉•本撒（Nicolò Bensa）决定开始他们的酿酒事业，在奥斯利维亚（Oslavia）建立了拉卡斯特拉德酒庄（La Castellada）。自1985年起，他们就开始严格按照制度行事，采用肥田的农作物，选择有机土壤，使用铜和硫磺作为杀虫剂。这些努力都旨在提高产品的自然品质。紫皮和白皮的葡萄都长时间浸泡在敞口的木桶内。直接接触的葡萄，在鞣酸这种天然抗氧化剂的作用下，自行发酵。这使酒窖需要的亚硫酸盐的数量大大减少。

○ Collio Bianco della Castellada '07	6
○ Collio Friulano '07	6
○ Collio Pinot Grigio '07	6
○ Collio Ribolla Gialla '07	6
○ Collio Chardonnay '07	6
○ Collio Sauvignon '07	6
○ Bianco della Castellada '95	6
○ Bianco della Castellada '94	6
○ Bianco della Castellada '92	6
○ Collio Bianco della Castellada '99	6
○ Collio Bianco della Castellada '98	6
○ Collio Chardonnay '94	6
● Collio Rosso della Castellada '99	8
○ Collio Sauvignon '93	6
○ Collio Tocai Friulano '03	6

Castello di Buttrio

via Morpurgo, 9
33042 Buttrio [UD]
Tel. 0432673015
www.castellodibuttrio.it

藏酒销售
预约参观
年产量 40 000 瓶
葡萄种植面积 18.5 公顷

卡斯特罗•布特里奥（Castello di Buttrio）酒庄坐落在弗留利东科利山（Colli Orientali del Friuli）山坡上。酒庄自布特里奥（Buttrio）起，绵延至亚得里亚海（Adriatic），面朝尤利安阿尔卑斯山（Julian Alps），形成一个自然的圆形竞技场。布特里奥的历史可以追溯到11世纪，小镇最有名的应是那座屡废屡建的城堡。如今，这块地已经成为了一个农场，并于1994年被马可•费鲁伽（Marco Felluga）购买。如今，这里由他的女儿亚历山德拉（Alessandra）管理。

- ○ COF Friulano '10 — 5
- ○ COF Bianco Mon Blanc '10 — 4
- ○ COF Malvasia '10 — 5
- ● COF Pignolo '06 — 6
- ○ COF Sauvignon '10 — 5
- ○ COF Chardonnay '10 — 5
- ○ COF Bianco Mon Blanc '07 — 4*
- ○ COF Dolce Mille e una Botte '08 — 4
- ○ COF Sauvignon '09 — 5
- ○ COF Tocai Friulano '06 — 6

Castello di Spessa

via Spessa, 1
34070 Capriva del Friuli [GO]
Tel. 0481639914
www.paliwines.com

藏酒销售
预约参观
年产量 80 000 瓶
葡萄种植面积 28 公顷

卡斯特罗•斯佩萨（Castello di Spessa）酒庄位于戈里齐亚中心地区，掩映在华丽的意大利式花园的一片蓊郁植物之间。庄园的历史可以追溯到13世纪，几百年来，这里一直是贵族的庄园。1987年，洛霍托•帕里（Loretto Pali）购买了城堡和葡萄园，在经营管理上进行革新，使得这里既是优质葡萄酒产地，也是拥有18洞高尔夫球场的豪华饭店。

- ○ Collio Friulano '10 — 5
- ○ Collio Pinot Bianco di Santarosa '09 — 5
- ○ Collio Pinot Bianco '10 — 5
- ○ Collio Pinot Grigio '09 — 5
- ● Collio Pinot Nero Casanova '07 — 6
- ● Collio Rosso Conte di Spessa '04 — 6
- ○ Collio Ribolla Gialla '10 — 5
- ○ Collio Sauvignon Segrè '10 — 6
- ○ Collio Friulano '09 — 5
- ○ Collio Pinot Bianco '09 — 5
- ○ Collio Pinot Bianco '07 — 5
- ○ Collio Pinot Bianco di Santarosa '05 — 5
- ○ Collio Ribolla Gialla '08 — 5
- ○ Collio Sauvignon '08 — 5
- ○ Collio Sauvignon Segrè '07 — 6

Castelvecchio

VIA CASTELNUOVO, 2
34078 SAGRADO [GO]
TEL. 048199742
www.castelvecchio.com

藏酒销售
预约参观
年产量 250 000 瓶
葡萄种植面积 40 公顷

卡斯特维克利奥（Castelvecchio）酒庄位于戈里齐亚省（Gorizia）卡索（Carso）的北部，伊松佐河平原（Isonzo）的边缘，酒庄葡萄园的土壤中富含铁和石灰岩，这种条件下生产的葡萄，非常适合酿红葡萄酒和芬芳葡萄酒，而此地特殊的气候，也为此提供了便利。这栋文艺复兴时期的别墅和周围的风景都十分迷人。

● Carso Merlot '05	🍷🍷	6
● Carso Refosco P. R. '08	🍷🍷	5
● Carso Cabernet Sauvignon '08	🍷	5
○ Carso Malvasia Istriana '10	🍷	4
● Terrano '09	🍷	4
● Carso Cabernet Sauvignon '05	YY	5
○ Carso Malvasia Istriana '09	YY	4
○ Carso Malvasia Istriana '08	YY	4*
○ Carso Malvasia Istriana '07	YY	4
● Carso Merlot '04	YY	6
● Carso Refosco P. R. '06	YY	5
● Sagrado Rosso '05	YY	6

Eugenio Collavini

LOC. GRAMOGLIANO
VIA DELLA RIBOLLA GIALLA, 2
33040 CORNO DI ROSAZZO [UD]
TEL. 0432753222
www.collavini.it

藏酒销售
预约参观
年产量 1 500 000 瓶
葡萄种植面积 173 公顷
葡萄栽培方式 有机种植

尤金尼奥•科拉维尼（Eugenio Collavini）于1896年，在康迪•祖可•库卡尼亚（Conti Zucco di Cuccanea）别墅的旧址上建立酒庄。曼利奥•科拉维尼（Manlio Collavini）既有能力又有热情，在他的管理下，酒庄于19世纪70年代开始更新设备，提升了现代化程度。1996年，随着全方位内部农学家监督机制的开展，产品质量有了明显转变，满足了日益增长的营销商的需求。与曼利奥一起工作的，是他的儿子，乔万尼（Giovanni）、尤金尼奥（Eugenio）和路易吉（Luigi）。

○ Collio Bianco Broy '10	🍷🍷🍷	5
○ Collio Friulano T '10	🍷🍷	4
○ Collio Sauvignon Blanc Fumât '10	🍷🍷	4
● COF Refosco P. R. Pucino '10	🍷	4
○ COF Ribolla Gialla Turian '10	🍷	6
○ Collio Bianco Broy '09	YYY	5*
○ Collio Bianco Broy '08	YYY	5*
○ Collio Bianco Broy '07	YYY	5
○ Collio Bianco Broy '06	YYY	5
○ Collio Bianco Broy '04	YYY	5
○ Collio Bianco Broy '03	YYY	5
● COF Rosso Forresco '05	YY	6
● Collio Merlot dal Pic '05	YY	6
○ Collio Sauvignon Blanc Fumât '08	YY	4*
○ Ribolla Gialla Brut '05	YY	6

Colle Duga

LOC. ZEGLA, 10
34071 CORMÒNS [GO]
TEL. 048161177
www.colleduga.com

藏酒销售
预约参观
年产量 50 000 瓶
葡萄种植面积 9 公顷

酒庄处于科里奥（Collio）的中心地区，右边是斯洛文尼亚（Slovenian）的裘里斯卡布尔达山脉（Goriska Brda）。普林奇克（Princic）家族的已经有几代人在泽格拉地区（Zegla）种植葡萄和酿酒。1991年起，达米那（Damian）开始管理酒庄，他刚刚接手时还非常年轻。现在翻开地图，你会发现，葡萄园所在地区的名字已经改为杜卡（Duga），这是根据酒庄的名字命名的。达米那在其妻子莫妮卡（Monica）、儿女科林（Karin）和帕特里克（Patrick）的协助下经营酒庄。

○ Collio Bianco '10	🍷🍷 5
○ Collio Pinot Grigio '10	🍷🍷 4*
○ Collio Chardonnay '10	🍷🍷 4
○ Collio Friulano '10	🍷🍷 4
● Collio Merlot '09	🍷🍷 5
○ Collio Sauvignon '10	🍷🍷 4
○ Collio Bianco '08	🍷🍷🍷 5*
○ Collio Bianco '07	🍷🍷🍷 5
○ Collio Friulano '09	🍷🍷🍷 4*
○ Collio Tocai Friulano '06	🍷🍷🍷 4*
○ Collio Tocai Friulano '05	🍷🍷🍷 4*
○ Collio Bianco '09	🍷🍷 5*
○ Collio Friulano '07	🍷🍷 4
○ Collio Pinot Grigio '09	🍷🍷 4*
○ Collio Pinot Grigio '07	🍷🍷 5

Colmello di Grotta

LOC. GROTTA
VIA GORIZIA, 133
34072 FARRA D'ISONZO [GO]
TEL. 0481888445
www.colmello.it

藏酒销售
预约参观
年产量 85 000 瓶
葡萄种植面积 20 公顷

1965年，卢西亚娜•贝纳迪（Luciana Benatti）用自己的热情和决心，使一处长期废弃的农场，转变为现代化的酿酒厂，重新恢复昔日的繁荣。卢西亚娜过世之后，其女儿弗朗西斯卡•波托洛托•帕萨蒂（Francesca Bortolotto Possati）继承了母亲对葡萄种植和酿酒的热情，同时巧妙地运用自己的从商经验，开始扩展葡萄园，到现在葡萄园面积已经超过了20公顷。同时，她提高了葡萄酒的质量，从而使得科米洛•戈洛塔（Colmello di Grotta）在弗留利地区（Friulian）的葡萄酒排名中上升。

○ Collio Ribolla Gialla '10	🍷🍷 4*
○ Collio Pinot Grigio '10	🍷🍷 4*
○ Collio Sauvignon '10	🍷🍷 4*
● Friuli Isonzo Cabernet Sauvignon '09	🍷🍷 4*
○ Collio Chardonnay '10	🍷 4
○ Collio Friulano '10	🍷 4
○ Friuli Isonzo Chardonnay '10	🍷 4
○ Friuli Isonzo Pinot Grigio '10	🍷 4
○ Friuli Isonzo Sauvignon '10	🍷 4
○ Collio Pinot Grigio '09	🍷🍷 4*
○ Collio Pinot Grigio '08	🍷🍷 4*
○ Collio Sauvignon '08	🍷🍷 4*
● Friuli Isonzo Cabernet Sauvignon '08	🍷🍷 4*
● Friuli Isonzo Merlot '04	🍷🍷 4

Gianpaolo Colutta

VIA ORSARIA, 32A
33044 MANZANO [UD]
TEL. 0432510654
www.coluttagianpaolo.com

藏酒销售
预约参观
年产量 150 000 瓶
葡萄种植面积 30 公顷

贵族家族克鲁塔（Colutta）有证可察的从事农业生产的历史已有千年。在19世纪30年代，半多特（Bandut）农场庄园建立，1999年，产业分为两份给兄弟二人。吉安保罗•克鲁塔（Gianpaolo Colutta）庄园建立，在弗留利东科利山（Colli Orientali del Friuli）的波特里奥自治区（Buttrio）、曼萨诺自治区（Manzano）和普瑞马瑞可自治区（Premariacco）谨慎地扩张产业。吉安保罗是一位合格的农学家，在拥有酿酒师学位的女儿伊丽莎贝塔（Elisabetta）的支持下，悉心经营着酒庄。

○ COF Picolit '09 8
● COF Pignolo '06 8
○ COF Ribolla Gialla '10 5
● COF Tazzelenghe '06 7
○ COF Chardonnay '10 4
● COF Schioppettino '09 6
● COF Pignolo '05 8
● COF Pignolo '04 8
○ COF Pinot Bianco '07 4
○ COF Pinot Grigio '07 4
○ COF Pinot Grigio '05 4*
○ COF Ribolla Gialla '09 4*
● COF Tazzelenghe '05 7

Paolino Comelli

CASE COLLOREDO, 8
33040 FAEDIS [UD]
TEL. 0432711226
www.comelli.it

藏酒销售
预约参观
年产量 60 000 瓶
葡萄种植面积 12. 5 公顷

具有远见卓识的贝里诺•科梅里（Paolino Comelli）将克罗雷多•索夫伯戈（Colloredo di Soffumbergo）山中隐藏的一处废弃农场转变为一处迷人的商务交际中心。此处按照传统的弗留利（Friulian）风格装潢，尽可能满足客人对舒适度的要求。这一令人称赞的举动发生在1946年，正是第二次世界大战之后，当时人们没有预见到，酿酒业将会以多么迅猛的速度发展。如今，皮埃尔路易吉•科梅里（Pierluigi•Comelli）和他的妻子丹妮拉（Daniela）管理着总部与酒窖。

● COF Pignolo '07 6
● Rosso Soffumbergo '08 5
● COF Merlot Jacò '08 5
○ COF Pinot Grigio Amplius '10 4
○ COF Sauvignon '10 4*
○ COF Chardonnay EsPrimo '10 4
○ COF Friulano '10 4
○ COF Friulano '07 4*
○ COF Sauvignon '09 4*
○ COF Tocai Friulano '06 4
○ COF Tocai Friulano '04 4*
○ COF Tocai Friulano '03 4
● Rosso Soffumbergo '07 5
● Rosso Soffumbergo '06 5

Dario Coos

LOC. RAMANDOLO, 5
VIA RAMANDOLO, 5
33045 NIMIS [UD]
TEL. 0432790320
www.dariocoos.it

藏酒销售
预约参观
年产量 50 000 瓶
葡萄种植面积 10 公顷

在弗留利东科利山地区（Colli Orientali del Friuli）的拉曼多拉山（Ramandolo）周边，陡峭的山坡上开辟出梯田，朝向北方种植葡萄。此处的葡萄种植至少有500年的历史。库斯（Coos）家族已有五代人在此经营，此过程中，从山腰的手工艺者协会中得到了5公顷土地。达里奥（Dario）于1986年建立了酒庄，至今他仍然负责酒窖藏储方面的一切事务。坚持高品质酒的酿造，达里奥精巧地制造各种有特色的酒瓶，这也是一项家族哲学，即尊重传统，同时努力探索，发现新的可能性。

● Pignolo '07	5
○ Friuli Grave Friulano '10	4
○ Picolit '08	7
○ Vindos '09	4*
○ Ramandolo '08	5
○ Ramandolo Il Longhino '09	5
○ Sauvignon '10	4
○ COF Picolit '07	7
○ COF Picolit '06	7
○ Ramandolo '00	5
○ Ramandolo Romandus '04	6
○ Ramandolo Romandus '02	6
○ Ramandolo V. T. '04	5
○ Vindos '08	4

Cantina Produttori di Cormòns

VIA VINO DELLA PACE, 31
34071 CORMÒNS [GO]
TEL. 048161798
www.cormons.com

藏酒销售
预约参观
年产量 2 250 000 瓶
葡萄栽培方式 有机认证

卡缇娜•普洛托瑞•科蒙斯（Cantina Produttori di Cormòns）秉承好酒源于好葡萄的观点。酒庄一丝不苟地进行葡萄园管理，根据高度细节化的所有的合作商必须遵守的全国通行规定，制定出规章及其补充条例。这份蒸蒸日上的产业的经营者路易吉•索易尼（Luigi Soini）管理着200多名葡萄种植人员。这些工作人员来自本区最优秀的五个指定葡萄生长区，它们分别是科里奥（Collio）、弗留利东科利山（Colli Orientali del Friuli）、弗留利•伊松佐（Friuli Isonzo）、卡尔索（Carso）和弗留利•阿奎莱亚（Friuli Aquileia）。

○ Collio Friulano '10	4*
○ Collio Sauvignon '10	4*
○ Vino della Pace '06	6
○ Friuli Isonzo Malvasia Istriana '10	4
⊙ Pinot Grigio Brut Rosaönder	5
○ COF Ribolla Gialla '06	4
○ Collio Tocai Friulano Rinascimento '04	4*
○ Collio Tocai Friulano Rinascimento '03	4*
○ Friuli Isonzo Friulano '09	3*

Conte D'Attimis-Maniago

via Sottomonte, 21
33042 Buttrio [UD]
Tel. 0432674027
www.contedattimismaniago.it

藏酒销售
预约参观
年产量 400 000 瓶
葡萄种植面积 85 公顷

阿帝密斯—玛尼阿格•玛奇（Conte D' Attimis-Maniago）酒庄位于弗留利东科利山地区（Colli Orientali del Friuli）的布特里奥山（Buttrio）中。作为弗留利（Friuli）历史最悠久的酒庄之一，这个酒庄是成立于1585年的特努塔•索托莫特（Tenuta Sottomonte）的一部分，由此家族接管已有400多年了。前几代人在保护葡萄园独特的自然条件和每次改种时选择当地品种方面作出了巨大贡献。如今酒庄坚持这一原则，并从中获益。

○ COF Sauvignon '10 4*
● COF Tazzelenghe '07 7
● COF Rosso Vignaricco '07 6
○ COF Chardonnay '07 5
○ COF Malvasia '06 4*
○ COF Malvasia '02 4*
○ COF Sauvignon '03 4*
○ COF Sauvignon '01 4
● COF Tazzelenghe '04 6
● COF Tazzelenghe '03 6
● COF Tazzelenghe '02 6

di Lenardo

fraz. Ontagnano
p.zza Battisti, 1
33050 Gonars [UD]
Tel. 0432928633
www.dilenardo.it

藏酒销售
预约参观
年产量 600 000 瓶
葡萄种植面积 45 公顷

迪勒纳多酒庄（di Lenardo）在弗留利裂谷（Friuli Grave）和弗留利阿奎莱亚法定原产地葡萄酒产区（Friuli Aquileia DOC）之间延展，而酒窖位于昂特格纳诺村（Ontagnano），属于格纳尔斯区（Gonars）。年轻的掌舵人马西莫•迪•勒纳多（Massimo di Lenardo）充满热情地经营着酒庄，他向世人展示了，明智地管理栽培葡萄可以培育出优良的产品。葡萄大多是本地品种，这在国外，尤其是美国有巨大的市场。

○ Chardonnay '10 3*
○ Father's Eyes '10 4*
○ Friuli Grave Friulano Toh! '10 4*
○ Verduzzo Pass the Cookies '10 4*
● Refosco P.R. '10 4
● Ronco Nolè Rosso 4
○ Sauvignon Blanc '10 3
○ Chardonnay '09 4*
○ Father's Eyes '08 4*
○ Friuli Grave Friulano Toh! '09 3*
● Merlot Just Me '08 5
● Merlot Just Me '04 5
● Merlot Just Me '03 5
● Ronco Nolè Rosso '08 4*
○ Verduzzo Pass the Cookies '09 4*

Carlo di Pradis

LOC. PRADIS, 22B
34071 CORMÒNS [GO]
TEL. 048162272
www.carlodipradis.it

藏酒销售
预约参观
年产量 70 000 瓶
葡萄种植面积 15 公顷

普拉迪斯（Pradis）是科蒙斯（Cormòns）的一个繁荣的山中村落，弗留利的几种名酒都出自这里。早在很久以前，布兹内里（Buzzinelli）家族就扎根于这里，从1992年起，鲍里斯（Boris）和大卫（David）开始管理从父亲卡尔洛（Carlo）手中继承的酒庄，而此酒庄正是以卡尔洛的名字命名的。酒庄建在山顶，里面的装备无懈可击，并与周围的环境融合得天衣无缝。这里也是兄弟二人的家，在这里，他们可以欣赏到乡村美丽的风光。

○ Collio Friulano '10 4
○ Collio Sauvignon '10 4*
○ Friuli Isonzo Pinot Grigio '10 4*
○ Collio Pinot Grigio '10 4
○ Friuli Isonzo Friulano '10 4
○ Collio '09 4*
○ Collio Friulano '09 4*
○ Collio Friulano '08 4*
○ Collio Friulano Scusse '08 5
○ Collio Friulano Scusse '07 5
○ Collio Pinot Grigio '09 4*
○ Collio Tocai Friulano '05 4
○ Friuli Isonzo Friulano BorDavi '08 4*
○ Friuli Isonzo Sauvignon '09 4*

★★Girolamo Dorigo

LOC. VICINALE
VIA DEL POZZO, 5
33042 BUTTRIO [UD]
TEL. 0432674268
www.montsclapade.com

藏酒销售
预约参观
年产量 160 000 瓶
葡萄种植面积 40 公顷

吉罗拉莫•多里戈（Girolamo Dorigo）年轻时，义无反顾地放弃了迅速发展的会计学，将自己的全部精力投入到酿酒的事业之中。作为一个有强烈求知欲的初学者，他在法国进行了学习，并立刻采取措施，增加了传统葡萄园中葡萄的种植密度，降低了产出量，采用小木桶来发酵酒。最近对总部的装修，改变了东达酒庄的经营形象，从而使其有更高的效率。吉罗拉莫的孩子亚历山德拉（Alessandra）和阿莱西奥（Alessio）如今在商业交际与制酒方面有广阔的空间来施展拳脚。

● COF Pignolo di Buttrio '08 8
● COF Rosso Montsclapade '08 7
○ Blanc de Noir Brut 6
○ COF Picolit '08 7
○ COF Pinot Grigio '10 4*
○ COF Ribolla Gialla '10 4*
○ COF Sauvignon '10 4*
○ Dorigo Brut Cuvée 5
● COF Refosco P. R. '09 6
COF Chardonnay
Vign. Ronc di Juri '96 6
○ COF Picolit Passito '95 6
● COF Pignolo di Buttrio '03 8
● COF Pignolo di Buttrio '02 8
● COF Rosso Montsclapade '06 7
● COF Rosso Montsclapade '04 7
● COF Rosso Montsclapade '98 7

Draga

LOC. SCEDINA, 8
34070 SAN FLORIANO DEL COLLIO [GO]
TEL. 0481884182
www.draga.it

藏酒销售
预约参观
年产量 25 000 瓶
葡萄种植面积 10.7 公顷

经过三代人的悉心经营，米克鲁斯（Miklus）家族在科里奥（Collio）中心地区——圣•弗洛里亚诺（San Floriano）的葡萄种植面积达到10公顷。1982年，米兰•米克鲁斯（Milan Miklus）重新规划了家族拥有的，被分为德来格（Draga）和博格（Breg）两部分的葡萄种植园地产。10年以后，他开始生产自己的瓶装葡萄酒，获得了成功，酒庄一直处于繁荣向上的状态。酒庄以德来格葡萄园的名字命名，这个葡萄园通风条件很好，而风力相对较大的博格葡萄园比较适合种植相对强健的葡萄品种。

- ○ Collio Malvasia Miklus '08 4
- ● Collio Merlot Miklus '08 5
- ○ Collio Ribolla Gialla Miklus '07 5
- ○ Collio Pinot Grigio '10 4
- ○ Collio Bianco Bianco di Collina '06 4*
- ● Collio Cabernet Sauvignon Miklus '98 4
- ○ Collio Ribolla Gialla '06 5
- ○ Collio Ribolla Gialla Miklus '06 5
- ○ Collio Sauvignon '04 4
- ○ Collio Tocai Friulano '06 4
- ○ Collio Tocai Friulano '03 4

Mauro Drius

VIA FILANDA, 100
34071 CORMÒNS [GO]
TEL. 048160998
www.driusmauro.it

藏酒销售
预约参观
年产量 60 000 瓶
葡萄种植面积 15 公顷

经过多年的经营，德瑞乌斯（Drius）家族内部团结的力量，将每代家族成员紧密地联系在一起，如此延续了几个世纪。到毛罗（Mauro）成为集团舵手时，酒庄的生意到达了顶峰时期。刚刚起步时，毛罗是一个在田中耕作的农民。但是，不同于普通农民，他以自己的工作为荣，热爱土地，敬畏自然。

- ○ Friuli Isonzo Malvasia '10 4*
- ○ Collio Friulano '10 4*
- ○ Collio Sauvignon '10 4*
- ○ Friuli Isonzo Friulano '10 4*
- ○ Friuli Isonzo Pinot Bianco '10 4*
- ○ Friuli Isonzo Pinot Grigio '10 4*
- ○ Friuli Isonzo Chardonnay '10 4
- ○ Collio Tocai Friulano '05 4*
- ○ Collio Tocai Friulano '02 4*
- ○ Friuli Isonzo Bianco Vignis di Siris '02 4*
- ○ Friuli Isonzo Friulano '07 4
- ○ Friuli Isonzo Malvasia '08 4*
- ○ Friuli Isonzo Pinot Bianco '09 4*
- ○ Friuli Isonzo Pinot Bianco '00 4
- ○ Collio Friulano '08 4*

Le Due Terre

via Roma, 68b
33040 Prepotto [UD]
Tel. 0432713189

藏酒销售
预约参观
年产量 20 000 瓶
葡萄种植面积 5 公顷
葡萄栽培方式 有机种植

在一座小山上，只有5公顷的土地用于葡萄种植，山顶上的一座小房子同时也是酒窖。这就是弗拉维奥•巴西利卡塔（Flavio Basilicata）于1984年建立的产业。他同西尔瓦娜•福尔特（Silvana Forte）组成了强大的团队，向世人展示了热情、信念，加上一点灵感，将能在有限的土地上创造出无限的奇迹。这块地产的名字意思为两种土地，是源于此处土地的真实情况。此山的土壤一半是含钙质的泥灰，另一半主要是红壤。

酒款	杯数	价格
● COF Rosso Sacrisassi '09	🍷🍷🍷	7
○ COF Bianco Sacrisassi '09	🍷🍷	5
● COF Merlot '09	🍷🍷	7
● COF Pinot Nero '09	🍷🍷	5
○ COF Bianco Sacrisassi '05	🍷🍷🍷	6
● COF Merlot '03	🍷🍷🍷	6
● COF Merlot '02	🍷🍷🍷	7
● COF Merlot '00	🍷🍷🍷	7
● COF Rosso Sacrisassi '08	🍷🍷🍷	7
● COF Rosso Sacrisassi '07	🍷🍷🍷	7
● COF Rosso Sacrisassi '98	🍷🍷🍷	7
● COF Rosso Sacrisassi '97	🍷🍷🍷	7
○ COF Bianco Sacrisassi '08	🍷🍷	5
○ COF Bianco Sacrisassi '07	🍷🍷	5
● COF Merlot '07	🍷🍷	7

Ermacora

fraz. Ipplis
via Solzaredo, 9
33040 Premariacco [UD]
Tel. 0432716250
www.ermacora.com

藏酒销售
预约参观
年产量 165 000 瓶
葡萄种植面积 25 公顷

1922年，艾玛克拉（Ermacora）选择在伊普利斯山（Ipplis）建立葡萄园，由此为种植优质葡萄打下基础。弗留利东科利山的泥灰土和沙石壤含有创新世的陶土和石灰石。这种土壤不是很肥沃，但富含矿物盐，这为葡萄生长提供了优越的条件。酒庄作为家族企业运转多年，现在，在达里奥（Dario）和路西阿诺（Luciano）兄弟二人的经营管理下，已经转化为与自然和谐共处的现代化企业。

酒款	杯数	价格
○ COF Friulano '10	🍷🍷	4*
○ COF Pinot Bianco '10	🍷🍷	4*
○ COF Ribolla Gialla '10	🍷🍷	4*
○ COF Sauvignon '10	🍷🍷	4*
○ COF Pinot Grigio '10	🍷	4
● COF Pignolo '00	🍷🍷🍷	5
○ COF Picolit '07	🍷🍷	7
● COF Pignolo '05	🍷🍷	6
● COF Pignolo '04	🍷🍷	6
● COF Pignolo '03	🍷🍷	6
● COF Pignolo '02	🍷🍷	6
○ COF Pinot Bianco '06	🍷🍷	4*
○ COF Pinot Grigio '06	🍷🍷	4*
○ COF Pinot Grigio '05	🍷🍷	4*

Fantinel

FRAZ. TAURIANO
VIA TESIS, 8
33097 SPILIMBERGO [PN]
TEL. 0427591511
www.fantinel.com

藏酒销售
预约参观
年产量 4 000 000 瓶
葡萄种植面积 300 公顷

我们的故事始于1969年。当时，马里奥•樊迪内尔（Mario Fantinel）是来自卡尼阿（Carnia）的一个餐馆老板，他购买了葡萄为顾客酿酒。接下来的几代人不断将生意扩大，如今樊迪内尔家族已经拥有300公顷的土地来种植葡萄。樊迪内尔集团也包括科里奥（Collio）的圣•海伦那（Sant' Helena）庄园、弗留利东科利山的拉•罗卡（La Roncaia）庄园和弗留利法定葡萄产区的博尔格•特西斯（Borgo Tesis）庄园。集团的总部和酒窖设置在博尔格•特西斯庄园，此处先进的设备与葡萄园完美融合。

Wine	Glasses	Score
○ Collio Bianco Sant'Helena '10	2 black glasses	5
○ Collio Ribolla Gialla Vigneti Sant'Helena '10	2 black glasses	5
○ Collio Chardonnay Sant'Helena '10	1 black glass	5
○ Collio Pinot Grigio Sant'Helena '09	1 black glass	5
● Collio Rosso Sant'Helena '06	1 black glass	4
○ Prosecco Extra Dry	1 black glass	4
○ Collio Bianco Sant'Helena '09	2 white glasses	5
○ Collio Bianco Sant'Helena '08	2 white glasses	5
○ Collio Pinot Grigio Sant'Helena '08	2 white glasses	5
● Collio Rosso Sant'Helena '05	2 white glasses	5
● Friuli Grave Refosco P. R. Sant'Helena '06	2 white glasses	5

★★Livio Felluga

FRAZ. BRAZZANO
VIA RISORGIMENTO, 1
34071 CORMÒNS [GO]
TEL. 048160203
www.liviofelluga.it

预约参观
年产量 800 000 瓶
葡萄种植面积 170 公顷

科维奥•菲鲁格（Livio Felluga）于1914年出生于伊索拉迪伊斯特里亚（Isola d'Istria）。他拥有乌迪内大学（Udine）葡萄种植、酿酒和酒品市场营销方面的荣誉学位。他尽一生之力在酒品事业中，这些荣誉是对他的高度褒奖。科维奥（Livio）酒庄建立于19世纪50年代，因科维奥亲自设计的标志而世界闻名。如今菲鲁格酒庄由他的孩子毛里齐奥（Maurizio）、安德里亚（Andrea）、伊达（Elda）和菲利波（Filippo）经营，他们都像父亲一样，对这份事业充满热情。

Wine	Glasses	Score
○ COF Rosazzo Bianco Terre Alte '09	3 red glasses	8
○ COF Bianco Illivio '09	2 red glasses	6
○ COF Friulano '10	2 red glasses	5
● COF Rosazzo Sossò Ris. '07	2 red glasses	8
○ COF Pinot Grigio '10	2 black glasses	5
○ COF Sauvignon '10	2 black glasses	5
● COF Refosco P. R. '99	3 white glasses	7
○ COF Rosazzo Bianco Terre Alte '08	3 white glasses	7
○ COF Rosazzo Bianco Terre Alte '07	3 white glasses	8
○ COF Rosazzo Bianco Terre Alte '06	3 white glasses	7
○ COF Rosazzo Bianco Terre Alte '04	3 white glasses	7
○ COF Rosazzo Bianco Terre Alte '02	3 white glasses	6
○ COF Rosazzo Bianco Terre Alte '01	3 white glasses	6
● COF Rosazzo Sossò Ris. '01	3 white glasses	7
○ Terre Alte '87	3 white glasses	5

Marco Felluga

VIA GORIZIA, 121
34070 GRADISCA D'ISONZO [GO]
TEL. 048199164
www.marcofelluga.it

藏酒销售
预约参观
年产量 600 000 瓶
葡萄种植面积 100 公顷

来自伊索拉迪伊斯特里亚（Isola d'Istria）的菲鲁格（Felluga）家族和酒的缘分始于19世纪后半期。第一次世界大战以后，家族的命运发生了惊喜的转变，他们跋涉到了弗留利，马克（Marco）在科里奥•哥里兹诺（Collio Goriziano）安家，并于1956年建立了以自己的名字命名的酒庄，从此致力于酒庄的建设。如今，酒庄已经有了很大的发展。现在酒庄的管理权已经交给了和他一样富有改革精神的儿子罗伯托（Roberto）。

○ Collio Pinot Grigio Mongris Ris. '08	5
○ Collio Bianco Molamatta '10	5
○ Collio Chardonnay '10	4*
○ Collio Friulano '10	5
○ Collio Pinot Grigio Mongris '10	4*
● Refosco P.R. Ronco dei Moreri '09	5
○ Collio Ribolla Gialla '10	5
○ Collio Sauvignon '10	4
● Carantan '00	6
○ Collio Bianco Molamatta '02	6
● Collio Merlot Varneri '06	4*
○ Collio Pinot Grigio '03	4
○ Collio Pinot Grigio Mongris Ris. '07	5
○ Collio Tocai Friulano '02	5

Davide Feresin

LOC. S. BUIRINO, 2/BIS
34071 CORMÒNS [GO]
TEL. 0481630032
www.feresin.it

预约参观
年产量 45 000 瓶
葡萄种植面积 13 公顷

1994年，大卫•弗赫森（Davide Feresin）继承了家族在离科蒙斯（Cormòns）不远的古老村庄圣•奎利诺（San Quirino）的酒庄，开始了自己种植葡萄的生涯。圣•奎利诺的光辉历史可以追溯到尊贵的弗门迪尼（Formentini）家族，之后由别的家族继承。其中的继承者之一，大卫的曾祖父利奥波德•弗赫森(Leopoldo Feresin)开启了巩固的家族传统。大卫在妻子萨布利娜（Sabrina）的支持下，酒庄的经营管理有条不紊。

● Friuli Isonzo Refosco P. R. Nero di Botte '07	5
○ Friuli Isonzo Friulano '09	4*
○ Friuli Isonzo Pinot Grigio '09	4*
○ Friuli Isonzo Tocai Friulano Rive Alte l'Edi '04	5
○ Friuli Isonzo Sauvignon '09	4

Fiegl

FRAZ. OSLAVIA
LOC. LENZUOLO BIANCO, 1
34070 GORIZIA
TEL. 0481547103
www.fieglvini.com

藏酒销售
预约参观
年产量 140 000 瓶
葡萄种植面积 30 公顷

早在1782年之前，费格（Fiegls）家族从邻近的奥地利（Austria）迁来从事葡萄种植。有确切的记载表明，1782年，瓦伦蒂诺•费格（Valentino Fiegl）购买了一个葡萄园。这个葡萄园位于科里奥（Collio）北部的奥斯拉维亚（Oslavia）。如今，费格家族的产业有了很大的扩展。在阿莱西奥（Alessio）、朱塞佩（Giuseppe）和罗纳尔多（Rinaldo）兄弟三人的努力下，酒庄出产的美酒一直在酒品排名中名列前茅。新一代酿酒师马丁（Martin）、罗伯特（Robert）和马特（Matej）的加入，为酒庄注入了新的热情与活力。

酒款	评级
● Collio Cuvée Rouge Leopold '05	🍷🍷 6
○ Collio Friulano '10	🍷🍷 4*
○ Collio Pinot Grigio '10	🍷🍷 4*
○ Meja '01 '07	🍷🍷 6
○ Collio Malvasia '10	🍷 4
○ Collio Ribolla Gialla '10	🍷 4
○ Collio Sauvignon '10	🍷 4
○ Collio Pinot Grigio '04	☐☐☐ 4*
○ Collio Malvasia '07	☐☐ 4
○ Collio Malvasia '06	☐☐ 4
● Collio Merlot Leopold '04	☐☐ 5
○ Collio Pinot Grigio '05	☐☐ 4*
○ Collio Sauvignon '07	☐☐ 4

Flaibani

VIA CASALI COSTA, 7
33043 CIVIDALE DEL FRIULI [UD]
TEL. 0432730943
www.flaibani.it

预约参观
年产量 18 000 瓶
葡萄种植面积 4 公顷

出生于乌迪内（Udine）的皮诺•弗莱巴尼（Pino Flaibani），在米兰（Milan）居住多年，并在此从事出版方面的工作。在1976年的大地震之后，他回到弗留利参加灾后重建，最后决定留在这里。他和家人迁到弗留利的奇维达莱（Cividale），开始在此从事葡萄种植，同时研究如何酿造最优质的酒。在他儿媳布鲁纳（Bruna）和一些亲密朋友的帮助下，他退休的时候终于实现了毕生的梦想。

酒款	评级
○ Pinot Grigio '10	🍷🍷 (red) 5
● COF Cabernet Franc '09	🍷🍷 4
● COF Cabernet Sauvignon Ris. '06	🍷🍷 5
● COF Merlot '09	🍷🍷 5
● COF Schioppettino '09	🍷 5
● COF Tentazione '08	🍷 4
● COF Cabernet Sauvignon '06	☐☐ 4
● COF Cabernet Sauvignon Ris. '05	☐☐ 4
○ COF Friulano Riviere '09	☐☐ 4
● COF Merlot Seduzione Ris. '07	☐☐ 5
● COF Schioppettino '07	☐☐ 5
● Merlot Seduzione Ris. '05	☐☐ 5
○ Pinot Grigio '09	☐☐ 4
○ Riviere Bianco '07	☐☐ 4

Adriano Gigante

via Rocca Bernarda, 3
33040 Corno di Rosazzo [UD]
Tel. 0432755835
www.adrianogigante.it

藏酒销售
预约参观
年产量 60 000 瓶
葡萄种植面积 25 公顷

阿德里亚诺•吉格安特（Adriano Gigante）的葡萄园为罗卡贝纳尔德（Rocca Bernarda）的山坡增色许多。人们会记得，正是阿德里亚诺的祖父弗朗西科（Ferruccio）勇敢地放弃了他磨坊主的地位，将所有时间投入到葡萄园建设之中，才有了吉格安特（Gigante）酒庄的今天。现在，阿德里亚诺和妻子（Giuliana）继承了家族传统，在他们位于弗留利东科利山这个神奇的葡萄酒王国中的神奇庄园里继续创造神话。

● COF Merlot Ris. '07	6
○ COF Chardonnay '10	4*
○ COF Friulano Vign. Storico '10	5
● COF Refosco P. R. '08	4*
○ COF Sauvignon '10	4*
● COF Schioppettino '08	5
● COF Cabernet Franc '09	4
○ COF Friulano '10	4
● COF Merlot '09	4
○ COF Ribolla Gialla '10	1
⊙ Ribolla Nera Brut Rosé	5
○ COF Tocai Friulano Storico '00	5
○ COF Tocai Friulano Vign. Storico '06	5
○ COF Tocai Friulano Vign. Storico '05	5
○ COF Tocai Friulano Vign. Storico '03	5

Gradis'ciutta

loc. Giasbana, 10
34070 San Floriano del Collio [GO]
Tel. 0481390237
robigradis@libero.it

藏酒销售
预约参观
年产量 60 000 瓶
葡萄种植面积 17 公顷

这个酒庄的历史只能追溯到1997年，但是酒庄主人罗伯特•普林西科（Robert Princic）却像是为此业而生的。格拉迪斯希尔塔（Gradis' ciutta）酒庄是根据位于科里奥（Collio）圣•弗洛里亚诺区（San Floriano）的普林西科家族最早的葡萄种植地而命名的。这里人称莫维诺索（Monvinoso），由此可以看出此地发展葡萄种植的潜力。罗伯特以超越自己年龄的专业和学识经营着酒庄。他知道如何使葡萄园收获丰富，同时也懂得这样的收获需要用心耕耘。

○ Collio Friulano '10	4
○ Collio Bianco Bratinis '09	4
● Collio Cabernet Franc '09	4
○ Collio Chardonnay '10	4
○ Collio Ribolla Gialla '10	4
○ Collio Sauvignon '10	4
○ Collio Bianco Bratinis '07	4*
○ Collio Bianco del Tùzz '05	4*
● Collio Merlot '07	4*
○ Collio Pinot Grigio '08	4*
○ Collio Pinot Grigio '06	4
○ Collio Ribolla Gialla '07	4*
○ Collio Ribolla Gialla '06	4

★★Gravner

FRAZ. OSLAVIA
LOC. LENZUOLO BIANCO, 9
34070 GORIZIA
TEL. 048130882
www.gravner.it

年产量 39 000 瓶
葡萄种植面积 18 公顷
葡萄栽培方式 有机种植

或者忽视，或者崇敬，人们对于贾斯科•格拉维纳（Josko Gravner）褒贬不一。贾斯科是个天才的农场主，他热爱自己的土地，并善于捕捉土地发出的信息，且照此行事。作为一个普普通通但是意志坚决的人，贾斯科做事之前总是经过细致的计划。他勇于承认自己的错误，不喜欢妥协。任何发酵技术的采用，都是他长时间认真思索的结果。与他的性格相似的是，他酿造的酒表面上粗制，实则十分纯净，沁人心脾，令人难忘。

酒款	杯数	评分
● Rosso Gravner Ris. '00	🍷🍷	8
○ Breg '00	🍷🍷🍷	8
○ Breg '99	🍷🍷🍷	8
○ Breg '98	🍷🍷🍷	8
○ Breg Anfora '03	🍷🍷🍷	8
○ Breg Anfora '02	🍷🍷🍷	8
○ Chardonnay '87	🍷🍷🍷	5
○ Chardonnay '83	🍷🍷🍷	5
○ Collio Chardonnay Ris. '91	🍷🍷🍷	8
○ Ribolla Anfora '05	🍷🍷🍷	8
○ Ribolla Anfora '04	🍷🍷🍷	8
○ Ribolla Anfora '02	🍷🍷🍷	8
○ Ribolla Anfora '01	🍷🍷🍷	8
● Rosso Gravner '04	🍷🍷🍷	8
○ Sauvignon '93	🍷🍷🍷	5

Iole Grillo

LOC. ALBANA
VIA ALBANA, 60
33040 PREPOTTO [UD]
TEL. 0432713201
www.vinigrillo.it

藏酒销售
预约参观
年产量 40 000 瓶
葡萄种植面积 9 公顷

罗利•格里洛（Iole Grillo）酒庄的别墅和葡萄酒酿造厂建于18世纪，位于弗留利东科利山的阿尔巴那（Albana），邻近普列泊托（Prepotto），酒庄豪华的入口旁边有一处献给圣•贾斯蒂娜（Santa Justina）的感恩教堂。19世纪70年代，塞尔吉奥•穆兹里尼（Sergio Muzzolini）建立了企业，如今由他充满活力的女儿安娜（Anna）和她的丈夫安德里亚（Andrea）经营。经过精心的修复，别墅和酒窖都重新恢复了当年的风采。在酒窖厚重的石墙后，各种尺寸的木桶盛着酿好的葡萄酒。

酒款	杯数	评分
● COF Merlot Ris. '07	🍷🍷	5
○ COF Ribolla Gialla '09	🍷🍷	4
● COF Schioppettino di Prepotto '08	🍷🍷	5
○ COF Friulano '10	🍷	4
● COF Refosco P. R. '09	🍷	4
○ COF Sauvignon '10	🍷	4
● COF Merlot '03	🍷🍷	5
● COF Merlot Ris. '05	🍷🍷	5
● COF Refosco P. R. '08	🍷🍷	4
○ COF Ribolla Gialla '07	🍷🍷	4*
○ COF Sauvignon '09	🍷🍷	4
○ COF Sauvignon '07	🍷🍷	4*
○ COF Sauvignon '06	🍷🍷	4
● COF Schioppettino '08	🍷🍷	5

Jacùss

FRAZ. MONTINA
V.LE KENNEDY, 35A
33040 TORREANO [UD]
TEL. 0432715147
www.jacuss.com

藏酒销售
预约参观
年产量 50 000 瓶
葡萄种植面积 10 公顷

桑德罗•杰可意（Sandro）和安德里亚•杰可意（Andrea Jacuzzi）的酒庄位于弗留利东科利山（Colli Orientali del Friuli）奇维达莱（Cividale）外的托瑞阿诺（Torreano），兄弟二人同心同德经营酒庄。1990年，杰可意（Jacuzzi）酒庄决定转变生产方式，由混合生产作物的方式转变为专一的葡萄种植基地。自那以后，他们得到了来自意大利，甚至世界各国的葡萄酒市场的认可、称赞和褒奖。庄园和葡萄种植园位于蒙蒂那（Montina）的山坡上。在这里，安德里亚每日照看葡萄，而桑德罗则在酒窖辛勤地工作。

Wine	Rating
● COF Refosco P. R. '07	🍷🍷 4
○ COF Sauvignon '10	🍷🍷 4
● COF Schioppettino Fucs e Flamis '09	🍷🍷 4
● Tazzelenghe '07	🍷🍷 4
● Tazzelenghe '03	🍷🍷 4*
○ COF Picolit '07	🍷 7
○ COF Pinot Bianco '10	🍷 4
○ COF Friulano '08	♡♡ 4*
○ COF Picolit '05	♡♡ 7
○ COF Pinot Bianco '08	♡♡ 4*
○ COF Pinot Bianco '07	♡♡ 4*
● COF Refosco P. R. '05	♡♡ 4
○ COF Sauvignon '08	♡♡ 4*

★★Jermann

FRAZ. RUTTARS
LOC. TRUSSIO, 11
34070 DOLEGNA DEL COLLIO [GO]
TEL. 0481888080
www.jermann.it

年产量 750 000 瓶
葡萄种植面积 110 公顷

西尔维奥•赫尔曼（Silvio Jermann）以自己的奥地利（Austrian）血统为荣，同时，他的商标也渗透着中欧气息。1881年，酒庄的建立者安东•赫尔曼（Anton Jermann）离开了奥地利布尔根兰（Burgenland）这个盛产美酒的地方，迁到了弗留利。然而，酒庄的兴旺应当归功于西尔维奥。他眼光独到，品味一流，赢得了世人的称赞。如果说赫尔曼酒庄是华丽的皇冠，在卢塔尔斯（Ruttars）建立的新酒窖就是镶嵌在皇冠上耀眼的宝石。

Wine	Rating
○ W.... Dreams... ...... '09	🍷🍷🍷 7
○ Capo Martino '09	🍷🍷 7
● Pignolo Vigna Truss '06	🍷🍷 7
○ Vinnae '10	🍷🍷 5
○ Vintage Tunina '09	🍷🍷 8
○ Picolit '07	🍷🍷 7
○ Chardonnay '10	🍷 5
○ Capo Martino '05	♡♡♡ 7
● Pignacolusse '00	♡♡♡ 6
○ Vintage Tunina '08	♡♡♡ 8
○ Vintage Tunina '07	♡♡♡ 8
○ Vintage Tunina '01	♡♡♡ 8
○ Vintage Tunina '88	♡♡♡ 7
○ Vintage Tunina '87	♡♡♡ 7
○ W.... Dreams... ...... '06	♡♡♡ 7
○ Where the Dreams Have No End '95	♡♡♡ 5

Kante

Fraz. San Pelagio
Loc. Prepotto, 1a
34011 Duino Aurisina [TS]
Tel. 040200255
kante.edi@libero.it

年产量 40 000 瓶
葡萄种植面积 13 公顷
葡萄栽培方式 有机种植

艾迪•坎特（Edi Kante）敢做第一，勇于开拓，毅然买下整个葡萄酒区，进行自己的葡萄种植和葡萄酒酿造，而当时人们对此普遍持担忧态度，认为该地不能引起葡萄酒爱好者的关注，前途渺茫。他那令人叹为观止的地下酒窖共三层，开凿自原生岩石，是天然酿酒的遗址。艾迪才华横溢，他既是位诗人，又是一位画家；他敏感细腻，拥有强烈的好奇心。正如生养了他的这片土地一样，艾迪•坎特不仅生产美酒，他自己也称得上是“美酒”。

Wine	Rating
○ Carso Chardonnay la Bora di Kante '01	6
○ Sauvignon '08	6
● Malvasia '08	6
○ Vitovska '08	6
○ Carso Malvasia '07	6
○ Carso Malvasia '06	6
○ Carso Malvasia '05	6
○ Carso Malvasia '98	6
○ Carso Sauvignon '92	6
○ Carso Sauvignon '91	6
○ Chardonnay '94	6
○ Chardonnay '90	6
○ Carso Sauvignon '07	6
○ Carso Vitovska '06	6

★Edi Keber

Loc. Zegla, 17
34071 Cormòns [GO]
Tel. 048161184
edi.keber@virgilio.it

藏酒销售
预约参观
年产量 70 000 瓶
葡萄种植面积 12 公顷
葡萄栽培方法 有机种植

科博尔（Kebers）家族的祖先来自蒙大拿（Medana），他们现居泽格拉（Zegla）。两地虽仅仅相隔几百米，但是前者位于斯洛文尼亚（Slovenia），后者位于意大利。国界线绝非寻常之地。多年来，伊迪•科博尔斯洛文尼亚（Edi Kelber）孜孜不倦地为科里奥（Collio）而“战”。尽管过程漫长，但是可以确定的是，他生产的每一瓶酒都反映着酒庄的进步和变迁。他的酒被冠以简单的名字——科里奥（Collio）。

Wine	Rating
○ Collio Bianco '10	5*
○ Collio Bianco '09	5
○ Collio Bianco '08	5*
○ Collio Bianco '04	5
○ Collio Bianco '02	4
○ Collio Tocai Friulano '07	5
○ Collio Tocai Friulano '06	5
○ Collio Tocai Friulano '05	5
○ Collio Tocai Friulano '03	4*
○ Collio Tocai Friulano '01	4
○ Collio Tocai Friulano '99	4
○ Collio Tocai Friulano '97	4
○ Collio Tocai Friulano '95	4

Renato Keber

LOC. ZEGLA, 15
34071 CORMÒNS [GO]
TEL. 0481639844
www.renatokeber.it

藏酒销售
预约参观
年产量 70 000 瓶
葡萄种植面积 15 公顷

雷纳托•科博尔（Renato Keber）是弗留利酒商中的典范之一。他谦逊低调，与自然共生。19世纪末，他的祖父弗朗茨•科博尔（Franz Keber）迁至位于科里奥（Collio）的泽格拉（Zegla），他开创了家族的葡萄酒事业。雷纳托（Renato）的祖辈迅速意识到拥有优良土壤和绝佳地理位置的泽格拉（Zegla）是酿酒的不二之选。只要经过雷纳托（Renato）先生的应允，便可在新扩建的现代化酒窖中畅饮。

○ Colli Friulano Ris. Zio Romi '09	🍷🍷 4
○ Collio Friulano Zegla '07	🍷🍷 5
○ Collio Chardonnay Grici '01	🍷🍷 6
○ Collio Friulano Zegla '05	🍷🍷🍷 5*
○ Collio Bianco Beli Grici '05	🍷🍷 4
○ Collio Chardonnay Grici '06	🍷🍷 6
○ Collio Friulano Ris. '08	🍷🍷 5
● Collio Merlot Grici Ris. '03	🍷🍷 6
○ Collio Pinot Grigio '06	🍷🍷 4*
○ Collio Ribolla Gialla Extreme '06	🍷🍷 6
○ Collio Ribolla Gialla Extreme '05	🍷🍷 5
○ Collio Sauvignon '06	🍷🍷 4
○ Collio Sauvignon Grici '05	🍷🍷 6
○ Collio Tocai Friulano '06	🍷🍷 4

Thomas Kitzmüller

FRAZ. BRAZZANO
VIA XXIV MAGGIO, 56
34070 CORMÒNS [GO]
TEL. 048160853
www.kitzmuller.it

藏酒销售
预约参观
年产量 23 000 瓶
葡萄种植面积 4 公顷
葡萄栽培方式 有机种植

1987年，托马斯•克祖米勒（Thomas Kitzmüller）将自己位于科里奥（Collio）和弗瑞里埃索总地区（Friuli Isonzo DOC zones）的4公顷土地平分成两半，他决定在这里发展个人兴趣。这座小巧而美丽的葡萄酒酿造厂位于科蒙斯（CormÒns）附近的布拉赞诺（Brazzano）。酒厂有座18世纪的农场建筑，外号“马默尔”（Mummel）的老妇人曾在这里住了将近100年。现在这座农舍成为托马斯井然有序的小酒窖，这里风景如画，还提供住宿服务。这座名为美梦酒店（Mummelhaus）的农场建筑是体验怀旧气息的理想之地。

○ Collio Friulano '10	🍷🍷 4*
○ Friuli Isonzo Friulano Corte Marie '10	🍷🍷 3
○ Collio Friulano '09	🍷🍷🍷 4*
○ Collio Friulano '08	🍷🍷 4*
○ Collio Ribolla Gialla '09	🍷🍷 4*
○ Collio Ribolla Gialla '08	🍷🍷 4*
○ Collio Sauvignon '09	🍷🍷 4*
○ Collio Traminer Aromatico '09	🍷🍷 4*
○ Collio Traminer Aromatico '08	🍷🍷 4*
○ Friuli Isonzo Friulano Corte Marie '08	🍷🍷 3*

Albino Kurtin

LOC. NOVALI, 9
34071 CORMÒNS [GO]
TEL. 048160685
www.winekurtin.it

藏酒销售
预约参观
年产量 60 000 瓶
葡萄种植面积 11 公顷

库尔丁（Kurtin）的酒庄在科蒙斯（CORMÒNS）附近的著名优质葡萄酒产地诺瓦里（Novali），那里盛产上乘葡萄酒，尤其是白葡萄酒。该地葡萄酒经营始于1906年，已在家族里传承三代。现任掌门人为阿尔比诺（Albino），他继承了先辈种植葡萄和酿酒的纯熟技艺。阿尔比诺（Albino）的儿子已经完成酒类学家的专门学习，带回了他在意大利许多地区工作过的相关工作经验，帮助父亲管理这所现代化的酒窖。

● Collio Rosso '08	5
○ Opera Prima Bianco '10	5
○ Collio Malvasia '10	5
○ Collio Ribolla Gialla '10	5
○ Collio Sauvignon '10	5
○ Collio Pinot Grigio '10	5
● Diamante Nero '09	5
○ Collio Friulano '08	4*
○ Collio Malvasia '09	4*
○ Collio Malvasia '08	4*
○ Collio Pinot Grigio '09	4*
○ Collio Pinot Grigio '08	4*
● Diamante Nero '07	4*
○ Opera Prima Bianco '09	4*

Vigneti Le Monde

LOC. LE MONDE
VIA GARIBALDI, 2
33080 PRATA DI PORDENONE [PN]
TEL. 0434622087
www.vignetilemonde.eu

藏酒销售
预约参观
年产量 150 000 瓶
葡萄种植面积 20 公顷

威戈那迪乐孟德（Vigneti Le Monde）酒庄位于利文扎（Livenza）和梅杜拉河（Meduna）之间，特维索省（Treviso）和坡德诺那（Pordenone）交界处。以前，这个区域属于奥匈帝国皇帝。实际上，它的名称起源于德语“Mundio”，意思是这片土地在奥地利皇帝的庇佑之下。威戈那迪乐孟德（Vigneti Le Monde）酒庄建于1970年，2008年酒庄被新买主——亚历克斯•马坎（Alex Maccan）收购。他能力出色，建立了新的酒庄总部和充满艺术气息的酒窖。

○ Friuli Grave Chardonnay '10	4*
○ Friuli Grave Pinot Bianco '10	4*
● Friuli Grave Refosco P. R. '10	4*
○ Friuli Grave Sauvignon '10	4*
● Friuli Grave Cabernet Franc '10	4
● Friuli Grave Cabernet Sauvignon '10	4
○ Friuli Grave Friulano '10	4
○ Friuli Grave Pinot Grigio '10	4
○ Friuli Grave Pinot Bianco '01	4
○ Friuli Grave Pinot Bianco '09	4*
○ Friuli Grave Pinot Grigio '09	4
● Friuli Grave Refosco P. R. '09	4
○ Friuli Grave Sauvignon '09	4

Lis Fadis

FRAZ. SPESSA
S.DA SANT'ANNA 66
CIVIDALE DEL FRIULI [UD]
TEL. 0432719510
www.vinilisafadis.it

藏酒销售
预约参观
年产量 11 000 瓶
葡萄种植面积 10 公顷

里斯•法迪斯（Lis Fadis）酒庄算得上是弗留利地区葡萄酒市场的后起之秀。这个酒厂的成立象征着古文物研究者亚力桑卓•马克瑞（Alessandro Marcorin）和商界巾帼瓦妮•拉蒲罗娜（Vanilla Plozner）长期以来的梦想变成现实。他们看中一幢破败的村舍后，买下整座山并迅速将它改造成为带有前沿酒窖的标准葡萄种植园。为了给新事业讨个好兆头，他们将酒厂命名为里斯•法迪斯，在当地方言里的意思是“命运三女神”（the Fates）。

● Bergul '08	2 红杯	6
○ Sbilf '09	2 红杯	5
● Gjan '08	2 黑杯	6

★Lis Neris

VIA GAVINANA, 5
34070 SAN LORENZO ISONTINO [GO]
TEL. 048180105
www.lisneris.it

藏酒销售
预约参观
年产量 400 000 瓶
葡萄种植面积 70 公顷

自1879年起，经过佩科拉里家族四代人的辛勤工作，建立起了整个地区最具代表性的葡萄种植园之一。1981年，阿尔瓦罗•佩科拉里（Alvaro Pecorari）接手祖业，并赋予它别具一格的李氏内利斯风格（Lis Neris style）。里斯•内利斯（Lis Neris）酒庄的葡萄生长在绝佳的自然环境中，融化的雪水从高山流下，冲刷砾石高原，形成的地貌用来生产葡萄，制作白葡萄酒，得天独厚。

○ Friuli Isonzo Pinot Grigio Gris '09	3 红杯	5*
○ Friuli Isonzo Friulano La Vila '09	2 红杯	5
○ Fiore di Campo '10	2 黑杯	5*
○ Friuli Isonzo Chardonnay Jurosa '09	2 黑杯	5
○ Friuli Isonzo Sauvignon Picòl '09	2 黑杯	5
○ Tal Lùc '08	2 黑杯	7
○ Friuli Isonzo Pinot Grigio '10	1 黑杯	4
○ Friuli Isonzo Sauvignon '10	1 黑杯	4
○ Fiore di Campo '06	3 白杯	4
○ Friuli Isonzo Chardonnay Jurosa '00	3 白杯	5
○ Friuli Isonzo Pinot Grigio Gris '01	3 白杯	6
○ Lis '03	3 白杯	6
○ Pinot Grigio Gris '08	3 白杯	5*
○ Pinot Grigio Gris '04	3 白杯	5
○ Sauvignon Picol '06	3 白杯	4
○ Tal Lùc '02	3 白杯	7

★Livon

FRAZ. DOLEGNANO
VIA MONTAREZZA, 33
33048 SAN GIOVANNI AL NATISONE [UD]
TEL. 0432757173
www.livon.it

藏酒销售
预约参观
年产量 900 000 瓶
葡萄种植面积 175 公顷

多尔力诺（Dorino）于1964年创建李维恩（Livon）酒庄，不久前他的离世，给李维恩酒庄增添了些许凄凉。多年来，多尔力诺的儿子凡尔尼奥（Valneo）和东尼诺（Tonino）一直在经营父亲创立的酒庄。他们扩张了酒庄的规模，目前酒庄已有五个独立品牌。李维恩酒庄原址在乔凡尼那迪松那地区（San Giovanni al Natisone）的那勒格纳诺（Dolegnano）。该酒庄葡萄酒的供应商来自科里奥戈里奇亚诺的隆科多（RoncAlto in CollioGoriziano）、瑞达（Radda）的伯格塞尔瑟迪诺（Borgo Salcetion）、弗留利草原的维拉其尔普利斯（Villa Chiopris）和翁布里亚（Umbria）的科尔圣托（Colsanto）。

- ○ Braide Alte '09 — 6
- ● COF Refosco P. R. Riul '08 — 5
- ○ Malvasia Soluna '10 — 5
- ● Scioppettino Picotis '08 — 5
- ● TiareBlù '08 — 6
- ○ Collio Bianco Solarco '10 — 5
- ○ Collio Ribolla Gialla RoncAlto '10 — 5
- ○ Braide Alte '07 — 6
- ○ Collio Braide Alte '08 — 5
- ● COF Pignolo ElDoro '06 — 6
- ● COF Refosco P. R. Riul '07 — 5
- ○ Collio Friulano Ronc di Zorz '09 — 5
- ○ Collio Friulano Ronc di Zorz '08 — 5
- ○ Collio Ribolla Gialla RoncAlto '09 — 5

Tenuta Luisa

FRAZ. CORONA
VIA CORMONS, 19
34070 MARIANO DEL FRIULI [GO]
TEL. 048169680
www.viniluisa.com

藏酒销售
预约参观
年产量 300 000 瓶
葡萄种植面积 79 公顷

路易莎（the Luisa Family）家族拥有悠久的历史。1937年，弗朗西斯科•路易莎（Francesco Luisa）先生买下几公顷土地，这块地位于临近伊松诺法定葡萄酒产区（Isonzo Doc）的科尔罗纳（Corona）。那年他37岁，妻子去世后他独自抚养着六个孩子。多亏了艾德•路易莎（Eddi Luisa）先生，酒庄才得以快速发展。现在艾德的两个儿子，酿酒师米歇尔（Michele）和农学家戴维（David）在这座翻新扩建后的现代化酒窖工作。这座独具魅力的酒庄吸引着各地葡萄酒爱好者慕名前来参观品酒。

- ○ Desiderium Sel. I Ferretti '09 — 5
- ○ Friuli Isonzo Chardonnay '10 — 4
- ○ Friuli Isonzo Friulano '10 — 4*
- ○ Friuli Isonzo Pinot Bianco '10 — 4*
- ● Friuli Isonzo Refosco P. R. I Ferretti '07 — 5
- ● Rôl Sel. I Ferretti '06 — 5
- ○ Chardonnay I Ferretti '07 — 5
- ○ Friuli Isonzo Chardonnay '08 — 4*
- ○ Friuli Isonzo Friulano '09 — 4*
- ○ Friuli Isonzo Friulano '08 — 4*
- ○ Friuli Isonzo Pinot Bianco '09 — 4*
- ○ Friuli Isonzo Pinot Grigio '08 — 4*
- ● Friuli Isonzo Refosco P. R. '08 — 4*
- ○ Friuli Isonzo Sauvignon '09 — 4*

Marega

via Valerisce, 4
34070 San Floriano del Collio [GO]
Tel. 0481 884058
www.maregacollio.com

藏酒销售
预约参观
年产量 52 000 瓶
葡萄种植面积 9.5 公顷

马雷加（Marega）酒庄的传奇故事可以从领土扩张和传统复兴说起。1911年，来自圣•福罗利亚诺（San Floriano）一个贵族酒庄的农民买下了位于凡勒里斯（Valerisce）的一块土地，开始了自己的事业。在接下来的几年中，这个酒庄逐步成长为当地最大的私有企业。20世纪末，传承了几代后，酒庄的经营权转移到马雷加（Marega）家族。现在的管理者是吉尔吉奥（Giorgio），他肩负着传承酒庄光荣传统的重任。

Wine	Glasses	Price
○ Collio Holbar Bianco '02	▼▼	6
● Collio Holbar Rosso '06	▼▼	6
○ Collio Friulano '09	YYY	4*
● Collio Holbar Rosso '03	YY	6
○ Collio Malvasia Istriana '06	YY	5
○ Collio Malvasia Istriana '05	YY	5
○ Collio Merlot '08	YY	4
○ Collio Pinot Grigio '09	YY	4*
○ Collio Pinot Grigio '08	YY	4
○ Collio Sauvignon '09	YY	4*
○ Collio Sauvignon '08	YY	4

Valerio Marinig

via Brolo, 41
33040 Prepotto [UD]
Tel. 0432713012
www.marinig.it

藏酒销售
预约参观
年产量 25 000 瓶
葡萄种植面积 8 公顷

1921年，瓦莱里•奥玛丽宁戈（Valerio Marinig）的曾祖父路易吉（Luigi）购买了一块土地，他原来拥有一个小农场，凭借自身丰富的葡萄种植经验在这片土地上开创了事业。现在，酿酒师瓦莱里（Valerio）继承祖业，以他的热情和专业态度经营着葡萄园与酒窖。他的父亲瑟尔吉奥（Sergio）和母亲马瑞莎（Marisa）均在酒庄帮忙，妻子米谢拉（Michela）负责协助经营管理工作。

Wine	Glasses	Price
○ COF Friulano '10	▼▼	4*
○ COF Picolit '09	▼▼	6
● COF Pignolo '07	▼▼	4
● COF Refosco P. R. '09	▼▼	4
○ COF Sauvignon '10	▼▼	4*
○ COF Pinot Bianco '10	▼	4
● COF Cabernet Franc '07	YY	4*
○ COF Friulano '09	YY	4*
○ COF Friulano '08	YY	4*
● COF Merlot '07	YY	4*
○ COF Pinot Bianco '09	YY	4*
○ COF Pinot Bianco '07	YY	4
● COF Refosco P. R. '08	YY	4*
○ COF Sauvignon '09	YY	4*
○ COF Sauvignon '07	YY	4
● COF Schioppettino '08	YY	4*

Davino Meroi

VIA STRETTA, 7B
33042 BUTTRIO [UD]
TEL. 0432674025
parco.meroi@virgilio.it

藏酒销售
预约参观
年产量 20 000 瓶
葡萄种植面积 12 公顷

戴维诺•玛若依（Davino Meroi）酒庄拥有几个年份超过30年的葡萄园，酒庄的历任主人从中获得了丰富的经验。所以说现任主人从父亲戴维诺（Davino）手中继承的不仅仅是酿酒厂，更是杰出的酿酒技艺和宝贵的经验。酒庄位于弗留力东科里山的布特里奥（Buttrio）丘陵上，这里是葡萄的著名产区，盛产鲜美多汁的葡萄，正是保罗（Paolo）酿酒法的绝佳拍档。葡萄酒的美味还应归功酒窖中采用标准化橡木桶，酿的美酒能给人感官上的刺激和享受。

葡萄酒	评级
○ COF Chardonnay '09	6
○ COF Picolit '09	7
● COF Refosco P. R. Dominim '08	8
○ COF Verduzzo Friulano '09	6
○ COF Friulano '09	6
● COF Merlot Ros di Buri '08	6
● COF Rosso Nestri '08	4
○ COF Sauvignon '09	5
○ COF Verduzzo Friulano '08	6
○ COF Picolit '08	7
● COF Rosso Dominin '06	8
● COF Rosso Dominin '03	8
○ COF Sauvignon '07	5
○ COF Verduzzo Friulano '07	6

★Miani

VIA PERUZZI, 10
33042 BUTTRIO [UD]
TEL. 0432674327
aletulissi@libero.it

藏酒销售
预约参观
年产量 8 000 瓶
葡萄种植面积 16 公顷
葡萄栽培方法 有机种植

每个人都称他米阿尼（Miani），然而他的真名是恩佐•朋特尼（Enzo Pontoni）。许多人以为米阿尼是地名或葡萄园的名字，其实，米阿尼是恩佐母亲的姓氏。朋特尼的作风就是不辞辛苦地在园中劳作、付出全部耐心来管理酒窖。恩佐（Enzo）朴实、谦逊的品性让他成为了一位杰出的酿酒师。如同所有大师一样，他拥有许多崇拜者，整个弗留利制酒行业对他充满感激和敬意。

葡萄酒	评级
○ COF Friulano Buri '09	6
● COF Rosso Miani '07	8
○ COF Sauvignon Saurin '09	7
○ COF Bianco Miani '09	7
● Calvari '02	8
● COF Merlot '02	8
● COF Merlot '99	8
● COF Merlot '98	8
● COF Merlot '94	6
● COF Merlot Filip '06	8
● COF Merlot Filip '04	8
● COF Rosso '97	8
○ COF Sauvignon '96	6
○ COF Tocai Friulano '00	7
○ COF Tocai Friulano '98	7
○ COF Tocai Friulano '96	6

Mulino delle Tolle

FRAZ. SEVEGLIANO
VIA MULINO DELLE TOLLE, 15
33050 BAGNARIA ARSA [UD]
TEL. 0432928113
www.mulinodelletolle.it

藏酒销售
预约参观
年产量 100 000 瓶
葡萄种植面积 22 公顷

卡萨比昂卡（Casa Bianca）恢复了昔日的辉煌，吉尔吉奥•波托西（Giogio Bertossi）和埃里西•波托西（Eliseo Bertossi）是功不可没的。卡萨比昂卡曾是座农场，17世纪时是座麻风病院，后来又成为哈普斯堡皇室（Habsburg）下设的海关办公室。经过精心的改造，位于阿奎利亚葡萄种植区（Aquileia DOC zone）的卡萨比昂卡现已成为崭新的酒窖，并向游客提供极具魅力的农场住宿。从当地出土的大量罗马时期的酒罐来看，早在2 000多年前，该地人民就开始了葡萄酒的酿造，做起了葡萄酒买卖。

○ Friuli Aquileia Malvasia '10	▼▼	3*
● Friuli Aquileia Rosso Sabellius '09	▼▼	4
○ Friuli Aquileia Sauvignon '10	▼▼	4*
○ Friuli Aquileia Traminer Aromatico '10	▼▼	4
● Pignolo '07	▼▼	6
○ Diaspro Brut	▼	4
○ Friuli Aquileia Friulano '10	▼	4
● Friuli Aquileia Refosco P. R. '09	▼	4
○ Friuli Aquileia Bianco Palmade '08	▽▽	4*
○ Friuli Aquileia Friulano '09	▽▽	4*
○ Friuli Aquileia Friulano '08	▽▽	4*
○ Friuli Aquileia Malvasia '06	▽▽	3*
○ Friuli Aquileia Malvasia '05	▽▽	3*
○ Friuli Aquileia Sauvignon '09	▽▽	4*

Muzic

LOC. BIVIO, 4
34070 SAN FLORIANO DEL COLLIO [GO]
TEL. 0481884201
www.cantinamuzic.it

藏酒销售
预约参观
葡萄种植面积 16 公顷

19世纪60年代，乔凡尼（Giovanni）——他通常被朋友们称作“伊凡”（Ivan）——，乔丹妮的父母购置了家族最初的几块葡萄地和庄园，幕兹克（Muzic）家族以佃农的身份开始了葡萄培育。这就是后来兴旺的家族企业模式葡萄酒生意的开端。大部分葡萄园位于科里奥葡萄种植区（Collio DOC zone），也有几公顷土地在附近的弗留利•埃索棕（Friuli Isonzo）的平原上。乔凡尼掌管着葡萄酒生产的各个流程，他堪比熟练的葡萄酒工。有勇有谋的妻子奥利尔塔（Orietta）是他的得力助手。

○ Collio Bianco Bric '10	▼▼	4
○ Collio Friulano V. Valeri '10	▼▼	4*
○ Collio Malvasia '10	▼▼	4
○ Collio Pinot Grigio '10	▼▼	4
○ Collio Sauvignon V. Pàjze '10	▼▼	4
● Collio Cabernet Sauvignon '09	▼	4
○ Collio Chardonnay '10	▼	4
○ Collio Ribolla Gialla '10	▼	4
○ Collio Bianco Bric '09	▽▽	4*
○ Collio Friulano V. Valeris '09	▽▽	4*
○ Collio Malvasia '09	▽▽	4*
○ Collio Pinot Grigio '09	▽▽	4*
○ Collio Ribolla Gialla '09	▽▽	4*
● Friuli Isonzo Merlot '07	▽▽	4*

Evangelos Paraschos

LOC. BUCUJE, 13A
34070 SAN FLORIANO DEL COLLIO [GO]
TEL. 0481884154
www.paraschos.it

藏酒销售
预约参观
年产量 14 000 瓶
葡萄种植面积 6.5 公顷
葡萄栽培方式 有机种植

伊旺格罗斯•巴拉史斯（Evangelos Paraschos）祖籍希腊，他已经在圣•弗洛里阿诺德尔科里奥（San Floriano del Collio）生活、工作了很多年。1998年他创建了自己的酒庄，酒庄最初致力于应用生物动力学技术进行葡萄种植。将用于酿造白葡萄酒或红葡萄酒的葡萄浸渍于斯拉夫尼亚橡木桶或陶罐里是伊旺格罗斯独创的酿酒方式。放置至少两年后，未经过滤和净化的酒可直接装瓶，酒中绝不含二氧化硫。

○ Noir '07	6
○ Ribolla Gialla '08	5
○ Chardonnay '08	5
○ Kaj '08	6
● Merlot '08	5
● Skala '06	5
○ Collio Bianco Ris. '03	6
○ Kaj '06	6
○ Kaj '04	6
● Merlot '04	5
○ Ribolla Gialla '06	5

Pierpaolo Pecorari

VIA TOMMASEO, 36C
34070 SAN LORENZO ISONTINO [GO]
TEL. 0481808775
www.pierpaolopecorari.it

藏酒销售
预约参观
年产量 130 000 瓶
葡萄种植面积 30 公顷
葡萄栽培方式 有机认证

派克拉瑞斯（Pecoraris）家族是葡萄酒世家。19世纪20年代，皮尔帕罗（Pierpaolo）为提升家族葡萄酒品质作出了重大贡献。近年来，皮尔帕罗的儿子亚里斯桑卓（Alessandro）一直协助他管理酒庄。葡萄园位于伊松诺平原（Isonzo）上，那里的土壤质地优良，混合着小块卵石和优质砂岩。干燥的土壤、充足的光照和来自亚德里亚海（Adriatic Sea）的徐徐微风让该地成为酿造上乘美酒的理想之地。

○ Pinot Bianco Altis '10	5
○ Pinot Grigio Olivers '09	5
○ Sauvignon Blanc '10	4
○ Sauvignon Kolaus '09	6
○ Malvasia '10	4
○ Pinot Grigio '10	4
○ Sauvignon Blanc Altis '10	4
○ Sauvignon Kolàus '96	5
● Merlot Baolar '03	7
○ Pinot Bianco Altis '04	5
○ Pinot Grigio '04	4*
○ Pinot Grigio Olivers '07	6
○ Pinot Grigio Olivers '01	6

Perusini

LOC. GRAMOGLIANO
VIA TORRIONE, 13
33040 CORNO DI ROSAZZO [UD]
TEL. 0432675018
www.perusini.com

藏酒销售
预约参观
年产量 50 000 瓶
葡萄种植面积 13 公顷

19世纪晚期，法国葡萄酒风靡全球。现任酒庄主人的祖父——贾科莫•波鲁西尼（Giacomo Perusini）选取了弗留利当地的一些葡萄品种，主要用于酿造皮科里特酒（Picolit）。他的后代将酒庄发扬光大，书写了葡萄酒历史上辉煌的一页。现任酒庄主人特蕾莎•波鲁西尼（Teresa Perusini）同样是位技艺高超的酿酒大师，她继承祖业，在丈夫贾科莫•德•佩斯（Giacomo De Pace）的协助下管理酒庄的日常工作。特蕾莎（Teresa）还是位艺术爱好者，她拥有一座塔状结构的酒窖，那里也可以举行艺术展览。

○ COF Chardonnay '10	🍷🍷 4*
○ COF Picolit '09	🍷🍷 8
● COF Refosco P.R. '08	🍷🍷 5
● COF Rosso del Postiglione '08	🍷🍷 5
● COF Merlot '08	🍷 5
○ COF Pinot Grigio '10	🍷 4
○ COF Ribolla Gialla '10	🍷 4
○ COF Sauvignon '10	🍷 4
● COF Cabernet Sauvignon '08	☐☐ 5
○ COF Chardonnay '08	☐☐ 4*
○ COF Picolit '06	☐☐ 8
○ COF Ribolla Gialla '09	☐☐ 4*
● COF Rosso del Postiglione '07	☐☐ 5
○ COF Sauvignon '08	☐☐ 4*

Petrucco

VIA MORPURGO, 12
33042 BUTTRIO [UD]
TEL. 0432674387
www.vinipetrucco.it

藏酒销售
预约参观
年产量 80 000 瓶
葡萄种植面积 25 公顷

出于对土地的热爱，工程师保罗•佩特拉克（Petrucco）和妻子丽娜（Lina）买下了一座已经有些历史的农场改建成现在的酒庄。酒庄位于弗留利东科里山的巴特里奥•迪蒙特（Buttrio di Monte）。这里的大部分葡萄都是领导人伊特诺•巴尔博（Italo Balbo）种植的，他还迎娶了巴特里奥（Butttrio）当地的姑娘康特萨•福罗里奥（Contessa Florio）。巴尔博于1940年在利比亚的托布鲁克（Tobruk in Libya）中枪身亡，直到其生命的最后一刻也未能品尝到自家酿造的葡萄酒。葡萄园至今沿袭了龙科•迪•巴尔博（Ronco del Balbo）的名字，这也是佩特拉克家族引以为豪的。

● COF Refosco P. R. Ronco del Belbo '08	🍷🍷🍷 5
○ COF Friulano '10	🍷🍷 4*
● COF Merlot Ronco del Balbo '08	🍷🍷 5
● COF Pignolo Ronco del Balbo '07	🍷🍷 6
● COF Refosco P. R. '09	🍷🍷 4
○ COF Ribolla Gialla '10	🍷🍷 4*
○ COF Friulano '09	☐☐ 4*
○ COF Picolit '07	☐☐ 7
○ COF Picolit '02	☐☐ 7
● COF Pignolo Ronco del Balbo '06	☐☐ 6
○ COF Pinot Grigio '09	☐☐ 4*
● COF Refosco P. R. Ronco del Belbo '07	☐☐ 5
○ COF Ribolla Gialla '09	☐☐ 4*

Petrussa

via Albana, 49
33040 Prepotto [UD]
Tel. 0432713192
www.petrussa.it

藏酒销售
预约参观
年产量 50 000 瓶
葡萄种植面积 10 公顷

1986年，詹尼（Gianni）和保罗（Paolo）兄弟二人做了一个改变他们一生的决定，放弃他们稳定的工作接手父母创建的家族酒庄。佩特拉克（The Petrussas）家族倡导简洁明了、较少人工干预的酿酒方式。最近翻新的葡萄园还采用环保技术进行葡萄种植。酒庄位于弗留利东科里山法定葡萄产区的普利普陀地区（Prepotto），这里是斯洛文尼亚（Slovenia）和科里奥•吉奥里子诺法定葡萄产区（Collio Goriziano DOC）的分界线。

○ COF Chardonnay '09	5
○ COF Friulano '10	4
● COF Merlot '08	4
○ COF Pinot Bianco '10	4
● COF Schioppettino di Prepotto '08	6
○ COF Sauvignon '10	4
○ COF Chardonnay '08	5
○ COF Chardonnay '07	5
○ COF Pinot Bianco '08	4*
● COF Schioppettino '07	6
● COF Schioppettino '06	6
○ Pensiero '06	6

Roberto Picéch

loc. Pradis, 11
34071 Cormòns [GO]
Tel. 048160347
www.picech.it

藏酒销售
预约参观
年产量 30 000 瓶
葡萄种植面积 7 公顷

罗伯特•皮柴克（Roberto Picéch）是弗留利地区酿酒业公认的带头人之一。尽管罗伯特早已取得瞩目成就，但是他仍然锐意进取、不断改革创新。无论潮流怎样变化、科技如何发展，他生产的葡萄酒始终保持着鲜明的个人特色。现在，罗伯特正进行着一项更加艰苦卓绝的尝试，尽管这并非易事，但是他目前取得的进展已经让人们感到欢欣鼓舞，看到了希望。

○ Collio Bianco Jelka '09	5
○ Collio Friulano '10	5
○ Collio Malvasia '10	5
● Collio Rosso Riserva Ruben '08	7
○ Collio Pinot Bianco '10	5
● Collio Rosso '09	5
○ Collio Bianco Athena '07	8
○ Collio Bianco Jelka '08	5
○ Collio Friulano '08	5
○ Collio Malvasia '09	5
○ Collio Malvasia '08	5
○ Collio Pinot Bianco '08	5
● Collio Rosso '08	5
● Collio Rosso '07	5

Vigneti Pittaro

via Udine, 67
33033 Codroipo [UD]
Tel. 0432904726
www.vignetipittaro.com

藏酒销售
预约参观
年产量 500 000 瓶
葡萄种植面积 90 公顷

皮耶罗•皮塔罗（Piero Pittaro）酒庄是优良农耕传统和先进技术的完美结合的体现。整个酒庄完全被森林覆盖，占地面积超过3 000平方米。大部分葡萄种植在光照充足的格雷夫平原（Grave），还有5公顷种植在拉曼多洛山区（Ramandolo）。皮耶罗是葡萄酿酒业的先驱，在其漫长的职业生涯中，他在意大利酿酒业和国际葡萄酒组织中都身兼要职。

- ○ Pittaro Brut Et. Oro '03 7
- ○ COF Friulano Ronco Vieri '09 4
- ○ Friuli Grave Chardonnay Mousqué '10 4
- ● Moscato Rosa Valzer in Rosa '10 4
- ○ Ramandolo Ronco Vieri '08 5
- ○ Apicio '08 5
- ○ Pittaro Brut Et. Argento 5
- ⊙ Pittaro Brut Pink 5
- ○ Manzoni '08 4
- ○ Pittaro Brut Et. Argento 5
- ○ Pittaro Brut Et. Oro '02 7
- ○ Pittaro Brut Et. Oro '01 7
- ⊙ Pittaro Brut Pink 5
- ○ Ramandolo Ronco Vieri '06 5

Denis Pizzulin

via Brolo,43
33040 Prepotto [UD]
Tel. 0432713425
www.pizzulin.com

藏酒销售
预约参观
年产量 20 000 瓶
葡萄种植面积 11 公顷

皮祖林（Pizzulin）酒庄在最初进入弗留利酿酒业的时候，其决心并不坚定，但很快，它就将跻身最优质的酒庄之列作为自己的目标。事实证明，它并不畏惧一马当先。德尼斯•皮祖林（Denis Pizzulin）悉心管理着位于普利陂陀山区（Prepotto）共11公顷的葡萄园。普利陂陀位于弗留力东科里山法定葡萄产区（Colli Orientali del Friuli DOC），那里优良传统与现代工艺并存，种植的葡萄已拥有几百年历史。

- ○ COF Pinot Bianco '10 4
- ○ COF Rarisolchi Bianco '10 4
- ● COF Merlot Ris. '08 5
- ○ COF Friulano '10 4*
- ● COF Merlot '10 4
- ○ COF Sauvignon '10 4
- ● COF Schioppettino di Prepotto '08 5
- ○ COF Friulano '09 4
- ○ COF Rarisolchi Bianco '09 4
- ● COF Schioppettino Ris. '06 4

Damijan Podversic

via Brigata Pavia, 61
34170 Gorizia
Tel. 048178217
www.damijangodversic.com

藏酒销售
预约参观
年产量 22 600 瓶
葡萄种植面积 10 公顷
葡萄栽培方式 有机认证

达米加•波德瓦尔斯（Damijan Podversic）和妻子艾乐娜（Elena）居住在多波尔多•德•拉果（DoberdÒ del Lago），但他们的葡萄园在埃索总河（Isonzo）西岸的卡亚瑞欧山（Mount Calyario）山坡上。这就意味着达米加每天都要长途跋涉，奔波两地。但是达米加很轻松的说："我感觉到非常幸运，因为我每天做的事都是我自孩童时代起梦想做的事情。"酒庄生产纯天然葡萄酒，这些酒均使用酒庄自己的酒糟发酵而成，不经过滤直接装瓶，每个步骤都精工细作，绝不含糊。

○ Kaplja '08	7
○ Kaplja '07	7
○ Kaplja '06	6
○ Kaplja '05	6
○ Kaplja '04	6
○ Kaplja '03	6
○ Ribolla Gialla '07	6
○ Ribolla Gialla '06	6
○ Ribolla Gialla '03	6
● Rosso Prelit '06	6
● Rosso Prelit '04	6
● Rosso Prelit '03	6

Isidoro Polencic

loc. Plessiva, 12
34071 Cormòns [GO]
Tel. 048160655
www.polencic.com

藏酒销售
预约参观
年产量 120 000 瓶
葡萄种植面积 25 公顷

酒庄位于科里奥戈里奇亚诺的卡莫斯（CormÒns in Collio Goriziano）附近的普勒斯瓦（Plessiva），与斯洛文尼亚（Slovenia）交界。酒庄创始人伊斯多罗•派棱斯克（Isidoro Pelencic）在葡萄栽培方面呕心沥血，他富有极大的工作热情，自1968年起，他的葡萄酒开始装瓶销售。他的三个孩子伊莉莎贝塔（Elisabetta）、米歇尔（Michele）和亚历克斯（Alex）继承父业，组成一支高效、精良的团队进行酒庄的生产和管理工作，他们表现出色，是同龄人中的佼佼者。

○ Collio Friulano Fisc '09	5
○ Collio Pinot Grigio '10	5
○ Collio Bianco Oblin Blanc '09	5
○ Collio Friulano '10	4
○ Collio Pinot Bianco '10	5
○ Collio Chardonnay '10	4
○ Collio Friulano Fisc '07	5
○ Collio Pinot Bianco '07	5
○ Collio Bianco Oblin Blanc '08	5
○ Collio Friulano '08	4*
○ Collio Pinot Grigio '09	5
○ Collio Pinot Grigio '07	5
○ Collio Ribolla Gialla '07	4*
○ Collio Sauvignon '07	4*
○ Collio Tocai Friulano Fisc '06	5

Primosic

FRAZ. OSLAVIA
LOC. MADONNINA DI OSLAVIA, 3
34070 GORIZIA
TEL. 0481535153
www.primosic.com

藏酒销售
预约参观
年产量 200 000 瓶
葡萄种植面积 31 公顷

酒庄位于斯洛文尼亚（Slovenia）与欧斯拉维亚山（Oslavia hill）交界处，拥有独特的单地域气候。该地区适宜的通风条件和温度变化有利于葡萄的生长，谱写了科里奥地区（Collio）葡萄酒业的传奇。普利莫斯克（The Primosic family）家族自19世纪起在这里安家，那时的葡萄酒商人都从奥匈帝国（Austro-Hungarian）的南部山区进货，葡萄酒销往首都维也纳（Vienna）。伯瑞斯（Boris）和马克（Marko）是酒庄的新一代接班人，他们的父亲西尔维斯洛特（Silvestro）于1956年建立了酒庄，他已将管理权移交给儿子们，但仍然关注着酒庄的各项事务。

○ Collio Bianco Klin Ris. '08	🍷🍷	6
● Collio Merlot '08	🍷🍷	4
○ Collio Pinot Grigio Murno '10	🍷🍷	4
○ Collio Friulano Belvedere '10	🍷	4
○ Malvasia Istriana '10	🍷	5
○ Ribolla Gialla Think Yellow! '10	🍷	5
○ Collio Bianco Klin Ris. '06	🍷🍷	6
○ Collio Chardonnay Gmajne '08	🍷🍷	5
○ Collio Friulano Belvedere '08	🍷🍷	4*
○ Collio Pinot Grigio Murno '09	🍷🍷	4*
○ Collio Pinot Grigio Murno '07	🍷🍷	4
○ Collio Ribolla Gialla di Oslavia Ris. '07	🍷🍷	5
○ Collio Sauvignon Gmajne '09	🍷🍷	5
○ Ribolla Gialla Think Yellow! '08	🍷🍷	5

★Doro Princic

LOC. PRADIS, 5
34071 CORMÒNS [GO]
TEL. 048160723
doroprincic@virgilio.it

藏酒销售
预约参观
年产量 60 000 瓶
葡萄种植面积 10 公顷

东罗•普林斯可（Doro Princic）于1950年在卡莫斯（CormÒns）外的普拉迪斯（Pradis）山坡上建立了自己的酒庄。酒庄现任管理者是亚力桑卓（Alessandro）和他的妻子玛丽亚格拉兹亚（Mariagrazia），外界称呼他们为桑卓（Sandro）和格拉兹亚（Grazia）。这对默契的夫妻把酒庄的各项事务管理得井井有条。许多人都对东罗（Doro）的热情好客和人格魅力印象深刻。他在别人困难的时候提供无私的帮助，他用自己丰富的葡萄种植经验训练出了两代技术人员。现在他的孙子，葡萄酒专家卡罗（Carlo）即将接手酒庄。

○ Collio Malvasia '10	🍷🍷🍷	5
○ Collio Friulano '10	🍷🍷	5
○ Collio Pinot Bianco '10	🍷🍷	5
○ Collio Sauvignon '10	🍷🍷	5
● Collio Cabernet Franc '07	🍷🍷	5
● Collio Merlot '08	🍷🍷	5
○ Collio Pinot Grigio '10	🍷	5
○ Collio Malvasia '09	🍷🍷🍷	5*
○ Collio Malvasia '08	🍷🍷🍷	5
○ Collio Pinot Bianco '07	🍷🍷🍷	5
○ Collio Pinot Bianco '05	🍷🍷🍷	5
○ Collio Tocai Friulano '06	🍷🍷🍷	5
○ Collio Friulano '09	🍷🍷	5*
○ Collio Friulano '08	🍷🍷	5
○ Collio Pinot Bianco '09	🍷🍷	5*
○ Collio Pinot Bianco '08	🍷🍷	5

★Dario Raccaro

FRAZ. RÒLAT
VIA SAN GIOVANNI, 87
34071 CORMÒNS [GO]
TEL. 048161425
az.agr.raccaro@alice.it

藏酒销售
预约参观
年产量 25 000 瓶
葡萄种植面积 5.5 公顷

达里奥•拉卡洛（Dario Raccaro）种植的葡萄位于卡莫斯的夸瑞山（Mount Quarin at CormÕns）山坡上，这里是科里奥地区（Collio）的中心地带。达里奥的祖父基斯普（Giuseppe）于1928年搬到这座老农场，开始了葡萄种植事业。达里奥一直对家族农业生产的传统引以为豪，从20世纪80年代开始，他开始全身心投入葡萄酒业。他租借了维格纳•迪诺拉特（Vigna del Rolàt）葡萄园，长期种植托卡伊•弗留利葡萄（Tocai Friulano），这座葡萄园让他声名远播、美名远扬。

○ Collio Friulano Vigna del Rolat '10	🍷🍷🍷	5
○ Collio Bianco '10	🍷🍷	5
● Collio Merlot '09	🍷🍷	6
○ Collio Malvasia '10	🍷	5
○ Collio Friulano Vigna del Rolat '09	🍷🍷🍷	5
○ Collio Friulano Vigna del Rolat '08	🍷🍷🍷	5
○ Collio Friulano Vigna del Rolat '07	🍷🍷🍷	5
○ Collio Bianco '08	🍷🍷	5
○ Collio Bianco '06	🍷🍷	5
○ Collio Malvasia '08	🍷🍷	5
○ Collio Malvasia '06	🍷🍷	5
● Collio Merlot '08	🍷🍷	6
● Collio Merlot '06	🍷🍷	6
● Friuli Isonzo Rosso '06	🍷🍷	5

La Rajade

LOC. PETRUS, 2
34070 DOLEGNA DEL COLLIO [GO]
TEL. 0481639273
www.larajade.it

藏酒销售
预约参观
年产量 30 000 瓶
葡萄种植面积 6.5 公顷

拉蒂加（La Rajade）酒庄位于弗留利东部山区的约得欧河谷（Judrio river valley），靠近斯洛文尼亚（Slovenian）边界。这里是著名的酒乡，拥有科里奥法定葡萄酒产区（Collio DOC zone）北部最美丽的风景。酒庄虽然成立不久，但其兼并的农场设备完善齐全，在葡萄种植和葡萄酒酿造方面已有多年的经验。拉蒂加酒庄在弗留利语中的意思是"阳光"，象征着生命之源，酒庄的新主人朱塞佩•福尔林（Giuseppe Faurlin）和塞尔吉奥•康皮尔托（Sergio Campeotto）为之制定了简单直接但充满进取精神的发展计划。

● Collio Cabernet Sauvignon Ris. '08	🍷🍷🍷	5
○ Collio Bianco '10	🍷🍷	4*
● Collio Merlot Ris. '08	🍷🍷	5
○ Collio Sauvignon '10	🍷🍷	5
○ Collio Malvasia '09	🍷	4
● Collio Merlot '09	🍷	4
● Collio Cabernet Sauvignon Stratin '01	🍷🍷	5
○ Collio Malvasia '08	🍷🍷	5
○ Collio Sauvignon '09	🍷🍷	5*
○ Collio Sauvignon '08	🍷🍷	5*

Vigneti Rapais

VIA POLA, 25
33085 MANIAGO [PN]
TEL. 0427709434
www.vignetirapais.it

藏酒销售
预约参观
年产量 20 000 瓶
葡萄种植面积 40 公顷

威格内提（Vigneti Rapais）酒庄坐落在优美的丹多罗（Dandolo）的平原上，丹多罗是曼尼阿果（Maniago）的自治区，以美丽的自然风光著称。经验丰富、充满激情但理智冷静的瑞纳托•塔迪诺（Renato Tadiello）管理着这座家族酒庄。他的孩子尼古拉（Nicola）和依玛（Irma）总是用新眼光看待事物，是充满活力的新一代。酒庄坐落在弗留利格雷夫法定葡萄酒产区（Friuli Grave DOC zone），梅杜娜河（Meduna）和赛琳娜河（Cellina）不时泛滥，形成了这里贫瘠的石灰岩土壤，特别适合种植葡萄。

○ Desir Blanc '07	🍷🍷	4*
● Desir Neri '07	🍷🍷	4*
● Merlot '08	🍷🍷	4*
○ Vivè '09	🍷🍷	4*
○ Chardonnay '09	🍷	3
○ Pinot Grigio '09	🍷	3
● Refosco P.R. '08	🍷	4

Rocca Bernarda

FRAZ. IPPLIS
VIA ROCCA BERNARDA, 27
33040 PREMARIACCO [UD]
TEL. 0432716914
www.roccabernarda.com

藏酒销售
预约参观
年产量 200 000 瓶
葡萄种植面积 42.86 公顷

自1977年起，罗卡•伯纳德（Rocca Bernarda）酒庄开始归在马耳他主权军事教团名下。该酒庄坐落于和它同名的山上，酒庄有四座庄严肃穆的圆柱塔楼，所以外观很像城堡。事实是，这是贵族瓦尔瓦索尼•马尼亚果（Valvasone Maniago family）家族于1567年盖的乡村别墅。一块古老的牌匾昭示着游人酒窖早在房屋建成前就已经存在了，古朴的酿酒传统已经存在了数百年。酒庄在贵族佩里西尼•安东尼（Perusini Antonini family）家族中发展尤为突出。

● COF Pignolo '07	🍷🍷	6
● COF Merlot Centis '08	🍷🍷	6
○ COF Ribolla Gialla '10	🍷🍷	5
○ COF Chardonnay '10	🍷	5
○ COF Friulano '10	🍷	5
○ COF Sauvignon '10	🍷	5
○ COF Friulano '08	ŸŸ	4*
○ COF Friulano '07	ŸŸ	4
● COF Merlot Centis '04	ŸŸ	6
○ COF Picolit '05	ŸŸ	8
● COF Pignolo '06	ŸŸ	6
○ COF Pinot Grigio '06	ŸŸ	4
○ COF Tocai Friulano '06	ŸŸ	4

Paolo Rodaro

LOC. SPESSA
VIA CORMONS, 60
33040 CIVIDALE DEL FRIULI [UD]
TEL. 0432716066
paolorodaro@yahoo.it

藏酒销售
预约参观
年产量 250 000 瓶
葡萄种植面积 45 公顷

莱达罗（The Rodaros）家族喜欢带着些许骄傲地自称为“来自斯佩撒（Spessa）的农民”。20世纪六七十年代，保罗•莱达罗（Paolo Rodaro）的父亲路易吉（Luigi）和哥哥艾多（Edo）将这座名不见经传的小酒庄发展壮大，成为弗留利东科利山首屈一指的大酒庄。酒庄的现任掌门人是保罗，但很多事务依然由他卓有远见的父亲和哥哥打理。保罗延续着家族勇于开拓的作风，兼并了康特•罗曼诺（Conte Romano），巩固了家族酒庄的地位。

● COF Cabernet Sauvignon Romain '07	6
○ COF Picolit '08	7
● COF Refosco P. R. Romain '07	7
○ COF Verduzzo Passito Pra Zenâr '09	6
○ COF Friulano '10	4
○ COF Malvasia '10	4
○ COF Pinot Grigio '10	4
○ COF Ribolla Gialla '10	4
○ COF Sauvignon '10	4
○ COF Friulano '09	4*
○ COF Friulano '08	4
● COF Merlot Romain '06	6
● COF Refosco P. R. Romain '06	6
○ COF Verduzzo Friulano '08	5
○ COF Verduzzo Passito Pra Zenâr '07	6

Ronc di Vico

FRAZ. BELLAZOIA
VIA CENTRALE, 5
33040 POVOLETTO [UD]
TEL. 0432565012
roncdivicobellazoia@libero.it

藏酒销售
预约参观
年产量 8 000 瓶
葡萄种植面积 7 公顷

龙科迪维克（Ronc di Vico）酒庄是弗留利地区的著名酒庄，它的创建纯属偶然，但是它一出现就受到该地区葡萄酒商的热烈欢迎。酒庄位于伍迪（Udine）附近的普沃雷托地区（Povoletto）的贝拉佐亚（Bellazoia）。现任掌门人是吉安尼•迪尔•法布罗（Gianni Del Fabbro）和他的儿子洛多维科（Lodovico），他们精心照料着菲迪斯（Faedi）丘陵上的7公顷葡萄地，其中一半私有，一半用于租赁种植。通过迪尔•法布罗（Del Fabbros）家族的不懈努力，酒庄焕然一新，重现昨日光辉，取得了骄人的成绩。

○ COF Il Friulano '09	5
○ COF Matec '08	6
● COF Vico rosso '08	5
○ COF Il Friulano '08	5*
○ COF Matec '07	6
● COF Refosco P. R. '07	7
○ COF Sauvignon '08	5
● COF Titut Ros '07	6
● COF Vico rosso '07	5

Ronc Soreli

LOC. NOVACUZZO, 46
33040 PREPOTTO [UD]
TEL. 0432713005
www.roncsoreli.com

年产量 250 000 瓶
葡萄种植面积 35 公顷

龙科•索瑞丽（Ronc Soreli）酒庄创建于21世纪初，是弗留利•维尼兹亚•古丽亚地区（Friuli Venezia Giulia）葡萄酒业的后起之秀。创立者法彼欧•史瑞提（Fabio Schiratti）接管了诺瓦库左（Novacuzzo）的一座古老的村庄，办起了酒庄。他制定了宏伟计划，即复兴家族荣光并用现代科技对酒庄进行彻底改造。“科技、洞察力和智慧”是酒庄发展之路的指导思想，在先进的指导思想和科学的管理方式下，酒庄精益求精、不断进步。

○ COF Friulano '09	4
○ COF Friulano Otto Lustri '09	5
○ COF Pinot Grigio '09	4
○ COF Bianco Uis Blanc '10	4
○ COF Sauvignon '10	4
○ COF Sauvignon '09	4
● COF Schioppettino di Prepotto '08	5
○ COF Friulano '10	4
○ COF Pinot Grigio '10	4
○ COF Ribolla Gialla '10	4
● COF Ribolla Nera '10	4
● COF Rosso Uis Rôs '09	5

La Roncaia

FRAZ. CERGNEU
VIA VERDI, 26
33045 NIMIS [UD]
TEL. 0432790280
www.fantinel.com

藏酒销售
预约参观
年产量 44 000 瓶

1998年，樊迪内尔（The Fantinels）家族买下了尼密斯附近（Nimis）的瑟格尼尔（Cerneu）的一块地，开始进行葡萄种植，迄今已经有三代人投入葡萄酒事业了。这块地坐落在弗留利东科利山的最北部，是拉曼多洛（Romandolo）的发源地。拉龙卡亚（La Roncaia）酒庄建立后，还收购了科里奥的特鲁塔•圣海伦那（Tenuta Sant'Helena at Venco in the Collio）酒庄和斯皮林伯格附近的伯格•泰斯（Borgo Tesis at Tauriano near Spilimbergo）酒庄。这座大型家族酒庄的目标是实现地区和谐发展、酿造能体现弗留利葡萄酒专家水平的上乘美酒。

● COF Refosco P.R. '07	6
○ Ramandolo '08	6
○ COF Picolit '08	6
○ COF Bianco Eclisse '09	5
○ COF Bianco Eclisse '08	5
○ COF Friulano '09	5
○ COF Friulano '08	5
● COF Merlot '07	5
● COF Merlot '06	5*
○ COF Picolit '07	6
○ COF Picolit '06	6
○ COF Ramandolo '06	6
○ Ramandolo '07	6

Il Roncat - Giovanni Dri

Loc. Ramandolo
via Pescia, 7
33045 Nimis [UD]
Tel. 0432790260
www.drironcat.com

藏酒销售
预约参观
年产量 50 000 瓶
葡萄种植面积 10 公顷

纪梵尼•德利（Giovanni Dri）以专注生产弗留利最著名的酒之一——罗曼多罗酒（Ramandolo）而闻名于世，罗曼多罗酒是维多佐酒（Verduzzo）中最富盛名的种类。酿造该酒选用的葡萄都来自伯纳迪亚山（Mount Bernardia）斜坡上的优质葡萄园区。纪梵尼（Giovanni）亲自设计酒窖，完成了他多年来的梦想。他将酒窖的结构命名为"la capanna"（意为"棚"），因为酒窖采用当地原生态材料构建而成，并且简单、实用、宽敞、舒适。

○ COF Picolit '08	8
● COF Merlot '09	4
● COF Cabernet '09	4
● COF Schioppettino Monte dei Carpini '08	5
○ Ramandolo Il Roncat '07	6
○ COF Picolit Il Roncat '07	8
● COF Schioppettino Monte dei Carpini '06	5
○ Ramandolo Il Roncat '07	6
○ Ramandolo Il Roncat '06	6
○ Ramandolo Uve Decembrine '06	6
○ Ramandolo Uve Decembrine '05	6

Ronchi di Cialla

Fraz. Cialla
via Cialla, 47
33040 Prepotto [UD]
Tel. 0432731679
www.ronchidicialla.it

藏酒销售
预约参观
年产量 100 000 瓶
葡萄种植面积 23. 05 公顷

1970年保罗（Paolo）和迪娜•拉普兹（Dina Rapuzzi）做了一个重大决定：翻修一座隐藏在栗子树、橡树和樱桃树丛中的农场，将其改建为朗齐•迪•齐亚拉（Ronchi di Cialla）酒庄。这座酒庄坐落在科里奥东弗留利山（Collio Oriental del Fruili）的一个小山谷里。经过夫妻俩的精心照料，齐亚拉（Cialla）酒庄成为弗留利特色葡萄品种的发源地，其中最受欢迎的是斯琪派迪诺葡萄（Schioppettino）。如今，伊凡（Ivan）和皮耶保罗（Pierpaola）光荣地继承父母的衣钵，成为酒庄的现任管理者。

● COF Schioppettino di Cialla '07	7
○ Cialla Picolit '09	8
○ COF Cialla Bianco '09	5
● COF Refosco P.R. di Cialla '07	7
○ COF Verduzzo di Cialla '08	6
● COF Schioppettino di Cialla '05	7
○ COF Cialla Bianco '08	5
○ COF Picolit di Cialla '07	8
○ COF Picolit di Cialla '06	8
● COF Refosco P.R. di Cialla '06	7
● COF Schioppettino di Cialla '06	7
○ COF Verduzzo di Cialla '07	6

Ronchi di Manzano

via Orsaria, 42
33044 Manzano [UD]
Tel. 0432740718
www.ronchidimanzano.com

藏酒销售
预约参观
年产量 200 000 瓶
葡萄种植面积 55 公顷

历史上，特兰托（Trento）的伯爵曾钦定“朗齐”（ronchi）——山区葡萄园里的弗留利人——为奥匈帝国（Austria-Hungary）的贵族们酿造葡萄酒。1984年，鲍格才（Borghese family）家族买下了这块地开始进行葡萄种植。隆齐迪曼萨诺（Ronchi di Manzano）酒庄现任掌门人是罗伯塔（Roberta）女士，她既拥有高超的酿酒技术又具有高雅的审美情趣。酒庄位于弗留利东科利山（Collio Oriental del Fruili）的中心，东边毗邻极富魅力的朗奇•迪•洛萨纵地区（Ronc di Rosazzo）。朗奇•迪•洛萨纵地区以其独特的气候条件成为葡萄生产的胜地。

Wine	Glasses	Price
○ COF Friulano '10	3 (red)	4
○ COF Rosazzo Bianco Ellègri '10	2 (red)	4
● COF Merlot Ronc di Subule '08	2 (black)	5
● COF Pignolo '07	2 (black)	5
● COF Refosco P. R. '09	2 (black)	4
○ COF Sauvignon '10	2 (black)	4
○ COF Pinot Grigio '10	1 (black)	4
● COF Rosazzo Rosso Braûros '08	1 (black)	4
○ COF Friulano '09	3 (white)	4*
● COF Merlot Ronc di Subule '06	2 (white)	5
○ COF Pinot Grigio '09	2 (white)	4*

Ronchi Rò delle Fragole

loc. Cime di Dolegna, 12
34070 Dolegna del Collio [GO]
Tel. 0481639897
ronchiro.vini@tiscali.it

藏酒销售
预约参观
年产量 15 000 瓶
葡萄种植面积 3 公顷

朗奇•诺•德拉•弗拉格勒（Ronchi RÕ delle Fragole）酒庄建于2005年，这座酒庄小巧精致，酒庄主人是罗密欧•罗斯（Romeo Rossi）。这座位于科里奥多雷那（Dolegna del Collio）山坡上的酒庄30年来都种植着赤霞珠（Sauvignon）葡萄和弗留利葡萄（Friulano），罗密欧花费大量精力翻新了酒庄。罗密欧成功的秘诀在于他用科学的方式精心照料葡萄，并在它们彻底成熟之后才用于酿酒，科里奥（Collio）优越的土壤和气候也起着重要作用。

Wine	Glasses	Price
○ Sauvignon Silenzi '09	2 (red)	5
○ Collio Friulano '10	2 (black)	5
○ Collio Sauvignon '10	2 (black)	5
○ Collio Friulano '09	2 (white)	5
○ Collio Friulano '08	2 (white)	5
○ Collio Sauvignon '08	2 (white)	5

Ronco Blanchis

via Blanchis, 70
34070 Mossa [GO]
Tel. 048180519
www.roncoblanchis.it

预约参观
年产量 35 000 瓶
葡萄种植面积 12 公顷

科里奥•格里兹阿罗（Collio Goriziano）的最高点布朗其斯（Blanchis）的山上的自然条件非常适合种植葡萄。格朗卡洛斯（Giancarlo Palla）和他的两个儿子阿尔伯特（Alberto）和罗来佐（Lorenzo）充分利用这里的区域优势培养出了用于制造白葡萄酒的上乘葡萄。这个地方的名字在弗留利语中意思为“白色”，充分证明这个地方很适合种植索维农葡萄（sauvignon）、品特格里吉奥葡萄（pinot grigio），尤其适合弗留利（friulano）葡萄。自几百年前贵族卡特里尼•德•赫兹伯格（Catterini De Herzberg）和西班牙国王的使节唐•斯维利奥•德•巴谷尔（Don Silverio De Baguer）接手酒庄以后，酒庄开始声名远播、享有盛名。

酒款	评分
○ Collio '10	5
○ Collio Pinot Grigio '10	4
○ Collio Friulano '10	4
○ Collio Sauvignon '10	4
○ Collio Chardonnay '09	4*
○ Collio Chardonnay '06	4*
○ Collio Chardonnay '04	4*
○ Collio Friulano '09	4
○ Collio Friulano '07	4
○ Collio Pinot Bianco '08	3*
○ Collio Pinot Grigio '09	4*
○ Collio Pinot Grigio '06	4*
○ Collio Sauvignon '06	4*
○ Collio Tocai Friulano '06	4
○ Collio Tocai Friulano '04	4*

Ronco dei Folo

via di Nozzole, 12
33020 Prepotto [UD]
Tel. 055859811
www.tenutefolonari.com

预约参观
年产量 50 000 瓶
葡萄种植面积 25 公顷

弗洛纳利（The Folonari family）家族从18世纪后期开始从事葡萄种植事业。1825年，福瑞特利•弗洛纳利（Fratelli Folonari）建立起来了，这个组织致力于生产意大利最好的葡萄酒并将其销往全球。2000年，安伯吉奥（Ambrogio）和他的儿子建立了特努特•安伯吉奥•俄•吉奥范尼•弗洛纳利（Tenute Ambrogio e Giovanni Folonari），以朗科•德•佛罗（Ronco dei Folo）的形式给位于托斯卡纳区（Tuscany）的酒庄增加了一个新的葡萄出产地。用于酿造白葡萄酒的上乘葡萄特色鲜明，都是在科里奥（Collio）最好的葡萄地精挑细选得来的。

酒款	评分
○ Collio Pinot Grigio '10	4*
○ Collio Friulano '10	4*
○ Collio Sauvignon '10	4*
○ Collio Ribolla Gialla '10	4
○ COF Pinot Grigio '05	4
○ COF Pinot Grigio '04	4*
○ COF Sauvignon '06	4
○ COF Tocai Friulano '06	4
○ COF Tocai Friulano '05	4
○ Collio Pinot Grigio '09	4
○ Collio Ribolla Gialla '09	4
○ Collio Sauvignon '09	4

★Ronco dei Tassi

LOC. MONTE, 38
34071 CORMÒNS [GO]
TEL. 048160155
www.roncodeitassi.it

藏酒销售
预约参观
年产量 100 000 瓶
葡萄种植面积 18 公顷

1989年，法俾欧•科索（Fabio Coser）和他的妻子达利拉（Daniela）买下了卡莫斯附近的蒙托纳（Cormòns at Montona）的一座农场，这座农场坐落在跨瑞山（Mount Quarin）的山坡上。现在，马提欧（Matteo）和恩瑞克（Enrico）掌管着这座家族农场。科索家族以“獾”命名这座酒庄，獾特别喜欢吃成熟后的甜葡萄。法俾欧是弗留利地区最受尊敬的酒商，他还拥有维格纳•德•劳伦（Vigna del Lauro）酒庄，同时兼任许多酒庄的咨询顾问。

○ Collio Bianco Fosarin '10	🍷🍷🍷	4
● Collio Rosso Cjarandon Ris. '07	🍷🍷	5
○ Collio Picolit '07	🍷🍷	6
○ Collio Pinot Grigio '10	🍷🍷	5
○ Collio Ribolla Gialla '10	🍷🍷	5
○ Collio Sauvignon '10	🍷🍷	5
○ Collio Friulano '09	🍷	5
○ Collio Bianco Fosarin '09	🍷🍷🍷	4*
○ Collio Bianco Fosarin '08	🍷🍷🍷	4*
○ Collio Bianco Fosarin '07	🍷🍷🍷	4
○ Collio Bianco Fosarin '06	🍷🍷🍷	4
○ Collio Sauvignon '05	🍷🍷🍷	4*
○ Collio Friulano '08	🍷🍷	4*
○ Collio Malvasia '08	🍷🍷	4*
○ Collio Sauvignon '09	🍷🍷	5*

★Ronco del Gelso

VIA ISONZO, 117
34071 CORMÒNS [GO]
TEL. 048161310
www.roncodelgelso.com

藏酒销售
预约参观
年产量 150 000 瓶
葡萄种植面积 25 公顷

如同当地附近的其他酒庄一样，朗科•德•格索（Ronco del Gelso）酒庄也是家族酒庄。1987年，乔治•巴丁（Giorgio Badin）大学刚毕业就买下了这块占地2公顷的沙砾地。这块种植葡萄的理想之地位于卡莫斯（Cormòns），弗留利•埃索总法定葡萄产区（Friuli Isonzo DOC）的平原上。乔治稳扎稳打，目前酒庄面积已经扩张到25公顷。酒庄内置的锅炉专门燃烧修剪下来的葡萄枝，已经实现能源的自给自足。

○ Friuli Isonzo Malvasia '10	🍷🍷🍷	4*
○ Friuli Isonzo Bianco Latimis '10	🍷🍷	4*
○ Friuli Isonzo Friulano Toc Bas '10	🍷🍷	4*
○ Friuli Isonzo Pinot Grigio Sot lis Rivis '10	🍷🍷	4
⊙ Friuli Isonzo Rosato Rosimi '09	🍷🍷	5
○ Friuli Isonzo Chardonnay '09	🍷	4
○ Friuli Isonzo Sauvignon '10	🍷	4
● Friuli Isonzo Merlot '01	🍷🍷🍷	5
○ Friuli Isonzo Sauvignon '00	🍷🍷🍷	4
○ Friuli Isonzo Tocai Friulano '06	🍷🍷🍷	4*
○ Friuli Isonzo Tocai Friulano '05	🍷🍷🍷	4
○ Friuli Isonzo Tocai Friulano '04	🍷🍷🍷	4*
○ Friuli Isonzo Tocai Friulano '03	🍷🍷🍷	4*
○ Friuli Isonzo Tocai Friulano '01	🍷🍷🍷	4
○ Friuli Isonzo Tocai Friulano '97	🍷🍷🍷	4

Ronco delle Betulle

LOC. ROSAZZO
VIA ABATE COLONNA, 24
33044 MANZANO [UD]
TEL. 0432740547
www.roncodellebetulle.it

藏酒销售
预约参观
年产量 70 000 瓶
葡萄种植面积 13.75 公顷

1967年，简巴提斯塔•阿达密（Gianbattista Adami）买下了位于罗萨宗山区（Rosazo）的酒庄，事实证明，他这个决定是非常明智的。那时候，很少有人发现这块土地的特别之处，但很快，它的价值被世人发觉并成为指定的葡萄产区。自1990年起，埃瓦娜•阿达密（Ivana Adami）开始接管酒庄，她将重点放在酒庄的扩建、发扬独特性和创新性上面。如今，她的儿子西蒙（Simon）管理着酒庄事务。

○ COF Rosazzo Bianco Vanessa '09	🍷🍷	5
○ COF Friulano '10	🍷🍷	4*
○ COF Picolit '08	🍷🍷	7
○ COF Pinot Grigio '10	🍷🍷	4*
○ COF Sauvignon '10	🍷🍷	4*
● COF Refosco P. R. '09	🍷	5
○ COF Ribolla Gialla '10	🍷	4
● Narciso Rosso '94	🍷🍷🍷	6
○ COF Picolit '07	🍷🍷	8
○ COF Rosazzo Bianco Vanessa '08	🍷🍷	5
○ COF Rosazzo Bianco Vanessa '07	🍷🍷	5
● COF Rosazzo Pignolo '05	🍷🍷	7
● COF Rosazzo Rosso Narciso '04	🍷🍷	6
● COF Rosazzo Rosso Narciso '03	🍷🍷	6

Ronco di Prepotto

VIA BROLO, 45
33040 PREPOTTO [UD]
TEL. 0432281118
www.roncodiprepotto.com

藏酒销售
预约参观
年产量 30 000 瓶
葡萄种植面积 6 公顷

自1901年起，马克里奥（Macorio family）家族就在普利普陀（Prepotto）定居。现任酒庄掌门人是吉安保罗•马克瑞格（Giampaolo Macorig），他是个有明确目标的企业家，知道自己想要的是什么，他大胆而富有创造性的决定将葡萄园带入了鼎盛时期。吉安保罗和他的父亲安尼贝尔（Annibale）彻底翻新了酒庄、增加了葡萄种植面积、制定了完备的生产条约。他们减少了葡萄酒的品牌，将生产的葡萄酒主要分成两个独立区，朗科•迪•普利普陀（Ronco di Prepotto）生产混合酒，维格纳提•德•蒙提•撒科里（Vigneti dei Monti Sacri）生产单品种酒。

○ COF Bianco Anatema '08	🍷🍷	5
● COF Rosso Zeus '07	🍷🍷	6
○ COF Bianco Anatema '07	🍷🍷	5
○ COF Bianco Lavinia '04	🍷🍷	6
○ COF Bianco Lavinia '03	🍷🍷	6
● COF Rosso Zeus '06	🍷🍷	6
● COF Rosso Zeus '04	🍷🍷	6
● COF Rosso Zeus '03	🍷🍷	6
● COF Schioppettino '08	🍷🍷	5
● COF Schioppettino '07	🍷🍷	4
○ COF Tocai Friulano Vigneti dei Monti Sacri '05	🍷🍷	4

Ronco Severo

VIA RONCHI, 93
33040 PREPOTTO [UD]
TEL. 0432713144

藏酒销售
预约参观
年产量 32 000 瓶
葡萄种植面积 6 公顷
葡萄栽培方式 有机种植

史迪法诺•诺未洛（Stefano Novello）早年在加利福利亚（California）和新墨西哥（New Mexico）学习葡萄酒知识，后来，经验丰富的他开办了自己的酒庄。现在，他是用纯天然方法栽培葡萄的倡导者。史迪法诺在葡萄种植和酿酒过程中不采用任何化学物质，如酵母和酶，二氧化硫的量也控制在最小值。葡萄酒经历了漫长的浸渍才能装瓶，也许这些酒看起来并不完全清澈，但却味道醇香优雅。酿酒的葡萄全部取自酒庄里的7公顷葡萄园区。

● COF Merlot Artiûl '08	🍷🍷	6
○ Severo Bianco '09	🍷🍷	6
○ COF Friulano Ris. '09	🍷🍷	5
○ COF Chardonnay '07	🍷🍷	5
○ COF Friulano '08	🍷🍷	5
○ COF Friulano '07	🍷🍷	5
● COF Merlot Artiûl '07	🍷🍷	6
● COF Merlot Artiûl '05	🍷🍷	5
○ COF Pinot Grigio '08	🍷🍷	4*
● COF Refosco P.R. '07	🍷🍷	6
○ COF Sauvignon '01	🍷🍷	4*
○ COF Severo Bianco '07	🍷🍷	5
○ Severo Bianco '07	🍷🍷	6

Roncùs

VIA MAZZINI, 26
34076 CAPRIVA DEL FRIULI [GO]
TEL. 0481809349
www.roncus.it

藏酒销售
预约参观
年产量 35 000 瓶
葡萄种植面积 12 公顷

1985年，马克•皮克（Marco Perco）接手了种植各种作物的家族农场，后来将其改造为专门生产葡萄和酿造葡萄酒的酒庄。葡萄地分成很多小块，散布在开普瓦•德•弗留利（Capriva del Friuli）的山区地带，大部分葡萄都是半个世纪以前种植的。马克十分清楚葡萄园的潜力，他的酒包装精美，华丽精致的酒瓶和浓郁的酒香相得益彰，就如同马克及其欣赏的阿尔萨斯（Alsatian）的酒一样。

○ Collio Bianco Vecchie Vigne '08	🍷🍷	6
○ Collio Friulano '09	🍷🍷	5
○ Roncùs Bianco Vecchie Vigne '01	🍷🍷🍷	6
○ Collio Bianco '09	🍷🍷	4
○ Collio Bianco Vecchie Vigne '06	🍷🍷	6
○ Collio Bianco Vecchie Vigne '05	🍷🍷	6
○ Collio Bianco Vecchie Vigne '04	🍷🍷	6
○ Collio Bianco Vecchie Vigne '02	🍷🍷	6
○ Collio Friulano '08	🍷🍷	5
○ Collio Pinot Bianco '03	🍷🍷	5
○ Collio Tocai Friulano '03	🍷🍷	6
○ Friuli Isonzo Sauvignon '03	🍷🍷	5
○ Sauvignon '07	🍷🍷	5
● Val di Miez '06	🍷🍷	6

Russiz Superiore

VIA RUSSIZ, 7
34070 CAPRIVA DEL FRIULI [GO]
TEL. 048180328
www.marcofelluga.it

藏酒销售
预约参观
年产量 200 000 瓶
葡萄种植面积 50 公顷

鲁西斯•苏比尔（Russiz Superiore）酒庄位于科里奥（Collio）的中心地带。1966年，马克•菲卢噶（Marco Felluga）建立了这座酒庄。这块地历史非常悠久，1273年，族长莱蒙多•德拉•托尔（Raimondo Della Torre）买下这块地在这里安家。不久前，这座富有历史气息的酒庄装饰一新，改建成奢华的瑞拉斯宾馆（Relais hotel）。从瑞拉斯宾馆俯瞰，美丽、原生态的自然风光尽收眼底。酒庄的现任管理者是罗伯托•菲卢噶（Roberto Felluga），他和父亲一样，富有事业心和工作热情。

○ Collio Sauvignon '10	5
● Collio Cabernet Franc '09	5
○ Collio Friulano '10	5
○ Collio Pinot Bianco Ris. '07	6
○ Horus '07	7
● Collio Merlot '07	5
● Collio Merlot '06	5
○ Collio Pinot Bianco '09	5
○ Collio Pinot Bianco '08	5
○ Collio Pinot Bianco Ris. '06	6
○ Collio Pinot Bianco Ris. '05	6
○ Collio Pinot Grigio '09	5
○ Collio Sauvignon '09	5
○ Collio Sauvignon Ris. '06	6

★Schiopetto

VIA PALAZZO ARCIVESCOVILE, 1
34070 CAPRIVA DEL FRIULI [GO]
TEL. 048180332
www.schiopetto.it

藏酒销售
预约参观
年产量 169 500 瓶
葡萄种植面积 30 公顷

1965年，马里奥•施佩托（Mario Schiopetto）买下了这座酒庄，酒庄发展迅速，很快成为弗留利地区葡萄酒业的风向标。直到今天，施佩托酒庄仍是该地区葡萄酒业的领头羊。马里奥是伟大的旅行家，他参观了欧洲最好的酒窖，并将德国的科学技术和法国的葡萄种植方法引进到弗留利地区。现在，他的孩子们遵循着父亲创建的管理方式经营着酒庄。玛利亚•安哥拉（Maria Angela）掌管销售工作，卡罗（Carlo）负责公关。乔治（Giorgio）既是品酒师，又是农学家，他主要负责制酒环节。

○ Mario Schiopetto Bianco '08	6
○ Blanc des Rosis '09	5
○ Collio Friulano '09	5
● Poderi dei Blumeri Rosso '07	6
○ Collio Sauvignon '09	5
● Rivarossa '08	5
○ Collio Pinot Grigio '09	5
○ Blanc des Rosis '07	5
○ Blanc des Rosis '06	5
○ Collio Sauvignon '97	
○ Collio Tocai Friulano '95	5
○ Collio Tocai Friulano '88	5
○ Collio Tocai Friulano '87	5
○ Mario Schiopetto Bianco '07	6
○ Mario Schiopetto Bianco '03	6

La Sclusa

LOC. SPESSA
VIA STRADA DI SANT'ANNA, 7/2
33043 CIVIDALE DEL FRIULI [UD]
TEL. 0432716259
www.lasclusa.it

预约参观
年产量 160 000 瓶
葡萄种植面积 30 公顷

斯佩莎（Spessa）位于西维黛拉•德•弗留利地区（Cividale del Friuli），这里长期以来就是葡萄和葡萄酒的代名词。左则提格（Zorzettig family）家族好几代人都在这里从事葡萄种植和葡萄酒生产。1963年，左则提格家族的一支——吉奥巴塔人（Giobatta），又名提塔•扎满庭人（Tita Tramuntin）——建立了酒庄，之后为了将酒庄和左则提格家族其他的家族酒庄区分开来，将其改名为拉•克鲁萨（La Sclusa）。第一座酒窖建立起来了。后来基诺（Gino）将酒庄传给儿子们——吉马诺（Germano）、迈瑞左（Maurizio）和卢萨诺（Luciano），他们技艺纯熟、对工作充满热情，取得了骄人的成绩。

○ COF Pinot Grigio '10	🍷🍷 4
● COF Refosco P. R. '09	🍷🍷 4
○ COF Sauvignon '10	🍷🍷 4
○ Brut La Sclusa	🍷 4
○ COF Friulano '10	🍷 4
○ COF Ribolla Gialla '10	🍷 4
○ COF Friulano '09	🍷🍷 4*
○ COF Friulano '08	🍷🍷 4
○ COF Picolit '08	🍷🍷 7
○ COF Picolit '06	🍷🍷 7
○ COF Picolit V. del Torrione '05	🍷🍷 7
● COF Refosco P. R. '08	🍷🍷 4
● COF Refosco P. R. '07	🍷🍷 4
○ COF Ribolla Gialla '07	🍷🍷 4

Roberto Scubla

FRAZ. IPPLIS
VIA ROCCA BERNARDA, 22
33040 PREMARIACCO [UD]
TEL. 0432716258
www.scubla.com

藏酒销售
预约参观
年产量 60 000 瓶
葡萄种植面积 12 公顷

1991年，罗伯特•斯库布拉（Roberto Scubla）购买了一处破败的农舍，经过整修，如今已成为带有强烈田园风格的乡村酒庄。酒庄布局精美，酒窖旁边设有一间品酒室，品酒室底下连着一间酒吧。罗伯特最终得以完成自己梦想、建起这座酒庄得益于亲友们的支持，另外，评酒专家的帮助让他得到了国内外新闻媒体的认可，在市场是取得了骄人的成绩。

○ COF Bianco Pomèdes '09	🍷🍷🍷 6
● COF Rosso Scuro '08	🍷🍷🍷 5
○ COF Verduzzo Friulano Cràtis '08	🍷🍷🍷 6
○ COF Bianco Speziale '10	🍷🍷 4
○ COF Friulano '10	🍷🍷 4
○ COF Pinot Bianco '10	🍷🍷 4
○ COF Sauvignon '10	🍷🍷 4
● COF Merlot '09	🍷 5
○ COF Bianco Pomèdes '04	🍷🍷🍷 5
○ COF Bianco Pomèdes '99	🍷🍷🍷 5
○ COF Bianco Pomèdes '98	🍷🍷🍷 5
○ COF Verduzzo Friulano Cràtis '06	🍷🍷🍷 6
○ COF Verduzzo Friulano Cràtis '04	🍷🍷🍷 6
○ COF Verduzzo Friulano Graticcio '99	🍷🍷🍷 6
○ COF Bianco Pomèdes '08	🍷🍷 6
○ COF Verduzzo Friulano Cràtis '07	🍷🍷 6

Renzo Sgubin

VIA FAET, 15
34071 CORMÒNS [GO]
TEL. 0481630297
info@renzosgubin.com

藏酒销售
预约参观
年产量 30 000 瓶
葡萄种植面积 12 公顷

任左•思古斌（Renzo Sgubin）把自己定位为一个务实的农民——说得少、做得多。他的父母出生于夸瑞山（Mount Quarin）上一个城堡里。夸瑞山位于科莫斯（Cormòns）后方。父母亲起初生活在小镇里，后来搬到普拉迪斯（Pradis），他们先租种别人的土地，然后在19世纪70年代购置了自己的土地。任左在这座城堡里建立酒庄，并将夸瑞山作为酒和酒庄的标记，这些都是对祖先的缅怀和纪念。

- ● Collio Merlot '08 🍷🍷 4*
- ○ 3, 4, 3 '09 🍷🍷 4
- ○ Friuli Isonzo Malvasia '10 🍷🍷 4
- ● Plagnis '06 🍷🍷 4
- ○ Friuli Isonzo Chardonnay '10 🍷 4
- ○ Friuli Isonzo Friulano '10 🍷 4
- ○ Friuli Isonzo Pinot Grigio '10 🍷 4
- ○ 3, 4, 3 '08 🍷🍷 4*
- ○ Friuli Isonzo Chardonnay '09 🍷🍷 4*
- ○ Friuli Isonzo Friulano '09 🍷🍷 4*
- ○ Friuli Isonzo Malvasia '09 🍷🍷 4*
- ○ Friuli Isonzo Pinot Grigio '09 🍷🍷 4*
- ○ Friuli Isonzo Pinot Grigio '08 🍷🍷 4*
- ○ Friuli Isonzo Sauvignon '09 🍷🍷 4*
- ○ Friuli Isonzo Sauvignon '08 🍷🍷 4*

Soc. Agric. Sirch

VIA FORNALIS, 277
33043 CIVIDALE DEL FRIULI [UD]
TEL. 0432709835
www.sirchwine.com

预约参观
年产量 75 000 瓶
葡萄种植面积 11 公顷

2002年，卢卡•斯其（Luca Sirch）买下酒庄，在他的精心打理下，酒庄不断发展壮大并取得了骄人的成绩。斯其偏爱纯粹、低调的红酒风格，但他出品的红酒有种难以掩饰的典雅感觉和微妙丰富的口感。大部分葡萄园都呈小块分布在科里奥东弗留利山（Colli Orientali del Friuli）上。这个地区是法定葡萄产区中最好的地段之一，是白葡萄生产的理想地带。

- ○ COF Friulano '10 🍷🍷 4
- ○ COF Friulano Mis Mas '10 🍷🍷 4*
- ○ COF Sauvignon '10 🍷🍷 4*
- ○ Malvasia '10 🍷🍷 4
- ○ COF Ribolla Gialla '10 🍷 4
- ○ COF Friulano '07 🍷🍷🍷 4*
- ○ COF Friulano Mis Mas '09 🍷🍷 3*
- ○ COF Friulano Mis Mas '08 🍷🍷 3*
- ○ COF Friulano Mis Mas '07 🍷🍷 3*
- ○ COF Pinot Grigio '09 🍷🍷 4*
- ○ COF Ribolla Gialla '09 🍷🍷 4*
- ○ COF Sauvignon '09 🍷🍷 4*
- ○ COF Sauvignon '08 🍷🍷 4*
- ○ Malvasia '09 🍷🍷 4*

Skerk

FRAZ. SAN PELAGIO
LOC. PREPOTTO, 20
34011 DUINO AURISINA [TS]
TEL. 040200156
www.skerk.com

藏酒销售
预约参观
年产量 20 000 瓶
葡萄种植面积 6 公顷
葡萄栽培方式 有机认证

桑迪•史可克（Sandi Skerk）购置了一块土地，成为卡索（Carso）最值得信赖的葡萄酒生产商。该地区的自然地理环境很考验人，但是当地农民习惯了在石灰岩质土壤上种植葡萄，他们懂得如何从这种土壤中获得最大的收益。桑迪取得了工程类专业的学位，但几年前，他放弃了工程师生涯，转而从父亲手中接下卡索（Carso）酒庄。酒庄采用纯天然技术，生产出的葡萄品质出众。

○ Ograde Non Filtrato '09	🍷🍷🍷	5
○ Carso Malvasia Non Filtrato '09	🍷🍷	5
○ Carso Sauvignon Non Filtrato '08	🍷🍷	5
○ Carso Vitovska Non Filtrato '09	🍷🍷	5
● Carso Terrano Non Filtrato '08	🍷🍷	5
● Carso Terrano Ris. Non Filtrato '06	🍷🍷	5
○ Carso Malvasia Non Filtrato '08	🍷🍷🍷	5
○ Carso Malvasia Non Filtrato '07	🍷🍷	5
○ Carso Sauvignon Non Filtrato '08	🍷🍷	5
○ Carso Vitovska Non Filtrato '08	🍷🍷	5
○ Carso Vitovska Non Filtrato '07	🍷🍷	5
○ Ograde Non Filtrato '08	🍷🍷	5

Edi Skok

LOC. GIASBANA, 15
34070 SAN FLORIANO DEL COLLIO [GO]
TEL. 0481390280
www.skok.it

藏酒销售
预约参观
年产量 35 000 瓶
葡萄种植面积 11 公顷

美丽的斯科克（Skok）酒庄始建于16世纪，创始人是萨尔茨保（Salzburg）的一位伯爵。在斯科克家族从特芬巴赫（Teuffenbachs）家族手中购买酒庄前，该酒庄一直由贵族家族掌管。1968年，斯科克家的两兄弟——吉塞普（Giuseppe）和阿曼多（Armando）——正式创建酒庄。自1991年起，酒庄由吉塞普的孩子艾迪（Edi）和欧瑞塔（Orietta）接管，这对充满活力和创造力的搭档配合得天衣无缝。他们的热情好客和独特魅力让人无法抗拒。

○ Collio Friulano Zabura '10	🍷🍷	4*
● Collio Merlot Villa Jasbinae '06	🍷🍷	4
○ Collio Pinot Grigio '10	🍷🍷	4
○ Collio Sauvignon '10	🍷🍷	4*
○ Collio Chardonnay '10	🍷	4
○ Collio Bianco Pe Ar '08	🍷🍷	4
○ Collio Bianco Pe Ar '07	🍷🍷	5
○ Collio Chardonnay '08	🍷🍷	4*
○ Collio Friulano Zabura '09	🍷🍷	4*
○ Collio Friulano Zabura '08	🍷🍷	4*
● Collio Merlot '08	🍷🍷	4
○ Collio Pinot Grigio '09	🍷🍷	4*
○ Collio Pinot Grigio '07	🍷🍷	4
○ Collio Sauvignon '08	🍷🍷	4*

Leonardo Specogna

via Rocca Bernarda, 4
33040 Corno di Rosazzo [UD]
Tel. 0432755840
www.specogna.it

藏酒销售
预约参观
年产量 130 000 瓶
葡萄种植面积 18 公顷

1963年，里昂那多•斯佩克格纳（Leonardo Specogna）在龙卡•贝尔南德山（Rocca Bernarda）的山脚购置了一块地，并将他在瑞士工作多年积攒的储备金投入其中，这块地经过历代辛勤的葡萄种植者努力开垦，如今已成了梯田。现今，这块地产已被他的孙儿米歇尔（Michele）和克里斯蒂安（Cristian）继承，他们两位都具备酒类研究的资历。他们也可依靠父亲格拉赞诺（Graziano）和叔叔吉安尼（Gianni）的投资，是这两位前辈在之前扩建了这迷人的庄园并将其传给了他们。

● COF Pignolo '07	6
○ COF Chardonnay '09	4*
● COF Merlot Oltre '07	7
○ COF Picolit '09	7
○ COF Friulano '10	4
● COF Merlot '09	4
● COF Refosco P. R. '09	5
○ COF Sauvignon '10	4
○ Pinot Grigio '10	4
○ COF Chardonnay '07	4*
● COF Merlot Oltre '04	6
● COF Merlot Oltre '03	6
○ COF Sauvignon '09	4
○ COF Sauvignon '07	4*
○ COF Tocai Friulano '06	4

Oscar Sturm

loc. Zegla, 1
34071 Cormòns [GO]
Tel. 048160720
www.sturm.it

藏酒销售
预约参观
年产量 70 000 瓶
葡萄种植面积 10 公顷

1850年，斯图姆（Sturm）家族搬离了卡林西亚（Carinthia）的安德里茨（Andritz）村，后定居在科里奥•格里齐安诺（Collio Goriziano）的泽格拉（Zegla），此地距斯洛文尼亚（Slovenian）的边境不远。奥斯卡（Oscar）认识到了前进的方向，近年来，他大大提升了酒的品质。酒庄建立并开始运营后，奥斯卡（Oscar）的工作被他两个儿子接替。酿酒师帕特里克（Patrick）负责照管酒窖及葡萄园，而经济学出身的丹尼斯则负责销售。

○ Collio Sauvignon '10	4*
○ Collio Pinot Grigio '10	4*
○ Collio Chardonnay Andritz '10	4
○ Collio Friulano '10	4
○ Collio Sauvignon '06	4
○ Collio Tocai Friulano '05	4*
○ Collio Bianco Andritz '07	5*
○ Collio Bianco Andritz '06	5
● Collio Merlot '06	5
○ Collio Pinot Grigio '09	4*
○ Collio Pinot Grigio '08	4*
○ Collio Pinot Grigio '07	4*
○ Collio Sauvignon '05	4
○ Collio Tocai Friulano '06	4

Subida di Monte

Loc. Subida
Via Subida 6
34071 Cormòns [GO]
Tel. 048161011
www.subidadimonte.it

藏酒销售
预约参观
年产量 50 000 瓶
葡萄种植面积 9 公顷
葡萄栽培方式 有机种植

萨比达•迪•蒙特（Subida di Monte）位于科里奥（Collio DOC），横跨伊松诺河（Isonzo）与朱里奥河（Judrio），拥有得天独厚的地理位置。该酿酒厂自1972年由路易吉•安东努帝（Luigi Antonutti）创建以来，一直是家族产业。不幸的是，路易吉已逝世，不过薪火相传，酒厂如今由他的两个儿子克里斯蒂安（Cristian）和安德烈（Andrea）管理，这两位管理者使得酒厂的运营更现代化，并在庄园中建了一个接待中心。安东努帝（The Antonuttis）家族的酒商都充满激情，他们尊重环境，喜欢应用基于有机产品、紫铜和硫磺的农业技术。

- ● Collio Cabernet Franc '09 4*
- ○ Collio Friulano '10 4*
- ○ Collio Sauvignon '10 4*
- ○ Collio Malvasia '10 4
- ● Collio Merlot '09 4
- ○ Collio Pinot Grigio '10 4
- ○ Collio Friulano '09 4*
- ○ Collio Friulano '08 4*
- ● Collio Merlot '08 4*
- ○ Collio Pinot Grigio '08 4*
- ○ Collio Pinot Grigio '07 4
- ○ Collio Sauvignon '08 4*
- ○ Collio Tocai Friulano '05 4*

Matijaz Tercic

Loc. Bucuie, 9
34070 San Floriano del Collio [GO]
Tel. 0481884920
www.tercic.com

藏酒销售
预约参观
年产量 38 000 瓶
葡萄种植面积 9.5 公顷

特西克（Tercic）家族的人世代忙于种植葡萄和酿酒。在圣•弗洛利亚诺•科里奥（San Floriano del Collio），可以俯瞰到酒厂坐落的美丽峡谷。这个峡谷是最适合葡萄栽培的地方之一，一方面在于该地区的土壤适合种植葡萄，另一方面是因为该地区受到维帕克峡谷（Vipacco）吹来的布拉风（Bora）及南边吹来的海风的双重影响。1994年，马迪扎克（Matijaz）酒庄生产了第一批酒，从那以后，该酒庄出产的酒的质量稳步提升，目前该酒窖已成为该地区的佼佼者。

- ○ Collio Bianco Planta '08 5
- ○ Collio Sauvignon Scemen '08 5
- ○ Vino degli Orti '09 4
- ● Collio Merlot Seme '08 6
- ○ Collio Sauvignon '09 4
- ○ Friuli Isonzo Friulano '09 4
- ○ Collio Pinot Grigio '07 4*
- ○ Collio Pinot Grigio '08 5*
- ○ Collio Ribolla Gialla '08 4*
- ○ Pinot Bianco '07 4*

Tiare - Roberto Snidarcig

Loc. Sant'Elena
via Monte, 58a
34071 Cormòns [GO]
Tel. 048160064
www.tiaredoc.com

藏酒销售
预约参观
年产量 80 000 瓶
葡萄种植面积 10 公顷

塔尔提（Tiare）在弗留利语中是“土地”的意思。怀揣着对土地（特别是科里奥（Collio）的土地）的热情，罗伯特•斯尼达西格（Roberto Snidarcig）与1991年在科蒙斯（Cormóns）建起了他的农场。事实上，农场早在1985年就开始运营了，但那时的葡萄种植面积只有1公顷左右，那时罗伯特还只能称得上是酿酒爱好者。现在，他拥有12公顷左右的葡萄园，酒厂的总部也搬到了道勒格拉•科里奥（Dolegna del Collio），新总部在通往斯洛文尼亚（Slovenia）的一条路上，距维恩克地区（Vencó）旧时边境仅几百米之遥。

○ Collio Friulano '10	4*
○ Collio Chardonnay '10	4
○ Collio Pinot Grigio '10	4
○ Collio Ribolla Gialla '10	4*
○ Collio Sauvignon '10	5
○ Collio Chardonnay '09	4
○ Collio Pinot Grigio '09	4
○ Collio Sauvignon '09	5
● Friuli Isonzo Cabernet Sauvignon '07	4
○ Friuli Isonzo Malvasia '09	4
○ Ribolla Gialla '09	4

★Franco Toros

Loc. Novali, 12
34071 Cormòns [GO]
Tel. 048161327
www.vinitoros.com

藏酒销售
预约参观
年产量 60 000 瓶
葡萄种植面积 10 公顷
葡萄栽培方式 有机种植

20世纪初，艾多尔多•托洛斯（Edoardo Toros）曾四处搜寻安顿的地点，一段时间后他携同家眷在离科蒙斯（Cormóns）不远的诺瓦利（Novali）定居。那时，农场中种植着各种庄稼，但不久托洛斯（Toroses）家族的人就意识到用这块土地来种植葡萄再合适不过了。即使在那时，他们出产的白葡萄酒也拥有极高的品质，因此奥地利（Austria）和威尼托（Veneto）的业内人士都不远千里来购买。现在弗兰克•托洛斯（Franco Toros）和他庞大的家族始终如一地销售着品质绝佳的葡萄酒，以此来维持着家族的声誉。

○ Collio Friulano '10	5
○ Collio Pinot Bianco '10	5
● Collio Merlot '09	5
○ Collio Chardonnay '10	5
○ Collio Pinot Grigio '10	5
○ Collio Friulano '09	5*
○ Collio Friulano '08	5*
○ Collio Pinot Bianco '08	5*
○ Collio Pinot Bianco '07	5
○ Collio Pinot Bianco '05	5
○ Collio Pinot Bianco '03	5
○ Collio Tocai Friulano '06	5
○ Collio Tocai Friulano '04	5
○ Collio Tocai Friulano '03	5

Torre Rosazza

FRAZ. OLEIS
LOC. POGGIOBELLO, 12
33044 MANZANO [UD]
TEL. 0422864511
www.torrerosazza.com

藏酒销售
预约参观
年产量 300 000 瓶
葡萄种植面积 95 公顷

特丽（Torre Rosazza）酒庄为忠利农业集团（Le Tenute di Genagricola）的旗舰酒庄。酒庄所在地是18世纪的马奇宫殿（Palazzo De Marchi），位于弗留利东科利山（Colli Orientali del Friuli）曼萨诺镇（Manzano）的山坡上。1979年忠利农业收购了该产业，并开始着手给农场分区、重新种植葡萄树，规划各个分区，并为根据各个区域酒的类型选择最适合的葡萄种植地点。如今，特丽酒庄的葡萄园面积已有接近100公顷，辽阔的台阶式葡萄园令人叹为观止。

- ○ COF Bianco Ronco del Masiero '10 5
- ● COF Friulano '10 4*
- ● COF Pinot Nero Ronco del Palazzo '07 5
- ● COF Refosco P. R. '09 4
- ○ Picolit '09 6
- ○ Blanc Di Neri Brut 5
- ● COF Cabernet Sauvignon '09 4
- ○ COF Chardonnay '10 4
- ● COF Merlot L'Altromerlot '07 6
- ○ COF Pinot Grigio '10 4
- ○ COF Bianco Ronco del Masiero '09 5*
- ○ COF Chardonnay '09 4
- ○ COF Friulano '09 4
- ● COF Pignolo '07 6
- ○ Picolit '08 6

La Tunella

FRAZ. IPPLIS
VIA DEL COLLIO, 14
33040 PREMARIACCO [UD]
TEL. 0432716030
www.latunella.it

藏酒销售
预约参观
年产量 450 000 瓶
葡萄种植面积 80 公顷

长久以来，位于弗留利东科利山的佐尔泽帝格（Zorzettig）都保持着生产优质葡萄酒的传统。不过，在那个地方，佐尔泽帝格（Zorzettig）是个极常用的姓氏，因此许多姓佐尔泽帝格的人给他们的酒庄取了别的名字。这也就是佐尔泽帝格家的两兄弟马西莫（Massimo）和毛诺（Mauro）给他们的酒庄取名拉图雷纳（La Tunella）的原因，这两位酿酒师经验十足，让人不敢相信他们竟如此年轻。采用顶尖技术的酒窖、广阔的葡萄园、加上现代化的生产方式，这个酒庄传出的酒拥有着卓越的品质。

- ○ COF BiancoSesto '10 5
- ● COF Pignolo '06 6
- ● COF Noans '09 6
- ○ COF Ribolla Gialla Rjgialla '10 4*
- ● COF Schioppettino '08 5
- ○ COF Sauvignon '10 4
- ○ COF BiancoSesto '07 5
- ○ COF BiancoSesto '06 4*
- ○ COF BiancoSesto '09 5
- ○ COF BiancoSesto '08 5
- ○ COF BiancoSesto '05 4*
- ○ COF Friulano Selènze '08 4*
- ○ COF Sauvignon '05 4*

Valchiarò

FRAZ. TOGLIANO
VIA DEI LAGHI, 4C
33040 TORREANO [UD]
TEL. 0432715502
www.valchiaro.it

藏酒销售
预约参观
年产量 40 000 瓶
葡萄种植面积 12 公顷

凡客亚罗（Valchiaró）酒庄的建立是一个感人的故事，是对酿酒的热情和坚定的友谊建造了这座酒庄。1991年，六位合伙人决定同心协力、一起奋斗，他们把他们手上的所有葡萄集合起来带到同一个酿酒厂，这就是他们建立的凡客亚罗酒庄，酒庄在奇维达莱（Cividale）附近的图雷诺（Torreano）。自从阿曼多（Armando）、多拉斯（Doris）、格里安诺（Galliano）、罗诺（Lauro）、路易吉（Luigi）和斯特法诺（Stefano）做出这一勇敢的举动以来，酒庄已经历了20载春秋。20年的风雨历程中，他们共同经历了一些里程碑般的大事，例如，2006年他们在一处迷人的自然环境里建了一个崭新的大酒窖。

● COF Refosco P. R. '06	🍷🍷	4*
○ COF Verduzzo Friulano '08	🍷🍷	4*
● COF Merlot Ris. '07	🍷🍷	5
○ COF Picolit '08	🍷🍷	7
○ COF Friulano '10	🍷	4
○ COF Friulano Nexus '10	🍷	4
○ COF Pinot Grigio '10	🍷	4
● COF Rosso Torre Qual Ris. '06	🍷	4
○ COF Sauvignon '10	🍷	4
○ COF Verduzzo Friulano '07	🍷🍷	4*
○ COF Verduzzo Friulano '06	🍷🍷	4*
○ COF Verduzzo Friulano '05	🍷🍷	4*
○ COF Verduzzo Friulano '04	🍷🍷	4*
○ COF Verduzzo Friulano '03	🍷🍷	4*

Valpanera

VIA TRIESTE, 5A
33059 VILLA VICENTINA [UD]
TEL. 0431970395
www.valpanera.it

预约参观
年产量 450 000 瓶
葡萄种植面积 55 公顷

弗留利安奎拉法定葡萄酒产区（Friuli Aquileia DOC）一直被视为理想的红梗莱弗斯科产区（Refosco dal peduncolo rosso）。原因有三：该地区大片的黏性沙质土壤、绝妙的昼夜温差、日夜不间断的通风设备的运作。精确地讲，瓦尔佩尼拉（Valpanera）酒庄建立的目的是生产和推广这一本土葡萄品种——弗留利葡萄酒王国中一颗闪耀的明星。詹姆皮尔特罗·维克里奥（Giampietro Dal Vecchio）和他的儿子吉奥瓦尼（Giovanni）同心协力，共同向那个目标前进，为了实现目标，他们甚至在文森提纳别墅（Villa Vicentina）设立了一个“雷弗斯科葡萄酒之家（Casa del Refosco）”。

● Friuli Aquileia Rosso Alma '06	🍷🍷	5
○ Bianco di Valpanera '10	🍷🍷	4*
● Friuli Aquileia Refosco P. R. Sup. '08	🍷🍷	4*
○ Friuli Aquileia Chardonnay '10	🍷	4
● Friuli Aquileia Refosco P. R. '09	🍷	4
○ Friuli Aquileia Verduzzo Friulano '10	🍷	5
● Rosso di Valpanera '09	🍷	4
○ Friuli Aquileia Chardonnay Carato '06	🍷🍷	5
● Friuli Aquileia Refosco P. R. '08	🍷🍷	4*
● Friuli Aquileia Refosco P. R. Ris. '06	🍷🍷	5
● Friuli Aquileia Refosco P. R. Ris. '05	🍷🍷	5
● Friuli Aquileia Refosco P. R. Sup. '07	🍷🍷	4*
● Friuli Aquileia Refosco P. R. Sup. '06	🍷🍷	4*
● Friuli Aquileia Refosco P. R. Sup. '05	🍷🍷	4

★Venica & Venica

Loc. Cerò, 8
34070 Dolegna del Collio [GO]
Tel. 048161264
www.venica.it

藏酒销售
预约参观
年产量 285 000 瓶
葡萄种植面积 37 公顷

凡尼卡（Venica）家族正在书写弗留利地区酿酒业壮丽的篇章。吉安尼（Gianni）、吉尔吉奥（Giorgio），现在也可以包括吉安帕奥罗（Gianpaolo）都是真正优秀的葡萄种植者，许多年来他们致力于生产出售品质非凡的葡萄酒。感谢欧妮拉（Ornella），这位雷厉风行的女士让凡尼卡（Venica）誉享全球，她坚持不懈地发扬首创精神来维持她自己以及整个弗留利地区的酒坊。我们还得铭记科里奥•梅洛特（Collio Merlot Insieme '01）的发布，这是意大利统一150周年的献礼，它的所有销售收益将捐给日本灾区的难民。

- ○ Collio Sauvignon Ronco delle Mele '10 — 6
- ○ Collio Friulano Ronco delle Cime '10 — 5
- ● Collio Merlot Insieme '01 — 4
- ○ Collio Chardonnay Ronco Bernizza '10 — 5
- ○ Collio Malvasia '10 — 5
- ○ Collio Pinot Bianco '10 — 5
- ○ Collio Pinot Grigio Jesera '10 — 5
- ○ Collio Ribolla Gialla L'Adelchi '10 — 5
- ○ Collio Sauvignon Ronco del Cerò '10 — 6
- ○ Collio Traminer Aromatico '10 — 5
- ○ Collio Sauvignon Ronco delle Mele '09 — 6
- ○ Collio Chardonnay Ronco Bernizza '09 — 6
- ○ Collio Malvasia '09 — 5
- ● Collio Refosco P. R. Bottaz '06 — 6
- ○ Collio Sauvignon Ronco del Cerò '09 — 6

La Viarte

via Novacuzzo, 51
33040 Prepotto [UD]
Tel. 0432759458
www.laviarte.it

藏酒销售
预约参观
年产量 100 000 瓶
葡萄种植面积 26 公顷

拉维尔特（La Viarte）在弗留利语中含义是“春天”，这座美丽的酒庄目前由朱里奥•凯斯钦（Giulio Ceschin）经营，他是酒庄的创建者朱塞佩（Giuseppe）和卡尔拉（Carla）的儿子。1973年，这对夫妇在位于科诺迪•罗萨佐（Corno di Rosazzo）和普利波托（Prepotto）之间的弗留利东科利山上购置了一块土地，这也就是后来的拉维尔特酒庄。在山坡上开辟梯田、置办葡萄园和创建酒窖的工作破费周折，所以直到1983年酒庄才发布第一批酒。现在朱里奥的爱妻菲德里卡（Federica）协助他管理酒庄并维持公共关系。

- ○ Siùm '07 — 6
- ○ COF Friulano '10 — 4
- ○ COF Sauvignon '10 — 4
- ○ Incò Bianco '10 — 4
- ● COF Refosco P.R. '08 — 5
- ● COF Schioppettino di Prepotto '08 — 5
- ○ COF Bianco Liende '07 — 5
- ○ COF Friulano '09 — 4
- ○ COF Pinot Bianco '08 — 4*
- ○ COF Ribolla Gialla '09 — 4
- ● COF Schioppettino '07 — 5
- ● COF Tazzelenghe '06 — 6
- ○ Siùm '06 — 6

Vidussi

via Spessa, 18
34071 Capriva del Friuli [GO]
Tel. 048180072
www.vinimontresor.it

藏酒销售
预约参观
年产量 500 000 瓶
葡萄种植面积 30 公顷

维杜斯（Vidussi）大部分的葡萄园都在科里奥（Collio）中心从弗留利•卡普日瓦（Capriva del Friuli）到科蒙斯（Cormóns）的群山间延伸。而博尔戈•弗拉迪斯（Borgo dai Fradis）的葡萄园则位于弗留利东科利山的罗卡•伯纳尔达（Rocca Bernarda）。自2000年起，这良田美地成了基于维罗纳的蒙特利塞组织（Verona-based Montresor group）的一部分，它在能力非凡的路易吉诺•吉奥赛普（Luigino De Giuseppe）的巨大的投资下，发挥着自己的作用。这位投资者多年来一直掌管着酒庄的所有产品。

○ COF Picolit Soreli a Mont '09	🍷🍷 6
○ Collio Malvasia '10	🍷🍷 4*
○ Collio Ribolla Gialla '10	🍷🍷 4*
○ Collio Sauvignon '10	🍷🍷 4*
○ Collio Traminer Aromatico '10	🍷🍷 4
○ Collio Chardonnay '10	🍷 4
○ Collio Friulano '10	🍷 4
● Ribolla Nera o Schioppettino '10	🍷 5
○ Collio Friulano '08	🍷🍷 4*
○ Collio Malvasia '08	🍷🍷 4*
○ Collio Traminer Aromatico '09	🍷🍷 4*

★★Vie di Romans

loc. Vie di Romans, 1
34070 Mariano del Friuli [GO]
Tel. 048169600
www.viediromans.it

藏酒销售
预约参观
年产量 280 000 瓶
葡萄种植面积 5 320 公顷

盖洛（Gallo）家族种植葡萄和生产葡萄酒的历史已有100多年了，但最为关键的时刻很有可能就是目前被简弗兰克•盖洛（Gianfranco Gallo）经营的时期。自1978年起，他就开始掌管酒庄，过了这么多年，我们始终被他的能力折服。1989年至今，他一直在位于马里亚诺•弗留利（Mariano del Friuli）的这个可爱非凡、功能齐备的酒窖工作，他生产的酒非常具有本土特色。酒的主要特征是绝妙的结构和对橡木酒桶的炉火纯青的运用，橡木酒桶不仅用来储存白酒也储存红酒，而这种材质的酒桶在意大利很难找到。

○ Friuli Isonzo Bianco Flors di Uis '09	🍷🍷🍷 5
○ Dut'Un '08	🍷🍷 7
○ Friuli Isonzo Chardonnay Ciampagnis Vieris '09	🍷🍷 5
○ Friuli Isonzo Friulano Dolée '09	🍷🍷 5
○ Friuli Isonzo Malvasia Dis Cumieris '09	🍷🍷 5
○ Friuli Isonzo Pinot Grigio Dessimis '09	🍷🍷 5
○ Friuli Isonzo Sauvignon Piere '09	🍷🍷 5
○ Friuli Isonzo Chardonnay Vie di Romans '09	🍷🍷 5
○ Friuli Isonzo Sauvignon Vieris '09	🍷🍷 6
○ Dut'Un '02	🍷🍷🍷 7
○ Friuli Isonzo Malvasia Istriana Dis Cumieris '06	🍷🍷🍷 5
○ Friuli Isonzo Rive Alte Sauvignon Piere '07	🍷🍷🍷 5*
○ Friuli Isonzo Sauvignon Piere '08	🍷🍷🍷 5*
○ Friuli Isonzo Sauvignon Vieris '04	🍷🍷🍷 5

Vigna del Lauro

LOC. MONTE, 38
34071 CORMÒNS [GO]
TEL. 048160155
www.vignadellauro.it

藏酒销售
预约参观
年产量 60 000 瓶
葡萄种植面积 8 公顷

1994年，龙科•迪塔希（Ronco dei Tassi）酒庄的老板法比奥•克瑟尔（Fabio Coser）和意大利葡萄酒的德国进口商爱博哈迪•斯班戈恩伯格（Eberhard Spangenberg）决定合伙投资，因此建了月桂树（Vigna del Lauro）酒庄。他们的初衷是为消费者提供更容易入口的葡萄酒，这种酒天然、纯正、不花哨，而且要普通阶层的人支付得起。四处考查后，这两位投资者选定了这个桂树环绕的葡萄园，这也是酒庄名字的由来。现在酒庄由法比奥（Fabio）、他的妻子戴妮尔拉（Daniela）以及他们的儿子马特奥（Matteo）及恩里克（Enrico）共同经营着。

○ Collio Friulano '10	4*
○ Collio Pinot Grigio '10	4*
○ Collio Sauvignon '10	4*
● Friuli Isonzo Merlot '09	4*
○ Friuli Isonzo Chardonnay '10	4
○ Collio Sauvignon '99	4
○ Collio Bianco '02	4*
○ Collio Ribolla Gialla '09	4*
○ Collio Ribolla Gialla '06	4*
○ Collio Ribolla Gialla '05	4*
○ Collio Sauvignon '07	4*
○ Collio Tocai Friulano '01	4
○ Friuli Isonzo Chardonnay '09	4*
● Friuli Isonzo Merlot '07	4*

Vigna Petrussa

VIA ALBANA, 47
33040 PREPOTTO [UD]
TEL. 0432713021
www.vignapetrussa.it

藏酒销售
预约参观
年产量 28 000 瓶
葡萄种植面积 6.5 公顷

希尔德•佩特鲁莎（Hilde Petrussa）退休后，她来到了普利波托（Prepotto）附近的阿尔巴纳（Albana），接管了曾在20世纪繁荣昌盛到后来却有些没落的家族酒庄。她大刀阔斧地修理，重建了葡萄园，很快就让酒庄恢复了原先的样子。大体上讲，她将重心放在本地葡萄品种上，具体来讲就是看重绿波廊葡萄（ribolla nera），也称为斯奇派蒂诺（Schioppettino）。她成功地让弗留利东科利山（Colli Orientali del Friuli DOC）的普利波托•斯奇派蒂诺（Schioppettino di Prepotto）得到了官方认证。

○ COF Bianco Richenza '09	5
● COF Cabernet Franc '08	4*
○ COF Picolit '09	6
● COF Refosco P. R. '09	5
○ COF Sauvignon '10	4*
● COF Schioppettino di Prepotto '08	5
○ COF Friulano '10	4
● COF Cabernet Franc '07	5
○ COF Friulano '09	4
○ COF Picolit '06	6
○ COF Picolit '05	6
● COF Refosco P. R. '06	5
● COF Schioppettino '07	5
● COF Schioppettino '06	5
● COF Schioppettino '05	5

Vigna Traverso

via Ronchi, 73
33040 Prepotto [UD]
Tel. 0422804807
www.vignatraverso.it

藏酒销售
预约参观
年产量 70 000 瓶
葡萄种植面积 45 公顷

斯蒂芬诺•特拉威尔索（Stefano Traverso），这位经验丰富的酿酒学学士现在管理着位于弗留利东科利山（Colli Orientali del Friuli DOC）的普利波托（Prepotto）的酒庄，酒庄过去名为龙科迪•卡斯塔格尼托（Ronco del Castagneto）。1998年，酒庄成为了威尼托区（Veneto）内莫伦•特拉威尔索（Molon Traverso）集团的一部分，加入后改名为维格纳•特拉威尔索（Vigna Traverso）。当那些几乎都种着本土品种的葡萄园的复原工作完毕时，酒庄的新主人建了一个宽敞明亮的新酒窖，并为其配备最新技术产品，最近又购进了一些内衬玻璃的加固酒桶。

○ COF Pinot Grigio '10 4*
○ COF Bianco Sottocastello '09 5
● COF Cabernet Franc '09 4*
● COF Refosco P. R. '09 4
● COF Rosso Troj '09 5
● COF Schioppettino '09 5
○ COF Friulano '10 4
○ COF Ribolla Gialla '10 4
○ COF Sauvignon '10 4
○ COF Pinot Grigio '05 5*
● COF Refosco P. R. '02 5
● COF Rosso Sottocastello '04 7
○ COF Sauvignon '09 4*
○ COF Tocai Friulano '05 4*

★Le Vigne di Zamò

loc. Rosazzo
via Abate Corrado, 4
33044 Manzano [UD]
Tel. 0432759693
www.levignedizamo.com

藏酒销售
预约参观
年产量 250 000 瓶
葡萄种植面积 67 公顷
葡萄栽培方式 有机种植

在人们的印象中，特里奥•萨摩（Tullio Zamó）总是质量上乘的弗留利葡萄酒的酿造先锋。1978年，他在罗卡•贝尔南德山（Rocco Bernarda）的山坡上建立了利昂酒厂（Vigne dal Leon），几年后又建了阿巴兹亚•罗萨佐酒厂（Abbazia di Rosazzo）。后来，特里奥及他的两个儿子希尔凡诺（Silvano）和皮尔路易吉（Pierluigi）又在罗萨佐（Rosazzo）一座古老的修道院前购置了15公顷的土地，并创建了萨摩（Le Vigne di Zamó）酒厂。旧农舍就被改造成了酒庄的总部和接待中心。1999年，他们建了一个实用功能极强的新酒窖，并巧妙地让它与山坡融合在一起。

○ COF Friulano V. Cinquant'Anni '09 6
○ COF Malvasia '09 5
● COF Merlot V. Cinquant'Anni '07 6
○ COF Rosazzo Bianco Ronco delle Acacie '08 6
○ COF Rosazzo Ribolla Gialla '10 5
● COF Rosazzo Rosso Ronco dei Roseti '06 6
○ COF Sauvignon '10 5
● COF Schioppettino '06 6
○ COF Zamò Bianco '10 4*
○ COF Friulano V. Cinquant'Anni '08 6
● COF Merlot V. Cinquant'Anni '06 6
● COF Merlot V. Cinquant'Anni '99 6
○ COF Rosazzo Bianco Ronco delle Acacie '01 5
● COF Rosazzo Pignolo '01 8
○ COF Tocai Friulano V. Cinquant'Anni '06 6
○ COF Tocai Friulano V. Cinquant'Anni '00 5

Vigne Fantin Noda'r

LOC. ORSARIA
VIA CASALI OTTELIO, 4
33040 PREMARIACCO [UD]
TEL. 043428735
www.fantinnodar.it

藏酒销售
预约参观
年产量 40 000 瓶
葡萄种植面积 22 公顷

韦格尼番廷•诺达尔（Vigne Fantin Noda'r）酒庄是阿提里奥•皮格纳特（Attilio Pignat）在20世纪90年代初创立的。酒庄的葡萄园在弗留利东科利山（Colli Orientali del Friuli DOC），它们在布特里奥（Buttrio）和曼扎诺（Manzano）及普利马利克（Premariacco）的群山间蔓延。酒庄创建之初，几乎所有的葡萄都重新种植了，之后又重建了酒庄的总部。酒庄坚持的目标是酿造质量上乘的葡萄酒，稳步上升的销量意味着他们的努力不多时就有了回报。

Wine	Rating
○ COF Picolit Auràtus '09	YY (red) 5
○ COF Friulano '10	YY (black) 4*
● COF Refosco P. R. '09	YY (black) 4*
○ COF Verduzzo Friulano '10	YY (black) 4
○ COF Chardonnay '09	YY (outline) 4*
○ COF Picolit Auràtus '06	YY (outline) 5
○ COF Sauvignon '06	YY (outline) 4*
○ COF Tocai Friulano '06	YY (outline) 4

★★Villa Russiz

VIA RUSSIZ, 6
34070 CAPRIVA DEL FRIULI [GO]
TEL. 048180047
www.villarussiz.it

藏酒销售
预约参观
年产量 220 000 瓶
葡萄种植面积 40 公顷

鲁兹（Villa Russiz）酒庄的建立关乎于伟大的直觉、慷慨、热忱、承诺、爱情和传统，这个直觉来自法国伯爵西欧铎•德拉图尔（Théodore de La Tour）。1869年，当他看到科里奥（Collio）这片阳光拂照的山坡时，他立马意识到用这块土地来栽培葡萄简直无可挑剔，同时他也意识到这里绝对是他和奥地利籍妻子艾伊文•利特尔（Elvine Ritter）定居的理想选择。这对夫妇没有子嗣，于是他们决定用他们的财产创建一个慈善机构，以帮助有需要的儿童，于是建立了阿黛儿•瑟尔鲁帝（Casa Famiglia Adele Cerruti）儿童基金会。

Wine	Rating
○ Collio Chardonnay Gräfin de La Tour '09	YY (red) 7
○ Collio Friulano '10	YY (red) 5
● Collio Merlot Graf de La Tour '08	YY (red) 7
○ Collio Pinot Grigio '10	YY (red) 5
● Collio Cabernet Sauvignon '09	YY (black) 5
○ Collio Sauvignon de La Tour '10	YY (black) 6
● Collio Cabernet Sauvignon Défi de La Tour '07	Y (black) 7
○ Collio Malvasia '10	Y (black) 5
○ Collio Sauvignon '10	Y (black) 5
○ Collio Chardonnay Gräfin de La Tour '02	YYY (outline) 6
○ Collio Friulano '09	YYY (outline) 5*
● Collio Merlot Graf de La Tour '02	YYY (outline) 7
○ Collio Pinot Bianco '07	YYY (outline) 5
○ Collio Sauvignon de La Tour '08	YYY (outline) 6
○ Collio Sauvignon de La Tour '05	YYY (outline) 6
○ Collio Tocai Friulano '04	YYY (outline) 5

Tenuta Villanova

LOC. VILLANOVA
VIA CONTESSA BERETTA, 29
34072 FARRA D'ISONZO [GO]
TEL. 0481889311
www.tenutavillanova.com

藏酒销售
预约参观
年产量 600 000 瓶
葡萄种植面积 105 公顷

特鲁塔•维拉诺瓦（Tenuta Villanova）酒庄的围墙内酝酿着500多年的历史。它早在1499年就建立了，因此这些年来多次易主也是可以理解的。酒庄于1932被商人阿尔纳多•本纳蒂（Arnaldo Bennati）收购，至今仍由其妻子吉尔斯普娜•格罗斯（Giuseppina Grossi）经营管理，她的侄子阿尔伯特（Alberto）担任总经理的职位，协助她管理酒庄。1869年，当时的酒庄主人向留在弗留利完成学业的路易斯•帕斯塔（Louis Pasteur）发出邀请。帕斯塔能注意到维拉诺瓦酒庄的酒丝毫不比他家乡法国的酒逊色。

酒款	评级
○ Collio Friulano Ronco Cucco '10	▼▼ 5
○ Collio Picolit Ronco Cucco '08	▼▼ 6
○ Collio Pinot Grigio '10	▼▼ 4*
○ Collio Ribolla Gialla '10	▼▼ 4*
○ Friuli Isonzo Malvasia Saccoline '10	▼▼ 4*
○ Collio Chardonnay Ronco Cucco '10	▼ 5
● Friuli Isonzo Refosco P. R. Colombara '08	▼ 4
○ Collio Chardonnay Monte Cucco '97	▽▽▽ 4
○ Collio Chardonnay Ronco Cucco '07	▽▽ 5
○ Collio Friulano '08	▽▽ 4*
○ Friuli Isonzo Malvasia Saccoline '08	▽▽ 4*
○ Friuli Isonzo Malvasia Saccoline '07	▽▽ 4
○ Friuli Isonzo Pinot Grigio '09	▽▽ 4

Andrea Visintini

VIA GRAMOGLIANO, 27
33040 CORNO DI ROSAZZO [UD]
TEL. 0432755813
www.vinivisintini.com

藏酒销售
预约参观
年产量 150 000 瓶
葡萄种植面积 28 公顷
葡萄栽培方式 有机种植

位于格拉默格里亚诺（Castello di Gramogliano）的城堡历史非常悠久，曾多次遭到毁坏又被重建。那些16世纪建造的农舍现在成了一个曾向外扩张过几百米的封建企业的唯一存留物。现在的酒庄已经过了仔细的改造，酒窖的地下空间也焕然一新，在这个令人惊叹又功能齐备的环境里工作，让酒庄创建者安德鲁（Andrea）的子女帕尔米拉•维斯蒂尼（Palmira Visintini）、欧力瓦威尔诺（Oliviero）和新吉亚（Cinzia）大展拳脚。

酒款	评级
○ COF Bianco '10	▼▼ 3*
● COF Merlot '09	▼▼ 3*
● COF Pignolo '07	▼▼ 5
○ COF Ribolla Gialla '10	▼▼ 3*
○ COF Friulano '10	▼ 3
○ COF Pinot Bianco '10	▼ 3
○ COF Pinot Grigio '10	▼ 3
○ COF Sauvignon '10	▼ 3
○ COF Bianco '09	▽▽ 3
● COF Merlot '07	▽▽ 3*
● COF Merlot Torion Ris. '06	▽▽ 4
○ COF Pinot Grigio '08	▽▽ 3*
○ COF Ribolla Gialla '08	▽▽ 3*
○ COF Sauvignon '09	▽▽ 3*

★Volpe Pasini

FRAZ. TOGLIANO
VIA CIVIDALE, 16
33040 TORREANO [UD]
TEL. 0432715151
www.volpepasini.net

藏酒销售
预约参观
年产量 400 000 瓶
葡萄种植面积 52 公顷
葡萄栽培方式 有机种植

沃尔普•帕斯尼（Volpe Pasini）酒庄是弗留利地区酿酒业具有历史意义的酒庄之一。现在酒庄由精明干练、认真有条理的埃米利奥•罗托洛（Emilio Rotolo）管理着，当然这背后也有他儿子弗朗西斯科（Francesco）辛勤的付出。巧合地是，他们到达庄园后，庄园立马实现了飞跃，变得很优秀，并一直保持在那一水平上。埃米利奥不可思议地修复了一个宏伟的18世纪风格的别墅，为表示对妻子的敬意，他根据妻子的名字罗莎•托马斯里（Rosa Tomaselli）将其命名为罗莎城堡（Villa Rosa），这是一件令他倍感骄傲和欢欣的事。

○ COF Pinot Bianco Zuc di Volpe '10	🍷🍷🍷	5
○ COF Sauvignon Zuc di Volpe '10	🍷🍷🍷	5*
○ COF Friulano Zuc di Volpe '10	🍷🍷	5*
○ COF Pinot Grigio Ipso Zuc di Volpe '09	🍷🍷	6
○ COF Ribolla Gialla Zuc di Volpe '10	🍷🍷	5*
○ COF Chardonnay Zuc di Volpe '09	🍷🍷	5
○ COF Pinot Grigio Grivò Volpe Pasini '10	🍷🍷	4*
○ COF Sauvignon Volpe Pasini '10	🍷🍷	4*
○ Crypto Zuc di Volpe Cuvée Brut	🍷🍷	5
○ COF Pinot Bianco Zuc di Volpe '08	🍷🍷🍷	5
○ COF Pinot Bianco Zuc di Volpe '07	🍷🍷🍷	5
○ COF Sauvignon Zuc di Volpe '09	🍷🍷🍷	5*
○ COF Sauvignon Zuc di Volpe '05	🍷🍷🍷	5
○ COF Sauvignon Zuc di Volpe '04	🍷🍷🍷	5
○ COF Tocai Friulano Zuc di Volpe '06	🍷🍷🍷	5

Zidarich

LOC. PREPOTTO, 23
34011 DUINO AURISINA [TS]
TEL. 040201223
www.zidarich.it

藏酒销售
预约参观
年产量 18 000 瓶
葡萄种植面积 6 公顷
葡萄栽培方式 有机种植

本尼尔米诺•兹达里克（Beniamino Zidarich）拥有的土地很小，拥有的决心却很大。1988年，他在卡索（Carso）高原上开创了他的酿酒业，卡索高原在杜伊诺•奥利斯纳（Duino Aurisina）的一个地区——圣佩拉戈（San Pelagio）。酒窖从山上那些原生岩石中雕刻而出，在这些岩石上向下俯视，特里亚斯特湾（Gulf of Trieste）的风景尽收眼底。酒庄建立以来，各方面一直在取得进展，现在酒庄的葡萄种植面积已扩张到6公顷了。尽管葡萄种植地点很分散，却很适合那个地方，特别是考虑到当地那多岩石少红土的自然地形时。

○ Prulke '09	🍷🍷🍷	6
○ Carso Malvasia '09	🍷🍷	6
○ Carso Vitovska Collection '06	🍷🍷	6
● Carso Terrano '09	🍷🍷	6
○ Carso Vitovska '09	🍷🍷	6
● Ruje '05	🍷🍷	7
○ Carso Malvasia '06	🍷🍷🍷	6
○ Prulke '08	🍷🍷🍷	6
○ Prulke '06	🍷🍷	6
○ Prulke '04	🍷🍷	6
○ Prulke '02	🍷🍷	6
● Ruje '04	🍷🍷	7
● Ruje '03	🍷🍷	7

Zorzettig

FRAZ. SPESSA
S.DA S.ANNA, 37
33043 CIVIDALE DEL FRIULI [UD]
TEL. 0432716156
www.zorzettigvini.it

藏酒销售
预约参观
年产量 27 000 瓶
葡萄种植面积 6.6 公顷

佐泽蒂格（Zorzettig）家族在弗留利东科利山（Colli Orientali del Friuli DOC）的中心靠近希韦德尔（Cividale）的斯佩萨（Spessa）从事酿酒已很多年。大家族里总会出现分道扬镳的时候，当部分家族成员觉得需要独立奋斗时，这就成为不可避免的事。1986年，吉奥赛普•佐泽蒂格（Giuseppe Zorzettig）有幸得到一个机会，购买了离家族酒庄不远的一个旧农舍。他带着妻儿搬进去，不久就将其改造成了一个现代化的、运行顺畅的酒庄。他的子女阿娜丽萨（Annalisa）和阿勒桑德罗（Alessandro）也同样精明能干，使得酒庄得以顺利地继续运营。

○ COF Friulano Myò '10	🍷🍷 5
● COF Pignolo Myò '08	🍷🍷 7
● COF Refosco P.R. Myò '09	🍷🍷 5
○ COF Sauvignon Myò '10	🍷🍷 5
● COF Schioppettino Myò '09	🍷🍷 6
○ COF Pinot Bianco Myò '10	🍷 5
○ COF Pinot Grigio Myò '10	🍷 5
○ COF Ribolla Gialla Myò '10	🍷 5

Zuani

LOC. GIASBANA, 12
34070 SAN FLORIANO DEL COLLIO [GO]
TEL. 0481391432
www.zuanivini.it

藏酒销售
预约参观
年产量 65 000 瓶
葡萄种植面积 12 公顷

为继承家族传统，帕特利兹亚•菲鲁格（Patrizia Felluga）于2001年在科里奥•圣弗洛利亚诺（San Floriano del Collio）的加斯巴纳（Giasbana）建立了祖阿妮（Zuani）酒庄。生在一个尊贵的酿酒家族，帕特利兹亚女承父业，在父亲马科（Marco）之后坐上了科里奥酒业保护联盟的头把交椅。孩子安东尼奥（Antonio）和卡特琳娜（Caterina）也在潜移默化中感染了她对土地和葡萄种植的热爱。祖阿妮酒庄起源于一个主动的挑战——只生产科里奥这一种白葡萄酒。而它能发展到这个程度，不得不说是对这个特别的产酒区的最真实的表现和最无声的夸奖。

○ Collio Bianco Zuani Vigne '10	🍷🍷🍷 5
○ Collio Bianco Zuani Vigne '07	🍷🍷🍷 5
○ Collio Bianco Zuani '08	🍷🍷 6
○ Collio Bianco Zuani '07	🍷🍷 6
○ Collio Bianco Zuani '06	🍷🍷 6
○ Collio Bianco Zuani '05	🍷🍷 6
○ Collio Bianco Zuani '04	🍷🍷 5
○ Collio Bianco Zuani '03	🍷🍷 5
○ Collio Bianco Zuani Vigne '09	🍷🍷 5
○ Collio Bianco Zuani Vigne '08	🍷🍷 4*
○ Collio Bianco Zuani Vigne '06	🍷🍷 5
○ Collio Bianco Zuani Vigne '04	🍷🍷 5
○ Collio Bianco Zuani Vigne '03	🍷🍷 4
○ Collio Bianco Zuani Vigne '02	🍷🍷 4*

Alberice

via Bosco Romagno, 4
33040 Corno di Rosazzo [UD]
Tel. 0422759460
www.tenutealeandri.it

- ○ COF Friulano '10 ŸŸ 4*
- ○ COF Sauvignon '10 ŸŸ 4*
- ○ COF Chardonnay '10 Ÿ 4
- ○ COF Malvasia '10 Ÿ 4

Ascevi - Luwa

loc. Uclanzi, 24
34070 San Floriano del Collio [GO]
Tel. 0481884140
www.asceviluwa.it

- ○ Ribolla Gialla Ronco de Vigna Veci '10 ŸŸ 4
- ○ Collio Chardonnay Rupis '10 Ÿ 4
- ○ Collio Pinot Grigio Grappoli '10 Ÿ 4
- ○ Collio Sauvignon Ronco dei Sassi '10 Ÿ 5

La Bellanotte

s.da della Bellanotte, 3
34072 Farra d'Isonzo [GO]
Tel. 0481888020
www.labellanotte.it

- ⊙ Pinot Grigio Ramato Conte Lucio '09 ŸŸ 4*
- ○ Collio Pinot Grigio '10 ŸŸ 4*
- ○ Bianco Vento dell'Est '09 Ÿ 8
- ○ Friuli Isonzo Malvasia Istriana '10 Ÿ 4

Tenuta Beltrame

fraz. Privano
loc. Antonini, 4
33050 Bagnaria Arsa [UD]
Tel. 0432923670
www.tenutabeltrame.it

- ● Friuli Aquileia Cabernet Sauvignon Ris. '07 ŸŸ 4
- ● Friuli Aquileia Merlot Ris. '07 ŸŸ 4
- ○ Pinot Grigio '10 ŸŸ 4*
- ○ Friuli Aquileia Sauvignon '10 Ÿ 4

Borgo Magredo

loc. Tauriano
via Basaldella, 5
33090 Spilimbergo [PN]
Tel. 0422864511
www.borgomagredo.it

- ○ Friuli Grave Pinot Grigio '10 ŸŸ 4*
- ● Friuli Grave Refosco P. R. '10 ŸŸ 4*
- ○ Friuli Grave Chardonnay '10 Ÿ 3
- ○ Friuli Grave Sauvignon '10 Ÿ 4

Emilio Bulfon

fraz. Valeriano
via Roma, 4
33094 Pinzano al Tagliamento [PN]
Tel. 0432950061
www.bulfon.it

- ⊙ Moscato Rosa '09 ŸŸ 5
- ● Forgiarin '10 Ÿ 4
- ● Pecòl Ros '10 Ÿ 4
- ○ Ucelùt '10 Ÿ 5

La Buse dal Lof

via Ronchi, 90
33040 Prepotto [UD]
Tel. 0432701523
www.labusedallof.com

- ● COF Cabernet Sauvignon '09 ŸŸ 4*
- ● COF Schioppettino di Prepotto '08 ŸŸ 5
- ○ COF Friulano '10 Ÿ 4
- ● COF Sauvignon '10 Ÿ 4

Ca' Selva

s.da di Sequals, 11a
33090 Sequals [PN]
Tel. 0421274704
www.caselva.it

- ● Refosco P. R. Jevade '08 ŸŸ 3*
- ○ Cabernet Franc Neri di Lune '10 Ÿ 3
- ○ Friuli Grave Friulano Sclavòn '10 Ÿ 4
- ● Merlot Vivor '08 Ÿ 4

Paolo Caccese

LOC. PRADIS, 6
34071 CORMÒNS [GO]
TEL. 048161062
www.paolocaccese.com

- ○ Collio Pinot Bianco '10 — 🍷🍷 5
- ○ Collio Traminer Aromatico '10 — 🍷🍷 5
- ○ Collio Friulano '10 — 🍷 4
- ○ Collio Malvasia '10 — 🍷 5

Castello Sant'Anna

LOC. SPESSA
VIA SANT'ANNA, 9
33043 CIVIDALE DEL FRIULI [UD]
TEL. 0432716289
centasantanna@libero.it

- ● COF Pignolo '07 — 🍷🍷 5
- ● COF Pinot Nero '07 — 🍷🍷 4
- ● COF Merlot '08 — 🍷 5
- ● COF Refosco P. R. '08 — 🍷 4

Marco Cecchini

LOC. CASALI DE LUCA
VIA COLOMBANI
33040 FAEDIS [UD]
TEL. 0432720563
www.cecchinimarco.com

- ○ Picolit '07 — 🍷🍷 6
- ○ Riesling '08 — 🍷🍷 4*

Giovanni Donda

VIA MANLIO ACIDINIO, 4
33051 AQUILEIA [UD]
TEL. 043191185
www.vinidonda.it

- ○ Friuli Aquileia Sauvignon '10 — 🍷🍷 4*
- ○ Friuli Aquileia Pinot Bianco '10 — 🍷 4
- ○ Friuli Aquileia Pinot Grigio '10 — 🍷 4
- ● Friuli Aquileia Refosco P. R. '08 — 🍷 4

Le Due Torri

LOC. VICINALE DEL JUDRIO
VIA SAN MARTINO, 19
33040 CORNO DI ROSAZZO [UD]
TEL. 0432759150
www.le2torri.com

- ○ Friuli Grave Chardonnay '10 — 🍷🍷 3*
- ○ Friuli Grave Friulano '10 — 🍷🍷 3*
- ○ Friuli Grave Pinot Grigio '10 — 🍷 3
- ● Friuli Grave Refosco P.R. '08 — 🍷 4

Le Favole

LOC. TERRA ROSSA
DIETRO CASTELLO 7
33077 CANEVA [PN]
TEL. 0434735604
www.lefavole.com

- ● Friuli Annia Noglar '08 — 🍷🍷 5
- ● Friuli Annia Storiis '08 — 🍷🍷 5
- ○ Friuli Annia Friulano '10 — 🍷 4
- ○ Friuli Annia Sauvignon '10 — 🍷 4

Fedele Giacomo

LOC. GRAMOGLIANO, 5
33040 CORNO DI ROSAZZO [UD]
TEL. 3406078929
fedele.giacomo@alice.it

- ○ COF Friulano '10 — 🍷🍷 3*
- ● COF Refosco dal P.R. '09 — 🍷🍷 3*
- ○ COF Verduzzo Friulano '10 — 🍷🍷 3*
- ○ COF Sauvignon '10 — 🍷 3

I Feudi di Romans

LOC. PIERIS
VIA CÀ DEL BOSCO, 16
34075 SAN CANZIAN D'ISONZO [GO]
TEL. 048176445
www.ifeudi.it

- ○ Malvasia Istriana '10 — 🍷🍷 4
- ○ Traminer Lorenzon '09 — 🍷🍷 6
- ○ Friuli Isonzo Friulano '10 — 🍷 4
- ● Friuli Isonzo Merlot Alfiere Rosso '08 — 🍷 4

Forchir

FRAZ. FELETTIS
VIA CODROIPO, 18
33050 BICINICCO [UD]
TEL. 042796037
www.forchir.it

○ Friuli Grave Pinot Bianco Campo dei Gelsi '10	2 glasses 4*
○ Friuli Grave Sauvignon L'Altro '10	2 glasses 4*
○ Friuli Grave Friulano Lusor '10	1 glass 4
○ Friuli Grave Ribolla Gialla '10	1 glass 4

Conti Formentini

VIA OSLAVIA, 5
34070 SAN FLORIANO DEL COLLIO [GO]
TEL. 0481884131
www.contiformentini.it

○ Collio Sauvignon Caligo '10	2 glasses 4*
○ Collio Chardonnay '10	1 glass 4
○ Collio Friulano Furlanà '10	1 glass 4
○ Collio Pinot Grigio '10	1 glass 4

Fossa Mala

V. BASSI 81
33080 FIUME VENETO [PN]
TEL. 0434957997
www.fossamala.it

● Friuli Grave Refosco P.R. '09	2 glasses 4*
○ Sclins '08	2 glasses 5
● Friuli Grave Merlot '09	1 glass 4
○ Friuli Grave Pinot Grigio '10	1 glass 3

Grandi & Gabana

VIA CROSARIS, 14
33050 POCENIA [UD]
TEL. 0432777448
www.grandiegabana.it

○ Friuli Latisana Bianco dello Stella Borgo Crosaris '10	2 glasses 3*
● Friuli Latisana Cabernet '10	1 glass 4
○ Friuli Latisana Pinot Grigio '10	1 glass 3
○ Friuli Latisana Sauvignon '10	1 glass 3

Albano Guerra

LOC. MONTINA
V.LE KENNEDY, 39A
33040 TORREANO [UD]
TEL. 0432715077
www.guerraalbano.it

● COF Cabernet Franc '09	2 glasses 4*
● COF Pignolo '07	2 glasses 6
○ COF Pinot Grigio '10	1 glass 4
○ COF Ribolla Gialla '10	1 glass 4

Vigna Lenuzza

VIA BROLO, 51
33040 PREPOTTO [UD]
TEL. 0432713236
www.vignalenuzza.it

○ COF Ribolla Gialla '10	2 glasses 4*
● COF Schioppettino di Prepotto '08	2 glasses 5

Lupinc

FRAZ. PREPOTTO, 11B
34011 DUINO AURISINA [TS]
TEL. 040200848

○ Carso Bianco Stara Brajda '09	2 glasses 4*
○ Carso Malvasia '09	1 glass 4
● Carso Terrano '08	1 glass 4
○ Carso Vitovska '09	1 glass 4

Magnàs

LOC. BOATINA
VIA CORONA, 47
34071 CORMÒNS [GO]
TEL. 048160991
www.magnas.it

○ Friuli Isonzo Friulano '10	2 glasses 4*
○ Friuli Isonzo Sauvignon '10	2 glasses 4*
○ Malvasia '10	2 glasses 4*
○ Friuli Isonzo Chardonnay '10	1 glass 4

Piera Martellozzo

VIA PORDENONE, 33
33080 SAN QUIRINO [PN]
TEL. 0434963100
www.martellozzo.com

Wine	Glasses	Price
○ Friuli Grave Bianco Milo '09	🍷🍷	4*
○ Friuli Grave Malvasia '10	🍷	4
○ Friuli Grave Sauvignon '10	🍷	3
● Friuli Grave Tabbor '09	🍷	5

Masut da Rive

VIA MANZONI, 82
34070 MARIANO DEL FRIULI [GO]
TEL. 048169200
www.masutdarive.com

Wine	Glasses	Price
● Friuli Isonzo Cabernet Sauvignon '09	🍷🍷	5*
● Friuli Isonzo Refosco P. R. '09	🍷🍷	5*
○ Friuli Isonzo Pinot Bianco '10	🍷	4
○ Friuli Isonzo Pinot Grigio '10	🍷	4

Obiz

GORTANI, 2
33052 CERVIGNANO DEL FRIULI [UD]
TEL. 043131900
www.obiz.it

Wine	Glasses	Price
● Friuli Aquileia Rosso Castello di Saciletto '07	🍷🍷	4
○ Friuli Aquileia Pinot Grigio Fulvia Crescentina '10	🍷	3
○ Friuli Aquileia Traminer Aromatico Fausta Massima '10	🍷	3

Alessandro Pascolo

LOC. RUTTARS, 1
34070 DOLEGNA DEL COLLIO [GO]
TEL. 048161144
www.vinipascolo.com

Wine	Glasses	Price
○ Collio Bianco Agnul '09	🍷🍷	5
● Collio Merlot Sel. '08	🍷🍷	5
○ Collio Friulano '10	🍷	4
● Collio Rosso Pascal '08	🍷	5

Tenuta Pinni

VIA SANT'OSVALDO, 3
33098 SAN MARTINO AL TAGLIAMENTO [PN]
TEL. 0434899464
www.tenutapinni.com

Wine	Glasses	Price
● Rosso della Tenuta '06	🍷🍷	5
● Cabernet Sauvignon '09	🍷	4
○ Friuli Grave Friulano '10	🍷	4
○ Pinot Grigio '10	🍷	4

Plozner

VIA DELLE PRESE, 19
33097 SPILIMBERGO [PN]
TEL. 04272902
www.plozner.it

Wine	Glasses	Price
○ Moscabianca '10	🍷🍷	4*
○ Sauvignon Quattroperuno Uno '10	🍷🍷	4*
○ Friuli Grave Pinot Bianco '10	🍷	3
● Friuli Grave Refosco P. R. '09	🍷	4

La Ponca

LOC. SCRIÒ, 3
34070 DOLEGNA DEL COLLIO [GO]
TEL. 0422800026
www.laponca.it

Wine	Glasses	Price
● Collio Friulano '10	🍷🍷	5
○ Collio Ribolla Gialla '10	🍷🍷	5
○ Collio Sauvignon '10	🍷🍷	5
● Schioppettino '09	🍷	5

Flavio Pontoni

VIA PERUZZI, 8
33042 BUTTRIO [UD]
TEL. 0432674352
www.pontoni.it

Wine	Glasses	Price
○ COF Chardonnay '10	🍷🍷	3*
○ COF Malvasia Istriana '10	🍷🍷	3*
○ COF Pinot Grigio '10	🍷🍷	3*
● Refosco P. R. '09	🍷	3

Principi di Porcia e Brughera

via Castello, 12
33080 Porcia [PN]
Tel. 0434631001
www.porcia.com

- ● Friuli Grave Refosco P. R. Titianus '07 — 4*
- ○ Principe Serafino '07 — 4*
- ● Torre Colombera Rosso '05 — 5

Quinta della luna

loc. San Foca
via Nannavecchia, 75
33080 San Quirino [PN]
Tel. 043491185
www.quintadellaluna.it

- ○ Pinot Grigio '10 — 4*
- ○ Friuli Grave Friulano '10 — 4
- ● Marco Rosso '09 — 4
- ○ Traminer Aromatico '10 — 4

Roncada

loc. Roncada, 5
34071 Cormòns [GO]
Tel. 048161394
roncada@hotmail.com

- ● Collio Franconia '09 — 4
- ○ Collio Pinot Grigio '10 — 4*
- ○ Collio Ribolla Gialla '10 — 4*
- ○ Collio Pinot Bianco '10 — 4

Il Roncal

via Fornalis, 148
33043 Cividale del Friuli [UD]
Tel. 0432730138
www.ilroncal.it

- ○ COF Friulano '10 — 4
- ○ COF Sauvignon '10 — 4
- ● COF Rosso Civon '06 — 5
- ● COF Schioppettino '09 — 5

Ronco dei Pini

via Ronchi, 93
33040 Prepotto [UD]
Tel. 0432713239
www.roncodeipini.it

- ○ Collio Chardonnay '10 — 4
- ○ Collio Pinot Grigio '10 — 4
- ○ Collio Sauvignon '10 — 4
- ● COF Limes Rosso '07 — 6

Rubini

loc. Spessa
via Case Rubini, 1
33043 Cividale del Friuli [UD]
Tel. 0432716141
www.villarubini.it

- ○ COF Malvasia '09 — 4*
- ● COF Pignolo '07 — 6
- ○ COF Ribolla Gialla '09 — 4*
- ● COF Tazzelenghe '07 — 4

Russolo

via San Rocco, 58a
33080 San Quirino [PN]
Tel. 0434919577
www.russolo.it

- ○ Doi Raps '09 — 4*
- ● Refosco P. R. '08 — 4
- ○ Müller Thurgau Mussignaz '10 — 4
- ● Pinot Nero Grifo Nero '08 — 5

San Simone

loc. Rondover
via Prata, 30
33080 Porcia [PN]
Tel. 0434578633
www.sansimone.it

- ● Friuli Grave Cabernet Sauvignon Nexus '08 — 4*
- ○ Friuli Grave Friulano '10 — 3
- ● Friuli Grave Refosco Re Sugano '09 — 4
- ○ Friuli Grave Sauvignon '10 — 3

Sant'Elena

via Gasparini, 1
34072 Gradisca d'Isonzo [GO]
Tel. 048192388
www.sant-elena.com

Wine	Rating
○ Bianco Mil Rosis '09	🍷🍷 6
○ Sauvignon '10	🍷🍷 5
○ Pinot Grigio '10	🍷 5
○ Pinot Grigio Klodic '10	🍷 5

Sara e Sara

loc. Savorgnano del Torre
dei Monti, 5
33040 Povoletto [UD]
Tel. 0432666365
www.saraesara.com

Wine	Rating
○ COF Picolit '07	🍷🍷 6
○ COF Verduzzo Friulano Crei '09	🍷🍷 5
○ COF Friulano '09	🍷 4
○ COF Verduzzo Friulano '09	🍷 5

Scarbolo

fraz. Lauzacco
v.le Grado, 4
33050 Pavia di Udine [UD]
Tel. 0432675612
www.scarbolo.com

Wine	Rating
○ Friuli Grave	🍷🍷 4*
● Cabernet '09	🍷 4
○ Friuli Grave Friulano '10	🍷 4
○ Friuli Grave Sauvignon '10	🍷 4

Scolaris

via Boschetto, 4
34070 San Lorenzo Isontino [GO]
Tel. 0481809920
www.scolaris.it

Wine	Rating
○ Collio Chardonnay '10	🍷🍷 4
○ Ribolla Gialla '10	🍷🍷 4
○ Collio Sauvignon '10	🍷 4
⊙ Ribolla Nera Rosè Brut	🍷 4

Skerlj

via Sales, 44
34010 Sgonico [TS]
Tel. 040229253
www.agriturismoskerlj.com

Wine	Rating
○ Malvasia '08	🍷🍷 5
○ Vitovska '08	🍷🍷 5
● Terrano '08	🍷 5

F.lli Stanig

loc. Albana
Albana, 44
33040 Prepotto [UD]
Tel. 0432713234
www.stanig.it

Wine	Rating
○ COF Malvasia Istriana '10	🍷🍷 4*
● COF Merlot '09	🍷🍷 4*
○ COF Friulano '10	🍷 4
○ COF Sauvignon '10	🍷 4

Stocco

via Casali Stocco, 12
33050 Bicinicco [UD]
Tel. 0432934906
www.vinistocco.it

Wine	Rating
○ Friuli Grave Friulano '10	🍷🍷 3*
○ Friuli Grave Malvasia '10	🍷🍷 3*
● Friuli Grave Refosco P. R. '09	🍷🍷 3*
○ Friuli Grave Sauvignon '10	🍷 3

Terre di Ger

fraz. Frattina
s.da della Meduna, 17
33076 Pravisdomini [PN]
Tel. 0434644452
www.terrediger.it

Wine	Rating
○ Friuli Grave Pinot Grigio '10	🍷🍷 3*
○ Terre di Ger Brut	🍷🍷 5
● Friuli Grave Cabernet Franc '09	🍷 3
● Friuli Grave Refosco P. R. '09	🍷 4

Paolo Venturini

via Isonzo, 135
34071 Cormòns [GO]
Tel. 048160446
www.venturinivini.it

○ Collio Friulano '10	🍷🍷 4*
○ Collio Malvasia '10	🍷🍷 4*
○ Collio Pinot Bianco '10	🍷🍷 4*
● Collio Merlot '10	🍷 4

Villa de Puppi

via Roma, 5
33040 Moimacco [UD]
Tel. 0432722461
www.depuppi.it

○ Taj Blanc '10	🍷🍷 4*
○ Pinot Grigio '10	🍷 4
● Refosco Cate '08	🍷 6
⊙ Villa dei Puppi Rosè Brut	🍷 4

Vitas

loc. Strassoldo
San Marco, 5
33050 Cervignano del Friuli [UD]
Tel. 043193083
www.vitas.it

● Vign. Romano '07	🍷🍷 5
○ Friuli Aquileia Friulano '10	🍷 4
○ Friuli Aquileia Sauvignon Blanc '10	🍷 4

Francesco Vosca

fraz. Brazzano
via Sottomonte, 19
34070 Cormòns [GO]
Tel. 048162135
www.voscavini.it

○ Collio Friulano '10	🍷🍷 4*
○ Collio Malvasia '10	🍷🍷 4
○ Friuli Isonzo Chardonnay '10	🍷 4
○ Friuli Isonzo Pinot Grigio '10	🍷 4

Zaglia

loc. Frassinutti
via Crescenza, 10
33050 Precenicco [UD]
Tel. 0431510320
www.zaglia.com

○ Friuli Latisana Friulano '10	🍷🍷 3*
● Friuli Latisana Refosco P.R. '09	🍷🍷 3*
● Friuli Latisana Cabernet Franc Rls. '06	🍷 4
○ Friuli Latisana Chardonnay '10	🍷 3

Zof

fraz. Sant'Andrat del Judrio
via Giovanni XXIII, 32a
33040 Corno di Rosazzo [UD]
Tel. 0432759673
www.zof.it

○ COF Bianco Sonata '09	🍷🍷 5
○ COF Friulano '10	🍷🍷 4*
○ COF Ribolla Gialla '10	🍷 4
● COF Va' Pensiero '07	🍷 5

艾米利亚—罗马涅区

EMILIA ROMAGNA

艾米利亚—罗马涅区（Emilia Romagna）已经成功将气候与地形多样性的弱点转化成了它的优势，这种良好的声誉来自于众多生产商对于土壤质量的彻底改良，赋予了产品独特的风味。但是有一个地区例外，这就是科里•博罗格纳西（Colli Bolognesi），而随着“三杯奖”被授予给一种皮格诺列托（Pignoletto）的产品时，才真正令人刮目相看。其实这一切都缘于他们对于自己土地质量、年轻的工人、创新精神、乐观精神以及充分的自信，所赋予费德瑞克•奥斯（Federico Oris）产品的巨大优势。不过，在他们取得完全成功并且承诺该地的葡萄酒合作生产企业的产品质量保障之前，艾米利亚—罗马涅区（Emilia Romagna）仍然需要采取原有的一系列措施。如今已有四家生产企业今年第一次实现了完全盈利，分别是坎帝尼•瑞玉尼帝（Cantine Riunite）以及坎帝纳•第•桑塔•克若斯（Cantina di Santa Croce），坎帝纳•第•索巴拉（Cantina di Sorbara）以及西威克（Cevico）。他们依靠专注于品质以及将所属的种植商利益放在首位而实现了成功。没有他们的参与，试图在这个合作生产理念根深蒂固的地区实现成功完全是痴人说梦。在这个对于农业生产的关键时刻，葡萄酒合作生产企业的管理者必须要重新确立他们过去那种领导者地位，并且给予葡萄种植商对于未来的希望。此外，最近好消息频传，在科里•皮阿圣提尼（Colli Piacentini）地区，玛乐维热亚葡萄酒（Malvasia）取得了巨大的成功并且闯入了我们的决赛，与拉•斯托帕（La Stoppa）的帕西托•维格纳•德拉•瓦尔塔（Passito Vigna Della Volta）2008年款一同获得了“三杯奖”。近几年，对于这种多样性的开发与利用已经成为了工作的中心，随之进行的还有酿酒工程的改进。从葡萄皮的浸泡，就像拉•斯托帕（La Stoppa）的安吉诺（Ageno）葡萄酒与德纳沃罗（Denavolo）的蒂娜沃罗（Dinavolo）葡萄酒到高雅的佐餐葡萄酒，比如说路若塔（Luretta）的列•兰尼葡萄酒（Le Rane）。朗布鲁斯科葡萄酒也达到了一个新的高度，顺利生产出了三杯奖产品，取得了稳固的地位。今年的明星产品毫无疑问是优雅绚丽的索巴拉葡萄酒（Sorbara），这是所有朗布鲁斯科葡萄酒中最为惊艳与优质的产品。科里•博罗格纳西（Colli Bolognesi）提交了一种巴贝拉葡萄酒（Barbera）来参加我们的决赛。与皮格诺列托葡萄酒（Pignoletto）一道，让我们看到了该地区葡萄酒产业的希望。尽管对于珍藏葡萄酒品来说，2008年的收获期非常的艰难，罗马涅（Romagna）系列依靠着她的圣乔维斯葡萄酒（Sangioveses）仍然获得了9项“三杯奖”，如果把产自蒙特菲尔罗（Montefeltro）的瓦图罗（Valturio）葡萄酒也包括在内的话，那就有10项了。一半的产品都来自于玛彻地区（Marche），遍布于崎岖的山区内。他们的成功源自将传统的生产方式与纯净的多种葡萄品种结合。最终，我们将“三杯奖”授予里诺•科迪（Lenoe Conti）生产的阿尔巴纳风干甜酒（Albana Passito）的2008年款葡萄酒。她不仅是这一葡萄酒品种的先驱，而且也是别的种植商所难以达到的。这一奖项不仅是对于他们的产品的表彰，也是对于他们工作的肯定。

Altavita - Fattoria dei Gessi

via Tranzano, 820
47023 Cesena [FC]
Tel. 0547645996
www.altavita-wine.com

藏酒销售
年产量 20 000 瓶
葡萄种植面积 20 公顷

埃尔塔维塔（Altavita）酒庄是由三个克赛纳（Cesena）年轻人——埃里克•吉尔奇（Enrico Giunchi）、毛利兹尔•福茨（Maurizio Fuzzi）和斯蒂芬尼亚•米格尼（Stefania Migani）合作经营，他们多种多样的职业经验以及充分挖掘该地区潜力的愿望使酒庄得以顺利运作。埃里克的农学家弟弟阿里山德鲁•吉尔奇（Alessandro Giunchi）也参与了合作。这些葡萄园均位于克赛纳（Cesena）和赛亚安诺（Saiano）之间。园中种植的葡萄品种是根据其质量和出产土地选定的。有产自粘性土壤的、高海拔地区的、松弛土壤的和富含白垩土壤的葡萄，用于生产两种圣乔维斯酒（Sangioveses）和另外一种白酒。

● Cru Sajano '08	🍷🍷 4
● Sangiovese di Romagna Sup. Evoca '09	🍷🍷 4*
○ Diapente '10	🍷 4
● Sangiovese di Romagna Sup. Tempora Ris. '08	🍷 5
○ Albana di Romagna Passito Solesia '08	🍷🍷 6
○ Diapente '09	🍷🍷 4
● Sangiovese di Romagna Sup. Evoca '08	🍷🍷 4
● Sangiovese di Romagna Sup. Evoca '07	🍷🍷 4*
● Sangiovese di Romagna Sup. Tempora Ris. '07	🍷🍷 5
● Sangiovese di Romagna Sup. Tempora Ris. '06	🍷🍷 5

Ancarani

via San Biagio Antico, 14
48018 Faenza [RA]
Tel. 0546642162
www.viniancarani.it

藏酒销售
预约参观
年产量 30 000 瓶
葡萄种植面积 14 公顷

克劳迪奥•安科尔拉尼（Claudio Ancarani）积极从事着会给本土葡萄种植带来很大希望的工程，而后他带着很大的决心和饱满的热情推进了这项工程。他的事例阐明了一个很少被如此清晰有力地证明的哲学问题。首先，克劳迪奥将注意力集中在几种本地葡萄品种上，特别是阿尔巴纳葡萄（albana）。他用这种葡萄生产出的酒是对它最经典最地道的诠释，因为它的单宁酸含量很高，有时候显得有些难以驾驭。

○ Albana di Romagna Santa Lusa '09	🍷🍷 4
● Sangiovese di Romagna Sup. Biagio Antico '10	🍷🍷 4*
○ Signore '10	🍷 3
○ Albana di Romagna Perlagioia '07	🍷🍷 4
○ Albana di Romagna Santa Lusa '07	🍷🍷 4
○ Albana di Romagna Santa Lusa '06	🍷🍷 4*
● Sangiovese di Romagna Sup. Biagio Antico '09	🍷🍷 4
● Sangiovese di Romagna Sup. Biagio Antico '08	🍷🍷 4
● Uvappesa '07	🍷🍷 4

Antica Corte Pallavicina

VIA SBRISI, 2
43010 POLESINE PARMENSE [PR]
TEL. 054296136
www.acpallavicina.com

藏酒销售
预约参观
年产量 10 000 瓶
葡萄种植面积 4 公顷

因为库拉特洛（culatello）香肠，马西莫•斯皮加罗利（Massimo Spigaroli）闻名遐迩，但通过美食带来的欢乐仅仅只是帕拉维齐纳（Antica Corte Pallavicina）酒庄多元化农业世界的一部分。科尔特（Corte）农庄现在拥有当地葡萄种植区的一大片沃土。该酒庄的信念从未改变：接受本土哪怕是最不被知晓的传统，并竭尽全力提高本地酒品的质量。此举复兴了一种酒，它由福尔塔娜葡萄（fortana）和福尔塔尼拉葡萄（fortanella）酿造，结构简单但却香气宜人，是这片地区离波河（Po）不远的冷切香肠和菜肴的辅佐佳品。

● Fortana del Taro '10 🍷🍷 3
● Fortanella '10 🍷🍷 3
● Rosso del Motto '10 🍷🍷 3
● Fortana del Taro '09 🍷🍷 3
● Fortanella '09 🍷🍷 3
○ Strologo Brut M. Cl. '08 🍷🍷 4

Ariola 1956

LOC. CALICELLA DI PILASTRO
FRAZ. PILASTRO
S.DA DELLA BUCA, 5A
43010 LANGHIRANO [PR]
TEL. 0521637678
www.viniariola.it

藏酒销售
预约参观
年产量 600 000 瓶
葡萄种植面积 70 公顷

追溯到1956年，阿里奥拉（Ariola）酒庄曾经是帕尔玛（Parma）地区产酒资历悠久的酒庄之一，在20世纪70年代酒庄经历过一段时期的辉煌。酒庄坐落于朗赫拉诺群山（Langhirano）之间，阿里奥拉溪（Ariola）之滨，阿里奥拉酒庄的名字就来源于这条溪流。酒庄种植了70公顷的葡萄，种植地的海拔在250～300米之间，种植地的土壤是含量不同的石灰质黏土。当马塞洛•萨西（Marcello Ceci）离开家族产业时，他决定不再从事零售工作，而去集中精力做一些与土地关系更密切的事，所以他在2003年收购了阿里奥拉酒庄。

○ Forte Rigoni Malvasia '10 🍷🍷 4*
● Lambrusco Marcello '10 🍷🍷 4*
● Lambrusco Marcello Nature '10 🍷🍷 4*
● Fortana Prestige '10 🍷 4
○ Forte Rigoni Malvasia Nature '10 🍷 4
● Lambrusco Prestige '10 🍷 4
● Angiol d'Or Maestri in Purezza '09 🍷🍷 3
○ Forte Rigoni Malvasia Frizzante '08 🍷🍷 4
● Lambrusco Gaspronero '08 🍷🍷 3
● Lambrusco Marcello '09 🍷🍷 4
● Lambrusco Marcello '08 🍷🍷 4*

Balìa di Zola

via Casale, 11
47015 Modigliana [FC]
Tel. 0546940577
bzolav@libero.it

藏酒销售
预约参观
年产量 25 000 瓶
葡萄种植面积 6.5 公顷

2003年，凡尔鲁斯卡•艾路奇（Veruska Eluci）收购了巴利亚•迪佐拉（Balìa di Zola）酒庄，并将其变成了一块宝地。她重建了迷人的农舍，配备了酒窖，并移植了几乎所有的葡萄。6公顷未移植的圣吉奥维斯葡萄（sangiovese）的种植朝向是南方和东南方，这些葡萄年复一年地用于酿酒，产出的酒的品质一直在提高，这反映了当地风土水平的改善。她的丈夫酿酒师克劳迪奥•费欧尔（Claudio Fiore）探索出了许多创新的酿酒方式，包括酿酒时大胆地运用自然发酵——这种由沙土和泥灰土赋予的朴实却充满生机的特征。

Wine	Rating
● Sangiovese di Romagna Redinoce Ris. '08	🍷🍷🍷 5*
⊙ Zolarosa Brut Rosé '10	🍷 4
● Redinoce '07	🍷🍷 5
● Redinoce '06	🍷🍷 5
● Redinoce '05	🍷🍷 5
● Sangiovese di Romagna Balitore '09	🍷🍷 4
● Sangiovese di Romagna Balitore '08	🍷🍷 4
● Sangiovese di Romagna Balitore '06	🍷 4
● Sangiovese di Romagna Balitore '05	🍷 4

Francesco Bellei

fraz. Cristo di Sorbara
via Nazionale, 132
41030 Bomporto [MO]
Tel. 059812449
www.francescobellei.it

藏酒销售
年产量 60 000 瓶
葡萄种植面积 5 公顷

贝雷（Bellei）这个老商标总是会让人想到用传统工艺精制而成的电火花圈。该酒庄于1920年为贝普•贝雷（Beppe Bellei）创立，它先后在弗朗西斯科（Francesco）和克里斯蒂安（Christian）经历了家族三代的领导。卡维奇奥利（Cavicchioli）于2003年购置了酒庄，后将酒庄设施卖给了政府投资公司（GIC），不过还是保留着贝雷的商标所有权。桑德罗•卡维奇奥利自己运营着酒庄，多年以来，他为保持兰姆布鲁斯可（Lambrusco）两种酒的光彩做出了杰出贡献，这两种酒就是安瑟斯特拉里•罗索斯（Ancestrale Rossos）和比昂科斯（Biancos）。前一种酒是由索尔巴拉葡萄（sorbara）酿造的，后一种酒来自于匹诺莱托葡萄（pignoletto），并已经在莫德纳（Modena）的家族葡萄园种植一些年头了。

Wine	Rating
● Lambrusco di Modena Rifermentazione Ancestrale '10	🍷🍷 4
⊙ Brut Extra Cuvée Rosé M.Cl. '06	🍷🍷 6
● Brut Extra Cuvée Rosso M.Cl. '07	🍷🍷 4
● Modena Pignoletto Rifermentazione Ancestrale '10	🍷🍷 4
○ Brut Blanc de Noirs '04	🍷🍷 6
○ Brut Cuvée Speciale '04	🍷🍷 6
○ Brut Extra Cuvée	🍷🍷 5
○ Brut Extra Cuvée	🍷🍷 5
● Brut Rosso Extra Cuvée '06	🍷🍷 4*
● Brut Rosso Extra Cuvée '04	🍷🍷 4
● Brut Rosso Extra Cuvée '03	🍷🍷 4*
● Lambrusco Rifermentazione Ancestrale '07	🍷🍷 4*

La Berta

via Berta, 13
48013 Brisighella [RA]
Tel. 054684998
azienda@laberta.it

藏酒销售
预约参观
年产量 75 000 瓶
葡萄种植面积 20 公顷

位于拉文那（Ravenna）的波及雅丽（Poggiali）家族让这个历史悠久的酒庄从多年的沉寂中苏醒了过来。位于布里西盖拉（Brisighella）的酒庄，处在紧邻法恩扎（Faenza）的群山中，酒庄现在生产的一些葡萄酒，让世人看到了波及雅丽家族的热情。吉安尼•波及雅丽（Gianni Poggiali）对罗马涅（Romagna）的热情已经很明显了，他现在很享受能在自己的土地上实现梦想的机会，他从他在托斯卡纳区（Tuscany）的菲尔斯纳（Fèlsina）酒庄的长期工作中积累了很多经验，这是他实现梦想的保障。他们生产的第一批酒就让人感觉到酒庄的无穷潜力，最后这批酒成了该地区的高贵品种，这很符合吉奥瓦尼（Giovanni）深思熟虑后的决定。

- ● Sangiovese di Romagna '10 — 5
- ● Sangiovese di Romagna Olmatello Ris. '08 — 5
- ● Sangiovese di Romagna Sup. Solano '09 — 4
- ● Colli di Faenza Rosso Ca' di Berta '99 — 5
- ● Sangiovese di Romagna Olmatello Ris. '06 — 5
- ● Sangiovese di Romagna Olmatello Ris. '03 — 5
- ● Sangiovese di Romagna Olmatello Ris. '01 — 5
- ● Sangiovese di Romagna Sup. Solano '07 — 4*

Stefano Berti

loc. Ravaldino in Monte
via La Scagna, 18
47121 Forlì
Tel. 0543488074
www.stefanoberti.it

藏酒销售
预约参观
年产量 40 000 瓶
葡萄种植面积 7 公顷

斯蒂法诺•波尔蒂（Stefano Berti）酒庄位于普雷达皮奥地区（Predappio）的低处，隐藏于平缓的坡度蔓延至福尔里（Forlì）的群山中。他的葡萄园分布在风土环境不同的两个地区。其中之一坐北朝南，面向波尔蒂诺罗（Bertinoro），土壤为黏土质；另一处在古老流域的梯田上，朝向拉比山谷（Rabbi valley），土壤中岩石含量更多。该地的自然条件很优越，但不足的是方位朝向不够好。7公顷历史不一的葡萄园沿着酒窖分布着，酒窖旁还有2公顷种植着桑娇维塞（Sangiovese）的土地，这些葡萄于1968年种植，果实多用来生产卡里斯托（Calisto）。

- ● Sangiovese di Romagna Sup. Calisto Ris. '08 — 5
- ● Sangiovese di Romagna Sup. Ravaldo '10 — 4*
- ● Sangiovese di Romagna Sup. Calisto '01 — 5
- ● Sangiovese di Romagna Sup. Calisto '05 — 5
- ● Sangiovese di Romagna Sup. Calisto '04 — 5
- ● Sangiovese di Romagna Sup. Calisto '03 — 5
- ● Sangiovese di Romagna Sup. Calisto Ris. '07 — 5
- ● Sangiovese di Romagna Sup. Calisto Ris. '06 — 5
- ● Sangiovese di Romagna Sup. Ravaldo '09 — 4
- ● Sangiovese di Romagna Sup. Ravaldo '08 — 4*
- ● Sangiovese di Romagna Sup. Ravaldo '07 — 4*
- ● Sangiovese di Romagna Sup. Ravaldo '06 — 4*
- ● Sangiovese di Romagna Sup. Ravaldo '05 — 4*

Ca' di Sopra

LOC. MARZENO
VIA FELIGARA, 15
48013 BRISIGHELLA [RA]
TEL. 0544521209
www.cadisopra.com

藏酒销售
预约参观
年产量 18 000 瓶
葡萄种植面积 28 公顷

卡米罗（Camillo）和吉阿克墨（Giacomo）在蒙塔纳利（Montanari）家族葡萄园种植并销售高质量的葡萄。他们自从决定在他们28公顷的土地上种植精心挑选的葡萄后，就一直耐心地选择最好的种植地点，尽量将每一步做得尽善尽美。卡迪索普拉（Ca' di Sopra）庄园的葡萄种植在马尔泽诺山谷（Marzeno valley）海拔约250米的石灰岩土地上，部分葡萄朝向东北，而其他种在山顶的葡萄则可以享受阳光充分照射。

- Cadisopra '08 🍷🍷 4
- Remel '09 🍷🍷 5
- Crepe '09 🍷 4
- Crepe '08 ΥΥ 4*
- Remel '07 ΥΥ 5*

Ca' Montanari

FRAZ. LEVIZZANO RANGONE
VIA MEDUSIA, 32
41014 CASTELVETRO DI MODENA [MO]
TEL. 059741019
info@opera02.it

藏酒销售
预约参观
年产量 80 000 瓶
葡萄种植面积 21 公顷
葡萄栽培方式 有机认证

在拉姆布鲁斯科地区（Lambrusco），兴起了一股潮流，那就是小酒庄只用它们自己种植的葡萄酿酒。卡蒙特纳利（Ca' Montanari）在此基础上做出了一点改进，它建了一个接待中心。在那里，游客可以看到各种各样的土特产，包括帕米极阿诺奶酪（Parmigiano Reggiano）、传统的疗效醋、自然风干的摩德纳火腿（Modena）以及新鲜的本地菜肴。恩里克•蒙特纳利（Enrico Montanari）和他儿子马迪亚（Mattia）改变了思路，将每样东西都安排得很有气势以突出其特色。21公顷葡萄园全部都种植着格斯玻索拉葡萄（grasparossa），用它们来酿造蓝沐斯酒（Lambrusco）。

- Lambrusco di Modena Opera 02 '10 🍷🍷 4
- Malbo Gentile Opera 02 '09 🍷 6
- Lambrusco di Modena Opera 02 '09 ΥΥ 4
- Lambrusco di Modena Opera 02 '08 ΥΥ 4*
- Lambrusco Grasparossa di Castelvetro Opera Pura '09 ΥΥ 4
- Opera Pura Lambrusco di Modena '08 ΥΥ 4*

Calonga

Loc. Castiglione
via Castel Leone, 8
47100 Forlì
Tel. 0543753044
www.calonga.it

藏酒销售
预约参观
年产量 30 000 瓶
葡萄种植面积 12 公顷

毛利兹奥•巴拉威尔里（Maurizio Baravelli）是个彻头彻尾的酒商，与他三个儿子洛伦佐（Lorenzo）、马特奥（Matteo）和弗朗西斯科（Francesco）一起经营着酒庄和12公顷的葡萄园。他们生产的基石——偶像般的米歇郎基罗（Michelangiolo）——让酒庄的名字成为了罗马涅（Romagna）的一个典范。酒的数量和种类很多，有口感柔和的墨尔乐红酒（merlot），与之形成美妙对比的是口感很有棱角的桑娇维塞（sangiovese），这反映了毛利兹奥对稀有的沙土地的诠释。他的葡萄园中沙土充沛，于是沙土成为了这片地区的明星。

- Sangiovese di Romagna Sup. Michelangiolo Ris. '08 🍷🍷 5
- Castellione '08 🍷🍷 6
- Sangiovese di Romagna Sup. Il Bruno '09 🍷🍷 3*
- Ordelaffo '09 🍷 4
- Sangiovese di Romagna Sup. Michelangiolo Ris. '07 🍷🍷🍷 5
- Sangiovese di Romagna Sup. Michelangiolo Ris. '06 🍷🍷🍷 5
- Sangiovese di Romagna Sup. Michelangiolo Ris. '05 🍷🍷🍷 5
- Sangiovese di Romagna Sup. Michelangiolo Ris. '04 🍷🍷🍷 5
- Sangiovese di Romagna Sup. Michelangiolo Ris. '03 🍷🍷🍷 5
- Castellione Cabernet Sauvignon '03 🍷🍷 6
- Castellione Cabernet Sauvignon '01 🍷🍷 6
- Sangiovese di Romagna Sup. Michelangiolo Ris. '01 🍷🍷 6

Cantina della Volta

via per Modena 82
41030 Bomporto [MO]
Tel. 0597473312
www.cantinadellavolta.com

藏酒销售
预约参观
年产量 80 000 瓶
葡萄种植面积 10 公顷

克里斯蒂安•贝雷（Christian Bellei）利用追溯到1920年的家族背景，于2010年号召家族里的几个人发起了一项新的工程，并将他在职业经历中想出的点子付诸实践。他将旧的贝雷酒庄从头到尾翻修了一遍，建立了堪提娜•沃尔塔（Cantina della Volta）。迄今为止，酒庄产的酒只有索巴拉斯（Sorbaras），不过在生产过程中也生产一些传统做法的汽酒，这些汽酒是由莫尼耶品乐葡萄（pinot meunier）、黑比诺葡萄（pinot noir）和夏敦埃葡萄（chardonnay）酿制，这些葡萄种植在摩德纳（Modena）附近的里克•瑟拉马佐尼（Riccó di Serramazzoni）的家族葡萄园内。

- Lambrusco di Modena Spumante '09 🍷🍷 3
- Lambrusco di Sorbara Rimosso '09 🍷🍷 3

Tenuta Carbognano

VIA CARBOGNANO, 3
47855 GEMMANO [RN]
TEL. 0541984507
www.tenutacarbognano.it

藏酒销售
预约参观
年产量 8 000 瓶
葡萄种植面积 3 公顷

2005年，马科•格罗斯（Marco Grossi）和妻子奥尔涅拉（Ornella）在瓦尔康卡（Val Conca）购置了一个小农场，建立了特努塔•卡尔波格纳诺（Tenuta Carbognano）酒庄，酒庄在莫尔恰诺迪罗马涅（Morciano di Romagna）后面与马尔歇（Marche）接壤的地方。这对夫妇的葡萄园占地3公顷，海拔约250米，土质为泥灰岩，园中种植的是桑娇维塞（sangiovese）和一些其他国际品种。他们的葡萄园还不太成熟，但在这个还没生产出名酒的地方，已经是出类拔萃的了。

- ● Ali '09 — 🍷🍷
- ● Sangiovese di Romagna Sup. Carbognaro '08 — 🍷🍷

Casetto dei Mandorli

LOC. PREDAPPIO ALTA
VIA UMBERTO I, 21
47010 PREDAPPIO [FC]
TEL. 0543922361
www.vini-nicolucci.it

藏酒销售
预约参观
年产量 80 000 瓶
葡萄种植面积 12 公顷

亚利桑德罗•尼古拉奇（Alessandro Nicolucci）继承了家族产业，这个产业是他祖父吉尔赛普（Giuseppe）早在1885年创立的。他一直严格遵守着它的规则，即采用原始的种子繁殖方式、在历史悠久的酒桶中酿酒、采取传统的风干法。卡瑟托•曼多尔利（Casetto dei Mandorli）现已成为当地酒业的一颗明星。是亚利桑德罗用他睿智的头脑引领着传统向前进，他仍然是上等的普利达皮奥（Predappio）好名声的唯一拥护者，这块地区曾在19世纪将葡萄藤数提高到了每公顷7 000株。

- ● Sangiovese di Romagna Sup. V. del Generale Ris. '08 — 🍷🍷🍷 6
- ● Sangiovese di Romagna Sup. Tre Rocche '10 — 🍷🍷 4
- ● Sangiovese di Romagna V. del Generale Ris. '05 — 🍷🍷🍷 5
- ● Nero di Predappio '07 — 🍷🍷 5
- ● Nero di Predappio '06 — 🍷🍷 5
- ● Sangiovese di Romagna V. del Generale Ris. '07 — 🍷🍷 5
- ● Sangiovese di Romagna V. del Generale Ris. '06 — 🍷🍷 5
- ● Sangiovese di Romagna V. del Generale Ris. '04 — 🍷🍷 5
- ● Sangiovese di Romagna V. del Generale Ris. '00 — 🍷🍷 5

Castelluccio

LOC. POGGIOLO DI SOTTO
VIA TRAMONTO, 15
47015 MODIGLIANA [FC]
TEL. 0546942486
www.ronchidicastelluccio.it

藏酒销售
年产量 90 000 瓶
葡萄种植面积 16 公顷

卡斯特鲁西奥（Castelluccio）酒庄的创建者是吉安•维托里奥（Gian Vittorio）和吉安•马蒂奥•巴尔迪（Gian Matteo Baldi），20世纪80年代，它是本地首家让桑娇维塞葡萄酒（Sangiovese）得到外界关注的，这也创造了罗马涅（Romagna）的历史。他们的运营体系空前传统，将各个葡萄园产的酒分别装瓶。于是便有了堪称传奇的郎奇酒（Ronchi），这种酒细腻又醇厚，这就是它这么多年在酒业大潮中屹立不倒的原因。1999年，卡斯特鲁西奥酒庄的所有权传到了费奥尔（Fiore）家族，这个家族将酒庄的风格引向了国际化道路，生产出了品种更丰富的酒。

- ● Ronco delle Ginestre '07 — 5
- ● Sangiovese di Romagna Le More '10 — 4*
- ● Ronco dei Ciliegi '07 — 5
- ● Massicone '01 — 6
- ● Ronco dei Ciliegi '02 — 6
- ● Ronco dei Ciliegi '00 — 6
- ● Ronco delle Ginestre '90 — 6
- ● Massicone '06 — 5
- ● Massicone '03 — 6
- ● Ronco dei Ciliegi '03 — 6
- ● Ronco delle Ginestre '06 — 6
- ● Ronco delle Ginestre '02 — 6

Cavicchioli U. & Figli

VIA CANALETTO, 52
41030 SAN PROSPERO [MO]
TEL. 059812411
www.cavicchioli.it

藏酒销售
预约参观
年产量 20 000 000 瓶
葡萄种植面积 100 公顷

2010年，意大利最大葡萄酒公司GIV（Gruppo Italiano Vini）收购了艾米利亚（Emilia）这个老牌企业，但还是请桑德罗•卡维奇奥里（Sandro Cavicchioli）来做技术方面的工作，这样既充分利用了他的天分，又利用了他与兰姆布鲁斯可（Lambrusco）的企业。酒庄位于博姆托尔妥（Bomporto），即索尔巴拉（Sorbara）系列葡萄酒的生产中心，卡维奇奥里（Cavicchioli）一直都很擅长生产这种酒。该酒庄是酒业中的先驱，酒的质量一流，这对于现代人的口味十分珍贵。它独特的方法有：用单一品种酿酒和在瓶中进行传统的二次发酵。

- ● Lambrusco di Sorbara V. del Cristo '10 — 4*
- ● Lambrusco di Sorbara Tre Medaglie '10 — 4*
- ● Lambrusco Grasparossa di Castelvetro Amabile Tre Medaglie '10 — 2*
- ● Lambrusco Grasparossa di Castelvetro Col Sassoso '10 — 4
- ● Lambrusco Salamino di Santa Croce Tre Medaglie '10 — 3*
- ⊙ Rosé del Cristo Spumante '07 — 6
- ● Lambrusco di Sorbara Rifermentazione Ancestrale Francesco Bellei '09 — 5
- ● Lambrusco di Sorbara Rifermentazione Ancestrale Francesco Bellei '08 — 5
- ● Lambrusco di Sorbara V. del Cristo '08 — 4*
- ● Lambrusco di Sorbara V. del Cristo '07 — 4*
- ⊙ Rosé del Cristo Spumante '05 — 6
- ⊙ Rosé del Cristo Spumante '04 — 6

Cantine Ceci

VIA PROVINCIALE, 99
43030 TORRILE [PR]
TEL. 0521810252
www.lambrusco.it

藏酒销售
预约参观
年产量 1 500 000 瓶
葡萄种植面积 12 公顷

1938年，因为家族参观的需要，克奇（Ceci）家族开始购买葡萄酒，这开始了他们在帕尔玛地区（Parma）下游的运营。他们在挑选和装瓶本土酒（如蓝沐斯（Lambrusco）、马尔维萨（Malvasia）和福尔塔娜（Fortana））时累积的经验从此就成为了酒庄运营的基石。现在酒庄已传到了第三代，依然屹立不摇。克奇家族在与客户交流和销售方面都很有天分，这两点使他们成为了非常成功的酒商。

- ○ Colli di Parma Malvasia Frizzante Otello '10 — 4
- ● Lambrusco Terre Verdiane '10 — 3
- ● Otello Lambrusco Et. Nera '10 — 3
- ● Otello Nero di Lambrusco Et. Oro '10 — 4
- ⊙ Extra Dry Rosé Otello '08 — 4*
- ● Otello Lambrusco Et. Nera '09 — 3*
- ● Otello Lambrusco Et. Nera '08 — 3*
- ● Otello Nero di Lambrusco '09 — 4
- ● Otello Nero di Lambrusco '08 — 4
- ● Otello Nero di Lambrusco '06 — 4*

Umberto Cesari

VIA STANZANO, 1120
40024 CASTEL SAN PIETRO TERME [BO]
TEL. 051941896
www.umbertocesari.it

藏酒销售
预约参观
年产量 2 000 000 瓶
葡萄种植面积 230 公顷

奥姆波尔特•西萨利（Umberto Cesari）是个伟大卓越的人物，他既有农民朴实的心灵，又有商人精明的头脑。在人们还不相信罗马涅（Romagna）能生产高品质酒时，他投资到罗马涅，后来像人们证实了他高远的眼光。他的传奇历史要追溯到1965年，那时其他本地酒给罗马涅的桑娇维塞（Sangiovese）造成了很大压力，因为那些酒庄的规模很大。奥姆波尔特对他的葡萄园的热爱是他前进的主要动力，这个动力驱使他作为文化大使走向全球，向世人展示一个通过他自己的努力而崛起的酒庄。

- ● Liano '08 — 5
- ● Sangiovese di Romagna Sup. Laurento Ris. '08 — 4
- ● Sangiovese di Romagna Sup. Ris. '08 — 4
- ● Tauleto Sangiovese '05 — 7
- ● Liano '07 — 5
- ● Liano '05 — 5
- ● Moma Rosso '08 — 4
- ● Moma Rosso '07 — 4*
- ● Moma Rosso '04 — 4*
- ● Sangiovese di Romagna Ris. '06 — 4*
- ● Tauleto Sangiovese '04 — 6
- ● Tauleto Sangiovese '04 — 6
- ● Yemula '06 — 4

Chiarli 1860

via Daniele Manin, 15
41100 Modena
Tel. 0593163311
www.chiarli.it

藏酒销售
年产量 24 000 000 瓶
葡萄种植面积 110 公顷

年产量两千四百万瓶确实是个令人惊叹的数字，但奇埃尔利1860（Chiarli 1860）酒庄的历史远非数字这么简单。安塞尔莫（Anselmo）和毛罗•奇埃尔利（Mauro Chiarli）两兄弟如今正把他们的惊人天分发挥在一个新项目上，那就是运用卡斯特维特罗（Castelvetro）的全新的酿酒设备，这套设备将加工处理约120公顷的葡萄园产出的果实。这项工程是一场实验，它让这个集团的总体视野更开阔，也让酒庄生产的所有酒质量得到提升。

- ● Lambrusco di Sorbara Vecchia Modena Premium '10 🍷🍷🍷 3*
- ● Lambrusco di Sorbara del Fondatore '10 🍷🍷 4*
- ● Lambrusco Grasparossa di Castelvetro Vign. Enrico Cialdini '10 🍷🍷 4*
- ● Lambrusco Grasparossa di Castelvetro Pruno Nero '10 🍷🍷 4*
- ● Lambrusco Grasparossa di Castelvetro Villa Cialdini '10 🍷🍷 4*
- ● Modena di Lambrusco Nivola '10 🍷🍷 4
- ○ Moden Brut '10 🍷 4
- ⊙ Rosè Brut '10 🍷 4
- ● Lambrusco di Sorbara del Fondatore '09 🍷🍷🍷 4*
- ● Lambrusco di Sorbara Vecchia Modena Premium '08 🍷🍷🍷 3*
- ● Lambrusco di Sorbara del Fondatore '08 🍷🍷 4*
- ● Lambrusco di Sorbara Vecchia Modena Premium MH '09 🍷🍷 4*

La Collina

via Paglia, 19
48013 Brisighella [RA]
Tel. 054683110
www.lacollina-vinicola.com

藏酒销售
年产量 16 000 瓶
葡萄种植面积 4 公顷

2002年，安德烈•艾吉利（André Eggli）离开瑞士来到罗马涅（Romagna），开始在布里斯格拉（Brisighella）附近山上4公顷的土地上经营酒庄。这个地方的土质是黏土向泥灰岩和沙土过渡，称得上是种植葡萄的天堂。极大的葡萄种植的潜能，再加上弗朗西斯科•波尔蒂尼（Francesco Bordini）顾问的种植和酿酒才能，使莱克里纳（La Collina）酒庄成为了罗马涅地区的后起之秀。除了葡萄酒外，该酒庄也生产布里斯格拉（Brisighella）特级初榨橄榄油。

- ● Sangiovita '09 🍷🍷 5
- ● Cupola '08 🍷🍷 5
- ● Colli di Faenza Sangiovese Cupola '06 🍷🍷 5
- ● Colli di Faenza Sangiovese Cupola '05 🍷🍷 5
- ● Colli di Faenza Sangiovese Cupola '04 🍷🍷 5
- ● Cupola '07 🍷🍷 6
- ● Sangiovese di Romagna Sup. Cupola '03 🍷🍷 5

Condè Vitivinicola

via Lucchina, 27
47016 Predappio [FC]
Tel. 0543940860
www.conde.it

藏酒销售
年产量 130 000 瓶
葡萄种植面积 75 公顷

弗朗西斯科•康德罗（Francesco Condello）一直梦想着在罗马涅（Romagna）建造一座城堡，因此他从20多人手里购置土地，并将这些土地拼起来建了一座92公顷的庄园，这座庄园的海拔在150～300米之间，大部分土地是东北朝向。依照农学家顾问费得里克•科尔塔兹（Federico Curtaz）给弗朗西斯科提出的建议，75公顷的土地大多种的是桑娇维塞（Sangiovese）。每一年，专业的葡萄园员工都兢兢业业地照料着葡萄藤。现在弗朗西斯科在筹划建造一个商业中心，目前已经拥有了一个零售店和一家远近闻名的罗马涅式餐厅。

● Sangiovese di Romagna '09 ₸₸ 4
● Sangiovese di Romagna Sup. '09 ₸₸ 4
● Sangiovese di Romagna Sup. Ris. '08 ₸₸ 4*

Leone Conti

loc. Santa Lucia
via Pozzo, 1
48018 Faenza [RA]
Tel. 0546642149
www.leoneconti.it

藏酒销售
预约参观
年产量 70 000 瓶
葡萄种植面积 17 公顷

20世纪70年代，这个小项目正式启动，康帝（Conti）家族开始生产自己的葡萄酒，当时这在罗马涅（Romagna）绝无仅有。20世纪90年代，里昂那•康帝（Leone Conti）接手了家族企业，并带领它上了一个台阶。酒庄持续发展，变得越来越有影响力，这是因为酒庄成员不仅对当地葡萄种植非常了解，还开始投资被认为次等重要的其他品种。如果其他生产者关注这种酒，阿尔巴纳（Albana）就是这些人之一。最应得到荣誉的就是这座酒厂，它精心生产了干葡萄酒和甜酒，这些酒都是前无古人的，也是值得长期关注的。

○ Albana di Romagna Passito Nontiscordardime '07 ₸₸₸ 7
○ Albana di Romagna Secco Progetto 1 '10 ₸₸ 4
○ Anghingò '10 ₸₸ 5
● Arcolaio '08 ₸₸ 5
○ Earth Heart '10 ₸₸ 4
○ LeOne '10 ₸₸ 5
● Sangiovese di Romagna '10 ₸₸ 4*
○ Albana di Romagna Progetto 1 '08 ₸₸ 4*
○ Albana di Romagna Secco Progetto 1 '09 ₸₸ 4
● Sangiovese di Romagna '09 ₸₸ 4*
● Sangiovese di Romagna Sup. Contiriserva Ris. '06 ₸₸ 5
○ Tu Chiamale se Vuoi Emozioni Lato B '06 ₸₸ 7

Cantine Cooperative Riunite

via G. Brodolini, 24
42040 Campegine [RE]
Tel. 0522905711
www.riunite.it

年产量 65 000 000 瓶
葡萄种植面积 3 700 公顷

1950年，雷焦•艾米利亚（Reggio Emilia）的9家企业联合组建了堪蒂尼•里欧尼特（Cantine Riunite）酒庄。这个联合企业现在有2 600名成员，9处产地，这些产地分布在雷焦•艾米利亚（Reggio Emilia）和摩德纳（Modena）之间，葡萄园的总面积为3 700公顷。由于企业给予的极高的重视，因此近几年葡萄酒的质量有了大幅提升，并开创了堪蒂尼联合企业的阿尔比尼亚•卡纳莉葡萄酒（Albinea Canali）。投资让原始企业的重建和修缮工作得以顺利完成，原始企业现在成为了实验中心，因为它有特大的水泥酒桶。

- ● Lambrusco di Sorbara Chairo della Falconaia '10 — 🍷🍷 3*
- ● Lambrusco di Sorbara Terre della Fiumana '10 — 🍷🍷 3*
- ● Ottocento Nero Lambrusco Albinea Canali '10 — 🍷🍷 3
- ● Reggiano Foglie Rosse Albinea Canali '10 — 🍷🍷 3
- ● Reggiano L'Olma '10 — 🍷🍷 3
- ● Lambrusco Emilia Vivante '10 — 🍷 2
- ● Lambrusco Chiaro della Falconaia Albinea Canali '08 — 🍷🍷 3*
- ● Ottocento Nero Lambrusco Albinea Canali '08 — 🍷🍷 3*
- ● Reggiano Lambrusco Ronchi dell'Olma '08 — 🍷🍷 3*

Corte Manzini

loc. Cà di Sola di Castelvetro
via per Modena, 131/3
41014 Castelvetro di Modena [MO]
Tel. 059702658
www.cortemanzini.it

藏酒销售
预约参观
年产量 85 000 瓶
葡萄种植面积 15 公顷
葡萄栽培方式 有机种植

在卡斯特尔维特罗（Castelvero）附近的群山中，团结一心的曼兹尼（Manzini）家族满腔热情地在他们的12公顷土地上种植着蓝沐斯•格斯伯索拉葡萄（Lambrusco Grasparossa），这个品种最适合在这片土地种植。曼兹尼家族是首家生产并直接销售这种酒的，因此他们的酒庄称得上是先驱。近几年，果汁含量太高酒精含量太少的酒逐渐受冷落，取而代之受到欢迎的是更有特色的酒，这些酒气味更淡，但味道却更醇厚。

- ● Lambrusco Grasparossa di Castelvetro L'Acino '10 — 🍷🍷 4
- ● Lambrusco Grasparossa di Castelvetro '10 — 🍷🍷 3*
- ● Lambrusco Grasparossa di Castelvetro Bolla Rossa '10 — 🍷 3
- ● Lambrusco Grasparossa di Castelvetro '09 — 🍷🍷 3
- ● Lambrusco Grasparossa di Castelvetro Amabile '05 — 🍷🍷 3*
- ● Lambrusco Grasparossa di Castelvetro L'Acino '09 — 🍷🍷 4
- ● Lambrusco Grasparossa di Castelvetro L'Acino '05 — 🍷🍷 4
- ● Lambrusco Grasparossa di Castelvetro Secco '06 — 🍷🍷 4*
- ● Lambrusco Grasparossa di Castelvetro Secco L'Acino '06 — 🍷🍷 4*

Denavolo

LOC. GATTAVERA
FRAZ. DENAVOLO
29020 TRAVO [PC]
TEL. 3356480766
giulio.armani@gmail.it

藏酒销售
年产量 15 000 瓶
葡萄种植面积 3 公顷
葡萄栽培方式 有机种植

位于凡尔•特雷比亚（Val Trebbia）上游的特拉沃村（Travo）一直以生产上等白葡萄酒而闻名。朱里奥•阿玛尼（Giulio Armani）在此地购置了几公顷葡萄园，想测试在贫瘠多岩石的德纳瓦罗山（Monte Denavolo）上种出的葡萄会有什么不同，结果发现在此地生产的葡萄和在他工作了30年的拉斯多帕（La Stoppa）的红土地上生产的葡萄大不一样。朱里奥的目的是用本地品种如奥图戈葡萄（ortrugo）、马尔瓦西亚•坎迪亚芳香葡萄（malvasia di Candia aromatica）、罗马涅•棠比内洛葡萄（trebbiano romagnolo）和马尔萨那葡萄（marsanne）来生产白酒。

○ Dinavolo '08	6
○ Dinavolino '10	4
○ Dinavolino '09	4
○ Dinavolo '07	6
○ Dinavolo '06	6
○ Dinavolo '05	6

Camillo Donati

LOC. AROLA, 32
43013 LANGHIRANO [PR]
TEL. 0521637204
camdona@tin.it

藏酒销售
预约参观
年产量 70 000 瓶
葡萄种植面积 11 公顷
葡萄栽培方式 有机认证

卡米罗•东纳迪（Camillo Donati）取得的成就仍然是这片地区的指路明灯。他俨然已经成为了蓝沐斯酒（Lambrusco）的生产商的标志性形象，这是该地区传统方式大规模生产的有效路径。在侄女摩尼亚（Monia）的帮助下，东纳迪一直遵守着全程手工制作的原则。他的11公顷葡萄园生长的葡萄只生产传统葡萄酒，产出的酒很好地呈现了该地的风土环境，它细微灵敏的表现力鲜有其他酒能匹敌。

● Il Mio Lambrusco '10	4*
○ Il Mio Malvasia '09	4*
○ Il Mio Malvasia Dolce '10	4*
⊙ Il Mio Malvasia Rosa '10	4
○ Il Mio Sauvignon '08	4*
○ Il Mio Trebbiano '09	4*
● La Mia Barbera '09	3
● Il Mio Lambrusco '08	4
○ Il Mio Sauvignon '07	4*
● La Mia Barbera '08	3
● Ovidio '08	4

Drei Donà Tenuta La Palazza

LOC. MASSA DI VECCHIAZZANO
VIA DEL TESORO, 23
47100 FORLÌ
TEL. 0543769371
www.dreidona.it

藏酒销售
预约参观
年产量 130 000 瓶
葡萄种植面积 30 公顷

克劳迪奥•德雷东纳（Claudio Drei Donà）在1981年放弃了律师行业，去了位于福尔里（Forlì）的家族葡萄园工作。而后他的儿子恩里科（Enrico）也来到这里，并主要管理市场销售。20世纪90年代，得雷东纳产的酒一直严格遵照质朴但充满活力的风格。这种有争议的风格不总是被接受的，但如今，这种风格是对酒和土地的尊重，它让得雷东纳酒庄生产的每瓶酒都有了与众不同的特色和荣耀。

- ● Sangiovese di Romagna Sup. Pruno Ris. '08 ⅢⅢⅢ 6
- ● Le Vigne Nuove '10 ⅢⅢ 4
- ● Notturno '09 ⅢⅢ 4*
- ○ Il Tornese '09 Ⅲ 4
- ● Magnificat '08 Ⅲ 6
- ○ Il Tornese Chardonnay '95 ⅢⅢⅢ 6
- ● Magnificat Cabernet Sauvignon '94 ⅢⅢⅢ 6
- ● Sangiovese di Romagna Sup. Pruno Ris. '07 ⅢⅢⅢ 6
- ● Sangiovese di Romagna Sup. Pruno Ris. '06 ⅢⅢⅢ 6
- ● Sangiovese di Romagna Sup. Pruno Ris. '01 ⅢⅢⅢ 5
- ● Sangiovese di Romagna Sup. Pruno Ris. '00 ⅢⅢⅢ 5
- ○ Il Tornese Chardonnay '06 ⅢⅢ 5
- ● Sangiovese di Romagna Sup. Pruno Ris. '05 ⅢⅢ 6

Stefano Ferrucci

VIA CASOLANA, 3045/2
48014 CASTEL BOLOGNESE [RA]
TEL. 0546651068
www.stefanoferrucci.it

藏酒销售
预约参观
年产量 95 000 瓶
葡萄种植面积 15 公顷

20世纪80年代初，斯蒂芬诺•费鲁奇（Stefano Ferrucci）改造了家族农场，并将重点放在葡萄生产上，他的行为一直很有开创性，这和他开朗且热爱创新的性格有关。他的女儿埃拉利亚（Ilaria）于2007年接管了酒庄，并对其进行了改革。她追求酒的质量（特别是自己的葡萄园中生产的酒），她采取了一个直线型的、符合实际的产酒工序。葡萄园位于塞拉•卡斯特尔波罗格尼兹（Serra di Castelbolognese），占地约16公顷，土质多为黏土，海拔在200～250米之间。

- ○ Albana di Romagna Passito Domus Aurea '09 ⅢⅢ 6
- ● Sangiovese di Romagna Sup. Domus Caia Ris. '08 ⅢⅢ 6
- ● Sangiovese di Romagna Auriga '10 Ⅲ 3
- ● Sangiovese di Romagna Sup. Centurione '10 Ⅲ 4
- ○ Albana di Romagna Passito Domus Aurea '08 ⅢⅢ 6
- ○ Albana di Romagna Passito Domus Aurea '07 ⅢⅢ 6
- ● Sangiovese di Romagna Domus Caia Ris. '01 ⅢⅢ 6
- ● Sangiovese di Romagna Domus Caia Ris. '00 ⅢⅢ 6
- ● Sangiovese di Romagna Sup. Centurione '09 ⅢⅢ 4
- ● Sangiovese di Romagna Sup. Domus Caia Ris. '03 ⅢⅢ 6
- ● Sangiovese di Romagna Sup. Domus Caia Ris. '06 ⅢⅢ 6
- ● Sangiovese di Romagna Sup. Domus Caia Ris. '05 ⅢⅢ 6

Paolo Francesconi

loc. Sarna
via Tuliero, 154
48018 Faenza [RA]
Tel. 054643213
www.francesconipaolo.it

藏酒销售
预约参观
年产量 20 000 瓶
葡萄种植面积 14 公顷
葡萄栽培方式 有机认证

从收获的葡萄上，我们可以感受到保罗•弗朗西斯科尼（Paolo Francesconi）付出的努力。他有着前进的动力，酒庄也初具规模。红色黏土地上生长的葡萄产出的酒质量很高，弗朗西斯科尼很巧妙地均衡了酒的风味。酒庄酿造的酒拥有清爽的酸味和控制得很好的果香。16公顷的葡萄园采取天然生产方式，酒也尽量采用人工生产，少用添加剂。酒庄还生产特级初榨橄榄油，其原料来自于布里斯格拉橄榄（nostrana di Brisighella olive）。

- ● Sangiovese di Romagna Sup. Limbecca '09 — 🍷🍷 4*
- ● D'Incanto '09 — 🍷🍷 5
- ● Impavido '08 — 🍷🍷 6
- ● Symposium '09 — 🍷 4
- ○ Albana di Romagna Passito Idillio '08 — 🍷🍷 5
- ● Colli di Faenza Rosso Miniato '07 — 🍷🍷 4
- ● D'Incanto '03 — 🍷🍷 5
- ● Impavido Merlot '03 — 🍷🍷 5
- ● Sangiovese di Romagna Sup. Le Iadi Ris. '07 — 🍷🍷 5
- ● Sangiovese di Romagna Sup. Le Iadi Ris. '03 — 🍷🍷 4*
- ● Sangiovese di Romagna Sup. Limbecca '08 — 🍷🍷 4*

Maria Galassi

loc. Paderno di Cesena
via Casette, 688
47023 Cesena [FC]
Tel. 054721177
www.galassimaria.it

藏酒销售
预约参观
年产量 12 000 瓶
葡萄种植面积 18 公顷
葡萄栽培方式 有机认证

加拉西（Galassi）酒庄位于圣维托雷•西塞那（San Vittore di Cesena）和波尔蒂诺罗（Bertinoro）之间，该地的土壤是波尔蒂诺罗（Bertinoro）的标志性土壤。一种是活性石灰岩，另一种是斯本格恩（spungone），即在罗马涅（Romagna）的这一块地方分布广泛的一种海底凝灰岩。酒庄的葡萄园有17亩，20年来都是在一个联合企业的带领下进行有机种植，但近些年，玛利亚•加拉西（Maria Galassi）独自承包了部分葡萄藤，种在了最好的土地上。现在这项工作委托给了罗马涅的酿酒师弗朗西斯科•泊尔德尼（Francesco Bordini），他也在试验用木桶酿酒。

- ● Sangiovese di Romagna Sup. NatoRe Ris. '08 — 🍷🍷 4*
- ● Sangiovese di Romagna Sup. Paternus '09 — 🍷🍷 4*
- ● Sangiovese di Romagna NatoRe Ris. '07 — 🍷🍷 6
- ● Sangiovese di Romagna Paternus '07 — 🍷🍷 4*
- ● Sangiovese di Romagna Sup. NatoRe '07 — 🍷🍷 4

Gallegati

via Isonzo, 4
48018 Faenza [RA]
Tel. 0546621149
www.aziendaagricolagallegati.it

藏酒销售
预约参观
年产量 15 000 瓶
葡萄种植面积 6 公顷

法恩莎（Faenza）位于塞尼奥（Senio）和拉莫那山谷（Lamore valleys）之间，拥有富黏土的土壤环境，这为专注的凯撒（Cesare）和安东尼奥•盖雷佳迪（Antonio Gallegati）提供了生产完美葡萄酒的地理条件。他们本着谨慎的态度，生产出了纯度惊人的桑娇维塞酒（Sangiovese），这种酒有着单一酿造的质朴，优雅清新的味道，为该地区其他酒庄所羡慕。酿酒师凯撒在附近的特巴诺（Tebano）酒庄试验着他艺术性的工作，这里有先进的设备和足够的空间让他施展才华。

酒款	评级
● Sangiovese di Romagna Sup. Corallo Nero Ris. '08	🍷🍷(红) 5
○ Albana di Romagna Passito Regina di Cuori '08	🍷🍷 5
● Colli di Faenza Rosso Corallo Blu Ris. '08	🍷 5
● Sangiovese di Romagna Sup. Corallo Nero Ris. '06	🍷🍷🍷(空) 5
○ Albana di Romagna Passito Regina di Cuori '04	🍷🍷(空) 5
○ Albana di Romagna Passito Regina di Cuori '03	🍷🍷(空) 5
○ Albana di Romagna Passito Regina di Cuori Ris. '07	🍷🍷(空) 6
○ Albana di Romagna Passito Regina di Cuori Ris. '06	🍷🍷(空) 6
● Colli di Faenza Rosso Corallo Blu Ris. '06	🍷🍷(空) 5
● Sangiovese di Romagna Sup. Corallo Nero Ris. '07	🍷🍷(空) 5

Vittorio Graziano

via Ossi, 30
41014 Castelvetro di Modena [MO]
Tel. 059799162

预约参观
年产量 30 000 瓶
葡萄种植面积 5 公顷

维托里奥•格拉兹诺（Vittorio Graziano）让喀斯台尔维特罗（Castelvetro）的蓝沐斯（Lambrusco）的传统酿酒文化保持生机，同时支持当地酿酒业坚持本地特色，由此看来，他对当地的酒文化作出了杰出贡献。多年来，他一直生产着未经过滤、在瓶中二次发酵的酒，这种轻度浑浊的酒独一无二、令人着迷。加倍的努力和明智的头脑让他拒绝使用化学添加剂和人工酵母。而能否将这种酒酿造得富有挑战性且又迷人成为了是否掌握了这种传统酿造方式的标准。如今，大家也终于看到了维托里奥作出的贡献。

酒款	评级
● Lambrusco Grasparossa di Castelvetro Fontana dei Boschi '10	🍷🍷 3
○ Ripa di Sopravento Frizzante '10	🍷🍷 4*

Gruppo Cevico

via Fiumazzo, 72
48022 Lugo [RA]
Tel. 0545284711
www.gruppocevico.com

藏酒销售
预约参观
年产量 20 000 000 瓶
葡萄种植面积 6 700 公顷

50年来，科维克（Cevico）集团一直是意大利最大的葡萄酒生产商之一。这所位于罗马涅（Romagna）的集团有4 500家合作企业，葡萄园总面积多达6 700公顷。集团的葡萄酒产量占罗马涅的总产量的30%，艾米利亚—罗马涅（Emilia Romagna）的17%，意大利的2.5%。集团中顶尖的葡萄酒品牌有特丽•科维克（Terre Cevico）、维格涅提•格拉斯（Vigneti Galassi）、特努塔•马萨丽娜（Tenuta Masselina）、桑科丽丝品诺（Sancrispino）、龙科（Ronco）、罗曼迪奥拉（Romandiola）、贝尔纳尔迪（Bernardi）、洛奇•玛拉特斯蒂安妮（Rocche Malatestiane）和斯普林特•迪斯提乐利（Sprint Distillery）。专业的承诺使科维克集团成为整个罗马涅地区重要的葡萄酒来源。

- ● 158 slm Tenuta Masselina '10 — 🍷🍷 4
- ● Sangiovese di Romagna Il Malatesta Sup. Romandiola '10 — 🍷🍷 3*
- ● Sangiovese di Romagna Pavone D'Oro Ris. Romandiola '07 — 🍷🍷 3*
- ● Sangiovese di Romagna Ris. Tenuta Masselina '08 — 🍷🍷 4*
- ● Sangiovese di Romagna Sup. Vigneti Galassi '10 — 🍷🍷 3*
- ○ Albana di Romagna Secco Romandiola '10 — 🍷 4
- ○ Colli di Rimini Rebola Il Lupo di Rimini Romandiola '10 — 🍷 2
- ● Sangiovese di Romagna Vigneti Galassi '10 — 🍷 3

Lini 910

loc. Canolo di Correggio
via Vecchia Canolo, 7
42015 Correggio [RE]
Tel. 0522690162
www.lini910.it

藏酒销售
预约参观
年产量 350 000 瓶
葡萄种植面积 25 公顷
葡萄栽培方式 有机认证

艾丽西亚（Alicia）和阿尔伯特•里尼（Alberto Lini）接手了一个著名的家族品牌，这是一项极具挑战性的任务，因为他们意识到酒庄生产蓝沐斯（Lambrusco）的潜能，看到了高等级葡萄酒开拓国内和国外市场的希望。里尼家族具有自己的特点，早在20世纪60年代他们就开始应用经典栽培法（Metodo Classico），这项技术如今获得了巨大成功。百年酒庄属于它翻开的历史，未来还有更大的成就等着它。

- ○ In Correggio Brut M. Cl. '06 — 🍷🍷 5
- ⊙ In Correggio Lambrusco Rosato '10 — 🍷🍷 4*
- ● In Correggio Lambrusco Scuro '10 — 🍷🍷 4*
- ● In Correggio Brut Rosso M. Cl. '07 — 🍷 5
- ○ In Correggio Moscato Spumante '10 — 🍷 4
- ○ In Correggio Pinot Spumante '10 — 🍷 4
- ○ In Correggio Brut M. Cl. '04 — 🍷🍷(白) 5
- ○ In Correggio Brut Pinot '09 — 🍷🍷(白) 4
- ⊙ In Correggio Brut Rosé M. Cl. '03 — 🍷🍷(白) 5
- ● In Correggio Brut Rosso M. Cl. '05 — 🍷🍷(白) 5
- ● In Correggio Brut Rosso M. Cl. '03 — 🍷🍷(白) 5
- ○ In Correggio Moscato Spumante '09 — 🍷🍷(白) 1

Luretta

LOC. CASTELLO DI MOMELIANO
29010 GAZZOLA [PC]
TEL. 0523971070
www.luretta.com

藏酒销售
预约参观
年产量 250 000 瓶
葡萄种植面积 43 公顷
葡萄栽培方式 有机认证

菲利斯•萨拉米尼（Felice Salamini）于1992年创建了鲁利塔（Luretta）酒庄，他拥有非凡的远见和开阔的视野，现在他和他的儿子卢西奥（Lucio）一同管理着酒庄。有目共睹，鲁利塔酒庄一直争取革新，不管是在葡萄酒方面还是市场销售方面，这使得酒庄与人们心中的标准截然不同。改革的结果是生产出了一系列颠覆传统的酒，而这些酒因为独创性和特别性备受青睐。例如，鲁利塔酒庄的镇庄之酒就是两种经典梅托多酒（Metodo Classico），这两种酒引领了一系列令人惊叹的白酒。

酒款	评级	
○ C. P. Malvasia Boccadirosa '10	🍷🍷	4
○ C. P. Malvasia Dolce Le Rane '08	🍷🍷	6
⊙ C. P. Brut Rosé On Attend les Invités '08	🍷🍷	5
○ C. P. Chardonnay Selin dl'Armari '09	🍷🍷	5
○ C. P. Pinot Nero M. Cl. Principessa '06	🍷🍷	4
○ C. P. Sauvignon I Nani e Le Ballerine '10	🍷🍷	4
● C. P. Bonarda Manvantara '07	🍷	5
● C. P. Cabernet Sauvignon Corbeau '08	🍷	7
● C. P. Pinot Nero Achab '08	🍷	6
● C. P. Cabernet Sauvignon Corbeau '00	🍷🍷🍷	6
● C. P. Cabernet Sauvignon Corbeau '03	🍷🍷	6
○ C. P. Malvasia Boccadirosa '07	🍷🍷	4*
○ C.P. Sauvignon Cardass '07	🍷🍷	5

Lusenti

LOC. CASE PICCIONI, 57
29010 ZIANO PIACENTINO [PC]
TEL. 0523868479
www.lusentivini.it

藏酒销售
预约参观
年产量 120 000 瓶
葡萄种植面积 17 公顷
葡萄栽培方式 有机种植

芦德维卡•卢森提（Ludovica Lusenti）和家族成员拥有17公顷的葡萄园，位于瓦尔•提多尼（Val Tidone）的上游，海拔约300米。该酒庄是皮阿森扎（Piacenza）少数几家自己装瓶的酒庄之一。卢森提正同丈夫一道将葡萄园改造成为有机农场，这符合在生产的各个方面都尽量添加自然元素的理念。至今取得了辉煌的成就，但仍需继续努力，再迈向新的台阶。他们的经营理念是：严格按照理念办事，不留任何妥协的余地。

酒款	评级	
● C. P. Gutturnio Frizzante '10	🍷🍷	3*
● C. P. Bonarda La Picciona '06	🍷	4
○ C. P. Ortrugo Frizzante Altrauva '10	🍷	3
● C. P. Bonarda La Picciona '02	🍷🍷	4
● C. P. Cabernet Sauvignon Villante '00	🍷🍷	5
○ C. P. Malvasia Bianca Regina '08	🍷🍷	4
○ C. P. Malvasia Bianca Regina '07	🍷🍷	4
○ C. P. Malvasia Passito Il Piriolo '08	🍷🍷	6
● Vigna Martin IV '08	🍷🍷	4

Giovanna Madonia

LOC. VILLA MADONIA
VIA DE' CAPPUCCINI, 130
47032 BERTINORO [FC]
TEL. 0543444361
www.giovannamadonia.it

藏酒销售
预约参观
年产量 55 000 瓶
葡萄种植面积 12 公顷

乔凡尼•马多尼亚（Giovanna Madonia）在罗马涅（Romagna）有一座迷人的酒庄，他们拥有位于波尔蒂诺罗（Bertinoro）的中心——马吉奥山（Mount Maggio）的占地几公顷的葡萄园，这里的土壤很独特，白垩和海底石灰岩的含量非常高，而且海底石灰岩的含量似乎还在逐年增长。源于乔凡尼出众的品格，他们酿造的酒就像庄主一样杰出，但要想做到尽善尽美，仍需时日。葡萄在这块土地上的生长周期要比海边的土地上长15～20天，但经过酒庄成员的努力，生长周期已经有所缩短。

- ● Colli Romanga Centrale Barlume Ris. '09 — 🍷🍷 5
- ● Sangiovese di Romagna Sup. Fermavento '09 — 🍷🍷 4
- ○ Albana di Romagna Secco Neblina '10 — 🍷 4
- ● Tenentino '10 — 🍷 3
- ● Sangiovese di Romagna Sup. Ombroso Ris. '00 — 🍷🍷🍷 5
- ● Sangiovese di Romagna Sup. Ombroso Ris. '01 — 🍷🍷🍷 6
- ● Sangiovese di Romagna Sup. Fermavento '08 — 🍷🍷 4
- ● Sangiovese di Romagna Sup. Fermavento '07 — 🍷🍷 4
- ● Sangiovese di Romagna Sup. Ombroso Ris. '07 — 🍷🍷 5
- ● Sangiovese di Romagna Sup. Ombroso Ris. '05 — 🍷🍷 5
- ● Sangiovese di Romagna Sup. Ombroso Ris. '03 — 🍷🍷 5
- ● Sterpigno Merlot '00 — 🍷🍷 6

Ermete Medici & Figli

LOC. GAIDA
VIA NEWTON, 13A
42040 REGGIO EMILIA
TEL. 0522942135
www.medici.it

藏酒销售
预约参观
年产量 800 000 瓶
葡萄种植面积 60 公顷

美帝奇（Medici）家族坚定的相信：蓝沐斯酒（Lambrusco）有能力以高昂的姿态踏进国际市场，因为它有着上乘的品质。人们曾广泛认为蓝沐斯只是一种简单的甜酒，但美帝奇家族推翻了这种传统观念，从其他酒庄中脱颖而出。如果在全球哪一家餐馆要将蓝沐斯酒列入酒单中（的确越来越多的餐馆这么做了），酒的标签最有可能是艾尔美提•美帝奇（Ermete Medici）。这样的成功来自于阿伯尔拖•美帝奇（Alberto Medici）为市场营销做出的努力，更因为美帝奇家族先人一步让酒庄设备现代化。家族已在靠山的葡萄园里工作20余年，为世人提供了大量高质量的葡萄酒。

- ● Reggiano Concerto '10 — 🍷🍷🍷 3*
- ● Reggiano Assolo '10 — 🍷🍷 3*
- ● Reggiano I Quercioli '10 — 🍷🍷 2*
- ● Reggiano Libesco '10 — 🍷🍷 3*
- ○ Colli di Scandiano e di Canossa Malvasia Frizzante Secco Daphne '10 — 🍷 2
- ● Reggiano Lambrusco Concerto '08 — 🍷🍷🍷 3*
- ● Reggiano Lambrusco Secco Concerto '09 — 🍷🍷🍷 3*
- ● Reggiano Assolo '09 — 🍷🍷 3
- ● Reggiano Lambrusco Secco Concerto '07 — 🍷🍷 3*

Fattoria Monticino Rosso

via Montecatone, 7
40026 Imola [BO]
Tel. 054240577
www.fattoriadelmonticinorosso.it

藏酒销售
预约参观
年产量 70 000 瓶
葡萄种植面积 18 公顷

泽奥利（Zeoli）兄弟对他们脚下的土地有一种深厚的感情，他们获得的一切成功皆来源于此。葡萄种植在黏土上，这种土质在罗马涅北部很普遍，在土地上洒下的汗水换来的是质量一流又十分传统的酒。吉安卡尔罗•索韦尔奇亚（Giancarlo Soverchia）是吉安尼（Gianni）和露西亚诺（Luciano）的顾问，但除了工作以外，他们私下也有很深的交情。葡萄园收获的葡萄生产的是大卖的红酒和白酒，但美中不足的是酒中有些许渣滓。他们绝不满足于现状，决定生产出更好的酒。

Wine	Rating
○ Albana di Romagna Secco Codronchio '09	4*
○ Albana di Romagna Secco '10	3*
● Sangiovese di Romagna Sup. '09	3*
○ Colli d'Imola Pignoletto '10	3
○ Albana di Romagna Secco Codronchio '08	4*
○ Albana di Romagna Secco '09	3
○ Albana di Romagna Passito '06	5
○ Albana di Romagna Secco Codronchio '07	4
○ Albana di Romagna Secco Codronchio '04	4*

Fattoria Moretto

via Tiberia, 13b
41014 Castelvetro di Modena [MO]
Tel. 059790183
www.fattoriamoretto.it

藏酒销售
年产量 12 000 瓶
葡萄种植面积 7 公顷
葡萄栽培方式 有机认证

法托利亚•莫勒拖（Fattoria Moretto）酒庄是小规模酒庄的典范，这样的小酒庄一般靠山，尽管酒市场有大品牌的垄断，但这样的小酒庄如今还在涌现。大部分都像莫勒拖酒庄一样采取有机种植。法托利亚•莫勒拖酒庄的葡萄园面积共计7公顷，分散在小块小块的土地上，土质各有特点，产出的酒也各有特色。未发酵的葡萄汁在压力发酵器里经受着 长时间的发酵。

Wine	Rating
● Lambrusco Grasparossa di Castelvetro Monovitigno '10	4
● Lambrusco Grasparossa di Castelvetro V. Canova '10	4
● Lambrusco Grasparossa di Castelvetro '10	4
● Lambrusco Grasparossa di Castelvetro '09	4
● Lambrusco Grasparossa di Castelvetro Monovitigno '09	4
● Lambrusco Grasparossa di Castelvetro V. Canova '09	4

Orsi - San Vito

FRAZ. OLIVETO
VIA MONTE RODANO, 8
40050 MONTEVEGLIO [BO]
TEL. 051964521
www.vignetosanvito.it

藏酒销售
年产量 80 000 瓶
葡萄种植面积 11 公顷
葡萄栽培方式 生机互动农耕认证

费得里克•奥尔斯（Federico Orsi）于2005年购置了这个酒庄，并成功地对酒庄实施了重大改革，仅数年后，事实就证明了他的决定是正确的，现在奥斯•圣伟多（Orsi – San Vito）酒庄是科利•博罗格尼斯地区（Colli Bolognesi）酒庄中的佼佼者。原因显而易见：奥尔斯高昂的战斗力，一批朝气蓬勃、训练有素的生产团队和与国外市场的良好沟通。与国外市场的沟通包括生物动力种植和天然产酒工序两方面。以上优点让它成为了该地区最有远见的酒庄之一。

酒款	评级	价格
○ C. B. Pignoletto Cl. V. del Grotto '09	🍷🍷🍷	4*
● C. B. Barbera Pro.Vino '09	🍷🍷	3*
● C. B. Cabernet Sauvignon '08	🍷🍷	4
○ C. B. Pignoletto Frizzante '10	🍷🍷	3*
○ C. B. Pignoletto Sup. '09	🍷🍷	4
● C. B. Cabernet Sauvignon Pro.Vino '09	🍷	4
● C. B. Cabernet Sauvignon Monte Rodano '08	🍷🍷	4*
○ C. B. Pignoletto Cl. V. del Grotto '07	🍷🍷	4*
○ C. B. Pignoletto Sup. '05	🍷🍷	4*

Gianfranco Paltrinieri

FRAZ. SORBARA
VIA CRISTO, 49
41030 BOMPORTO [MO]
TEL. 059902047
www.cantinapaltrinieri.it

藏酒销售
年产量 60 000 瓶
葡萄种植面积 15 公顷

阿尔伯特•帕尔特里尼尔立（Alberto Paltrinieri）和妻子芭芭拉（Barbara）对他们的小酒庄倾注了全部心血，而这座酒庄也在当地有了一定名声。他们的葡萄园占地15公顷，只种植索尔巴拉葡萄（Sorbara）。葡萄园位于克里斯托村（Cristo），人们看到这个村庄的名字，就会自然而然地想到因酒体轻盈味道清新倍受青睐的蓝沐斯酒（Lambrusco）。这个庄园的第三代继承人阿尔伯特做的酒可以反映出，他继承了先辈的勇气与策略。他的酒反映出一种自由不羁的心态，酒的纯度极高，非常引人入胜，也理所当然地很成功。

酒款	评级	价格
● Lambrusco di Sorbara Leclisse '10	🍷🍷🍷	4*
● Lambrusco di Sorbara Radice '10	🍷🍷	4*
● Lambrusco di Sorbara Sant'Agata '10	🍷🍷	3*
● Lambrusco di Sorbara Leclisse '09	🍷🍷	4
● Lambrusco di Sorbara Leclisse '08	🍷🍷	4*
● Lambrusco di Sorbara Fermentazione in Bottiglia '09	🍷🍷	3
● Lambrusco di Sorbara La Piria '08	🍷🍷	2*
● Lambrusco di Sorbara Sant'Agata '08	🍷🍷	3*

Fattoria Paradiso

LOC. CAPOCOLLE
VIA PALMEGGIANA, 285
47032 BERTINORO [FC]
TEL. 0543445044
www.fattoriaparadiso.com

藏酒销售
预约参观
年产量 500 000 瓶
葡萄种植面积 100 公顷

“勇敢的献身终于又出现了。意大利的葡萄栽培者选择了最曲折的道路，而马里奥•裴兹（Mario Pezzi）是领袖。那些出色的葡萄酒仿佛在讲诉它们的历史”。这一段话就是路易吉•维罗涅利（Luigi Veronelli）关于法罗地亚•帕拉迪索（Fattoria Paradiso）的描述，在这里他与裴兹家族建立了深厚的友谊。维罗涅利提出了葡萄园的项目，因为马里奥•裴兹是第一位将葡萄园筛选的概念引进到罗马涅（Romagna）的，早在1973年就在其建立的维格纳•勒普利（Vigna delle Lepri）酒庄作过成功的实践。今天，酒庄已由格拉兹尔拉•裴兹（Graziella Pezzi）所领导，他必须继承先辈，保证法罗地亚•帕拉迪索酒庄是罗马涅地区的著名酒庄之一。

- ● Barbarossa '08 5
- ○ Frutto Proibito '08 6
- ○ Gradisca '10 4
- ● Sangiovese di Romagna Sup. V. delle Lepri Ris. '08 5
- ● Mito '06 7
- ● Sangiovese di Romagna Sup. Maestri di Vigna Ris. '10 4
- ● Barbarossa '06 5
- ● Mito '05 7
- ● Mito '00 6

Tenuta Pertinello

S.DA ARPINETO PERTINELLO, 2
47010 GALEATA [FC]
TEL. 0543983156
www.tenutapertinello.altervista.org

藏酒销售
年产量 50 000 瓶
葡萄种植面积 12 公顷

佩尔提涅罗（Pertinello）酒庄位于彼登特山谷（Bidente valley），拥有9公顷葡萄园，土质为沙土和泥灰土，海拔在350米～430米之间。当地气候非常适合种植葡萄，葡萄总是能达到理想的成熟度。路易吉•马尔提尼（Luigi Martini）作为任期两届的庄主，他照管葡萄的经验非常丰富。他总是避免葡萄过生或过熟，在他的照管下，葡萄园从未出现大片葡萄过度成熟的情况。2008年，酿酒师法布里兹奥•摩尔塔尔德（Fabrizio Moltard）的到来让酒庄的未来有了清晰的轮廓，特努塔•佩尔提涅罗（Tenuta Pertinello）酒庄也终于产出了满意的圣乔维斯酒（Sangiovese Riserva, Sasso）。

- ● Colli della Romagna Centrale Sangiovese Pertinello '08 4
- ● Colli della Romagna Centrale Sangiovese Il Bosco '10 4
- ● Colli della Romagna Centrale Sangiovese Pertinello '07 4
- ● Colli della Romagna Centrale Sangiovese Pertinello '05 4
- ● Sangiovese di Romagna Il Bosco '09 4
- ● Sangiovese di Romagna Il Bosco '08 4

Poderi dal Nespoli

LOC. NESPOLI
VILLA ROSSI, 50
47012 CIVITELLA DI ROMAGNA [FC]
TEL. 0543989637
www.poderidalnespoli.com

藏酒销售
预约参观
年产量 400 000 瓶
葡萄种植面积 35 公顷

近100年前，拉瓦伊奥利（Ravaioli family）家族就开始为他们在库瑟尔科利（Cusercoli）的旅店进酒了，这最终导致了博得里•尼斯波利（Poderi dal Nespoli）酒庄的建立。它被米高梅公司（MGM）收购，这给它带来了更宽广的市场，尤其是国外市场。法比奥•拉瓦伊奥利（Fabio Ravaioli）和侄子科利塔（Celita）一直努力让酒庄延续下去。没有人比他们更了解彼登特峡谷（Valle del Bidente），30公顷的葡萄园位于峡谷的最高处，土质为黏土和沙土泥灰土，他们将其分成若干小块，共同经营着，他们的顾客也赞赏他们家族的合作精神。

- ● Borgo dei Guidi '08 — 🍷🍷 6
- ● Sangiovese di Romagna Prugneto '10 — 🍷🍷 4*
- ● Sangiovese di Romagna Sup. Il Nespoli Ris. '08 — 🍷🍷 5
- ● Sangiovese di Romagna Sup. Il Nespoli Ris. '07 — ΨΨΨ 5
- ● Sangiovese di Romagna Sup. Il Nespoli Ris. '06 — ΨΨΨ 5
- ● Borgo dei Guidi '07 — ΨΨ 6
- ● Borgo dei Guidi '06 — ΨΨ 6
- ● Borgo dei Guidi '03 — ΨΨ 6
- ● Sangiovese di Romagna Prugneto '07 — ΨΨ 4*
- ● Sangiovese di Romagna Sup. Prugneto '09 — ΨΨ 4
- ● Sangiovese di Romagna Sup. Santodeno '08 — ΨΨ 3

Il Poggiarello

LOC. SCRIVELLANO DI STATTO
29020 TRAVO [PC]
TEL. 0523957241
www.ilpoggiarellovini.it

藏酒销售
预约参观
年产量 100 000 瓶
葡萄种植面积 18 公顷

波加勒罗（Poggiarello）酒庄的酒是科沃特罗•瓦利（Quattro Valli）新想法的试验田，瓦利是家族长期以来的贵族传统酒。19世纪末，意大利统一后不久，佩里尼（Perini）和费拉里（Ferrari）家族达成了合作协议，前者负责种植，后者负责造酒桶。酒庄规模越来越大，葡萄园也变得分散。第二次世界大战让他们的努力毁于一旦，但战后，就像很多其他意大利人一样，他们重新开始酿酒，不过这次是白手起家。

- ● C. P. Barbera 'L Piston '10 — 🍷🍷 4
- ● C. P. Gutturnio Perticato Valandrea '10 — 🍷🍷 4
- ● C. P. Gutturnio La Barbona Ris. '09 — 🍷 5
- ○ C. P. Sauvignon Perticato Il Quadri '10 — 🍷 5
- ● Colli Piacentini Cabernet Sauvignon Perticato del Novarei '09 — 🍷 6
- ● C. P. Gutturnio La Barbona Ris. '07 — ΨΨ 5
- ● C. P. Gutturnio Perticato Valandrea '09 — ΨΨ 4
- ○ C. P. Malvasia Perticato Beatrice Quadri '08 — ΨΨ 5
- ○ C. P. Sauvignon Perticato Il Quadri '09 — ΨΨ 5
- ● Colli Piacentini Cabernet Sauvignon Perticato del Novarei '07 — ΨΨ 6

Il Pratello

via Morana, 14
47015 Modigliana [FC]
Tel. 0546942038
www.ilpratello.net

藏酒销售
预约参观
年产量 20 000 瓶
葡萄种植面积 5.5 公顷
葡萄栽培方式 有机认证

在20世纪90年代，埃米利奥•普拉斯（Emilio Placci）做了一个勇敢的决定，他在海拔600米的地方以砂质泥灰土壤为基础设计了一个葡萄园，尽管所有的人都反对这个决定。或许他是想要将酒的品质提升到一个新的高度，并且相信自己能够赢得这个挑战。当然，时间证明他是正确的，那些种植在树林和栗子林旁边的葡萄树立刻就出产了具有巨大深度和潜力的葡萄酒。它成分之间总体的协调相融得益于天然的化合物，这是从贫瘠土地出产的酒的特点，也得益于这个从不被人欢迎的砂质土地。

- ● Mantignano Vecchie Vigne '07 🍷🍷 4
- ● Badia Raustignolo '07 🍷🍷 6
- ● Sangiovese di Romagna Morana '09 🍷🍷 4*
- ● Colli di Faenza Sangiovese Mantignano Vecchie Vigne Ris. '04 🍷🍷🍷 4*
- ● Colli di Faenza Rosso Calenzone '04 🍷🍷 6
- ● Colli di Faenza Sangiovese Badia Raustignolo Ris. '03 🍷🍷 6
- ● Colli di Faenza Sangiovese Mantignano Ris. '04 🍷🍷 4*
- ○ Le Campore '06 🍷🍷 4
- ○ Le Campore '05 🍷🍷 4*
- ● Sangiovese di Romagna Morana '08 🍷🍷 4
- ● Sangiovese di Romagna Morana '06 🍷🍷 3*

Tenimenti San Martino in Monte

via San Martino in Monte
47015 Modigliana [FC]
Tel. 3292984507
www.sanmartinoinmonte.com

年产量 4 000 瓶
葡萄种植面积 5. 6 公顷

这座建造在蒙塔的庄严的圣•马提诺（San Martino）酒庄是卡斯塔家族与当地深厚联系的产物。贸利兹奥•卡斯塔（Maurizio Costa）是一个成功的律师，他从小生活在罗摩（Rome），如今他回到罗马涅区（Romagna）莫迪利亚纳（Modigliana）的山区里。该酒庄引入许多资源到新的葡萄园中，有一些甚至是国际品种。可是现在该酒庄决定看重本地文化传统风格。1992范亚德（Vineyard）酒庄将会提供一个很好的例子，据报道它是罗马涅区最古老的酒庄。

- ● Sangiovese di Romagna V. 1922 '08 🍷🍷 7
- ● Vigna alle Querce '08 🍷🍷 5
- ○ Vigna della Signora '09 🍷 6
- ● Sangiovese di Romagna Sup. V. 1922 Ris. '06 🍷🍷 7
- ● Sangiovese di Romagna V. 1922 '04 🍷🍷 7
- ● Vigna alle Querce '07 🍷🍷 5
- ● Vigna alle Querce '06 🍷🍷 5
- ● Vigna alle Querce '03 🍷🍷 6
- ○ Vigna della Signora '08 🍷🍷 6

★San Patrignano

via San Patrignano, 53
47853 Coriano [RN]
Tel. 0541362111
www.sanpatrignano.org

预约参观
年产量 500 000 瓶
葡萄种植面积 110 公顷
葡萄栽培方式 有机认证

圣•特里纳诺协会（San Patrignano）由文森佐•穆奇奥利（incenzo Muccioli ）于1978年成立。文森佐去世后，儿子安德烈（Andrea）接过了指挥棒。他对葡萄酒制造有着极大的热忱，这是他进协会众多计划之一，也是一个极其复杂又极有雄心的规划。酒庄110公顷的葡萄园位于科里亚诺（Coriano）的丘陵地带，俯视着里米尼（Rimini）海岸。那里通风良好，地貌以石灰岩和粘土为主，为圣乔维斯葡萄（sangiovese ）和波尔多葡萄（Bordeaux）的栽培提供了最佳的生长环境。

- ● Sangiovese di Romagna Sup. Avi Ris. '08 — 🍷🍷🍷 6
- ● Sangiovese di Romagna Sup. Ora '09 — 🍷🍷 4*
- ● 'Ino '09 — 🍷🍷 4
- ● Aulente Rosso '10 — 🍷🍷 4*
- ● Il Paratino '07 — 🍷🍷 6
- ○ Vie '10 — 🍷🍷 5
- ○ Aulente Bianco '10 — 🍷 4
- ● Colli di Rimini Cabernet Montepirolo '06 — 🍷🍷🍷 6
- ● Colli di Rimini Cabernet Montepirolo '04 — 🍷🍷🍷 6
- ● Colli di Rimini Cabernet Montepirolo '01 — 🍷🍷🍷 6
- ● Colli di Rimini Rosso Noi '04 — 🍷🍷🍷 6
- ● Sangiovese di Romagna Sup. Avi Ris. '07 — 🍷🍷🍷 6
- ● Sangiovese di Romagna Sup. Avi Ris. '06 — 🍷🍷🍷 6
- ● Sangiovese di Romagna Sup. Avi Ris. '05 — 🍷🍷🍷 6
- ● Sangiovese di Romagna Sup. Avi Ris. '01 — 🍷🍷🍷 6
- ● Sangiovese di Romagna Sup. Avi Ris. '00 — 🍷🍷🍷 6

San Valentino

fraz. San Martino in Venti
via Tomasetta, 13
47900 Rimini
Tel. 0541752231
www.vinisanvalentino.com

藏酒销售
预约参观
年产量 120 000 瓶
葡萄种植面积 16 公顷
葡萄栽培方式 生机互动农耕认证

罗伯托•马斯卡林（Roberto Mascarin）于1997年接管了家族的酒庄，他是罗马涅区（Romagna）运动的参与者之一，那儿的圣乔维斯葡萄生得肥美并享誉国际。虽然酒庄的产品很受欢迎，马斯卡林还是决定实施一系列的变革。他已经重新制定了产品的生产理念，置换了酒窖和葡萄园的设施。同百诺特•德•孔斯塔（Benoit De Coster）一起，马斯卡林重新设定了酒的风格。除此之外，他还将葡萄园交给弗兰奇门•迈克尔•巴布得（Frenchman Michel Barbaud）管理，他是生物动力学领跑者之一。

- ● Luna Nuova '07 — 🍷🍷 6
- ● Sangiovese di Romagna Sup. Scabi Capsula Rossa '09 — 🍷🍷 4*
- ● Sangiovese di Romagna Sup. Terra di Covignano Ris. '08 — 🍷🍷 6
- ● Sangiovese di Romagna Sup. Terra di Covignano Ris. '05 — 🍷🍷🍷 6
- ● Sangiovese di Romagna Sup. Terra di Covignano Ris. '03 — 🍷🍷🍷 5
- ● Sangiovese di Romagna Sup. Terra di Covignano Ris. '02 — 🍷🍷🍷 5
- ● Sangiovese di Romagna Sup. Terra di Covignano Ris. '01 — 🍷🍷🍷 5
- ● Luna Nuova '04 — 🍷🍷 6
- ● Montepulciano '04 — 🍷🍷 8
- ● Sangiovese di Romagna Sup. Terra di Covignano Ris. '04 — 🍷🍷 5

Cantina Sociale Santa Croce

SS 468 di Correggio, 35
41012 Carpi [MO]
Tel. 059664007
www.cantinasantacroce.it

藏酒销售
预约参观
年产量 400 000 瓶
葡萄种植面积 500 公顷

圣克洛斯（Santa Croce）酒庄于1907年创立，可谓历史悠久。它靠近卡尔皮（Carpi），在蓝沐斯（Lambrusco）和萨拉米诺（Salamino）产地的中心地带。这个联合企业有250个合伙人，总葡萄种植面积为500公顷。尽管有些合伙人在雷吉奥•艾米利亚（Reggio Emilia）的中心，但他们的运营地点还是在摩德纳（Modena）下面的平原地带，这个地方在塞齐亚（Secchia）左岸的黎密迪（Limidi）和索兹鼓里（Sozzigalli）的北边。那里土壤松散，适合种植索尔巴拉葡萄（Sorbara），而这里富饶的黏土更适合种植萨拉米诺（Salamino）。该酒庄至今仍然拥有原始的酒窖。

- ● Lambrusco Salamino di S. Croce Enoteca '10 — 2*
- ● Reggiano Rosso '10 — 2
- ● Il Castello Lambrusco Emilia '10 — 2
- ⊙ Il Castello Lambrusco Emilia Rosato — 2
- ● Lambrusco di Sorbara Secco '10 — 2
- ● Lambrusco Salamino di S. Croce Tradizione '10 — 2*
- ⊙ Brut Rosé 100 Vendemmie '08 — 4
- ● Lambrusco Salamino di S. Croce '08 — 2*
- ● Lambrusco Salamino di S. Croce Enoteca '09 — 2*
- ● Lambrusco Salamino di S. Croce Tradizione '09 — 2*

Tenuta Santini

fraz. Passano
via Campo, 33
47853 Coriano [RN]
Tel. 0541656527
www.tenutasantini.com

藏酒销售
预约参观
年产量 30 000 瓶
葡萄种植面积 22 公顷

特努塔•桑蒂尼（Tenuta Santini）酒庄位于科里安诺（Coriano）附近，海拔约120米，土质为白垩土，属于瓦尔•玛丽齐亚（Val Marecchia）南部里米尼山（Rimini）土壤的特征。这里缓缓起伏的山坡上土质相当均一，受到附近亚得里亚海（Adriatic）的海风影响，夏季气温高，通风良好。酒庄是在2001年被家族收购的。现在酒庄的主人是桑德鲁•桑蒂尼（Sandro Santini），他在庄园里挥洒着汗水，对脚下的土地十分热爱。

- ● Battarreo '09 — 4
- ● Sangiovese di Romagna Sup. Cornelianum Ris. '08 — 5
- ● Sangiovese di Romagna Sup. Beato Enrico '10 — 4
- ● Battarreo '08 — 4
- ● Battarreo '04 — 4*
- ● Battarreo '03 — 4*
- ● Sangiovese di Romagna Sup. Beato Enrico '09 — 4
- ● Sangiovese di Romagna Sup. Cornelianum Ris. '06 — 5
- ● Sangiovese di Romagna Sup. Cornelianum Ris. '03 — 5

Cantina di Sorbara

via Ravarino-Carpi, 116
41030 Bomporto [MO]
Tel. 059909103
www.cantinasorbara.it

藏酒销售
预约参观
年产量 1 400 000 瓶
葡萄种植面积 600 公顷

马里奥•索尔达提（Mario Soldati）在20世纪60年代游历了意大利的各个产酒地区，写了本日记名叫《红酒啊！红酒！》（*Vino al Vino*）。正如日记中记载的，联合酒业机构初始是在摩德纳地区（Modena）创办的。这由开明的吉诺•弗里德曼（Gino Friedmann）想出来的，他在19世纪初促成了意大利第一批联合酒庄的创立。堪提娜•索尔巴拉（Cantina di Sorbara）就是在那场运动中创办的，它是在1923年由19家酒庄联合建立的，位于摩德纳下游的塞齐亚（Secchia）和帕纳罗河（Panaro）之间。引以为傲的是，如今酒庄的合伙人已增至410家。现在酒庄由年轻有为充满活力的卡尔罗•匹奇尼尼（Carlo Piccinini）引领。

- ● Lambrusco di Modena Secco Fermentazione in Bottiglia '10 3
- ● Lambrusco di Sorbara Secco '10 3
- ● Lambrusco di Sorbara Secco Terre della Verdeta '10 3*
- ● Lambrusco di Sorbara Secco Villa Badia '10 3
- ● Lambrusco Salamino di Santa Croce Secco Terre della Verdeta '10 3

La Stoppa

loc. Ancarano
29029 Rivergaro [PC]
Tel. 0523958159
www.lastoppa.it

藏酒销售
预约参观
年产量 160 000 瓶
葡萄种植面积 32 公顷
葡萄栽培方式 有机认证

拉斯托帕（La Stoppa）的红土在一个世纪以来一直生产着令世人震惊的美酒。19世纪初，一名叫阿基诺（Ageno）的热那亚（Genoese）律师开始在这尝试种植一些法国葡萄品种，这个举动非常时尚，在当时是很令人震惊的。1973年潘塔里奥尼（Pantaleoni）家族收购了该酒庄。已有30年种植葡萄经验的吉欧里奥•阿玛尼（Giulio Armani）和埃勒纳•潘塔里奥尼（Elena Pantaleoni）一直将精力集中在该酒庄上，酒庄如今只种植本地品种的葡萄，再也不种国际品种的了，除非它的产量很大。

- ○ Vigna del Volta '08 6
- ● Barbera della Stoppa '07 5
- ○ Ageno '07 5
- ● C. P. Cabernet Sauvignon Stoppa '96 5
- ○ C. P. Malvasia Passito V. del Volta '06 6
- ○ C. P. Malvasia Passito V. del Volta '04 6
- ○ C. P. Malvasia Passito V. del Volta '03 5
- ○ C. P. Malvasia Passito V. del Volta '97 5
- ● Macchiona '06 5
- ● Macchiona '05 5
- ○ Ageno '06 5
- ● C. P. Barbera della Stoppa '06 5

La Tosa

LOC. LA TOSA
29020 VIGOLZONE [PC]
TEL. 0523870727
www.latosa.it

藏酒销售
预约参观
年产量 120 000 瓶
葡萄种植面积 13 公顷

1984年，皮扎米格里奥（Pizzamiglio）家族在极为严苛的管理下开始生产无气泡葡萄酒，这在科利•皮亚岑蒂尼（Colli Piacentini）引发了一场小规模革命。从那以后，引领酒庄的斯坦法诺•皮扎米格里奥（Stefano Pizzamiglio）和弟弟费鲁奇奥（Ferruccio）将自己的大智慧运用到了小酒庄中。他们被细致记录下的经历显得他与自然既是朋友又是对手：是朋友在于他是个充满激情，严格要求的葡萄种植者和生产者；是对手在于在瓦尔•努尔（Val Nure）的这块土地产出的酒必然更多地归功于人工而非自然。

- ● C. P. Gutturnio Vignamorello '10 ŸŸ 5
- ○ C. P. Malvasia Passito L'Ora Felice '10 ŸŸ 5
- ○ C. P. Malvasia Sorriso di Cielo '10 ŸŸ 4
- ● C. P. Cabernet Sauvignon Luna Selvatica '09 Ÿ 6
- ○ C. P. Sauvignon '10 Ÿ 4
- ● C. P. Cabernet Sauvignon Luna Selvatica '06 ŸŸŸ 6
- ● C. P. Cabernet Sauvignon Luna Selvatica '04 ŸŸŸ 6
- ● C. P. Cabernet Sauvignon Luna Selvatica '97 ŸŸŸ 5
- ● C. P. Gutturnio Vignamorello '09 ŸŸ 5
- ● C. P. Gutturnio Vignamorello '05 ŸŸ 5
- ○ C. P. Malvasia Sorriso di Cielo '07 ŸŸ 4*
- ○ C. P. Sauvignon '07 ŸŸ 4*
- ○ C. P. Sauvignon '06 ŸŸ 4*

Tre Monti

LOC. BERGULLO
VIA LOLA, 3
40026 IMOLA [BO]
TEL. 0542657116
www.tremonti.it

藏酒销售
预约参观
年产量 180 000 瓶
葡萄种植面积 55 公顷

塞尔吉奥•纳瓦齐亚（Sergio Navacchia）和儿子大卫（David）以及维托瑞奥（Vittorio）经营的特雷蒙蒂（Tre Monti）酒庄产的酒物美价廉，酒庄的重点正转向桑娇维塞（Sangiovese）和阿尔巴纳（Albana）。酒庄在两处都有葡萄园，面积不小。部分葡萄园、办公处和酒窖位于爱莫拉山（Imola）的赛尔拉（Serra），剩下部分则分布在福尔利（Forlì）附近山丘地带的皮特里诺娜（Petrignone）。赛尔拉的土质以黏性土壤为主，局部有淤泥或富含活性石灰。皮特里诺娜则更多地覆盖有转化性黏土，其含沙量高达20%。此外，在这座种植着桑娇维塞葡萄（Sangiovese）的葡萄园中，一个个石质土壤组成的河流阶地也随处可见。

- ● Sangiovese di Romagna Sup. Petrignone Ris. '08 ŸŸ 4*
- ● Sangiovese di Romagna Sup. Thea Ris. '09 ŸŸ 5
- ○ Albana di Romagna Secco V. della Rocca '10 Ÿ 3
- ○ Colli d'Imola Chardonnay Ciardo '10 Ÿ 4
- ● Sangiovese di Romagna Sup. Campo di Mezzo '10 Ÿ 4
- ○ Trebbiano di Romagna V. Rio '10 Ÿ 3
- ● Colli di Imola Boldo '97 ŸŸŸ 4
- ● Sangiovese di Romagna Sup. Petrignone Ris. '07 ŸŸŸ 5
- ● Sangiovese di Romagna Sup. Petrignone Ris. '06 ŸŸŸ 4
- ○ Colli d'Imola Bianco Thea Bianco '06 ŸŸ 5
- ● Sangiovese di Romagna Sup. Petrignone Ris. '05 ŸŸ 4*
- ● Sangiovese di Romagna Sup. Ris. '03 ŸŸ 4*
- ● Sangiovese di Romagna Sup. Thea Ris. '07 ŸŸ 5
- ● Sangiovese di Romagna Sup. Thea Ris. '05 ŸŸ 5

Vallona

FRAZ. FAGNANO
VIA SANT'ANDREA, 203
40050 CASTELLO DI SERRAVALLE [BO]
TEL. 0516703333
fattorie.vallona@serravallewifi.net

藏酒销售
预约参观
年产量 90 000 瓶
葡萄种植面积 29 公顷

毛利兹奥•瓦伦那（Maurizio Vallona）具有明显喜爱互相对照的倾向，对酒有明确的看法和表达看法的能力。如今他的酒庄已经成了这片地区的基准，他一直坚定不移地走自己的道路，即使是在困扰弥漫在科利•博罗纳西（Colli Bolognesi）整片地区的时候。他拥有广泛的专业知识，因此可以严格按照他的信条产酒。他主打白酒，这在庄园的酒单上通常是最重要的一笔。

○ C. B. Pignoletto Cl '10	🍷🍷 4
○ C. B. Pignoletto Cl. Amestesso '07	🍷🍷 4
○ C. B. Sauvignon Blanc '10	🍷🍷 4*
○ Permartina Pignoletto '07	🍷🍷 4
● Affederico Merlot '08	🍷 5
○ Pignoletto Vivace '10	🍷 3
● C. B. Cabernet Sauvignon Sel. '99	🍷🍷🍷 5
● C. B. Cabernet Sauvignon Sel. '97	🍷🍷🍷 5
● C. B. Merlot Affederico '01	🍷🍷🍷 5
● Diggioanni Cabernet Sauvignon '04	🍷🍷🍷 5
● Affederico Merlot '05	🍷🍷 5
● Affederico Merlot '04	🍷🍷 5
○ C. B. Pignoletto '05	🍷🍷 3*
● Diggioanni Cabernet Sauvignon '05	🍷🍷 5

Podere Vecciano

VIA VECCIANO, 23
47852 CORIANO [RN]
TEL. 0541658388
www.poderevecciano.it

藏酒销售
预约参观
年产量 100 000 瓶
葡萄种植面积 16 公顷
葡萄栽培方式 有机认证

伯德尔•维奇安诺（Podere Vecciano）是一座家族酒庄，位于科利•里米内斯（Colli Riminesi）的科里安诺自治区（Coriano），距离阿德里阿提（Adriatic）约10公里。戴维德•毕古奇（Davide Bigucci）多年来精心照管着酒庄，他现在已经知道了哪块土地最适合产哪种酒，而在酒的商标上也标明了这一点。伯德尔•维奇安诺酒在当地颇受顾客和饭店赞誉，这种酒是酒庄生产的重头戏。

● C. di Rimini Sangiovese Montetauro '10	🍷🍷 2*
● Sangiovese di Romagna Sup. D'Enio Ris. '08	🍷🍷 5
○ C. di Rimini Rebola V. La Ginestra '10	🍷 4
● Sangiovese di Romagna Sup. VignalMonte '08	🍷 4
● Vignalavolta '08	🍷 4
● Montetauro '09	🍷🍷 2*
● Montetauro '08	🍷🍷 2*
● Sangiovese di Romagna Sup. D'Enio Ris. '07	🍷🍷 5
● Sangiovese di Romagna Sup. D'Enio Ris. '04	🍷🍷 5
● Sangiovese di Romagna Sup. D'Enio V.V. Ris. '06	🍷🍷 5
● Sangiovese di Romagna Sup. VignalMonte '06	🍷🍷 4*
● Vignalavolta '06	🍷🍷 4*

Francesco Vezzelli

FRAZ. SAN MATTEO
VIA CANALETTO NORD, 878A
41122 MODENA
TEL. 059318695
aavezzelli@gmail.com

藏酒销售
年产量 110 000 瓶
葡萄种植面积 15 公顷

自从1958年开张运营以来，这座摩德纳（Modena）酒窖已经在维泽利（Vezzelli）家族的第三代手中了，但仍然保持着活跃性。弗朗西斯科•维泽利（Francesco Vezzelli）领导着葡萄园和生产作坊，他的儿子罗伯特（Roberto）则负责销售。酒庄主要生产传统风格的索尔巴拉（Sorbara），同时也生产一些格斯伯索拉（Grasparossa）和摩德纳•蓝沐斯（Lambrusco di Modena），最后一种酒的葡萄来源于一个长期信赖的葡萄种植商，他的土地在格斯伯索拉葡萄之国的中心：利维扎诺•朗格尼（Levizzano Rangone）。

- ● Lambrusco di Sorbara "Il Selezione" '10 — 4*
- ● Lambrusco Grasparossa di Castelvetro Rive dei Ciliegi '10 — 4*
- ● Lambrusco Il Bricco di Checco '10 — 3
- ● Lambrusco di Sorbara Enrico Vezzelli '09 — 4
- ● Lambrusco di Sorbara Enrico Vezzelli '08 — 4*
- ● Lambrusco Grasparossa di Castelvetro Rive dei Ciliegi '09 — 4
- ● Lambrusco Grasparossa di Castelvetro Rive dei Ciliegi '08 — 4*
- ● Lambrusco Il Bricco di Checco '09 — 3
- ● Lambrusco Il Bricco di Checco '08 — 2*

Vigne dei Boschi

LOC. VALPIANA
VIA TURA, 7A
48013 BRISIGHELLA [RA]
TEL. 054651648
vignedeiboschi@alice.it

藏酒销售
预约参观
年产量 15 000 瓶
葡萄种植面积 6.5 公顷
葡萄栽培方式 生机互动农耕认证

保罗•巴比尼（Paolo Babini）成为了当地备受尊敬的葡萄种植商和生产商，他关于风土文化和酒的关系的长期研究最终得出了有趣的结论。巴比尼采用生物互动农耕方式在拉莫那山谷（Valle del Lamone）种植着几公顷葡萄地。葡萄长在炭灰砂岩上，其肥沃程度几乎已超出了葡萄栽培的需要。葡萄园周围环绕着茂密的树林和遭河流侵蚀的悬崖峭壁。他的特点在于：在园中将桑娇维塞（Sangiovese）同取芽树一道种植，取芽树是在长期种植过程中慢慢收集起来的，这是生物多样性的无价财富。

- ● Poggio Tura '07 — 5
- ○ Monteré '06 — 7
- ○ Sedici Anime '09 — 5
- ● Poggio Tura '05 — 6
- ○ Borgo Casale '05 — 4
- ● Rosso per Te '06 — 4
- ● Sette Pievi '03 — 5
- ● Sette Pievi '01 — 5*

Villa Bagnolo

LOC. BAGNOLO
VIA BAGNOLO, 160
47011 CASTROCARO TERME
TEL. 0543769047
www.villabagnolo.it

藏酒销售
年产量 100 000 瓶
葡萄种植面积 15 公顷

维托•巴勒拉蒂（Vito Ballarati）对维拉•巴诺罗（Villa Bagnolo）酒庄项目投注了他所有的心血和创造力，这是他实业家生涯的开始。他的经营理念是他的产品必须抢在别人前面上市。尽管稍显急躁，他还是获得了巨大的成功。现在他的生活周期已经与产酒的周期同步了，周期中包括一年一度的葡萄成熟时。目前，酒庄占地54公顷，其中有15公顷用来种植葡萄，葡萄品种大部分是桑娇维塞（sangiovese）。葡萄园的土质是盐度奇高的黏土。酿酒的过程在橡木桶中进行。

- Sangiovese di Romagna Sup. Bagnolo Ris. '08 — 5
- Sangiovese di Romagna Sup. Sassetto '10 — 4*
- Alloro '07 — 5
- Sangiovese di Romagna Sup. Bagnolo Ris. '07 — 5
- Sangiovese di Romagna Sup. Sassetto '09 — 4
- Sangiovese di Romagna Sup. Sorgara '08 — 4
- Sangiovese di Romagna Sup. Sorgara '07 — 4

Villa di Corlo

LOC. BAGGIOVARA
S.DA CAVEZZO, 200
41126 MODENA
TEL. 059510736
www.villadicorlo.com

藏酒销售
预约参观
年产量 80 000 瓶
葡萄种植面积 25 公顷
葡萄栽培方式 有机认证

玛利亚•安东尼尔塔•姆纳里（Maria Antonietta Munari）充满激情和信心管理着维拉•科尔罗（Villa di Corlo）酒庄，除了产酒，她还通过最近修复的醋坊生产阿瑟多•巴尔萨米克（Aceto Balsamico Tradizionale di Modena）。维拉•科尔罗酒庄的蓝沐斯（lambrusco）葡萄园位于摩德纳地区（Modena），而其他国际品种则在海拔500米的卡德尔•闻多（Cà del Vento），在里吉奥（Reggio）附近的山里上千公顷森林的中间。这两个不同地方产的酒特点迥异。摩德纳产的酒十分传统，而卡德尔•闻多产的酒则属于一种不同寻常的原创。

- Lambrusco Grasparossa di Castelvetro '10 — 3*
- Lambrusco Grasparossa di Castelvetro Amabile '10 — 3*
- Lambrusco Grasparossa di Castelvetro Corleto '10 — 3
- Lambrusco di Sorbara Primevo '10 — 3
- Corleto Lambrusco '08 — 3*
- Giaco a Cà del Vento '07 — 4
- Lambrusco Grasparossa di Castelvetro '08 — 3*
- Rosso Estella Lambrusco '09 — 3*

Villa Liverzano

FRAZ. RONTANA
VIA VALLONI, 47
48013 BRISIGHELLA [RA]
TEL. 054680461
www.liverzano.it

藏酒销售
预约参观
年产量 12 500 瓶
葡萄种植面积 3.2 公顷
葡萄栽培方式 有机种植

马可•蒙塔纳利（Marco Montanari）是一位出生于罗马涅（Romagna）的瑞士（Swiss）公民，在托斯卡纳（Tuscany）的种植事业取得成功后，他于几年前来到了布里斯格拉（Brisghella）。他开垦了几公顷葡萄园，重建了酒庄辉煌的别墅，并将其改造成了华丽的雷莱丝（Relais）乡村酒店。他面临着双重挑战。挑战之一是布里斯格拉突然白垩含量过高，甚至土壤表面都可以看到白垩。挑战之二是该地区的潜能未被发掘，尽管风景优美，但离现有的游客路线太远。蒙塔纳利独自研究着“酒的语言”，他产出的桑娇维塞酒（sangiovese）将这种语言优雅地表现了出来。

● Don '08	🍷🍷 7
● Trecento '10	🍷🍷 5
● Don '07	🍷🍷 6
● Don '06	🍷🍷 6
● Rebello '08	🍷🍷 6
● Rebello '07	🍷🍷 6
● Rebello '05	🍷🍷 6

Villa Papiano

VIA IBOLA, 24
47015 MODIGLIANA [FC]
TEL. 0546941790
www.villapapiano.it

藏酒销售
预约参观
年产量 25 000 瓶
葡萄种植面积 10 公顷

维拉•帕皮亚诺（Villa Papiano）酒庄是农学家莱米吉奥•波尔蒂尼（Remigio Bordini）已经完成了的一个梦想，他天资极高、备受尊敬，拥有各种各样的合作伙伴，其中较为特殊的有他的酿酒师儿子弗朗西斯科（Francesco）、负责市场销售的女儿玛利亚•罗莎（Maria Rosa）。葡萄园位于奇奥达山（Mount Chioda）的南侧山坡上，那里有森林覆盖，海拔高度达500米，是葡萄种植的临界高度。高海拔让一切都更难办，但另一方面，高海拔上产的酒也是独一无二的，尤其是桑娇维塞，它优雅地体现了高海拔的特色。

● Papiano di Papiano '08	🍷🍷 5
● Sangiovese di Romagna I Probi di Papiano Ris. '08	🍷🍷 4
● Sangiovese di Romagna Le Papesse di Papiano '09	🍷🍷 4*
● Papiano di Papiano '04	🍷🍷🍷 5
○ Le Tresche di Papiano '09	🍷🍷 4
● Papiano di Papiano '05	🍷🍷 5
● Sangiovese di Romagna I Probi di Papiano Ris. '06	🍷🍷 4*
● Sangiovese di Romagna I Probi di Papiano Ris. '03	🍷🍷 4*
● Sangiovese di Romagna Le Papesse di Papiano '07	🍷🍷 4*

Tenuta Villa Trentola

LOC. CAPOCOLLE DI BERTINORO
VIA MOLINO BRATTI, 1305
47032 BERTINORO [FC]
TEL. 0543741389
www.villatrentola.it

藏酒销售
预约参观
年产量 45 000 瓶
葡萄种植面积 20 公顷

维拉•特伦托拉（Villa Trentola）酒庄结合了三个1890年就属于普拉格诺里家族（Prugnoli）的农庄：维勒（Valle）、科洛巴亚（Colombaia）和莫里诺（Molino）。已经在繁育葡萄方面取得惊人成就的农学家庄主恩里克•普拉格诺里（Enrico Prugnoli）精心管理着葡萄园。实际上，只有一部分葡萄被挑选出去生产维拉•特伦托拉酒（Villa Trentola），剩余的葡萄则交给了一个联合企业。法布里兹奥•摩尔塔德（Fabrizio Moltard）小心谨慎地看管着酒窖，而恩里克的女儿菲德里卡（Federica）则对酒窖负有整体管理之责任。

- ● Sangiovese di Romagna Sup. Il Moro Ris. '08 — 🍷🍷🍷 5
- ● Sangiovese di Romagna Sup. Il Prugnolo '08 — 🍷🍷 4
- ● Il Placidio '07 — 🍷🍷 6
- ● Sangiovese di Romagna Sup. Il Moro di Villa Trentola '03 — 🍷🍷 6
- ● Sangiovese di Romagna Sup. Il Moro di Villa Trentola '02 — 🍷🍷 5
- ● Sangiovese di Romagna Sup. Placidio '04 — 🍷🍷 8
- ● Sangiovese di Romagna Sup. Ultimo Atto '08 — 🍷🍷 5

Villa Venti

LOC. VILLAVENTI DI RONCOFREDDO
VIA DOCCIA, 1442
47020 FORLÌ
TEL. 0541949532
www.villaventi.it

藏酒销售
预约参观
年产量 20 000 瓶
葡萄种植面积 7 公顷
葡萄栽培方式 有机认证

多亏了毛罗•吉安蒂尼（Mauro Giardini）和戴维德•卡斯特鲁西（Davide Castellucci），维拉•温蒂（Villa Venti）酒庄已成为一个管理得当的企业。他们对酒庄的视野包括对葡萄生长和酿酒的必要速度的尊重。葡萄园的海拔为160米，它的墨西拿期土壤（Messinian-age）由红色黏土和沙质黄色黏土构成，土壤间差别较大，即使在同一个葡萄园中也有着极大差异。

- ● Sangiovese di Romagna Sup. Primo Segno '09 — 🍷🍷🍷 4*
- ● Felis Leo '08 — 🍷🍷 5
- ● Sangiovese di Romagna Sup. Primo Segno '08 — 🍷🍷🍷 4*
- ● Felis Leo '07 — 🍷🍷 4
- ● Sangiovese di Romagna Sup. Primo Segno '07 — 🍷🍷 4*

Tenuta La Viola

VIA COLOMBARONE, 888
47032 BERTINORO [FC]
TEL. 0543445496
www.tenutalaviola.it

藏酒销售
预约参观
年产量 39 000 瓶
葡萄种植面积 7 公顷
葡萄栽培方式 有机认证

1968年，斯特法诺•咖贝里尼（Stefano Gabellini）的父亲意外死亡，他从父亲手里接管了特努塔•维奥拉（Tenuta La Viola）酒庄，从此这个酒庄的名字变成了一个流行词语。几年的成功之后，咖贝里尼改变了酒庄风格，转而生产更可能受欢迎、基于风土的葡萄酒。这是一个成熟、自信的运营方式的标志，贝尔提诺罗（Bertinoro）应该尽快找到一个好的翻译，这个翻译要能找出合适的语句来表达酒的质量。虽然酒庄现在才只迈出了第一步，但是首度收获的葡萄酒让人赞叹不已，说明他给酒庄制定的规划是完全正确的。

Wine	Rating
● Particella 25 '08	6
● Sangiovese di Romagna Sup. Petra Honorii Ris. '08	5
● Sangiovese di Romagna Sup. Il Colombarone '09	4
● Particella 25 '07	6
● Particella 25 '06	6
● Sangiovese di Romagna Sup. La Badia Ris. '03	5
● Sangiovese di Romagna Sup. Petra Honorii Ris. '07	5
● Sangiovese di Romagna Sup. Petra Honorii Ris. '05	5
● Sangiovese di Romagna Sup. Petra Honorii Ris. '04	5

★Fattoria Zerbina

FRAZ. MARZENO
VIA VICCHIO, 11
48018 FAENZA [RA]
TEL. 054640022
www.zerbina.com

藏酒销售
预约参观
年产量 220 000 瓶
葡萄种植面积 33 公顷

克里斯蒂娜•杰米尼安妮（Cristina Geminiani）的天分和始终如一的努力让法托利亚•泽尔比亚（Fattoria Zerbina）酒庄比罗马涅（Romagna）其他任何一个酒庄产的酒的质量都高，也证实了它的巨大潜力，而之前它曾受到普遍怀疑。令她引以为豪的是，从事酿酒20余年，令她疯狂热爱的酒庄终于完全成熟了，而且给她带来了很好的效益。葡萄藤在红色黏土上生长，产出的是质朴浑厚的酒，这是酒庄的信条和风土特征共同作用的结果。

Wine	Rating
● Sangiovese di Romagna Sup. Pietramora Ris. '08	7
○ Albana di Romagna Passito Arrocco '08	6
● Marzieno '07	6
● Sangiovese di Romagna Il 500 '10	2*
● Sangiovese di Romagna Sup. Ceregio '10	3*
● Sangiovese di Romagna Sup. Torre di Ceparano Ris. '08	4
○ Albana di Romagna Passito AR Ris. '06	8
○ Albana di Romagna Passito Scacco Matto '01	7
● Marzieno '04	6
● Marzieno '03	6
● Marzieno '01	6
● Marzieno '00	6
● Marzieno '99	6
● Sangiovese di Romagna Sup. Pietramora Ris. '06	7
● Sangiovese di Romagna Sup. Pietramora Ris. '04	7
● Sangiovese di Romagna Sup. Pietramora Ris. '03	7

Aldrovandi

via Marzatore, 36
40050 Monteveglio [BO]
Tel. 0516810296

- ● C. B. Merlot Alto Vanto '09 ΨΨ 5

Cantina di Arceto

via Pagliani, 27
42019 Scandiano [RE]
Tel. 0522989107

- ● Colli di Scandiano e di Canossa Grasparossa Cardinale Pighini '10 ΨΨ 2
- ● Lambrusco Vigna Migliolungo '10 ΨΨ 3

Le Barbaterre

loc. Bergonzano
via Cavour, 2a
42020 Quattro Castella [RE]
Tel. 3358053454
www.barbaterre.com

- ● Besmein Capoleg Marzemino Rifermentato in Bottiglia '10 ΨΨ 3
- ○ Colli di Scandiano e Canossa Sauvignon Rifermentato in Bottiglia '08 ΨΨ 3
- ● Lambrusco dell'Emilia Rifermentato in Bottiglia '10 ΨΨ 3
- ○ Orlando '07 Ψ 3

Raffaella Alessandra Bissoni

loc. Casticciano
via Colecchio, 280
47032 Bertinoro [FC]
Tel. 0543460382
www.vinibissoni.com

- ○ Albana di Romagna Passito '07 ΨΨ 5
- ● Sangiovese di Romagna Sup. Ris. '07 ΨΨ 5
- ● Sangiovese di Romagna Sup. '10 Ψ 4

Campodelsole

via Cellaimo, 850
47032 Bertinoro [FC]
Tel. 0543444562
www.campodelsole.it

- ● Sangiovese di Romagna Sup. Vertice Ris. '08 ΨΨ 6
- ● Sangiovese di Romagna Sup. San Maglorio '09 Ψ 3

La Casetta dei Frati

via dei Frati, 8
47015 Modigliana [FC]
Tel. 0546940628
www.casettadeifrati.com

- ○ Fraciélo '09 ΨΨ 4
- ○ Fragèlso '09 ΨΨ 4
- ● Sangiovese di Romagna Frabòsco '09 ΨΨ 3
- ● Sangiovese di Romagna Framònte '08 ΨΨ 3

Cavim - Cantina Viticoltori Imolesi

fraz. Sasso Morelli
via Correcchio, 54 - 40026 Imola [BO]
Tel. 054255003
www.cavimimola.it

- ○ Colli d'Imola Chardonnay Blumanne '10 ΨΨ 2*
- ○ Colli d'Imola Pignoletto '10 ΨΨ 4*
- ○ Reno Lutio Pignoletto '10 Ψ 2
- ● Sangiovese di Romagna Sup. Moro di Serrafelina Ris. '08 Ψ 3

Celli

via Carducci, 5
47032 Bertinoro [FC]
Tel. 0543445183
www.celli-vini.com

- ○ Albana di Romagna Passito Solara '08 ΨΨ 5
- ○ Albana di Romagna Secco I Croppi '10 ΨΨ 3*
- ● Sangiovese di Romagna Sup. Le Grillaie Ris. '08 ΨΨ 4
- ● Sangiovese di Romagna Sup. Le Grillaie '10 Ψ 3

Fiorini
LOC. GANACETO
VIA NAZIONALE PER CARPI, 1534
41010 MODENA
TEL. 059386028
www.fiorini1919.com

- ● Lambrusco di Sorbara Corte degli Attimi '10 🍷🍷 4*
- ● Lambrusco Grasparossa di Castelvetro Becco Rosso '10 🍷🍷 4

Cantina Sociale Formigine Pedemontana
VIA RADICI IN PIANO, 228
41043 FORMIGINE [MO]
TEL. 059558122
www.lambruscodoc.it

- ● Lambrusco di Modena Secco '10 🍷🍷 1*
- ● Lambrusco Grasparossa di Castelvetro Rosso Fosco '10 🍷🍷 1*

Alberto Lusignani
LOC. VIGOLENO
VIA CASE ORSI, 9
29010 VERNASCA [PC]
TEL. 0523895178
lusignani@agonet.it

- ○ C. P. Vin Santo di Vigoleno Lusignani '01  6

La Mancina
FRAZ. MONTEBUDELLO
VIA MOTTA, 8
40050 MONTEVEGLIO [BO]
TEL. 051832691
www.lamancina.it

- ● C. B. Barbera Il Foriere '09 🍷🍷 4
- ○ C. B. Pignoletto Terre di Montebudello '09 🍷🍷 4*
- ○ C. B. Pignoletto Frizzante '10 🍷 3

Monte delle Vigne
LOC. OZZANO TARO
VIA MONTICELLO, 13
43046 COLLECCHIO [PR]
TEL. 0521309704
www.montedellevigne.it

- ● Colli di Parma Rosso Frizzante '10 🍷🍷 3*
- ● Lambrusco Emilia '10 🍷🍷 3*
- ○ Colli di Parma Malvasia Frizzante '10 🍷 3
- ○ Colli di Parma Sauvignon Frizzante '10 🍷 3

Tenuta Pennita
LOC. TERRA DEL SOLE
VIA PIANELLO, 34
47011 CASTROCARO TERME
TEL. 0543767451
www.lapennita.it

- ● Sangiovese di Romagna Sup. TerredelSol Ris. '08 🍷🍷 4
- ● Sangiovese di Romagna Sup. La Pennita '09 🍷 3

Piccolo Brunelli
S.DA SAN ZENO, 1
47010 GALEATA [FC]
TEL. 3468020206
www.piccolobrunelli.it

- ● Pietro 1904 '07 🍷🍷 3*
- ● Sangiovese di Romagna Cesco 1938 '08 🍷 3

Cantina Sociale Settecani
VIA MODENA, 184
41014 CASTELVETRO DI MODENA [MO]
TEL. 059702505
www.cantinasettecani.it

- ● Lambrusco Grasparossa di Castelvetro Amabile '10 🍷🍷 1*
- ● Lambrusco Grasparossa di Castelvetro Secco '10 🍷🍷 1*
- ● Lambrusco Grasparossa di Castelvetro Secco V. del Re '10 🍷🍷 2*

Tizzano

via Marescalchi, 13
40033 Casalecchio di Reno [BO]
Tel. 051571208
visconti@tizzano.191.it

○ C. B. Pignoletto Sup. '10	🍷🍷 4*
○ C. B. Pignoletto Frizzante '10	🍷 3

Cantina Valtidone

via Moretta, 58
29011 Borgonovo Val Tidone [PC]
Tel. 0523862168
www.cantinavaltidone.it

● C. P. Gutturnio Bollo Rosso Ris. '07	🍷🍷 4
○ Perlage Brut M.Cl.	🍷🍷 6
● C. P. Gutturnio Frizzante Caesar Augustus '10	🍷 3
○ C. P. Ortrugo Armonia Frizzante '10	🍷 3

托斯卡纳区
TUSCANY

托斯卡纳区（Tuscany）今年在“三杯奖”中取得的成就略逊色于往年。但是，今年该大区的葡萄酒花样繁多，相比去年更能代表托斯卡纳各具风格的地区的特色，这也弥补了在获奖方面的欠缺。2009年，基安蒂红葡萄酒（Chianti Classico）的产量很少，特别是在生产DOCG（保证原产地酒、意大利葡萄酒法定等级中的最高级）的地区中气候较高的地区。而2008年的珍藏年份葡萄酒（Riserva）的酸度远远不够，尽管他们仍然属于不错的酒。当然，也有些非常高雅柔滑的好酒，但这些好酒的比例远没有2007年好酒的比例高。过热或过冷的极端天气不仅影响了圣乔维斯葡萄（Sangiovese）的产量，也影响了其他国际品种。2008年，南方的靠海种植区获得了大丰收，因此生产出的酒既清雅又柔顺，还颇具地中海风情，那一年葡萄酒的质量达到了真正的巅峰。蒙塔奇诺（Montalcino）在2006年生产的葡萄酒也极为成功，有16种酒赢得了各种奖项，这才是真正意义上的丰年。毫无疑问，在蒙塔奇诺（Montalcino）这种更偏南更温暖的地方非常适合种植圣乔维斯（sangiovese），相同水平的其他大区地理条件要更为严峻。那些历史悠久、颇受赞誉的酒庄与一些新酒庄一起，使葡萄酒的质量达到了顶端。尽管只有很少的几种酒能获得“三杯奖”，但值得关注的是有些地区的酒也取得了进展。比如圣吉米亚诺（San Gimignano）的维奈洽白葡萄（Vernaccia），这种酒以前取得的成就很小，因此很少受关注，但当它逐渐被人们追捧，它也不负众望，取得了很大的进步。很多活跃、出色的酒庄都会种植科尔塔纳葡萄（Cortona）和西拉葡萄（Syrah），这两种确实是绝佳搭配。总的来说，大部分获奖的酒品都会受到争议，但这在产酒地区很正常，因为有4 000多种不同味道的酒，很难说哪种才是好的。但正如圣吉米亚诺（San Gimignano）的种植者马迪亚•巴尔扎伊（Mattia Barzaghi）所说的：世事无常。他获得了这项日益受重视的葡萄酒奖项。

Agricoltori del Chianti Geografico

Loc. Mulinaccio, 10
53013 Gaiole in Chianti [SI]
Tel. 0577749489
www.chiantigeografico.it

藏酒销售
预约参观
年产量 1 600 000 瓶
葡萄种植面积 580 公顷

创建之时，阿格里科托利• 德尔• 克安蒂•乔格拉菲克（Agricoltori del Chianti Geografico）合作酒庄不是一家新的酒厂，而是当地酿酒商们为了保护克安蒂（Chianti）的知识产权不被盗取而成立的。早在1961年，17位葡萄种植者旨在重申他们与该片地区的联系而建立的酒厂之一，在多年的经营后长久地保持着卓越的品质和国际声誉。酒庄保持着酒的质和量的协调发展，尤其是在近年，更是在两方面都做到了极致。

- ● Chianti Cl. Montegiachi Ris. '08 — 5
- ● Chianti Cl. Contessa di Radda '09 — 5
- ● Chianti Cl. '09 — 4
- ● Morellino di Scansano Le Preselle '10 — 4
- ● Pulleraia '09 — 6
- ● Chianti Cl. Montegiachi Ris. '07 — 5
- ● Chianti Cl. Montegiachi Ris. '05 — 5
- ● Chianti Cl. Contessa di Radda '07 — 5
- ● Chianti Cl. Contessa di Radda '04 — 4
- ● Ferraiolo '04 — 6
- ● Morellino di Scansano Le Preselle '09 — 4*
- ● Pulleraia '03 — 5

L'Aione

Loc. Aione, 12
56040 Montecatini Val di Cecina [PI]
Tel. 058830339
www.aione.ch

藏酒销售
预约参观
年产量 18 000 瓶
葡萄种植面积 6 公顷

罗伯特• 瓦尔提（Robert Walti）和多瑞斯•珀特纳（Doris Portner）的小酿酒厂继续运营良好。酒庄离古老的蒙特卡蒂尼•瓦尔•迪•赛西那（Monyecatini Val di Cecina）村庄很近，坐落在迷人的自然环境中。酒厂海拔高度大约在海平面以上500米，有最近栽培的葡萄园，还有大约在80年前就已种植的葡萄藤。这些葡萄藤自信放松地挺立着，将现代化技术与自然融合在了一起。

- ● Etico '08 — 6
- ● Salve '08 — 6
- ● Aione '08 — 6
- ● Etico '07 — 6
- ● Etico '06 — 6
- ● Etico '05 — 6
- ● Salve '07 — 6
- ● Salve '05 — 6

Fattoria Ambra

via Lombarda, 85
59015 Carmignano [PO]
Tel. 3358282552
www.fattoriaambra.it

藏酒销售
预约参观
年产量 80 000 瓶
葡萄种植面积 20 公顷

毕普•里格里（Beppe Rigoli）是这个家族企业幕后的掌权者，他的名字取自15世纪著名诗人洛伦佐（Lorenzo）的一首诗。葡萄酒商毕普（Beppe）不仅是个热爱家乡的人，更是个引领潮流的人。你只需看看他酿酒的四个分区，酒的度数选择理念跟法国差不多，这还是刚刚引进托斯卡纳的。他当农学家的时候曾遍游托斯卡纳区，他还把他在其他领域学到的经验很好地应用在治理他的葡萄园中。

● Carmignano V. S. Cristina in Pilli '09	🍷🍷 4
○ Vin Santo di Carmignano '04	🍷🍷 6
● Barco Reale '10	🍷 3
● Carmignano Elzana Ris. '08	🍷 5
● Carmignano Montalbiolo Ris. '08	🍷 5
● Carmignano Montefortini '09	🍷 4
⊙ Rosato di Carmignano Vin Ruspo '10	🍷 3
○ Trebbiano '10	🍷 3
● Carmignano Elzana Ris. '05	🍷🍷 5
● Carmignano Le Vigne Alte di Montalbiolo Ris. '07	🍷🍷 5
● Carmignano Le Vigne Alte di Montalbiolo Ris. '05	🍷🍷 5
● Carmignano V. S. Cristina in Pilli '08	🍷🍷 4

Ampeleia

fraz. Roccatederighi
loc. Meleta
58028 Roccastrada [GR]
Tel. 0564567155
www.ampeleia.it

藏酒销售
预约参观
年产量 100 000 瓶
葡萄种植面积 40 公顷
葡萄栽培方式 生机互动农耕认证

酿酒师伊利莎贝塔•坲拉多丽（Essabetta Foradori）和她在其他行业的朋友乔凡尼•珀蒂尼（Giovanni Podini）、托马斯•韦德曼（Thomas Widman）一起建立的一个新的酿酒项目。他们合资买了葡萄园，坐落在马莱玛（Maremma）的这片葡萄园19世纪60年代是属于一群爱上这片荒弃的土地的瑞士人的，后来又被他们三个人重新发掘出来了。如今，这里以种植葡萄为主，在不同高度地带还种植了7种不同品种用以酿酒的葡萄，充分体现了该地区的地域特色。

● Ampeleia '08	🍷🍷 6
● Empatia '07	🍷🍷 8
● Kepos '09	🍷🍷 4
● Kepos '06	🍷🍷🍷 6
● Ampeleia '07	🍷🍷 6
● Ampeleia '06	🍷🍷 6
● Ampeleia '05	🍷🍷 6
● Ampeleia '04	🍷🍷 6
● Kepos '08	🍷🍷 6
● Kepos '07	🍷🍷 4

★★Marchesi Antinori

P.ZZA DEGLI ANTINORI, 3
50123 FIRENZE
TEL. 05523595
www.antinori.it

预约参观
年产量 1 600 000 + 400 000 瓶
葡萄种植面积 260 + 185 公顷

毋庸置疑，若没有安蒂诺瑞（Antinori）酒庄，意大利葡萄酒产业也没有今天的声望。酒庄强调尽管在大规模生产环境下依然是家族企业的酿酒厂的至关重要的作用，其在商业策略和生产技术的推动作业引发了19世纪80年代意大利葡萄酒业的复兴。一系列制作工艺完美无瑕的酒向世人展示了其值得信赖的品质。从一般的圣塔•克丽丝提纳（Santa criatina）到高贵的索拉雅（Solaia），满足了市场各层次的需求。

- ● Tignanello '08 8
- ● Solaia '08 8
- ● Chianti Cl. Badia a Passignano Ris. '08 7
- ● Villa Antinori Rosso '08 5
- ● Chianti Cl. Pèppoli '09 5
- ● Cortona Bramasole La Braccesca '08 6
- ● Nobile di Montepulciano La Braccesca '08 5
- ● Santa Cristina '10 4
- ● Solaia '07 8
- ● Solaia '06 8
- ● Solaia '03 8
- ● Solaia '01 8
- ● Solaia '00 8
- ● Tignanello '05 8
- ● Tignanello '04 8
- ● Solaia '05
- ● Solaia '04 8

Argentiera

LOC. DONORATICO
VIA AURELIA, 412A
57022 CASTAGNETO CARDUCCI [LI]
TEL. 0565773176
www.argentiera.eu

藏酒销售
预约参观
年产量 450 000 瓶
葡萄种植面积 75 公顷

阿根提耶拉（Argentiera）酒庄是属于佛罗伦萨的塞里斯托利（Serristori）家族的老多诺拉提克区（Donoratico）的一部分，现在已成为宝格丽地区（Bolgheri）最引人注目的酒庄。酒庄现在为佛拉蒂尼（Fratini）兄弟科拉多（Corrado）和马塞罗（Marcello）所有。位置靠海，有很多公顷朝向很好的葡萄园，葡萄园的土壤种类繁多，大部分为砾质和粘土质。园里种植了各式经典品种的葡萄，比如赤霞珠（ccabernet sauvignon）、梅鹿（merlot）和西拉子（syrah）等。酒厂里宽敞的酒窖很漂亮。

- ● Bolgheri Rosso Poggio ai Ginepri '09 4
- ⊙ Bolgheri Rosato Poggio ai Ginepri '10 4
- ● Bolgheri Sup. Argentiera '08 8
- ● Bolgheri Villa Donoratico '08 5
- ● Bolgheri Sup. Argentiera '06 8
- ● Bolgheri Sup. Argentiera '05 8
- ● Bolgheri Sup. Argentiera '04 8
- ● Bolgheri Sup. Argentiera '07 8
- ● Bolgheri Villa Donoratico '07 5

Argiano

FRAZ. SANT'ANGELO IN COLLE
53024 MONTALCINO [SI]
TEL. 0577844037
www.argiano.net

预约参观
年产量 350 000 瓶
葡萄种植面积 51 公顷

近年来，古典美丽的庄园诺埃米•沁扎诺（Noemi Cinzano）掀起了葡萄酒业风格和品质的复兴。这个古老而漂亮的庄园的葡萄酒产业曾在16世纪的历史中提及过，那些古老的酒窖里还在陈酿着一些酒。在用的酒窖转移到新的酿酒车间里，与周遭环境完美的融为了一体。酿酒技术很先进，从发酵和随后几道后续工序到酒渣分离对分度都有严格的控制。

- ● Brunello di Montalcino '06 — 8
- ● Solengo '08 — 8
- ● Suolo '08 — 8
- ● Rosso di Montalcino '09 — 5
- ● Brunello di Montalcino Ris. '88 — 6
- ● Brunello di Montalcino Ris. '85 — 5
- ● Solengo '97 — 8
- ● Solengo '95 — 8
- ● Brunello di Montalcino '01 — 7
- ● Solengo '07 — 8
- ● Solengo '03 — 8
- ● Solengo '02 — 8
- ● Solengo '00 — 8
- ● Suolo '07 — 8

Artimino

FRAZ. ARTIMINO
V.LE PAPA GIOVANNI XXIII, 1
59015 CARMIGNANO [PO]
TEL. 0558751423
www.artimino.com

藏酒销售
预约参观
年产量 420 000 瓶
葡萄种植面积 88 公顷

阿提米诺（Artimino）酒庄是当地厂区最大的公司之一。这里以种植酿葡萄酒和制油的原料为主，副产业还包括一个会议中心、临时房、一家餐馆和酒店。近年来，其在葡萄栽培上投入了大笔资金。葡萄园里的葡萄都被重新种植了，只有一些按当地传统方式种植的品种没有动。同时，酒窖也配备了最新技术和先进生产系统。

- ● Carmignano '09 — 4
- ● Carmignano V. Grumarello Ris. '07 — 5
- ● Carmignano Villa Medicea Ris. '08 — 5
- ○ Vin Santo di Carmignano Occhio di Pernice '06 — 6
- ● Barco Reale '10 — 3
- ● Chianti Montalbano '10 — 3
- ⊙ Vin Ruspo '10 — 4
- ○ Vin Santo di Carmignano '07 — 5
- ● Carmignano Villa Medicea Ris. '07 — 5
- ○ Vin Santo di Carmignano Occhio di Pernice '04 — 6
- ● Vin Santo di Carmignano Occhio di Pernice '01 — 6

Assolati

FRAZ. MONTENERO
POD. ASSOLATI, 47
58040 CASTEL DEL PIANO [GR]
TEL. 0564954146
az.assolati@virgilio.it

藏酒销售
预约参观
年产量 10 600 瓶
葡萄种植面积 3 公顷

这片富饶的土地是现在老板罗利阿诺•吉阿那提（Loriano Giannetti）的祖父母由原来的一片沙巴拉群落（一种常绿灌木丛）改造而来的。他的父母继续了改造的工作，并成功将对这事业的热爱传递给了他，这在那时候是很难的。如今，改造还在继续，工作重心也转到了葡萄的种植以及葡萄酒的生产，同时还特别注意葡萄园、橄榄园的经营以及来农家乐的游客住宿的设施建设。

● Montecucco Rosso '08	3*
● Montecucco Sangiovese Ris. '07	5
⊙ Afrodite '10	3
○ Dionysos '10	3

Badia a Coltibuono

LOC. BADIA A COLTIBUONO
53013 GAIOLE IN CHIANTI [SI]
TEL. 0577746110
www.coltibuono.com

藏酒销售
预约参观
年产量 350 000 瓶
葡萄种植面积 72 公顷
葡萄栽培方式 有机认证

古老而美丽的巴地亚•阿柯蒂布安诺（Badia A Coltibuono）庄园被称为“丰收的修道院”（因其既为修道院又是葡萄酒庄），坐落在佳奥利（Gaiole）北边地带较远的一角，是这著名酿酒厂历史上闻名的总部。纳塔裂•格勒侬（Natalie Grenon）和皮耶罗•萨托哥（Piero Sartogo）建造的该酒庄著名的酒窖位于坎蒂（Chianti）的蒙提（Monti）。司徒奇•普林涅提（StucchiPrinetti）家族的酒同样集传统与现代于一体，完美的制酒工艺加上独特的天然有机农材料充分体现了其个性与品质。

● Chianti Cl. Ris. '07	6
● Chianti Cl. '09	5
● Cancelli Sangiovese '10	4
● Chianti Cl. R. S. '09	4
○ Trappoline '10	4
○ Vin Santo del Chianti Cl. '05	6
● Chianti Cl. '06	5*
● Chianti Cl. Ris. '04	6
● Sangioveto '95	6
● Chianti Cl. '09	5
● Chianti Cl. Ris. '06	6
● Chianti Cl. Ris. '05	6
● Chianti Cl. RS '08	4*
○ Vin Santo del Chianti Cl. Occhio di Pernice '03	6

Badia di Morrona

VIA DEL CHIANTI, 6
56030 TERRICCIOLA [PI]
TEL. 0587658505
www.badiadimorrona.it

藏酒销售
预约参观
年产量 260 000 瓶
葡萄种植面积 91 公顷

佳斯里尼•埃尔伯提（Gaslini Alberti）家族的贝蒂亚摩洛娜（Badia di Morrona）酒庄位于葡萄酒之乡塔里奇拉（Terricciola）的小山丘上。葡萄园里90公顷葡萄种植在海洋起源的富含化石的土壤上，含有大量粘土与砾土。种植的经典品种包括圣乔维斯、赤霞珠、品丽珠、西拉子、梅鹿，还有维蒙蒂诺、味丽尔和霞多丽。注册了大量的品牌商标。酒庄还拥有许多农场，并将其改建为“农家乐”。

Wine	Rating
● N'Antia '07	🍷🍷 5
● Taneto '08	🍷🍷 4*
● VignAalta '07	🍷🍷 6
○ Bianco Pisano di San Torpè Vin Santo '06	🍷 5
○ Felciaio '10	🍷 3
○ La Suvera '10	🍷 4
○ Bianco Pisano di San Torpè Vin Santo '05	🍸🍸 5
● N'Antia '06	🍸🍸 5

Fattoria di Bagnolo

LOC. BAGNOLO-CANTAGALLO
VIA IMPRUNETANA PER TAVARNUZZE, 48
50023 IMPRUNETA [FI]
TEL. 0552313403
www.bartolinibaldelli.it

藏酒销售
预约参观
年产量 27 000 瓶
葡萄种植面积 10 公顷

巴托里尼•贝德利（Bartolini Baldelli）家族在托斯卡纳（Tuscany）的三个地区农业综合企业都是农业观光园。瓦尔达诺（Pergine Valdarno）的蒙图兹城堡精力集中放在一个狩猎保护区和生产特级初榨橄榄油上。比萨（Pisa）圣米尼亚托（San Miniato）的梯田是种植的佳地，而这在伊姆普路内塔（Impruneta）的巴尼奥洛农场是出产优质葡萄酒最重要的地方。史料记载，这片地曾为马基雅弗利（Machiavelli）家族所有。

Wine	Rating
● Capro Rosso '08	🍷🍷 6
● Chianti Colli Fiorentini Ris. '08	🍷🍷 5
● Chianti Colli Fiorentini '09	🍷 4
● Capro Rosso '07	🍸🍸 5
● Capro Rosso '06	🍸🍸 6
● Chianti Colli Fiorentini '08	🍸🍸 4
● Chianti Colli Fiorentini '07	🍸🍸 4*
● Chianti Colli Fiorentini Ris. '06	🍸🍸 5

I Balzini

LOC. PASTINE, 19
50021 BARBERINO VAL D'ELSA [FI]
TEL. 0558075503
www.ibalzini.it

预约参观
年产量 50 000 瓶
葡萄种植面积 8.4 公顷

这个属于爱桑托斯（D'Isanto）家族所有的酒庄从19世纪70年代便开始生产优质葡萄酒。这里种植葡萄的历史可追溯到13世纪，在一场佛罗伦萨人对塞米方提（Semifonte）附近的一个城堡围攻曾提及这里所酿葡萄酒酒的品种优良。多年以来，葡萄种植的面积逐渐增加，如今，已拥有4个品牌商标了。酒庄的名称源于一块被当地称之为“巴尔塞”（balze）的梯田。

- ● I Balzini Black Label '08 6
- ● I Balzini White Label '08 6
- ● I Balzini Green Label '09 4
- ● I Balzini Black Label '07 6
- ● I Balzini Black Label '06 6
- ● I Balzini White Label '07 5
- ● I Balzini White Label '06 6

Bandini - Villa Pomona

LOC. POMONA
S.DA CHIANTIGIANA, 222
53011 CASTELLINA IN CHIANTI [SI]
TEL. 0577740930
www.fattoriapomona.it

藏酒销售
预约参观
年产量 12 000 瓶
葡萄种植面积 5 公顷
葡萄栽培方式 有机种植

1899年，班蒂诺•班蒂尼（Bandino Bandini）开始在这片土地上种植葡萄，在他孙子恩佐•拉斯皮（Enzo Raspi）重新恢复了这片被荒弃的地后，后辈们继续了他的事业。这采用有机种植法的葡萄园主要种植圣乔维斯（sangiovese），还有少量的柯勒瑞诺（colorino）和赤霞珠（cabernet sauvignon）。酒庄的传统风格从一如既往的只用大桶陈酿就开始体现了。而酿出来的酒也总是充满新意。初尝这些酒可能会觉得有点酸涩，然而也张显其与众不同的个性。

- ● Chianti Cl. Ris. '08 5
- ● Chianti Cl. '09 4
- ● Chianti Cl. Ris. '07 5

Riccardo Baracchi

LOC. SAN MARTINO
VIA CEGLIOLO, 21
52042 CORTONA [AR]
TEL. 0575612679
www.baracchiwinery.com

藏酒销售
预约参观
年产量 100 000 瓶
葡萄种植面积 22 公顷
葡萄栽培方式 有机种植

博拉施（Baracchi）家族别墅被他们努力翻新改建成了一家酒店和瑞拉斯（Relais et chateaux）酒庄。瑞卡多（Riccardo）和他儿子贝内德托（Benedetto）管理酿酒厂，西尔维娅（Silvia）则负责饭店。这里酿酒的历史可追溯到1860年，如今在现代酿酒技术的帮助下继续发展着。经实验改良的传统方式生产的高品质气泡葡萄酒已投入标准生产，酿制特色高品质气泡葡萄酒采用了一些经典葡萄品种，比如亚比诺（trebbiano）和圣乔维斯（sangiovese）。

● Ardito '08	🍷🍷🍷	7
● Cortona Smeriglio Merlot '09	🍷🍷	5
● O'Lillo '10	🍷🍷	4
○ Astore '10	🍷	5
● Cortona Smeriglio Sangiovese '09	🍷	5
● Cortona Smeriglio Syrah '09	🍷	5
● Ardito '06	🍷🍷	7
○ Astore '09	🍷🍷	4
● Cortona Smeriglio Merlot '07	🍷🍷	5
● Cortona Smeriglio Syrah '07	🍷🍷	5
⊙ Spumante Brut Rosé '07	🍷🍷	8

Fattoria dei Barbi

LOC. PODERNOVI, 170
53024 MONTALCINO [SI]
TEL. 0577841111
www.fattoriadeibarbi.it

藏酒销售
预约参观
年产量 700 000 瓶
葡萄种植面积 90 公顷

古老的蒙特奇诺（Montalcino）酒庄是为数不多在上世纪中叶就能举办垂直品酒会的酒庄。酒庄使用小心的价格策略率先让布鲁内罗酒（Brunello）走向了大众。近年来，酒庄开发出托斯卡纳式农场，使其与另外一个乡村艺术博物馆一样成为了该地区的“名片”。这传统模式的酒庄与除德尔菲奥雷（Vigna del Fiore）酒庄一样被认为是蒙塔奇诺最优秀的酒庄，也是很具潜力的一个。

● Brunello di Montalcino '06	🍷🍷	6
● Brunello di Montalcino V. del Fiore '06	🍷🍷	8
● Brunello di Montalcino Ris. '05	🍷	8
● Morellino di Scansano '09	🍷	4
● Rosso di Montalcino '09	🍷	4
● Brunello di Montalcino '04	🍷🍷	6
● Brunello di Montalcino Ris. '04	🍷🍷	8
● Brunello di Montalcino V. del Fiore '05	🍷🍷	8
● Brunello di Montalcino V. del Fiore '04	🍷🍷	8
● Brusco dei Barbi '08	🍷🍷	3*
● Morellino di Scansano Sole '07	🍷🍷	5

★Barone Ricasoli

LOC. CASTELLO DI BROLIO
53013 GAIOLE IN CHIANTI [SI]
TEL. 05777301
www.ricasoli.it

藏酒销售
预约参观
年产量 2 000 000 瓶
葡萄种植面积 250 公顷

巴隆•里卡索利（Barone Ricasoli）酒庄是坎蒂各葡萄酒看齐的标杆。这不仅因为巴隆•贝提诺（Barone Bettino）在布罗利欧（Brolio）城堡发明了坎蒂酒，也由于这个现属于弗朗西斯科•里卡索利（Francesco Ricasoli）的酒庄的葡萄酒品种一直良好。该酒庄在布罗利欧葡萄园对一种圣乔维斯葡萄进行分区实验，细致的无性繁殖系选择，近期又建立了一个40公顷的采用严格的有机栽培技术的实验性葡萄园。

● Casalferro '08	🍷🍷🍷 8
● Chianti Cl. Colledilà '08	🍷🍷 8
● Chianti Cl. Castello di Brolio '08	🍷🍷 8
● Chianti Cl. Brolio '09	🍷 6
● Chianti Cl. Rocca Guicciarda Ris. '08	🍷 6
● Casalferro '05	ΨΨΨ 8
● Casalferro '03	ΨΨΨ 6
● Casalferro '99	ΨΨΨ 6
● Chianti Cl. Castello di Brolio '07	ΨΨΨ 8
● Chianti Cl. Castello di Brolio '06	ΨΨΨ 8
● Chianti Cl. Castello di Brolio '04	ΨΨΨ 8
● Chianti Cl. Castello di Brolio '03	ΨΨΨ 7
● Chianti Cl. Castello di Brolio '01	ΨΨΨ 7
● Chianti Cl. Castello di Brolio '00	ΨΨΨ 7
● Chianti Cl. Castello di Brolio '99	ΨΨΨ 7
● Chianti Cl. Castello di Brolio '98	ΨΨΨ 6

Mattia Barzaghi

LOC. SAN DONATO, 13
53037 SAN GIMIGNANO [SI]
TEL. 0577941501
www.mattiabarzaghi.com

藏酒销售
预约参观
年产量 50 000 瓶
葡萄种植面积 15 公顷
葡萄栽培方式 有机种植

这非凡的酒庄中心在卡乔（Il Caggio），其他地方也有包括一些最好的葡萄园。这个马迪亚•巴尔扎吉（Mattia Brazaghi）不久前创建的酒庄现在被认为是该地区最好的新生酒厂。马迪亚的产品风格和创意给人印象深刻。每个酒瓶上都会写上有趣的评语。每种酒都很前卫，并且极具魅力与潜力。

○ Vernaccia di S. Gimignano Zeta '10	🍷🍷🍷 4
○ Vernaccia di S. Gimignano Cassandra Ris. '09	🍷🍷 5
● Sorriso '10	🍷🍷 4
○ Vernaccia di S. Gimignano Impronta '10	🍷🍷 4
● Sciamano '07	ΨΨ 5
○ Vernaccia di S. Gimignano Cassandra Ris. '08	ΨΨ 5
○ Vernaccia di S. Gimignano Zeta '09	ΨΨ 4*
○ Vernaccia di S. Gimignano Zeta '08	ΨΨ 4*

Fattoria di Basciano

V.LE DUCA DELLA VITTORIA, 159
50068 RUFINA [FI]
TEL. 0558397034
www.renzomasibasciano.it

藏酒销售
预约参观
年产量 200 000 瓶
葡萄种植面积 35 公顷

这个1925年就属于马西（Masi）家族的庄园在12世纪建成，并位于一座塔的附近。庄园现在的主人伦佐•马西（Renzo Masi）在酒庄里是葡萄种植师和酿酒师，在外面又是酒商。伦佐的儿子保罗（Paolo）管理酒厂，并身兼酒厂的农艺师、酿酒师和意大利销售总监三重身份。他的妻子安娜•丽塔（Anna Rita）则负责国外市场与农庄活动的接待。

- ● Chianti Rufina '09 🍷🍷 3*
- ● Erta e China '09 🍷🍷 3*
- ○ Vin Santo Rufina '05 🍷🍷 4
- ● Chianti Ris. '08 🍷 3
- ● Chianti Rufina Ris. '08 🍷 5
- ● Il Corto '08 🍷 4
- ⊙ Rosato '10 🍷 2
- ● Chianti Rufina '08 🍷🍷 3*
- ● Chianti Rufina Ris. '07 🍷🍷 5
- ● Erta e China '08 🍷🍷 3
- ● I Pini '08 🍷🍷 5
- ● Vigna Il Corto '08 🍷🍷 4

Begnardi

LOC. MONTEANTICO
POD. CAMPOROSSO, 34
58030 CIVITELLA PAGANICO [GR]
TEL. 0564991030
www.begnardi.com

藏酒销售
预约参观
年产量 20 000 瓶
葡萄种植面积 5 公顷

庄园的主人拜格纳迪（Begnardi）兄妹决心在这里投资生产葡萄酒和特级初榨橄榄油。除此之外，他们还与当地一些行家开了一个农庄和餐馆。他们还利用压碎的果渣提炼出两种格拉帕酒（grappa）。他们主要酿造的是圣乔维斯酒（sangiovese），这些酒风格迥异且十足。

- ● Montecucco Sangiovese Ceneo '09 🍷🍷 4
- ● Montecucco Sangiovese Pigna Rossa Ris. '08 🍷🍷 6
- ● Montecucco Rosso Begnardi '09 🍷 4
- ● Montecucco Sangiovese Pigna Rossa Ris. '07 🍷🍷 6

Cantine Bellini

via Piave, 1
50068 Rufina [FI]
Tel. 0558399102
www.bellinicantine.it

藏酒销售
年产量 12 600 瓶
葡萄种植面积 7 公顷

这座19世纪建成的庄园为贝里尼（Bellini）家族所有，积极地向商店和餐馆推销他们的葡萄酒和橄榄油。许多鲁菲娜的企业家有着类似的背景。贝里尼家族继续着他们的葡萄酒批发生意的同时还继续种植着葡萄。他们生产葡萄酒和橄榄油，还举办品酒会，让游客和葡萄酒爱好者们大饱口福。

Wine	Glasses	Rating
● Canto del Lupo Podere Il Pozzo '07	🍷🍷	5
● Chianti Rufina Podere Il Pozzo '09	🍷🍷	4
● Chianti Rufina Podere Il Pozzo Ris. '09	🍷	5
● Canto del Lupo Podere Il Pozzo '06	♀♀	5
● Chianti Rufina Ris. '05	♀♀	4*
● Chianti Rufina V. Vecchia Podere Il Pozzo Ris. '06	♀♀	5

Belpoggio

fraz. Castelnuovo dell'Abate
loc. Bellaria
53024 Montalcino [SI]
Tel. 0423982147
www.belpoggio.it

预约参观
年产量 25 000 瓶
葡萄种植面积 5 公顷

马特罗佐（Martellozzo）家族几代人都在这个位于卡斯特努沃的小酒庄酿造着普罗塞克酒（Prosecco）。贝尔珀乔酒庄优雅复杂的酒很具地域特色，并将传统与创新完美的融为了一体。对葡萄园悉心的照料和对酿酒技术严格的把关使产品品质得到了常久的保证。葡萄园的土壤是松散的富含泥灰的土壤，酒窖的酒桶每个能装3 000升葡萄酒。

Wine	Glasses	Rating
● Brunello di Montalcino '06	🍷🍷	7
● Rosso di Montalcino '09	🍷	5
● Brunello di Montalcino '05	♀♀	7
● Brunello di Montalcino '04	♀♀	7
● Brunello di Montalcino '03	♀♀	7
● Rosso di Montalcino '08	♀♀	5

Podere Le Berne

Loc. Cervognano
via Poggio Golo, 7
53040 Montepulciano [SI]
Tel. 0578767328
www.leberne.it

藏酒销售
年产量 25 000 瓶
葡萄种植面积 6 公顷

酒庄的名称源于伊特鲁里亚语“Verna”或者“Verena”，意思是酿酒之山。与许多托斯卡纳的酿酒厂的历史类似，它也是由开始种葡萄卖葡萄转型为酿酒厂的。这同样也是埃吉斯托•纳塔利尼（Egisto Natalini）和他儿子茱莉亚诺（Giuliano）的发家史。1995年，茱莉亚诺的农学家儿子把他们联合在一起，并热情的继续着他们的事业。

- ● Nobile di Montepulciano '08 ▼▼ 4
- ● Nobile di Montepulciano Ris. '07 ▼▼ 6
- ● Nobile di Montepulciano '06 ▽▽▽ 4
- ● Nobile di Montepulciano '07 ▽▽ 4
- ● Nobile di Montepulciano '05 ▽▽ 4*
- ● Nobile di Montepulciano '04 ▽▽ 4
- ● Nobile di Montepulciano '03 ▽▽ 4
- ● Nobile di Montepulciano Ris. '05 ▽▽ 6
- ● Nobile di Montepulciano Ris. '04 ▽▽ 6
- ● Nobile di Montepulciano Ris. '03 ▽▽ 6
- ● Nobile di Montepulciano Ris. '01 ▽▽ 6
- ● Rosso di Montepulciano '09 ▽▽ 4
- ● Rosso di Montepulciano '08 ▽▽ 4
- ● Rosso di Montepulciano '06 ▽▽ 4
- ● Rosso di Montepulciano '05 ▽▽ 4
- ● Rosso di Montepulciano '04 ▽▽ 4

Bindella

Fraz. Acquaviva
via delle Tre Berte, 10a
53045 Montepulciano [SI]
Tel. 0578767777
www.bindella.it

藏酒销售
年产量 120 000 瓶
葡萄种植面积 31 公顷

鲁迪•宾德拉（Rudi Bindella）来自一个在葡萄酒领域活跃了100年以上的家族。宾德拉家族原是瑞士的坎蒂酒进口商，后来才进军到餐饮领域。1986年酒庄有了大概的雏形，后来慢慢发展到现在的规模。园内种植了葡萄和小麦，还种了2 500多颗橄榄树。酒庄的标语“土地、生活、美酒”便是他们种植葡萄和酿酒的理念。

- ● Nobile di Montepulciano I Quadri '08 ▼▼ 5
- ● Nobile di Montepulciano Ris. '07 ▼▼ 5
- ○ Gemella '10 ▼ 4
- ● Nobile di Montepulciano '08 ▼ 5
- ● Vallocaia '07 ▼ 6
- ● Vallocaia '88 ▽▽▽ 5
- ● Nobile di Montepulciano I Quadri '07 ▽▽ 5
- ● Nobile di Montepulciano I Quadri '06 ▽▽ 5
- ● Nobile di Montepulciano I Quadri '05 ▽▽ 5
- ● Nobile di Montepulciano I Quadri '04 ▽▽ 5
- ● Nobile di Montepulciano I Quadri '03 ▽▽ 5
- ● Nobile di Montepulciano I Quadri '01 ▽▽ 5
- ● Nobile di Montepulciano Ris. '06 ▽▽ 5
- ● Vallocaia '04 ▽▽ 6
- ○ Vin Santo Dolce Sinfonia '06 ▽▽ 6
- ○ Vin Santo Dolce Sinfonia '99 ▽▽ 6

Bindi Sergardi

Loc. Poggiolo
Fattoria I Colli, 2
53035 Monteriggioni [SI]
Tel. 0577309107
www.bindisergardi.it

藏酒销售
年产量 60 000 瓶
葡萄种植面积 100 公顷

这个著名的酒庄是经典坎蒂酒酿酒厂的优秀代表，酒庄主人从15世纪开始到现在都是同一个家族。庄园总面积已发展到超过1 000公顷。如今，它由尼科洛（Nicolo）和他女儿亚历山德拉（Alessandra）经营，亚历山德拉专长葡萄、葡萄酒和特级初榨橄榄油的生产以及赛马——一个完全不同的领域。他们的产业分散在托斯卡纳的南部，包括莫西尼（Mocenni）、玛奇尼拉（Marcianella）、科里（I Colli）和皮安•德尔•拉格（Pian del Lago）。

Wine	Rating
● Chianti Cl. Ris. '07	🍷🍷 5
● Numero 89 Mocenni '07	🍷🍷 7
● Chianti Cl. '08	🍷🍷 4
● Climax '08	🍷 6
● Chianti Cl. Ris. '05	♀♀ 5
● Chianti Cl. Ris. '04	♀♀ 5
● Climax '04	♀♀ 6

Biondi Santi Tenuta Il Greppo

Loc. Villa Greppo, 183
53024 Montalcino [SI]
Tel. 0577848087
www.biondisanti.it

藏酒销售
预约参观
年产量 80 000 瓶
葡萄种植面积 25 公顷
葡萄栽培方式 有机种植

雅克伯•比昂迪•桑提（Jacopo Biondi Santi）回到他父亲佛兰克（Franco）的身边工作是酒庄最重要的新闻。酒庄的布鲁耐罗酒（Brunello）早在19世纪便已诞生，但它还是保持用传统老酒窖来酿造。在新式优秀的酒窖流行的时期，它酿出来的酒仍然有种独特的优雅风格和品味。尽管多年来酒庄酿酒的风格从未改变，但也一直进行着无性繁殖系选择的研究。

Wine	Rating
● Brunello di Montalcino '06	🍷🍷🍷 8
● Rosso di Montalcino '08	🍷🍷 6
● Brunello di Montalcino '04	♀♀♀ 8
● Brunello di Montalcino '03	♀♀♀ 8
● Brunello di Montalcino '01	♀♀♀ 8
● Brunello di Montalcino '83	♀♀♀ 6
● Brunello di Montalcino Ris. '04	♀♀♀ 8
● Brunello di Montalcino Ris. '01	♀♀♀ 8
● Brunello di Montalcino Ris. '99	♀♀♀ 8
● Brunello di Montalcino Ris. '95	♀♀♀ 6
● Brunello di Montalcino '05	♀♀ 8
● Brunello di Montalcino '00	♀♀ 8
● Brunello di Montalcino '97	♀♀ 8

Tenuta di Biserno

LOC. PALAZZO GARDINI
P.ZZA GRAMSCI, 9
57020 BIBBONA [LI]
TEL. 0586671099
www.biserno.it

年产量 160 000 瓶
葡萄种植面积 99 公顷

罗多维科•安提诺里（Lodovico Antinori）是个历史名人，他创办的酒庄在意大利葡萄酒历史上扮演了很重要的角色。罗多维科和他兄弟皮耶罗（Piero）和乌博托•马诺奇（Umberto Mannoni）在他最喜欢的伯赫里（Bolgheri）创办了提纳塔•迪•拜塞诺（Tenuta di Biserno）酒庄，并在伯赫里挑块最好的地方作为葡萄园。酿造出的具有明显现代风格的酒是这个雄心勃勃的酒庄的特色。这是一个发展中、值得关注的酿酒厂。

● Biserno '08	8
● Insoglio del Cinghiale '09	5*
● Il Pino di Biserno '08	7

Borgo Salcetino

LOC. LUCARELLI
53017 RADDA IN CHIANTI [SI]
TEL. 0577733541
www.livon.it

藏酒销售
预约参观
年产量 91 500 瓶
葡萄种植面积 15 公顷

这个坐落在坎蒂（Chianti）的高速发展中的酒庄属于白葡萄酒产区佛里乌利（Friuli）有名的酿酒家族——利万（Livon）家族，他们还在意大利的其他地方投资了红酒产业。那些到来达（Radda）郊区寻找经典葡萄酒的人一定会去伯格•萨瑟提诺（Borgo Salcetino）酒庄。这些精心照料着的葡萄园大部分种植圣乔维斯葡萄（Sangiovese），酒窖从来没有酿坏过一桶酒，包括用传统的大桶酿造。我们都认为他们酿出来的酒都很成功。

● Chianti Cl. '09	4
● Chianti Cl. '07	4*
● Chianti Cl. '01	4
● Chianti Cl. Lucarello Ris. '07	5
● Chianti Cl. Lucarello Ris. '06	5
● Chianti Cl. Lucarello Ris. '99	5
● Rossole '00	5

Il Borro

FRAZ. SAN GIUSTINO VALDARNO
LOC. IL BORRO, 1
52020 LORO CIUFFENNA [AR]
TEL. 0559772921
www.ilborro.it

藏酒销售
预约参观
年产量 200 000 瓶
葡萄种植面积 45 公顷

近年来，菲拉咖莫（Ferragamo）家族一直经历着改革。老宅已经被改造成了公寓和接待中心。主住宅区还有举办庆典的礼堂。在酿酒方面，酿酒管理已经历了改革，文森塔（Vin Santo）的首度发布让酒庄有了自己的生产范围。大部分酒的风格很国际化，不过也能反映当地风土特色。

● Il Borro '08	7
● Pian di Nova '09	5
○ Vin Santo del Chianti Occhio di Pernice '07	6
● Polissena '09	6
● Il Borro '07	7
● Il Borro '03	7
● Polissena '07	6*

Poderi Boscarelli

FRAZ. CERVOGNANO
VIA DI MONTENERO, 28
53045 MONTEPULCIANO [SI]
TEL. 0578767277
www.poderiboscarelli.com

藏酒销售
预约参观
年产量 100 000 瓶
葡萄种植面积 14 公顷

热那亚（Genoa）的商人艾格斯托•科拉迪（Egisto Corradi）一直对托斯卡纳区（Tuscany）和世界其他地区的酒非常有热情，这份热情促使他于1962年购置了博思卡尔里（Boscarelli）酒庄。今天艾格斯托的女儿泡菈（Paola）和她丈夫伊波利托（Ippolito De Ferrari）还有他们的儿子卢卡（Luca）和尼可洛（Nicolò）跟随先辈的脚步，管理着从葡萄生产到酒窖的各个层面。博思卡尔里酒庄一丝不苟地追求着优雅和技巧，这是它独特的方面。

● Nobile di Montepulciano Nocio dei Boscarelli '07	8
○ Vin Santo di Montepulciano '02	8
● Nobile di Montepulciano '08	6
● Rosso di Montepulciano Prugnolo '09	4
● Nobile di Montepulciano Nocio dei Boscarelli '04	7
● Nobile di Montepulciano Nocio dei Boscarelli '03	7
● Nobile di Montepulciano Nocio dei Boscarelli '01	7
● Nobile di Montepulciano Ris. '06	6
● Nobile di Montepulciano Ris. '88	5
● Nobile di Montepulciano V. del Nocio Ris. '91	7
● Nobile di Montepulciano Nocio dei Boscarelli '06	8
● Nobile di Montepulciano Nocio dei Boscarelli '05	7

★Brancaia

LOC. POPPI, 42
53017 RADDA IN CHIANTI [SI]
TEL. 0577742007
www.brancaia.com

藏酒销售
预约参观
年产量 451 500 瓶
葡萄种植面积 69 公顷

建于1981年，隶属于斯维斯•魏德梅（Swiss Widmer）家族的布兰卡亚（Brancaia）酒庄在三个不同的工业园有葡萄园。鲍比（Poppi）酒庄位于基安蒂（Chianti）的拉达地区（Radda），布兰卡亚酒庄坐落于基安蒂的卡斯特里娜地区（Castellina），1998年购置的波吉奥（Poggio）酒场则位于较远的马莱玛地区（Maremma）。迎合那些对于葡萄园经营眼光审慎的人绝对是需要技术上精准地控制酒窖运作的，而这也是布兰卡亚酒庄经营哲学的基石。其结果就是成就了这一以成熟橡树果实主打的强劲的商品体系，但同时也伴随着一些鲜嫩产品的出售。

● Brancaia Il Blu '08	🍷🍷🍷	8
● Ilatraia '09	🍷🍷	7
○ Bianco '10	🍷	4
● Brancaia Tre '09	🍷	5
● Brancaia '99	🍷🍷🍷	8
● Brancaia '98	🍷🍷🍷	6
● Brancaia Il Blu '07	🍷🍷🍷	8
● Brancaia Il Blu '06	🍷🍷🍷	7
● Brancaia Il Blu '05	🍷🍷🍷	7
● Brancaia Il Blu '04	🍷🍷🍷	7
● Brancaia Il Blu '03	🍷🍷🍷	7
● Brancaia Il Blu '01	🍷🍷🍷	7
● Brancaia Il Blu '00	🍷🍷🍷	7

Bruni

FRAZ. FONTEBLANDA
LOC. LA MARTA, 6
58010 ORBETELLO [GR]
TEL. 0564885445
www.aziendabruni.it

藏酒销售
预约参观
年产量 400 000 瓶
葡萄种植面积 36 公顷

布鲁尼（Bruni）家族从1960年就开始产酒，但直到1974年，他们才建立了布鲁尼（Bruni）酒庄。如今马科（Marco）和莫尼罗（Moreno）两兄弟经营这份产业。在马莱玛（Maremma）酒业现象还没发生之前这儿就已经开始产酒了，也就是在第一个购置葡萄园的祖辈伊特鲁里亚（Etruscans）的时代。那是布鲁尼一家就取得了有趣的结果。这些年尽管由于葡萄原料以及生产方式的选择使其酒制品市场仍然极度集中在国内，酒业还是得到了进一步的发展。

● Morellino di Scansano Laire Ris. '09	🍷🍷	5
○ Vermentino Perlaia '10	🍷🍷	4
● Morellino di Scansano Marteto '10	🍷	4
○ Vermentino Plinio '10	🍷	4
● Morellino di Scansano Laire Ris. '08	🍷🍷	5
● Morellino di Scansano Laire Ris. '07	🍷🍷	5
● Morellino di Scansano Marteto '09	🍷🍷	4
○ Plinio '09	🍷🍷	4
○ Vermentino Perlaia '08	🍷🍷	4

Buccia Nera

LOC. CAMPRIANO, 10
52100 AREZZO
TEL. 0575361040
www.buccianera.it

藏酒销售
预约参观
年产量 50 000 瓶
葡萄种植面积 63.45 公顷
葡萄种植方式 有机认证

20世纪初，曼西尼（Mancini）家族取得了这份被称作坎普瑞尔诺（Campriano）的酒庄。这里的主要产业一直都是酒业和油业。在2004年一个新的酒窖投入使用，同一年该酒窖老板的两个女儿开始在哪里工作，她们的名字是爱乐西亚（Alessia）和爱娜斯塔西亚（Anastasia）。这里主要种植圣乔维斯葡萄（sangiovese），但是这里也不缺本地以及国际的种类。除了酒业之外，这里也提供酒店设施以及果蔬供应。

Wine	Rating
○ Donna Patrizia '10	🍷🍷 4
○ Magnano '10	🍷🍷 4*
● Amadio '08	🍷 5
● Chianti Guarniente '10	🍷 4
● Chianti Sassocupo '09	🍷 4
● Il Campranese '09	🍷 4
● Amadio '07	🍷🍷 4*
● Amadio '04	🍷🍷 5
● Il Camprianese '06	🍷🍷 2*
● Il Camprianese '05	🍷🍷 3*

Bulichella

LOC. BULICHELLA, 131
57028 SUVERETO [LI]
TEL. 0565829892
www.bulichella.it

藏酒销售
预约参观
年产量 60 000 瓶
葡萄种植面积 14 公顷
葡萄种植方式 有机认证

苏韦雷托（Suvereto）的布丽切拉（Bulichella）酒庄在皮翁比诺（Piombino）近海沼地的南部，离大海和阔尼亚瓦尔荻（Val di Cornia）的公园只有一小段路。那儿拥有极佳的自然环境和令人窒息的美丽景色。这片面积14公顷并且覆盖在葡萄树下的丘陵地段主要的特点就是充满了陡峭的斜坡。那位创下令人惊叹的经营历史的老板海德尤克•米亚卡瓦（Hideyuki Miyakawa）是一个魅力超凡的人，他之后立刻创建了以斯德凡诺•博纳贵迪（Stefano Bonaguidi）和他儿子•埃纳山德（Alessandro）为主的高效领导团体。

Wine	Rating
● Val di Cornia Rosso Tuscanio '08	🍷🍷🍷 6
● Val di Cornia Rosso Tuscanio '07	🍷🍷 6
● Val di Cornia Suvereto Maria Shizuko '07	🍷🍷 6
○ Val di Cornia Vermentino Tuscanio '10	🍷🍷 4
● Val di Cornia Col di Pietre Rosse '08	🍷 7
● Val di Cornia Rosso Rubino '10	🍷 4
● Val di Cornia Aleatico '05	🍷🍷 6
● Val di Cornia Col di Pietre Rosse '04	🍷🍷 7
● Val di Cornia Rosso Rubino '08	🍷🍷 4
● Val di Cornia Rosso Tuscanio '05	🍷🍷 6
○ Val di Cornia Vermentino Tuscanio '10	🍷 4

Tenuta del Buonamico

LOC. CERCATOIA
VIA PROVINCIALE DI MONTECARLO, 43
55015 MONTECARLO [LU]
TEL. 058322038
www.buonamico.it

藏酒销售
预约参观
年产量 130 000 瓶
葡萄种植面积 29 公顷

20世纪60年代，特纳塔•德尔•布奥纳米科（Tenuta del Buonamico）酒庄成立，它于几年前换了主人。现在它隶属于丰塔纳（Fontana）家族，这个新主人对它近几年的发展贡献良多。葡萄园位于瑟卡托亚（Cercatoia）旁边，蒙特卡洛（Montecarlo）的西南部，并将葡萄种植于各种各样的粘土和沙土中。这种多相的自然条件使得酒庄的拥有者采取了分区完全发展制度，旨在出产各种类葡萄最好的产品。

- ● Cercatoja Rosso '08 6
- ● Il Fortino Syrah '08 6
- ○ Montecarlo Bianco '10 3
- ● Cercatoja Rosso '07 6
- ● Cercatoja Rosso '06 6
- ● Il Fortino Syrah '07 6
- ● Il Fortino Syrah '06 6
- ● Montecarlo Rosso '08 3
- ● Montecarlo Rosso '07 3*
- ● Villa Lombardi '07 4

Buondonno Casavecchia alla Piazza

LOC. LA PIAZZA, 37
53011 CASTELLINA IN CHIANTI [SI]
TEL. 0577749754
www.buondonno.com

藏酒销售
预约参观
年产量 35 000 瓶
葡萄种植面积 7. 85 公顷
葡萄种植方式 有机认证

农学家加布里•艾莱布昂多诺（Buondonno）和瓦莱利亚•索达娜（Valeria Sodano）于1988年购买了这座酒庄，并且采取了参考尊重环境和经营有机农业产生的可靠地经营方式。在这20公顷的庄园里，位于卡斯特利那山脉（Castellina）的8公顷是葡萄园，那里并不缺少林区并且部分林区被作为橄榄果园。绝大部分的葡萄种植在卡萨梵琪山（Casavecchia）上位于海拔400米的砾石丰富的粘土石灰土壤中。

- ● Chianti Cl. '09 4
- ● Chianti Cl. Ris. '08 6
- ● Campo ai Ciliegi '08 6
- ● Campo ai Ciliegi '07 6
- ● Chianti Cl. '08 4
- ● Chianti Cl. Ris. '07 6

Ca' del Vispo

LOC. LE VIGNE
VIA DI FUGNANO, 31
53037 SAN GIMIGNANO [SI]
TEL. 0577943053
www.cadelvispo.it

藏酒销售
预约参观
年产量 80 000 瓶
葡萄种植面积 9 公顷

这个酒庄原属于特伦托（Trentino），而现在的主人马西莫•达尔丁（Massimo Daldin）在追寻着他父母当初的制酒梦。20世纪80年代他的父母来到圣•吉米格纳罗（San Gimignano）这个地方观光，同时也爱上了它，于是他们卖掉了之前的葡萄园并在该地著名的中世纪堡垒的阴影之下开始了新的冒险。在经历了另外几次旅行冒险之后，该酒庄产品于1997年上市。如今，在经历了几次革新计划之后，布兰卡娅（Brancaia）证明了它在当地酒业界有着重要的地位。

○ Vernaccia di S. Gimignano '10	🍷🍷 3*
○ Vernaccia di S. Gimignano V. in Fiore '10	🍷🍷 4
○ Segumo '08	🍷 4
● Rovai '07	♀♀ 5
○ Vernaccia di S. Gimignano V. in Fiore '09	♀♀ 4

Ca' Marcanda

LOC. SANTA TERESA, 272
57022 CASTAGNETO CARDUCCI [LI]
TEL. 0565763809
info@camarcanda.com

年产量 450 000 瓶
葡萄种植面积 100 公顷

卡•马坎达（Ca' Marcanda）酒庄是厂商安吉诺•加亚（Angelo Gaja）在布洛葛赫利（ Bolgheri）的产业，他曾以自己的名字为一个特别独特的酒业市场命名。该酒庄座落于卡斯塔格勒托•卡杜奇（Castagneto Carducci），它以自己广大的占地面积和纯正的原始酒窖而出名，同时此这个酒庄和自然风景完美的结合在了一起。这些葡萄酒是典型的嘉雅风格，被当地别具特色的风情美妙所加强。

● Bolgheri Camarcanda '08	🍷🍷 8
● Magari '09	🍷🍷 8
● Promis '09	🍷🍷 8
● Bolgheri Camarcanda '07	♀♀♀ 8
● Bolgheri Camarcanda '01	♀♀♀ 8
● Magari '03	♀♀♀ 7
● Bolgheri Camarcanda '06	♀♀ 8
● Magari '07	♀♀ 7
● Promis '08	♀♀ 6
● Promis '07	♀♀ 6

Cacciagrande

loc. Tirli
s.da Ampio-Tirli
58040 Castiglione della Pescaia [GR]
Tel. 0564944168
www.cacciagrande.com

藏酒销售
预约参观
年产量 60 000 瓶
葡萄种植面积 10 公顷

出于对葡萄种植的热爱，图西奥（Tuccio）家族启动了这个酒业王朝复辟计划。虽然事实证明这个过程是漫长而艰苦的，但同时也使得他们获得一个经营妥善的产业。这个酒庄在产酒的同时也出售橄榄原油。这里最主要的葡萄种类就是圣乔维斯（sangiovese），为了增强出售酒类的多样性，它的四个不同的克隆品种也被种植在这里。但是这里同样为创新品种留足了空间，一些国际的葡萄品种在这里也可见到。

- ● Cortigliano '09 🍷🍷 4
- ● Monteregio di Massa Marittima Rosso '09 🍷🍷 4*
- ● Castiglione '07 🍷 5
- ○ Viognier '10 🍷 4
- ● Castiglione '04 🍷🍷 6
- ● Cortigiano '05 🍷🍷 5

Tenuta Le Calcinaie

loc. Santa Lucia, 36
53037 San Gimignano [SI]
Tel. 0577943007
www.tenutalecalcinaie.it

藏酒销售
预约参观
年产量 60 000 瓶
葡萄种植面积 10 公顷
葡萄种植方式 有机认证

这个表现优异的酒庄的主人是西蒙•桑蒂尼（Simone Santini），他是一个热情的葡萄栽培园艺师兼酿酒师，初为葡萄酒技术员，他决心要生产出自己的葡萄酒。1986年，西蒙种下了他的第一片葡萄。它坐落在圣卢西亚（Santa Lucia），仅仅距圣吉米亚诺（San Gimignano）3公里。他们严格遵守官方认可的标准种植有机葡萄栽培，它遵循了相同的认证为其酿造过程。酿造出的葡萄酒突显出重要艺术风格的精度。

- ○ Vernaccia di S. Gimignano '10 🍷🍷 4*
- ● Gabriele '07 🍷🍷 4
- ● Teodoro '07 🍷🍷 5
- ○ Vernaccia di S. Gimignano '08 🍷🍷 4*
- ○ Vernaccia di S. Gimignano V. ai Sassi '06 🍷🍷 4
- ○ Vernaccia di S. Gimignano V. ai Sassi '05 🍷🍷 4
- ○ Vernaccia di S. Gimignano V. ai Sassi '04 🍷🍷 4
- ○ Vernaccia di S. Gimignano V. ai Sassi '03 🍷🍷 4

Camigliano

LOC. CAMIGLIANO
VIA D'INGRESSO, 2
53024 MONTALCINO [SI]
TEL. 0577816061
www.camigliano.it

藏酒销售
预约参观
年产量 350 000 瓶
葡萄种植面积 92 公顷
葡萄种植方式 有机种植

格济（Ghezzi）家族为了这个酒庄持续的开展着赞助活动，也包括卡米格里亚诺（Camigliano）历史中心的重建在内，坚持想要将其继续经营下去。其他重投资项目包括一个和自然风景完美相融的底下酒窖。过去的10年里，葡萄园被多次再植，而如今已经重新生产。总的来说，葡萄园的高种植密度、精心选择的克隆植株以及从老葡萄园挑选的大量精选植株应该会提升该酒庄的产品品质以及这个酒庄的机遇。

- Brunello di Montalcino '06 — 7
- Brunello di Montalcino Gualto Ris. '05 — 8
- Sant'Antimo Cabernet Sauvignon Campo ai Mori '08 — 5
- Poderuccio '09 — 4
- Rosso di Montalcino '09 — 4
- Brunello di Montalcino '04 — 6
- Brunello di Montalcino '99 — 6
- Brunello di Montalcino '08 — 6
- Brunello di Montalcino Gualto '99 — 8
- Rosso di Montalcino '08 — 4
- Sant'Antimo Cabernet Sauvignon Campo ai Mori '07 — 5

Canalicchio Franco Pacenti

LOC. CANALICCHIO DI SOPRA, 6
53024 MONTALCINO [SI]
TEL. 0577849277
www.canalicchiofrancopacenti.it

藏酒销售
预约参观
年产量 37 000 瓶
葡萄种植面积 10 公顷

该弗兰克•帕森提（Franco Pacenti）酒庄是一个抵押品。他们的酒制品总是精心制造的并且在每次葡萄酒酿造期都一如既往保持着悉心设计的风格。葡萄园位于蒙塔奇诺（Montalcino）南部的卡纳里奇地区（Canalicchi），那儿是海拔300米并且多砾岩而少粘土地方。砾岩使得种植园的排水顺畅而石灰岩使得土壤的酸度适中适于植物的生长。传统的酿造工艺包括运用相当长时间的浸渍时期，也会运用到总计约3 500升的酒桶。

- Brunello di Montalcino '06 — 6
- Rosso di Montalcino '09 — 4
- Brunello di Montalcino '04 — 6
- Brunello di Montalcino '05 — 6
- Brunello di Montalcino '01 — 6
- Brunello di Montalcino '00 — 6*
- Brunello di Montalcino '99 — 6*
- Brunello di Montalcino Ris. '04 — 8

Canalicchio di Sopra

loc. Casaccia, 73
53024 Montalcino [SI]
Tel. 0577848316
www.canalicchiodisopra.com

藏酒销售
预约参观
年产量 55 000 瓶
葡萄种植面积 15 公顷

西蒙内塔（Simonetta）父母的精心照料，为年轻的葡萄酿造厂进一步发展奠定了坚实的基础。葡萄园的地理位置优越，马尔科（Marco）和弗朗西斯科（Francesco）在这里工作了多年。公司位于卡塔尼亚（Canalicchi），这是蒙塔奇诺（Montalcino）北部最地理条件最优越的地区。人们品尝这种酒时，将会被它的柔和吸引，并感受到布鲁纳罗斯（Brunellos）酒品的特殊吸引力。葡萄的收获情况稳定。之后的工序就是按照传统方式有条不紊地发酵，继而装入总容量3 000升的木桶中。

Wine	Rating
● Brunello di Montalcino '06	🍷🍷🍷 7
● Rosso di Montalcino '09	🍷🍷 5
● Brunello di Montalcino Ris. '05	🍷 8
● Brunello di Montalcino '04	🍷🍷🍷 7
● Brunello di Montalcino Ris. '04	🍷🍷🍷 8
● Brunello di Montalcino Ris. '01	🍷🍷🍷 8
● Brunello di Montalcino '05	🍷🍷 7
● Brunello di Montalcino '01	🍷🍷 6
● Rosso di Montalcino '08	🍷🍷 4*
● Rosso di Montalcino '06	🍷🍷 5

Canneto

via dei Canneti, 14
53045 Montepulciano [SI]
Tel. 0578757737
www.canneto.com

藏酒销售
预约参观
年产量 115 000 瓶
葡萄种植面积 29 公顷

卡内托（Canneto）有着非凡的历史。几个瑞士朋友之前一直在蒙特帕西诺（Montepulciano）进口酒，但是从20世纪70年代，他们决定开始自己的葡萄酒酿造厂。1987年，他们建立了一个公司，囊括了已经有了相当长酿酒历史的庄园。所有权的转变，极大地提高了产品质量。新的管理体制下，葡萄种植方式发生了转变，酒窖的设备进行了更新，以适应逐步发展的酒品鉴定标准。

Wine	Rating
● Nobile di Montepulciano Ris. '07	🍷🍷 5
● Nobile di Montepulciano '08	🍷🍷 5
○ Vendemmia Tardiva '09	🍷🍷 5
● Filippone '08	🍷 6
● Filippone '06	🍷🍷 6
● Filippone '05	🍷🍷 6
● Nobile di Montepulciano '07	🍷🍷 5
● Nobile di Montepulciano Ris '03	🍷🍷 5
● Nobile di Montepulciano Ris '01	🍷🍷 5

Capanna

LOC. CAPANNA, 333
53024 MONTALCINO [SI]
TEL. 0577848298
www.capannamontalcino.com

藏酒销售
预约参观
年产量 70 000 瓶
葡萄种植面积 19.5 公顷

从保护联合会董事长的位置上退休以后，帕特瑞吉欧•森西奥尼（Patrizio Cencioni）回到他的庄园。神奇的蒙托索利山（Montosoli）是蒙塔奇诺（Montalcino）北部的屏障，庄园就位于山脚下。在酒庄新近革新和扩展的过程中，充分尊重周边环境状况，同时遵循历史传统。木桶按照传统样式进行了更新，葡萄园也重新进行了栽培。在接下来的几年，将会对酒产品进行谨慎而意义深远的调整，当然，这也是在遵循传统的前提下进行。

● Brunello di Montalcino '06	🍷🍷 6
● Rosso del Cerro '09	🍷 4
● Rosso di Montalcino '09	🍷 4
● Brunello di Montalcino Ris. '04	🍷🍷🍷 8
● Brunello di Montalcino Ris. '90	🍷🍷🍷 6
● Brunello di Montalcino '05	🍷🍷 6
● Brunello di Montalcino '04	🍷🍷 6
● Brunello di Montalcino Ris. '01	🍷🍷 8
● Rosso di Montalcino '08	🍷🍷 4

Capannelle

VIA CAPANNELLE, 13
53013 GAIOLE IN CHIANTI [SI]
TEL. 057774511
www.capannelle.com

藏酒销售
预约参观
年产量 80 000 瓶
葡萄种植面积 18 公顷

葡萄酒酿造厂归美国的舍伍德（Sherwood）家族所有，距离基安蒂（Chianti）的中心佳奥利（Gaiole）一箭之遥，已经有四代人在此经营。卡帕内尔（Capannelle）酒庄注重革新，正是这一点，使其在重振克安蒂经典红葡萄酒产区（Chianti Classico）的雄风时，作出了巨大贡献。基安蒂•卡拉斯科于1975年首次出售，正是基安蒂•卡萨勒（Chianti Casale）刚刚研制出的那一年。酒庄以酒产品的现代化气息驰名。这些酒不是在小木桶里匆匆酿造的，而是经过了时间的验证，才具有了其独特的魅力。

● 50 & 50 Avignonesi e Capannelle '07	🍷🍷 8
● Solare '07	🍷🍷 8
○ Chardonnay '09	🍷 7
● Chianti Cl. Ris. '08	🍷 7
● 50 & 50 Avignonesi e Capannelle '99	🍷🍷🍷 8
● 50 & 50 Avignonesi e Capannelle '97	🍷🍷🍷 8
● 50 & 50 Avignonesi e Capannelle '03	🍷🍷 8
● 50 & 50 Avignonesi e Capannelle '01	🍷🍷 8
● 50 & 50 Avignonesi e Capannelle '00	🍷🍷 8
○ Chardonnay '08	🍷🍷 8
● Solare '04	🍷🍷 8

Tenuta Caparzo

loc. Caparzo
SP del Brunello
53024 Montalcino [SI]
Tel. 0577848390
www.caparzo.it

藏酒销售
预约参观
年产量 455 000 瓶
葡萄种植面积 90 公顷

伊丽莎贝塔•古努蒂（Elisabetta Gnudi）为酒庄改革的付出收获了丰富而持久的回报。新的发酵室配备了全新的大桶，全新的木桶，也新近添加了中等型号的木桶。2006年的葡萄酒酿造期，酒庄酿造出绝佳的葡萄酒。高水平的工作人员，全新的酿造方案，精细划定等级的葡萄，都对酒庄的重新繁荣作出了巨大的贡献。葡萄园位于蒙塔奇诺（Montalcino）地理位置最好的蒙托索利（Montosoli），卡斯特尔奇偶康达（Castelgiocondo）等地区。

- ● Brunello di Montalcino La Casa '06 8
- ● Brunello di Montalcino '06 7
- ● Rosso di Montalcino '09 5
- ● Brunello di Montalcino La Casa '93 7
- ● Brunello di Montalcino La Casa '88 7
- ● Brunello di Montalcino La Casa '04 8
- ● Brunello di Montalcino La Casa '97 7
- ● Brunello di Montalcino Ris. '04 8
- ● Ca' del Pazzo '06 6
- ● Rosso di Montalcino La Caduta '07 5
- ● Rosso di Montalcino La Caduta '06 5

Tenuta di Capezzana

loc. Seano
via Capezzana, 100
59015 Carmignano [PO]
Tel. 0558706005
www.capezzana.it

藏酒销售
预约参观
年产量 600 000 瓶
葡萄种植面积 106 公顷

历经8个世纪依然繁荣的酒庄凤毛麟角，而孔蒂尼•伯纳克斯（Contini Bonaccossi）家族拥有的特努塔•卡皮扎纳（Tenuta di Capezzana）酒庄却从未停止前进的脚步，历经历史洗礼依然充满热情地前进。在家族核心康提•乌戈（Conte Ugo）的精心指导下，他的儿孙认真处理着酒庄各项事务。这种家族团队的模式在卡米格纳诺地区（Carmignano）十分盛行。

- ○ Vin Santo di Carmignano Ris. '05 6
- ● Ghiaie della Furba '07 6
- ○ Trebbiano '08 5
- ● Barco Reale '09 4
- ● Carmignano Villa di Trefiano '07 6
- ○ Chardonnay '10 4
- ⊙ Vin Ruspo '10 3
- ● Carmignano Villa di Capezzana '07 5
- ● Carmignano Villa di Capezzana '06 5
- ● Carmignano Villa di Trefiano '06 6
- ● Ghiaie della Furba '06 6
- ○ Trebbiano '07 5

Caprili

LOC. SANTA RESTITUTA
53024 MONTALCINO [SI]
TEL. 0577848566
info@caprili.it

藏酒销售
预约参观
年产量 60 000 瓶
葡萄种植面积 15 公顷

美丽的卡普瑞丽（Caprili）庄园在蒙塔奇诺（Montalcino）西部拥有约15公顷的葡萄园，同时也是为数不多的自20世纪70年代就声名鹊起的酒庄。毕竟酒庄的第一个葡萄酒酿造期在1978年。从那以后，葡萄酒的品质不断提升，但是其风格却一如传统，未曾改变。松软的土壤富含圆砾，矿物质，以及石灰岩，葡萄种植的密度每公顷少于5 000株。

- Brunello di Montalcino '06 6
- Rosso di Montalcino '09 6
- Brunello di Montalcino Ris. '04 8
- Brunello di Montalcino '05 6

Podere Il Carnasciale

LOC. PODERE IL CARNASCIALE
52020 MERCATALE VALDARNO [AR]
TEL. 0559911142

年产量 7 000 瓶
葡萄种植面积 3 公顷

宝乐•艾•卡纳斯勒（Podere Il Carnasciale）酒庄是意大利葡萄酒酿造业的奇葩。酒庄的种植园里只种植嘉本洛（Caberlot）一个葡萄品种，在成功开发出与酒庄同名的第二种葡萄酒之前，也只酿造一种以嘉本洛为原料的葡萄酒。这些都源于伍尔夫•罗格斯基（Wolf Rogolsky）的热情。托斯卡纳（Tuscan）的农学家雷米吉奥•博蒂尼（Remigio Bordini）带来一株未知品种的葡萄，在1986时，伍尔夫•罗格斯基决定尝试种植。如今，伍尔夫的妻子贝蒂娜（Bettina）以及他们的孩子菲利普（Philip）经营管理着酒庄。

- Caberlot '08 8
- Caberlot '05 8
- Caberlot '04 8
- Caberlot '00 8
- Caberlot '07 8
- Caberlot '06 8
- Caberlot '03 8
- Caberlot '02 8
- Caberlot '01 8
- Caberlot '99 8
- Caberlot '98 6

Fattoria Carpineta Fontalpino

FRAZ. MONTAPERTI
LOC. CARPINETA
53019 CASTELNUOVO BERARDENGA [SI]
TEL. 0577369219
www.carpinetafontalpino.it

藏酒销售
预约参观
年产量 100 000 瓶
葡萄种植面积 23 公顷

菲利普（Filippo）和吉奥亚•克雷斯蒂（Giaia Cresti）的酒庄位于蒙塔佩尔蒂（Montaperti），在克安蒂经典红葡萄酒产区（Chianti Classico）南部，邻近卡斯德尔诺沃•贝拉登卡（Castelnuovo Berardenga）。这样得天独厚的地理位置，加上细心的葡萄园管理，严谨的酒窖酿造，共同造就了属于卡皮塔（Carpineta）的经典品质。在现代化的生产哲学指导下，成熟的葡萄和上等的橡木都是重要的必不可少的元素，这些保证了产品的卓越品质。

● Do ut des '09	6
● Chianti Cl. Fontalpino '09	4
● Chianti Cl. Fontalpino Ris. '08	6
● Do ut des '07	6
● Dofana '07	8
● Do ut des '08	6
● Do ut des '06	6
● Do ut des '05	6
● Do ut des '04	6
● Do ut des '03	6
● Dofana '06	8
● Dofana '04	8

Casa al Vento

LOC. CASA AL VENTO
53013 GAIOLE IN CHIANTI [SI]
TEL. 0577749068
www.borgocasaalvento.com

藏酒销售
预约参观
年产量 40 000 瓶
葡萄种植面积 5.8 公顷
葡萄栽培方式 有机认证

卡萨•阿尔•文图（Casa al Vento）位于精心选址的同名村庄，酒庄种植葡萄，酿酒，同时制造初榨橄榄油，经营欣欣向荣的农场住宿项目。来自萨伦蒂诺（Salentino）的吉奥弗雷达（Gioffreda）家族井井有条地经营着各个项目。种植园的主人专注于优质酒酿造，坚持有机栽培，这一点令我们敬佩。酒庄共有近6公顷土地种植葡萄，其中一半土地被认证为克安蒂经典红葡萄酒产区（Chianti Classico）。

● Chianti Cl. Foho Ris. '08	5
● Chianti Cl. Aria '09	4
● Gaiolè '08	4
● Chianti Cl. Aria '08	4
● Chianti Cl. Aria '07	4*
● Chianti Cl. Foho Ris. '07	5
● Chianti Cl. Foho Ris. '06	5
● Gaiolè '07	5

Casa alle Vacche

FRAZ. PANCOLE
LOC. LUCIGNANO, 73A
53037 SAN GIMIGNANO [SI]
TEL. 0577955103
www.casaallevacche.it

藏酒销售
预约参观
年产量 145 000 瓶
葡萄种植面积 23 公顷

卡萨•阿勒•瓦齐（Casa alle Vacche）酒庄是归西亚皮（Ciappi）家族拥有的，位于路西纳诺（Lucignano）。它的名字“奶牛之家”，是由于19世纪时，这里长时间被作为供牲畜休息的场所。如今，酿酒成了本区的主题，庄园拥有充足的土地用于葡萄种植。在全部的30公顷土地中，20公顷用来种植克安蒂•科丽•赛内斯（Chianti Colli Senesi）优质紫皮葡萄的各个品种，和包括维娜西亚（Vernaccia），克安蒂的玛维西亚（Malvasia）以及夏敦埃（Chardonnay）在内的白皮葡萄的各个品种。

- ○ Vernaccia di S. Gimignano Crocus Ris. '09 4
- ○ Vernaccia di S. Gimignano I Macchioni '10 3*
- ● Aglieno '09 4
- ● Chianti Colli Senesi Cinabro '08 4
- ○ Vernaccia di S. Gimignano '10 2
- ● Acantho '08 4*
- ● Aglieno '08 4*
- ● Aglieno '07 4*
- ○ Vernaccia di S. Gimignano '08 2*

Casa Dei

LOC. SAN ROCCO
57028 SUVERETO [LI]
TEL. 0558300411
info@tenutacasadei.it

预约参观
年产量 60 000 瓶
葡萄种植面积 14 公顷
葡萄栽培方式 有机认证

斯特凡诺•卡萨德（Stefano Casadei）在意大利和法国学过农学，并在酒庄工作超过30个年头了。他在葡萄园设计和酿造方案制定方面，和农学家以及酿造师合作，研究出三种属于自己的酿酒方案。第一种方案在他妻子位于鲁菲那（Rufina）特波奥（Trebbio）卡斯特罗（Castello）的庄园里实施，第二种方案和同伴们一起在位于撒蒂那（Sardinia）的奥里纳斯（Olianas）庄园实施，第三种方案在他于1997年购买的苏维托（Suvereto）庄园实施。当年，他和父亲热切地渴望找到一处非常适宜葡萄生长的土地，于是购买了苏维托庄园。现在，该庄园的事务由两位女士打理。

- ● Filare 41 '09 6
- ● Sogno Mediterraneo '09 5
- ● Armonia '08 4
- ● Filare 18 '09 6
- ● Filare 22 '08 6
- ● Filare 41 '07 6

Casali in Val di Chio

via Santa Cristina, 16
52043 Castiglion Fiorentino [AR]
Tel. 0575650179
www.casaliinvaldichio.com

藏酒销售
预约参观
年产量 10 000 瓶
葡萄种植面积 3 公顷

罗伯塔•戈其里尼（Roberta Giaccherini）和利迪娅•卡斯特鲁西（Lidia Castellucci）将家族地产转变为农场住宿中心、葡萄酒酿造厂和橄榄油压榨厂。卡萨•凡•齐奥（Casali in Val di Chio）的葡萄种植业始于17世纪。在1996年，这里进行了重建，从修复农场、改造葡萄种植园着手，各项进步都为出产好酒打下基础。瓦尔蒂扎纳（Valdichiana）的标示需要复兴。

酒款	评级
● Merigge '08	🍷🍷 4
○ Paggino '10	🍷🍷 4
● Valdichiana Arrone '08	🍷 3
● Valdichiana Poventa '08	🍷 4
● Merigge '06	♀♀ 4*
● Merigge '05	♀♀ 4*

Fattoria Le Casalte

fraz. Sant'Albino
via del Termine, 2
53045 Montepulciano [SI]
Tel. 0578798246
www.lecasalte.com

藏酒销售
预约参观
年产量 50 000 瓶
葡萄种植面积 13 公顷

奇诺•巴里奥费（Guido Barioffi）和他的妻子帕奥拉（Paola）在托斯卡纳（Tuscan）的乡村一见钟情。他们决定在远离罗马的蒙特布查诺（Montepulciano）修建自己的乡村休息寓所。奇诺逐渐被酿酒业所吸引，从此开始学习酿造和农学，以期生产出高质量的产品。如今，他的女儿齐亚拉（Chiara）骑马环绕这个地区之后，也爱上了这里。她接替了父亲的工作，加入了家族产业。

酒款	评级
● Nobile di Montepulciano '08	🍷🍷 5
○ Vin Santo di Montepulciano '03	🍷🍷 8
○ Vin Santo di Montepulciano '00	🍷🍷 8
○ Vin Santo di Montepulciano '99	🍷🍷 8
● Nobile di Montepulciano Quercetonda '06	♀♀♀ 6
● Nobile di Montepulciano '06	♀♀ 5
● Nobile di Montepulciano '04	♀♀ 5
● Nobile di Montepulciano Quercetonda '07	♀♀ 6
● Nobile di Montepulciano Quercetonda '04	♀♀ 6
● Rosso Toscano '08	♀♀ 3*
● Rosso Toscano '06	♀♀ 2*

★Casanova di Neri

POD. FIESOLE
53024 MONTALCINO [SI]
TEL. 0577834455
www.casanovadineri.com

藏酒销售
预约参观
年产量 225 000 瓶
葡萄种植面积 55 公顷

蒙塔奇诺（Montalcino）庄园得到了许多评论家的赞扬，全球知名度很高。它的葡萄园分布在三个享有盛誉的地区，分别是南坡地势较低的塞斯塔区（Sesta），卡斯特尔诺瓦•德尔•阿贝特（Castelnuovo dell' Abate）玛瑙采石场的种植园，和位于蒙塔奇诺东部广阔红壤荒地的科里塔托（Cerretalto）庄园。这个高水平的酒厂位于从托里尼利（Torrenieri）到蒙塔奇诺的公路旁。正是它对完美的不懈追求，使得酒厂的产品水平不断地提升。

酒款	评分
● Brunello di Montalcino Tenuta Nuova '06	8
● Brunello di Montalcino '06	7
● Rosso di Montalcino '09	5
● Sant'Antimo Rosso di Casanova di Neri '09	4
● Brunello di Montalcino '00	6
● Brunello di Montalcino Cerretalto '04	8
● Brunello di Montalcino Cerretalto '01	8
● Brunello di Montalcino Cerretalto '99	8
● Brunello di Montalcino Tenuta Nuova '05	8
● Brunello di Montalcino Tenuta Nuova '01	7
● Brunello di Montalcino Tenuta Nuova '99	7
● Brunello di Montalcino Tenuta Nuova '97	7
● Pietradonice '05	8
● Sant'Antimo Pietradonice '01	8
● Sant'Antimo Pietradonice '00	8

La Castellaccia

VIA DI MONTAUTO, 18A
53037 SAN GIMIGNANO [SI]
TEL. 0577940426
www.lacastellaccia.it

藏酒销售
预约参观
年产量 35 000 瓶
葡萄种植面积 9 公顷
葡萄栽培方式 有机认证

亚历山大•托凡纳里（Alessandro Tofanari）和他的妻子西蒙娜（Simona）对马和自然都有强烈的热情。他们一起根据共同的价值观建立了庄园，并且按照他们自己的思想进行管理。庄园的位置得天独厚。在所有的土地上，只有一小部分种植葡萄，其他土地被上世纪的森林和湖泊转变成的石灰岩土壤所覆盖。尽管这个新近建立的庄园还没有完全成形，但是它出产的酒彰显了葡萄种植地的优越条件。

酒款	评分
○ Vernaccia di San Gimignano '10	4*
○ Vernaccia di San Gimignano Astrea '10	4*
○ Vernaccia di San Gimignano Murice '08	4

★Castellare di Castellina

LOC. CASTELLARE
53011 CASTELLINA IN CHIANTI [SI]
TEL. 0577742903
www.castellare.it

藏酒销售
预约参观
年产量 200 000 瓶
葡萄种植面积 28 公顷

意大利杰出记者及著名出版家保罗•帕内莱（Paolo Panerai）先生，投入其四座在克安蒂最中心产区发祥地——卡斯特丽娜用作酿酒产业。最初于1979年发行的第一批凯胜泰利•益寿迪（I Sodi di San Niccol）体现了相对于大胆流行，更偏重传统经典的风格。这种值得称赞的策略至今延续，从而使得这种酒的品质成为同行业酒产品的标准。

● I Sodi di San Niccolò '07	8
● Chianti Cl. '09	5
● Chianti Cl. V. Il Poggiale Ris. '08	6
● Chianti Cl. Ris. '08	5
● Coniale '07	8
● Poggio ai Merli '09	8
● Chianti Cl. V. Il Poggiale Ris. '01	6
● Chianti Cl. V. Il Poggiale Ris. '00	6
● I Sodi di San Niccolò '06	8
● I Sodi di San Niccolò '05	8
● I Sodi di San Niccolò '04	8
● I Sodi di San Niccolò '03	8
● I Sodi di San Niccolò '02	8
● I Sodi di San Niccolò '01	8
● I Sodi di San Niccolò '98	8

★Castello Banfi

LOC. SANT'ANGELO SCALO
CASTELLO DI POGGIO ALLE MURA
53024 MONTALCINO [SI]
TEL. 0577840111
www.castellobanfi.com

藏酒销售
预约参观
年产量 10 500 000 瓶
葡萄种植面积 850 公顷

美国马利安尼（Mariani）家族拥有的班菲公司（Banfi）的总经理恩里科•维格利尔奇奥（Enrico Viglierchio）在几年前制定的计划，走到接近中途，已经管理了蒙特奇诺（Montalcino）超过100公顷的葡萄园发展种植。每个葡萄园的管理、监控、收获、果实酿造都分开进行。计划也涵盖了酒窖的部分。在这里，钢制的和木质的桶由室内技术人员精心设计。同时，这个庄园为自己木桶的橡木进行干燥。

● Brunello di Montalcino Poggio alle Mura '06	8
● Belnero '08	5
● Brunello di Montalcino '06	7
○ Moscadello di Montalcino Florus '09	5
● Cum Laude '08	4
● Rosso di Montalcino '09	4
● Brunello di Montalcino '83	5
● Brunello di Montalcino '79	5
● Brunello di Montalcino Poggio all'Oro Ris. '04	8
● Brunello di Montalcino Poggio all'Oro Ris. '99	8
● Brunello di Montalcino Poggio all'Oro Ris. '85	8
● Brunello di Montalcino Poggio alle Mura '99	8
● Brunello di Montalcino Poggio alle Mura '98	8
● Sant'Antimo Excelsus '03	7
● Sant'Antimo Mandrielle '04	5
● Summus '88	6

Castello d'Albola

LOC. PIAN D'ALBOLA, 31
53017 RADDA IN CHIANTI [SI]
TEL. 0577738019
www.albola.it

藏酒销售
预约参观
年产量 800 000 瓶
葡萄种植面积 157 公顷

卡斯特罗•迪•阿尔伯拉（Castello d' Albola）酒庄是克安蒂（Chianti）拉达（Radda）最著名的庄园之一，不仅仅因为它规模大，同时也因为它拥有本区最好的葡萄园，坐落在海拔400到600米的地方，比如埃勒（Ellere）和马东尼奥（Madonnino）。从20世纪70年代始，庄园的管理权归意大利最重要的葡萄酒品牌之一的佐宁集团（Zonin）所有。酒庄的酒充分展示了本区的新鲜活力，同时显示出酿酒的先进技术和热烈的个性特点。不同型号的木桶都经过了时间的打磨。

● Chianti Cl. Le Ellere '08	5
● Chianti Cl. Ris. '07	5
● Chianti Cl. '08	4
○ Chardonnay '10	4
● Il Solatio '09	6
○ Vin Santo del Chianti Cl. '03	7
● Acciaiolo '06	7
● Acciaiolo '04	7
● Acciaiolo '01	7
● Acciaiolo '95	6
● Acciaiolo '07	7
● Chianti Cl. Ris. '05	5
● Chianti Cl. Ris. '04	5
○ Vin Santo del Chianti Cl. '01	7

★Castello dei Rampolla

VIA CASE SPARSE, 22
50020 PANZANO [FI]
TEL. 055852001
castellodeirampolla.cast@tin.it

藏酒销售
预约参观
年产量 90 000 瓶
葡萄种植面积 42 公顷
葡萄栽培方式 有机种植

自1964年，迪•拿波里（Di Napoli）家族得到庄园的所有权。庄园位于潘扎诺（Panzano）的孔卡•迪•奥罗（Conca d' Oro），是为数不多的能够在振兴克安蒂经典红葡萄酒产区（Chianti Classico）起举足轻重的酒庄之一。它早期的酿酒历史开始于20世纪70年代，出产第一瓶酒的时间是1975年。酒庄在生产过程中各项环节严格按照标准进行，并注重革新，在1994年，使用了生物动力学的生产方式。拉姆波拉（Rampolla）以其出众的品质，地道的口感，受到众人称赞。

● Chianti Cl. '09	5
● d'Alceo '07	8
● Sammarco '07	8
● d'Alceo '04	8
● d'Alceo '03	8
● d'Alceo '01	8
● d'Alceo '00	8
● La Vigna di Alceo '99	8
● La Vigna di Alceo '98	8
● La Vigna di Alceo '97	8
● La Vigna di Alceo '96	8
● Sammarco '05	8

★Castello del Terriccio

LOC. TERRICCIO
VIA BAGNOLI, 16
56040 CASTELLINA MARITTIMA [PI]
TEL. 050699709
www.terriccio.it

藏酒销售
预约参观
年产量 250 000 瓶
葡萄种植面积 62 公顷

塞拉菲尼•费瑞（Serafini Ferri）家族在第二次世界大战后就开始经营这个庄园，并逐渐把它建设得在整个意大利葡萄酒酿造界都颇有名气。卡斯特罗•特里西奥（Castello del Terriccio）酒庄坐落于马莱玛（Maremma）北部边缘的树林中，风景十分秀丽。它出产的酒口感纯正，芳香怡人，尽管用不同品种的葡萄酿造而成，但卓越的品质给人留下深刻的印象。

● Castello del Terriccio '07	🍷🍷🍷 8
● Lupicaia '08	🍷🍷 8
● Capannino '08	🍷🍷 4*
● Tassinaia '08	🍷🍷 7
○ Con Vento '10	🍷 5
○ Rondinaia '10	🍷 5
● Castello del Terriccio '04	🍷🍷🍷 8
● Castello del Terriccio '03	🍷🍷🍷 8
● Castello del Terriccio '01	🍷🍷🍷 8
● Lupicaia '07	🍷🍷🍷 8
● Lupicaia '06	🍷🍷🍷 8
● Lupicaia '05	🍷🍷🍷 8
● Lupicaia '04	🍷🍷🍷 8
● Lupicaia '01	🍷🍷🍷 8

Castello del Trebbio

LOC. SANTA BRIGIDA, 9
50060 PONTASSIEVE [FI]
TEL. 0558304900
www.vinoturismo.it

藏酒销售
预约参观
年产量 300 000 瓶
葡萄种植面积 55 公顷

巴依•马卡里奥（Baj Macario）家族自1968年开始拥有这所城堡，但是城堡的历史可以追溯到12世纪。它的主人安娜（Anna）管理农场住宿设施、营销，安娜的丈夫斯特凡诺（Stefano）主要负责葡萄种植和酿酒。同时，斯特凡诺也在家族位于瓦尔迪•科尼亚（Val di Cornia）的另一处地产从事相同的工作。除了酿酒，巴依•马卡里奥家族也生产初榨橄榄油和藏红花。经营者尤其关注酒窖参观事务以及出产的酒和橄榄油的质量问题。卡斯特罗•珀皮亚诺（Castello di Poppiano）确实是一处颇有历史底蕴的庄园。

● Pazzesco '07	🍷🍷 6
● Merlot '08	🍷🍷 5
● Chianti '10	🍷 2
● Chianti Rufina Lastricato Ris. '07	🍷🍷 5
● Chianti Rufina Lastricato Ris. '06	🍷🍷 5
● Merlot '07	🍷🍷 6
● Merlot '06	🍷🍷 6
● Pazzesco '06	🍷🍷 6

★★Castello di Ama

LOC. AMA
53013 GAIOLE IN CHIANTI [SI]
TEL. 0577746031
www.castellodiama.com

预约参观
年产量 350 000 瓶
葡萄种植面积 90 公顷

这个成立于1972年的酒庄，位于距克安蒂（Chianti）的佳奥利（Gaiole）不远的阿玛村（Ama）。在20世纪70年代，它出产的第一批酒问世。这不仅仅是一个新的品牌的建立，更是最高品质葡萄酒中一个新的巅峰的出现。如今，卡斯特罗•阿玛（Castello di Ama）已经名冠克安蒂（Chianti），同时马尔科•帕兰迪（Marco Pallanti）和罗伦泽•塞巴斯提（Lorenza Sebasti）继续推出有独特风格的产品，以期带给顾客真正的优质葡萄酒。

● Chianti Cl. Castello di Ama '08	7
● Chianti Cl. Bellavista '07	8
● Chianti Cl. La Casuccia '07	8
● l'Apparita '07	8
● Chianti Cl. Bellavista '01	8
● Chianti Cl. Bellavista '99	8
● Chianti Cl. Castello di Ama '05	6
● Chianti Cl. Castello di Ama '03	6
● Chianti Cl. Castello di Ama '01	6
● Chianti Cl. Castello di Ama '00	6
● Chianti Cl. La Casuccia '04	8
● Chianti Cl. La Casuccia '01	8
● Chianti Cl. San Lorenzo '83	6
● l'Apparita Merlot '01	8
● l'Apparita Merlot '00	8

Castello di Bolgheri

LOC. BOLGHERI
S.DA LAURETTA, 7
57020 CASTAGNETO CARDUCCI [LI]
TEL. 0565762110
www.castellodibolgheri.eu

藏酒销售
预约参观
年产量 60 000 瓶
葡萄种植面积 50 公顷

宝格丽堡（Castello di Bolgheri）酒庄以其产品的精致典雅著称，是本区同类产品中的佼佼者，起到判定标准的作用。酒厂和葡萄园都位于本区的北部。这里的砂粘土类型的土壤含有很多砾石。酒窖位于一栋华丽而古老的城堡中，庄园即是根据城堡的名字命名的。本区种植的各个品种的葡萄，为宝格丽堡酒庄的葡萄酒生产提供原料。

● Bolgheri Sup. Castello di Bolgheri '08	7
● Bolgheri Rosso Varvàra '08	5
● Bolgheri Sup. Castello di Bolgheri '07	7
● Bolgheri Sup. '05	8
● Bolgheri Sup. Castello di Bolgheri '06	8
● Bolgheri Varvàra '07	5
● Bolgheri Varvàra '06	5

Castello di Cacchiano

FRAZ. MONTI IN CHIANTI
LOC. CACCHIANO
53013 GAIOLE IN CHIANTI [SI]
TEL. 0577747018
info@castellodicacchiano.it

藏酒销售
预约参观
年产量 120 000 瓶
葡萄种植面积 31 公顷

里卡索利•费瑞多尔菲（Ricasoli Firidolfi）家族拥有的卡奇亚诺堡（Cacchiano）酒庄坐落在距离佳奥利（Gaiole）几公里之外的克安蒂山（Chianti）。酒庄十分注重酒产品的质量，并因此得到肯定，从而成为本区葡萄酒中经典的代表，成为本区葡萄酒酿造厂的标杆。它明亮鲜艳的红色，诠释了自身的品质，同时展示出本区葡萄酒的档次。卡奇亚诺堡酒庄不会去刻意迎合转瞬即逝的所谓时尚风格，它一贯追求与时俱进和保持传统之间的平衡。酒庄所使用的历经时间打磨的各种尺寸的木桶也说明了这一点。

● Chianti Cl. Millennio '07 6
● Fontemerlano '07 6
● Chianti Cl. Millennio Ris. '90 5
● Chianti Cl. Ris. '06 6
● Chianti Cl. '08 5
● Chianti Cl. '06 5
● Chianti Cl. '05 5
○ Vin Santo del Chianti Cl. '02 7
○ Vin Santo del Chianti Cl. '01 7

★★Castello di Fonterutoli

LOC. FONTERUTOLI
VIA OTTONE III DI SASSONIA, 5
53011 CASTELLINA IN CHIANTI [SI]
TEL. 057773571
www.fonterutoli.it

藏酒销售
预约参观
年产量 700 000 瓶
葡萄种植面积 117 公顷

马泽伊（Mazzeis）家族在世界葡萄酒产业中占据重要地位已有多年。马泽伊出产的酒是克安蒂经典红葡萄酒产区（Chianti Classico）的标志之一，同时也是托斯卡纳（Tuscan）葡萄酒制造业的标示，因为马泽伊家族同样拥有于20世纪90年代购买的位于马莱玛（Maremma）的贝古阿多（Belguardo）庄园。在葡萄园辛勤的工作得到了回报，红葡萄酒将成熟的果实融合在一起，产出了充满活力的酒。他们在实践中，总结出有用的经验技巧，比如说将葡萄放在位于克安蒂的卡斯特里那（Castelina）和拉达（Radda）的120处设点，用小型橡木桶酿酒。

● Siepi '08 8
● Chianti Cl. Castello di Fonterutoli '08 7
● Morellino di Scansano Bronzone Belguardo '08 4
● Tenuta di Belguardo '08 6
● Badiola '09 4
⊙ Belguardo Rosé '10 5
○ Belguardo Vermentino '10 5
● Chianti Cl. '09 5
● Chianti Cl. Ser Lapo Ris. '07 6
● Chianti Cl. Castello di Fonterutoli '07 7
● Chianti Cl. Castello di Fonterutoli '04 7
● Chianti Cl. Castello di Fonterutoli '03 7
● Chianti Cl. Castello di Fonterutoli '01 7
● Siepi '06 8
● Siepi '05 8
● Siepi '03 8
● Siepi '01 8
● Siepi '00 8
● Siepi '99 8

Castello di Monsanto

FRAZ. MONSANTO
VIA MONSANTO, 8
50021 BARBERINO VAL D'ELSA [FI]
TEL. 0558059000
www.castellodimonsanto.it

藏酒销售
预约参观
年产量 400 000 瓶
葡萄种植面积 72 公顷

孟桑图堡（Monsanto）酒庄是克安蒂经典红葡萄酒产区（Chianti Classico）最迷人的酒庄之一，是能不断革新的同时能够保持传统和时尚的酒庄。它的历史十分久远，在1962年，之前在波吉奥（Poggio）建设一个完善的葡萄园的计划几乎发展成形。1968年，克安蒂经典红葡萄酒产区的混合葡萄园中，不再种植白葡萄。这一深远的变革是由法布里奇奥•比安奇（Fabrizio Bianchi）提出的，同时他也推动了用水冷却钢制酒桶以及用斯拉夫尼亚橡木取代栗木等变革。这些变革都得到了广泛的实施。

- ● Chianti Cl. Ris. '08 — 5
- ● Chianti Cl. Il Poggio Ris. '07 — 8
- ● Chianti Cl. '09 — 5
- ● Chianti Cl. Il Poggio Ris. '06 — 7
- ● Chianti Cl. Il Poggio Ris. '88 — 7
- ● Nemo '01 — 7
- ● Chianti Cl. Il Poggio Ris. '04 — 7
- ● Chianti Cl. Ris. '06 — 5
- ● Fabrizio Bianchi Sangiovese '99 — 7
- ● Nemo '00 — 7
- ● Tinscvil '00 — 6

Castello di Poppiano

FRAZ. POPPIANO
VIA FEZZANA, 45
50025 MONTESPERTOLI [FI]
TEL. 05582315
www.conteguicciardini.it

藏酒销售
预约参观
年产量 270 000 瓶
葡萄种植面积 130 公顷

奎齐亚迪尼（Guicciardini）家族拥有酒庄已经超过9个世纪，中世纪许多与佛罗伦萨（Florence）历史相关的意义非凡的事件在此发生。现在的主人费尔迪南多•奎齐亚迪尼（Ferdinando Guicciardini）于1962年接管庄园，并将其进行改造，专营葡萄酒和橄榄油。又于20世纪90年代后期购买了马莱玛（Maremma）的马西•迪•曼多拉（Massi di Mandorlaia）庄园，并于2006年建成了酒窖。

- ● Morellino di Scansano Carbonile '10 — 4
- ● Morellino di Scansano Massi di Mandorlaia Ris. '08 — 5
- ○ Campo Segreto '10 — 4
- ● Chianti Colli Fiorentini Il Cortile '09 — 4
- ● Chianti Colli Fiorentini Ris. '08 — 5
- ● Colpetroso Massi di Mandorlaia '08 — 5
- ● Morellino di Scansano I Massi '09 — 4
- ● Syrah '09 — 5
- ● Tricorno '08 — 7
- ○ Vermentino Massi di Mandorlaia '08 — 4
- ● Chianti Colli Fiorentini Ris. '07 — 5
- ● Syrah '08 — 5
- ● Toscoforte '08 — 4
- ● Tricorno '08 — 6

Castello di San Donato in Perano

LOC. SAN DONATO IN PERANO
53013 GAIOLE IN CHIANTI [SI]
TEL. 0577744121
www.castellosandonato.it

藏酒销售
预约参观
年产量 100 000 瓶
葡萄种植面积 75 公顷

商人里奥纳多•罗塞蒂（Leonardo Rosseto）在克安蒂经典红葡萄酒产区（Chianti Classico）已经有40多年不间断的从商经历。他是里•马刺（Le Macie）的首个主人，在2002年，他在佳奥利（Gaiole）建立了新的葡萄酒酿造厂。酒窖重视生产技术，在选择木桶尺寸方面格外认真。而在包括有一定历史的多米尼（Domini）和莫特卡斯（Montecasi）在内的葡萄种植园，则运用传统的材料。相对于酒的强度而言，帕拉诺（Perano）的多拿托•卡斯特罗酒庄（Castello di Donato）专注酒各项指标的平衡以及芬芳的气味。酒的特点，体现出作为原料的葡萄是在海拔500米的地方生长。

- ● Chianti Cl. '09 — 4
- ● Chianti Cl. Ris. '08 — 6
- ○ Cappellina alle Fonti '09 — 4
- ● Chianti Cl. '07 — 4*
- ● Chianti Cl. '06 — 4*
- ● Chianti Cl. '05 — 4*
- ● Chianti Cl. '04 — 4*
- ● Chianti Cl. Ris. '05 — 6
- ● Chianti Cl. Vign. Montecasi '06 — 5

Castello di Vicchiomaggio

LOC. LE BOLLE
VIA VICCHIOMAGGIO, 4
50022 GREVE IN CHIANTI [FI]
TEL. 055854079
www.vicchiomaggio.it

藏酒销售
预约参观
年产量 300 000 瓶
葡萄种植面积 33 公顷

玛塔（Matta）家族自1964年开始拥有卡斯特罗•维奇马格奥（Castello di Vicchiomaggio）酒庄，在1982年，酒庄的产品跻身于优质酒品行列。它出产的酒质量越来越好，这使得酒庄成为克安蒂（Chianti）格列佛（Greve）最重要的葡萄酒生产商之一。如今，完美的技术和各种酿酒工具打造出高品质高档次的美酒，赢得了信任和喜爱。

- ● FSM '07 — 8
- ● Chianti Cl. Agostino Petri da Vicchiomaggio Ris. '08 — 6
- ● Chianti Cl. San Jacopo '09 — 5
- ● Campostella Villa Vallemaggiore '09 — 5
- ● Chianti Cl. La Prima Ris. '08 — 7
- ● Colle Alto Villa Vallemaggiore '09 — 5
- ● Poggio Re Villa Vallemaggiore '09 — 5
- ● FSM '04 — 8
- ● Ripa delle More '97 — 6
- ● Ripa delle More '94 — 5
- ● Chianti Cl. Agostino Petri da Vicchiomaggio Ris. '07 — 6
- ● Chianti Cl. La Prima Ris. '07 — 7
- ● Chianti Cl. La Prima Ris. '06 — 7

Castello di Volpaia

LOC. VOLPAIA
P.ZZA DELLA CISTERNA, 1
53017 RADDA IN CHIANTI [SI]
TEL. 0577738066
www.volpaia.com

藏酒销售
预约参观
年产量 200 000 瓶
葡萄种植面积 46 公顷
葡萄栽培方式 有机认证

马斯凯罗尼·斯蒂安提（Mascheroni Stianti）家族并非拥有克安蒂经典红葡萄酒产区（Chianti Classico）风景最秀丽的酒庄，但是它在沃尔帕亚（Volpaia）这样的小村庄建立酒庄生产产品，这一点也许更加重要。现代化的酒品展示了制造者的独特个性和克安蒂经典红葡萄酒产区特有的条件。酒庄对橡木进行了精心的调整，而活跃的味觉则能立即判断出葡萄生长在海拔500米的高地。

- ● Chianti Cl. Ris. '08 — 6
- ● Chianti Cl. Coltassala Ris. '08 — 7
- ● Chianti Cl. '09 — 5
- ○ Vermentino Prelius '10 — 4
- ● Balifico '00 — 7
- ● Chianti Cl. Coltassala Ris. '04 — 7
- ● Chianti Cl. Coltassala Ris. '01 — 7
- ● Chianti Cl. Il Puro Vign. Casanova Ris. '06 — 8
- ● Chianti Cl. Ris. '07 — 6
- ● Balifico '06 — 7
- ● Chianti Cl. Il Puro Vign. Casanova Ris. '07 — 8
- ● Chianti Cl. Ris. '06 — 6
- ● Chianti Cl. Ris. '05 — 6

Castello Romitorio

LOC. ROMITORIO, 279
53024 MONTALCINO [SI]
TEL. 0577847212
www.castelloromitorio.com

藏酒销售
预约参观
年产量 150 000 瓶
葡萄种植面积 25 公顷

罗米托利欧堡（Castello Romitorio）酒庄的外表十分简朴，但它装饰着来自世界著名的艺术家山德罗·基亚（Sandro Chia）的作品，他正是酒庄的主人。葡萄园内部同样存在着这样的对比，这也影响到了出产的酒。由于酸度适中，葡萄园西部布鲁内罗（Brunello）的潜力很大，收成很好。罗米托利欧在继承传统的基础上进行了革新，拥有现代化的发酵手段，同时保留着不同尺寸的年代久远的橡木桶。

- ● Brunello di Montalcino XXV Vendemmia '06 — 8
- ● Brunello di Montalcino '06 — 8
- ● Sant' Antimo Rosso Romito del Romitorio '07 — 6
- ● Brunello di Montalcino '05 — 8
- ● Brunello di Montalcino Ris. '97 — 8
- ● Brunello di Montalcino '03 — 8
- ● Brunello di Montalcino '96 — 7
- ● Brunello di Montalcino Ris. '04 — 8
- ● Morellino di Scansano Ghiaccio Forte '07 — 6
- ● Rosso di Montalcino '08 — 6

Castelvecchio

LOC. SAN PANCRAZIO
VIA CERTALDESE, 30
50026 SAN CASCIANO IN VAL DI PESA [FI]
TEL. 0558248032
www.castelvecchio.it

藏酒销售
预约参观
年产量 100 000 瓶
葡萄种植面积 22 公顷

卡斯特维奇奥（Castelvecchio）庄园拥有悠久的历史。这里第一批有记载的建筑可以追溯到12世纪，随着时间的推移，这里曾是佛洛伦蒂尼•卡瓦尔康蒂（Florenine Cavalcanti）家族和卡波尼（Capponi）家族的产业。现在，1960年到来的洛奇（Rocchi）家族掌握庄园的所有权，对现存建筑进行了大规模的修复，并且建立了葡萄种植园，重建了酒窖。这一阶段，庄园主人的两个孩子起到了十分重要作用。菲利普（Filippo）负责葡萄种植园和酒窖，斯蒂芬妮亚（Stefania）负责销售和促销部门。

- ● Chianti Colli Fiorentini '09 ŸŸ 4
- ● Numero Otto '08 ŸŸ 5
- ● Chianti Colli Fiorentini V. La Quercia Ris. '08 Ÿ 5
- ● Chianti Colli Fiorentini V. La Quercia '07 YY 5
- ● Il Brecciolino '07 YY 6
- ● Il Brecciolino '06 YY 6
- ● Numero Otto '07 YY 5
- ● Vin Santo del Chianti Chiacchierata Notturna '03 YY 7

Famiglia Cecchi

LOC. CASINA DEI PONTI, 56
53011 CASTELLINA IN CHIANTI [SI]
TEL. 057754311
www.cecchi.net

预约参观
年产量 7 200 000 瓶
葡萄种植面积 292 公顷

自1893年起，塞齐（Cecchi）家族就在托斯卡纳地区（Tuscany），甚至意大利整个酿酒界都颇有名望。塞齐家族最早是酒商，不断在提高产品质量方面投入，并逐步建立了葡萄园和庄园——位于圣•吉米尼亚诺（San Gimignano）的卡斯特罗•蒙塔托（Castello di Montauto）庄园和马莱玛（Maremma）的凡•德拉•罗斯（Val delle Rose）庄园，而这仅仅是位于托斯卡纳的地产。产品生产过程中十分注重质量，出产的各种酒，都带有酒庄的特色，展示了酒庄的风格。

- ● Chianti Cl. Villa Cerna Ris. '08 ŸŸŸ 6
- ● Chianti Cl. Villa Cerna '09 ŸŸ 5
- ● Morellino di Scansano Val delle Rose Ris. '08 ŸŸ 5
- ● Chianti Cl. '09 Ÿ 5
- ● Chianti Cl. Riserva di Famiglia '08 Ÿ 6
- ○ Litorale Vermentino Val delle Rose '10 Ÿ 4
- ● Morellino di Scansano Val delle Rose '10 Ÿ 4
- ● Chianti Cl. Riserva di Famiglia '07 YYY 6
- ● Coevo '06 YYY 6
- ● Chianti Cl. Riserva di Famiglia '06 YY 6
- ● Coevo '07 YY 6
- ● Morellino di Scansano Val delle Rose '09 YY 3*
- ● Morellino di Scansano Val delle Rose Ris. '07 YY 5
- ● Morellino di Scansano Val delle Rose Ris. '06 YY 5

Centolani

LOC. FRIGGIALI
S.DA MAREMMANA
53024 MONTALCINO [SI]
TEL. 0577849454
www.tenutafriggialiepietranera.it

藏酒销售
预约参观
年产量 260 000 瓶
葡萄种植面积 43 公顷

由于庄园60公顷的葡萄种植区分布在完全不同的两处，因此庄园拥有两方面不同的特点。位于西边的福瑞吉亚利（Friggiali）拥有相对松软的土壤，海拔在350米到450米之间。皮耶特拉内诺（Pietranera）位于南部的法定葡萄产区靠近维罗那城堡（Velona）的地方，这里的黑色土壤是由火山岩形成的，出产的葡萄酒结构性良好。现在，庄园由常青树奥尔加•贝鲁索（Olga Peluso）经营。这个基础雄厚、生机勃勃的庄园也开始关注环境议题，正在进行革新，以减弱酒庄对环境的影响。

- ● Brunello di Montalcino Pietranera '06 — 7
- ● Brunello di Montalcino Tenuta Friggiali '06 — 6
- ● Rosso di Montalcino Pietranera '09 — 5
- ● Rosso di Montalcino Tenuta Friggiali '09 — 4
- ● Brunello di Montalcino Tenuta Friggiali '04 — 6
- ● Brunello di Montalcino Tenuta Friggiali Ris. '99 — 8
- ● Brunello di Montalcino Pietranera '05 — 7
- ● Brunello di Montalcino Pietranera '01 — 7
- ● Brunello di Montalcino Pietranera '99 — 7
- ● Brunello di Montalcino Pietranera '97 — 7
- ● Brunello di Montalcino Tenuta Friggiali '05 — 7
- ● Brunello di Montalcino Tenuta Friggiali '00 — 6
- ● Brunello di Montalcino Tenuta Friggiali Ris. '04 — 7
- ● Brunello di Montalcino Tenuta Friggiali Ris. '01 — 7

★La Cerbaiola

P.ZZA CAVOUR, 19
53024 MONTALCINO [SI]
TEL. 0577848499
www.aziendasalvioni.com

藏酒销售
预约参观
年产量 20 000 瓶
葡萄种植面积 4 公顷

充满活力的朱里奥（Giulio）继续生产特色鲜明的酒。朱里奥的风格形成于20世纪80年代中期，它将布内罗（Brunello）特色进一步发展，以优雅，芳香，细颗粒的丹宁为标志。庄园位于萨拜伊山（Cerbaie）的上坡处，蒙塔奇诺（Montalcino）的东边。这是处阳光明媚，通风良好的位置，从而保证了葡萄成熟时质量很高。同时，这样的海拔高度，使得适度的丹宁能够和葡萄的酸味相融合。如今，随着时间的推移，葡萄园面积不断扩展。如此的条件，使得庄园可以专注于酿酒，以保证出产酒的品质。

- ● Brunello di Montalcino '06 — 8
- ● Rosso di Montalcino '09 — 8
- ● Brunello di Montalcino '04 — 8
- ● Brunello di Montalcino '00 — 8
- ● Brunello di Montalcino '99 — 8
- ● Brunello di Montalcino '97 — 8
- ● Brunello di Montalcino '90 — 8
- ● Brunello di Montalcino '89 — 8
- ● Brunello di Montalcino '88 — 8
- ● Brunello di Montalcino '87 — 8
- ● Brunello di Montalcino '85 — 8
- ● Brunello di Montalcino '05 — 8

Cerbaiona

LOC. CERBAIONA
53024 MONTALCINO [SI]
TEL. 0577848660

藏酒销售
年产量 15 000 瓶
葡萄种植面积 3.2 公顷

塞宝那（Cerbaiona）是所有布内罗（Brunello）爱好者的圣地。它的葡萄园只有不到3公顷，建立在粘土含量低，碎石含量高的土地上，每年出产将近15 000瓶酒，很受市场欢迎。迪亚哥（Diego）和诺拉•莫利纳里（Nora Molinari），连同他们喜欢的宠物猫，共同为生产高品质酒、打造酒类中的典范不懈努力。他们继承了家族在混凝土制的桶里发酵的既定传统，没有用酵母，之后再放到3 000升的桶里陈化。他们在收获和注射稀释的时候非常小心谨慎。

- ● Brunello di Montalcino '06 8
- ● Rosso di Montalcino '08 8
- ● Brunello di Montalcino '04 8
- ● Brunello di Montalcino '01 8
- ● Brunello di Montalcino '99 8
- ● Brunello di Montalcino '97 8
- ● Brunello di Montalcino '90 8
- ● Brunello di Montalcino '88 8
- ● Brunello di Montalcino '85 8
- ● Rosso di Montalcino '07 8
- ● Brunello di Montalcino '05 8
- ● Brunello di Montalcino '98 8
- ● Diego Molinari '06 5

Fattoria del Cerro

FRAZ. ACQUAVIVA
VIA GRAZIANELLA, 5
53040 MONTEPULCIANO [SI]
TEL. 0578767722
www.fattoriadelcerro.it

藏酒销售
预约参观
年产量 900 000 瓶
葡萄种植面积 170 公顷

房地亚保险公司（Fondiaria SAI）旗下的赛亚格里克拉（Saiagricola）农业投资公司，掌控了最大的私人庄园。该庄园拥有170公顷的葡萄园，生产蒙塔布奇诺贵族红葡萄酒（Vino Nobile di Montepulciano）。自1978年建立起，赛若（Cerro）酒庄生产的蒙塔布奇诺红葡萄酒（Montepulciano）就享誉全球。酒庄同时在蒙塔奇诺（Montalcino）的托斯卡纳（Tuscany）拉•珀德里那（La Poderina）和瓦尔迪•科尼亚（Val di Cornia）的蒙特里弗利（Monterufoli）拥有另外两个庄园，它们与翁布里亚（Umbria）的科普特那（Colpetrone）庄园一起构成了塞格兰蒂诺•蒙特法科（Sagrantino di Montefalco）。所有以上提到的酒庄均生产橄榄油，并为客人提供住宿。

- ○ Moscadello di Montalcino La Poderina '09 6
- ● Nobile di Montepulciano Vign. Antica Chiusina '06 7
- ● Brunello di Montalcino La Poderina '06 7
- ● Nobile di Montepulciano '08 5
- ○ Braviolo '10 2
- ● Chianti Colli Senesi '10 3
- ● Manero '09 3
- ● Nobile di Montepulciano '90 4*
- ● Nobile di Montepulciano Ris. '06 5
- ● Nobile di Montepulciano Vign. Antica Chiusina '00 7
- ● Nobile di Montepulciano Vign. Antica Chiusina '99 7
- ● Nobile di Montepulciano Vign. Antica Chiusina '98 7
- ● Nobile di Montepulciano Vign. Antica Chiusina '05 7

Vincenzo Cesani

LOC. PANCOLE, 82D
53037 SAN GIMIGNANO [SI]
TEL. 0577955084
www.agriturismo-cesani.com

藏酒销售
预约参观
年产量 110 000 瓶
葡萄种植面积 24 公顷
葡萄栽培方式 有机认证

西塞尼（Cesani）家族最起初来自于马尔什（Marche），后于20世纪50年代迁至圣吉米亚诺（San Gimignano）。不断追求卓越的品质使得他们名声鹊起。西塞尼家族下定决心要建造现代化的农场来从事葡萄酒生产，同时，也从事初榨橄榄油业务，复兴藏红花生产，并提供住宿。葡萄酒的原材料葡萄生长于庞克勒地区（Pancole），位于北部被黄沙覆盖的干旱地区。这里出产的葡萄酿成的酒富含矿物质，并带有强烈的芬芳气息。

○ Vernaccia di S. Gimignano Sanice '08	🍷🍷	4*
● Luenzo '08	🍷🍷	5
● Serisè '08	🍷🍷	4
○ Vernaccia di S. Gimignano '10	🍷🍷	3*
● Luenzo '99	🍷🍷🍷	5
● Luenzo '97	🍷🍷🍷	5
● Luenzo '02	🍷🍷	6
● San Gimignano Rosso Cellori '05	🍷🍷	5
● San Gimignano Rosso Cellori '04	🍷🍷	5
○ Vernaccia di S. Gimignano '09	🍷🍷	4*
○ Vernaccia di S. Gimignano Sanice '07	🍷🍷	4*

Giovanni Chiappini

LOC. LE PRESELLE
POD. FELCIAINO, 189B
57020 BOLGHERI [LI]
TEL. 0565765201
www.giovannichiappini.it

藏酒销售
预约参观
年产量 40 000 瓶
葡萄种植面积 7 公顷

乔凡尼•查皮尼（Giovanni Chiappini）出产的葡萄酒品质非凡。尽管酒庄在输出产品和种植面积方面有些保守，但是产品的质量仍然在稳步提升。成立于20世纪70年代的查皮尼酒庄在90年代中期有了显著的提升，如今，酒庄已经能生产出最棒的波尔加尼酒（Bolgheri）。每瓶葡萄酒，都散发着诱人的气息。

● Bolgheri Sup. Gaudo de Gemoli '08	🍷🍷	
● Lienà Cabernet Franc '08	🍷🍷	8
● Lienà Cabernet Sauvignon '08	🍷🍷	8
● Bolgheri Rosso Felciaino '09	🍷🍷	4
● Bolgheri Sup. Guado de' Gemoli '07	🍷🍷	7
● Bolgheri Sup. Guado de' Gemoli '06	🍷🍷	7
● Lienà Cabernet Sauvignon '07	🍷🍷	8
● Lienà Cabernet Sauvignon '04	🍷🍷	8
● Lienà Merlot '04	🍷🍷	8
● Lienà Petit Verdot '06	🍷🍷	8

Podere Cigli

LOC. CASTEANI
58023 GAVORRANO [GR]
TEL. 056680035
info@poderecigli.com

藏酒销售
预约参观
年产量 20 000 瓶
葡萄种植面积 7 公顷

珀得•慈利（Podere Cigli）的土地属于波吉奥•克洛克（Poggio Crocco）庄园，它的历史也和庄园的历史密切相关。在1946年第二次世界大战之后，来自西西里岛的三兄弟购买了这块地产。其中的卡洛（Carlo）过去在阿尔卡莫（Alcamo）种植过葡萄，他决定在托斯卡纳继续从事这一职业，并执行了自己的计划。如今，企业由他的孙子马诺（Mauro）和马诺的妻子玛利亚（Maria）打理，他们将酒窖进行了现代化的翻新，通过重新种植葡萄重塑了葡萄园。

- ● Monteregio di Massa Marittima Campomaria '07 — 5
- ○ Monteregio di Massa Marittima Vin Santo Affè '07 — 6
- ● Ciglino '10 — 4
- ○ Monteregio di Massa Marittima Crocchetto '10 — 4
- ● Monteregio di Massa Marittima Poggio Crocco '09 — 5
- ⊙ Monteregio di Massa Marittima Roselvo '10 — 4
- ○ Monteregio di Massa Marittima Vermentino '10 — 4
- ○ Vermentino '10 — 4

Donatella Cinelli Colombini

LOC. CASATO PRIME DONNE
53024 MONTALCINO [SI]
TEL. 0577662108
www.cinellicolombini.it

藏酒销售
预约参观
年产量 180 000 瓶
葡萄种植面积 34 公顷

结束了在锡耶纳（Siena）的政治生涯，多娜特拉•西纳里•克罗比尼（Donatella Cinelli Colombini）重新回到自己的庄园，开始全心经营。多娜特拉活力无限，而她最具代表性的酒庄，工作人员完全是女性。位于蒙塔奇诺（Montalcino）北部的卡萨托（Casato），庄园拥有现代化的葡萄园，每公顷种植密度很高。葡萄园的土壤沙土和粘土掺半，并含有一定数量的碎石，特别是在海拔较高的区域。酒庄出产的酒色泽纯净，口感醇香，充满现代化气息。

- ● Brunello di Montalcino '06 — 6
- ● Brunello di Montalcino Ris. '05 — 7
- ● Brunello di Montalcino Prime Donne '06 — 7
- ● Brunello di Montalcino Prime Donne '01 — 7
- ● Brunello di Montalcino '05 — 6
- ● Brunello di Montalcino '04 — 6
- ● Brunello di Montalcino '03 — 6
- ● Brunello di Montalcino Prime Donne '05 — 7
- ● Brunello di Montalcino Ris. '01 — 7
- ● Brunello di Montalcino Ris. '00 — 7
- ● Brunello di Montalcino Ris. '98 — 7

Citille di Sopra

FRAZ. TORRENIERI
LOC. CITILLE DI SOPRA, 46
53024 MONTALCINO [SI]
TEL. 0577832749
www.citille.com

藏酒销售
年产量 35 000 瓶
葡萄种植面积 5.5 公顷

托瑞尼利（Torrenieri）的斯提利•索浦拉（Citille di Sopra）庄园在近几年里发展速度很快，称得上是布内罗（Brunello）的传奇。庄园内7公顷的土地用以种植布内罗葡萄酒需要的原料，这些土地都位于远离铁路的小山上。出产的酒可以体现出葡萄原产地是在北方，同时也具有特殊的单宁的柔和。酒窖漂亮而具有传统特色，同时也不乏现代气息。从中等型号的木桶和小型木桶交错的布局就可以看出这一点。这样的搭配也理想，可以很好地将酒的品质表现出来。

● Brunello di Montalcino '06	🍷🍷🍷 6
● Rosso di Montalcino '09	🍷 4
● Brunello di Montalcino '04	🍷🍷 6

★Tenuta Col d'Orcia

LOC. SANT'ANGELO IN COLLE
53020 MONTALCINO [SI]
TEL. 057780891
www.coldorcia.it

藏酒销售
预约参观
年产量 800 000 瓶
葡萄种植面积 142 公顷

历史悠久的蒙塔奇诺（Montalcino）酒庄拥有100公顷左右的土地来出产布内罗（Brunello）葡萄酒需要的原料。其中包括几个很有意思的葡萄园，最突出的是珀奇奥•亚•维托（Poggio al Vento），它为同名的维沙华（Riserva）提供葡萄。几乎所有的葡萄园都位于本区的东南部地区，面向米亚塔山（Amiata）。这个地区发展很快，土壤提供的酸性保证了产出的葡萄质量很高，也适合酿酒。最近的一些生产协议经过了修改，增加了更多关于葡萄的细致的条款，极大地有利于当前布内罗（Brunello）的生产。

● Brunello di Montalcino '06	🍷🍷 8
● Brunello di Montalcino Ris. '05	🍷 8
● Rosso di Montalcino '09	🍷 5
● Rosso di Montalcino Banditella '09	🍷 6
● Brunello di Montalcino Poggio al Vento Ris. '99	🍷🍷🍷 8
● Brunello di Montalcino Poggio al Vento Ris. '97	🍷🍷🍷 8
● Brunello di Montalcino Poggio al Vento Ris. '95	🍷🍷🍷 8
● Brunello di Montalcino Poggio al Vento Ris. '90	🍷🍷🍷 8
● Brunello di Montalcino Poggio al Vento Ris. '88	🍷🍷🍷 8
● Brunello di Montalcino Poggio al Vento Ris. '85	🍷🍷🍷 8
● Brunello di Montalcino Poggio al Vento Ris. '83	🍷🍷🍷 8
● Olmaia '01	🍷🍷🍷 7
● Olmaia '00	🍷🍷🍷 7
● Olmaia '94	🍷🍷🍷 7

Col di Bacche

S.DA DI CUPI
58010 MAGLIANO IN TOSCANA [GR]
TEL. 0577738526
www.coldibacche.com

藏酒销售
预约参观
年产量 80 000 瓶
葡萄种植面积 16.5 公顷

从马莱玛（Maremma）搬到克安蒂（Chianti）从事葡萄酒生产的事例并不常见，但是1997年，阿尔伯托·卡纳斯基亚利（Alberto Carnasciali）就和妻子伊莉莎·布泽戈利（Elisa Buzzegoli）这样做了，他们搬到了托斯卡纳（Tuscany）。2004年，阿尔伯托出产了第一瓶酒。庄园管理井井有条，出产的葡萄质量很高，这都归功于较低的产品，以及相对较小的压力。这些都使得庄园主人能够在更短时间里造就更高质量的葡萄酒。

● Cupinero '09	6
● Morellino di Scansano Ris. '09	4*
● Morellino di Scansano '10	4
○ Vermentino '10	4
● Morellino di Scansano Rovente '05	5
● Cupinero '08	6
● Cupinero '07	6
● Cupinero '06	6
● Morellino di Scansano '09	4
● Morellino di Scansano '08	4
● Morellino di Scansano Rovente '08	6
● Morellino di Scansano Rovente '07	6
● Morellino di Scansano Rovente '06	5
● Morellino di Scansano Rovente '04	5

Fattoria Collazzi

LOC. TAVARNUZZE
VIA COLLERAMOLE, 101
50029 IMPRUNETA [FI]
TEL. 0552374902
www.collazzi.it

藏酒销售
预约参观
年产量 80 000 瓶
葡萄种植面积 25 公顷

法托利亚·克拉奇（Fattoria Collazzi）酒庄属于卡洛（Carlo）和波纳·马奇（Bona Marchi）兄弟。在过去的10年中，他们不断努力以提高酒庄经营管理的现代化程度。首先，他们重新种植了葡萄，然后他们更新了酒窖的设备。采取的这些策略被证明是正确的。据说，这个著名的别墅是由米开朗基罗·博纳罗蒂（Michelangelo Buonarroti）设计的。除了葡萄酒，这里也生产初榨橄榄油和蜂蜜。

● Collazzi '08	7
● Libertà '09	4*
● Chianti Cl. I Bastioni '09	4
● Chianti Cl. I Bastioni '03	4*
● Collazzi '07	7
● Collazzi '04	7
● Collazzi '02	7
● Collazzi '01	6
● Collazzi '00	7

Colle Massari

Loc. Poggi del Sasso
58044 Cinigiano [GR]
Tel. 0564990496
www.collemassari.it

藏酒销售
预约参观
年产量 250 000 瓶
葡萄种植面积 83 公顷
葡萄栽培方式 有机认证

克劳迪奥•泰帕（Claudio Tipa）将包括蒙特丘克（Montecucco）和他1999年购买的科勒马萨瑞城堡（Collemassari）所在区域内的分散的一些托斯卡纳（Tuscan）葡萄园整合在一起。这些建筑的历史可以追溯到12世纪，但是到现在为止，它们经历了很多的转变。随着更换的新主人，建筑的结构有了彻底的转换，经历了彻底的重塑。而这些现代化的葡萄园的修建，更是让本区成为世界瞩目的焦点。

Wine	Rating
● Montecucco Rosso Colle Massari Ris. '08	🍷🍷🍷 5
● Montecucco Sangiovese Lombrone Ris. '07	🍷🍷 7
● Montecucco Rosso Rigoleto '09	🍷🍷 4
○ Montecucco Vermentino Irisse '09	🍷 5
○ Montecucco Vermentino Le Melacce '10	🍷 4
● Montecucco Sangiovese Lombrone Ris. '06	🍷🍷🍷 7
● Montecucco Sangiovese Lombrone Ris. '05	🍷🍷🍷 7
● Montecucco Sangiovese Lombrone Ris. '04	🍷🍷🍷 7
● Montecucco Rosso Colle Massari Ris. '07	🍷🍷 5
● Montecucco Rosso Colle Massari Ris. '06	🍷🍷 5
● Montecucco Rosso Colle Massari Ris. '05	🍷🍷 5
● Montecucco Rosso Rigoleto '06	🍷🍷 4*

Fattoria Colle Verde

Fraz. Matraia
Loc. Castello
55010 Lucca
Tel. 0583402310
www.colleverde.it

藏酒销售
预约参观
年产量 30 000 瓶
葡萄种植面积 9 公顷
葡萄栽培方式 有机种植

皮耶罗•塔塔格尼（Piero Tartagni）和弗朗西斯卡•帕尔迪尼（Francesca Pardini）共同拥有的法托利亚•科勒•佛得角（Fattoria Colle Verde）酒庄位于如天堂般美丽迷人的玛塔亚（Matraia）中部，这里是橄榄油，葡萄园和优质葡萄酒的王国。酒庄在这里不是新生事物，在20世纪90年代起就有酒庄在此经营。尽管这里的农业一贯重视自然和天然的生产能力，但近些年来有所调整。如今，葡萄园的经营理念以动物动力学为依据，并似乎在托斯卡纳地区（Tuscany）找到了特别肥沃的土壤。

Wine	Rating
● Colline Lucchesi Rosso Brania delle Ghiandaie '09	🍷🍷 5
● Nero della Spinosa '09	🍷🍷 6
● Colline Lucchesi Rosso Terre di Matraja '10	🍷 4
○ Greco delle Gaggìe '07	🍷 5
● Colline Lucchesi Rosso Brania delle Ghiandaie '07	🍷🍷 5
● Colline Lucchesi Rosso Brania delle Ghiandaie '06	🍷🍷 5
● Colline Lucchesi Rosso Brania delle Ghiandaie '05	🍷🍷 5
● Colline Lucchesi Rosso Brania delle Ghiandaie '04	🍷🍷 5
● Colline Lucchesi Rosso Brania delle Ghiandaie '03	🍷🍷 5

Collelceto

LOC. CAMIGLIANO
POD. LA PISANA
53024 MONTALCINO [SI]
TEL. 0577816606
www.collelceto.it

藏酒销售
预约参观
年产量 22 000 瓶
葡萄种植面积 6 公顷

在蒙塔奇诺（Montalcino）最西部的独立且未受污染的广阔地区，伊利亚•帕拉泽斯（Elia Palazzesi）种植葡萄多年，并生产出品质一流的布内罗（Brunello）。酒的特点反映出葡萄生长地的特点，这里十分温暖且通风状况良好，这都多亏了从邻近海岸吹来的微风。土壤很疏松，酸性适宜，这些都为长时间出产好的葡萄酒创造了条件。酒窖里长期酿酒的工具，是容量3 000升的传统木桶。

● Brunello di Montalcino '06	6
● Lo Spepo '10	3
● Rosso di Montalcino '09	4
● Brunello di Montalcino '03	6
● Brunello di Montalcino '01	6

Tenuta di Collosorbo

FRAZ. CASTELNUOVO DELL'ABATE
LOC. VILLA A SESTA, 25
53024 MONTALCINO [SI]
TEL. 0577835534
www.collosorbo.com

藏酒销售
预约参观
年产量 100 000 瓶
葡萄种植面积 27 公顷
葡萄栽培方式 有机种植

酒庄成立于1994年，但是不要仅仅因为成立的时间短就轻视它。这里长期从事葡萄酒生产。塞斯塔（Sesta）的种植园条件得天独厚，是蒙塔奇诺（Montalcino）最适合种植圣乔维斯葡萄（Sangiovese）的地区之一。在超过25公顷的土地上，有12公顷用来种植布内罗葡萄酒（Brunello）需要的葡萄。土壤钙质含量很高，同时含有很多碎石。下层土则是粘土层，这意味着，即使在最炎热的季节，植物也可以获取水源。浸渍将长达15天。酒庄使用中等型号的木桶，同时也新引进了1 000升的容器。

● Brunello di Montalcino '06	7
● Sant'Antimo '09	5
● Rosso di Montalcino '09	5
● Brunello di Montalcino '05	7
● Brunello di Montalcino '03	7
● Brunello di Montalcino '00	6
● Brunello di Montalcino Ris. '04	8
● Brunello di Montalcino Ris. '01	8
● Rosso di Montalcino '08	5

Colognole

LOC. COLOGNOLE
VIA DEL PALAGIO, 15
50068 RUFINA [FI]
TEL. 0558319870
www.colognole.it

藏酒销售
预约参观
年产量 120 000 瓶
葡萄种植面积 27 公顷

加布里埃尔•斯帕莱蒂的（Gabriella Spalletti）庄园在盖得（Guide）重新拥有广阔的土地。如今，她的儿子们管理着庄园。马里奥（Mario）负责葡萄园和酒窖的工作，凯萨（Cesare）负责产品的分配。这个家族自20世纪晚期开始拥有庄园，当时孔蒂•文泽斯劳（Conte Venceslao）决定搬到离罗马（Rome），参议院对他作出了裁定。他选择了托斯卡纳（Tuscany），由于这里的风光秀丽。这里的葡萄酒酿造业盛行，但是新的一代人到来之后，只有酒庄种植的葡萄才用来在酒窖进行发酵。

● Chianti Rufina '09	🍷🍷 4*
● Chianti Rufina Ris. del Don '08	🍷🍷 6
● SMS '09	🍷 4
● Chianti Rufina '08	🍷🍷 4*
● Chianti Rufina '06	🍷🍷 4*
● Chianti Rufina Ris. del Don '04	🍷🍷 5

Il Colombaio di Cencio

LOC. CORNIA
53013 GAIOLE IN CHIANTI [SI]
TEL. 0577747178
www.ilcolombaiodicencio.com

藏酒销售
预约参观
年产量 80 000 瓶
葡萄种植面积 17 公顷
葡萄栽培方式 有机种植

酒庄成立于1994年，这个年轻的克安蒂（Chianti）庄园的主人是一个巴伐利亚商人，名叫维尔纳•威廉（Werner Wilhelm）。在过去的几年里，酒庄的进步十分明显，已经成为本区最棒的酒庄之一。这样的进步依赖的并非运气。葡萄园采用了高新科技，实行有机管理。酒庄采用口味柔和的成熟葡萄，并配置小型的，特别是新的橡木桶，这都是形成了酒庄独特的风格。

● Chianti Cl. I Massi Ris. '08	🍷🍷 6
● Il Futuro '08	🍷🍷 8
⊙ Arlecchino '10	🍷 4
● Chianti Cl. I Massi '09	🍷 4
○ Sassobianco '10	🍷 4
● Chianti Cl. I Massi Ris. '03	🍷🍷🍷 6
● Il Futuro '99	🍷🍷🍷 7
● Il Futuro '97	🍷🍷🍷 7
● Il Futuro '95	🍷🍷🍷 7
● Chianti Cl. I Massi Ris. '99	🍷🍷 6
● Il Futuro '04	🍷🍷 7
● Il Futuro '00	🍷🍷 7

Contucci

via del Teatro, 1
53045 Montepulciano [SI]
Tel. 0578757006
www.contucci.it

藏酒销售
预约参观
年产量 100 000 瓶
葡萄种植面积 21 公顷

谈论起托斯卡纳地区（Tuscany）葡萄酒的历史，就不得不提到家族历史可以追溯到11世纪，在当地有记录的历史可以追溯到14世纪的康图泽（Contucci）家族。到蒙特普齐亚诺（Montepulciano）的旅行者可以在主要广场参观大教堂和市政厅的同时参观这个家族的住宅。位于中心的房子同样包括酒窖，这些酒窖是对外开放的，也说明了这个酒庄在蒙特普齐亚诺酿酒历史上的重要地位。

- ● Nobile di Montepulciano Pietra Rossa '08 — 🍷🍷 5
- ● Nobile di Montepulciano Mulinvecchio '08 — 🍷🍷 6
- ○ Santo — 🍷 5
- ● Nobile di Montepulciano Mulinvecchio '07 — ΥΥ 6
- ● Nobile di Montepulciano Pietra Rossa '07 — ΥΥ 5
- ● Nobile di Montepulciano Pietra Rossa '03 — ΥΥ 5
- ● Nobile di Montepulciano Ris. '06 — ΥΥ 6

Fattoria Corzano e Paterno

via San Vito di Sopra
50020 San Casciano in Val di Pesa [FI]
Tel. 0558248179
www.corzanoepaterno.it

藏酒销售
预约参观
年产量 85 000 瓶
葡萄种植面积 16.5 公顷

就像它的名字所暗示的那样，酒庄在正式开始经营之前，经历了两个阶段。在1969年，温德尔•盖尔帕克（Wendel Gelpke）买下了科扎诺（Corzano）的土地，1974年，他又购买了巴特莫（Patermo）的土地。刚刚起步时，工作中心围绕三个方面，即酒与油的生产，农场的住宿，奶酪的制作。被废弃的农场又重新修整为公寓，每日产出的高品质的奶酪和酒，同本区的特色越来越相符，能够反映出其产地。

- ● Chianti I Tre Borri Ris. '08 — 🍷🍷 6
- ● Il Corzano '08 — 🍷🍷 6
- ● Chianti Terre di Corzano '09 — 🍷 4
- ○ Il Corzanello '10 — 🍷 4
- ● Chianti I Tre Borri Ris. '07 — ΥΥΥ 6
- ● Il Corzano '05 — ΥΥΥ 6
- ● Il Corzano '97 — ΥΥΥ 5
- ● Chianti I Tre Borri Ris. '04 — ΥΥ 6
- ● Il Corzano '07 — ΥΥ 6
- ● Il Corzano '06 — ΥΥ 6
- ● Il Corzano '04 — ΥΥ 6
- ○ Passito di Corzano '99 — ΥΥ 7
- ○ Passito di Corzano '98 — ΥΥ 7
- ○ Passito di Corzano '97 — ΥΥ 7

Andrea Costanti

LOC. COLLE AL MATRICHESE
53024 MONTALCINO [SI]
TEL. 0577848195
www.costanti.it

藏酒销售
预约参观
年产量 60 000 瓶
葡萄种植面积 12 公顷

蒙特普齐亚诺（Montepulciano）的这家酒庄再次展示异乎寻常的一贯性。酒庄的主人是安德里亚•科斯坦蒂（Andrea Costanti）。庄园拥有5公顷土地用来种植生产布内罗葡萄酒（Brunello）的葡萄，并以此为荣，这些葡萄可以酿成正宗的葡萄酒。这些葡萄园坐落于海拔420米的从托利尼瑞（Torrenieri）到蒙塔奇诺（Montalcino）的公路边。葡萄园在第一排葡萄前面种植了玫瑰，这不仅仅是为了装饰，更是显示葡萄生长的健康状况的标志。用这些疏松的土壤里长出的葡萄酿的酒，香味十分优雅。

● Brunello di Montalcino '06	🍷🍷🍷 7
● Rosso di Montalcino '09	🍷 5
● Brunello di Montalcino '88	🍷🍷🍷 8
● Ardingo '98	🍷🍷 6
● Ardingo Calbello '01	🍷🍷 7
● Brunello di Montalcino '97	🍷🍷 7
● Brunello di Montalcino Calbello '99	🍷🍷 7
● Brunello di Montalcino Ris. '01	🍷🍷 8

Le Crete

POD. SOLE, 9
53020 TREQUANDA [SI]
TEL. 0577661929
www.lecreteaziendagraria.it

藏酒销售
预约参观
年产量 25 000 瓶
葡萄种植面积 7 公顷

里•克里特（Le Crete）酒庄建立于2005年。当时，建造者希望这个空间可以结合饲养包括赛马在内的马匹，可以供游人参观并接触自然，同时品尝到高品质的葡萄酒。在对土壤的初级阶段研究之后，酒庄开始了生产活动，选择了要种植的各种葡萄品种，并运用适合的技术装备了酒窖。酒的名字是根据但丁•亚利基利（Dante Alighiere）的神曲中恶魔的名字取的，这是对充满活力的酒窖产品的赞颂。

● Graffiacane '06	🍷🍷 6
● Malacoda '06	🍷🍷 6
● Rubicante '06	🍷🍷 4
● Farfarello Rosso '09	🍷 3
● Graffiacane '07	🍷 6
● Malacoda '07	🍷 6

La Cura

LOC. CURA NUOVA, 12
58024 MASSA MARITTIMA [GR]
TEL. 0566918094
www.cantinalacura.it

藏酒销售
预约参观
年产量 30 000 瓶
葡萄种植面积 12 公顷

这个家族的历史和酒庄紧密相连。1968年，安德里亚•科尔西（Andrea Corsi）决定购买现在的地产。这里过去种植蔬菜和谷物，现在发展酿造业。经验来自于克安蒂经典红葡萄酒产区（Chianti Classico）的西亚诺（Cinciano），他的爷爷曾在这里拥有一个葡萄种植园，他就是在此获得了对酿酒的热情。1999年，出产了第一批白葡萄酒。2000年，蒙特瑞格（Monteregio）第一批经过葡萄酒酿造期的产品问世。如今，庄园主人恩里科•科尔西（Enrico Corsi）对于保证酒的质量投入了很多经历，以期产品能够反映本区特色。

Wine	Rating
● Merlot '09	🍷🍷 6
● Monteregio di Massa Marittima Rosso Breccerosse '10	🍷🍷 4
● Predicatore '10	🍷🍷 6
○ Cabernets '09	🍷 6
● Monteregio di Massa Marittima Rosso Colle Bruno '10	🍷 4
○ Valdemàr '10	🍷 4
● La Cura Merlot '08	🍷🍷 5
● La Cura Merlot '07	🍷🍷 5
● La Cura Merlot '06	🍷🍷 5
● La Cura Merlot '04	🍷🍷 5
● Monteregio di Massa Marittima Rosso Breccerosse '09	🍷🍷 4

Maria Caterina Dei

VIA DI MARTIENA, 35
53045 MONTEPULCIANO [SI]
TEL. 0578716878
www.cantinedei.com

藏酒销售
预约参观
年产量 200 000 瓶
葡萄种植面积 55 公顷

你可以从多个方面感受玛利亚•卡特琳娜•德（Maria Caterina Dei）的艺术气息，比如倾听经她改版的名曲，参加在酒庄举办的展览，或者只是品尝一下她的酒，就能感受到她的特点。一切要从她的祖父阿里布兰多（Alibrando）说起，是他在1964年买了现在地产的一部分，在1973年完成了当前产业的购置。尽管酒窖于1991年建成，但是由于玛利亚全心投入酿酒事业，第一瓶蒙特普齐亚诺贵族红葡萄酒（Vin Nobile di Montepulciano）于1985年就问世了。

Wine	Rating
● Nobile di Montepulciano '08	🍷🍷 5
● Nobile di Montepulciano Bossona Ris. '07	🍷🍷 6
● Rosso di Montepulciano '09	🍷 4
○ Vin Santo di Montepulciano '04	🍷 6
● Nobile di Montepulciano Bossona Ris. '04	🍷🍷🍷 6
● Nobile di Montepulciano '07	🍷🍷 5
● Nobile di Montepulciano '01	🍷🍷 5
● Nobile di Montepulciano '99	🍷🍷 5
● Nobile di Montepulciano Bossona Ris. '06	🍷🍷 6
● Nobile di Montepulciano Bossona Ris. '03	🍷🍷 6
● Nobile di Montepulciano Bossona Ris. '01	🍷🍷 6
● Nobile di Montepulciano Bossona Ris. '99	🍷🍷 6
● Nobile di Montepulciano Ris. '97	🍷🍷 5
● Rosso di Montepulciano '08	🍷🍷 4
● Sancta Catharina '08	🍷🍷 6
● Sancta Catharina '07	🍷🍷 6

Diadema

via Imprunetana per Tavarnuzze, 21
50023 Impruneta [FI]
Tel. 0552311330
www.diadema-wine.com

藏酒销售
预约参观
年产量 60 000 瓶
葡萄种植面积 12 公顷

阿拉伯托•加诺提（Alberto Giannotti）决心在自己的地产上生产葡萄酒，于是建造了庄园。庄园位于艾•欧姆别墅（Villa I' Olmo），这里有一个世纪的葡萄种植历史，也有一家顶级的酒店。戴德玛（Diadema）商标是为了新企业创见的，这种酒十分出色，与众不同，包装精美。生产酒的同时，庄园古老的榨油机也生产初榨橄榄油。戴德玛也从法国直接进口香槟。

○ D'Amare Bianco '09	🍷🍷 8
● Diadema '09	🍷🍷 8
● D'Amare '08	🍷 8
○ Diadema Bianco '10	🍷 8
○ Diadema Bianco '09	🍷🍷 8
○ Diadema Bianco '07	🍷🍷 8
● Diadema D'Amare '07	🍷🍷 8
● Diadema Rosso '08	🍷🍷 8
● Diadema Rosso '07	🍷🍷 8
● Diadema Rosso '06	🍷🍷 8

Fabrizio Dionisio

fraz. Ossaia
loc. Il Castagno
52040 Cortona [AR]
Tel. 063223541
www.fabriziodionisio.it

预约参观
年产量 30 000 瓶
葡萄种植面积 15 公顷

塞尔吉奥•迪奥尼西奥（Sergio Dionisio）对酿酒有着强烈的热情，正是这种热情使得他在20世纪70年代来到他知之甚少的托斯卡纳区（Tuscany），以探索新的世界。他是酒庄当前的主人法布里齐奥（Fabrizio）的父亲。位于奥萨亚（Ossaia）的庄园于1992年达到当前的规模，随着新葡萄的种植，庄园开始实行更加现代化的葡萄园管理。主要种植的葡萄品种是西拉（syrah），这是当地最适宜种植的品种。但是也有其他小块土地用来种植梅乐（merlot）。

● Cortona Syrah Castagnino '09	🍷🍷 4*
● Cortona Syrah Il Castagno '08	🍷🍷 6
● Cortona Syrah '07	🍷🍷 5
● Cortona Syrah Cuculaia '08	🍷🍷 7

Donna Olga

Loc. Friggiali
S.da Maremmana
53024 Montalcino [SI]
Tel. 0577849454
www.tenutedonnaolga.it

藏酒销售
预约参观
年产量 25 000 瓶
葡萄种植面积 4 公顷

定居在肯托兰尼（Centolani），奥尔加•贝鲁索（Olga Peluso）在此开始了她的独立事业生涯。位于蒙塔奇诺（Montalcino）东部的葡萄园处于海拔大约400米，有良好的日照和通风条件。葡萄园每公顷土地有超过5 000株葡萄，很多都是在葡萄园中长势良好、生命力顽强的葡萄品种的克隆。随着时间的推移，酒庄使用小型橡木桶的数量相对于中型以及大型橡木桶的数量开始减少，出产的酒则时代感很强。

- Brunello di Montalcino Donna Olga '06 — 🍷🍷🍷 8
- Rosso di Montalcino '09 — 🍷 4
- Brunello di Montalcino Donna Olga '01 — ΥΥΥ 7
- Brunello di Montalcino Ris. '01 — ΥΥΥ 8
- Brunello di Montalcino Donna Olga '99 — ΥΥ 7
- Brunello di Montalcino Donna Olga '98 — ΥΥ 8
- Brunello di Montalcino Donna Olga '97 — ΥΥ 7

Donna Olimpia 1898

Fraz. Bolgheri
Loc. Migliarini, 142
57020 Castagneto Carducci [LI]
Tel. 0272094585
www.donnaolimpia1898.it

预约参观
年产量 100 000 瓶
葡萄种植面积 41 公顷

博给利（Bolgheri）庄园位于奇诺•弗洛那利（Guido Folonari），同时在皮埃蒙特（Piedmont）和蒙塔奇诺（Montalcino）也拥有酿酒产业。我们认为，堂娜•奥林匹亚 1898（Donna Olimpia 1898）是一家很有意思的酒庄，一直以来也都很出众。位于波格里斯（Bolgherese）的庄园有60公顷的土地，其中大约40公顷用来种植葡萄。种植园里按照一定的比例种植各种品种的葡萄，大多数品种是本区优质葡萄的代表，比如，解百纳•索维农（cabernet sauvignon），梅乐（merlot），解百纳•法郎（cabernet franc），佩蒂特•味尔多（petit verdot），西拉（syrah）和本地的维蒙蒂诺（Vermentino）。

- Bolgheri Rosso '08 — 🍷🍷 5
- Bolgheri Rosso Sup. Millepassi '08 — 🍷🍷 7
- Tageto '09 — 🍷🍷 4
- Bolgheri '06 — ΥΥ 5
- Bolgheri '05 — ΥΥ 5
- Tageto '06 — ΥΥ 6

Fanti

Loc. Palazzo, 14
Fraz. Castelnuovo dell'Abate
53020 Montalcino [SI]
Tel. 0577835795
www.fantisanfilippo.com

藏酒销售
预约参观
年产量 200 000 瓶
葡萄种植面积 50 公顷

酒庄的主人是一个充满活力的葡萄酒生产商——菲利普•凡蒂（Filippo Fanti），也被称为萨利诺（Sarrino）。这里是全世界葡萄酒爱好者的圣地。众所周知，菲利普友善又热情，再加上这里的葡萄酒品质优良，所以庄园在本区有极大的吸引力。几年前完工的新酒窖位于山腰处，几乎只能看得到入口。这对葡萄园带来了很大的影响，为了制造完美的布内罗葡萄酒（Brunello），生产者花费很多精力来寻找最适宜的克隆品种。菲利普的女儿爱丽萨（Elisa）负责酒庄的事务，并且准备好了在生产的各个环节助父亲一臂之力。

- Brunello di Montalcino '06 — 6
- Rosso di Montalcino '09 — 4
- Sant'Antimo Rosso Sassomagno '09 — 4
- Brunello di Montalcino '00 — 7
- Brunello di Montalcino '97 — 7
- Brunello di Montalcino Ris. '95 — 7
- Brunello di Montalcino '05 — 6
- Brunello di Montalcino '03 — 7
- Brunello di Montalcino '01 — 7
- Brunello di Montalcino '98 — 7

Fattoria di Lamole

Loc. Lamole, 70
50022 Greve in Chianti [FI]
Tel. 0558547065
www.fattoriadilamole.it

藏酒销售
预约参观
年产量 7 000 瓶
葡萄种植面积 15 公顷

保罗•索西（Paolo Socci）为葡萄种植和提升土地品质作出的努力令人敬佩，这已经成为超越葡萄酒酿造业的一个丰碑。如果拉莫利（Lamole）修建了梯田，这都是这位深深热爱土地的固执的酒商的功劳。他在圣米歇尔山（San Michele）的山坡上开辟出额外的土地来种植葡萄。这些梯田上种植的葡萄属于古拉莫利类（Antico Lamole）。其他的法托利亚•拉莫利（Fattoria di Lamole）商标，都在卡斯特罗•斯迪克（Castello delle Stinche）品牌的旗下。

- Chianti Cl. Castello delle Stinche '08 — 5
- Chianti Cl. V. Grospoli '08 — 8
- Chianti Cl. V. Castello Castello delle Stinche Ris. '07 — 6

★★Fattoria di Felsina

VIA DEL CHIANTI, 101
53019 CASTELNUOVO BERARDENGA [SI]
TEL. 0577355117
www.felsina.it

藏酒销售
预约参观
年产量 650 000 瓶
葡萄种植面积 94 公顷
葡萄栽培方式 有机种植

法斯那（Felsina）在托斯卡纳葡萄酒（Tuscany）生产者中有着标志性地位，它生产的葡萄酒有自己严密的程序，并不追求转瞬即逝的时尚。比起它出产的酒的优雅和特性，这一点更让它显得与众不同。拉文那（Ravenna）的商人多米尼克•保基亚利（Domenico Poggiali）于1966年买下了庄园的中心地区，这为法斯那进行葡萄酒生产打下了基础。1981年，他买下了锡纳伦加（Sinalunga）的卡斯特罗•法那特拉（Castello di Farnetella），接下来在1995年，买下了卡斯特努沃•贝拉登加（Castelnuovo Berardenga）的帕格利亚勒斯（Pagliarese）。这段长长的历史，使得以卡斯特努沃•贝拉登加为核心的企业和它的产品，在意大利酿酒业达到了顶峰。

● Maestro Raro '08	🍷🍷🍷	7
● Chianti Cl. Rancia Ris. '08	🍷🍷	7
● Fontalloro '08	🍷🍷	7
● Chianti Cl. '09	🍷🍷	5
● Chianti Cl. Ris. '08	🍷	6
● Chianti Colli Senesi Castello della Farnetella '09	🍷	4
○ I Sistri '09	🍷	5
○ Pepestrino '10	🍷	4
○ Vin Santo del Chianti Cl. '03	🍷	6
● Chianti Cl. Rancia Ris. '07	🍷🍷🍷	7
● Chianti Cl. Rancia Ris. '05	🍷🍷🍷	6
● Chianti Cl. Rancia Ris. '04	🍷🍷🍷	6
● Chianti Cl. Rancia Ris. '03	🍷🍷🍷	6
● Fontalloro '07	🍷🍷🍷	7
● Fontalloro '06	🍷🍷🍷	7
● Fontalloro '05	🍷🍷🍷	7

★Tenute Ambrogio e Giovanni Folonari

LOC. PASSO DEI PECORAI
VIA DI NOZZOLE, 12
50022 GREVE IN CHIANTI [FI]
TEL. 055859811
www.tenutefolonari.com

预约参观
年产量 1 000 000 瓶
葡萄种植面积 250 公顷

安布罗吉奥（Ambrogio）和乔瓦尼•弗洛那利（Giovanni Folonari）属于同一家意大利酿酒业的领跑巨头。在2000年，它们在长期称雄的行业内受挫。它们的新企业起步于托斯卡纳（Tuscany），主要的庄园位于克安蒂（Chianti）格雷夫（Greve）的诺泽勒（Nozzole），博给利（Bolgheri）的坎普•亚•马勒（Campo al Mare），蒙塔奇诺（Montalcino）的拉•赋格（La Fuga），蒙特普齐亚诺（Montepulciano）的托卡维诺（Torcalvano）和马莱玛（Maremma）的维格尼•亚•保罗那（Vigne a Porrona）。这些葡萄酒由完美的技术酿造而成，同时它们高度保持了自身的特点，和它们不同的原料产地的风格。

● Chianti Cl. La Forra Ris. '08	🍷🍷	5
● Il Pareto '08	🍷🍷	8
● Bolgheri Sup. Baia al Vento Campo al Mare '08	🍷	5
● Nobile di Montepulciano Torcalvano '08	🍷	5
● Rosso di Montalcino La Fuga '09	🍷	5
● Cabreo Il Borgo '06	🍷🍷🍷	6
● Il Pareto '07	🍷🍷🍷	8
● Il Pareto '04	🍷🍷🍷	8
● Il Pareto '01	🍷🍷🍷	8
● Il Pareto '00	🍷🍷🍷	8
● Il Pareto '98	🍷🍷🍷	7
● Il Pareto '97	🍷🍷🍷	7
● Cabreo Il Borgo '07	🍷🍷	6
● Cabreo Il Borgo '04	🍷🍷	6
● Chianti Cl. La Forra Ris. '07	🍷🍷	5
● Chianti Cl. La Forra Ris. '04	🍷🍷	5

Fattoria Le Fonti

LOC. LE FONTI
50020 PANZANO [FI]
TEL. 055852194
www.fattorialefonti.it

藏酒销售
预约参观
年产量 40 000 瓶
葡萄种植面积 8.5 公顷
葡萄栽培方式 有机种植

从1994年起，施密特维塔利（Schmitt-Vitali）家族开始拥有位于潘札诺（Panzano）的法托利亚•勒•芬提庄园(Fattoria Le Fonti)。庄园面积较小，这有利于对葡萄园和酒窖实行精心的照顾。这也使得庄园的酒能够在最近几年声名鹊起。尽管一直使用小型木桶，但是橡木桶经过了认真的校正。这里出产的酒品质卓越，口感新鲜，个性独特，惹人喜爱。

● Chianti Cl. Ris. '07	🍷🍷🍷 5
● Chianti Cl. '08	🍷🍷 4
● Fontissimo '07	🍷 6
● Vigna della Lepre '09	🍷 3
● Fontissimo '06	🍷🍷🍷 6
● Chianti Cl. '07	🍷🍷 4
● Chianti Cl. Ris. '07	🍷🍷 5
● Chianti Cl. Ris. '04	🍷🍷 5
● Fontissimo '04	🍷🍷 6
● Fontissimo '01	🍷🍷 6
● V. della Lepre '07	🍷🍷 3

Le Fonti

LOC. SAN GIORGIO
53036 POGGIBONSI [SI]
TEL. 0577935690
www.fattoria-lefonti.it

藏酒销售
预约参观
年产量 120 000 瓶
葡萄种植面积 23 公顷

这个庄园位于波吉邦西（Poggibonsi）自治市的属于克安蒂经典红葡萄酒产区（Chianti Classico）的一个面积较小的区内，面朝蒙珊托山（Monsanto）。庄园归伊博迪（Imberti）兄弟所有。葡萄园在平均海拔300米处，种植的葡萄大多是为了生产圣乔维斯葡萄酒。这种酒风格淳朴，用以水泥粘合的木桶酿造。生产酒用的葡萄植株较矮，而且葡萄可以被用2到3次。这样生产出的一系列产品，都保留了自己的特色。

● Chianti Cl. '09	🍷🍷 4
● Chianti Cl. Ris. '08	🍷🍷 6
● Vito Arturo '08	🍷 6
● Chianti Cl. '06	🍷🍷 4*
● Vito Arturo '07	🍷🍷 6

★Az. Agr. Fontodi

FRAZ. PANZANO IN CHIANTI
VIA SAN LEOLINO, 89
50020 GREVE IN CHIANTI [FI]
TEL. 055852005
www.fontodi.com

藏酒销售
预约参观
年产量 300 000 瓶
葡萄种植面积 80 公顷
葡萄栽培方式 有机认证

如果潘札诺（Panzano）著名的孔卡•迪•奥罗（Conca d' Oro）被一致认为是克安蒂经典红葡萄酒产区（Chianti Classico）之冠的话，在很大程度上应该要归功于特努塔•弗托蒂（Tenuta Fontodi）。1968年起，马内蒂（Manetti）家族拥有的酒庄开始加强管理，以期能够将演绎出本区的圣乔维斯酒（Sangiovese）的精髓。如今，特努塔•弗托蒂仍在不断追求高品质，且已经走上了有机葡萄生产的道路，这标志着庄园在追求卓越，保持特色的道路上不断前进。

● Flaccianello della Pieve '08	🍷🍷🍷	8
● Chianti Cl. '08	🍷	5
● Chianti Cl. V. del Sorbo Ris. '01	🍷🍷🍷	7
● Chianti Cl. V. del Sorbo Ris. '94	🍷🍷🍷	7
● Flaccianello della Pieve '07	🍷🍷🍷	7
● Flaccianello della Pieve '05	🍷🍷🍷	7
● Flaccianello della Pieve '03	🍷🍷🍷	7
● Flaccianello della Pieve '01	🍷🍷🍷	7
● Flaccianello della Pieve '00	🍷🍷🍷	7
● Flaccianello della Pieve '97	🍷🍷🍷	7
● Flaccianello della Pieve '91	🍷🍷🍷	7
● Flaccianello della Pieve '85	🍷🍷🍷	6
● Flaccianello della Pieve '83	🍷🍷🍷	6
● Syrah Case Via '98	🍷🍷🍷	7

Podere La Fortuna

LOC. LA FORTUNA, 83
53024 MONTALCINO [SI]
TEL. 0577848308
www.tenutalafortuna.it

藏酒销售
预约参观
年产量 60 000 瓶
葡萄种植面积 13 公顷

对宝乐•拉•弗杜那（Podere La Fortuna）的革新业已完成，如今，酒庄拥有全新的可控温度的房间，和全新的灌酒生产线。中等型号的木桶每十年更换一次。在酒庄东部地区，和在卡斯特努沃•德•阿巴特（Castelnuovo dell' Abate）附近朝向米亚塔山（Amiata）的地区购买的地产，扩大了酒庄葡萄种植面积。这些气候温暖的地区让酒的风格有些许的不同，既加强了原来的特点，又减少了些浮华的成分。

● Brunello di Montalcino '06	🍷🍷🍷	7
● Rosso di Montalcino '09	🍷	5
● Brunello di Montalcino '04	🍷🍷🍷	7
● Brunello di Montalcino '01	🍷🍷🍷	7
● Brunello di Montalcino '05	🍷🍷	7
● Brunello di Montalcino '03	🍷🍷	7
● Brunello di Montalcino Ris. '01	🍷🍷	7
● Fortunello '09	🍷🍷	3*

Frascole

Loc. Frascole, 27a
50062 Dicomano [FI]
Tel. 0558386340
www.frascole.it

藏酒销售
预约参观
年产量 55 000 瓶
葡萄种植面积 15 公顷
葡萄栽培方式 有机认证

法拉科勒（Frascole）酒庄所处的区域是由罗马人和伊特鲁里亚人开发的。在这里的葡萄园建立之前，一座罗马房屋在深耕土地时意外发现。后来的中世纪时期，这里被选址建成小型村落。利比（Lippi）家族致力于酿酒和制造初榨橄榄油时，也将居住地选在这里。后来，他们重建了当时庄园的住宿设施，从而增添了农家住宿的业务。

酒款	评分
○ Vin Santo del Chianti Rufina '02	8
● Chianti Rufina Ris. '08	5
● Chianti Rufina '09	4
● Chianti Rufina '08	4
● Chianti Rufina '06	4*
● Chianti Rufina Ris. '07	5
● Vènia '06	5
○ Vin Santo del Chianti Rufina '01	8
○ Vin Santo del Chianti Rufina '99	8

Tenuta di Frassineto

s.da Vicinale del Duca, 14
52100 Arezzo
Tel. 054437078
www.tenutadifrassineto.com

藏酒销售
预约参观
年产量 60 000 瓶
葡萄种植面积 30 公顷

尽管后来在19世纪时进行了修整，特努塔•法拉斯内托（Tenuta di Frassineto）仍是17世纪农舍建筑风格的典范。庄园第一任主人是瓦萨里（Vasari），继而所有权在几位名人手中转移，现在转移到了女伯爵朱莉安娜•西特里奥（Contessa Giuliana Cittero）的手中。在经过对土壤的认真分析之后，庄园在葡萄品种方面进行了改革，更注重国际品种。托斯卡纳（Tuscany）的维蒙蒂诺（Vermentino）也很受重视，但是种植面积并不广。

酒款	评分
● Fontarronco '09	4*
○ Vicinale del Duca '07	5
○ Brut M. Cl. '07	4
● Maestro della Chiana '08	4
○ Rancoli '10	4
○ Rancoli '07	4*

★Marchesi de' Frescobaldi

via Santo Spirito, 11
50125 Firenze
Tel. 05527141
www.frescobaldi.it

藏酒销售
预约参观
年产量 9 000 000 瓶
葡萄种植面积 1 200 公顷

花思蝶（Frescobaldis）家族拥有700年悠久历史，不需要再额外的介绍。让我们来看看家族的将来，并思考为什么家族制造优质酒的承诺坚如磐石。他们的酿酒师从来没有放松警惕。除了在鲁菲娜（Rufina）长期的地产以外，家族在里窝那省（Livorno）省托斯卡纳（Tuscany）的科斯塔•努格拉（Costa di Nugola）庄园也有不菲的投资。而且，家族已经完全收购了弗留利（Friuli）的爱特慕斯（Attems）庄园。在制定大型定向营销项目时，酒庄会和公众进行现代化高效的交流。正是这一点，支撑起这样的投资组合。

● Mormoreto '08	🍷🍷 8
● Brunello di Montalcino Castelgiocondo '06	🍷🍷 7
● Chianti Rufina Montesodi Ris. '08	🍷🍷 7
● Chianti Rufina Nipozzano Ris. '08	🍷🍷 5
● Luce '08	🍷🍷 8
● Lucente '09	🍷🍷 5
○ Pomino Il Benefizio '09	🍷🍷 6
● Pomino Pinot Nero '09	🍷🍷 5
○ Pomino Bianco '10	🍷 4
○ Pomino Vin Santo '05	🍷 5
● Brunello di Montalcino Ripe al Convento Ris. Castelgiocondo '04	🍷🍷 8
● Chianti Rufina Montesodi Ris. '07	🍷🍷 7
● Chianti Rufina Nipozzano Ris. '07	🍷🍷 5
● Giramonte Rosso '07	🍷🍷 8
● Morellino di Scansano Pietraregia dell'Ammiraglia Ris. '07	🍷🍷 4
● Mormoreto '07	🍷🍷 8

Eredi Fuligni

via Saloni, 33
53024 Montalcino [SI]
Tel. 0577848710
www.fuligni.it

藏酒销售
预约参观
年产量 45 000 瓶
葡萄种植面积 11 公顷

能干的罗伯托•圭里尼（Roberto Guerrini）经营着拥有灿烂历史的蒙塔奇诺（Montalcino）酒庄，使其重新达到了历史上的高度。庄园出产的酒口感独特，既能反映本身特点，也能反映原料生长地的特点。葡萄园位于蒙塔奇诺（Montalcino）的半山腰，在西边的山坡上，朝东而建。由于海拔的影响，此地气温缓和，这有利于出产的酒带有优雅气息，减弱了过度的刺激。酒窖有传统的30公顷的木桶，以及一些中等型号的木桶。

● Brunello di Montalcino '06	🍷🍷 7
● Rosso di Montalcino Ginestreto '09	🍷 5
● Brunello di Montalcino Ris. '01	🍷🍷🍷 8
● Brunello di Montalcino Ris. '97	🍷🍷🍷 8
● Brunello di Montalcino '01	🍷🍷 7
● Brunello di Montalcino '99	🍷🍷 7
● Brunello di Montalcino Ris. '04	🍷🍷 8

Gattavecchi

LOC. SANTA MARIA
VIA DI COLLAZZI, 74
53045 MONTEPULCIANO [SI]
TEL. 0578757110
www.gattavecchi.it

藏酒销售
预约参观
年产量 280 000 瓶
葡萄种植面积 40 公顷

位于蒙特帕西诺（Montepulciano）的佳特温齐（Gattevecchi）家族拥有100年的酿酒历史，这是一项伟大的成就。他们能够持续处于巅峰位置的秘密，在于每代人都注重更新产品，以适应时代发展的要求。酒庄在华伦蒂（Valente）的带领下之下，获得了在全世界范围内的成功，他的儿女，即现任的酒庄主人，分别是卢卡（Luca），格纳塔（Gionata）和丹妮拉（Daniela），他们都充满热情地继承了父亲的事业。有悠久历史的酒窖位于城镇里，位于过去14世纪建成的改革之父教堂的地址处。

Wine	Rating
● Nobile di Montepulciano '08	🍷🍷 5
● Nobile di Montepulciano Poggio alla Sala Ris. '07	🍷🍷 6
● Chianti dei Colli Senesi '10	🍷 4
● Chianti dei Colli Senesi Poggio alla Sala '10	🍷 4
● Nobile di Montepulciano Poggio alla Sala '08	🍷 6
● Nobile di Montepulciano Riserva dei Padri Serviti '07	🍷 5
● Nobile di Montepulciano '07	♀♀ 5
● Nobile di Montepulciano '05	♀♀ 5
● Nobile di Montepulciano Parceto Poggio alla Sala '07	♀♀ 6
● Nobile di Montepulciano Poggio alla Sala '07	♀♀ 5
● Nobile di Montepulciano Poggio alla Sala '06	♀♀ 5
● Nobile di Montepulciano Poggio alla Sala Ris. '06	♀♀ 6
● Nobile di Montepulciano Ris. '06	♀♀ 6
● Nobile di Montepulciano Riserva dei Padri Serviti '04	♀♀ 5

★Tenuta di Ghizzano

FRAZ. GHIZZANO
VIA DELLA CHIESA, 4
56037 PECCIOLI [PI]
TEL. 0587630096
www.tenutadighizzano.com

藏酒销售
预约参观
年产量 80 000 瓶
葡萄种植面积 20 公顷
葡萄栽培方式 有机种植

金妮维亚•维纳罗斯•帕索里尼（Ginevra Venerosi Pesciolini）经营着比萨（Pisa）附近地区实力最雄厚，最有盛誉的酒庄之一。她的家族在1370年建造了吉扎诺，酒庄就是在过去吉扎诺（Ghizzano）的基础上建成的，并以此命名。20公顷的庄园，是在沙土、淤泥、粘土混合而成的土壤上建设的。这些土壤的原始海洋状态，使得它现在具有松软的特点，而且温度适宜。酒庄出产的酒现代气息浓厚，带有芬芳的香气，而且按照酒水的密度进行了分类。

Wine	Rating
● Nambrot '08	🍷🍷🍷 7
● Veneroso '08	🍷🍷 6
○ Vin Santo San Germano '06	🍷 5
● Nambrot '06	♀♀♀ 7
● Nambrot '05	♀♀♀ 7
● Nambrot '04	♀♀♀ 7
● Nambrot '03	♀♀♀ 7
● Nambrot '01	♀♀♀ 8
● Nambrot '00	♀♀♀ 8
● Veneroso '07	♀♀♀ 6
● Veneroso '04	♀♀♀ 6
● Veneroso '01	♀♀♀ 6

I Giusti e Zanza

VIA DEI PUNTONI, 9
56043 FAUGLIA [PI]
TEL. 058544354
www.igiustiezanza.it

藏酒销售
预约参观
年产量 100 000 瓶
葡萄种植面积 17 公顷
葡萄栽培方式 有机种植

这里发生的一切都和土地密切相关。1995年时，保罗•基斯迪（Paolo Giusti）购买里这个庄园，并开始对葡萄园进行改造，近期又作出实行生物动力学的种植方式。多粘土的碎石山坡上，排水便利，光照充足，微风和煦。葡萄就在这里种植，且密度较高。用这样环境下生产出来的葡萄酿酒，带着现代气息，并伴着浓郁芳香。

- ● Dulcamara '08 — 6
- ● PerBruno '09 — 5
- ● Belcore '09 — 4
- ○ Nemorino Bianco '10 — 4
- ● Belcore '07 — 4
- ● Belcore '06 — 4
- ● Dulcamara '07 — 6
- ● Dulcamara '06 — 6
- ● Dulcamara '05 — 6
- ○ Nemorino Bianco '09 — 4
- ● PerBruno '06 — 5

Podere Grattamacco

LOC. LUNGAGNANO
57022 CASTAGNETO CARDUCCI [LI]
TEL. 0565765069
www.collemassari.it

藏酒销售
预约参观
年产量 80 000 瓶
葡萄种植面积 14 公顷
葡萄栽培方式 有机认证

格拉塔马可（Grattamacco）酒庄建于20世纪70年代，它是宝格丽（Bolgheri）历史最悠久的酒庄之一，但是它仍然展示出无限活力。的确，它的窖藏常常让葡萄酒爱好者惊喜不已。如今，商人克劳迪奥•提帕（Claudio Tipa）拥有格拉塔马可酒庄，他以自己的技巧和热情从事酿酒多年，希望能将酒庄的地位和声望带到新的高度。葡萄园位于宝格丽（Bolgheri）和卡斯塔尼托•卡杜泽（Castagneto Carducci）之间的山坡上。这里土壤种类很多，有泥灰、砂岩、粘土、石灰等。

- ● Bolgheri Rosso Sup. Grattamacco '08 — 8
- ● Bolgheri Rosso '09 — 5
- ● Bolgheri Sup. L'Alberello '08 — 7
- ● Bolgheri Rosso Sup. Grattamacco '07 — 8
- ● Bolgheri Rosso Sup. Grattamacco '06 — 8
- ● Bolgheri Rosso Sup. Grattamacco '05 — 8
- ● Bolgheri Rosso Sup. Grattamacco '04 — 8
- ● Bolgheri Rosso Sup. Grattamacco '03 — 8
- ● Bolgheri Rosso Sup. Grattamacco '01 — 8
- ● Bolgheri Rosso Sup. Grattamacco '99 — 8
- ● Grattamacco '85 — 8

Fattoria di Grignano

FRAZ. GRIGNANO
VIA DI GRIGNANO, 22
50065 PONTASSIEVE [FI]
TEL. 0558398490
www.fattoriadigrignano.com

藏酒销售
预约参观
年产量 300 000 瓶
葡萄种植面积 49.5 公顷
葡萄栽培方式 有机认证

15世纪，马尔凯西•贡迪（Marchesi Gondi）在一处古时城堡的旧址上建造了一处别墅。法托利亚•格里纳诺（Fattoria di Grignano）在1972年被拥有现代化企业的英格拉密斯（Inghiramis）家族购买，成为其旗下产业。有趣的是，整个地产被分为47个农场庄园，每部分都有自己的历史和建筑特点。葡萄和橄榄油是本区最重要的农作物，但也有一些区域种植谷物和水果。

Wine	Rating
● Chianti Rufina '09	🍷🍷 3
○ Vin Santo del Chianti Rufina '03	🍷🍷 5
● Chianti Rufina Poggio Gualtieri Ris. '06	🍷 4
● Salicaria '06	🍷 7
● Chianti Rufina Ris. '06	🍷🍷 4*
● Salicaria '05	🍷🍷 5
○ Vin Santo del Chianti Rufina Grignano '94	🍷🍷 5

Il Grillesino Compagnia del Vino

B.GO DEGLI ALBIZI, 14
50122 FIRENZE
TEL. 055243101
www.compagniadelvino.it

预约参观
年产量 180 000 瓶
葡萄种植面积 20 公顷

1997年，吉安卡洛•诺塔利（Giancarlo Notari）建立了孔帕尼亚•凡诺（Compagnia del Vino）酒庄。他希望能在一处以高质量著称的地区生产销售一系列葡萄酒，并分别配给属于各自的商标。托斯卡纳（Tuscany）被选中的地区是用来种植维奈洽（Vernaccia）的圣吉米亚诺（San Gimignano）和马莱玛（Maremma）的莫瑞里诺•斯堪萨诺（Morellino di Scansano）生长区。随着逐渐在马格里亚诺（Magliano）购买土地，马莱玛的格里勒斯诺（Grillesino）酒庄不断扩张。在吉安卡洛过世之后，酒庄所有权交给了他的儿子萨维里奥（Saverio）。新的继承人全心全意经营着这份产业。

Wine	Rating
● Ceccante '08	🍷🍷 5
● Morellino di Scansano Grillesino '10	🍷🍷 5
● Ciliegiolo Grillesino '10	🍷 4
● Morellino di Scansano Grillesino Ris. '08	🍷 5
● Ceccante '04	🍷🍷 6
● Ceccante '00	🍷🍷 7
● Morellino di Scansano '05	🍷🍷 4
● Morellino di Scansano Ris. '02	🍷🍷 5
● Morellino di Scansano Ris. 01	🍷🍷 5

Tenuta Guado al Tasso

Loc. Belvedere, 140
57020 Bolgheri [LI]
Tel. 0565749735
www.antinori.it

预约参观
年产量 800 000 瓶
葡萄种植面积 300 公顷

奇诺•亚•塔索（Guado al Tasso）属于安东尼家族（Antinori）。这个家族在意大利酿酒史上颇有名望，甚至成为区域内葡萄酒制造业的标杆。宝格丽山（Bolgheri）的自然风格美得让人难以置信，这里的葡萄园和森林，橄榄树林，麦田以及向日葵交错相生。这里相对较高的海拔和海洋的和缓影响，保证了四季平衡，种植的各种葡萄的丰收。

● Bolgheri Rosso Sup. Guado al Tasso '08	🍷🍷 8
⊙ Bolgheri Rosato Scalabrone '10	🍷🍷 4*
○ Bolgheri Vermentino '10	🍷🍷 5
● Bolgheri Rosso Bruciato '09	🍷 5
● Bolgheri Rosso Sup. Guado al Tasso '01	🍷🍷🍷 8
● Bolgheri Rosso Sup. Guado al Tasso '90	🍷🍷🍷 8
● Bolgheri Rosso Bruciato '02	🍷🍷 5
● Bolgheri Rosso Sup. Guado al Tasso '07	🍷🍷 8
● Bolgheri Rosso Sup. Guado al Tasso '06	🍷🍷 8
● Bolgheri Rosso Sup. Guado al Tasso '00	🍷🍷 8
● Bolgheri Rosso Sup. Guado al Tasso '98	🍷🍷 8
○ Bolgheri Vermentino '08	🍷🍷 5

Gualdo del Re

Loc. Notri, 77
57028 Suvereto [LI]
Tel. 0565829888
www.gualdodelre.it

藏酒销售
预约参观
年产量 100 000 瓶
葡萄种植面积 20 公顷
葡萄栽培方式 有机认证

作为瓦尔迪•科尼亚（Val di Cornia）颇具代表性的酒庄，瓜尔多•里（Gualdo del Re）酒庄拥有悠久的历史。20世纪90年代早期，伴随着当地酒窖一个有声望的农民的儿子尼克•罗西（Nico Rossi）的加入，酒庄的历史发生了转折，开始向着我们今天看到的情形发展。葡萄园位于酒庄附近，建立在沙土，淤泥和含有许多卵石的粘土之上。酒庄出产的酒成熟，圆润，结构良好，具有很强的现代气息。

● Cabraia '07	🍷🍷 8
● Val di Cornia Rosso Federico I '08	🍷🍷 6
○ Val di Cornia Aleatico Passito Amansio '10	🍷🍷 6
● Val di Cornia Rosso Eliseo '09	🍷 4
● Val di Cornia Rosso l'Rennero '08	🍷 7
● Val di Cornia Sangiovesse '08	🍷 3
○ Val di Cornia Vermentino Valentina '10	🍷 4
● Val di Cornia Rosso l'Rennero '05	🍷🍷🍷 7
● Val di Cornia Rosso l'Rennero '01	🍷🍷🍷 8
● Val di Cornia Gualdo del Re '01	🍷🍷 6

Guicciardini Strozzi Fattoria Cusona

LOC. CUSONA, 5
53037 SAN GIMIGNANO [SI]
TEL. 0577950028
www.guicciardinistrozzi.it

藏酒销售
预约参观
年产量 600 000 瓶
葡萄种植面积 100 公顷

圣•吉米尼亚诺（San Gimignano）是意大利享有声望且历史悠久的地区，这为本区发展酿酒业提供了很好的发展条件，考虑到传统和家系因素，几乎没有对手可以与本区的酒庄竞争。确实，科索那（Cosona）有文献记载的历史可以追溯到公元994年，有超过1 000年的历史可以引以为豪，有盛名传遍意大利甚至欧洲大陆的斯托茨（Strozzi）家族和圭恰迪尼（Guicciardini）家族在此居住。如今，这个品牌包括意大利境内不同地区的几个庄园，出产一系列的好酒。

- ● Bolgheri Rosso Sup. VignaRè Villa Le Pavoniere '07 — 🍷🍷 7
- ● Sòdole '07 — 🍷🍷 6
- ○ Vernaccia di S. Gimignano Cusona 1933 '10 — 🍷🍷 5
- ○ Vernaccia di S. Gimignano Titolato Strozzi '10 — 🍷🍷 4*
- ○ Arabesque '10 — 🍷 4
- ● Chianti Colli Senesi Titolato Strozzi '10 — 🍷 4
- ● Monteregio Rosso Guidoriccio '09 — 🍷 4
- ● Morellino di Scansano Titolato Strozzi '10 — 🍷 4
- ○ Vernaccia di S. Gimignano Ris. '08 — 🍷 4
- ● Millanni '99 — 🍷🍷🍷 7
- ● Morellino di Scansano Poggio Moreto '06 — 🍷🍷 5
- ● Selvascura '01 — 🍷🍷 6
- ● Sòdole '04 — 🍷🍷 6
- ○ Vernaccia di S. Gimignano Cusona 1933 '08 — 🍷🍷 4*

Icario

VIA DELLE PIETROSE, 2
53045 MONTEPULCIANO [SI]
TEL. 0578758845
www.icario.it

藏酒销售
预约参观
年产量 120 000 瓶
葡萄种植面积 22 公顷

变化是生活的调味品，对于切凯蒂（Cecchetti）家族而言，对于工作也是如此。切凯蒂家族本是意大利最大的交通公司的拥有者，后来转型为葡萄酒企业。1998年，企业的总裁吉安卡洛（Giancarlo）建立公司，这些年来一直在不停扩大葡萄种植面积。如今，在他的孩子亚历山德拉（Alessandra）和安德里亚（Andrea）的协助下，他仍在不知疲倦地工作以提高酒的质量。在某种程度上，这和伊卡洛斯（Icarius）的故事有某些相像，被伊特鲁里亚（Etruscan）神选中的人要向世人介绍酒。

- ● Nobile di Montepulciano Vitaroccia Ris. '07 — 🍷🍷 6
- ● Nobile di Montepulciano '08 — 🍷🍷 5
- ○ Nysa '09 — 🍷 6
- ● Rosso Icario '09 — 🍷 4
- ● Nobile di Montepulciano '06 — 🍷🍷 5
- ● Nobile di Montepulciano '04 — 🍷🍷 5
- ● Nobile di Montepulciano '03 — 🍷🍷 5
- ● Nobile di Montepulciano '01 — 🍷🍷 5
- ● Nobile di Montepulciano Vitaroccia '06 — 🍷🍷 6
- ● Nobile di Montepulciano Vitaroccia '05 — 🍷🍷 6
- ● Nobile di Montepulciano Vitaroccia '03 — 🍷🍷 5

Fattoria Il Lago

via Campagna, 18
50062 Dicomano [FI]
Tel. 055838047
www.fattoriaillago.com

藏酒销售
预约参观
年产量 50 000 瓶
葡萄种植面积 22 公顷

大约在50年前，萨格诺里（Sagnoli）家族购买了曾经属于维艾•巴托利尼•沙林贝尼侯爵（Marchesi Vivai Bartolini Salimbeini）的地产，然后重新修葺了废旧的村庄，将其改造成假日农家住宿的场所，同时也重新修整了酒窖。除了当地传统的葡萄品种，农场也和一些生产商达成协议种植黑比诺葡萄。这些生产商与托斯卡纳•亚平宁地区（Tuscan Apennines）拥有酒庄的黑比诺葡萄种植者联系密切。

- ● Chianti Rufina Ris. '08 — 🍷🍷 5
- ● Pinot Nero '09 — 🍷🍷 6
- ● Chianti Rufina '09 — 🍷 4
- ● Chianti Rufina '08 — 🍷🍷 4*
- ● Pian de' Guardi '06 — 🍷🍷 5
- ● Syrah '08 — 🍷🍷 5
- ○ Vin Santo del Chianti Rufina '03 — 🍷🍷 5

Incontri

loc. Fossoni, 38
57028 Suvereto [LI]
Tel. 0565829401
www.aziendaagricolaincontri.it

藏酒销售
预约参观
年产量 35 000 瓶
葡萄种植面积 6 公顷
葡萄栽培方式 有机认证

酒庄于20世纪90年代早期，由现任主人亚历山大•马尔代利（Alessandro Martelli）的父母建立，当时他们开始生产自己企业的瓶装酒。然而，酒庄的历史可以继续往前追溯，至少可以追溯到马尔代利的祖父马特里诺（Martellino）时期。这是一个拥有12公顷葡萄园的家族经营的庄园。同时，这里也有橄榄树林，能够出产优质的初榨橄榄油，以及美丽的假日旅馆，是在瓦尔迪•科尼亚（Val di Cornia）度假的理想之地。

- ● Val di Cornia Suvereto Cabernet '07 — 🍷🍷 5
- ● Val di Cornia Sangiovese Martellino '08 — 🍷🍷 3*
- ● Val di Cornia Suvereto Merlò '07 — 🍷🍷 5
- ○ Val di Cornia Vermentino Ildobrandino '09 — 🍷 4
- ● Lagobruno '00 — 🍷🍷 5

★Isole e Olena

LOC. ISOLE, 1
50021 BARBERINO VAL D'ELSA [FI]
TEL. 0558072763
www.isoleolena.it

藏酒销售
预约参观
年产量 200 000 瓶
葡萄种植面积 50 公顷

保罗•德•马奇（Paolo De Marchi）出生于皮埃蒙特（Piedmont），但是在克安蒂经典红葡萄酒产区（Chianti Classico）工作了35年之后，他已经变成了地道的当地人，几乎算得上是保证法定产区最严谨精密的葡萄种植者。他致力于找寻土地最深处的奥秘，成功发现了使土地恢复活力的途径。伊索勒•颚•欧兰纳（Isole e Olena）旗下不仅包括传统型酒，也有一大批国际性酒产品。后者打破常规，充满个性，吸引了众多目光。

● Cepparello '08	🍷🍷 8
○ Chardonnay Collezione De Marchi '09	🍷 7
○ Vin Santo del Chianti Classico '03	🍷 8
● Cabernet Sauvignon '97	🍷🍷🍷 8
● Cepparello '07	🍷🍷🍷 8
● Cepparello '06	🍷🍷🍷 8
● Cepparello '05	🍷🍷🍷 8
● Cepparello '03	🍷🍷🍷 8
● Cepparello '01	🍷🍷🍷 7
● Cepparello '00	🍷🍷🍷 7
● Cepparello '99	🍷🍷🍷 6
● Cepparello '98	🍷🍷🍷 6
● Cepparello '97	🍷🍷🍷 5
● Syrah '99	🍷🍷🍷 7

Lamole di Lamole

LOC. VISTARENNI
LOC. LAMOLE
53013 GAIOLE IN CHIANTI [SI]
TEL. 0577738186
www.lamole.com

藏酒销售
预约参观
年产量 250 000 + 100 000 瓶
葡萄种植面积 50 + 15 公顷

以威尼托(Veneto)为基础的圣玛格丽特（Santa Margherita）组织在托斯卡纳（Tuscany）有两个庄园，位于克安蒂（Chianti）格雷夫（Greve）的拉莫勒•拉莫勒（Lamole di Lamole），和位于佳奥利（Gaiole）总面积达200公顷的维斯塔里尼（Vistarenni）庄园。尽管庄园面积相当大，酒庄的产品非常注重自身风格和地区特点，这一点在拉莫勒出产的酒上表现得更加明显。但是，维斯塔里尼出产的酒同样保持独有的特色，芳香扑鼻。这些酒用大型和小型的橡木桶酿造。

● Chianti Cl. Lamole di Lamole '08	🍷🍷 4
● Chianti Cl. Lamole di Lamole Et. Blu '08	🍷🍷 4
● Chianti Cl. Lamole di Lamole Ris. '07	🍷 5
● Chianti Cl. Vign. di Campolungo Ris. '07	🍷 6
● Chianti Cl. Villa Vistarenni '08	🍷 4
● Chianti Cl. Villa Vistarenni Ris. '07	🍷 5
● Chianti Cl. Vign. di Campolungo Ris. '06	🍷🍷 6

La Lastra

FRAZ. SANTA LUCIA
VIA R. DE GRADA, 9
53037 SAN GIMIGNANO [SI]
TEL. 0577941781
www.lalastra.it

藏酒销售
预约参观
年产量 57 600 瓶
葡萄种植面积 7 公顷

拉•拉斯特拉（La Lastra）于20世纪90年代中期由几位农学家和酿酒师建立，他们是雷纳托•斯帕诺（Renato Spanu），纳迪亚•贝蒂（Nadia Betti）和恩里科•帕特莫斯特(Enrico Patermoster)，他们决心在圣•吉米尼亚诺（San Gimignano）投资。如今，他们的酿酒项目已经相当成熟，成为了本区最地道和成功的经营商。葡萄园的粉质粘土含有大量的碎石和海洋化石，这里出产的葡萄酿造出矿物质含量高的酒。这样的酒也许不适合早期饮用，但绝对是瓶装窖藏的佳品。

Wine	Rating
○ Vernaccia di S. Gimignano Ris. '09	🍷🍷🍷 4*
○ Vernaccia di S. Gimignano '10	🍷🍷 3*
● Chianti Colli Senesi '09	🍷 3
● Rovaio '05	🍷🍷 5
● Rovaio '01	🍷🍷 5
○ Vernaccia di S. Gimignano Ris. '05	🍷🍷 4*

Lavacchio

VIA DI MONTEFIESOLE, 55
50065 PONTASSIEVE [FI]
TEL. 0558317472
www.fattorialavacchio.com

藏酒销售
预约参观
年产量 100 000 瓶
葡萄种植面积 21 公顷
葡萄栽培方式 有机认证

18世纪时，佛罗伦萨（Florentine）的佩鲁济家族（Peruzzi）建立了这个农庄。在19世纪时，地产被曼图亚（Mantova）的斯托茨•萨克拉迪侯爵（Marchesi Strozzi Sacrati）购买，于1978年，又被传给了劳特利（Lottero）兄弟，即现在的主人。如今，酒庄由法耶•劳特利（Faye Lottero）管理，她努力将传统方式和现代技术结合。除了生产酒和橄榄油，庄园也生产水果，小麦和蔬菜。这些都可以在农场的饭馆和出租的假日旅馆里尝到。

Wine	Rating
○ Oro del Cedro '10	🍷🍷 5
○ Pachar '10	🍷🍷 5
⊙ Albeggio '10	🍷 4
○ Bianco del Mulino '10	🍷 4
● Chianti Rufina Cedro '08	🍷 4
○ Vin Santo del Chianti Rufina Ris. '06	🍷 5
● Chianti Rufina Cedro Ris. '07	🍷🍷 5
● Fontegalli '06	🍷🍷 6
○ Oro del Cedro '09	🍷🍷 5
○ Pachar '07	🍷🍷 5

Il Lebbio

LOC. SAN BENEDETTO, 11C
53037 SAN GIMIGNANO [SI]
TEL. 0577944725
www.illebbio.it

藏酒销售
预约参观
年产量 60 000 瓶
年产量 23 公顷

尼科里尼（Niccolini）兄弟在甘巴西•特梅（Gambassi Terme）新开设了高质量的农场度假住宿设施，同时种植各种农作物，从而使得本区除了葡萄之外，还有其他诸如橄榄树、藏红花之类的作物在本区生长，但这都没有将尼科里尼兄弟的注意力从酿酒上转移开。恰恰相反，酿酒业发展兴旺，至少我们从酒的口感上可以辨别出进步。一系列葡萄酒中，既有红葡萄酒，也有白葡萄酒，相对而言，白葡萄酒略微更胜一筹。

○ Vernaccia di S. Gimignano '10	🍷🍷 3*
○ Vernaccia di S. Gimignano Tropie '10	🍷🍷 4
● Chianti '09	🍷 3
● Lendo '06	♈♈ 4
● San Gimignano Rosso Polito '06	♈♈ 6
○ Vernaccia di S. Gimignano '09	♈♈ 4*
○ Vernaccia di S. Gimignano Tropie '09	♈♈ 4*

Cantine Leonardo da Vinci

VIA PROVINCIALE MERCATALE, 291
50059 VINCI [FI]
TEL. 0571902444
www.cantineleonardo.it

藏酒销售
预约参观
年产量 4 000 000 瓶
年产量 500 公顷

在1961年，30个葡萄种植者决定成立集体，以更加有效率地对抗风云变幻的市场，于是，他们成立了莱昂纳多葡萄酒联合公司（Leonardo）。公司走过50多个年头，发展依然良好。1965年，第一批葡萄经酿造出产成酒，从那以后，酒庄持续不停地进步，足以应对市场的风云变化。如今，将蒙塔奇诺（Montalcino）计算在内，共有160名种植者。在蒙塔奇诺，一个小型的新酒庄将在近期开业。

○ Bianco dell'Empolese Vin Santo '06	🍷🍷 5
● Brunello di Montalcino Cantina di Montalcino '06	🍷 6
● Chianti Leonardo '10	🍷 3
● Chianti Ris. '08	🍷 4
○ Ser Piero '10	🍷 4
● Chianti Da Vinci '09	♈♈ 3*
● Sant'Ippolito '07	♈♈ 5
○ Trebbiano Leonardo '07	♈♈ 3*
● Villa di Corsano '05	♈♈ 5

Tenuta di Lilliano

LOC. LILLIANO, 8
53011 CASTELLINA IN CHIANTI [SI]
TEL. 0577743070
www.lilliano.com

藏酒销售
预约参观
年产量 250 000 瓶
葡萄种植面积 50 公顷

特努塔•莉莲（Tenuta di Lilliano）在克安蒂经典红葡萄酒产区（Chianti Classico）的历史中扮演了重要角色。它于1920年被现在的主人鲁斯波里斯（Ruspolis）家族所购买，从1958年开始售酒。庄园的葡萄园位于克安蒂（Chianti）卡斯特利那（Castellina）的山坡上，所产的葡萄酿成的酒优美典雅。尽管酒庄近期在生产的酒中增添了现代气息，特努塔•莉莲仍然保持一贯特点，相对于强烈的口感而言，更加专注于酒的典雅风格。

- ● Chianti Cl. '09 ΥΥΥ 4
- ● Chianti Cl. Ris '08 ΥΥ 5
- ● Anagallis '08 ΥΥ 6
- ● Chianti Cl. E. Ruspoli Berlingieri Ris. '85 ΥΥΥ 6
- ● Anagallis '07 ΥΥ 6
- ● Anagallis '06 ΥΥ 6
- ● Chianti Cl. '08 ΥΥ 4
- ● Chianti Cl. '07 ΥΥ 4*
- ● Chianti Cl. '06 ΥΥ 4*
- ● Chianti Cl. Ris. '07 ΥΥ 5
- ● Chianti Cl. Ris. '06 ΥΥ 5

Lisini

FRAZ. SANT'ANGELO IN COLLE
POD. CASANOVA
53020 MONTALCINO [SI]
TEL. 0577844040
www.lisini.com

藏酒销售
预约参观
年产量 81 000 瓶
葡萄种植面积 18 公顷

利斯尼（Lisini）是一家历史悠久风格典雅的酒庄，这里出产的酒口感绝佳，充分体现出其窖藏的历史和独特的风格。葡萄园享有西斯塔（Sesta）区最有利的位置，这也是蒙特奇诺（Montalcino）最适合种植葡萄的地区之一。经营者对一些年代较为久远的葡萄园进行了修整，将一些不能每年都结果且产酒量太少的患葡萄根瘤蚜的老植株剔除。

- ● Brunello di Montalcino '06 ΥΥ 8
- ● San Biagio '09 ΥΥ 4*
- ● Brunello di Montalcino Ugolaia Ris. '05 Υ 8
- ● Rosso di Montalcino '09 Υ 5
- ● Brunello di Montalcino '90 ΥΥΥ 6
- ● Brunello di Montalcino '88 ΥΥΥ 6
- ● Brunello di Montalcino Ugolaia '04 ΥΥΥ 8
- ● Brunello di Montalcino Ugolaia '01 ΥΥΥ 8
- ● Brunello di Montalcino Ugolaia '00 ΥΥΥ 8
- ● Brunello di Montalcino Ugolaia '91 ΥΥΥ 8
- ● Brunello di Montalcino '05 ΥΥ 8
- ● Brunello di Montalcino '04 ΥΥ 7
- ● Brunello di Montalcino '03 ΥΥ 7

Livernano

LOC. LIVERNANO, 67A
53017 RADDA IN CHIANTI [SI]
TEL. 0577738353
www.livernano.it

藏酒销售
预约参观
年产量 50 000 瓶
葡萄种植面积 13 公顷
葡萄栽培方式 有机种植

罗伯特•奎罗（Robert Cuillo）的收购对利维纳多（Livernano）庄园近几年的发展，以及整个村庄的重建都起到重要作用。酒庄是以村庄的名字命名的。葡萄园建立在本区独特的多岩石的土壤上，这种土壤由沙石，石灰石混合而成，也具有很强的泥灰的特征。酒的风格受地区影响明显。工作人员在酒窖苦心经营，酿造出高品质的酒。同时，小型橡木桶也在酿造过程中发挥了重要作用。

● Chianti Cl. '08	🍷🍷 4*
● Livernano '08	🍷🍷 7
● Chianti Cl. Ris. '04	🍷🍷🍷 5
● Livernano '05	🍷🍷🍷 7
● Livernano '03	🍷🍷🍷 8
● Livernano '99	🍷🍷🍷 8
● Livernano '98	🍷🍷🍷 8
● Livernano '97	🍷🍷🍷 8
● Chianti Cl. '06	🍷🍷 4*
● Livernano '07	🍷🍷 7

Lunadoro

LOC. TERRAROSSA PAGLIERETO
FRAZ. VALIANO
53040 MONTEPULCIANO [SI]
TEL. 0578748154
www.lunadoro.com

藏酒销售
预约参观
年产量 45 000 瓶
葡萄种植面积 12 公顷

将酿酒作为自己的事业的选择可能出现在任何一个人生阶段，对于达里奥•卡佩利（Dario Cappelli）和格里奥拉•卡迪那里（Gigliola Cardinalia）而言就是如此。他们原本在凡•迪•欧奇亚（Val d' Orcia）经营着自己的农场，长期种植谷物。他们与蒙特奇诺（Montepulciano）的接触点燃了他们的梦想，于是10年前，他们决定将酿酒包含到自己的事业中，并购买了已经开始生产贵族红（Vino Nobile）的帕格里瑞托（Pagliareto）庄园。经过重新栽培葡萄，翻新酒窖，达里奥和格里奥拉充满热情地开始了他们的新旅程。

● Nobile di Montepulciano '08	🍷🍷 5
● Nobile di Montepulciano Quercione Ris. '07	🍷🍷 5
○ Bianco di Toscana '09	🍷 4
● Orcia Eclisse '09	🍷 4
● Rosso di Montepulciano '09	🍷 4
● Nobile di Montepulciano '05	🍷🍷 5
● Nobile di Montepulciano '04	🍷🍷 5
● Nobile di Montepulciano Quercione '06	🍷🍷 5
● Nobile di Montepulciano Quercione '05	🍷🍷 5
● Nobile di Montepulciano Quercione '04	🍷🍷 5
● Rosso di Montepulciano '08	🍷🍷 4*
● Rosso di Montepulciano '07	🍷🍷 4

I Luoghi

LOC. CAMPO AL CAPRIOLO, 201
57022 CASTAGNETO CARDUCCI [LI]
TEL. 0565777379
www.iluoghi.it

藏酒销售
预约参观
年产量 15 000 瓶
葡萄种植面积 3.5 公顷
葡萄栽培方式 有机认证

艾•罗氏（I Luoghi）属于热情的葡萄种植者斯特凡诺•格拉纳达（Stefano Granata）和保罗•德•弗斯高（Paola De Fusco），他们接受了在如此高盛誉的地区工作的挑战。这对葡萄酒生产合作伙伴不断提升酒庄，使其从刚刚起步时的新奇小辈，发展成为质量一流、风格独特、真实可靠的酒庄。这一切并不是巧合，而是源于两人对酿酒每个环节的悉心关注，造就了如此优雅平易，口感清爽，引人入胜的美酒，从而使得他们的小酒庄名声大振。

酒款	评级	分数
● Bolgheri Sup. Campo al Fico '08	🍷🍷🍷	8
● Bolgheri Sup. Podere Ritorti '08	🍷🍷	6
● Bolgheri Sup. Campo al Fico '07	♀♀	8
● Bolgheri Sup. Campo al Fico '06	♀♀	8
● Bolgheri Sup. Podere Ritorti '07	♀♀	5

★Le Macchiole

VIA BOLGHERESE, 189A
57020 BOLGHERI [LI]
TEL. 0565766092
www.lemacchiole.it

预约参观
年产量 100 000 瓶
葡萄种植面积 22 公顷

宝格丽地区（Bolgheri）历史悠久的酒庄的表现常常令人惊喜。这样的酒庄有着长期生产顶级酒的历史，有着成功的葡萄酿造期。今年，我们惊讶于辛西娅•莫里（Cinzia Merli）酒庄产出酒的难以置信的好口感。为了酿造出这样完美的酒，选择的每一个种葡萄都是极好的，而且得到精心照顾，长势良好，很难决定应该将最高殊荣授予哪个种类。

酒款	评级	分数
● Scrio '08	🍷🍷🍷	8
● Bolgheri Rosso '09	🍷🍷	5
● Messorio '08	🍷🍷	8
● Paleo Rosso '08	🍷🍷	8
○ Paleo Bianco '09	🍷🍷	6
● Bolgheri Rosso Sup. Paleo '97	♀♀♀	8
● Messorio '07	♀♀♀	8
● Messorio '06	♀♀♀	8
● Messorio '01	♀♀♀	8
● Messorio '99	♀♀♀	8
● Messorio '98	♀♀♀	8
● Messorio '97	♀♀♀	8
● Paleo Rosso '03	♀♀♀	8
● Paleo Rosso '01	♀♀♀	8
● Scrio '01	♀♀♀	8

La Madonnina - Triacca

LOC. STRADA IN CHIANTI
VIA PALAIA, 39
50027 GREVE IN CHIANTI [FI]
TEL. 055858003
www.triacca.com

预约参观
年产量 600 000 瓶
葡萄种植面积 100 公顷

1969年，来自瑞士的特里卡（Triacca）家族购买了位于克安蒂经典红葡萄酒产区（Chianti Classico）格列佛（Greve）的拉•麦德尼纳庄园（La Madonnina），但是他们在1975年迎来第一次收获。1990年时，特里卡家族购买了蒙塔奇诺（Montepulciano）附近的萨塔维纳利（Santavenere）庄园，继而购买了马莱玛（Maremma）的斯帕蒂诺（Spadino）庄园。最近，这些托斯卡纳（Tuscany）的美好故事又有了新的令人喜悦的发展，特别是它们出产的克安蒂葡萄酒，具有鲜明的性格和特点，优雅如艺术品一般。

- Chianti Cl. Bello Stento '09 4*
- Il Mandorlo '08 4*
- Nobile di Montepulciano Fattoria Santavenere '08 5
- Chianti Cl. La Madonnina Ris. '08 4
- Chianti Cl. V. La Palaia '08 5
- Chianti Cl. Ris. '04 4
- Chianti Cl. Bello Stento '08 4
- Chianti Cl. Bello Stento '03 4
- Chianti Cl. Ris. '06 4*
- Falcinaia '07 6
- Il Mandorlo '07 4
- Il Mandorlo '01 5
- Nobile di Montepulciano '07 4
- Nobile di Montepulciano Fattoria Santavenere '06 5

La Mannella

LOC. LA MANNELLA, 322
53024 MONTALCINO [SI]
TEL. 0577848268
http://www.lamannella.it

预约参观
年产量 35 000 瓶
葡萄种植面积 8 公顷

马尔科•柯托尼斯（Marco Cortonesi）热情好客，他对蒙塔奇诺（Montalcino）的强烈的感情促使他在联合会董事会工作。这个酒窖在处理优质水果方面提升很大，这使得这家规模不大的酒庄在近几年声名鹊起。经过不断提升，现在出产的酒香味浓郁，口感深厚，特色鲜明，特别是考虑到单宁的提取。布内罗葡萄酒（Brunello）精选品艾•珀格亚瑞利（I Poggiarelli）的原料来自本庄园东北部美丽的葡萄园。

- Brunello di Montalcino I Poggiarelli '06 8
- Brunello di Montalcino '06 6
- Leonus '09 4
- Rosso di Montalcino '09 4
- Brunello di Montalcino '05 6
- Brunello di Montalcino '04 6
- Brunello di Montalcino I Poggiarelli '05 8
- Brunello di Montalcino I Poggiarelli '04 6
- Rosso di Montalcino '08 4

Il Marroneto

LOC. MADONNA DELLE GRAZIE, 307
53024 MONTALCINO [SI]
TEL. 0577849382
www.ilmarroneto.com

藏酒销售
预约参观
年产量 20 000 瓶
葡萄种植面积 5.8 公顷
葡萄栽培方式 有机种植

历史悠久的蒙塔尔奇诺（Montalcino）酒庄谦逊的生产经营方式使得它知名度不高。纵观引人瞩目的蒙托索利（Montosoli），它是北部地区的一颗宝石。在海拔400米的地方，马若尼托（Marroneto）出产的酒十分优雅，而且，近年来酒庄从海拔较低的新葡萄园中获益颇深，出产的酒给人更高的味觉享受。在亚历山大•莫里（Alessandro Mori）充满热情的带领下，自20世纪70年代至今，酒庄一直能够出产顶级口感的葡萄酒，这在本区非常罕见。马若尼托拥有很好的房屋连地基，位于一座中世纪的瞭望塔附近。

- ● Brunello di Montalcino '06 🍷🍷 7
- ● Brunello di Montalcino Madonna delle Grazie '06 🍷🍷 8
- ● Rosso di Montalcino '09 🍷 5
- ● Brunello di Montalcino '05 ΩΩ 7
- ● Brunello di Montalcino '03 ΩΩ 7
- ● Brunello di Montalcino '01 ΩΩ 7
- ● Brunello di Montalcino Madonna delle Grazie '05 ΩΩ 8
- ● Brunello di Montalcino Madonna delle Grazie '04 ΩΩ 8
- ● Brunello di Montalcino Madonna delle Grazie '01 ΩΩ 8

Mastrojanni

FRAZ. CASTELNUOVO DELL'ABATE
POD. LORETO SAN PIO
53024 MONTALCINO [SI]
TEL. 0577835681
www.mastrojanni.com

藏酒销售
预约参观
年产量 80 000 瓶
葡萄种植面积 24 公顷

马斯特洛亚尼（Mastrojanni）在很多方面表现完美。庄园的工作重点是对酒窖的投资，包括在技术方面和在中等型号的木桶方面。安德里亚•马凯蒂（Andrea Machetti）在经营这家品质一流的古老酒庄时充满了热情。酒庄的葡萄园经过了翻新，而且地理位置优越。庄园出产的酒口感醇厚，充分展示了蒙塔奇诺（Montalcino）西南部风格，并减去了早年单宁的气味。

- ● Brunello di Montalcino '06 🍷🍷 7
- ● Brunello di Montalcino Schiena d'Asino '06 🍷🍷 8
- ● Rosso di Montalcino '09 🍷 5
- ● Brunello di Montalcino '97 ΩΩΩ 7
- ● Brunello di Montalcino '90 ΩΩΩ 7
- ● Brunello di Montalcino Ris. '88 ΩΩΩ 7
- ● Brunello di Montalcino Schiena d'Asino '93 ΩΩΩ 7
- ● Brunello di Montalcino Schiena d'Asino '90 ΩΩΩ 7
- ● Brunello di Montalcino '05 ΩΩ 7
- ● Brunello di Montalcino '04 ΩΩ 7
- ● Brunello di Montalcino Schiena d'Asino '04 ΩΩ 8
- ● Brunello di Montalcino V. Schiena d'Asino '01 ΩΩ 8

Melini

LOC. GAGGIANO
53036 POGGIBONSI [SI]
TEL. 0577998511
www.cantinemelini.it

藏酒销售
预约参观
年产量 4 000 000 瓶
葡萄种植面积 145 公顷

梅林尼（Melini）和马基雅维利（Macchiavelli）都是属于意大利葡萄酒集团（Gruppo Italiano Vini）位于克安蒂（Chianti）的酒庄。波吉邦西（Poggibonsi）酒庄与克安蒂经典红葡萄酒产区（Chianti Classico）可以共享历史。在1860年，拉伯雷•梅林尼（Laborel Melini）酒庄是第一家采用能够通过机械化方式加瓶塞的斯塔派索瓶的酒庄，这一点对于在世界范围内推广酒起到了很大作用。如今，意大利葡萄酒集团旗下的克安蒂经典红葡萄酒产区的产品，展示出独特的个性，甚至可以达到卓越的顶峰。

Wine	Rating
● Chianti Cl. V. di Fontalle Ris. Macchiavelli '08	🍷🍷 6
● Chianti Cl. La Selvanella Ris. '08	🍷🍷 6
● Chianti Cl. Granaio '09	🍷 4
● Chianti Cl. Solatio dei Tani Macchiavelli '09	🍷 4
● I Coltri '10	🍷 3
● Chianti Cl. La Selvanella Ris. '06	🍷🍷🍷 6
● Chianti Cl. La Selvanella Ris. '03	🍷🍷🍷 5
● Chianti Cl. La Selvanella Ris. '01	🍷🍷🍷 5
● Chianti Cl. La Selvanella Ris. '00	🍷🍷🍷 5
● Chianti Cl. La Selvanella Ris. '99	🍷🍷🍷 6
● Chianti Cl. La Selvanella Ris. '90	🍷🍷🍷 5
● Chianti Cl. La Selvanella Ris. '86	🍷🍷🍷 6
● Chianti Cl. La Selvanella Ris. '07	🍷🍷 6
● Chianti Cl. La Selvanella Ris. '05	🍷🍷 6
● Chianti Cl. La Selvanella Ris. '04	🍷🍷 7

Fattoria Michi

VIA SAN MARTINO, 34
55015 MONTECARLO [LU]
TEL. 058322011
www.fattoriamichi.it

预约参观
年产量 54 000 瓶
葡萄种植面积 16.5 公顷

蒙特卡尔洛（Montecarlo）正在经历一场葡萄酒界的复兴，米奇（Michi）酒庄在其中起领导地位。这里是高品质酒原料的生产地，同时代表了托斯卡纳（Tuscany）的一个例外，因为本区是以红葡萄著名，但是白葡萄种植面积很大。农场现在的安排和名字要追溯到1956年，直到2005年原来的建立者即拥有者出售它时，这已经保持了50年未变。对酒窖的现代化改造和对葡萄园的整修更新毫无疑问收到了回报。

Wine	Rating
○ Buriano '10	🍷🍷 4
○ Vermentino '10	🍷🍷 4
○ Montecarlo Bianco '10	🍷 4
● Montecarlo Rosso '10	🍷 4
● Tenuta del Cavaliere '10	🍷 5
○ Vin Santo di Montecarlo '05	🍷 6
○ Malie '05	🍷🍷 4
○ Vecchie Vigne '07	🍷🍷 4
○ Vigna del Cavaliere '07	🍷🍷 5

Tenuta di Montecucco

loc. Montecucco
58044 Cinigiano [GR]
Tel. 0564999029
www.tenutadimontecucco.it

藏酒销售
预约参观
年产量 150 000 瓶
葡萄种植面积 32 公顷
葡萄栽培方式 有机认证

蒙特库索法定产区（Montecucco DOC）的名字来源于庄园悠久的历史。本区最早的葡萄酒生产可以追溯到12世纪。几经转手，如今，尽管庄园的行政和日常管理是严格分开的，但是这块地产属于科勒马萨利•斯帕（Collemassari SpA）无疑。庄园面积广阔，包括700公顷土地，按照有机方式种植葡萄和橄榄树，旨在酿造出具有独特风格和地区特色的葡萄酒。

- ● Montecucco Sangiovese Rigomoro Ris. '07 — 4
- ● Montecucco Rosso Passonaia '09 — 4
- ● Canaiolo '10 — 3
- ● Montecucco Le Coste '08 — 5
- ● Montecucco Sangiovese Le Coste '07 — 5
- ○ Montecucco Vermentino '08 — 4
- ● Montecucco Passonaia '08 — 4
- ● Montecucco Rosso Passonaia '08 — 4
- ● Montecucco Rosso Passonaia '03 — 4
- ● Montecucco Sangiovese Le Coste '07 — 5
- ● Montecucco Sangiovese Le Coste '06 — 5
- ● Montecucco Sangiovese Rigomoro Ris. '06 — 4
- ● Montecucco Sangiovese Rigomoro Ris. '05 — 6
- ● Montecucco Sangovese Le Coste '04 — 5

Fattoria Montellori

via Pistoiese, 1
50054 Fucecchio [FI]
Tel. 0571260641
www.fattoriamontellori.it

藏酒销售
预约参观
年产量 300 000 瓶
葡萄种植面积 55 公顷

亚历山大•尼尔利（Alessandro Nieri）是家族酒庄的主人。这个酒庄是由他的曾祖父朱塞佩（Giuseppe）建立的。朱塞佩对乡村生活具有极大的热情，决定将他在皮革生意中的收入都投资到农场庄园中，特别是在弗斯奇奥地区（Fucecchio）。亚历山大以自己的热情和承诺带着庄园向前发展，经历了在质量上的显著的提升。这多亏了他的父亲朱塞佩（Giuseppe），他扩展了葡萄园，并将酒庄进行了现代化改造。主人对当代艺术的热情使得酒庄仿佛一座室外博物馆。

- ○ Brut Blanc des Blancs Millesimato '07 — 5
- ● Moro '08 — 4
- ○ Vin Santo dell'Empolese '04 — 5
- ● Chianti '09 — 4
- ● Chianti Sup. Caselle '09 — 4
- ● Dicatum '08 — 6
- ○ Mandorlo '10 — 4
- ○ Sant'Amato '10 — 4
- ● Dicatum '07 — 6
- ● Salamartano '07 — 6
- ● Tuttosole '05 — 6
- ○ Vin Santo dell'Empolese '90 — 5

Montenidoli

LOC. MONTENIDOLI
53037 SAN GIMIGNANO [SI]
TEL. 0577941565
www.montenidoli.com

藏酒销售
年产量 90 000 瓶
葡萄种植面积 24 公顷
葡萄栽培方式 有机认证

很少有酒庄能在自然风景，发展历史，土地素质方面赶得上蒙特尼多利（Montenidoli）。众所周知，这里的土地出产的葡萄质量很高。除此之外，蒙特尼多利生产商自身的理念，无限的活力和个性特点也十分突出。伊丽莎贝塔•法吉欧利（Elisabetta Fagiuoli）是意大利酿酒界杰出女性的代表。她沉浸在这个世界中，并追随自己心中闪闪发光的星，不曾妥协。她的产品通过难以言喻用准确语言描述的神奇之处，真实自然地反映出本区的特点。

酒款	评级
○ Vernaccia di S. Gimignano Fiore '09	5
○ Vernaccia di S. Gimignano Carato '07	5
○ Vernaccia di S. Gimignano Tradizionale '09	4*
○ Canaiuolo '10	4
○ Vernaccia di S. Gimignano Carato '05	6
○ Vernaccia di S. Gimignano Carato '02	6
⊙ Canaiuolo '08	4*
● Chianti Colli Senesi Il Garrulo '07	4
○ Il Templare '03	4
● Sono Montenidoli '04	7
○ Vernaccia di S. Gimignano Carato '06	5
○ Vernaccia di S. Gimignano Carato '04	6
○ Vernaccia di S. Gimignano Carato '03	6
○ Vernaccia di S. Gimignano Tradizionale '06	4*

Monteraponi

LOC. MONTERAPONI
53017 RADDA IN CHIANTI [SI]
TEL. 055352601
www.monteraponi.it

藏酒销售
预约参观
年产量 30 000 瓶
葡萄种植面积 10 公顷
葡萄栽培方式 有机种植

拉达市是克安蒂经典红葡萄酒产区（Chianti Classico）最有挑战性、最迷人的区之一，蒙特拉珀尼(Monteraponi)葡萄园就建立在这里的森林之中。米歇尔•布拉格蒂（Micheli Braganti）在这里种植葡萄并酿酒。他自己出产的酒于2003年走向市场。这座古老的葡萄园，这个可以追溯到10世纪的主要装大木桶的酒窖，和米歇尔自身的严谨，共同提升了出产酒的活力，并很好地反映了本区的风格。

酒款	评级
● Chianti Cl. Baron'Ugo Ris. '07	5
● Chianti Cl. '09	5
● Chianti Cl. Il Campitello Ris. '08	6
● Chianti Cl. '03	4
● Chianti Cl. Ris. Il Campitello '04	5

Monteverro

S.DA AURELIA CAPALBIO, 11
58011 CAPALBIO [GR]
TEL. 0564890721
www.monteverro.com

藏酒销售
年产量 45 000 瓶
葡萄种植面积 20 公顷

一个对找到一处合适的地区建设自己的葡萄园，从而能够进行葡萄酒研究充满热情的男人，在卡帕波（Capalbio）找到了他的香格里拉。这就是格奥尔格•韦伯（Georg Weber）的传奇故事。这个成功的德国商人到纳帕村（Napa），波尔多（Bordeaux），甚至澳大利亚（Australia）进行了3年的旅行，然后在2003年决定在此购买土地，在对土壤进行了认真的分析之后，建设了葡萄园。为了在世界范围内赢得声望，一支国际团队从事酿酒工作。

- ● Monteverro '08 8
- ○ Chardonnay '09 8
- ● Tinata '08 8

★Montevertine

LOC. MONTEVERTINE
53017 RADDA IN CHIANTI [SI]
TEL. 0577738009
www.montevertine.it

预约参观
年产量 75 000 瓶
葡萄种植面积 15 公顷

马内蒂（Manetti）家族于1967年购买了蒙特维迪尼（Montevertine）庄园，并于1971年将生产出的第一批酒推向市场。当时克安蒂经典红葡萄酒产区（Chianti Classico）还没有现在如此的声望，但是庄园的酒上市时赢得了积极的肯定。从那时候起，蒙特维迪尼庄园出产的酒就成为了整个地区真正的样式方面的范例，使得它们作为整个托斯卡纳（Tuscany）地区圣乔维斯（Sangioveses）最好的代表而与众不同。蒙特维迪尼的风格突出表现在它永不止步的创造性和平衡性。这个酒窖毫无疑问处于意大利葡萄酒酿造业的巅峰。

- ● Le Pergole Torte '08 8
- ● Montevertine '08 6
- ● Pian del Ciampolo '09 4
- ● Le Pergole Torte '07 8
- ● Le Pergole Torte '04 8
- ● Le Pergole Torte '03 8
- ● Le Pergole Torte '01 8
- ● Le Pergole Torte '99 8
- ● Montevertine '04 6
- ● Montevertine '01 6

Moris Farms

Loc. Cura Nuova
Fattoria Poggetti
58024 Massa Marittima [GR]
Tel. 0566919135
www.morisfarms.it

藏酒销售
预约参观
年产量 400 000 瓶
葡萄种植面积 71 公顷

酒庄是根据当今主人阿道夫•帕勒迪尼（Adolfo Parentini）的岳父的名字命名的。这个莫里斯（Moris）的姓氏源于西班牙，正如阿道夫的现任，在两个世纪之前来到托斯卡纳地区（Tuscany）。从英语中增加的“农场”这个词，是由于这里过去种植了很多农业作物。现在，阿道夫的儿子朱里奥（Giulio）和他一起管理庄园。种植葡萄和酿酒是位于马萨•玛利蒂马（Massa Marittima）的珀戈蒂（Poggetti）和位于斯堪萨诺（Scansano）的波吉奥•阿拉•莫扎（Poggio alla Mozza）。

Wine	Rating
● Avvoltore '08	🍷🍷 7
● Monteregio di Massa Marittima Moris '08	🍷🍷 4
● Morellino di Scansano '10	🍷 4
● Morellino di Scansano Ris. '08	🍷 5
○ Vermentino '10	🍷 4
● Avvoltore '04	🍷🍷🍷 6
● Avvoltore '01	🍷🍷🍷 6
● Avvoltore '00	🍷🍷🍷 6
● Avvoltore '99	🍷🍷🍷 6
● Avvoltore '07	🍷🍷 6
● Morellino di Scansano '08	🍷🍷 4
● Morellino di Scansano Ris. '06	🍷🍷 5
● Morellino di Scansano Ris. '05	🍷🍷 5
● Morellino di Scansano Ris. '04	🍷🍷 5

La Mormoraia

Loc. Sant'Andrea, 15
53037 San Gimignano [SI]
Tel. 0577940096
www.mormoraia.it

藏酒销售
预约参观
年产量 170 000 瓶
葡萄种植面积 30 公顷

朱塞佩•帕索尼（Giuseppe Passoni）的拉•莫莫拉亚（La Mormoraia）庄园是整个托斯卡纳地区（Tuscany）最漂亮的庄园之一。从葡萄园到酒窖，每个细节都得到了精心的照料，更不用说整洁的农场住宿了。近几年，拉•莫莫拉亚庄园致力于创造出更加新颖的酒，以更加贴合本区的特色。完美的技术和严谨的流程，和往常一样，最近出产的酒以其自然的气息和优良的窖藏深深打动了我们。

Wine	Rating
○ Vernaccia di S. Gimignano '10	🍷🍷 4*
● Neitea '08	🍷🍷 5
● Mitylus '06	🍷🍷 6
● Mitylus '05	🍷🍷 6
○ Vernaccia di S. Gimignano Ris. '08	🍷🍷 5
○ Vernaccia di S. Gimignano Ris. '07	🍷🍷 5
○ Vernaccia di S. Gimignano Ris. '06	🍷🍷 5
○ Vernaccia di S. Gimignano Ris. '05	🍷🍷 5*

Fattoria Nittardi

LOC. NITTARDI
53011 CASTELLINA IN CHIANTI [SI]
TEL. 0577740269
www.nittardi.com

藏酒销售
预约参观
年产量 90 000 瓶
葡萄种植面积 29 公顷

法托利亚•纳塔蒂（Fattoria Nittardi）庄园位于克安蒂（Chianti）卡斯特利那（Castellina）不远的地方，于1982年归法菲特（Femfert）家族所有。1999年购买的马莱玛（Maremma）的一处37公顷的庄园也是企业的一部分。庄园的酒在小型橡木桶中酿造，现代气息浓厚，追求通过混合成熟的水果，提升各项配比结构，能够让味觉感受到柔滑甜美味道的效果。这使得生产能够保持其深度和典型的使人满足的品质。

- ● Ad Astra '08 5
- ● Chianti Cl. Casanuova di Nittardi '09 5
- ● Chianti Cl. Ris. '08 7
- ● Nectar Dei '08 7
- ● Chianti Cl. Ris. '98 7
- ● Chianti Cl. Ris. '07 7
- ● Chianti Cl. Ris. '04 7
- ● Chianti Cl. Ris. '00 7
- ● Nectar Dei '07 7
- ● Nectar Dei '06 7
- ● Nectar Dei '05 7
- ● Nectar Dei '03 6

Nottola

FRAZ. GRACCIANO
VIA BIVIO DI NOTTOLA, 9A
53040 MONTEPULCIANO [SI]
TEL. 0578707060
www.cantinanottola.it

藏酒销售
预约参观
年产量 160 000 瓶
葡萄种植面积 25 公顷

吉奥马尔利（Giomarelli）家族经营的酒庄于1992年由安特里沃（Anterivo）建立，距今并不久，他的儿子朱利亚诺（Giuliano）继承了他的事业。在客人的食宿设施方面增添了许多投入，使得客人享受导游服务的同时，能够在庄园睡觉，在饭馆吃饭。蒙特普齐亚诺（Montepulciano）的贵族红是一系列葡萄酒中的代表。除了酒之外，酒庄也生产初榨橄榄油。

- ● Nobile di Montepulciano Il Fattore Ris. '07 6
- ● Anterivo '09 6
- ● Nobile di Montepulciano '08 5
- ○ PerGloria '10 3
- ● Rosso di Montepulciano '09 4
- ● Anterivo '07 6
- ● Nobile di Montepulciano '07 5
- ● Nobile di Montepulciano '03 5
- ● Nobile di Montepulciano '02 5
- ● Nobile di Montepulciano V. del Fattore '02 5
- ● Nobile di Montepulciano V. del Fattore '01 6

Podere Orma

VIA BOLGHERESE
57022 CASTAGNETO CARDUCCI [LI]
TEL. 0575477857
www.tenutasetteponti.it

年产量 26 000 瓶
葡萄种植面积 5 公顷

尽管安东尼奥•莫雷蒂（Antonio Moretti）刚刚涉足葡萄酒制造业不久，他即刻展示出决心和策略能力。他还拥有同样位于托斯卡纳地区（Tuscany）的阿雷佐（Arezzo）附近的盖得-特努塔•塞特珀蒂（Guide-Tenuta Setteponti）庄园，和位于西西里岛（Sicily）的富都•马卡里（Feudo Maccari）庄园。但是宝乐•奥玛（Podere Orma）庄园由于深厚多石的粘土地，成为最重要的博给利（Bolgheri）产地。酒窖只生产一种能够代表本区特点的酒，尽管它不是位于博给利的指定地区。

● Orma '08	🍷🍷🍷 7
● Orma '07	🍷🍷🍷 7
● Orma '06	🍷🍷🍷 7
● Orma '05	🍷🍷 7

★Tenuta dell' Ornellaia

FRAZ. BOLGHERI
VIA BOLGHERESE, 191
57022 CASTAGNETO CARDUCCI [LI]
TEL. 056571811
www.ornellaia.it

预约参观
年产量 792 000 瓶
葡萄种植面积 97 公顷

通常而言，奥那尼亚（Ornellaia）是意大利，特别是托斯卡纳（Tuscan）葡萄酒酿造业的标杆，同时，这也是可以和国际最棒的葡萄酒生产商竞争的名字。这些年来，奥那尼亚建立了罕见的光辉名望。成立于1981年，酒庄在奥那尼亚庄园博给利（Bolgheri）公路旁边拥有一个葡萄园，位于城镇西北部的贝拉里亚（Bellaria），本区即是以城镇的名字命名的。葡萄园的土壤类型有沙石，火山岩，海洋地质等。出产酒的现代气息很重，在有些方面又坚持传统。尽管它们有独特的口感，但是还是有浓郁的博给利地区（Bolgheri）特点。

● Masseto '08	🍷🍷 8
● Bolgheri Sup. Ornellaia '08	🍷🍷 8
● Le Volte '09	🍷🍷 4
● Bolgheri Rosso Serre Nuove '09	🍷 7
● Bolgheri Sup. Ornellaia '07	🍷🍷🍷 8
● Bolgheri Sup. Ornellaia '05	🍷🍷🍷 8
● Bolgheri Sup. Ornellaia '04	🍷🍷🍷 8
● Bolgheri Sup. Ornellaia '02	🍷🍷🍷 8
● Bolgheri Sup. Ornellaia '01	🍷🍷🍷 8
● Bolgheri Sup. Ornellaia '99	🍷🍷🍷 8
● Masseto '06	🍷🍷🍷 8
● Masseto '04	🍷🍷🍷 8
● Masseto '01	🍷🍷🍷 8
● Masseto '00	🍷🍷🍷 8
● Masseto '99	🍷🍷🍷 8

Siro Pacenti

LOC. PELAGRILLI, 1
53024 MONTALCINO [SI]
TEL. 0577848662
www.siropacenti.it

预约参观
年产量 80 000 瓶
葡萄种植面积 20 公顷

加卡罗•帕森蒂（Giancarlo Pacenti）已经经营了父亲留下的酒庄几年时间了。在20世纪90年代，帕森蒂成为倡导降低布内罗（Brunello）香味的代表人物，并在葡萄园管理和酒窖生产方面有所创新。葡萄在生长期得到了精心照料，收获时也是如此。葡萄园位于本区相反的两边，一处位于北部的派拉格瑞利（Pelagrilli），另一处位于东南部的艾莎溪（Asso）附近。它们产的葡萄将被混合在一起，共同酿造高度集中的、果味浓厚的葡萄酒。

● Brunello di Montalcino '06	🍷🍷 8
● Rosso di Montalcino '09	🍷 6
● Brunello di Montalcino '97	🍷🍷🍷 8
● Brunello di Montalcino '96	🍷🍷🍷 8
● Brunello di Montalcino '95	🍷🍷🍷 8
● Brunello di Montalcino '88	🍷🍷🍷 8
● Brunello di Montalcino '01	🍷🍷 8
● Brunello di Montalcino '99	🍷🍷 8
● Brunello di Montalcino PS '04	🍷🍷 8

Padelletti

VIA PADELLETTI, 9
53024 MONTALCINO [SI]
TEL. 0577848314
www.padelletti.it

藏酒销售
预约参观
年产量 30 000 瓶
葡萄种植面积 6 公顷

在过去的3年里，酒庄出产的酒在质量上有了显著的提升，这使得这家经典的酒庄为自己赢得了全面的盛誉。在巨大的进步要归功于克劳迪亚（Claudia），她在接过庄园管理权的时候，开始改进产品的生产流程。这座美丽的葡萄园位于海拔300米的高度，土壤的主要成分是粘土，同时还有碎石。葡萄酒在混凝土桶里发酵时温度得到了严格的控制，并在传统的大型斯拉沃尼亚（Slavonian）橡木桶中陈酿。

● Brunello di Montalcino '06	🍷🍷 7
● Rosso di Montalcino '09	🍷 7
● Brunello di Montalcino Ris. '04	🍷🍷 7

La Palazzetta

FRAZ. CASTELNUOVO DELL'ABATE
VIA BORGO DI SOTTO
53024 MONTALCINO [SI]
TEL. 0577835531
www.fanti.beepworld.it

藏酒销售
预约参观
年产量 70 000 瓶
葡萄种植面积 18 公顷

在卡斯德尔诺沃•德•阿贝蒂（Castelnuovo dell'Abate），弗拉维奥•凡蒂（Flavio Fanti）新近完成了在多功能新酒窖的工作。新酒窖低调地和周围的环境融为一体。弗拉维奥的两个孩子也在酒庄的生意中起到积极的作用，充满热情地贡献创意。窖藏木桶也重新进行革新，主要包括3 000到4 000升的斯拉沃尼亚（Slavonian）橡木桶和主要用来生产瑞瑟维（Riserva）的大量中等型号木桶。这些酒在刚酿成的一段时间香味较重，特别是通过鼻子闻到的香味，打开一段时间之后会有混合的迷人味道。

- Brunello di Montalcino '06 6
- Rosso di Montalcino '09 4
- Brunello di Montalcino Ris. '97 8
- Brunello di Montalcino '05 6
- Brunello di Montalcino '04 6
- Brunello di Montalcino '99 6
- Brunello di Montalcino Ris. '04 8
- Brunello di Montalcino Ris. '99 7
- Brunello di Montalcino Visconti '04 7

Palazzo Vecchio

FRAZ. VALIANO
VIA TERRAROSSA, 5
53040 MONTEPULCIANO [SI]
TEL. 0578724170
www.vinonobile.it

藏酒销售
预约参观
年产量 60 000 瓶
葡萄种植面积 25 公顷

帕拉佐•维奇奥（Palazzo Vecchio）的历史开始于20世纪50年代早期，那时，对葡萄酒充满热情的孔特•理查多•佐泽（Conte Riccardo Zorzi）购买了农场的庄园。然而，马尔科•斯宾纳多利（Marco Sbernadori）和玛利亚•亚历山德拉•佐泽（Maria Alessandra Zorzi）的到来，让酒庄真正踏上了成功之路。在1988年，酒窖进行了现代化改造，并于1990年出产了第一瓶酒。今天，马尔科和玛利亚•亚历山德拉的孩子也在庄园工作。卢卡（Luca）负责葡萄酒在意大利的销售，玛利亚•路易莎（Maria Luisa）负责社交事宜。

- Nobile di Montepulciano '07 5
- Nobile di Montepulciano Ris. '06 5
- Nobile di Montepulciano Terrarossa '05 6
- Rosso di Montepulciano Dogana '08 4
- Nobile di Montepulciano '04 5
- Nobile di Montepulciano Terrarossa '03 6

Giovanni Panizzi

Loc. Santa Margherita, 34
53037 San Gimignano [SI]
Tel. 0577941576
www.panizzi.it

藏酒销售
预约参观
年产量 230 000 瓶
葡萄种植面积 67 公顷

如今，圣•吉米尼亚诺（San Gimignano）和本区所产的葡萄酒受到越来越多关注的焦点，这其中大部分应该归功于伦巴族（Lombard）葡萄种植者乔瓦尼•帕尼兹（Giovanni Panizzi）的先锋工作。他来到这里，见证了本区的发展。这里的酒产品在不断进步，很好地反映出本区精致典雅的风格。如今，酒庄归西蒙•尼科莱（Simone Niccolai）所有。沃尔特•索兰（Walter Sovran）是本地在维护联合经营方面具有大量经验的一个重要人物，最近几个月，西蒙吸收了来自他的专业意见。书写帕尼兹传奇的重任就交给了他们二人。

酒款	评分
○ Vernaccia di San Gimignano V. Santa Margherita '10	5
○ Vernaccia di S. Gimignano '10	4*
○ Vernaccia di S. Gimignano Ris. '08	6
⊙ Ceraso Rosa '10	3
○ Vernaccia di S. Gimignano Ris. '07	6
○ Vernaccia di S. Gimignano Ris. '05	6
○ Vernaccia di S. Gimignano Ris. '98	6
○ Vernaccia di S. Gimignano Ris. '06	6
○ Vernaccia di S. Gimignano Ris. '03	6
○ Vernaccia di San Gimignano V. Santa Margherita '07	4*
○ Vernaccia di San Gimignano V. Santa Margherita '05	4

Tenuta La Parrina

Fraz. Albinia
S.da vicinale della Parrina
58010 Orbetello [GR]
Tel. 0564862636
www.parrina.it

预约参观
年产量 200 000 瓶
葡萄种植面积 55 公顷
葡萄栽培方式 有机认证

拉•帕里纳（La Parrina）是一家很大的农场庄园，如今仍然按照传统体系运作，开展众多活动，但是与此同时，庄园也采用了非常先进的组织方式和技术。种植有机水果和蔬菜的同时，庄园还有珍贵的植物苗圃，超过600公顷的野生动物保护区。生产各个种类的奶制品，提供假日农场食宿也是庄园产业的重要方面。法定产区出产的酒和这个庄园出产的酒名字相同，这在意大利并不常见。

酒款	评分
● Radaia '09	7
○ Ansonica Costa dell'Argentario '10	4*
○ Capalbio Vin Santo '00	8
● Parrina Rosso Muraccio '09	4
● Parrina Rosso Ris. '09	5
● Parrina Sangiovese '10	4
○ Poggio della Fata '10	4
○ Vermentino '10	4
○ Ansonica Costa dell'Argentario '09	4
● Parrina Rosso Muraccio '08	4
● Radaia '08	7
● Radaia '07	7
● Radaia '01	7
● Radaia '00	7

Petra

LOC. SAN LORENZO ALTO, 131
57028 SUVERETO [LI]
TEL. 0565845308
www.petrawine.it

藏酒销售
预约参观
年产量 350 000 瓶
葡萄种植面积 98 公顷

庄园属于来自伦巴第（Lombardy）的莫雷蒂家族领导的泰若•莫雷蒂（Terra Moretti）集团，这里生产的酒在意大利各个地区都受到欢迎。其他的地产包括位于法兰西亚科塔（Franciacorta）的著名的贝拉维斯塔（Bellavista）和康塔蒂•卡斯塔蒂（Contadi Castaldi）庄园。佩特拉（Petra）是一座相对年轻的酒庄，所在地区是典型的地中海气候。这里主要种植深色果皮的葡萄品种，特别是圣乔维斯（Sangiovese），赤霞珠（Cabernet sauvignon）和梅乐（Merlot）。生产的酒带有越来越强烈的个性风格。酒庄正位于不断前进的路上。

Wine	Glasses	Score
● Potenti '08	🍷🍷	7
● Petra Rosso '08	🍷🍷	8
● Quercegobbe '08	🍷🍷	7
● Val di Cornia Ebo '08	🍷	4
● Petra Rosso '04	🍷🍷🍷	8
● Petra Rosso '07	🍷🍷	8
● Petra Rosso '06	🍷🍷	8
● Quercegobbe '07	🍷🍷	7
● Quercegobbe '06	🍷🍷	7
● Quercegobbe '05	🍷🍷	7

★Fattoria Petrolo

LOC. GALATRONA
FRAZ. MERCATALE VALDARNO
VIA PETROLO, 30
52021 BUCINE [AR]
TEL. 0559911322
www.petrolo.it

年产量 70 000 瓶
葡萄种植面积 31 公顷

既然英国首相大卫•卡梅隆曾在这里的别墅住宿过，那么就没有理由说露西亚•巴佐奇•姗加斯特（Lucia Bazzocchi Sanjust）的庄园罕有人至。庄园现在由她的儿子卢卡（Luca）经营。由于出产的酒的质量好，酒庄深受葡萄酒爱好者的推崇。酒庄位于阿雷佐•瓦尔达诺（Arezzo Valdarno），庄园有一座显著的伊特鲁里亚（Etruscan）和罗马起源的城堡，也被称为佳拉特罗纳（Galatrona），正如酒庄最有代表性的酒一样。这里同样有一个罗马式的教堂，其中有乔瓦尼•德拉•洛比阿（Giovanni della Robbia）的作品。

Wine	Glasses	Score
● Galatrona '09	🍷🍷🍷	8
○ San Petrolo '02	🍷🍷	8
● Boggina '09	🍷🍷	8
● Torrione '09	🍷🍷	6
● Galatrona '08	🍷🍷🍷	8
● Galatrona '07	🍷🍷🍷	8
● Galatrona '06	🍷🍷🍷	8
● Galatrona '05	🍷🍷🍷	8
● Galatrona '04	🍷🍷🍷	7
● Galatrona '01	🍷🍷🍷	8
● Galatrona '00	🍷🍷🍷	8

Piaggia

LOC. POGGETTO
VIA CEGOLI, 47
59016 POGGIO A CAIANO [PO]
TEL. 0558705401
www.piaggia.com

年产量 75 000 瓶
葡萄种植面积 15 公顷

庄园由毛罗•万努奇（Mauro Vannucci）于20世纪70年代建立，当时他在卡米格纳诺地区（Carmignano）购买了一些土地。自1991年第一瓶酒问世，到现在已经15年了。从那以后，酿酒开始成为酒庄最重要的产业。万努奇的女儿西尔维娅是酒庄现在的主人，同时也是卡米格纳诺地区联合保护集团的主席。她购买了新的葡萄园，引进了各种新的产品，这些举措给这个家族企业带来了新的活力。

● Carmignano Ris. '08	6
● Carmignano Sasso '09	5
● Poggio de' Colli '09	7
● Carmignano Ris. '07	6
● Carmignano Sasso '07	5
● Carmignano Ris. '06	6
● Carmignano Ris. '05	6
● Carmignano Sasso '08	5
● Carmignano Sasso '06	5

Piancornello

LOC. PIANCORNELLO
53024 MONTALCINO [SI]
TEL. 0577844105
piancorello@libero.it

藏酒销售
预约参观
年产量 50 000 瓶
葡萄种植面积 10 公顷

这家小型庄园位于蒙塔奇诺（Montalcino）南部，与阿米亚塔山（Amiata）相对，靠近艾莎河（Asso）。葡萄园所在地海拔为200米，土壤主要包含砂岩和石料，同时也含有一定量的沙土。这里气候温和，葡萄成熟较早。在酒窖里进行发酵时，温度得到严格的控制，以保持本区产酒特有的可爱水果特征。发酵和浸泡工序在小型橡木桶中进行，而酿造在中等型号的橡木桶中进行。

● Brunello di Montalcino '06	7
● Rosso di Montalcino '09	4
● Brunello di Montalcino '99	7
● Brunello di Montalcino '04	7
● Brunello di Montalcino '01	7
● Brunello di Montalcino '97	7
● Brunello di Montalcino Ris. '04	8
● Brunello di Montalcino Ris. '01	7

Pianirossi

LOC. PORRONA
POD. SANTA GENOVEFFA, 1
58044 CINIGIANO [GR]
TEL. 0564990573
www.pianirossi.com

藏酒销售
预约参观
年产量 40 000 瓶
葡萄种植面积 13 公顷

皮亚尼罗斯（Pianirossi）酒庄属于斯特凡诺•斯西尼（Stefano Sincini），20年来，他都梦想着能够创造自己品牌的葡萄酒。当斯特凡诺发现这个理想之处之后，他开始全心投入，在这个与自然共融，风景秀丽的地方建立了农场。更有趣的，是加固整个地产基础的生态维护项目。庄园所有计划和建设都根据可持续构造和可持续农业原则制定的。对于葡萄酒生产而言，斯特凡诺在本区种植了多种新品种，并得到了可喜的收获。

● Pianirossi '08	🍷🍷 7
● Solus '08	🍷🍷 5
● Pianirossi '07	🍷🍷 7
● Pianirossi '06	🍷🍷 6

Enrico Pierazzuoli

VIA VALICARDA, 35
50056 CAPRAIA E LIMITE [FI]
TEL. 0571910078
www.enricopierazzuoli.com

藏酒销售
预约参观
年产量 156 000 瓶
葡萄种植面积 32 公顷

皮拉佐利（Pierazzuoli）家族的葡萄酒公司分布在两个不同的地区，分别是从佛罗伦萨（Florence）到皮斯托亚（Pistoia）的蒙塔巴诺地区（Montalbano），公司于20世纪70年代购买的特努塔•卡塔格洛（Tenuta Cantagallo）庄园就位于这里；另一处是在20世纪70年代购买的位于卡米格纳诺（Carmignano）的勒•法纳特庄园（Le Farnoto）。皮拉佐利出产的酒遵循尊重自然的原则，这影响到种植葡萄品种的选择。今年的大事记，是关于用埃丽提科葡萄生产的新型葡萄酒的上市。这个品种的葡萄已经在酒庄中被用了多次，但这是第一次被单独发酵。

● Carmignano Le Farnete Ris. '08	🍷🍷 5
● Gioveto Tenuta Cantagallo '08	🍷🍷 5
● Barco Reale Le Farnete '10	🍷 3
● Carmignano Le Farnete '09	🍷 4
● Ljatico Le Farnete '10	🍷 6
● Carmignano Le Farnete '05	🍷🍷 4*
● Carmignano Le Farnete Ris. '05	🍷🍷 6
● Chianti Montalbano Ris. '05	🍷🍷 4*

Pieve Santa Restituta

Loc. Chiesa di Santa Restituta
53024 Montalcino [SI]
Tel. 0577848610
info@pievesantarestituta.com

年产量 75 000 瓶
葡萄种植面积 27 公顷

一年过去，安吉洛•嘉雅（Angelo Gaja）拥有的美丽酒庄又走过新的路程。酒庄靠近圣•罗斯特图塔（Santa Restituta）教堂，是蒙塔奇诺地区（Montalcino）最有历史的地名之一，也是西部山坡一处绝佳的葡萄园。经过彻底革新的酒窖已经开启并开始经营，而在世纪之交重建的葡萄园现在已经十分成熟，有能力出产质量很高的酒。酒庄的酒传统而经典，在处理单宁、调节酸度、维持优雅方面十分用心。

- ● Brunello di Montalcino Rennina '06 — 2 red glasses (ranked) 8
- ● Brunello di Montalcino Sugarille '06 — 2 black glasses 8
- ● Brunello di Montalcino Rennina '04 — 3 glasses 8
- ● Brunello di Montalcino Ris. '88 — 3 glasses 6
- ● Brunello di Montalcino Rennina '01 — 2 glasses 8
- ● Brunello di Montalcino Rennina '00 — 2 glasses 8
- ● Brunello di Montalcino Rennina '99 — 2 glasses 8
- ● Brunello di Montalcino Sugarille '04 — 2 glasses 8
- ● Brunello di Montalcino Sugarille '01 — 2 glasses 8

Podere San Cristoforo

Loc. Bagno
via del Mulino
58023 Gavorrano [GR]
Tel. 3358212413
www.poderesancristoforo.it

藏酒销售
预约参观
年产量 43 000 瓶
葡萄种植面积 15 公顷
葡萄栽培方式 有机种植

洛伦佐•佐尼（Lorenzo Zonin）拥有这家酒庄，同时他也在此工作，担任酿酒师，他将对有机农业的热情投入到自己的庄园，在此进行实践。洛伦佐尽量少地在酒窖使用技术，尽可能地让植物按照自己的方法行事，其天然程度超乎你的想象。洛伦佐的目标就是使得出产的酒秉承本区特有的细致优雅。同样，也可以在这里预定农场假期的住宿。

- ● San Cristoforo '09 — 2 red glasses 5
- ○ Luminoso '10 — 2 black glasses 4
- ● Amaranto '10 — 1 glass 4
- ● Carandelle '10 — 1 glass 4
- ○ Luminoso Dolce — 1 glass 5

Poggerino

LOC. POGGERINO
53017 RADDA IN CHIANTI [SI]
TEL. 0577738958
www.poggerino.com

藏酒销售
预约参观
年产量 60 000 瓶
葡萄种植面积 10.4 公顷
葡萄栽培方式 有机种植

皮耶罗（Piero）和本尼得塔•兰扎（Benedetta Lanza）的庄园位于森林之中一处极美的地方，海拔400至500米。多石的土地提供了绝好的排水条件，使得这里非常适合种植圣乔维斯，这也是本地最主要的品种。在葡萄园使用的技术对周围环境没有侵犯性，同时，经营者追求果实完美地成熟，从中萃取精华。因此，虽然这里自然条件有限，但是酿出的酒很有深度，同时富含保证窖藏的单宁。

酒款	评级
● Chianti Cl. '08	🍷🍷 4
● Primamateria '07	🍷🍷 6
● Chianti Cl. Ris. '90	🍷🍷🍷 5
● Primamateria '01	🍷🍷🍷 6
● Chianti Cl. '06	🍷🍷 4*
● Chianti Cl. '04	🍷🍷 4
● Chianti Cl. '01	🍷🍷 4
● Chianti Cl. Bugialla Ris. '07	🍷🍷 6
● Chianti Cl. Bugialla Ris. '06	🍷🍷 6
● Chianti Cl. Bugialla Ris. '04	🍷🍷 6
● Primamateria '06	🍷🍷 6

Poggio ai Lupi

FRAZ. GIUNCARICO
LOC. BARTOLINA
58023 GAVORRANO [GR]
TEL. 056688082
www.poggioailupi.it

藏酒销售
年产量 28 000 瓶
葡萄种植面积 21 公顷

波吉奥•艾•卢比（Poggio ai Lupi）位于维图罗尼亚（Vetulonia）的考古遗址，能够追溯到伊特鲁里亚（Etruscan）时期，事实上，在庄园也曾经发现了那时的残余。所有者在经过辛苦的考察后，来到这里，并和酿酒师共同作出了决定。蒙特利高（Monteregio）在2003年出产了第一瓶酒，继而许多其他酒陆续上市。本酒窖坚持只出产蒙诺维瑞塔葡萄酒（Monovarietal）。

酒款	评级
○ Chardonnay Dunemosse '09	🍷🍷 5
● Syrah Luna Matta '09	🍷🍷 5
● Alicante '08	🍷 5
● Monteregio di Massa Marittima '09	🍷 4
○ Vermentino '10	🍷 4
● Alicante '05	🍷🍷 5
● Alicante '04	🍷🍷 5
○ Chardonnay '05	🍷🍷 3
● Syrah '04	🍷🍷 4

Poggio al Tesoro

LOC. FELCIAINO
VIA BOLGHERESE, 189B
57022 BOLGHERI [LI]
TEL. 0565773051
www.poggioaltesoro.it

藏酒销售
预约参观
年产量 240 000 瓶
葡萄种植面积 57.5 公顷

艾格尼（Allegrini）家族拥有博给利（Bolgheri）庄园，是几种顶级威尼托葡萄酒（Veneto）的优质生产商，并在与著名进口贸易商莱昂纳多•罗•卡西欧（Leonardo Lo Cascio）的合作中有持续的显著的进步。波吉奥•艾尔•特索罗（Poggio al Tesoro）的葡萄园的地段条件在本区首屈一指，这里有富含碎石的红色砂石土壤。酒庄出产的酒反映了酒庄主人的信念，展示出独特的性格和令人羡慕的一致性。这使得它们成为本区酿酒师推出的各种葡萄酒中的赢家。

● Dedicato a Walter '08	8
● Bolgheri Sondraia '08	6
● Mediterra '09	4
● Dedicato a Walter '07	6
● Dedicato a Walter '06	6
● Mediterra '07	5

Poggio al Tufo

LOC. POGGIO CAVALLUCCIO
58017 PITIGLIANO [GR]
TEL. 0457701266
www.tommasiwine.it

藏酒销售
年产量 165 000 + 25 000 瓶
葡萄种植面积 66 + 24 公顷

托马西（Tommasi）家族因其出产的阿玛罗尼（Amarone）而驰名威尼托（Veneto），他们自1902年就在此工作了。这个家族看好托斯卡纳（Tuscan）的马莱玛（Maremma）地区，并在皮蒂利亚诺（Pitigliano）购买了两处农庄。66公顷的波吉奥•艾尔•托福（Poggio al Tufo）购买于1997年，24公顷的拉•道格尼拉（La Doganella）新近购买，现在发展起有机农业。今天，家族的9位成员带着能将酒庄建设到世界市场的顶级水平的渴望而团结一致，按照清晰明确的分工和任务在不同的农场工作。

● Rompicollo Poggio al Tufo '09	5
● Alicante Poggio al Tufo '08	5
● Cabernet Poggio al Tufo '09	5
○ Il Pitigliano Doganella '10	5
● Il Tintorosso Doganella '10	5
○ Vermentino Poggio al Tufo '10	5

Poggio Antico

loc. Poggio Antico
53024 Montalcino [SI]
Tel. 0577848044
www.poggioantico.com

藏酒销售
预约参观
年产量 120 000 瓶
葡萄种植面积 32.5 公顷
葡萄栽培方式 有机种植

保罗•格洛得（Paola Gloder）的庄园成为了本地区的基准。20世纪90年代，庄园业绩有些许下降，部分原因是由于葡萄欠收。波吉奥•安迪可（Poggio Antico）葡萄园的重新栽种和酒庄的现代化改进，使得庄园重新回到蒙塔奇诺地区（Montalcino）精英生产商行列。葡萄栽种在山坡的高处，这使得高密度的种植成为可能，不用担心水压带来的风险。经营者完美的管理保证了葡萄的健康生长直到成熟。现代酒窖技术进一步保证了小心翼翼的工作得到回报，经营者的努力在出产的酒中得到体现。

- ● Brunello di Montalcino Altero '06 — 7
- ● Brunello di Montalcino '06 — 7
- ● Madre '08 — 7
- ● Rosso di Montalcino '09 — 5
- ● Brunello di Montalcino '05 — 7
- ● Brunello di Montalcino '88 — 7
- ● Brunello di Montalcino '85 — 7
- ● Brunello di Montalcino Altero '04 — 7
- ● Brunello di Montalcino Altero '99 — 7
- ● Brunello di Montalcino Ris. '01 — 8
- ● Brunello di Montalcino Ris. '85 — 8
- ● Brunello di Montalcino '04 — 7
- ● Brunello di Montalcino Altero '05 — 7

Poggio Bonelli

via dell'Arbia, 2
53019 Castelnuovo Berardenga [SI]
Tel. 0577355382
www.poggiobonelli.it

藏酒销售
预约参观
年产量 230 000 瓶
葡萄种植面积 85 公顷

庄园是意大利商业银行锡耶纳分行（Monte Del Paschi di Siena）的农业投资组合项目的一部分，其中也包括了齐吉•萨拉希尼（Chigi Saracini）酒庄。这个锡耶纳银行团体于2000年从兰度西家族（Landucci）和克罗西（Croci）家族接过管理权，然而波吉奥•波内里（Poggio Bonelli）从20世纪50年代开始酿酒。其葡萄园靠近卡斯特努沃•贝拉登加（Castelnuovo Berardenga），这个区域内产出的水果酿成的酒带有独特的风韵和力量。酒窖主要使用小型橡木桶陈酿，赋予葡萄酒经典的平衡感，使其很有特色。

- ○ Vin Santo del Chianti Cl. Occhio di Pernice '06 — 6
- ● Chianti Cl. Poggio Bonelli '09 — 4
- ● Chianti Cl. 1472 '08 — 5
- ● Chianti Villa Chigi Saracini '10 — 4
- ○ Vin Santo del Chianti Cl. '07 — 6
- ● Poggiassai '07 — 6
- ● Poggiassai '06 — 6
- ● Chianti Cl. '01 — 4
- ● Chianti Cl. Ris. '01 — 6
- ● Tramonto d'Oca '04 — 6
- ● Tramonto d'Oca '03 — 6
- ● Tramonto d'Oca '01 — 6

Poggio di Sotto

FRAZ. CASTELNUOVO DELL'ABATE
LOC. POGGIO DI SOTTO
53024 MONTALCINO [SI]
TEL. 0577835502
www.poggiodisotto.com

藏酒销售
预约参观
年产量 40 000 瓶
葡萄种植面积 12 公顷
葡萄栽培方式 有机认证

皮耶罗•帕姆兹是蒙塔奇诺（Montalcino）的关键人物之一。他生产的酒芬芳，经典，有时犀利，但总是出众夺目，这也反映了他自身干净利落的性格。多年来，皮耶罗是驱动波吉奥•索托（Poggio di Sotto）的发动机。今天，酒庄由克劳迪奥•蒂帕（Claudio Tipa）掌管，他也同时拥有托斯卡纳（Tuscan）这尊王冠上的其他明珠，如在科里•马萨瑞（Colle Massari），格拉塔玛科（Grattamacco）和特努塔•蒙特库克（Tenuta di Montecucco）。经典的方式使得种植在卡斯特努沃•德•阿贝特（Castelnuovo dell' Abate）葡萄园南部的葡萄质量得到提高。这也多亏了它们良好的地理位置，位于阿米亚塔山（Amiata）上，海拔从240米到250米不等。

- Brunello di Montalcino '06 8
- Rosso di Montalcino '08 8
- Brunello di Montalcino '04 8
- Brunello di Montalcino '99 8
- Brunello di Montalcino Ris. '99 8
- Brunello di Montalcino Ris. '95 8
- Rosso di Montalcino '07 7
- Brunello di Montalcino '05 8
- Brunello di Montalcino '03 8
- Brunello di Montalcino '01 8
- Brunello di Montalcino Ris. '04 8

Poggio Rozzi

S.DA ROMITA, 29
50028 TAVARNELLE VAL DI PESA [FI]
TEL. 0558070012
www.toggenburg.it

藏酒销售
预约参观
年产量 28 000 瓶
葡萄种植面积 8 公顷

孔蒂•托格博布斯（Conti Toggenburg）是一个很不同寻常的庄园。托格博布斯家族在阿托•阿迪杰（Alto Adige）已经拥有了一座种植水果的庄园，这里的果园种植了9种苹果，同时还有杏、李，用来蒸馏出水果的白兰地。然而，位于科利•菲奥伦蒂尼法定产区（Colli Fiorentini DOC）托斯卡纳（Tuscany）的波吉奥•罗兹（Poggio Rozzi），他们种植圣乔维斯和其他当地的葡萄品种，也种植橄榄树。各种有细微差别的产品都源于同样品种的葡萄就更加有趣。酒庄也向那些想扩展他们旅行的人，提供假日农场食宿。

- Eccellenza '08 7
- Ulrico '08 4
- Chianti L'Alano '08 3
- Eccellenza '07 6
- Ulrico '06 4*

Podere Poggio Scalette

LOC. RUFFOLI
VIA BARBIANO, 7
50022 GREVE IN CHIANTI [FI]
TEL. 0558546108
www.poggioscalette.it

预约参观
年产量 50 000 瓶
葡萄种植面积 22 公顷
葡萄栽培方式 有机种植

自1991年起，菲奥雷（Fiore）家族开始拥有波吉奥•斯卡勒特（Poggio Scalette）酒庄。酒庄位于靠近克安蒂（Chianti）格雷夫（Greve）的卢弗利山（Ruffoli）山上。酒庄有悠久的酿酒传统，且新近采用了对环境影响较小的可持续发展的技术。波吉奥•斯卡勒特出产的酒标志了本区酿酒的历史进程，到今天亦是如此。现在的风格比起过去有更显著的特点，相对而言，现在酒的口感更加华丽，在酒窖中也使用了很多新橡木。

Wine	Glasses	Score
● Il Carbonaione '08	🍷🍷🍷 (red)	7
● Capogatto '08	🍷🍷	7
● Chianti Cl. '09	🍷	5
● Piantonaia '08	🍷	8
● Il Carbonaione '05	🍷🍷🍷 (white)	7
● Il Carbonaione '03	🍷🍷🍷 (white)	8
● Il Carbonaione '00	🍷🍷🍷 (white)	8
● Il Carbonaione '98	🍷🍷🍷 (white)	8
● Il Carbonaione '96	🍷🍷🍷 (white)	8
● Il Carbonaione '07	🍷🍷 (white)	7
● Piantonaia '07	🍷🍷 (white)	8
● Piantonaia '05	🍷🍷 (white)	8
● Piantonaia '04	🍷🍷 (white)	8

Poggio Trevvalle

LOC. ARCILLE
POD. 348
58042 CAMPAGNATICO [GR]
TEL. 0564998142
www.poggiotrevvalle.it

藏酒销售
预约参观
年产量 65 000 瓶
葡萄种植面积 13 公顷
葡萄栽培方式 有机认证

在1998年底，翁贝托（Umberto）和贝尔纳多•威莱（Bernardo Valle）兄弟二人决定购买波吉奥•特维勒（Poggio Trevvalle）庄园。他们宣称要酿造优质的酒，同时这种酒也能提升本区酒的典型品质。根据这个在开始已经制定的方案，他们在这块土地上开始发展农业，选择了如圣乔维斯这样能够代表当地传统的品种。据说，一些不是本地的葡萄品种在这里种植也能获得丰收。

Wine	Glasses	Score
● Rafele '08	🍷🍷 (red)	3
● Morellino di Scansano Larcille '07	🍷	5
● Morellino di Scansano Poggio Trevvalle '09	🍷	3
● Santippe '10	🍷	3
● Morellino di Scansano Fròndina '04	🍷🍷 (white)	4
● Morellino di Scansano Larcille '03	🍷🍷 (white)	5
● Morellino di Scansano Larcille '00	🍷🍷 (white)	4

Tenuta Il Poggione

FRAZ. SANT'ANGELO IN COLLE
LOC. MONTEANO
53024 MONTALCINO [SI]
TEL. 0577844029
www.tenutailpoggione.it

藏酒销售
预约参观
年产量 500 000 瓶
葡萄种植面积 123 公顷

弗朗切斯奇（Franceschi）家族拥有的庄园基础雄厚。确实，波吉奥（Poggione）是为数不多没有受动荡的经济影响的企业。这多亏了他们的商业理性和葡萄酒的品质。酒庄在葡萄酒酿造方式和酿造使用的木桶方面严格按照蒙塔奇诺（Montakcino）的传统行事。这里有一个漂亮宽广的酒窖，装备着尖端的技术。葡萄园所在地风景迷人，同时也有很多历史遗迹。事实上，庄园也是一个开放式的博物馆，游客在这里可以看到葡萄栽培在过去的40年中是如何改变的。

- ● Brunello di Montalcino '06 7
- ● Cerretello '09 5
- ● Brunello di Montalcino V. Paganelli Ris. '05 7
- ● Rosso di Montalcino '09 4
- ● Brunello di Montalcino '05 7
- ● Brunello di Montalcino '04 7
- ● Brunello di Montalcino '03 7
- ● Brunello di Montalcino Ris. '04 7
- ● Brunello di Montalcino Ris. '03 7
- ● Rosso di Montalcino '07 4*

★★Poliziano

LOC. MONTEPULCIANO STAZIONE
VIA FONTAGO, 1
53045 MONTEPULCIANO [SI]
TEL. 0578738171
www.carlettipoliziano.com

藏酒销售
预约参观
年产量 600 000 瓶
葡萄种植面积 140 公顷

法德里克•卡莱蒂（Federico Carletti）对葡萄酒充满了热情。这从他的事业中就可以明显看出来。在佛罗伦萨（Florence）大学获得农业学士学位之后，他在意大利北部的农场工作了一段时间，然后回到家族的葡萄园。是他对土地的热爱，而非一个葡萄种植者的野心促使他从父亲的手中购买了葡萄园。今天，这个庄园已经在意大利葡萄酒界处于领跑者的地位，法德里克也担任了第二届贵族红联合保护会主席，这也是他对本地深深热爱的证明。

- ● Nobile di Montepulciano '08 5
- ○ Vin Santo di Montepulciano '01 7
- ● Cortona Merlot In Violas '08 6
- ● Le Stanze '08 8
- ● Mandrone di Lohsa '08 6
- ● Morellino di Scansano Lhosa '09 4
- ● Rosso di Montepulciano '09 4
- ● Le Stanze '03 7
- ● Nobile di Montepulciano Asinone '07 7
- ● Nobile di Montepulciano Asinone '06 7
- ● Nobile di Montepulciano Asinone '05 7
- ● Nobile di Montepulciano Asinone '04 7
- ● Nobile di Montepulciano Asinone '03 7
- ● Nobile di Montepulciano Asinone '01 7
- ● Nobile di Montepulciano Asinone '00 7
- ● Nobile di Montepulciano Asinone '99 6

★Fattoria Le Pupille

S.DA PIAGGE DEL MAIANO
58100 GROSSETO
TEL. 0564409517
www.fattorialepupille.it

藏酒销售
预约参观
年产量 450 000 瓶
葡萄种植面积 70 公顷

伊丽莎贝塔•格佩蒂（Elisabetta Geppetti）再次成为史坎萨诺（Scansano）莫雷利（Morellino）财团的主席。这个组织是1992年成立的，那时她就担任主席一职。她的故事和她庄园所在地紧紧相连，到现在，这个区域已经有了很大进步，而她的庄园在其中起到巨大作用。当莫雷利在1978年被建立的时候，伊丽莎贝塔的酒已经上市并装瓶。直到1985年，她才完全接手酒庄的管理。在接下来的几年里，酒庄在质量上和声望上都经历了长足的进步。

Wine	Rating
● Saffredi '08	🍷🍷 8
● Morellino di Scansano '10	🍷 4
○ Poggio Argentato '10	🍷 4
⊙ Rosa Mati '10	🍷 4
● Morellino di Scansano Poggio Valente '04	♈♈♈ 6
● Morellino di Scansano Poggio Valente '99	♈♈♈ 0
● Morellino di Scansano Poggio Valente '98	♈♈♈ 6
● Saffredi '05	♈♈♈ 8
● Saffredi '04	♈♈♈ 8
● Saffredi '03	♈♈♈ 8
● Saffredi '02	♈♈♈ 8
● Saffredi '01	♈♈♈ 8
● Saffredi '00	♈♈♈ 8
● Saffredi '97	♈♈♈ 8
● Saffredi '90	♈♈♈ 8

Querce Bettina

LOC. CASINA DI MOCALI, 275
53024 MONTALCINO [SI]
TEL. 0577848588
www.quercebettina.it

藏酒销售
预约参观
年产量 15 000 瓶
葡萄种植面积 2.5 公顷

贝蒂娜橡木（Bettina oaks）这个位于蒙塔奇诺（Montalcino）西面山坡的小庄园的名字，来源于一个神话，据说一位年老的妇人坐在橡树下，为过往的行人讲故事。这里出产的酒通过使用2 500升的澳大利亚橡木桶，和用几周时间发酵然后用瓶子长时间窖藏这样的方法，做到了在风格上严格遵循传统。薇尔玛•巴伦奇（Vilma Barenghi）和罗伯托•莫雷蒂（Roberto Moretti）听取他们的好朋友迭戈•莫利纳瑞（Diego Molinari）的意见，将此处定为乡村修养的场所。这个葡萄园建造在含页岩和泥灰岩的土壤上，粘土含量较低。此处的海拔高度为450米。

Wine	Rating
● Brunello di Montalcino '06	🍷🍷🍷 7
● Rosso di Montalcino '08	🍷🍷 4
● Brunello di Montalcino '05	♈♈ 7
● Rosso di Montalcino '07	♈♈ 4

★Querciabella

via Barbiano, 17
50022 Greve in Chianti [FI]
Tel. 05585927777
www.querciabella.com

藏酒销售
预约参观
年产量 400 000 瓶
葡萄种植面积 112 公顷
葡萄栽培方式 生机互动农耕认证

自1972年起，奎尔西贝拉（Querciabella）酒庄就为卡斯提格里奥尼（Castiglioni）家族所拥有。其第一批葡萄酒于1974年进入市场。它同另几个酒庄的佼佼者，随即走上了一条复兴之路，顺应了当时托斯卡纳地区（Tuscany）的发展潮流。直到今天，奎尔西贝拉酒庄依旧繁荣，路佛力山（Ruffolli）上的葡萄园就是最好的见证者。1998年奎尔西贝拉酒庄已采用有机耕作技术，如今正逐步将生机互动农耕认证的生产方式推广到所有的葡萄园，包括1997年购买的33公顷的马莱玛（Maremma）庄园。

酒款	杯数	评分
● Camartina '08	🍷🍷（红）	8
○ Batàr '09	🍷（黑）	8
● Mongrana '09	🍷（黑）	5
● Palafreno '08	🍷（黑）	8
○ Batàr '98	🍷🍷🍷（白）	7
● Camartina '06	🍷🍷🍷（白）	8
● Camartina '05	🍷🍷🍷（白）	8
● Camartina '04	🍷🍷🍷（白）	8
● Camartina '03	🍷🍷🍷（白）	8
● Camartina '01	🍷🍷🍷（白）	8
● Camartina '00	🍷🍷🍷（白）	8
● Camartina '99	🍷🍷🍷（白）	8
● Camartina '97	🍷🍷🍷（白）	8
● Camartina '95	🍷🍷🍷（白）	8

Riecine

loc. Riecine
53013 Gaiole in Chianti [SI]
Tel. 0577749098
www.riecine.com

藏酒销售
预约参观
年产量 45 000 瓶
葡萄种植面积 11 公顷
葡萄栽培方式 有机种植

瑞塞恩（Riecine）酒庄的第一批酒于1978年面世，广受好评，这要归功于酒庄创始人约翰•唐克利（John Dunkley）。1996年，盖瑞•J•鲍曼（Gary J Baumann）买下了盖欧乐（Gaiole）庄园。酒庄依然实力强大，仍是生产古典克安蒂酒（Chianti Classico）的著名酒庄之一。尽管近期的酒是对熟透了的果实进行大量提取后酿制而成，这样对酒的美味有略微影响，但总体说来，融入了古典主义风格后，瑞塞恩酒的风味日趋成熟。

酒款	杯数	评分
● La Gioia '07	🍷🍷（红）	7
● Chianti Cl. Ris. '07	🍷🍷（黑）	6
● Chianti Cl. '08	🍷（黑）	5
● Chianti Cl. Ris. '99	🍷🍷🍷（白）	8
● Chianti Cl. Ris. '88	🍷🍷🍷（白）	6
● Chianti Cl. Ris. '86	🍷🍷🍷（白）	5
● La Gioia '04	🍷🍷🍷（白）	7
● La Gioia '01	🍷🍷🍷（白）	7
● La Gioia '98	🍷🍷🍷（白）	8
● La Gioia '95	🍷🍷🍷（白）	8
● Chianti Cl. Ris. '05	🍷🍷（白）	6
● La Gioia '05	🍷🍷（白）	7
● La Gioia '03	🍷🍷（白）	7

Rigoloccio

LOC. RIGOLOCCIO
VIA PROVINCIALE, 82
58023 GAVORRANO [GR]
TEL. 056645464
www.rigoloccio.it

藏酒销售
预约参观
年产量 50 000 瓶
葡萄种植面积 9.5 公顷

里格罗奇奥（Rigoloccio）酒庄坐落于一座矿产含量丰富的山上，其名字也来自于当地盛产的黄铁矿。酒庄的位置就是以前的矿井入口处。过去，马莱玛地区（Maremma）的人们多是矿工，酒的市场尚未开发。自2003年里格罗奇奥酒庄建立以来，酒庄一直以其质量上乘、采用国际葡萄品种和酒窖技术领先而闻名。

酒款	评级
● Abundantia '08	🍷🍷 7
● Cabernet Alicante '09	🍷🍷 4*
○ Chardonnay Fiano '10	🍷 4
⊙ Rosato '10	🍷 4
● Cabernet Alicante '08	🍷🍷 4
○ Chardonnay Fiano '07	🍷🍷 4*
● Il Sorvegliante '07	🍷🍷 5
● Il Sorvegliante '06	🍷🍷 5

Il Rio

VIA DI PADULE, 131
50039 VICCHIO [FI]
TEL. 0558407904
www.ilriocerrini.it

藏酒销售
预约参观
年产量 7 000 瓶
葡萄种植面积 2 公顷

瑞欧（Rio）酒庄是莫拉扎诺（Molazzano）庄园的一个组成部分。20世纪90年代，正是在这里，帕欧罗•赛瑞尼（Paolo Cerrini）决定种植一些当地都不知道的葡萄品种，如黑皮诺（Poinot nero）和赤霞珠（Sauvignon）。帕欧罗相信当地具有酿制优质葡萄酒的理想气候和土壤。但根据当地的传统观念，当地并不适合酿酒，因为年均气温低，像赤霞珠等品种不能完全成熟。然而，最终的事实却证实了帕欧罗决定的正确性。

酒款	评级
○ Annita '10	🍷🍷 5
● Ventisei '09	🍷🍷 5
○ Annita '07	🍷🍷 4
● Ventisei '07	🍷🍷 5
● Ventisei '06	🍷🍷 5
● Ventisei '05	🍷🍷 5

Rocca delle Macìe

LOC. LE MACÌE, 45
53011 CASTELLINA IN CHIANTI [SI]
TEL. 05777321
www.roccadellemacie.com

藏酒销售
预约参观
年产量 4 500 000 瓶
葡萄种植面积 200 公顷

麦琪（Rocca delle Macìe）酒庄于1973为电影制片人意达雷欧•琴盖尔利（Italo Zingarelli）建立，现在则是地位稳定的古典克安蒂（Classico Chianti）酿酒厂，秉承着精明的定价政策。在麦琪酒庄，质量和数量两者并不相互排斥，相反的是，这两种维度都展现了它的绝对优质。该酒庄也并未将自己仅仅局限于古典克安蒂，因为在马莱玛（Maremma）的卡博马奇欧那（Campomacchione）和卡萨马瑞尔（Casamaria）还有两个庄园。酿酒专家勒宏卓•兰迪（Lorenzo Landi）的加入使技术员工队伍也得到了增强。

- ● Chianti Cl. Famiglia Zingarelli Ris. '08 🍷🍷 4
- ● Chianti Cl. Famiglia Zingarelli Ris. '07 🍷🍷 4
- ● Chianti Cl. Fizzano Ris. '07 🍷🍷 6
- ● Chianti Cl. Famiglia Zingarelli '09 🍷 4
- ● Chianti Cl. Tenuta S. Alfonso '09 🍷 5
- ● Chianti Colli Senesi Rubizzo '10 🍷 4
- ● Chianti Vernaiolo '10 🍷 3
- ● Morellino di Scansano Campomaccione '10 🍷 4
- ● Roccato '08 🍷 7
- ● Ser Gioveto '08 🍷 7
- ○ Vermentino Occhio a Vento '10 🍷 4
- ● Roccato '00 🍷🍷🍷 7
- ● Roccato '99 🍷🍷🍷 7
- ● Chianti Cl. Fizzano Ris. '06 🍷🍷 6
- ● Chianti Cl. Tenuta S. Alfonso '07 🍷🍷 5
- ● Ser Gioveto '06 🍷🍷 7

Rocca di Castagnoli

LOC. CASTAGNOLI
53013 GAIOLE IN CHIANTI [SI]
TEL. 0577731004
www.roccadicastagnoli.com

藏酒销售
预约参观
年产量 450 000 瓶
葡萄种植面积 132 公顷

1981年，律师卡洛杰侯•卡利（Calogero Calì）买下了这座历史悠久的古典克安蒂酒庄，后来又买下了位于卡斯特利娜（Castellina）中心地区的特纳塔•迪•开普拉亚（Tenuta di Capraia）庄园和位于克安蒂（Chianti）佳奥利（Gaiole）的卡斯特利娜•迪•圣赛诺（Castello di San Sano）庄园。罗卡•迪卡斯塔尼奥利（Rocca di Castagnoli）酒庄的酒在本地区是最值得信赖的酒之一，质量上乘。其藏酒方式自然地捕捉到了不同地区间在口感上的细微差异，同时追求平衡与优雅，这或许也是克安蒂发展区（Chianti）最具象征性的特点了。

- ● Chianti Cl. Poggio ai Frati Ris. '08 🍷🍷🍷 5
- ● Chianti Cl. Tenuta di Capraia Ris. '08 🍷🍷 6
- ● Chianti Cl. Guarnellotto Castello di San Sano Ris. '08 🍷🍷 5
- ● Stielle '07 🍷🍷 7
- ● Buriano '07 🍷 7
- ● Chianti Cl. Castello di San Sano '09 🍷 4
- ● Chianti Cl. Rocca di Castagnoli '09 🍷 4
- ● Chianti Cl. Tenuta di Capraia '09 🍷 4
- ● Sanzano '09 🍷 5
- ● Chianti Cl. Capraia Ris. '07 🍷🍷🍷 5
- ● Chianti Cl. Poggio ai Frati Ris. '06 🍷🍷🍷 5*
- ● Chianti Cl. Poggio ai Frati Ris. '04 🍷🍷🍷 5
- ● Chianti Cl. Tenuta di Capraia Ris. '06 🍷🍷🍷 5*
- ● Chianti Cl. Tenuta di Capraia Ris. '05 🍷🍷🍷 5
- ● Stielle '00 🍷🍷🍷 8

Rocca di Frassinello

LOC. GIUNCARICO
58023 GAVORRANO [GR]
TEL. 056688400
www.roccadifrassinello.it

藏酒销售
预约参观
年产量 300 000 瓶
葡萄种植面积 80 公顷

该酒庄是一个合资企业，出资方包括意大利媒体巨子保罗•帕内莱（Paolo Panerai）和罗斯柴尔德男爵拉菲集团（Domaine Baron de Rothschild Lafite）。保罗也是克安蒂中心产区凯胜泰利（Castellina in Chianti）酒庄庄主，罗斯柴尔德男爵拉菲酒庄则是位于波尔多（Bordeaux）的顶级名庄之一。波尔多的葡萄品种在马莱玛地区（Maremma）生产圣乔维斯的这片热土也大获成功。从最初2003年的实验性丰收开始，当地的收获一直令人满意，后来的葡萄酒也再次证实了当地风土的潜力。

- ● Baffo Nero '09 — 8 (3 red glasses)
- ● Rocca di Frassinello '09 — 7 (2 red glasses)
- ● Le Sughere di Frassinello '09 — 5 (1 glass)
- ● Ornello '08 — 4 (1 glass)
- ● Baffo Nero '07 — 6 (3 glasses)
- ● Rocca di Frassinello '08 — 6 (3 glasses)
- ● Rocca di Frassinello '06 — 6 (3 glasses)
- ● Rocca di Frassinello '05 — 7 (3 glasses)
- ● Baffo Nero '08 — 6 (2 glasses)
- ● Le Sughere di Frassinello '08 — 5 (2 glasses)
- ● Le Sughere di Frassinello '07 — 5 (2 glasses)
- ● Rocca di Frassinello '07 — 6 (2 glasses)
- ● Rocca di Frassinello '04 — 7 (2 glasses)

Rocca di Montegrossi

FRAZ. MONTI IN CHIANTI
53010 GAIOLE IN CHIANTI [SI]
TEL. 0577747977
www.roccadimontegrossi.it

藏酒销售
预约参观
年产量 80 000 瓶
葡萄种植面积 18 公顷
葡萄栽培方式 有机认证

马尔科•里卡索利•费瑞多而菲（Marco Ricasoli Firidolfi）致力于酿制口味纯正的葡萄酒，诠释克安蒂酒（Chianti）的风味特点。早在20世纪80年代他便开始探索自己的葡萄酒风格。随着技术的不断更新发展，他在克安蒂的蒙提（Monti）酒庄风格日趋成熟。当然，他的开发重点还是在本地的传统葡萄品种上，如圣乔维斯（Sangiovese）、柯勒瑞诺（Colorino），将来还会种植布尼戴罗（Pugnitello）、棠比内洛（Trebbiano）、白玛尔维萨（Malvasia white）来制作佳酿圣桑托（Vin Santo）。酒庄采用大木桶和小木桶混合陈酿。

- ● Chianti Cl. Vign. S. Marcellino '08 — 4 (2 glasses)
- ○ Vin Santo del Chianti Cl. '04 — 8 (2 glasses)
- ● Chianti Cl. '09 — 4 (1 glass)
- ● Chianti Cl. Vign. S. Marcellino '07 — 7 (3 glasses)
- ● Chianti Cl. Vign. S. Marcellino Ris. '99 — 5 (3 glasses)
- ● Chianti Cl. Vign. S. Marcellino Ris. '04 — 6 (2 glasses)
- ● Geremia '03 — 6 (2 glasses)
- ● Geremia '99 — 6 (2 glasses)
- ○ Vin Santo del Chianti Cl. '02 — 8 (2 glasses)
- ○ Vin Santo del Chianti Cl. '01 — 8 (2 glasses)
- ○ Vin Santo del Chianti Cl. '98 — 8 (2 glasses)
- ○ Vin Santo del Chianti Cl. '97 — 8 (2 glasses)

Rocca di Montemassi

FRAZ. MONTEMASSI
VIA SANT'ANNA
58027 ROCCASTRADA [GR]
TEL. 0564579700
www.roccadimontemassi.it

藏酒销售
预约参观
年产量 400 000 瓶
葡萄种植面积 160 公顷

1998年，佐宁（Zonin）家族拥有了这座庄园。当地葡萄历史源远流长，公元前6世纪就开始种植葡萄。经过5年的彻底翻修，庄园已经被改造成为了集酒窖、办公室和一个收藏了3 000件17世纪到20世纪的与农业生活相关的展品的乡村文化博物馆为一体的建筑群。现如今，在法国酿酒专家丹尼斯•杜博德（Denis Dubordieu）的带领下，庄园不断对其上乘红酒进行改革试验，成果斐然。

● Rocca di Montemassi '09	🍷🍷🍷	6
○ Calasole '10	🍷🍷	4
● Monteregio di Massa Marittima Sassabruna '09	🍷🍷	4
○ Astraio '10	🍷	5
● Le Focaie '10	🍷	4
● Monteregio di Massa Marittima Sassabruna '08	🍷🍷	4
● Rocca di Montemassi '08	🍷🍷	6

★Tenimenti Ruffino

P.LE RUFFINO, 1
50065 PONTASSIEVE [FI]
TEL. 0556499717
www.ruffino.it

藏酒销售
预约参观
年产量 14 500 000 瓶
葡萄种植面积 600 公顷

鲁芬诺（Ruffino）酒庄是行业内的顶级酒庄之一。酒庄是由路易吉•佛洛纳瑞（Luigi Folonari）来负责管理，他出生在意大利历史悠久的红酒家族。它拥有很多托斯卡纳地区（Tuscany）的一级庄园，包括蒙特奇诺（Montalcino）的格雷珀恩•麦兹庄园（Greppone Mazzi），蒙特普齐亚诺（Montepulciano）的罗多拉•诺沃（Lodola Nuova）、古吉安蒂（Chianti Classico）的桑特达米、格瑞托尔（Santedame）、蒙特玛索（Gretole）和珀吉欧•卡西纳诺（Poggio Casciano）庄园，邻近锡耶纳（Siena），位于蒙特里久尼（Monteriggioni）的拉•索拉提亚（La Solatia）庄园。其酿制的酒稳定优质，有时可以说达到了酿制顶峰的水平。

● Chianti Cl. Ris. Ducale Oro '07	🍷🍷	6
● Chianti Cl. Santedame '09	🍷	4
● Cortona '08	🍷	3
○ La Solatia '10	🍷	5
● Modus '08	🍷	6
● Nobile di Montepulciano '08	🍷	5
● Urlo '08	🍷	8
● Brunello di Montalcino Greppone Mazzi '05	🍷🍷🍷	7
● Chianti Cl. Ris. Ducale Oro '04	🍷🍷🍷	6
● Chianti Cl. Ris. Ducale Oro '01	🍷🍷🍷	6
● Chianti Cl. Ris. Ducale Oro '00	🍷🍷🍷	6
● Modus '04	🍷🍷🍷	6
● Romitorio di Santedame '00	🍷🍷🍷	8
● Romitorio di Santedame '99	🍷🍷🍷	7
● Romitorio di Santedame '98	🍷🍷🍷	6
● Romitorio di Santedame '97	🍷🍷🍷	6

Salcheto

LOC. SANT'ALBINO
VIA DI VILLA BIANCA, 15
53045 MONTEPULCIANO [SI]
TEL. 0578799031
www.salcheto.it

藏酒销售
预约参观
年产量 130 000 瓶
葡萄种植面积 33 公顷
葡萄栽培方式 有机种植

米歇尔•马奈丽（Michele Manelli）来自于伊米莉亚（Emilia），曾从事于砖瓦行业，头脑清醒、积极乐观、富有远见。刚开始创业的时候，没人会相信他能实施一个如此有前瞻性的计划——建造托斯卡纳（Tuscany）的第一个无碳地窖。也就是说，酒窖里连灯泡也没有，各种资源都在各个环节中得到了充分的循环再利用。最好的葡萄园萨尔科（Salco）产的酒也是用的同样的名字萨尔科。这名字中文意思是柳树，人们在一些不适宜种植葡萄的地方移栽了柳树，所以在当地十分常见。

酒款	酒杯	
● Nobile di Montepulciano Salco Evoluzione '06	🍷🍷🍷 (红)	7
● Chianti Colli Senesi '10	🍷 (黑)	4
○ Pigliatello V.T. '07	🍷 (黑)	5
⊙ Rosato di Toscana '10	🍷 (黑)	4
● Nobile di Montepulciano '97	🍷🍷🍷	5
● Nobile di Montepulciano Salco Evoluzione '01	🍷🍷🍷	7
● Nobile di Montepulciano '06	🍷🍷	5
● Nobile di Montepulciano '05	🍷🍷	5
● Nobile di Montepulciano '04	🍷🍷	5
● Nobile di Montepulciano Salco '00	🍷🍷	6
● Nobile di Montepulciano Salco Evoluzione '05	🍷🍷	7
● Nobile di Montepulciano Salco Evoluzione '04	🍷🍷	7
● Nobile di Montepulciano Salco Evoluzione '03	🍷🍷	7
● Nobile di Montepulciano Salco Evoluzione '99	🍷🍷	7

Salustri

FRAZ. POGGI DEL SASSO
LOC. LA CAVA
58040 CINIGIANO [GR]
TEL. 0564990529
www.salustri.it

藏酒销售
预约参观
年产量 80 000 瓶
葡萄种植面积 15 公顷
葡萄栽培方式 有机认证

莱昂纳多•萨鲁斯特瑞（Leonardo Salustri）的办事方法简单有效：密切关注葡萄树，一天至少关注12个小时。这也解释了他的成功源自对工作的牺牲和热爱。莱昂纳多的庄园屹立在一片神奇的土地，当地从12世纪就开始种植葡萄。庄园的理念也是基于对当地葡萄品种的最大尊重，尤其关注当地的科隆（Iones）。它还提供度假旅游的服务。

酒款	酒杯	
● Montecucco Grotte Rosse '08	🍷🍷🍷 (红)	7
● Montecucco Santa Marta '08	🍷🍷 (红)	5
● Montecucco Grotte Rosse '07	🍷🍷🍷	6
● Montecucco Santa Marta '06	🍷🍷🍷	5
● Montecucco Grotte Rosse '06	🍷🍷	6
● Montecucco Grotte Rosse '05	🍷🍷	6
● Montecucco Grotte Rosse '04	🍷🍷	6
● Montecucco Santa Marta '07	🍷🍷	5
● Montecucco Santa Marta '05	🍷🍷	5

Conti di San Bonifacio

LOC. CASTEANI 1
58023 GAVORRANO [GR]
TEL. 056680006
www.contidisanbonifacio.com

藏酒销售
年产量 18 400 瓶
葡萄种植面积 7 公顷
葡萄栽培方式 有机认证

康蒂迪圣博尼法乔（Conti di San Bonifacio）的家族史可以追溯到一千年前，它与葡萄酒的渊源颇深。有文件记载在公元929年，该家族的财产就包括一个葡萄园。2004年，他们带着极大地热情来到了马莱玛（Maremma），种葡萄、建宾馆，更恰当地说是建了一个葡萄酒度假村。在这里，游客们可以尽情探索他们工作环境，感受葡萄酒的历史。

- ● Docet '08 — 🍷🍷 5
- ● Sustinet '08 — 🍷🍷 6
- ● Monteregio di Massa Marittima '08 — 🍷 4

Fattoria San Donato

LOC. SAN DONATO, 6
53037 SAN GIMIGNANO [SI]
TEL. 0577941616
www.sandonato.it

藏酒销售
预约参观
葡萄种植面积 13 公顷
葡萄栽培方式 有机认证

翁贝托•芬奇（Umberto Fenzi）在妻子费德瑞可（Federica）和三个女儿安吉利可（Angelica）、贝妮黛塔（Benedetta）、菲艾玛（ Fiamma）的帮助下管理着桑多纳多（Fattoria San Donato）酒庄。1932年翁贝托的祖父创办了这个庄园，现在翁贝托以有机农业的方式管理着这里。这里的酒传承着酒庄主人的家族热情，恒久地诠释着当地轻松又地道的风情，展现着葡萄酒真实独特的本质。

- ○ Vernaccia di S. Gimignano Angelica '07 — 🍷🍷 4*
- ○ Vin Santo di San Gimignano '05 — 🍷🍷 4
- ○ Vernaccia di S. Gimignano '10 — 🍷 2
- ○ Vernaccia di S. Gimignano Benedetta '07 — 🍷 5
- ○ San Gimignano Vin Santo '04 — 🍷🍷 5
- ○ Vernaccia di S. Gimignano Benedetta Ris. '07 — 🍷🍷 5
- ○ Vin Santo '03 — 🍷🍷 4*

San Felice

LOC. SAN FELICE
53019 CASTELNUOVO BERARDENGA [SI]
TEL. 05773991
www.agricolasanfelice.it

藏酒销售
预约参观
年产量 1 200 000 瓶
葡萄种植面积 210 公顷

圣菲利（San Felice）酒庄现归安联保险集团拥有，它在托斯卡纳地区（Tuscany）的酿酒史上有着一席之地。卡斯特尔诺瓦•贝拉登加（Castelnuovo Berardenga）产的1968年维格利罗酒（Vigorello）掀起了超级托斯卡纳现象，酒庄也脱颖而出。在研究领域中，尤其是旨在保存当地古老葡萄品种的研究中，它也一直处于领先地位。圣菲利酒庄在古典克安蒂地区酿酒已经有40多年，它可倚靠蒙特奇诺（Montalcino）的卡姆珀吉欧凡尼（Campogiovanni）和马莱玛（Maremma）的珀尔拉地产（Perlla）来发展葡萄酒事业。该系列葡萄酒质量稳定，值得信赖。

- ● Chianti Cl. Poggio Rosso Ris. '07 — 7
- ● Brunello di Montalcino Campogiovanni '06 — 7
- ● Vigorello '08 — 7
- ○ Perolla Bianco '10 — 4
- ● Perolla Rosso '09 — 3
- ● Pugnitello '08 — 7
- ● Chianti Cl. Poggio Rosso Ris. '03 — 6
- ● Chianti Cl. Poggio Rosso Ris. '00 — 6
- ● Chianti Cl. Poggio Rosso Ris. '95 — 5
- ● Chianti Cl. Poggio Rosso Ris. '90 — 6
- ● Pugnitello '07 — 7
- ● Pugnitello '06 — 7
- ● Vigorello '97 — 5
- ● Vigorello '88 — 5
- ● Chianti Cl. Poggio Rosso Ris. '06 — 7
- ● Vigorello '03 — 7

San Filippo

LOC. SAN FILIPPO, 134
53024 MONTALCINO [SI]
TEL. 0577847176
www.sanfilippomontalcino.com

年产量 50 000 瓶
葡萄种植面积 10.5 公顷

罗伯特•加纳利（Roberto Giannelli）曾是一名弗洛伦萨（Florence）的庄园代理者，他着迷于外德布内罗（Via del Brunello），满腔热情地探索着蒙特奇诺（Montalcino）。几年之间，他的一系列重要决策大大提高了葡萄酒的质量，这座历史悠久的酒园也得以回复到它的鼎盛时期。继更换酿酒木桶和更新酿酒设备之后，罗伯特将焦点转移到了葡萄园。该葡萄园地理位置佳，位于东部地区，塞拜亚山（Cerbaie）脚下。葡萄酒风格传统。

- ● Brunello di Montalcino Sel. Le Lucere '06 — 8
- ● Brunello di Montalcino '06 — 8
- ● Rosso di Montalcino Lo Scorno '09 — 5
- ● Brunello di Montalcino Le Lucere Ris. '04 — 8
- ● Brunello di Montalcino '05 — 8
- ● Brunello di Montalcino '03 — 7
- ● Brunello di Montalcino Lo Coste Ris. '01 — 7
- ● Brunello di Montalcino Le Lucere '04 — 7

San Giusto a Rentennano

LOC. SAN GIUSTO A RENTENNANO, 20
53013 GAIOLE IN CHIANTI [SI]
TEL. 0577747121
www.fattoriasangiusto.it

藏酒销售
预约参观
年产量 85 000 瓶
葡萄种植面积 29 公顷
葡萄栽培方式 有机认证

尽管该庄园的酒直至20世纪70年代中期葡萄酒危机才开始受到重视，但马提尼•吉加拉（Maritini di Cigala）家族在1914年就拥有庄园了。现在圣朱斯托（San Giusto a Rentennano）酒庄已是该地区最杰出的酿酒厂之一，声誉卓越、高度权威、酿酒香浓、与土地间的联系紧密。酒庄的葡萄酒主要放在小橡木桶中陈酿，但有时这种橡木味会影响原本美妙的口感。

● Percarlo '07	🍷🍷🍷 8
● Chianti Cl. '09	🍷🍷 5
● Chianti Cl. Le Baroncole Ris. '08	🍷🍷 6
● La Ricolma '08	🍷 8
● Percarlo '99	🍷🍷🍷 8
● Percarlo '97	🍷🍷🍷 8
● Percarlo '95	🍷🍷🍷 8
● Chianti Cl. '07	🍷🍷 5
● Chianti Cl. Le Baroncole Ris. '07	🍷🍷 6
● Chianti Cl. Le Baroncole Ris. '06	🍷🍷 6
● Chianti Cl. Le Baroncole Ris. '05	🍷🍷 6
● La Ricolma '07	🍷🍷 8
● La Ricolma '06	🍷🍷 8
● La Ricolma '05	🍷🍷 8
● La Ricolma '04	🍷🍷 7
● Percarlo '06	🍷🍷 8
● Percarlo '05	🍷🍷 8
● Percarlo '04	🍷🍷 8
● Percarlo '01	🍷🍷 8

★★Tenuta San Guido

FRAZ. BOLGHERI
LOC. CAPANNE, 27
57022 CASTAGNETO CARDUCCI [LI]
TEL. 0565762003
www.sassicaia.com

预约参观
年产量 610 000 瓶
葡萄种植面积 90 公顷

西施佳雅（Sassicaia）是意大利葡萄酒业的绝对传奇之一。在20世纪60年代末，马切西•茵西萨•得拉•塞切塔（Marchesi Incisa della Rocchetta）富有远见的理念广泛应用于高度创新的葡萄种植和葡萄酒酿造业，该酒窖也开展了生产，瞬间获得了全球性的巨大成功。现在的萨西佳雅有着量身打造的生产区域，与其他优质葡萄酒共列榜单。目前，酒庄运营良好无疑会创造巨大的成就。

● Bolgheri Sassicaia '08	🍷🍷🍷 8
● Guidalberto '09	🍷🍷 7
● Le Difese '09	🍷🍷 5
● Bolgheri Sassicaia '07	🍷🍷🍷 8
● Bolgheri Sassicaia '06	🍷🍷🍷 8
● Bolgheri Sassicaia '05	🍷🍷🍷 8
● Bolgheri Sassicaia '04	🍷🍷🍷 8
● Bolgheri Sassicaia '03	🍷🍷🍷 8
● Bolgheri Sassicaia '02	🍷🍷🍷 8
● Bolgheri Sassicaia '01	🍷🍷🍷 8
● Bolgheri Sassicaia '00	🍷🍷🍷 8
● Bolgheri Sassicaia '99	🍷🍷🍷 8
● Bolgheri Sassicaia '98	🍷🍷🍷 8
● Bolgheri Sassicaia '97	🍷🍷🍷 8
● Bolgheri Sassicaia '96	🍷🍷🍷 8

San Michele a Torri

via San Michele, 36
50020 Scandicci [FI]
Tel. 055769111
www.fattoriasanmichele.it

藏酒销售
预约参观
年产量 200 000 瓶
葡萄种植面积 55 公顷
葡萄栽培方式 有机认证

保罗•诺森蒂尼（Paolo Nocentini）拥有着这片跨越考菲奥兰蒂妮地区（Colli Fiorentini）和古典克安蒂地区（Chianti Classico）的拉盖比奥拉（La Gabbiola）庄园。该庄园历史悠久，最早的建筑可追溯到中世纪。几百年来，建筑一幢幢地拔地而起，小礼拜堂则是建成于17世纪。保罗关注也关心对当地的自然环境的保护，他真心诚意地开展有机葡萄园管理。

- ● Chianti Colli Fiorentini '09 — 3*
- ● Chianti Colli Fiorentini S. Giovanni Novantasette Ris. '08 — 5
- ○ Colli dell'Etruria Centrale Vin Santo '06 — 5
- ● Murtas '08 — 5
- ● Chianti Cl. Tenuta La Gabbiola '07 — 5
- ● Murtas '07 — 5

Fattoria San Pancrazio

loc. San Pancrazio
via Certaldese, 63/65
50026 San Casciano in Val di Pesa [FI]
Tel. 0558248046
www.fattoriasanpancrazio.com

藏酒销售
预约参观
年产量 150 000 瓶
葡萄种植面积 28 公顷

虽然有些葡萄园越过了古典克安蒂的法定产区（Chianti Classico DOCG）的界限，但是法朵莉亚圣潘克拉齐奥（Fattoria San Pancrazio）庄园仍属于克安蒂地区，对葡萄的发酵也是在古老的酒窖里面进行。最近这些年里，该庄园活跃于1978年，当时纳诺尼•马斯提（Nannoni Masti）家族买下它，再次活跃是由于庄园主瓦伦蒂娜•马斯提（Valentina Masti）在她丈夫西蒙•普利亚米（Simone Priami）的帮助下，决定大兴土木，改建酒庄。该庄园的葡萄酒顺滑且高雅。

- ● Chianti Cl. '09 — 4
- ● Chianti Cl. Ris. '08 — 6
- ● Tommaso '09 — 6
- ● Chianti Cl. '08 — 4
- ● Chianti Cl. Ris. '07 — 6
- ● Chianti Cl. Ris. '06 — 5
- ● Merlot '05 — 6

San Polino

LOC. CASTELNUOVO DELL'ABATE
POD. SAN POLINO, 163
53024 MONTALCINO [SI]
TEL. 0577835775
www.sanpolino.it

藏酒销售
预约参观
年产量 10 000 瓶
葡萄种植面积 3.6 公顷
葡萄栽培方式 生机互动农耕认证

圣保利诺（San Polino）酒庄刚好位于蒙特奇诺（Montalcino）的东南面，去卡斯泰尔诺沃（Castelnuovo dell'Abate）的路上，实际是个自给自足的小庄园。庄园布局紧凑，主人若辛勤付出的话便可兼顾到葡萄园和酒窖。在酒窖方面，酒香浓淡适宜，它的严谨风格是在现代环境下秉承传统的典范。此处葡萄的生长条件得天独厚，广泛采用的小橡木桶更增强了葡萄的浓厚特色。

- Brunello di Montalcino Sel. Helichrysum '06 — 🍷🍷 8
- Brunello di Montalcino '06 — 🍷 7
- Rosso di Montalcino '09 — 🍷 5
- Brunello di Montalcino '05 — 🍷🍷 7
- Brunello di Montalcino '04 — 🍷🍷 8
- Brunello di Montalcino Helichrysum '05 — 🍷🍷 8
- Brunello di Montalcino Helichrysum '04 — 🍷🍷 8
- Brunello di Montalcino Ris. '01 — 🍷🍷 7
- Rosso di Montalcino '08 — 🍷🍷 5

San Polo

POD. SAN POLO DI PODERNOVI, 161
53024 MONTALCINO [SI]
TEL. 0577835101
www.poggiosanpolo.com

藏酒销售
预约参观
年产量 160 000 瓶
葡萄种植面积 17 公顷
葡萄栽培方式 有机种植

最近，圣珀罗（San Polo）酒庄被阿里格瑞尼家族（Allegrini）买下。这个家族是基于威尼托（Veneto）的一个重要葡萄酒生产商。之前的庄园主受经济影响，无法挖掘的本地风土和美妙葡萄园的巨大潜力，这次购买则大大挖掘了它的潜力。这个酒庄有一个非常漂亮的酒窖，酒窖里葡萄在结实的大木桶内发酵，然后在大小不一的木桶里陈酿，大桶可达到传统的3 000升的容积。

- Brunello di Montalcino '06 — 🍷🍷 7
- Rosso di Montalcino '09 — 🍷 5
- Brunello di Montalcino '04 — 🍷🍷 7
- Brunello di Montalcino Ris. '04 — 🍷🍷 8
- Mezzopane '05 — 🍷🍷 6
- Rosso di Montalcino '07 — 🍷🍷 5
- Rubio '08 — 🍷🍷 4

San Quirico

LOC. PANCOLE, 39
53037 SAN GIMIGNANO [SI]
TEL. 0577955007
az.agr.sanquirico@libero.it

藏酒销售
预约参观
年产量 200 000 瓶
葡萄种植面积 26 公顷
葡萄栽培方式 有机认证

圣奎里科（San Quirico）酒庄坐落于圣吉米亚诺（San Gimignano）的班寇勒地区（Pancole），历史悠久。这些年来，它已成为了维纳西卡（Vernaccia）通常也是当地酒最权威引路者。在安德里亚•维奇奥尼（Andrea Vecchione）的经营下，酒庄拥有多种类的葡萄园，有的有海相成因的土壤，有的有着数目可观的老葡萄树。结果就是葡萄酒纯净、优雅、有着可口的矿物质味。

○ Vernaccia di S. Gimignano '10	🍷🍷 4*
○ Vernaccia di S. Gimignano I Campi Santi Ris. '05	🍷🍷 4*
● Chianti Colli Senesi '10	🍷 4
○ Vernaccia di S. Gimignano Isabella Ris. '04	🍷🍷🍷 5
○ Vernaccia di S. Gimignano Isabella Ris. '05	🍷🍷 5

Sant'Agnese

LOC. CAMPO ALLE FAVE, 1
57025 PIOMBINO [LI]
TEL. 0565277069
www.santagnesefarm.it

藏酒销售
预约参观
年产量 20 000 瓶
葡萄种植面积 6 公顷

圣埃格尼斯（Sant'Agnese）农庄靠近皮昂比诺（Piombino），它最近在意大利酿酒业排行榜上的突飞猛进主要归功于保罗•吉利（Paolo Gigli）的热忱和他的家庭，20世纪90年代中期起，他将全部的精力奉献给了这座庄园。很短时间内，这座小型手工酒厂在瓦尔迪考尼亚（Val di Cornia）酿酒区找到了精准的定位。他的酒不仅仅在技术上无瑕，而且还成功地表现在各种技巧和特色。

● I Fiori Blu '07	🍷🍷 5
● Spirto '06	🍷🍷 6
● Val di Cornia Rubido '09	🍷🍷 4*
⊙ A Rose is a Rose '10	🍷 3
● Libatio '07	🍷 5

Santa Lucia

FRAZ. FONTEBLANDA
VIA AURELIA NORD, 66
58010 ORBETELLO [GR]
TEL. 0564885474
www.azsantalucia.it

藏酒销售
预约参观
年产量 120 000 瓶
葡萄种植面积 22 公顷

斯科托（Scotto）一家人和谐地共同经营着庄园。卢西亚诺（Luciano）和两个儿子洛伦佐（Lorenzo）和卢卡（Luca）管理葡萄栽培和酿酒，他的妻子托斯卡（Tosca）则管理度假旅游这一块。该庄园是卡帕尔比奥地区（Capalbio）最古老的庄园之一，地理位置绝佳，位于马莱玛（Maremma）自然公园，已经有好几代人产酒。然而，在酿酒业的大步飞跃则是因为现在的庄园主。这里的葡萄园区位于当地的几个主要指定区。

○ Ansonica Costa dell' Argentario Santa Lucia '08	3
● Betto '08	5
○ Capalbio Vermentino Brigante '10	3
● Morellino di Scansano Rosso Tore del Moro Ris. '08	5
● Betto '05	4
● Cabernet Sauvignon '04	5
● Capalbio Cabernet Sauvignon '05	4
● Morellino di Scansano Rosso Tore del Moro '03	4

Fattoria Santa Vittoria

LOC. POZZO
VIA PIANA, 43
52045 FOIANO DELLA CHIANA [AR]
TEL. 057566807
www.fattoriasantavittoria.com

藏酒销售
预约参观
年产量 37 000 瓶
葡萄种植面积 35 公顷

尼科莱（Niccolai）家族的庄园坐落在盖得（Guide），历时恒久，现由创始者的女儿玛尔塔（Marta）掌舵，她采用两种独特的葡萄栽培方式。一方面，玛尔塔推行种植本地葡萄品种，当然也会花时间在新品种上，如布尼戴罗（Pugnitello）和佛格里奥通达（Fogliatonda）；另一方面，她也对瓦尔蒂扎纳地区（Valdiciana）少见的葡萄品种进行试验，这给他们提供了展示自己水平的机会。其中较成功的就有内罗达沃拉葡萄酒（Nero d'Avola）和曼佐尼起泡白葡萄酒（Incrocio Manzoni）。

● Leopoldo '08	5
○ Conforta '09	5
● Poggio Grasso '07	5
● Scannagallo '08	4
○ Val di Chiana Grechetto '10	3
○ Vin Santo '06	5
● Scannagallo '06	4*
○ Valdichiana Vin Santo Ris. '01	6

Podere Sapaio

Loc. Lo Scopaio, 212
57022 Castagneto Carducci [LI]
Tel. 0565765187
www.sapaio.com

预约参观
年产量 75 000 瓶
葡萄种植面积 25 公顷

马西莫•皮森（Massimo Piccin）的庄园偏安于乡村的一角，位于比伯纳自治区（Bibbona）和卡斯塔格内图•卡尔杜齐（Castagneto Varducci）之间，在宝格丽路（Bolgheri）的一条支路旁。虽然萨帕伊奥（Sapaio）酒庄建立不久，但是它已成为了当地葡萄酒业的风向标，至少是对那些关注成熟果实和优质橡木桶并塑造现代形象的酒庄而言。波尔多葡萄（Bordeaux）种植在松散的砂质宙积物和白垩质土壤上。

酒款	评分
● Bolgheri Sup. Sapaio '08	7
● Bolgheri Volpolo '09	5
● Bolgheri Sapaio Sup. '07	7
● Bolgheri Sapaio Sup. '06	7
● Bolgheri Sapaio Sup. '05	7
● Bolgheri Sapaio Sup. '04	7

Sassotondo

Pian di Conati, 52
58010 Sovana [GR]
Tel. 0564614218
www.sassotondo.it

藏酒销售
预约参观
年产量 50 000 瓶
葡萄种植面积 12 公顷
葡萄栽培方式 有机认证

该酒庄建成于1990年，那时，来自于特伦托（Trento）的农学家卡拉•本尼尼（Carla Benini）和她的丈夫——来自罗马（Rome）的记录影片导演爱德华多•文提米利亚（Edoardo Ventimiglia）来到了马莱玛（Maremma）来追寻他们的葡萄酒梦。最开始的时候，要做的事情很多，总共只有一公顷的土地种有植物，大量的土地等待开垦。1997年时获得了第一次丰收，自此索瓦纳地区（Sovana）开始吸引其他的生产商，当地的葡萄酒生产商不得不提高质量标准并带着酿制优秀葡萄酒的使命，将目光投向了托斯卡纳的另外一角。

酒款	评分
● San Lorenzo '08	7
● Sovana Rosso Sassotondo Sup. '09	4
○ Bianco di Pitigliano Isolina '10	5
● Ciliegiolo '10	4
⊙ Rosato '10	4
○ Tufo Bianco '10	3
● San Lorenzo '07	7
● San Lorenzo '06	7
● San Lorenzo '05	7
● San Lorenzo '04	6
● San Lorenzo '03	6
● San Lorenzo '02	6
● San Lorenzo '00	6

Michele Satta

Loc. Casone Ugolino, 23
57022 Castagneto Carducci [LI]
Tel. 0565773041
www.michelesatta.com

藏酒销售
预约参观
年产量 180 000 瓶
葡萄种植面积 28 公顷

米歇尔•萨塔（Michele Satta）是一个不知疲倦的酿酒商，对日常工作怀有坚定的信心。他在20世纪80年代末买下了第一片土地，种葡萄，建酒窖，踏入了葡萄酒行业。后来，他不断置地，种植葡萄，他的葡萄酒逐渐形成了独特的风格。现在该庄园已是当地最受关注的酒庄之一，通过米歇尔原创的方法酿制出的葡萄酒展现了当地地域特色的无尽潜力。

● Bolgheri Rosso Piastraia '08	🍷🍷 6
● Bolgheri Rosso Sup. I Castagni '08	🍷🍷 8
○ Costa di Giulia '10	🍷🍷 5
● Syrah '09	🍷🍷 5
● Bolgheri Rosso Piastraia '02	🍷🍷🍷 7
● Bolgheri Rosso Piastraia '01	🍷🍷🍷 7
● Bolgheri Rosso Piastraia '07	🍷🍷 6
● Bolgheri Rosso Sup. I Castagni '06	🍷🍷 8
● Bolgheri Rosso Sup. I Castagni '05	🍷🍷 8
● Bolgheri Rosso Sup. I Castagni '04	🍷🍷 8
● Cavaliere '06	🍷🍷 8
● Cavaliere '05	🍷🍷 8

Savignola Paolina

via Petriolo, 58
50022 Greve in Chianti [FI]
Tel. 0558546036
www.savignolapaolina.it

藏酒销售
预约参观
年产量 35 000 瓶
葡萄种植面积 6 公顷

酒庄原名萨维诺拉（Savignola），于19世纪中期被法布里家族（Fabbri）买下。在两次世界大战期间，保利娜（Paolina）开始生产葡萄酒，将其改名，加上了她自己的名字，后来她成为了此地区的先锋领导者。现在管理酒庄的是她的孙女卢多维卡（Ludovica），她赋予了这些酒一种独特的风格。在小橡木桶中发酵成熟，辅以娴熟的技术，这样酿制出来的葡萄酒展示了古典克安蒂（Chianti Classicos）在凉爽地区的酿制特色。

● Chianti Cl. '09	🍷🍷 4
● Chianti Cl. Ris. '08	🍷🍷 5
● Granaio '09	🍷 5
● Chianti Cl. Ris. '07	🍷🍷 5
● Chianti Cl. Ris. '06	🍷🍷 5
● Chianti Cl. Ris. '05	🍷🍷 5
● Chianti Cl. Ris. '04	🍷🍷 5
● Chianti Cl. Ris. '03	🍷🍷 5
● Granaio '08	🍷🍷 5
● Granaio '07	🍷🍷 5
● Granaio '06	🍷🍷 5

Fattoria Selvapiana

LOC. SELVAPIANA, 43
50068 RUFINA [FI]
TEL. 0558369848
www.selvapiana.it

藏酒销售
预约参观
年产量 220 000 瓶
葡萄种植面积 59.7 公顷

赛尔维皮亚娜（Selvapiana）酒庄是鲁菲娜地区（Rufina）的历史名庄之一。它的部分建筑，如瞭望塔，都是建于中世纪。很长时间以来，它都是弗洛伦撒大主教的特享度假之地。几度易主之后，庄园于1827年被米歇尔•朱恩蒂尼（Michele Giuntini）买下，也就是现在庄园主弗朗西斯科•朱恩蒂尼（Francesco Giuntini）的祖先，他一直都是鲁菲娜的领先发展者。现在管理生意的是费德里科（Federico）和希尔瓦•朱恩蒂尼•马瑟提（Silva Giuntini Masetti）。

- ● Chianti Rufina '09 — 4
- ○ Chianti Rufina Vin Santo '04 — 6
- ○ Passito '03 — 6
- ● Chianti Rufina Bucerchiale Ris. '06 — 6
- ● Chianti Rufina Ris. '97 — 4
- ● Chianti Rufina Ris. '96 — 4
- ○ Chianti Rufina Vin Santo '98 — 6

Sensi

FRAZ. CERBAIA
VIA CERBAIA, 107
51035 LAMPORECCHIO [PT]
TEL. 057382910
www.sensivini.com

藏酒销售
预约参观
年产量 2 000 000 瓶
葡萄种植面积 50 公顷

经历史证明，森西（Sensi）家族酿酒厂时刻跟随着时代而向前进步。一切都是从1895年开始的，那时皮耶特罗（Pietro）在托斯卡纳（Tuscany）当地市场上拖着小推车，满载着自己酿制的葡萄酒进行销售。他的子孙继承了他的事业，出口销售克安蒂（Chianti），销售量也随之激增。而且，就在1995年购买卡拉皮亚（Fattoria Calappiano）酒庄后，这个家族开展了他们自己的酿酒项目，成果斐然。

- ● Bolgheri Rosso '09 — 6
- ● Brunello di Montalcino Boscoselvo '06 — 8
- ● Lungarno Fattoria Calappiano '09 — 6
- ● Mantello '09 — 5
- ● Chianti Dalcampo Ris. '08 — 5
- ● Chianti Fattoria Calappiano Ris. '08 — 5
- ● Chianti Vinciano Fattoria Calappiano '10 — 5
- ● Testardo '09 — 5
- ● Chianti Sensi Ris. '07 — 5
- ● Chianti Vinciano Fattoria Calappiano Ris. '07 — 5
- ● Lungarno Fattoria Calappiano '08 — 6

Serraiola

FRAZ. FRASSINE
LOC. SERRAIOLA
58025 MONTEROTONDO MARITTIMO [GR]
TEL. 0566910026
www.serraiola.it

藏酒销售
预约参观
年产量 40 000 瓶
葡萄种植面积 12 公顷

自20世纪60年代起，庄园就归兰奇（Lenzi）家族所有，今天，菲奥雷（Fiorella）仍然开展着业务，满怀激情和信念，促使该地区闻名于世。赛瑞欧拉（Serraiola）酒庄在里窝那（Livorno）和格罗塞托（Grosseto）境内，葡萄园里逐渐改种了无性系选择品种。庄园还紧密关注着适宜在此生长的国际葡萄品种。除了葡萄酒外，庄园还生产特级初榨橄榄油和格拉巴酒（Grappa）。

● Campo Montecristo '09	🍷🍷 6
○ Monteregio di Massa Marittima Bianco Violina '10	🍷 4
● Monteregio di Massa Marittima Cervone '10	🍷 4
○ Serrabacio '10	🍷 5
● Shiraz '09	🍷 5
● Campo Montecristo '08	🍷🍷 6
● Campo Montecristo '07	🍷🍷 6
● Campo Montecristo '06	🍷🍷 6
● Campo Montecristo '05	🍷🍷 6
● Shiraz '07	🍷🍷 5
● Shiraz '06	🍷🍷 5

Tenuta di Sesta

FRAZ. CASTELNUOVO DELL'ABATE
LOC. SESTA
53020 MONTALCINO [SI]
TEL. 0577835612
www.tenutadisesta.it

藏酒销售
预约参观
年产量 150 000 瓶
葡萄种植面积 30 公顷

塞斯塔（Sesta）在蒙特奇诺（Montalcino）就是高质量的代名词。该酒庄也许是最好的葡萄酒分区，因为这里葡萄酸度和成熟度保持着很好的平衡。葡萄园自然通风条件良好，土壤湿度适宜，结出的果实个大、饱满、圆润多汁。该酒庄出品的葡萄酒采用中等尺寸的橡木桶，容积1 500到3 000升不等，细致发酵，风味独特。酒庄历史悠久，可提供早至20世纪70年代早期的纵向品比，那时布内罗（Brunello）还不为人们所知。

● Brunello di Montalcino '06	🍷🍷 6
● Poggio d'Arna '09	🍷 4
● Rosso di Montalcino '09	🍷 4
● Brunello di Montalcino '05	🍷🍷 6
● Brunello di Montalcino '04	🍷🍷 6
● Brunello di Montalcino '02	🍷🍷 6
● Brunello di Montalcino '01	🍷🍷 7
● Brunello di Montalcino Ris '04	🍷🍷 8
● Brunello di Montalcino Ris. '01	🍷🍷 8
● Poggio d'Arna '07	🍷🍷 4

Sesti - Castello di Argiano

FRAZ. SANT'ANGELO IN COLLE
LOC. CASTELLO DI ARGIANO
53024 MONTALCINO [SI]
TEL. 0577843921
www.sestiwine.com

藏酒销售
预约参观
年产量 61 000 瓶
葡萄种植面积 9 公顷

朱塞佩•马里亚•赛斯蒂（Giuseppe Maria Sesti）卓越超群，热爱天文，博览群书，他经营着一个面积达100公顷的奇异庄园，其中9公顷的地种植着葡萄。葡萄酒风格坚实传统，展现了蒙特奇诺（Montalcino）东南部瓶装葡萄酒的典型影响力。这里的土质疏松，葡萄酸度适宜，葡萄酒和缓。酿酒厂在迷人的阿加诺（Argiano）城堡的塔楼里，该楼建于古伊特鲁里亚（Ancient）时期。酒窖里，葡萄酒都放在1 500~3 000升的木桶中进行陈化。

● Brunello di Montalcino '06	8
● Brunello di Montalcino Phenomena Ris. '05	8
● Brunello di Montalcino Phenomena Ris. '01	8
● Brunello di Montalcino Ris. '04	8
● Brunello di Montalcino '05	8
● Brunello di Montalcino '04	7
● Brunello di Montalcino '01	7
● Brunello di Montalcino Phenomena Ris. '03	8
● Brunello di Montalcino Phenomena Ris. '00	8
● Brunello di Montalcino Phenomena Ris. '99	8
● Castello Sesti '06	7

Tenuta Sette Ponti

LOC. VIGNA DI PALLINO
52029 CASTIGLION FIBOCCHI [AR]
TEL. 0575477857
www.tenutasetteponti.it

藏酒销售
预约参观
年产量 230 000 瓶
葡萄种植面积 50 公顷

安东尼奥•莫瑞提（Antonio Moretti）的父亲喜欢狩猎和各种比赛，在20世纪50年代的时候买下了此庄园，现在庄园则属于安东尼奥。这里的葡萄是此前的主人，哈布斯堡大公爵利奥波德（Guand Duke Lepold of Hapsburg）所种下的。后来庄园又归萨伏依皇室所有，1935时种植了现在的葡萄园并命名为维格那•德•巴利诺（Vigna del Pallino）。虽然这里一直有酿制葡萄酒，但是直到1996安东尼奥才决定采用现代工艺，投入更多资源到葡萄酒生产上。

● Oreno '08	8
● Crognolo '09	5
● Poggio al Lupo '09	5
○ Anni '10	4
● Oreno '05	8
● Oreno '00	6
● Crognolo '08	5
● Crognolo '07	5
● Crognolo '06	5
● Oreno '07	8
● Oreno '06	8
● Oreno '04	0
● Poggio al Lupo '08	5
● Poggio al Lupo '06	6
● Poggio al Lupo '05	6

Tenuta di Sticciano

VIA DI STICCIANO, 207
50052 CERTALDO [FI]
TEL. 0571669191
www.tenutadisticciano.it

藏酒销售
预约参观
年产量 100 000 瓶
葡萄种植面积 25 公顷
葡萄栽培方式 有机认证

该庄园的历史可追溯到17世纪，据文献记载，大约在1815年就开始了酿酒事业。这些年以来，斯蒂奇诺（Sticciano）庄园不断发展，商业领域多样化，还在招待场所开办烹饪课程，也提供宴请和婚礼烹饪。除了酒以外，他们还生产特级初榨橄榄油和蜂蜜。该酒庄成功混合种植国内外的葡萄品种。

● Attimo '08	🍷🍷 4
● Cantastorie '07	🍷🍷 5
● Chianti della Villa Ris. '08	🍷 4
● Attimo '06	♀♀ 4
● Cantastorie '06	♀♀ 5
● Cantastorie '05	♀♀ 5
● Chianti della Villa Ris. '07	♀♀ 4*
● Chianti della Villa Ris. '06	♀♀ 4*

Fattoria della Talosa

VIA PIETROSE, 15A
53045 MONTEPULCIANO [SI]
TEL. 0578758277
www.talosa.it

藏酒销售
预约参观
年产量 100 000 瓶
葡萄种植面积 32 公顷

在20世纪70年代，难以相信一个像蒙特普齐亚诺（Montepulciano）有着如此显赫历史的地方居然没有吸引来自托斯卡纳地区（Tuscany）以外的投资。然而，来自罗马的安吉洛•亚科罗西（Angelo Jacorossi）建立了一个充满生气的庄园，旋即就吸引了他的整个家族。把酒放在蒙特普齐亚诺（Montepulciano）的一个老镇子上进行陈化是一个很有意思的想法。在令人怀念的16世纪的塔拉集宫（Palazzo Taruggi ）和席娜迪宫（Palazzo Sinatti）看那些装酒的桶，让我们仿佛回到了久远的年代。

● Nobile di Montepulciano '08	🍷🍷 5
● Nobile di Montepulciano Ris. '07	🍷🍷 5
● Nobile di Montepulciano Sel. '07	🍷🍷 5
● Rosso di Montepulciano '09	🍷 4
○ Vin Santo di Montepulciano '95	🍷 6
● Nobile di Montepulciano '07	♀♀ 5
● Nobile di Montepulciano '06	♀♀ 5
● Nobile di Montepulciano Ris. '06	♀♀ 6
● Nobile di Montepulciano Ris. '04	♀♀ 5
● Nobile di Montepulciano Ris. '90	♀♀ 4

Tenimenti Angelini

LOC. VAL DI CAVA
53024 MONTALCINO [SI]
TEL. 0577804101
www.tenimentiangelini.it

藏酒销售
预约参观
年产量 250 000 瓶
葡萄种植面积 133 公顷

这个介绍包括托斯卡纳（Tuscany）的特尼蒙提•安杰里尼（Tenimenti Angelini）酒庄，蒙特奇诺（Montalcino）的瓦尔•迪•须贺（Val di Suga）和蒙特普齐亚诺（Montepulciano）的特瑞红葡萄酒（Tre Rosso）。一般认为，由于后者更加均衡多样，更胜一筹，所以赢得了这场德比大战。蒙特奇诺的两块土地种类很不一样。第一个在北部，生产布内罗酒（Brunello）和红葡萄酒（the Rosso），而在南部的维格纳•斯邦塔里（Vigneto Spuntali）葡萄园则产出和布鲁内罗同名的酒。在蒙特普奇诺的特瑞•罗斯酒庄是维利亚诺（Valiano）一个单一酒庄，疏松的砂石土是其显著特点。

- ● Brunello di Montalcino '06 YY 5
- ● Nobile di Montepulciano Tenuta Tre Rose '08 YY 4
- ● Rosso di Montepulciano Tenuta Tre Rose '10 YY 4*
- ● Rosso di Montalcino '09 Y 4
- ● Brunello di Montalcino V. del Lago '95 YYY 8
- ● Brunello di Montalcino V. del Lago '93 YYY 8
- ● Brunello di Montalcino V. del Lago '90 YYY 8
- ● Brunello di Montalcino V. Spuntali '95 YYY 8
- ● Brunello di Montalcino V. Spuntali '93 YYY 8
- ● Brunello di Montalcino '05 YY 5
- ● Brunello di Montalcino '04 YY 7
- ● Brunello di Montalcino '03 YY 7
- ● Brunello di Montalcino '01 YY 6
- ● Nobile di Montepulciano Simposio Tenuta Tre Rose '07 YY 6
- ● Salivolpe '99 YY 6
- ○ Vin Santo di Montepulciano Tenuta Tre Rose '99 YY 6

Tenimenti Luigi d'Alessandro

VIA MANZANO, 15
52042 CORTONA [AR]
TEL. 0575618667
www.tenimentidalessandro.it

预约参观
年产量 100 000 瓶
葡萄种植面积 37 公顷

庄园一直处于行业前沿，领先于时代，触角敏锐，战略大胆。达利桑德罗（d'Alessandro）家族发现科尔托纳地区（Cortona）有种植西拉（Syrah）的天然优势后，并对此坚信不移，率先投入大量精力、财力和热情到这片土地上。现在的庄园主是马西莫•达利桑德罗（Massimo d'Alessandro）和皮诺•卡拉布雷西（Pino Calabrcsi），前者同时也被选为科尔托纳指定区生产联盟的主席。两人都爱好当代艺术，在葡萄酒上创意不断，结果总是令人称奇。

- ● Cortona Syrah Migliara '08 YYY 7
- ● Cortona Il Bosco '08 YY 7
- ● Cortona Syrah '09 YY 4
- ○ Fontarca '09 Y 6
- ● Cortona Il Bosco '06 YYY 7
- ● Cortona Il Bosco '04 YYY 7
- ● Cortona Il Bosco '03 YYY 7
- ● Cortona Il Bosco '01 YYY 7
- ● Cortona Syrah Migliara '07 YYY 7
- ● Podere Il Bosco '97 YYY 5
- ● Podere Il Bosco '95 YYY 5
- ● Cortona Il Bosco '07 YY 7
- ● Cortona Syrah Migliara '06 YY 8

Terenzi

LOC. MONTEDONICO
58054 SCANSANO [GR]
TEL. 0564599601
www.terenzi.eu

藏酒销售
年产量 180 000 瓶
葡萄种植面积 30 公顷

这座新晋但是有效管理着的庄园是特伦兹（Terenzi）家族的。他们2003年来到了马莱玛（Maremma），挚爱着这片土地，深谙其潜力，同心协力，目标清晰。酒庄培育葡萄园，建立酒窖，配备现代科技，且建筑与自然相融合。他们的家庭理念就是要生产当地的现代佳酿。庄园还包括位于坎达（Locanda Terenzi）的旅游膳宿区，只要愿意大家都可以在那里留宿，还有一家餐馆和酒铺。

- ● Morellino di Scansano '10 3*
- ● Morellino di Scansano Ris. '08 4
- ○ Balbino '10 4
- ● Bramaluce '10 5
- ● Francesca Romana '08 5
- ○ Balbino '09 4
- ○ Balbino '08 4
- ● Bramaluce '08 5
- ● Bramaluce '07 5
- ● Francesca Romana '07 5
- ● Morellino di Scansano '09 3*
- ● Morellino di Scansano '08 3*
- ● Morellino di Scansano Ris. '07 4

Terre del Marchesato

FRAZ. BOLGHERI
LOC. SANT'UBERTO, 164
57020 CASTAGNETO CARDUCCI [LI]
TEL. 0565749752
www.fattoriaterredelmarchesato.it

藏酒销售
预约参观
年产量 50 000 瓶
葡萄种植面积 10 公顷

虽然毛里奇奥•法斯利（Maurizio Fuselli）的酒庄正式建立于2003年，但其实它有着更深的根基，它是从一个家庭农庄发展起来的。它位于卡斯塔涅托•卡尔杜齐自治区（Castagneto Carducci）内德圣优博托（Sant'Umberto），毗邻费卢基尼（Ferrugini）。由于含铁矿石和粘土的缘故，这里的土壤颜色较深。因为土壤特点和酒窖风格，该酒庄的葡萄酒风味新颖。

- ● Marchesale '08 8
- ○ Nobilis '07 6
- ● Tarabuso '08 7
- ● Emilio Primo Rosso '09 5
- ○ Emilio Primo Vermentino '10 4
- ○ Papeo '09 7
- ● Emilio Primo '08 5
- ○ Emilio Primo Bianco '09 6
- ● Marchesale '07 8
- ● Marchesale '06 8
- ● Syrah del Marchesato '05 8
- ● Tarabuso '07 7
- ● Tarabuso '06 7
- ● Tarabuso '05 6

Terre di Talamo

LOC. COLLECCHIO
58051 MAGLIANO IN TOSCANA [GR]
TEL. 0577359330
www.terreditalamo.com

藏酒销售
预约参观
年产量 160 000 瓶
葡萄种植面积 34 公顷

特雷•迪•塔拉莫（Terre di Talamo）酒庄是巴茨（Bacci）家族的资产，另外还有贝拉登卡新堡（Castelnuovo Berardenga）的卡斯特楼•迪•博思（Castello di Bossi）和蒙特奇诺（Montalcino）的瑞聂（Renier）。选择马莱玛地区（Maremma）是经过仔细考察的后的决定，这一代土壤多样化，在酷暑也会有水源保证。和蒙莱利诺（Morellino）类似，富门（Vermentino）是本地的主流酿酒品种，但是葡萄园还是种植有国际品种。

● Brunello di Montalcino Renieri '06	🍷🍷	7
● Per Cecco '07	🍷🍷	8
○ Vento Forte '09	🍷🍷	6
● Girolamo Castello di Bossi '08	🍷	6
● Morellino di Scansano Tempo '09	🍷	4
● Morellino di Scansano Tempo Ris. '07	🍷	5
○ Vento '10	🍷	5
○ Vento Teso '09	🍷	5

Teruzzi & Puthod

LOC. CASALE, 19
53037 SAN GIMIGNANO [SI]
TEL. 0577940143
www.teruzzieputhod.it

藏酒销售
预约参观
年产量 1 200 000 瓶
葡萄种植面积 90 公顷

特茹兹 • 普索得（Teruzzi & Puthod）的历史始于20世纪70年代早期，那时它刚刚吸引了贸易和葡萄酒爱好者。现在，它被金巴利集团（Campari group）收购，而且以生产和葡萄园控股来看，它是当地最重要的庄园之一，有一系列品质值得信耐的高价酒。其葡萄酒不仅正统而且类型良好。其宏大的规模是维奈洽（Vernaccia）和圣吉米亚诺酒（San Gimignano）在国际市场上的很好名片。

● Arcidiavolo '08	🍷🍷	6
● Peperino '08	🍷🍷	4*
○ Terre di Tufi '10	🍷	5
○ Vernaccia di S. Gimignano '10	🍷	4
● Arcidiavolo '07	🍷🍷	6
● Peperino '07	🍷🍷	4*
○ Terre di Tufi '09	🍷🍷	5
○ Terre di Tufi '08	🍷🍷	5
○ Terre di Tufi '07	🍷🍷	5
○ Vernaccia di S. Gimignano '09	🍷🍷	4*

Testamatta

VIA DI VINCIGLIATA, 19
50014 FIESOLE [FI]
TEL. 055597289
www.bibigraetz.com

预约参观
年产量 500 000 瓶
葡萄种植面积 55 公顷

毕比•格瑞兹（Bibi Graetz）已经收获了10次大丰收了，我们不能再把他看作正在升起的新星。他对于葡萄酒生产的关注不断加大，还将艺术创造力作用于他所热爱的葡萄酒。现在他的艺术品已经成了所酿红酒的不可缺的一部分了，这也正是他一直标榜的。他在文斯格里塔（Vincigliata）的城堡居住，在费索爱（Fiesole）生产葡萄酒，在吉利奥岛（Isola del Giglio）促进了当地葡萄品种安所尼卡（Anasonica）的复兴。毕比的下一站就是古典克安蒂（Chianti Classico），明年他将在那里准备一种新葡萄酒。

- ● Grilli del Testamatta '09 — 🍷🍷 6
- ● Soffocone di Vincigliata '09 — 🍷🍷 6
- ● Testamatta '09 — 🍷🍷 8
- ○ Bugia '09 — 🍷 7
- ○ Casamatta Bianco '10 — 🍷 3
- ● Casamatta Rosso '10 — 🍷 3
- ○ Cicala del Giglio '10 — 🍷 4
- ○ Cicala del Giglio '08 — ΩΩ 5
- ● Colore '06 — ΩΩ 8
- ● Grilli del Testamatta '08 — ΩΩ 6
- ● Testamatta '07 — ΩΩ 8

La Togata

LOC. TAVERNELLE
S.DA DI ARGIANO
53024 MONTALCINO [SI]
TEL. 066880,000
www.brunellolatogata.com

藏酒销售
预约参观
年产量 90 000 瓶
葡萄种植面积 22 公顷

在达尼洛•冬隆（Danilo Tonon）的经营下，没过几年，该庄园酿制的葡萄酒恢复了往日的质量水平。在罗马他是一个成功的律师，在蒙特奇诺（Montalcino）他则是葡萄酒生产商。由于庄园不仅在生产区有13公顷的土地，还在蒙特奇诺的其他地区有另外的土地，该酒窖得以酿造出当地葡萄典型特色的细微风味。在发酵和陈酿过程中，没有那么严格的成熟规划和严格的温度控制，各种香味得以精心保留。当地土壤则是由石灰岩和黏土混合而成。

- ● Brunello di Montalcino '06 — 🍷🍷🍷 8
- ● Azzurreta '07 — 🍷 6
- ● Barengo '07 — 🍷 5
- ● Rosso di Montalcino '09 — 🍷 5
- ● Brunello di Montalcino '97 — ΩΩΩ 7
- ● Brunello di Montalcino '99 — ΩΩ 8
- ● Brunello di Montalcino La Togata '05 — ΩΩ 8
- ● Brunello di Montalcino La Togata Ris. '04 — ΩΩ 8
- ● Brunello di Montalcino La Togata Ris. '01 — ΩΩ 8
- ● Brunello di Montalcino Ris. '97 — ΩΩ 8
- ● Brunello di Montalcino Ris. '95 — ΩΩ 7

Tolaini

Loc. Vallenuova
SP 9 di Pievasciata, 28
53019 Castelnuovo Berardenga [SI]
Tel. 0577356972
www.tolaini.it

藏酒销售
预约参观
年产量 250 000 瓶
葡萄种植面积 50 公顷

皮尔路易吉•托莱尼（Pierluigi Tolaini）移民到加拿大发展，他在1998年买下瓦格里阿格里（Vagliagli）的蒙特贝洛（Montebello）和皮亚内拉（Pianella）的圣•乔瓦尼（San Giovanni）后，开始了酿酒计划。第一批酒酿制于2002年，他在复杂的克安蒂地带采用原始的方法，从此该酒窖一直酿制着品质非凡的葡萄酒。这么多的酒都是在对葡萄园的一丝不苟地照料和在酒窖严谨地工作的前提下生产的。这里没有奇妙的咒语，有的是对高度校准的橡木桶的限制使用，主要是小木桶，有的是对葡萄酒酿造法的尊重。

● Valdisanti '08	🍷🍷🍷 8
● Picconero '08	🍷🍷 8
● Chianti Cl. Ris. '08	🍷🍷 6
● Al Passo '08	🍷 5
● Al Passo '07	♀♀ 5
● Al Passo '06	♀♀ 5
● Al Passo '04	♀♀ 5
● Picconero '07	♀♀ 8
● Picconero '06	♀♀ 8
● Picconero '05	♀♀ 8
● Picconero '04	♀♀ 8
● Valdisanti '06	♀♀ 6
● Valdisanti '05	♀♀ 6
● Valdisanti '04	♀♀ 6

Fattoria Torre a Cona

Loc. San Donato in Collina
50010 Rignano sull'Arno [FI]
Tel. 055699000
www.villatorreacona.com

藏酒销售
预约参观
年产量 30 000 瓶
葡萄种植面积 14 公顷

科尼（Coni）家族拥有着发托瑞•托瑞•阿空那（Fattoria Torre a Cona）庄园，最初的庄园主皮埃蒙特（Piedmont）曾为庄园的现代化发展投入颇多。先是通过合理化葡萄园和精简地窖功能来提高生产水平。后来，又修建了别墅和公寓，这些现在都供游客住宿。庄园还用自己庄园的榨油机生产特级初榨橄榄油。

● Chianti Colli Fiorentini '09	🍷🍷 4
● Chianti Colli Fiorentini Ris. '08	🍷🍷 2*
○ Vin Santo del Chianti Merlaia '05	🍷🍷 5
● Chianti Colli Fiorentini '08	♀♀ 2
● Chianti Colli Fiorentini '07	♀♀ 2
● Terre di Cino '07	♀♀ 4
● Terre di Cino '06	♀♀ 4

Le Torri di Campiglioni

via San Lorenzo a Vigliano, 31
50021 Barberino Val d'Elsa [FI]
Tel. 0558076161
www.letorri.net

藏酒销售
预约参观
年产量 150 000 瓶
葡萄种植面积 28 公顷

30多年前，一群痴迷于葡萄酒和乡村生活的朋友创办了这个酒庄。他们联合起来，又各有分工，实施一个促进庄园发展的项目。早些年，重心主要在葡萄种植、酒的酿造和橄榄油的生产。后来，翻修了一些农舍，新开了一家餐厅，重点转移到了农场假日住宿。

- Magliano '08 — 🍷🍷 6
- Vigliano '08 — 🍷🍷 6
- Chianti Colli Fiorentini '09 — 🍷 4
- Chianti Colli Fiorentini Ris. '08 — 🍷 5
- Meridius '08 — 🍷 5
- Villa San Lorenzo '08 — 🍷 6
- Magliano '04 — YY 6
- Meridius '07 — YY 5
- Vigliano '04 — YY 6
- Villa San Lorenzo '07 — YY 6

Marchesi Torrigiani

loc. Vico d'Elsa
p.zza Torrigiani, 15
50021 Barberino Val d'Elsa [FI]
Tel. 0558073001
www.marchesitorrigiani.it

藏酒销售
预约参观
年产量 60 000 瓶
葡萄种植面积 30 公顷

马尔凯西•托里贾尼（Marchesi Torrigiani）的历史非常有趣。13世纪时，他们的祖先恰尔多（Ciardo）在佛罗伦萨（Florence）开了一家酒铺，进入了酿酒行会，有一款酒就是以他命名的。大获成功之后，他又去了德国的纽伦堡（Nuremburg）扩展业务。他再次投资到在瓦拉得尔萨（Valadelsa）的家族财产中，至今仍在蓬勃发展。最近几年，投资资金主要用于翻新葡萄园和酒窖。

- Guidaccio '09 — 🍷🍷 6
- Torre di Ciardo '09 — 🍷🍷 4*
- Chianti '09 — 🍷 4
- Guidaccio '08 — YY 6
- Guidaccio '07 — YY 5
- Guidaccio '06 — YY 5
- Guidaccio '01 — YY 6
- Torre di Ciardo '06 — YY 4
- Torre di Ciardo '04 — YY 4

Fattoria La Traiana

Loc. Traiana, 16
52028 Terranuova Bracciolini [AR]
Tel. 0559179004
info@fattorialatraiana.it

藏酒销售
预约参观
年产量 50 000 瓶
葡萄种植面积 60 公顷
葡萄栽培方式 有机认证

从20世纪60年代早期起，吉安特（Gigante）家族就拥有着这个庄园。通过将耕种和生产相联系的简单方法，它成为了本地区最先采纳有机农业理念的庄园。法朵莉亚•拉•特和那（Fattoria La Traiana）对本地葡萄品种尤其注重保护如曼摩罗（Mammolo）和阿布若斯克•瓦尔达诺（Abrusco del Valdarno），同时也对国外品种进行试验，寻找最适宜此种植的品种，如卡曼尼（Carmenère）和味儿多（Petit verdot）。

● Campo Arsiccio '07	▼▼ 6
○ Campogialli '09	▼▼ 5
● Alò '09	▼ 4
● Campo Arsiccio '05	▽▽ 6
● Pian del Pazzo '04	▽▽ 6
○ Sauvignon Blanc Sasso Orlando '09	▽▽ 5
● Terra di Sasso Sasso Orlando '07	▽▽ 5
● Terra di Sasso Sasso Orlando '06	▽▽ 5
● Terra di Sasso Sasso Orlando '05	▽▽ 5

Travignoli

via Travignoli, 78
50060 Pelago [FI]
Tel. 0558361098
www.travignoli.com

藏酒销售
预约参观
年产量 250 000 瓶
葡萄种植面积 70 公顷

18世纪布希家族（Busi）就拥有了此庄园，但庄园内的一块石头显示早在12世纪这里就是农场了。现在的主人乔瓦尼•布希（Giovanni Busi）对其商业层面的发展做出了巨大的贡献，提高了品牌的国际知名度，同时持续对葡萄园和酒窖投资，提高庄园竞争力。他之前是克安蒂鲁菲娜（Chianti Rufina）保护联盟的主席，现在则任克安蒂（Chianti）生产商的类似组织中的同样职位。

● Calice del Conte '08	▼▼ 6
● Chianti Rufina Tegolaia Ris. '08	▼▼ 5
● Chianti Rufina '09	▼ 3
○ Gavignano '10	▼ 3
● Calice del Conte '04	▽▽ 6
● Chianti Rufina Ris. '05	▽▽ 5
● Chianti Rufina Ris. '04	▽▽ 5
● Chianti Rufina Tegolaia Ris. '07	▽▽ 5
● Tegolaia '06	▽▽ 5
● Tegolaia '04	▽▽ 5
○ Vin Santo Chianti Rufina '01	▽▽ 5

Le Tre Berte

LOC. TRE BERTE
SS 326 EST, 85
53040 MONTEPULCIANO [SI]
TEL. 3381998125
www.letreberte.it

藏酒销售
预约参观
年产量 19 000 瓶
葡萄种植面积 18 公顷

1998年，菲特费奇（Montefoschi）家族抓住时机从斯图亚特（Stuart）家族手里买下了这个庄园。最开始的那些年主要是在重新栽培葡萄园，后来则是将庄园内的农舍翻修成舒适的游客住宿房，这也是契合主人的好客理念的。一潭独特的湖水更使三贝尔特（Tre Berte）成为了钓鱼爱好者的理想旅游胜地。

- Nobile di Montepulciano Poggio Tocco Sel. '07 — 🍷🍷 5
- Nobile di Montepulciano Poggio Tocco '07 — 🍷🍷 4
- Lustro Poggio Tocco '07 — 🍷 5
- Rosso di Montepulciano Poggio Tocco '08 — 🍷 3

Tenuta di Trinoro

VIA VAL D'ORCIA, 15
53047 SARTEANO [SI]
TEL. 0578267110
www.trinoro.it

藏酒销售
年产量 86 000 瓶
葡萄种植面积 22 公顷

20世纪90年代早期，安德里亚•弗兰凯迪（Andrea Franchetti）在一个从未被人当做造酒地的托斯卡纳（Tuscany）一个角落——瓦尔德奥斯克（Val d'Orcia）建立了他的庄园。他的苛刻甚至是极端的作风促使锡耶纳省（Siena）的东南部成为了整个托斯塔纳地区最注重品质的酿酒厂之一。通过采摘最为成熟的果实，专门在小橡木桶里深度陈酿，特瑞诺（Trinoro）的酒有着浓郁的个人风味。

- Palazzi '09 — 🍷🍷 8
- Tenuta di Trinoro '09 — 🍷🍷 8
- Le Cupole di Trinoro '09 — 🍷 6
- Tenuta di Trinoro '08 — 🍷🍷🍷 8
- Tenuta di Trinoro '04 — 🍷🍷🍷 8
- Tenuta di Trinoro '03 — 🍷🍷🍷 8
- Le Cupole di Trinoro '07 — 🍷🍷 6
- Le Cupole di Trinoro '06 — 🍷🍷 6
- Le Cupole di Trinoro '05 — 🍷🍷 6
- Tenuta di Trinoro '07 — 🍷🍷 8
- Tenuta di Trinoro '06 — 🍷🍷 8
- Tenuta di Trinoro '05 — 🍷🍷 8

Uccelliera

FRAZ. CASTELNUOVO DELL'ABATE
POD. UCCELLIERA, 45
53020 MONTALCINO [SI]
TEL. 0577835729
www.uccelliera-montalcino.it

藏酒销售
预约参观
年产量 50 000 瓶
葡萄种植面积 6.5 公顷

几年时间内，安德里亚•科托内斯（Andrea Cortonesi）已成功使尤塞利尔（Uccelliera）跻身于蒙特奇诺（Montalcino）最有趣味的酒庄之列。第一批酿制的是1993年的葡萄，来自卡斯泰尔诺沃地区（Castelnuovo dell'Abate）的葡萄园，在通往圣安吉洛（Sant'Angelo）的科勒（Colle）的一条土路旁的，因靠近一个老玛瑙采石场，土壤为中等密度的沙质土壤，矿物质含量高。虽然酒庄近期增多了对法国小橡木桶的使用，减少了发酵时间，但其葡萄酒总体风格游刃于传统和现代之间。

● Brunello di Montalcino '06	🍷🍷	8
● Rapace '08	🍷🍷	6
● Rosso di Montalcino '09	🍷🍷	6
● Brunello di Montalcino Ris. '97	🍷🍷🍷	8
● Brunello di Montalcino '01	🍷🍷	7
● Brunello di Montalcino '00	🍷🍷	7
● Brunello di Montalcino '99	🍷🍷	7
● Brunello di Montalcino '98	🍷🍷	7
● Brunello di Montalcino Ris. '04	🍷🍷	8
● Brunello di Montalcino Ris. '01	🍷🍷	8
● Brunello di Montalcino Ris. '99	🍷🍷	8

F.lli Vagnoni

LOC. PANCOLE, 82
53037 SAN GIMIGNANO [SI]
TEL. 0577955077
www.fratellivagnoni.com

藏酒销售
预约参观
年产量 120 000 瓶
葡萄种植面积 21 公顷
葡萄栽培方式 有机认证

圣尼米吉亚诺（San Gimignano）酒庄建于1955年，位于岬角绕着潘克利村庄（Pancole）家族，至今仍是瓦格尼奥（Vagnoni）所拥有。从其地理位置也可窥见其土壤类型和陈酒能力。葡萄园邻近森林、耕地、果园、橄榄树丛，同样，舒适的游客膳宿区也与辉煌的中世纪曼哈顿（Manhattan）和高塔林立的圣尼米吉亚诺城仅几步之遥。

○ Vernaccia di S. Gimignano Fontabuccio '09	🍷🍷	4*
○ Vernaccia di S. Gimignano '10	🍷🍷	2*
○ Vernaccia di S. Gimignano I Mocali Ris. '08	🍷🍷	5
○ Vernaccia di S. Gimignano '09	🍷🍷	2
○ Vernaccia di S. Gimignano I Mocali Ris. '08	🍷🍷	5
○ Vernaccia di S. Gimignano I Mocali Ris. '06	🍷🍷	5
○ Vernaccia di S. Gimignano I Mocali Ris. '05	🍷🍷	5
○ Vernaccia di S. Gimignano I Mocali Ris. '04	🍷🍷	4

Tenuta Val di Cava

Loc. Val di Cava
53024 Montalcino [SI]
Tel. 0577848261
www.valdicava.it

预约参观
年产量 57 000 瓶
葡萄种植面积 19 公顷

由爱马者文森佐（Vincenzo）展示的布内罗葡萄酒（Brunello）在风格上略有变化，有对某种蒙特奇诺（Montalcino）辛辣的一种回归，与当地北部地区密切相连。酒庄位于山蒙托梭利（Montosoli）脚下，平均海拔约300米，酒庄所有的葡萄园实际都是独立的地块。新扩建的酒窖装备适宜、外观漂亮、风格传统、运行高效。酒窖里的木质盛酒容器大小不一，其中最大的就是用于布内罗酒的酿制。

- Brunello di Montalcino '06 🍷🍷 8
- Brunello di Montalcino Madonna del Piano Ris. '05 🍷🍷 8
- Rosso di Montalcino '09 🍷 5
- Brunello di Montalcino Madonna del Piano Ris. '04 ΥΥΥ 8
- Brunello di Montalcino '05 ΥΥ 8
- Brunello di Montalcino '04 ΥΥ 7
- Brunello di Montalcino '99 ΥΥ 8
- Brunello di Montalcino Madonna del Piano Ris. '03 ΥΥ 8
- Brunello di Montalcino Madonna del Piano Ris. '01 ΥΥ 8
- Brunello di Montalcino Madonna del Piano Ris. '99 ΥΥ 3
- Brunello di Montalcino Madonna del Piano Ris. '96 ΥΥ 8
- Rosso di Montalcino '08 ΥΥ 5

Tenuta Valdipiatta

via della Ciarliana, 25a
53040 Montepulciano [SI]
Tel. 0578757930
www.valdipiatta.it

藏酒销售
预约参观
年产量 100 000 瓶
葡萄种植面积 30 公顷

20世纪80年代末，还在罗马的葛里欧•卡珀拉姆（Giulio Caporali）买下了这个酒庄。他决心以酿制出具有当地风土特色的葡萄酒为目标，热情高涨地开始了新的征程。他把自己的庄园描述成香格里拉，一个平和安宁之地，在这里他将全心追求其他的爱好，沉浸于历史和文学的研究中。现在管理酒庄的是他经验丰富的女儿米丽娅姆（Miriam），对工作充满激情，延续着父亲的事业。

- Nobile di Montepulciano Ris. '07 🍷🍷 7
- Nobile di Montepulciano '08 🍷🍷 5
- Chianti Colli Senesi Tosca '09 🍷 4
- Pinot Nero '07 🍷 6
- Rosso di Montepulciano '09 🍷 4
- Nobile di Montepulciano Ris. '90 ΥΥΥ 5
- Nobile di Montepulciano V. d'Alfiero '99 ΥΥΥ 6
- Nobile di Montepulciano '07 ΥΥ 5
- Nobile di Montepulciano '06 ΥΥ 5
- Nobile di Montepulciano '05 ΥΥ 5
- Nobile di Montepulciano V. d'Alfiero '06 ΥΥ 7
- Nobile di Montepulciano V. d'Alfiero '05 ΥΥ 7
- Nobile di Montepulciano V. d'Alfiero '04 ΥΥ 7
- Nobile di Montepulciano V. d'Alfiero '03 ΥΥ 6
- Nobile di Montepulciano V. d'Alfiero '01 ΥΥ 6
- Pinot Nero '06 ΥΥ 6
- Trincerone '06 ΥΥ 6

Tenuta di Valgiano

FRAZ. VALGIANO
VIA DI VALGIANO, 7
55018 LUCCA
TEL. 0583402271
www.valgiano.it

藏酒销售
年产量 70 000 瓶
葡萄种植面积 25 公顷
葡萄栽培方式 生机互动农耕认证

瓦尔基亚诺（Valgiano）酒庄是以鲁卡（Lucca）附近的一个山区景点命名的。莫雷诺•皮耶特里尼（Moreno Petrini）和劳拉•科罗拜洛（Laura di Collobiano）夫妻俩创建了这个意大利葡萄酒界景色最美丽的酒庄之一，原因之一就是他俩对萨维里奥•佩特瑞丽（Saverio Petrilli）的项目的坚持贯彻，他是生机互动农业运动中最具影响力的人物之一。不管是来自于哪里的葡萄，经该酒庄酿制为葡萄酒后，都有着浓厚的本地风土特点，质量可靠，影响深远。葡萄园内土壤以石灰石为主，上层有鹅卵石和粘土。

Wine	Rating
● Colline Lucchesi Tenuta di Valgiano '08	6
● Colline Lucchesi Palistorti Rosso '09	5
○ Colline Lucchesi Palistorti Bianco '10	5
● Colline Lucchesi Tenuta di Valgiano '07	7
● Colline Lucchesi Tenuta di Valgiano '06	7
● Colline Lucchesi Tenuta di Valgiano '05	7
● Colline Lucchesi Tenuta di Valgiano '04	7
● Colline Lucchesi Tenuta di Valgiano '03	7
● Colline Lucchesi Tenuta di Valgiano '01	8
● Colline Lucchesi Palistorti Rosso '07	5
● Colline Lucchesi Palistorti Rosso '06	5
● Colline Lucchesi Tenuta di Valgiano '02	7
● Colline Lucchesi Tenuta di Valgiano '00	8
● Colline Lucchesi Tenuta di Valgiano '99	8

Varramista

LOC. VARRAMISTA
VIA RICAVO
56020 MONTOPOLI IN VAL D'ARNO [PI]
TEL. 057144711
www.varramista.it

藏酒销售
预约参观
年产量 60 000 瓶
葡萄种植面积 14.5 公顷
葡萄栽培方式 有机种植

瓦瑞密斯达（Varramista）庄园的历史悠久且丰富多彩，与历代知名庄园主的家族史相互交织。庄园和酒的悠久关系可以溯源到孔尼•卡帕尼（Coni Capponi ）家族，最近的转折点则出现在20世纪90年代，乔瓦那•阿尔贝托•安格洛（Giovanni Alberto Agnello）从他祖父恩尼克•比亚乔（Enrico Piaggio）那里继承庄园之后，他祖父是原韦士牌（Vespa）摩托车的设计师。庄园除了种植圣乔维斯（sangiovese）外，还移植了很多的国外品种，尤其是西拉（syrah）。

Wine	Rating
● Varramista '08	7
● Frasca '08	5
● Ottopioppi '08	5
● Sterpato '10	3
● Varramista '00	7
● Frasca '07	5
● Frasca '05	6
● Ottopioppi '05	4
● Varramista '07	7

Vecchia Cantina di Montepulciano

VIA PROVINCIALE, 7
53045 MONTEPULCIANO [SI]
TEL. 0578716092
www.vecchiacantina.com

藏酒销售
预约参观
年产量 3 500 000 瓶
葡萄种植面积 1 000 公顷

拉维基亚（La Vecchia Cantina di Montepulciano）酒庄由14个生产商建立于1937年，当初他们14人共同加入的一个项目至今仍发挥着重要作用。酒庄的建立便利了农民将葡萄以公平的价格售出，也使当地的优质葡萄酒价格渐趋合理。1940年，第二次世界大战前，第一批葡萄酒上市，战后的一些年则主要在完善机构。20世纪的六七十年代，该酒庄在当地经济发展中举足轻重，至今仍是该指定区的领先生产商。

● Nobile di Montepulciano '08 🍷🍷 4
● Nobile di Montepulciano Cantine del Redi '08 🍷🍷 5
● Nobile di Montepulciano Poggio Stella Ris. '07 🍷🍷 5
● Nobile di Montepulciano Poggio Stella '08 🍷 5

Vegni - Capezzine

VIA LAURETANA
52040 CORTONA [AR]
TEL. 0575613026
www.itasvegni.it

藏酒销售
预约参观
年产量 100 000 瓶
葡萄种植面积 24 公顷

在意大利，公立学校生产优质的葡萄酒并不不是普遍现象，但是如果现实存在的话，那是个值得推广的伟大探索范例。遵照安吉洛•维格尼（Angelo Vegni）教授的遗嘱，1883年建立了这所学校，他将他的庄园遗赠给了学校，在此学生可住宿、学习、获取实用经验。葡萄酒生产是农场的一项重要活动，年复一年，始于20世纪70年代的葡萄园移植项目逐渐实现。

● Cortona Syrah '09 🍷🍷 4*
● Munifico '09 🍷🍷 4*
○ Chardonnay '10 🍷 3
● Cortona Cabernet Sauvignon '08 🍷 4
○ Sauvignon '10 🍷 3

I Veroni

Loc. I Veroni
via Tifariti, 5
50065 Pontassieve [FI]
Tel. 0558368886
www.iveroni.it

藏酒销售
预约参观
年产量 100 000 瓶
葡萄种植面积 15 公顷
葡萄栽培方式 有机种植

在中世纪时，康迪•古蒂（Conti Guidi）家族是庄园的主人，庄园建立以前，这里曾有一个瞭望塔。几度传承之后，卡洛•梅洛西（Carlo Malesci）家族于19世纪晚期买下了这座庄园并拥有至今。1978年，劳拉•梅洛西（Laura Malesci）接管了管理权，1996年，她的儿子劳伦兹•马里亚尼（Lorenzo Mariani）开始和她一同管理，儿子也是克安蒂鲁菲娜公司（Consorzio del Chianti Rufina）的现任董事长。酒庄的名字指的是环绕在农场周围的一圈很深的阶地。

● Chianti Rufina Ris. '08	🍷🍷 5
○ Vin Santo del Chianti Rufina '04	🍷🍷 6
● Chianti Rufina '09	🍷 4
● Rosso di Toscana '09	🍷 4
● Chianti Rufina '06	🍷🍷 4*
● Chianti Rufina Ris. '07	🍷🍷 5
● Chianti Rufina Ris. '06	🍷🍷 5
○ Vin Santo del Chianti Rufina '03	🍷🍷 6
○ Vin Santo del Chianti Rufina '02	🍷🍷 6

I Vicini

fraz. Pietraia di Cortona
loc. Case Sparse - Pietraia, 38a
52038 Cortona [AR]
Tel. 0575678507
www.ivicinicortona.it

预约参观
葡萄种植面积 11 公顷

这部农庄史就像是一部电影。一方面加利福利亚商人安迪•歌德法格（Andy Goldfarb）是一位企业家，他将自己的成功归功于安全气囊的兴起。他的合伙人罗马洛•安东尼奥利（Romano Antonioli）出生于罗马（Roman）却对这里了解颇多。2004年，他们一起开始了葡萄酒生产生意，辛苦搜寻之后，他们终于找到了培育葡萄园的理想之地，从此两位英雄的项目快速发展起来。安东尼•邓克利（Antony Dunkley）担任顾问。

● Cortona Laudario Cabernet Sauvignon '08	🍷🍷 4
● Cortona Laudario Syrah '09	🍷🍷 4
● Cortona Sangiovese Pergolaio '09	🍷 3

Vigliano

LOC. SAN MARTINO ALLA PALMA
VIA CARCHERI, 309
50018 SCANDICCI [FI]
TEL. 0558727040
www.vigliano.com

藏酒销售
预约参观
年产量 39 000 瓶
葡萄种植面积 12 公顷

维格里诺（Vigliano）家族拥有这个庄园，他们是1987年从弗洛伦撒（Florence）移居过来的。最先，他们只是为了住在乡村，工作之余则从事些简单的农业劳动，如他们喜欢的种蔬菜、酿葡萄酒、榨橄榄油。然而，年轻一代的洛伦兹（Lorenzo）和保罗（Paolo）开始重视酿酒。他们亲自督促向有机农庄转型，长时间以来，他们在酿酒上取得了成功，所酿葡萄酒个性风格十分强烈、受人追捧。

Wine	Rating
● L'Erta '08	🍷🍷 5
○ L'Erta Chardonnay '09	🍷🍷 5
○ L'Erta Chardonnay '08	🍷🍷 5
● L'Erta '07	🍷 5
● L'Erta Sangiovese '08	🍷 5
● L'Erta Sangiovese '07	🍷 5
● Rosso di Vigliano '09	🍷 4
● L'Erta '03	🍷🍷 (outline) 5
● L'Erta Sangiovese '05	🍷🍷 (outline) 5
● L'Erta Sangiovese Cabernet '05	🍷🍷 (outline) 5

Villa La Ripa

LOC. ANTRIA, 38
52100 AREZZO
TEL. 0575315118
www.villalaripa.it

藏酒销售
预约参观
年产量 7 000 瓶
葡萄种植面积 2. 5 公顷

酒庄的历史起源于久远的公元2世纪，第一任主人是马库斯•佩克尼斯（Marcus Peconius）。数世纪以来，许多的家族曾居住于此，现在则是鲁兹（Luzzi）家族，他们满腔热情地修复庄园。除了酿制葡萄酒和生产橄榄油以外，农场还有一个特色，他们还利用葡萄酒酿造过程中的副产品制成种类繁多的化妆品。这主要是庄园主的女儿克劳迪娅（Claudia）的灵感，她将所学的制药知识用于实践，并坚持不懈。

Wine	Rating
● Psyco '08	🍷🍷 4*
● Tiratari '08	🍷🍷 5
● Psyco '06	🍷🍷 (outline) 4*
● Psyco '04	🍷🍷 (outline) 4*

Villa Petriolo

VIA DI PETRIOLO, 7
50050 CERRETO GUIDI [FI]
TEL. 057155284
www.villapetriolo.com

预约参观
年产量 55 500 瓶
葡萄种植面积 14 公顷

佩特里奥罗（Petriolo）庄园最早出现在记录上是在16世纪，当时的所有者是亚历山德里家族（Alessandri）。他们对庄园进行美化装饰，修建了许多别墅、花园和其他建筑。40年前，玛伊斯特瑞丽（Maestrelli）家族买下了庄园。莫雷诺（Moreno）逐渐将管理权交给了女儿希尔维亚（Silvia），她转而翻修葡萄园和酒窖，使庄园呈现清新有活力的姿态。她的妹妹西蒙娜（Simona）管理游客接待并举办品酒会。

- Chianti Rosae Mnemosis '09 5
- Chianti Villa Petriolo '09 4
- Golpaja '08 5
- L'Imbrunire '10 5
- Chianti Rosae Mnemosis '08 5
- Golpaja '06 5
- L'Imbruniro '08 5
- Ser Berto '08 5

Villa Pillo

VIA VOLTERRANA, 24
50050 GAMBASSI TERME [FI]
TEL. 0571680212
www.villapillo.com

藏酒销售
预约参观
年产量 250 000 瓶
葡萄种植面积 44 公顷

维拉•皮罗（Villa Pillo）庄园为美国夫妇约翰•迪森（John Dyson）和凯西•迪森（Cathe Dyson）所有。他们在意大利坠入爱河，并于1989年买下此庄园。庄园正中间的别墅建于中世纪。购买之后，他们大力革新葡萄园，保留像圣乔维斯（sangiovese）这样的传统品种，引进许多国际品种。根据迪森在加利福利亚时学到的经验，酒窖则采用了许多现代技术。

- Borgoforte '09 4*
- Cypresses '09 4
- Cingalino '10 3
- Merlot Sant'Adele '09 6
- Syrah '09 6
- Vivaldaia '09 6
- Syrah '97 5
- Borgoforte '08 4*
- Cingalino '09 2
- Cypresses '08 4*
- Merlot Sant'Adele '08 6
- Syrah '06 6

Villa Vignamaggio

VIA DI PETRIOLO, 5
50022 GREVE IN CHIANTI [FI]
TEL. 055854661
www.vignamaggio.com

藏酒销售
预约参观
年产量 250 000 瓶
葡萄种植面积 42 公顷

1987年，乔瓦尼•巴蒂斯塔•纽赞特（Giovanni Battista Nuziante）建立了维拉•维格那马欧（Villa Vignamaggio）庄园，如今它已是克安蒂格雷沃（Greve in Chianti）地区酿酒行业的基准酒庄之一。圣乔维斯（sangivoese）对其产品的成功功不可没，当然国外品种品丽珠（cabernet franc）对维格那马欧（Vignamaggio）的成功也有突出贡献。该酒庄根据酒的种类来选用木质大桶或小桶进行陈酿，葡萄酒质量稳定、令人放心，酒风优雅细腻。

● Vignamaggio '08	🍷🍷 (red)	8
● Chianti Cl. '09	🍷🍷	5
● Chianti Cl. Terre di Prenzano '09	🍷🍷	4
● Chianti Cl. Monna Lisa Ris. '08	🍷	6
● Il Morino '09	🍷	3
● Obsession '08	🍷	7
● Chianti Cl. Monna Lisa Ris. '99	🍷🍷🍷 (outline)	6
● Chianti Cl. Monna Lisa Ris. '95	🍷🍷🍷 (outline)	4
● Vignamaggio '05	🍷🍷🍷 (outline)	8
● Vignamaggio '04	🍷🍷🍷 (outline)	7
● Vignamaggio '01	🍷🍷🍷 (outline)	7
● Vignamaggio '00	🍷🍷🍷 (outline)	7
● Obsession '01	🍷🍷 (outline)	7
● Vignamaggio '03	🍷🍷 (outline)	7

Tenuta Vitanza

FRAZ. TORRENIERI
POD. BELVEDERE, 145
52024 MONTALCINO [SI]
TEL. 0577832882
www.tenutavitanza.it

藏酒销售
预约参观
年产量 150 000 瓶
葡萄种植面积 16 公顷

白玫瑰维坦扎（Rosalba Vitanza）全女性酒庄位于托瑞尼耶里（Torrenieri）。新建的酒窖建筑精美、技术先进，具有温控设备，发酵使用的是现代钢桶，可用自动或人工控制系统调节。酒庄大约16公顷的葡萄园散落分布在蒙特奇诺（Montalcino）指定区，一部分位于托瑞尼耶里，这里粘质的土壤富含凝灰岩和化石，利于通风排水；还有一部分位于卡斯特尔诺瓦•德尔•阿贝特（Castelnuovo dell'Abate）那里的土壤比较松散，含有大量的泥灰土。

● Brunello di Montalcino Tradizione '06	🍷🍷 (red)	6
● Brunello di Montalcino '06	🍷🍷	7
● Rosso di Montalcino '09	🍷	4
● Brunello di Montalcino '00	🍷🍷🍷 (outline)	7
● Brunello di Montalcino Tradizione '04	🍷🍷🍷 (outline)	6
● Brunello di Montalcino '05	🍷🍷 (outline)	7
● Brunello di Montalcino '03	🍷🍷 (outline)	7
● Brunello di Montalcino '01	🍷🍷 (outline)	7
● Brunello di Montalcino '98	🍷🍷 (outline)	8
● Brunello di Montalcino Ris. '01	🍷🍷 (outline)	8
● Rosso di Montalcino '08	🍷🍷 (outline)	4

Tenuta Vitereta

via Casanuova, 108/1
52020 Laterina [AR]
Tel. 057589058
www.tenutavitereta.com

藏酒销售
预约参观
年产量 80 000 瓶
葡萄种植面积 50 公顷
葡萄栽培方式 有机认证

维特瑞塔（Vitereta）是托斯卡纳地区（Tuscany）推行有机和生物动力农业的先驱者。庄园历史悠久，生长有品种繁多的种子作物，有一部分是农庄自己使用。庄园的草场可以牧羊，并挤奶制奶酪，饲养的猪还可制腌肉，还有一个农场假日膳宿区供游客住宿。当然这里也有足够的空间发展庄园主的挚爱——酿制葡萄酒和榨制橄榄油。

- ● Ripa della Mozza '07 — 🍷🍷 5
- ○ Supremo '03 — 🍷🍷 7
- ○ Vin Santo del Chianti Occhio di Pernice '04 — 🍷🍷 8
- ● Chianti Casarossa Ris. '08 — 🍷 5
- ⊙ Rosadele '10 — 🍷 5
- ● Villa Bernetti '06 — 🍷 5
- ○ Supremo '04 — 🍷🍷 8
- ○ Trebbiano di Toscana '08 — 🍷🍷 5

Viticcio

via San Cresci, 12a
50022 Greve in Chianti [FI]
Tel. 055854210
www.fattoriaviticcio.com

藏酒销售
预约参观
年产量 200 000 瓶
葡萄种植面积 42 公顷
葡萄栽培方式 有机种植

20世纪60年代起，维迪乔（Viticcio）庄园为兰迪尼（Landini）家族拥有至今。1964年，酒庄酿制了第一批葡萄酒，口味浓郁，单宁含量丰富且酒质均匀，果香甜蜜、橡木香醉人。酒窖拥有各种尺寸的酒桶，大的陈酿一般的葡萄酒，小的则陈酿旗舰产品。自2001年，这个酒庄也开始在贝格利（Bolgheri）的艾格瑞皮（I Greppi）生产葡萄酒。

- ● Prunaio '08 — 🍷🍷 7
- ● Chianti Cl. '09 — 🍷 4
- ● Chianti Cl. Beatrice Ris. '08 — 🍷 6
- ● Chianti Cl. Ris. '08 — 🍷 5
- ● Monile '08 — 🍷 7
- ● Prunaio '99 — 🍷🍷🍷 7
- ● Chianti Cl. '07 — 🍷🍷 4*
- ● Chianti Cl. Beatrice Ris. '07 — 🍷🍷 6
- ● Chianti Cl. Beatrice Ris. '06 — 🍷🍷 6
- ● Chianti Cl. Beatrice Ris. '00 — 🍷🍷 6
- ● Chianti Cl. Ris. '99 — 🍷🍷 6
- ● Prunaio '01 — 🍷🍷 8

Abbadia Ardenga

FRAZ. TORRENIERI
VIA ROMANA, 139
53028 MONTALCINO [SI]
TEL. 0577834150
www.abbadiardengapoggio.it

- ● Brunello di Montalcino '06 — 🍷🍷 6
- ● Rosso di Montalcino '09 — 🍷 4

Acquabona

LOC. ACQUABONA
57037 PORTOFERRAIO [LI]
TEL. 0565933013
www.acquabonaelba.it

- ● Benvenuto '09 — 🍷🍷 4
- ● Elba Rosso '09 — 🍷🍷 4*
- ● Aleatico dell'Elba '08 — 🍷 6
- ○ Elba Ansonica '10 — 🍷 4
- ○ Elba Bianco '10 — 🍷 3

Agricola Alberese

FRAZ. ALBERESE
LOC. SPERGOLAIA
58010 GROSSETO
TEL. 0564407180
www.alberese.com

- ● Morellino di Scansano Villa Fattoria Granducale '09 — 🍷🍷 4
- ● Morellino di Scansano Barbicato '08 — 🍷 6

Altiero

VIA SAN CRESCI, 58
50022 GREVE IN CHIANTI [FI]
TEL. 055853728
www.altieroinchianti.it

- ● Chianti Cl. Ris. '08 — 🍷🍷 5

Altura

LOC. MULINACCIO
58012 GIGLIO
TEL. 0564806041
www.vignetoaltura.it

- ○ Ansonaco '10 — 🍷🍷 6
- ● Rosso Saverio '08 — 🍷 7

Stefano Amerighi

FRAZ. FARNETA
VIA DI POGGIOBELLO
52044 CORTONA [AR]
TEL. 0575648340
www.stefanoamerighi.it

- ● Cortona Syrah '08 — 🍷🍷 6

Tenuta di Arceno

FRAZ. SAN GUSMÉ
LOC. ARCENO
53010 CASTELNUOVO BERARDENGA [SI]
TEL. 0577359346
www.tenutadiarceno.com

- ● Chianti Cl. '09 — 🍷🍷 4
- ● Chianti Cl. Ris. '08 — 🍷🍷 6
- ● Arcanum '06 — 🍷 8

Tenuta La Badiola

LOC. BADIOLA
58043 CASTIGLIONE DELLA PESCAIA [GR]
TEL. 0564944315
www.tenutalabadiola.it

- ● Acquagiusta Rosso '08 — 🍷🍷 4*
- ○ Acquadoro '10 — 🍷 5
- ⊙ Acquagiusta Rosato '10 — 🍷 4
- ○ Acquagiusta Vermentino '10 — 🍷 4

Basile

Pod. Monte Mario
58044 Cinigiano [GR]
Tel. 0564993227
www.basilessa.it

- Montecucco Cartacanta '08 — 🍷🍷 4*
- Ad Agio '07 — 🍷 4
- Montecucco Sangiovese Comandante '07 — 🍷 5

Belsedere

loc. Belsedere
53020 Trequanda [SI]
Tel. 0577662307
www.belsedere.com

- Rossointenso '08 — 🍷🍷 4
- Orcia Tenuta Belsedere '07 — 🍷 4

Tenuta di Bibbiano

via Bibbiano, 76
53011 Castellina in Chianti [SI]
Tel. 0577743065
www.tenutadibibbiano.com

- Chianti Cl. Montornello '09 — 🍷🍷 5
- Chianti Cl. V. del Capannino Ris. '08 — 🍷 6

Il Boschetto

loc. Il Boschetto
58044 Cinigiano [GR]
Tel. 0564994644
www.ilboschetto.de

- Montecucco Sangiovese La Cadenza '09 — 🍷🍷 4
- Il Fiore '09 — 🍷 5

La Casa di Bricciano

loc. La Casa di Bricciano, 43
53013 Gaiole in Chianti [SI]
Tel. 0577 749297
www.lacasadibricciano.it

- Il Ritrovo '08 — 🍷🍷 8
- Chianti Cl. Ris. '08 — 🍷 6
- Sangiovese '08 — 🍷 7

Tenute Toscane di Bruna Baroncini

loc. Sovestro, 62
53037 San Gimignano [SI]
Tel. 0577 1912053
www.tenutetoscane.com

- Brunello di Montalcino Poggio Il Castellare '06 — 🍷🍷 7
- Morellino di Scansano Campo della Paura Fattoria Querciarossa '08 — 🍷 4
- Sant'Antimo Rosso Cervio '08 — 🍷 5

Brunelli - Le Chiuse di Sotto

loc. Podernovone, 154
53024 Montalcino [SI]
Tel. 0577849337
www.giannibrunelli.it

- Brunello di Montalcino '06 — 🍷🍷 7
- Rosso di Montalcino '09 — 🍷 5

Caccia al Piano 1868

loc. Bolgheri
via Bolgherese, 279
57022 Castagneto Carducci [LI]
Tel. 056557022
www.berlucchi.it

- Bolgheri Sup. Levia Gravia '08 — 🍷🍷 8
- Bolgheri Ruit Hora '09 — 🍷 6

Caiarossa
LOC. SERRA ALL'OLIO, 59
56046 RIPARBELLA [PI]
TEL. 0586699016
www.caiarossa.com

- ● Caiarossa '08 — 🍷🍷 7

Le Calle
FRAZ. POGGI DEL SASSO
LOC. LA CAVA
58044 CINIGIANO [GR]
TEL. 0564990432
www.lecalle.it

- ● Montecucco Campo Rombolo '08 — 🍷🍷 4*
- ● Montecucco Poggio d'Oro '08 — 🍷 4
- ⊙ Rosa della Calle '10 — 🍷

La Calonica
FRAZ. VALIANO DI MONTEPULCIANO
VIA DELLA STELLA, 27
53045 MONTEPULCIANO [SI]
TEL. 0578724119
www.lacalonica.com

- ● Nobile di Montepulciano San Venerio Ris. '07 — 🍷🍷 6
- ● Cortona Sangiovese Calcinaio '10 — 🍷 4
- ● Cortona Sangiovese Girifalco '09 — 🍷 6
- ● Nobile di Montepulciano '08 — 🍷 5

Campo alla Sughera
LOC. CACCIA AL PIANO, 280
57020 BOLGHERI [LI]
TEL. 0565766936
www.campoallasughera.com

- ● Campo alla Sughera '08 — 🍷🍷 8
- ● Bolgheri Rosso Adeo '09 — 🍷 5
- ● Bolgheri Rosso Sup. Arnione '08 — 🍷 7

Camporignano
FRAZ. MONTEGUIDI
53031 CASOLE D'ELSA [SI]
TEL. 0577963915
www.camporignano.it

- ● Mattaione '09 — 🍷🍷 4
- ● Camporignano '10 — 🍷 3
- ● Cerronero '08 — 🍷 6

Canonica a Cerreto
LOC. CANONICA A CERRETO
53019 CASTELNUOVO BERARDENGA [SI]
TEL. 0577363261
www.canonicacerreto.it

- ● Chianti Cl. Ris. '07 — 🍷🍷 5
- ● San Diavolo '06 — 🍷 5

Cantalici
FRAZ. CASTAGNOLI
VIA DELLA CROCE, 17-19
53013 GAIOLE IN CHIANTI [SI]
TEL. 0577731038
www.cantalici.it

- ● Chianti Cl. '08 — 🍷🍷 4
- ● Chianti Cl. Messer Ridolfo Ris. '08 — 🍷🍷 5

Cantina Cooperativa di Capalbio
S.DA PEDEMONTANA
58011 CAPALBIO [GR]
TEL. 0564890253

- ● Lentisco '07 — 🍷🍷 5
- ○ Fior d'Ansonica '10 — 🍷 5
- ● Poggio de' Lepri '07 — 🍷 5
- ○ Trecoste '10 — 🍷 4

Caparsa

CASE SPARSE CAPARSA, 47
53017 RADDA IN CHIANTI [SI]
TEL. 0577738174
www.caparsa.it

- ● Chianti Cl. Caparsino Ris. '07 — 🍷🍷 5
- ● Chianti Cl. Doccio a Matteo Ris. '07 — 🍷 6

Cappella Sant'Andrea

LOC. CASALE, 26
53037 SAN GIMIGNANO [SI]
TEL. 0577940456
www.cappellasantandrea.it

- ○ Vernaccia di S. Gimignano '10 — 🍷🍷 4*
- ● Chianti Colli Senesi Arciduca '09 — 🍷 4

Casa Emma

LOC. CORTINE
S.P. DI CASTELLINA IN CHIANTI, 3
50021 BARBERINO VAL D'ELSA [FI]
TEL. 0558072239
www.casaemma.com

- ● Chianti Cl. Ris. '08 — 🍷🍷 6
- ● Chianti Cl. '09 — 🍷 4

Casa Sola

S.DA DI CORTINE, 5
50021 BARBERINO VAL D'ELSA [FI]
TEL. 0558075028
www.fattoriacasasola.it

- ○ Vin Santo del Chianti Cl. '05 — 🍷🍷 7
- ● Chianti Cl. '09 — 🍷 5

Fattoria Casabianca

FRAZ. CASCIANO DI MURLO
LOC. MONTEPESCINI
53016 MURLO [SI]
TEL. 0577811033
www.fattoriacasabianca.it

- ● Loccareto '08 — 🍷🍷 5*
- ● Chianti Colli Senesi '10 — 🍷 3
- ● Chianti Colli Senesi Ris. '08 — 🍷 4

Casal di Pari

FRAZ. CASAL DI PARI
58045 CIVITELLA PAGANICO [GR]
TEL. 030736151

- ● Montecucco Sangiovese Ris. '07 — 🍷🍷 5
- ● Montecucco Casal di Pari '08 — 🍷 4
- ● Montecucco Casal di Pari '07 — 🍷 4

Casale dello Sparviero Fattoria Campoperi

LOC. CASALE, 93
53011 CASTELLINA IN CHIANTI [SI]
TEL. 0577743228
www.casaledellosparviero.it

- ● Chianti Cl. '08 — 🍷🍷 5
- ● Chianti Cl. Ris. '08 — 🍷 5
- ● Russo del Casale '10 — 🍷 4

Fattoria Casaloste

VIA MONTAGLIARI, 32
50020 PANZANO [FI]
TEL. 055852725
www.casaloste.com

- ● Chianti Cl. Don Vincenzo Ris. '08 — 🍷🍷 7
- ● Chianti Cl. '09 — 🍷 5
- ● Chianti Cl. Ris. '08 — 🍷 6

Casanova della Spinetta

loc. Casanova
56030 Terricciola [PI]
Tel. 0587690508
www.la-spinetta.com

- ● Il Colorino di Casanova '08 — 2 glasses 6
- ● Il Nero di Casanova '08 — 2 glasses 5
- ○ Il Gentile di Casanova '08 — 1 glass 6

Casavyc

pod. Camporomano, 43
58054 Scansano [GR]
Tel. 3356880673
www.casavyc.it

- ● Morellino di Scansano '09 — 2 glasses 5
- ○ Piano Piano Poco Poco '10 — 1 glass 6
- ● SY unocinquantasei '08 — 1 glass 8
- ● Temerario unosedicibis '09 — 1 glass 7

Fattoria Castellina

via Palandri, 27
50050 Capraia e Limite [FI]
Tel. 057157631
www.fattoriacastellina.com

- ● Geos '08 — 2 glasses 5
- ● Chianti Montalbano '09 — 1 glass 4
- ● Chianti Ris. '07 — 1 glass 5
- ● Daino Bianco '09 — 1 glass 6

Castellinuzza e Piuca

via Petriolo, 21a
50022 Greve in Chianti [FI]
Tel. 0558549033
www.castellinuzzaepiuca.it

- ● Chianti Cl. '09 — 2 glasses 4

Castello della Paneretta

loc. Monsanto
s.da della Paneretta, 35
50021 Barberino Val d'Elsa [FI]
Tel. 0558059003
www.paneretta.it

- ● Chianti Cl. Ris. '08 — 2 red glasses 5
- ⊙ Rosato '10 — 1 glass 4

Castello di Gabbiano

fraz. Mercatale Val di Pesa
via Gabbiano, 22
50020 San Casciano in Val di Pesa [FI]
Tel. 055821053
www.castellogabbiano.it

- ● Alleanza '08 — 2 red glasses 6
- ● Chianti Cl. Bellezza '08 — 1 glass 6
- ● Chianti Cl. Ris. '08 — 1 glass 6

Castello di Meleto

loc. Meleto
53013 Gaiole in Chianti [SI]
Tel. 0577749217
www.castellomeleto.it

- ● Chianti Cl. '09 — 2 glasses 5
- ● Vino del Castello '09 — 1 glass 6

Castello di Querceto

loc. Querceto
via A. François, 2
50020 Greve in Chianti [FI]
Tel. 05585921
www.castellodiquerceto.it

- ● Chianti Cl. Il Picchio Ris. '08 — 2 glasses 6
- ● Chianti Cl. '09 — 1 glass 4
- ● Chianti Cl. Ris. '08 — 1 glass 5
- ● La Corte '07 — 1 glass 7

Castello di Radda

Loc. Il Becco
53017 Radda in Chianti [SI]
Tel. 0577738992
www.castellodiradda.it

- ● Chianti Cl. '08 🍷🍷 5

Castello di Sonnino

via Volterrana Nord, 6a
50025 Montespertoli [FI]
Tel. 0571609198
www.castellosonnino.it

- ● Leone Rosso '10 🍷🍷 3
- ● Chianti Montespertoli '09 🍷 3
- ● Lo Schiavone '07 🍷 6

Podere La Chiesa

via Volterrana, 467
56030 Terricciola [PI]
Tel. 0587635484
www.poderelachiesa.it

- ● Le Redole di Casanova '08 🍷🍷 3*
- ● Sabiniano di Casanova '08 🍷🍷 5
- ● Chianti Terre di Casanova '10 🍷 3
- ○ Punto di Vista '10 🍷 5

Le Chiuse

via Sferracavalli
53024 Montalcino [SI]
Tel. 055597052
www.lechiuse.com

- ● Brunello di Montalcino '06 🍷🍷 7

Ciacci Piccolomini D'Aragona

fraz. Castelnuovo dell'Abate
loc. Molinello - 53024 Montalcino [SI]
Tel. 0577835616
www.ciaccipiccolomini.com

- ● Brunello di Montalcino '06 🍷🍷 6
- ● Rosso di Montalcino '09 🍷 5

Cima

fraz. Romagnano
via del Fagiano, 1
54100 Massa
Tel. 0585831617
www.aziendagricolacima.it

- ● Romalbo '09 🍷🍷 6
- ● Il Gamo '09 🍷 8
- ● Montervo '09 🍷 6
- ● Vermentino Nero '09 🍷 6

Le Cinciole

via Case Sparse, 83
50020 Panzano [FI]
Tel. 055852636
www.lecinciole.it

- ● Chianti Cl. Petresco Ris. '07 🍷🍷 6
- ● Camalaione '07 🍷 7
- ● Chianti Cl. '08 🍷 5

La Cipriana

loc. Campastrello, 176b
57022 Castagneto Carducci [LI]
Tel. 0565775568
www.lacipriana.it

- ● Bolgheri Rosso Sup. Scopaio '08 🍷🍷 5
- ● Bolgheri Rosso '09 🍷 4
- ● Bolgheri Rosso Sup. San Martino '08 🍷 7

Colle Bereto

LOC. COLLE BERETO
53017 RADDA IN CHIANTI [SI]
TEL. 0554299330
www.collebereto.it

- ● Chianti Cl. Ris. '08 — 5
- ● Il Cenno '09 — 7

Collelungo

LOC. COLLELUNGO
53011 CASTELLINA IN CHIANTI [SI]
TEL. 0577740489
www.collelungo.com

- ● Chianti Cl. '09 — 4
- ● Alidoro di Collelungo '09 — 5

Colline San Biagio

LOC. BACCHERETO
VIA SAN BIAGIO 6/8
59015 CARMIGNANO [PO]
TEL. 0558717143
www.collinesanbiagio.it

- ● Carmignano Sancti Blasii '08 — 5

La Colombina

VIA DEL LUOGO NUOVO, 1
53024 MONTALCINO [SI]
TEL. 0577849231
www.lacolombinavini.it

- ● Brunello di Montalcino '06 — 7
- ● Rosso di Montalcino '09 — 5

La Corsa

S.DA VICINALE DEL PRATACCIONE, 19
58015 ORBETELLO [GR]
TEL. 0564880007
www.lacorsawine.it

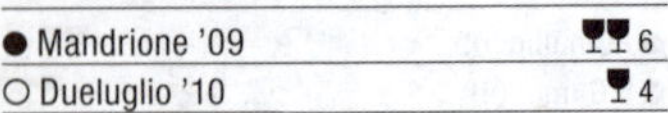

- ● Mandrione '09 — 6
- ○ Dueluglio '10 — 4

Fattoria Le Corti

LOC. LE CORTI
VIA SAN PIERO DI SOTTO, 1
50026 SAN CASCIANO IN VAL DI PESA [FI]
TEL. 055829301
www.principecorsini.com

- ● Chianti Cl. A-101 Ris. '07 — 5
- ⊙ Rosé '10 — 4

Croce di Febo

LOC. SANT'ALBINO
VIA DI FONTELELLERA, 19/A
53045 MONTEPULCIANO [SI]
TEL. 0578799337
www.crocedifebo.com

- ● Nobile di Montepulciano '08 — 5

Cupano

LOC. CAMIGLIANO
POD. CENTINE, 31
53024 MONTALCINO [SI]
TEL. 0577816055
www.cupano.it

- ● Rosso di Montalcino Ris. '05 — 8
- ● Brunello di Montalcino '06 — 8

F.lli Dal Cero

Loc. Montecchio di Cortona
SS 403
52044 Cortona [AR]
Tel. 0457460110
www.vinidalcero.com

- ● Cortona Syrah Clanis '08 — 6
- ○ Podere Bianchino '10 — 3
- ● Preziosaterra '09 — 4
- ● Selverello '09 — 4

Tenuta degli Dei

via San Leolino, 56
50022 Greve in Chianti [FI]
Tel. 055852593
www.deglidei.it

- ● Cavalli '08 — 7
- ● Le Redini '09 — 5

Fattoria Dianella Fucini

via Dianella, 48
50059 Vinci [FI]
Tel. 0571508166
www.fattoriadianella.it

- ● Le Veglie di Neri '10 — 4*
- ● Chianti Ris. '08 — 5
- ● Il Matto delle Giuncaie '09 — 4
- ○ Sereno e Nuvole '10 — 3

Fattoria di Dievole

via Dievole, 6
53010 Castelnuovo Berardenga [SI]
Tel. 0577322613
www.dievole.it

- ● Chianti Cl. La Vendemmia '09 — 5
- ● Chianti Cl. Novecento Ris. '07 — 6
- ● Broccato '07 — 6
- ● Chianti Cl. Dieulele Ris. '07 — 8

Duemani

Loc. Ortacavoli
56046 Riparbella [PI]
Tel. 0583975048
www.duemani.eu

- ● Duemani '08 — 8
- ● Altrovino '09 — 6
- ● Suisassi '08 — 8

Agricola Fabbriche

via Fabbriche, 2-3a
52046 Lucignano [AR]
Tel. 0575836152
www.agricolafabbriche.it

- ● Merlot Palma '08 — 5
- ○ Vin Santo del Chianti '06 — 5

Cantine Faralli

Loc. Fasciano, 4
52040 Cortona [AR]
Tel. 0575613128
www.cantinefaralli.com

- ● Cortona Syrah '09 — 5

Fassati

via di Graccianello, 3a
53040 Montepulciano [SI]
Tel. 0578708708
www.fazibattaglia.it

- ● Nobile di Montepulciano Gersemi '08 — 6
- ● Chianti Le Gaggiole '10 — 3
- ● Nobile di Montepulciano Pasiteo '08 — 6

Fattoi

LOC. SANTA RESTITUTA
POD. CAPANNA, 101
53024 MONTALCINO [SI]
TEL. 0577848613
www.fattoi.it

- ● Brunello di Montalcino '06 — 🍷🍷 7
- ● Rosso di Montalcino '09 — 🍷 4

Fattoria Cantagallo

LOC. FRATTICCIOLA, 15B
52044 CORTONA [AR]
TEL. 3339944438
www.fattoriacantagallo.com

- ● Cortona Sole '09 — 🍷🍷 4
- ● Amore '10 — 🍷 2

Ferrero

FRAZ. SANT'ANGELO IN COLLE
LOC. PASCENA
53024 MONTALCINO [SI]
TEL. 0577844170
claudia.ferrero@gmail.com

- ● Brunello di Montalcino '06 — 🍷🍷 7
- ● Rosso di Montalcino '09 — 🍷 5

Il Fitto

FRAZ. CIGNANO
LOC. IL FITTO, 126
52042 CORTONA [AR]
TEL. 0575648988
www.podereilfitto.com

- ● Cortona Syrah Il Fitto '09 — 🍷🍷 4*
- ● Rosso di Toscana '09 — 🍷 3

Fontaleoni

LOC. SANTA MARIA, 39
53037 SAN GIMIGNANO [SI]
TEL. 0577950193
www.fontaleoni.com

- ○ Vernaccia di S. Gimignano '10 — 🍷🍷 3
- ○ Vernaccia di S. Gimignano Ris. '08 — 🍷🍷 4
- ● Chianti Tramonto '10 — 🍷 3
- ○ Vernaccia di S. Gimignano V. Casanuova '09 — 🍷 4

Fornacelle

LOC. FORNACELLE, 232A
57022 CASTAGNETO CARDUCCI [LI]
TEL. 0565775575
info@fornacelle .it

- ○ Bianco Fornacelle '10 — 🍷🍷 4
- ● Bolgheri Rosso Zizzolo '09 — 🍷🍷 6
- ● Bolgheri Sup. Guardaboschi '08 — 🍷🍷 7
- ○ Zizzolo Bianco '10 — 🍷 4

Podere Forte

LOC. PETRUCCI, 13
53023 CASTIGLIONE D'ORCIA [SI]
TEL. 05778885100
www.podereforte.it

- ● Guardiavigna '08 — 🍷🍷 8
- ● Orcia Petrucci '08 — 🍷 8
- ● Orcia Petruccino '09 — 🍷 6

Fortediga

LOC. RIBOLLA
58036 ROCCASTRADA [GR]
TEL. 3393667707
www.fortediga.it

- ● Cabernet Sauvignon - Syrah '09 — 🍷🍷 5
- ○ Trama '08 — 🍷 4
- ○ Vermentino '10 — 🍷 4

Romano Franceschini

VIA PROVINCIALE DI MONTECARLO, 34
55015 MONTECARLO [LU]
TEL. 058431382
info@romanoristorante.it

- ● Il Pagliaio '09 🍷🍷 5
- ○ Montecarlo Bianco '10 🍷🍷 4

Gagliole

LOC. GAGLIOLE, 42
53011 CASTELLINA IN CHIANTI [SI]
TEL. 0577740369
www.gagliole.com

- ● Chianti Cl. Rubiolo '08 🍷🍷 4
- ● Gagliole Rosso '08 🍷 7

Marchesi Ginori Lisci

FRAZ. PONTEGINORI
LOC. QUERCETO
56040 MONTECATINI VAL DI CECINA [PI]
TEL. 055210961
www.marchesiginorilisci.it

- ● Castello Ginori '07 🍷🍷 5
- ● Montescudaio Cabernet Macchion del Lupo '08 🍷🍷 4*
- ● Montescudaio Rosso Campordigno '08 🍷🍷 4*

Cantina del Giusto

LOC. ACQUAVIVA
VIA E. GACI, 15/17
53045 MONTEPULCIANO [SI]
TEL. 0578767229
www.cantinadelgiusto.it

- ● Nobile di Montepulciano Purth Ris. '06 🍷🍷 5
- ● Nobile di Montepulciano Purth '07 🍷 5
- ● Nobile di Montepulciano San Claudio II '07 🍷 5
- ● Rosso di Montepulciano Purth '09 🍷 4

Godiolo

VIA DELL'ACQUAPUZZOLA, 13
53045 MONTEPULCIANO [SI]
TEL. 0578757251
www.godiolo.it

- ● Nobile di Montepulciano '08 🍷🍷 5
- ● Rosso di Montepulciano '09 🍷 4

Innocenti

FRAZ. TORRENIERI
LOC. CITILLE DI SOTTO, 45
53028 MONTALCINO [SI]
TEL. 0577834227
www.innocentivini.com

- ● Brunello di Montalcino '06 🍷🍷 6
- ● Rosso di Montalcino '09 🍷 4

Maurizio Lambardi

LOC. CANALICCHIO DI SOTTO, 8
53024 MONTALCINO [SI]
TEL. 0577848476
www.lambardimontalcino.it

- ● Brunello di Montalcino '06 🍷🍷 6
- ● Rosso di Montalcino '09 🍷 4

Podere Lavandaro

VIA CASTIGLIONE
54035 FOSDINOVO [MS]
TEL. 018768202
www.poderelavandaro.it

- ● Colli di Luni Rosso '10 🍷🍷 4
- ○ Colli di Luni Vermentino '10 🍷🍷 4

Le Macìe

LOC. MONTI
S.DA PROVINCIALE, 408
53013 GAIOLE IN CHIANTI [SI]
TEL. 0577746155
www.granchiaia.com

- Granchiaia '08 — ΨΨ 7

Fattoria Lornano

LOC. LORNANO, 11
53035 MONTERIGGIONI [SI]
TEL. 0577309059
www.fattorialornano.it

- Chianti Cl. Ris. '08 — ΨΨ 4
- Commendator Enrico '08 — Ψ 5
- ○ Vin Santo del Chianti Cl. '02 — Ψ 5

Luiano

LOC. MERCATALE VAL DI PESA
VIA DI LUIANO, 32
50024 SAN CASCIANO IN VAL DI PESA [FI]
TEL. 055821039
www.luiano.it

- Chianti Cl. Ris. '08 — ΨΨ 4
- Chianti Cl. '09 — Ψ 4
- Lui '08 — Ψ 5

Macchion dei Lupi

LOC. CAMPO AL DRAGO, 195
57028 SUVERETO [LI]
TEL. 0565845100
www.macchiondeilupi.it

- Esperienze '09 — ΨΨ 5

Le Macioche

SP 55 DI SANT'ANTIMO, KM 4,85
53024 MONTALCINO [SI]
TEL. 0577849168
lemacioche@tiscali.it

- Brunello di Montalcino '06 — ΨΨ 7
- Rosso di Montalcino '09 — ΨΨ 5

Fattoria di Magliano

LOC. STERPETI, 10
58051 MAGLIANO IN TOSCANA [GR]
TEL. 0564593040
www.fattoriadimagliano.it

- Poggio Bestiale '09 — ΨΨ 6
- ⊙ Illario '10 — Ψ 4
- Morellino di Scansano Heba '10 — Ψ 4
- Sinarra '10 — Ψ 4

Malenchini

LOC. GRASSINA
VIA LILLIANO E MEOLI, 82
50015 BAGNO A RIPOLI [FI]
TEL. 055642602
www.malenchini.it

- Bruzzico '08 — ΨΨ 5
- Chianti '10 — Ψ 2
- Bruzzico '07 — ΥΥ 5
- Bruzzico '06 — ΥΥ 5

Mannucci Droandi

FRAZ. MERCATALE VALDARNO
VIA ROSSINELLO E CAMPOLUCCI, 79
52020 MONTEVARCHI [AR]
TEL. 0559707276
www.mannuccidroandi.com

- Chianti Cl. Ceppeto '08 — ΨΨ 4
- Chianti Cl. Ceppeto Ris. '07 — Ψ 5
- Chianti Colli Aretini '09 — Ψ 4
- Foglia Tonda '09 — Ψ 4
- ⊙ Rossinello '10 — Ψ 3

Maremmalta

Loc. Casteani
58023 Gavorrano [GR]
Tel. 0564453572
www.maremmalta.it

- ● Monteregio di Massa Marittima Giramondo Ris. '08 — 🍷🍷 4
- ○ Monteregio di Massa Marittima Le Strisce '08 — 🍷🍷 5
- ○ Monteregio di Massa Marittima Vermentino Lestra '10 — 🍷🍷 4*
- ⊙ Monteregio di Massa Marittima Vermentino Rosa del Salto '10 — 🍷 3

Cosimo Maria Masini

via Poggio al Pino, 16
56028 San Miniato [PI]
Tel. 0571465032
www.cosimomariamasini.it

- ○ Daphné '09 — 🍷🍷 5
- ○ Vin Santo del Chianti Fedardo '04 — 🍷 6

Le Miccine

Loc. Le Miccine
SS Traversa Chiantigiana, 44
53013 Gaiole in Chianti [SI]
Tel. 0577749526
www.lemiccine.com

- ● Chianti Cl. '09 — 🍷🍷 4*
- ● Chianti Cl. Ris. '08 — 🍷 4

Fattoria Migliarina

Loc. Migliarina, 84
52021 Bucine [AR]
Tel. 0559788243
www.migliarina.it

- ● Cavasonno '09 — 🍷🍷 4
- ● Chianti Sup. '09 — 🍷 3

Mocali

Loc. Mocali
53024 Montalcino [SI]
Tel. 0577849485
azmocali@tiscali.it

- ● Brunello di Montalcino Poggio Nardone '06 — 🍷🍷 7
- ● Brunello di Montalcino V. delle Raunate '06 — 🍷🍷 7
- ● Brunello di Montalcino '06 — 🍷 6
- ● Rosso di Montalcino '09 — 🍷 4

Il Molino di Grace

Loc. Il Volano Lucarelli
50022 Panzano [FI]
Tel. 0558561010
www.ilmolinodigrace.com

- ● Chianti Cl. Il Margone Ris. '07 — 🍷🍷 7
- ● Chianti Cl. '09 — 🍷 5

Podere Monastero

Loc. Monastero
53011 Castellina in Chianti [SI]
Tel. 0577740273
www.poderemonastero.com

- ● La Pineta '09 — 🍷🍷 7
- ● Campanaio '09 — 🍷 6

Montauto

Loc. Campigliola km 10
58014 Manciano [GR]
Tel. 3383833928
www.montauto.org

- ● Tiburzio '08 — 🍷🍷 5
- ○ Gessaia '10 — 🍷 4
- ● Sovana Rosso '10 — 🍷 3

Montebelli

loc. Molinetto Caldana
58020 Gavorrano [GR]
Tel. 0566887100
www.montebelli.com

- ● Acantos '07 — 6
- ● Maremma Diavola '07 — 2
- ○ Maremma Santa '10 — 2
- ● Montereggio di Massa Marittima Fabula Ris. '08 — 5

Montemercurio

via di Totona 25a
Montepulciano [SI]
Tel. 0578716610
www.montemercurio.com

- ● Nobile di Montepulciano Damo '07
- ● Nobile di Montepulciano Messaggero '08
- ● Rosso di Montepulciano '07
- ● Tedicciolo '07

Montepeloso

loc. Montepeloso, 82
57028 Suvereto [LI]
Tel. 0565828180
contact@montepeloso.it

- ● Gabbro '08 — 8
- ● Nardo '08 — 8

Montesalario

fraz. Montenero D'Orcia
loc. Montesalario, 27
58040 Castel del Piano [GR]
Tel. 0564954173
www.aziendamontesalario.it

- ● Montecucco Sangiovese Ris. '08 — 5
- ● Montecucco '09 — 4
- ● Montecucco Sangiovese '08 — 5
- ● Montecucco Sangiovese '06 — 5

Cantina Vignaioli del Morellino di Scansano

loc. Saragiolo
58054 Scansano [GR]
Tel. 0564507288
www.cantinadelmorellino.it

- ● Morellino di Scansano Roggiano Ris. '08 — 4
- ● Morellino di Scansano Sicomoro '07 — 5
- ● Morellino di Scansano Vignabenefizio '10 — 4
- ● Morellino di Scansano Vin del Fattore '10 — 4

Giacomo Mori

fraz. Palazzone
p.zza Sandro Pertini, 8
53040 San Casciano dei Bagni [SI]
Tel. 0578227005
www.giacomomori.it

- ● Chianti Castelrotto Ris. '08 — 5
- ● Clanis Shiraz '08 — 5
- ● Chianti '09 — 4

Tenuta di Morzano

fraz. Morzano
via di Montelupo 69/71
50025 Montespertoli [FI]
Tel. 0571671021
www.vinnovo.it

- ● Nicosole '09 — 5
- ● Chianti Ris. '08 — 4
- ○ Morzano Bianco '10 — 3

Tenute Silvio Nardi

loc. Casale del Bosco
53024 Montalcino [SI]
Tel. 0577808269
www.tenutenardi.com

- ● Brunello di Montalcino Manachiara '06 — 8
- ● Brunello di Montalcino '06 — 6
- ● Rosso di Montalcino '09 — 4

Tenute Niccolai - Palagetto

via Monteoliveto, 46
53037 San Gimignano [SI]
Tel. 0577943090
www.tenuteniccolai.it

- ○ Vernaccia di S. Gimignano '10 — 3
- ○ Vernaccia di S. Gimignano Ris. '07 — 5

Cantine Olivi

loc. Le Buche
via Caselfava, 25
53047 Sarteano [SI]
Tel. 0578274066
www.lebuche.eu

- ○ Orhora '10 — 4
- ○ Coreno '10 — 5
- ● Le Buche '08 — 6
- ● Tempore '07 — 7

Fattoria Ormanni

loc. Ormanni, 1
53036 Poggibonsi [SI]
Tel. 0577937212
www.ormanni.it

- ● Chianti Cl. '08 — 4
- ● Chianti Cl. Borro del Diavolo Ris. '07 — 5

Il Palagio

via Case Sparse, 38
50022 Panzano [FI]
Tel. 055852933
www.palagiowineandoil.com

- ● Chianti Cl. Ris. '08 — 5
- ● Chianti Cl. '09 — 4

Le Palaie

fraz. Fabbrica di Peccioli
via Fabbrichese
56037 Pisa
Tel. 0586967412
www.lepalaie.it

- ● Bulizio '08 — 5

Palazzo

loc. Palazzo, 144
53024 Montalcino [SI]
Tel. 0577848479
www.aziendapalazzo.it

- ● Brunello di Montalcino '06 — 6
- ● Rosso di Montalcino '09 — 5

Marchesi Pancrazi Tenuta di Bagnolo

fraz. Bagnolo - via Montalese, 156
59013 Montemurlo [PO]
Tel. 0574652439
www.pancrazi.it

- ● Pinot Nero V. Baragazza '09 — 7
- ● Pinot Nero Villa di Bagnolo '09 — 6
- ⊙ Pinot Nero Villa di Bagnolo Rosato '10 — 4
- ● San Donato '09 — 4

Parmoleto

loc. Montenero d'Orcia
pod. Parmoletone, 44
58040 Castel del Piano [GR]
Tel. 0564954131
www.parmoleto.it

- ○ Carabatto '10 — 3*
- ● Montecucco Sangiovese '06 — 4
- ● Syrah '08 — 5
- ● Sormonno '05 — 5

Perazzeta

LOC. MONTENERO D'ORCIA
VIA DELL'AIA, 14
58040 CASTEL DEL PIANO [GR]
TEL. 0564954158
www.perazzeta.it

- ● Montecucco Alfeno Rosso '09 — 🍷🍷 4*
- ● Montecucco Sangiovese Licurgo Ris. '08 — 🍷 6
- ● Montecucco Terre dei Bocci '08 — 🍷 4
- ● Syrah '07 — 🍷 6

Tenute Perini

LOC. POGGIO AL SANTINO
58043 CASTIGLIONE DELLA PESCAIA [GR]
TEL. 0564071016
www.tenuteperini.it

- ○ Brillantino Vermentino '10 — 🍷🍷 5
- ● Vignaviva Ciliegiolo '10 — 🍷🍷 5

Peteglia

POD. PETEGLIA
58033 CASTEL DEL PIANO [GR]
TEL. 0564954108
www.peteglia.com

- ● Montecucco Sangiovese '08 — 🍷🍷 4
- ○ Peteglia Bianco '10 — 🍷
- ⊙ Peteglia Rosato '10 — 🍷

Petreto

VIA ROSANO, 196A
50012 BAGNO A RIPOLI [FI]
TEL. 0556519021

- ○ Pourriture Noble '07 — 🍷🍷 6
- ● Bocciolè '09 — 🍷 5

Fattoria di Petroio

LOC. QUERCEGROSSA
VIA DI MOCENNI, 7
53019 CASTELNUOVO BERARDENGA [SI]
TEL. 0577328045
www.fattoriapetroio.it

- ● Chianti Cl. '08 — 🍷🍷 4
- ● Poggio al Mandorlo '08 — 🍷 3

Piandibugnano

LOC. PIAN DI BUGNANO
58038 SEGGIANO [GR]
TEL. 0564950773
www.piandibugnano.com

- ● Montecucco Cuccaia '09 — 🍷🍷 4
- ○ Montecucco Cuccallegro '10 — 🍷 4
- ● Montecucco L'Erpico '07 — 🍷 6
- ● Nanerone '09 — 🍷 6

Piccini

LOC. PIAZZOLE, 25
53011 CASTELLINA IN CHIANTI [SI]
TEL. 057754011
www.tenutepiccini.it

- ● Saccente Tenuta Moraia '08 — 🍷🍷 3
- ● Chianti '10 — 🍷 2
- ● Chianti Sel. Oro Ris. '08 — 🍷 4
- ● Pietracupa Tenuta Moraia '09 — 🍷 3

Podere Fortuna

VIA SAN GIUSTO A FORTUNA, 7
50037 SAN PIERO A SIEVE [FI]
TEL. 0558487214
www.poderefortuna.com

- ● MCDLXV (1465) '07 — 🍷🍷 8
- ● Ardito del Mugello '09 — 🍷 5
- ○ Greto alla Macchia '09 — 🍷 6

Podere l'Aione

POD. AIONE
58054 SCANSANO [GR]
TEL. 0564507978
www.aione.it

- ● Morellino di Scansano Poderoso '09 — 4*
- ○ Spirto '10 — 4

Podere Lamberto

VIA DEI POGGIARDELLI, 16
53045 MONTEPULCIANO [SI]
TEL. 057864601
www.poderelamberto.com

- ● Nobile di Montepulciano '08
- ● Rosso di Montepulciano '09
- ⊙ Orsé '10

Podere Riparbella

LOC. SOPRA PIAN DI MUCINI
58024 MASSA MARITTIMA [GR]
TEL. 0566915557
www.riparbella.com

- ● Sciamagna '04 — 5
- ○ Vermentino '10 — 5

Poderi del Paradiso

LOC. STRADA, 21A
53037 SAN GIMIGNANO [SI]
TEL. 0577941500
www.poderidelparadiso.it

- ○ Vernaccia di S. Gimignano Biscondola '10 — 4
- ○ Vernaccia di S. Gimignano '10 — 3

Poggi del Chianti

LOC. MORELLINO
SP 408 S.DA DI MONTEVARCHI KM 35,300
52022 CAVRIGLIA [AR]
TEL. 3385282431
http://www.tuscan.cc/

- ● Codex '07 — 4
- ● Chianti Stilnovo '08 — 3

Poggio al Sole

LOC. BADIA A PASSIGNANO
S.DA RIGNANA, 2
50028 TAVARNELLE VAL DI PESA [FI]
TEL. 0558071850
www.poggioalsole.com

- ● Chianti Cl. Ris. '08 — 6
- ● Chianti Cl. '09 — 5

Poggio Amorelli

LOC. POGGIO AMORELLI
53011 CASTELLINA IN CHIANTI [SI]
TEL. 0577741373
www.vinopoggioamorelli.it

- ● Chianti Cl. '08 — 4
- ● Chianti Cl. Ris. '07 — 5
- ● Oracolo '07 — 6

Poggio Borgoni

VIA CASSIA PER SIENA, 35
50026 SAN CASCIANO IN VAL DI PESA [FI]
TEL. 0558228119
www.relaispoggioborgoni.it

- ● Chianti Cl. Borromeo Ris. '08 — 6

Poggio Concezione

via Vignoli, 192
58017 Pitigliano [GR]
Tel.
www.poggioconcezione.it

- ○ Brillèro '08 4*
- ● Fanciot '07 5

Poggio Foco

loc. Poggio Fuoco, 5
58014 Manciano [GR]
Tel. 0564625064
www.poggiofoco.it

- ● Sovana Cecco '09 4*
- ⊙ Sale Il Sole '10 5
- ● Sesà '06 6
- ● Sovana Cabernet Secondo Me '06 4

Poggio Leone

fraz. Montenero d'Orcia
loc. Coniella
58033 Castel del Piano [GR]
Tel. 0564954203
www.poggioleone.it

- ● Montecucco '09 4*
- ● Montecucco Sangiovese '08 4
- ● Montecucco Sangiovese Ris. '08 4

Poggio Rubino

loc. La Sorgente, 62
s.da provinciale Castiglion del Bosco
53024 Montalcino [SI]
Tel. 0577848133
www.poggiorubino.com

- ● Brunello di Montalcino '06 7

Poggio Torselli

via Scopeti, 10
50026 San Casciano in Val di Pesa [FI]
Tel. 0558290241
www.poggiotorselli.it

- ● Chianti Cl. '09 4*

Il Poggiolo

loc. Poggiolo, 259
53024 Montalcino [SI]
Tel. 0577848412
www.ilpoggiolomontalcino.com

- ● Brunello di Montalcino '06 7
- ● Brunello di Montalcino Terra Rossa '06 7

Pometti

loc. La Selva, 16
53020 Trequanda [SI]
Tel. 057747833
www.pometti.it

- ● Villa Boscarello '08 5
- ● Orcia Noi '09 4
- ● Tarchun Us '08 5

La Querce

via Imprunetana per Tavarnuzze, 41
50023 Impruneta [FI]
Tel. 0552011380
www.laquerce.com

- ● La Querce '08 6
- ● Chianti Colli Fiorentini La Torretta '09 4
- ● Chianti Sorrettole '10 3
- ⊙ Dama Rosa '09 5

Quercia al Poggio

FRAZ. MONSANTO
S.DA QUERCIA AL POGGIO, 4
50021 BARBERINO VAL D'ELSA [FI]
TEL. 0558075278
www.quercialpoggio.com

- ● Chianti Cl. Ris. '08 — 5

La Rasina

LOC. RASINA, 132
53024 MONTALCINO [SI]
TEL. 0577848536
www.larasina.it

- ● Brunello di Montalcino '06 — 7
- ● Rosso di Montalcino '09 — 5

La Regola

VIA A. GRAMSCI, 1
56046 RIPARBELLA [PI]
TEL. 058881363
www.laregola.com

- ● Montescudaio Rosso Il Vallino '07 — 6
- ● Ligustro '09 — 4
- ● Montescudaio Rosso La Regola '07 — 8

Fattoria di Rignana

LOC. RIGNANA, 15
50022 GREVE IN CHIANTI [FI]
TEL. 055852065
www.rignana.it

- ● Chianti Cl. Ris. '07 — 5
- ● Chianti Cl. '08 — 4

Tenute delle Ripalte

LOC. RIPALTE
57031 CAPOLIVERI [LI]
TEL. 056594211
www.tenutadelleripalte.it

- ● Aleatico dell' Elba Alea Ludendo '10 — 7
- ○ Vermentino di Toscana '10 — 4

Tenuta Riseccoli

LOC. RISECCOLI
VIA CONVERTOIE, 9
50022 GREVE IN CHIANTI [FI]
TEL. 055853598
www.riseccoli.com

- ● Chianti Cl. '08 — 4

Podere Ristella

VIA MELETA
58100 GROSSETO
TEL. 0564578039
www.ristella.it

- ● Ghiotto di Naldo '09 — 4
- ○ Bazzico '10 — 4
- ● Monteregio di Massa Marittima Sangiovese Stancabove '10 — 4

Russo

LOC. POD. LA METOCCHINA
VIA FORNI, 71
57028 SUVERETO [LI]
TEL. 0565845105
www.vinirusso.it

- ● Sassobucato '08 — 6
- ● Barbicone '08 — 5
- ○ Pietrasca '10 — 3

Fattoria San Fabiano Borghini Baldovinetti

LOC. SAN FABIANO, 33
52100 AREZZO
TEL. 057524566
www.fattoriasanfabiano.it

- ● Piocaia '08 4
- ● Chianti '10 2
- ● Chianti Et. Nera '09 4
- ○ Chiaro '10 2

San Fabiano Calcinaia

LOC. CELLOLE
53011 CASTELLINA IN CHIANTI [SI]
TEL. 0577979232
www.sanfabianocalcinaia.com

- ● Cerviolo Rosso '07 7
- ● Chianti Famalgallo '10 4

Fattoria San Felo

LOC. PAGLIATELLI
58051 MAGLIANO IN TOSCANA [GR]
TEL. 056428481
www.fattoriasanfelo.it

- ● Morellino di Scansano Dicioccatore Ris. '08 5
- ● Bella La Vecchia '10 4
- ○ Le Stoppaie '10 4
- ○ Viognieri Lux Lunae '10 4

San Giuseppe

LOC. CASTELNUOVO DELL'ABATE
POD. SAN GIUSEPPE, 35
53020 MONTALCINO [SI]
TEL. 0577835754
www.stelladicampalto.it

- ● Rosso di Montalcino '08 6
- ● Brunello di Montalcino '06 8

SanCarlo

VIA SPAGNI, 70
53024 MONTALCINO [SI]
TEL. 0577 848617
www.sancarlomontalcino.it

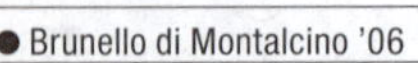
● Brunello di Montalcino '06
 6

Fattoria Sant'Andrea a Morgiano

LOC. CAPANNUCCIA - VIA SANT'ANDREA A MORGIANO, 27
50012 BAGNO A RIPOLI [FI]
TEL. 3336518514
www.fattoriasantandrea.it

- ○ Trebbiano '10 4
- ● Chianti Colli Fiorentini '10 4
- ● Sangiovese '10 4

Vasco Sassetti

LOC. CASTELNUOVO DELL'ABATE
VIA BASSOMONDO, 7
53024 MONTALCINO [SI]
TEL. 0577835619
lanzini.massimo@tiscali.it

● Brunello di Montalcino '06  7

Sasso di Sole

LOC. SANTA GIULIA I, 48A
FRAZ. TORRENIERI
53024 MONTALCINO [SI]
TEL. 0577834303
www.sassodisole.it

- ● Brunello di Montalcino '06 6
- ● Rosso di Montalcino '09 4

Sedime
POD. SEDIME, 63
53026 PIENZA [SI]
TEL. 0578748436
capitoni.marco@libero.it

- ● Orcia Rosso Capitoni '09 — 4
- ● Orcia Rosso Frasi '08 — 5

La Selva
LOC. FONTE BLANDA - FRAZ. SAN DONATO-ALBINIA
SP 81 OSA, 7
58010 ORBETELLO [GR]
TEL. 0564885669
www.laselva-bio.eu

- ● Morellino di Scansano '10 — 4*
- ● Avorio '10 — 3
- ⊙ La Selva Rosato '10 — 4
- ● Selvarosso '10 — 4

Fulvio Luigi Serni
LOC. LE LAME, 237
57022 CASTAGNETO CARDUCCI [LI]
TEL. 0565763585
www.sernifulvioluigi.it

- ● Bolgheri Rosso Acciderba '08 — 5
- ⊙ Bolgheri Rosato Arcanto '10 — 4*

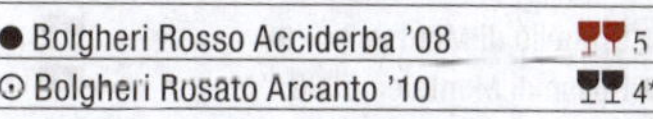

Serpaia
LOC. FONTEBLANDA
VIA GOLDONI, 15
58100 GROSSETO
TEL. 0461650129
www.serpaiamaremma.it

- ● Morellino di Scansano Dono Ris. '08 — 4
- ● Mèria '07 — 4
- ● Morellino di Scansano Scarpaia degli Endrizzi '09 — 4

Il Serraglio
VIA DELLA MONTAGNA, 11
53045 MONTEPULCIANO [SI]
TEL. 3478234547
www.ilserraglio.it

- ● Nobile di Montepulciano Ris. '07 — 5
- ● Rosso di montepulciano '09 — 4

Signano
P.ZZA SANT'AGOSTINO, 17
53037 SAN GIMIGNANO [SI]
TEL. 0577940164
signanno@casolaredibucciano.com

- ● Chianti Colli Senesi '09 — 4
- ○ Vernaccia di S. Gimignano '10 — 4
- ○ Vernaccia di S. Gimignano Poggiarelli '10 — 4
- ○ Vernaccia di S. Gimignano Ris. '08 — 5

Solaria Az. Agr. Cencioni Patrizia
POD. CAPANNA, 102
53024 MONTALCINO [SI]
TEL. 0577849426
www.solariacencioni.com

- ● Brunello di Montalcino '06 — 8
- ● Rosso di Montalcino '09 — 5

Fattoria Sorbaiano
LOC. SORBAIANO
56040 MONTECATINI VAL DI CECINA [PI]
TEL. 058830243
www.fattoriasorbaiano.it

- ○ Montescudaio Bianco Lucestraia '09 — 4
- ● Pian del Conte '08 — 5
- ● Montescudaio Rosso delle Miniere '08 — 5
- ● Velathri '08 — 6

Le Sorgenti

loc. Vallina
via di Docciola, 8
50012 Bagno a Ripoli [FI]
Tel. 055696004
www.fattoria-lesorgenti.com

- ○ Sghiras '09 — 5
- ● Chianti Colli Fiorentini Respiro '09 — 4
- ○ Vin Santo '01 — 6

Il Sosso

loc. Le Selve
via Gramsci, 39
52046 Lucignano [AR]
Tel. 0577630451
www.ilsosso.it

- ○ Chardonnay '10 — 4*
- ● Chianti '10 — 3
- ● Poggio Falcone '08 — 4

Spadaio e Piecorto

via San Silvestro, 1
50021 Barberino Val d'Elsa [FI]
Tel. 0558072915
www.spadaiopiecorto.it

- ● Chianti Cl. Ris. '08 — 5
- ● Chianti Cl. '09 — 4
- ● Pietra Rossa '08 — 3

Talenti

fraz. Sant'Angelo in Colle
loc. Pian di Conte
53020 Montalcino [SI]
Tel. 0577844064
www.talentimontalcino.it

- ● Brunello di Montalcino '06 — 7
- ● Rosso di Montalcino '09 — 4*

Podere Terenzuola

via Vercalda, 14
54035 Fosdinovo [MS]
Tel. 0187680030
www.terenzuola.com

- ○ Cinqueterre Sciacchetrà Ris. '08 — 8
- ○ Cinqueterre Bianco '10 — 4

Fattoria Terranuova

via Mazzini, 2/4
52028 Terranuova Bracciolini [AR]
Tel. 0559738130
www.fattoriaterranuova.it

- ● Chianti Sup. Ris. '07 — 4
- ● Giovanni '09 — 4

Terre dei Fiori Tenute Costa

loc. Melosella Zona VIII - s.da Grillese Uno
58100 Grosseto
Tel. 0564405457
www.tenutecosta.it

- ● Morellino di Scansano '09 — 4*
- ● Acanto '08 — 5
- ● Monteregio di Massa Marittima '09 — 4
- ○ Vermentino '10 — 4

Tiezzi

via delle Querci
53024 Montalcino [SI]
Tel. 0577848187
www.tiezzivini.it

- ● Brunello di Montalcino V. del Soccorso '06 — 7
- ● Brunello di Montalcino '06 — 6

Torraccia di Presura

Loc. Strada in Chianti
via della Montagnola, 130
50027 Greve in Chianti [FI]
Tel. 0558588656
www.torracciadipresura.it

- ● Chianti Cl. '09 — 2 glasses, 5
- ● Chianti Cl. Il Tarocco Ris. '08 — 1 glass, 5

Tenuta di Trecciano

Loc. Trecciano
53018 Sovicille [SI]
Tel. 0577314357
www.trecciano.it

- ● I Campacci '09 — 2 glasses, 5
- ● Chianti Colli Senesi Terra Rossa Ris. '08 — 1 glass, 4
- ● Daniello '09 — 1 glass, 5

Fattoria Tregole

Loc. Tregole, 86
53011 Castellina in Chianti [SI]
Tel. 0577740991
www.fattoria-tregole.com

- ● Chianti Cl. Ris. '08 — 2 red glasses, 4
- ● Chianti Cl. Le Pigole '09 — 1 glass, 4
- ● Chianti Cl. Ris. '07 — 1 glass, 4

Tunia

Loc. Dorna
52041 Civitella in Val di Chiana [AR]
Tel. 3487254533
www.tunia.it

- ○ Chiaraofiore '10 — 2 glasses, 4
- ● Chiassobuio '09 — 1 glass, 4

Tuttisanti

Loc. Fiorentina
57025 Piombino [LI]
Tel. 056535226

- ● Val di Cornia Cabernet Sauvignon '07 — 2 glasses, 4
- ● Val di Cornia Sangiovese '09 — 2 glasses, 4*
- ○ Val di Cornia Bianco '10 — 1 glass, 4
- ○ Val di Cornia Vermentino '10 — 1 glass, 4

Val delle Corti

Loc. La Croce
Case Sparse Val delle Corti, 144
53017 Radda in Chianti [SI]
Tel. 0577738215
www.valdellecorti.it

- ● Chianti Cl. Ris. '07 — 2 glasses, 5
- ● Chianti Cl. '08 — 1 glass, 4

Valentini

Loc. Valpiana
Pod. Fiordaliso, 69
58024 Massa Marittima [GR]
Tel. 0566918058
www.agricolavalentini.it

- ● Crebesco '07 — 2 glasses, 6
- ● Atunis '08 — 1 glass, 6
- ● Sangiovese '09 — 1 glass, 4

Fattoria Valiano

Fraz. Vagliagli
Loc. Valiano
53010 Castelnuovo Berardenga [SI]
Tel. 0577322790
www.tenutepiccini.it

- ● Chianti Cl. '08 — 2 glasses, 4
- ● Chianti Cl. Poggio Teo '08 — 2 glasses, 4

Vescine

LOC. VÈSCINE
53017 RADDA IN CHIANTI [SI]
TEL. 0577741144
www.vescine.it

- ● Chianti Cl. Lodolaio Ris. '07 🍷🍷 7
- ● Chianti Cl. Tenute di Castelvecchi '08 🍷🍷 7
- ● Chianti Cl. '08 🍷 6

Villa Cafaggio

FRAZ. PANZANO IN CHIANTI
VIA SAN MARTINO IN CECIONE, 5
50020 GREVE IN CHIANTI [FI]
TEL. 0558549094
www.villacafaggio.it

- ● Chianti Cl. '08 🍷🍷 5
- ● Cortaccio '07 🍷 8
- ● San Martino '07 🍷 8

Villa Corliano

LOC. BRUCIANESI
VIA DI CORLIANO, 4
50058 LASTRA A SIGNA [FI]
TEL. 0558734542
www.villacorliano.com

- ● Ghirigoro '09 🍷🍷 4
- ● Chianti Colli Fiorentini Briccole '08 🍷 4
- ○ Colli dell'Etruria Centrale Vin Santo Dedicato '04 🍷 6

Villa di Geggiano

LOC. PONTE A BOZZONE
VIA DI GEGGIANO, 1
53019 CASTELNUOVO BERARDENGA [SI]
TEL. 0577356879
www.villadigeggiano.com

- ● Chianti Cl. '09 🍷🍷 4
- ● Rosato '10 🍷 4

Villa Loggio

FRAZ. CIGNANO
LOC. IL LOGGIO, 24
52044 CORTONA [AR]
TEL. 0575618306
www.villaloggio.com

- ○ Tanaquil '10 🍷🍷 4
- ○ Sauvignon '10 🍷 3
- ● Syrah '07 🍷 4
- ● Thefarie '07 🍷 4

Villa Trasqua

LOC. TRASQUA
53011 CASTELLINA IN CHIANTI [SI]
TEL. 0577743075
www.villatrasqua.it

- ● Trasolo '07 🍷🍷 6
- ● Chianti Cl. Fanatico Ris. '07 🍷🍷 4*

马尔凯区
MARCHE

马尔凯地区（Marche）对当地极富特色的白葡萄酒越来越关注。吉士堡威科迪白葡萄酒（Verdicchi dei Castelli di Jesi）独占鳌头，没有什么比这个更加自然地了。虽有人说该区是最有趣的白葡萄品种区之一，但也有人对此有着尖锐的批判。如果以乌曼隆基•托奇（Umani Tochi）和维奇•维格尼（Vecchie Vigne）荣获年度最佳白葡萄酒奖为依据，那么我们甚至可以说它就是最有趣的酒庄。葡萄的奥秘在于它的用途广泛。在这个酿酒年份中，公认的赢家名单表明当地的生机活力还是没能发展到繁盛之势，时间在酿制优雅和复杂葡萄酒上发挥了重要作用。当地没有一种主导风格，而是各酒庄独具特色，比如塔维尼阿诺（Tavignano）和蒙特奇沃（Monteschiavo）追求清新的口感，马若提•肯皮（Marrotti Campi）追求浓烈，其他的像伽罗佛理（Garofoli）和萨特瑞丽（Sartarelli）不用橡木，并不惜一切代价追求精致，还有圣•芭芭拉（Santa Barbara）和拉迪斯提撒（La Distesa）是小号和中号橡木桶的忠实追随者，另辟蹊径，追求酒的优雅，带有浓郁的个人风格。而且，当地马泰利卡（Matelica）虽然小，但是风土非常适应种植葡萄，这也为我们的理论提供了进一步的支撑。极致优雅、老窖经藏的威迪科葡萄酒（Verdicchios）的强烈酒味经过长时间的酝酿就逐渐转换成了矿物质的味道。除了我们耳熟能详的贝利萨里奥（Belisario）和拉蒙阿卡斯卡（La Monacesca）外，比斯其（Bisci）和博尔格•帕格里内托（Borgo Paglianetto）在我们的评估中也获得了很高的分数。相反的是，人们酿制红酒的热情似乎逐渐褪去了。最重要的品种蒙特普齐亚诺（montepulciano）被种植在康奈罗（Conero）或更加宽广的皮切诺（Piceno），但因成熟较晚，不易把握。红酒产量趋于减少，也引起了我们对其果香和乡村特点的重视。结果经常是香味刺鼻，有时混合着过浓的酒味和橡木味。三杯酒的个性鲜明，正如欧斯•德哥利•安格利（Oasi degli Angeli）和奥罗拉（Aurora）绝非是巧合。好消息是，圣萨维诺（San Savino）带头的以佩科里诺（pecorino）为基础酿制的白葡萄酒总体质量正在强劲快速的提高。因为佩扎罗地区（Pesaro）的发展趋势持续积极向上，瓦托锐欧（Valturio）不再是唯一能证明在关心和关注下本地能酿制优质葡萄酒的地区。

Aurora

Loc. Santa Maria in Carro
c.da Ciafone, 98
63073 Offida [AP]
Tel. 0736810007
www.viniaurora.it

藏酒销售
预约参观
年产量 50 000 瓶
葡萄种植面积 10.5 公顷
葡萄栽培方式 有机认证

当葡萄园禁用化学农药还被人们视为怪诞之举时，奥罗拉（Aurora）就已经开始推行有机农业了。1979后，人们在农业中看重的是可持续性、短生产链、与顾客及大自然的直接接触。在那时看来，这个高瞻远瞩的理念似乎太过理想化、有些飘渺，但随着时间推移，事情一件件地都切实地落实了。酿酒业是个过程中的一个重要部分，特色鲜明、令人回味传统，与其说酿酒是个能力活，不如说它是与人的灵魂紧密联系的事。

Wine	Rating
● Barricadiero '09	🍷🍷🍷 5
○ Offida Pecorino Fiobbo '09	🍷🍷 4*
● Rosso Piceno Sup. '09	🍷🍷 4*
○ Falerio dei Colli Ascolani '10	🍷 2
● Rosso Piceno '10	🍷 3
● Barricadiero '06	🍷🍷🍷 5
● Barricadiero '04	🍷🍷🍷 5
● Barricadiero '03	🍷🍷🍷 5*
● Barricadiero '02	🍷🍷🍷 5
● Barricadiero '01	🍷🍷🍷 5
● Barricadiero '08	🍷🍷 5
● Barricadiero '07	🍷🍷 5
● Rosso Piceno Sup. '08	🍷🍷 4*

Belisario

via Aristide Merloni, 12
62024 Matelica [MC]
Tel. 0737787247
www.belisario.it

藏酒销售
预约参观
年产量 811 000 瓶
葡萄种植面积 300 公顷

山谷里历史底蕴深厚，阳光充足，布满了葡萄园。这里的葡萄园是小块小块的，贝利萨里奥（Belisario）则是在地图上将这些山谷埃西诺（Esino）上方的小块连起来的一支铅笔。现在这个合作酿酒厂除了自己的100公顷土地外，还有大概100公顷的出租监管地。另外，酒窖更多的是为众多的葡萄种植者提供常规酿制。如此的多样性使酒窖可以集中精力于葡萄园和取各种葡萄酒的精华之处。

Wine	Rating
○ Verdicchio di Matelica Cambrugiano Ris. '08	🍷🍷🍷 4*
○ Verdicchio di Matelica Vign. del Cerro '10	🍷🍷 3*
○ Verdicchio di Matelica Anfora '10	🍷🍷 2*
○ Verdicchio di Matelica Meridia '08	🍷🍷 4
○ Verdicchio di Matelica Terre di Valbona '10	🍷🍷 2*
● Colli Maceratesi Rosso Coll'Amato '10	🍷 3
○ Esino Bianco Ferrante '10	🍷 2
○ Verdicchio di Matelica Cambrugiano Ris. '06	🍷🍷🍷 4*
○ Verdicchio di Matelica Cambrugiano Ris. '02	🍷🍷🍷 4*
○ Verdicchio di Matelica Meridia '07	🍷🍷🍷 4*
○ Verdicchio di Matelica Cambrugiano Ris. '07	🍷🍷 4*
○ Verdicchio di Matelica Cambrugiano Ris. '04	🍷🍷 4*
○ Verdicchio di Matelica Vign. del Cerro '07	🍷🍷 3*
○ Verdicchio di Matelica Vign. del Cerro '06	🍷🍷 3*

Bisci

VIA FOGLIANO, 120
62024 MATELICA [MC]
TEL. 0737787490
www.bisciwines.it

藏酒销售
预约参观
年产量 120 000 瓶
葡萄种植面积 19 公顷

尽管马里奥（Mario）和皮艾诺•比斯其（Pierino Bisci）仍在从事家具制造业，他们也对位于福利亚诺（Fogliano），毗邻切雷托•蒂西（Cerreto d'Esi）和马泰利卡（Matelica）的庄园投入了足够的时间。庄园从20世纪80年代开始酿制葡萄酒，是顶级的威格迪白葡萄酒（verdicchio）区，但是红色葡萄品种也可以在此茁壮成长，这已被此地种植的圣乔维斯（sangiovese）和国际品种证明了。通过家族继承，毛罗•比斯其（Mauro Bisci）现在掌握着控制权，他的任务就是要在不损失原有的当地风味前提下，将典型的传统风格转化为现代风格。

○ Verdicchio di Matelica Vign. Fogliano '08	4*
○ Verdicchio di Matelica '10	4*
● Villa Castiglioni '07	4
● Piangifame '07	5
● Rosso Piangifame '01	5
○ Verdicchio di Matelica '09	4*
○ Verdicchio di Matelica '04	4*
○ Verdicchio di Matelica Senex '03	5
○ Verdicchio di Matelica Senex '98	5*
○ Verdicchio di Matelica Vign. Fogliano '07	4*
● Villa Castiglioni '03	5

Boccadigabbia

LOC. FONTESPINA
C.DA CASTELLETTA, 56
62012 CIVITANOVA MARCHE [MC]
TEL. 073370728
www.boccadigabbia.com

藏酒销售
预约参观
年产量 100 000 瓶
葡萄种植面积 25 公顷

博卡狄佳蓓（Boccadigabia）的家族史可以追溯到拿破仑政府时期，这也就解释了酒庄标签上有拿破仑画像的原因。经过审慎的科学研究后，1986年葡萄园栽种了数目不少的法国葡萄品种。1992年到2002年的十年间，这片朝南土地上酿制了众多佳酿，如以赤霞珠（carbernet sauvignon）酿制的阿克荣特（Akronte），从梅洛（merlot）酿制的皮克斯（Pix），黑皮诺（pinot nero）酿制的伊莱•盖若（Il Girone），莎当尼（chardonnay）酿制的蒙泰佩蒂（Montalperti）。蒙特布查诺（montepulciano）、圣乔维斯、和玛可兰蒂诺（maceratino）是由1996年购买的靠近马切拉塔城（Macerata）的维拉马尼亚酒庄（Villamagna）提供的。

● Akronte '07	8
○ Montalperti '07	5
● Pix Merlot '07	7
● Rosso Piceno Boccadigabbia '08	4
○ Colli Maceratesi Ribona Le Grane '10	4
○ Garbì Bianco '10	3
⊙ Roseo '10	3
● Akronte '98	7
● Akronte '97	7
● Akronte '95	7
● Akronte '94	7
● Akronte '93	7
● Akronte Cabernet '92	4
● Akronte '03	8
● Pix Merlot '03	7

Borgo Paglianetto

LOC. PAGLIANO, 393
62024 MATELICA [MC]
TEL. 073785465
www.borgopaglianetto.it

藏酒销售
预约参观
年产量 100 000 瓶
葡萄种植面积 18 公顷
葡萄栽培方式 有机种植

罗维西（Roversi）和马里奥•巴斯里斯（Mario Bassilissi）家族都涉足畜牧业、种植业，其中也包括葡萄种植业。博尔格•帕里内托（Borgo Paglianetto）农庄醉心于有机农业。完成正在进行的大约20公顷的葡萄种植地的有机认证后，它将为名副其实地成为全有机农场。阿罗尔多•贝莱利（Aroldo Bellelli）负责酒窖方面，近段时间以来，他一直都在精心酿酒，赋予鲜明个性特点，尤其是白葡萄酒。基于威迪科的该系列产品口感清爽、晶莹透彻，在不锈钢容器中的酿制法也增强了这些特色。

○ Verdicchio di Matelica Vertis '09	🍷🍷🍷 4*
○ Verdicchio di Matelica Petrara '09	🍷🍷 3*
● Terravignata '09	🍷🍷 3
○ Verdicchio di Matelica Terra Vignata '10	🍷🍷 3*
● Mathesis '08	🍷 5
● Terravignata '08	🍷🍷 3
○ Verdicchio di Matelica Aja Lunga '05	🍷🍷 4*
○ Verdicchio di Matelica Petrara '08	🍷🍷 3*
○ Verdicchio di Matelica Terra Vignata '09	🍷🍷 3*
○ Verdicchio di Matelica Terra Vignata '08	🍷🍷 3*
○ Verdicchio di Matelica Vertis '08	🍷🍷 4*
○ Verdicchio di Matelica Vertis '07	🍷🍷 4*

★Bucci

FRAZ. PONGELLI
VIA CONA, 30
60010 OSTRA VETERE [AN]
TEL. 071964179
www.villabucci.com

藏酒销售
预约参观
年产量 120 000 瓶
葡萄种植面积 31 公顷
葡萄栽培方式 有机认证

时代的发展总是站在安培里欧•布奇（Ampelio Bucci）的这一边。最近这些年，他的威迪科酒（Verdicchio）在商业上的成功促使他发行了一批新酒，但是它们低调而微妙的特点实际需要随着陈酿时间的延长而得到加强。与长期咨询师希奥尔希奥•格瑞（Giorgio Grai）的观点一样，他决定恢复以前的时间安排。去年布奇维拉珍藏酒（Riserva Villa Bucci）没有出现在产品列表中。这一次，当前年份的威迪科并没有在丰收之后的几年急于上架销售，我们相信，这种等待是值得的。

● Rosso Piceno Villa Bucci '08	🍷🍷 6
● Rosso Piceno Tenuta Pongelli '09	🍷🍷 4
○ Verdicchio dei Castelli di Jesi Cl. Villa Bucci Ris. '06	🍷🍷🍷 7
○ Verdicchio dei Castelli di Jesi Cl. Villa Bucci Ris. '05	🍷🍷🍷 6
○ Verdicchio dei Castelli di Jesi Cl. Villa Bucci Ris. '04	🍷🍷🍷 6
○ Verdicchio dei Castelli di Jesi Cl. Villa Bucci Ris. '03	🍷🍷🍷 6
○ Verdicchio dei Castelli di Jesi Cl. Villa Bucci Ris. '01	🍷🍷🍷 6
○ Verdicchio dei Castelli di Jesi Cl. Villa Bucci Ris. '00	🍷🍷🍷 6
○ Verdicchio dei Castelli di Jesi Cl. Villa Bucci Ris. '99	🍷🍷🍷 6
○ Verdicchio dei Castelli di Jesi Cl. Villa Bucci Ris. '98	🍷🍷🍷 6

Le Caniette

C.DA CANALI, 23
63065 RIPATRANSONE [AP]
TEL. 07359200
www.lecaniette.it

藏酒销售
预约参观
年产量 60 000 瓶
葡萄种植面积 16 公顷
葡萄栽培方式 有机认证

经过彻底改造后，路易吉（Luigi）和乔瓦尼•瓦尼奥尼（Giovanni Vagnoni）兄弟俩的酒庄已成为了皮切诺地区（Piceno）最吸引人的酒庄之一了，这主要是由于设计中对木质桶、玻璃桶和不锈钢桶的功能的实现和满足。葡萄园地理位置佳，一眼可望到亚得里亚海（Adriatic）。多年来，葡萄园只种植有机耕种的传统葡萄品种。酿制出的酒反映了当地阳光充足的自然环境，酒体饱满，口感醇厚，诠释了现代酿酒工艺永不向时尚低头。

Wine	Rating
○ Offida Passerina Vino Santo Sibilla '06	6
● Rosso Piceno Morellone '06	5
● Rosso Piceno Rosso Bello '09	4*
○ Offida Passerina Lucrezia '10	4
○ Offida Pecorino Iosonogaia non sono Lucrezia '09	5
○ Offida Passerina Vino Santo Sibilla Tiburtina '05	6
○ Offida Pecorino Iosonogaia non sono Lucrezia '08	5
○ Offida Pecorino Iosonogaia non sono Lucrezia '07	5
○ Offida Pecorino Iosonogaia non sono Lucrezia '06	5
● Rosso Piceno Nero di Vite '05	7
● Rosso Piceno Rosso Bello '08	4

La Canosa

C.DA SAN PIETRO, 6
63030 ROTELLA [AP]
TEL. 0736374556
www.lacanosaagricola.it

藏酒销售
预约参观
年产量 120 000 瓶
葡萄种植面积 28 公顷

意迩瓦•萨罗诺（Illva Saronno）公司位于阿申肖内山（Monte Ascensione）脚下的公园，建立了令人称奇的酒窖，培育了28公顷的葡萄园，主要种植了本地品种，并在2005年开启了一个富有雄心的卡诺沙计划（La Canosa）。当地未开垦的土地景色优美，极其适宜种植优质的葡萄。尽管他们有着新的技术团队，大多数的葡萄园也处于全面生产期，酿酒业开始艰难地起步腾飞。尽管酒质很好，但是他们还缺少一种能让人区分开来的特质。

Wine	Rating
● Musè '09	5
● Rosso Piceno Signator '09	4*
○ Servator '10	4*
○ Brut	4
● Nullius '09	5
⊙ Rosé Brut	4
● Musè '08	5
● Musè '07	5
● Nullius '08	5
● Nullius '07	5
● Rosso Piceno Signator '08	4
● Rosso Piceno Sup. Nummaria '07	4*
● Rosso Piceno Sup. Nummaria '05	4*

Casaleta

FRAZ. CASTIGLIONI
60011 ARCEVIA [AN]
TEL. 0731879185
www.casaleta.it

藏酒销售
预约参观
年产量 13 000 瓶
葡萄种植面积 11 公顷
葡萄栽培方式 有机种植

对于初次入行的葡萄酒酒庄来说能在这片优秀酒庄群里面出类拔萃实在是很罕见，更难得的是还获得了更高的荣誉。所以，我们现在要来表扬在耶西（Jesi）这片天空里升起的新星。卡萨勒特（Casaleta）酒庄具备有成为优秀酒庄的一切条件：70多年的葡萄园，地理上横跨于令人嫉妒的塞拉康迪（Serra de'Conti）和阿尔切维亚地区（Arcevia）最好的葡萄产区，还有着贾恩卡洛•索韦尔基亚（Giancarlo Soverchia）专家监控的酿酒流程。正如我们经常说的，时间会检验一切，但不要错过了卡萨勒特酒庄酿制的两种酒。

- ○ Verdicchio dei Castelli di Jesi Cl. Castijo '10  4*
- ○ Verdicchio dei Castelli di Jesi Cl. Sup. La Posta '10  4

Casalis Douhet

VIA MONTECORIOLANO,11
62018 POTENZA PICENA [MC]
TEL. 0733688121
www.coriolano.com

藏酒销售
预约参观
年产量 30 000 瓶
葡萄种植面积 40 公顷

卡萨里斯•杜黑（Casalis Douhet）酒庄归坎帕尼亚（Campania）的地方政府所有，同时他们还经营着山麓小丘的的许多葡萄园和橄榄树丛，在那里可以俯瞰到（Potenza Picena）的南海岸。酒庄位于一个古老的建筑里面，由马尔凯（Marche）的一位年轻酿酒专家朱塞佩•摩瑞利（Giuseppe Morelli）负责经营。他喜欢现代风格，同时坚决不做流行趋势的奴隶。然而，我们也得指出，有些酒尤其是白葡萄酒缺少个性特点。如果酒庄可以攻克这些不足，它便可以大跨步地向前发展。

- ● Colli Maceratesi Rosso Colosimo '10 3*
- ● Rosso Piceno Giulio Douhet '09 4*
- ○ Colli Maceratesi Bianco Brezzato '10 3
- ● Coriolano '08 4
- ⊙ Fly 3
- ○ Oltremare '10 3
- ● Colli Maceratesi Rosso Colosimo '09 3*
- ● Coriolano '07 4*
- ● Coriolano '06 4*
- ○ Oltremare Bianco '08 3*
- ● Rosso Piceno Giulio Douhet '08 4*
- ● Rosso Piceno Giulio Douhet '07 4*

Maria Pia Castelli

c.da Sant'Isidoro, 22
63015 Monte Urano [FM]
Tel. 0734841774
www.mariapiacastelli.it

藏酒销售
预约参观
年产量 20 000 瓶
葡萄种植面积 8 公顷
葡萄栽培方式 有机种植

恩里科•巴尔托乐蒂（Enrico Bartoletti）是个不平凡的人，他的一生都围绕着他的庄园和他的家庭。从依恩里科的文化背景看，他的专业和葡萄园相去甚远。然而，自从十年前他开始探索酿酒后，他就全身心地投入其中，打造一支年轻又严谨的团队来照看葡萄园和酿酒的一切事务。一直以来，他都在马尔科•巴尔托莱蒂（Marco Casolanetti）的帮助下共同关注着整个制作流程。酿制的酒又有真正的个性特点，与众不同的属性，可谓异乎寻常。可以肯定，这里的酒不会让你尝过后毫无感觉，你要么爱上它，要么厌恶它。

- ○ Stella Flora '09 6
- ● Orano '10 4
- ⊙ Sant'Isidoro '10 3
- ● Erasmo Castelli '06 6
- ● Erasmo Castelli '07 6
- ● Erasmo Castelli '05 6
- ● Erasmo Castelli '04 6
- ● Erasmo Castelli '03 6
- ● Erasmo Castelli '02 6
- ● Orano '09 4
- ● Orano '08 4*
- ○ Stella Flora '08 6
- ○ Stella Flora '07 6

Cantine di Castignano

c.da San Venanzo, 31
63032 Castignano [AP]
Tel. 0736822216
www.cantinedicastignano.com

藏酒销售
预约参观
年产量 350 000 瓶
葡萄种植面积 520 公顷

良好的商业精神为这个成立于1960年的合作式酒庄的发展铺平了道路，该酒庄一直致力于使其商品物有所值。葡萄园成员众多，每个种植成员是否能够赢利直接受到销售技巧和与顾客的直接常规联系的影响。酒庄通过邻近省区的10个左右的销售点进行销售，在那里你会发现很多系列产品，精心酿制，颇有现代风格。葡萄酒仍是基于当地的置顶区，主要是当地的皮切诺（Piceno）品种。

- ○ Falerio dei Colli Ascolani Destriero '10 2*
- ○ Offida Passerina '10 2*
- ○ Offida Pecorino Montemisio '10 2*
- ○ Falerio dei Colli Ascolani '10 1
- ● Rosso Piceno '10 1
- ● Templaria '09 3
- ○ Offida Passerina '08 2*
- ○ Offida Pecorino Montemisio '08 2*
- ● Offida Rosso Gran Maestro '05 4*
- ● Offida Rosso Gran Maestro '02 4*
- ● Offida Rosso Gran Maestro '01 4*
- ● Rosso Piceno '09 1*
- ● Rosso Piceno Sup. Destriero '08 2*
- ● Sangiovese '08 2*

Giacomo Centanni

C.DA ASO, 159
63010 MONTEFIORE DELL'ASO [AP]
TEL. 0734938530
www.vinicentanni.it

年产量 60 000 瓶
葡萄种植面积 25 公顷
葡萄栽培方式 有机认证

吉亚科莫•琴坦尼（Giacomo Centanni）日益广为人知，主要是因为他们的风格干净，气味诱人，尊重当地传统但又不拘泥于传统。庄园位于皮切诺地区的东部，葡萄园在阿苏河（River Aso）右岸的朝向良好的山腰上，跨越阿斯科利•皮切诺（Ascoli Piceno）和费尔莫（Fermo）。有机认证农业和良好的定价促使酒庄取得了令人瞩目的成功。对玻璃瓶塞的选用更加是别具一格。

○ Offida Passerina '10	🍷🍷 4*
● Offida Pecorino '10	🍷🍷 4*
● Rosso Piceno Rosso di Forca '10	🍷🍷 3*
○ Falerio dei Colli Ascolani Il Borgo '10	🍷 3
● Montefloris '10	🍷 4
⊙ Profumo di Rosa '10	🍷 4
● Montefloris '08	🍷🍷 4
○ Offida Passerina '09	🍷🍷 4

Tenuta Cocci Grifoni

LOC. SAN SAVINO
C.DA MESSIERI, 12
63038 RIPATRANSONE [AP]
TEL. 073590143
www.tenutacoccigrifoni.it

藏酒销售
预约参观
年产量 400 000 瓶
葡萄种植面积 45 公顷

马莉莲娜（Marilena）和宝拉•科奇•格里佛尼（Paola Cocci Grifoni）依然忠情于他们的父亲奎多（Guido）留下了的葡萄酒遗产。姐妹两人面对着同样的维护家族传统的永恒挑战，她们采用当地品种进行葡萄酒的酿制。一切都开始于葡萄园，该葡萄园种植者是皮切诺地区古老的帕塞利诺（passerino）和佩可里诺（pecorino），栽培品系生长于此，繁荣于此。酿酒主要涉及的材料有钢材，玻璃衬里水泥和大木材。只有格利佛尼（Il Grifone）精通于中型木桶的使用，但是这丝毫没有减少葡萄酒的浓厚的本地风味。

○ Offida Pecorino Podere Colle Vecchio '09	🍷🍷 4
● Offida Rosso Il Grifone '04	🍷🍷 5
● Rosso Piceno Rubinio '10	🍷🍷 3*
● Rosso Piceno Sup. Le Torri '07	🍷🍷 4*
○ Offida Passerina Gaudio Magno Brut '10	🍷 4
○ Offida Passerina Adamantea '10	🍷 4
○ Offida Passerina Adamantea '09	🍷🍷 4*
○ Offida Pecorino Podere Colle Vecchio '08	🍷🍷 4*
○ Offida Pecorino Podere Colle Vecchio '07	🍷🍷 4*
○ Offida Pecorino Podere Colle Vecchio '05	🍷🍷 4*
○ Offida Pecorino Podere Colle Vecchio '04	🍷🍷 4*
● Rosso Piceno Sup. Le Torri '06	🍷🍷 3*
● Rosso Piceno Sup. V. Messieri '06	🍷🍷 4
● Rosso Piceno Sup. V. Messieri '02	🍷🍷 4*

Collestefano

LOC. COLLE STEFANO, 3
62022 CASTELRAIMONDO [MC]
TEL. 0737640439
www.collestefano.com

藏酒销售
预约参观
年产量 60 000 瓶
葡萄种植面积 10 公顷
葡萄栽培方式 有机认证

很多人认为科勒斯提凡诺（Collestefano）算不上是威迪科地区（Verdicchio）的，因为它有着北欧特色香味，酸性强结构失衡，酒性弱。然而你所要做的就是亲自去看看罗斯塔诺•迪•卡斯特瑞蒙多（Rustano di Castelraimondo），你就会知道地区气候是每个种植者都必须面对的一个重要因素。葡萄园位于森林环绕、昼夜温差适宜的亚平宁山脉（Apennines）脚下。法比奥•马尔基奥尼（Fabio Marchionni）也添入了他自己的特质，哪怕葡萄酒的酸度高，也坚持采用严格的有机方法，拒绝乳酸发酵。

○ Verdicchio di Matelica Collestefano '10	🍷🍷 4*
⊙ Rosa di Elena '10	🍷🍷 3*
○ Verdicchio di Matelica Collestefano '07	♀♀♀ 4*
○ Verdicchio di Matelica Collestefano '06	♀♀♀ 4*
⊙ Rosa di Elena '08	♀♀ 3*
○ Sauvignon '09	♀♀ 3*
○ Verdicchio di Matelica Collestefano '09	♀♀ 4*
○ Verdicchio di Matelica Collestefano '08	♀♀ 4*
○ Verdicchio di Matelica Collestefano '05	♀♀ 4*
○ Verdicchio di Matelica Collestefano '04	♀♀ 4*
○ Verdicchio di Matelica Collestefano '03	♀♀ 4*
○ Verdicchio di Matelica Collestefano '02	♀♀ 4

Colonnara

VIA MANDRIOLE, 6
60034 CUPRAMONTANA [AN]
TEL. 0731780273
www.colonnara.it

藏酒销售
预约参观
年产量 1 000 000 瓶
葡萄种植面积 120 公顷
葡萄栽培方式 有机认证

科洛那拉（Colonnara）酒庄是一个合营企业，历史长久。酒窖藏酒覆盖了有过去二十年的很多酒。如果有人想要了解维蒂奇诺•耶西（Verdicchio di Jesi）的历史，或者是想知道葡萄酒是怎么发酵陈酿的，按他就应该去参观维曼德瑞欧（Via Mandriole）。科洛那拉酒庄的葡萄园位于埃西诺河（River Esino）右岸的一片地，途经库普拉蒙塔纳（Cupramontana）斯达佛力（Staffoli）和阿皮罗（Apiro）。虽然一直都是在酿酒，但是有几年的时间里该公司专注于起泡葡萄酒。由于威迪科葡萄品种十分丰富，所以也就很容易的做出这样选择。与其他酿酒厂达成的一致意见使得他们可以囊括该地区的其他指定区生产易于上口的葡萄酒。

○ Verdicchio dei Castelli di Jesi Spumante Brut Ubaldo Rosi Ris. '05	🍷🍷 6
○ Verdicchio dei Castelli di Jesi Cl. Portonuovo '10	🍷🍷 3*
○ Verdicchio dei Castelli di Jesi Cl. Spumante Brut Luigi Ghislieri	🍷🍷 5
○ Verdicchio dei Castelli di Jesi Cl. Sup. Cuprese '10	🍷🍷 4*
○ Verdicchio dei Castelli di Jesi Cl. Sup. Tùfico '09	🍷🍷 4
● Lacrima di Morro d'Alba '10	🍷 4
○ Offida Passerina '10	🍷 4
○ Offida Pecorino '10	🍷 4
● Rosso Conero Nero dei Dori '09	🍷 4
○ Verdicchio dei Castelli di Jesi Cl. Sup. Cuprese '07	♀♀ 4*
○ Verdicchio dei Castelli di Jesi Spumante Brut Ubaldo Rosi Ris. '04	♀♀ 6

Il Conte Villa Prandone

c.da Colle Navicchio, 28
63033 Monteprandone [AP]
Tel. 073562593
www.ilcontevini.it

藏酒销售
预约参观
年产量 150 000 瓶
葡萄种植面积 25 公顷
葡萄栽培方式 有机种植

蒙特瑞朗多内山（Monteprandone）是托恩托河（Tronto）注入亚得里亚海前流经的最后一座山。这里是圣徒之地、橄榄之乡、蒙特布查诺（Montepulciano）的沃土。马德里的普拉多（Prado）有一幅画，画着马尔凯的圣詹姆斯（St James of La Marca）拿着一杯神秘的红色葡萄酒，这绝对不是巧合。德安杰利斯（De Angelis）家族的葡萄园分布广泛，几乎都是种植的传统品种。作为一个大家族，他们几乎全部都是自己经营管理，分担责任。他们的葡萄酒风格热烈大方，直接影响平衡的结构和饱满酒体，甚至是简装的瓶装酒也是如此。

● Donello '10	🍷🍷 4*
○ Lu Kont Bianco '09	🍷🍷 6
○ Offida Pecorino Navicchio '10	🍷🍷 4
● Rosso Piceno Sup. Marinus '09	🍷🍷 4
○ Cavaceppo '10	🍷 4
○ Falerio dei Colli Ascolani Aurato '10	🍷 2*
● Lu Kont '08	🍷 7
○ Offida Passerina Passito L'Estro del Mastro '08	🍷 5
○ Offida Passerina Spumante Emmanuel Maria '10	🍷 4
● Rosso Piceno Conte Rosso '10	🍷 3
● Zipolo '08	🍷 6
● Lu Kont '07	🍷🍷 7
○ Offida Pecorino Navicchio '08	🍷🍷 4
● Zipolo '07	🍷🍷 6

Conti di Buscareto

fraz. Pianello
via San Gregorio, 66
60010 Ostra [AN]
Tel. 0717988020
www.contidibuscareto.com

藏酒销售
预约参观
年产量 180 000 瓶
葡萄种植面积 70 公顷

克劳迪奥•加贝利尼（Claudio Gabellini）和恩利科•吉亚科梅利（Enrico Giacomelli）将他们在软件行业中获得的各种收益投资到了分布于安科纳省（Ancona）的各种产业中。在阿塞维亚（Arcevia）种植着威迪科（Verdicchio），在莫罗德•阿尔巴（Morro d'Alba）种植着黑拉科里马（lacrima nera），在卡梅拉塔•皮塞纳（Camerata Picena）和圣维多山（Monte San Vito）则种植着其他的红葡萄品种。产品以顾客为中心，致力于提供物美价廉，香味清晰，口感柔滑的葡萄酒。精心的酿制，时尚的包装和多样化的产品共同促进了公司目标的实现。

● Bisaccione '08	🍷🍷 6
● Lacrima di Morro d'Alba '10	🍷🍷 4*
○ Brut Bianco '10	🍷 4
● Crimà '10	🍷 3
⊙ Rosa '10	🍷 3
⊙ Rosé Brut '10	🍷 4
● Rosso Piceno '09	🍷 3
○ Verdicchio dei Castelli di Jesi '10	🍷 3
● Lacrima di Morro d'Alba '09	🍷🍷 4*
● Lacrima di Morro d'Alba Passito '08	🍷🍷 4
○ Verdicchio dei Castelli di Jesi '09	🍷🍷 3*
○ Verdicchio dei Castelli di Jesi Ammazzaconte '08	🍷🍷 4*

Croce del Moro

VIA TASSANARE, 4
60030 ROSORA [AN]
TEL. 0731814158
www.tassanare.it

预约参观
年产量 50 000 瓶
葡萄种植面积 8 公顷

在罗索拉（Rosora）的葡萄园比吉士堡的（Castelli di Jesi）平均海拔高。地处高原，位于斜坡上，有种特别的光线，土壤富含石灰石和粘土。简而言之，这里的一切条件都适合精致复杂的葡萄酒。布鲁诺•卡瓦拉罗（Bruno Cavallaro）住在米兰，直到十年前他才开始重视他的庄园，聘用酿酒专家翁贝托•特龙贝利（Umberto Trombelli）。往年，我们只能略微瞥见他们的酿酒潜力，但是今年，他们则给我们献上了值得信赖又流畅连贯的系列产品。

- ○ Verdicchio dei Castelli di Jesi Cl. Sup. Crocetta '09 — 2 (red) 5
- ● Rosso Piceno Il Moro '09 — 2 3*
- ○ Verdicchio dei Castelli di Jesi Cl. Crocetta Ris. '08 — 2 5
- ○ Verdicchio dei Castelli di Jesi Cl. Le Muse '10 — 2 3*
- ○ Donna Clementia '08 — 1 4
- ○ Il Moro della Genga '08 — 1 4
- ● Rosso Piceno Furtarello '03 — 2 (white) 4*
- ○ Verdicchio dei Castelli di Jesi Cl. Sup. Crocetta '08 — 2 (white) 5
- ○ Verdicchio dei Castelli di Jesi Cl. Sup. Crocetta '07 — 2 (white) 4
- ○ Verdicchio dei Castelli di Jesi Cl. Sup. Crocetta '04 — 2 (white) 3*
- ○ Verdicchio dei Castelli di Jesi Cl. Sup. Crocetta Ris. '05 — 2 (white) 5

Tenuta De Angelis

VIA SAN FRANCESCO, 10
63030 CASTEL DI LAMA [AP]
TEL. 073687429
www.tenutadeangelis.it

藏酒销售
年产量 500 000 瓶
葡萄种植面积 50 公顷

近期的品酒会已经再次确认经常以地区为荣的红葡萄酒已取得令人欣慰的稳定品质。但是白色葡萄酒法定产区则是真正的上了一个档次。就在几年前，当时的酒庄还产着一些无法上榜的酒，酿酒上温和平淡，管理上也说得过去，但是缺少了灵魂。派科琳诺（Pecorino）法拉瑞欧（Falerio）已经在榜单上占据了一席之地，紧紧跟随着本地最好的后面，包括帕斯琳娜（Passerina）也有了很大的发展。这对于寻找金钱价值的葡萄酒爱好者来说是绝对的好消息。

- ● Anghelos '09 — 2 (red) 5
- ○ Falerio dei Colli Ascolani '10 — 2 2*
- ○ Offida Pecorino '10 — 2 3*
- ● Rosso Piceno Sup. '09 — 2 3*
- ○ Offida Passerina '10 — 1 3
- ● Rosso Piceno '10 — 1 2*
- ● Anghelos '01 — 3 (white) 5
- ● Anghelos '99 — 3 (white) 5
- ● Anghelos '07 — 2 (white) 5
- ● Anghelos '06 — 2 (white) 5
- ● Anghelos '05 — 2 (white) 4
- ● Anghelos '04 — 2 (white) 4
- ● Rosso Piceno Sup. '07 — 2 (white) 3*
- ● Rosso Piceno Sup. Oro '06 — 2 (white) 4*

Fattoria Dezi

c.da Fontemaggio, 14
63029 Servigliano [FM]
Tel. 0734710090
fattoriadezi@hotmail.com

藏酒销售
预约参观
年产量 50 000 瓶
葡萄种植面积 16 公顷
葡萄栽培方式 有机种植

几年前的那场火已经是远去的记忆。大火中唯一受损的建筑农机棚如今建得更大了。同时也将酿酒厂翻修了，更新了食宿设施。法朵莉亚•德齐（Fattoria Dezi）以红葡萄酒闻名，酒体结构平衡，色度丰满，酒力强劲，单宁浓密。近期我们注意到，偶尔有过浓的气味，伴随于水果纯度的损害，这在某种意义上也是德齐的风格特点。

Wine	Rating
● Regina del Bosco 48 Mesi '06	2 (red) 8
● Dezio '09	2 5
● Regina del Bosco '08	2 7
● Solo '09	2 7
● Regina del Bosco '06	3 7
● Regina del Bosco '05	3 7
● Regina del Bosco '03	3 6
● Solo Sangiovese '05	3 7
● Solo Sangiovese '01	3 6
● Solo Sangiovese '00	3 6
● Dezio Vign. Beccaccia '06	2 5
● Regina del Bosco '07	2 7
● Solo Sangiovese '08	2 7
● Solo Sangiovese '07	2 7

La Distesa

via Romita, 28
60034 Cupramontana [AN]
Tel. 0731781230
www.ladistesa.it

藏酒销售
预约参观
年产量 10 000 瓶
葡萄种植面积 3 公顷
葡萄栽培方式 有机种植

科尔拉多•多托利（Corrado Dottori）通过博客（www.ladistesa.blogspot.com）表达他“对一个独立酿酒者的想法、梦想和想象”，有很多文字供我们理解，如果你没有时间登录去看的话，你可以开启他的一瓶酒，然后一饮而尽。你会发现它是对独树一帜，自发随兴和始终如一这集中特质的融合。你可能不会完全赞同他的观点或者是葡萄酒，但是科尔拉多随时都乐意与人讨论，也许是在农庄里的杯酒间，农庄是他和他的妻子在葡萄园和酒窖里不忙的时候经营的。

Wine	Rating
○ Verdicchio dei Castelli di Jesi Cl. Sup. Gli Eremi Ris. '09	3 (red) 4*
● Nocenzio '09	2 5
○ Verdicchio dei Castelli di Jesi Cl. Sup. Terre Silvate '10	2 3*
○ Bianco 99	2 6
○ Nur '08	2 4*
○ Nur '06	2 4
○ Verdicchio dei Castelli di Jesi Cl. Sup. Gli Eremi Ris. '08	2 4
○ Verdicchio dei Castelli di Jesi Cl. Sup. Terre Silvate '09	2 3*
○ Verdicchio dei Castelli di Jesi Cl. Sup. Terre Silvate '06	2 3*

Fausti

C.DA CASTELLETTA, 15
63023 FERMO
TEL. 0734620492
faustivini@gmail.com

藏酒销售
预约参观
年产量 65 000 瓶
葡萄种植面积 11 公顷
葡萄栽培方式 有机种植

康特拉达•卡斯特勒拉（Contrada Castelletta）位于亚德里亚海和法尔莫（Fermo）之间的高地上。其名字来源于一个俯瞰亚得里亚海的一个瞭望塔。掠夺撒拉森人的威胁早已远去，但是海风并未消失，它还使地中海地区哪怕是一天中最热的几个小时，也不再那么炎热。当地干燥的气候尤其适宜传统品种的种植，如蒙特普齐诺（montepulciano）。多梅尼克•安吉洛（Domenico D'Angelo）还想种植席拉（syrah），在这里具有独特的辛辣特质的罗纳河（Rhône）品种，已经找到了理想的种植地点。

● Vespro '09	🍷🍷	5
● Perdomenico Syrah '09	🍷🍷	5
⊙ Rosato '10	🍷🍷	4
● Rosso Piceno Fausto '10	🍷🍷	2*
● Vespro '05	🍷🍷🍷	5
● Vespro '03	🍷🍷🍷	4*
● Perdomenico Syrah '08	🍷🍷	5
● Perdomenico Syrah '05	🍷🍷	5
● Vespro '08	🍷🍷	5
● Vespro '07	🍷🍷	5
● Vespro '06	🍷🍷	5
● Vespro '04	🍷🍷	5
● Vespro '02	🍷🍷	4*
● Vespro '01	🍷🍷	4

Fazi Battaglia

VIA ROMA, 117
60031 CASTELPLANIO [AN]
TEL. 073181591
www.fazibattaglia.it

藏酒销售
预约参观
年产量 3 000 000 瓶
葡萄种植面积 260 公顷

法济•巴塔利亚（Fazi Battaglia）已经扬名国际葡萄酒市场有半个多世纪了，主要要归功于超前的市场营销规划，也就是有名的双耳长颈瓶，由安东尼奥•马里奥齐（Antonio Maiocchi）设计于20世纪50年代早期。它展现了设计、风土和葡萄品种间牢不可破的紧密联系，时至今日，它仍是马尔凯地区（Marche）如同装在瓶子里的威迪科葡萄酒（Verdicchio）一样的知名象征。我们在本地区尝到的最好的甜酒（Arkezia Muffo di San Sisto '08）就装在一个类似的瓶子里，有着同样的曲线形状但小一些的。

○ Arkezia Muffo di S. Sisto '08	🍷🍷	7
○ Verdicchio dei Castelli di Jesi Cl. Sup. Massaccio '08	🍷🍷	5
● Conero Passo del Lupo Ris. '08	🍷🍷	5
○ Verdicchio dei Castelli di Jesi Cl. Sup. San Sisto Ris. '08	🍷🍷	5
● Rosso Conero Ekeos '10	🍷	5
○ Verdicchio dei Castelli di Jesi Cl. Sup. Le Moie '10	🍷	4
○ Verdicchio dei Castelli di Jesi Cl. Sup. Titulus '10	🍷	4
○ Verdicchio dei Castelli di Jesi Cl. Sup. San Sisto Ris. '07	🍷🍷🍷	5
○ Verdicchio dei Castelli di Jesi Cl. Sup. San Sisto Ris. '05	🍷🍷🍷	5
○ Verdicchio dei Castelli di Jesi Cl. Sup. Massaccio '03	🍷🍷🍷	4*
○ Verdicchio dei Castelli di Jesi Cl. Sup. Massaccio '01	🍷🍷🍷	4

Andrea Felici

VIA SANT'ISIDORO, 28
62021 APIRO [MC]
TEL. 0733611431
www.andreafelici.it

藏酒销售
预约参观
年产量 30 000 瓶
葡萄种植面积 6 公顷
葡萄栽培方式 有机种植

威迪科品牌葡萄酒（Verdicchio）有了另一种特色，就是雷欧帕德•费利奇（Leopardo Felici）。雷欧住在一个不是以酒闻名的地方圣伊斯都若•迪•阿皮罗（Sant'Isidoro di Apiro），位于马切拉塔省（Macerata）的一个自治区，它与邻近库珀哈蒙塔纳地区（Cupramontana）有着同样得天独厚的酿制威迪科葡萄酒的条件。出国做了一段时间的侍酒师后，他带着明确的目标回到了意大利，要酿造出一种好的白葡萄酒，能够赢得像他在欧洲服务的那些葡萄酒爱好者的心。他的土地在圣维奇诺山（Monte San Vicino）脚下，潜力十足，他的决心已经为他收获了巨额的股息。

○ Verdicchio dei Castelli di Jesi Cl. Il Cantico della Figura Ris. '08	5
○ Verdicchio dei Castelli di Jesi Cl. Sup. Andrea Felici '10	4*
○ Verdicchio dei Castelli di Jesi Cl. Il Cantico della Figura Ris. '07	5
○ Verdicchio dei Castelli di Jesi Cl. Sup. Andrea Felici '09	4

Fiorano

C.DA FIORANO, 19
63030 COSSIGNANO [AP]
TEL. 073598446
www.agrifiorano.it

藏酒销售
预约参观
年产量 30 000 瓶
葡萄种植面积 6 公顷
葡萄栽培方式 有机认证

当其他来自米兰的投资者还在觊觎托斯卡纳（Tuscany）的时候，保罗•伯莱塔（Paolo Beretta）选中了马尔凯（Marche）。吸引他来到这里的是来自皮赛诺（Piceno）的妻子和这里的乡村美景。现在他一直在这里居住并酿酒，经营着一家酿酒厂还有一个两个农庄那么大的家。他放弃了自己牙科技师的工作并全身心投入到他的新生活中，葡萄园、橄榄丛、清新的乡村生活。磨合期结束后，保罗严格的有机葡萄酒得到了大家的一片喝彩，芳香沁人心脾，口感优雅。

○ Offida Pecorino Donna Orgilla '10	4*
● Rosso Piceno Sup. Terre di Giobbe '08	4*
● Fiorano Sangiovese '10	4*
● Ser Balduzio '06	6
○ Donna Orgilla Pecorino '07	4*
○ Offida Pecorino Donna Orgilla '09	4*
○ Offida Pecorino Donna Orgilla '08	4*
● Rosso Piceno Sup. Terre di Giobbe '07	4*
● Rosso Piceno Sup. Terre di Giobbe '06	4*
● Rosso Piceno Sup. Terre di Giobbe '05	4*
● Ser Balduzio '04	6

Cantine Fontezoppa

C.DA SAN DOMENICO, 24
62012 CIVITANOVA MARCHE [MC]
TEL. 0733790504
www.cantinefontezoppa.it

藏酒销售
预约参观
年产量 290 000 瓶
葡萄种植面积 38 公顷

冯特宗帕（Fontezoppa）的酒中渗透着马切拉塔（Macerata）的真正精髓。葡萄园里种植着多种多样的品种，酒庄忠实于本地品种。在马尔凯的奇维塔诺瓦（Civitanova Marche）葡萄园种植的泪珠（lacrima）圣乔维斯（sangiovese）玛可兰蒂诺（maceratino），一起栽培的还有赤霞珠（cabernet sauvignon）和梅洛（merlot）。在赛拉派特罗纳（Serrapetrona）的一小片土地上种植着黑维奈西卡（Vernaccia nera），在马泰利卡（Matelica）的一片3公顷的土地上种植着威迪科（verdicchio）。这里的酒有着自己的特性，也不会盲从于流俗，尤其是两款赛拉派特罗纳出产的酒，他们不太稳定，似乎也有点缺少中心但是独特得吸引人。

- ● Marche Rosso '09 — 🍷🍷 4*
- ○ Colli Maceratesi Ribona '09 — 🍷🍷 4*
- ● Serrapetrona Falcotto '08 — 🍷🍷 6
- ○ Verdicchio di Matelica '10 — 🍷🍷 4*
- ● Colli Maceratesi Rosso Vardò '08 — 🍷 4
- ● Dirosaediviola '08 — 🍷 5
- ○ Marche Bianco '10 — 🍷 4
- ⊙ Piccinì '10 — 🍷 4
- ● Serrapetrona Morò '07 — 🍷 8
- ● Annibal Caro '08 — 🍷🍷 5
- ○ Colli Maceratesi Ribona '08 — 🍷🍷 4*
- ● Dirosaediviola '07 — 🍷🍷 5
- ● Mariné '07 — 🍷🍷 5
- ● Serrapetrona Falcotto '07 — 🍷🍷 5

★Gioacchino Garofoli

VIA CARLO MARX, 123
60022 CASTELFIDARDO [AN]
TEL. 0717820162
www.garofolivini.it

藏酒销售
预约参观
年产量 2 000 000 瓶
葡萄种植面积 42 公顷

加罗福利（Garofoli）自称为一座古老的酒庄是有原因的。庄园最近通过一次全面的装修庆祝百年诞辰。现在这里有和谐团结的团队，酿酒专家兼生产经理卡洛（Carlo）与行政主管吉安弗朗科（Gianfranco）——也是马尔凯地区（Marche）葡萄酒保护协会的主席，将酒庄运行到了现在的繁荣状态。葡萄酒既有特色又可口，还有合理的定价，产品系列多样化包括起泡酒、甜葡萄酒当然也就有极品科威迪。

- ○ Verdicchio dei Castelli di Jesi Cl. Sel. Gioacchino Garofoli Ris. '06 — 🍷🍷🍷 6
- ⊙ Garofoli Brut Rosé '08 — 🍷🍷 5
- ○ Verdicchio dei Castelli di Jesi Cl. Sup. Macrina '10 — 🍷🍷 4*
- ○ Verdicchio dei Castelli di Jesi Cl. Sup. Podium '09 — 🍷🍷 5
- ● Conero Sel. Gioacchino Garofoli Ris. '06 — 🍷🍷 8
- ● Rosso Conero Piancarda '08 — 🍷🍷 4*
- ● Camerlano '07 — 🍷 5
- ○ Dorato '09 — 🍷 4
- ○ Verdicchio dei Castelli di Jesi Cl. Sup. Podium '08 — 🍷🍷🍷 5
- ○ Verdicchio dei Castelli di Jesi Cl. Sup. Podium '07 — 🍷🍷🍷 5*
- ○ Verdicchio dei Castelli di Jesi Cl. Sup. Podium '06 — 🍷🍷🍷 5*

Luca Guerrieri

via San Filippo, 24
61030 Piagge [PU]
Tel. 0721890152
www.aziendaguerrieri.it

藏酒销售
预约参观
年产量 180 000 瓶
葡萄种植面积 35 公顷

位于佩扎罗（Pesaro）的这个山区小村庄相对于附近的海岸来说不太为人所知，也较少有人来参观，但是在这里你可以欣赏到中世纪的村庄，斜缓的坡地，原滋原味的乡村风光。也正是在这里坐落着古老的庄园卢卡•格尔里瑞利（Luca Guerrieri），面积广大，具备有多方面的开发的条件。在公司的商业活动中，葡萄酒并非是唯一的收益来源，因为谷物作物和橄榄树的产出也不俗，一直在竞争着成为公司的骄傲。但是只有葡萄酒可以说是在同类产品中是至高无上的，令人愉悦，风格现代，从不在自己的特色上妥协，同样重要的是它价格诱人。

- ● Guerriero Nero '09 — 4*
- ○ Bianchello del Metauro '10 — 3*
- ○ Bianchello del Metauro Celso '10 — 3*
- ● Colli Pesaresi Sangiovese '10 — 3*
- ● Colli Pesaresi Sangiovese Galileo Ris. '08 — 4
- ○ Guerrieri Brut — 4
- ○ Bianchello del Metauro Celso '09 — 3*
- ○ Bianchello del Metauro Celso '04 — 4*
- ● Colli Pesaresi Sangiovese Galileo '07 — 4
- ● Guerriero Nero '08 — 4*
- ● Guerriero Nero '04 — 4*

Esther Hauser

c.da Coroncino, 1a
60039 Staffolo [AN]
Tel. 0731770203
zara.hauser@gmail.com

藏酒销售
预约参观
年产量 6 000 瓶
葡萄种植面积 1 公顷

20年前，以斯帖•豪泽（Esther Hauser）离开瑞士来到斯塔福洛（Staffolo），居住在一个农舍，农舍只有一条灌木丛和橡树相间的窄窄的小路与外界相通。她所有的财产就是一些橄榄树和一片蒙特普齐诺葡萄园（montepulciano）。不久以后，那些少数知道它的狂热分子们都对她的红葡萄酒（Il Cupo）梦寐以求。在今天能得到一瓶也实属不易，不仅仅因为它一年的生产量有限，顶多2 800瓶，还因为它是一款精品酒，是本地区最好的红酒之一，特别在本地区的白威迪科葡萄酒（Verdicchio）绝对优势无可争议的前提下。

- ● Il Cupo '08 — 6
- ● Il Ceppo '08 — 5
- ● Il Ceppo '07 — 5
- ● Il Ceppo '06 — 5
- ● Il Ceppo '05 — 5
- ● Il Cupo '07 — 6
- ● Il Cupo '06 — 6
- ● Il Cupo '05 — 6
- ● Il Cupo '04 — 6
- ● Il Cupo Vecchie Vigne '02 — 6

Fattoria Laila

via San Filippo sul Cesano, 27
61040 Mondavio [PU]
Tel. 0721979353
www.fattorialaila.it

藏酒销售
预约参观
年产量 130 000 瓶
葡萄种植面积 40 公顷

我们很少听到法朵莉亚•莱拉（Fattoria Laila）的新闻，但是通过进一步的观察我们发现它今年的得分几乎和去年一模一样。葡萄年份不同，但结果一样，我们可以从两方面来看待这个现象。一方面，安德里亚•克罗琴齐（Andrea Crocenzi）似乎缺少迈出重大突破的一步的动力，其实他是绝对有这个能力的，这将驱使他树立更远大的目标，获得更大的收益；另一方面，我们又不禁注意到每一年的酒都稳定地保持着高水平，而这种每年都稳定的质量可不是一般的技艺就可以达到的。

酒款	评分
○ Verdicchio dei Castelli di Jesi Cl. Lailum Ris. '09	5
● Rosso Conero Fattoria Laila '10	4*
● Rosso Piceno Lailum '08	5
○ Verdicchio dei Castelli di Jesi Cl. Eklektikos '10	4*
○ Verdicchio dei Castelli di Jesi Cl. Fattoria Laila '10	3*
● Rosso Piceno Fattoria Laila '10	3
● Rosso Conero Fattoria Laila '09	4*
● Rosso Piceno Lailum '06	5
● Rosso Piceno Lailum '05	5
● Rosso Piceno Lailum '03	5
○ Verdicchio dei Castelli di Jesi Cl. Lailum Ris. '08	5
○ Verdicchio dei Castelli di Jesi Cl. Lailum Ris. '07	4*
○ Verdicchio dei Castelli di Jesi Cl. Sup. '09	3*

Luciano Landi

via Gavigliano, 16
60030 Belvedere Ostrense [AN]
Tel. 073162353
www.aziendalandi.it

藏酒销售
预约参观
年产量 100 000 瓶
葡萄种植面积 18 公顷

贝尔韦代雷•奥斯特斯（Belvedere Ostrense）的地理位置极其适宜生产白葡萄酒，毕竟它是卡斯特里吉士堡（Castelli di Jesi's castles）之一，或者说是支持邻近的黑泪珠（lacrima nera）的中心产地莫罗•达尔巴地区（Morro d'Alba）。卢西亚诺•兰迪（Luciano Landi）不按当地的传统，坚持自己的喜好热情，更加专注于红葡萄酒。他年代最久远的一片1公顷的葡萄园种植着有50年历史的蒙特普齐诺葡萄（montepulciano）。从成熟度、浓度、强度上来说，卢西亚诺所产的拉卡利玛葡萄酒（Lacrima）在同类中很有优势。

酒款	评分
● Goliardo '09	5
● Lacrima di Morro d'Alba '10	3*
● Lacrima di Morro d'Alba Passito '09	6
● Lacrima di Morro d'Alba Sup. Gavigliano '09	4
⊙ Syla '10	4
○ Verdicchio dei Castelli di Jesi Cl. '10	3*
● Ragosto '09	4
● Goliardo '07	5
● Goliardo '03	6
● Goliardo '01	6
● Lacrima di Morro d'Alba '08	3*
● Lacrima di Morro d'Alba Passito '08	6
● Lacrima di Morro d'Alba Sup. Gavigliano '08	4

Ma.Ri.Ca.

via Acquasanta, 7
60030 Belvedere Ostrense [AN]
Tel. 0731290091
www.cantinamarica.it

藏酒销售
预约参观
葡萄种植面积 15 公顷

居住在威科迪山和莫罗•达尔巴地区（Morro d'Alba）之间的莫里科尼（Moriconi）家族在两种酒的生产上都取得了成功。他们的硬件包括一个2007年建立的现代化的酒窖，一间大的商店，一个品酒厅。整体的运营管理则是由头脑清醒、经验丰富的莫妮卡•莫里科尼（Monica Moriconi）经理负责，莫妮卡也是贝尔韦代雷•奥斯特斯（Belvedere Ostrense）的前市长。采纳了酿酒家塞尔吉奥•保卢奇（Sergio Paolucci）的建议后，酒庄的酒质量得到提升。整个酒系列特色鲜明、香味浓郁，更不用说其工艺的娴熟了。

- ● Lacrima di Morro d'Alba Sup. Castello di Ramosceto '09 — 🍷🍷 4*
- ○ Verdicchio dei Castelli di Jesi Cl. Sup. Tosius '10 — 🍷🍷 4*
- ○ Verdicchio dei Castelli di Jesi Cl. Sup. Ris. Aurato '09 — 🍷🍷 5
- ○ Verdicchio dei Castelli di Jesi Cl. Tregaso '10 — 🍷🍷 2*
- ● Lacrima di Morro d'Alba Passito Flores Lacrimae '08 — 🍷 5
- ● Lacrima di Morro d'Alba Ramosceto '10 — 🍷 3
- ● Lacrima di Morro d'Alba Ramosceto '09 — 🍷🍷 3*
- ○ Verdicchio dei Castelli di Jesi Cl. Sup. Tosius '09 — 🍷🍷 4*

Stefano Mancinelli

via Roma, 62
60030 Morro d'Alba [AN]
Tel. 073163021
www.mancinelli-wine.com

藏酒销售
预约参观
年产量 150 000 瓶
葡萄种植面积 25 公顷

斯特凡诺•曼齐纳利（Stefano Mancinelli）可以很好地释义为"太阳王"，也可以宣称"拉卡利玛葡萄酒（Lacrima）就是我"。幸运的是他并非是那种固步自封，不思进取的人。斯特凡诺投入大量精力对葡萄品种进行了遗传分析，利用一种新的酿造技术二氧化碳浸渍法来提炼泪珠的芳香化合物。如今，他正在从他的丰富经历中收获果实，酿制了顶尖的拉卡利玛葡萄酒（Lacrima di Morro d'Albas）。显然，他并未忽视其他的葡萄品种，如种植在塞尼加利亚（Senigallia）背靠的山中，曾酿制了令人难以忘怀的葡萄酒的白皮威迪科葡萄（verdicchio）。

- ● Lacrima di Morro d'Alba Sup. '09 — 🍷🍷 4
- ● Lacrima di Morro d'Alba Sensazioni di Frutto '10 — 🍷🍷 4*
- ○ Verdicchio dei Castelli di Jesi Cl. '10 — 🍷🍷 2*
- ○ Verdicchio dei Castelli di Jesi Cl. Sup. '10 — 🍷🍷 3*
- ● Lacrima di Morro d'Alba '10 — 🍷 4
- ● Lacrima di Morro d'Alba '08 — 🍷🍷 4
- ● Lacrima di Morro d'Alba Sensazioni di Frutto '09 — 🍷🍷 4
- ● Lacrima di Morro d'Alba Sup. '08 — 🍷🍷 4
- ● Lacrima di Morro d'Alba Sup. '06 — 🍷🍷 4*
- ● Terre dei Goti — 🍷🍷 6
- ○ Verdicchio dei Castelli di Jesi Cl. Sup. '09 — 🍷🍷 3
- ○ Verdicchio dei Castelli di Jesi Cl. Sup. S. Maria del Fiore '07 — 🍷🍷 3*
- ○ Verdicchio dei Castelli di Jesi Passito Stell '06 — 🍷🍷 5

Clara Marcelli

via Fonte Vecchia, 8
63030 Castorano [AP]
Tel. 073687289
www.claramarcelli.it

葡萄栽培方式 有机认证

伊曼纽尔（Emanuele）和丹尼尔•克莱塔（Daniele Colletta）的葡萄园都位于卡斯托瑞诺（Castorano）的自治区，土壤主要是粘土和石灰石，偶有一些化石壳体。他们严格遵循有机农业的方法，并将葡萄酒酿造期间的干预减少到最小，这样他们的葡萄酒保持了典型的、自然的特点。倒入酒杯后，他们葡萄酒中的细微差别缓缓出现，虽非马上可品出，但是很有吸引力。记得一定慢慢品味，时间足够才可品出酒的原滋原味和无限活力，这正是他们擅长的一点。

- ● Corbù '10 3*
- ● K'un '09 4
- ● Rosso Piceno Sup. '09 4
- ○ Offida Passerina Raffa '10 4
- ● K'un '08 4*
- ● K'un '07 4
- ● K'un '06 4*
- ○ Offida Passerina Raffa '09 4
- ○ Offida Pecorino Irata '09 4
- ○ Offida Pecorino Irata '07 4*
- ● Piceno Rosso Sup. '08 4
- ● Piceno Rosso Sup. '07 4

Marchetti

fraz. Pinocchio
via di Pontelungo, 166
60131 Ancona
Tel. 071897386
www.marchettiwines.it

藏酒销售
预约参观
年产量 60 000 瓶
葡萄种植面积 18 公顷

对于年长的葡萄酒爱好者来说，马尔凯蒂（Marchetti）是一个家喻户晓的名字。在20世纪70年代，饮用马尔凯蒂的科内罗可以说是安科纳（Ancona）人民的一个日常习俗，与帕赛托（Passetto）和特迪斯•康奈尔（Tredici Cannelle）一样。毛里齐奥•马尔凯蒂（Maurizio Marchetti）从父亲那里继承了公司，借助洛伦佐•兰迪（Lorenzo Landi）的专业技能将公司现代化。洛伦佐关注着葡萄的成熟，细致控温，防止风味前体的氧化，娴熟地运用小木桶。

- ● Rosso Conero Villa Bonomi Ris. '08 5
- ○ Verdicchio dei Castelli di Jesi Cl. Sup. Tenuta del Cavaliere '10 4
- ● Rosso Conero Castro di San Silvestro '09 4
- ● Rosso Conero Fresconero '10 4
- ○ Verdicchio dei Castelli di Jesi Cl. '10 3
- ● Rosso Conero Villa Bonomi Ris. '02 5
- ● Conero Villa Bonomi Ris. '05 6
- ● Rosso Conero Villa Bonomi Ris. '06 5
- ● Rosso Conero Villa Bonomi Ris. '04 5
- ● Rosso Conero Villa Bonomi Ris. '03 5
- ○ Verdicchio dei Castelli di Jesi Cl. '08 3*
- ○ Verdicchio dei Castelli di Jesi Cl. Sup. Tenuta del Cavaliere '09 4
- ○ Verdicchio dei Castelli di Jesi Cl. Sup. Tenuta del Cavaliere '07 4

Marotti Campi

via Sant'Amico, 14
60030 Morro d'Alba [AN]
Tel. 0731618027
www.marotticampi.it

藏酒销售
预约参观
年产量 185 000 瓶
葡萄种植面积 56 公顷

洛伦佐•马罗蒂•卡姆皮（Lorenzo Marotti Campi）在马尔凯地区（March）已是很有影响力的名字。声名初起是因为他酿制的几乎不怎么独到的拉卡利玛葡萄酒（Lacrima di Morro d'Alba）。因为他在这个绝佳的酒乡有着相当大面积的葡萄园，所以在一个小的指定区内，他的成功之路并不是很艰难。同时，洛伦佐还注意在这红酒之地保持威科迪白葡萄酒（Verdicchio）的酿制。他的远见正在为他带来收益。

○ Verdicchio dei Castelli di Jesi Cl. Salmariano Ris. '08	🍷🍷🍷 4*
● Lacrima di Morro d'Alba Sup. Orgiolo '09	🍷🍷 4*
⊙ Brut Rosé '10	🍷🍷 4*
● Lacrima di Morro d'Alba Rùbico '10	🍷🍷 4*
○ Verdicchio dei Castelli di Jesi Cl. Sup. Luzano '10	🍷🍷 3*
● Donderè '08	🍷 5
⊙ Rosato '10	🍷 3
○ Verdicchio dei Castelli di Jesi Cl. Albiano '10	🍷 2
● Xyris Mosto Parzialmente Fermentato '10	🍷 4
○ Verdicchio dei Castelli di Jesi Cl. Salmariano Ris. '07	🍷🍷🍷 4*
● Lacrima di Morro d'Alba Sup. Orgiolo '08	🍷🍷 4*
● Lacrima di Morro d'Alba Sup. Orgiolo '06	🍷🍷 4*
○ Verdicchio dei Castelli di Jesi Cl. Salmariano Ris. '06	🍷🍷 4*

★La Monacesca

c.da Monacesca
62024 Matelica [MC]
Tel. 0733672641
www.monacesca.it

藏酒销售
预约参观
年产量 160 000 瓶
葡萄种植面积 30 公顷

法尔法（Farfa）的本笃会（Benedictine order）要是知道他们的修道院内现有着一个极富盛名的酿酒厂一定会非常高兴。几个世纪以前，好心的僧侣们选址在这个半山腰，这里的土地多种多样，有耕地、草地、橡树林，还在圣维奇诺山（Mount San Vicino）的影子下。尽管庄园在1994年种了些大圣乔维斯（sangiovese grosso）和梅洛（merlot）葡萄来恢复当地红葡萄酒往日的名声，但葡萄园种植的主要品种依然是威迪科（Verdicchio），另外还有少量的莎当尼（chardonnay）。除了卡梅尔特葡萄酒（Camerte）是在小木桶里陈酿外，其他的葡萄酒都是用不锈钢桶进行陈酿。

○ Verdicchio di Matelica Mirum Ris. '09	🍷🍷🍷 5
○ Verdicchio di Matelica '10	🍷🍷 4*
● Camerte '07	🍷 5
● Camerte '99	🍷🍷🍷 5
○ Mirum '94	🍷🍷🍷 5
○ Mirus '91	🍷🍷🍷 5
○ Verdicchio di Matelica '94	🍷🍷🍷 4
○ Verdicchio di Matelica Mirum Ris. '08	🍷🍷🍷 5
○ Verdicchio di Matelica Mirum Ris. '07	🍷🍷🍷 5*
○ Verdicchio di Matelica Mirum Ris. '06	🍷🍷🍷 5
○ Verdicchio di Matelica Mirum Ris. '04	🍷🍷🍷 5
○ Verdicchio di Matelica Mirum Ris. '02	🍷🍷🍷 5

Monte Schiavo

FRAZ. MONTESCHIAVO
VIA VIVAIO
60030 MAIOLATI SPONTINI [AN]
TEL. 0731700385
www.monteschiavo.it

藏酒销售
预约参观
年产量 1 500 000 瓶
葡萄种植面积 115 公顷

自1994年贝亚雷斯（Pieralisi）家族收购了拉维特（La Vite）酿酒厂，蒙特赛（Monte Schiavo）酒庄始终坚持对葡萄酒品质的追求。安德里亚•皮尔拉里斯（Andrea Pieralisi）的到来推动了很多另外的项目，尤其是在塔桑纳里（Tassanare）的一个大庄园，那里大部分的最好的葡萄园都是培育在一个自然的绿洲里。正在进行的重组活动包括重新安排产品发行时间，这样也就减少出展的葡萄酒。其中重要的缺席酒包括吉安卡尔珍藏（Riserva Le Giuncare）和康纳罗—安迪达托红葡萄酒（Rosso Conero Adeodato）。

○ Verdicchio dei Castelli di Jesi Cl. Sup. Pallio di S. Floriano '10	🍷🍷🍷 4*
● Rosso Piceno Sassaiolo '09	🍷🍷 3*
○ Verdicchio dei Castelli di Jesi Cl. Coste del Molino '10	🍷🍷 3*
● Lacrima di Morro d'Alba Marzaiola '10	🍷 4
● Rosso Conero Adeodato '00	🍷🍷🍷 6
○ Verdicchio dei Castelli di Jesi Cl. Sup. Pallio di S. Floriano '09	🍷🍷🍷 4*
● Rosso Conero Adeodato '06	🍷🍷 6
● Rosso Conero Adeodato '05	🍷🍷 6
○ Verdicchio dei Castelli di Jesi Cl. Coste del Molino '09	🍷🍷 3*
○ Verdicchio dei Castelli di Jesi Cl. Le Giuncare Ris. '07	🍷🍷 4*
○ Verdicchio dei Castelli di Jesi Cl. Sup. Pallio di S. Floriano '08	🍷🍷 4*

Montecappone

VIA COLLE OLIVO, 2
60035 JESI [AN]
TEL. 0731205761
www.montecappone.com

藏酒销售
预约参观
年产量 120 000 瓶
葡萄种植面积 70 公顷

蒙特卡普内（Montecappone）酒庄近些年来因为其对威迪科（Verdicchio）的清新、熟练的诠释而受到了葡萄酒鉴赏家的关注。这要归功于吉安卢卡•米里兹（Gianluca Mirizzi），他离开故土罗马的时候就有着明确的目标——复兴家族老财产。他和劳伦兹•兰迪（Lorenzo Landi）的会面至关重要，他们一起应用先进的农业和生产技术，尽最大可能地保留葡萄风味属性。取得了白葡萄酒上的成功之后，其运营重点又转向了红葡萄品种，尤其是对蒙特普齐诺葡萄（montepulciano）的关注。

○ Verdicchio dei Castelli di Jesi Cl. Sup. Federico II A.D. 1194 '10	🍷🍷 4*
○ Verdicchio dei Castelli di Jesi Cl. Utopia Ris. '09	🍷🍷 5
○ La Breccia Sauvignon '10	🍷🍷 4
● Tabano Rosso '09	🍷🍷 5
● Utopia '08	🍷🍷 6
⊙ Pergolooi 1710 '10	🍷 4
● Rosso Piceno '10	🍷 3
○ Tabano Bianco '10	🍷 5
○ Verdicchio dei Castelli di Jesi Cl. '10	🍷 3
○ Verdicchio dei Castelli di Jesi Cl. Utopia Ris. '08	🍷🍷🍷 5
○ Verdicchio dei Castelli di Jesi Cl. Utopia Ris. '07	🍷🍷🍷 5*
○ Verdicchio dei Castelli di Jesi Cl. Utopia Ris. '06	🍷🍷 5

Alessandro Moroder

VIA MONTACUTO, 121
60029 ANCONA
TEL. 071898232
www.moroder-vini.it

预约参观
年产量 140 000 瓶
葡萄种植面积 32 公顷
葡萄栽培方式 有机认证

如果我们称亚历山德罗•莫罗德尔（Alessandro Moroder）为蒙特贡雷诺生长区（Monte Conero-grown）红葡萄酒的元老，其他的生产者也不会反对。他是本区第一个荣获重大奖项的人，其农业也一直贴近自己的心，这些年他考虑增加其他作物和一个农舍来扩大公司的经营，也是对他地位的一个证明。亚历山德罗大力提倡将日常贡雷诺干红（Rosso Conero）和贡雷诺珍藏葡萄酒（Conero Riserva）区分开来，对后者等待的人们最终会满意而归。

● Conero Dorico Ris. '07	6
● Rosso Conero Moroder '08	4*
● Ankon '07	6
○ BianConero '10	4
● Rosso Conero Aiòn '09	3
● Conero Dorico Ris. '05	6
● Rosso Conero Dorico '93	5
● Rosso Conero Dorico '90	5
● Rosso Conero Dorico '88	5

★Oasi degli Angeli

C.DA SANT'EGIDIO, 50
63012 CUPRA MARITTIMA [AP]
TEL. 0735778569
www.kurni.it

藏酒销售
预约参观
年产量 5 000 瓶
葡萄种植面积 7 公顷
葡萄栽培方式 有机种植

不管是葡萄酒、特级初榨橄榄油还是他们的农庄的食物，马尔科（Marco）和埃莱奥诺拉•罗西•卡索莱内蒂（Eleonora Rossi Casolanetti）种植和生产的任何东西都可称得上是梦幻。表面上，似乎一切的灵感是来自于其历史，一切的东西都是不经意间造就的。其实却相反，这里的一切都是经过有条不紊的评估和超现代化的运转得到的。马尔科和埃莱奥诺拉的农业和葡萄酒酿造，既有创新又有胆量，开始烙下自己的历史印记了，对此，我们自然是无需惊讶。当时你经过欧奥斯（Oasi）的主门时，这里所有的一切都变得清晰起来，甚至比他们的酒给你留下的印象还要清晰。

● Kurni '09	8
● Kupra '08	8
● Kurni '08	8
● Kurni '07	8
● Kurni '04	8
● Kurni '03	8
● Kurni '02	8
● Kurni '01	8
● Kurni '00	8
● Kurni '98	8
● Kurni '97	8

Piantate Lunghe

FRAZ. CANDIA
VIA PIANTATE LUNGHE, 91
60131 ANCONA
TEL. 07136464
www.piantatelunghe.it

藏酒销售
预约参观
年产量 30 000 瓶
葡萄种植面积 8 公顷

皮安塔特•伦格（Piantate Lunghe）酒庄专门从事对蒙特齐诺（montepulciano）和圣乔维斯（sangiovese）的酿制。该酒庄是万千小酒庄之一，管理上多是自己亲力亲为。罗伯特•马佐尼（Roberto Mazzoni）是个多面手，既在葡萄园里工作，也忙碌于酿酒厂的事务。他的兄弟古伊多（Guido）负责营销，知名经理人阿梅德奥•朱斯蒂尼（Amedeo Giustini）和其他的人则提供土地。肯迪亚（Candia）酿酒厂的酿酒专家保罗•卡乔尔尼亚（Paolo Caciorgna）酿制出了红葡萄酒有冲劲、多汁，颇具现代风格，技艺精湛。

● Conero Rossini Ris. '08	🍷🍷 6
● Rosso Conero '08	🍷 4
● Conero Rossini '06	ΥΥΥ 6
● Conero Rossini Ris. '05	ΥΥΥ 6
● Conero Ris. '04	ΥΥ 6
● Conero Rossini Ris. '07	ΥΥ 6
● Rosso Conero '07	ΥΥ 4
● Rosso Conero '06	ΥΥ 4*
● Rosso Conero '05	ΥΥ 4*

Pievalta

VIA MONTESCHIAVO, 18
60030 MAIOLATI SPONTINI [AN]
TEL. 0731705199
www.baronepizzini.it

藏酒销售
预约参观
年产量 80 000 瓶
葡萄种植面积 27 公顷
葡萄栽培方式 生机互动农耕认证

亚历山大德罗•菲尼诺（Alessandro Fenin）离开伦巴第（Lombardy）时曾说要到马尔凯（Marche）酿好的威迪科白葡萄酒（Verdicchio）。他对自己许诺，证明他自己可以将所讲所学的酿酒学知识全部得以应用。他也对巴罗恩•匹兹尼（Barone Pizzini）许诺，后者将他任命为了他们在马尔凯地区投资经理。最初的日子很艰难，公司甚至都没有自己的生产设施。随着亚历山大德罗渐渐地懂得一个葡萄品种也许很简单，但是却也有着一千个层面角度这个道理后，他成功酿造出了极具个性的葡萄酒，每种都有着各自独特的品种质。

○ Verdicchio dei Castelli di Jesi Cl. San Paolo Ris. '08	🍷🍷 5
○ Verdicchio dei Castelli di Jesi Cl. Sup. Dominè '10	🍷🍷 4*
○ Verdicchio dei Castelli di Jesi Cl. Sup. Pievalta '10	🍷🍷 3*
○ Perlugo Brut	🍷 4
○ Verdicchio dei Castelli di Jesi Cl. Sup. Pievalta '09	ΥΥΥ 3*
○ Verdicchio dei Castelli di Jesi Cl. San Paolo Ris. '06	ΥΥ 5
○ Verdicchio dei Castelli di Jesi Cl. San Paolo Ris. '04	ΥΥ 4*
○ Verdicchio dei Castelli di Jesi Cl. Sup. Dominè '08	ΥΥ 4*

Il Pollenza

VIA CASONE, 4
62029 TOLENTINO [MC]
TEL. 0733961989
www.ilpollenza.it

藏酒销售
预约参观
年产量 100 000 瓶
葡萄种植面积 60 公顷

埃尔多•布拉奇蒂•裴丽迪（Aldo Brachetti Peretti）在庄园周围种上葡萄园，栽培各种国际品种，这与当地种植谷物不重视葡萄栽培的传统背道而驰。他聘用了一级的技术员工，在基础设施方面大力投资，做出了一些明智的决定，如在土地有高潜力产量还采用地区种植方法的情况下限制产量。结果就酿制了一系列的有广阔国际视野的葡萄酒。摆在他们面前的挑战就是要给葡萄酒注入当地特色，相应地，他们也种植了一些本地的葡萄品种。

● Il Pollenza '08	🍷🍷 8
○ Colli Maceratesi Angera '10	🍷🍷 4
● Cosmino '08	🍷🍷 6
⊙ Didi '10	🍷🍷 4
○ Pius IX Mastai '09	🍷🍷 7
○ Brianello '10	🍷 4
⊙ Duende '10	🍷 5
● Porpora '08	🍷 4
● Il Pollenza '07	🍷🍷🍷 8
● Cosmino '03	🍷🍷 5
● Il Pollenza '04	🍷🍷 8
● Il Pollenza '03	🍷🍷 8
● Il Pollenza '02	🍷🍷 7
○ Pius IX Mastai '06	🍷🍷 6

Saladini Pilastri

VIA SALADINI, 5
63078 SPINETOLI [AP]
TEL. 0736899534
www.saladinipilastri.it

藏酒销售
预约参观
年产量 1 000 000 瓶
葡萄种植面积 150 公顷
葡萄栽培方式 有机认证

今年的品酒会对本酒庄的评价透露了一丝犹豫，这完全是出乎意料之外的。白葡萄酒依然充满活力，但同样的话却不是用于红葡萄酒，尤其是它们都因葡萄过于成熟或者木头味过重而味道受损。这对一个有巨大潜力酿制优质红葡萄酒的酒庄来说并不是一个好的征兆。然而，我们有信心去相信这问题只是由于生产年份造成的短暂性的问题。葡萄园严格的有机农业种植方式使其深受自然天气的影响，但是我们可以肯定萨拉蒂尼•皮拉斯特里（Saladini Pilastri）酒庄的技术员工会使产品很快重回正轨的。

○ Offida Passerina '10	🍷🍷 4*
○ Offida Pecorino '10	🍷🍷 4*
● Rosso Piceno Piediprato '09	🍷🍷 4*
● Rosso Piceno Sup. V. Monteprandone '09	🍷🍷 5
○ Falerio dei Colli Ascolani V. Palazzi '10	🍷 3
● Rosso Piceno Sup. V. Montetinello '09	🍷 4
● Rosso Piceno Sup. V. Monteprandone '00	🍷🍷🍷 4
○ Offida Pecorino '08	🍷🍷 3*
● Pregio del Conte '08	🍷🍷 5
● Rosso Piceno Sup. V. Monteprandone '08	🍷🍷 5
● Rosso Piceno Sup. V. Monteprandone '07	🍷🍷 5
● Rosso Piceno Sup. V. Monteprandone '04	🍷🍷 5
● Rosso Piceno Sup. V. Montetinello '03	🍷🍷 3*

San Giovanni

C.DA CIAFONE, 41
63035 OFFIDA [AP]
TEL. 0736889032
www.vinisangiovanni.it

预约参观
年产量 130 000 瓶
葡萄种植面积 30 公顷
葡萄栽培方式 有机种植

来自遥远的亚得里亚海的海风吹到了柔和、低缓的康特拉达•齐风纳（Contrada Ciafone）群山中，典型的地中海气候特点夏季高温也得到了很好的缓解。这里一直以来都被当地人认作为最好的葡萄酒之地，说它遍野都是葡萄树也是完全可以理解的。这里的部分土地归吉安尼•洛伦佐（Gianni Di Lorenzo）所有，他经营着一个专注于传统葡萄酒指定区的酒庄。这些年来，他的酒专注品质且产量大，有着吸引人的现代风格，也和当地的传统想呼应，充分赢得了客户的信任。

Wine	Glasses	Price
○ Offida Pecorino Kiara '10	2 (red)	4*
● Rosso Piceno Sup. Leo Guelfus '07	2 (red)	4*
○ Falerio dei Colli Ascolani Leo Guelfus '10	2 (black)	3*
○ Offida Passerina Marta '10	1 (black)	4
● Offida Rosso Zeii '06	1 (black)	5
○ Offida Pecorino Kiara '08	2 (white)	4*
○ Offida Pecorino Kiara '06	2 (white)	4*
● Rosso Piceno Sup. Leo Guelfus '06	2 (white)	4*
● Rosso Piceno Sup. Leo Guelfus '04	2 (white)	4*

Poderi San Lazzaro

C.DA SAN LAZZARO, 88
63035 OFFIDA [AP]
TEL. 0736889189
www.poderisanlazzaro.it

藏酒销售
预约参观
年产量 45 000 瓶
葡萄种植面积 8 公顷
葡萄栽培方式 有机认证

保罗•卡普里奥地（Paolo Capriotti）已经开始建设新的酒窖，这样他将拥有一个规划得更好的空间，而不是像他目前所拥有的这个样子。对于保罗这样的人来说，这是主要任务。今年的酒系列由于获得了一种前所未有的原始风味，所以展现了躁动的特性。酒体更饱满，酒精更浓，更加浓缩，葡萄酒风格不自主地向张扬的方向发展，带来的结果也是多方面的。风险就是损失酒的均衡性和吸引力。

Wine	Glasses	Price
○ Offida Pecorino Pistillo '10	2 (black)	4*
● Polesio '10	2 (black)	3*
● Rosso Piceno Sup. Podere 72 '09	2 (black)	4*
● Grifola '08	1 (black)	5
● Grifola '07	2 (white)	5
● Grifola '06	2 (white)	5
● Grifola '05	2 (white)	5
○ Offida Pecorino Pistillo '09	2 (white)	4*
○ Offida Pecorino Pistillo '08	2 (white)	4*
● Polesio '09	2 (white)	3
● Rosso Piceno Sup. Podere 72 '08	2 (white)	4*
● Rosso Piceno Sup. Podere 72 '07	2 (white)	4*
● Rosso Piceno Sup. Podere 72 '06	2 (white)	4*

Fattoria San Lorenzo

via San Lorenzo, 6
60036 Montecarotto [AN]
Tel. 073189656
az-crognaletti@libero.it

藏酒销售
预约参观
年产量 100 000 瓶
葡萄种植面积 36 公顷
葡萄栽培方式 有机种植

如果你在寻找一款葡萄酒，它不过分关注平衡性和技术完美但同时又可以提供纯自然的感觉、美妙的口感和独特的风格，那么你就来对了地方。娜塔莉诺•科罗娜乐迪（Natalino Crognaletti）正可以提供你所追求的：口感丰富的威迪科白葡萄酒，从传统品种如圣乔维斯（sangiovese）、蒙特布查诺（montepulciano）和泪珠（lacrima）酿造出的富有生气的红葡萄酒，其中红葡萄酒在香味上有点过熟，味觉上也是十分广阔。这些葡萄酒，是一种个人的、一贯的、熟思的风格，并不是大众饮酒者的主流风格。他们的风格并不总是很吸引人。

- ○ Verdicchio dei Castelli di Jesi Cl. Sup. Vign. delle Oche '09 — 4*
- ● Rosso Conero Artù '08 — 4
- ● Rosso Conero Vign. La Gattara '07 — 4*
- ○ Verdicchio dei Castelli di Jesi Cl. Sup. delle Oche Ris. '08 — 5
- ○ Verdicchio dei Castelli di Jesi Cl. Vign. di Gino '10 — 3*
- ● Rosso Piceno Vign. Burello '08 — 4
- ● Rosso Piceno Vign. di Gino '09 — 3
- ● Vigneto del Solleone '06 — 6
- ○ Verdicchio dei Castelli di Jesi Cl. Vign. delle Oche Ris. '01 — 5
- ○ Il San Lorenzo '98 — 7
- ● Rosso Piceno V. Burello '07 — 4*
- ○ Verdicchio dei Castelli di Jesi Cl. Sup. Vign. delle Oche '08 — 4*
- ○ Verdicchio dei Castelli di Jesi Cl. Sup. Vign. delle Oche '07 — 4*
- ○ Verdicchio dei Castelli di Jesi Cl. Vign. delle Oche Ris. '06 — 5

San Savino - Poderi Capecci

loc. San Savino
via Santa Maria in Carro, 13
63038 Ripatransone [AP]
Tel. 073590107
www.sansavino.com

藏酒销售
预约参观
年产量 120 000 瓶
葡萄栽培方式 有机种植

西蒙•卡佩奇（Simone Capecci）是位全能种植者，同时他还亲自监管着整个生产过程。他的葡萄园分为两块，主要的一块位于阿夸维瓦•皮切纳（Acquaviva Picena），在临近亚得里亚海的圣贝内代托•德尔特龙托（San Benedetto del Tronto）所倚靠的绵延群山中；另一块环绕着酿酒厂，位于瑞派翠松（Ripatransone）和欧菲达（Offida）的半路上。西蒙以其色深和酒体饱满的红葡萄酒而闻名，近些年，他更是因为其对一款极复杂又简单同时喝起来又有意思的派科琳诺葡萄酒（Pecorino）极富个性的诠释成为了一个行业基准。

- ○ Offida Pecorino Ciprea '10 — 4*
- ● Fedus Sangiovese '08 — 5
- ● Rosso Piceno Sup. Picus '08 — 4*
- ○ Offida Passerina Tufilla '10 — 4*
- ● Quinta Regio '06 — 6
- ● Rosso Piceno Collemura '10 — 3
- ● Fedus Sangiovese '06 — 5
- ● Moggio Sangiovese '98 — 6
- ○ Offida Pecorino Ciprea '09 — 4*
- ○ Offida Pecorino Ciprea '08 — 4*
- ● Quinta Regio '01 — 6
- ● Quinta Regio '00 — 6
- ● Fedus Sangiovese '07 — 5
- ● Quinta Regio '05 — 6

Santa Barbara

B.GO MAZZINI, 35
60010 BARBARA [AN]
TEL. 0719674249
www.vinisantabarbara.it

藏酒销售
预约参观
年产量 650 000 瓶
葡萄种植面积 45 公顷

斯特凡诺•安东诺奇（Stefano Antonucci）充满生气和活力，随时准备好跳到车里去拜访朋友。这些朋友其实也是他的顾客，但是对斯特凡诺来说这两个词是近义词。他的世界温暖热情，这里的语言和传统的商业关系没有任何关联。酒庄的葡萄酒管理良好，具有现代和吸引人的风格。白葡萄酒重视果香，独具自己的风格；红葡萄酒更注重结构，但有时却少了种能让他们更吸引人的轻盈感。

- ○ Verdicchio dei Castelli di Jesi Cl. Stefano Antonucci Ris. '09 — 5*
- ● Pathos '09 — 7
- ⊙ Sensuade '10 — 4
- ○ Verdicchio dei Castelli di Jesi Cl. Le Vaglie '10 — 4
- ○ Verdicchio dei Castelli di Jesi Cl. Pignocco '10 — 3*
- ○ Verdicchio dei Castelli di Jesi Cl. Tardivo Ma non Tardo '08 — 6
- ● Rosso Picono Il Maschio da Monte '09 — 6
- ⊙ Stefano Antonucci M. Cl. Rosé — 6
- ● Stefano Antonucci Rosso '09 — 5
- ○ Verdicchio dei Castelli di Jesi Passito Lina '08 — 6
- ● Vigna San Bartolo '09 — 4
- ● Pathos '01 — 7
- ● Rosso Piceno Il Maschio da Monte '04 — 5
- ○ Verdicchio dei Castelli di Jesi Cl. Le Vaglie '06 — 4*
- ○ Verdicchio dei Castelli di Jesi Cl. Stefano Antonucci Ris. '06 — 4*

Sartarelli

VIA COSTE DEL MOLINO, 24
60030 POGGIO SAN MARCELLO [AN]
TEL. 073189732
www.sartarelli.it

藏酒销售
预约参观
年产量 280 000 瓶
葡萄种植面积 60 公顷

酿酒厂的梯田上有着迷人的景色，缓坡如同地毯般被铺上了一片片整齐的橄榄树林、太阳花和谷物作物。能使这些美好的淡淡的簇丛在夏天如此大出风头的不是别的，正是威科迪白葡萄酒（Verdicchio）。萨尔塔雷利（Sartarelli）酒庄坐落在卡斯特里•吉士（Castelli di Jesi）著名的中心地带的中心。如此，我们也就不会对他的一门心思而惊奇了。稳定的产量，多样化的产品，仅种植马尔凯地区的出类拔萃的葡萄品种，奇妙的工匠手法，这些都赋予了萨尔塔雷利的白葡萄酒强烈的个性。

- ○ Verdicchio dei Castelli di Jesi Cl. Sup. Balciana '09 — 6
- ○ Verdicchio dei Castelli di Jesi Cl. '10 — 3*
- ○ Verdicchio dei Castelli di Jesi Cl. Sup. Tralivio '09 — 4
- ○ Verdicchio dei Castelli di Jesi Cl. Sup. Balciana '04 — 6
- ○ Verdicchio dei Castelli di Jesi Cl. Sup. Contrada Balciana '98 — 6
- ○ Verdicchio dei Castelli di Jesi Cl. Sup. Contrada Balciana '97 — 6
- ○ Verdicchio dei Castelli di Jesi Cl. Sup. Contrada Balciana '95 — 6
- ○ Verdicchio dei Castelli di Jesi Cl. Sup. Contrada Balciana '94 — 6
- ○ Verdicchio dei Castelli di Jesi Cl. Sup. Balciana '08 — 6

Selvagrossa

S.DA SELVAGROSSA, 37
61020 PESARO
TEL. 0721202923
www.selvagrossa.it

藏酒销售
预约参观
年产量 30 000 瓶
葡萄种植面积 4 公顷

佩扎罗地区（Pesaro）的制酒业主要由一群小型酿酒厂构成，经过许多年的停滞发展之后，最近似乎已经找到了新的动力，重新回到了大家关注的中心。这群酒庄的领导者是亚历山大（Alessandro）和阿尔贝托•塔代伊（Alberto Taddei）兄弟俩的萨尔瓦格罗萨（Selvagrossa）酒庄，它的红葡萄酒口感浓厚，品种多样，技艺精湛，关注细节。庆幸的是，价格十分亲民，特别是以酿酒厂命名的两种新的入门级的产品。这个优雅品牌的（Trimpilin）和（Poveriano）设计也是顶级标志了。

● Poveriano '08	🍷🍷 6
● Trimpilin '08	🍷🍷 5
● Muschèn '09	🍷🍷 3*
● Selva Rosso '09	🍷🍷 2*
○ Selva Bianco '10	🍷 2
● Muschèn '08	🍷🍷 1*
● Poveriano '07	🍷🍷 4

Spinsanti

VIA FONTE INFERNO, 11
60021 CAMERANO [AN]
TEL. 071731797
www.rossoconerodoc.com

藏酒销售
预约参观
年产量 36 000 瓶
葡萄种植面积 5 公顷
葡萄栽培方式 有机种植

卡地亚•斯皮恩桑迪（Catia Spinsanti）传来了好消息。新的酿酒师的到来使葡萄酒风格更加自然，最新发行的用蒙特布查诺葡萄（montepulciano）酿造出来的玫瑰红葡萄酒，令人信服，保留着原滋原味，新的手艺十分明显，超群的技艺是最大的特点。从葡萄园的管理到酒窖的实践，该酒庄都是亲自动手的。有限的产量保证了高可信度，精选科内罗山（Monte Conero）的山坡上的葡萄精心酿造，最大限度地发挥葡萄的潜力。

● Sassòne '08	🍷🍷 5
● Rosso Conero Camars '09	🍷🍷 4
⊙ Ventipercento '10	🍷🍷 3*
● Rosso Conero Adino '10	🍷 3
● Rosso Conero Adino '08	🍷🍷 3*
● Rosso Conero Camars '08	🍷🍷 4*
● Rosso Conero Camars '07	🍷🍷 4*
● Sassòne '07	🍷🍷 5
● Sassòne '06	🍷🍷 6
● Sassòne '05	🍷🍷 6
● Sassòne '04	🍷🍷 5
● Sassòne '03	🍷🍷 5

Silvano Strologo

VIA OSIMANA, 89
60021 CAMERANO [AN]
TEL. 071731104
www.vinorossoconero.com

藏酒销售
预约参观
年产量 70 000 瓶
葡萄种植面积 16 公顷

希尔瓦诺•斯特隆格（Silvano Strologo）真的就像一座火山，经常地喷出各种想法并不知疲倦地将它们付诸实践。几年以前，他建成了一个大的酿酒厂和各种葡萄园，栽种着种类繁多的葡萄，如玛尔维萨葡萄（malvasia）、特雷比亚诺葡萄（trebbiano）、蒙特布查诺葡萄（montepulciano）和莫斯卡托葡萄（moscato），当然他的新宠是布鲁尼54圣桑维基和威迪科的杂交品种（the Bruni 54 sauvignon-verdicchio crossing）。我们对第一个年份的品尝并不是很有说服力，但是公平地说，我们需要给他一些时间来熟悉这个稀有的品种。另一方面，我们也注意到了希尔瓦诺的红葡萄酒的进步。该厂的红葡萄酒一如既往的温暖、大胆、榨取充分，但是现在比以前更加大众一点。

⊙ Rosa Rosae '10	🍷🍷	3*
● Rosso Conero Traiano '07	🍷🍷	5
● Rosso Conero Julius '10	🍷	4
⊙ Spumante Brut Pink	🍷	6
● Rosso Conero Traiano '00	🍷🍷🍷	5
● Conero Decebalo Ris. '07	🍷🍷	6
● Conero Decebalo Ris. '06	🍷🍷	6
● Conero Decebalo Ris. '05	🍷🍷	6
○ Muscà	🍷🍷	5
⊙ Rosa Rosae '09	🍷🍷	3*
● Rosso Conero Julius '07	🍷🍷	4*
● Rosso Conero Traiano '02	🍷🍷	5

Tenuta di Tavignano

LOC. TAVIGNANO
62011 CINGOLI [MC]
TEL. 0733617303
www.tenutaditavignano.it

藏酒销售
预约参观
年产量 100 000 瓶
葡萄种植面积 30 公顷

我们满怀期待地等着新的09款的米斯克珍藏（'09 vintage of Misco Riserva），这是近几年来我们看到的最好的威迪科葡萄酒之一。唯一的不足就是产量低，仅仅有3 000瓶，以前如此，现在也是。这次，这场秀被同名的酒抢了风头，10年的顶级珍藏，虽然算起来它的年份更少，但过去就曾证明了它就是不敬畏大家所接受的等级制度。斯特凡诺•艾默里奇（Stefano Aymerich）、比阿特丽斯•卢坎杰利（Beatrice Lucangeli）和他们的酿酒专家皮尔路易吉•洛伦泽蒂（Pierluigi Lorenzetti），看到他们的品牌有了第一个15年。

○ Verdicchio dei Castelli di Jesi Cl. Sup. Misco '10	🍷🍷🍷	4*
○ Verdicchio dei Castelli di Jesi Cl. Misco Ris. '09	🍷🍷	5
○ Verdicchio dei Castelli di Jesi Cl. Sup. Villa Torre '10	🍷🍷	3
○ Verdicchio dei Castelli di Jesi Cl. Vigna Verde '10	🍷🍷	3*
● Rosso Piceno Castel Rosino '10	🍷	3
● Rosso Piceno Libenter '08	🍷	4
○ Verdicchio dei Castelli di Jesi Cl. Misco Ris. '06	🍷🍷🍷	5*
○ Verdicchio dei Castelli di Jesi Cl. Misco Ris. '05	🍷🍷🍷	5
○ Verdicchio dei Castelli di Jesi Cl. Sup. Misco '06	🍷🍷🍷	4*
○ Verdicchio dei Castelli di Jesi Cl. Misco Ris. '08	🍷🍷	5

Fattoria Le Terrazze

via Musone, 4
60026 Numana [AN]
Tel. 0717390352
www.fattorialeterrazze.it

藏酒销售
预约参观
年产量 90 000 瓶
葡萄栽培方式 20 公顷

安东尼奥•特尔尼（Antonio Terni）的酒庄闻名于葡萄酒爱好者中。听到这个名字他们经常就会联想到现代风格的葡萄酒，也就是将蒙特布查诺普通的力量和结构转换成国际风格的产品。这里的葡萄酒有用一种葡萄酿制的，如杰萨西内里葡萄酒（Vision of J and Sassi Neri），也有和非本地品种混合酿制的，如和席（syrah）拉混合酿制的卡俄斯（Chaos）或者是和梅洛（merlot）酿制的更为罕见的浪花星球（Planet Waves）。然而，这些明星葡萄酒都很乐意和酒庄别的葡萄酒共同接受大家的关注，这些葡萄酒产量可观，果味充足，深受大众喜欢，且不拘泥于老一套。

● Conero Sassi Neri '07	6
● Rosso Conero '09	4*
● Rosso Conero Praeludium '10	3*
○ Le Cave Chardonnay '10	4
⊙ Rosato '10	4
● Chaos '04	6
● Chaos '01	7
● Chaos '97	7
● Conero Sassi Neri Ris. '04	6
● Rosso Conero Sassi Neri '02	6
● Rosso Conero Sassi Neri '99	6
● Rosso Conero Sassi Neri '98	6
● Rosso Conero Visions of J '01	8
● Rosso Conero Visions of J '97	8

Terre Cortesi Moncaro

via Boreale, 37
63036 Acquaviva Picena [AP]
Tel. 073189245
www.moncaro.com

藏酒销售
预约参观
年产量 7 500 000 瓶
葡萄栽培方式 1 618 公顷

蒙卡洛（Moncaro）是三个酿酒厂的联合酒庄，分别位于蒙特卡洛托（Montecarotto）科内罗（Conero）和阿夸维瓦（Acquaviva），该酒庄拥有令人印象深刻的数据。系列产品中不算太好的葡萄酒所占比例不足所有产品的十分之一，这只是冰山一角。这都是用心经营的原因，首先选择最好的葡萄园中，有些位于知名葡萄酒乡，然后甄选出最好的葡萄酿制，这样的葡萄酒果香怡人、优雅诱人。他们现在的风格不停地在改进完善，以保证可以适应国际市场的口味需求。

○ Verdicchio dei Castelli di Jesi Cl. V. Novali Ris. '08	5*
● Conero Vigneti del Parco Ris. '08	5
● Conero Cimerio Ris. '09	4
● Conero Nerone Ris. '07	7
○ Offida Pecorino Ofithe '10	4*
● Rosso Piceno Sup. Roccaviva '09	4*
○ Verdicchio dei Castelli di Jesi Cl. Le Vele '10	4*
○ Verdicchio dei Castelli di Jesi Cl. Sup. Verde Ca' Ruptae '10	4*
● Conero Montescuro Ris. '08	4
○ Madreperla M. Cl.	7
○ Verdicchio dei Castelli di Jesi Cl. Sup. Fondiglie '10	4
○ Verdicchio dei Castelli di Jesi Cl. Vigna Novali Ris. '07	5
○ Verdicchio dei Castelli di Jesi Cl. Vigna Novali Ris. '06	5*

★Umani Ronchi

VIA ADRIATICA, 12
60027 OSIMO [AN]
TEL. 0717108019
www.umanironchi.com

藏酒销售
预约参观
年产量 2 800 000 瓶
葡萄栽培方式 230 公顷
葡萄栽培方式 有机认证

活跃于1959年的博内蒂（Bernetti）家族已经培育了吉士地区的一些最好的葡萄园，分布在卡帕蒙塔纳（Cupramontana）、蒙特卡洛多（Montecarotto）、马约拉蒂•斯蓬蒂尼（Maiolati Spontini）、吉士圣的保罗（San Paolo di Jesi）。从农学家皮耶尔桑蒂（Piersanti）到酿酒师马蒂欧利（Mattioli）和负责咨询的贝普•卡维奥拉（Beppe Caviola），娴熟的专业人员们做出了重要的技术贡献，打造了一个系列产品，品质可靠、优雅。尽管他们的葡萄酒多是现代风格，但仍然尊重传统，重视当地品种的特性。简言之，这里的葡萄酒讲解都带浓厚的马尔凯地区（March）口音。

- ○ Verdicchio dei Castelli di Jesi Cl. Sup. Vecchie Vigne '09 🍷🍷🍷 5
- ● Conero Cùmaro Ris. '08 🍷🍷 5
- ● Pelago '08 🍷🍷 6
- ○ Verdicchio dei Castelli di Jesi Cl. Plenio Ris. '08 🍷🍷 5
- ○ Maximo '08 🍷🍷 5
- ● Montepulciano d'Abruzzo Jorio '09 🍷🍷 4
- ● Rosso Conero S. Lorenzo '08 🍷🍷 4
- ● Rosso Conero Serrano '10 🍷🍷 4*
- ○ Vellodoro '10 🍷🍷 4*
- ○ Verdicchio dei Castelli di Jesi Cl. Sup. Casal di Serra '10 🍷🍷 4
- ○ Verdicchio dei Castelli di Jesi Cl. Villa Bianchi '10 🍷🍷 3*
- ○ Babylon '10 🍷 3
- ○ Verdicchio dei Castelli di Jesi Cl. Plenio Ris. '06 🍷🍷🍷 5
- ○ Verdicchio dei Castelli di Jesi Cl. Sup. Vecchie Vigne '08 🍷🍷🍷 5

Vallerosa Bonci

VIA TORRE 15/17
60034 CUPRAMONTANA [AN]
TEL. 0731789129
www.vallerosa-bonci.com

藏酒销售
预约参观
年产量 250 000 瓶
葡萄栽培方式 32 公顷

多年以来，帕博•博斯（Peppe Bonci）和他的咨询师塞尔吉奥•保卢奇（Sergio Paolucci）已经在生产威科迪精选葡萄酒，有着明显的传统风格，以平衡的结构和突出的酒精温暖为特征。在这个白葡萄酒追求清新柔和的年代，瓦勒罗萨葡萄酒（Vallerosa）的最好产品似乎很坚定。真理总是隐藏在中间。公司多年来打造的风格并不是不合时代潮流，只是他们应该更多的利用葡萄品种继承的酸性和风味。

- ○ Verdicchio dei Castelli di Jesi Cl. Sup. S. Michele '09 🍷🍷 5
- ○ Verdicchio dei Castelli di Jesi Cl. Sup. Le Case '08 🍷🍷 5
- ○ Verdicchio dei Castelli di Jesi Cl. Manciano '10 🍷 4
- ○ Verdicchio dei Castelli di Jesi Cl. Viatorre '10 🍷 3
- ○ Verdicchio dei Castelli di Jesi Spumante Michelangelo M. Cl. '04 🍷 4
- ○ Verdicchio dei Castelli di Jesi Cl. Pietrone Ris. '04 🍷🍷🍷 5
- ○ Verdicchio dei Castelli di Jesi Cl. Sup. Le Case '04 🍷🍷🍷 4*
- ○ Verdicchio dei Castelli di Jesi Cl. Sup. S. Michele '06 🍷🍷🍷 5
- ○ Verdicchio dei Castelli di Jesi Cl. Sup. S. Michele '00 🍷🍷🍷 4*

Valturio

via dei Pelasgi, 10
61023 Macerata Feltria [PU]
Tel. 0722728049
www.valturio.com

藏酒销售
预约参观
年产量 40 000 瓶
葡萄栽培方式 10 公顷
葡萄栽培方式 有机种植

蒙特费特罗（Montefeltro）是一片有着传奇故事和杰出品质的土地。其多样性和强硬的特点使其有别于其他的事情。也许阿德里亚诺•佳利（Adriano Galli）富有远见的计划项目和他的妻子伊莎贝拉•桑塔莱利（Isabella Santarelli）在这发现肥沃的土地不是什么巧合。阿德里亚诺相信自己的直觉和敏感，将葡萄再次引进到一片已有多个世纪没有种葡萄的地区。现在，瓦托瑞酒庄（Valturio）已成为了知名企业，他勇敢地将葡萄园的作物种植在海拔400到500米之间，酒庄也成为了一个令人激动着迷故事的主角。

● Valturio '09	🍷🍷🍷	5
● Chiù '09	🍷🍷	4*
● Solco '09	🍷🍷	5
● Olmo '10	🍷🍷	4*
● Valturio '08	🍷🍷🍷	5
● Valturio '07	🍷🍷🍷	5
● Olmo '09	🍷🍷	4
● Olmo '08	🍷🍷	4
● Solco '08	🍷🍷	5
● Solco '07	🍷🍷	5
● Solco '06	🍷🍷	6
● Valturio '06	🍷🍷	5

★Velenosi

loc. Monticelli
via dei Biancospini, 11
63100 Ascoli Piceno
Tel. 0736341218
www.velenosivini.com

藏酒销售
年产量 1 500 000 瓶
葡萄栽培方式 104 公顷

安吉拉•威莱诺斯（Angela Velenosi）在国际市场上的成功对大家来说是显而易见的。这都来自于她的性格特点，她的奉献，她不知疲倦地见来自四面八方的顾客，拥有超强的洞察能力，总能找到解决问题的正确办法。在细致的葡萄成熟检测下，所酿的葡萄酒果香清晰，释放着不同葡萄品种的特点，风格现代吸引人。在需要的时候，安吉拉也可以做一名精明的商人。她一流的技术团队生产着对她而言完美的葡萄酒。

● Rosso Piceno Sup. Roggio del Filare '08	🍷🍷🍷	6
⊙ The Rose M. Cl. '07	🍷🍷	6
○ Falerio dei Colli Ascolani V. Solaria '10	🍷🍷	4*
● Offida Rosso Ludi '08	🍷🍷	6
○ Passerina Villa Angela '10	🍷🍷	4*
● Rosso Piceno Sup. Il Brecciarolo '08	🍷🍷	4*
● Rosso Piceno Sup. Il Brecciarolo Gold '08	🍷🍷	5
○ Velenosi Gran Cuvée Brut '07	🍷🍷	6
○ Chardonnay Villa Angela '10	🍷	4
○ Offida Pecorino Villa Angela '10	🍷	4
○ Passerina Brut	🍷	5
○ Verdicchio dei Castelli di Jesi Cl. Querciantica '10	🍷	4
● Rosso Piceno Sup. Roggio del Filare '07	🍷🍷🍷	7
● Rosso Piceno Sup. Roggio del Filare '06	🍷🍷🍷	7

Vicari

via Pozzo Buono, 3
60030 Morro d'Alba [AN]
Tel. 073163164
www.vicarivini.it

藏酒销售
预约参观
年产量 85 000 瓶
葡萄栽培方式 8 公顷

我们得到了维卡里（Vicari）家族的确认，他们将全力开展一项旨在促进本地葡萄品种的项目。父亲纳扎雷诺（Nazzareno）在大多数时间都忙碌在葡萄园里，他的两个孩子则有着别的任务，维克（Vico）负责生产，瓦伦蒂娜（Valentina）负责市场营销。葡萄园都很靠近酿酒厂，葡萄种植在一个很好的蓄水层上，很多商标上都有一个"好井"的标语，时刻提醒我们在这优质葡萄酒的生产过程中，水起着至关重要的作用。

○ Amabile del Pozzo Buono '10	🍷🍷 4*
● Lacrima di Morro d'Alba Essenza del Pozzo Buono '10	🍷🍷 4
● Lacrima di Morro d'Alba Rustico del Pozzo Buono '10	🍷🍷 4*
● Lacrima di Morro d'Alba Sup. del Pozzo Buono '09	🍷🍷 4
○ Verdicchio dei Castelli di Jesi Cl. del Pozzo Buono '10	🍷🍷 3*
○ Verdicchio dei Castelli di Jesi Cl. Sup. Insolito del Pozzo Buono '10	🍷🍷 4
● Lacrima di Morro d'Alba Amaranto del Pozzo Buono '09	🍷 5
● Lacrima di Morro d'Alba Essenza del Pozzo Buono '08	🍸🍸 4
● Lacrima di Morro d'Alba Passito Amaranto del Pozzo Buono '08	🍸🍸 4
● Lacrima di Morro d'Alba Sup. del Pozzo Buono '08	🍸🍸 4

Vignamato

via Battinebbia, 4
60038 San Paolo di Jesi [AN]
Tel. 0731779197
www.vignamato.com

藏酒销售
预约参观
年产量 55 000 瓶
葡萄栽培方式 16 公顷

随着毛里齐奥（Maurizio）和赛任娜拉（Serenella）的孩子们逐渐开始立足于商业领域，这就是凯西（Ceci）家族在葡萄酒行业工作的第四代人了。然而，控制权仍然掌控在父母亲的手中。在他们技术人员吉安卡洛•索维奇亚（Giancarlo Soverchia）的帮助下，他们一直酿制着百分之百的"艾西诺右岸"特点的威科迪葡萄酒，强劲有力、类别清晰、杏仁风味突出。布鲁尼54杂交葡萄（Bruni 54 crossing）以前曾在安科纳地区（Ancona）种植过，尽管质量上很有潜力，但因低产而被弃种，今年的新酒就是用这种葡萄酿制的。这就是不同的时代。

⊙ RosAmato '10	🍷🍷 2*
○ Verdicchio dei Castelli di Jesi Cl. Eos '10	🍷🍷 2*
○ Verdicchio dei Castelli di Jesi Cl. Sup. Versiano '10	🍷🍷 4*
○ Versus '10	🍷🍷 2
● Rosso Piceno Campalliano '08	🍷 4
○ Verdicchio dei Castelli di Jesi Cl. Valle delle Lame '10	🍷 3
○ Verdicchio dei Castelli di Jesi Passito Antares '08	🍷 5
○ Verdicchio dei Castelli di Jesi Cl. Ambrosia Ris. '07	🍸🍸 4*
○ Verdicchio dei Castelli di Jesi Cl. Ambrosia Ris. '06	🍸🍸 4*
○ Verdicchio dei Castelli di Jesi Cl. Sup. Versiano '08	🍸🍸 4*
○ Verdicchio dei Castelli di Jesi Cl. Sup. Versiano '07	🍸🍸 4*

Mario & Giorgio Brunori

v.le della Vittoria, 103
60035 Jesi [AN]
Tel. 0731207213
www.brunori.it

- ○ Verdicchio dei Castelli di Jesi Cl. Le Gemme '10 — 🍷🍷 3*
- ○ Verdicchio dei Castelli di Jesi Cl. Sup. San Nicolò '10 — 🍷🍷 4*
- ○ Verdicchio dei Castelli di Jesi Cl. Sup. San Nicolò Ris. '09 — 🍷🍷 4

Carminucci

via San Leonardo, 39
63013 Grottammare [AP]
Tel. 0735735869
www.carminucci.com

- ● Rosso Piceno Sup. Naumachos '08 — 🍷🍷 4*
- ○ Offida Passerina Casta '10 — 🍷 3
- ○ Offida Pecorino Belato '10 — 🍷 4
- ● Rosso Piceno Grotte sul Mare '10 — 🍷 2

Ciù Ciù

loc. Santa Maria in Carro
c.da Ciafone, 106
63035 Offida [AP]
Tel. 0736810001
www.ciuciu.com

- ● Offida Rosso Esperanto '05 — 🍷🍷 6
- ● Rosso Piceno Sup. Gotico '09 — 🍷🍷 4*
- ○ Offida Pecorino Le Merlettaie '10 — 🍷 4
- ● Rosso Piceno Bacchus '10 — 🍷 3

Il Conventino

via G.Turcato, 4
61024 Monteciccardo [PU]
Tel. 0721910574
www.il-conventino.it

- ○ Bianchello del Metauro Brecce di Tufo '09 — 🍷🍷 5
- ● Cardorosso '08 — 🍷🍷 4
- ● Cardoviola '09 — 🍷🍷 4
- ○ Il Famoso nel Convento '10 — 🍷 4

Degli Azzoni Avogadro Carradori

via Don Minzoni, 26
62010 Montefano [MC]
Tel. 0733850219
www.degliazzoni.it

- ● Cantalupo Rosso '09 — 🍷🍷 4*
- ○ Sultano '09 — 🍷🍷 4
- ● Colli Maceratesi Rosso Evasione '10 — 🍷 3

Fiorini

via Giardino Campioli, 5
61040 Barchi [PU]
Tel. 072197151
www.fioriniwines.it

- ○ Bianchello del Metauro Tenuta Campioli '10 — 🍷🍷 3*
- ● Colli Pesaresi Sangiovese Luigi Fiorini '07 — 🍷🍷 4
- ● Colli Pesaresi Sangiovese Sirio '10 — 🍷 3
- ○ Contrada La Galoppa '10 — 🍷 3

Fosso dei Ronchi

via Zongo, 9
61100 Pesaro
Tel. 3395312093
www.fossodeironchi.it

- ● Colli Pesaresi Focara Pinot Nero Costa del Picchio Ris. '09 — 🍷🍷 4
- ● Colli Pesaresi Focara Pinot Nero Costa del Riccio Ris. '09 — 🍷🍷 4

Piergiovanni Giusti

loc. Montignano
via Castellaro, 97
60019 Senigallia [AN]
Tel. 071918031
www.lacrimagiusti.it

- ● L'Intruso '08 — 🍷🍷 5
- ● Lacrima di Morro d'Alba '10 — 🍷🍷 4*
- ⊙ Anima Rosa '10 — 🍷 3

Guaiani Felicia

via Formale, 24
63036 Spinetoli [AP]
Tel. 0736899566

- ○ Offida Pecorino Campo di Maggio '10 — 4
- ● Rosso Piceno Sup. Campo di Maggio '09 — 4
- ○ Offida Passerina Campo di Maggio '10 — 4

La Calcinara

fraz. Candia
via Calcinara, 102a
60131 Ancona
Tel. 3285552643
www.lacalcinara.it

- ● Conero Folle Ris. '07 — 5
- ● Rosso Conero Terra Calcinara '08 — 5

La Montata

loc. Montata
61048 Sant'Angelo in Vado [PU]
Tel. 0722818434
www.vinilamontata.it

- ○ Angelicus '09 — 4
- ○ Estasi '09 — 4

Fattorie Picene La Valle del Sole

via San Lazzaro, 46
63035 Offida [AP]
Tel. 0736889658
valledelsole@libero.it

- ○ Offida Pecorino '10 — 4
- ● Offida Rosso '06 — 4
- ● Rosso Piceno Sup. '09 — 4

Leopardi Dittajuti

via Marina II, 24
60026 Numana [AN]
Tel. 0717390116
www.conteleopardi.com

- ● Conero Pigmento Ris. '08 — 6
- ● Rosso Conero Casirano '09 — 5
- ○ Verdicchio dei Castelli di Jesi Cl. Castelverde '10 — 4

Roberto Lucarelli

loc. Ripalta
via Piana, 20
61030 Cartoceto [PU]
Tel. 0721893019
www.laripe.com

- ○ Bianchello del Metauro La Ripe '10 — 3*
- ○ Bianchello del Metauro Rocho '10 — 4*
- ● Colli Pesaresi Sangiovese La Ripe '10 — 3

Benito Mancini

fraz. Moie
via Santa Lucia, 7
60030 Maiolati Spontini [AN]
Tel. 0731702975
www.manciniwines.it

- ○ Verdicchio Castelli di Jesi Cl. Sup. Villa Talliano '10 — 4*
- ○ Verdicchio Castelli di Jesi Cl. Santa Lucia '10 — 3*
- ● Rosso Piceno Panicale '08 — 4

La Marca di San Michele

via Torre, 13
60034 Cupramontana [AN]
Tel. 0731781183
www.lamarcadisanmichele.com

- ○ Verdicchio dei Castelli di Jesi Cl. Sup. Capovolto '09 — 4*

Valter Mattoni

C.DA PESCOLLA
63030 CASTORANO [AP]
TEL. 073687329

- ● Arshura '09 — 5
- ○ Trebbién '10 — 4

Enzo Mecella

VIA DANTE, 112
60044 FABRIANO [AN]
TEL. 073221680
www.enzomecella.com

- ● Braccano '08 — 5
- ○ Verdicchio di Matelica Spinnaker '10 — 4
- ● Rosso Conero Rubelliano Ris. '07 — 6

Claudio Morelli

V.LE ROMAGNA, 47B
61032 FANO [PU]
TEL. 0721823352
www.claudiomorelli.it

- ○ Bianchello del Metauro Borgo Torre '10 — 4*
- ○ Bianchello del Metauro S. Cesareo '10 — 3*
- ○ Bianchello del Metauro La Vigna delle Terrazze '10 — 4

La Muròla

C.DA VILLAMAGNA, 9
62010 URBISAGLIA [MC]
TEL. 0733506843
www.cantinalamurola.it

- ○ Colli Maceratesi Ribona Andrea Baccius '10 — 4*
- ● Teodoro '10 — 5
- ● Camà '09 — 5
- ⊙ Millerose '10 — 3

Filippo Panichi

VIA SCIROLA, 37
63031 CASTEL DI LAMA [AP]
TEL. 0736815339
www.filippopanichi.it

- ○ Offida Pecorino Verdone '10 — 4*
- ● Rubens '09 — 5
- ● Rosso Piceno Sup. Castello della Lama '09 — 3
- ● Rosso Piceno Sup. Il Moro '09 — 4

Poggio Montali

VIA FONTE ESTATE, 6
60030 MONTE ROBERTO [AN]
TEL. 0731702825
www.poggiomontali.it

- ○ Verdicchio dei Castelli di Jesi Cl. Sup. Poggio Montali '10 — 4*
- ● Rosso Conero '09 — 4
- ○ Verdicchio dei Castelli di Jesi Cl. '10 — 3

Rio Maggio

C.DA VALLONE, 41
63014 MONTEGRANARO [FM]
TEL. 0734889587
www.riomaggio.it

- ○ Falerio dei Colli Ascolani Monte del Grano '10 — 2*
- ○ Falerio dei Colli Ascolani Telusiano '10 — 4*
- ● Rosso Piceno Granarijs '07 — 5
- ○ Colle Monteverde Pecorino '10 — 4

Sabbionare

VIA SABBIONARE, 10
60036 MONTECAROTTO [AN]
TEL. 0731889004
sabbionare@libero.it

- ○ Verdicchio dei Castelli di Jesi Cl. I Pratelli '10 — 2*
- ○ Verdicchio dei Castelli di Jesi Cl. Sup. Sabbionare '10 — 4*

San Francesco

via San Francesco, 4
63030 Acquaviva Picena [AP]
Tel. 0735764416
www.vinicherri.it

- ● Offida Tumbulus '06 — 5
- ● Rosso Piceno Sup. '09 — 4*
- ○ Offida Pecorino Altissimo '10 — 4

Fattoria Serra San Martino

via San Martino, 1
60030 Serra de' Conti [AN]
Tel. 0731878025
www.serrasanmartino.com

- ● Costa dei Zoppi '08 — 5
- ● Roccuccio '08 — 5
- ● Il Paonazzo '08 — 6
- ● Lysip '07 — 6

Sparapani - Frati Bianchi

via Barchio, 12
60034 Cupramontana [AN]
Tel. 0731781216
www.fratibianchi.it

- ○ Verdicchio dei Castelli di Jesi Cl. Sup. Il Priore '10 — 4
- ○ Verdicchio dei Castelli di Jesi Cl. Salerna '10 — 3

Tenuta dell'Ugolino

loc. Macine
via Copparoni, 32
60031 Castelplanio [AN]
Tel. 360487114
www.tenutaugolino.it

- ○ Verdicchio dei Castelli di Jesi Cl. '10 — 3*
- ○ Verdicchio dei Castelli di Jesi Cl. Sup. Vign. del Balluccio '10 — 4

Vignedileo - Tre Castelli

via San Francesco, 2a
60039 Staffolo [AN]
Tel. 0731779283
www.vignedileo.it

- ● Lalocco '07 — 5
- ○ Verdicchio dei Castelli di Jesi Cl. Sup. Frocco '10 — 4
- ● Esino Rosso '08 — 5
- ● Sangiovese '09 — 4

Zaccagnini

Salmagina, 9/10
60039 Staffolo [AN]
Tel. 0731779892
www.zaccagnini.it

- ○ Verdicchio dei Castelli di Jesi Cl. Sup. Pier delle Vigne Ris. '07 — 5
- ○ Verdicchio dei Castelli di Jesi Cl. Sup. Salmàgina '10 — 5

翁布里亚区

UMBRIA

今年对翁布里亚地区（umbria）的品酒会结果令人满意，再次肯定了它作为意大利地区最有吸引力的葡萄酒区域的地位，翁布里亚地区主要是靠每一个丰收季、每一位生产者的瓶装葡萄酒的高质量而出名。去年当地获奖不少，今年也有九个奖项花落此地。对于一个近几十年葡萄酿造质量才开始提升的地区来说，在这么小的面积里面有九项奖实在是意义巨大。我们只需快速扫一眼这个地区，就会知道翁布里亚地区的品牌红葡萄酒（Montefalco Sagrantino）是如何精确诠释那些酿酒商们逐渐向他们酿制最优质葡萄酒这个目标大跨步前进的。以前，有些酒因为葡萄品种原因，酒劲过猛或者榨取过多，特别是陈化时间不久的酒，但是今年我们品尝的葡萄酒中越来越多的酒都已经解决了这个问题。我们很高兴尝到了很多极其优雅和精致的葡萄酒。蒙格利（Mongalli）的既现代又柔和的2007年科尔•西米诺（Col Cimino '07）葡萄酒就是一个很好的例子，就像塔巴瑞妮（Tabarrini）醇厚复杂的2007年坎波•阿拉•塞克（Campo alla Cerqua '07 Tabarrini），或者说是另一个2007年的典型产品可裴特侬•萨格瑞迪诺（Còlpetrone Sagrantino）。本年鉴第25年顶级佳酿，翁布里亚葡萄酒未能入选，地区领先者马尔科•卡普拉伊（Marco Caprai）的2008年蒙特法科•塞格兰蒂诺•柯乐边诺（Montefalco Sagrantino Collepiano '08）通过它的弥漫嘴中的复杂感成功诱惑了我们的品尝者。2008年科尔•阿诺德勒•蒙特法科珍藏红葡萄酒（Colle Allodole Montefalco Rosso Riserva '08）生产自一个坚信传统、正宗葡萄酒的酒庄，在品尝中评分名列前茅。稍向北一点的是托尔吉亚诺（Torgiano），是另一个主要的翁布里亚地区指定区。这片指定区包括了意大利国内最棒的酒庄之一的龙阁罗醒酒庄的维格那•蒙蒂奇珍藏葡萄酒（Lungarotti's Riserva Vigna Monticchio），我们也品尝了传说中的2006年份的葡萄酒。虽然当地白葡萄酒是近几十年才卓有成果的，但我们可以肯定它会继续利用当地的风土特点，延续优质白葡萄酒生产商的风格。当然，我们说的是奥维多白葡萄酒（Orvieto），不仅口感清新芳香宜人，还有着复杂又协调的各种感觉，也是意大利顶级白葡萄酒中值得花钱一试的产品。今年我们品尝到的最好的葡萄酒是我们的熟悉的老朋友——帕拉佐内的奥维多的经典白葡萄酒（Palazzone's Orvieto Classico）、2009年的坎波•瓜迪亚诺（Campo del Guardiano '09）和2010年的德坤格纳诺•巴尔比•比安科（Decugnano dei Barbi's Bianco '10）。最后，我们想说说萨拉堡酒庄的切尔瓦罗（Castello della Sala's Cervaro），这款葡萄酒从来没有让我们失望过，2009年版的也没有留给我们任何质疑的空间，相信它将成为一款生命力格外持久的葡萄酒。

Adanti

LOC. ARQUATA
VIA BELVEDERE, 2
06031 BEVAGNA [PG]
TEL. 0742360295
www.cantineadanti.com

藏酒销售
预约参观
年产量 160 000 瓶
葡萄种植面积 30 公顷

至少有两大原因可以让你欣然前往拜访丹妮拉（Daniela）、唐娜泰拉（Donatella）和彼得•阿丹提（Pietro Adanti）。第一个就是他们的酿酒厂在蒙特法科（Montefalco）的建立时间比其他大多数的酿酒厂都早，有些流传至今的优秀瓶装葡萄酒的时间已经超过了20年，这也充分展现了他的历史的长度。同时，通过在中型或者3 000升的木桶中发酵，酿制出一种不断提升，绝不庸俗的口感，这里也是探索塞格兰蒂诺（Sagrantino）在葡萄酒产品中不那么赶时髦的一面的好地方。阿尔夸塔（Arquata）是从贝瓦尼亚（Bevagna）最好的地点中选出来的，是经典的版本。伊莱•多米尼克（Il Domenico）则是基于科尔西米诺（Colcimino）葡萄园的葡萄酿制成的葡萄酒，于次年上市。

- ● Montefalco Sagrantino Il Domenico '06 — 7
- ○ Montefalco Bianco Arquata '10 — 3*
- ● Arquata Rosso '06 — 5
- ○ Colli Martani Grechetto '10 — 4
- ● Montefalco Sagrantino Passito Arquata '08 — 7
- ● Montefalco Sagrantino Arquata '06 — 6
- ● Montefalco Sagrantino Arquata '05 — 6
- ● Montefalco Sagrantino Arquata '04 — 6
- ● Montefalco Sagrantino Arquata '02 — 6
- ● Montefalco Sagrantino Arquata '01 — 6
- ● Montefalco Sagrantino Il Domenico '05 — 5
- ● Montefalco Sagrantino Passito Arquata '05 — 7

Antonelli - San Marco

LOC. SAN MARCO, 60
06036 MONTEFALCO [PG]
TEL. 0742379158
www.antonellisanmarco.it

藏酒销售
预约参观
年产量 300 000 瓶
葡萄种植面积 45 公顷
葡萄栽培方式 有机种植

正是由于安东内利（Antonelli）家族，我们才可以理智地把塞格兰蒂诺（sagrantino）当做一个具有发酵陈酿潜力的葡萄品种讨论。在他们圣马尔科（San Marco）酒窖里的陈年佳酿大都是大师杰作，口感优雅细腻，这对于某些关于赛格兰蒂格葡萄的仓促判断和肤浅考察得出来的结论来说，是一记极其有力的反击。这也是要耐心对待这些慢慢发展的红葡萄酒的另一个原因，由于与一些基于格莱切托（grechetto）、特雷比亚诺（trebbiano）、斯波莱托（spoletino）酿造的白葡萄酒风格相似，他们也被列在安东内利的酒单上。

- ● Montefalco Sagrantino '07 — 6
- ● Montefalco Sagrantino Chiusa di Pannone '06 — 7
- ○ Colli Martani Grechetto '10 — 3*
- ● Montefalco Rosso '09 — 4
- ○ Trebbiano Spoletino '09 — 4
- ● Baiocco '09 — 3
- ● Contrario '09 — 5
- ● Montefalco Sagrantino Chiusa di Pannone '04 — 7
- ● Montefalco Rosso Ris. '07 — 5
- ● Montefalco Rosso Ris. '05 — 5
- ● Montefalco Sagrantino '04 — 6
- ● Montefalco Sagrantino Chiusa di Pannone '05 — 7
- ● Montefalco Sagrantino Chiusa di Pannone '03 — 7

Argillae

voc. Pomarro, 45
05010 Allerona [TR]
Tel. 0763624604
www.argillae.eu

藏酒销售
预约参观
年产量 50 000 瓶
葡萄种植面积 70 公顷

由波诺罗（Bonollo）、柯西莫（Di Cosimo）和阿辛兹（Ascenzi）三个家族创办的庄园（Argillae）坐落在奥维尔托（Orvieto）的西北部，横亘在一片258公顷的土地上。帕格利亚河（Paglia）的支流里约图尔托（Rio Torto）流经这片土地，这里的土壤主要为黏质土壤，里面夹有沙石和石灰岩。由于侵蚀这里形成了很多深深沟壑，被称为“荒芜之地”，也造就了此地独特的地貌特点。安格丽阿（Argillae）酒庄的葡萄酒以一种无瑕的风格精准地反映了当地的风土特点。

○ Orvieto '10	4*
○ Panata '10	4
● Sinuoso '10	4
● Vascellarus '07	4
○ Grechetto '09	4
○ Orvieto '08	3*
○ Panata '09	4
○ Panata '08	4*

Barberani

loc. Cerreto
05023 Baschi [TR]
Tel. 0763341820
www.barberani.it

藏酒销售
预约参观
年产量 350 000 瓶
葡萄种植面积 55 公顷

今年，巴贝拉尼（Barberanis）酒庄庆祝了他们的50个丰收之年。我们应对这一历史性的里程碑事件认同并赞誉，这个酿酒厂为自己赢得了列于本地区最悠久的酿酒厂之席。我们报告的其实内容则是，为了纪念此特殊时刻，他们发布了一款新葡萄酒，年轻的尼可洛（Niccolò）和贝拉尔多（Bernardo）兄弟逐渐投身到这个葡萄酒事业中，他俩都决定竭尽全力一展身手。位于中心地带的葡萄园为这美丽的群山和科尔巴拉湖泊（Corbara）增色不少。

○ Orvieto Cl. Sup. Calcaia '08	6
● Lago di Corbara Rosso Villa Monticelli '07	6
○ Moscato '10	4
○ Orvieto Cl. Sup. Luigi e Giovanna '08	7
● Foresco '09	4
○ Grechetto '10	4
○ Orvieto Cl. Castagnolo '10	4
○ Vermentino '10	4
● Lago di Corbara Rosso Villa Monticelli '04	5
● Lago di Corbara Rosso Polvento '06	4
● Lago di Corbara Rosso Villa Monticelli '05	5
○ Orvieto Cl. Sup. Calcaia '07	6
○ Orvieto Cl. Sup. Calcaia '06	6

Bigi

LOC. PONTE GIULIO
05018 ORVIETO [TR]
TEL. 0763315888
www.cantinebigi.it

预约参观
年产量 4 100 000 瓶
葡萄种植面积 196 公顷

由路易吉•比基（Luigi Bigi）建立于1880年的酒庄如今虽然作为意大利维尼集团（Gruppo Italiano Vini）的一部分，但仍然使用着自己的名字。这些年来，从葡萄园到酿酒设备和酒窖本身这里发生了很多的变化，不论从规模上还是产量上看，它都已经成为了生产奥维多白葡萄酒（Orvieto）最重要的酒庄之一。平均质量的提升也和其他的发展同步进行着，现在比基酒庄已经看好了市场，准备为市场提供充足的高质量的葡萄酒。

酒款	评级
○ Orvieto Cl. Vign. Torricella '10	🍷🍷 4*
● Sartiano '09	🍷 4
○ Strozzavolpe '10	🍷 3
○ Orvieto Cl. Secco '09	♈♈ 3
● Sartiano '07	♈♈ 5
○ Strozzavolpe Grechetto '09	♈♈ 3
○ Strozzavolpe Grechetto '08	♈♈ 3*

Blasi Bertanzi

LOC. SAN BENEDETTO
VIA CASE SPARSE, 64
06019 UMBERTIDE [PG]
TEL. 0758697891
www.cantineblasi.it

预约参观
年产量 35 000 瓶
葡萄种植面积 16 公顷

布拉西（Blasi）家族世世代代在阿托特维和地区（Altotevere）生活。20世纪90年代末，他们想在自己的土地上扩展农业活动，于是就买下了酿酒历史可以追溯到1742的康迪•贝尔坦齐庄园（Conti Bertanzi）的一部分。在收购这个酒庄的同时，他们对已有的葡萄园也进行了彻底的改变，栽种了大量的新葡萄。葡萄酒既采用本地传统品种也采用国际品种，在口感上十分纯正，展现了令人信服的个性特点，在少许的现代神韵下振作起来。

酒款	评级
● Regghia '09	🍷🍷 5
● Impronta '08	🍷 5
○ Rogaie '09	🍷 5
● Impronta '07	♈♈ 5
● Regghia '08	♈♈ 5
○ Rogaie '07	♈♈ 5

Bocale

LOC. MADONNA DELLA STELLA
VIA FRATTA ALZATURA
06036 MONTEFALCO [PG]
TEL. 0742399233
www.bocale.it

藏酒销售
预约参观
年产量 15 000 瓶
葡萄种植面积 4.2 公顷
葡萄栽培方式 有机种植

瓦伦蒂尼（Valentini）家族拥有着这个美丽的庄园并对其悉心照料，该庄园同时也是蒙特法科地区（Montefalco）历史最悠久的葡萄酒制造商之一。该家族被世代沿用的别名是“博卡尔”（Bocale），名字也暗示着过去的农业和葡萄酒酿造和橄榄油生产的关系。庄园仍是本地区的一个质量上的基准。有着古老历史根基的这个新的公司拥有不超过4公顷大的葡萄园和一个小的酒窖。

- ● Montefalco Rosso '09 🍷🍷 5
- ● Montefalco Sagrantino '08 🍷 6
- ● Montefalco Rosso '08 🍷🍷 5
- ● Montefalco Sagrantino '07 🍷🍷 6
- ● Montefalco Sagrantino '06 🍷🍷 6

★Arnaldo Caprai

LOC. TORRE
06036 MONTEFALCO [PG]
TEL. 0742378802
www.arnaldocaprai.it

藏酒销售
预约参观
年产量 750 000 瓶
葡萄种植面积 136 公顷

每当我们在记录中回顾卡普拉伊（Caprai）家族在建立蒙特法科（Montefalco）和它的领先品种重要性时，就冒着忽略他们现实葡萄酒工程的现代性的风险。葡萄园面积超过130公顷，侧面相接的是翁布里亚地区（Umbria）装备最好的酒窖，酒窖的主人还致力于实验创新。马凯•卡普拉伊（Marco Caprai）总会不断提出新的目标。葡萄酒种类多样，分类齐全，其优质红酒表现了它不断发展的酒窖风格，随着时间推移，将会成为同类产品中的经典之作。

- ● Montefalco Sagrantino Collepiano '08 🍷🍷🍷 7
- ● Anima Umbra Grechetto '10 🍷🍷 4
- ● Montefalco Sagrantino Passito '08 🍷🍷 8
- ● Montefalco V. Flaminia Maremmana '09 🍷🍷 4
- ● Anima Umbra Rosso '09 🍷 4
- ○ Colli Martani Grechetto Grecante '10 🍷 4
- ● Montefalco Rosso '09 🍷 5
- ● Montefalco Sagrantino 25 Anni '07 🍷🍷🍷 8
- ● Montefalco Sagrantino 25 Anni '06 🍷🍷🍷 8
- ● Montefalco Sagrantino 25 Anni '05 🍷🍷🍷 8
- ● Montefalco Sagrantino 25 Anni '04 🍷🍷🍷 8
- ● Montefalco Sagrantino 25 Anni '01 🍷🍷🍷 8
- ● Montefalco Sagrantino 25 Anni '00 🍷🍷🍷 8
- ● Montefalco Sagrantino Collepiano '03 🍷🍷🍷 7
- ● Montefalco Sagrantino Collepiano '02 🍷🍷🍷 7
- ● Rosso Outsider '03 🍷🍷🍷 8

Cardeto

FRAZ. SFERRACAVALLO
LOC. CARDETO
05018 ORVIETO [TR]
TEL. 0763341286
www.cardeto.com

藏酒销售
预约参观
年产量 3 000 000 瓶
葡萄种植面积 800 公顷

卡尔德托（Cardeto）酒庄正在进行着一场大变革。作为意大利中部最大的一个企业，卡尔德托酒庄有一片面积800公顷左右的葡萄园，由350个种植者耕种，年产量大概是3 000 000瓶葡萄酒。安德里亚•缪兹（Andrea Muzi）执掌公司领导权，公司发起的一个富有雄心的恢复计划打消了人们对于公司前途发展的质疑。其中重要人物就有葡萄酒企业家斯特凡诺•摩卡佳托（Stefano Moccagatto），酿酒宝石的创造者佳维（Gavi）的维拉•丝柏瑞纳（Villa Sparina）、朱塞佩•卡维奥拉（Giuseppe Caviola）和（Eugenio Ranchino）。新的酒系列关键在于十分有竞争力的奥尔维托（Orvieto）的标志性品种、价签，正如同往常一样。

○ Orvieto Cl. Rupestro '10	🍷🍷2
○ Cardeto Bianco '08	🍷5
● Rupestro Sangiovese '10	🍷3
○ Orvieto Cl. Pierleone '09	♀♀3
○ Orvieto Cl. Pierleone '08	♀♀3*
● Rupestro '07	♀♀3*
● Rupestro '06	♀♀2*
● Rupestro '05	♀♀2*
● Rupestro '04	♀♀3*

Carini

LOC. CANNETO
FRAZ. COLLE UMBERTO
S.DA DEL TEGOLARO
06133 PERUGIA
TEL. 0755829102
www.agrariacarini.it

藏酒销售
预约参观
年产量 40 000 瓶
葡萄种植面积 10 公顷

庄园位于特拉西梅诺湖（Lake Trasimeno）和特尔吉奥山（Mount Tezio）之间，景色优美，其酿造葡萄酒的旅程开始于十多年前，那时卡瑞尼（Carini）兄弟决定充分开发利用这个庄园。计划中就包括翻修设备，种植包括国际品种的新葡萄，修建酒窖和木桶室。这些活动都促进了酒庄生产具有现代风格的完美品质葡萄酒，酒庄也成为本地区新成立的最有意思的企业之一。

● Tegolaro Selezione Armando '08	🍷🍷6
● C. del Trasimeno Òscano '10	🍷4
○ Poggio Canneto '10	🍷4
○ Poggio Canneto '09	♀♀4
○ Poggio Canneto '08	♀♀4*
○ Poggio Canneto '07	♀♀4*
○ Poggio Canneto '06	♀♀4
● Tegolaro '08	♀♀6
● Tegolaro '07	♀♀6
● Tegolaro '06	♀♀6
● Tegolaro '05	♀♀6
● Tegolaro '04	♀♀6

La Carraia

Loc. Tordimonte, 56
05018 Orvieto [TR]
Tel. 0763304013
www.lacarraia.it

藏酒销售
预约参观
年产量 550 000 瓶
葡萄种植面积 120 公顷

20世纪80年代末期，吉雅利提（Gialletti）家族和科塔瑞拉（Cotarella）家族创办了卡莱亚（La Carraia）酒庄，带有现代倾向地诠释着奥维多（Orvieto）的风土特点。大约120公顷的葡萄园为本土和国际葡萄品种提供了一个集合之地，如格瑞凯托（grechetto）、维欧尼（viognier）、圣乔维斯（sangiovese）、梅洛（merlot）、蒙特布查诺（montepulciano）、赤霞珠（cabernet sauvignon）、莎当尼（chardonnay）、普莱卡尼（procanico）和马尔瓦西亚（malvasia）。

Wine	Rating
○ Orvieto Cl. Poggio Calvelli '10	4*
● Giro di Vite '09	5
○ Orvieto Cl. '10	2*
● Tizzonero '09	4
○ Chardonnay Umbria '10	3
● Fobiano '09	5
○ Le Basque '10	4
● Sangiovese '10	3
● Fobiano '03	5
● Fobiano '99	6
● Fobiano '98	5
● Fobiano '07	5
○ Orvieto Cl. Poggio Calvelli '09	3*

Tenuta Castelbuono

Loc. Bevagna
Voc. Fossato, 20
06031 Perugia
Tel. 0742361670
www.cantineferrari.it

年产量 22 000 瓶
葡萄种植面积 32 公顷

百隆堡（Castelbuono）酒庄是由卢内里（Lunelli）家族投资的，该家族还是知名法拉利（Ferrari）起泡葡萄酒酒庄的所有者，总部位于特伦托（Trento）。它的名字来自于距离贝瓦格纳镇（Bevagna）不远的一个地点的名字。酿酒厂的重头展示品是阿纳尔多•珀摩多洛（Arnaldo Pomodoro）设计的新的酒窖。这个酒窖是件真正的艺术品，将一件雕塑品转换成了一个于周围环境完好融合的知名建筑，也是整个百隆堡酒庄葡萄酒工程的中心地带。一些葡萄园栽培在酒窖周围，另外的则种在蒙特法尔科镇（Montefalco）内。葡萄酒在中号木桶和大号木桶中进行陈酿。

Wine	Rating
● Montefalco Sagrantino '07	6
● Montefalco Rosso Ris. '08	6
● Montefalco Rosso '07	4*
● Montefalco Sagrantino '06	6
● Montefalco Sagrantino '05	6
● Montefalco Sagrantino '04	6

★★Castello della Sala

LOC. SALA
05016 FICULLE [TR]
TEL. 076386051
www.antinori.it

预约参观
年产量 660 000 瓶
葡萄种植面积 160 公顷

萨拉堡（Castello della Sala）酒庄成为意大利白葡萄酒标志性酒庄之一不是偶然的。20世纪40年代时，马尔凯西•安提诺里（Marchesi Antinori）首先关注了奥维多（Orvieto）这片土地，挑选出了位于菲库莱（Ficulle）的海拔500米的石灰华质岩层地带，他们栽培霞多丽（chardonnay）加上一点格莱切托（grechetto），这是为了勃艮第风格（Burgundy）的白葡萄酒准备的。几年以后，第一批卡洛斯科•德拉•萨拉葡萄酒上架了，自此，该款酒成为了行业的标准，该酒庄的黑皮诺葡萄酒是唯一向红葡萄品种让步的。

○ Cervaro della Sala '09	🍷🍷🍷 7
○ Orvieto Cl. Sup. San Giovanni della Sala '10	🍷🍷 4
○ Bramito del Cervo '10	🍷 5
○ Muffato della Sala '08	🍷 7
● Pinot Nero della Sala '08	🍷 6
○ Cervaro della Sala '07	🍷🍷🍷 7
○ Cervaro della Sala '06	🍷🍷🍷 7
○ Cervaro della Sala '05	🍷🍷🍷 7
○ Cervaro della Sala '04	🍷🍷🍷 7
○ Cervaro della Sala '03	🍷🍷🍷 6
○ Cervaro della Sala '02	🍷🍷🍷 6
○ Cervaro della Sala '01	🍷🍷🍷 6
○ Cervaro della Sala '00	🍷🍷🍷 6
○ Cervaro della Sala '99	🍷🍷🍷 6
○ Cervaro della Sala '98	🍷🍷🍷 6
○ Cervaro della Sala '96	🍷🍷🍷 6
○ Cervaro della Sala '95	🍷🍷🍷 6
○ Cervaro della Sala '88	🍷🍷🍷 5

Castello di Magione

VIA DEI CAVALIERI DI MALTA, 31
06063 MAGIONE [PG]
TEL. 075843542
www.castellodimagione.it

藏酒销售
预约参观
年产量 120 000 瓶
葡萄种植面积 44 公顷

马吉奥尼堡（Castello di Magione）是马耳他骑士团（Sovereign Military Order of Malta）的部分资产。面积超过40公顷的庄园位于特拉西梅诺（Trasimeno）的山坡上，种植着格莱切托（grechetto）、梅洛（merlot）、黑皮诺（pinot nero）、赤霞珠（cabernet sauvignon）和苏维翁（sangiovese）。近来，酒窖搬迁到了山下的一个地方，虽然没有了令人称奇的全景，但生产条件得到了极大的改善，主管法布里齐奥•莱尼（Fabrizio Leoni）和酿酒师毛里利奥•基奥恰（Maurilio Chioccia）在一起同心协力，几乎合作得天衣无缝。

○ C. del Trasimeno Grechetto Monterone '10	🍷🍷 4
● C. del Trasimeno Rosso Morcinaia '07	🍷 5
○ Grechetto dell'Umbria '10	🍷 3
● Nero dei Cavalieri '08	🍷 5
● Sangiovese '10	🍷 4
○ C. del Trasimeno Grechetto Monterone '09	🍷🍷 4
○ C. del Trasimeno Grechetto Monterone '08	🍷🍷 4*
● Carpaneto '08	🍷🍷 4
● Nero dei Cavalieri '07	🍷🍷 5

Fattoria Colle Allodole

LOC. COLLE ALLODOLE
06031 BEVAGNA [PG]
TEL. 0742361897
www.fattoriacolleallodole.it

藏酒销售
年产量 70 000 瓶
葡萄种植面积 12 公顷

若不是安塔诺（Antano）家族1967年就开始经营位于贝瓦尼亚（Bevagna）的法多瑞•科勒•阿隆都勒（Fattoria Colle Allodole）酒庄，这里多样化的风土环境，塞格兰蒂诺（Sagrantino）的独具风格的景色就会失色不少。弗朗西斯科（Francesco）管理着酒庄的运作，坚持着酒庄长期以来的经营理念。这里的酒在大木桶中慢慢发酵成熟，装瓶的时间、发行上市的时间都是拿捏得恰到好处。我们有足够的理由去原谅它最开始时的缺乏重点，我们也该花些时间等待科勒•阿隆都勒葡萄酒的令人激动的灵魂逐渐显现。

- ● Montefalco Rosso Ris. '08 🍷🍷🍷 6
- ● Montefalco Sagrantino '08 🍷🍷 8
- ● Montefalco Sagrantino Colleallodole '08 🍷🍷 8
- ● Montefalco Sagrantino Passito '08 🍷🍷 8
- ○ Grechetto dei Colli Martani '10 🍷 5
- ● Montefalco Rosso '09 🍷 6
- ● Montefalco Sagrantino Colleallodole '06 ΥΥΥ 7
- ● Montefalco Sagrantino Colleallodole '05 ΥΥΥ 7
- ● Montefalco Rosso Ris. '05 ΥΥ 6
- ● Montefalco Sagrantino '04 ΥΥ 6
- ● Montefalco Sagrantino Colle delle Allodole '04 ΥΥ 7
- ● Montefalco Sagrantino Passito '07 ΥΥ 8
- ● Montefalco Sagrantino Passito '04 ΥΥ 5

★Còlpetrone

LOC. MARCELLANO
VIA PONTE LA MANDRIA, 8/1
06035 GUALDO CATTANEO [PG]
TEL. 074299827
www.colpetrone.it

藏酒销售
预约参观
年产量 250 000 瓶
葡萄种植面积 63 公顷

科尔培特隆（Còlpetrone）酒庄的管理团队，同时也是蒙特法科地区（Montefalco）赛亚格瑞（Saiagricola）集团的子公司。公司进行了一些人员变动，多米尼克•特萨诺（Domenico Terzano）是新的酒庄经理，里卡尔多•可达瑞拉（Riccardo Cotarella）负责酿酒，还有杰索菲娜•维格利尔奇诺（Giuseppina Viglierchio）负责商业方面的活动。他们的任务就是要在这片上开创一个崭新的开始。这里有60多公顷的葡萄园，主要位于瓜尔多•卡塔内奥（Gualdo Cattaneo），东南坐向，土壤类型为泥沙层混合部分粘土，种植着现代的以塞格兰蒂诺为基础的红葡萄。

- ● Montefalco Sagrantino '07 🍷🍷🍷 6
- ● Montefalco Sagrantino Gold '06 🍷🍷 8
- ● Montefalco Rosso '09 🍷 4
- ● Montefalco Sagrantino Passito '08 🍷 6
- ● Montefalco Sagrantino '04 ΥΥΥ 6
- ● Montefalco Sagrantino '03 ΥΥΥ 6
- ● Montefalco Sagrantino '02 ΥΥΥ 6
- ● Montefalco Sagrantino '01 ΥΥΥ 6
- ● Montefalco Sagrantino '00 ΥΥΥ 6
- ● Montefalco Sagrantino '99 ΥΥΥ 6
- ● Montefalco Sagrantino '98 ΥΥΥ 5
- ● Montefalco Sagrantino '97 ΥΥΥ 5
- ● Montefalco Sagrantino '96 ΥΥΥ 4
- ● Montefalco Sagrantino Gold '05 ΥΥΥ 8
- ● Montefalco Sagrantino Gold '04 ΥΥΥ 8

Fattoria Colsanto

LOC. MONTARONE
06031 BEVAGNA [PG]
TEL. 0742360412
www.livon.it

藏酒销售
年产量 30 000 瓶
葡萄种植面积 20 公顷

基于弗留利（Friuli）的利旺（Livon）家族的翁布里亚（Umbrian）公司坐落于在贝瓦尼亚（Bevagna）。在这幢18世纪的农宅中景色迷人，可以远眺阿西西（Assisi）和斯佩罗（Spello），还有20公顷左右的葡萄园地。从开始以来，各种活动的中心就是塞格兰蒂诺葡萄酒（Sagrantino），这里酿制的塞格兰蒂诺葡萄酒一直都是优雅尊贵的。鲜明的特点忠实地反映了蒙达荣德葡萄（Montaronde）和当地粉砂泥土的风土特色。用圣乔维斯和赛格兰蒂诺葡萄酿制的蒙特法科红葡萄酒（Montefalco Rosso）和用梅洛（merlot）和蒙特普奇诺（montepulciano）酿制的路瑞斯葡萄酒（Ruris）有着相似的酿制方法。

Wine	Rating
● Montefalco Sagrantino '07	🍷🍷 6
● Montefalco Rosso '08	🍷 4

Custodi

LOC. CANALE
V.LE VENERE
05018 ORVIETO [TR]
TEL. 076329053
www.cantinacustodi.com

藏酒销售
预约参观
年产量 55 000 瓶
葡萄种植面积 37 公顷

在女儿们的帮助下，吉安弗•兰科卡•斯托迪（Gian Franco Custodi）打理着他的酿酒厂和位于卡纳莱（Canale）面积为70公顷的土地，这些土地一半用来种植葡萄，而且大部分葡萄酒都获批了法定产区酒标签。吉安弗•兰科卡•斯托迪是个细心、周到的工匠，他是奥维多白葡萄酒（Orvieto）优秀生产商中的一员。他沿用着古老的酿造方式，但是最近他在2003年建成的新酒窖里取得了令人振奋的新成果。

Wine	Rating
○ Orvieto Cl. Belloro '10	🍷🍷 2*
● Austero '09	🍷 4
○ Orvieto Cl. Sup. Pertusa V. T. '10	🍷 5
● Austero '07	🍷🍷 4*
○ Orvieto Cl. Belloro '09	🍷🍷 2
○ Orvieto Cl. Belloro '08	🍷🍷 2*
● Piancoleto '09	🍷🍷 3

Decugnano dei Barbi

loc. Fossatello, 50
05019 Orvieto [TR]
Tel. 0763308255
www.decugnano.it

藏酒销售
预约参观
年产量 120 000 瓶
葡萄种植面积 32 公顷

惊世骇俗般美丽的迪酷格纳诺（Decugnano）庄园是来自布雷西亚（Brescia）的芭比（Barbi）家族的骄傲和快乐，该酒庄多年来致力于促进奥维尔托地区（Orvieto）的葡萄酒发展。酿酒厂的操作中心位于一座山的边缘，俯瞰着一处悬崖绝壁，那里自远古以来就一直种着葡萄。这里有着泥灰岩和粘质土壤。原本这里是海洋，现在也还随处都有牡蛎化石和贝壳，十分适宜种植葡萄。经历了几年的低迷之后，迪酷格纳诺酒庄再次赢得了它曾经的辉煌。

酒款	评级	
○ Orvieto Cl. Sup. Il Bianco '10	3 红杯	5
● Il Rosso di Decugnano '09	2 黑杯	5
○ Decugnano Brut AD 1212 M. Cl. '05	1 黑杯	5
● "IL" Rosso '98	3 空杯	5
○ Orvieto Cl. Sup. Il Bianco '09	3 空杯	5
● "IL" Rosso '99	2 空杯	6
● Il Rosso di Decugnano '08	2 空杯	5
● Il Rosso di Decugnano '06	2 空杯	6
● Lago di Corbara "IL" '02	2 空杯	6
● Lago di Corbara "IL" '01	2 空杯	6
○ Maris '09	2 空杯	4

Italo Di Filippo

voc. Conversino, 153
06033 Cannara [PG]
Tel. 0742731242
www.vinidifilippo.com

藏酒销售
预约参观
年产量 200 000 瓶
葡萄种植面积 27 公顷
葡萄栽培方式 有机认证

评价罗伯特•迪•菲利普（Roberto Di Filippo）和艾玛（Emma）的产品有些像是在坐过山车。虽然艾玛和罗伯特的有机种植的葡萄园不足25公顷，但他们有14种不同的酒，产量达200 000瓶。虽然他们的产品里有非常棒的酒也有不那么完美的酒，但总体上来说，葡萄酒的质量在稳步提高。酒庄的起起伏伏也没能减少我们对该酒庄创意的崇拜，特别是他们的葡萄酒未加塞时候的持久性。

酒款	评级	
○ Colli Martani Grechetto Sassi d'Arenaria '10	2 红杯	3*
● Montefalco Sagrantino '07	2 红杯	6
○ Colli Martani Grechetto '10	2 黑杯	3*
● Montefalco Rosso '09	2 黑杯	4
● Montefalco Sagrantino Passito '06	2 黑杯	6
● Terre di S. Nicola Rosso '07	2 黑杯	4
○ Villa Conversino Bianco '10	2 黑杯	2*
● Colli Martani Sangiovese '10	1 黑杯	3
● Poggio Madrigale '06	1 黑杯	5
● Villa Conversino Rosso '10	1 黑杯	3
● Montefalco Rosso '07	2 空杯	4
● Montefalco Rosso Sallustio '07	2 空杯	4
● Montefalco Rosso Sallustio '06	2 空杯	4*

Duca della Corgna

via Roma, 236
06061 Castiglione del Lago [PG]
Tel. 0759652493
www.ducadellacorgna.it

藏酒销售
预约参观
年产量 280 000 瓶
葡萄种植面积 55 公顷

杜卡•阿斯卡尼奥•德拉•科尔格纳（Duca della Corgna）是这个合资酒庄特拉西梅诺（Trasimeno）最重要的品牌，几年前有些成员发起一个计划，生产最好质量的酒，这个品牌也是该计划的中心。酒庄的名字来自于文艺复兴时期的一个人，正是他让特拉西梅诺世界闻名，也使其和农业紧密联系。事实上，他是以他著名的专著《神圣庄园》（*Divina Villa*）而出名的。成员的葡萄园位于卡斯蒂戈隆•德拉•拉戈（Castiglione del Lago）的狎角，土壤富含石灰石。

- ● C. del Trasimeno Gamay Divina Villa Et. Bianca '10 🍷🍷 4*
- ● Trasimeno Gamay Divina Villa Ris. '09 🍷🍷 4
- ○ C. del Trasimeno Baccio del Bianco '10 🍷 3
- ● C. del Trasimeno Baccio del Rosso '10 🍷 3
- ○ C. del Trasimeno Grechetto Nuricante '10 🍷 4
- ● C. del Trasimeno Rosso Corniolo Ris. '08 🍷 5
- ⊙ Martavello Rosato '10 🍷 3
- ○ Ascanio '09 🍷🍷 3
- ○ Ascanio '08 🍷🍷 3*
- ● C. del Trasimeno Gamay Divina Villa Et. Bianca '08 🍷🍷 4*
- ● C. del Trasimeno Gamay Divina Villa Et. Nera '07 🍷🍷 4
- ● C. del Trasimeno Rosso Corniolo '05 🍷🍷 5
- ● C. del Trasimeno Rosso Corniolo '03 🍷🍷 4
- ● C. del Trasimeno Rosso Corniolo Ris. '07 🍷🍷 5

Podere Fontesecca

voc. Fontesecca, 30
06062 Città della Pieve [PG]
Tel. 3496180516
www.fontesecca.it

藏酒销售
预约参观
年产量 8 000 瓶
葡萄种植面积 2.5 公顷
葡萄栽培方式 有机认证

从威尼托（Veneto）到翁布里亚（Umbria），对于保罗•波拉（Paolo Bolla）而言，仅仅是一小步而已，他将自己丰富的经验带到了这个有着悠久酿酒历史的地方。波拉尊重当地的风土特色，也深谙其潜力。酒庄的土地以前是海洋，特征是泥土和石灰石构成，还有大量的化石和贝壳，总是作为当地风土的象征符号出现在商标上。有机葡萄园的管理方式使葡萄酒产品带有更多的原始风味。

- ● Pino Sangiovese '09 🍷🍷 4*
- ● Ciliegiolo '10 🍷🍷 4*
- ○ Elso '10 🍷 4
- ○ Bianco Fontesecca '09 🍷🍷 4
- ● Pino Sangiovese '08 🍷🍷 5

Goretti

LOC. PILA
S.DA DEL PINO, 4
06132 PERUGIA
TEL. 075607316
www.vinigoretti.com

预约参观
年产量 400 000 瓶
葡萄种植面积 50 公顷

通常情况下说“既尊重传统又关注改革创新的机遇”十有八九是句空洞的口号。但是在格瑞提（Goretti）酒庄，有个葡萄酒计划开始于20世纪60年代，现在也在第三和第四代人的规划下稳妥地发展着，这句话则是这个计划的关键。酒庄包括有两个中心，作为原始地点克利•帕鲁金尼（Colli Perugini）的派乐（Pila）至今对物有所值的葡萄酒来说也是有着巨大价值的，而新入手的勒穆拉（Le Mura）农场则全部都是酿制塞格兰蒂诺（Sagrantino）和罗斯红葡萄酒（Rosso）。

Wine	Rating
● Colli Perugini Rosso L'Arringatore '07	🍷🍷 5
● Montefalco Sagrantino Le Mure Saracene '06	🍷🍷 6
○ Colli Perugini Grechetto '10	🍷 3
● Fontanella Rosso '10	🍷 3
● Montefalco Rosso Le Mure Saracene '08	🍷 4
● Colli Perugini Rosso L'Arringatore '06	🍷🍷 5
● Fontanella Rosso '09	🍷🍷 3
○ Il Moggio '09	🍷🍷 4
○ Il Moggio '08	🍷🍷 4*

Lungarotti

V.LE GIORGIO LUNGAROTTI, 2
06089 TORGIANO [PG]
TEL. 075988661
www.lungarotti.it

藏酒销售
预约参观
年产量 2 500 000 瓶
葡萄种植面积 260 公顷

翁布里亚（Umbria）也是意大利地区象征性的酒庄所坐落的那条街是以希奥尔希奥•伦加罗蒂（Giorgio Lungarotti）的名字命名的。对于托尔吉亚诺地区（Torgiano）的重要知识分子，杰出的葡萄酒生产商来说，这个是他应得的荣誉。伦加罗蒂的遗产丰富多样，许多令人兴奋的葡萄酒，家族推动的各种项目，如以他名字命名的葡萄酒博物馆和协会。

Wine	Rating
● Torgiano Rosso Vigna Monticchio Ris. '06	🍷🍷🍷 6
● Montefalco Sagrantino '08	🍷🍷 6
○ Torgiano Bianco Torre di Giano V. il Pino Ris. '09	🍷🍷 5
○ Aurente '09	🍷🍷 5
○ Torgiano Bianco Torre di Giano '10	🍷🍷 3*
● Montefalco Rosso '09	🍷 4
● Montefalco Sagrantino Passito '07	🍷 4
● Torgiano Rosso Rubesco '08	🍷 4
○ Torgiano Bianco Torre di Giano V. il Pino Ris. '08	🍷🍷🍷 4*
● Torgiano Rosso Vigna Monticchio Ris. '05	🍷🍷🍷 6*
● Torgiano Rosso Vigna Monticchio Ris. '04	🍷🍷🍷 6
● Torgiano Rosso Vigna Monticchio Ris. '03	🍷🍷🍷 6
● Torgiano Rosso Vigna Monticchio Ris. '01	🍷🍷🍷 7
● Torgiano Rosso Vigna Monticchio Ris. '88	🍷🍷🍷 5
● Torgiano Rosso Vigna Monticchio Ris. '78	🍷🍷🍷 6

Martinelli

LOC. BEVAGNA
VIA MADONNA DELLA NEVE, 1
06031 BEVAGNA [PG]
TEL. 0742362124
www.cantinemartinelli.com

藏酒销售
预约参观
年产量 155 000 瓶
葡萄种植面积 18.5 公顷

历经了十多年的时间马蒂内利（Martinelli）家族才上升至蒙特法科（Montefalco）葡萄酒厂的前列。马蒂内利家族对当地的传统葡萄酒有着现代版本的诠释，首先是可靠且令人信服的精准度，然后是采用木桶的陈化技术。他们的塞格兰蒂诺（Sagrantino）注重果香。酒庄18公顷多的土地位于贝瓦尼亚（Bevagna），沉积的土壤主要是石灰质的粘土。种植的其他品种是圣乔维斯（sangiovese）、梅洛（merlot）、莎当尼（chardonnay）、黑皮诺（pinot bianco）、格莱切托（grechetto）。

● Montefalco Sagrantino '08	🍷🍷 5
● Montefalco Sagrantino Sel. Soranna '08	🍷🍷 7
● Montefalco Rosso '09	🍷 4
○ Gaite Bianco '08	🍷🍷 4*
● Gaite Rosso '09	🍷🍷 4
● Gaite Rosso '08	🍷🍷 4*
● Montefalco Sagrantino '07	🍷🍷 5
● Montefalco Sagrantino '06	🍷🍷 5
● Montefalco Sagrantino '05	🍷🍷 6
● Montefalco Sagrantino Sel. Soranna '07	🍷🍷 7
● Montefalco Sagrantino Sel. Soranna '06	🍷🍷 7
● Montefalco Sagrantino Sel. Soranna '05	🍷🍷 7

Moretti Omero

LOC. SAN SABINO, 19
06030 GIANO DELL'UMBRIA [PG]
TEL. 074290433
www.morettiomero.it

藏酒销售
预约参观
年产量 40 000 瓶
葡萄种植面积 10 公顷
葡萄栽培方式 生机互动农耕认证

荷马•莫雷蒂（Omero Moretti）酒庄坐落在山坡上，遥望着玛尔塔尼山脉（Martani），是一个真正的技术型农场。酒庄建于第一次世界大战后，1992年开始有机化管理模式，一直以来都是当地著名的橄榄油生产商，当然也一直生产一系列平易近人的葡萄酒。用格莱切托（grechetto）酿制的白葡萄酒和入门级的红葡萄酒都只是用不锈钢桶的，而塞格兰蒂诺葡萄酒（Sagrantino）则在中型或者大型木桶中进行陈化之前有更长的浸皮时间。

○ Grechetto dell'Umbria '10	🍷🍷 3
● Montefalco Sagrantino '07	🍷🍷 6
● Montefalco Sagrantino Vignalunga '06	🍷🍷 8
● Montefalco Sagrantino Passito '07	🍷 6
○ Nessuno '10	🍷 4
● Montefalco Sagrantino '06	🍷🍷 6
● Montefalco Sagrantino '05	🍷🍷 6
● Montefalco Sagrantino '02	🍷🍷 6
○ Nessuno '09	🍷🍷 4*
● Sagrantino di Montefalco '01	🍷🍷 6

La Palazzola

LOC. VASCIGLIANO
05039 STRONCONE [TR]
TEL. 0744609091
www.lapalazzola.it

年产量 150 000 瓶
葡萄种植面积 36 公顷

帕拉佐拉（La Palazzola）酒庄和有着超凡人格魅力的葡萄酒商人斯特凡诺•格瑞利（Stefano Grilli）越来越难以分开。虽然帕拉佐拉酒庄现在是当地成立最早的酒庄之一，但是酒庄出品的葡萄酒却绝对不是经典古典风格。事实上，他们对当地的风土有着各种自由的诠释，特尔尼城（Terni）外的瓦西格里亚诺（Vascigliano）的一名葡萄酒生产商，他擅长对自然的品种进行创新改造和塑造。他们的葡萄酒相当原滋原味，绝对纯正，风格迥异于他人，伴随着时间大跨步的发展。

Wine	Rating
⊙ Rosé Brut Metodo Ancestrale '09	5
○ Gran Cuvée Brut Metodo Ancestrale '09	5
○ Riesling Brut Metodo Ancestrale '06	5
● Syrah '09	4
○ Trebbiano Brut Metodo Ancestrale '09	5
● Merlot '97	5
○ Gran Cuvée Brut '08	5
⊙ Rosé Brut '06	5
● Syrah '08	4
○ Trebbiano Metodo Ancestrale '05	5
○ Vin Santo '06	5
○ Vin Santo '05	5

Palazzone

LOC. ROCCA RIPESENA, 68
05019 ORVIETO [TR]
TEL. 0763344921
www.palazzone.com

藏酒销售
预约参观
年产量 130 000 瓶
葡萄种植面积 25 公顷

从奥维多白葡萄酒（Orvieto）再次苏醒的各种迹象让人倍受鼓舞。虽然当地有着悠久且浓厚的葡萄酒历史，但直到前一段时间它还是一个沉睡的巨人。帕拉佐内（Palazzone）这样的酿酒厂应该得到表扬，他们为当地的发展注入了新的力量与生机，他们娴熟又敏感地诠释着当地的葡萄品种和生长区的特色，也为各种酒增添了一丝带有自家特色的优雅感。对白葡萄酒来说尤其如此，开始的时候有点封闭，其实是在为长远做打算。用圣桑维基和赤霞珠酿制的红葡萄酒在桶里发酵陈化，其品质更加稳定可靠。

Wine	Rating
○ Orvieto Cl. Sup. Campo del Guardiano '09	5
○ Grechetto '10	4*
○ Muffa Nobilis '07	6
○ Orvieto Cl. Sup. Terre Vineate '10	4*
● Piviere '08	4
● Armaleo '00	6
● Armaleo '98	6
● Armaleo '97	6
● Armaleo '95	6
○ Orvieto Cl. Sup. Campo del Guardiano '07	5
● Armaleo '06	8
○ L'Ultima Spiaggia '09	4
○ Orvieto Cl. Sup. Campo del Guardiano '06	5

F.lli Pardi

VIA GIOVANNI PASCOLI, 7/9
06036 MONTEFALCO [PG]
TEL. 0742379023
www.cantinapardi.it

藏酒销售
预约参观
年产量 55 000 瓶
葡萄种植面积 11 公顷

2002年，弗朗西斯科（Francesco）、吉安卢卡•里约（Gianluca Rio）和阿尔贝托•马里奥•巴和迪（Alberto Mario Pardi）回到了他们的祖籍之处。他们重修了他们曾祖父1919年建立的一座三件套式的酒庄。这个酒庄在半个多世纪前由于当时的拥有者转入纺织业而被弃置了，此次重建相当于酒庄的第二次生命了。11公顷的葡萄园分布在蒙特法科（Montefalco）的卡萨利（Casale）、坎坡伦戈（Campolungo）、佩特塔（Pietrauta）、拉斯格纳诺（Lasignano）。塞格兰蒂诺葡萄酒（Sagrantino）是主要的品种，采用短暂的浸皮，并在木桶中陈化的方法，酿成的葡萄酒风格内敛且多汁。

- ○ Montefalco Bianco Colle di Giove '10 — 3
- ● Montefalco Sagrantino Sacrantino '06 — 7
- ● Rosso di Montefalco '09 — 4*
- ● Montefalco Sagrantino '08 — 6
- ○ Montefalco Bianco Colle di Giove '09 — 3
- ● Montefalco Rosso '07 — 4*
- ● Montefalco Rosso '06 — 4*
- ● Montefalco Sagrantino '07 — 6
- ● Montefalco Sagrantino '06 — 6
- ● Montefalco Sagrantino '05 — 6
- ● Montefalco Sagrantino Passito '07 — 6

Perticaia

FRAZ. CASALE
06035 MONTEFALCO [PG]
TEL. 0742379014
www.perticaia.it

藏酒销售
预约参观
年产量 100 000 瓶
葡萄种植面积 15 公顷

吉多（Guido）和安吉拉•瓜尔迪利（Angela Guardigli）的公司名称是当地方言“耕犁”的发音。该酒庄和周围毫未破坏的苍翠的自然乡村景色完美地融合在一起，是酿造优雅放松的红葡萄酒的理想之地，真可谓是对当地的农业传统的一种致敬。酒庄15公顷的葡萄园坐落在石质地貌的卡萨利（Casale），葡萄园内大部分种植的是塞格兰蒂诺（sagrantino），由它酿制的葡萄酒在小型或中型木桶中陈酿大约12个月。

- ● Montefalco Rosso Ris. '08 — 5
- ● Montefalco Rosso '08 — 4
- ○ Trebbiano Spoletino '10 — 4*
- ● Rosso Umbria '10 — 3
- ● Montefalco Sagrantino '07 — 6
- ● Montefalco Sagrantino '06 — 6
- ● Montefalco Sagrantino '05 — 6
- ● Montefalco Sagrantino '04 — 6
- ● Montefalco Sagrantino '03 — 6
- ● Montefalco Sagrantino '01 — 6
- ○ Trebbiano Spoletino '09 — 4
- ○ Trebbiano Spoletino '00 — 4*

Pucciarella

LOC. VILLA
VIA CASE SPARSE, 39
06063 MAGIONE [PG]
TEL. 0758409147
www.pucciarella.it

藏酒销售
预约参观
年产量 180 000 瓶
葡萄种植面积 55 公顷

普西亚瑞拉（Pucciarella）酒庄由意大利伦巴地省储蓄银行（Cariplo）养老基金运营，近些年来发展十分明显，已上升成为了特拉西梅诺（Trasimeno）的重要生产者。葡萄园位于马久内（Magione）和科尔恰诺（Corciano）境内，在海拔大约300米的地方分布有很多的石灰岩造成了土壤中多卵石。其中较好的一片土地位于克利•德•特拉西梅诺（Colli del Trasimeno DOC）的原产地命名控制葡萄酒区。葡萄酒的酿制遵守着地区的要求，不同于别人的是，葡萄酒装瓶在不那么传统的瓶子中，形成一种实质的产品风格。

○ Arsiccio '10	🍷🍷 3*
○ C. del Trasimeno Bianco Ca de' Sass Brut '08	🍷🍷 4*
● C. del Trasimeno Rosso Sant'Anna Ris. '08	🍷🍷 3*
○ C. del Trasimeno Bianco Agnolo '10	🍷 2
● C. del Trasimeno Rosso Berlingero '10	🍷 2
○ Arsiccio '08	🍷🍷 4
○ C. del Trasimeno Bianco Agnolo '09	🍷🍷 4*
● C. del Trasimeno Rosso Berlingero '09	🍷🍷 4
○ C. del Trasimeno Vin Santo '06	🍷🍷 4
○ Ca' de Sass '07	🍷🍷 4
● Empireo '08	🍷🍷 4*

Raina

LOC. TURRI
CASE SPARSE, 42
06036 MONTEFALCO [PG]
TEL. 0742621356
www.vini-raina.it

藏酒销售
预约参观
年产量 40 000 瓶
葡萄种植面积 10 公顷

位于蒙特法科（Montefalco）托瑞（Turri）的弗朗西斯科•马里安尼（Francesco Mariani）的庄园成立于2001年，这里有大约10公顷的葡萄园，一幢修复的老乡村农舍和一些别的附属建筑物。土壤主要是中等颗粒结构，多石灰石，在海拔200到300米的地方还有零星的鹅卵石。先进的陈酿技术开始影响莱娜系列（Raina）葡萄酒的平衡感和风味。大的橡木桶是用来陈化塞格兰蒂诺葡萄酒（Sagrantino），中型木桶用来陈化蒙特法科红葡萄酒（Rosso di Montefalco）的。

● Montefalco Rosso '09	🍷🍷 5
● Montefalco Sagrantino Passito '07	🍷🍷 5
● Sagrantino di Montefalco '07	🍷🍷 5
● Raina Rosso '09	🍷 5

Roccafiore

FRAZ. CHIOANO
LOC. COLLINA
06059 TODI [PG]
TEL. 0758942416
www.roccafiore.it

藏酒销售
预约参观
年产量 80 000 瓶
葡萄种植面积 14 公顷
葡萄栽培方式 有机种植

巴卡瑞里（Baccarelli）家族为这个崎岖不平的特蒂葡萄酒（Todi）地区带来了一丝新鲜的气息，当地也是长期种植格莱切托（grechetto）的地区，这是经历几年的低迷之后再次起步发展的时期。除了受年份因素影响的变化以外，罗卡菲奥里（Roccafiore）的葡萄酒特性，尤其是白葡萄酒，很快就吸引了评论家的注意。我们认为这可能是14公顷的葡萄园泥沙混合土壤，采用有机管理办法造成的。

○ Fiorfiore Bianco '09	🍷🍷 4
● Prova d'Autore '08	🍷🍷 5
○ Colli Martani Grechetto di Todi Fiorfiore '08	🍷🍷 4
○ Colli Martani Grechetto di Todi Fiorfiore '07	🍷🍷 4*
○ Collina d'Oro Passito '07	🍷🍷 5
○ Fiordaliso '09	🍷🍷 3
○ Fiordaliso '08	🍷🍷 3*

Scacciadiavoli

LOC. CANTINONE, 31
06036 MONTEFALCO [PG]
TEL. 0742371210
www.scacciadiavoli.it

藏酒销售
预约参观
年产量 220 000 瓶
葡萄种植面积 35 公顷
葡萄栽培方式 有机种植

让卫星导航系统带你去肯迪隆（Cantinone），你会发现自己来到了本地农业考古最好的范例之地。其名字含义为“大酒窖”，这已经告诉你关于斯卡西迪亚沃里（Sciacciadiavoli）酒庄要知道的所有事情。潘不菲迪（Panbuffetti）于20世纪50年代收购了这份地产，合计在蒙特法科（Montefalco）、瓜尔多•卡塔内奥（Gualdo Cattaneo）和其阿诺•德尔•翁布里亚（Giano dell'Umbria）的葡萄园大约有120公顷。很快该酒庄就因为塞格兰蒂诺葡萄（sagrantino）而家喻户晓，他们也用塞格兰蒂诺葡萄酿造布兰克•皮诺（Blanc de Noir）和经典方法酿造的起泡红葡萄酒。

● Montefalco Sagrantino '07	🍷🍷🍷 6
○ Brut Scacciadiavoli M. Cl. '08	🍷🍷 5
⊙ Brut Scacciadiavoli Rosé M. Cl. '08	🍷 5
○ Grechetto dell'Umbria '10	🍷 3
● Montefalco Sagrantino '06	🍷🍷 6
● Montefalco Sagrantino '05	🍷🍷 6
● Montefalco Sagrantino Passito '06	🍷🍷 6

Sportoletti

LOC. CAPITAN LORETO
VIA LOMBARDIA, 1
06038 SPELLO [PG]
TEL. 0742651461
www.sportoletti.com

藏酒销售
预约参观
年产量 230000 瓶
葡萄种植面积 30 公顷

埃涅斯托（Ernesto）和雷莫•斯伯托雷迪（Remo Sportoletti）兄弟现在有了家族中年轻一代人的陪伴，一起饶有激情并专业十足地管理着这个承载着他们声名的酒庄，酒庄坐落在距离阿西西（Assisi）不远的一处风景优美之地。虽然酒庄的历史很悠久，但涉足葡萄酒制造业则是在20世纪90年代，当时意大利国内和国际媒体都对本地的几款大胆创新的葡萄酒表示了高度赞赏。总体说来，从入门级的葡萄酒到上标陈列的葡萄酒都质量很上乘。

Wine	Glasses	Score
○ Villa Fidelia Bianco '09	2 (red)	4
● Villa Fidelia Rosso '09	2 (red)	5
○ Assisi Grechetto '10	1 (red)	3
● Assisi Rosso '10	1 (red)	3
● Villa Fidelia Rosso '98	3	6
○ Assisi Grechetto '09	2	3
● Assisi Rosso '09	2	4
● Assisi Rosso '08	2	4*
○ Villa Fidelia Bianco '05	2	4
● Villa Fidelia Rosso '08	2	6
● Villa Fidelia Rosso '07	2	6
● Villa Fidelia Rosso '06	2	6
● Villa Fidelia Rosso '05	2	6
● Villa Fidelia Rosso '04	2	6

Giampaolo Tabarrini

FRAZ. TURRITA
06036 MONTEFALCO [PG]
TEL. 0742379351
www.tabarrini.com

藏酒销售
预约参观
年产量 70000 瓶
葡萄种植面积 16 公顷

富有探索和创新精神的吉亚姆鲍洛•塔巴瑞尼（Giampaolo Tabarrini）继续酿造着有他自己独特个性的葡萄酒。吉亚姆鲍洛是一名不知疲倦的种植者，同时也是一位精明的商人，他能力超群，可以将自家激进富有个性的葡萄酒风格和别的地区的各种风格融合起来。葡萄园注意选择不同的成熟期的葡萄来酿酒，我们只需要提他的三款塞格兰蒂诺葡萄酒（Sagrantinos），小木桶酿制延迟发行的可拉•阿莱•马奇（Colle alle Macchie），大木桶是专门用于坎波•阿莱•塞卡（Campo alla Cerqua），还有混合使用的科拉•格林玛德思科（Colle Grimaldesco）。

Wine	Glasses	Score
● Montefalco Sagrantino Campo alla Cerqua '07	3 (red)	7
○ Adarmando '09	2 (red)	5
● Montefalco Sagrantino Colle alle Macchie '05	2 (red)	8
● Montefalco Sagrantino Colle Grimaldesco '07	2 (red)	6
● Il Padrone delle Vigne '10	1 (red)	4
○ Adarmando '07	3	5*
● Montefalco Sagrantino Colle Grimaldesco '06	3	6
● Montefalco Sagrantino Colle Grimaldesco '01	3	6
○ Adarmando '08	2	5
● Montefalco Sagrantino Campo alla Cerqua '06	2	7
● Montefalco Sagrantino Colle alle Macchie '04	2	8
● Montefalco Sagrantino Colle alle Macchie '03	2	8
● Montefalco Sagrantino Colle Grimaldesco '05	2	6

Terre de La Custodia

Loc. Palombara
06035 Gualdo Cattaneo [PG]
Tel. 074292951
www.terredelacustodia.it

藏酒销售
预约参观
年产量 1 000 000 瓶
葡萄种植面积 118 公顷

以橄榄油闻名的意大利国内知名食品企业法尔奇奥尼（Farchioni）家族，2003年开始了他们的葡萄酒之旅，随着理查德•可达瑞拉（Riccardo Cotarella）和马可•曼达瑞利（Marco Minciarelli）的投入，加姆巴欧罗•法尔奇奥尼（Giampaolo Farchioni）掌管着一项大发展计划，包括庄园所有的80公顷的葡萄园加上租用的45公顷土地，所栽培的葡萄从克里•玛当尼（Colli Martani）到蒙特法科（Montefalco）种类繁多。酿制的葡萄酒在技术上毫无瑕疵，可能有点太原滋原味了，但是他们亲近大众，易于饮用。

Wine	Rating
○ Colli Martani Grechetto Plentis '09	4
● Montefalco Rosso '09	5
● Montefalco Sagrantino '08	7
● Colli Martani Collezione '10	4
○ Colli Martani Grechetto '10	4
⊙ Brut Rosé '08	6
● Montefalco Sagrantino '07	7

Tiburzi

Z. A. Pietrauta
06036 Montefalco [PG]
Tel. 0742379864
www.tiburzicantine.com

藏酒销售
预约参观
年产量 70 000 瓶
葡萄种植面积 8 公顷

台伯兹（Tiburzi）家族以其肉产品和意大利蒜味腊肠闻名，但他们也一直着迷于葡萄酒。酒庄位于蒙特法科（Montefalco）城外的一条去佛力葛诺（Foligno）的路上。台伯兹家族在当地拥有大片土地，但是却各有特色，有些地方用现代又集约的栽培方式甚至达到了当地的登峰造极的水准。葡萄酒都在大木桶和大橡木桶中陈酿，在口感上十分平衡且回味悠远，变化多样。

Wine	Rating
● Montefalco Sagrantino Taccalite '07	6
● Montefalco Rosso Santambrà '08	4*
○ Brigante '10	3
● Colle Scancellato '10	3
● Montefalco Sagrantino Taccalite '06	6
● Montefalco Santambrà '07	4*

Todini

FRAZ. ROSCETO
VIA COLLINA, 29
06059 TODI [PG]
TEL. 075887122
www.cantinafrancotodini.com

藏酒销售
预约参观
年产量 350 000 瓶
葡萄种植面积 70 公顷

托蒂尼（Todini）家族是一家综合型企业，拥有广阔的土地，大部分种植着种子植物，但也有相当一大部分土地种植着葡萄树。该酒庄有一个装饰一新、功能齐全的酒窖，一件雅致的客栈还有一家餐馆。酒庄地处科勒瓦伦扎地区（Collevalenza）中心，距托蒂（Todi）仅一步之遥，在科里•玛尔塔尼（Colli Martani）法定葡萄酒产区（DOC）的中心区。这里种有格瑞凯托葡萄（grechetto）以及许多其他品种的葡萄，这些都反映了这个酒庄紧跟现代化步伐、与时俱进的特质。

○ Grechetto di Todi Bianco del Cavaliere '10	4
○ Relais '09	4
○ Relais Grechetto '10	4
○ Colli Martani Grechetto di Todi Bianco del Cavaliere '09	4
○ Colli Martani Grechetto di Todi Bianco del Cavaliere '08	4*
○ Colli Martani Grechetto di Todi Bianco del Cavaliere '07	4*
○ Eteria '08	3*
● Nero della Cervara '08	6
● Nero della Cervara '07	6
● Nero della Cervara '05	6

Tudernum

LOC. PIAN DI PORTO, 146
06059 TODI [PG]
TEL. 0758989403
www.tudernum.it

藏酒销售
预约参观
年产量 1 600 000 瓶
葡萄种植面积 7 公顷

塔德纳姆（Tudernum）酿酒厂就在托蒂（Todi）外面，现在已是翁布里亚地区组织最完善的企业之一。过去的这些年里，他们对葡萄园、酒窖和市场营销大量投入，成功地将酒庄从过去沉闷不为人知的历史中解放出来。现如今，塔德纳姆酒庄发行一系列的美味红葡萄酒和白葡萄酒，都是采用的传统或者不是那么古典的葡萄品种，价格诱人。

○ Grechetto di Todi '10	3*
○ Grechetto di Todi Sup. '10	3*
○ Le Lucrezie '10	2*
○ Todi Bianco '10	4
● Montefalco Rosso Fidenzo '08	5
● Todi Rosso '10	4
● Todi Sangiovese '10	4
● Merlot '07	3*
● Merlot '05	3*
● Montefalco Sagrantino '07	6
● Montefalco Sagrantino Tudernum '04	6
● Montefalco Sagrantino Tudernum '01	5
● Rojano '03	4*

Tenuta Le Velette

FRAZ. CANALE DI ORVIETO
LOC. LE VELETTE, 23
05019 ORVIETO [TR]
TEL. 076329090
www.levelette.it

藏酒销售
预约参观
年产量 400 000 瓶
葡萄种植面积 109 公顷

科罗多（Corrado）和塞西莉亚•波塔伊（Cecilia Bottai）拥有着本地区最美丽的酒庄之一，占地约100公顷，土壤主要是火山土。虽然这是这一带地区的主题，但维丽缇（Tenuta Le Velette）酒庄坐落的这片高原上以不同的风土和地理条件看来还是有些细微的差别的。酒庄种植的葡萄品种十分多样，从当地的经典品种到非传统的葡萄都有。精心酿制的葡萄酒在味觉上展现了这里所有的风土特点，口感丰富。

● Calanco '07	🍷🍷 5
○ Orvieto Cl. Sup. Lunato '10	🍷🍷 4*
● Accordo '07	🍷 4
○ Orvieto Cl. Berganorio '10	🍷 3
● Rosso Orvietano Rosso di Spicca '10	🍷 3
○ Traluce '10	🍷 4
● Accordo '06	🍷🍷 4*
● Calanco '05	🍷🍷 5*
● Gaudio '07	🍷🍷 5
○ Orvieto Cl. Berganorio '08	🍷🍷 3*
○ Orvieto Cl. Sup. Lunato '09	🍷🍷 4
○ Orvieto Cl. Sup. Lunato '08	🍷🍷 4*
● Rosso Orvietano Rosso di Spicca '09	🍷🍷 3
○ Sole Uve '09	🍷🍷 4

Villa Mongalli

LOC. CAPPUCCINI
06031 BEVAGNA [PG]
TEL. 3485110506
www.villamongalli.com

年产量 70 000 瓶
葡萄种植面积 15 公顷

孟加里葡萄（Mengalli）酒庄坐落在贝瓦尼亚（Bevagna）和蒙特法科（Montefalco）之间，靠近马多恩•德莱•格瑞兹（Madonne delle Grazie）神殿。开始经商后没几年它就成为了蒙特法科地区的葡萄酒行业基准了，因为它所酿制的葡萄酒质量标准高，酒庄的葡萄园是当地最好的葡萄园之一，而酒庄的葡萄酒的风格则很好地展现了葡萄园的特色。酒庄的15公顷的葡萄园位于石灰岩上，海拔大约370米，加之科尔西米诺（Colcimino）的粘质土，都极好地诠释了在小桶和打桶中陈化的奇妙自然的塞格兰蒂诺葡萄酒（Sagrantino）。

● Montefalco Sagrantino Col Cimino '08	🍷🍷🍷 4
● Montefalco Sagrantino Pozzo del Curato '08	🍷🍷 7
○ Calicanto '10	🍷🍷 6
● Montefalco Sagrantino Della Cima '07	🍷🍷 8
● Montefalco Rosso Le Grazie '09	🍷 6
● Montefalco Sagrantino Della Cima '06	🍷🍷🍷 7
● Montefalco Rosso Le Grazie '08	🍷🍷 4
● Montefalco Sagrantino Col Cimino '07	🍷🍷 4
● Montefalco Sagrantino Della Cima '05	🍷🍷 7
● Montefalco Sagrantino Della Cima '04	🍷🍷 7
● Montefalco Sagrantino Pozzo del Curato '07	🍷🍷 5
● Montefalco Sagrantino Pozzo del Curato '06	🍷🍷 5
● Montefalco Sagrantino Pozzo del Curato '04	🍷🍷 5

Barbi

voc. Stucchio
05023 Baschi [TR]
Tel. 0302780125
www.barbivini.it

- ● Lago di Corbara Rosso '08 — 4
- ○ Orvieto Classico Arché '09 — 4*
- ○ Orvieto Classico '10 — 3

Bartoloni

loc. Moriano, 31
06030 Giano dell'Umbria [PG]
Tel. 074290286
www.cantinabartoloni.it

- ● Sagrantino di Montefalco Normannia '07 — 5
- ○ 3Biano '10 — 3*
- ● Montefalco Rosso Poggio La Pia '07 — 4

Brogal Vini

loc. Bastia Umbra
via degli Olmi, 9
06083 Perugia
Tel. 0758001501
www.brogalvini.com

- ○ Bizante Bianco '10 — 5
- ○ Montefalco Bianco Nido del Falco '10 — 5
- ● Ru? '09 — 4
- ○ Torgiano Bianco Kirnao '10 — 4

Castello delle Regine

loc. Le Regine
via di Castelluccio
05022 Amelia [TR]
Tel. 0744702005
www.castellodelleregine.com

- ○ Bianco delle Regine '10 — 4*
- ⊙ Rosé delle Regine '10 — 4*
- ● Rosso di Podernovo '08 — 4
- ● Sangiovese Sel. del Fondatore '06 — 6

Castello di Corbara

loc. Corbara, 7
05018 Orvieto [TR]
Tel. 0763304035
www.castellodicorbara.it

- ○ Orzalume '09 — 4
- ● Calistri '08 — 5
- ○ Grechetto Podere Il Caio '10 — 3
- ● Lago di Corbara Merlot De Coronis '08 — 5

Chiorri

loc. Sant'Enea
via Todi, 100
06132 Perugia
Tel. 075607141
www.chiorri.it

- ⊙ Colli Perugini Rosato '10 — 3
- ● Garbino '10 — 3
- ● Merlot '07 — 5

Coste del Faena

voc. Cherabò
06054 Fratta Todina [PG]
Tel. 068848928
www.costedelfaena.com

- ● Dimoro '09 — 6
- ○ Rubio dei Gelsi '10 — 4
- ● Moro dei Gelsi '10 — 4

Cantina Dionigi

voc. Madonna della Pia, 92
06031 Bevagna [PG]
Tel. 0742360395
www.cantinadionigi.it

- ● Merlot Passito Civico 92 '10 — 5
- ● Montefalco Rosso Ris. '08 — 4
- ● Montefalco Sagrantino '06 — 6
- ○ Colli Matrani Grechetto Colle Sorragani '10 — 5

Fongoli
LOC. SAN MARCO DI MONTEFALCO
06036 MONTEFALCO [PG]
TEL. 0742378930
www.fongoli.com

- ● Sagrantino di Montefalco '06 — 5
- ● Agnoletto '10 — 3
- ● Montefalco Rosso Ris. '08 — 4
- ● Sagrantino di Montefalco V. dei Sospiri '05 — 6

I Girasoli di Sant'Andrea
LOC. MOLINO VITELLI
06019 UMBERTIDE [PG]
TEL. 0759410798
www.grittivini.eu

- ● Il Principe Rosso '08 — 4*
- ● I Girasoli di Sant'Andrea Rosso '09 — 4

Cantina La Spina
FRAZ. SPINA
VIA EMILIO ALESSANDRINI, 1
06055 MARSCIANO [PG]
TEL. 0758738120
www.cantinalaspina.it

- ● Rosso Spina '09 — 5
- ● Cimaàlta '10 — 3
- ● Merlato '10 — 3

Lamborghini
LOC. SODERI, 1
06064 PANICALE [PG]
TEL. 0758350029
www.lamborghinionline.it

- ● Torami '08 — 5
- ● Era '09 — 4

Madonna Alta
LOC. PIETRAUTA
VIA LUDOVICO ARIOSTO, 37
06036 MONTEFALCO [PG]
TEL. 0742356371
www.madonnalta.it

- ○ Colli Martani Grechetto '10 — 4
- ○ Falconero Bianco '09 — 3

Madonna del Latte
LOC. SUGANO, 11
05018 ORVIETO [TR]
TEL. 0763217760
www.madonnadellatte.it

- ● Castelletto di Sucano '10 — 4
- ⊙ Rosario Brut '10 — 5
- ○ Viognier '10 — 5

Stafania Mezzetti
LOC. VERNAZZANO BASSO
06069 TUORO SUL TRASIMENO [PG]
TEL. 0575678528
www.vinimezzetti.it

- ● Annibale '09 — 3*
- ● Cortona Selvans Merlot '09 — 4
- ● Elia '07 — 4

Cantina Monrubio
FRAZ. MONTERUBIAGLIO
LOC. LE PRESE, 22
05014 CASTEL VISCARDO [TR]
TEL. 0763626064
www.monrubio.it

- ● Monrubio '10 — 5
- ○ Orvieto Cl. Sup. Soana '10 — 3

Monte Vibiano

loc. Monte Vibiano Vecchio di Mercatello
via Vittorio Veneto, 4
06072 Marsciano [PG]
Tel. 0758783386
www.montevibiano.it

- ● Colli Perugini Rosso L'Andrea '07 — 🍷 6
- ● Colli Perugini Rosso Monvì '07 — 🍷 4
- ● M Rosso '09 — 🍷 2
- ○ Villa Monte Vibiano Bianco '10 — 🍷 4

Peppucci

loc. Sant'Antimo
fraz. Petroro, 4
06059 Todi [PG]
Tel. 0758947253
www.cantinapeppucci.com

- ○ Colli Martani Grechetto di Todi Montorsolo '10 — 🍷🍷 4
- ● Alter Ego '08 — 🍷 6
- ● Alter Ego Passito '08 — 🍷 6

Tenuta Poggio del Lupo

voc. Buzzaghetto, 100
05011 Allerona [TR]
Tel. 0763628350
www.tenutapoggiodellupo.it

- ● Orvietano Rosso Lupiano '10 — 🍷🍷 4*
- ● Orvietano Rosso Lupiano '10 — 🍷🍷 4*
- ○ Màrneo '10 — 🍷 4
- ○ Màrneo '10 — 🍷 4
- ● Rosso Silentis '08 — 🍷 5
- ● Rosso Silentis '08 — 🍷 5

Ruggeri

via Montepennino, 5
06036 Montefalco [PG]
Tel. 0742379294

- ● Montefalco Sagrantino '08 — 🍷🍷 6
- ○ Grechetto dell'Umbria '10 — 🍷 3
- ● Montefalco Rosso '09 — 🍷 4
- ● Montefalco Sagrantino Passito '08 — 🍷 6

Terre del Carpine

via Formanuova, 87
06063 Magione [PG]
Tel. 075840298
www.terredelcarpine.it

- ○ C. del Trasimeno Grechetto Grèco '10 — 🍷🍷 3*
- ○ Albaja '10 — 🍷 3
- ● C. del Trasimeno Rosso Erceo '09 — 🍷 2
- ● Sangiovese '10 — 🍷 4

Terre Margaritelli

fraz. Chiusaccia
loc. Miralduolo
06089 Torgiano [PG]
Tel. 0757824668
www.terremargaritelli.com

- ○ Greco di Renabianca '10 — 🍷 4
- ● Malot '09 — 🍷 4
- ○ Pietramala '10 — 🍷 3
- ● Roccascossa '09 — 🍷 3

Vallantica

loc. Valle Antica, 280
05029 San Gemini [TR]
Tel. 0744306016
www.vallantica.com

- ○ Grechetto dell' Umbria '10 — 🍷🍷 4

Zanchi

via Ortana, 122
05022 Amelia [TR]
Tel. 0744970011
azagr.zanchi@tiscali.it

- ● C. Amerini Rosso Sup. Sciurio '05 — 🍷🍷 4
- ● Ciliegiolo '10 — 🍷 3
- ⊙ Tomeo Rosato '10 — 🍷 3

拉齐奥区
LAZIO

今年拉齐奥（Lazio）也许并不是特别的光彩夺目，但是它也提供了一些有趣的新希望，从获奖的酿酒厂到一个对于地区和葡萄品种的更广阔的视野。“三杯奖”在本地区的名单上又添加了一个新的名字2009年款卡萨莱侯爵克莱门斯（Casale Marchese's Clemens 2009），这款玛乐维热亚葡萄（Malvasia）和莎当尼葡萄（Chardonnay）酿造的葡萄酒获奖，展现了罗马城堡区（Castelli Romani）的潜力。主题、地区、品种的研究等显然是更加的复杂，首先是弗拉斯卡蒂白葡萄甜酒（Frascati），仍然在拉伸产品属性，寻找增强品质的潜力。然而，潜力的实现还是要靠指定区的各个酿酒厂更大的决心。最耐人寻味的现象就是埃丽提科（Aleatico）回归到维泰博地区（Viterbo）。很多的酿酒厂都致力于提高这种葡萄酿制的优质葡萄酒的产量，包括经典的强化酒、甜味葡萄酒和干葡萄酒，有时甚至是对葡萄皮进行发酵。看到人们同样也关注着格莱切托（Grechetto），我们也很高兴，因为我们一直相信它给台伯河谷（Tiber）的葡萄带来最好的潜力。出人意料的是，另一个焕发新生的葡萄品种就是凯撒葡萄（Cesanese），在皮葛里欧（Piglio）和罗马的欧来瓦诺地区（Olevano Romano）都有栽培。这种葡萄难以种植发酵，但又很有魅力，有些生产商正在寻求酿制出达到酒体丰满、润泽醇厚、结构平衡的统一的葡萄酒。只需瞥一眼拉蒂纳省（Latina），我们就知道它正在安静稳定的发展，寻求充分利用土壤和葡萄酿制葡萄酒的方法，依旧值得我们持续关注。我们仍在等待科里地区（Cori）的大跨步发展。拉齐奥（Lazio）今年有四款葡萄酒获得了“三杯奖”，但除了早先提过的卡萨尔克莱门斯2009年款（Casale Marchese 2009 Clemens），其他的都是我们的老朋友了。皮葛里欧•沃皮（Poggio Le Volpi）用酿制的2010年款顶级弗拉斯卡蒂史诗葡萄酒（Frascati Superiore Epos 2010）来肯定去年的成功。塞尔吉奥•莫图拉（Sergio Mottura）今年却用另一款酒格莱切托德拉格2010年款（Grechetto Poggio della Costa 2010）创造了最好成绩，也正排在他的另一款酒格莱切托拉图尔（Grechetto Latour a Civitella）的前面。最后同样重要的是常青的蒙蒂亚诺（Montiano）。令人印象深刻的梅洛酒证明了即使是不那么好的2009年，来自法莱斯科（Falesco）的这款酒还是领先于本地区的其他红葡萄酒一步。

Marco Carpineti

LOC. CAPO LE MOLE
SP VELLETRI-ANZIO, KM 14,300
04010 CORI [LT]
TEL. 069679860
www.marcocarpineti.it

藏酒销售
预约参观
年产量 100 000 瓶
葡萄种植面积 41 公顷
葡萄栽培方式 有机认证

马可•卡尔皮内蒂（Marco Carpinet）离开科里法定酒产区（Cori DOC zone），将他自己的葡萄酒事业投入到拉齐奥地区餐酒区（Lazio IGT），似乎有点自相矛盾，但其是出于对自己土地的热爱。他希望当地能够有清晰合理的管理规定。马可的葡萄园于1994年获得了有机认证的资格。从柏洛娜（bellone）、格列柯摩洛（greco moro）、恺撒（cesanese）、黑博诺（nero buono）中酿制出同样高质量的葡萄酒，将这片火山风土、凝灰岩和石灰岩的地貌诠释得几近完美。从远古的时代，在这里山间海拔200至250米的地方葡萄园和橄榄林都欣欣向荣地生长着，这里美丽的风景，数世纪以来未曾变化。

○ Marco Carpineti Brut Trentamesi '07	🍷🍷 4
○ Collesanti '10	🍷🍷 3*
○ Cori Bianco Capolemole '10	🍷🍷 3*
● Cori Rosso Capolemole '09	🍷🍷 3
● Dithyrambus '07	🍷🍷 5
○ Ludum '08	🍷🍷 5
○ Moro '09	🍷🍷 4
⊙ Os Rosae '10	🍷🍷 4*
● Tufaliccio '10	🍷🍷 3*
○ Marco Carpineti Brut '08	🍷🍷 4*
○ Moro '08	🍷🍷 4*
○ Moro '07	🍷🍷 4*
○ Moro '06	🍷🍷 4*

Casale del Giglio

LOC. LE FERRIERE
S.DA CISTERNA-NETTUNO KM 13
04100 LATINA
TEL. 0692902530
www.casaledelgiglio.it

藏酒销售
预约参观
年产量 1 200 000 瓶
葡萄种植面积 164 公顷

1914年起桑塔雷利（Santarellis）家族就已经是葡萄酒商人，现在的第四代传人是安托尼奥（Antonio），他稳妥地传承着家族事业，专注于这个由他父亲迪诺（Dino）于1985年在法瑞若（Le Ferriere）建立的庄园。这片未曾勘探和评级的海岸还有平整的土地很快就被发现有着和波尔多和加利福利亚相似的气候条件。在酿酒专家保罗•提耶丰塔尔荷（Paolo Tiefentalher）的指导下，选择最适合栽培的葡萄品种时，也进行了详细具体的调查研究，最终用这些葡萄酿制了许多葡萄酒，且稳居拉提那省（Latina）葡萄酒前列。

● Cabernet Sauvignon '08	🍷🍷 5
● Mater Matuta '08	🍷🍷 7
○ Antinoo '09	🍷🍷 4
○ Aphrodisium '10	🍷🍷 6
○ Chardonnay '10	🍷🍷 4*
● Madreselva '08	🍷🍷 5
○ Petit Manseng '10	🍷🍷 4
● Petit Verdot '09	🍷🍷 4*
○ Sauvignon '10	🍷🍷 4*
⊙ Albiola '10	🍷 4
● Merlot '09	🍷 4
○ Satrico '10	🍷 3
● Shiraz '09	🍷 4
● Madreselva '07	🍷🍷 5
● Mater Matuta '07	🍷🍷 7

Casale della Ioria

P.ZZA REGINA MARGHERITA, 1
03010 ACUTO [FR]
TEL. 077556031
www.casaledellaioria.com

藏酒销售
预约参观
年产量 70 000 瓶
葡萄种植面积 35 公顷

20多年来，保罗•培瑞内里（Paolo Perinelli）管理他的家庭酒庄，同时还促进这个凯撒地区（Cesanese）的发展。对他而言，现在他终于可以庆祝获得了原地名控制保证葡萄酒（DOCG）地位和合适的质量标准。酒庄拥有一些特殊的凯撒品种，且平均年龄刚好处于最佳状态的30年，利用它们可以实现酒庄葡萄园的最大潜力，该葡萄园位于火山岩粘土底层的艾瑞尼克山（Ernici）脚下。一段时间以来，他们开展一个有趣的项目来保护一种当地濒临灭绝的葡萄品种奥利维利亚•埃斯佩里亚（Olivella di Esperia）。

● Cesanese del Piglio Torre del Piano '09	🍷🍷 (red)	5
● Cesanese del Piglio Campo Nuovo '09	🍷🍷	3*
● Cesanese del Piglio '09	🍷	4
○ Colle Bianco '10	🍷	3
● L'Olivella '10	🍷	4
● Cesanese del Piglio '08	🍷🍷 (white)	4*
● Cesanese del Piglio Torre del Piano '08	🍷🍷 (white)	5
● Cesanese del Piglio Torre del Piano '07	🍷🍷 (white)	5
○ Colle Bianco '07	🍷🍷 (white)	3*
● L'Olivella '07	🍷🍷 (white)	4

Casale Marchese

VIA DI VERMICINO, 68
00044 FRASCATI [RM]
TEL. 069408932
www.casalemarchese.it

藏酒销售
预约参观
年产量 200 000 瓶
葡萄种植面积 40 公顷

卡尔雷蒂（Carletti）的酿酒厂是弗拉斯卡蒂（Frascati）指定区的最好的部分之一。在一幢18世纪的农舍里，修葺一新的酒窖建于两个古典的水箱上。酒庄在火山泥沙地带栽培着卡尔雷蒂的葡萄，品种多样，包括本土和国际葡萄品种，是罗马城堡区的坚定分子。他们酿造的葡萄酒风格现代，白葡萄尤其注重果香和清新感。

○ Clemens '09	🍷🍷🍷 (red)	4
○ Frascati Sup. '10	🍷🍷	3*
● Novum '10	🍷	4
● Rosso di Casale Marchese '10	🍷	4
○ Frascati Sup. '09	🍷🍷 (white)	3
○ Frascati Sup. '08	🍷🍷 (white)	3*

Cincinnato

via Cori-Cisterna km 2
04010 Cori [LT]
Tel. 069679380
www.cantinacincinnato.it

藏酒销售
预约参观
年产量 300 000 瓶
葡萄种植面积 400 公顷
葡萄栽培方式 有机认证

辛辛纳托（Cincinnato）酒庄生产理念十分明确。它的200名种植成员在总经理纳扎瑞诺•米利塔（Nazareno Milita）和酿酒师卡尔洛•莫瑞蒂尼（Carlo Morettini）的领导下，努力使他们的产品体现出明显的地域特色，他们酿酒只要采用当地的内罗•卜奥诺（Nero Buono）和贝罗内（Bellone）葡萄，它们多生长在粘土砂质的山坡上。该酒庄对其葡萄园进行直接管理，而且葡萄的收购也是按照种植区域而不是称重，这种做法就避免了各种植者过分追求产量而忽视品质。这家运行状况良好的酒庄已把它的目光投向了国际市场，并计划在2012年3月进一步扩大投资，增加一些住宿餐饮设施，并成立一家农场专门用来进行葡萄种植的培训。

○ Bellone '09	4*
○ Castore '10	2*
○ Solina V. T. '08	5
● Arcatura '09	4
○ Brut Cincinnato Spumante	2
○ Cori Bianco Illirio '10	3
● Cori Rosso Raverosse '08	3
● Nero Buono '08	4
○ Bellone '08	4*
○ Bellone '06	4*
○ Cori Bianco Illirio '08	3*
● Cori Rosso Raverosse '07	3*
● Nero Buono '07	4*
● Nero Buono '06	4*

Antonello Coletti Conti

via Vittorio Emanuele, 116
03012 Anagni [FR]
Tel. 0775728610
www.coletticonti.it

藏酒销售
预约参观
年产量 20 000 瓶
葡萄种植面积 20 公顷

科里内•德尔•皮格里奥（Colline del Piglio）酒庄是卡斯特里•洛马尼地区（Castelli Romani）最新上马的项目，这里多为含钾较多的酸性红壤。几百年来，这里已成为凯撒葡萄（Cesanese）绝佳的生产地，安托内罗•柯勒迪•孔蒂（Antonello Coletti Conti）酒庄认为这一品种既尊重了传统又具有现代化特色，而且该酒庄也进行了大量调研。这里不仅有一些博尔德奥克斯（Bordeaux）品种，也有一些尹柯洛西奥•曼佐尼（Incrocio Manzoni）品种，它们是由安托内罗（Antonello）的祖父栽培出来的，他是曼佐尼教授的学生，也是一位酿酒师。目前，该酒庄发展势头良好，又新上马了几项新工程，其中之一就是重点在推广当地的帕瑟里纳•德尔•富鲁西纳特葡萄（Passerina del Frusinate）。

● Cesanese del Piglio Romanico '09	6
○ Arcadia '10	4
● Cesanese del Piglio Hernicus '10	4
● Cesanese del Piglio Romanico '07	6
○ Arcadia '07	4
● Cesanese del Piglio Hernicus '09	4
● Cesanese del Piglio Hernicus '06	4*
● Cesanese del Piglio Hernicus '05	4
● Cesanese del Piglio Romanico '08	6
● Cesanese del Piglio Romanico '06	6
● Cosmato '08	6
● Cosmato '07	6

Colle Picchioni Paola Di Mauro

LOC. FRATTOCCHIE
VIA COLLE PICCHIONE, 46
00040 MARINO [RM]
TEL. 0693546329
www.collepicchioni.it

藏酒销售
预约参观
年产量 100 000 瓶
葡萄种植面积 26 公顷
葡萄栽培方式 有机种植

莫罗（Di Mauro）是一家小型的家族庄园，40年来，它一直是卡斯特里•洛马尼地区（Castelli Romani）葡萄栽培的主力军。该酒庄成立于1976年，最开始由鲍拉（Paola）经营，后来由她的儿子阿曼多（Armando）接手，现在她的孙子瓦莱里奥（Valerio）也参与了经营。科洛•皮奇奥尼（Colle Picchioni）酒庄坐落在阿皮亚古道（Appian Way）上，距离罗马（Rome）市中心不到20公里。酒庄的葡萄园多分布在它的周围，该酒庄的品牌葡萄酒是瓦萨罗（Vassallo）。它的红葡萄品种主要是波尔多（Bordeaux），而白葡萄除了十分经典的马尔瓦西亚（Malvasia）以外，还有特雷比亚诺（Trebbiano）和瑟米隆（Sémillon）。

● Il Vassallo '09	6
● Collerosso '10	3*
● Perlaia '10	4*
○ Donna Paola '10	4
○ Le Vignole '09	5
● Il Vassallo '05	6
● Vigna del Vassallo '01	6
● Vigna del Vassallo '00	6
● Il Vassallo '08	6
● Il Vassallo '07	6
○ Le Vignole '07	5
○ Marino Coste Rotonde '08	3*
○ Marino Donna Paola '09	4
○ Marino Donna Paola '08	4
● Perlaia '08	4

Paolo e Noemia D'Amico

FRAZ. VAIANO
LOC. PALOMBARO
01024 CASTIGLIONE IN TEVERINA [VT]
TEL. 0761948034
www.paoloenoemiadamico.it

藏酒销售
预约参观
年产量 130 000 瓶
葡萄种植面积 26 公顷

保罗和诺艾米亚•达米科（Paolo and Noemia D' Amico）的酒庄位于图斯西亚（Tuscia）的中心地带，处于拉齐奥大区（Lazio）和翁布里亚大区（Umbria）的交界处。该酒庄的葡萄大多生长在一些峡谷的粘质和石灰岩土壤中，这些峡谷可算是该地区的特色风景之一。最近几年来，该酒庄用一些极具国际风格的法国葡萄品种出品了一系列葡萄酒，它们的品质也都有明显提高，而且也极大地突显出了风格特色。以莎当尼（Chardonnay）为原材料酿制的两款葡萄酒——法勒西亚（Falesia）和卡兰其迪•瓦伊雅诺（Calanchi di Vaiano）被认为是拉齐奥大区最受欢迎最值得信赖的酒品。

○ Falesia '09	5
○ Calanchi di Vaiano '10	4
○ Seiano Bianco '10	4
○ Orvieto Noe '10	4
● Villa Tirrena '08	5
○ Calanchi di Vaiano '09	4
○ Calanchi di Vaiano '08	5
○ Falesia '08	5
○ Falesia '07	5
● Notturno dei Calanchi '08	7
○ Seiano Bianco '08	4*
● Villa Tirrena '07	5

★Falesco

LOC. SAN PIETRO
05020 MONTECCHIO [TR]
TEL. 07449556
www.falesco.it

藏酒销售
预约参观
年产量 2 500 000 瓶
葡萄种植面积 370 公顷

法莱斯克（Falesco）酒庄由伦佐（Ranzo）和里卡多•科塔瑞拉（Riccardo Cotarella）所有，30多年来，它已成为意大利中部最重要的酒庄之一。该酒庄的葡萄园从波尔塞纳湖（Lake Bolsena）附近的山区一直延伸到奥尔维托（Orvieto）附近，这里的土壤都有类似的特征，具有相同的地质特征，多成因于火山岩。该酒庄还在瓜尔多•塔迪奥（Gualdo Tadino）购买土地，专门种植葡萄用来酿制赛格朗提诺•迪蒙特法尔科葡萄酒（Sagrantino di Montefalco）。它不仅种植像罗斯克托（Roscetto）这样的本地品种，也会培植一些国际品种，比如摩尔洛特（Merlot）。它会根据市场的需要来生产，不仅有令恋人们满意的浓烈又不失温情的酒品，也有满足普通顾客需求的较为温和的种类。

酒款	评级	分数
● Montiano '09	🍷🍷🍷	6
● 30° Anniversario '09	🍷🍷	5
● Marciliano '08	▼▼	7
● Tellus Syrah '10	▼▼	4*
○ Est! Est!! Est!!! di Montefiascone Poggio dei Gelsi '10	▼	4
○ Vitiano Bianco '10	▼	3
⊙ Vitiano Rosato '10	▼	3
● Vitiano Rosso '10	▼	3
● Marciliano '04	▽▽▽	6
● Montiano '08	▽▽▽	6
● Montiano '07	▽▽▽	6
● Montiano '06	▽▽▽	6
● Montiano '05	▽▽▽	6
● Montiano '03	▽▽▽	6
● Montiano '01	▽▽▽	6

Fontana Candida

VIA FONTANA CANDIDA, 11
00040 MONTE PORZIO CATONE [RM]
TEL. 069401881
www.fontanacandida.it

藏酒销售
预约参观
年产量 5 000 000 瓶
葡萄种植面积 97 公顷

芳塔娜•坎蒂达（Fontana Candida）是GIV（Gruppo Italiano Vini）集团最有名的商标之一，位于法拉斯卡提地区（Frascati）的中心地带——蒙特珀齐奥•卡托内（Monteporzio Catone）。该酒庄生产的葡萄酒都具有明显的地域特色，不仅经过精心的酿制，而且十分纯净，味道香醇。酒庄多采用自己生产的葡萄，其中多数为生长在富含矿物质的沙质火山灰中的泊佐拉那葡萄（Pozzolana），此外还与本区外的200家葡萄种植商合作。

酒款	评级	分数
○ Frascati Sup. Luna Mater '10	🍷🍷	5
○ Frascati Sup. Terre dei Grifi '10	▼▼	3*
○ Malvasia '10	▼▼	4*
○ Frascati Vign. Santa Teresa '10	▼	4
● Siroe '10	▼	5
○ Frascati Sup. Luna Mater '09	▽▽	5
○ Frascati Sup. Luna Mater '08	▽▽	5
○ Frascati Sup. Luna Mater '07	▽▽	6
○ Frascati Sup. Santa Teresa '09	▽▽	4*
○ Frascati Sup. Santa Teresa '07	▽▽	5
● Kron '07	▽▽	5
○ Malvasia '09	▽▽	4*
○ Malvasia '08	▽▽	4
○ Malvasia '07	▽▽	5

Marcella Giuliani

LOC. VICO MORICINO
VIA ANTICOLANA, KM 5
03012 ANAGNI [FR]
TEL. 0644235908
www.aziendaagricolamarcellagiuliani.it

藏酒销售
预约参观
年产量 31 000 瓶
葡萄种植面积 10.7 公顷
葡萄栽培方式 有机认证

玛赛拉•朱利亚尼（Marcella Giuliani）是一名优秀的女酿酒师，她清楚如何保留传统的酿制方法。该酒庄成立于19世纪70年代，却已掌握了现代化的商业技巧，不仅对葡萄园和橄榄园采取专门化管理，而且采用有机栽培的方式，减少了化学肥料的使用。在里卡多•科塔瑞拉（Riccardo Cotarella）的指导下，酿制的酒品都体现了显著的地域特色。它的葡萄多生长在海拔350米的地方，采用马刺圈划的栽培方式，每公顷种植葡萄树5 000株，这些都为葡萄的生长提供了良好的条件。它酿制葡萄酒不仅采用凯撒（Cesanese）和帕瑟里纳（Passerina）这两种当地的葡萄品种，也对加百纳（Cabernet）和裴提特•维尔多特（Petit Verdot）进行了一些有趣的调研。

○ Alagna Bianco '10	🍷🍷 3*
○ Alagna Passerina '10	🍷🍷 3*
● Cesanese del Piglio Dives Riserva del Fondatore '05	🍷🍷 5
⊙ Alagna Rosato '10	🍷 3
● Cesanese del Piglio Alagna '10	🍷 4
● Cesanese del Piglio Passito '10	🍷 5
○ Alagna Bianco '08	🍷🍷 3*
⊙ Alagna Rosato '09	🍷🍷 3*
● Cesanese del Piglio Alagna '09	🍷🍷 4*
● Cesanese del Piglio Alagna '08	🍷🍷 3*
● Cesanese del Piglio Alagna '07	🍷🍷 3*
● Cesanese del Piglio Dives '08	🍷🍷 5
● Cesanese del Piglio Dives '07	🍷🍷 5
● Il Graffio '09	🍷🍷 4*

Antica Cantina Leonardi

VIA DEL PINO, 12
01027 MONTEFIASCONE [VT]
TEL. 0761826028
www.cantinaleonardi.it

藏酒销售
预约参观
年产量 100 000 瓶
葡萄种植面积 37 公顷
葡萄栽培方式 有机认证

这家位于蒙特珀齐奥（Montefiascone）的酒庄成立于20世纪早期，由多梅内克•莱昂纳迪（Domenico Leonardi）创立，现在由第三代人物乌高（Ugo）和玛利亚维多利亚（Maria Vittoria）管理。该酒庄有两处庄园，都位于波尔塞纳湖（Lake Bolsena）对面的山坡上，海拔约为450米，土壤中含有丰富的火山灰，十分肥沃。这里位于翁布里亚区（Umbria）交界线上的格拉菲哥纳诺（Graffignano）市区，那里属提波尔山谷（Tiber Valley），地势平坦，海拔在400米左右。此外，它还从19世纪的火山砾中人工挖掘了地窖用来贮藏和包装葡萄酒。

○ Le Muffe '10	🍷🍷 4*
● Don Carlo '08	🍷🍷 4*
○ Pensiero '10	🍷🍷 3*
○ Est! Est!! Est!!! di Montefiascone Poggio del Cardinale '10	🍷 3
○ Vivì '10	🍷 3
○ Est! Est!! Est!!! di Montefiascone Poggio del Cardinale '09	🍷🍷 3*
○ Est! Est!! Est!!! di Montefiascone Poggio del Cardinale '08	🍷🍷 3*
○ Le Muffe '09	🍷🍷 5
○ Le Muffe '08	🍷🍷 4
○ Pensiero '09	🍷🍷 3*
○ Pensiero '08	🍷🍷 3*

Isabella Mottura

LOC. RIO CHIARO, 1
01020 CIVITELLA D'AGLIANO [VT]
TEL. 3357077931
www.isabellamottura.com

藏酒销售
预约参观
年产量 30 000 瓶
葡萄种植面积 15 公顷

卡尔特迪•特雷果尼亚诺（Corte di Tregoniano）酒庄自1933年起就由莫图拉（Muttura）家族所有，它位于提波尔山谷（Tiber Valley）的塞维特拉•达格里亚诺（Civitella d' Agliano）市区，占地110公顷。它的葡萄园无处不在，山坡上，平地以及林地随处可见。伊萨贝拉•莫图拉（Isabella Mottura）在2000年接管了这家酒庄后不久就下决心要酿制出完美无瑕、纯净透明、香味浓郁的具有现代化风格的葡萄酒来。它酿制葡萄酒主要采用格勒切托（Grechetto）、桑吉奥维瑟（Sangiovese）、赤霞珠（Cabernet Sauvignon）、摩尔洛特（Merlot）和蒙特普西亚诺（Montepulciano）的一个小品种维奥伊奥内（Vioione）葡萄。

Wine	Glasses	Score
● CEV Violone Amadis '09	🍷🍷 (red)	6
● CEV Merlot Akemi '10	🍷🍷	4*
● Siren '10	🍷	3
● Siren Ice '10	🍷	4
● CEV Violone Amadis '08	ΥΥ	6
● Colli Etruschi Viterbesi Akemi '08	ΥΥ	4*

Sergio Mottura

LOC. POGGIO DELLA COSTA, 1
01020 CIVITELLA D'AGLIANO [VT]
TEL. 0761914533
www.motturasergio.it

藏酒销售
预约参观
年产量 100 000 瓶
葡萄种植面积 37 公顷
葡萄栽培方式 有机认证

塞尔吉奥•莫图拉（Sergio Mottura）酒庄虽然每株葡萄树的产量很低，但是它是研究该地地理风土条件的典型特征，对葡萄园采取有机耕作法进行管理，而且采用太阳能集热板减少能量的损耗，十分注重可持续发展，在酿制葡萄酒的同时也十分注重品质。它所做的这些努力使它酿制出了一些意大利最好的酒品。这里位于塞维特拉•达格里亚诺（Civitella d' Agliano）附近的山区，是历史悠久的白葡萄生长区，这里只培植一种葡萄——格勒切托（Grechetto），它极具特色，而且十分优雅，颇受欢迎。

Wine	Glasses	Score
○ Grechetto Poggio della Costa '10	🍷🍷🍷 (red)	4*
○ Grechetto Latour a Civitella '09	🍷🍷 (red)	5
○ Muffo '09	🍷🍷	6
● Nenfro '07	🍷🍷	5
○ Orvieto V. Tragugnano '10	🍷🍷	4*
⊙ Civitella Rosato '10	🍷	4
● Civitella Rosso '10	🍷	4
○ Orvieto '10	🍷	4
○ Grechetto Latour a Civitella '06	ΥΥΥ	5*
○ Grechetto Latour a Civitella '05	ΥΥΥ	5*
○ Grechetto Latour a Civitella '04	ΥΥΥ	5*
○ Grechetto Latour a Civitella '01	ΥΥΥ	4
○ Grechetto Poggio della Costa '09	ΥΥΥ	4*
○ Grechetto Poggio della Costa '08	ΥΥΥ	4*

Principe Pallavicini

VIA CASILINA KM 25,500
00030 COLONNA [RM]
TEL. 069438816
www.vinipallavicini.com

藏酒销售
预约参观
年产量 556 500 瓶
葡萄种植面积 80 公顷

17世纪末期，帕拉维西尼（Pallavicini）贵族就已开始致力于科隆纳地区（Colonna）农地的发展。它有两处庄园，一处在卡斯特里•罗马尼（Castelli Romani），是弗拉斯卡提（Frascati）法定生产区；另一处是在凯尔维特利（Cerveteri）的洛威尔马勒玛（Maremma），它是几年前才收购的，那里气候温和干燥，多为白垩土，葡萄产量极高，源源不断地为红葡萄酒的生产提供原材料。该酒庄的中心仍位于科隆纳，那里除了有酒庄的注册办公室、酿酒厂和贮藏葡萄酒用的酒窖，也还有一片50公顷的葡萄园，主要种植弗拉斯卡提（Frascati）。它出品的葡萄酒鲜美多汁，韵味十足，口感极佳。

○ 1670 '09	🍷🍷	5
● Soleggio '08	🍷🍷	4
○ Stillato '10	🍷🍷	5
● Amarasco '09	🍷	5
○ Frascati Sup. Poggio Verde '10	🍷	4
● Syrah '10	🍷	4
○ 1670 '08	🍷🍷	5
○ 1670 '07	🍷🍷	5
○ Frascati Sup. Poggio Verde '09	🍷🍷	4*
● Soleggio '06	🍷🍷	4
○ Stillato '09	🍷🍷	5
○ Stillato '08	🍷🍷	5

Poggio Le Volpi

VIA COLLE PISANO, 27
00040 MONTE PORZIO CATONE [RM]
TEL. 069426980
www.poggiolevolpi.it

藏酒销售
预约参观
年产量 224 000 瓶
葡萄种植面积 30 公顷

珀吉欧（Poggio Le Volpi）酒庄由菲利斯•梅尔吉（Felice Mergè）于1996年创立，在过去的15年间，该酒庄已把自己打造成卡斯特里•罗马尼地区（Castelli Romani）最重要的酒庄之一。它精心研究酿制葡萄酒的方法，精选葡萄品种，而且极力寻找能够突出显产品特色的方法。最近几年，不管是酿制像弗拉斯卡提（Frascati）这样上好的白葡萄酒还是酿制一些卡斯特里地区（Castelli）极为罕见的红葡萄酒，如内罗•卜奥诺（Nero Buono），一律采用本土葡萄品种。它的葡萄园位于蒙特珀齐奥•卡托恩（Monteporzio Catone）海拔400米的地方，土壤多位火山土。

○ Frascati Sup. Epos '10	🍷🍷🍷	4*
● Baccarossa '09	🍷🍷	5
○ Donnaluce '10	🍷🍷	4
○ Frascati Cannellino	🍷🍷	4*
○ Frascati Sup. Epos '09	🍷🍷🍷	4*
● Baccarossa '08	🍷🍷	5
● Baccarossa '07	🍷🍷	5
● Baccarossa '06	🍷🍷	5
○ Donnaluce '09	🍷🍷	4
○ Donnaluce '07	🍷🍷	4*
○ Frascati Sup. Epos '08	🍷🍷	4*
○ Frascati Sup. Epos '07	🍷🍷	4*
○ Passito Odôs '06	🍷🍷	5

Sant'Andrea

LOC. BORGO VODICE
VIA RENIBBIO, 1720
04010 TERRACINA [LT]
TEL. 0773755028
www.cantinasantandrea.it

藏酒销售
预约参观
年产量 500 000 瓶
葡萄种植面积 70 公顷

现在圣安德里亚（Sant'Andrea）和莫斯卡托•迪•特拉契纳（Moscato di Terracina）是密不可分的。一方面是葡萄品种，最先是用于餐桌的葡萄，后来是乡村风格的葡萄，现在则已成为了名震遐迩的法定产区（DOC）葡萄。另一方面是因为酿酒厂由始至终都是这种葡萄酒的最好酿造者。乔瓦尼（Giovanni）和安德里亚•潘多尔福（Andrea Pandolfo）酿制了五种不同的版本（包括干甜酒、非甘甜酒、干起泡酒和非干起泡酒等）。酒庄充分利用了葡萄园理想的自然环境，历史种植区以及最近获得的7公顷的土地是红粘土，沙质土壤则是为奇尔切奥法定种植区（Circeo DOC zone）的葡萄酒准备的，也种植当地品种如特雷比亚诺（Trebbiano）和恺撒（Cesanese）。

酒款	评级
○ Moscato di Terracina Secco Oppidum '10	🍷🍷 4*
○ Circeo Bianco Dune '09	🍷🍷 4*
○ Circeo Bianco Riflessi '10	🍷🍷 3*
○ Moscato di Terracina Passito Capitolium '10	🍷🍷 5
○ Moscato di Terracina Secco Oppidum Spumante '10	🍷🍷 4*
⊙ Circeo Rosato Riflessi '10	🍷 3
● Circeo Rosso Incontro al Circeo '09	🍷 3
● Circeo Rosso Riflessi '10	🍷 3
○ Moscato di Terracina Amabile Templum '10	🍷 4
○ Moscato di Terracina Amabile Templum Spumante '10	🍷 4
● Circeo Rosso Il Sogno '03	🍸🍸 4*
○ Moscato di Terracina Passito Capitolium '04	🍸🍸 3*
○ Moscato di Terracina Secco Oppidum '08	🍸🍸 3*
○ Moscato di Terracina Secco Oppidum '07	🍸🍸 3*

Trappolini

VIA DEL RIVELLINO, 65
01024 CASTIGLIONE IN TEVERINA [VT]
TEL. 0761948381
www.trappolini.com

藏酒销售
预约参观
年产量 150 000 瓶
葡萄种植面积 25 公顷

大约半个世纪以来，特拉波里尼（Trappolini）家族一直都是泰韦里纳•维特贝塞地区（Teverina Viterbese）毫无争议的葡萄酒生产商的领袖者之一。虽然很多人认为当地最适宜种植白葡萄，但这个酒庄则另辟蹊径，专攻红葡萄，如圣桑维基（Sangiovese）、埃丽提科（Aleatico）和蒙特布查诺（Montepulciano）等品种，取得的成果当然也是颇为丰厚的。他们大部分的葡萄园都位于酒庄总部，酿制的葡萄酒在技术上毫无瑕疵，同时还充分地展现了当地的风土特色。

酒款	评级
○ Brecceto '10	🍷🍷 4
○ Est! Est!! Est!!! di Montefiascone '10	🍷🍷 2*
● Idea '10	🍷🍷 4
● Paterno '09	🍷🍷 4
○ Sartei '10	🍷🍷 2*
● Cenereto '10	🍷 3
○ Brecceto '08	🍸🍸 4*
● Cenereto '09	🍸🍸 3*
● Cenereto '08	🍸🍸 3*
● Idea '09	🍸🍸 4
● Idea '08	🍸🍸 4
● Paterno '08	🍸🍸 4*
● Paterno '07	🍸🍸 4*
○ Sartei '09	🍸🍸 2*

Borgo Santa Maria

via Santa Maria, 2470
04010 Latina
Tel. 0773643009
www.cantinasantamaria.it

- ○ Terre d'Astura Chardonnay '09 🍷🍷 3*
- ○ Terre d'Astura Syrah '09 🍷🍷 3*
- ○ Strada del Passo Bellone '09 🍷 4
- ● Strada del Passo Rosso '08 🍷 4

Casale Cento Corvi

via Aurelia km 45,500
00052 Cerveteri [RM]
Tel. 069903902
www.casalecentocorvi.com

- ● Giacchè Passito '10 🍷🍷 6
- ● Giacchè '09 🍷 7
- ● Kantharos Rosso '09 🍷 5
- ○ Zilath Bianco '08 🍷 2

Castel de Paolis

via Val de Paolis
00046 Grottaferrata [RM]
Tel. 069413648
www.casteldepaolis.it

- ○ Frascati Cannellino '10 🍷🍷 4
- ○ Campo Vecchio Bianco '10 🍷 4
- ○ Donna Adriana '10 🍷 5
- ● Quattro Mori '07 🍷 6

Cavalieri

via Montecagnolo, 16
00045 Genzano di Roma [RM]
Tel. 069375807
www.aziendaagricolacavalieri.it

- ● Facesole '08 🍷 3
- ○ Infiorata '10 🍷 3
- ● Rutilo '08 🍷 5
- ○ Teresa '10 🍷 3

Damiano Ciolli

via del Corso
00035 Olevano Romano [RM]
Tel. 069564547
www.damianociolli.it

- ● Cesanese di Olevano Cirsium '08 🍷🍷 6
- ● Cesanese di Olevano Silene '09 🍷 4

Colacicchi

via Romagnano, 2
03012 Anagni [FR]
Tel. 064469661
info@trimani.com

- ● Schiaffo '08 🍷🍷 5
- ● Torre Ercolana '06 🍷🍷 7
- ● Torre Ercolana '05 🍷🍷 7
- ● Torre Ercolana '04 🍷🍷 7

La Ferriera

loc. Rosamisco
03042 Atina [FR]
Tel. 0776610413
www.laferriera.it

- ● Atina Cabernet Real Magona '09 🍷🍷 5
- ● Atina Cabernet Real Magona Ris. '08 🍷🍷 5
- ● Ferrato '09 🍷 4

Formiconi

loc. Farinella
00021 Affile [RM]
Tel. 3470934541
www.cantinaformiconi.it

- ● Cesanese di Affile Capozzano '08 🍷🍷 5
- ● Cesanese di Affile Cisinianum '09 🍷 4

Donato Giangirolami

loc. Borgo Montello
via del Cavaliere, 1414
04100 Latina
Tel. 3358394890
www.donatogiangirolami.it

○ Cardito '10	🍷🍷 3*
○ Grechetto Bianco Propizio '10	🍷 3
○ Regius '10	🍷 3
○ Rezo '10	🍷 4

Gotto d'Oro

loc. Frattocchie
via del Divino Amore, 115
00040 Marino [RM]
Tel. 0693022211
www.gottodoro.it

● Castelli Romani Rosso '10	🍷 3
○ Frascati Sup. '10	🍷 3
● Mitreo Korex '09	🍷 4
● Mitreo Mithra '09	🍷 3

Podere Grecchi

s.da Sammartinese, 8
01100 Viterbo
Tel. 0761305671
www.poderegrecchi.com

● CEV Poggio Ferrone '09	🍷🍷 3*
○ San Silvestro '10	🍷🍷 2*
● CEV Poggio Santirossi '09	🍷 3
○ Poggio Grecchi '10	🍷 3

Mazziotti

loc. Melona Bonvino
via Cassia, km 110
01023 Bolsena [VT]
Tel. 0761799049
www.mazziottiwines.com

○ Canuleio '10	🍷🍷 3*
○ Est! Est!! Est!!! di Montefiascone '10	🍷🍷 2*
● Merlot '09	🍷 3
● Volgente Rosso '08	🍷 4

Monti Cecubi

c.da Porcignano, 3
04020 Itri [LT]
Tel. 0771729177

○ Cento Chiavi '10	🍷🍷 4
○ Amyclano '10	🍷 4
○ Baccabianca '10	🍷 4
○ Dracontion Bianco Passito	🍷 5

Occhipinti

loc. Montemaggiore
01010 Gradoli [VT]
Tel. 0633249347
www.occhipintiagricola.it

● Montemaggiore '09	🍷🍷 5
● Alea Viva '09	🍷 4
○ Alter Ego '10	🍷 4
● Caldera '08	🍷 4

L' Olivella

via di Colle Pisano, 5
00044 Frascati [RM]
Tel. 069424527
www.racemo.it

○ Tre Grome '09	🍷🍷 5
● 40/60 '10	🍷 4
● Maggiore '07	🍷 5
○ Tre Grome Passito	🍷 5

Antonella Pacchiarotti

via Roma, 14
01024 Grotte di Castro [VT]
Tel. 0763797254
www.apacchiarottivini.it

○ Amalasunta '10	🍷🍷 4
● Turan '08	🍷🍷 5
● Aleatico di Gradoli Butunì '08	🍷 4
⊙ Piandistelle '10	🍷 4

I Pampini

LOC. ACCIARELLA
S.DA FOGLINO, 1126
04010 LATINA
TEL. 0773643144
www.ipampini.it

Wine	Rating
● Coboldo '10	🍷🍷 3*
● Oriente '09	🍷🍷 4*
○ Bellone '10	🍷 3
○ Bellone Senza Solfiti '10	🍷 3

La Pazzaglia

S.DA DI BAGNOREGIO, 4
01024 CASTIGLIONE IN TEVERINA [VT]
TEL. 0761947114
www.tenutalapazzaglia.it

Wine	Rating
○ Il Corno '10	🍷🍷 4
● Aurelius '10	🍷 4
● Montijone '09	🍷 5
○ Poggio Triale '09	🍷 5

Petrucca e Vela

LOC. COCE
03010 PIGLIO [FR]
TEL. 0775501032
www.cesanese.it

Wine	Rating
● Cesanese del Piglio Tellures '08	🍷🍷 5
● Cesanese del Piglio Agape '08	🍷 5

Pietra Pinta

SP PASTINE KM 20,200
04010 CORI [LT]
TEL. 069678001
www.pietrapinta.com

Wine	Rating
● Costa Vecchia '09	🍷🍷 4*
○ Malvasia Puntinata '10	🍷🍷 4*
● Petit Verdot '09	🍷 4
● Shiraz '09	🍷 4

Tenuta di Pietra Porzia

VIA PIETRA PORZIA, 60
00044 FRASCATI [RM]
TEL. 069464392
www.tenutadipietraporzia.it

Wine	Rating
○ Frascati Sup. Regillo Et. Nera '10	🍷🍷 4*
○ Frascati Regillo Cannellino	🍷 4
○ Frascati Sup. Regillo Etichetta Bianca '10	🍷 3

Poggio alla Meta

VIA VALLONI, 47
03034 CASALVIERI [FR]
TEL. 0776618002
www.poggioallameta.it

Wine	Rating
● Atina Rosso alla Meta '09	🍷 4
● L' Ospitalità Trionfante '09	🍷 5
○ Nottinbianco '09	🍷 4
○ Piluc '10	🍷 3

Il Quadrifoglio

LOC. DOGANELLA DI NINFA
VIA ALESSANDRO III, 5
04012 CISTERNA DI LATINA [LT]
TEL. 069601530
ilquadrifoglio.ss@libero.it

Wine	Rating
○ Pezze di Ninfa '10	🍷🍷 3*
● Muro Pecoraro '09	🍷 4
● Ottavione '07	🍷 5
● Perazzeto '09	🍷 3

La Rasenna

LOC. CERVETERI
VIA DELLA NECROPOLI, 2
00059 SANTA SEVERA [RM]
TEL. 3924974478
www.larasenna.it

Wine	Rating
○ Moss '10	🍷🍷 4
● Costa Marina Syrah '10	🍷 3
○ Costa Marina Vermentino '10	🍷 3
● Petit Verdot '09	🍷 4

Riserva della Cascina

loc. Fiorano
via Appia Antica, 560
00134 Roma
Tel. 067917221
riservadellacascina.blogspot.com

● Castelli Romani Rosso '10	🍷🍷 3
○ Malvasia Gallieno '09	🍷 4
○ Marino Sup. '10	🍷 3

Sant'Isidoro

loc. Portaccia
01016 Tarquinia [VT]
Tel. 0766869716
www.santisidoro.net

● Soremidio '08	🍷🍷 5
○ Forca di Palma '10	🍷 3
● Terzolo '10	🍷 3

Tenuta Santa Lucia

loc. Santa Lucia
02047 Poggio Mirteto [RI]
Tel. 076524616
www.tenutasantalucia.com

● Morrone '07	🍷🍷 6
○ Colli della Sabina Collis Pollionis Bianco '10	🍷 4
○ Falanghina '10	🍷 4

Silvestri

via Nettunense, km 18,190
00040 Lanuvio [RM]
Tel. 069303365
www.cantinesilvestri.it

○ Frascati Sup. Antica Roma '10	🍷🍷 4
● Merlot '09	🍷 4
○ Silvestri Brut	🍷 4

Stefanoni

loc. Zepponami
via Stefanoni, 48
01027 Montefiascone [VT]
Tel. 0761827031
www.cantinastefanoni.it

● L'Eatico '10	🍷🍷 4*
○ Est! Est!! Est!!! di Montefiascone Campolongo '10	🍷 3
○ Est! Est!! Est!!! di Montefiascone Foltone '10	🍷 3
○ Roscetto Colle de Poggeri '10	🍷 3

Giovanni Terenzi

loc. La Forma
via Forese, 13
03010 Serrone [FR]
Tel. 0775594286
www.viniterenzi.com

● Cesanese del Piglio Sup. Colle Forma '09	🍷 5
● Cesanese del Piglio Vajoscuro Ris. '08	🍷 5
● Cesanese del Piglio Velobra '09	🍷 4
○ Passerina Villa Santa '10	🍷 3

Terra delle Ginestre

SS 630 Ausonia, 59
04020 Spigno Saturnia [LT]
Tel. 3495617153
www.terradelleginestre.it

○ Lentisco '08	🍷🍷 4*
○ Promessa Passito Dolce '09	🍷🍷 5
○ Letizia '10	🍷 4
● Ricordi Rosso '10	🍷 4

Tre Botti

s.da della Poggetta, 10
01024 Castiglione in Teverina [VT]
Tel. 0761948930
www.trebotti.it

● Bludom '10	🍷🍷 4
● Castiglionero '09	🍷 3
○ Orvieto Incanthus '10	🍷 3
● Tusco '09	🍷 2

Villa Caviciana

loc. Tojena Caviciana
01025 Grotte di Castro [VT]
Tel. 0763798212
www.villacaviciana.com

● Eleonora '09	🍷🍷 4*
○ Filippo '10	🍷🍷 5
● Faustina '08	🍷 6
● Maddalena '08	🍷 6

Villa Gianna

loc. b.go San Donato
s.da Maremmana
04010 Sabaudia [LT]
Tel. 0773250034
www.villagianna.it

○ Vigne del Borgo Chardonnay '10	🍷🍷 3*
○ Circeo Bianco Innato '10	🍷 4
○ Circeo Bianco NobilVite '10	🍷 2
○ Vigne del Borgo Sauvignon '10	🍷 4

Villa Simone

via Frascati Colonna, 29
00040 Monte Porzio Catone [RM]
Tel. 069449717
www.villasimone.com

○ Frascati Sup. Vign. Filonardi '10	🍷🍷 4
● La Torraccia '08	🍷🍷 4
● Ferro e Seta '07	🍷 6
○ Frascati Sup. '10	🍷 3

Cantine Volpetti

via Nettunense, 21
00040 Ariccia [RM]
Tel. 069342000
www.cantinevolpetti.it

○ Chardonnay Le Piantate '08	🍷 3
○ Frascati Sup. Feudi dei Papi '10	🍷 2
○ Malvasia del Lazio V.T. '03	🍷 4

阿布鲁佐区
ABRUZZO

阿布鲁佐区（Abruzzo）是一个景色无与伦比的地区，幅员仅仅几千平方米，却有着巍峨的山脉，宏伟的冰川，壮观的国家公园以及所有的自然景观。这里地形复杂，土壤种类丰富，气候条件各异，生产的葡萄一直以来是和其他少数几种略微强劲的葡萄品种酿制混合葡萄酒。直到如今，阿布鲁佐地区的葡萄酒依旧保持当初的风采。事实上，他们的葡萄酒变得非常有趣，品质优良，充分生动地彰显了当地无拘无束的自然遗产风光。头号品种当然还是要数蒙特布查诺红葡萄酒（Montepulciano d'Abruzzo）。其出品的红葡萄酒口感多样，和它所处的地域特色相一致。新鲜的山区葡萄酒，由于岩石和低温的定型，和那些由日光、高温和海滩的盐质而酿制的重量级产品相得益彰。多年来，特雷比亚诺（Tebbiano d'Abruno）酒庄产量很高，葡萄酒却很少受到关注，而如今酒庄葡萄酒品种多样，走向复兴之路，这又得归功于酒庄采用的同时发酵技术使葡萄酒变得更加令人无法抗拒。佩克里诺（Pecorino）酒庄成绩依旧喜人，结构更加复杂，有矿物质香味，有点像地中海白葡萄酒雷司令（Miditerranean Riesling）。其他白葡萄品种有帕萨利亚（passerina）、可可西奥拉（cococciola）和曼托尼克（mantonico），这些葡萄全部开始走向一条值得监管的诱人道路。我们品尝的葡萄酒仅仅是这种情况的简单反映，而且这里斩获了多项重要大奖，代表着劲道的阿布鲁佐葡萄酒的多样检测工序。卡塔尔迪•马东娜（Cataldi Madonna）酒庄为我们展现了美妙绝伦的精选葡萄酒，我们不得不为其佩克里诺葡萄酒加以褒奖，因为它为当地葡萄酒的成功奠定了基础。法兰塞斯克•保罗•瓦伦提尼（Francesco Paolo Valentini）酒庄继续提供一系列家庭风格葡萄酒，它们的风格逐渐简约，令人印象深刻，包括2005年出品的特雷比亚诺葡萄酒（Trebbiano）。玛氏（Masciarelli）酒庄的玛丽娜•特雷比亚诺葡萄酒（Trbbiano Marina Cvetic）结构丰富，芳香怡人，让人惊叹不已。还有蒂诺•伊鲁米蒂娜（Dino Llluminati）酒庄出品的重量级皮亚尔鲁尼葡萄酒（Pierluni），酿制精良，属于完美的科林内•特拉马内（Colline Teramane）风格。接着就是精心酿制蒙特布查诺葡萄酒（Montepucianos）的新晋酒庄：托雷•德伊•贝阿提（Torre dei Beati）酒庄、维拉•梅朵罗（Villa Medoro）酒庄、拉•瓦伦提娜（La Valentine）酒庄、瓦乐•利亚雷（Valle Reale）酒庄和巴尔巴（Barba）酒庄。最后是具有知名潜力的两家酒庄，有着优雅精致佩克里诺葡萄酒（Pecorino）的提贝利奥（Tiberio）酒庄和有着美味绝伦经典蒙特布查诺葡萄酒（Montepucianos）的卡斯托拉尼（Castorani）酒庄。

Agriverde

Loc. Caldari
via Stortini, 32a
66020 Ortona [CH]
Tel. 0859032101
www.agriverde.it

藏酒销售
预约参观
年产量 700 000 瓶
葡萄种植面积 65 公顷
葡萄栽培方式 有机认证

奥尔托那山（Ortona）面朝着绿色的阿迪力亚提科海（Adriatic sea），见证着日起日落，这家70公顷的酒庄就坐落在这里。酒庄的葡萄酒全部采用有机认证，还有一个按照有机建筑要求建成的酒窖。酒庄有一处温泉提供酒浴理疗，还有一家餐馆，在那里你可以烹制阿布鲁佐地区（Abruzzo）的特色菜。这就是阿格里维德（Agriverde）酒庄，令人赏心悦目，其主人是性格坚定的吉安尼克拉•迪•卡尔洛（Giannicola di Carlo）。其出品的葡萄酒一如既往地令人印象深刻。

- ● Montepulciano d'Abruzzo Plateo '07 ŸŸ 7
- ⊙ Montepulciano d'Abruzzo Cerasuolo Solàrea '10 ŸŸ 4
- ⊙ Montepulciano d'Abruzzo Finamore '09 ŸŸ 3*
- ● Montepulciano d'Abruzzo Piane di Maggio '10 ŸŸ 3*
- ● Montepulciano d'Abruzzo Solàrea '06 ŸŸ 5
- ○ Trebbiano d'Abruzzo Riseis '10 ŸŸ 4*
- ⊙ Montepulciano d'Abruzzo Eikos '09 Ÿ 3
- ● Montepulciano d'Abruzzo Natum '10 Ÿ 4
- ● Montepulciano d'Abruzzo Riseis '09 Ÿ 4
- ○ Passerina Riseis '10 Ÿ 4
- ○ Pecorino Eikos '10 Ÿ 3
- ○ Pecorino Riseis '10 Ÿ 4
- ○ Trebbiano d'Abruzzo Piane di Maggio '10 Ÿ 3
- ○ Zetis Brut Ÿ 4
- ● Montepulciano d'Abruzzo Plateo '04 ŸŸŸ 7
- ● Montepulciano d'Abruzzo Solàrea '03 ŸŸŸ 5

F.lli Barba

Loc. Scerne di Pineto
s.da Rotabile per Casoli
64020 Pineto [TE]
Tel. 0859461020
www.fratellibarba.it

藏酒销售
预约参观
年产量 350 000 瓶
葡萄种植面积 68 公顷

酒庄面积达68公顷，管理较好，有两家分支机构，具有相当大的潜力。酒庄所在地区气候条件和土壤极其优越，位于海洋和山川之中，为疏松或者中度沙石质和粘性土壤。吉奥瓦尼（Giovanni）致力于品质研究，推广传统农耕技术和娴熟的非侵略性酒窖程序的使用。因此年复一年，其出品的一系列葡萄酒彰显出神奇的稳健和丰富感。

- ● Montepulciano d'Abruzzo I Vasari '08 ŸŸŸ 6
- ● Montepulciano d'Abruzzo Vignafranca '08 ŸŸ 4*
- ○ Trebbiano d'Abruzzo Buccerosse '08 ŸŸ 6
- ○ Trebbiano d'Abruzzo Vignafranca '09 ŸŸ 4*
- ● Montepulciano d'Abruzzo Colle Morino '10 ŸŸ 3*
- ○ Trebbiano d'Abruzzo '08 ŸŸ 5
- ○ Trebbiano d'Abruzzo Colle Morino '10 Ÿ 2
- ● Montepulciano d'Abruzzo Vignafranca '07 ŸŸŸ 4*
- ● Montepulciano d'Abruzzo Vignafranca '06 ŸŸŸ 4*
- ○ Trebbiano d'Abruzzo '06 ŸŸŸ 5*
- ● Montepulciano d'Abruzzo I Vasari '07 ŸŸ 6
- ● Montepulciano d'Abruzzo I Vasari '06 ŸŸ 5
- ○ Trebbiano d'Abruzzo '07 ŸŸ 5
- ○ Vignafranca Bianco '08 ŸŸ 4*

Barone Cornacchia

Villa Torri, 20
64010 Torano Nuovo [TE]
Tel. 0861887412
www.baronecornacchia.it

藏酒销售
预约参观
年产量 300 000 瓶
葡萄种植面积 42 公顷
葡萄栽培方式 有机认证

巴罗内•科尔纳齐亚（Barone Cornacchia）酒庄面积达40多公顷，历史悠久，酒庄经营者具有无比的激情和高超的技艺。凭借得天独厚的地理位置和地带，它成为了阿布鲁佐地区（Abruzzo）最可爱的酒庄之一。酒庄位于科林内•特拉马内地区（Colline Teramane）的中心地带，源自法定地区餐酒（DOCG）原产地科托归拉小镇。一直以来，其葡萄园和酒庄都在这里，出产着自创的优质传统葡萄酒。有时，酒庄为了追求葡萄酒本不需要的成熟感，酒可能会缺乏某种平衡。

- ● Montepulciano d'Abruzzo Poggio Varano '08 — 4*
- ● Montepulciano d'Abruzzo '09 — 3*
- ● Montepulciano d'Abruzzo V. Le Coste '08 — 4
- ○ Trebbiano d'Abruzzo '10 — 3
- ● Montepulciano d'Abruzzo '07 — 3*
- ● Montepulciano d'Abruzzo Colline Teramane Vizzarro '05 — 6
- ● Montepulciano d'Abruzzo Poggio Varano '07 — 4
- ○ Trebbiano d'Abruzzo '08 — 3*

Tenute Barone di Valforte

c.da Piomba, 11
64029 Silvi Marina [TE]
Tel. 0859353432
www.baronedivalforte.it

藏酒销售
预约参观
年产量 100 000 瓶
葡萄种植面积 42 公顷

酒庄位于特拉莫省（Teramo）和佩斯卡拉省（Pescara）的交界处，科林内•特拉马内地区（Colline Teramane）的边缘地带。多年以来，酒庄一直占据着阿布鲁佐（Abruzzo）葡萄酒行业的首要地位。索里齐奥（Sorricchio）家族一直都在种植葡萄，近年来，他们开始在风景优美的斯尔维•玛丽娜（Silvi Marina）庄园装瓶并出售自己的葡萄酒。这些风格现代，人人皆爱的葡萄酒来自于当地葡萄品种，如佩克里诺葡萄（Pecorino）、特雷比亚诺葡萄（Trebbiano）和蒙特布查诺葡萄（Montepucianos）以及一些国际品种。这些葡萄相得益彰，令人赏心悦目。

- ○ Passerina '10 — 4*
- ○ Pecorino '10 — 4*
- ○ Trebbiano d'Abruzzo '10 — 3*
- ● Montepulciano d'Abruzzo '08 — 3*
- ⊙ Montepulciano d'Abruzzo Cerasuolo '09 — 3*
- ○ Pecorino '08 — 4*

Bove

VIA ROMA, 216
67051 AVEZZANO [AQ]
TEL. 086333133
bovevini@virgilio.it

藏酒销售
预约参观
年产量 1 200 000 瓶
葡萄种植面积 60 公顷

整洁高效的风格，简约的格调，物有所值的价格，这些优点使得以马尔西卡地区（Marsica）为基础的小型酒庄受到了该地区的关注。波娃（Bove）酒庄发行的品牌虽少，产量却相当惊人。位于阿韦扎诺区（Avezzano）60公顷左右的土地种植着典型的当地葡萄品种，例如蒙特布查诺葡萄（Montepucianos）和佩克里诺葡萄（Pecorino）。现在，该酒庄不能称为阿布鲁佐（Abruzzo）酿酒术的主要地区。但事实上，该酒庄一直都是当地葡萄酒生产的传统主要区域。

- ● Montepulciano d'Abruzzo Poggio d'Albe '09 — 3*
- ● Montepulciano d'Abruzzo Indio '08 — 4*
- ○ Safari Pecorino '10 — 3
- ● Montepulciano d'Abruzzo Indio '07 — 4*
- ● Montepulciano d'Abruzzo Indio '04 — 4*
- ● Montepulciano d'Abruzzo Poggio d'Alhe '08 — 3*
- ○ Safari Pecorino '09 — 3*

Podere Castorani

LOC. C.DA ORATORIO
VIA CASTORANI, 5
65020 ALANNO [PE]
TEL. 0852012513
www.castorani.it

藏酒销售
预约参观
年产量 1 000 000 瓶
葡萄种植面积 100 公顷
葡萄栽培方式 有机认证

年复一年，加尔诺•特鲁利（Jarno Trulli）的酒庄与时俱进。之前该酒庄葡萄园面积大约90公顷，位于麦亚娜山丘（Maiella massif）的佩斯卡拉地区（Pescara），主要采用有机农耕技术培植着传统葡萄品种。具体位置在阿拉诺地区（Alanno），那里凉爽的微风不知疲倦地吹拂着物质丰富的沃土，另外就是水泥槽的使用。结果是，葡萄酒特色鲜明，颇有现代感，却又不失传统。

- ● Montepulciano d'Abruzzo Amorino '07 — 4*
- ● Montepulciano d'Abruzzo Podere Castorani '07 — 6
- ○ Pecorino Amorino '10 — 4*
- ○ Chardonnay Le Paranze '10 — 3*
- ● Montepulciano d'Abruzzo Cadetto '09 — 3*
- ● Montepulciano d'Abruzzo Costa delle Plaie '08 — 4
- ● Montepulciano d'Abruzzo Le Paranze '07 — 4
- ○ Pecorino Le Paranze '10 — 3*
- ○ Trebbiano d'Abruzzo Cadetto '10 — 3*
- ○ Trebbiano d'Abruzzo Sup. Costa delle Plaje '10 — 4*
- ● Jarno Rosso '07 — 7
- ⊙ Montepulciano d'Abruzzo Cerasuolo Cadetto '10 — 3
- ○ Passerina Le Paranze '10 — 3
- ● Montepulciano d'Abruzzo Costa delle Plaie '07 — 4*
- ● Montepulciano d'Abruzzo Podere Castorani '06 — 6

★Luigi Cataldi Madonna

LOC. PIANO
67025 OFENA [AQ]
TEL. 0862954252
cataldimadonna@virgilio.it

藏酒销售
预约参观
年产量 250 000 瓶
葡萄种植面积 28 公顷

这里是阿布鲁佐地区（Abruzzo）的火炉。酒庄的名字就暗示着奥菲那地区（Ofena）的高低，它完全由山脉包围，白天极其炎热，夜晚却相当寒冷。显著的昼夜温差和一丝不苟的葡萄园管理技术相结合，使酒庄出品的优质葡萄酒既具有历史感，又不乏现代感，主要特点是其果肉的丰富程度和香味。年复一年，卡塔尔迪•马多纳（Cataldi Madonna）酒庄在阿布鲁佐地区内外巩固了其先进一流的酿酒技术。

- ○ Pecorino '09 🍷🍷🍷 6
- ● Montepulciano d'Abruzzo Malandrino '09 🍷🍷 5
- ● Montepulciano d'Abruzzo Tonì '08 🍷🍷 6
- ○ Pecorino Giulia '10 🍷🍷 4*
- ● Montepulciano d'Abruzzo '09 🍷🍷 4*
- ⊙ Montepulciano d'Abruzzo Cerasuolo '10 🍷🍷 4*
- ⊙ Montepulciano d'Abruzzo Cerasuolo Piè delle Vigne '09 🍷🍷 5
- ○ Trebbiano d'Abruzzo '10 🍷🍷 3*
- ● Montepulciano d'Abruzzo Malandrino '06 ☐☐☐ 5
- ● Montepulciano d'Abruzzo Tonì '07 ☐☐☐ 6
- ● Montepulciano d'Abruzzo Tonì '06 ☐☐☐ 6
- ● Montepulciano d'Abruzzo Tonì '04 ☐☐☐ 6
- ○ Pecorino '08 ☐☐☐ 6
- ○ Pecorino '07 ☐☐☐ 6
- ○ Pecorino '06 ☐☐☐ 6
- ○ Pecorino '05 ☐☐☐ 6

Centorame

LOC. CASOLI DI ATRI
VIA DELLE FORNACI, 15
64030 ATRI [TE]
TEL. 0858709115
www.centorame.it

藏酒销售
预约参观
年产量 85 000 瓶
葡萄种植面积 9.5 公顷

森拖拉米（Centorame）酒庄的葡萄园仅有大约10公顷，位于卡索里•达特瑞地区（Casoli d'Atri），科林内•特拉马内（Colline Teramane）的山村，可以远眺大海，为粘性土壤。这家乡村酒庄坚持不懈地追求着自己的风格特色，值得赞赏。拉姆贝尔托•森拖拉米（Lamberto Centorame）从未放弃追求典型性或是个性，酿制的葡萄酒非常有劲道，透着这个阿布鲁佐小角落的气候和土壤条件。只有酒庄种植的葡萄才用于酿酒，当地葡萄品种有蒙特布查诺葡萄（Montepucianos）、佩克里诺葡萄（Pecorino）和特雷比亚诺葡萄（Trebbiano），酿酒使用的有5 000升的大号木桶和小型木桶。

- ● Montepulciano d'Abruzzo San Michele '09 🍷🍷 4*
- ⊙ Montepulciano d'Abruzzo Cerasuolo San Michele '10 🍷🍷 4*
- ● Montepulciano d'Abruzzo Colline Teramane Castellum Vetus '08 🍷🍷 5
- ○ Trebbiano d'Abruzzo San Michele '10 🍷 3
- ● Montepulciano d'Abruzzo Colline Teramane Castellum Vetus '05 ☐☐ 5
- ● Montepulciano d'Abruzzo Colline Teramane Castellum Vetus '04 ☐☐ 5
- ● Montepulciano d'Abruzzo San Michele '07 ☐☐ 4*
- ○ Trebbiano d'Abruzzo Castellum Vetus '08 ☐☐ 4
- ○ Trebbiano d'Abruzzo Castellum Vetus '04 ☐☐ 4
- ○ Trebbiano d'Abruzzo San Michele '09 ☐☐ 3*
- ○ TuaPina '09 ☐☐ 4*

Cerulli Irelli Spinozzi

LOC. CASALE 26
SS 150 DEL VOMANO KM 17,600
64020 CANZANO [TE]
TEL. 086157190
www.cerullispinozzi.it

藏酒销售
预约参观
年产量 180 000 瓶
葡萄种植面积 32 公顷
葡萄栽培方式 有机认证

酒庄坐落在阿布鲁佐（Abruzzo）边缘地带的特拉马内地区（Teramane）的特罗特河（Tronto）沿岸。这家迷人的坎扎诺（Canzano）庄园目标很明晰，完全采用有机栽培技术。葡萄园主要种植当地葡萄品种，酒窖工作融合现代感和传统元素，同时关注科林内•特拉马内（Colline Teramane）餐酒。克鲁利(Cerulli)早就已经将这种理念融入到自己的葡萄酒国度中，并取得了骄人的成绩。

● Montepulciano d'Abruzzo Colline Teramane Torre Migliori '06	🍷🍷 5
⊙ Montepulciano d'Abruzzo Cerasuolo '10	🍷🍷 3*
○ Pecorino Cortalto '10	🍷🍷 4*
○ Trebbiano d'Abruzzo '10	🍷 3
● Montepulciano d'Abruzzo '09	♀♀ 3*
● Montepulciano d'Abruzzo Colline Teramane Torre Migliori Ris. '05	♀♀ 6
● Montepulciano d'Abruzzo Colline Teramane Torre Migliori Ris. '04	♀♀ 6
○ Pecorino Cortalto '09	♀♀ 4
○ Pecorino Cortalto '08	♀♀ 4*
○ Pecorino Cortalto '07	♀♀ 3*

Col del Mondo

C.DA CAMPOTINO, 35C
65010 COLLECORVINO [PE]
TEL. 0858207831
www.coldelmondo.com

藏酒销售
年产量 45 000 瓶
葡萄种植面积 12 公顷

科尔•蒙多（Col del Mondo）酒庄坐落在亚得里亚海（Adriatic）和亚平宁山脉（Apennnines）之间的科勒科尔维诺地区（Collecorvino）的佩斯卡拉山（Pescara）上。近年来，酒庄获得了高品质和高盈利的双丰收，产品经典，赏心悦目。酒庄的前身是一家古老的葡萄园。仅仅10年之间，它已经焕然一新，走上一条时代感和传统相结合、特色鲜明的优质葡萄酒之路，在阿布鲁佐地区（Abruzzo）具有相当的竞争力。

● Montepulciano d'Abruzzo '08	🍷🍷 4*
● Montepulciano d'Abruzzo Kerrias '07	🍷🍷 5
○ Trebbiano d'Abruzzo Sunnae '10	🍷 3
○ Kerrias Pecorino '09	♀♀ 4*
● Montepulciano d'Abruzzo '07	♀♀ 4*
● Montepulciano d'Abruzzo '06	♀♀ 4*
● Montepulciano d'Abruzzo '05	♀♀ 4*
● Montepulciano d'Abruzzo Kerrias '06	♀♀ 5
● Montepulciano d'Abruzzo Kerrias '04	♀♀ 5

Collebello - Cantine Marano

via del Lago, 19
64081 Tortoreto [TE]
Tel. 0861501032
www.collebello.it

藏酒销售
预约参观
年产量 30 000 瓶
葡萄种植面积 17 公顷
葡萄栽培方式 有机认证

这家比较年轻的酒庄位于竞争激烈的科林内•特拉马内地区（Colline Teramane）。酒庄坐落在山上，可以远眺大海。其出品的葡萄酒颇具现代感，酿制极其精良而自然，展现了一种新颖极具特色的风格，其原料是有机农耕法栽培的葡萄。这是一家以鲜明特色来赢得信赖的酒庄。每年，我们品尝着来自这家20公顷左右酒庄的特色葡萄酒，实在令人兴奋。

○ Declivio '10	🍷🍷 4
● Montepulciano d'Abruzzo Borgo Gaio '08	🍷🍷 4
⊙ Montepulciano d'Abruzzo Cerasuolo Torrenuova '10	🍷🍷 3*
○ Ginestra Pecorino '10	🍷 4
● Montepulciano d'Abruzzo Borgo Gaio '07	♡♡ 3*
● Montepulciano d'Abruzzo Colline Teramane Polifemo '07	♡♡ 5
● Montepulciano d'Abruzzo Lui '08	♡♡ 4
○ Trebbiano d'Abruzzo Lui '09	♡♡ 3*

Contesa

c.da Caparrone, 4
65010 Collecorvino [PE]
Tel. 0858205078
www.contesa.it

藏酒销售
预约参观
年产量 200 000 瓶
葡萄种植面积 45 公顷
葡萄栽培方式 有机种植

洛克•帕塞提（Rocco Pasetti）可以说就是阿布鲁佐地区（Abruzzo）现代酿酒历史的缩影。他那位于科勒科尔维诺地区（Collecorvino）现代而高科技的酒庄产出的葡萄酒，简直就是现代感、高科技和传统的完美表达。这里属于科林内•提亚内地区（Colline Teatine），位于亚得里亚海（Adriatic）和麦亚娜山丘（Maiella massif）之间，背靠美丽而起伏的山峦，这里一直都是绝佳的酿酒之地。帕塞提的葡萄园只有45公顷，但是几乎都种植当地的葡萄品种，比如特雷比亚诺（Trebbiano）葡萄、佩克里诺（Pecorino）葡萄和蒙特布查诺（Montepucianos）葡萄。

● Montepulciano d'Abruzzo '08	🍷🍷 5
● Montepulciano d'Abruzzo V. Corvino '09	🍷🍷 3*
○ Pecorino '10	🍷🍷 4
○ Trebbiano d'Abruzzo '10	🍷 4
● Montepulciano d'Abruzzo Amir '06	♡♡ 5
⊙ Montepulciano d'Abruzzo Cerasuolo V. Corvino '08	♡♡ 3*
● Montepulciano d'Abruzzo V. Corvino '08	♡♡ 3*
○ Pecorino Sorab '08	♡♡ 4
○ Trebbiano d'Abruzzo '09	♡♡ 4*

De Angelis Corvi

C.DA PIGNOTTO
64010 CONTROGUERRA [TE]
TEL. 086189475
www.deangeliscorvi.it

藏酒销售
预约参观
年产量 30 000 瓶
葡萄种植面积 8 公顷
葡萄栽培方式 有机认证

该酒庄面积大约10公顷，位于康特罗奎拉市区（Controguerra），恰好在科林内•特拉马内地区（Colline Teramane）法定地区餐酒（DOCG）中心地带。那里阳光充裕，面朝大海。风景宜人的葡萄园位于阿布鲁佐地区（Abruzzo）的边界，采用有机栽培技术与传统技术相结合，管理者相当投入，充满激情。其出品的葡萄酒风格传统，香味宜人，酿酒技术相当精湛，可谓巧夺天工。该酒庄在科林内•特拉马内地区这片竞争激烈的土地上占据了重要的一席之地。

- ⊙ Montepulciano d'Abruzzo Cerasuolo Sup. '10 — 4
- ● Montepulciano d'Abruzzo Colline Teramane Elèvito Ris. '07 — 6
- ● Montepulciano d'Abruzzo Fonte Raviliano '08 — 4
- ○ Trebbiano d'Abruzzo Sup. Fonto Raviliano '10 — 4
- ● Montepulciano d'Abruzzo '06 — 4*
- ● Montepulciano d'Abruzzo '05 — 4*
- ● Montepulciano d'Abruzzo Colline Teramane Elèvito '05 — 6
- ○ Trebbiano d'Abruzzo Fonte Raviliano '08 — 3*

Faraone

LOC. COLLERANESCO
VIA NAZIONALE PER TERAMO, 290
64020 GIULIANOVA [TE]
TEL. 0858071804
www.faraonevini.it

藏酒销售
预约参观
年产量 50 000 瓶
葡萄种植面积 7 公顷

这家历史悠久而现实的酒庄位于竞争激烈的科林内•特拉马内地区（Colline Teramane）。对酿制葡萄酒的管理经久不变，采用工匠式无侵入性的酿酒方法，葡萄园采用的也是传统的技工方式。这些条件保证了出品的葡萄酒特色鲜明，具有古老的流行元素，又不乏美妙的乡村自然风格。自世纪之交以来，该酒庄一直位于吉利亚诺瓦庄园（Giulianova），从那以后，酒庄很少改变，甚至生产的葡萄酒也和以前一样，淳朴依旧。

- ○ Trebbiano d'Abruzzo Le Vigne '09 — 4*
- ⊙ Montepulciano d'Abruzzo Cerasuolo Le Vigne '10 — 3*
- ● Montepulciano d'Abruzzo Colline Teramane Santa Maria dell'Arco Ris. '04 — 4
- ● Montepulciano d'Abruzzo Le Vigne '08 — 3*
- ○ Pecorino '10 — 4
- ⊙ Montepulciano d'Abruzzo Cerasuolo Le Vigne '04 — 3*
- ○ Trebbiano d'Abruzzo Le Vigne '03 — 3*

Cantina Frentana

via Perazza, 32
66020 Rocca San Giovanni [CH]
Tel. 087260152
www.cantinafrentana.it

藏酒销售
预约参观
年产量 650 000 瓶

位于亚得里亚海（Adriatic）和麦亚娜山丘(Maiella massif)之间的齐亚提山（Chieti），是从阿迪力亚提科海岸（Adriatic sea）到莫里塞（Molise）的必经之地。这里充裕的阳光和石灰质炎土壤等自然条件，使得葡萄品质优良，产量很高。这里还是阿布鲁佐地区（Abruzzo）酿酒业中构成中流砥柱的传统联合酒庄的大本营。多年以前，堪提娜•福勒塔纳酒庄（Cantina Frentana）开始进行分区研究，企图找到最好的葡萄园，并开始分别酿造葡萄酒。为了追求高产量和高质量，该酒庄可谓尽心竭力，不懈追求。

Wine	Rating
● Montepulciano d'Abruzzo Frentano '10	🍷🍷 2*
● Montepulciano d'Abruzzo Rubesto '09	🍷🍷 3*
○ Pecorino Coste del Mulino '10	🍷🍷 2*
○ Trebbiano d'Abruzzo Frentano '10	🍷🍷 1*
○ Cococciola Costa del Mulino '10	🍷 2*
● Montepulciano d'Abruzzo Coste del Mulino '09	🍷 2*
● Montepulciano d'Abruzzo Panarda Ris. '08	🍷 5
● Montepulciano d'Abruzzo Panarda '09	🍷🍷 3*
● Montepulciano d'Abruzzo Panarda '06	🍷🍷 5
● Montepulciano d'Abruzzo Panarda '05	🍷🍷 5*
● Montepulciano d'Abruzzo Rubesto '07	🍷🍷 3*
○ Pecorino '08	🍷🍷 3*

Dino Illuminati

c.da San Biagio, 18
64010 Controguerra [TE]
Tel. 0861808008
www.illuminativini.it

藏酒销售
预约参观
年产量 1 100 000 瓶
葡萄种植面积 130 公顷

康特罗奎拉市区（Controguerra）和科林内•特拉马内地区（Colline Teramane）可谓孪生兄弟，是阿布鲁佐地区（Abruzzo）无与伦比的葡萄酒之旅的源头——环绕特拉莫地区（Teramane）的群山。凭借着对海洋和山脉之间的地理知识，迪诺•伊鲁米那提（Dino Controguerra）实际上是开创科林内•特拉马内地区（Colline Teramane）这家酒庄的幕后军师。迪诺依然经营着他的企业，其精明能干的儿子斯特法诺（Stefano）则在旁协助。自19世纪以来，赞纳（Zanna）葡萄酒都是科林内•特拉马内地区（Colline Teramane）蒙特布查诺葡萄酒（Montepucianos）的原型，时间流逝，酒味更浓。

Wine	Rating
● Montepulciano d'Abruzzo Colline Teramane Pieluni Ris. '07	🍷🍷🍷 7
○ Controguerra Bianco Costalupo '10	🍷🍷 2*
○ Controguerra Bianco Daniele '08	🍷🍷 5
● Montepulciano d'Abruzzo Ilico '09	🍷🍷 3*
● Montepulciano d'Abruzzo Riparosso '10	🍷🍷 3*
● Montepulciano d'Abruzzo Spiano '10	🍷🍷 3*
○ Pecorino '10	🍷🍷 3*
○ Controguerra Bianco Ciafré '10	🍷 4
○ Controguerra Bianco Pligia '10	🍷 2*
○ Spumante Brut '06	🍷 4
● Montepulciano d'Abruzzo Colline Teramane Zanna Ris. '07	🍷🍷🍷 6
● Montepulciano d'Abruzzo Colline Teramane Zanna Ris. '06	🍷🍷🍷 6
● Montepulciano d'Abruzzo Colline Teramane Zanna Ris. '05	🍷🍷🍷 6
● Montepulciano d'Abruzzo Colline Teramane Zanna Ris. '03	🍷🍷🍷 6

Lidia e Amato

c.da San Biagio, 2
64010 Controguerra [TE]
Tel. 0861817041
www.lidiaeamatoviticoltori.com

藏酒销售
预约参观
年产量 50 000 瓶
葡萄种植面积 12 公顷

只有在科林内•特拉马内地区（Colline Teramane）的中心地带康特罗奎拉市区（Controguerra）才能开始所有的创业传奇。莉迪亚•厄•阿玛托（Lidia e Amato）酒庄是一家小型的农场酒庄，听说是取名于庄园主人的名字。这里农民世代种植葡萄。尽管葡萄园面积不大，却采用着传统技术，由有经验的种植者无比激情地经营着。这里山坡的地理位置、气候条件以及粘性和石灰岩质土壤为葡萄的丰满和香味提供了良好的基础。酒庄以家族命名，受到了很多诚挚的关心，虽然偶尔缺少经验，却一直保持着值得信赖的品质和个性。

酒款	评分
○ Greta '10	🍷🍷 4*
● Montepulciano d'Abruzzo Colline Teramane Amato Ris. '07	🍷🍷 5
● Montepulciano d'Abruzzo Colline Teramane Riccardo '08	🍷🍷 5
○ Controguerra Elena '10	🍷 4
○ Controguerra Lidia '10	🍷 4
● Montepulciano d'Abruzzo For ly '10	🍷 4
○ Trebbiano d'Abruzzo Palù '10	🍷 3
○ Controguerra Elena '09	🍷🍷 4*
○ Controguerra Lidia '08	🍷🍷 3*
● Controguerra Sebastian '07	🍷🍷 4*
● Controguerra Sebastian '06	🍷🍷 4*
○ Greta '09	🍷🍷 4
○ Greta '08	🍷🍷 4*
● Montepulciano d'Abruzzo Colline Teramane Riccardo '07	🍷🍷 5

★★Masciarelli

via Gamberale, 1
66010 San Martino sulla Marrucina [CH]
Tel. 087185241
www.masciarelli.it

藏酒销售
预约参观
年产量 2 500 000 瓶
葡萄种植面积 420 公顷

玛氏酒庄（Masciarelli）面积达400公顷，分布在整个区域。加尼（Gianni）承袭阿布鲁佐地区（Abruzzo）四个省份所有的潜力和个性特点，每一个省份都有各自的土壤环境和受海洋、丘陵及山脉影响的芳香。如今，能干而坚定的玛丽娜•谢维奇（Marina Cvetic）经营着该酒庄。玛氏酒庄的风格依旧，再生产具有影响力的重量级葡萄酒时，使用的橡木桶优雅而不过分，与当地特色和对现代感的追求达成了完美的和谐。

酒款	评分
○ Trebbiano d'Abruzzo Marina Cvetic '09	🍷🍷🍷 6
○ Chardonnay Marina Cvetic '09	🍷🍷 6
● Montepulciano d'Abruzzo Villa Gemma '07	🍷🍷 8
● Merlot Marina Cvetic '08	🍷🍷 5
⊙ Montepulciano d'Abruzzo Cerasuolo Villa Gemma '10	🍷🍷 4*
○ Trebbiano d'Abruzzo Castello di Semivicoli '09	🍷🍷 6
● Castello di Semivicoli '09	🍷 5
○ Trebbiano d'Abruzzo '10	🍷 3
○ Villa Gemma Bianco '10	🍷 4
● Montepulciano d'Abruzzo Marina Cvetic '05	🍷🍷🍷 5
● Montepulciano d'Abruzzo Villa Gemma '06	🍷🍷🍷 8
● Montepulciano d'Abruzzo Villa Gemma '05	🍷🍷🍷 8
● Montepulciano d'Abruzzo Villa Gemma '04	🍷🍷🍷 8
○ Trebbiano d'Abruzzo Castello di Semivicoli '08	🍷🍷🍷 6
○ Trebbiano d'Abruzzo Castello di Semivicoli '07	🍷🍷🍷 6

Mastrangelo

via Istonia, 81
66054 Vasto [CH]
Tel. 3358390720
www.vinimastrangelo.com

藏酒销售
预约参观
年产量 37 500 瓶
葡萄种植面积 6 公顷

位于瓦斯托地区（Vasto）的马斯特兰杰罗酒庄（Mastrangelo）有两处庄园，一处在和莫利斯（Molise）边界线上基耶蒂（Chieti）的山间村庄，另一处位于佩斯卡纳（Pescara）绵延的山脉中美丽的洛雷托•阿普鲁提诺地区（Loreto Aprutino）。酒窖沿用十分传统的酿造法，有时甚至是一种宜人的纯朴感。生产的产品都很典型且有特色。虽然它们不是特别的精致优雅，但确实传递着一种完整且多样的风格，并以此确定了它们在阿布鲁佐（Abruzzo）葡萄酒业可靠的品质。

● Montepulciano d'Abruzzo Alma Dei '09	🍷🍷 4*
○ Trebbiano d'Abruzzo L'Oro del Cardinale '09	🍷🍷 5
○ Trebbiano d'Abruzzo Monsignore '10	🍷🍷 4*
● Montepulciano d'Abruzzo La Riserva del Vicario Ris. '06	🍷 5
● Montepulciano d'Abruzzo Alma Dei '07	🍷🍷 4
● Montepulciano d'Abruzzo La Riserva del Vicario '04	🍷🍷 5
● Montepulciano d'Abruzzo Tenimenti del Grifone '06	🍷🍷 5
○ Trebbiano d'Abruzzo L'Oro del Cardinale '06	🍷🍷 5
○ Trebbiano d'Abruzzo L'Oro del Cardinale '05	🍷🍷 5

Camillo Montori

loc. Piane Tronto, 82
64010 Controguerra [TE]
Tel. 0861809900
www.montorivini.it

藏酒销售
预约参观
年产量 600 000 瓶
葡萄种植面积 50 公顷

蒙托利（Montori）酒庄是柯林尼•特拉玛尼（Colline Teramane）指定区发展历史中的重要组成部分，它坐落在阿布鲁佐（Abruzzo）的北端，靠着划分马凯地区（Marche）的多伦多河（Tronto）。诺达瑞斯克（Notaresco）庄园有超过40公顷的葡萄园，以传统方式经营着。其中26公顷种植着蒙特布查诺（montepulciano），大约10公顷种植着特雷比亚诺（trebbiano），剩下的就均匀种植着派科琳诺（pecorino）、帕萨利亚（passerina）、莎当尼（chardonnay）、苏维翁（sauvignon）、圣乔维斯（sangiovese）、梅洛（merlot）和赤霞珠（cabernet）。酒窖酿制有当地特色的典型的葡萄酒，风格古典。

⊙ Montepulciano d'Abruzzo Cerasuolo Fonte Cupa '10	🍷🍷 4*
● Montepulciano d'Abruzzo Colline Teramane Fonte Cupa Ris. '05	🍷🍷 5
○ Pecorino Trend '10	🍷🍷 4*
○ Trebbiano d'Abruzzo Fonte Cupa '10	🍷🍷 4*
● Montepulciano d'Abruzzo Colline Teramane '08	🍷 4
○ Passerina Trend '10	🍷 4
● Controguerra Leneo Moro '00	🍷🍷 5
● Montepulciano d'Abruzzo Colline Teramane Fonte Cupa '98	🍷🍷 4*
● Montepulciano d'Abruzzo Fonte Cupa '06	🍷🍷 5
○ Pecorino '08	🍷🍷 4*
○ Trebbiano d'Abruzzo Fonte Cupa '09	🍷🍷 4
○ Trebbiano d'Abruzzo Fonte Cupa '08	🍷🍷 4

Cantine Mucci

C.DA VALLONE DI NANNI, 65
66020 TORINO DI SANGRO [CH]
TEL. 0873913366
www.cantinemucci.com

预约参观
年产量 250 000 瓶
葡萄种植面积 20 公顷

缪斯（Mucci）家族在这历史悠久的酒庄酿酒也有一个多世纪的历史了，此时他们正在进行一些新的令人激动的改变。地理上酒庄位于托里诺迪•桑格罗（Torino di Sangro），背靠马耶拉（Majella）阴冷的群山，面朝亚得里亚海，坐落在环绕着奥尔托纳（Ortona）的和缓的山脉间。缪斯家族的葡萄园以其葡萄的质量而为人知晓，管理风格兼顾了古典和现代。酒庄尤其注意保持高质量，酒窖旨在酿造高品质的葡萄酒早已是人所尽知。

- ● Cantico Carbernet '06 — 🍷🍷 4
- ● Montepulciano d'Abruzzo Cantico '08 — 🍷🍷 4
- ● Montepulciano d'Abruzzo Santo Stefano '09 — 🍷🍷 4
- ○ Trebbiano d'Abruzzo Valentino '10 — 🍷🍷 3*
- ○ Valentino '10 — 🍷🍷 4
- ⊙ Montepulciano d'Abruzzo Cerasuolo Valentino '10 — 🍷 4
- ● Montepulciano d'Abruzzo Valentino '10 — 🍷 3
- ○ Santo Stefano '10 — 🍷 4

Bruno Nicodemi

C.DA VENIGLIO
64024 NOTARESCO [TE]
TEL. 085895493
www.nicodemi.com

藏酒销售
预约参观
年产量 200 000 瓶
葡萄种植面积 30 公顷

尽管克林诺•特拉玛尼（Colline Teramane）指定区的鲜明特点是其现代的风格，但同胞姊妹埃琳娜（Elena）和亚历山大（Alessandro）仍信心十足地采用传统的方法经营着这家农场。所酿制的葡萄酒严谨、强劲有力、结构平衡、萃取果断，带着迷人的地中海风情。30公顷的葡萄园是诺塔尔斯克（Notaresco）中一片完整的土地，他们在管理上可以说是谨小慎微，让我们想到一些别的年代。尼克德米（Nicodemi）忠实于当地悠久的传统，种植着特雷比亚诺（trebbiano）和蒙特布查诺（montepulciano）。

- ● Montepulciano d'Abruzzo Colline Teramane Neromoro Ris. '07 — 🍷🍷 6
- ● Montepulciano d'Abruzzo Colline Teramane Notàri '08 — 🍷🍷 5
- ○ Trebbiano d'Abruzzo Notàri '10 — 🍷🍷 4*
- ● Montepulciano d'Abruzzo '09 — 🍷🍷 4*
- ⊙ Montepulciano d'Abruzzo Cerasuolo '10 — 🍷🍷 3*
- ○ Trebbiano d'Abruzzo '10 — 🍷 3
- ● Montepulciano d'Abruzzo Colline Teramane Neromoro Ris. '03 — 🍷🍷🍷 6
- ● Montepulciano d'Abruzzo Colline Teramane Neromoro Ris. '04 — 🍷🍷 6
- ● Montepulciano d'Abruzzo Colline Teramane Notàri '07 — 🍷🍷 5
- ● Montepulciano d'Abruzzo Colline Teramane Notàri '06 — 🍷🍷 5
- ● Montepulciano d'Abruzzo Colline Teramane Ris. '00 — 🍷🍷 5

Pasetti

Loc. C.da Pretaro
via San Paolo, 21
66023 Francavilla al Mare [CH]
Tel. 08561875
www.pasettivini.it

藏酒销售
预约参观
年产量 600 000 瓶
葡萄种植面积 60 公顷

酒庄坐落于弗兰卡维拉（Francavilla）的海边，但其酿酒的原料却主要来自于内陆地区的两个种植园皮斯克桑索内斯克（Pescosansonesco）和卡皮斯特拉诺（Capestrano）。其中，第一个种植园的特点是在陡峭易碎的地基上布满了粘土和石灰岩沙石。米莫（Mimo）和劳拉（Laura）在孩子们的鼎力帮助下，满怀激情地经营着这个酒庄。现在他们是阿布鲁佐（Abruzzo）地区最成功的私营酿酒商之一，但凡是品尝过这里现代葡萄酒美味的人，都对其青睐有加。

● Montepulciano d'Abruzzo Tenuta di Testarossa '07	🍷🍷	5
● Montepulciano d'Abruzzo '08	🍷🍷	4*
⊙ Montepulciano d'Abruzzo Cerasuolo V. Capestrano '10	🍷🍷	3*
○ Pecorino Colle Civetta '10	🍷🍷	5
○ Abruzzo Passerina V. Capestrano '12	🍷	4
○ Trebbiano d'Abruzzo Zarachè '10	🍷	4
⊙ Montepulciano d'Abruzzo Cerasuolo Pasetti '09	🍷🍷	3*
● Montepulciano d'Abruzzo Harimann '05	🍷🍷	7
● Montepulciano d'Abruzzo Harimann '02	🍷🍷	7
● Montepulciano d'Abruzzo Tenuta di Testarossa '06	🍷🍷	5
● Montepulciano d'Abruzzo Tenuta di Testarossa '05	🍷🍷	5
○ Pecorino Pasetti Colle Civetta '09	🍷🍷	5
○ Pecorino Pasetti Colle Civita '08	🍷🍷	5

Emidio Pepe

via Chiesi, 10
64010 Torano Nuovo [TE]
Tel. 0861856493
www.emidiopepe.com

藏酒销售
预约参观
年产量 80 000 瓶
葡萄种植面积 15 公顷
葡萄栽培方式 有机种植

如果你想对卓越的特拉玛尼山（Colline Teramane）有个更清楚的了解，你必须阅读一下马里奥•索尔达（Mario Soldati）于1972年发表的大作《红酒啊！红酒！》（*Vino al Vino*）。从那时开始，一切就都没变了。该企业正好处于托拉诺•诺瓦（Torano Nuova）地区特拉玛尼山的设计中心。在15公顷的土地上，酒庄采用正宗的农业种植方式，在水泥容器中进行葡萄酒酿造，在瓶中进行了缓慢透彻的陈化。最近该酒庄开始热衷于有机生产，这也促进了企业的进一步发展。这些有机产品只用了本土的葡萄作为酿造原料，带有更加浓重的地域特色。

● Montepulciano d'Abruzzo '08	🍷🍷	6
○ Trebbiano d'Abruzzo '09	🍷🍷	6
⊙ Montepulciano d'Abruzzo Cerasuolo '10	🍷🍷	6
● Montepulciano d'Abruzzo '98	🍷🍷🍷	8
● Montepulciano d'Abruzzo '07	🍷🍷	6
● Montepulciano d'Abruzzo Bio '05	🍷🍷	8
● Montepulciano d'Abruzzo Colline Teramane '06	🍷🍷	8
○ Trebbiano d'Abruzzo '08	🍷🍷	6
○ Trebbiano d'Abruzzo '07	🍷🍷	6
○ Trebbiano d'Abruzzo '03	🍷🍷	6

Pietrantonj

VIA SAN SEBASTIANO, 38
67030 VITTORITO [AQ]
TEL. 0864727102
www.vinipietrantonj.it

藏酒销售
预约参观
年产量 650 000 瓶
葡萄种植面积 60 公顷

在乐阿奎拉省（L' Aquila）的威托里托（Vittorito）和科尔菲尼欧（Corfinio）之间的山脉之上，坐落着皮耶特兰托尼（Pietrantonj）酒庄。酒庄架构完善，占地大约60公顷，以粘土和多卵石的沙砾为主，盛产蒙特布查诺（Montepulciano）、特瑞比安诺（trebbiano）和玛尔维萨（malvasia）等经典的葡萄品种。两个世纪以来，他们一直都在引进相容性好、品质高的葡萄酒。他们酿造的这些山地葡萄酒，因明显的酸度和精致的乡村传统风格而驰名。然而有的时候为了得到这种典型而明显的特质，皮耶特兰托尼葡萄酒（Pietrantonj）不得不牺牲优雅和味觉上的享受。

- ● Montepulciano d'Abruzzo Arboreo '08 — 🍷🍷 5
- ● Montepulciano d'Abruzzo Cerano Ris. '07 — 🍷🍷 3*
- ⊙ Montepulciano d'Abruzzo Cerasuolo Cerano '10 — 🍷🍷 4
- ○ Malvasia '10 — 🍷 3
- ⊙ Montepulciano d'Abruzzo Cerasuolo Arboreo '10 — 🍷 5
- ○ Pecorino Spumante Temé — 🍷 4
- ○ Trebbiano d'Abruzzo Cerano '10 — 🍷 4
- ● Montepulciano d'Abruzzo Arboreo '07 — 🍷🍷 5
- ● Montepulciano d'Abruzzo Cerano '06 — 🍷🍷 3*
- ⊙ Montepulciano d'Abruzzo Cerasuolo Arboreo '09 — 🍷🍷 2*
- ○ Trebbiano d'Abruzzo Arboreo '08 — 🍷🍷 4

San Lorenzo

C.DA PLAVIGNANO, 2
64035 CASTILENTI [TE]
TEL. 0861999325
www.sanlorenzovini.com

藏酒销售
预约参观
年产量 680 000 瓶
葡萄种植面积 150 公顷

圣洛伦佐（San Lorenzo）酒庄占地约150公顷，采用传统栽培的方式进行种植，既有本土的也有国际的葡萄品种。该酒庄横跨特拉莫省（Teramo）和佩斯卡拉省（Pescara）的边界，酒庄生意蒸蒸日上。该企业由阿布鲁佐地区（Abruzzo）的一个酿酒世家经营着。这个长期建立的以卡斯提伦迪（Castilenti）为主的酒庄，为人们酿造出了强劲而有魅力的葡萄酒，但有的时候会追逐市场潮流，从而忽略了该地区潜在的巨大地理优势。

- ● Montepulciano d'Abruzzo Colline Teramane Escol Ris. '07 — 🍷🍷 5
- ● Montepulciano d'Abruzzo Colline Teramane Oinos '08 — 🍷🍷 5
- ○ Chardonnay Chioma di Berenice '10 — 🍷 4
- ● Montepulciano d'Abruzzo Aldebaran '10 — 🍷 4
- ● Montepulciano d'Abruzzo Sirio '10 — 🍷 2
- ○ Passerina '10 — 🍷 4
- ○ Blancoluce '07 — 🍷🍷 5
- ○ Chardonnay '05 — 🍷🍷 5
- ● Montepulciano d'Abruzzo Antares '07 — 🍷🍷 3*
- ● Montepulciano d'Abruzzo Colline Teramane '03 — 🍷🍷 5
- ● Montepulciano d'Abruzzo Colline Teramane Escol Ris. '06 — 🍷🍷 5
- ● Montepulciano d'Abruzzo Colline Teramane Oinos '07 — 🍷🍷 5
- ○ Pecorino '09 — 🍷🍷 3*

Nicola Santoleri

VIA DEI CAVALIERI, 20
66016 GUARDIAGRELE [CH]
TEL. 0871893301
www.nicolasantoleri.it

年产量 40 000 瓶
葡萄种植面积 30 公顷

这个历史悠久的阿布鲁佐（Abruzzo）酒庄成功地从创建人去世的阴影中走了出来。尼古拉（Nicola）的孩子们坚定地管理着父亲的企业，酿造出了既具有典型地域特色又尊重传统的优质葡萄酒。这个占地30公顷左右分布于麦伊拉地区（Maiella）基耶蒂（Chieti）山麓的瓜迪亚格勒葡萄园（Guardiagrele），种植了很多优质的葡萄，主要是蒙特布查诺（montepulciano），但是也有桑娇维塞（sangiovese）、灰比诺（pinot grigio）、特瑞比安诺（trebbiano）、黑比诺（pinot nero）和白比诺（pinot bianco）。另外还有莱茵白葡萄（riesling renano），这种葡萄都是以传统方式进行栽培的，几乎没有采用什么现代工艺。

⊙ Montepulciano d'Abruzzo Cerasuolo Crognaleto '10	🍷🍷 5
● Montepulciano d'Abruzzo V. Ladra '08	🍷🍷 5
○ Trebbiano d'Abruzzo Crognaleto '10	🍷🍷 5
⊙ Montepulciano d'Abruzzo Cerasuolo Spumante Sii Me	🍷 5
● Montepulciano d'Abruzzo Crognaleto Ris. '00	🍷🍷 6
● Montepulciano d'Abruzzo Crognaleto Ris. '98	🍷🍷 6
○ Trebbiano d'Abruzzo Crognaleto '08	🍷🍷 5
○ Trebbiano d'Abruzzo Crognaleto '07	🍷🍷 5

Strappelli

LOC. TORRI, 15
64010 TORANO NUOVO [TE]
TEL. 0861887402
www.cantinastrappelli.it

藏酒销售
预约参观
年产量 60 000 瓶
葡萄种植面积 10 公顷
葡萄栽培方式 有机认证

这个坐落于美丽迷人的特拉玛尼山脉（Colline Teremane），以托拉诺（Torano）为主的小酒庄酿造出了具有乡村特色的典型传统葡萄酒。这座美丽的酒庄位于维拉•托瑞（Villa Torri）山坡上，那里的土壤是中等质地的碎石沙地，在垂直搭建的葡萄架上进行着有机种植。依仗着前面的亚得里亚海（Adriatic Sea）和后面的格廊亚索山（Gran Sasso），当地具有十分强烈的方位感。该酒庄酿造的葡萄酒也极具特色，主要是以一些传统葡萄品种作为原料酿造的，比如说蒙特布查诺（montepulciano）、特瑞比安诺（trebbiano）、佩克瑞诺（pecorino）和玛尔维萨（malvasia）等各种葡萄。

● Montepulciano d'Abruzzo '08	🍷🍷 4*
⊙ Montepulciano d'Abruzzo Cerasuolo '10	🍷🍷 4*
● Montepulciano d'Abruzzo Colline Teramane Celibe Ris. '07	🍷🍷 5
○ Pecorino Soprano '10	🍷🍷 4*
○ Malvasia '10	🍷 3
● Montepulciano d'Abruzzo '07	🍷🍷 4*
● Montepulciano d'Abruzzo '06	🍷🍷 4*
⊙ Montepulciano d'Abruzzo Cerasuolo '07	🍷🍷 4*
● Montepulciano d'Abruzzo Colline Teramane Celibe Ris. '03	🍷🍷 6
● Montepulciano d'Abruzzo Colline Teramane Celibe Ris. '04	🍷🍷 6
● Montepulciano d'Abruzzo Colline Teramane Colle Trà '07	🍷🍷 4*
○ Pecorino Soprano '09	🍷🍷 4*
○ Trebbiano d'Abruzzo '07	🍷🍷 3*

Tiberio

C.DA LA VOTA
65020 CUGNOLI [PE]
TEL. 0858576744
www.tiberio.it

藏酒销售
预约参观
年产量 80 000 瓶
葡萄种植面积 30 公顷

在佩斯卡拉地区（Pescara）周围一片未遭破坏的地区，在麦伊拉（Maiella）山脉和格廊亚索山（Gran Sasso）之间的库格诺里（Cugnoli），一位有激情的庄主用爱和细心经营着台伯瑞欧（Tiberio）酒庄。她有着明确的想法，也总是乐于品尝别的葡萄酒。这座庄园占地大约30公顷，在透过山脉的微风之中种植的葡萄主要是一些本土品种，产出的葡萄酒通过酸度和芳香体现出了明显的地域特色。

○ Pecorino '10	🍷🍷🍷 4
● Montepulciano d'Abruzzo Althea '08	🍷🍷 5
⊙ Montepulciano d'Abruzzo Cerasuolo '10	🍷🍷 4
○ Trebbiano d'Abruzzo '10	🍷🍷 4
● Montepulciano d'Abruzzo '09	🍷 4
● Montepulciano d'Abruzzo '08	♀♀ 4*
● Montepulciano d'Abruzzo '07	♀♀ 4*
● Montepulciano d'Abruzzo '06	♀♀ 3*
● Montepulciano d'Abruzzo Althea '07	♀♀ 6
● Montepulciano d'Abruzzo Althea '06	♀♀ 5
● Montepulciano d'Abruzzo Althea '05	♀♀ 5
○ Pecorino '09	♀♀ 4
○ Pecorino '08	♀♀ 4

Cantina Tollo

VIA GARIBALDI, 68
66010 TOLLO [CH]
TEL. 087196251
www.cantinatollo.it

藏酒销售
预约参观
年产量 12 500 000 瓶
葡萄种植面积 3 500 公顷

坎缇娜•托洛（Cantina di Tollo）酒庄可以算的上是阿布鲁佐地区（Abruzzo）葡萄酒业的旗舰，也是体现当地葡萄酒酿造业中合作特色的绝好实例。该种植园的占地面积约3 500公顷，年产量高达13 000 000瓶。该酒庄的产量可观，同时也保证了很好的质量，这样优异的成绩是无数种植者与可艾基耶蒂山区（Chieti）和谐共处的结果。该酒庄从麦伊拉山脉（Maiella）的斜坡上一直延伸向亚得里亚（Adriatic）海岸。年复一年，这片广袤的土地一直都在酿造着技艺精湛、风格良好的葡萄酒，给人们留下了极其深刻的印象，同时也为该酒庄带来了巨大的经济效益。

● Montepulciano d'Abruzzo Aldiano Ris. '08	🍷🍷 4*
● Montepulciano d'Abruzzo Cagiòlo Ris. '08	🍷🍷 5
⊙ Montepulciano d'Abruzzo Cerasuolo Hedòs '10	🍷🍷 4
● Montepulciano d'Abruzzo Colle Secco Rubino '08	🍷🍷 4*
○ Trebbiano d'Abruzzo Aldiano '10	🍷🍷 4*
○ Passerina '10	🍷 4
○ Pecorino '10	🍷 4
○ Trebbiano d'Abruzzo C'Incanta '08	🍷 5
○ Trebbiano d'Abruzzo Menir '09	🍷 5
● Montepulciano d'Abruzzo Aldiano Ris. '07	♀♀ 4*
● Montepulciano d'Abruzzo Cagiòlo '06	♀♀ 5
⊙ Montepulciano d'Abruzzo Cerasuolo Hedòs '09	♀♀ 4*
● Montepulciano d'Abruzzo Colle Secco Ris. '07	♀♀ 4*
● Montepulciano d'Abruzzo Colle Secco Rubino '07	♀♀ 4*

Torre dei Beati

C.DA POGGIORAGONE, 56
65014 LORETO APRUTINO [PE]
TEL. 0854916069
www.torredeibeati.it

藏酒销售
预约参观
年产量 100 000 瓶
葡萄种植面积 17 公顷
葡萄栽培方式 有机认证

福斯托•阿尔巴内斯（Fausto Albanese）和阿德里亚纳•佳拉索（Adriana Galasso）雄心勃勃，带着亚德里亚地区（Adriatic）坚持不懈的特点，经营着托瑞•德伊•比蒂（Torre dei Beati）酒庄。他们在很短的时间内就创造出了一个重要的品牌。他们仅仅拥有几公顷的种植园，用传统的方式进行管理，同时采用了有机栽培的种植方式。在简陋的小酒窖里，他们使用的是原始而明智的生产方式，旗下的一系列品牌都维持着相当高的标准。在这里我们可以对罗瑞托•阿普路迪诺（Loreto Aprutino）酒庄和那里出品的葡萄酒有一些了解，这些特色鲜明的葡萄酒都具有强烈的地区特色。

- ● Montepulciano d'Abruzzo Cocciapazza '08 — 5
- ● Montepulciano d'Abruzzo Mazzamurello '08 — 6
- ○ Pecorino d'Abruzzo Giocheremo con i Fiori '10 — 4*
- ● Montepulciano d'Abruzzo '09 — 4*
- ⊙ Montepulciano d'Abruzzo Cerasuolo Rosa-ae '10 — 3*
- ● Montepulciano d'Abruzzo '07 — 4*
- ● Montepulciano d'Abruzzo Cocciapazza '07 — 5
- ● Montepulciano d'Abruzzo '08 — 4*
- ⊙ Montepulciano d'Abruzzo Cerasuolo Rosa-ae '08 — 3*
- ● Montepulciano d'Abruzzo Cocciapazza '06 — 5
- ● Montepulciano d'Abruzzo Cocciapazza '03 — 5
- ● Montepulciano d'Abruzzo Mazzamurello '07 — 6
- ● Montepulciano d'Abruzzo Mazzamurello '04 — 5

La Valentina

VIA TORRETTA, 52
65010 SPOLTORE [PE]
TEL. 0854478158
www.fattorialavalentina.it

藏酒销售
预约参观
年产量 350 000 瓶
葡萄种植面积 40 公顷

瓦伦蒂娜（La Valentina）酒庄占地40公顷，在斯博尔托瑞地区（Spoltore），位于佩斯卡拉（Pescara）周围阳光照耀的山脉之上，后面是一片大海。在阿布鲁佐（Abruzzo）塞特瑞奥利（Citeriore）的麦伊拉（Maiella）山脉的斜坡上，屹立着斯卡发（Scafa）和圣瓦伦迪诺（San Valentino）这两座高纬度酒庄。瓦伦蒂娜酒庄出品的葡萄酒真正体现了个人主义特色，向人们展现了传统葡萄酒迷人的一面，这如今已成为阿布鲁佐酿酒业的一个特色。这两个截然不同的庄园打出了很多极具吸引力的商标，也为酒庄带来了巨大的经济效益。他们采用传统栽培的方式栽种葡萄，在酿酒过程中没有添加任何的化学试剂或者是辅助剂，所有的电器都得到了可循环使用的认证。

- ● Montepulciano d'Abruzzo Spelt '07 — 5
- ⊙ Montepulciano d'Abruzzo Cerasuolo Effe '10 — 4*
- ○ Bianco Pecorino '10 — 4*
- ● Montepulciano d'Abruzzo '09 — 3*
- ● Montepulciano d'Abruzzo Binomio '07 — 6
- ○ Trebbiano d'Abruzzo '10 — 3*
- ○ Trebbiano d'Abruzzo Cuvée Speciale '10 — 4
- ○ Bianco Fiano '10 — 5
- ● Montepulciano d'Abruzzo Bellovedere '05 — 7
- ● Montepulciano d'Abruzzo Spelt '05 — 5
- ● Montepulciano d'Abruzzo Bellovedere '06 — 7
- ● Montepulciano d'Abruzzo Binomio '05 — 6
- ● Montepulciano d'Abruzzo Spelt '06 — 5

★★Valentini

via del Baio, 2
65014 Loreto Aprutino [PE]
Tel. 0858291138

年产量 30 000 瓶
葡萄种植面积 64 公顷
葡萄栽培方式 有机种植

对于一个一切该说的都被人说过了的热门酒庄，我们很难再对它进行过多的描述。在佩斯卡拉山脉（Pescara），瓦伦蒂尼（Valentini）酒庄经营着300公顷的土地，两种可耕种的作物平均分配了庄园的产量，一种是橄榄油，另一种是葡萄酒。用这里的葡萄储存每年只酿造出了30 000瓶特瑞比安诺（Trebiano）、蒙特布查诺（Montepulciano）和塞拉索罗（Cerasuolo），但是这些酒的品质都非常的高。这种葡萄酒风格极具想象力，带有远古气息，特点也十分显著。种植园以传统的方式进行管理，酒窖方法是技术工艺的典范。在陈化的过程中该酒庄仅仅使用了大木桶和酒瓶，这是一些意大利最优质的葡萄酒所采用的酿造方式。

- ○ Trebbiano d'Abruzzo '09 7
- ⊙ Montepulciano d'Abruzzo Cerasuolo '10 7
- ● Montepulciano d'Abruzzo '06 8
- ● Montepulciano d'Abruzzo '02 8
- ● Montepulciano d'Abruzzo '01 8
- ● Montepulciano d'Abruzzo '00 8
- ● Montepulciano d'Abruzzo '97 7
- ⊙ Montepulciano d'Abruzzo Cerasuolo '09 7
- ⊙ Montepulciano d'Abruzzo Cerasuolo '08 7
- ⊙ Montepulciano d'Abruzzo Cerasuolo '06 7
- ○ Trebbiano d'Abruzzo '08 7
- ○ Trebbiano d'Abruzzo '05 7
- ○ Trebbiano d'Abruzzo '04 7
- ○ Trebbiano d'Abruzzo '02 7
- ○ Trebbiano d'Abruzzo '01 6
- ○ Trebbiano d'Abruzzo '00 6

Valle Reale

loc. San Calisto
65026 Popoli [PE]
Tel. 0859871039
www.vallereale.it

藏酒销售
预约参观
年产量 522 800 瓶
葡萄种植面积 60 公顷

在短短的几年内，里欧纳多•皮作罗（Leonardo Pizzolo）带着实践的智慧和激情成功改造了他的山区酒庄。他那60公顷的庄园被分成两个种植地：一个是波波利（Popoli）种植地，占地30公顷，海拔为350米，土壤类型是贫瘠，塞满淤泥，布满卵石的土壤；另外一个是卡匹斯特然诺（Capestrano）种植地，同样占地30公顷，处于阿布鲁佐（Abruzzo）所谓的火炉地带，土壤里包含了相当比重的粘土。这里的种植园在谨慎照料下使用有机栽培的方式。这里出品的都是些山区葡萄酒，味道的形成受到了昼夜巨大温差和严酷地势的影响。最近，该酒庄决定使用自然状态下的酵母菌进行发酵，因此，这里的葡萄酒具有了进一步的特点和个性。

- ● Montepulciano d'Abruzzo San Calisto '08 6
- ● Montepulciano d'Abruzzo Sant'Eusanio '10 4*
- ○ Trebbiano d'Abruzzo V. di Capestrano '09 5
- ● Montepulciano d'Abruzzo '09 4
- ● Montepulciano d'Abruzzo V. Nuove '10 3*
- ○ Trebbiano d'Abruzzo V. Nuove '10 3*
- ● Montepulciano d'Abruzzo Cerasuolo V. Nuove '10 4
- ● Montepulciano d'Abruzzo '06 4*
- ● Montepulciano d'Abruzzo San Calisto '07 6
- ● Montepulciano d'Abruzzo San Calisto '06 6
- ● Montepulciano d'Abruzzo San Calisto '05 6
- ● Montepulciano d'Abruzzo San Calisto '04 6
- ○ Trebbiano d'Abruzzo V. di Capestrano '08 5
- ● Montepulciano d'Abruzzo '08 4*

Villa Medoro

c.da Medoro
64030 Atri [TE]
Tel. 0858708142
www.villamedoro.it

藏酒销售
预约参观
年产量 300 000 瓶
葡萄种植面积 100 公顷

不过几年的时间，梅多若（Villa Medoro）酒庄成功地为自己在阿布鲁佐地区（Abruzzo）的葡萄酒业开创了一个显著的空间。酒庄坐落在离海不远的特拉莫省（Teramo）的山上，气候温暖，土壤富饶，葡萄酒个性鲜明，绝对的物有所值。口感醇正、果香怡人的蒙特普齐亚诺红葡萄酒（Montepulciano）和庄园近100公顷的葡萄园密不可分，即使是最基础的生产线产品都深得大家的喜爱。巴碧丽•费得利卡•莫里克奈（Bubbly Federica Morricone）是这个公司的主心骨，就像人的心脏和大脑一样。

- ● Montepulciano d'Abruzzo Colline Teramane Adrano '08 — 🍷🍷🍷 6
- ● Montepulciano d'Abruzzo '09 — 🍷🍷 3*
- ● Montepulciano d'Abruzzo Rosso del Duca '09 — 🍷🍷 4
- ⊙ Montepulciano d'Abruzzo Cerasuolo '10 — 🍷🍷 3*
- ○ Passerina '10 — 🍷🍷 3*
- ○ Trebbiano d'Abruzzo Chimera '10 — 🍷🍷 3*
- ○ Pecorino '10 — 🍷 3
- ○ Trebbiano d'Abruzzo '10 — 🍷 3
- ● Montepulciano d'Abruzzo '08 — 🍷🍷🍷 3*
- ● Montepulciano d'Abruzzo '06 — 🍷🍷🍷 3*
- ● Montepulciano d'Abruzzo Colline Teramane Adrano '06 — 🍷🍷🍷 6
- ● Montepulciano d'Abruzzo Colline Teramane Adrano '05 — 🍷🍷🍷 6
- ● Montepulciano d'Abruzzo Colline Teramane Adrano '04 — 🍷🍷🍷 6
- ● Montepulciano d'Abruzzo Colline Teramane Adrano '03 — 🍷🍷🍷 6

Ciccio Zaccagnini

c.da Pozzo
65020 Bolognano [PE]
Tel. 0858880195
www.cantinazaccagnini.it

藏酒销售
预约参观
年产量 1 500 000 瓶
葡萄种植面积 180 公顷

位于波洛格纳诺（Bolognano）的扎卡格尼尼（Zaccagnini）酒窖是约瑟夫•博伊斯（Joseph Beuys）上演自己对自然运作的传奇性的捍卫和维护的体现，也为阿布鲁佐（Abruzzo）的葡萄栽培提供了一个典范。庄园的葡萄园位于和佩斯卡拉（Pescara）接壤的马耶拉（Maiella）山丘脚下，面积达150公顷，更远处的土地则是租借的。葡萄酒系列产品在全球销售，但是和本土的风土特色有着紧密的联系。扎卡格尼尼酿制的葡萄酒通过本地风格和国际品种的完美结合，做到了质量和数量的统一。

- ● Montepulciano d'Abruzzo Castello di Salle '08 — 🍷🍷 4*
- ⊙ Montepulciano d'Abruzzo Cerasuolo Myosotis '10 — 🍷🍷 4*
- ● Montepulciano d'Abruzzo Cuvée dell'Abate '09 — 🍷🍷 3*
- ● Montepulciano d'Abruzzo Rosso di Ciccio '09 — 🍷🍷 3*
- ● Montepulciano d'Abruzzo Tralcetto '09 — 🍷🍷 3*
- ○ Trebbiano d'Abruzzo S. Clemente '09 — 🍷🍷 5
- ○ Chardonnay S. Clemente '09 — 🍷 5
- ○ Ibisco Bianco '10 — 🍷 4
- ● Montepulciano d'Abruzzo Chronicon '08 — 🍷 4
- ● Montepulciano d'Abruzzo S. Clemente Ris. '08 — 🍷 6
- ● Montepulciano d'Abruzzo Castello di Salle '06 — 🍷🍷 4*
- ● Montepulciano d'Abruzzo Terre di Casauria S. Clemente Ris. '06 — 🍷🍷 7
- ● Montepulciano d'Abruzzo Tralcetto '08 — 🍷🍷 3*
- ○ Trebbiano d'Abruzzo S. Clemente '08 — 🍷🍷 5

Anfra

VIA COLLE MORINO, 8
64025 PINETO [TE]
TEL. 3471154504
www.anfra.it

- ● Montepulciano d'Abruzzo '09 🍷🍷 4
- ○ Pecorino '10 🍷🍷 4*
- ● Montepulciano d'Abruzzo Colline Teramane Reilla '07 🍷 5
- ○ Trebbiano d'Abruzzo '10 🍷 4

Angelucci

C.DA VICENNE, 7
65020 CASTIGLIONE A CASAURIA [PE]
TEL. 0857998193
www.angeluccivini.it

- ○ Moscatello Castiglione '09 🍷🍷 5
- ● Montepulciano d'Abruzzo Depero '10 🍷🍷 4
- ● Montepulciano d'Abruzzo Vigna Mè '09 🍷 4

Nestore Bosco

C.DA CASALI, 147
65010 NOCCIANO [PE]
TEL. 085847345
www.nestorebosco.com

- ● Montepulciano d'Abruzzo '09 🍷🍷 4*
- ● Montepulciano d'Abruzzo 110 Ris. '06 🍷 7
- ● Montepulciano d'Abruzzo Don Bosco '07 🍷 5
- ○ Pecorino '10 🍷 4

Giuseppe Ciavolich

LOC. QUATTRO STRADE
C.DA CERRETO, 37
66010 MIGLIANICO [CH]
TEL. 0871958797
www.ciavolich.com

- ● Montepulciano d'Abruzzo Antrum '05 🍷🍷 6
- ● Montepulciano d'Abruzzo Ancilla '10 🍷 3
- ● Montepulciano d'Abruzzo Divus '09 🍷 4
- ○ Trebbiano d'Abruzzo Divus '09 🍷 4

Cirelli

LOC. TRECIMINIERE
VIA COLLE SAN GIOVANNI, 1
64032 ATRI [TE]
TEL. 0858700106
www.agricolacirelli.com

- ● Montepulciano d'Abruzzo '09 🍷🍷 3*
- ○ Trebbiano d'Abruzzo '10 🍷🍷 2*
- ⊙ Montepulciano d'Abruzzo Cerasuolo '10 🍷 3

Collefrisio

LOC. PIANE DI MAGGIO
66030 FRISA [CH]
TEL. 0859039074
www.collefrisio.it

- ● Montepulciano d'Abruzzo Morrecine '09 🍷🍷 4*
- ● Montepulciano d'Abruzzo Uno '08 🍷 4
- ● Montepulciano d'Abruzzo Zero '09 🍷 4
- ○ Trebbiano d'Abruzzo Zero '10 🍷 3

Tenuta I Fauri

S.DA CORTA, 9
66100 CHIETI
TEL. 0871332627
www.tenutaifauri.it

- ● Montepulciano d'Abruzzo Rosso dei Fauri '07 🍷🍷 6
- ○ Trebbiano d'Abruzzo Baldovino '10 🍷🍷 3
- ● Montepulciano d'Abruzzo Ottobre Rosso '10 🍷 4
- ○ Trebbiano d'Abruzzo Santa Cecilia '10 🍷 4

Feudo Antico

VIA PERRUNA, 35
66010 TOLLO [CH]
TEL. 0871969128
www.feudoantico.it

- ⊙ Rosato '10 🍷🍷 4*
- ○ Tullum Passerina '10 🍷 4
- ○ Tullum Pecorino '10 🍷 4
- ● Tullum Rosso Ris. '08 🍷 6

Filomusi Guelfi

via F. Filomusi Guelfi, 11
65028 Tocco da Casauria [PE]
Tel. 085986908
elleffegi@tiscali.it

- ● Montepulciano d'Abruzzo Ris. '06 4*
- ● Montepulciano d'Abruzzo '07 4
- ○ Sauvignon Per Lei '08 4

Gentile

via del Giardino, 7
67025 Ofena [AQ]
Tel. 0862956618
www.gentilevini.it

- ● Montepulciano d'Abruzzo Orfeo '09 4*
- ○ Pecorino Medea '10 4
- ● Montepulciano d'Abruzzo Zefiro '07 5
- ○ Trebbiano d'Abruzzo Ares '10 2

Lepore

c.da Civita, 29
64010 Colonnella [TE]
Tel. 086170860
www.vinilepore.it

- ● Montepulciano d'Abruzzo '09 4*
- ○ Controguerra Passerina Passera delle Vigne '10 4
- ● Montepulciano d'Abruzzo La Notte '09 3
- ○ Trebbiano d'Abruzzo '10 3

Antonio e Elio Monti

via Pignotto, 62
64010 Controguerra [TE]
Tel. 086189042
www.vinimonti.it

- ● Montepulciano d'Abruzzo Colline Teremane Senior '06 4
- ● Montepulciano d'Abruzzo Colline Teramane Pignotto Ris. '05 5

Praesidium

via Giovannucci, 24
67030 Prezza [AQ]
Tel. 086445103
vinipraesidium@tiscali.it

- ● Montepulciano d'Abruzzo '06 6
- ⊙ Montepulciano d'Abruzzo Cerasuolo '10 4
- ● Montepulciano d'Abruzzo Ris. '06 6

La Quercia

c.da Colle Croce
64020 Morro d'Oro [TE]
Tel. 0858959110
www.vinilaquercia.it

- ● Montepulciano d'Abruzzo Primamadre '07 4*
- ⊙ Montepulciano d'Abruzzo Cerasuolo Primamadre '10 4
- ● Montepulciano d'Abruzzo Peladi '10 2
- ○ Trebbiano d'Abruzzo La Quercia '10 2

Santobono

p.zza della Vittoria, 16
66050 San Buono [CH]
Tel. 3332887579

- ⊙ Montepulciano d'Abruzzo Cerasuolo Primovere '10 4
- ● Montepulciano d'Abruzzo Lenzino '06 4*
- ○ Trebbiano d'Abruzzo Ephebia '10 3

Talamonti

c.da Palazzo
65014 Loreto Aprutino [PE]
Tel. 0858289039
www.cantinetalamonti.it

- ⊙ Montepulciano d'Abruzzo Cerasuolo Rosé '10 3*
- ○ Trebbiano d'Abruzzo Aternum '10 4
- ○ Pecorino Trabocchetto '10 4
- ○ Trebbiano d'Abruzzo Trebì '10 3

Tenuta Ulisse

via San Polo, 40
66014 Crecchio [CH]
Tel. 0871407733
www.tenutaulisse.it

○ Chardonnay Unico '10	🍷🍷 5
○ Cococciola Unico '10	🍷🍷 5
● Montepulciano d'Abruzzo Amaranta '09	🍷🍷 5
○ Pecorino Unico '10	🍷🍷 5

Valori

via Torquato al Salinello, 8
64027 Sant'Omero [TE]
Tel. 086188461
vinivalori@tin.it

● Montepulciano d'Abruzzo '10	🍷🍷 3*
○ Pecorino d'Abruzzo '10	🍷 4
○ Trebbiano d'Abruzzo '10	🍷 3

莫利塞区
MOLISE

在过去的几年里，我们一直努力为这个小而美的地区另立章节，因为其长久以来都置于阿布鲁佐（Abruzzo）的身影之下。阿布鲁佐是莫利塞（Molise）的邻居以及前同伴，位于波旁（Bourbon）地域。尽管莫利塞的葡萄酒酿酒厂屈指可数，就连生产的葡萄酒种类也很可能不超过50种，但我们坚信这里是一个独特而无法比拟的葡萄酒生产地区，因而我们将它单独作为一个部分来介绍。葡萄酒产业对莫利塞的农业经济十分重要。超过25万公顷土地的生产数据让人印象深刻，生产质量也十分显著。莫利塞从亚平宁山脉（Apennines）开始微微倾斜，一直延伸到亚得里亚（Adriatic）的绿色海域。在这里，气候没有那么极端，温度易于处理，土壤丰富而肥沃。如今，这个意大利的迷人角落变得更加活跃了。活跃且有诚信的酿酒厂可以为我们提供绝对有竞争实力的产品，这些产品已华丽地闯入了建设完善的商品市场。对于红葡萄酒而言，分布最广的种植种类是蒙特布查诺（Montepulciano）和阿耶连科（Aglianico）。这里产的蒙特布查诺具有相当显著的独特性，而阿耶连科也比我们平常见到的更爽口更纯朴。白葡萄酒主要来自于特雷比亚诺（Trebbiano）和法兰吉娜（Falanghina）。值得一提的是产于本土深色调的汀缇莉亚葡萄酒（Tintilia），它的标志是魔力般的芳香。在经历了一两次错误的开始之后，这里酿造的葡萄酒变得有趣起来，而且前途无量。当它们开始取得属于自己的第一个重大成功时，请悉心留意它们。莫利塞要感谢阿莱西奥•迪•马钰•诺然特（Alessio Di Majo Norante）为它打出了地区旗帜。一年又一年，他制造出了味道精美，结构良好的葡萄酒，这些酒将现代和传统完美地融合在了一起。今年，他酿制的价格合理的葡萄酒孔塔多• 阿耶连科（Contado Aglianico）获得了“三杯奖”。

Borgo di Colloredo

Loc. Nuova Cliternia
c.da Zezza, 8
86042 Campomarino [CB]
Tel. 087557453
www.borgodicolloredo.com

藏酒销售
预约参观
年产量 300 000 瓶
葡萄种植面积 60 公顷

这就是科勒马力诺（Collemarino），它环绕青山，从莫利塞（Molise）内陆一直延伸向大海。这个地方正稳步成为整个地区最显赫的酿酒地带。迪•朱里奥（Di Giulio）家族一如既往的继续生产着干净而品质优良的葡萄酒。他们的酒物有所值，易于被人们接受，深受市场欢迎。这些都要归功于传奇迪•朱里奥家族的放牧技艺，以及60公顷美丽的传统葡萄种植园。

● Aglianico '07	🍷🍷 4*
○ Molise Falanghina '10	🍷🍷 4*
○ Biferno Bianco Gironia '10	🍷 4
⊙ Biferno Rosato Gironia '10	🍷 4
● Biferno Rosso Gironia '05	🍷 4
○ Greco '10	🍷 3
○ Biferno Bianco Gironia '09	🍷🍷 4*
○ Biferno Bianco Gironia '08	🍷🍷 4*
○ Molise Falanghina '09	🍷🍷 4*
● Molise Montepulciano '06	🍷🍷 4*

Di Majo Norante

Fraz. Nuova Cliternia
c.da Ramitelli, 4
86042 Campomarino [CB]
Tel. 087557208
www.dimajonorante.com

藏酒销售
预约参观
年产量 800 000 瓶
葡萄种植面积 85 公顷
葡萄栽培方式 有机认证

在莫利塞（Molise），迪•马钰•诺然特（Di Majo Norante）这个名字的意义和葡萄酒的意义相近。这个传统的酒庄深刻影响了当地酿酒复兴运动。美丽的坎波马里诺葡萄（Campomarino）种植园给葡萄酒带来了生机，这些葡萄酒将现代风格以及勃勃雄心惊人完美地结合在一起。在最近几年里，越来越多的人关注着这个区域的特点，并给这儿的葡萄酒腾出了一席之地。在悉心照料之下，这片有机牧场生产出了一系列在莫利塞酿酒全景中脱颖而出的葡萄酒，这是别的酒庄通常无法媲美的。

● Molise Aglianico Contado Ris. '09	🍷🍷🍷 4*
○ Molise Apianae '09	🍷🍷 5
● Molise Don Luigi Ris. '09	🍷🍷 6
○ Molise Falanghina Biorganic '10	🍷🍷 4*
○ Molise Greco '10	🍷🍷 4*
● Sangiovese '10	🍷🍷 3*
● Biferno Rosso Ramitello '09	🍷 4
● Molì Rosso '10	🍷 3
● Molise Tintilia '08	🍷 4
● Molise Aglianico Contado '03	🍷🍷🍷 4*
● Molise Aglianico Contado Ris. '07	🍷🍷🍷 4*
● Molise Don Luigi '05	🍷🍷🍷 6
● Molise Don Luigi '99	🍷🍷🍷 5
● Molise Don Luigi Ris. '08	🍷🍷🍷 6
● Molise Don Luigi Ris. '06	🍷🍷🍷 6

Cantine Salvatore

C.DA VIGNE
86049 URURI [CB]
TEL. 0874830656
www.cantinesalvatore.it

藏酒销售
预约参观
年产量 80 000 瓶
葡萄种植面积 15 公顷

坎迪恩•塞尔瓦托（Cantine Salvatore）酒庄拥有极好的地理位置以及气候条件，它是一个小型的莫利塞葡萄酒（Molise）酿造厂。这片15公顷的土地酿造出了令人兴奋的现代葡萄酒，它们的特色在于完全纯净的酿造过程。该酒厂的创始人，帕斯夸•萨尔瓦多（Pasquale Salvatore），正着手于一个完善葡萄园的计划，探索发现新的酿酒地点并种上汀缇莉亚（tintilia），这种伟大的莫利塞本土红酒品种。

Wine	Rating
● Molise Tintilia Rutilia '09	🍷🍷 4
● Molise Rosso Biberius '09	🍷🍷 4*
○ Molise Falanghina Nysias '10	🍷 4
● Molise Rosso Don Donà '08	🍷 5
○ Molise Falanghina Nysias '09	ΥΥ 4*
○ Molise Falanghina Nysias '08	ΥΥ 4*
● Molise Rosso Don Donà '07	ΥΥ 5
● Molise Tintilia Rutilia '08	ΥΥ 4
● Molise Tintilia Rutilia '07	ΥΥ 5

Valerio Vini - San Nazzaro

LOC. SELVOTTA
86075 MONTERODUNI [IS]
TEL. 0865493043
www.valeriovini.it

藏酒销售
预约参观
年产量 30 000 瓶
葡萄种植面积 1 公顷

该酒庄坐落于莫利塞（Molise）较为荒芜的伊赛尔尼亚省（Isernia），这座小酒庄因酿造出蓬特洛葡萄酒（Pentro）而闻名于世。安东尼奥•桑德罗（Antonio Sandro）使用现代技术，以十分专业的方式管理着这片1公顷大的庄园。他向世人证明了一个事实：就连这种不出名的小山坡也能生产出有趣有特色的葡萄酒。该酒庄和莫利塞大学合作，共同完成了用本地酵母酿造葡萄酒的试验，其目的在于增强葡萄酒的独特性。

Wine	Rating
● Molise Rosso Calidio '10	🍷🍷 3*
● Molise Rosso Sannazzaro '09	🍷🍷 4
○ Pentro Valerio '09	🍷🍷 4
● Pentro di Isernia '08	ΥΥ 5

Cantine Cipressi

C.DA MONTAGNA
86030 SAN FELICE DEL MOLISE [CB]
TEL. 0874874535
www.cantinecipressi.it

● Molise Rosso Rumen '09	3*
○ Falanghina '10	3
● Molise Rosso Mekan '09	4

D'Uva

C.DA RICUPO, 13
86035 LARINO [CB]
TEL. 0874822320
www.cantineduva.com

○ Egò '08	6
● Gavio '07	3

Terresacre

C.DA MONTEBELLO
86036 MONTENERO DI BISACCIA [CB]
TEL. 0875960191
www.terresacre.net

● Molise Rosso Neravite '09	4
⊙ Rosavite '10	4

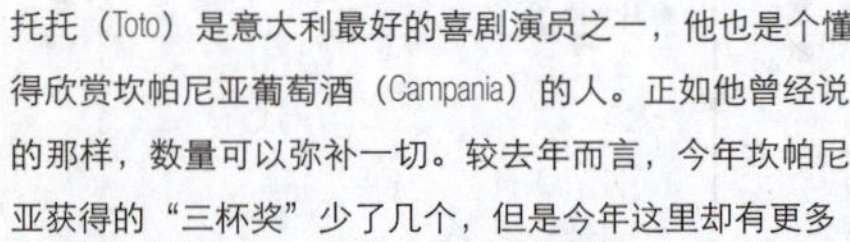

坎帕尼亚区
CAMPANIA

托托（Toto）是意大利最好的喜剧演员之一，他也是个懂得欣赏坎帕尼亚葡萄酒（Campania）的人。正如他曾经说的那样，数量可以弥补一切。较去年而言，今年坎帕尼亚获得的“三杯奖”少了几个，但是今年这里却有更多的酒庄闯入了最后的决赛——有整整70个酒庄，并且还得到了更高的平均分。无疑，这里良好的生产季节起到了很大的作用，但是最重要的原因是一项运动带来的弄潮儿效果。尽管这项运动在很多方面遭遇的颠簸不断，但是它仍然在一些新手和老手，小作坊和大酒庄，以及公认土地和新兴领域的陪同下，成功地向前迈步。在一个有着惊人葡萄酒遗产的地区，我们十分欣喜地看到，这里几乎仅靠传统葡萄酒种类就能引领时代的潮流。通常，这些传统品种都是依靠新鲜、平静、酒劲以及一种真正的出处感来诠释葡萄酒的。这个方面最突出的贡献是伊尔皮尼亚（Irpinia）和菲亚诺•迪•阿弗利诺（Fiano di Avellino）再次成为了万众瞩目的焦点。我们相信在2010年里，坎帕尼亚将会提供更多的好酒以满足悉心等待的葡萄酒爱好者。可以这么说，拉皮欧（Lapio）酒庄的领导人物罗卡•德尔•普林斯泊（Rocca del Principle）和克勒力亚•罗马（Clelia Romano）已经在给这个领域引导方向，而来自蒙特弗里德恩（Montefredane）地区的阿里梅特•维拉•瑞阿诺（Alimata Villa Raiano）系列则紧随其后。巴索（Basso）家族酿酒厂是首批“三杯奖”的获得者之一，给人留下了深刻的印象，其他获得“三杯奖”的还有坤托德茨蒙（Quintodecimo）生产的福阿诺•伊克扎尔特酒（Fiano Exultet）以及奎多•马赛拉（Guido Marsella）酿造的一种酒。这几种酒的酒精与甘油含量都不一样，各具特色。与显赫的2009年的数据相比，这几种酒虽然要迎接多方面的挑战，但是它们一直在完美的边缘。在2010年，尽管托福格莱克（Greco di Tufos）没有达到去年的标准，但是仍有三个奖项颁给了最有名望的三个酒种。它们分别是：皮耶彻库帕（Pietracupa）再次获得了第五名的成绩，本尼托酒庄（Benito Ferrara）的维基那•茨科格纳酒（Vigna Cicogna）再次因为精准的度数设计而获奖，福地酒园（Feudi di San Gregorio）生产的科蒂茨酒（Cutizzi）因独特的风格设计而榜上有名。2007年的葡萄酒酿造期对陶莱西葡萄酒（Taurasi）来说是实质性的也是平衡的，因为它确保了三位新成员进入榜单前列，这三位成员分别是乌尔茨沃罗（Urciuolo）系列，马斯彻泊瑞迪诺（Mastroberardino）酒庄酿造的兰蒂奇（Radici），以及路易吉（Luigi Tecce）酒庄酿造的泊里弗莫（Poliphemo），这是人们已经预料到了的。然而人们没有预料到的是安蒂格•伯格酒庄（Antico Borgo）生产的上好陶莱西酒（Taurasi）获得了最高奖项。同样发生在2009年，我们从卡塞塔省（Caserta）收到了激动人心的消息。在那里，来自南尼•科浦（Nanni Cope）的萨比•迪•波斯科酒（Sabbie di Sopra il Bosco）和值得信赖的特拉•迪•拉弗多酒（Terra di Lavoro）一起成为了人们关注的焦点。另外一个在榜单前列首次亮相的是拉•瑞沃塔酒庄（La Rivolta）生产的阿耶连科•德•塔布尔诺酒（Aglianico del Taburno Terra di Rivolta Riserva），该酒将“三杯奖”的殊荣重新带回萨尼奥地区（Sannio），或许这让当地在几个季度的踌躇之后重新树立了信心。尽管在队伍前面有许多像阿玛尔菲塔诺系列（Costa d'Amalfi）以及马日撒•科莫酒庄（Marisa Cuomo）生产的弗偌•比安科（Furore Bianco）这样的好酒，但是萨勒诺省（Salerno）仍然脱颖而出。另外一个高贵的蒙特瓦彻诺酒（Montevetrano）让这次的排名变得圆满。

A Casa

LOC. PIANODARDINE
VIA FILANDE, 6
83100 AVELLINO
TEL. 0825626406
www.cantineacasa.it

藏酒销售
预约参观
年产量 200 000 瓶
葡萄种植面积 45 公顷

由托马索•拉瓦若（Tommaso Lavarone）、恩佐•厄尔克里诺（Enzo Ercolino）、克劳迪奥•维拉迪（Claudio Velardi）、安东尼奥•纳泊伊（Antonio Naapoi）和保罗•瓦斯逵兹（Paolo Vasquez）几人于2007年共同创立的阿•卡索（A Casa）酒庄，现在似乎仍然能独立发展。结构和管理方式上的改变已无法阻止这个以阿维利诺（Avellino）为基础的酒庄向前迈进的脚步了。该酒庄已经建立了令人惊叹的分部，并且还准备在伊尔皮尼亚省（Irpinia）和萨尼奥省（Sannio）的不同地方进一步发展。当地的主要酿酒厂酿造的葡萄酒既在人们容易接受的范围内，又深受人们的喜欢。我们认为一个更有个性的改变会进一步推动该酒庄的发展。

- ● Irpinia Aglianico Vecchio Postale '08 — 4
- ○ Sannio Coda di Volpe Bebiana '10 — 4*
- ● Sannio Piedirosso Fiore dell'Isca '09 — 4*
- ● Taurasi V. di Noè '07 — 6
- ○ Aglaos Botrytis '07 — 4
- ○ Fiano di Avellino Oro del Passo '10 — 4
- ○ Greco di Tufo Bussi '10 — 4
- ○ Fiano di Avellino Oro del Passo '08 — 4
- ○ Greco di Tufo Bussi '08 — 4
- ● Sannio Piedirosso Fiore dell'Isca '07 — 4

Alois

LOC. AUDELINO
VIA RAGAZZANO
81040 PONTELATONE [CE]
TEL. 0823876710
www.vinialois.it

预约参观
年产量 120 000 瓶
葡萄种植面积 26 公顷

米歇尔（Michele）和马西诺•阿洛斯（Massimo Alois）共同经营的酒庄在一个明智的开端以及短暂的踌躇之后，如今正在经历一个振奋人心的新阶段。再次审视这里酒的种类和风格，我们可以继续用风味多种和沁心爽口来描述。这里的红葡萄藤的种类主要是卡萨沃尔克（casavecchia）、帕拉格瑞诺（pallagrello）和阿耶连科（aglianico），工人们对不同大小、不同年龄的葡萄藤的生长期都进行了精确的测量。而白葡萄藤有两种，帕拉格瑞诺•凯阿迪白葡萄酒（Pallagrello Bianco Caiati）和法兰德兰•考利诺（Falanghina Caulino）。

- ● Cunto '09 — 5
- ● Campole '08 — 4*
- ○ Pallagrello Bianco Caiatì '09 — 4*
- ● Trebulanum '09 — 6
- ● Settimo '09 — 4
- ● Cunto '08 — 5
- ● Settimo '07 — 4*
- ● Trebulanum '07 — 6

Antico Borgo

VIA DANTE
83030 TAURASI [AV]
TEL. 082774713

藏酒销售
预约参观
年产量 30 000 瓶
葡萄种植面积 2 公顷

每年，当我们谈论伊尔皮尼亚省（Irpinia）和坎帕尼亚省（Campania）的时候，我们总是会找到无尽的惊喜。尽管当地备受尊重的老酒庄如今已走到了转折点，但还有大量的新兴企业，它们奋起直追，轻松地闯入了当地的排行前列。安蒂克（Antico）酒庄就是这群新兴企业中的一个。巴拉多•迪•泽萨（Baldo Di Sessa）、拉斐尔（Raffaele Inglese）和陶莱西系列（Taurasis）的制作者于1998年全力倾注在这个约3公顷大的庄园。该酒庄坐落于一个地环带上，反应出了科斯特（Coste）北部火山地带的特色。

● Taurasi '05	🍷🍷🍷	5
○ Greco di Tufo '10	🍷	5
● Irpinia Campi Taurasini '06	🍷	4

Antonio Caggiano

C.DA SALA
83030 TAURASI [AV]
TEL. 082774723
www.cantinecaggiano.it

藏酒销售
预约参观
年产量 155 000 瓶
葡萄种植面积 23 公顷

在伊尔皮尼亚省（Irpinia）相对较新的酿酒区域，人们一直都把格提斯酒（Vigna Macchia del Gotis）当做是在小木桶成熟的陶莱西系列（Taurasi）的首种现代风格品种。在1994年，安东尼奥•卡西亚诺（Antonio Caggiano）酒庄倾尽全部热情将该酒转化为瓶装形式。此举的鉴定员是一个对摄影、旅游和阿耶连科葡萄酒（aglianico）充满激情的人。如今，安东尼奥酒庄最好的酒已成为经典，这些年来一直都在向人们演绎着完美。在儿子皮诺（Pino）和老朋友路易斯莫伊欧（Luigi Moio）的陪伴下，安东尼奥打造出了口感扎实、完整的系列葡萄酒的旗舰。

○ Fiano di Avellino Béchar '10	🍷🍷	4*
● Taurasi V. Macchia dei Goti '07	🍷🍷	6
○ Greco di Tufo Devon '10	🍷🍷	4
○ Falanghina '10	🍷	4
○ Fiagre '10	🍷	4
● Irpinia Salae Domini '08	🍷	6
○ Mel '05	🍷	6
● Taurasi V. Macchia dei Goti '04	🍷🍷🍷	6
● Taurasi V. Macchia dei Goti '99	🍷🍷🍷	7
○ Fiagre '09	🍷🍷	4
○ Fiano di Avellino Béchar '09	🍷🍷	4
○ Fiano di Avellino Béchar '08	🍷🍷	5
○ Greco di Tufo Devon '09	🍷🍷	4
○ Greco di Tufo Devon '08	🍷🍷	5
● Taurasi V. Macchia dei Goti '06	🍷🍷	6
● Taurasi V. Macchia dei Goti '05	🍷🍷	6

Cantine dell'Angelo

VIA SANTA LUCIA, 32
83010 TUFO [AV]
TEL. 3384512965
www.cantinedellangelo.com

藏酒销售
预约参观
年产量 18 000 瓶
葡萄种植面积 5 公顷

玛利亚（Maria Nuzzolo）、安吉洛（Angelo Muto）以及助手路易吉•萨尔诺（Luigi Sarno）三人一起，已经酿造出了最具特色的托福格莱克系列（Greco di Tufo）葡萄酒。这都是些带着古色古香的酒，几乎没有水果的芳香，却带着来路不明的酵母味道，这个显著的差异概括出了当地盛产矿物的特色。从某种角度上来说，这些酒都是些原酒，清澈透明，传递着慕托（Muto）家族的特色。慕托家族坐落在一座古老硫矿的附近，占地5公顷。从2006年开始，坎提•耐得•安吉洛（Cantine dell'Angelo）酒庄就开始酿造并出售这种酒了。

○ Greco di Tufo '10	🍷🍷 4
○ Greco di Tufo '09	🍷🍷🍷 4*

Colli di Castelfranci

C.DA BRAUDIANO
83040 CASTELFRANCI [AV]
TEL. 082772392
www.collidicastelfranci.com

藏酒销售
预约参观
年产量 160 000 瓶
葡萄种植面积 25 公顷
葡萄栽培方式 有机种植

如果你在伊尔皮尼亚（Irpinia）寻找葡萄种植园的地址，你最有可能找到的是卢西亚诺•格雷格里奥（Luciano Gregorio）和赫拉尔多•科卢奇（Gerardo Colucci）兄弟经营的庄园。该庄园位于卡特尔弗兰茨省（Casterlfranci），一个酒的度数很精准的地方，那儿可摘的酸梅通常是在11月份时收获。陶莱西酒（Taurasi）是使用传统方式酿造的，先放在小木桶里发酵12个月，之后又在斯拉夫尼亚（Slavonian）橡树木桶里发酵18个月。但是钢桶只用于白酒的发酵，是用买来的水果酿造出来的。而只有帕拉迪诺酒（Paladino）是个例外，它的水果材料是一种生长于意大利品质最高的葡萄酒（DOCG）地带之外的晚熟水果。

● Taurasi Alta Valle '06	🍷🍷 5
○ Fiano di Avellino Pendino '10	🍷🍷 4
○ Greco di Tufo Grotte '10	🍷🍷 4
○ Irpinia Paladino V. T. '09	🍷🍷 4
● Irpinia Campi Taurasini Vadantico '08	🍷 4
○ Fiano di Avellino Pendino '08	🍷🍷 4*
○ Greco di Tufo Grotte '09	🍷🍷 4
○ Greco di Tufo Grotte '08	🍷🍷 4*
● Taurasi Gagliardo '05	🍷🍷 6

Colli di Lapio

via Arianiello, 47
83030 Lapio [AV]
Tel. 0825982184
www.collidilapio.it

藏酒销售
预约参观
年产量 50 000 瓶
葡萄种植面积 5 公顷

官方讲，这个酒庄的名字是科里•迪•拉皮欧（Colli di Lapio），但是对于许多葡萄酒爱好者来说，它就是克莱利亚（Clelia），因为这些人在该酒庄的生产工艺上发现了美酒斐安诺•迪•拉皮欧系列（Fiano di Lapios）的点点滴滴。这里生产的酒香味诱人，结构精细，是最正宗的山泉酿酒，并且还拥有完整不同年份的藏酒。像往常一样，克莱利亚还和她的丈夫，一个真正懂酒的男人，以及他们的孩子卡梅拉（Carmela）和费德里科（Federico）一起工作，与此同时，他们的三个外孙奇拉亚（Chiara）、安德里亚（Andrea）和亚历山大（Alessandro）到目前为止也启发了托福格莱克（Greco del Tufo），伊尔皮尼亚•坎皮（Irpiania Campi）和陶莱西（Taurisi）这些品牌的形成。

○ Fiano di Avellino '10	🍷🍷🍷 5
● Irpinia Aglianico Donna Chiara '09	🍷🍷 5
● Irpinia Campi Taurasini Donna Chiara '09	🍷🍷 5
● Taurasi V. Andrea '07	🍷🍷 6
○ Greco di Tufo Alexandros '10	🍷 5
○ Fiano di Avellino '09	🍷🍷🍷 5
○ Fiano di Avellino '08	🍷🍷🍷 5*
○ Fiano di Avellino '07	🍷🍷🍷 5
○ Fiano di Avellino '05	🍷🍷🍷 5
● Campi Taurasini Irpinia Donna Chiara '08	🍷🍷 5
● Campi Taurasini Irpinia Donna Chiara '07	🍷🍷 5
● Taurasi V. Andrea '05	🍷🍷 6
● Taurasi V. Andrea '06	🍷🍷 6
● Taurasi V. Andrea '04	🍷🍷 6

Contrade di Taurasi

via Municipio, 41
83030 Taurasi [AV]
Tel. 082774483
www.cantinelonardo.it

藏酒销售
预约参观
年产量 20 000 瓶
葡萄种植面积 5 公顷
葡萄栽培方式 有机种植

我们相信最好的酒一定来自于伊尔皮尼亚（Irpinia）最迷人的酒庄。肯彻得•陶莱西（Contrade di Taurasi）酒庄的故事是一个关于对试验有着绝对热爱的故事。这个酒庄一开始就有着指导性的自然发酵条件，并且在这个5公顷左右大小的葡萄园内使用的是适合生物生存发展的管理模式。相信在未来的几年内，这个庄园会取得更好的成绩。如今罗纳多家族（Lonardo）背后有着强大的专业团队做后盾，吉安卡洛•莫社地（Giancarlo Moschetti）和文森佐•莫库利奥（Vincenzo Mercurio）就在这个团队中。

○ Greco Musc' '09	🍷🍷 5
● Taurasi '07	🍷🍷 6
● Aglianico '09	🍷 4
○ Greco Musc' '08	🍷🍷 5
● Irpinia Aglianico '07	🍷🍷 4*
● Taurasi '05	🍷🍷 7
● Taurasi Ris. '05	🍷🍷 7
● Taurasi Ris. '03	🍷🍷 7

Marisa Cuomo

via G. B. Lama, 16/18
84010 Furore [SA]
Tel. 089830348
www.marisacuomo.com

藏酒销售
预约参观
年产量 102 000 瓶
葡萄种植面积 17. 5 公顷
葡萄栽培方式 有机种植

马瑞萨•库莫（Marisa Cuomo)和安德里亚•福瑞埃尔里（Andrea Ferraioli）共同经营着3公顷大的庄园，另外还有14公顷作为补充，大约40名左右种植者分布在福勒瑞（Furore）分区的7个自治区上。这里的白酒大多数都是在不锈钢桶内进行发酵的，这是这里的特色。只有菲亚都瓦（Fiorduva）和瑞瑟瓦（Riserva）红酒是例外，它们是放在小木桶内发酵的。这些酒有着鲜明的特色，可以珍藏，是乡土风味与原生岩层残韵的绝佳组合。

Wine	Rating
○ Costa d'Amalfi Furore Bianco '10	🍷🍷🍷 5
● Costa d'Amalfi Furore Rosso Ris. '08	🍷🍷 7
○ Costa d'Amalfi Ravello Bianco '10	🍷🍷 5
● Costa d'Amalfi Furore Rosso '10	🍷🍷 5
⊙ Costa d'Amalfi Rosato '10	🍷🍷 5
○ Costa d'Amalfi Fiorduva '08	🍷🍷🍷 7
○ Costa d'Amalfi Fiorduva '07	🍷🍷🍷 7
○ Costa d'Amalfi Fiorduva '06	🍷🍷🍷 7
○ Costa d'Amalfi Fiorduva '05	🍷🍷🍷 7
○ Costa d'Amalfi Fiorduva '04	🍷🍷🍷 7
○ Costa d'Amalfi Bianco Ravello '09	🍷🍷 5
○ Costa d'Amalfi Bianco Furore '09	🍷🍷 5
○ Costa d'Amalfi Fiorduva '09	🍷🍷 7
● Costa d'Amalfi Rosso Furore '09	🍷🍷 5
● Costa d'Amalfi Rosso Furore Ris. '07	🍷🍷 7
● Costa d'Amalfi Rosso Ravello Ris. '07	🍷🍷 6

D'Ambra Vini d'Ischia

fraz. Panza
via Mario D'Ambra, 16
80077 Forio [NA]
Tel. 081907210
www.dambravini.com

藏酒销售
预约参观
年产量 500 000 瓶
葡萄种植面积 18 公顷

大约半个世纪以前，伊斯其兰岛（Ischia）是地中海（Mediterranean）地区几个最大种植地之一，有将近2 000公顷的葡萄园。独特的建筑发展极大地改变了当地的状况，如今，卡萨•阿姆布拉（Casa D'Ambra）是古老传统的主要继承者。近来，伊斯其兰岛长期以来种植的品种拜耳科勒拉（biancolella）、弗拉斯特拉（forastera）、皮耶蒂诺所（piedirosso）和戛纳西亚（guarnaccia）以及其他的葡萄品种都被频繁地运往坎帕尼亚（Campania），主要是为了酿造菲安诺（fiano）和艾格尼科（aglianico）。另外最近对在安德里亚•阿姆布拉（Andrea D'Ambra）发现的爱琴海（Aegen）品种的克隆植株进行试验。

Wine	Rating
○ Ischia Biancolella Tenuta Frassitelli '10	🍷🍷 5
○ Ischia Forastera Euposia '10	🍷🍷 4*
○ Ischia Biancolella '10	🍷🍷 4
● Ischia Rosso Dedicato a Mario D'Ambra '07	🍷🍷 6
○ Ischia Bianco '10	🍷 3
○ Ischia Bianco '08	🍷🍷 3*
○ Ischia Biancolella '08	🍷🍷 4
○ Ischia Biancolella Tenuta Frassitelli '09	🍷🍷 5
○ Ischia Biancolella Tenuta Frassitelli '08	🍷🍷 5
○ Ischia Forastera Euposia '09	🍷🍷 4
● Ischia Rosso Dedicato a Mario D'Ambra '06	🍷🍷 6

Viticoltori De Conciliis

LOC. QUERCE, 1
84060 PRIGNANO CILENTO [SA]
TEL. 0974831390
www.viticoltorideconciliis.it

藏酒销售
预约参观
年产量 170 000 瓶
葡萄种植面积 28 公顷
葡萄栽培方式 有机种植

布鲁诺•肯斯里司（Bruno De Conciliis）是奇伦托葡萄酒（Clitento）市场中无可否认的葡萄酒工艺师。他对葡萄酒艺术方面的探索永远也不会止步。他做的一切都源自于对于一块土地可能性与局限性的分析，而那块儿土地一定会获得大丰收。基于这个原因，他把自己的新庄园设立在了奇伦托内部，毛瑞格瑞特（Morigerati）海拔600米高的地方。这里既有烈酒，又有普通的甜酒，比如说浸软菲亚诺（fiano）酿造的白酒和辛辣的艾格尼科（aglianico）就是很好的例子。

酒款	评级
○ Donnaluna Fiano '10	🍷🍷 4*
● Bacioilcielo Rosso '10	🍷🍷 4
○ Bacioilcielo Bianco '10	🍷 4
○ Selim Brut	🍷 4
● Donnaluna Aglianico '08	🍷🍷 4
○ Ka! '06	🍷🍷 6
○ Ka!	🍷🍷 6
● Naima '06	🍷🍷 7
● Naima '05	🍷🍷 7

Di Meo

C.DA COCCOVONI, 1
83050 SALZA IRPINA [AV]
TEL. 0825981419
www.dimeo.it

藏酒销售
预约参观
年产量 500 000 瓶
葡萄种植面积 50 公顷

该酒庄的再次入选受到了葡萄酒先导组织（Guide）的热烈欢迎。这个组织由三个兄弟额米尼亚（Erminia）、杰内罗索（Generoso）和罗伯托•迪•米欧（Roberto Di Meo）的酒庄组成，它是伊尔皮尼亚省（Irpinia）几个最古老的酒庄之一。该酒庄创建于1986年，坐落在一座宏伟的18世纪农场上，这个农场盘踞在菲亚诺（fiano）之国——萨尔查•伊利娜（Salza Irpina）的山脉上。酿造托福格莱克酒（Greco di Tufo）的葡萄来自托福（Tufo）和圣宝加利亚（Santa Paolina），而在图拉斯（Taurasi）的这几种设计中，蒙特马瑞诺（Montemarano）葡萄园是海拔最高的庄园，屹立在海平面以上650米的地方。由于延长了葡萄的发酵时间，人们可以从这里的白酒和红酒中感受到度数平缓约束的特点。

酒款	评级
○ Fiano di Avellino '10	🍷🍷 4*
● Taurasi Roberto Di Meo Ris. '04	🍷🍷 7
○ Greco di Tufo '10	🍷🍷 4
○ Coda di Volpe '10	🍷 4
● Don Generoso '07	🍷 8
○ Fiano di Avellino Alessandra '07	🍷 5
● Irpinia Rosso Don Generoso '04	🍷🍷 4*
● Taurasi Ris. '04	🍷🍷 6

Di Prisco

C.DA ROTOLE, 27
83040 FONTANAROSA [AV]
TEL. 0825475738
www.cantinadiprisco.it

藏酒销售
预约参观
年产量 100 000 瓶
葡萄种植面积 10 公顷

在不断生产红葡萄酒和白葡萄酒的阿韦利诺省（Avellino），帕斯夸里诺•迪•帕里斯科（Pasqualino Di Prisco）是少数几个技艺精湛的酒庄之一。酒庄坐落于丰塔纳罗萨（Fontanarosa）的一个石灰岩地带，常常酿造出质量轻略带咸味的图拉斯系列（Taurasis）。但是一些葡萄园受到了孟特弗斯克（Montefusco）的供应商的诱导，从2004年开始就在为现午的托福格莱克酒（Greco di Tufos）以及皮特瑞洛萨（Pietrarosa）系列提供原料。既有钢桶发酵的，也种植带有北方光泽的葡萄，几乎都是带有咸味的系列。

○ Greco di Tufo Pietrarosa '09	🍷🍷 4*
○ Irpinia Coda di Volpe '10	🍷 3
● Taurasi '06	🍷🍷🍷 6
● Taurasi '05	🍷🍷🍷 6*
○ Fiano di Avellino '09	🍷🍷 4
○ Fiano di Avellino '07	🍷🍷 4*
○ Greco di Tufo '09	🍷🍷 4
○ Greco di Tufo '07	🍷🍷 4*
○ Greco di Tufo Pietrarosa '07	🍷🍷 4

DonnaChiara

LOC. PIETRACUPA
VIA STAZIONE
83030 MONTEFALCIONE [AV]
TEL. 0825977135
www.donnachiara.it

藏酒销售
预约参观
年产量 150 000 瓶
葡萄种植面积 20 公顷

伊尔皮尼亚省（Irpinia）的白酒形势呈现一派繁荣并有争议的景象，而贝蒂托（Petitto）家族仅用了几个丰收季就让多纳西阿萨（Donnachiara）成为了该省葡萄酒的标杆。这个葡萄园占地20公顷以上，大多数都是种植艾格尼科葡萄（aglianico）。另外还租有3公顷的土地，种植引进的菲安诺（fiano）、格里克（greco）和法兰吉娜（falanghina）葡萄。经营这个庄园的是翁贝托（Umberto）和齐亚拉（Chiara）坚韧的女儿伊拉里娅（Ilaria），而安吉洛•瓦伦蒂诺（Angelo Valentino）则在背后支持她。这支配合默契的团队生产出了口感醇厚圆润的葡萄酒，让人们更多地了解了该酒庄的特色。

○ Falanghina del Beneventano '10	🍷🍷 4
● Irpinia Aglianico '08	🍷🍷 4
● Taurasi '07	🍷🍷 6
● Aglianico '08	🍷 4
○ Fiano di Avellino '10	🍷 4
○ Greco di Tufo '10	🍷 4
○ Fiano di Avellino '09	🍷🍷 4
○ Fiano di Avellino '08	🍷🍷 4*
○ Greco di Tufo '09	🍷🍷 4
○ Greco di Tufo '08	🍷🍷 4*
● Irpinia Aglianico Preludio '07	🍷🍷 4
● Taurasi '06	🍷🍷 6

I Favati

P.ZZA DI DONATO
83020 CESINALI [AV]
TEL. 0825666898
www.cantineifavati.it

藏酒销售
预约参观
年产量 80 000 瓶
葡萄种植面积 10 公顷

由吉安卡洛•法瓦蒂（Giancarlo Favati）和皮耶萨宾诺（Piesabino）兄弟经营，吉安卡洛的妻子罗萨那•皮彻兹洛（Rosanna Petrozziello）和文森佐•摩客里欧（Vincenzo Mercurio）在背后做后盾，他们组成的团队在过去的10年里似乎没有任何弱点。他们在孟特弗斯克（Montefusco）一个租来的葡萄园里酿出了酒格里克•特然蒂卡（Greco Terrantica），之后又在阿瑞帕达（Atripalda）地区，酿出菲安诺•皮耶马瑞（Fiano Pietramara）葡萄酒，这两种酒都严格按照最好的生产标准，葡萄是在最好的收获期采摘。同样，酿造艾奇特•百纳卡斯白葡萄酒系列（Etichetta Biancas）的葡萄也是在最后的采摘节获取的，在几个小时的低温浸皮之后再放在钢桶里发酵。图拉斯酒（Taurasi）的水果原料是生长在文迪卡诺（Venticano）和圣曼果（San Mango）的。

○ Greco di Tufo Terrantica '10	🍷🍷 4
○ Greco di Tufo Terrantica Et. Bianca '10	🍷🍷 6
● Taurasi Terzo Tratto '07	🍷🍷 5
○ Fiano di Avellino Pietramara '10	🍷🍷 4
○ Fiano di Avellino Pietramara Et. Bianca '10	🍷🍷 6
● Irpinia Campi Taurasini Cretarossa '09	🍷 4
○ Fiano di Avellino Pietramara '08	🍷🍷 4*
○ Fiano di Avellino Pietramara Et. Bianca '09	🍷🍷 4
○ Greco di Tufo Terrantica '09	🍷🍷 4
○ Greco di Tufo Terrantica '08	🍷🍷 4
○ Greco di Tufo Terrantica Et. Bianca '09	🍷🍷 4
● Irpinia Campi Taurasini Cretarossa '07	🍷🍷 4
● Taurasi Terzo Tratto '05	🍷🍷 5

Benito Ferrara

FRAZ. SAN PAOLO, 14A
83010 TUFO [AV]
TEL. 0825998194
www.benitoferrara.it

藏酒销售
预约参观
年产量 44 500 瓶
葡萄种植面积 9 公顷

在南边富含矿物和硫的土壤有两公顷土地的格莱克（greco）葡萄种植园，坐落在圣保罗•托弗（San Paolo di Tufo），高出地平线500米的土地就组成了庄园维格娜•茨科格纳（Vigna Cicogna）——伊尔皮尼亚省（Irpinia）葡萄酒度数最精准的几个庄园之一。从1991年开始，这座庄园也成为加布里埃尔•菲拉拉（Gabriella Ferrara）和她的丈夫塞尔吉奥（Sergio）迈向成功的跳板。他们给了托福格莱克酒（Greco di Tufo）足够的重视，在收获季节的晚期才收获成熟的水果，是为了抵消这种伊尔皮尼亚葡萄（Irpinian）有时候出现的双倍酸性。标准的托福格莱克酒（Greco di Tufo）和菲安诺•阿韦利诺酒（Fiano di Avellino）都是只在钢桶内进行发酵的。

○ Greco di Tufo V. Cicogna '10	🍷🍷🍷 5
○ Fiano di Avellino '10	🍷🍷 5
○ Greco di Tufo '10	🍷🍷 4
● Irpinia Aglianico V. Quattro Confini '09	🍷🍷 4
● Taurasi V. Quattro Confini '07	🍷🍷 6
○ Greco di Tufo V. Cicogna '09	🍷🍷🍷 5
○ Fiano di Avellino '08	🍷🍷 5
○ Greco di Tufo '09	🍷🍷 4
○ Greco di Tufo '08	🍷🍷 4
○ Greco di Tufo '06	🍷🍷 4*
○ Greco di Tufo V. Cicogna '08	🍷🍷 5
○ Greco di Tufo V. Cicogna '07	🍷🍷 5
○ Greco di Tufo V. Cicogna '04	🍷🍷 5

★★Feudi di San Gregorio

LOC. CERZA GROSSA
83050 SORBO SERPICO [AV]
TEL. 0825986683
www.feudi.it

藏酒销售
预约参观
年产量 3 500 000 瓶
葡萄种植面积 250 公顷
葡萄栽培方式 有机认证

福迪（Feudi di San Gregorio）酒庄正在经历第二个快速发展的阶段。它曾经引领伊尔皮尼亚省（Irpinia）以及意大利南部葡萄酒市场的索伯•塞尔皮科地区（Sorbo Serpico），如今已经走过了25个年头。然而，此地仍然保留着当时的前锋探索精神，并且与整个地域的联系更加紧密。这些都要归功于该酒庄主席安东尼奥•卡帕多（Antonio Capaldo）以及技术专家皮埃保罗•萨彻（Pierpaolo Sirch）的带领，他们新的前进方向也十分明确，就是生产出以前从未有过的在风格和种类上具有鲜明特色的白葡萄酒系列。

酒款	评级	价格
○ Greco di Tufo Cutizzi '10	🍷🍷🍷	5
○ Fiano di Avellino Pietracalda '10	🍷🍷	5
● Irpinia Aglianico Serpico '08	🍷🍷	8
○ Fiano di Avellino '10	🍷🍷	4
● Irpinia Aglianico Dal Re '09	🍷🍷	5
● Irpinia Aglianico Rubrato '09	🍷🍷	4
● Sirica Rosso '08	🍷🍷	6
● Taurasi '07	🍷🍷	6
● Aglianico del Vulture '08	🍷	5
○ Greco di Tufo '10	🍷	4
○ Irpinia Bianco Campanaro '09	🍷	6
⊙ Irpinia Ros'Aura '10	🍷	4
● Pàtrimo '09	🍷	8
○ Privilegio '08	🍷	6
○ Sannio Falanghina '10	🍷	4
○ Sannio Falanghina Serrocielo '10	🍷	4

Fontanavecchia

VIA FONTANAVECCHIA
82030 TORRECUSO [BN]
TEL. 0824876275
www.fontanavecchia.info

藏酒销售
预约参观
年产量 160 000 瓶
葡萄种植面积 14 公顷

再次将丰塔纳文斯加（Fontanavecchia）纳入我们主要的介绍对象是个明智的选择，不仅因为该酒庄最近取得的成就让瑞罗（Rillo）家族的努力得到了回报，更重要的是该酒庄给整个三诺（Sannio）葡萄酒地区带来了荣耀，那个在几个季度的萎靡之后又显现出了恢复迹象的地区。拉兹奥（Orazio）已经把接力棒传给自己的儿子朱塞佩（Giuseppe）和丽贝乐（Libero），他们在自己14公顷大的葡萄园内种植了种类丰富的葡萄。有口感浓烈的菲安诺（Fiano）、格里克（Greco）和红脚（Piedirosso），也有法兰吉娜（Falanghina）和艾格尼科（Aglianico）的多种系列，几乎包含了自然生长状态的所有种类。

酒款	评级	价格
● Aglianico del Taburno '07	🍷🍷	4
● Aglianico del Taburno Grave Mora '06	🍷🍷	6
○ Sannio Fiano '10	🍷🍷	4
○ Taburno Falanghina '10	🍷🍷	4
○ Nudo Eroico Extra Dry	🍷	4
○ Sannio Greco '10	🍷	4
● Aglianico del Taburno '06	🍷🍷（白）	4*
● Aglianico del Taburno V. Cataratto Ris. '06	🍷🍷（白）	5
● Aglianico del Taburno V. Cataratte Ris. '05	🍷🍷（白）	5

Galardi

FRAZ. SAN CARLO
SP SESSA-MIGNANO
81037 SESSA AURUNCA [CE]
TEL. 0823708900
www.terradilavoro.com

预约参观
年产量 33 000 瓶
葡萄种植面积 10 公顷
葡萄栽培方式 有机认证

20年的丰收向我们讲述了特拉•拉夫洛（Terra di Lavoro）和丰塔纳•加迪拉（Fontana Galardi）酒庄的宏伟历史，这个小酒庄坐落在圣卡诺省（San Carlo）内一个靠近塞萨（Sessa）的地方，经营者是路易莎•穆雷纳（Luisa Murena），弗兰西斯科•卡特罗（Francesco Catello）、阿图罗（Arturo）和多拉•切洛坦诺（Dora Celentano）。最初的那个只有家庭规模大小的酒庄如今已成为了一个10公顷大的葡萄酒庄。虽然许多事情已经发生了改变，但是该酒庄将阿耶连科（aglianico）与皮耶蒂诺锁（piedirosso）融合的做法仍然保留着，这种方法酿出了融合辛辣烟味和古朴力量的优质白酒。里卡多•科塔瑞拉（Riccardo Cotarella）是这里的技术顾问。

● Terra di Lavoro '09	🍷🍷🍷	8
● Terra di Lavoro '08	🍷🍷🍷	8
● Terra di Lavoro '07	🍷🍷🍷	8
● Terra di Lavoro '06	🍷🍷🍷	8
● Terra di Lavoro '05	🍷🍷🍷	8
● Terra di Lavoro '04	🍷🍷🍷	8
● Terra di Lavoro '03	🍷🍷🍷	7
● Terra di Lavoro '02	🍷🍷🍷	7
● Terra di Lavoro '99	🍷🍷🍷	7

Cantine Grotta del Sole

VIA SPINELLI, 2
80010 QUARTO [NA]
TEL. 0818762566
www.grottadelsole.it

藏酒销售
预约参观
年产量 772 000 瓶
葡萄种植面积 42 公顷

马图斯洛（Martusciello）家族生产葡萄酒的品种范围和成产量让这个酒庄成为了帕卡尼亚（Campania）最大的葡萄酒酿造厂之一。但是格洛塔（Grotta del Sole）酒庄是首个将小分支分布在当地主要葡萄酒厂的酒庄，从伊尔皮尼亚（Irpinia）到维苏威（Vesuvius）、阿韦尔萨（Aversa）和索伦托半岛（Sorrento），甚至连20年前就起步的坎皮弗莱格瑞（Campi Flegrei）都有它的分支。该葡萄园种植了所有坎帕尼亚的传统初级葡萄种类，以及葡萄园必选的一些系列。

● Campi Flegrei Piedirosso Montegauro Ris. '08	🍷🍷	5
● Campi Flegrei Piedirosso '10	🍷🍷	4*
● Penisola Sorrentina Lettere '10	🍷🍷	4*
● Quarto di Sole '08	🍷🍷	5
● Aglianico Tenuta Vicario '09	🍷	4
○ Campi Flegrei Falanghina '10	🍷	4
○ Campi Flegrei Falanghina Coste di Cuma '09	🍷	5
● Penisola Sorrentina Gragnano '10	🍷	4
○ Asprinio d'Aversa Brut	🍷🍷	4
○ Campi Flegrei Falanghina '09	🍷🍷	4
● Campi Flegrei Piedirosso Montegauro Ris. '07	🍷🍷	4
● Quarto di Sole '07	🍷🍷	5

La Guardiense

C.DA SANTA LUCIA, 104/106
82034 GUARDIA SANFRAMONDI [BN]
TEL. 0824864034
www.laguardiense.it

藏酒销售
预约参观
年产量 4 000 000 瓶
葡萄种植面积 1 900 公顷

拉•嘎丹斯酒庄（La Guardiense）从一个有着致命弱点的大型企业转化成为了南意大利葡萄酒合作企业，在这个过程中人们的努力是稳步进行着的。有着多米兹•皮格纳（Domizio Pigna）的带领，以及卡多•科塔瑞拉（Ricchardo Cotarella）作为酿酒咨询师，该酒庄成为了萨尼奥地区（Sannio）做好的酒庄之一。当然这一成就也要归功于将近一千名种植者，是他们在超过两千公顷的土地上辛勤地栽种葡萄。他们生产的葡萄酒有着基本的界限，在人们可购买的范围之内。加纳勒品牌（Janare）属于精选系列，用当地俗语理解就是在木桶中发酵的葡萄酒。

● Guardiolo Rosso Ris. '08	🍷🍷	3*
● Guardiolo Aglianico '09	🍷🍷	4
● Guardiolo Aglianico Cantari Ris. '08	🍷🍷	5
● Guardiolo Aglianico Lùcchero '09	🍷🍷	4*
○ Guardiolo Falanghina Sel. '10	🍷	3
○ Guardiolo Falanghina Senete Janare '10	🍷	4
○ Sannio Fiano Sel. '10	🍷	3
○ Sannio Greco '10	🍷	3
○ Sannio Greco Pietralata Janare '10	🍷	4
● Sannio Piedirosso Cantone Janare '09	🍷	5
● Guardiolo Aglianico Cantari Ris. '07	🍷🍷	5
● Guardiolo Aglianico Sel. '08	🍷🍷	3*
● Guardiolo Rosso Ris. '07	🍷🍷	3
● Guardiolo Rosso Ris. '06	🍷🍷	3*
○ Sannio Greco Pietralata Janare '08	🍷🍷	4*
● Sannio Piedirosso Cantone Janare '08	🍷🍷	5

Luigi Maffini

FRAZ. SAN MARCO
LOC. CENITO
84048 CASTELLABATE [SA]
TEL. 0974966345
www.maffini-vini.com

藏酒销售
预约参观
年产量 95 000 瓶
葡萄种植面积 15 公顷
葡萄栽培方式 有机认证

如果有人想了解奇伦托地区（Cliento）的风土特点，他最好去探索一下农学家路易吉•马菲尔（Luigi Maffini）酿造的酒的特色。马菲尔也用自己的名字给在卡斯特尔阿巴特（Castellabate）的酒庄命名。在朋友路易吉•莫伊欧（Luigi Moio）一如既往的陪伴下，马菲尔将当地生产安格尼克（aglianico）和菲安诺（fiano）葡萄的地形，转化成能生产更多种类的地势。奇伦托（Cenito）和皮特卡特纳塔瑞（Pietraincatenata）是一些更富有现代性的品种，反映出了该酒庄对橡树木桶更自由的使用。即使是在一些更好的庄园里，如果发酵问题处理不当的话，也是很难有进步的。

● Klèos '09	🍷🍷	4
○ Kràtos '10	🍷🍷	4
○ Pietraincatenata '09	🍷🍷	6
● Cilento Aglianico Cenito '03	🍷🍷🍷	6
○ Pietraincatenata '07	🍷🍷🍷	5
○ Pietraincatenata '04	🍷🍷🍷	5
● Cilento Aglianico Cenito '07	🍷🍷	6
● Cilento Aglianico Cenito '06	🍷🍷	6
○ Kràtos '09	🍷🍷	4
○ Pietraincatenata '08	🍷🍷	5

Guido Marsella

VIA MARONE, 1
83010 SUMMONTE [AV]
TEL. 0825691005
cantine@guidomarsella.com

藏酒销售
预约参观
年产量 25 000 瓶
葡萄种植面积 8 公顷
葡萄栽培方式 有机种植

"自豪、耐心、决心"是理解奇诺•马赛拉（Guido Marsella）的酿酒事业及其人生经历的三个关键词。1995年的时候，他不顾家人的反对，毅然决定放弃建筑生意而投身葡萄酒酿造事业。于是他就在地区萨蒙特（Summonte）大约700米的范围内创建起了占地4公顷的酒庄。奇诺是第一批采取在葡萄收获一年多之后再进行酿酒的人。他酿造出的菲安诺系列（Fianos）是浓重芳香、丰富甘油以及酸性的经典代表。

○ Fiano di Avellino '09	🍷🍷🍷 4*
○ Fiano di Avellino '08	🍷🍷 4*
○ Fiano di Avellino '07	🍷🍷 4*
○ Fiano di Avellino '05	🍷🍷 4*
○ Fiano di Avellino '04	🍷🍷 4
○ Fiano di Avellino '03	🍷🍷 4

Masseria Felicia

FRAZ. CARANO
LOC. SAN TERENZANO
81037 SESSA AURUNCA [CE]
TEL. 0823935095
www.masseriafelicia.it

藏酒销售
预约参观
年产量 30 000 瓶
葡萄种植面积 5 公顷
葡萄栽培方式 有机种植

勇敢刚毅的费力西亚•布里尼（Felicia Brini）用自己的名字给这个小小的葡萄酒厂命名，这个坐落于马西莫山脉（Mount Massico）西北部斜坡卡拉诺（Carano）市临近塞萨•奥伦卡（Sessa Aurunca）的酒庄是她与父亲亚历山大（Alessandro）一同经营的。当地土壤中的火山熔岩以及有机物质在她的红酒系列尔诺（Falernos）中都有忠实的体现，她还使用了新型的木桶进行发酵，为的就是强调酒中的可嘴嚼性物质以及浓重烟味。一般的凡尔诺葡萄酒（Falerno）都是用钢桶进行发酵的，另外还有两种法郎尼亚（falanghnia）系列的白酒也是如此。

● Falerno del Massico Rosso Ariapetrina '08	🍷🍷 4
● Falerno del Massico Rosso Et. Bronzo '08	🍷🍷 6
○ Falerno del Massico Bianco Anthologia '10	🍷🍷 4
● Falerno del Massico Rosso '09	🍷🍷 4
○ Sinopea '10	🍷 4
○ Falerno del Massico Bianco Anthologia '08	🍷🍷 4*
● Falerno del Massico Rosso Ariapetrina '07	🍷🍷 4
● Falerno del Massico Rosso Et. Bronzo '07	🍷🍷 6
● Falerno del Massico Rosso Et. Bronzo '06	🍷🍷 6

★Mastroberardino

via Manfredi, 75/81
83042 Atripalda [AV]
Tel. 0825614111
www.mastroberardino.com

藏酒销售
预约参观
年产量 2 000 000 瓶
葡萄种植面积 350 公顷

如果要描述过去两个世纪以来坎帕尼亚葡萄酒（Campania）酿造业的发展，就不得不谈到伟大的马斯特罗贝拉迪诺家族（Mastroberadino）。二战使不少优质葡萄酒种濒临灭绝，而我们今天仍能谈论菲安诺（fiano）、格莱克（greco）和艾格尼科（aglianico），在很大程度上要感谢这个以阿瑞帕达（Atripalda）为基础的大型企业。如今，皮耶罗（Piero）已充分了解了自己所管理的酒庄，并对一切事务进行全面掌控。他在米勒贝拉庄园（Mirbella）上成功实施了很多计划。该庄园位于伊尔皮尼亚市（Irpinia）最高的葡萄山上，附近还有兰蒂奇度假村（Radici Resort）、摩尔阿比安卡饭店（Morabianca Restaurant）以及高尔夫俱乐部（Golf Club）。

● Taurasi Radici '07	🍷🍷🍷	6
○ Fiano di Avellino Radici '10	🍷🍷	4
○ Greco di Tufo Novaserra '10	🍷🍷	4
● Taurasi Naturalis Historia '06	🍷🍷	7
● Taurasi Radici Ris. '05	🍷🍷	6
● Aglianico '09	🍷🍷	4*
○ Fiano di Avellino '10	🍷🍷	4
○ Greco di Tufo '10	🍷🍷	4
○ Sannio Falanghina '10	🍷🍷	4*
○ Irpinia Falanghina Morabianca '10	🍷	4
○ Irpinia Fiano Passito Melizie '09	🍷	5
⊙ Lacrimarosa '10	🍷	4
○ Vesuvio Lacryma Christi Bianco '10	🍷	4
● Vesuvio Lacryma Christi Rosso '10	🍷	4
● Taurasi Radici '06	🍷🍷🍷	6
● Taurasi Radici Ris. '04	🍷🍷🍷	6

Salvatore Molettieri

c.da Musanni, 19b
83040 Montemarano [AV]
Tel. 082763424
www.salvatoremolettieri.it

藏酒销售
预约参观
年产量 66 000 瓶
葡萄种植面积 13 公顷

莫莱蒂耶里（Molettieri）家族与维基那•茨科•科瑞次（Vigna Cinque Querce）一同保守着被称为陶莱西（Taurasis）之最的设计秘密。这些成就的背后是工人们对庄园的谨慎管理。该庄园位于海拔600米的蒙特马拉若山脉（Montemarano）上，在一条向北的山脊之上，那里许多葡萄的收获期都在十一月。该酒庄控制好了偏离力量与浓度的平衡，既有比较高的酒精成分、不可或缺的酸度，又有单宁的活性，这确实是酿酒中最大的挑战。

● Irpinia Campi Taurasini Cinque Querce '07	🍷🍷	5
● Irpinia Rosso Ischia Piana '08	🍷	4
● Taurasi Vigna Cinque Querce '05	🍷🍷🍷	7
● Taurasi Vigna Cinque Querce '04	🍷🍷🍷	7
● Taurasi Vigna Cinque Querce Ris. '05	🍷🍷🍷	8
● Taurasi Vigna Cinque Querce Ris. '04	🍷🍷🍷	8
● Aglianico Cinque Querce '06	🍷🍷	5
● Irpinia Campi Taurasini Cinque Querce '06	🍷🍷	5
● Ischia Piana '06	🍷🍷	5
● Taurasi Vigna Cinque Querce '06	🍷🍷	7
● Taurasi Vigna Cinque Querce Ris. '03	🍷🍷	8
● Irpinia Rosso Ischia Piana '08	🍷	4

Cantina dei Monaci

FRAZ. SANTA LUCIA, 206
83030 SANTA PAOLINA [AV]
TEL. 0825964350
www.cantinadeimonaci.it

藏酒销售
预约参观
年产量 50 000 瓶
葡萄种植面积 5 公顷

安其罗•卡本尼托（Angelo Carpenito）与玛利亚•科波拉（Maria Coppola）夫妇长期以来都在酿造伊尔皮尼亚（Irpinia）的权威葡萄酒。他们小小的家庭企业位于靠近圣宝加利亚（Santa Paolina）的桑塔露琪亚市（Santa Lucia），那个大量种植托福格莱克（Greco di Tufos）的地区。在5公顷大的传统种植地里，他们两人同样也用买来的水果酿造菲安诺（Fiano）和艾格尼科（Aglianico）。这里生产的是白葡萄酒。尽管现在该庄园面临着越来越多的挑战，然而凭借他们的严肃态度，基于使用钢桶和加入部分苹果酸进行发酵的先进方法，他们势必会渡过难关。

○ Greco di Tufo Decimo Sesto '09	🍷🍷🍷 4*
○ Fiano di Avellino '10	🍷🍷 4
○ Greco di Tufo '10	🍷🍷 4
○ Fiano di Avellino '09	🍷🍷 4
○ Fiano di Avellino '08	🍷🍷 4
○ Greco di Tufo '09	🍷🍷 4*
○ Greco di Tufo '08	🍷🍷 4

★Montevetrano

LOC. NIDO
VIA MONTEVETRANO, 3
84099 SAN CIPRIANO PICENTINO [SA]
TEL. 089882285
www.montevetrano.it

预约参观
年产量 30 000 瓶
葡萄种植面积 6 公顷

时尚现代的狂风从来都没有卷走蒙特维然诺（Montevetrano）酒庄和经营者西尔维亚•因帕拉多（Silvia Imparato）的公认权威。20年前，由于科林•皮森蒂尼地区（Colli Picentini）禁止生产葡萄酒，在里卡尔多•科塔勒拉（Riccardo Cotarella）的帮助下，西尔维亚进行了赤霞珠（cabernet）、梅洛（merlot）和艾格尼科（aglianico）的传奇混合试验。随着时间的流逝，我们见证了该酒庄在葡萄酒世界中从激进尝试向地区经典的逐渐转变。

● Montevetrano '09	🍷🍷🍷 8
● Montevetrano '08	🍷🍷🍷 8
● Montevetrano '07	🍷🍷🍷 8
● Montevetrano '06	🍷🍷🍷 8
● Montevetrano '05	🍷🍷🍷 8
● Montevetrano '04	🍷🍷🍷 8
● Montevetrano '03	🍷🍷🍷 8
● Montevetrano '02	🍷🍷🍷 8
● Montevetrano '01	🍷🍷🍷 8
● Montevetrano '00	🍷🍷🍷 8
● Montevetrano '99	🍷🍷🍷 8
● Montevetrano '98	🍷🍷🍷 8
● Montevetrano '97	🍷🍷🍷 8
● Montevetrano '95	🍷🍷🍷 8

Nanni Copè

VIA TUFO, 3
81041 VITULAZIO [CE]
TEL. 0823990529
www.nannicope.it

藏酒销售
年产量 7 500 瓶
葡萄种植面积 2.5 公顷

仅仅是在乔凡尼•阿斯西奥恩（Giovanni Ascione）经营的第二个葡萄园里，我们可以切身感受到如果没有南尼•科浦庄园（Nanni Copè），那么就很难想象坎帕尼亚省（Campania）的葡萄酒事业。他的萨比•索普拉•博斯克葡萄酒（Sabbie di Sopra il Bosco）将帕拉格瑞诺（pallagrello nero）、阿耶连科（aglianico）以及来自卡斯特尔•卡姆帕格纳诺省（Campagnano）维格纳•蒙提塞利地区（Vigna Monticelli）的卡萨维奇亚（casavecchia）这几种品种加以混合，这种做法强烈震撼了当地的葡萄酒酿造业。这位伟大的记者以及葡萄酒商对酿酒有着独特的敏感，从他的酒中可以直接尝到来自卡亚佐（Caiazzo）沙石地新鲜可口的水果味道。

葡萄酒	评级	分
● Sabbie di Sopra il Bosco '09	🍷🍷🍷	6
● Sabbie di Sopra il Bosco '08	YY	6

Perillo

C.DA VALLE, 19
83040 CASTELFRANCI [AV]
TEL. 082772252
cantinaperillo@libero.it

藏酒销售
预约参观
年产量 20 000 瓶
葡萄种植面积 5 公顷

在卡斯特尔弗兰西区（Castelfranci）米歇尔•佩瑞罗（Michele Perillo）经营的酒庄里，有着真正的酿酒宝藏等待人们去发掘。为了在自家屋后一座轮辐状的山上建立庄园，长期以来米歇尔都回避那些正式的晚宴以及试尝会，这一点是可以理解的。在海拔500米以上的轻粘土山上，他种植了卡瓦罗•柯达（coda di cavallo）的阿耶连科（aglianico）克隆品种。然而，现在人们得以了解这个庄园都是因为它那优质的图拉斯系列（Tauasis），该酒经过了新型小木桶以及斯拉夫（Slavonian）橡树木桶的部分发酵。相信随着时间的流逝，这里的白酒也会轻易地得到发展。

葡萄酒	评级	分
● Taurasi Ris. '05	🍷🍷	6
● Irpinia Campi Taurasini '06	🍷🍷	5
○ Irpinia Coda di Volpe '09	🍷🍷	4
● Taurasi '05	YYY	5
● Aglianico '04	YY	5
● Castelfranci '01	YY	5
○ Coda di Volpe '06	YY	4*
● Iaurasi '04	YY	5*
● Taurasi '03	YY	6
● Taurasi '02	YY	6
● Taurasi '01	YY	6
● Taurasi Ris. '04	YY	6
● Taurasi Ris. '02	Y	6

Ciro Picariello

via Marroni
83010 Summonte [AV]
Tel. 0825702516
www.ciropicariello.com

藏酒销售
预约参观
年产量 50 000 瓶
葡萄种植面积 7 公顷

自从2004年，瑞塔•皮尔瑞亚诺（Rita Picariello）与西罗（Ciro）推出阿韦利诺•菲安诺葡萄酒（Fiano di Avellino）后，便跻身于极少数伊尔皮尼亚（Irpinia）酿酒商行列，并成功地赢得了评论家与爱好者的共同认可。这款酒被看成是一种非常特殊的演绎，它同时诠释了苏蒙特（Summonte）与蒙特弗雷达恩（Montefredane）的地域特色，它用极少量的苹果乳酸在钢制容器中进行陈化，并在发酵一年才推出市场。目前为完善该产品系列，酒庄也生产较少量的图佛•格里克（Greco di Tufos）与阿耶连科葡萄酒（Aglianico），同时我们非常期待酒庄的单一葡萄酒苏蒙特（Summonte）精选系列。

○ Fiano di Avellino '09	🍷🍷 4
○ Fiano di Avellino '08	♀♀♀ 4*
○ Fiano di Avellino '07	♀♀ 4*
○ Fiano di Avellino '06	♀♀ 4*
○ Fiano di Avellino '05	♀♀ 4*

Pietracupa

c.da Vadiaperti, 17
83030 Montefredane [AV]
Tel. 0825607418
pietracupa@email.it

藏酒销售
预约参观
年产量 50 000 瓶
葡萄种植面积 5. 5 公顷

在短短的几年内，萨比诺•洛夫雷多（Sabino Loffredo）就跻身意大利最耀眼的酿酒明星行列，但是他本人对这个成绩并不满意。这个来自蒙特弗雷戴恩（Montefredane）的前体育教练曾估计，在酿出了特色鲜明的菲安诺系列（Fiano）之后，他还要酿造出同样复杂有特色的阿耶连科系列（Aglianico）与其媲美。萨比诺一直都在追逐着这个目标，并且他还为此在托瑞•诺斯勒市（Torre le Nocelle）买下了另外两公顷土地。托瑞•诺斯勒市是酿造鲜美爽口图拉斯系列（Tauasis）的理想王国。像从前一样，他的白酒系列仍然是放在钢桶中进行荫凉发酵，这样做保持了白酒良好的酸度，同时也为今后的进一步改善提供可能。

○ Greco di Tufo '10	🍷🍷🍷 4*
○ Fiano di Avellino '10	🍷🍷 4*
● Taurasi '07	🍷🍷 6
● Quirico '09	🍷🍷 5
○ Cupo '08	♀♀♀ 5
○ Cupo '05	♀♀♀ 5
○ Cupo '03	♀♀♀ 4*
○ Greco di Tufo '09	♀♀♀ 4*
○ Greco di Tufo '08	♀♀♀ 4*
○ Greco di Tufo '07	♀♀♀ 4*
○ Greco di Tufo '06	♀♀♀ 4*
○ Fiano di Avellino '09	♀♀ 4*
○ Fiano di Avellino '08	♀♀ 4*
● Quirico '08	♀♀ 5
● Quirico '07	♀♀ 5
● Taurasi '06	♀♀ 6
● Taurasi '05	♀♀ 6

Tenuta Ponte

via Carazita, 1
83040 Luogosano [AV]
Tel. 082773564
www.tenutaponte.it

藏酒销售
预约参观
年产量 180 000 瓶
葡萄种植面积 25 公顷

在1995年，亚历山大•斯达斯欧（Alessandro Di Stasio）与四个合伙人一起创建了庞特（Ponte）酒庄，他负责管理，而卡尔曼•瓦伦蒂诺（Carmine Valentino）则负责酒窖管理。这个25公顷大小的葡萄园上种植了阿耶连科（aglianico）和沃尔普•柯达（coda di volpe）葡萄品种，同时为了酿造入门阶段的红葡萄酒，还种上了几行梅洛（merlo）和圣乔维斯（sangivese）葡萄。舒服可口的图拉斯酒（Tauasis）在小木桶中经过了12个月的发酵，部分新品种还需要在大木桶中再发酵十二个月。用钢桶进行陈化的菲安诺（Fiano）和格里克（Greco）是从拉皮欧（Lapio）和蒙特弗索（Montefuso）引进的，为的是深刻稳定的口感。

○ Fiano di Avellino '10	🍷🍷	4*
● Taurasi '07	🍷🍷	4*
○ Greco di Tufo '10	🍷🍷	4*
○ Irpinia Coda di Volpe '10	🍷🍷	3
○ Fiano di Avellino '09	🍷🍷	4*
○ Fiano di Avellino '08	🍷🍷	4*
○ Fiano di Avellino '07	🍷🍷	4*
○ Fiano di Avellino '06	🍷🍷	4*
○ Fiano di Avellino '04	🍷🍷	4*
○ Greco di Tufo '08	🍷🍷	4*
○ Greco di Tufo '07	🍷🍷	4*
● Taurasi '06	🍷🍷	4*
● Taurasi '05	🍷🍷	4
● Taurasi '03	🍷🍷	5

Quintodecimo

via San Leonardo, 27
83036 Mirabella Eclano [AV]
Tel. 0825449321
www.quintodecimo.it

藏酒销售
预约参观
年产量 32 000 瓶
葡萄种植面积 12 公顷
葡萄栽培方式 有机种植

劳拉•马尔基奥（Laura Di Marzio）与路易吉•莫伊奥（Luigi Moio）是工作上和生活中的同伴，他们在以米拉贝拉（Mirabella）为基础的酒庄中向人们展示了他们的决心。这位卓越的学者兼酿酒商在这里扎根，他十分注重酿酒的细节，定价合理，无畏地追求市场的最高境界。实际上，这个伊尔皮尼亚（Irpinian）酒庄利用阿耶连科（aglianico）、格里克（greco）、菲安诺（fiano）和法兰姬娜（falanghina）这几种葡萄酿造出了一系列完整、特色鲜明的葡萄酒，这些葡萄是在熟透了之后才采摘的，并在小橡树木桶中进行陈化，向世人展示了他们克服距离障碍取得的成功。

○ Fiano di Avellino Exultet '09	🍷🍷🍷	7
○ Via Del Campo Falanghina '09	🍷🍷	6
○ Greco di Tufo Giallo D'Arles '09	🍷🍷	7
● Irpinia Aglianico Terra d'Eclano '08	🍷🍷	7
○ Fiano di Avellino Exultet '07	🍷🍷	7
○ Greco di Tufo Giallo D'Arles '07	🍷🍷	7
● Irpinia Aglianico Terra d'Eclano '07	🍷🍷	7
● Irpinia Aglianico Terra d'Eclano '06	🍷🍷	7
● Taurasi V. Quintodecimo Ris. '05	🍷🍷	8
● Taurasi V. Quintodecimo Ris. '04	🍷🍷	8
○ Via Del Campo Falanghina '08	🍷🍷	6
○ Via Del Campo Falanghina '07	🍷🍷	6

Fattoria La Rivolta

C.DA RIVOLTA
82030 TORRECUSO [BN]
TEL. 0824872921
www.fattorialarivolta.com

藏酒销售
预约参观
年产量 150 000 瓶
葡萄种植面积 29 公顷
葡萄栽培方式 有机认证

科特罗内奥（Cotroneo）家族正带着与日俱增的权威进入萨尼奥葡萄酒（Sannio）地区的公认领导行列中，可观的年产量可以证明这一点。这个有机庄园成立于1997年，占地29公顷。他们所酿制的葡萄酒酒体透明，气味清香，口感鲜美。酒质新鲜是这里白葡萄酒的特色，它们都经过了简短的低温浸皮以及钢桶陈化处理，除了瑞沃尔塔•索格诺（Sogno di Rivolta）是个例外。瑞沃尔塔•特拉珍藏葡萄酒（Riserva Terra di Rivolta）是在全新的橡树木桶里进行陈化的，而基本的塔布尔诺•阿耶连科（Aglianico del Taburno）系列是在大小不同的木桶中进行陈化的。

- ● Aglianico del Taburno Terra di Rivolta Ris. '08 — 3 red glasses, 6
- ● Aglianico del Taburno '08 — 2 red glasses, 4
- ○ Taburno Falanghina '10 — 2 red glasses, 4*
- ⊙ Aglianico del Taburno Rosato Mongolfiere a San Bruno '09 — 2 black glasses, 4*
- ○ Sogno di Rivolta '10 — 2 black glasses, 4
- ○ Sannio Fiano '10 — 1 black glass, 4
- ○ Taburno Coda di Volpe '10 — 1 black glass, 4
- ○ Taburno Greco '10 — 1 black glass, 4
- ● Taburno Piedirosso '10 — 1 black glass, 4
- ● Aglianico del Taburno Terra di Rivolta Ris. '07 — ΥΥ 6
- ● Aglianico del Taburno Terra di Rivolta Ris. '06 — ΥΥ 6
- ● Aglianico del Taburno Terra di Rivolta Ris. '04 — ΥΥ 6
- ○ Sogno di Rivolta '09 — ΥΥ 4
- ○ Sogno di Rivolta '08 — ΥΥ 4
- ○ Taburno Falanghina '09 — ΥΥ 4
- ● Taburno Piedirosso '09 — ΥΥ 4

Rocca del Principe

VIA ARIANIELLO, 9
83030 LAPIO [AV]
TEL. 0825982435
roccadelprincipe@libero.it

藏酒销售
预约参观
年产量 23 000 瓶
葡萄种植面积 5 公顷

伊尔克尔•扎瑞拉（Ercole Zarella）与奥蕾莉亚•法布里奇奥（Aurelia Fabrizio）夫妇共同经营着罗卡•普林西比（Rocca del Principe）酒庄，该酒庄是拉比诺（Lapio）地区最有威望的原始企业之一。如今，阿韦利诺•菲亚诺（Fiano di Avellino）已不再是这个酒庄里的唯一的葡萄酒品种了。伦茨（Lenze）、阿瑞尼诺（Arianiello）、托格纳诺（Tognano）和坎珀尔（Campore）是单纯酿造菲亚诺（Fiano）品种的四个地区，在推出前一年，葡萄要放在水槽中进行培养，并进行长时期的荫凉保存。从2007年开始，继这种特色白葡萄酒之后，该酒庄又推出了多米尼•马特尔（Mater Domini）这种图拉斯（Tauasis）系列葡萄酒，这种酒的水果原料是从蒙特马然诺（Montemarano）买来的，并经过在小中大不同尺寸木桶中的陈化过程。

- ○ Fiano di Avellino '10 — 3 red glasses, 4*
- ● Taurasi Master Domini '07 — 2 red glasses, 6
- ○ Fiano di Avellino '08 — ΥΥΥ 4*
- ○ Fiano di Avellino '07 — ΥΥΥ 4*
- ○ Fiano di Avellino '09 — ΥΥ 4*
- ○ Fiano di Avellino '06 — ΥΥ 4*

Ettore Sammarco

via Civita, 9
84010 Ravello [SA]
Tel. 089872774
www.ettoresammarco.it

藏酒销售
预约参观
年产量 75 000 瓶
葡萄种植面积 10 公顷

大约一个世纪以来，萨马凯（Sammarco）已经成为了拉维罗（Ravello）—马尔菲海岸（Costa d'Amalfi）的主要贸易及文化中心的醒目标签。我们已不在电影"甜蜜生活"（*La Dolce Vita*）那个玫瑰酒十分活跃的时代，然而就是在那个时候，艾托瑞•萨马凯（Ettore Sammarco）和儿子巴托罗（Bartolo）创建了这个面积10公顷、有30个左右种植者的葡萄酒庄园。这里的葡萄酒向人们讲述着这个地区的故事。瓶装酒有不同的培养方式，清新可口，生动活泼，并且在人们可以接受的范围之内，这些都让该酒庄有进一步发展的空间。

- ○ Costa d'Amalfi Ravello Bianco Selva delle Monache '10 ⅡⅡ 4*
- ○ Costa d'Amalfi Ravello Bianco V. Grotta Piana '10 ⅡⅡ 5
- ⊙ Costa d'Amalfi Ravello Rosato Selva delle Monache '10 ⅡⅡ 4
- ● Costa d'Amalfi Ravello Rosso Selva delle Monache '09 ⅡⅡ 4
- ○ Costa d'Amalfi Terre Sarecene Bianco '10 ⅡⅡ 4
- ● Costa d'Amalfi Terre Sarecene Rosso '09 ⅡⅡ 4
- ● Costa d'Amalfi Ravello Rosso Selva delle Monache Ris. '07 Ⅱ 5
- ○ Costa d'Amalfi Ravello Bianco Selva delle Monache '09 ⅡⅡ 4*
- ○ Costa d'Amalfi Ravello Bianco V. Grotta Piana '09 ⅡⅡ 5
- ● Costa d'Amalfi Ravello Rosso Selva delle Monache '08 ⅡⅡ 4

Tenuta San Francesco

fraz. Corsano
via Sofilciano, 18
84010 Tramonti [SA]
Tel. 089876748
www.vinitenutasanfrancesco.it

藏酒销售
预约参观
年产量 40 000 瓶
葡萄种植面积 10 公顷

2004年，盖塔诺•波夫（Gaetano Bove）与三位同样来自特拉蒙地州（Tramonti）的朋友一同创立圣弗朗西斯科•特努塔（Tenuta San Francesco）酒庄——马尔菲海岸（Costa d'Amalfi）土地最崎岖、种植面积最大的葡萄酒种植地的分支。在这个10公顷的葡萄园内，有三分之一的土地种植了嫁接的丁托列葡萄（tintore），这种葡萄藤和维格娜•帕拉迪索（È Iss Vigna Paradiso）一样，是一种频临灭绝但产量颇丰的品种。别的葡萄树种还包括皮尔蒂罗索（piedirosso）、法兰吉娜（falanghina）、贝蓓拉（pepella）和吉内斯特拉（ginestra），最后一种葡萄经常用于酿造标准的特拉蒙特白葡萄酒（Tramonti Bianco）和在钢桶中进行陈化的系列浦伊娃（Per Eva）。

- ○ E' Iss V. Paradiso '08 ⅡⅡ 4
- ○ Costa d'Amalfi Bianco Per Eva '10 ⅡⅡ 4
- ○ Costa d'Amalfi Tramonti Bianco '10 ⅡⅡ 4*
- ● Costa d'Amalfi Tramonti Rosso Quattrospine Ris. '07 ⅡⅡ 6
- ● Costa d'Amalfi Tramonti Rosso '08 Ⅱ 4
- ○ Costa d'Amalfi Bianco Per Eva '09 ⅡⅡ 4
- ○ Costa d'Amalfi Bianco Per Eva '08 ⅡⅡ 4*
- ⊙ Costa d'Amalfi Tramonti Rosato '08 ⅡⅡ 4*
- ● Costa d'Amalfi Tramonti Rosso '06 ⅡⅡ 4*
- ● Costa d'Amalfi Tramonti Rosso Quattrospine Ris. '06 ⅡⅡ 6

Sanpaolo - Magistravini

C.DA SAN PAOLO
83042 ATRIPALDA [AV]
TEL. 0825610307
www.cantinasanpaolo.it

藏酒销售
预约参观
年产量 250 000 瓶
葡萄种植面积 15 公顷

圣保罗（Sanpaolo）酒庄由来自普利亚（Puglia）的玛吉斯特拉维尼（Magistravini）团队经营，是少数几个由阿凡力诺省（Avellino）意外的投资者创建的酒庄之一。这个酒庄的名字来源于图佛•格里克（Greco di Tufos）设计中心的地区托蒂欧尼（Tottioni），向市场推出来自伊尔皮尼亚（Irpinia）和萨尼奥（Sannio）的全部葡萄酒品种，通常带有显著的地域特色。这里有拉皮欧（Lapio）和蒙特弗雷戴恩（Mentefredane）的阿凡力诺•菲亚诺系列（Fiano di Avellino），蒙特弗索（Montefuso）的图佛•格里克（Greco di Tufo）以及四款来自贝内文托（Benevento）的法兰姬娜系列（Falanghina），每一种都有显著的地方特色。

○ Fiano di Avellino Montefredane '10	🍷🍷 4*
○ Falanghina Fuoco '10	🍷🍷 4
○ Fiano di Avellino Lapio '10	🍷🍷 4
○ Greco di Tufo Montefusco '10	🍷🍷 4
● Taurasi '06	🍷🍷 6
○ Falanghina Aria '10	🍷 4
○ Falanghina del Beneventano '10	🍷 3
○ Falanghina Terra '10	🍷 4
○ Greco di Tufo '10	🍷 4
● Irpinia Aglianico '09	🍷 4
○ Suavemente Bianco '10	🍷 4
● Taurasi Ris. '05	🍷 6
○ Falanghina Acqua '09	🍷🍷 4
○ Falanghina Terra '09	🍷🍷 4
○ Fiano di Avellino Lapio '09	🍷🍷 4*
○ Fiano di Avellino Montefredane '09	🍷🍷 4*

Luigi Tecce

C.DA TRINITÀ, 6
83052 PATERNOPOLI [AV]
TEL. 082771375
ltecce@libero.it

藏酒销售
预约参观
年产量 5 500 瓶
葡萄种植面积 4 公顷

与路易吉•特斯（Luigi Tecce）在一起过上一天，你可以感受到来自思想和心灵上的强烈冲击，同时还有来自那原始的图拉斯（Tauasis）系列以及其他产自特斯（Tecce）酒庄的优异葡萄酒的刺激。路易吉大约4公顷左右的酒庄几乎全部分布在与卡斯特尔弗兰西（Castelfranci）与帕特尔诺珀里（Paternopoli）的交界处，他用于酿造阿耶连科（Aglianico）葡萄酒所用的葡萄历史可以追溯到20世纪30年代，这些葡萄藤被修剪成了辐射状。在路易吉的酒庄里没有固定的酿酒规则，因为他逐渐适应了酒庄的特色，即那种用栗树和橡树桶进行浸皮和陈化的方法。

● Taurasi Poliphemo '07	🍷🍷🍷 7
● Taurasi Poliphemo '06	🍷🍷 7
● Taurasi Poliphemo '05	🍷🍷 7

Terre del Principe

FRAZ. SQUILLE
VIA SS. GIOVANNI E PAOLO, 30
81010 CASTEL CAMPAGNANO [CE]
TEL. 0823867126
www.terredelprincipe.com

藏酒销售
预约参观
年产量 53 000 瓶
葡萄种植面积 11 公顷

一度濒临灭绝的帕拉格瑞罗（pallagrello）和卡萨维奇亚（casavecchia）如今成为全球风靡的葡萄酒新宠儿。这是一个让人鼓舞的故事，主角是贝璐•曼奇尼（Peppe Mancini）和买努伊勒•皮安卡斯特里（Manuela Piancastelli）。在路易吉•莫伊奥（Luigi Moio）的陪同下，贝璐和买努伊勒很早就相信这些葡萄日后会重返市场。他们与先前的合作者起初在维斯蒂尼•卡姆帕格纳诺（Vestini Campagnano）种植葡萄，后到新庄园普林西比岛特雷（Terre del Principe）酒庄种植这些葡萄。他们关注葡萄园的管理，产出的酒具有现代风格，并且是放在小木桶中进行陈化的。这里的帕拉格瑞诺•比安科白葡萄酒（pallagrello bianco）分为两种：一种是芳塔纳维格娜（Fontanaviga）放在钢桶中发酵；另一种赛罗勒（Le Serole）放在200至250升的大桶中陈化。

● Ambruco Pallagrello Nero '09	🍷🍷 6
● Castello delle Femmine '09	🍷🍷 4
● Centomoggia Casavecchia '09	🍷🍷 6
○ Fontanavigna Pallagrello Bianco '10	🍷🍷 5
● Centomoggia '08	🍷🍷🍷 6
● Centomoggia '07	🍷🍷🍷 6
● Ambruco '08	🍷🍷 6
● Ambruco '07	🍷🍷 6
○ Le Serole Pallagrello Bianco '09	🍷🍷 5
○ Le Serole Pallagrello Bianco '08	🍷🍷 5
● V. Piancastelli '07	🍷🍷 7
● V. Piancastelli '05	🍷🍷 7

Terredora

VIA SERRA
83030 MONTEFUSCO [AV]
TEL. 0825968215
www.terredora.com

藏酒销售
预约参观
年产量 1 200 000 瓶
葡萄种植面积 200 公顷

瓦尔特•马斯特罗贝拉尔迪诺（Walter Mastroberaidino）和他的孩子卢西奥（Lucio）、保罗（Paolo）以及丹妮拉（Daniela）一同拥有着该市最壮观的葡萄园，包括蒙特弗斯科•塞拉（Serra di Montefusco）、拉皮奥•坎珀尔（Campore di Lapio）、圣卢西亚（Santa Lucia ）和圣保利那（Santa Paolina）。我们很想看到这些壮观的葡萄酒庄园能产出更具有个性的葡萄酒系列，特别是用菲亚诺（fiano）、格里克（greco）和法兰吉娜（falanghina）酿造出来的白葡萄酒系列，因为它们有时候口感太丰满特色太鲜明了。以阿耶连科葡萄（aglianico）为原料制作的红葡萄酒在别的方面更具有代表性，它们在年轻中向人们展示着古朴韵味，特别是3款在中号木桶中陈化的图拉斯（Taurasi）系列。

○ Falanghina d'Irpinia '10	🍷🍷 4*
○ Fiano di Avellino Terre di Dora '10	🍷🍷 4
○ Greco di Tufo Loggia della Serra '10	🍷🍷 4
○ Greco di Tufo Terre degli Angeli '10	🍷🍷 4
● Aglianico '09	🍷 4
○ Coda di Volpe '10	🍷 4
○ Falanghina '10	🍷 4
○ Fiano di Avellino Campo Re '09	🍷 5
○ Coda di Volpe '09	🍷🍷 4*
○ Fiano di Avellino Terre di Dora '06	🍷🍷 4*
○ Greco di Tufo Loggia della Serra '09	🍷🍷 4*
○ Greco di Tufo Loggia della Serra '08	🍷🍷 4*
○ Greco di Tufo Terra degli Angeli '05	🍷🍷 4*
○ Greco di Tufo Terre degli Angeli '07	🍷🍷 4*
● Taurasi Fatica Contadina '05	🍷🍷 6

Torricino

LOC. TORRICINO
VIA NAZIONALE
83010 TUFO [AV]
TEL. 0825998119
www.torricino.it

藏酒销售
预约参观
年产量 50 000 瓶
葡萄种植面积 10 公顷
葡萄栽培方式 有机认证

斯特法诺•迪•马尔佐（Stefano Di Marzo）经营酒庄的方式令人欣赏，托里西诺（Torricino）酒庄创立于2002年，该酒庄同他本人一样谦逊低调。酒庄开始是坐落在图佛（Tufo）某个最好的葡萄种植地，在一座古老的硫矿附近，因此里格里克（greco）必然吸收了大量的矿物质。起初人们提起该酒庄要么是因为它那倾斜垂直的地势，要么就是因为丰富成熟的水果。长期的调查表明，该酒庄的特色全部都可以在饶纳（Raone）中得到体现，这种酒于2010年起就和基本的图佛•格里克（Greco di Tufo）、阿韦利诺白葡萄酒（Fiano di Avellino）以及法兰吉娜（Falanghina）一样，是在水槽中进行酿造的。

○ Fiano di Avellino '10 4*
○ Greco di Tufo '10 4*
○ Greco di Tufo Raone '10 4
● Irpinia Campi Taurasini Rosso '09 4
● Aglianico '05 4*
○ Fiano di Avellino '09 4*
○ Fiano di Avellino '08 4
○ Fiano di Avellino '07 4*
○ Greco di Tufo '09 4*
○ Greco di Tufo '08 4*
○ Greco di Tufo '07 4*
○ Greco di Tufo '06 4*
○ Greco di Tufo Raone '07 4*
○ Greco di Tufo Raone '05 4*

Urciuolo

FRAZ. CELZI
VIA DUE PRINCIPATI, 9
83020 FORINO [AV]
TEL. 0825761649
www.fratelliurciuolo.it

藏酒销售
预约参观
年产量 140 000 瓶
葡萄种植面积 22 公顷

西罗（Ciro）和安东内洛•乌尔修奥罗（Antonello Urciuolo）兄弟的酿酒故事很值得人们进一步探索。他们酒庄的出产量和生产酒的种类在逐渐增多，与此同时该酒庄也在进行一系列的收购与合并。他们在米拉贝拉（Mirbella）购买阿耶连科葡萄（aglianico），在坎迪德（Candida）购买菲亚诺葡萄（fiano），把它们融入图拉斯（Tauasis）和拉皮奥酒（Lapio）中。该酒庄如今正朝着最高的目标发展，他们希望将酒的实用性与吸引人的价格相结合，这样可以让人们有机会尝到最经典的葡萄酒系列，特别是质感丰富年代久远的阿耶连科（Aglianico）系列。

● Taurasi '07 6
○ Fiano di Avellino '10 3*
○ Fiano di Avellino Faliesi '09 4
○ Greco di Tufo '10 3*
● Aglianico '09 3
● Aglianico Tracce '08 3
○ Greco di Tufo Faliesi '09 4
● Taurasi '06 6*
● Taurasi '05 6
● Aglianico '05 3*
● Aglianico '04 3*
○ Fiano di Avellino '09 4*
○ Fiano di Avellino '07 4*
○ Fiano di Avellino '03 4*
○ Greco di Tufo Faliesi '08 4
● Taurasi '03 6
● Taurasi '01 5

Vadiaperti

C.DA VADIAPERTI
83030 MONTEFREDANE [AV]
TEL. 0825607270
www.vadiaperti.it

藏酒销售
预约参观
年产量 50 000 瓶
葡萄种植面积 10 公顷

瓦迪尔佩蒂（Vadiaperti）酒庄的发展之路并不是总是那么平坦的，该酒庄坐落于蒙特弗雷戴恩（Montefredane）的同名地区，是安东尼奥•特罗伊斯（Antonio Troisi）在1984年创建的。安东尼奥的儿子拉斐尔（Raffaele）接管酒庄后，进一步加强了经典的白葡萄酒特色，在几乎没有分离操作的不锈钢桶保存，重要的硫化处理和进入少量的苹果酸进行发酵。无论未来怎么发展，该酒庄会永远保持这些经典葡萄酒的特色。这些酒即使在晚期的时候风味可能会减轻，但是绝不会消失。

○ Fiano di Avellino Aipierti '10	6
○ Irpinia Coda di Volpe '10	3
○ Greco di Tufo '10	4
○ Greco di Tufo Tornante '10	6
○ Fiano di Avellino '10	4
○ Greco di Tufo Tornante '09	4*
○ Greco di Tufo Tornante '08	4*
○ Fiano di Avellino '09	4
○ Fiano di Avellino '08	4
○ Fiano di Avellino Aipierti '08	4
○ Fiano di Avellino Aipierti '07	4*
○ Greco di Tufo '09	4
○ Greco di Tufo '08	4
○ Irpinia Coda di Volpe '08	4*

Villa Diamante

VIA TOPPOLE, 16
83030 MONTEFREDANE [AV]
TEL. 0825670014
www.villadiamante.eu

藏酒销售
预约参观
年产量 10 000 瓶
葡萄种植面积 4 公顷
葡萄栽培方式 有机认证

占地面积4公顷的维格纳•康格瑞噶吉奥恩（Vigna della Congregazione）是蒙特弗雷达恩地区（Montefredane）的特级庄园，坐落于威莱•萨巴托小镇（Valle del Sabato），是由安东尼•基亚特（Antonie Gaite）和迪亚曼特•热纳（Diamante Renna）共同经营的。庄园位于400多米高的托珀尔山（Toppole）的山顶，那里的粘土和沙石让葡萄酒带有很多压力和独特风味，这种风味需要一定的时间去释放。迪亚曼特（Villa Diamante）别墅有自己独特的酿酒风格，避免了澄清或过滤这一步骤，在成熟季节精心摘选葡萄，在不锈钢水槽中进行长时间的发酵。

○ Fiano di Avellino Vigna della Congregazione '09	6
○ Greco di Tufo V. dei Ciamillo '09	6
○ Fiano di Avellino Vigna della Congregazione '08	5
○ Fiano di Avellino Vigna della Congregazione '06	5
○ Fiano di Avellino Vigna della Congregazione '04	5
○ Fiano di Avellino Cuvée Enrico '00	7
○ Fiano di Avellino Vigna della Congregazione '07	5
○ Fiano di Avellino Vigna della Congregazione '05	5
○ Fiano di Avellino Vigna della Congregazione '02	5

★Villa Matilde

SS Domitiana, 18
81030 Cellole [CE]
Tel. 0823932088
www.villamatilde.it

藏酒销售
预约参观
年产量 700 000 瓶
葡萄种植面积 130 公顷

如果法兰诺葡萄酒（Falerno）仍然鲜活，并且不仅仅只是历史上的一个奇迹，那么这种荣誉应该归功于阿瓦龙（Avallone）家族以及他们半个多世纪历来在马蒂尔德（Villa Maria）酒庄的悉心劳作。玛利亚•艾达（Maria Ida）和萨尔瓦托里（Salvatore）一直保持着从他们父亲弗朗西斯科（Francesco）继承来的文化和酿酒传统。在萨尼奥地区（Sannio），他们买下了特努塔•罗卡•莱尼（Tenuta Rocca dei Leoni）；在伊尔皮尼亚（Irpinia），他们又买下了特努塔•德阿尔塔维拉（Tenuta d'Altavilla）。他们以法兰姬娜（falanghina）、阿耶连科（aglianicó）、皮尔蒂罗索（piedirosso）和普利米帝沃（primitivo）为原料酿酒，生产出有更多提取物、口感舒适的卡麦雷拓（Camarato）和卡拉奇（Caracci）系列的初级品种，受到了葡萄爱好者们的热烈欢迎。

葡萄酒	
● Falerno del Massico Camarato '06	7
○ Falanghina Rocca dei Leoni '10	4*
○ Falerno del Massico Bianco '10	4*
● Falerno del Massico Rosso '08	4
○ Greco di Tufo Tenute di Altavilla '10	4*
⊙ Terre Cerase Rocca dei Leoni '10	3*
○ Falanghina di Roccamonfina '10	4
○ Falerno del Massico Bianco V. Caracci '08	5
○ Falerno del Massico Bianco V. Caracci '05	5
○ Falerno del Massico Bianco V. Caracci '04	4*
● Falerno del Massico Camarato '05	7
● Falerno del Massico Camarato '04	6
● Falerno del Massico Camarato '01	6
● Falerno del Massico Rosso Vigna Camarato '00	6
○ Falanghina Rocca dei Leoni '09	4
● Falerno del Massico Rosso '07	4

Villa Raiano

loc. San Michele di Serino
via Bosco Satrano, 1
83020 Serino [AV]
Tel. 0825595663
www.villaraiano.com

藏酒销售
年产量 250 000 瓶
葡萄种植面积 20 公顷
葡萄栽培方式 有机种植

通常，在坎帕尼亚葡萄酒行业中黑马的出现会让人们兴奋不已，这些黑马大多数都是些小酒庄。但是，一些背景更复杂、年代更久远的酒庄如果决定改变策略，这也同样让人们倍感兴奋。拉伊奥拉（Villa Raiano）别墅就是这样的一个例子。该酒庄是由巴索（Basso）和保罗•司碧罗（Paolo Sibillo）兄弟经营的，他们的技术咨询师是福尔图纳托•塞巴斯提亚诺（Fortunato Sebastiano）。该酒庄的力量明显高于其他同行，这几年又推出了几款经典葡萄酒以及几种具有无法否认特色的葡萄酒系列，更加巩固了这一说法。

葡萄酒	
○ Fiano di Avellino Alimata '10	5
○ Greco di Tufo Contrada Marotta '10	5
● Taurasi Raiano '07	6
○ Falanghina Beneventano '10	4
○ Fiano di Avellino '10	4
○ Fiano di Avellino Ventidue '10	5
○ Greco di Tufo '10	4
● Aglianico '09	4
● Aglianico '08	4
○ Fiano di Avellino '05	4*
○ Fiano di Avellino Alimata '09	5
○ Fiano di Avellino Ventidue '09	5
○ Greco di Tufo '06	4*
○ Greco di Tufo '05	4
○ Greco di Tufo Contrada Marotta '09	5
● Taurasi Cretanera Ris. '03	6

Aia dei Colombi

c.da Sapenze
82034 Guardia Sanframondi [BN]
Tel. 0824817384
www.aiadeicolombi.it

- ○ Guardiolo Falanghina '10 — 2 glasses 3*
- ● Guardiolo Aglianico Colle dell'Aia Ris. '07 — 1 glass 5
- ○ Guardiolo Falanghina Vignasuprema '09 — 1 glass 4
- ○ Sannio Fiano '10 — 1 glass 4

Antico Castello

c.da Poppano, 11 bis
83050 San Mango sul Calore [AV]
Tel. 3494009839
www.anticocastello.com

- ● Taurasi '07 — 2 red glasses 4
- ● Irpinia Campi Taurasi Magis '07 — 2 glasses 4*

Cantine Astroni

fraz. Astroni
via Sartania, 48
80126 Napoli
Tel. 0815884182
www.cantineastroni.com

- ○ Campi Flegrei Falanghina Colle Imperatrice '10 — 2 glasses 4*
- ● Penisola Sorrentina Gragnano '10 — 2 glasses 4*
- ● Vigna del Fuoco Rais '08 — 2 glasses 4*
- ● Campi Flegrei Piedirosso Colle Rotondella '10 — 1 glass 4

Bambinuto

via Cerro
83030 Santa Paolina [AV]
Tel. 0825964634
info@cantinabambinuto.com

- ○ Greco di Tufo Picoli '10 — 2 glasses 5
- ○ Fiano di Avellino '10 — 1 glass 4
- ○ Greco di Tufo '10 — 1 glass 4

Barone

via Giardino, 2
84070 Rutino [SA]
Tel. 0974830463
www.cantinebarone.it

- ○ Cilento Fiano Vignolella '10 — 2 glasses 4
- ● Cilento Pietralena Aglianico '09 — 1 glass 4
- ○ Marsia Bianco '10 — 1 glass 2
- ⊙ Primula Rosa '10 — 1 glass 4

Cantina del Barone

via Nocelleto, 21
83020 Cesinali [AV]
Tel. 0825666751
www.cantinadelbarone.it

- ○ Fiano di Avellino Particella 928 '10 — 2 glasses 4
- ● Taurasi '99 — 2 white glasses 6

I Cacciagalli

p.zza della Vittoria 27
81057 Teano [CE]
Tel. 0823875216
www.icacciagalli.it

- ● Basco '10 — 2 glasses 4
- ○ Aorivola '10 — 1 glass 4

Il Cancelliere

c.da Iampenne, 45
83040 Montemarano [AV]
Tel. 082763557
www.ilcancelliere.it

- ● Irpinia Aglianico Gioviano '08 — 2 glasses 4*
- ● Taurasi Nero Né '06 — 2 glasses 6

I Capitani

via Bosco Faiano, 15
83030 Torre le Nocelle [AV]
Tel. 0825969182
www.icapitani.com

○ Irpinia Clarum '10	🍷🍷	4*
● Taurasi Bosco Faiano '06	🍷🍷	6
○ Fiano di Avellino Gaudium '10	🍷	4
● Irpinia Campi Taurasini Jumara '07	🍷	4

Alexia Capolino Perlingieri

via Marraioli, 58
82037 Castelvenere [BN]
Tel. 0824971541
www.capolinoperlingieri.com

○ Sannio Falanghina Preta '10	🍷🍷	4*
○ Sannio Fiano Nembo '10	🍷🍷	4
⊙ Sannio Vignarosa '10	🍷	4

Casebianche

via Case Bianche, 8
84076 Torchiara [SA]
Tel. 0974843244
www.casebianche.eu

● Cilento Aglianico Cupersito '09	🍷🍷	4
○ Cumalè '10	🍷🍷	4*
○ Iscadoro '10	🍷	4

Cautiero

c.da Arbusti
82030 Frasso Telesino [BN]
Tel. 3387640641
www.cautiero.it

● Sannio Aglianico Donna Candida '07	🍷🍷	6
○ Sannio Falanghina Fois '10	🍷🍷	3*

Tenuta del Cavalier Pepe

via Santa Vara
83040 Sant'Angelo all'Esca [AV]
Tel. 082773766
www.tenutacavalierpepe.it

● Taurasi Opera Mia '07	🍷🍷 (red)	6
● Irpinia Campi Taurasini Santo Stefano '08	🍷🍷	5
○ Fiano di Avellino Refiano '10	🍷	4
○ Greco di Tufo Nestor '10	🍷	4

Colle di San Domenico

SS Ofantina km 7,500
83040 Chiusano di San Domenico [AV]
Tel. 0825985423
www.cantinecolledisandomenico.it

● Irpinia Campi Taurasini Principe '07	🍷🍷	4
● Taurasi Ris. '05	🍷🍷	6
● Aglianico '10	🍷	3
● Taurasi Ris. '06	🍷	6

Michele Contrada

c.da Taverna, 31
83040 Candida [AV]
Tel. 0825988434
www.vinicontrada.it

○ Irpinia Coda di Volpe Taberna '10	🍷🍷	3*
○ Fiano di Avellino '10	🍷	4
○ Greco di Tufo '10	🍷	4

Contrada Salandra

via Tre Piccioni, 40
80078 Pozzuoli [NA]
Tel. 0818541651
www.dolciqualita.com

○ Campi Flegrei Falanghina '09	🍷🍷	4*
● Campi Flegrei Piedirosso '09	🍷🍷	4*

Corte Normanna

LOC. SAPENZIE, 20
82034 GUARDIA SANFRAMONDI [BN]
TEL. 0824817004
www.cortenormanna.it

- ● Sannio Aglianico Tre Pietre '06 — 5
- ○ Sannio Falanghina '10 — 3
- ○ Sannio Fiano '10 — 4
- ● Sannio Rosso Guiscardo '08 — 3

D'Antiche Terre - Vega

C.DA LO PIANO - SS 7 BIS
83030 MANOCALZATI [AV]
TEL. 0825675358
www.danticheterre.it

- ○ Fiano di Avellino '10 — 4
- ○ Greco di Tufo '10 — 4
- ○ Sannio Falanghina '10 — 4*
- ● Taurasi '06 — 6

De Falco

VIA FIGLIOLA
80040 SAN SEBASTIANO AL VESUVIO [NA]
TEL. 0817713755
www.defalco.it

- ● Vesuvio Lacryma Christi Rosso '10 — 4*
- ○ Falanghina del Beneventano '10 — 3
- ● Penisola Sorrentina Gragnano '10 — 4
- ○ Vesuvio Lacryma Christi Bianco '10 — 4

De Maria

VIA SAUDONI
83030 LAPIO [AV]
TEL. 0825976005
cantinedemaria@libero.it

- ○ Fiano di Avellino '10 — 4*
- ○ Fiano di Avellino '09 — 4

Cantine Elmi

C.DA CHIANZANO
83040 MONTEMARANO [AV]
TEL. 082765354
www.cantineelmi.it

- ● Irpinia Campi Taurasini Gli Avi di Chianzano '07 — 5
- ● Taurasi '06 — 6

Cantina Farro

LOC. FUSARO - FRAZ. BACOLI
VIA VIRGILIO, 16/24
80070 NAPOLI
TEL. 0818545555
www.cantinefarro.it

- ○ Campi Flegrei Falanghina '10 — 4*
- ○ Campi Flegrei Falanghina Le Cigliate '09 — 5
- ⊙ Depié Rosé '10 — 4

Cantina Giardino

VIA PETRARA, 21B
83031 ARIANO IRPINO [AV]
TEL. 0825873084
www.cantinagiardino.com

- ○ T'Ara Rà '09 — 6
- ● Le Fole '09 — 4

Raffaele Guastaferro

VIA GRAMSCI
83030 TAURASI [AV]
TEL. 082539244
www.guastaferro.it

- ● Taurasi Primum '07 — 5
- ● Taurasi Primum '04 — 5

Iannella

VIA TORA
82030 TORRECUSO [BN]
TEL. 0824872392
www.cantineiannella.it

- ● Taburno Aglianico '08 — 🍷🍷 4
- ○ Taburno Coda di Volpe '10 — 🍷🍷 4*
- ● Sannio Piedirosso '10 — 🍷 4
- ○ Taburno Falanghina '10 — 🍷 4

Macchialupa

FRAZ. SAN PIETRO IRPINO
VIA FONTANA
83020 CHIANCHE [AV]
TEL. 0825996396
www.macchialupa.it

- ○ Fiano di Avellino '10 — 🍷🍷 4
- ○ Greco di Tufo '10 — 🍷 4
- ● Taurasi Le Surte '06 — 🍷 6

Masseria Frattasi

VIA TORRE VARONI, 15
82016 MONTESARCHIO [BN]
TEL. 0823351740
www.masseriafrattasi.it

- ● Aglianico Amaro A ppassito Kapnios '06 — 🍷🍷 4
- ● Aglianico del Taburno Iovi Tonant '08 — 🍷🍷 4
- ○ Taburno Falanghina di Bonea '10 — 🍷🍷 4*
- ○ Taburno Falanghina '10 — 🍷 4

Migliozzi

FRAZ. CASALE DI CARINOLA
VIA APPIA KM 179
81030 CARINOLA [CE]
TEL. 0823704275
www.rampaniuci.it

- ● Falerno del Massico Rampaniuci '08 — 🍷🍷 5

Montesole

LOC. SERRA DI MONTEFUSCO
VIA SERRA
83030 MONTEFUSCO [AV]
TEL. 0825963972
www.montesole.it

- ○ Fiano di Avellino V. Acquaviva '10 — 🍷🍷 5
- ○ Sannio Falanghina V. Zampino '10 — 🍷🍷 5
- ○ Simposium Falanghina '10 — 🍷🍷 4
- ● Taurasi V. Vinieri '04 — 🍷🍷 7

F.lli Muratori

LOC. EREMITA
82100 BENEVENTO
TEL. 0824334061
www.arcipelagomuratori.it

- ○ Passito Secco Giardini Arimei — 🍷🍷 6
- ○ Ischia Bianco Sup. Pietra Brox Giardini Arimei '10 — 🍷 4
- ○ Sannio Falanghina Caracena Tenuta Oppida Aminea '10 — 🍷 4

Mustilli

VIA CAUDINA, 10
82019 SANT'AGATA DE' GOTI [BN]
TEL. 0823718142
www.mustilli.com

- ● Sannio Aglianico Grifo di Rocca '09 — 🍷🍷 4
- ● S. Agata dei Goti Aglianico Cesco di Nece '08 — 🍷 5
- ○ S. Agata dei Goti Falanghina '10 — 🍷 4
- ● Sannio Piedirosso '10 — 🍷 4

Lorenzo Nifo Sarrapochiello

VIA PIANA
82030 PONTE [BN]
TEL. 0824876450
www.nifo.eu

- ○ Sannio Fiano '10 — 🍷🍷 4*
- ○ Sannio Falanghina Alenta V.T. '10 — 🍷 5
- ⊙ Taburno Aglianico Rosato Màrosa '10 — 🍷 4

Nugnes

via Vicinale Masseria SS. Apostoli
81030 Carinola [CE]
Tel. 0815584386
www.aziendagricolanugnes.it

- ● Falerno del Massico Caleno Ris. '08 — 🍷🍷 6
- ● Falerno del Massico Rosso '09 — 🍷🍷 4

Ocone

loc. La Madonnella
via del Monte, 56
82030 Ponte [BN]
Tel. 0824874040
www.oconevini.it

- ● Taburno Piedirosso Calidonio '10 — 🍷🍷 6
- ○ Oca Bianca '10 — 🍷 4
- ○ Taburno Falanghina Flora '10 — 🍷 4
- ○ Taburno Greco Giano '10 — 🍷 4

La Pietra di Tommasone

via Provinciale Fango, 98
80076 Lacco Ameno [NA]
Tel. 0813330330
www.tommasonevini.it

- ○ Ischia Bianco Terradei '10 — 🍷 4
- ○ Ischia Biancolella '10 — 🍷 4
- ● Pignanera '08 — 🍷 7
- ○ Pithecusa Bianco '10 — 🍷 5

Andrea Reale

loc. Borgo di Gete
via Cardamone, 75
84010 Tramonti [SA]
Tel. 089856144
www.aziendaagricolareale.it

- ○ Costa d'Amalfi Tramonti Bianco Aliseo '10 — 🍷🍷 5
- ⊙ Costa d'Amalfi Tramonti Getis Rosato '10 — 🍷🍷 4

San Giovanni

Punta Tresino
84072 Castellabate [SA]
Tel. 0974965136
www.agricolasangiovanni.it

- ○ Fiano Tresinus '10 — 🍷🍷 4*
- ○ Fiano '10 — 🍷 4

San Salvatore

via Dionisio s.n.c.
84050 Giungano [SA]
Tel. 08281990900
www.sansalvatore1988.it

- ○ Calpazio '10 — 🍷 4
- ● Jungano '09 — 🍷 4
- ○ Trentenare '10 — 🍷 4

Santiquaranta

c.da Torrepalazzo
82030 Torrecuso [BN]
Tel. 0824876128
www.santiquaranta.it

- ● Sannio Aglianico '08 — 🍷🍷 4
- ○ Sannio Falanghina '10 — 🍷 4
- ○ Sannio Moscato '10 — 🍷 4

Tenuta Sarno 1860

c.da Serroni 4b
83100 Avellino
Tel. 082526161
www.tenutasarno1860.it

- ○ Fiano di Avellino '10 — 🍷🍷 4*

Selvanova

LOC. SQUILLE
VIA SELVANOVA
81010 CASTEL CAMPAGNANO [CE]
TEL. 0823867261
www.selvanova.com

- ● Aglianico Selvanova '07 — 🍷🍷 7
- ● Silicata '07 — 🍷🍷 6
- ○ Milo '09 — 🍷 5
- ○ Pallagrello Bianco Acquavigna '09 — 🍷 5

La Sibilla

FRAZ. BAIA
VIA OTTAVIANO AUGUSTO, 19
80070 BACOLI [NA]
TEL. 0818688778
www.sibillavini.it

- ○ Campi Flegrei Falanghina '10 — 🍷🍷 4*
- ● Campi Flegrei Piedirosso '10 — 🍷 4
- ○ Domus Giulii '09 — 🍷 7
- ● Marsiliano '08 — 🍷 6

Sorrentino

VIA CASCIELLO, 5
80042 BOSCOTRECASE [NA]
TEL. 0818584963
www.sorrentinovini.com

- ● Don Paolo '09 — 🍷🍷 5
- ○ Nati '09 — 🍷 4
- ○ Vesuvio Lacryma Christi Bianco V. Lapillo '10 — 🍷 4
- ● Vesuvio Lacryma Christi Rosso V. Lapillo '09 — 🍷 4

Tenuta Adolfo Spada

FRAZ. VAGLIE
SP 14 SESSA MIGNANO
81044 GALLUCCIO [CE]
TEL. 0823925709
www.tenutaspada.it

- ● Galluccio Gallicius Rosso '10 — 🍷🍷 3
- ● Gladius '08 — 🍷🍷 5
- ○ Fiorflòres '10 — 🍷 4
- ○ Galluccio Gallicius Bianco '10 — 🍷 3

Cantina del Taburno

VIA SALA, 16
82030 FOGLIANISE [BN]
TEL. 0824871338
www.cantinadeltaburno.it

- ⊙ Albarosa '10 — 🍷 3
- ○ Coda di Volpe Amineo '10 — 🍷 4
- ○ Fiano del Beneventano '10 — 🍷 4
- ○ Taburno Falanghina '10 — 🍷 4

Terre Irpine

P.ZZA MUNICIPIO, 6
83055 STURNO [AV]
TEL. 0825448774
www.terreirpine.it

- ● Taurasi Ris. '05 — 🍷🍷 6
- ● Aglianico '08 — 🍷 4

Cantine Tora

VIA TORA II
82030 TORRECUSO [BN]
TEL. 0824872254
www.cantinetora.it

- ● Taburno Aglianico '08 — 🍷🍷 4
- ● Taburno Aglianico Ris. '07 — 🍷 6
- ⊙ Taburno Aglianico Rosato '10 — 🍷 4
- ○ Taburno Falanghina '10 — 🍷 4

Torre a Oriente

LOC. MERCURI I, 19
82030 TORRECUSO [BN]
TEL. 0824874376
www.torreaoriente.eu

- ○ Sannio Falanghina Biancuzita '08 — 🍷🍷 4*
- ● Taburno Aglianico U' Barone '07 — 🍷🍷 4
- ○ Gioconda '10 — 🍷 3
- ○ Taburno Falanghina Siriana '10 — 🍷 4

Trabucco

via Vittorio Emanuele, 1
81030 Carinola [CE]
Tel. 0823737345
www.trabucconicola.it

● Falerno del Massico Rosso Rapicano '09 — 🍷🍷 5

Antica Masseria Venditti

via Sannitica, 120/122
82037 Castelvenere [BN]
Tel. 0824940306
www.venditti.it

● Sannio Aglianico Marraioli '08 — 🍷🍷 4
● Sannio Barbera Barbetta '09 — 🍷🍷 4
○ Sannio Bianco '10 — 🍷 3
○ Sannio Falanghina Vàndari '10 — 🍷 4

Vestini Campagnano Poderi Foglia

fraz. SS. Giovanni e Paolo
via Barraccone, 5 - 81013 Caiazzo [CE]
Tel. 0823679087
www.vestinicampagnano.it

● Casa Vecchia '08 — 🍷🍷 6
● Kajanero '10 — 🍷🍷 4*
● Connubio '07 — 🍷 8
● Pallagrello Nero '08 — 🍷 6

Le Vigne di Raito

fraz. Raito
via San Vito, 9
84019 Vietri sul Mare [SA]
Tel. 089233428
www.levignediraito.com

● Ragis '08 — 🍷🍷 6

Villa Dora

via Bosco Mauro, 1
80040 Terzigno [NA]
Tel. 0815295016
www.cantinevilladora.it

○ Vesuvio Lacryma Christi Bianco V. del Vulcano '09 — 🍷🍷 5
⊙ Vesuvio Lacryma Christi Rosato Gelsorosa '10 — 🍷 5
● Vesuvio Lacryma Christi Rosso Gelsonero '09 — 🍷 5
● Vesuvio Lacryma Christi Rosso Forgiato '09 — 🍷 6

Volpara

fraz. Tuoro
via Podesti, 23
81037 Sessa Aurunca [CE]
Tel. 0823938051
www.volparavini.it

● Falerno del Massico Rosso Tuoro Ris. '08 — 🍷🍷 5
○ Falerno del Massico Bianco Donna Jolanda '10 — 🍷 4
● Falerno del Massico Rosso Ri Sassi '08 — 🍷 4
○ White '10 — 🍷 2

巴西利卡塔区
BASILICATA

这一年巴西利卡塔区（Basilicata）的葡萄酒状况给人无限期待，但也有令人担忧的地方。一方面，我们见证了这里酿酒厂的重新排序，地区领导团队也在制定下一年的计划；但是另外一方面，我们必须承认现在处于经济严重衰退的境地。这种经济衰退的影响导致了家族的分裂，不少酒庄被接管，甚至还有的酒庄被迫倒闭。我们发现今年拿出来作为典范的酒庄早就已经出现在过去的年鉴里了，或者反过来说，有很多的典范。这些酿酒业显示出来的迹像也告诉巴西利卡塔，它很难与葡萄酒市场的时间表保持着同步。同样地，也有不少地方显示出了酒庄拓宽葡萄酒风格和特色的趋势，这样就给了顾客和追求者们更多的机会，在这个古老的酒庄中寻找一些新鲜的事物。正如我们指出的那样，我们时刻牢记着阿耶连科•德尔•瓦切尔地区（Aglianico del Vulture）正经历的事情，甚至还有该地区最顶级的设计和巴西利卡塔产品的领导者。在排名前列，我们看到了迥然不同的历史故事、数字、策略以及葡萄种植方式。排名中既有经验丰富的酿酒商，同时还有一小部分新兴企业。来自地区之外的投资在该地区关键酿酒商那里得到了回应。大型的私人团体与一些合作者一同经营着，同时还有越来越多的技术家们在精选的分区里进行协作。整个葡萄酒酿造全貌丰富多样，在我们尝到的葡萄酒中可以完美地体现这种多样性。同往年一样，我们至少可以从以下三次收获期里看到这一特色，即2007年、2008年和2009年的情况。尽管从表面上看2009年的状况是最差的，但实际上却是最鼓舞人心的。生产的淡季实际上帮助这种多汁的产品变得更具舒适度，更易于上口。在我们激动人心的最后排名中，经常出现的葡萄酒仍然是人们的唯一期待，包括艾琳娜•福西（Elena Fucci）酒庄酿造的2009年款缇托洛（Titolo），和巴斯里斯克（Basilisco）酒庄2008年酿造的巴斯里斯克酒，后者在2010年秋天被福地酒园（Feudi di San Gregorio）接管了。伊莉莎贝塔•穆斯托•卡莫尔里塔诺酒庄（Elisabetta Musto Carmelitano）的第一个“三杯奖”是她的2009年款塞拉•普雷迪（Serra del Prete），这或许是我们没有想到的。离顶级荣誉只有一步之遥的是一些葡萄酒中的佼佼者，它们分别来自于格瑞法尔科（Grifalco）、米歇尔•拉鲁斯（Michele Laluce）、埃利亚诺（Eleano）和马克尔里克（Macarico）酒庄。同样还有帕特尔莫斯特尔（Paternoster）酒庄也在其中，如今该酒庄仍在悼念皮诺（Pino）的离去，这位真正的酿酒绅士在去年夏天永远离开了我们。纵观庄园的归属问题，我们发现康提娜•迪•维诺萨（Cantina del Venosa）、埃维厄（Euboea）、坎提恩•德尔•诺塔伊奥（Cantine del Notaio）和卡尔波恩（Carbone）酒庄仍处于合适的位置，但是多纳托（Donato）和菲洛米娜•德安吉洛（Filomena D'Angelo）酒庄选择了离开卡西拉•德安吉罗（Casa Vinicola D'Angelo）去建立他们自己的多纳托•德安吉罗（Donato D'Angelo）企业。而在梅特拉省（Matera）则显得十分安静，因为特拉•戴尔•阿尔塔瓦•迪安格瑞（Terre dell'Alta Val d'Agri）酒庄的新设计根本不值一提。玛利亚西•卡尔迪诺（Masseria Cardillo）酒庄和塔维尔纳（Taverna）酒庄仍然让人拭目以待，而曼特格纳（Mantegna）酒庄则是令人兴奋的新来者之一。

Basilisco

VIA DELLE CANTINE, 22
85022 BARILE [PZ]
TEL. 0972771033
www.basiliscovini.it

藏酒销售
预约参观
年产量 50 000 瓶
葡萄种植面积 22.5 公顷

在巴斯里斯克（Basilisco）酒庄有很多重要的进步。多纳托•库托洛（Donato Cutolo）在1992年创建了这个酒庄，之后由福地酒园（Feudi di San Gregorio）接管。福地酒园在普利亚地区（Puglia）还有其他的利益。梅佐葡萄（Vigne di Mezzo）酒庄和位于巴瑞乐（Barile）中心的洛坎达•普拉索（Locanda del Palazzo）酒店都属于其中。卡帕尔多（Capaldo）家族打算继续经营巴斯里斯克酒庄，并将它作为一个独立的企业运营，这个合作团队仍然包括米歇尔•库托洛（Michele Cutolo）以及酿酒顾问洛伦佐•兰迪（Lorenzo Landi）。但是他们的关注焦点将放在马里卡可（Macario）和杰罗西亚（Gelosia）地区最好的酒庄，即坐落在450米高的火山石上的大约15公顷的土地。

- ● Aglianico del Vulture Basilisco '08 🍷🍷🍷 6
- ● Aglianico del Vulture Teodosio '09 ▼ 4
- ● Aglianico del Vulture Basilisco '07 ▽▽▽ 6
- ● Aglianico del Vulture Basilisco '06 ▽▽▽ 6
- ● Aglianico del Vulture Basilisco '04 ▽▽▽ 6
- ● Aglianico del Vulture Basilisco '01 ▽▽▽ 6
- ● Aglianico del Vulture Teodosio '08 ▽▽ 4

Cantine del Notaio

VIA ROMA, 159
85028 RIONERO IN VULTURE [PZ]
TEL. 0972723689
www.cantinedelnotaio.com

藏酒销售
预约参观
年产量 215 000 瓶
葡萄种植面积 30 公顷
葡萄栽培方式 生机互动农耕认证

吉尔拉多•吉乌拉特拉波切提（Gerardo Giuratrabocchetti）是他的同伴和葡萄酒爱好者的指路明灯。由于一直得到路易吉•莫伊奥（Luigi Moio）的支持，吉尔拉多成为了第一批展示在细心管理下有限的土地和新的酿酒技术能取得成就的人。如今，这个在瓦尔切（Vulture）的里约热内卢（Rionero）企业掌管着大约30公顷的土地，种植了全部的阿耶连科（aglianico）品种，包括苏打白葡萄（spumante）、玫瑰红葡萄和经过去皮发酵过程的酒以及半干的晚熟葡萄，这些葡萄是靠成熟时间来区分，并以公证术语来命名的。

- ● Aglianico del Vulture Il Repertorio '09 ▼▼ 5
- ● Aglianico del Vulture Il Sigillo '07 ▼▼ 7
- ● Aglianico del Vulture La Firma '08 ▼▼ 7
- ○ L'Autentica '09 ▼▼ 6
- ⊙ Il Rogito '09 ▼ 5
- ● L'Atto '09 ▼ 4
- ○ La Raccolta '10 ▼ 6
- ● Aglianico del Vulture La Firma '00 ▽▽▽ 6
- ● Aglianico del Vulture Il Repertorio '08 ▽▽ 5
- ● Aglianico del Vulture Il Repertorio '07 ▽▽ 5
- ● Aglianico del Vulture Il Sigillo '06 ▽▽ 7
- ● Aglianico del Vulture La Firma '07 ▽▽ 7
- ● Aglianico del Vulture La Firma '06 ▽▽ 7
- ○ Il Preliminare '09 ▽▽ 4
- ○ La Raccolta '09 ▽▽ 6

Carbone

via Nitti, 48
85025 Melfi [PZ]
Tel. 0972237866
www.carbonevini.it

藏酒销售
预约参观
年产量 45 000 瓶
葡萄种植面积 18 公顷

鲁卡（Luca）和萨拉（Sara）可以引以为豪，因为在过去很少有机会看到众多酿造商都欣赏一个新建的酒庄。从一开始，这对来自梅尔菲（Melfi）的兄妹就致力于推动当地土地的发展，就如同他们曾经对葡萄酒尽心尽力一样。该酒庄的中心在梅尔菲的高地种植着古老的葡萄品种，生产着现代的有时候很不错的阿耶连科（Aglianico）系列，这些葡萄酒与瓶装时代一起在发展着。一种在钢桶中陈化的菲亚诺（Fiano）让这一系列的葡萄酒变得完美起来。

- ● Aglianico del Vulture Stupor Mundi '08 — 🍷🍷 6
- ● Aglianico del Vulture Terra dei Fuochi '09 — 🍷🍷 4
- ● Aglianico del Vulture 400 Some '07 — 🍷🍷 5
- ● Aglianico del Vulture Stupor Mundi '07 — 🍷🍷 6
- ● Aglianico del Vulture Stupor Mundi '06 — 🍷🍷 6
- ● Aglianico del Vulture Terra dei Fuochi '07 — 🍷🍷 4*
- ● Aglianico del Vulture Terra dei Fuochi '06 — 🍷🍷 4*

D'Angelo

via Padre Pio, 10
85028 Rionero in Vulture [PZ]
Tel. 0972724602
www.agrida.com

藏酒销售
年产量 50 000 瓶
葡萄种植面积 15 公顷

这是多纳托•德•安杰洛（Donato D'Angelo）和他的妻子菲尔欧米娜•卢比（Filomena Ruppai）创建的一个新的庄园，家庭环境的变化迫使他们离开德•安杰洛（D'Angelo）庄园，那个他们同俄尔皮尼亚（Erminia）和洛克（Rocco）一起经营多年的企业。他们故事的新篇章开始于瓦尔切市（Vulture）的巴瑞尔（Barile）和里约内罗（Rionero）大约20公顷大小的经典地带。最初的时候该酒庄规模很小，但是却生产着以阿耶连科葡萄（aglianico）为原料的精心挑选的葡萄酒系列，包括多纳托•德•安杰洛（Donato D'Angelo）的唯一品种和以赤霞珠（caberbet sauvignon）和波尔克那然•阿耶连科（agliancio balconara）的混合品种。

- ● Aglianico del Vulture Donato D'Angelo '08 — 🍷🍷 5
- ● Balconara '08 — 🍷🍷 5

Casa Vinicola D'Angelo

via Provinciale, 8
85028 Rionero in Vulture [PZ]
Tel. 0972721517
www.dangelowine.com

藏酒销售
预约参观
年产量 350 000 瓶
葡萄种植面积 50 公顷

德·安杰洛（D'Angelo）企业是瓦尔切地区（Vulture）酿酒业的标志。该酒庄创建于20世纪30年代，如今由俄尔米尼亚（Erminia）和罗科（Rocco）经营着。多纳托·德·安杰洛（Donato D'Angelo）最近离开了自己的生意去创建一个新的品牌。该酒庄生产的葡萄酒系列包括一些深得人心的朴实的阿耶连科系列（Aglianicos），这些酒之前被放在更现代的品种旁边，在斯拉夫尼亚（Slavonian）橡树木桶内经过了缓慢的陈化。而赛瑞·黛乐·奎尔斯（Serra delle Querce）酒中则混合了一些美乐酒（merlot）。这个40多公顷的葡萄园位于迪内罗（Rinero）、瑞珀拉（Rapolla）、巴瑞尔（Barile）和瑞帕坎迪达（Ripacandia）的经典酿酒地带。

● Aglianico del Vulture '09	🍷🍷 4*
● Aglianico del Vulture V. Caselle Ris. '06	🍷🍷 5
● Aglianico del Vulture Valle del Noce '09	🍷🍷 6
● Canneto '09	🍷🍷 5
● Aglianico del Vulture V. Caselle Ris. '01	🍷🍷🍷 4*
● Aglianico del Vulture '08	🍷🍷 4
● Aglianico del Vulture Donato D'Angelo '06	🍷🍷 5
● Aglianico del Vulture V. Caselle Ris. '04	🍷🍷 5
● Aglianico del Vulture Valle del Noce '07	🍷🍷 6
● Serra delle Querce '07	🍷🍷 6
● Serra delle Querce '06	🍷🍷 6

Eleano

fraz. Pian dell'Altare
SP 8
85028 Ripacandida [PZ]
Tel. 0972722273
www.eleano.it

藏酒销售
预约参观
年产量 35 000 瓶
葡萄种植面积 6 公顷

形容埃利亚诺（Eleano）酒庄的时候，我们通常都会想到"新颖"和"天启"这两个词，这个小酒庄由阿尔弗瑞多·科尔蒂斯科（Alfredo Cordisco）和弗朗西斯科·格里克（Francesca Grieco）领导。人们之所以会这样形容这个酒庄，是因为他们酿造的风味齐全的阿耶连科（Aglianicos）系列，在人们感受到酒的重量和质感之前就将梦幻般的优雅和均衡融入其中了。他们细心地用木桶进行陈化。起步阶段的红葡萄酒是迪奥尼西奥（Dionisio），该酒先在大小不同的木桶中经过了12个月的陈化，然而埃利亚诺酒庄会将其多发酵一年，有些是放在10升大的木桶里。该酒庄坐落于瑞帕坎迪达市（Ripacandia）的皮安·德尔·阿尔塔利（Pian dell'Altare）地区。

● Aglianico del Vulture Dioniso '08	🍷🍷 4
● Aglianico del Vulture Eleano '07	🍷🍷 6
● Aglianico del Vulture '05	🍷🍷 6
● Aglianico del Vulture Dioniso '07	🍷🍷 4
● Aglianico del Vulture Dioniso '06	🍷🍷 4*
● Aglianico del Vulture Dioniso '05	🍷🍷 4
● Aglianico del Vulture Eleano '06	🍷🍷 6
○ Ambra '08	🍷🍷 5

Eubea

SP 8
85020 RIPACANDIDA [PZ]
TEL. 3284312789
www.agricolaeubea.com

藏酒销售
预约参观
年产量 50 000 瓶
葡萄种植面积 17 公顷
葡萄栽培方式 有机认证

尤毕亚（Eubea）酒庄，这个品牌的名字是萨索（Sasso）家族采用的。这个酒庄可谓是地中海地区的贡品，也正是从地中海地区希腊殖民者才向意大利引入了阿耶连科葡萄（aglianico）。该酒庄创建于1997年，由十分坚定的尤金妮亚（Eugenia）领导着，背后有她父亲弗朗西斯科（Francesco）的支持，每个人都亲切地称她父亲为“酿酒业的教授”。大约40到60年前，他们就在瑞帕坎迪达（Ripacandia）巴瑞乐（Barile）地区15公顷的土地上进行着传统栽培，多亏有了葡萄园内种植者的精心挑选，在这些土地上他们种植出了很不错、偶尔还有丰富萃取物的葡萄。

- Aglianico del Vulture Eubearosso '09 ⚫⚫ 3*
- Aglianico del Vulture Il Covo dei Briganti '09 ⚫⚫ 4
- Aglianico del Vulture Roinos '09 ⚫⚫ 6
- Aglianico del Vulture Il Covo dei Briganti '07 ○○ 5
- Aglianico del Vulture Il Covo dei Briganti '06 ○○ 6
- Aglianico del Vulture Riparossa '07 ○○ 4*
- Aglianico del Vulture Ròinos '07 ○○ 6
- Aglianico del Vulture Ròinos '06 ○○ 8

Elena Fucci

C.DA SOLAGNA DEL TITOLO
85022 BARILE [PZ]
TEL. 0972770736
www.elenafuccivini.com

藏酒销售
预约参观
年产量 18 000 瓶
葡萄种植面积 6.5 公顷
葡萄栽培方式 有机种植

29岁的酿酒大师艾琳娜•福西（Elena Fucci）是一个小酒庄的领导者，在短短的10年之内她就在巴西利卡塔（Basilicata）及更远范围内的酿酒前列确立了一席之地。该酒庄起初酿造的是阿耶连科•德尔•瓦尔切（Aglianico del Vulture）的一个庄园酿造系列——缇托洛（Titolo），直到今天缇托洛仍然专属于该酒庄。这种酒在向人们讲述着一个古老的3.5公顷大小酒庄的故事，起初只是在一片灌木丛中种植葡萄，最近又在侧面山顶上开辟了另外3公顷土地。这里进行的是小木桶中的陈化，大多数都是些新型的木桶，陈化时长为9个月。

- Aglianico del Vulture Titolo '09 ●●● 6
- Aglianico del Vulture Titolo '08 ○○○ 7
- Aglianico del Vulture Titolo '07 ○○○ 7
- Aglianico del Vulture Titolo '06 ○○○ 6
- Aglianico del Vulture Titolo '05 ○○○ 6
- Aglianico del Vulture Titolo '02 ○○○ 6

Grifalco della Lucania

LOC. PIAN DI CAMERA
85029 VENOSA [PZ]
TEL. 097231002
grifaicodellalucania@email.it

藏酒销售
预约参观
年产量 60 000 瓶
葡萄种植面积 16 公顷
葡萄栽培方式 有机认证

格瑞法尔科（Grifalco）是一个小酒庄，在2003年由法布里奇奥（Fabrizio）和赛利亚西•皮森（Cecilia Piccin）创立。他们之前就在托斯卡纳（Tuscany）从事酿酒业，之后就搬到了巴西利卡塔（Basilicata）。如今，这个企业已经找到了发展之路，关键因素存在于他们的风格。过去这里的酒刚烈且带有烘烤味，如今他们更关注葡萄酒带来的优雅感觉。他们在古内斯塔拉（Ginestra）、马思琪托（Maschito）、拉珀拉（Rapolla）和维诺萨（Venosa）地区拥有16公顷的土地，采用有机栽培方式耕作，以种植阿耶连科葡萄（aglianico）为基础，使用来自不同地方大小各异的木桶进行陈化，但主要是25升和50升这两种型号的木桶。

- ● Aglianico del Vulture Grifalco '09 — 🍷🍷 4
- ● Aglianico del Vulture Gricos '09 — 🍷🍷 3*
- ● Aglianico del Vulture Damaschito '07 — ŸŸ 5
- ● Aglianico del Vulture Gricos '08 — ŸŸ 3*
- ● Aglianico del Vulture Gricos '07 — ŸŸ 3*
- ● Aglianico del Vulture Grifalco '08 — ŸŸ 4
- ● Aglianico del Vulture Grifalco '07 — ŸŸ 4

Michele Laluce

VIA ROMA, 21
85020 GINESTRA [PZ]
TEL. 0972646145
www.vinilaluce.it

藏酒销售
预约参观
年产量 40 000 瓶
葡萄种植面积 7 公顷
葡萄栽培方式 有机认证

米歇尔•拉鲁斯（Michele Laluce）看起来就和他真实的本人一样：一个正宗瓦尔切（Vulture）农耕遗产的优秀代表。米歇尔讷言敏行，人们通常会在吉内斯塔拉（Ginestra）的阿耶连科（aglianico）葡萄群中找到他。该庄园位于海拔400米的萨拉•德尔•特索罗（Serra del Tesoro）的乡村。他那粗犷却慷慨的灵魂在一系列酒中可以得到体现，这些酒因为发酵状态、浸皮程度和陈化所处的环境不同（有不同尺寸的钢桶和木桶）而风格各异。

- ● Aglianico del Vulture Le Drude '07 — 🍷🍷 7
- ● Aglianico del Vulture Zimberno '07 — 🍷 6
- ○ Morbino Bianco '10 — 🍷 4
- ● Aglianico del Vulture Zimberno '06 — ŸŸ 5

Macarico

P.ZZA CARACCIOLO, 7
85022 BARILE [PZ]
TEL. 0972771051
www.macaricovini.it

藏酒销售
预约参观
年产量 23 000 瓶
葡萄种植面积 5 公顷
葡萄栽培方式 有机认证

瑞诺•波特（Rino Botte）以及瑞纳托•阿布拉米（Renato Abrami）已奠定向巴瑞勒（Barile）皮阿茨•卡拉乔诺（Piazza Caracciolo）进军的基础，在那里他们经营着规模虽然不大但却越来越有影响力的瓦尔切（Vulture）企业。葡萄园位于康特拉达•玛卡尔西奥（Contrada Macario）——经典地带的极品种植地之一，这里的葡萄种植密度差不多是每公顷1 000株，产量明显很低。这里的葡萄酒也继续保持着力量与浓度的基本特色。有时候，人们很难在早期的时候品尝出葡萄酒的味道，但是随着时间的推移，人们经常会在酒中发现意想不到的均衡与匀称。

酒款	评级
● Aglianico del Vulture Macarico Selezione '06	🍷🍷 7
● Aglianico del Vulture Macarico '07	🍷🍷🍷 6
● Aglianico del Vulture '06	🍷🍷 6
● Aglianico del Vulture '05	🍷🍷 6
● Aglianico del Vulture '04	🍷🍷 6
● Aglianico del Vulture Macarì '08	🍷🍷 5
● Aglianico del Vulture Macarì '07	🍷🍷 5*
● Aglianico del Vulture Macarì '06	🍷🍷 5
● Aglianico del Vulture Macarì '05	🍷🍷 5

Musto Carmelitano

VIA PIETRO NENNI, 23
85020 MASCHITO [PZ]
TEL. 097233312
www.mustocarmelitano.it

藏酒销售
预约参观
年产量 15 000 瓶
葡萄种植面积 3 公顷
葡萄栽培方式 有机认证

为了表达对于穆斯托•卡麦里塔诺（Musto Carmelitano）所酿葡萄酒的热情，我们会回想起以前很多个场景，该酒庄无疑成为了巴西利卡塔（Basilicata）伟大酿酒蓝图下的一颗新星。位于马思琪托（Maschito）之外的伊莉莎贝塔（Elisabetta）小酒庄，每年在3公顷有机耕作的土地上就要发售15 000瓶葡萄酒。基本产品包括三款马斯卡托（Maschito）、罗索（Rosso）、比安科（Bianco）和罗萨托（Rosato）。然而这里的经典代表是塞拉•德尔•普利特（Serra del Prete）系列，该酒产于拥有45年历史的葡萄园，发酵过程是在钢桶和水泥桶中完成的。另一个代表是皮安•德尔•莫洛（Pian del Moro），这种酒的葡萄原料已经有80年的栽种历史了，在中等型号的木桶中经过了12个月的发酵。

酒款	评级
● Aglianico del Vulture Serra del Prete '09	🍷🍷🍷 4
● Aglianico del Vulture Pian del Moro '09	🍷🍷 4
● Maschitano Rosso '09	🍷🍷 3*
● Pian del Moro '08	🍷🍷 4
● Serra del Prete '08	🍷🍷 4

Paternoster

C.DA VALLE DEL TITOLO
85022 BARILE [PZ]
TEL. 0972770224
www.paternostervini.it

藏酒销售
预约参观
年产量 130 000 瓶
葡萄种植面积 20 公顷
葡萄栽培方式 有机认证

对于巴西利卡塔地区（Basilicata）历史最悠久的酒庄来说，今年是个让人感伤的年头。在2011年的夏天，皮诺•帕斯特莫斯特尔（Pino Pasternoster）永远离开了我们。皮诺是该酒庄创建人安塞莫（Anseimo）的儿子，生于1919年，是维托（Vito）、安森莫（Anselmo）、塞尔吉奥（Sergio）、罗塞尔巴（Rosalba）和安娜（Anna）的父亲。皮诺真可谓是一位绅士，他总是喜欢躲避世人的关注。他彻底改变了当地的葡萄酒状况，慢慢把瓦尔切地区（Vulture）内最好的栽培区域整合起来，形成了一个超过20公顷的葡萄种植地。在最近的几年里，他和他的孩子们一直倾心于在巴瑞勒市（Barile）的坎特拉达•缇托洛地区（Contrada Titolo）创建新的酒庄，如今那个酒庄已成为当地设备最现代最好的酒庄了。

- ● Aglianico del Vulture Don Anselmo '07 — 🍷🍷🍷 7
- ● Aglianico del Vulture Rotondo '08 — 🍷🍷 6
- ● Aglianico del Vulture Synthesi '08 — 🍷🍷 4
- ○ Biancorte Fiano '10 — 🍷🍷 4
- ● Aglianico del Vulture Don Anselmo '94 — 🍷🍷🍷 5
- ● Aglianico del Vulture Don Anselmo Ris. '05 — 🍷🍷🍷 7
- ● Aglianico del Vulture Rotondo '01 — 🍷🍷🍷 6
- ● Aglianico del Vulture Rotondo '00 — 🍷🍷🍷 6
- ● Aglianico del Vulture Rotondo '98 — 🍷🍷🍷 5*
- ● Aglianico del Vulture Don Anselmo Ris. '06 — 🍷🍷 7
- ● Aglianico del Vulture Rotondo '06 — 🍷🍷 6
- ● Aglianico del Vulture Synthesi '07 — 🍷🍷 4
- ● Barigliòtt '08 — 🍷🍷 4*
- ○ Moscato della Basilicata Clivus '08 — 🍷🍷 4*

Cantina di Venosa

LOC. VIGNALI
VIA APPIA
85029 VENOSA [PZ]
TEL. 097236702
www.cantinadivenosa.it

藏酒销售
预约参观
年产量 800 000 瓶
葡萄种植面积 800 公顷

我们经常听到有人说意大利南部的坎提那•迪•维纳索（Cantina di Venaso）酒庄拥有稳固的合作关系，对于这一评价我们深表欣慰，同时这也是该酒庄要继续保持的作风。从1957年开始，它就为瓦尔切（Vulturte）酿酒地带的形成做出了重大贡献。在建立价格极具吸引力的权威葡萄酒系列时，该酒庄为它的酿酒盟友们（如今已有450人）提供了出口。该酒庄主要种植的是阿耶连科葡萄（aglianico），根据不同的葡萄口味，橡树材料和发酵程度酿造五种不同品牌的葡萄酒，而这五种酒中最好的是在钢桶中进行陈化过程的莫斯卡托（Moscato）干燥系列。

- ● Aglianico del Vulture Carato Venusio '08 — 🍷🍷 6
- ● Aglianico del Vulture Gesualdo da Venosa '07 — 🍷🍷 5
- ● Aglianico del Vulture Terre di Orazio '09 — 🍷🍷 4
- ● Aglianico del Vulture Vignali '09 — 🍷🍷 3*
- ● Aglianico del Vulture Dali'Aggio '09 — 🍷 3
- ○ Dry Muscat Terre di Orazio '10 — 🍷 4
- ● Aglianico del Vulture Carato Venusio '07 — 🍷🍷 5
- ● Aglianico del Vulture Carato Venusio '06 — 🍷🍷 6
- ● Aglianico del Vulture Gesualdo da Venosa '06 — 🍷🍷 5
- ● Aglianico del Vulture Terre di Orazio '08 — 🍷🍷 4
- ● Aglianico del Vulture Terre di Orazio '07 — 🍷🍷 4*
- ● Aglianico del Vulture Vignali '07 — 🍷🍷 4*
- ○ Dry Muscat Terre di Orazio '09 — 🍷🍷 3

Francesco Bonifacio

c.da Piani di Camera
85029 Venosa [PZ]
Tel. 097231436
www.cantinebonifacio.it

- ● Aglianico del Vulture Certamen '08 — 3*
- ● Aglianico del Vulture La Sfida '08 — 4
- ○ Miky Bì Dry Muscat '10 — 3
- ● La Sfida '09 — 2*

Masseria Cardillo

SS 407 Basentana km 97,5
75012 Bernalda [MT]
Tel. 0835748992
www.masseriacardillo.it

- ● Aglianico del Vulture Rubra '06 — 5

Cantine Madonna delle Grazie

loc. Vignali - via Appia
85029 Venosa [PZ]
Tel. 097235704
www.cantinemadonnadellegrazie.it

- ● Aglianico del Vulture Bauccio '06 — 5

Mantegna

c.da Piani
75022 Irsina [MT]
Tel. 0835629302
www.mantegnavini.it

- ● Mistero '08 — 4
- ● Vigna del Casale Rosso '08 — 3*
- ○ Matera Greco Melodia '10 — 3
- ⊙ Melodia Rosato '10 — 3

Armando Martino

via Luigi La Vista, 2a
85028 Rionero in Vulture [PZ]
Tel. 0972721422
www.martinovini.com

- ● Carolin '10 — 4*
- ● Aglianico del Vulture Bel Poggio '07 — 4

Ofanto

fraz. Monticchio Bagni
85020 Rionero in Vulture [PZ]
Tel. 0972080289
www.ofantovini.it

- ● Aglianico del Vulture L'Emozione '07 — 5
- ● L'Inatteso '08 — 4
- ○ Sensazioni '10 — 4

Francesco Radino

via Marconi, 37
85027 Rapolla [PZ]
Tel. 3356219305
www.radino.it

- ● Aglianico del Vulture Nòstos '08 — 5

Regio Cantina

loc. Piano Regio
85029 Venosa [PZ]
Tel. 3346966263
www.regiocantina.it

- ● Aglianico del Vulture Donpà '08 — 5
- ● Aglianico del Vulture Genesi '08 — 4

Taverna

c.da Taverna, 15
75020 Nova Siri [MT]
Tel. 0835877083
www.aataverna.com

- ● Aglianico del Vulture '07 — 🍷🍷 3*
- ● Il Lagarino di Dioniso '08 — 🍷🍷 4
- ⊙ Rosé '10 — 🍷 3
- ● Syrah '10 — 🍷 4

Tenuta del Portale

loc. Le Querce
85022 Barile [PZ]
Tel. 0972724069
tenutadelportale@tiscali.it

- ● Aglianico del Vulture '09 — 🍷🍷 4*
- ● Aglianico del Vulture Le Vigne a Capanno '09 — 🍷🍷 5
- ● Aglianico del Vulture Ris. '06 — 🍷 5

Terre degli Svevi

loc. Pian di Camera
85029 Venosa [PZ]
Tel. 097231263
www.giv.it

- ● Aglianico del Vulture Serpara '07 — 🍷🍷 6
- ● Aglianico del Vulture Re Manfredi '08 — 🍷 5

Vulcano & Vini

c.da Finocchiaro
85024 Lavello [PZ]
Tel. 097288409
www.agricolabisceglia.com

- ● Aglianico del Vulture Gudarrà '08 — 🍷🍷 5
- ● Armille Syrah '10 — 🍷 4
- ○ Bosco delle Rose Chardonnay '10 — 🍷 4
- ● Tréje '07 — 🍷 4

普利亚区
PUGLIA

普利亚地区（Puglia）确保这几年葡萄酒能达到的标准，而人们对于当地的印象也认可这个地方现在开始正在发展自己真正的潜能。在过去的几年里，我们见证了像蒙特堡（Castle del Monte）和朱雅（Gioia del Colle）有着葡萄文化地区的重生，也许只是这些地方的诞生，然而曼都利亚（Manduria）酒庄自己已经建立成为了重要的葡萄酒地带。普利亚正在推出不断完善的地中海葡萄酒新风格，我们无法否认新系列中达到的葡萄酒的刚烈与清新果味的平衡。总而言之，普利亚正发展成为稳定的思想起源地，这些新想法人们即使在10年前都很难想象。在少数生产商保证了第一批的优异结果后，上述的三个地区酒庄也都加入了众多追求葡萄酒质量的行列中。如今，独特出色的葡萄酒不再仅仅是少数个体酒庄的特点，整个地区都开始呈现这种特色。鉴于主要的评定人员尝过了2008年款和2009年款的葡萄酒之后，今年普利亚地区在本年鉴中所取得的成就更是惊人。尤其是当我们将当地最优质的品种黑阿玛罗葡萄（negroamaro）和萨伦托葡萄酒（Salento）作为一个整体来看的时候，这个抉择就显得尤为困难。去年，我们对用以黑阿玛罗葡萄（negroamaro）为原料酿造的葡萄酒的风格进行了再度思考，这些酒变得更复杂更难理解了。意料之中的是，在这个地区，一些最好的成就是由较为新型的酒庄以及一些较大的生产商取得的，这些酒庄能在酒窖发酵这个过程中给予葡萄酒更多的照料。今年，当地又有10款葡萄酒摘取了荣誉，这其中普利米帝沃葡萄（Primitivo）作出了主要贡献。普尔瓦纳拉（Povanera）酒庄凭借2008年出品的朱雅•普利米帝沃红葡萄酒（Gioia del Colle Primitivo 17'08）以及尼古拉•奇阿诺蒙特（Nicola Chiaromonte）酿造的普利米帝沃圣天使红葡萄酒（Gioia del Colle Primitivo Muro Sant'Angelo Contrada Barbatto）确保了自己在朱雅地区的地位，在2008年的收获季节我们再次被这两款酒深深吸引。在曼都利亚市（Mandutia），简弗兰克•菲诺酒庄（Gianfranco Fino）凭借2009年出品的普利米帝沃曼都利亚红葡萄酒（Primitivo di Manduria Es'09）给人们留下了深刻的印象，而梅雷拉酒庄（Morella）则凭借的是2008年出品的普利米沃帝古老葡萄酒（Primitivo Old Vines'08）。今年托马尔里斯卡（Tormaresca）酒庄的普利米沃帝托茨柯达2009款（Primitivo Torcicoda'09）仍然在获奖名单之列。排名前列的获奖者只包括一种罗迪特洛亚红葡萄酒（Nero di Troia）和来自托利温托酒庄（Torrenvento）珍藏蒙特堡红葡萄酒（Castel del Monte Rosso Vigna Pedale Riversa）。而“三杯奖”的得主则是两个新兴酒庄：一个是卡尔维尼亚酒庄（Carvinea），它是靠一种阿耶连科（agliancio）和小维多（petit verdot）不寻常混合体——弗绕玛(Frauma)的2008款而获此殊荣；另一个酒庄是特努塔•多米尼（Tenuta Domini），它则是凭借着2008年出品的珍藏卡斯利（Salice Salentino Casili Riversa'08）这款绝对的经典葡萄酒而获奖的。还有另外的两个老朋友值得一提：一款是杜尔•帕米尔酒庄（Due Palme）2008年出品的珍藏塞尔瓦罗莎红葡萄酒（Salice Salentino Rosso Selvarossa Riversa'08）以及康帝•泽卡酒庄（Conti Zecca）2008年出品的那罗红葡萄酒（Nero'08），这两款葡萄酒都是用以黑阿玛罗葡萄为原料酿造的。

A Mano

via Sergio Leone, 8c
70023 Gioia del Colle [BA]
Tel. 0803434872
www.amanowine.it

预约参观
年产量 320 000 瓶
葡萄栽培方式 有机认证

埃尔维拉•斯巴尔其尔洛（Elvzia Sbalchiero）和马克•山侬（Mark Shannon）一同经营的阿玛诺（A Mano）酒庄如今已是闻名八方了，不仅仅只是在朱雅地区（Gioia del Colle），而是在整个普利亚（Puglia）范围内，该酒庄正是因为一贯生产高质量的葡萄酒而颇负盛名。人们也特别关注这里的普利米帝沃葡萄（Primitivo），因为它将传统和精准的技术有机结合，具有优良的口感，是有足够深度以及丰富度的水果。该酒庄创建于1999年，当时没有自己的葡萄种植园，但是埃尔维拉和马克终年都在观察研究葡萄种植地，包括一些由许多种植者和小生产商共同经营的灌木林改造的葡萄园。他们同样也酿造出了一系列的有机葡萄酒，他们因此成为了普利亚的第一批独立酿酒的优质生产商。

酒款	评级	价格
● Prima Mano Primitivo '08	🍷🍷 (red)	3*
○ Fiano - Greco '10	🍷🍷	3*
⊙ Rosato '10	🍷🍷	3*
● Negroamaro '07	♈♈	3*
● Negroamaro A Mano '08	♈♈	3*
● Prima Mano '06	♈♈	5
● Prima Mano '05	♈♈	5
● Primitivo '07	♈♈	3*
● Primitivo A Mano '08	♈♈	3*
● Promessa Organic Syrah Merlot '09	♈♈	3*

Cantina Albea

via Due Macelli, 8
70011 Alberobello [BA]
Tel. 0804323548
www.albeavini.com

藏酒销售
预约参观
年产量 300 000 瓶
葡萄种植面积 40 公顷

坎蒂娜•阿尔比亚（Cantina Albea）酒庄创建于20世纪初期，原名阿尔比诺贝罗（Alberobello），它在过去的几年内成为了当地最有趣的企业之一。这一切的成就则要归功于丹特•雷恩兹丁（Dante Renzini）的努力与投资，他所酿造的那些值得人信赖的、具有显著国际风格的葡萄酒主要是由当地的葡萄种类酿造的，这其中包括因不断改良而品质显著的内罗迪特里亚葡萄（nero di Troia），同时还包括普利米帝沃葡萄（primitivo）、黑马罗葡萄（negroamaro）、贝德卡葡萄（berdeca）以及阿里山诺白葡萄（bianco d'Alessano）。该酒庄所酿造的葡萄酒有三个产区，阿尔比亚（Albea）是生产旗舰地区，此外还有杜尔•特鲁利产区（Due Trulli）和特里地索尔产区（Terra del Sole）。

酒款	评级	价格
● Lui '09	🍷🍷 (red)	6
● Nobile Latino '09	🍷🍷	4
● Petranera '09	🍷🍷	4
● Raro '09	🍷🍷	5
● Riservato '08	🍷🍷	5
○ Locorotondo Il Selva '10	🍷	3
● Sole del Sud '09	🍷	5
● Terra Lucente '10	🍷	4
● Lui '06	♈♈♈	6
● Lui '05	♈♈♈	6
● Lui '08	♈♈	6
● Lui '07	♈♈	6
● Raro '08	♈♈	5

Apollonio

VIA SAN PIETRO IN LAMA, 7
73047 MONTERONI DI LECCE [LE]
TEL. 0832327182
www.apolloniovini.it

藏酒销售
预约参观
年产量 1 500 000 瓶
葡萄种植面积 50 公顷

从1995年起，马尔塞洛（Marcello）和马西米利亚诺（Massimiliano）兄弟就开始管理他们的家族酒庄，该酒庄创建于1870年。他们大部分重要的葡萄酒酿造哲学都是基于时间的长短：在延长了浸皮过程后，又会在橡树木桶和玻璃桶中经历长时间的陈化过程，这样就酿出了传统风格的葡萄酒，有些酒是在成熟10年以上之后才推出市场的。该酒庄的生产有两个产区，阿波罗尼奥（Apollonio）和罗卡狄茉莉（Rocca dei Mori），这两处葡萄园是由灌木林转化而来的，分布着大量的粘土和石灰岩。

● Salice Salentino Rosso '06	🍷🍷 4
● Terragnolo Negroamaro '06	🍷🍷 5
○ Salice Salentino Bianco '10	🍷 4
● Terragnolo Primitivo '06	🍷 5
● Valle Cupa '06	🍷 5
● Copertino '04	🍷🍷 4
● Copertino Divoto Ris. '01	🍷🍷 6
● Salice Salentino '04	🍷🍷 4
● Terragnolo Negroamaro '04	🍷🍷 5
● Terragnolo Primitivo '04	🍷🍷 5

Francesco Candido

VIA A. DIAZ, 46
72025 SAN DONACI [BR]
TEL. 0831635674
www.candidowines.it

藏酒销售
预约参观
年产量 2 000 000 瓶
葡萄种植面积 138 公顷

坎迪多（Candido）酒庄因为它的历史以及其生产范围成为了萨伦托地区（Salento）的基准酒庄之一。在这里酿造的酒一直都具有传统风格，然而也非常干净并且经过了良好的技术处理。只有到达了最佳的发酵时期这些葡萄酒才会离开酒窖准备下一步的工序。在这个葡萄种植园上有着丰富的土壤种类，从黑色的钙质土地到沙地，然而大部分的葡萄是用马刺警戒的方式种植而来的，还有一部分是在灌木丛中种植的。本土的一些品种是该酒庄关注的重心。

● Salice Salentino I Satiri Ris. '06	🍷🍷 4*
● Cappello di Prete '07	🍷🍷 4
● Duca d'Aragona '05	🍷🍷 5
● Salice Salentino La Carta Ris. '06	🍷🍷 3
○ Tenuta Marini '10	🍷🍷 4
○ Paule Calle '07	🍷 5
⊙ Piccoli Passi '10	🍷 4
⊙ Salice Salentino Rosato Le Pozzelle '10	🍷 3
● Duca d'Aragona '04	🍷🍷 5
● Immensum '08	🍷🍷 5

Cantele

SP Salice Salentino-San Donaci km 35,600
73010 Guagnano [LE]
Tel. 0832705010
www.cantele.it

藏酒销售
预约参观
年产量 1 800 000 瓶
葡萄种植面积 150 公顷

在坎特勒（Cantele）家族第三代人的精心管理下，这个可信的萨伦托（Salento）酒庄成功地将数量和质量有机地结合在一起。这里酿造了种类多样的葡萄酒，而用来酿造这些酒的葡萄主要来自于当地很多的葡萄种植者，他们已经和该酒庄建立了长达10年的合作关系。该酒庄的葡萄种植园主要分布在蒙特莫锁拉（Montemesola）、古安格纳诺（Guagnano）和圣皮尔托•凡尔诺迪克（San Pietro Vernotico），这些地区土壤的主要种类是“玫瑰土地”或者叫做红壤。这些酒的风格都很现代，制作精美，干净澄澈，具有吸引力并且易于上口，符合大众口味。

● Salice Salentino Rosso Ris. '08	🍷🍷 3*
○ Alticelli Fiano '10	🍷🍷 4*
● Amativo '09	🍷🍷 5
○ Teresa Manara Chardonnay '10	🍷🍷 4*
● Teresa Manara Negroamaro '09	🍷🍷 4
● Negroamaro '10	🍷 3
⊙ Negroamaro Rosato '10	🍷 3
● Primitivo '09	🍷 3
● Amativo '07	🍷🍷🍷 5*
● Amativo '03	🍷🍷🍷 5*
● Amativo '08	🍷🍷 5
● Teresa Manara Negroamaro '08	🍷🍷 4
● Teresa Manara Negroamaro '07	🍷🍷 4

Carvinea

via per Serranova, 1
72012 Carovigno [BR]
Tel. 0805862345
www.carvinea.com

年产量 35 000 瓶
葡萄种植面积 11 公顷

比伯•德玛利亚（Beppe De Maria）经营的酒庄，在短短的几年内已经为自己在普利亚（Puglia）葡萄酒酿造业中奠定了稳定的地位。这个葡萄种植地还很年轻，创建时间不到10年。这里的葡萄都是在装有马刺的警戒圈内进行种植的，土质以石灰岩和凝灰岩为主，种植的都是些不寻常的葡萄种类，比如说蒙特布查诺（montepulciano）、皮蒂特瓦尔多特（petit verdot）和阿耶连科（aglianico）葡萄。这里的葡萄产量很低，每株葡萄只有1千克左右的产出，然而在完美的技术条件下，这里的葡萄酒种类十分丰富，具有很大的酒劲，而且还具有现代风格。换句话说，该酒庄注重的是质量而不是数量。

● Frauma '08	🍷🍷🍷 5
● Merula '08	🍷🍷 4
● Sierma '08	🍷🍷 4
● Sorma '08	🍷🍷 4
● Sierma '07	🍷🍷 4
● Sorma '07	🍷🍷 4

Castello Monaci

C.DA MONACI
73015 SALICE SALENTINO [LE]
TEL. 0831665700
www.castellomonaci.it

藏酒销售
预约参观
年产量 2 200 000 瓶
葡萄种植面积 150 公顷

意大利葡萄酒集团（Gruppo Italiano Vini）坐落在卡斯特罗•莫纳西市（Castello Monaci），在1480年建成的城堡附近，位于萨里斯•萨伦蒂诺（Salice Salentino）的外沿。葡萄园分布在莱彻（Lecce）和塔兰托（Taranto），种植在土质肥沃的岩石层上，还有良好的排水系统。这里的葡萄存储是精心照料下无性繁殖的结果，能展现出新鲜、可口和技术带来的纯净，显示了当地最突出的特色。该酒庄有两个产区，卡斯特罗•莫纳西（Castello Monaci）产区和斐度•莫纳西（Feudo Monaci）产区，酿造了种类多样的葡萄酒，这么多年来向人们展示了卓越的可信度以及始终不变的质量。

Wine	Rating
● Artas '09	🍷🍷 6
● Medos '10	🍷🍷 4
● Salice Salentino Aiace Ris. '08	🍷🍷 4
○ Charà '10	🍷 4
● Maru '10	🍷 4
● Pilùna '10	🍷 4
● Salice Salentino Liante '10	🍷 3
● Artas '07	🍷🍷🍷 6
● Artas '06	🍷🍷🍷 5
● Artas '05	🍷🍷🍷 5*
● Artas '04	🍷🍷🍷 5*
● Artas '08	🍷🍷 6

Giancarlo Ceci

C.DA SANT'AGOSTINO
76123 ANDRIA [BT]
TEL. 0883565220
www.agrinatura.net

年产量 520 000 瓶
葡萄种植面积 70 公顷
葡萄栽培方式 有机认证

如今的赛西（Ceci）家族已经是第八代传人了，他们仍然在安德里亚（Andria）周围的郊区致力于生产葡萄酒、橄榄油、水果和蔬菜。该酒庄成为了普利亚地区（Puglia）首批接受大范围采用有机种植方式种植葡萄挑战的企业，赛西酒庄的葡萄种植园占地面积超过70公顷，仅凭这一点，该酒庄就成为了卡斯特•德尔蒙特地区（Castle del Monte）最可信和最有前途的葡萄酒酿造企业。地中海气候和简卡尔洛（Giancarlo）的哲学关注于风土和生物多样性。这里使用的新型酒窖葡萄酒口感都是新鲜的风格，精准的芳香和优雅的风度作出了巨大贡献。

Wine	Rating
● Castel del Monte Rosso Parco Marano '09	🍷🍷 4*
● Castel del Monte Nero di Troia Felice Ceci Ris. '08	🍷🍷 4
○ Castel del Monte Bianco '10	🍷 3
○ Castel del Monte Bianco Pozzo Sorgente '10	🍷 3
● Castel del Monte Rosso Parco Grande '10	🍷 3
○ Dolce Rosalia '10	🍷 3
● Castel del Monte Rosso Parco Grande '09	🍷🍷 3*
● Castel del Monte Rosso Parco Marano '08	🍷🍷 4
● Castel del Monte Rosso Parco Marano '06	🍷🍷 4
● Castel del Monte Rosso Parco Marano '05	🍷🍷 4

Chiaromonte

via per Sammichele Z.I.
70021 Acquaviva delle Fonti [BA]
Tel. 080768575
www.vinichiaromonte.it

预约参观
年产量 50 000 瓶
葡萄种植面积 27 公顷
葡萄栽培方式 有机认证

尼古拉•基亚罗蒙特（Nicola Chiaromonte）是这个创立于1826年家族企业的经营者兼酿酒家，他曾参与到一个酿酒地带的复兴计划中，那个地带当时那块地方一时之间处于阴影之中。尼古拉成功地创造了经典烈酒与在结构和深度上富含风味和优雅的水果的完美结合体——普利米帝沃系列（Primitivos）葡萄酒，这其中部分成就要归功于尼古拉的母亲，因为是她让尼古拉对自己的资源和种植园里的葡萄充满信心。在过去的几年内，这些葡萄酒已经进入了意大利优异葡萄酒的行列中。如今，他们又把来自古老灌木丛中的葡萄园和新型高产量种植园中的普利米帝沃葡萄与埃利提科（aleatico）、菲安诺•米努托罗（fiano minutolo）这几种葡萄结合起来，然而还没有投入正式的生产中。

● Gioia del Colle Muro Sant'Angelo Contrada Barbatto '08	🍷🍷🍷	6
● Gioia del Colle Muro Sant'Angelo '08	🍷🍷	5
● Gioia del Colle Primitivo Ris. '08	🍷🍷	8
● Gioia del Colle Muro Sant'Angelo Contrada Barbatto '07	🍷🍷🍷	6
● Gioia del Colle Primitivo Ris. '06	🍷🍷🍷	8
● Gioia del Colle Muro Sant'Angelo '06	🍷🍷	5
● Gioia del Colle Primitivo Ris. '07	🍷🍷	8
● Gioia del Colle Primitivo Ris. '05	🍷🍷	7

Cantine Due Palme

via San Marco, 130
72020 Cellino San Marco [BR]
Tel. 0831617865
www.cantineduepalme.it

藏酒销售
预约参观
年产量 7 000 000 瓶
葡萄种植面积 2 200 顷

杜尔•帕尔米（Due Palme）是一个切力诺•圣马尔科地区（Cellino San Marco）的大型合作酒庄，由酿酒大师安吉洛•马西（Angelo Maci）负责经营管理。该酒庄创建于1989年，如今已有超过850名种植成员，是人们公认的普利亚地区（Puglia）主要合作型酿酒厂之一。酒庄十分注重当地土壤的保护，尤其是传统的普利亚地区灌木丛种植系统，对于萨伦托地区（Salento）的葡萄种植业十分重要。这里出品的葡萄酒是基于对传统品种的现代诠释，既展现了一定的浓度，又在其中融合了大量成熟而甜蜜的水果。

● Salice Salentino Rosso Selvarossa Ris. '08	🍷🍷🍷	5
● Ettamiano '08	🍷🍷	4
● Serre '10	🍷🍷	4
○ Bagnara '10	🍷	4
⊙ Melarosa Extra Dry '10	🍷	4
● Salice Salentino Rosso Selvarossa Ris. '07	🍷🍷🍷	5*
● Salice Salentino Rosso Selvarossa Ris. '06	🍷🍷🍷	5*
● Salice Salentino Rosso Selvarossa Ris. '05	🍷🍷🍷	5*
● Brindisi Rosso '09	🍷🍷	4
● Serre '09	🍷🍷	4

Felline - Pervini

via Santo Stasi Primo
74024 Manduria [TA]
Tel. 0999711660
www.racemi.it

藏酒销售
预约参观
年产量 300 000 瓶
葡萄种植面积 20 公顷
葡萄栽培方式 有机认证

15年来，格里瑞格•皮尔鲁奇（Gregory Perrucci）的产业已经成为萨伦托地区（Salento）保护和发展传统葡萄酿造业的主要成员。尤其是普利米帝沃•马杜里阿葡萄（Primitivo di Manduria），它是种植在受到保护和复兴的古老普利亚（Puglia）风格的灌木丛种植园，生长于白垩土质的红土壤中。该酒庄有两个产区：一个是皮尔维尼产区（Pervini），这里主要盛产价廉物美的日常饮用葡萄酒；另一个是菲尔利那产区（Felline），这里的葡萄取材于具有典型品牌的老酒庄，体现了地方特色。不论是哪一个产区，目的都是酿造出展现卓越平衡性、味道醇厚、口感丰满的葡萄酒。

● Primitivo di Manduria Archidamo '09	3*
● Primitivo di Manduria Segnavento '10	3*
● I Monili '10	2*
● Primitivo di Manduria Dolce Organic Primo Amore '08	4
● Alberello '10	3
⊙ Vigna Rosa '10	4
● Primitivo di Manduria Archidamo '08	3*
● Primitivo di Manduria Archidamo '06	3*
● Primitivo di Manduria Segnavento '09	3*
● Vigna del Feudo '08	5
● Vigna del Feudo '06	5
● Vigna del Feudo '05	5

Feudi di Guagnano

via Cellino, 3
73010 Guagnano [LE]
Tel. 0832705422
www.feudiguagnano.it

藏酒销售
预约参观
年产量 100 000 瓶
葡萄种植面积 10 公顷

在5位企业家的联合下，该酒庄于2002年创立，费尔迪•谷安格纳诺（Feudi di Guagnano）也因此而拯救了一大批原本要被年迈的庄主所抛弃的酒庄。这里种植的葡萄都是些本土品种，有黑马罗葡萄（negroamaro）、黑玛尔维萨葡萄（malvasia nera）和普利米帝沃葡萄（primitivo）。大约一半的葡萄储藏是用来酿造萨里斯•萨伦蒂诺葡萄酒（Salice Salentino）的，并且这里的水果都来源于主要种植在沙地和石灰质土壤的40年到60年的灌木丛葡萄种植园。

● Salice Salentino Rosso Cupone Ris. '07	2*
● Le Camarde '08	4*
● Primitivo '09	3*
⊙ Rosarò '10	3*
● Salice Salentino Rosso '09	2
● Nero di Velluto '02	5
● Salice Salentino Rosso '03	3*

Gianfranco Fino

loc. Lama
via Fior di Salvia, 8
74122 Taranto
Tel. 0997773970
www.gianfrancofino.it

预约参观
年产量 12 000 瓶
葡萄种植面积 8.5 公顷

从2004年的第一个灌木丛式的普利米帝沃（primitivo）葡萄种植园到今天，简弗兰克•芬诺（Gianfranco Fino）已经经历了很多的事情。如今，他依赖于在马杜里阿（Manduria）和萨瓦（Sava）的一系列灌木丛式葡萄种植园，包括一个7公顷大小的普利米帝沃种植园以及一个黑马罗（negroamaro）种植园。所有的葡萄藤都有着大约50年的历史，种植于红土地和石灰质土壤中。简弗兰克的目标是生产既包含丰富结构又维持葡萄新鲜性和爽口性的葡萄酒。为了达到这一目标，他一直保持着相当低的收获水平，并且特别重视保证酒窖中有可用的发酵桶。

● Primitivo di Manduria Es '09	🍷🍷🍷 7
● Primitivo di Manduria Es '08	🍷🍷🍷 7
● Primitivo di Manduria Es '07	🍷🍷🍷 7
● Primitivo di Manduria Es '06	🍷🍷🍷 6
● Jo '08	🍷🍷 7
● Jo '07	🍷🍷 7
● Jo '06	🍷🍷 6
● Primitivo di Manduria Es '05	🍷🍷 6
● Primitivo di Manduria Es '04	🍷🍷 6

Leone de Castris

via Senatore de Castris, 26
73015 Salice Salentino [LE]
Tel. 0832731112
www.leonedecastris.com

藏酒销售
预约参观
年产量 2 500 000 瓶
葡萄种植面积 250 公顷

创立于1665年的林凯（Leone de Castris）酒庄是普利亚地区（Puglia）葡萄酒酿造业的领头企业之一，到1925年也成为了区域内第一家将自家酿造的葡萄酒装瓶出售的酒窖。这里酿酒的葡萄来自坐落于坎陪（Campi）、萨利切•萨伦托（Salice Salentino）和谷阿格纳诺（Guagnano）的葡萄种植园，部分葡萄是从与林凯酒庄有着长期合作关系的种植者那里买来的。这里生产的大约30个葡萄酒品牌中包括了源于本土品种的更为传统的葡萄酒，而萨利切萨伦托红葡萄酒（Salice Salentino DOC）以及那些致力于跻身国际市场的品牌则受到了更多的关注。从实际上来说，所有这些葡萄酒都非常值得信赖，也有着令人向往的连贯性。

⊙ Five Roses '10	🍷🍷 4*
⊙ Five Roses 67° Anniversario '10	🍷🍷 4
● Il Lemos '08	🍷🍷 5
○ Messapia '10	🍷🍷 4*
● Salice Salentino Rosso Donna Lisa Ris. '07	🍷🍷 6
⊙ Donna Lisetta Brut Rosé	🍷 4
● Elo Veni '10	🍷 4
⊙ Five Roses Rosé '09	🍷 4
○ Vigna Case Alte	🍷 4
● Villa La Rena '10	🍷 3
● Salice Salentino Rosso Donna Lisa Ris. '06	🍷🍷🍷 6
● Salice Salentino Rosso Donna Lisa Ris. '05	🍷🍷🍷 6

Masseria Li Veli

SP Cellino-Campi, km 1
72020 Cellino San Marco [BR]
Tel. 0831618259
www.liveli.it

藏酒销售
预约参观
年产量 350 000 瓶
葡萄种植面积 33 公顷
葡萄栽培方式 有机认证

1999年，法尔沃（Falvo）家族在科里诺•圣马尔科（Cellino San Marco）附近建立了马瑟利亚•利维力（Masseria Li Veli）酒庄。这里的酿酒原料都是来源于当地的品种，具有典型的普利亚（Puglia）风格，是种植在灌木丛式葡萄种植园的未经修剪的系列。一些葡萄种植园甚至还保持着同样的三脚架种植模式——维格纳•拉提娜——这种源于19世纪的模式。这种生产模式在过去的3年内已经向我们展现了令人信服的优异质量的成果。该酒庄酿造出了技艺精湛、技术完美的葡萄酒，目的在于利用当地地域特点，尤其是利用黑马罗葡萄（negroamaro）表达出强烈的风格。

- ● MLV '08 — 6
- ● Montecoco '09 — 5
- ○ Verdeca Askos '10 — 4
- ○ All That Jazz '10 — 3
- ● Orion '10 — 4
- ● Passamante '10 — 4
- ● Salice Salentino Rosso Pezzo Morgana Ris. '09 — 5
- ● Susumaniello Askos '10 — 5
- ● Passamante '09 — 3*
- ● Passamante '07 — 4*
- ● Salice Salentino Rosso Pezzo Morgana '07 — 5
- ● Salice Salentino Rosso Pezzo Morgana Ris. '08 — 5
- ○ Verdeca Askos '09 — 4

Tenute Mater Domini

via dei Martiri, 17/19
73012 Campi Salentina [LE]
Tel. 0832792442
www.tenutematerdomini.it

预约参观
年产量 70 000 瓶
葡萄种植面积 40 公顷

萨莫拉罗（Semeraro）家族在黑马罗葡萄公园（Negroamaro）中心拥有一个企业，有两个酒庄，分别是马瑟利亚•卡西亚（Masseria Casili）酒庄和马瑟利亚•方塔纳里（Masseria Fontanelle）酒庄，将这两个酒庄设计成了同名，所以该酒窖的关注中心自然就落到了黑马罗葡萄（negroamaro）上。这里的栽培系统风格各异，但是一半的葡萄储藏是采用普利亚（Puglia）的“阿尔贝瑞罗•西尔托”（alberello sciolto）系统，其中有些葡萄藤是在70年前种植的。这里的葡萄酒里有着一种现代的感觉，是用新鲜、完好、名贵的葡萄酿造的。

- ● Salice Salentino Casili Ris. '08 — 6
- ● Marangi Rosso '09 — 4
- ○ Marangi Bianco '10 — 4
- ⊙ Marangi Rosato '10 — 4
- ● Marangi Negroamaro '07 — 4
- ● Marangi Negroamaro '06 — 4
- ● Marangi Rosso '06 — 4
- ● Salice Salentino Casili Ris. '07 — 6
- ● Salice Salentino Casili Ris. '06 — 6

Morella

VIA PER UGGIANO, 147
74024 MANDURIA [TA]
TEL. 0999791482
www.morellavini.com

藏酒销售
预约参观
年产量 15 000 瓶
葡萄种植面积 16 公顷

在马杜里阿（Manduria），丽莎•吉尔比（Lisa Gilbee）和盖塔诺•莫雷纳（Gaetano Morella）的冒险之旅仍在继续。他们的灌木丛式葡萄栽培园有着50到80年的历史，坐落在距离海水2千米的红土壤和蕴含石灰岩的沙石上。这里的葡萄产量低，人们十分重视酒窖里的处理，这样让他们即时酿造出了口感新鲜、结构复杂的葡萄酒。事实上，在过去的10年里，他们生产了最吸引人的普利米帝沃葡萄系列（Primitivos）。其他值得信赖的葡萄酒所采用的葡萄，也是由一些新型酒庄提供的或者是混合了本土与国际的种类，例如小维多葡萄酒（petit verdot）和卡百内红葡萄酒（cabernet sauvignon），这些都是该酒庄管理方式和酿造技术质量的有力证据。

● Primitivo Old Vines '08	🍷🍷🍷 6
● Primitivo Malbek '09	🍷🍷 5
● Primitivo Negroamaro Terre Rosse '09	🍷🍷 5
● Mezzanotte '10	🍷 4
○ Mezzogiorno '10	🍷 4
● Primitivo La Signora '07	🍷🍷🍷 6
● Primitivo Old Vines '07	🍷🍷🍷 6
● Primitivo La Signora '05	🍷🍷 6
● Primitivo Negroamaro '07	🍷🍷 5*
● Primitivo Old Vines '05	🍷🍷 6
● Primitivo Old Vines '04	🍷🍷 6
● Primitivo Old Vines '03	🍷🍷 6

Cosimo Palamà

VIA A. DIAZ, 6
73020 CUTROFIANO [LE]
TEL. 0836542865
www.vinicolapalama.com

藏酒销售
预约参观
年产量 250 000 瓶
葡萄种植面积 15 公顷

帕尔玛家族（Palamà）酒庄成立于1936年，并于1990年开始装配出售葡萄酒，他们在管理政策上一直以来都追求质量。葡萄种植园主要是坐落在卡特罗菲安娜（Cutrofiano）和马蒂诺（Matino），大多数都是灌木丛式栽培园，在中等质地往白垩化发展的土壤中栽种。这里种植的葡萄都是些本土品种，比如说马尔瓦西亚葡萄（malvasia bianca）、马尔瓦西亚纳拉葡萄（malvasia nera）、黑马罗葡萄（negroamaro）、普利米帝沃葡萄（primitivo）、蒙特普尔查诺葡萄（montepulciano）、威德卡葡萄（verdeca）和阿里沙诺白葡萄（bianco d'Alessano）。整个家族都在这个产业上工作，酿造出了具有传统风格的葡萄酒，同时也带有一点纯朴，展现了浓郁本土气息。

● Mavro '09	🍷🍷 4*
● 75 Vendemmie '10	🍷🍷 5
● Metiusco Rosso '10	🍷🍷 4*
● Il Vino D'Arcangelo '10	🍷 4
○ Metiusco Bianco '10	🍷 4
⊙ Metiusco Rosato '10	🍷 4
● Salice Salentino Rosso Albarossa '09	🍷 1*
● Mavro '08	🍷🍷 4*
● Mavro '07	🍷🍷 4*
● Mavro '06	🍷🍷 4*

Paradiso

V.LE MANFREDONIA, 39
71042 CERIGNOLA [FG]
TEL. 0885428720
www.cantineparadiso.it

年产量 80 000 瓶
葡萄种植面积 35 公顷

宝乐•贝尔曼特洛（Podere Belmantello）酒庄开始运营工作不久，安吉洛•帕达迪索（Angelo Paradiso）就回到家中开始经营他祖父于1950年建立的企业。该庄园在切里尼奥拉（Cerignola）郊区有三个分部：功塔纳勒（Gontanelle）、桑塔安德里拉（Sant'Andrea）和贝尔曼特洛（Belmantello）。所有的葡萄藤都是用当地传统的高空藤架方式栽种的，都受到了细心照料，成功地酿造出了质量优异的葡萄酒。目前，该酒庄将重心放到了本土的葡萄种类以及排名前列的普利亚（Puglia）经典系列上。黑马罗葡萄（Negroamaro）、普利米帝沃葡萄（Primitivo）和纳拉•托伊阿葡萄（nero di Troia）如今走向了大胆的以水果为主路线，致力于酿造出有着现代风格而又可口的葡萄酒系列。

- Capotesta '09 5
- Posta Piana Negroamaro '09 3*
- Posta Piana Primitivo '10 3*
- Posta Piana Rosso '10 3*
- Angelo Primo '04 5
- Belmantello '04 3*
- Primitivo '04 3*

Pietraventosa

C.DA PARCO LARGO
70023 GIOIA DEL COLLE [BA]
TEL. 0805034436
www.pietraventosa.it

藏酒销售
年产量 10 000 瓶
葡萄种植面积 5.4 公顷
葡萄栽培方式 有机认证

玛丽安娜•安尼奥（Marianna Annio）和拉斐尔•里欧（Raffaele Leo）共同经营的皮尔特拉温托萨酒庄（Pietraventosa）创立于2005年，是普利米帝沃•朱雅地区（Primitivo di Gioia del Colle）复兴运动的主要参与者之一。酒庄坐落于多克地区（DOC）的西部，这里的葡萄园处在颇具特色、富含矿物质的本土红土地，再往下不到1米就是岩石层。新建的葡萄种植园上植株分布度为每公顷7 000到8 000株，主要是用来生产欧思莫若（Ossimoro）和阿勒格瑞阿（Allegoria）葡萄酒的，这两种酒都是结构良好的优质葡萄酒。朱雅普利米帝沃珍藏酒（Gioia del Colle Primitivo）是当地度数最高、最复杂的葡萄酒之一，水果原料来自于古老的灌木丛式种植园。

- Gioia del Colle Primitivo Allegoria '08 4
- Ossimoro '08 4
- Gioia del Colle Primitivo Ris. '06 5
- Gioia del Colle Primitivo Riserva di Pietraventosa '07 6
- Ossimoro '07 4

Polvanera

S.DA VICINALE LAMIE MARCHESANA, 601
70023 GIOIA DEL COLLE [BA]
TEL. 080758900
www.cantinepolvanera.com

年产量 150 000 瓶
葡萄种植面积 30 公顷
葡萄栽培方式 有机认证

菲利普•卡萨诺（Filippo Cassano）和几个同伴所经营的皮尔瓦纳利酒庄（Polvanera）创立于2003年，在短短的几年内已经成为了普利亚地区（Puglia）的标准酒庄之一。这要归功于朱雅•普利米帝沃（Gioia del Colle Primitivo）既保留了传统典型的地中海特点，又被赋予了当代风格。在5公顷大小的具有60多年历史的灌木丛式普利米帝沃葡萄（Primitivo）种植园里，皮尔瓦纳采用了马刺警戒的方式管理种植园，在这里种上阿耶连科（aglianico）、埃利提科（aleatico）、菲安诺•米努托罗（fiano minutolo）、法兰姬娜（falanghina）和马斯卡托白葡萄（mascato bianco），为的是酿造能争取当地排名前列的葡萄酒系列。

● Gioia del Colle Primitivo 17 '08	🍷🍷🍷 5*
● Gioia del Colle Primitivo 16 '08	🍷🍷 5*
● Gioia del Colle Primitivo 14 '08	🍷🍷 4
○ Minutolo '10	🍷🍷 4
● Puglia Primitivo '08	🍷🍷 4
⊙ Rosato '10	🍷🍷 4
● Gioia del Colle Primitivo 16 '07	♡♡♡ 4*
● Gioia del Colle Primitivo 16 '06	♡♡ 4*
● Gioia del Colle Primitivo 17 '07	♡♡ 4*
● Gioia del Colle Primitivo 17 '06	♡♡ 4*

Primis

VIA C. COLOMBO, 44
71048 STORNARELLA [FG]
TEL. 0885433333
www.primisvini.com

藏酒销售
预约参观
年产量 160 000 瓶
葡萄种植面积 22 公顷

普里米斯（Primis）酒庄成立于2003年，当时吉安尼•马里奥（Gianni Mauriello）和尼古拉•塞拉曼（Nicola Selano）这两个年龄相差近60岁的人决定一起冒险创出一番事业来。他们的葡萄种植在斯托尔斯那瑞拉（Stornarella）的郊区，那里的土壤是中等松散的钙质粘土。他们的葡萄酒是单一的品种，大多数只放在钢桶中进行陈化和发酵，为的是将新鲜的味道和果肉渗进葡萄酒中。吉安尼和尼古拉种植了范围广泛的葡萄种类，既有像黑马罗葡萄（negroamaro），普利米帝沃葡萄（primitivo）和内罗迪特里亚葡萄（nero di Troia）这些本土品种，又有像霞多丽（chardonnay）和席拉（syrah）这样的国际品种，甚至还有一些像塞利吉诺（ciliegiolo）这样不是很受欢迎的葡萄种类。

○ Cenerata '09	🍷🍷 4
● Primitivo '10	🍷🍷
● Syrah '09	🍷🍷 4*
● Aglianico '08	🍷 4
○ Bombino Bianco '10	🍷 4
● Ciliegiolo '10	🍷 4
● Crusta '07	🍷 5
⊙ Monrose '10	🍷 4
● Negroamaro '09	🍷 4
● Nero di Troia '09	🍷 4
○ Bombino Bianco '09	♡♡ 4*
● Crusta '06	♡♡ 5
● Crusta '05	♡♡ 5

Racemi

VIA SANTO STASI PRIMO, 42
74024 MANDURIA [TA]
TEL. 0999711660
www.racemi.it

藏酒销售
预约参观
年产量 1 200 000 瓶
葡萄种植面积 120 公顷
葡萄栽培方式 有机认证

格雷格瑞•佩鲁西（Gregory Perrucci）的拉西米（Racemi）酒庄在过去的几年里，为维持和发展马杜里阿地区（Manduria）葡萄制造业传统做出了重要的贡献。在酿酒大师柯西莫•斯柏纳（Cosimo Spina）的帮助下，格雷格瑞一直注重促进萨伦托（Salento）本土品种、地域特点和葡萄园管理技术的发展。如今，拉西米酒庄已经拥有一系列的葡萄种植园，分布在多克地带（DOC）的各种类型的土壤中，从沙土到岩石地带，既有红土地也有黑土地。这里出品的葡萄酒达到了丰富与传统普利米帝沃•马杜里阿（Primitivo di Manduria）典型酒精特点的平衡，给人留下了深刻的印象。在新鲜和明晰的芬芳中向人们阐释着当地的现代特色。

Wine	Rating
● Primitivo di Manduria Zinfandel Sinfarosa '09	🍷🍷 5
● Anarkos '10	🍷🍷 4*
● Dedalo Torre Guaceto '10	🍷🍷 4
● Susumaniello Sum Torre Guaceto '09	🍷🍷 5
● Pietraluna '10	🍷 3
● Primitivo di Manduria Dunico Masseria Pepe '05	🍷🍷🍷 6*
● Primitivo di Manduria Zinfandel Sinfarosa '06	🍷🍷🍷 5*
● Primitivo di Manduria Dunico Masseria Pepe '07	🍷🍷 6
● Primitivo di Manduria Giravolta Tenuta Pozzopalo '08	🍷🍷 5
● Primitivo di Manduria Giravolta Tenuta Pozzopalo '07	🍷🍷 5

Rasciatano

C.DA RASCIATANO
76121 BARLETTA
TEL. 0883510999
www.rasciatano.com

藏酒销售
预约参观
年产量 50 000 瓶
葡萄种植面积 18 公顷
葡萄栽培方式 有机种植

拉斯齐亚塔诺（Rasciatano）酒庄自从17世纪开始就一直由普尔洛（Porro）家族掌管，该家族以生产出色的橄榄油而闻名。酒庄坐落在海岸线和穆尔吉亚（Murgia）村落之间的地带，他们使用内罗迪特里亚葡萄（nero di Troia）、马尔瓦西亚葡萄（malvasia bianca）以及蒙特普尔查诺葡萄（montepulciano）来酿酒，这些葡萄能让优雅和结构一代代地延续下去。这种方式明显是从栽种方式中得来的。与1992年到2002年之间种植在向南石灰岩层上沙土中的葡萄，都是些用马刺警戒方式栽培的罗迪特里亚葡萄，而蒙特普尔查诺葡萄和马尔瓦西亚白葡萄是采用高空架藤的方式进行栽培的，为的是保护葡萄不受恶毒阳光的侵袭。

Wine	Rating
● Rasciatano Nero di Troia '09	🍷🍷 6
● Rasciatano Rosso '09	🍷🍷 5
○ Rasciatano Malvasia Bianca '10	🍷🍷 4
● Rasciatano Nero di Troia '08	🍷🍷🍷 7
● Rasciatano Nero di Troia '07	🍷🍷🍷 7
○ Rasciatano Malvasia Bianca '09	🍷🍷 7
● Rasciatano Rosso '06	🍷🍷 7

Rivera

c.da Rivera, SP 231 km 60,500
76123 Andria [BT]
Tel. 0883569510
www.rivera.it

藏酒销售
预约参观
年产量 1 400 000 瓶
葡萄种植面积 95 公顷

德•科拉托（De Corato）家族所拥有的里瓦尔拉（Rivera）酒庄，是由塞巴斯蒂安诺•克拉托（Sebastiano De Corato）于1950年创立的，一段时间以来都是普利亚（Puglia）最南端最值得信赖的酒庄之一。该酒庄坐落于安德里亚（Andria）附近，采用的是用马刺警戒的种植模式。葡萄都种植在海拔200到220米的凝灰岩土壤中，在穆尔吉亚（Murgia）山峦300到350米高处，那里的气候能让葡萄比普通地区拥有更多带有酸性的新鲜感。这里出品的葡萄酒从历史性的传统伊尔•法尔科内系列（Il Falcone）到更现代更具有国际特色的普洱阿尔普利亚（Puer Apuliae）系列，这些都是蒙特堡（Castel del Monte DOC）地带的主要竞争选手。但是这里产品的种类多样，质量优异卓越，给人留下了深刻的印象。

● Castel del Monte Rosso Il Falcone Ris. '07	🍷🍷 5
○ Castel del Monte Chardonnay Preludio n° 1 '10	🍷🍷 4*
● Castel del Monte Nero di Troia Violante '09	🍷🍷 4*
● Castel del Monte Rosso Rupicolo '09	🍷🍷 3*
● Triusco '09	🍷🍷 4
● Castel del Monte Nero di Troia Puer Apuliae '04	🍷🍷🍷 7
● Castel del Monte Nero di Troia Puer Apuliae '03	🍷🍷🍷 7
● Castel del Monte Nero di Troia Puer Apuliae '06	🍷🍷 7
● Castel del Monte Nero di Troia Puer Apuliae Ris. '07	🍷🍷 7

Tenute Rubino

via E. Fermi, 50
72100 Brindisi
Tel. 0831571955
www.tenuterubino.it

藏酒销售
预约参观
年产量 800 000 瓶
葡萄种植面积 200 公顷

鲁宾诺（Rubino）酒庄创建于20世纪80年代，从1999年开始将葡萄酒装瓶出售。种植园分布在四个不同的地方，全部位于布林迪恩（Brindisi）周边地区，一直延伸到亚得里亚海（Adriatic）边缘，从高于海平面几十米的亚迪克（Jaddico）和马尔默瑞乐（Marmorelle）地区，到高达了吾吉欧（Uggio）的布林迪恩平原和蓬塔•阿奎拉（Punta Aquila）。少于25年历史的种植园在这里属于相对比较现代的，采用的是用马刺警戒的管理方式，种植密度为每公顷4 000到6 000棵植株。此外还有一个有着超过70年历史的灌木丛式种植园。这里的葡萄酒具有现代气息，经历了卓越的净化处理技术。

● Punta Aquila '09	🍷🍷 4*
● Brindisi Rosso Jaddico '08	🍷🍷 5
● Miraglio '09	🍷🍷 4*
⊙ Saturnino '09	🍷🍷 3*
○ Marmorelle Bianco '10	🍷 3
● Marmorelle Rosso '10	🍷 3
○ Vermentino '10	🍷 4
● Torre Testa '02	🍷🍷🍷 6
● Torre Testa '01	🍷🍷🍷 6
● Brindisi Rosso Jaddico '07	🍷🍷 5
● Brindisi Rosso Jaddico '06	🍷🍷 5
● Visellio '07	🍷🍷 5
● Visellio '06	🍷🍷 5

Cantine Soloperto

SS 7 TER
74024 MANDURIA [TA]
TEL. 0999794286
www.soloperto.it

藏酒销售
预约参观
年产量 2 500 000 瓶
葡萄种植面积 50 公顷

索罗贝托（Soloperto）是一个历史悠久的马杜里阿（Manduria）酒庄。事实上，它算是第一个登记普利米帝沃•马杜里阿（Primitivo di Manduria）设计的酒庄。曾经有一段时间，该酒庄的传统的方式酿造出了真实但口感太粗糙的葡萄酒，于是埃内斯特•索罗贝托（Ernesto Soloperto）决定重新开始，在酒窖中采用更为现代的方式，尤其是在红棕土壤葡萄园的管理方面。该酒庄酿造出了始终不同版本的普利米帝沃•马杜里阿（Primitivo di Manduria），可以想象，该酒庄一定会从中获得良好的收益。

- ● Primitivo di Manduria Centofuochi Tenuta Bagnolo '09 — 5
- ● Primitivo del Salento '09 — 3
- ● Primitivo di Manduria '09 — 3*
- ● Primitivo di Manduria Patriarca '09 — 5
- ● Primitivo di Manduria Rubinum 17° Et. Rossa '09 — 4*
- ● Primitivo di Manduria Mono '08 — 5
- ● Primitivo di Manduria Rubinum Et. Blu '09 — 4
- ● Primitivo di Manduria Centofuochi Tenuta Bagnolo '07 — 5
- ● Primitivo di Manduria Mono '08 — 5
- ● Primitivo di Manduria Mono '06 — 5
- ● Primitivo di Manduria Patriarca '08 — 5

Cosimo Taurino

SS 605
73010 GUAGNANO [LE]
TEL. 0832706490
www.taurinovini.it

藏酒销售
预约参观
年产量 600 000 瓶
葡萄种植面积 85 公顷

在过去的40年内，弗朗西斯科（Francesco）和罗桑娜•陶丽诺（Rosanna Taurino）共同经营的酒庄在普利亚（Puglia）酿酒历史中扮演了重要的角色。该酒庄于1970年由帕特利格里昂葡萄酒（Patriglione）的发明者柯西莫•陶丽诺（Cosimo Taurino）创立，帕特利格里昂是普利亚地区用黑马罗葡萄（negroamaro）酿出的最好的葡萄酒。这里的产品以当地生长的典型种类为中心：黑马罗葡萄（negroamaro）占据了大约90%的葡萄储存量，另外还有黑玛尔维萨葡萄（Malvasia nera），是用高空藤架的方式或者灌木丛式进行栽培的，主要种植在含沙的石灰石土壤中。这里的葡萄酒具有传统风格，在精心设计下向人们展示了强烈的本土地域特征。

- ● Salice Salentino Rosso Ris. '08 — 4*
- ○ I Sierri '10 — 4*
- ● Patriglione '06 — 8
- ○ Le Ricordanze Passito '07 — 6
- ⊙ Scaloti '10 — 4
- ● Patriglione '94 — 8
- ● Patriglione '88 — 5
- ● Patriglione '85 — 5
- ● A Cosimo Taurino '04 — 5
- ● A Cosimo Taurino '03 — 5
- ● A Cosimo Taurino '02 — 5
- ● Notarpanaro '02 — 5
- ● Patriglione '01 — 7

Tormaresca

FRAZ. C.DA TORRE D'ISOLA
LOC. TOFANO
70055 MINERVINO MURGE [BT]
TEL. 0883692631
www.tormaresca.it

藏酒销售
预约参观
年产量 2 500 000 瓶
葡萄种植面积 480 公顷
葡萄栽培方式 有机认证

托马雷斯卡（Tormaresca）酒庄于1998年由标志性的马尔凯西•安东尼（Marchesi Antinori）企业创立，它已经证明了自己是当地最好的酒庄之一。酒庄有两个气候和土壤截然不同的葡萄种植园：一个位于德尔蒙特法定产区（Castel del Monte DOC）中的穆吉亚（Murgia）镇上，占地130公顷，海拔约为250米，以凝石灰土壤为特色，昼夜温差大；另一个位于阿尔托•萨伦托（Alto Salento）的马塞莉娅•梅姆（Masseria Maime），占地面积超过350公顷，在距离亚得里亚海不远处，采用传统栽培的方式，处在莱切（Lecce）和布林迪西（Brindisi）的中间位置。纯净的技术，精准的芳香和卓越的平衡性是这里葡萄酒系列的典型特点。

酒款	评级	
● Torcicoda '09	TTT (红)	5
⊙ Calafuria '10	TT	4
○ Castel del Monte Pietrabianca '10	TT	5
● Neprica '10	TT	3*
○ Tormaresca Chardonnay '10	TT	3*
● Castel del Monte Aglianico Bocca di Lupo '08	T	6
● Castel del Monte Aglianico Trentangeli '08	T	6
● Fichimori '10	T	4
○ Moscato di Trani Kaloro '09	T	5
○ Roycello '10	T	4
● Masseria Maime '08	YYY	6
● Masseria Maime '07	YYY	5
● Masseria Maime '06	YYY	5

Torrevento

LOC. CASTEL DEL MONTE
SP 234 KM 10,600
70033 CORATO [BA]
TEL. 0808980923
www.torrevento.it

藏酒销售
年产量 2 500 000 瓶
葡萄种植面积 400 公顷
葡萄栽培方式 有机认证

从1948年起，托雷温托（Torrevento）酒庄就为弗兰西斯科•李安托尼欧（Francesco Liantonio）家族所拥有，直到今天还是弗兰西斯科在管理着，如今该酒庄已经成为了蒙特堡法定产区（Castel del Monte DOC）最重要的企业之一。酒庄坐落于穆吉亚（Murgia）的最北端，这里的葡萄种植在典型的喀斯特石灰岩土壤中，酒窖尤其重视葡萄酒的可持续性和当地地域和质量的保护。在过去的几年里，托雷温托酒庄已经酿造出了一系列现代风格的葡萄酒，这些葡萄酒的典型特点是新鲜可口。

酒款	评级	
● Castel del Monte Rosso V. Pedale Ris. '08	TTT (红)	4
● Kebir '06	TT	6
○ Moscato di Trani Dulcis in Fundo '09	TT	4
⊙ Primaronda '10	TT	4
● Torre del Falco '09	TT	4
● Castel del Monte Rosso Bolonero '09	T	3
● Matervitae Aglianico '09	T	4
○ Matervitae Fiano '10	T	4
● Primitivo di Manduria Ghenos '09	T	4
● Salice Salentino Rosso Sine Nomine Ris. '06	T	4
● Castel del Monte Rosso V. Pedale Ris. '07	YYY	4*
● Castel del Monte Rosso V. Pedale Ris. '06	YYY	4*
● Castel del Monte Rosso V. Pedale Ris. '05	YYY	4*

Cantina Sociale Cooperativa Vecchia Torre

via Marche, 1
73045 Leverano [LE]
Tel. 0832925053
www.cantinavecchiatorre.it

藏酒销售
预约参观
年产量 2 000 000 瓶
葡萄种植面积 1 300 公顷

成立于1959年，以勒维然诺葡萄（Leverano）为基础的维基亚•托瑞（Vecchia Torre）合作企业如今已经拥有了超过1 300名成员，成为了萨伦托地区（Salento）最重要的葡萄酿造企业之一。这里种植的葡萄种类大部分都是传统的萨伦托品种，尤其是黑马罗葡萄（negroamaro）和黑玛尔维萨葡萄（Malvasia nera），同时还有普利米帝沃葡萄（primitivo）和蒙特普尔查诺葡萄（montepulciano）和别的意大利葡萄如维蒙迪诺（vermentino），以及一些国际种类，如霞多丽（chardonnay）和席拉（syrah）葡萄。所有的葡萄酒系列都具有现代风格，经过了在钢桶或者大尺寸木桶中的陈化过程。

酒款	评级
● 50° Anniversario '08	🍷🍷 4*
● Arneide '07	🍷🍷 4
○ Leverano Bianco '10	🍷🍷 3*
● Leverano Rosso '09	🍷🍷 3*
● Leverano Rosso Ris. '06	🍷🍷 4*
● Salice Salentino Rosso '09	🍷🍷 3*
● Salice Salentino Rosso Ris. '07	🍷🍷 4*
○ Chardonnay '10	🍷 3
⊙ Leverano Rosato '10	🍷 3
○ Vermentino '10	🍷 3
● Leverano Rosso '07	🍷🍷 2*
● Salice Salentino Rosso Ris. '06	🍷🍷 4
● Salice Salentino Vecchia Torre '08	🍷🍷 3*

Conti Zecca

via Cesarea
73045 Leverano [LE]
Tel. 0832925613
www.contizecca.it

藏酒销售
预约参观
年产量 2 000 000 瓶
葡萄种植面积 320 公顷

5个多世纪以来，扎卡（Zecca）家族一直都在从事萨伦托（Salento）的葡萄酒酿造事业。这里的葡萄贮存分布在萨伦托中心的4个分区：萨利切•萨伦蒂诺（Salice Salentino）的坎塔鲁皮（Cantalupi）、萨拉西诺（Saraceno）、唐纳•马兹亚（Donna Marzia）和维雷诺（Leverano）的桑托•斯特法诺（Santo Stefano），这样就使该酒庄产生出了一系列能融合质量、深度和低廉价格与一体的生产线。用本土葡萄和国际葡萄酿造出来的葡萄酒，都具有普利亚地区（Puglia）的传统风格，但是却更关注于丰富的水果和干净的酿酒过程。

酒款	评级
● Nero '08	🍷🍷🍷 6
● Cantalupi Primitivo '09	🍷🍷 3*
○ Donna Marzia Malvasia Bianca '10	🍷🍷 2*
● Donna Marzia Primitivo '09	🍷🍷 3*
● Negramaro '08	🍷🍷 4*
● Salice Salentino Rosso Cantalupi Ris. '08	🍷 4
⊙ Saraceno La Rosa del Salento '10	🍷 2
● Nero '07	🍷🍷🍷 6
● Nero '06	🍷🍷🍷 6
● Nero '03	🍷🍷🍷 6
● Nero '02	🍷🍷🍷 6
● Nero '01	🍷🍷🍷 6

Masseria Altemura

c.da Palombara - SP 69
72028 Torre Santa Susanna [BR]
Tel. 0831740485
www.masseriaaltemura.it

- ⊙ Rosato '10 — 🍷🍷 4*
- ● Sasseo '09 — 🍷🍷 4
- ○ Fiano '10 — 🍷 4
- ● Primitivo di Manduria Altemura di Altemura '08 — 🍷 5

Amastuola

via Martina Franca, 80
74016 Massafra [TA]
Tel. 0998805668
www.amastuola.it

- ● Primitivo '10 — 🍷🍷 4
- ● Syrah '10 — 🍷🍷 4
- ● Merlot '10 — 🍷 4
- ○ Salento Bianco '10 — 🍷 4

Antica Enotria

loc. c.da Risicata
SP 65
71042 Cerignola [FG]
Tel. 0885418462
www.anticaenotria.it

- ● Puglia Rosso '09 — 🍷🍷 2*
- ● Vriccio '10 — 🍷🍷 4*
- ● Aglianico '08 — 🍷 4
- ○ Falanghina '10 — 🍷 4

Barsento

c.da San Giacomo
70015 Noci [BA]
Tel. 0804979657
www.cantinebarsento.it

- ● Casaboli '07 — 🍷🍷 4
- ⊙ Magilda '10 — 🍷🍷 4*
- ● Malicchia Mapicchia '07 — 🍷 5

Cantine Botromagno

via Archimede, 22
70024 Gravina in Puglia [BA]
Tel. 0803265865
www.botromagno.it

- ○ Gravina Poggio al Bosco '10 — 🍷🍷 5
- ⊙ Rosé di Lulù '10 — 🍷🍷 4
- ○ Fiano '10 — 🍷 4
- ○ Gravina '10 — 🍷 3

Cantine Botta

via La Marina, 8/10
76125 Trani [BT]
Tel. 0803953837
www.cantinebotta.it

- ● Castel del Monte D'Antò '09 — 🍷🍷 3*
- ○ Moscato di Trani '09 — 🍷🍷 4
- ● Turenum '09 — 🍷🍷 4*

C.a.l.o.s.m.

via Pietro Siciliani, 8
73058 Tuglie [LE]
Tel. 0833598051
www.calosm.it

- ● Iacco '09 — 🍷🍷 4*
- ● Villa Valentino Don Carlo '10 — 🍷🍷 2*
- ● Primitivo Villa Valentin '10 — 🍷 2
- ⊙ Salmace '10 — 🍷 3

Michele Calò & Figli

via Masseria Vecchia, 1
73058 Tuglie [LE]
Tel. 0833596242
www.michelecalo.it

- ● Rosso Spano '07 — 🍷🍷 5
- ○ Stella Tulliae '09 — 🍷🍷 5
- ● Grecàntico '10 — 🍷 4
- ○ Mjère Bianco '10 — 🍷 4

Centovignali

L.GO UGO IMBRIANI, 40
70010 SAMMICHELE DI BARI [BA]
TEL. 0808917968
www.centovignali.it

- ● Gioia del Colle Primitivo Indellicato '10 🍷🍷 4
- ● Serviano '10 🍷🍷 4
- ○ Iòre '10 🍷 4

Franco Di Filippo

VIA MALCANGI, 99
70059 TRANI [BT]
TEL. 0883480872
www.moscatotrani.it

- ○ Moscato di Trani Estasi Passito Liberty '08 🍷🍷 5

Eméra

VIA PROVINCIALE, 222
73010 GUAGNANO [LE]
TEL. 0832704398
www.cantineemera.it

- ● Anima di Primitivo '09 🍷🍷 4*
- ○ Amure '10 🍷 3
- ● Lizzano Anima di Negroamaro '10 🍷 3
- ● Salice Salentino '10 🍷 4

Ferri

VIA BARI, 347
70010 VALENZANO [BA]
TEL. 0804671753
www.cantineferri.it

- ● Purpureus '08 🍷🍷 4
- ⊙ Rubeo '10 🍷🍷 3*
- ○ Aureus '09 🍷 4

Feudi di Terra D'Otranto

VIA ARNEO MARE
73010 VEGLIE [LE]
TEL. 066832448
www.feudidotranto.com

- ● Le Maschere Primitivo '10 🍷🍷 4
- ● Syrah '10 🍷🍷 4
- ● Ardentius '08 🍷 5
- ● Le Maschere Aglianico '10 🍷 4

Tenuta Fujanera

LOC. C.DA QUADRONE DELLE VIGNE KM 2,500
VIA BARI
71100 FOGGIA
TEL. 0881652619
www.fujanera.it

- ⊙ Re del Cuore '10 🍷🍷 4*
- ● Arrocco '10 🍷 4
- ○ Bellalma '10 🍷 4

Tenute Girolamo

VIA NOCI, 314
74015 MARTINA FRANCA [TA]
TEL. 0804402088
www.tenutegirolamo.it

- ● Pétrakos '08 🍷🍷 5
- ● Primitivo '09 🍷🍷 4*
- ○ Fiano Minutolo '10 🍷 4
- ● Pétroma '07 🍷 5

Duca Carlo Guarini

L.GO FRISARI, 1
73020 SCORRANO [LE]
TEL. 0836460288
www.ducacarloguarini.it

- ● Malia '08 🍷🍷 4*
- ○ Ambra '09 🍷 5
- ● Boemondo '07 🍷 5
- ● Piutri '08 🍷 4

Guttarolo

VIA LAMIE DI FATALONE, KM 2,385
70023 GIOIA DEL COLLE [BA]
TEL. 089236612
www.cantineguttarolo.it

- ● Lamie delle Vigne '08 — 🍷🍷 4*
- ● Gioia del Colle Primitivo Antello delle Murge '07 — 🍷 4

Masseria L'Astore

LOC. L'ASTORE
VIA G. DI VITTORIO, 1
73020 CUTROFIANO [LE]
TEL. 0836542020
www.lastoremasseria.it

- ● Alberelli dal 1947 '07 — 🍷🍷 6
- ● Filimei '09 — 🍷 4
- ● Jèma '09 — 🍷 4
- ○ Krita '10 — 🍷 4

Paolo Leo

VIA TUTURANO, 21
72025 SAN DONACI [BR]
TEL. 0831635073
www.paololeo.it

- ● Primitivo di Manduria '09 — 🍷🍷 5
- ● Fiore di Vigna '09 — 🍷 5
- ○ Numen '10 — 🍷 5
- ● Salice Salentino Limitone dei Greci '08 — 🍷 4

Libera Terra Puglia

VICO DEI CANTELMO, 1
72023 MESAGNE [BR]
TEL. 083177591
www.liberaterrapuglia.it

- ⊙ Alberelli De La Santa '10 — 🍷🍷 4*
- ● Renata Fonte '09 — 🍷🍷 5
- ● Filari de Sant'Antonii '10 — 🍷 4
- ⊙ Hiso Telary Rosso '10 — 🍷 3

Cantina Sociale di Lizzano

C.SO EUROPA, 34/39
74020 LIZZANO [TA]
TEL. 0999552013
www.cantinelizzano.it

- ● Lizzano Negroamaro Manorossa '08 — 🍷🍷 5
- ● Primitivo di Manduria Dolce Monte Manco '07 — 🍷🍷 6
- ● Negroamaro '10 — 🍷 4

Cantina Locorotondo

VIA MADONNA DELLA CATENA, 99
70010 LOCOROTONDO [BA]
TEL. 0804311644
www.locorotondodoc.com

- ⊙ Cummerse Rosato '10 — 🍷🍷 4
- ● Cummerse Rosso '08 — 🍷 4
- ○ Locorotondo Biancaluce '10 — 🍷 4
- ○ Locorotondo Brut Primosecco — 🍷 4

Alberto Longo

LOC. C.DA PADULECCHIA
SP 5 LUCERA-PIETRAMONTECORVINO KM 4
71036 LUCERA [FG]
TEL. 0881539057
www.albertolongo.it

- ● Le Cruste '08 — 🍷🍷 5
- ● 04.07.07. '08 — 🍷 4
- ⊙ Donnadele '10 — 🍷 4
- ○ Falanghina Le Fossette '10 — 🍷 4

Monaci

LOC. TENUTA MONACI
73043 COPERTINO [LE]
TEL. 0832947512
www.aziendamonaci.com

- ⊙ Girofle '10 — 🍷🍷 4
- ● Simpotica '06 — 🍷🍷 5
- ● Copertino Rosso Eloquenzia '08 — 🍷 4

Casa Vinicola Nico

c.da Specchia
74011 Castellaneta [TA]
Tel. 0998491041
www.nicocasavinicola.it

- ○ Falanghina '10 — 🍷🍷 3*
- ● Sangue Arena Vini Rudy '09 — 🍷🍷 2*
- ⊙ Rosato '10 — 🍷 2

Tenuta Partemio

loc. c.da Partemio
SS 7 BR-TA
72022 Latiano [BR]
Tel. 0831725898
www.tenutapartemio.it

- ● Primitivo '09 — 🍷🍷 3*
- ● Brindisi Rosso '09 — 🍷 3
- ○ Fiano Malvasia Bianca '10 — 🍷 3
- ● Foglio 32 Rosso '08 — 🍷 4

Giovanni Petrelli

via Villa Convento, 33
73041 Carmiano [LE]
Tel. 0832603051
www.cantinapetrelli.com

- ● Diecimila Tenuta Scozzi '08 — 🍷🍷 4
- ● Salice Salentino Rosso Pizzinichi Ris. '08 — 🍷🍷 4
- ● Don Pepè '09 — 🍷 5
- ● Salice Salentino Centopietre '09 — 🍷 4

Agricola Pliniana

c.da Barce
74024 Manduria [TA]
Tel. 0999794273
www.cantinepliniana.it

- ● Primitivo di Manduria Messapo '09 — 🍷🍷 4
- ● Primitivo di Manduria Juvenis '06 — 🍷 4
- ● Primitivo di Manduria Plinius Major '02 — 🍷 5

Rosa del Golfo

via Garibaldi, 56
73011 Alezio [LE]
Tel. 0331993198
www.rosadelgolfo.com

- ⊙ Rosa del Golfo Negroamaro '10 — 🍷🍷 4*
- ⊙ Brut Rosé — 🍷 5
- ○ Ponente '10 — 🍷 4
- ⊙ Vigna Mazzì '10 — 🍷 4

Cantina Cooperativa di San Donaci

via Mesagne, 62
72025 San Donaci [BR]
Tel. 0831681085
www.cantinasandonaci.it

- ● Salice Salentino Anticaia '09 — 🍷🍷 3*
- ● Salice Salentino Anticaia Ris. '08 — 🍷🍷 4
- ● Primitivo Anticaia '10 — 🍷 3

Santa Lucia

SC San Vittore, 1
70033 Corato [BA]
Tel. 0817642888
www.vinisantalucia.com

- ● Castel del Monte Le More Ris. '08 — 🍷🍷 6
- ● Castel del Monte Rosso V. del Melograno '09 — 🍷 4
- ○ Gazza Ladra '10 — 🍷 4
- ● Gazza Nera '10 — 🍷 4

Santa Maria del Morige

fraz. Carpignana
via del Mare, km 2
73044 Galatone [LE]
Tel. 3458592276
www.santamariadelmorige.com

- ● Cinabro '08 — 🍷🍷 4
- ○ Murice Bianco '10 — 🍷 4

Schola Sarmenti

via Generale Cantore, 37
73048 Nardò [LE]
Tel. 0833567247
www.scholasarmenti.it

- ● Primitivo Diciotto '08 ♀♀ 8
- ● Artetica '07 ♀ 6
- ○ Candòra '10 ♀ 4
- ● Nardò Nerìo Ris. '06 ♀ 4

Conte Spagnoletti Zeuli

fraz. Montegrosso
c.da San Domenico, SP 231 km 60,000
70031 Andria [BT]
Tel. 0883569511
www.contespagnolettizeuli.it

- ● Castel del Monte Rosso Terranera Ris. '06 ♀♀ 5
- ● Castel del Monte Rosso Il Rinzacco Ris. '08 ♀ 5
- ● Castel del Monte Rosso Pezza La Ruca '08 ♀ 4
- ○ Jody '10 ♀ 4

Teanum

via Salvemini, 1
71010 San Paolo di Civitate [FG]
Tel. 0882551056
www.teanum.it

- ● Alta Cabernet Sauvignon '09 ♀♀ 4
- ● Otre Primitivo '09 ♀♀ 3*
- ● Gran Tiati '08 ♀ 4
- ● San Severo Rosso Favugne '09 ♀ 2

Torre Quarto

c.da Quarto, 5
71042 Cerignola [FG]
Tel. 0885418453
www.torrequartocantine.it

- ● Primitivo di Manduria Regale '08 ♀♀ 4*
- ● Tarabuso '10 ♀♀ 4*
- ● Bottaccia '10 ♀ 4
- ○ Fiano '10 ♀ 4

Agricole Vallone

via XXV Luglio, 5
73100 Lecce
Tel. 0832308041
www.agricolevallone.it

- ○ Passo delle Viscarde '07 ♀♀ 5
- ● Graticciaia '08 ♀ 8
- ● Salice Salentino Rosso Vereto '09 ♀ 3
- ○ Tenuta Serranova '10 ♀ 4

Vetrere

fraz. Vetrere
SP Monteiasi-Montemesola km 16
74100 Taranto
Tel. 0995661054
www.vetrere.it

- ● Tempio di Giano '10 ♀♀ 5
- ○ Finis '10 ♀ 4
- ○ Laureato '10 ♀ 5
- ⊙ Taranta '10 ♀ 4

Tenuta Viglione

via Carlo Marx, 44p
70029 Santeramo in Colle [BA]
Tel. 0803023927
www.tenutaviglione.it

- ● Gioia del Colle Rosso Marpione Ris. '08 ♀♀ 4
- ○ Gioia del Colle Bianco Paglione '10 ♀ 3
- ● Gioia del Colle Rosso Rupestre '08 ♀ 3
- ● Johe '08 ♀ 3

Vigne & Vini

via Amendola, 36
74020 Leporano [TA]
Tel. 0995315370
www.vigneevini.it

- ○ Primadonna '10 ♀♀ 4
- ● Tatu '08 ♀♀ 4
- ● Schiaccianoci '08 ♀ 4

Villa Mottura

P.ZZA MELICA, 4
73058 TUGLIE [LE]
TEL. 0833596601
www.motturavini.it

● Negroamaro Le Pitre '09	🍷🍷 7
● Primitivo Le Pitre '09	🍷🍷 7
○ Moscato di Trani '08	🍷 6
● Primitivo di Manduria '08	🍷 4

Vinicola Mediterranea

VIA MATERNITÀ INFANZIA, 22
72027 SAN PIETRO VERNOTICO [BR]
TEL. 0831676323
www.vinicolamediterranea.it

● Don Vito '10	🍷🍷 3*
● Negroamaro Il Nobile '10	🍷 4
● Negroamaro Paisà '10	🍷 3
● Primitivo Febo '10	🍷 3

卡拉布里亚区
CALABRIA

卡拉布里亚（Calabria），长期以来一直是意大利最令人兴奋的酿酒区之一，它缓慢但稳步地缩短着与同行业之间的距离。当然，改变酒庄的生产理念和整体装备需要时间，尤其是在一些很注重变革的领域，但今年品酒会的结果清楚地展示了这些卡拉布里亚的酒庄是如何取得成功的。这种变革从南部发起，并逐渐北移，同时，我们很高兴地宣布，雷焦•卡拉布里亚省（Reggio Calabria）的情况也得到改善。比如特拉蒙塔纳（Tramontana）在今年的品酒会上就出品了备受推崇的系列葡萄酒。我们也欣闻马拉斯皮纳姐妹（Malaspina）的酒庄很注重酒的品质。尽管对于那些新兴的酒庄来说，跻身于卡拉布里亚最好的酒区很不容易，但是，拉默齐亚（Lamezia）的情况仍比较稳定，而一些存在已久的酒庄，像斯达蒂兄弟（Statti）和伦托（Lento）家族的酒庄却逐渐变得家喻户晓。然而，科森扎省（Cosenza）掀起了一阵热潮，那些新兴的酒厂目前实行对外开放的政策，而包括塞拉卡瓦罗（Serracavallo），特雷•诺比利（Terre Nobili）和克拉奇诺（Colacino）在内的一些历史悠久的酒庄，已经成功缩短了与领先品牌的差距并仍在为之继续努力。特雷戴巴尔比亚（Terre di Balbia），由维尼卡（Venica）家族和西尔维奥•卡普塔（Silvio Caputa）共同拥有，它也进行了变革。其实今年，特雷戴巴尔比亚的酿酒师詹保罗•维尼卡（Giampaolo Venica)没有给我们最新酿制的葡萄酒，他宁愿让这些葡萄酒在酒窖里多酿几个月。切罗（Cirò）产区的情况很复杂，它的内部存在很大的分歧，一些酒庄近些年来已注重投资于葡萄园和酒窖，而在市场竞争日趋激烈，且需求高品质的原装葡萄酒的情况下，另一些酒庄还不曾考虑过如何应对。要想知道颇具争议的切罗生产协议的变化是否会达到预期的效果还为时尚早。我们确信，意大利没有哪一个地区能像卡拉布里亚这样，葡萄品种丰富，但未被充分开发，所以该区将会有很大的发展空间。

iGreco

FRAZ. C.DA GUARDAPIEDI
C.DA GUARDAPIEDI
87062 CARIATI [CS]
TEL. 0983969441
www.igreco.it

藏酒销售
预约参观
葡萄种植面积 80 公顷
葡萄栽培方式 有机认证

现在，格里克斯（Grecos）是意大利最大的屡获殊荣的橄榄油生产商之一。这些年，他们一直用有机栽培的葡萄酿制高品质的葡萄酒。这个地区也一直是奇异的葡萄酒王国。对于那些非常古老的家族葡萄园，格里克斯（Grecos）积极引进新品种，使这些葡萄园恢复了生机，并获取了极大成功，创造了神话。他们尤其注重发展当地的葡萄品种，而且具有较强的地域意识。

● Catà '09	3
⊙ Savù '10	3
● Tumà '08	6
○ Filù '10	3
● Masino '09	6
● Masino '08	4

Cantine Lento

VIA DEL PROGRESSO, 1
88046 LAMEZIA TERME [CZ]
TEL. 096828028
www.cantinelento.it

藏酒销售
预约参观
年产量 500 000 瓶
葡萄种植面积 70 公顷

伦托（Lento）酒庄是一个家族企业，它在拉默齐亚•特尔梅（Lamezia Terme）的一些最好的葡萄酒区内具有相当重要的影响力。罗密欧（Romeo）庄园一直被誉为“伦托酒庄的心脏”。在过去的10年里，它收购了卡拉乔洛（Calacciolo）葡萄园和阿玛托（Amato）庄园。卡拉乔洛葡萄园的地形相对比较平坦；最新统计的数据显示，阿玛托庄园海拔在50到770米之间，种植了大概70公顷的葡萄。此外，阿玛托庄园还重新成立了酒厂总部和酿酒厂，而且装备十分齐全。

● Federico II '08	6
○ Contessa Emburga '10	5
○ Lamezia Greco '10	5
○ Lamezia Bianco Dragone '10	4
● Lamezia Ris. '06	6
⊙ Lamezia Rosato Dragone '10	4
● Lamezia Rosso Dragone '10	4
● Tisaloro '09	6
● Federico II '06	5
● Federico II '05	5
● Federico II '04	5
● Federico II '99	6
● Lamezia Ris. '05	5
● Lamezia Rosso Ris. '95	5

Librandi

LOC. SAN GENNARO
SS JONICA 106
88811 CIRÒ MARINA [KR]
TEL. 096231518
www.librandi.it

藏酒销售
预约参观
年产量 2 200 000 瓶
葡萄种植面积 232 公顷

黎伯兰迪（Librandis）酒庄很久以前就在意大利南部的酿酒业中居于领先地位。在相临近的斯特龙戈丽（Strongoli）、卡萨博纳（Casabona）和罗卡•戴内图（Rocca di Neto）三个直辖市，一些新兴的葡萄种植区已开始赶超它的切罗（Cirò）葡萄种植园。自从1993年黎伯兰迪酒庄建立了第一个葡萄种植试验区开始，它们就一直在挑选无性繁殖的葡萄品种来酿制纯正的地方葡萄酒，传承弘扬卡拉布里亚（Calabria）地区的葡萄种植良方。

- ● Gravello '09 — 6
- ● Cirò Rosso Duca Sanfelice Ris. '09 — 4
- ○ Efeso '10 — 5
- ⊙ Cirò Rosato '10 — 3
- ● Magno Megonio '09 — 5
- ○ Cirò Bianco '10 — 3
- ● Cirò Rosso Cl. '10 — 3
- ○ Critone '10 — 4
- ○ Melissa Asylia Bianco '10 — 4
- ● Melissa Asylia Rosso '10 — 4
- ⊙ Terre Lontane '10 — 4
- ● Cirò Rosso Duca Sanfelice Ris. '08 — 4*
- ● Cirò Rosso Duca Sanfelice Ris. '07 — 4*
- ● Gravello '90 — 5
- ● Gravello '89 — 5

Salvatore Marini

LOC. LOC. SANT'AGATA
VIA TERMOPILI, 47
87069 SAN DEMETRIO CORONE [CS]
TEL. 0984947868
www.vinimarini.it

藏酒销售
葡萄种植面积 7 公顷
葡萄栽培方式 有机认证

过去，马里亚•保拉（Maria Paola）和萨尔瓦多•马里尼（Salvatore Marini）所在的家族世代种植柑橘类水果，并且生产橄榄油。近几年，他们才决定尝试发展酿酒业。为了实现这一目标，他们扩大了葡萄种植面积，使家族葡萄园恢复了生机。这个葡萄园位于圣德默特里奥科罗内（San Demetrio Corone）一个坐落在尸罗山（Sila massif）脚下的可爱的中世纪村庄，在那里，阿尔巴尼亚人依旧讲本族语言，教堂也仍会按照希腊东正教的仪式做弥撒。传统的葡萄品种和庄园内的其他农作物一样，采用有机认证的栽培方式。

- ● Basileus '09 — 6
- ● Elaphe '09 — 5
- ● Koronè '09 — 4
- ⊙ Brigantino Rosato '10 — 4
- ● Elaphe '08 — 5
- ● Korone '08 — 4

Senatore Vini

LOC. SAN LORENZO
88811 CIRÒ MARINA [KR]
TEL. 096232350
www.senatorevini.com

藏酒销售
预约参观
年产量 250 000 瓶
葡萄种植面积 29 公顷

森纳托尔（Senatore）家族在切罗（Cirò）地区酿造葡萄酒已有数代之久，森纳托尔兄弟只用了几年时间就使该企业实现了快速发展。他们对这个27公顷的葡萄园以及酿酒生产设施都进行了改造。为了增加产量，他们缩小了葡萄藤的间距。我们注意到，在过去的几年里，该地的葡萄酒品质已有了显著的提高，但是森纳托尔酒庄已为它的葡萄酒品质的再一次提高创造了绝佳的条件。

葡萄酒	评分
○ Alikia '10	4
⊙ Cirò Rosato Puntalice '10	4*
○ Cirò Bianco Alaei '10	4
● Ehos '08	4
○ Eukè '10	4
○ Alikia '09	4
⊙ Cirò Rosato Puntalice '09	4*
● Cirò Rosso Cl. Arcano '07	4*
● Cirò Rosso Cl. Arcano '06	4*
● Cirò Rosso Cl. Arcano Ris. '07	5
● Cirò Rosso Cl. Arcano Ris. '06	5
● Ehos '06	4*
● Gaglioppo Merlot '08	4

Serracavallo

C.DA SERRACAVALLO
87043 BISIGNANO [CS]
TEL. 098421144
www.viniserracavallo.it

藏酒销售
预约参观
年产量 80 000 瓶
葡萄种植面积 25 公顷

德默特里奥•斯坦卡提（Demetria Stancati）在比西纳诺（Bisignano）教区的酿酒厂位于海拔600米的塞瓦卡瓦洛区（Serracavallo）。那里地势陡峭，气温不稳定，这为葡萄的生长提供了绝佳条件。近年来，德默特里奥从麦格洛克葡萄（Magliocco）入手，集中精力培育本土葡萄品种，他还创办了一个项目来挑选最佳的无性繁殖品种。他取得了优秀的成绩，而我们品尝的葡萄酒也说明了这一点。

葡萄酒	评分
● Vigna Savuco '07	7
● Sette Chiese '10	4*
○ Besidiae '10	4
⊙ Don Filì '10	4
⊙ Filì '10	4
● Terraccia '09	5
● Terraccia '08	5
● Terraccia '07	5
● Terraccia '06	5
● Terraccia '04	5
● Vigna Savuco '06	5

Statti

C.DA LENTI
88046 LAMEZIA TERME [CZ]
TEL. 0968456138
www.statti.com

藏酒销售
预约参观
年产量 300 000 瓶
葡萄种植面积 55 公顷

斯塔提（Statti）兄弟安东尼奥（Antonio）和阿尔贝托（Alberto）经营的农场式庄园，是卡拉布里亚地区（Calabria）最大最完整的庄园之一。他们在庄园里面饲养牲畜，种植柑橘类水果和橄榄树，当然也栽培酿酒用的葡萄。最近几年，这两位传奇人物一直把他们的注意力集中在葡萄酒生产上。他们重新种植葡萄藤，参与其中的也有阿提利奥•塞恩扎（Attilio Scienza）教授，他曾负责一个项目，挑选和推广卡拉布里亚本区最佳的无性繁殖葡萄品种。

● Batassarro '09	🍷🍷 5
● Arvino '09	🍷🍷 4*
● Gaglioppo '10	🍷🍷 3
○ Mantonico '10	🍷🍷 4
● Gaglioppo Rosso '10	🍷 3
○ Greco '10	🍷 4
○ I Gelsi Bianco '10	🍷 2
○ Lamezia Bianco '09	🍷 3
● Lamezia Rosso '10	🍷 3
● Arvino '08	🍷🍷 4*
● Arvino '07	🍷🍷 4*
○ Nosside '05	🍷🍷 5

Tenuta Terre Nobili

VIA CARIGLIALTO
87046 MONTALTO UFFUGO [CS]
TEL. 0984934005
www.tenutaterrenobili.it

藏酒销售
预约参观
年产量 57 000 瓶
葡萄种植面积 16 公顷
葡萄栽培方式 有机认证

莉迪亚•马特拉（Lidia Matera）拿到了农业经济学学位，她从父亲手中接管了这家庄园。庄园在海拔300米左右的山坡上种了大约40公顷的葡萄藤和橄榄树。莉迪亚很尊重自然环境，她自1995年起就开始采用有机栽培的方式，同时开发出了所有的国际性葡萄品种。在10公顷左右的葡萄园里，他们重新种植了麦格洛克（Magliocco）、奈莱洛（Nerello）和格列柯比安科（Greco bianco）这些最成功的无性繁殖葡萄品种。

● Cariglio '10	🍷🍷 4
○ Santa Chiara '10	🍷🍷 4*
● Alarico '10	🍷 4
⊙ Donn'Eleonò '10	🍷 4
● Alarico '09	🍷🍷 5
● Alarico '08	🍷🍷 4
● Alarico '07	🍷🍷 5
● Cariglio '09	🍷🍷 4*
● Cariglio '07	🍷🍷 5
● Cariglio '01	🍷🍷 3*
○ Santa Chiara '08	🍷🍷 4

Tramontana

LOC. GALLICO MARINA
VIA CASA SAVOIA, 156
89139 REGGIO CALABRIA
TEL. 0965370067
www.vinitramontana.it

藏酒销售
预约参观
年产量 200 000 瓶
葡萄种植面积 41 公顷

从19世纪90年代开始，屈蒙塔纳（Tramontana）家族就一直从事酿酒业，现在这个庄园的核心部分就是安东尼奥•屈蒙塔纳（Antonio Tramontana）在那时创立的。今天，文森克（Vincenzo）和他的儿子安东尼奥（Antonio）已经使企业步入正轨。在过去的10年里，他们把一个微不足道的家族酿酒厂发展成了一个现代化的装备齐全的酿酒厂，而且在卡拉布里亚地区（Calabria）极具竞争力。

● 1890 '08	🍷🍷	6
● Costa Viola '09	🍷🍷	4
○ Greco di Bianco Glicio '09	🍷🍷	6
● Pellaro '09	🍷🍷	4*
● To Crasì '08	🍷🍷	4
● Vorea '10	🍷🍷	4*
○ Istoria '10	🍷	4
● 1890 '07	🍷🍷	6
● 1890 '06	🍷🍷	6
● Pellaro '08	🍷🍷	4*
● To Crasì '05	🍷🍷	4*
● Vorea '08	🍷🍷	5

Luigi Viola

VIA ROMA, 18
87010 SARACENA [CS]
TEL. 0981349099
www.cantineviola.it

藏酒销售
预约参观
年产量 8 000 瓶
葡萄种植面积 2 公顷
葡萄栽培方式 有机认证

路易吉•维欧拉（Luigi Viola）是一个与众不同的葡萄酒种植者。他为人谦逊而且极具献身精神，他仍然按排而不是按公顷计算它的葡萄园，他对波里诺自然公园（Pollino）中他的每一株葡萄藤的特点了如指掌。萨拉塞纳•莫斯卡托（Moscato di Saracena）是很古老的葡萄品种，它曾经几乎被人们完全忽视，但是这个农民又使它重新回到了意大利南部葡萄酒舞台中的重要位置。

○ Moscato Passito '10	🍷🍷🍷	7
○ Moscato Passito '09	🍷🍷🍷	7
○ Moscato Passito '08	🍷🍷🍷	7
○ Moscato Passito '07	🍷🍷🍷	7
○ Moscato Passito '06	🍷🍷	7

Caparra & Siciliani

bivio SS Jonica, 106
88811 Cirò Marina [KR]
Tel. 0962373319
www.caparraesiciliani.it

- ● Cirò Rosso Cl. Sup. Volvito '08 — 2 glasses 4
- ○ Cirò Bianco Curiale '10 — 1 glass 3
- ⊙ Insidia '10 — 1 glass 3
- ● Mastro Giurato '08 — 1 glass 5

Capoano

C.da Ceramidio
88072 Cirò Marina [KR]
Tel. 096231268

- ○ Cirò Bianco '10 — 2 glasses 3
- ○ Cirò Bianco Donna Giovanna '10 — 1 glass 4
- ⊙ Cirò Rosato Conte Don Angelo '10 — 1 glass 4
- ● Cirò Rosso Cl. Sup. Don Raffaele Ris. '05 — 1 glass 3*

Roberto Ceraudo

loc. Marina di Strongoli
c.da Dattilo
88815 Crotone
Tel. 0962865613
www.dattilo.it

- ⊙ Grayasusi Etichetta Argento '10 — 2 glasses 5
- ● Petraro '08 — 2 glasses 6
- ● Dattilo '08 — 1 glass 4
- ⊙ Grayasusi Etichetta Rame '10 — 1 glass 4

Colacino

via A. Guarasci, 5
87054 Rogliano [CS]
Tel. 09841900252
www.colacino.it

- ● Savuto Sup. Britto '10 — 2 glasses 5
- ● Savuto V. Colle Barabba '10 — 2 glasses 4
- ○ Quarto '10 — 1 glass 4
- ⊙ Savuto Rosato '10 — 1 glass 4

Tenuta del Conte

via Tirone, 131
88811 Cirò Marina [KR]
Tel. 096236239
www.tenutadelconte.it

- ⊙ Cirò Rosato '10 — 2 glasses 3
- ● Cirò Rosso Cl. Sup. Ris. '06 — 2 glasses 4
- ○ Cirò Bianco '10 — 1 glass 3
- ● Cirò Rosso Cl. Sup. '09 — 1 glass 4

Donnici 99

c.da Verzano
87100 Cosenza
Tel. 0984781842
www.donnici99.com

- ○ Albicello Diverzano '10 — 1 glass 3
- ● Audace Diverzano '09 — 1 glass 3
- ● Donnici Antico Diverzano '08 — 1 glass 4
- ⊙ Fugace Diverzano '10 — 1 glass 3

Du Cropio

via Sele, 5
88811 Cirò Marina [KR]
Tel. 096235515
www.viniducropio.it

- ● Cirò Classico Superiore Don Giuvà '08 — 2 glasses 5
- ● Cirò Classico Damis Ris. '06 — 1 glass 4

Cantina Enotria

loc. San Gennaro
SS Jonica 106
88811 Cirò Marina [KR]
Tel. 0962371181
www.cantinaenotria.com

- ● Cirò Rosso Cl. '09 — 2 glasses 4
- ● Cirò Rosso Cl. Sup. Piana delle Fate Ris. '08 — 2 glasses 4
- ○ Cirò Bianco '10 — 1 glass 3
- ⊙ Cirò Rosato '10 — 1 glass 3

Pier Giorgio Falvo

LOC. GARGA
87010 SARACENA [CS]
TEL. 0981480921
www.masseriafalvo.it

- ○ Milirosu '10 — 4
- ○ Donna Filomena '10 — 4
- ○ Pircoca '10 — 4

Tenute Ferrocinto

C.DA CIPARSIA
87012 CASTROVILLARI [CS]
TEL. 0981415122
www.cantinecampoverde.it

- ○ Cozzo del Pellegrino '10 — 4
- ○ Chardonnay '10 — 4
- ⊙ Dolcedorme '10 — 4
- ● serra delle Ciavole '09 — 5

Feudo dei Sanseverino

VIA VITTORIO EMANUELE, 108/110
87010 SARACENA [CS]
TEL. 098121461
www.feudodeisanseverino.it

- ○ Mastro Terenzio '08 — 6
- ● Donna Marianna '08 — 4
- ● Lacrima Nera '08 — 5
- ○ Moscato Passito al Governo di Saracena '06 — 5

Ippolito 1845

VIA TIRONE, 118
88811 CIRÒ MARINA [KR]
TEL. 096231106
www.ippolito1845.it

- ● 160 Anni '08 — 6
- ○ Gemma Del Sole Passito '06 — 5
- ● I Mori '09 — 4
- ⊙ Cirò Rosato Mabilia '10 — 3

Tenuta Iuzzolini

LOC. FRASSÀ
88811 CIRÒ MARINA [KR]
TEL. 0962371326
www.tenutaiuzzolini.it

- ● Belfresco '10 — 4
- ⊙ Lumare '10 — 4
- ● Cirò Principe Spinelli '09 — 4

Malaspina

VIA PALLICA, 67
89063 MELITO DI PORTO SALVO [RC]
TEL. 0965781632
www.aziendavinicolamalaspina.com

- ● Palizzi '08 — 4
- ● Patros Pietro '08 — 5
- ⊙ Rosaspina '09 — 3
- ○ Cannici Passito '08 — 5

Domenico Pandolfi

C.DA SODA, 30/32
87010 SARACENA [CS]
TEL. 0981349336
agripandolfi@live.it

- ○ Moscato Passito di Saracena '10 — 7
- ○ Moscato Passito di Saracena '09 — 7

Pichilli

VIA MAZZINI, 45
89038 PALIZZI [RC]
TEL. 0965304881
www.vinipichilli.com

- ● Prastico '07 — 4
- ● Kalò '10 — 3

La Pizzuta del Principe

c.da La Pizzuta, 1
88816 Strongoli [KR]
Tel.
www.lapizzutadelprincipe.it

- ● Melissa Jacca Ventu '10 — 4*
- ● Zingamaro '10 — 4
- ⊙ Calastrazza '10 — 3
- ○ Molarella '09 — 3
- ⊙ Molarella '09 — 3

Russo & Longo

fraz. Strongoli
loc. Serpito
88816 Strongoli [KR]
Tel. 09621905782
www.russoelongo.it

- ⊙ Colli di Ginestra '10 — 4
- ● Jachello '08 — 6
- ○ Malvasia Sauvignon '10 — 4
- ○ Terre di Trezzi '10 — 4

Santa Venere

loc. Tenuta Voltagrande
SP 04 km 10,00
88813 Cirò [KR]
Tel. 096238519
www.santavenere.com

- ● Cirò Rosso Cl. Sup. Federico Scala Ris. '08 — 6
- ○ Vescovado '10 — 4
- ● Cirò Rosso Cl. '10 — 4
- ● Speziale '10 — 5

Stelitano

c.da Palazzi, 1
89030 Casignana [RC]
Tel. 0964913023
lacantina.stelitano@gmail.com

- ○ Greco di Bianco '09 — 6
- ○ Greco di Bianco '08 — 7
- ○ Mantonico '08 — 6

Terre del Gufo - Muzzillo

fraz. fraz. Donnici Inferiore
c.da Albo San Martino
87100 Cosenza
Tel. 3357725614
www.terredelgufo.com

- ● Timpamara '09 — 6
- ● Portapiana Donnici '10 — 5
- ⊙ Chiaroscuro '10 — 4
- ● Timpamara '08 — 7

Val di Neto

c.da Margherita via delle Magnolie
88900 Scandale [KR]
Tel. 096254079
www.cantinavaldineto.com

- ● Melissa Rosso Sup. Mutrò '08 — 5
- ⊙ Amistà '10 — 4
- ○ Ferule '09 — 4
- ○ Melissa Lumia '10 — 4

Vigna de Franco

fraz. Cirò Marina
SS 106 km. 279,800
88811 Crotone
Tel. 3290732473
vignadefranco.blogspot.com

- ● Cirò Rosso Cl. F 36 '08 — 4
- ● Cirò Rosso Cl. Sup. 'A Vita '09 — 4
- ⊙ Gaglioppo Rosato '09 — 3
- ● Cirò Rosso Cl. Sup. 'A Vita '08 — 4*

Vinicola Zito

fraz. Punta Alice
via Scalaretto
88811 Cirò Marina [KR]
Tel. 096231853
www.zito.it

- ● Cirò Rosso Cl. Ris. '08 — 4*
- ○ Cirò Bianco Nosside '10 — 3
- ⊙ Cirò Rosato Imerio '10 — 3

西西里岛
SICILY

西西里岛（Sicily）出产具有地中海特色的独一无二的上等葡萄酒。当然，事情并非十全十美。去年，葡萄的市场价格很低廉，许多种植商不得不采取紧急措施，比如绿色采摘，或者干脆直接毁掉大面积的葡萄藤。然而，从欧盟农业政策支持下的葡萄种植理念慢慢过渡到欧共体新农业政策所主张的新理念，在这个过程中有些不幸其实很有必要，也是不可避免的。新农业政策提供了更为广阔的空间，但也意味着有更大的风险，环境更加险恶，摆脱困境的难度更大。这里有独一无二的风土，也有顶级的葡萄酒企业家，他们适时地投资了当地的葡萄品种。现在我们来关注一下今年的奖项。在本年鉴中，奖项的设置有所减少，但是西西里岛在原来的基础上又赢得了两项最高的荣誉，这一点更让人欢欣鼓舞。其中之一是埃特纳（Etna）酿酒业十分发达。两种顶级水平的埃特纳白葡萄酒（Etna bianco）——泰努塔•费西亚酒庄生产的10年款的格拉西（Graci）和2009年款的普达拉（Puddara），分外突显了凯利坎特葡萄（Carricante）在其生长地区的高贵。红吉罗拉摩（Girolamo Rosso）酒庄生产的2009年款的圣洛伦佐（San Lorenzo）浓香醇正，其酿造者朱塞佩•洛索（Giuseppe Rosso）对于葡萄种植以及酿酒饶有兴趣，这也使他赢得了“年度栽培家”的称号。西西里岛标志性的火山也让菲利亚托（Firriato）家族的付出有了回报,他们成功地酿制出了2009年款的埃特纳•卡瓦奈拉•罗沃•柯图尔尼红葡萄酒（Etna Rosso Cavanera Rovo delle Coturnie）。特尔拉泽•埃特纳（Terrazze dell Etna）首次出现在本年鉴中，一同亮相的还有屡获殊荣的2008年款的埃特纳•洛索•塞纳克（Etna Rosso Cirneco）和安德里亚•弗兰凯蒂酒庄（Andrea Franchetti）生产的2009年款的康特拉达•珀尔卡西亚（Contrada Porcacia），尽管酿制这种葡萄酒所用的葡萄并不是生长在肥沃的火山灰上，但它仍获得了此奖项。还有一款经久不衰屡摘桂冠的葡萄酒就是萨尔瓦托•格拉西（Salvatore Graci）酒庄生产的2009年款的法罗帕拉里（Faro Palari）。位于坎波贝洛的巴利奥克里斯托（Baglio del Cristo）酒庄以它2009年款的高贵奢华的尼罗•阿沃拉•帕特里（Nero d'Avola Lu Patri '09）第一次赢得了我们的顶级大奖，他们用西西里岛上最好的葡萄酿制出了一系列的红葡萄酒，其中包括赛托所里（Settesoli）酒庄酿制的2009年款的极其诱人的曼德拉洛索•卡尔塔果（Mandrarosso Cartagho），塔斯卡•阿尔梅利塔（Tasca Almerita）酒庄的2007年款的孔泰亚•斯科拉法尼•孔特红葡萄酒（Contea di Sclafani Rosso del Conte），加尔菲（Gulfi）酒庄的2007年款的内洛布法勒菲（Nerobufaleffi），库苏玛诺（Kusumano）酒庄出品的2009年款的烈性葡萄酒萨拉戈纳（Saragna），及普拉内塔（Planeta）酒庄生产的口感细腻的普鲁姆巴果（Plumbago）。最后仍值得特别提到的三款葡萄酒分别是费碧（Feudi del Pisciotto）酒庄的甘甜可口的杰弗兰科•费雷帕赛托甜酒（Passito Gianfranco Ferrè）和潘泰莱里亚岛屿（Pantelleria）的两大珍品，即2009年经典款的本•拉伊（Ben Ryé）和卡洛•佩莱格里诺（Carlo Pellegrino）酒庄的2009年新款的奈斯（Nes）。

Abbazia Santa Anastasia

C.DA SANTA ANASTASIA
90013 CASTELBUONO [PA]
TEL. 091671959
www.abbaziasantanastasia.it

藏酒销售
预约参观
年产量 650 000 瓶
葡萄种植面积 62 公顷
葡萄栽培方式 有机认证

在这片广袤的庄园中，葡萄遍布于面朝大海的绿色山坡上，临近艺术之城卡斯特尔布尔诺（Castellbuono）。这里处于向阳坡，有海风吹拂，清新而轻柔，抚慰着庄园的一切。一座12世纪的修道院美丽绝伦，更为之平添了几分魅力。总之，这里是生产上等特色葡萄酒的绝佳之地。如今，莉娜（Lena）家族也正在努力促使葡萄栽培方式由有机认证型向生机互动型转变。

○ Contempo Grillo '10	2 (black)	3*
● Litra '08	2 (black)	7
● Passomaggio '09	2 (black)	4*
○ Baccante '10	1 (black)	5
● Contempo Nero d'Avola '10	1 (black)	3
● Contempo Syrah '08	1 (black)	3
○ Contempo Zibibbo Chardonnay '10	1 (black)	3
○ Sinestesia '10	1 (black)	4
● Litra '04	3	7
● Litra '01	3	8
● Litra '00	3	7
● Litra '99	3	7
● Litra '97	3	7
● Litra '96	3	7
● Montenero '04	3	5

Alessandro di Camporeale

C.DA MANDRANOVA
90043 CAMPOREALE [PA]
TEL. 092437038
www.alessandrodicamporeale.it

藏酒销售
预约参观
年产量 170 000 瓶
葡萄种植面积 35 公顷
葡萄栽培方式 有机认证

这家庄园由同一家族经营长达一个多世纪，它地理位置优越，为许多葡萄酒爱好者所心仪。尼诺（Nino）、纳塔尔（Natale）和阿斯三德罗（Alessandro）三兄弟以持久的激情和过人的智慧打点着庄园的一切，他们的后辈也已参与到葡萄酒事务中来。他们采用明智的定价策略，而且他们的产品也获得了高品质认证。他们使用传统方法酿制的天然葡萄酒，这使他们成为同行中成功的典型。

● Kaid '09	2 (red)	5
○ Benedè '10	2 (black)	4
● DonnaTà '10	2 (black)	4
○ Kaid Sauvignon Blanc '10	1 (black)	6
○ Benedè '10	2	4
● DonnaTà '09	2	4
● DonnaTà '07	2	4*
● DonnaTà '06	2	4*
● Kaid '08	2	5*
● Kaid '07	2	5
● Kaid '06	2	5
● Kaid '05	2	5
● Kaid '04	2	4
● Kaid V. T. '08	2	6

Baglio del Cristo di Campobello

c.da Favarotta, SS 123 km 19,200
92023 Campobello di Licata [AG]
Tel. 0922 877709
www.cristodicampobello.it

藏酒销售
预约参观
年产量 300 000 瓶
葡萄种植面积 30 公顷

这家酒庄是由安哥拉•博内塔（Angelo Bonetta）和他的两个儿子卡梅洛（Carmelo）、里卡多（Riccardo）共同创立的。酒庄的葡萄园位于利卡塔（Licata）附近坎波贝洛（Campobello）南部的山坡上，这里布满了白垩土和石灰石，极有可能成为良好的葡萄种植区。酿酒厂建在专门制造古代十字架——数个世纪以来一直作为流行崇拜标志的封闭式农场中。他们很强调葡萄酒的西西里风味，无论所用的是本地葡萄品种还是国际品种。

- ● Lu Patri '09 — 6
- ● Adènzia Rosso '09 — 4
- ● C'D'C' Rosso Cristo di Campobello '10 — 3
- ○ Lalùci '10 — 4
- ○ Adènzia Bianco '10 — 4
- ○ C'D'C' Bianco Cristo di Campobello '10 — 3
- ○ Laudàri '07 — 6
- ● Lu Patri '08 — 6
- ● Lu Patri '07 — 6

Cantine Barbera

c.da Torrenova, SP 79
92013 Menfi [AG]
Tel. 0925570442
www.cantinebarbera.it

藏酒销售
预约参观
年产量 100 000 瓶
葡萄种植面积 15 公顷

马里勒娜（Marilena）以前是一位商业会计师，但她对于酿制葡萄酒怀有很大的激情，这使她在短短几年里就成为意大利酿酒界最有名最活跃的女性之一。她不仅尽力经营这家现代化的、装备齐全的酿酒厂，而且还在世界范围内宣传和推广她的酿酒厂以及葡萄酒。这里酿制的葡萄酒品质上乘，很有风味特色，而且价格也很合理。它恰好位于贝利切（Belice）河畔门菲市（Menfi）的贝利塞罗区（Belicello）。

- ⊙ La Bambina '10 — 4
- ○ Menfi Inzolia Dietro le Case '09 — 4*
- ● Menfi Merlot Azimut '09 — 5
- ● Microcosmo '09 — 4
- ○ Inzolia '10 — 4
- ● Menfi Cabernet Sauvignon La Vota '08 — 5
- ○ Menfi Chardonnay Piana del Pozzo '09 — 5
- ● Menfi Coda della Foce '09 — 5
- ● Coda della Foce '08 — 6
- ● Coda della Foce '05 — 5
- ○ Inzolia '09 — 4*
- ⊙ La Bambina '09 — 4*
- ● Menfi Cabernet Sauvignon La Vota '08 — 5
- ○ Menfi Inzolia Dietro le Case '09 — 4
- ● Menfi Merlot Azimut '08 — 5

★Benanti

VIA G. GARIBALDI, 475
95029 VIAGRANDE [CT]
TEL. 0957893438
www.vinicolabenanti.it

藏酒销售
预约参观
年产量 180 000 瓶
葡萄种植面积 50 公顷

20世纪80年代，朱塞佩•班南迪（Giuseppe Benanti）决定重建位于维亚格朗德（Viagrande）的家族庄园，因此我们现在才得以在这里兴致勃勃地讨论埃特纳（Etna）的酿酒业。班南迪（Benanti）具有非凡的洞察力，他使一些古老的海拔较高的葡萄园重新恢复了生机。萨尔瓦托•福蒂（Salvatore Foti）是朱塞佩十分信任的农学家，也是受人尊崇的酿酒师。在他的帮助下，朱塞佩召集了许多在国际上享有极高声誉的专家来研究如何在很深的酒窖中酿制葡萄酒以及如何通过长时间的贮藏来形成独特的风味。班南迪的做法使该酒庄重新实现了蓬勃发展。

酒款	评级
○ Etna Bianco di Caselle '10	🍷🍷 4
○ Etna Bianco Sup. Pietramarina '07	🍷🍷 7
○ Edelmio '09	🍷🍷 5
● Nerello Mascalese Il Monovitigno '08	🍷🍷 6
○ Noblesse	🍷🍷 8
● Etna Rosso Serra della Contessa '09	🍷 8
● Majora '08	🍷 8
● Nerello Cappuccio Il Monovitigno '09	🍷 6
○ Etna Bianco Sup. Pietramarina '04	🍷🍷🍷 7
● Etna Rosso Serra della Contessa '06	🍷🍷🍷 8
○ Etna Bianco Sup. Pietramarina '06	🍷🍷 7
○ Etna Bianco Sup. Pietramarina '05	🍷🍷 7
● Etna Rosso Serra della Contessa '08	🍷🍷 8

Cantina Viticoltori Associati Canicattì

C.DA AQUILATA
92024 CANICATTÌ [AG]
TEL. 0922829371
www.viticultoriassociati.it

藏酒销售
预约参观
年产量 700 000 瓶
葡萄种植面积 1000 公顷

这家全球知名的合作式酒庄共有500多名种植成员，由吉奥凡尼•格里克（Giovanni Greco）管理。他颇具远见卓识，十分注重大批量葡萄酒的品质。近年来，该酒庄在现代化的技术方面进行了大量投资，研究了60多种不同的葡萄生长环境，并安排技术人员分别进行监控。因此，这家酒庄自信地走向国际市场，既保障了产品的销售量，也赢得了顾客的好评。

酒款	评级
● Aynat '08	🍷🍷 5
○ Aquilae Catarratto '10	🍷🍷 3*
○ Fileno '10	🍷🍷 3*
● Aquilae Cabernet Sauvignon '09	🍷 3
○ Aquilae Chardonnay '10	🍷 3
○ Aquilae Grillo '10	🍷 3
● Calìo '09	🍷 1
● Centouno '09	🍷 3
● Scialo '06	🍷🍷 4*

Centopassi

via Porta Palermo, 132
90048 San Giuseppe Jato [PA]
Tel. 0918577655
www.cantinacentopassi.it

藏酒销售
预约参观
年产量 300 000 瓶
葡萄种植面积 60 公顷
葡萄栽培方式 有机认证

森特帕西（Centopassi）酒庄所在的地方曾被一伙傲慢的不法之徒所占据，自从该酒庄合法成立以后，它逐渐显示出团结协作的企业精神。普雷西多•利佐托—利博拉•特拉（Placido Rizzotto—Libera Terra）和拉皮奥•拉托瑞（Pio La Torre）这两家合作式酿酒厂，从合伙人科沙•诺斯特拉（Cosa Nostra）手中接管了这家位于贝里斯（Belice）山谷上的葡萄园。

Wine	Rating
○ Grillo Rocce di Pietra Longa '10	4*
● Argille di Tagghia Via '10	4
● Marne di Saladino '09	4
○ Terre Rosse di Giabbascio '10	4*
○ Centopassi Bianco '10	4
○ Centopassi Placido Rizzotto Bianco '10	2
● Centopassi Placido Rizzotto Rosso '10	3
● Centopassi Rosso '10	4

Tenuta Chiuse del Signore

c.da Chiuse del Signore
SP Linguaglossa-Zafferana km 2
95015 Linguaglossa [CT]
Tel. 0942611340
www.gaishotels.com

藏酒销售
预约参观
年产量 45 000 瓶
葡萄种植面积 50 公顷

这家美丽的酒庄由塞尔吉奥•德鲁卡（Sergio De Luca）这位著名的酒店经营者管理，它位于陶尔米纳（Taomina）小镇上，距离林瓜格洛萨（Linhuaglossa）只有几千米，海拔大概在600米左右。这家庄园早在20世纪出就已经运营了，不过10年前才打出酒庄的商标生产瓶装葡萄酒和橄榄油。大部分葡萄藤都经过了更新，那些种植已久的也都重新恢复了生机，例如在一片椭圆形宏伟壮观的葡萄园中的那些葡萄藤，大约都已生长了80年左右。

Wine	Rating
● Etna Rosso NerEtna '08	5
○ Rasule Alte Bianco '10	4
● Serrantico '09	6
● Etna Rosso NerEtna '08	5
● Pinot Nero '06	7
● Rasule Alte '05	4*
○ Rasule Alte Bianco '09	4*
● Rasule Alte Rosso '09	4*
● Rasule Alte Rosso '08	4*
● Rasule Alte Rosso '07	4*
● Rasule Alte Rosso '06	4*
● Serrantico '08	6
● Serrantico '07	6
● Serrantico '06	6
● Serrantico '05	6
● Serrantico '04	6

COS

SP 3 Agate-Chiaramonte km 14,300
97019 Vittoria [RG]
Tel. 0932876145
www.cosvittoria.it

藏酒销售
预约参观
年产量 160 000 瓶
葡萄种植面积 25 公顷
葡萄栽培方式 有机种植

奎斯托•欧切宾提（Giusto Occhipinti）和蒂塔•西莉亚（Titta Cilia）从事酿酒业已有30多年了，他们将极大的热情和奉献精神投入到事业中，而且一直郑重承诺保证葡萄酒的品质。奎斯托和蒂娜以一丝不苟的审慎态度和娴熟的技能经营着这家酒庄，包括葡萄园，现代化的酿酒厂和宏伟的土罐式酒窖，引领着自然栽培葡萄的潮流，十分令人钦佩。

酒款	
● Contrada '07	8
● Nero di Lupo '09	5
● Frappato '10	4
● Maldafrica '08	5
● Pithos '09	5
○ Pithos '09	5
● Cerasuolo di Vittoria Classico '08	5
● Cerasuolo di Vittoria Classico '07	5
● Frappato '09	4*
● Maldafrica '07	5
● Nero di Lupo '08	5
○ Ramì '09	4*
● Syre '05	6

Cottanera

Loc. Iannazzo
SP 89
95030 Castiglione di Sicilia [CT]
Tel. 0942963601
www.cottanera.it

藏酒销售
预约参观
年产量 300 000 瓶
葡萄种植面积 55 公顷

尽管坎布里亚（Cambria）精心经营的酒庄只有20年之久，但因为该埃特纳地区（Etna）一直有新的酿酒厂成立,人们仍然认为它是该地区的传统庄园。在过去5年里，埃特纳地区葡萄酒产量在不断增加，媒体的关注也愈加频繁，但这个美丽的酒庄还是因8种葡萄酒而闻名，它们风格独特，既新奇又有传统的风味。这家酒庄充满活力，同时也使人感觉很值得信赖。

酒款	
○ Etna Bianco '10	4
● Etna Rosso '08	6
● L'Ardenza '09	5
● Grammonte '09	5
● Nume '08	5
Barbazzale Rosso '10	3
● Fatagione '09	5
● Sole di Sesta '08	5
● Etna Rosso '07	6
● Etna Rosso '06	6
● Etna Rosso '05	6
● Sole di Sesta '00	7
● L'Ardenza '08	5

★Cusumano

C.DA SAN CARLO SS 113
90047 PARTINICO [PA]
TEL. 0918903456
www.cusumano.it

预约参观
年产量 2 500 000 瓶
葡萄种植面积 400 公顷

阿尔伯托（Alberto）和迭戈•卡斯马诺（Diego Cusumano）以“西西里，高贵优雅，开拓创新”为经营理念，把他们的酒庄打造成西西里地区（Sicily）领头企业，并在短短几年里就成功地进入国际市场。这一成就的取得应归结于清晰透彻、充满活力而又卓有远见的商业眼光。此外，他们在萨尔米（Salemi）、帕奇诺（Pachino）、布特拉（Butera）和皮安诺（Piano）等地的酿酒厂经营中宣扬了其追求风味特色的理念，并很好地践行了这一理念。因此，他们生产出的系列葡萄酒十分完美，定价也十分合理。

● Sàgana '09	5
○ Jalé '10	5
● Noà '09	5
○ Angimbé '10	4*
● Benuara '10	4
● Merlot '10	4*
● Nero d'Avola '10	4*
● Syrah '10	4*
● Noà '05	5
● Sàgana '08	5
● Sàgana '07	5
● Sàgana '06	5
● Sàgana '05	5
○ Cubìa '09	4*
● Noà '08	5

Marco De Bartoli

C.DA FORNARA SAMPERI, 292
91025 MARSALA [TP]
TEL. 0923962093
www.marcodebartoli.com

藏酒销售
预约参观
年产量 100 000 瓶
葡萄种植面积 30 公顷

马尔科•巴尔托里（Marco De Bartoli）是意大利闻名遐迩的葡萄酒生产商，他的家人以及成千上万的崇拜者都为他的去世感到遗憾和悲痛。他的一生都在不断开拓创新，他雷厉风行，信守承诺，他严格遵守职业道德，头脑清晰，慷慨大方。他的子女瑞纳托（Renato）、朱塞佩娜（Giuseppina）和塞巴斯提亚诺（Sebastiano）正在继续完成他未竟的事业。

○ Marsala Sup. 10 Anni Ris.	7
○ Vecchio Samperi Ventennale	7
○ Marsala Sup. Oro 5 anni Vigna La Miccia	4
○ Passito di Pantelleria Bukkuram '07	7
● Rosso di Marco '08	6
○ Sole e Vento '10	4
○ TerzaVia Dolcemamà '09	4
○ Grappoli del Grillo '09	5
○ Pietranera '10	5
● TerzaVia Amada '07	4
○ TerzaVia Lucido '10	4
○ Pietranera '10	5

★Donnafugata

via Sebastiano Lipari, 18
91025 Marsala [TP]
Tel. 0923724200
www.donnafugata.it

藏酒销售
预约参观
年产量 2 300 000 瓶
葡萄种植面积 260 公顷

多娜佳塔（Donnafugata）庄园是一家近代化庄园，它是在1983年由吉亚科莫•拉洛（Giacomo Rallo）和噶布利亚拉•拉洛（Gabriella Rallo）创立的，不久之后他们的儿子约瑟（Josè）和安东尼奥（Antonio）也参与到了酒庄的事务中。拉洛一家仅用了几年时间就把酒庄发展成西西里岛（Sicily）酿酒业中的佼佼者。他们生产的葡萄酒品种繁多，而且排列有序，对于葡萄酒品质的要求也始终如一。该酒庄有三家现代化的酿酒厂，分别是康特萨•恩特里娜（Contessa Entellina）、位于马萨拉（Marsala）成立已久的家族酿酒厂以及潘特雷里亚岛（Pantelleria）上一家新近成立的酿酒厂。

Wine	Rating
○ Passito di Pantelleria Ben Ryé '09	🍷🍷🍷 8
● Contessa Entellina Milleunanotte '07	🍷🍷 8
○ Contessa Entellina Vigna di Gabri '10	▼▼ 4
● Sherazade '10	▼▼ 4*
● Tancredi '08	▼▼ 6
● Angheli '08	▼ 5
○ Lighea '10	▼ 4
● Contessa Entellina Milleunanotte '06	▽▽▽ 8
● Contessa Entellina Milleunanotte '05	▽▽▽ 8
● Contessa Entellina Milleunanotte '04	▽▽▽ 7
○ Passito di Pantelleria Ben Ryé '06	▽▽▽ 7
● Tancredi '07	▽▽▽ 5
○ Passito di Pantelleria Ben Ryé '08	▽▽ 8

Duca di Salaparuta Vini Corvo

via Nazionale, SS 113
90014 Casteldaccia [PA]
Tel. 091945201
www.duca.it

藏酒销售
预约参观
年产量 10 000 000 瓶
葡萄种植面积 155 公顷

我们有幸在这里看到西西里岛（Sicily）三种给人以国际化感觉的葡萄酒：科尔沃（Corvo）、杜卡迪•萨拉帕鲁塔（Duca di Salaparuta）和佛罗里奥（Florio），它们是这个岛屿葡萄酒的标志性品牌。来自萨罗诺（Saronno）的伊尔瓦集团（ILLVAGroup）对这家酒庄进行了整顿。该酒庄拥有极其独特的酿酒厂，也有从位于埃特纳（Etna）的瓦佳辛迪（Vajasindi）酒庄、位于布特拉（Butera）的苏尔•马彻撒（Suor Marchesa）酒庄和位于撒乐美（Salemi）的利西格诺罗（Risignolo）酒庄新近收购的葡萄园，这些都为该酒庄注入了活力，使之生产出大批量高质量的满足市场需求的葡萄酒。

Wine	Rating
● Duca Enrico '07	🍷🍷 8
○ Florio Malvasia delle Lipari Passito Florio '09	🍷🍷 6
○ Bianca di Valguarnera '09	▼▼ 6
○ Kados Tenuta Risignolo '10	▼▼ 4
● Lavico Tenuta Vajasindi '08	▼▼ 5
○ Marsala Vergine Oro Baglio Florio '98	▼▼ 7
○ Marsala Vergine Terre Arse Florio '00	▼▼ 6
● Calanìca Frappato e Syrah '09	▼ 4
○ Colomba Platino L '10	▼ 4
○ Corvo Bianco '10	▼ 4
○ Corvo Colomba Platino '10	▼ 4
● Corvo Rosso '09	▼ 4
● Triskelè '08	▼ 6
● Duca Enrico '03	▽▽▽ 7
● Duca Enrico '01	▽▽▽ 7

Fatascià

VIA MAZZINI, 40
90139 PALERMO
TEL. 091332505
www.fatascia.com

预约参观
年产量 390 000 瓶
葡萄种植面积 30 公顷

法塔希亚（Fatascià）是潘泰莱里亚岛（Panteleria）上一种叫威士莺的鸟的名字，它象征着不屈不挠的精神，也正是这种精神鼓舞着斯蒂法尼亚•勒那（Stefania Lena）在12年前创办了这家酒庄。那时它还只是阿巴齐亚•桑塔•安纳斯塔西亚（Abbazia Santa Anastasia）酒庄的一部分，但很快就成了一家独立经营的酒庄。斯蒂法尼亚主要负责生产和技术决策，她的丈夫奎赛佩•那托利（Giuseppe Natoli）负责商务方面的事务。葡萄园主要分布在西西里岛（Sicily）的西北部，酒的酿制则在马里尼奥（Marineo）的布赛西酒厂（Buceci）。

● Rosso del Presidente '09	5
● Syrah '10	4
● Aliré '09	4
● Almanera '09	4
○ Grillo '10	3
○ L'Enigma '10	4
● L'Insolente Noir '09	6
● Nero d'Avola '10	3
● Aliré '08	4
● Almanera '08	4
○ L'Enigma '09	4
● Rosso del Presidente '08	5
● Syrah '10	4
● Syrah '09	4

Tenuta di Fessina

LOC. CONTRADA ROVITTELLO
VIA NAZIONALE 120, 22
95012 CASTIGLIONE DI SICILIA [CT]
TEL. 057155284
www.cuntu.it

预约参观
年产量 60 000 瓶
葡萄种植面积 15 公顷
葡萄栽培方式 有机种植

在托斯卡纳（Tuscan）的葡萄种植主西尔维亚•马斯特里（Silvia Maestrelli）和其丈夫罗伯托•西尔瓦（Roberto Silva）、酿酒学家兼农艺师菲德里科•科塔兹（Feferico Curtaz）一起，共同创立了3家极其迷人的小型庄园：位于埃特纳（Etna）的卡斯提格里昂•迪•西西里亚酒庄（Castiglione di Sicilia），位于特拉帕尼（Trapani）地区的塞格斯塔（Segesta），还有一家在希拉库萨省（Siracusa）的诺托（Noto）。最近，位于诺托地区的费乌多（Feudo）从尼罗•达沃拉（Nero d'Avola）这个有50多年种植历史的葡萄园收购了2公顷的土地。像往常一样，时间会验证一切。

○ Etna Bianco A' Puddara '09	6
● Etna Rosso Erse '10	5
○ Nakone '10	5
● Laeneo '10	5
● Etna Rosso Musmeci '07	7
● Ero '09	5*
● Etna Rosso Erse '09	5*
● Etna Rosso Erse '08	5
● Etna Rosso Musmeci '08	7
● Laeneo '09	5

Feudi del Pisciotto

C.DA PISCIOTTO
93015 NISCEMI [CL]
TEL. 0577742903
www.castellare.it

藏酒销售
预约参观
年产量 180 000 瓶
葡萄种植面积 45 公顷

早在18世纪，从酿酒厂开始广泛使用葡萄榨汁机起，意大利媒体巨子保罗•帕内莱（Paolo Panerai）的西西里（Sicily）酒庄就一直在酿造葡萄酒。酒庄45公顷的葡萄园位于尼斯塞米（Niscemi）周边的乡村，并占据了一片单独的山坡地块。站在这座古老农庄的塔上望去，景色令人印象深刻。在与标签设计师的协议中，费碧（Feudi）酒庄将从利润中拨付一定比例用来恢复一件西西里亚艺术品，这就是爱特诺（Eterno）——泥灰雕塑系列作品，它位于西西里首府巴勒莫市（Palermo）的吉亚科莫•索波塔（Giacomo Serpotta）。

酒款	评级
○ Passito Gianfranco Ferrè '09	🍷🍷🍷 5
● Nero d'Avola Versace '09	🍷🍷 5
● Cabernet Sauvignon Missoni '09	🍷🍷 5
○ Grillo Carolina Marengo '09	🍷🍷 5
○ Chardonnay Alberta Ferretti '09	🍷 5
● Frappato Carolina Marengo '09	🍷 5
○ Gurra di Mare Tirsat '10	🍷 4
● Merlot Valentino '09	🍷 5
○ Moscato Blumarine '10	🍷 5
● Nero d'Avola Versace '08	🍷🍷🍷 5
● Nero d'Avola Versace '07	🍷🍷🍷 5*
○ Baglio del Sole Inzolia Catarratto '09	🍷🍷 3*
○ Chardonnay Alberta Ferretti '07	🍷🍷 5
● Frappato Carolina Marengo '08	🍷🍷 5

Feudo Maccari

C.DA MACCARI, SP PACHINO-NOTO, KM 13,500
96017 NOTO [SR]
TEL. 0931596894
www.feudomaccari.it

藏酒销售
预约参观
年产量 166 000 瓶
葡萄种植面积 50 公顷
葡萄栽培方式 有机种植

安东尼奥•莫雷蒂（Antonio Moretti）那美丽的酒庄位于诺托（Noto）和帕基诺（Pachino）之间，距离温迪卡里（Vendicari）自然保护区数百米之远。这家酒庄成立于大约10年前，这里生产的葡萄酒风格极其与众不同，别有风味，尤其值得一提的它最具代表性的葡萄品种——尼罗•达沃拉（Nero d'Avola）。该酒庄生产的葡萄酒品质上乘，不仅高度浓缩，而且高贵典雅，口感细腻。

酒款	评级
● Saia '09	🍷🍷 5
○ Grillo '10	🍷🍷 4*
● Nero D'Avola '10	🍷🍷 4
⊙ Rosè di Nero D'Avola '09	🍷 4
● Saia '08	🍷🍷🍷 5*
● Saia '07	🍷🍷🍷 5*
● Saia '06	🍷🍷🍷 5
● Mahâris '08	🍷🍷 7
● Mahâris '07	🍷🍷 7
● Mahâris '06	🍷🍷 7
● Saia '05	🍷🍷 5

Feudo Principi di Butera

C.DA DELIELLA
93011 BUTERA [CL]
TEL. 0934347726
www.feudobutera.it

藏酒销售
预约参观
年产量 900 000 瓶
葡萄种植面积 180 公顷
葡萄栽培方式 有机种植

这家酒庄与西西里岛（Sicily）那段吸引人的贵族历史有着密切的联系，会让人想起布特拉（Butera）王子和德里亚拉国（Deliella）。此地也是意大利北部商业事务中最重要的投资目标之一。费尔多•普林西皮•布特拉（Feudo Principi di Butera）位于里西（Riesi）和布特拉（Butera）间的山坡上，佐宁家族（Zonin）对其一见钟情，深深地为它的发展潜力和优越的地理位置所吸引。这家酒庄有320公顷的土地，但仅有一部分用于种植葡萄藤。这里有现代化的地下酿酒厂，也有吸引人的封闭式农场巴戈里奥（Baglio）。

● Symposio '08	5
● Nero d'Avola '09	4
● Riesi '09	4
○ Chardonnay '10	4
○ Insolia '10	4
○ Surya Bianco '10	4
● Surya Rosso '09	4
● Syrah '09	4
● Deliella '05	7
● Deliella '02	8
● Calat '03	7
● Deliella '06	7
● Deliella '03	8
● San Rocco '03	7

★Firriato

VIA TRAPANI, 4
91027 PACECO [TP]
TEL. 0923882755
www.firriato.it

藏酒销售
预约参观
年产量 4 250 000 瓶
葡萄种植面积 320 公顷
葡萄栽培方式 有机种植

近日，颇负盛名的菲利亚托（Firriato）酒庄传闻说埃加迪（Egadi）在停止种植葡萄大约有1个世纪之后在法维格纳那（Favignana）实现了第一次丰收，这使得位于卡斯提格里奥那•德拉•西西里亚（Castiglione della Sicilia）的埃特纳（Etna）地区的卡瓦内拉（Cavanera）酒厂开始全面运转。此地的庄园和位于特拉帕尼（Trapani）乡村的庄园仅仅是西西里亚酿酒业的一隅。这家酒庄由温齐亚（Vinzia）和萨尔瓦托内迪加塔诺（Salvatore Di Gaetano）精心经营，他们满怀激情，满怀对这片土地的热爱和对那些完美无瑕的产品的喜爱。

● Etna Rosso Cavanera Rovo delle Coturnie '09	6
● Harmonium '09	6
● Santagostino Rosso Baglio Sorìa '09	5*
● Camelot '09	6
● Chiaramonte Nero d'Avola '09	4*
○ Passito L'Ecrù '08	6
● Quater Rosso '09	5
● Ribeca '09	6
● Harmonium '08	6*
● Harmonium '07	5*
● Harmonium '06	5*
● Harmonium '03	5
● Quater Rosso '05	5
● Ribeca '04	6

Tenuta Gorghi Tondi

C.DA SAN NICOLA
91026 MARSALA [TP]
TEL. 0923719741
www.gorghitondi.com

藏酒销售
预约参观
年产量 350 000 瓶
葡萄种植面积 115 公顷

这家酒庄由家族经营，创立于19世纪晚期，占地130公顷。它的葡萄园位于滨海地带，靠近两大卡斯特地质的湖泊，普雷奥拉（Preola）和高吉•通迪（Gorghi Tondi），风景十分优美。庄园中有橄榄树和多刺的梨树，也有矮小的棕榈树和成片的兰花，那里简直就是野生动植物自然保护区。几年前，克拉拉（Clara）和安娜玛利亚•萨拉（Annamaria Sala）开始满怀激情地精心经营这家酒庄，为该酒庄注入了独特的令人钦佩的女性气息。

● Nero d'Avola '08	ΥΥ 4
○ Coste a Preola Bianco '10	ΥΥ 4*
● Coste a Preola Rosso '09	ΥΥ 4*
○ Kheirè '10	ΥΥ 4
● Segreante '07	ΥΥ 4
○ Meridiano 12 '10	Υ 4
○ Rajah '10	Υ 4
○ Chardonnay '09	ΥΥ 4
○ Chardonnay '08	ΥΥ 4
● Coste a Preola Rosso '08	ΥΥ 4*
● Nero d'Avola '07	ΥΥ 5
○ Oro di Dora '06	ΥΥ 6
○ Rajah '07	ΥΥ 4*
○ Riarso '08	ΥΥ 6

Graci

LOC. PASSOPISCIARO
C.DA ARCURIA
95012 CASTIGLIONE DI SICILIA [CT]
TEL. 3487016773
www.graci.eu

藏酒销售
预约参观
年产量 13 000 瓶
葡萄种植面积 18 公顷
葡萄栽培方式 有机种植

埃勒那（Elena）和阿尔伯托•阿勒罗（Alberto Allello）的酒庄有18公顷的葡萄园，其中一部分位于帕索皮斯西亚洛（Passopisciaro）的康特拉达•埃尔库利亚（Contrada Arcuria），海拔高达600米。酒庄还有一片海拔高达1 000米的葡萄园，那里种着一些树龄已超过1个世纪的葡萄藤。这家酒庄还特意用大型的木桶酿制葡萄酒，而且很少有中断的时候。

○ Etna Bianco '10	ΥΥΥ 5
● Etna Rosso Quota 600 '09	ΥΥ 6
● Etna Rosso '09	ΥΥ 4
● Etna Rosso '07	ΥΥ 4
● Etna Rosso Quota 600 '08	ΥΥ 6
● Etna Rosso Quota 600 '07	ΥΥ 6

Guccione

C.DA CERASA SP 102 BIS
90046 MONREALE [PA]
TEL. 0916118491
www.guccione.eu

藏酒销售
预约参观
年产量 35 000 瓶
葡萄种植面积 6.7 公顷
葡萄栽培方式 有机认证

曼弗雷迪（Manfredi）和弗朗西斯科•朱希奥纳（Francesco Guccione）精心经营着他们的家族庄园。该酒庄的葡萄园年代久远，主要位于瑟拉萨山脉（Cerasa）的特勒比阿诺（Trebbiano）、卡塔拉托（Catarratto）、佩里科纳（Perricone）和内勒罗•马斯卡勒塞（Nerello Mascalese）等地，葡萄的品质已扬名在外。他们的父亲引进了有机种植和混合选择的栽培方式，而曼弗雷迪和弗朗西斯科则在他们的酿酒厂和葡萄园中推广生物动力学，禁止在现代酿酒技术中采用任何物理和化学方法。

○ Veruzza '08	4
○ Girgis Extra '08	5
○ Lolik '08	5
● Rosso di Cerasa '09	6
● Stralustro di Cerasa '08	6
● Gibril '09	5
○ Lolik '07	4*
⊙ Bonè '08	4
○ Girgis '07	4*

Gulfi

C.DA PATRIA
97012 CHIARAMONTE GULFI [RG]
TEL. 0932921654
www.gulfi.it

预约参观
年产量 180 000 瓶
葡萄种植面积 75 公顷
葡萄栽培方式 有机认证

维托卡•塔尼亚（Vito Catania）和他的酿酒师萨尔沃•福蒂（Salvo Foti）首次在西西里（Sicily）恢复了内罗•达沃拉（nero d'Avola）应有的尊严与身份——这种在该岛颇受欢迎的葡萄酒品种，并因此而赢得了人们的信任。虽然未来还有很大的不确定性，也有重重困难，但他们始终如一，不懈奋斗。他们选定希亚拉蒙特•加尔菲（Chiaramonte Gulfi）和诺托（Noto）之间的4个区域作为葡萄种植区，培植出了优良的系列葡萄品种。

● Nerobufaleffj '07	6
● Nerosanlorè '07	6
● Cerasuolo di Vittoria '10	4*
● Nerojbleo '08	4
● Rossojbleo '10	4
○ Carjcanti '09	5
● Reseca '07	6
○ Valcanzjria '10	4
● Neromàccarj '07	6
● Cerasuolo di Vittoria '08	4*
● Nerobaronj '07	6
● Rossojbleo '09	4

Hauner

LOC. SANTA MARIA
VIA G.GRILLO, 61
98123 MESSINA
TEL. 0906413029
www.hauner.it

藏酒销售
预约参观
年产量 80 000 瓶
葡萄种植面积 18 公顷

早在20世纪60年代，卡尔洛•哈那（Carlo Hauner）就创建了这家酒庄。15年前，卡尔洛•哈那•朱尼奥尔（Carlo Hauner Junior）和他十分信赖的行政主管吉安弗朗克•萨巴提诺（Gianfranco Sabbatino）接管了这家酒庄，使酒庄重新恢复了以前的荣耀和在同行业中的竞争力，并且让古老的、鲜为人知的品牌——马尔瓦西亚•利帕里（Malvasia dei Lipali）名扬世界。

○ Malvasia Passito Carlo Hauner '08	8
○ Malvasia delle Lipari Passito '09	6
● Rosso Antonello '07	5
○ Carlo Hauner '09	5
○ Malvasia delle Lipari '09	6
○ Salina Bianco '10	4
● Salina Rosso '09	4
● Hierà '08	4
● Hierà '07	4
○ Malvasia Passito Carlo Hauner '07	7
○ Malvasia Passito Carlo Hauner '06	7
● Rosso Antonello '06	5
○ Salina Bianco '09	4*

Marabino

C.DA BUONIVINI
SP ROSOLINI - PACHINO KM 8,5
97017 NOTO [SR]
TEL. 3355284101
www.marabino.it

藏酒销售
预约参观
年产量 130 000 瓶
葡萄种植面积 30 公顷
葡萄栽培方式 有机认证

2002年，尼罗•梅西纳（Nello Messina）在那图拉•伊布里（Natura Iblea）创建了这家酒庄，并新建了一家酿酒厂。现在他把酒庄传给儿子皮尔帕洛（Pierpaolo）经营。几十年来，该酒庄一直采用有机耕种方式，它的首要目标就是推广当地的优质产品，并在诺托（Noto）和艾洛罗（Eloro）规划的中心区布昂尼维尼（Buonvini）和巴龙昂（Barone）推广生机互动的农耕方式。维格纳•迪阿奇梅德（Vigna di Archimede）面积虽只有3公顷，而且多灌木丛，但却是栽培内罗•达沃拉（nero d' Avola）葡萄的圣地，可谓是这家庄园不可多得的财富。

○ Moscato di Noto Moscato della Torre '10	6
● Eloro Archimede '09	6
● Noto Nero d'Avola '09	4
⊙ Eloro Rosa Nera '10	4
● Eloro Archimede '08	6
● Eloro Archimede '07	5
○ Moscato di Noto Moscato della Torre '09	6
○ Moscato di Noto Moscato della Torre '08	6
○ Moscato di Noto Moscato della Torre '07	6
○ Moscato di Noto Moscato della Torre '06	6
○ Moscato di Noto Moscato della Torre '05	6

Morgante

C.DA RACALMARE
92020 GROTTE [AG]
TEL. 0922945579
www.morgantevini.it

藏酒销售
预约参观
年产量 250 000 瓶
葡萄种植面积 35 公顷

1994年，莫甘特（Morgante）家族开始酿制属于自己品牌的葡萄酒，而在此之前的很长一段时间，他们只是栽培葡萄。在格里特（Grotte）废弃的硫矿中，有一望无际的麦田、杏仁园和葡萄园，生长在这里的内罗•达沃拉葡萄（nero d' Avola）就是他们的原材料，它可以完全表达其个性与厚重的力度。在里卡尔多•科塔雷拉（Riccardo Cottarella）的技术指导下，安东尼奥（Antonio）和儿子卡梅洛（Carmelo）以及吉奥凡尼（Giovanni）一直精心经营着这家酒庄。

● Don Antonio '09	5
● Nero d'Avola '10	3*
● Schinthilì '10	3
● Don Antonio '07	5
● Don Antonio '06	5
● Don Antonio '03	5
● Don Antonio '02	5
● Don Antonio '01	5
● Don Antonio '99	5
● Don Antonio '98	5
● Don Antonio '08	5
● Don Antonio '05	5
● Don Antonio '04	5
● Nero d'Avola '03	3*

★Palari

LOC. SANTO STEFANO BRIGA
C.DA BARNA
98137 MESSINA
TEL. 090630194
www.palari.it

年产量 50 000 瓶
葡萄种植面积 7 公顷

既是建筑师又是酒匠和环球旅行者的萨尔瓦托雷•格拉奇（Salvatore Geraci），在他的兄弟吉安皮罗（Giampiero）的鼎力相助和酿酒师多纳托拉•纳蒂（Donato Lanati）的技术支持下，完美地向世人呈现了酿制葡萄酒的传统妙方。这家酒庄有7公顷坡地，其坡度通常超过80%。他们还把一家18世纪的家庭别墅改造成酿制和贮藏葡萄酒的酒窖，使之成为西西里岛（Sicily）酿酒界的璀璨明星。

● Faro Palari '09	7
● Rosso del Soprano '09	5
● Faro Palari '08	7
● Faro Palari '07	7
● Faro Palari '06	7
● Faro Palari '05	7*
● Faro Palari '04	8
● Faro Palari '03	7
● Faro Palari '02	7
● Faro Palari '01	7
● Faro Palari '00	7
● Rosso del Soprano '07	5

Passopisciaro

LOC. PASSOPISCIARO
VIA SANTO SPIRITO
95030 CASTIGLIONE DI SICILIA [CT]
TEL. 0578267110
www.passopisciaro.com

年产量 58 800 瓶
葡萄种植面积 29 公顷

在过去12年里，安德里亚•弗朗杰蒂（Andrea Franchetti）已经与埃特纳（Etna）结下了不解之缘。他对各个地区进行深入研究，发现了康特拉达斯（Contradas）这片独特的地理区域，从而使其闻名全世界，也因此赢得了人们的信任，意义十分重大。该区域的每一处都有独一无二的土壤和气候类型，种植出的葡萄也很具特色，这里的葡萄都种在海拔550米到1000米的地方，而且年龄多在80年以上。

● Contrada Porcaria '09	🍷🍷🍷	8
● Contrada Chiappemacine '09	🍷🍷	7
● Contrada Rampante '09	🍷🍷	7
● Contrada Sciaranuova '09	🍷🍷	7
● Franchetti '09	🍷🍷	8
○ Guardiola '10	🍷🍷	6
● Passopisciaro '09	🍷🍷	6
● Contrada Porcaria '08	🍷🍷	8
● Franchetti '06	🍷🍷	8
● Passopisciaro '08	🍷🍷	6
● Passopisciaro '07	🍷🍷	6
● Passopisciaro '06	🍷🍷	6
● Passopisciaro '05	🍷🍷	6

Carlo Pellegrino

VIA DEL FANTE, 39
91025 MARSALA [TP]
TEL. 0923719911
www.carlopellegrino.it

藏酒销售
预约参观
年产量 7 000 000 瓶
葡萄种植面积 101 公顷

佩勒格里诺（Pellegrino）家族经营这家酒庄已经有130多年了，目前仍在锐意进取。家族成员皮埃特罗•阿拉格纳（Pietro Alagna）是酒庄总裁，本内德托•任达（Benedetto Renda）是执行董事，而马西莫•贝里那（Massimo Bellina）、埃米利奥•里多尔菲（Emilio Ridolfi）、帕拉•阿拉格纳（Paolo Alagna）和凯特莉娜•塔姆巴雷罗（Caterina Tumbarello）担任其他各种职务。酒庄有两条生产线，即针对马萨拉斯（Marsalas）葡萄品种的卡洛•佩勒格里诺（Carlo Pellegrino）和适用其他葡萄品种的杜卡迪•卡斯特蒙特（Duca di Castelmonte），所有的酒均产自位于马萨拉（Marsala）和潘特勒利亚（Pantelleria）的酒厂。

○ Passito di Pantelleria Nes '09	🍷🍷🍷	6
○ Marsala Sup. Ambra Ris. '85	🍷🍷	6
○ Dinari del Duca Grillo Duca di Castelmonte '10	🍷🍷	4*
● Marsala Fine Rubino	🍷🍷	4
○ Marsala Sup. Oro Dolce Ris.	🍷🍷	5
○ Passito di Pantelleria Kufurà '09	🍷🍷	4
○ Tripudium Bianco Duca di Castelmonte '10	🍷🍷	4
○ Duca di Castelmonte Gibelè '10	🍷	4
○ Marsala Vergine Ris. '81	🍷🍷🍷	8
● Dinari del Duca Syrah Duca di Castelmonte '07	🍷🍷	4
○ Marsala Vergine Ris. '97	🍷🍷	6
○ Passito di Pantelleria Nes Duca di Castelmonte '08	🍷🍷	6
● Tripudium Rosso Duca di Castelmonte '07	🍷🍷	5
● Tripudium Rosso Duca di Castelmonte '05	🍷🍷	5

Pietradolce

FRAZ. SOLICCHIATA
C.DA MONAGAZZI
95012 CASTIGLIONE DI SICILIA [CT]
TEL. 3474037792
www.pietradolce.it

藏酒销售
年产量 8 000 瓶
葡萄种植面积 10 公顷

这家小型酿酒厂由米歇尔（Michele）和马里奥•法罗（Mario Faro）所有，是世界闻名的葡萄幼苗栽培基地，它已分别往康特拉达（Contrada）和马尔凯撒（Marchesa）方向各延伸了1公顷。这些令人惊异的灌木丛式葡萄藤都生长在海拔800米高的地方，而且都已有80年的年龄。葡萄园多是椭圆形的，按照当地的传统风格，要用冷却的火山岩筑造矮墙。我们相信这里不久就能出品新的葡萄酒系列。

酒款	评级
● Etna Rosso Archineri '09	🍷🍷 5
● Etna Rosso Archineri '08	♈♈♈ 5*
● Etna Rosso Archineri '07	♈♈♈ 5*

★★Planeta

C.DA DISPENSA
92013 MENFI [AG]
TEL. 091327965
www.planeta.it

预约参观
年产量 2 200 000 瓶
葡萄种植面积 390 公顷

阿勒西奥（Alessio）、弗朗西斯卡（Francesca）和山蒂•普莱尼塔（Santi Planeta）是复兴西西里岛（Sicily）酿酒业的三位领军人物，他们不断巩固该酒庄在世界酿酒界的地位。当然，在西西里岛一些优良的葡萄种植区，如门菲（Menfi）、山姆布卡（Sambuca）、诺托（Noto）、埃特纳（Etna）、维多利亚（Vittoria）、卡斯蒂哥隆（Castiglione）和卡波•米拉佐（Capo Milazzo），他们一直都在尽可能地挖掘这片美丽的普莱尼塔（Planeta）庄园中那些能够对葡萄酒爱好者产生吸引力的元素。

酒款	评级
● Plumbago '09	🍷🍷🍷 4*
○ Cometa '10	🍷🍷 6
○ Alastro '10	🍷🍷 4*
○ Carricante '10	🍷🍷 5
● Cerasuolo di Vittoria '10	🍷🍷 4
○ Chardonnay '08	🍷🍷 6
● Syrah Maroccoli '09	🍷🍷 5
● Burdese '05	♈♈♈ 5*
○ Cometa '09	♈♈♈ 6
○ Cometa '08	♈♈♈ 6
○ Cometa '05	♈♈♈ 5
● Merlot '04	♈♈♈ 5
● Santa Cecilia '06	♈♈♈ 5

Cantine Rallo

via Vincenzo Florio, 2
91025 Marsala [TP]
Tel. 0923721633
www.cantinerallo.it

藏酒销售
预约参观
年产量 1 100 000 瓶
葡萄种植面积 100 公顷
葡萄栽培方式 有机认证

这家酒庄由安德丽亚•韦斯科（Andrea Vesco）管理，许多巨额的投资的大型工程项目正在建设中。该酒庄不仅重建了位于马尔萨拉（Marsala）地区的传统酿酒厂，把它打造成富丽堂皇、豪华奢侈的葡萄酒圣地，还十分注重保护阿尔卡莫（Alcamo）葡萄园内的自然环境，更加尊重产品的原始地域风格。在康特拉达•帕蒂•皮科洛（Contrada Patti Piccolò）、马尔萨拉（Marlsala）和潘特勒利亚（Pantelleria），他们都严格实行有机栽培的农耕方式。

○ AnimaMediterranea '10	🍷🍷 5
○ Marsala Vergine Soleras Ris. Venti Anni	🍷🍷 6
● Nero d'Avola Il Principe '09	🍷🍷 4*
● Syrah La Clarissa '08	🍷🍷 4*
○ Alcamo Carta d'Oro '10	🍷 3
○ Müller Thurgau '09	🍷 4
● Alcamo Nero d'Avola '09	🍷🍷 4*
○ Chardonnay '09	🍷🍷 4
○ Marsala Vergine Soleras Venti Anni Ris.	🍷🍷 6

Tenute Rapitalà

c.da Rapitalà
90043 Camporeale [PA]
Tel. 092437233
www.rapitala.it

藏酒销售
预约参观
年产量 3 200 000 瓶
葡萄种植面积 175 公顷

劳伦特•德拉•佳蒂内斯（Laurent De La Gatinais）以极大的热情继续打点着由他的父母吉吉（Gigi）和胡奎斯（Hugues）创建的酒庄。吉吉和胡奎斯最早发现该地具有发展酿酒业的潜力，这对西西里岛（Sicily）酿酒业的发展意义重大。该酒庄有精选的葡萄园，位于由坎波利亚勒（Camporeale）通往阿尔卡莫（Alcamo）和大海的山坡上，海拔高度在300至600米之间，出产的葡萄非常适合酿制优质葡萄酒。

● Hugonis '09	🍷🍷 6
○ Casalj '10	🍷🍷 4
○ Conte Hugues Bernard de la Gatinais Grand Cru '09	🍷🍷 5
● Nuhar '09	🍷🍷 4
○ Bouquet '10	🍷 4
● Nadir '09	🍷 4
● Solinero '09	🍷 6
● Solinero '03	🍷🍷🍷 6
● Hugonis '07	🍷🍷 6
● Hugonis '06	🍷🍷 6
● Hugonis '05	🍷🍷 6
● Solinero '06	🍷🍷 6
● Solinero '04	🍷🍷 6

Riofavara

C.da Favara SP 49 Ispica - Pachino
97014 Ispica [RG]
Tel. 0932705130
www.riofavara.it

藏酒销售
预约参观
年产量 70 000 瓶
葡萄种植面积 16 公顷
葡萄栽培方式 有机认证

自1994年以来，马西莫（Massimo）和马里安塔•帕多瓦（Marianta Padova）就开始经营这家酒庄。他们坚持“自然发酵，不添加任何化学物品”的生产理念，精心打点这家葡萄园，并且十分注重传统的价值观念，发展当地的葡萄品种。他们从内罗达沃拉葡萄（nero d' Avola）开始，这个品种体现了这类石灰石土壤的真实个性。酒庄的葡萄园主要分布在埃罗诺（Eloro）和莫斯卡托诺托协议区（Moscato di Noto DOC）内。

Wine	Glasses	Score
● Eloro Nero d'Avola Sciavé '09	▼▼ (red)	5
● Eloro Nero d'Avola Spaccaforno '09	▼▼	4
○ Moscato di Nota Notissimo '09	▼▼	4
○ Marzaiolo '10	▼	4
● Eloro '07	▽▽	4
● Eloro Nero d'Avola Sciavé '08	▽▽	5
● Eloro Nero d'Avola Sciavé '07	▽▽	5
● Eloro Nero d'Avola Sciavé '06	▽▽	5
○ Marzaiolo '09	▽▽	4
○ Marzaiolo '08	▽▽	4*
○ Moscato di Nota Notissimo '08	▽▽	4*
● San Basilio '08	▽▽	4

Girolamo Russo

loc. Passopisciaro
via Regina Margherita, 78
95012 Castiglione di Sicilia [CT]
Tel. 3283840247
www.girolamorusso.it

藏酒销售
预约参观
年产量 12 500 瓶
葡萄种植面积 16 公顷
葡萄栽培方式 有机认证

对酿酒师来说，拥有文学学位与钢琴证书可算是非同寻常的资质，这些资质所带来的敏感性和开放的思想对于希望酿制名酒的人来说却是非常理想的。2004年，朱塞佩•鲁索（Giuseppe Russo）开始经营这家酒庄，他从中汲取了不少经验，同时他所受的教育培养了他独特的品味和敏感性，这使他十分专注于酿制具有强烈地域特色的埃特纳红葡萄酒（Etna Rosso）。

Wine	Glasses	Score
● Etna Rosso San Lorenzo '09	▼▼▼ (red)	6
● Etna Rosso 'A Rina '09	▼▼	6
● Etna Rosso Feudo '09	▼▼	6
● Etna Rosso Feudo '07	▽▽▽	6
● Etna Rosso Feudo '08	▽▽	6
● Etna Rosso San Lorenzo '07	▽▽	6
● Etna Rosso San Lorenzo '06	▽▽	6

Settesoli

SS 115
92013 Menfi [AG]
Tel. 092577111
www.mandrarossa.it

藏酒销售
预约参观
年产量 20 000 000 瓶
葡萄种植面积 6 500 公顷

如果想经营一家像西西里（Sicily）的赛托所里（Settesoli）这样的一个葡萄种植面积多达6 500公顷，年产数千万瓶葡萄酒，而且要及时适应市场需求的酒庄，对于任何人来说都绝非易事。然而，迪高•普拉内塔（Diego Planeta）却总能够预测并调整自身以适应新的需求趋势，因此，最新划定的葡萄生长区葡萄原材料产地门菲（Menfi）十分接近也绝非巧合。

- ● Cartagho Mandrarossa '09 ▼▼▼ 4*
- ● Mandrarossa Cavadiserpe '09 ▼▼ 4
- ● Bonera Mandrarossa '08 ▼▼ 4
- ● Mandrarossa Timperosse '10 ▼▼ 4
- ● Seligo Rosso '10 ▼▼ 4*
- ○ Mandrarossa Santannella '10 ▼ 4
- ○ Mandrarossa Urra di Mare '10 ▼ 4
- ○ Seligo Bianco '10 ▼ 4
- ● Cartagho Mandrarossa '08 ▽▽▽ 4*
- ● Cartagho Mandrarossa '06 ▽▽▽ 5
- ● Bendicò Mandrarossa '08 ▽▽ 4*

Spadafora

via Ausonia, 90
90144 Palermo
Tel. 091514952
www.spadafora.com

藏酒销售
预约参观
年产量 319 000 瓶
葡萄种植面积 95 公顷

斯巴达（Spadafora）家族拥有的维尔兹庄园（Virzi）占地180公顷，主要分布在海拔250到400米的山坡上。该家族从远古时代就开始从事酿酒行业。弗朗西斯科（Francesco）决定出品1993年酿制的葡萄酒，而且把第一瓶酒东皮特罗（Don Pietro）献给他已故的父亲。现在弗朗西斯科仍在经营着这些葡萄酒和酿酒厂，该庄园从2010年开始已转为有机栽培的农耕方式。

- ○ Alhambra '10 ▼▼ 3
- ● Don Pietro Rosso '08 ▼▼ 4
- ● Schietto Syrah '07 ▼▼ 5
- ● Schietto Syrah '07 ▼▼ 5
- ● Alhambra Rosso '10 ▼ 3
- ○ Don Pietro Bianco '10 ▼ 4
- ○ Grillo '10 ▼ 4
- ● Schietto Nero d'Avola '09 ▼ 5
- ● Schietto Syrah '07 ▽▽ 5
- ● Schietto Syrah '06 ▽▽ 5*
- ● Schietto Syrah '05 ▽▽ 5
- ● Solo doi Padri '07 ▽▽ 7

★★Tasca d'Almerita

C.DA REGALEALI
90129 SCLAFANI BAGNI [PA]
TEL. 0916459711
www.tascadalmerita.it

藏酒销售
预约参观
年产量 3 000 000 瓶
葡萄种植面积 428 公顷

里加利亚里（Regaleali）酒庄创立于1830年，它的历史就是西西里酿酒业发展的写照。塔斯卡斯（Tasca）一直都在思考如何在保留传统的前提下发展该酒庄，他也是西西里岛（Sicily）第一个种植和出品赤霞珠（Cabernet Sauvignon）和谐凯纳（Chardonnay）——两种能够体现本地区精髓的国际葡萄品种的人。此外，这里也是德尔•康特红葡萄酒（Rosso del Conte）的出产地，首批著名的内罗•达沃拉酒(nero d'Avola)也是在这里酿制的。

Wine	Rating
● Contea di Sclafani Rosso del Conte '07	🍷🍷🍷 7
● Cabernet Sauvignon '09	🍷🍷 6
● Tascante '09	🍷🍷 6
○ Chardonnay '09	🍷🍷 6
○ Contea di Sclafani Nozze d'Oro '10	🍷🍷 5
● Cygnus '09	🍷🍷 5
○ Diamante d'Almerita '10	🍷🍷 6
● Lamùri '09	🍷🍷 4
● Cabernet Sauvignon '08	🍷🍷🍷 6
● Cabernet Sauvignon '07	🍷🍷🍷 6
○ Chardonnay '06	🍷🍷🍷 6
● Contea di Sclafani Rosso del Conte '05	🍷🍷🍷 7
● Contea di Sclafani Rosso del Conte '04	🍷🍷🍷 7

Terrazze dell'Etna

C.DA BOCCA D'ORZO SNC
95036 RANDAZZO [CT]
TEL. 0916236301
www.terrazzedelletna.it

年产量 12 500 瓶
葡萄种植面积 23. 8 公顷

这家占地35公顷的庄园位于埃特纳（Etna）西北部的兰达佐（Randazzo），有18公顷的葡萄园。2008年和2009年，庄园收购了许多小块土地使之连成一片，这些小块土地多是荒地，布满荆棘。现在，贝维拉克库阿家族（Bevilacqua）正在致力于将该酒庄打造成同行业中的典范，并努力修复原始的具有地域特色的梯层构造，改善当地的自然环境。

Wine	Rating
● Etna Rosso Cirneco '08	🍷🍷🍷 6
⊙ Rosé Brut '08	🍷🍷 6

Tenuta delle Terre Nere

C.DA CALDERARA
95036 RANDAZZO [CT]
TEL. 095924002
www.marcdegrazia.com

藏酒销售
预约参观
年产量 152 000 瓶
葡萄种植面积 22 公顷
葡萄栽培方式 有机认证

马克•德格拉齐亚（Marc De Grazia）满怀激情地研究埃特纳地区（Etna）的自然环境，这对于酿酒业来说是一笔宝贵的财富。每一种种植年代久远的葡萄园都能体现出地域特色之间的细微差别。维格纳•迪东•佩皮诺（Vigna di Don Peppino）葡萄园是其中较为突出的一个，它的面积有1公顷，种植的是1870年被嫁接过的内勒罗•马斯卡勒塞（nerello Mascalese），年龄有140多年。其他一些葡萄园也有45年到85年的种植历史，其中面积最大的一个是卡尔德拉拉索塔纳（Calderara），有12公顷。另外有一些葡萄园，如古瓦迪奥拉（Guardiola）、桑托•斯皮里托（Santo Spirito）、富都•迪梅佐（Feudo di Mezzo），面积从1公顷到2公顷不等。

葡萄酒	评分
● Etna Rosso Guardiola '09	7
● Etna Rosso Prephilloxera La V. di Don Peppino '09	8
○ Etna Bianco '10	4
⊙ Etna Rosato '10	4
● Etna Rosso '10	4
● Etna Rosso Calderara Sottana '09	7
● Etna Rosso Feudo di Mezzo Quadro delle Rose '09	7
● Etna Rosso Santo Spirito '09	7
● Etna Rosso Santo Spirito '08	7
● Etna Rosso Calderara Sottana '07	7
● Etna Rosso Feudo di Mezzo Quadro delle Rose '08	7
● Etna Rosso Prephilloxera La V. di Don Peppino '08	8

Valle dell'Acate

C.DA BIDINI
97011 ACATE [RG]
TEL. 0932874166
www.valledellacate.it

藏酒销售
预约参观
年产量 450 000 瓶
葡萄种植面积 100 公顷
葡萄栽培方式 有机种植

希腊的殖民统治，为瓦尔第诺托（Val di Noto）酒庄引入了灌木丛式的农耕方式，而且沿用至今，因此，该酿酒厂一直被人们认为是西西里（Sicily）最佳葡萄酒生产区。亚克诺家族（Jacono）6代人陆续经营着这家酒庄，其中塔尼亚（Tania）是创始人。该酿酒厂也在不断发展当地葡萄品种，走可持续发展路线，生产优质葡萄酒，提升该地区的知名度。

葡萄酒	评分
● Cerasuolo di Vittoria Cl. '09	4
● Il Moro '09	4
● Vittoria Il Frappato '10	4
○ Bidis '08	5
● Rusciano '07	5
○ Vittoria Insolia '10	3
○ Zagra '10	4
● Cerasuolo di Vittoria '07	4
● Il Moro '08	4*
● Tanè '04	6
● Tanè '03	6
○ Zagra '10	4

Tenute Adragna
loc. San Marco
via Simone Catalano, 466
91100 Valderice [TP]
Tel. 0923833805
www.tenuteadragna.it

- ● Corallovecchio '08 — 🍷🍷 4*
- ● Nero d'Avola '10 — 🍷🍷 4*
- ○ Inzolia '10 — 🍷 4
- ● Rocche Rosse '10 — 🍷 4

AgroGento
c.da Anguilla
92017 Sambuca di Sicilia [AG]
Tel. 0423860930
www.agroargento.it

- ● Carrivàli '09 — 🍷🍷 4*
- ● Timoleonte '08 — 🍷 4

Ajello
c.da Giudeo
91025 Mazara del Vallo [TP]
Tel. 091309107
www.ajello.info

- ● Nero d'Avola '10 — 🍷🍷 4
- ○ Shams '10 — 🍷🍷 5
- ○ Bizir '10 — 🍷 4
- ● Furat '08 — 🍷 5

Avide
c.da Mastrella, 346
97013 Comiso [RG]
Tel. 0932967456
www.avide.it

- ● Cerasuolo di Vittoria Etichetta Nera '08 — 🍷 4
- ● Herea Frappato '10 — 🍷 4
- ○ Herea Inzolia '10 — 🍷 3
- ● Sigillo '05 — 🍷 6

Baglio di Pianetto
via Francia
90030 Santa Cristina Gela [PA]
Tel. 0918570002
www.bagliodipianetto.com

- ○ Ficiligno '10 — 🍷 4
- ○ Ginolfo '10 — 🍷 5
- ● Ramione '07 — 🍷 4
- ● Shymer '09 — 🍷 4

Vini Biondi
c.so Sicilia, 20
95039 Trecastagni [CT]
Tel. 0957633933
www.vinibiondi.it

- ○ Etna Bianco Outis '10 — 🍷🍷 5
- ● Etna Rosso M.I. '07 — 🍷🍷🍷 6
- ● Etna Rosso Outis '05 — 🍷🍷🍷 6
- ● Etna Rosso Outis '06 — 🍷🍷 6

Biscaris
via Maresciallo Giudice, 52
97011 Acate [RG]
Tel. 0932989206
www.biscaris.it

- ● Cerasuolo di Vittoria Pricipuzzu '08 — 🍷🍷 4
- ● Hiscor '10 — 🍷🍷 4*
- ○ Achàtes '10 — 🍷 4

Alice Bonaccorsi
loc. Passopisciaro
c.da Croce Monaci
95036 Randazzo [CT]
Tel. 095337134
www.valcerasa.com

- ○ Etna Bianco Valcerasa '09 — 🍷🍷 5
- ● Etna Rosso Crucimonaci '07 — 🍷🍷 7
- ● Etna Rosso Valcerasa '09 — 🍷 5

Bonavita

LOC. FARO SUPERIORE
C.DA CORSO
98158 MESSINA
TEL. 3471754983
www.bonavitafaro.it

- ● Faro '09 — 🍷🍷 6

Brugnano

C.DA SAN CARLO, SS 113, KM 307
90047 PARTINICO [PA]
TEL. 0918783360
www.brugnano.it

- ○ Kue '10 — 🍷🍷 4
- ● Lunario Rosso '08 — 🍷🍷 4*
- ● V90 Rosso '09 — 🍷 3
- ● V90 Rosso '09 — 🍷 3

Buceci

FRAZ. C.DA ROCCABIANCA
VIA UNITÀ D'ITALIA, 3
90035 MARINEO [PA]
TEL. 0918726367
www.bucecivini.it

- ● Cabernet Sauvignon Millimetri '08 — 🍷 6
- ○ Catarratto Inzolia '10 — 🍷 3
- ○ Doncarmè Bianco '10 — 🍷 4

Calatrasi

C.DA PIANO PIRAINO
90040 SAN CIPIRELLO [PA]
TEL. 0918576767
www.calatrasi.it

- ● 'A Naca '08 — 🍷 6
- ● Terre di Ginestra 651 Nero d'Avola Syrah '09 — 🍷 5
- ● Terre di Ginestra Magnifico Syrah '09 — 🍷 4
- ● Terre di Ginestra Nero d'Avola '09 — 🍷 4

Caruso & Minini

VIA SALEMI, 3
91025 MARSALA [TP]
TEL. 0923982356
www.carusoeminini.it

- ● Cusora Rosso '09 — 🍷🍷 3*
- ● Sachia '09 — 🍷🍷 3
- ● Terre di Giumara Cutaja '09 — 🍷🍷 4*
- ○ Timpune '10 — 🍷 4

Le Casematte

LOC. FARO SUPERIORE
C.DA CORSO
98163 MESSINA
TEL. 0906409427
www.lecasematte.it

- ● Faro Quattroenne '09 — 🍷🍷 6
- ● Figliodienneenne '09 — 🍷🍷 4

Castellucci Miano

VIA SICILIA, 1
90029 VALLEDOLMO [PA]
TEL. 0921542385
www.castelluccimiano.it

- ● PerricOne '08 — 🍷🍷 4*
- ○ Miano '10 — 🍷 4
- ● Nero d'Avola '08 — 🍷 4*
- ● Syrah '08 — 🍷 4

Cossentino

VIA P.PE UMBERTO, 241
90047 PARTINICO [PA]
TEL. 0918782569
www.cossentino.it

- ○ Grillo '10 — 🍷🍷 4*
- ● Lioy '08 — 🍷 4
- ● Nero d'Avola '07 — 🍷 4
- ● Syrah '05 — 🍷 4

Curto
SS 115 Ispica - Rosolini km 358
97014 Ispica [RG]
Tel. 0932950161
www.curto.it

● Eloro Nero d'Avola '08	🍷🍷 3*
● Ikano '08	🍷 4
● Krio '09	🍷 4
○ Poiano '10	🍷 3

d'Alessandro
c.da Mandrascava
92100 Agrigento
Tel. 0633623175
www.dalmin.it

● Nero d'Avola Syrah '09	🍷🍷 4*
● Syrah '09	🍷🍷 4*
○ Inzolia '10	🍷 3
● Nero d'Avola '10	🍷 3

De Gregorio
c.da Ragana
92019 Sciacca [AG]
Tel. 092585031
www.cantinedegregorio.it

● Magarìa Rosso '09	🍷🍷 4*
○ Dragonara Bianco '10	🍷 3
● Dragonara Rosso '09	🍷 3
○ Magarìa Bianco '10	🍷 4

Destro
loc. Montelaguardia
95036 Randazzo [CT]
Tel. 095937060
www.destrovini.com

○ Etna Bianco Isolanuda '10	🍷🍷 4
● Etna Rosso Sciarakè '08	🍷🍷🍷 6*
○ Etna Bianco Isolanuda '09	🍷🍷 4*
● Etna Rosso Sciarakè '07	🍷🍷 5

Di Giovanna
c.so Umberto I, 137
92017 Sambuca di Sicilia [AG]
Tel. 0925941086
www.digiovanna-vini.it

○ Gerbino Chardonnay '10	🍷🍷 3*
○ Sauvignon Blanc '10	🍷🍷 4
○ Grillo '10	🍷 4
● Nero d'Avola '09	🍷 4

Gaspare Di Prima
via G. Guasto, 27
92017 Sambuca di Sicilia [AG]
Tel. 0925941201
www.diprimavini.it

● Villamaura Syrah '07	🍷🍷 6
● Gibilmoro Nero d'Avola '09	🍷🍷 4
○ Gibilmoro Chardonnay '10	🍷 4
○ Pepita Bianco '10	🍷 4

Edomé
p.zza G. Verga, 25
95121 Catania
Tel. 095536632
www.cantinedome.com

● Etna Rosso Aitna '09	🍷🍷 6
● Etna Rosso Aitna '08	🍷 6

Tenuta Enza La Fauci
c.da Mezzana-Spartà
98163 Messina
Tel. 3476854318
www.tenutaenzalafauci.com

● Terra di Vento '09	🍷🍷 6
● Faro Oblì '09	🍷 7

Fazio Wines

Fraz. Fulgatore
Via Capitan Rizzo, 39
91010 Erice [TP]
Tel. 0923811700
www.faziowines.com

- ● Erice Pietra Sacra '06 — 6
- ○ Brusio '10 — 4
- ○ Erice Grillo Aegades '10 — 4
- ● Passo dei Punici '08 — 4

Ferreri

C.da Salinella
91029 Santa Ninfa [TP]
Tel. 092461871
www.ferrerivini.it

- ● Brasi '07 — 5
- ○ Catarratto '10 — 4
- ○ Inzolia '10 — 4
- ● Nero d'Avola '09 — 4

Feudo Arancio

C.da Portella Misilbesi
92017 Sambuca di Sicilia [AG]
Tel. 0925579000
www.feudoarancio.it

- ○ Chardonnay '10 — 4*
- ● Cantadoro '08 — 5
- ○ Grillo '10 — 4
- ● Nero d'Avola '09 — 4

Feudo Cavaliere

C.da Cavaliere Bosco
95126 Santa Maria di Licodia [CT]
Tel. 3487348377
www.feudocavaliere.com

- ● Don Blasco '08 — 5
- ○ Etna Bianco Millemetri '10 — 4*
- ⊙ Etna Rosato Millemetri '10 — 4

Feudo di Santa Tresa

S.da Comunale Marangio, 35
97019 Vittoria [RG]
Tel. 0932513126
www.santatresa.it

- ○ Rina Ianca '10 — 3
- ● Avulisi '08 — 4
- ● Cerasuolo di Vittoria Cl. '09 — 4
- ● Frappato '10 — 4

Feudo Montoni

C.da Montoni Vecchi
90144 Cammarata [AG]
Tel. 091513106
www.feudomontoni.it

- ● Nero d'Avola '09 — 4*
- ○ Catarratto '10 — 3
- ○ Grillo '10 — 3*
- ● Nero d'Avola Vrucara '08 — 6

Feudo Ramaddini

Fraz. Marzameni
C.da Lettiera
96018 Pachino [SR]
Tel. 09311847100
www.feudoramaddini.com

- ○ Moscato di Noto Al Hamen '10 — 6
- ○ 420 quattroventi '10 — 5
- ○ Nassa '10 — 4
- ● Noto Nero d'Avola Patrono '08 — 5

Cantine Fina

C.da Bausa
91025 Marsala [TP]
Tel. 0923733070
www.cantinefina.com

- ○ Taif Zibibbo '10 — 4
- ○ Grillo '10 — 3
- ● Nero d'Avola '09 — 3
- ○ Sauvignon Blanc '10 — 4

Fondo Antico

FRAZ. RILIEVO
VIA FIORAME, 54A
91100 TRAPANI
TEL. 0923864339
www.fondoantico.it

○ Grillo Parlante '10	🍷🍷 4*
● Baccadoro	🍷 4
● Il Canto di Fondo Antico '07	🍷 5
● Nero d'Avola '10	🍷 4

Cantine Foraci

C.DA SERRONI
91026 MAZARA DEL VALLO [TP]
TEL. 0923934286
www.foraci.it

● Tenute Dorrasita Nero d'Avola '09	🍷🍷 5
○ Grillo '10	🍷 3*
○ O' Feo Inzolia '10	🍷 3
● O' Feo Nero d'Avola '09	🍷 3*

Maggio

S.DA CENTRALE MARANGIO, 35
97019 VITTORIA [RG]
TEL. 0932984771
www.maggiovini.it

● Amongae '08	🍷🍷 4
● Cerasuolo di Vittoria V. di Pettineo '08	🍷🍷 5
○ Ariddu '10	🍷 3
● Rasula Cabernet Sauvignon '08	🍷 4

Masseria del Feudo

C.DA GROTTAROSSA
93100 CALTANISSETTA
TEL. 0934569719
www.masseriadelfeudo.it

● Il Giglio Rosso '10	🍷🍷 3*
○ Haermosa '09	🍷 5
○ Il Giglio Bianco '10	🍷 3
● Il Giglio Syrah '09	🍷 4*

Miceli

C.DA PIANA SCUNCHIPANI, 190
92019 SCIACCA [AG]
TEL. 092580188
www.miceli.net

○ Garighe	🍷🍷 4
○ Moscato di Pantelleria Entelechia '07	🍷🍷 8
○ Verver '10	🍷 4
○ Yrnm '09	🍷 5

Cantina Modica di San Giovanni

C.DA BUFALEFI
96017 NOTO [SR]
TEL. 09311805181
www.olioevinobufalefi.it

● Dolcenero '08	🍷🍷 6
⊙ Mamma Draja '10	🍷🍷 4
● Eloro Arà '06	🍷 4
● Eloro Filinona '07	🍷 4

Cantine Mothia

VIA GIOVANNI FALCONE, 22
91025 MARSALA [TP]
TEL. 0923737295
www.cantine-mothia.com

● Hammon '07	🍷🍷 4*
○ Saline '10	🍷 2*
○ Vela Latina '10	🍷 4

Salvatore Murana

C.DA KHAMMA, 276
91017 PANTELLERIA [TP]
TEL. 0923915231
www.salvatoremurana.com

○ Moscato Passito di Pantelleria Creato '80	🍷🍷 8
○ Moscato Passito di Pantelleria Mueggen '08	🍷🍷 6
○ Pantelleria Bianco Gadì '09	🍷 4

Antica Tenuta del Nanfro

C.DA NANFRO SAN NICOLA LE CANNE
95041 CALTAGIRONE [CT]
TEL. 093360744
www.nanfro.com

- ● Frappato '10 — 2 glasses, 4
- ● Vittoria Strade '09 — 2 glasses, 4
- ● Cerasuolo di Vittoria Sammauro '09 — 1 glass, 5
- ○ Strade Inzolia '09 — 1 glass, 4

Cantine Nicosia

VIA LUIGI CAPUANA SN
95039 TRECASTAGNI [CT]
TEL. 0957806767
www.cantinenicosia.it

- ● Cerasuolo di Vittoria Cl. Fondo Filara '08 — 1 glass, 4
- ○ Etna Bianco Fondo Filara '10 — 1 glass, 4
- ● Etna Rosso Fondo Filara '09 — 1 glass, 4
- ● Fondo Filara Nero d'Avola '09 — 1 glass, 4

Occhipinti

C.DA FOSSA DI LUPO VIA DEI MILLE, 55
97019 VITTORIA [RG]
TEL. 0932868222
www.agricolaocchipinti.it

- ● Siccagno '08 — 2 glasses, 6
- ● Il Frappato '09 — 1 glass, 5
- ● SP 68 Bianco '09 — 1 glass, 4
- ● SP 68 Rosso '10 — 1 glass, 4

Orestiadi

LOC. C.DA SALINELLA - FRAZ. SANTA NINFA
VIA A. GAGINI, 41
91029 GIBELLINA [TP]
TEL. 092469124
www.orestiadivini.it

- ● Orestiadi Ludovico '08 — 2 glasses, 5
- ● Agamennone '09 — 1 glass, 4
- ● Cabernet Sauvignon Rilento '10 — 1 glass, 3
- ○ Egisto Grillo '10 — 1 glass, 4

Ottoventi

C.DA TORREBIANCA - FICO
91019 VALDERICE [TP]
TEL. 0923 1892880
www.cantinaottoventi.it

- ● Ottoventi Nero '08 — 2 glasses, 5
- ○ Grillo .8 '10 — 1 glass, 4
- ● Nero d'Avola .20 '09 — 1 glass, 4
- ○ Zibibbo Passito Scibà '08 — 1 glass, 5

Piana dei Cieli

C.DA BERTOLINO - SCIFITELLI
92013 MENFI [AG]
TEL. 092572060
www.pianadeicieli.com

- ○ Pizzo dei Corvi '10 — 2 glasses, 4*
- ● Syrah '09 — 2 glasses, 4
- ○ Chardonnay-Grecanico '10 — 1 glass, 4
- ● Nero d'Avola '09 — 1 glass, 4

Poggio di Bortolone

FRAZ. ROCCAZZO
VIA BORTOLONE, 19
97010 CHIARAMONTE GULFI [RG]
TEL. 0932921161
www.poggiodibortolone.it

- ● Pigi Rosso '06 — 2 red glasses, 6
- ● Cerasuolo di Vittoria Poggio di Bortolone '08 — 2 glasses, 4
- ● Cerasuolo di Vittoria V. Para Para '08 — 2 glasses, 5

Porta del Vento

C.DA VALDIBELLA
90043 CAMPOREALE [PA]
TEL. 0916116531
www.portadelvento.it

- ● Ishac '10 — 1 glass, 4
- ● MaQuè '10 — 1 glass, 4
- ○ Porta del Vento Catarratto '10 — 1 glass, 4
- ○ Saharay '09 — 1 glass, 5

Pupillo

C.DA LA TARGIA
96100 SIRACUSA
TEL. 0931494029
www.solacium.it

○ Moscato di Siracusa Solacium '10	🍷🍷 6
● Re Federico '10	🍷🍷 4
○ Cyane '10	🍷 4
○ Euralio '09	🍷 4
○ Moscato di Siracusa Solacium '10	🍷🍷 6

Rizzuto Guccione

C.DA PICONELLO
92011 CATTOLICA ERACLEA [AG]
TEL. 091333081
www.rizzutoguccione.com

○ Enzo '10	🍷🍷 4
○ Piconello Grillo '10	🍷 4
● Riz '09	🍷 3

Sallier de la Tour

C.DA PERNICE
90144 MONREALE [PA]
TEL. 0916459711
www.tascadalmerita.it

● La Monaca '09	🍷🍷 6
● Syrah '09	🍷🍷 3*
○ Le Bianche '10	🍷 5
● Nero d'Avola '09	🍷 3

Emanuele Scammacca del Murgo

VIA ZAFFERANA, 13
95010 SANTA VENERINA [CT]
TEL. 095950520
www.murgo.it

○ Etna Bianco '10	🍷🍷 4*
○ Murgo Extra Brut '05	🍷🍷 7
● Etna Rosso '09	🍷 4
⊙ Murgo Brut Rosé '08	🍷 5

Scilio

VIALE DELLE PROVINCIE, 52
95015 GIARRE [CT]
TEL. 095932822
www.scilio.com

○ Etna Bianco '10	🍷🍷 4
⊙ Etna Rosato '10	🍷 4
● Etna Rosso '09	🍷 4
● Talìa '09	🍷 4

Solidea

C.DA KADDIUGGIA
91017 PANTELLERIA [TP]
TEL. 0923913016
www.solideavini.it

○ Passito di Pantelleria '10	🍷🍷 6
○ Ilios '10	🍷 4

Terre di Giurfo

VIA PALESTRO, 536
97019 VITTORIA [RG]
TEL. 0957221551
www.terredigiurfo.it

● Unikù '10	🍷🍷 6
● Belsito '10	🍷 4
● Maskaria '08	🍷 4
● Maskaria Barricato '08	🍷 4

Terrelíade

LOC. SILENE
C.DA PORTELLA MISILBESI
92017 SAMBUCA DI SICILIA [AG]
TEL. 0421246281
www.terreliade.com

● Nirà '08	🍷🍷 4
● Musìa '08	🍷 4
○ Punenti '10	🍷 4
○ Timpa Giadda '10	🍷 4

Tridente Pantalica

via Cassaro, 4
96010 Ferla [SR]
Tel. 0931870005
www.tridentepantalica.com

- ● Terra della Sirene '08 — 🍷🍷 5

Barone di Villagrande

via del Bosco, 25
95025 Milo [CT]
Tel. 0957082175
www.villagrande.it

- ○ Etna Bianco Legno di Conzo Sup. '08 — 🍷🍷 7
- ○ Etna Bianco Sup. '10 — 🍷🍷 4
- ● Etna Rosso Lanza di Mannera '08 — 🍷🍷 7
- ● Etna Rosso '09 — 🍷 4

Vivera

c.da Martinella SP 59/IV
95015 Linguaglossa [CT]
Tel. 095643837
www.vivera.it

- ○ Altrove '10 — 🍷🍷 4
- ○ Etna Bianco Salisire '09 — 🍷🍷 5
- ○ A'mami '09 — 🍷 5
- ● Etna Rosso Martinella '09 — 🍷 5

Zisola

c.da Zisola
96017 Noto [SR]
Tel. 057773571
www.zisola.it

- ● Doppiozeta '08 — 🍷🍷 7
- ● Zisola '09 — 🍷 5

撒丁岛
SARDINIA

在去年的年鉴表中，我们对撒丁岛（Sardinia）葡萄酒质量的整体提高大加赞誉，同时，鉴于该岛屿土地的发展潜力，我们也殷切地希望该地能够生产出更多的优质葡萄酒。事实上，撒丁岛的表现确实没令我们失望。“三杯奖”葡萄酒的获得者有所增加，该岛的许多葡萄酒也进入了总决赛，这也进一步证实了该地许多酒庄坚持“质量第一”的理念。另外，该岛有许多极佳的葡萄酒生产区，并且在最近几年里，撒丁岛部分已被人们遗忘的地区又重新活跃在酿酒界的竞争舞台上，这些都无可辩驳地证明，撒丁岛的葡萄酒整体质量确实有了很大的提升。首先从撒丁岛最北部开始，这里有本地也是整个意大利地区品质最高的葡萄酒，维尔门提诺•加鲁拉•苏珀利奥勒斯•斯里巴斯（Vermenttino di Gallura Superiores Thilibas），它在2010年就已经成功地证明，在花岗岩土壤下也可以生产出口感极好的葡萄。因此，坎缇娜•加鲁拉（Cantina di Gallura）酒庄的格内斯葡萄酒（Genesi）、塞拉和莫斯卡（Sella & Mosca）酒庄的蒙特奥罗葡萄酒（Monteoro）、佩德雷斯（Pedres）酒庄的斯里巴斯葡萄酒（Thilibas）以及卡皮切拉（Capichera）酒庄的维格纳格纳葡萄酒（Vigna'ngena）这四种葡萄酒获得“三杯奖”葡萄酒的称号也无可非议。努奥罗地区（Nuoro）的葡萄酿制的2008年款的噶巴斯•杜勒•卡诺纽•迪萨尔德格纳•维沙华葡萄酒（Gabbas Dule Cannonau di Sardegna Riserva）已成为本地区同类葡萄酒中最佳产品之一。同样值得一提的还有科德隆基亚诺斯（Codrongianos）一家十分闻名的酒庄——索勒塔（Soletta）酒庄生产的2007年款的克拉默斯•维沙华葡萄酒（Keramos Riserva）。我们确实很期待该岛顶尖的法定葡萄生产区不仅能不断发挥潜能生产出绝佳的葡萄品种，而且也能提高葡萄的产量。几十年来，阿尔吉奥拉斯（Argiolas）酒庄的图里加葡萄酒（Turriga）一直出乎意料地为人们所喜爱，它是将坎侬纳（Cannonau）这种葡萄进行混合后得到的一种葡萄糖含量极低的葡萄酒，早在2007年，该葡萄就凸显出了自身的地中海地域性特色。富迪•德拉•梅杜莎（Feudi della Medusa）酒庄出品的诺拉斯葡萄酒（Norace），是用坎侬纳（Cannonau）融入40%的席拉（Syrah）酿制而成，也是排名很靠前的一种葡萄酒。这里我们还想特别提到的是卡里格纳诺德尔苏尔西斯（Carignano del Sulcis），所有的生产商都十分注重品质，其中尤其值得一提的是的是两家合作式酒庄——因生产了2007年款的特雷•布鲁内葡萄酒（Terre Brune）和阿鲁佳葡萄酒（Arruga）而出名的山塔迪（Santadi）酒庄和萨尔杜•帕特尔（Sardu Pater）酒庄。另外一种被认定为撒丁岛里程碑式红葡萄酒的是瑟拉莫妮卡（Sella & Mosca）酒庄出品的2006年款的马尔彻瑟迪•维拉马里纳葡萄酒（Marchese di Villamarina），以产于阿尔格罗地区十分受欢迎的葡萄品种赤霞珠葡萄（Cabernet Sauvignon）的一种为原料。最后我们不能不提到两种风味绝佳的葡萄酒珍品，其中之一便是产自于瑟迪勒苏酒庄（Sedilesu）的佩尔达•品塔葡萄酒（Perda Pintà），这家酒庄在2009年的年鉴表中就已向世人展现了它的魅力。另一种是马乐维热亚•泊萨（Malvasia di Bosa）酒庄出品的2006年款的维格纳•巴德•努拉赫葡萄酒（Vigna Badde Nuraghe），它名气虽小，但是却很独特。要不是埃米迪奥•奥吉亚努（Emidio Oggianu）下定决心使该葡萄酒重返舞台，它恐怕早已消失了。倘若真是这样，我们定然会后悔莫及的。

6Mura

via Is Pascais, 18
09010 Giba [CI]
Tel. 0781689718
www.6mura.com

藏酒销量
年产量 120 000 瓶
葡萄种植面积 30 公顷
葡萄栽培方式 有机种植

在苏尔西斯地区（Sulcis），酿酒厂不多，但它们无一例外运转良好，而且生产出了绝佳的卡里格纳诺葡萄酒（Carignanos），其中之一便是6号穆拉（6 Mura）酒庄。它成立时间并不长，却因不断贯彻它内涵丰富的生产理念而独树一帜，那就是酿造出具有显著地域特色的葡萄酒，培植出具有无限发展潜力的葡萄品种。它取得的成果大家也有目共睹，这说明该酒庄已实现了进一步的发展，还有部分源于它完善精细的葡萄酒酿制工序。该酒庄生产的葡萄酒品质上乘，这与它采用大型木桶小批量酿制的方法是分不开的。

● Carignano del Sulcis 6 Mura '08	🍷🍷 6
● Carignano del Sulcis Giba '09	🍷🍷 4*
○ Vermentino di Sardegna Et. Nera '10	🍷🍷 5
○ Vermentino di Sardegna Giba Et. Blu '10	🍷 4
● 6 Mura Rosso '07	🍷🍷 5
● 6 Mura Rosso '06	🍷🍷 5
● 6 Mura Rosso '05	🍷🍷 5

★Argiolas

via Roma, 28
09040 Serdiana [CA]
Tel. 070740606
www.argiolas.it

藏酒销量
预约参观
年产量 2 000 000 瓶
葡萄种植面积 230 公顷

安吉奥拉斯（Angiolas）被誉为是意大利乃至全世界优质葡萄酒的代名词，这是该家族年轻一代坚持在瑟尔迪亚娜（Serdiana）酒厂不断进行研究的结果。皮皮托（Pepetto）和弗兰克（Franco）的子女，弗兰西斯卡（Francesca）、安东尼奥（Antonio）、瓦伦提娜（Valentina）以及她的丈夫埃利亚（Elia）这些年来一起打点这家酒庄，在各自在岗位上发挥着不同的作用。他们和酿酒师马里亚诺•姆卢（Mariano Murru）一起组成了一支极具竞争力的团队，一直努力打造自己的高品质葡萄酒品牌。最新酿制的两款葡萄酒艾瑟里斯•比安科（Iselis Bianco）和艾瑟里斯•洛索（Iselis Rosso），主要是为了满足下层社会人民的需求而设计的。

● Turriga '07	🍷🍷🍷 7
○ Angialis '08	🍷🍷 7
● Is Solinas '09	🍷🍷 4*
● Korem '09	🍷🍷 5
○ Cerdeña '09	🍷🍷 8
○ Iselis Bianco '10	🍷🍷 5
● Iselis Rosso '09	🍷🍷 6
○ Nuragus di Cagliari S'Elegas '10	🍷 4
○ Vermentino di Sardegna Costamolino '10	🍷 4
○ Vermentino di Sardegna Is Argiolas '10	🍷 5
○ Angialis '06	🍷🍷🍷 5
● Turriga '06	🍷🍷🍷 7
● Turriga '05	🍷🍷🍷 7
● Turriga '04	🍷🍷🍷 8
● Turriga '02	🍷🍷🍷 8
● Turriga '01	🍷🍷🍷 8

Capichera

SS Arzachena-Sant'Antonio, km 4
07021 Arzachena [OT]
Tel. 078980612
www.capichera.it

藏酒销量
预约参观
年产量 250 000 瓶
葡萄种植面积 50 公顷

在撒丁岛（Sardinia）乃至世界各地，人们已经把卡皮切尔拉（Capichera）酒庄看作是富门葡萄（Vermentino）的代名词，而且十分钦佩该酒庄毫不掩藏它酿制葡萄酒的秘方的做法。从20世纪80年代开始，拉格内达（Ragnedda）家族就已经致力于推广富门这种葡萄，该品种堪称加鲁拉地区（Gallura）撒丁白葡萄品种的典范。多年来拉格内达家族一直在努力传播“追求卓越和优秀”的观念。它的葡萄园十分壮丽，花岗岩遍布，而且多地中海式的灌木丛林地；它的酿酒厂也是在不断进行实验，努力使这种葡萄品种更具竞争力，当然，葡萄酒品质也是该酒庄十分关注的问题。

○ Vermentino di Gallura Vigna'ngena '10	🍷🍷🍷 6
○ Capichera '09	🍷🍷 6
● Mantenghja '07	🍷🍷 8
● Assajè Rosso '08	🍷🍷 6
○ Capichera V.T. '09	🍷🍷 8
● Liànti '09	🍷🍷 5
○ Santigaini '07	🍷🍷 8
○ Viormennay '10	🍷🍷 4
○ Vermentino di Gallura Vigna'ngena '09	🍷🍷🍷 6
● Assajè Rosso '07	🍷🍷 6
● Mantenghja '06	🍷🍷 8

Giovanni Cherchi

loc. Sa Pala e Sa Chessa
07049 Usini [SS]
Tel. 079380273
www.vinicolacherchi.it

藏酒销量
预约参观
年产量 170 000 瓶
葡萄种植面积 30 公顷

乌希尼（Usini）酒庄位于洛古多拉地区（Logudoro），它狭小的中心地带是撒丁岛（Sardinia）最好的葡萄产区之一。该地面向大海，有海风吹拂，这为葡萄的生长提供了得天独厚的环境。从20世纪70年代开始，切尔奇（Cherchi）酒庄就已出品了几款绝佳的葡萄酒，主要是富门白葡萄酒（Vermentino），坎侬纳红葡萄酒（Cannonau）和卡格努拉里红葡萄酒（Cagnulari）。该酒庄的葡萄园多为粘土和半酸性土壤，这使得酿出的葡萄酒品质上乘，口味香醇。

● Luzzana '09	🍷🍷 5
○ Tokaterra	🍷🍷 4
● Cannonau di Sardegna '09	🍷 4
○ Vermentino di Sardegna Pigalva '10	🍷 4
○ Vermentino di Sardegna Tuvaoes '10	🍷 4
○ Vermentino di Sardegna Tuvaoes '88	🍷🍷🍷
● Cagnulari '08	🍷🍷 4*
● Luzzana '08	🍷🍷 5
● Luzzana '07	🍷🍷 5
○ Vermentino di Sardegna Tuvaoes '09	🍷🍷 4
○ Vermentino di Sardegna Tuvaoes '08	🍷🍷 4*

Chessa

via San Giorgio
07049 Usini [SS]
Tel. 3283747069
www.cantinechessa.it

藏酒销量
年产量 23 000 瓶
葡萄种植面积 10 公顷

这家小型酒庄位于乌希尼（Usini），为吉奥瓦纳•切萨（Giovanna Chessa）所有。他十分清楚自己的生产理念，这些葡萄酒不仅应有地中海地区柔和细腻的特色，还应清晰地展现出它们香醇的口味、高雅的特质和非凡的技巧，让你尽情畅饮。这家酒庄成立于2005年，从它已出品的葡萄酒来看，这些葡萄酒已经具备了这些特点，那么吉奥瓦纳也就实现了他的预期目标。该酒庄每年生产葡萄酒20 000瓶以上，而且只采用当地的葡萄品种，特别是卡格努拉里（Cagnulari），要不是有像切萨这样的酒庄的坚持，这个品种恐怕在几年前就已经消失了。

● Cagnulari '10	5*
● Lugherra '09	6
○ Vermentino di Sardegna Mattariga '10	5
● Cagnulari '09	5*
● Lugherra '07	6
● Lugherra '06	6

Attilio Contini

via Genova, 48/50
09072 Cabras [OR]
Tel. 0783290806
www.vinicontini.it

藏酒销量
预约参观
年产量 700 000 瓶
葡萄种植面积 70 公顷

孔蒂尼（Contini）酒庄成立于19世纪末期，历史悠久，维奈西雅（Vernaccia）是该酒庄的一款主打葡萄酒。它长时间贮藏在桶中，并不装满，这使它拥有一种独特的香醇和自然风味，显得与众不同。多亏了孔蒂尼酒庄，我们才得以品尝到几十年前盛极一时并使本区举世闻名的这一款葡萄酒。如今，该酒庄种植葡萄70公顷，年产葡萄酒700 000瓶，它的葡萄园主要种植传统品种，比如坎依纳（Cannonau）、富门（Vermentino）以及一些像尼德拉（Nieddera）这样一些不太出名的品种。

● Barrile '07	7
● Cannonau di Sardegna Inu Ris. '07	5
● Cannonau di Sardegna Sartiglia '09	4
● Cannonau di Sardegna Tonaghe '09	4*
○ Vermentino di Gallura Elibaria '10	4
○ Vermentino di Sardegna Tyrsos '10	3*
● Nieddera Rosso '08	4
○ Vermentino di Sardegna Pariglia '10	4
○ Vernaccia di Oristano Flor '00	4
○ Pontis '00	5
○ Vernaccia di Oristano Antioo Grogori	8
○ Vernaccia di Oristano Ris. '71	5
○ Vernaccia di Oristano Antico Gregori	7

Ferruccio Deiana

LOC. SU LEUNAXI
VIA GIALETO, 7
09040 SETTIMO SAN PIETRO [CA]
TEL. 070749117
www.ferrucciodeiana.it

藏酒销量
预约参观
年产量 458 000 瓶
葡萄种植面积 74 公顷
葡萄栽培方式 有机认证

费鲁西奥•德伊亚那（Ferruccio Deiana）宁愿把时间花在葡萄园中，而不愿待在酒窖中。我们可以很自信地认定费鲁西奥是一个真正的栽培家，这恐怕也是他把酿酒厂设在葡萄园最中心的原因吧。他的葡萄园距离赛提莫•圣彼得罗小镇（Settimo San Pietro）仅有几公里之远。酒庄采取有机管理的方式，汇集了该岛的一些传统葡萄品种，当前种植葡萄70公顷，并计划扩展到100公顷。费鲁西奥曾周游意大利和全世界，希望做一名出色的酿酒师，他现在在撒丁岛（Sardinia）成立了自己的酒庄，建造了现代化的酿酒厂，最终实现了他的梦想。

● Ajana '08	🍷🍷 (red)	7
● Monica di Sardegna Karel '10	🍷🍷	3*
○ Vermentino di Sardegna Donnikalia '10	🍷🍷	4*
○ Vermentino di Sardegna Sanremy '10	🍷🍷	3*
○ Vermentino di Sardegna Arvali '10	🍷	4
● Ajana '04	🍷🍷 (white)	7
● Cannonau di Sardegna Sileno Ris. '07	🍷🍷 (white)	5
● Monica di Sardegna Sanremy '09	🍷🍷 (white)	3*
○ Oirad '09	🍷🍷 (white)	6
○ Pluminus '08	🍷🍷 (white)	7
○ Vermentino di Sardegna Donnikalia '09	🍷🍷 (white)	4*

Tenute Dettori

LOC. BADDE NIGOLOSU
07036 SENNORI [SS]
TEL. 079512772
www.tenutedettori.it

藏酒销量
年产量 35 000 瓶
葡萄种植面积 22 公顷
葡萄栽培方式 有机种植

德托利（Dettori）酒庄位于巴德•尼古洛苏地区（Badde Nigolosu），它的生产理念已经体现在它出品的葡萄酒中。"我们从不刻意去酿制葡萄酒。葡萄酒的口味只在于自身，而不在于它应当是什么样子的"，他认为酿制的葡萄酒应当顺其自然。如果非要说有人为因素，那就只是为这家庄园所有的葡萄园选择了十分优越的地理位置：面朝大海，所处高度、气温、温差适中，并且有强劲的海风吹拂，这些都为葡萄的生长提供了良好的条件。这里的葡萄园种植已久，而且采用灌木丛式栽培方式，产出了优质的葡萄。这些葡萄全都采用胶桶贮藏。千万不要以为只品尝其中的一瓶葡萄酒就够了，因为每一瓶葡萄酒都会让你有不一样的感觉。

○ Dettori Bianco Un Anno Dopo '07	🍷🍷 (red)	6
● Tenores '06	🍷🍷	8
○ Dettori Bianco Un anno dopo '06	🍷🍷🍷 (white)	6
● Dettori Rosso '04	🍷🍷🍷 (white)	8
● Tenores '03	🍷🍷🍷 (white)	8
● Chimbanta & Battoro '06	🍷🍷 (white)	7
○ Dettori Bianco '07	🍷🍷 (white)	6
○ Dettori Bianco '06	🍷🍷 (white)	6
○ Moscadeddu '06	🍷🍷 (white)	6

Cantine Dolianova

LOC. SAN'ESU
SS 387 KM 17,150
09041 DOLIANOVA [CA]
TEL. 070744101
www.cantinedidolianova.it

藏酒销量
预约参观
年产量 4 000 000 瓶
葡萄种植面积 1 200 公顷

让我们来看看多利安诺瓦（Dolianova）酒庄引以为荣的一些主要数字：1 200公顷的葡萄种植面积，可酿造400万瓶葡萄酒，630位种植成员。多年来，他们把这家位于卡姆皮达诺（Campidano）的合作式酒庄打造成了撒丁岛（Sardinia）上最大的酒庄之一。除此之外，我们还十分欣喜地注意到在一些定价合理极受欢迎的优质葡萄酒中，数量和高品质一样重要。酒庄酿造的各种葡萄酒基本上采用本地葡萄品种，尽管也有一些国际品种主要种植在撒丁岛的南部并多用来酿制葡萄糖含量较低的酒。

- ● Cannonau di Sardegna Anzenas '09 3*
- ● Cannonau di Sardegna Blasio Ris. '07 4
- ○ Caralis Brut 4
- ● Monica di Sardegna Arenada '09 3
- ○ Montesicci '10 4
- ⊙ Sibiola '10 3
- ○ Vermentino di Sardegna Naoli '10 4
- ● Cannonau di Sardegna Blasio Ris. '06 4*
- ● Falconaro '06 5
- ● Falconaro '04 5

Cantina Dorgali

VIA PIEMONTE, 11
08022 DORGALI [NU]
TEL. 078496143
www.csdorgali.com

藏酒销量
预约参观
年产量 1 600 000 瓶
葡萄种植面积 750 公顷

撒丁岛之所以能生产出优质葡萄酒，一个重要的原因就是这些年来许多合作式酒庄都已意识到，只有提高品质才是酿酒业继续发展的唯一出路，多尔加利（Dorgali）酒庄就是其中之一。近几年来，他们出品的葡萄酒品质已有了很大提高，在撒丁岛酿酒界占有一席之地。他们不仅对员工进行专门的培训，而且还一丝不苟地研究私人葡萄园，展示一些定价合理、纯净高雅的优质葡萄酒。当然，这些成就的取得与该酒庄员工的辛勤工作也是分不开的，

- ● Cannonau di Sardegna V. di Isalle '10 4*
- ● Cannonau di Sardegna Viniola Ris. '08 5
- ● Cannonau di Sardegna Tunila '10 3*
- ● Cannonau di Sardegna Filieri '10 4
- ○ Vermentino di Sardegna Cala Luna '10 3
- ○ Vermentino di Sardegna Isalle '10 3
- ● Cannonau di Sardegna Viniola Ris. '07 5*
- ● Cannonau di Sardegna Viniola Ris. '06 5
- ● Cannonau di Sardegna Filieri '08 4*
- ● Cannonau di Sardegna V. di Isalle '09 4*
- ● Noriolo '07 4*
- ● Premio Hortos '07 6

Feudi della Medusa

LOC. SANTA MARGHERITA
POD. SAN LEONARDO, 15
09010 PULA [CA]
TEL. 0709259019
www.feudidellamedusa.it

藏酒销售
预约参观
年产量 250 000 瓶
葡萄种植面积 75 公顷

富雷德拉•梅都萨（Feudi della Medusa）酒庄成立时间不长，却已生产出品质一流的葡萄酒。它大量投资自己的葡萄园和酿酒厂，使之成为新型的技术先进、接受能力极强的酒庄，并且还尽量满足顾客以及美食餐馆的要求。今年，由于该酿酒厂主要采用由庄园所有的葡萄园种植的本区内的撒丁葡萄品种，而且又租赁了该岛最佳葡萄种植区内的几小块土地，该酒庄出品的葡萄酒数量有所减少。

● Norace '08	🍷🍷🍷 6
● Crisaore '08	🍷🍷 6
○ Vermentino di Sardegna Albithia '10	🍷🍷 4
● Gerione '07	🍷🍷🍷 8
● Gerione '06	🍷🍷🍷 8
○ Alba Nora '07	🍷🍷 6
○ Aristeo '06	🍷🍷 6
● Cannonau di Sardegna '08	🍷🍷 5
● Crisaore '07	🍷🍷 6
● Crisaore '06	🍷🍷 6

Giuseppe Gabbas

VIA TRIESTE, 65
08100 NUORO
TEL. 078433745
www.gabbas.it

预约参观
年产量 70 000 瓶
葡萄种植面积 13 公顷

朱塞佩•加巴斯（Giuseppe Gabbas），既矜持又谦逊，他似乎有着与生俱来的激情，可谓是真正的葡萄种植主。在巴巴吉亚（Barbagia）的中心，距努欧罗（Nuoro）几公里远的地方，有一片10公顷的土地，特别适合种植坎侬纳葡萄（Cannonau），而且年产70 000瓶葡萄酒。多年来，朱塞佩一直在忙于将这个伟大的葡萄酒之国推向世界舞台。在他们的产品中，有4种品牌都是用坎侬纳葡萄酿制的，葡萄酒别具一格，口感细腻，香味醇正，传达出了典型的地域特色，也展现出了它们的精致与高雅。

● Cannonau di Sardegna Dule Ris. '08	🍷🍷🍷 4*
● Cannonau di Sardegna Arbòre Ris. '08	🍷🍷 5*
● Cannonau di Sardegna Lillové '10	🍷🍷 4
● Cannonau di Sardegna Dule Ris. '07	🍷🍷🍷 4*
● Cannonau di Sardegna Dule Ris. '06	🍷🍷🍷 5*
● Cannonau di Sardegna Dule Ris. '05	🍷🍷🍷 4*
● Arbeskia '06	🍷🍷 5
● Arbeskia '05	🍷🍷 5
● Avra '07	🍷🍷 5
● Cannonau di Sardegna Lillové '08	🍷🍷 4*
● Cannonau di Sardegna Lillové '07	🍷🍷 4*

Cantina Gallura

via Val di Cossu, 9
07029 Tempio Pausania
Tel. 079631241
www.cantinagallura.com

藏酒销售
预约参观
年产量 1 300 000 瓶
葡萄种植面积 350 公顷

当人们说起坎提纳迪•加努拉葡萄酒（Cantina di Gallura）时，就会很自然地想到迪诺•阿迪斯（Dino Addis），他是这家位于特姆皮奥（Tempio）的合作式酒庄的灵魂人物。身为酿酒师和酒庄经理，他把该酒庄打造成了富门迪•加努拉（Vermentino di Gullura）葡萄的生产基地。很显然，在私人葡萄园工作多年已与135名成员密切合作使他积累了不少经验。他还积极与伙伴展开密切合作。酿酒用的葡萄多生长在花岗岩土壤中，而且经过了精心培育，因此酿出的葡萄酒浓烈而又纯净，不仅出品了富门•迪加努拉系列的不同产品，而且还有几款传统的撒丁岛（Sardinia）葡萄酒。

○ Vermentino di Gallura Sup. Genesi '10	🍷🍷🍷 6
○ Vermentino di Gallura Piras '10	🍷🍷 3*
● Karana '10	🍷🍷 3*
○ Moscato di Tempio Pausania	🍷🍷 4
○ Vermentino di Gallura Gemellae '10	🍷🍷 3*
○ Vermentino di Gallura Sup. Canayli '10	🍷🍷 4*
○ Zivula	🍷🍷 5
○ Balajana '08	🍷 4
○ Vermentino di Gallura Sup. Genesi '08	🍷🍷🍷 6
○ Vermentino di Gallura Sup. Genesi '09	🍷🍷 6

Antichi Poderi Jerzu

via Umberto I, 1
08044 Jerzu [OG]
Tel. 078270028
www.jerzuantichipoderi.it

藏酒销售
预约参观
年产量 2 500 000 瓶
葡萄种植面积 750 公顷

在坎依纳，迪•萨尔德格纳葡萄（Cannonau di Sardegna）的法定种植区又划分了三个次分区。杰儒（Jerzu）本身大体上既是葡萄酒生产中心也是坎依纳葡萄（Cannonau）栽培中心。近年来，安提奇•波德里（Antichi Poderi）这家合作式酒庄在产品的品质上已有很大提高。他们还努力坚持自己的管理方式，广大员工也都满怀激情，兢兢业业。他们也对一些相似的葡萄园进行分区，探索在当地发酵酿制葡萄酒的可能性。马索龙•曼努（Masone Mannu）就是一家成立于21世纪初的新型酿酒厂。

● Cannonau di Sardegna Josto Miglior Ris. '08	🍷🍷 5
● Cannonau di Sardegna Bantu '10	🍷🍷 3*
● Cannonau di Sardegna Chuerra Ris. '08	🍷🍷 5
● Monica di Sardegna Camalda '10	🍷🍷 4*
○ Vermentino di Sardegna Lucean Le Stelle '10	🍷🍷 4
⊙ Cannonau di Sardegna Isara '10	🍷 3
● Cannonau di Sardegna Marghìa '10	🍷 4
● Radames '06	🍷 6
● Cannonau di Sardegna Josto Miglior Ris. '05	🍷🍷🍷 5
● Radames '01	🍷🍷🍷 6
● Akratos '05	🍷🍷 6
● Cannonau di Sardegna Bantu '09	🍷🍷 3*
● Cannonau di Sardegna Bantu '08	🍷🍷 3*
● Cannonau di Sardegna Josto Miglior Ris. '07	🍷🍷 5
● Cannonau di Sardegna Josto Miglior Ris. '06	🍷🍷 5
○ Vermentino di Sardegna Telavè '09	🍷🍷 3*

Masone Mannu

LOC. SU CANALE
SS 199 KM 48
07020 OLBIA
TEL. 078947140
www.masonemannu.com

藏酒销售
预约参观
年产量 100 000 瓶
葡萄种植面积 18 公顷

从一开始，马索龙•曼努（Masone Mannu）就很清楚如何提高葡萄酒的品质，因此，这家酒庄将目光投向了加鲁拉地区（Gallura）最好的葡萄生长区以及那些十分有名的品种，其中最主要的便是富门葡萄（Vermentino）。当然，为了使自己的产品跻身于区域精品行列，该酒庄也做了不少努力，但仍有不足之处。到目前为止，该酒庄已经获得了很大发展，我们相信，它会在不久的将来创造出惊人的成就来。该酒庄主要种植富门葡萄，另外还有约有4公顷种植坎侬纳（Cannonau）、伯维尔•萨多（Bovale Sardo）、卡格里纳诺（Carignano）和马尔瓦西亚（Malvasia）等葡萄品种。

Wine	Rating
● Cannonau di Sardegna '09	▼▼ (red) 5*
● Mannu '09	▼▼ 8
○ Vermentino di Gallura Petrizza '10	▼▼ 4
⊙ Rena Rosa '10	▼ 4
● Zurria '10	▼ 4
○ Ammentu '07	▽▽ 6
● Cannonau di Sardegna '08	▽▽ 5
● Entu '07	▽▽ 5
● Entu '06	▽▽ 5
● Mannu '06	▽▽ 8
○ Vermentino di Gallura Petrizza '08	▽▽ 4*
○ Vermentino di Gallura Sup. Costarenas '09	▽▽ 5
○ Vermentino di Gallura Sup. Costarenas '08	▽▽ 5

Mesa

LOC. SU BARONI
09010 SANT'ANNA ARRESI [CA]
TEL. 0781965057
www.cantinamesa.it

预约参观
年产量 600 000 瓶
葡萄种植面积 70 公顷

创业初期，梅萨（Mesa）酒庄历经了不少困难，发展状况难免有所落后。广告经理加维诺•桑娜（Gavino Sanna）经营着位于圣安娜阿雷西（Sant'Anna Arresi）的酒窖，已经确立了奋斗目标以及实现的途径。他们采用产自于撒丁岛（Sardinia）西南部的卡里格纳诺•德尔•苏尔西斯（Carignano del Sulcis）以及一些传统葡萄品种酿制上乘葡萄酒。酒庄还生产各式各样的葡萄酒，特别是近几年，其发展十分惊人，卡里格纳诺•德尔•苏尔西斯葡萄干的生产就是有力的证明。

Wine	Rating
● Buio Buio '09	▼▼ (red) 5
● Cannonau di Sardegna Primo Scuro '09	▼▼ 3*
● Carignano del Sulcis Buio '09	▼▼ 4
○ Vermentino di Sardegna Giunco '10	▼▼ 4
○ Vermentino di Sardegna Opale '10	▼▼ 5
● Carignano del Sulcis '09	▼ 4
● Malombra '08	▼ 7
○ Orodoro	▼ 6
○ Vermentino di Sardegna Primo Bianco '10	▼ 3
● Buio Buio '05	▽▽ 5
● Cannonau di Sardegna Primo Scuro '08	▽▽ 3*
● Primo Rosso '08	▽▽ 3*
○ Vermentino di Sardegna Opale '09	▽▽ 5

Mura

Loc. Azzanidò, 1
07020 Loiri Porto San Paolo [OT]
Tel. 078941070
www.vinimura.it

藏酒销售
预约参观
年产量 48 000 瓶
葡萄种植面积 11 公顷

过去几年里，我们一直在密切关注这家位于奥尔比亚（Olbia）外的由家族企业经营的穆拉（Mura）酒庄。它生产的葡萄酒品质一直在不断提高，而且风味独特，葡萄的品种也十分丰富多样。尤其令我们印象深刻的是这家小型酒庄产出的两款富门葡萄酒（Vermentino），突显了加鲁拉地区（Gullura）葡萄的发展潜力。该酒庄有11公顷的葡萄园，除了富门葡萄之外，当然也种植本区其他的一些撒丁葡萄品种，比如坎侬纳葡萄（Cannonau）和卡里格纳诺葡萄（Carignano）。

○ Vermentino di Gallura Sup. Sienda '10	🍷🍷 5*
○ Vermentino di Gallura Cheremi '10	🍷🍷 4*
● Cannonau di Sardegna Cortes '08	🍷🍷 4*
○ Vermentino di Gallura Cheremi '09	🍷🍷 4*
○ Vermentino di Gallura Cheremi '08	🍷🍷 4*
○ Vermentino di Gallura Sup. Sienda '09	🍷🍷 4*
○ Vermentino di Gallura Sup. Sienda '08	🍷🍷 4*

Emidio Oggianu

Via Martiri della Libertà, 9
08010 Magomadas [OR]
Tel. 0785373345
emidiooggianu@tiscali.it

藏酒销售
预约参观
年产量 3 000 瓶
葡萄种植面积 1 公顷

埃米迪奥•奥吉亚努（Emidio Oggianu）是普拉纳吉亚高原（Planargia）为数不多的几个葡萄种植家之一，他坚持在各地推广马尔瓦西亚葡萄（Malvasia），也包括在一些十分良好的种植区。该酒庄的葡萄园位于撒丁岛（Sardinia）西海岸，海风长驱直入，这为葡萄的生长提供了有利条件。埃米迪奥一直在努力，希望能够酿制出风味独特、能够经得起时间考验、又带有自己地域特色的优质葡萄酒，这一点十分令人钦佩。该酒庄出品的葡萄酒对于撒丁岛乃至全世界酿酒学来说，都是一笔宝贵财富，应该被更好地推向全世界。

○ Malvasia di Bosa V. Badde Nuraghe '06	🍷🍷🍷 5
○ Malvasia di Bosa V. Badde Nuraghe '07	🍷🍷 5
○ Malvasia di Bosa '04	🍷🍷 6

Pala

VIA VERDI, 7
09040 SERDIANA [CA]
TEL. 070740284
www.pala.it

藏酒销售
预约参观
年产量 480 000 瓶
葡萄种植面积 72 公顷

没有任何人能够阻挡马里奥•帕拉（Mario Pala）前进的步伐。他的既定目标就是能够生产出品质高雅、价格适中的优质葡萄酒。该酒庄的葡萄园地理位置优越，不仅位于山坡上，土壤也为粘性或沙质。这里种植了颇有年份的灌木丛式栽培的葡萄藤。它有两条主要产品线——西伦齐（Silenzi）产品线和伊费奥里（Ieiori）出品线，二者取代了过去的单一葡萄酒品牌，另外还有几种精选葡萄酒和用国际品种和本土品种混酿的葡萄酒。

Wine	Rating
● S'Arai '07	🍷🍷🍷 6
○ Assoluto '08	🍷🍷 6
● Cannonau di Sardegna I Fiori '10	🍷🍷 4*
○ Entemari '10	🍷🍷 5
● Monica di Sardegna I Fiori '10	🍷🍷 3*
○ Nuragus di Cagliari I Fiori '10	🍷🍷 3*
○ Silenzi Bianco '10	🍷🍷 3*
○ Vermentino di Sardegna Stellato '10	🍷🍷 4
⊙ Chiaro di Stelle '10	🍷 4
● Essentija '08	🍷 5
⊙ Silenzi Rosato '10	🍷 3
● Silenzi Rosso '10	🍷 3
○ Vermentino di Sardegna I Fiori '10	🍷 3
● S'Arai '06	🍷🍷(白) 6
● Silenzi Rosso '09	🍷🍷(白) 3*
○ Vermentino di Sardegna I Fiori '09	🍷🍷(白) 4*

Cantina Pedres

ZONA INDUSTRIALE SETTORE 7
07026 OLBIA
TEL. 0789595075
www.cantinapedres.it

藏酒销售
预约参观
年产量 290 000 瓶
葡萄种植面积 40 公顷

吉奥凡尼（Giovanni）创立了佩德雷斯（Pedres）酒庄，他从19世纪末起就是著名的马希尼（Mancini）家族的继承人。酒庄的葡萄园底土为沙质及风化石土质，但这里的葡萄酿制的酒却口感清新，带有一丝清香。富门迪•加鲁拉葡萄酒（Vermentino di Gallura）是该酒庄的旗舰产品，尤其是近几年出品的两款更体现了这点。该酒庄不仅生产了一些上好的坎侬纳葡萄酒（Cannonau），也有十分可口的起泡葡萄酒，其中有用富门葡萄（Vermentino）酿制的香槟，也有用莫斯卡托迪•特姆皮奥葡萄（Moscato di Tempio）酿制的甜酒。

Wine	Rating
○ Vermentino di Gallura Sup. Thilibas '10	🍷🍷🍷 5*
● Cannonau di Sardegna Cerasio '09	🍷🍷 5
○ Vermentino di Gallura Jaldinu '10	🍷🍷 4*
● Cannonau di Sardegna Sulitài '09	🍷 4
● Maranto '09	🍷 4
○ Moscato di Sardegna	🍷 5
○ Pedres Brut	🍷 4
○ Vermentino di Sardegna Colline '10	🍷 4
○ Vermentino di Gallura Sup. Thilibas '09	🍷🍷🍷(白) 4*
● Cannonau di Sardegna Cerasio '08	🍷🍷(白) 5
● Cannonau di Sardegna Sulitài '08	🍷🍷(白) 4*
○ Vermentino di Gallura Jaldinu '09	🍷🍷(白) 4*
○ Vermentino di Gallura Sup. Thilibas '08	🍷🍷(白) 4*

Santa Maria La Palma

LOC. SANTA MARIA LA PALMA
07041 ALGHERO [SS]
TEL. 079999008
www.santamarialapalma.it

藏酒销售
预约参观
年产量 3 800 000 瓶
葡萄种植面积 700 公顷

圣玛丽亚（Santa Maria La Palma）酒庄多年来一如既往地出品精心酿制，品质量好的葡萄酒，这使得阿尔格罗地区（Alghero）为撒丁岛（Sardinia）酿酒业的发展做出了恰当的定位。这些年来，坎侬纳迪•萨尔德格纳系列（Cannonau di Sardegna）的勒波姆巴尔达葡萄酒（Le Bombarde），以及更多的是富门迪•萨尔德格纳系列（Vermentino di Sardegna）的阿拉格斯塔葡萄酒（Aragosta）成为撒丁岛市场上最受欢迎两款酒，而且它们的价格都十分低廉。另外经过不断的尝试和调研，一些新款式也已上市。该酒庄自始至终都坚持一个目标，那就是充分利用300名种植成员手中的每一寸土地。

- ● Cannonau di Sardegna Ris. '06 — 5
- ○ Vermentino di Sardegna Aragosta '10 — 3*
- ● Alghero Cagnulari '09 — 5
- ○ Alghero Passito Soffio di Sole '08 — 6
- ○ Alghero Vermentino Frizzante Aragosta '10 — 3
- ● Cannonau di Sardegna Le Bombarde '10 — 4
- ○ Vermentino di Sardegna I Papiri '10 — 4
- ● Alghero Cabirol '06 — 4*
- ● Alghero Cagnulari '08 — 5
- ● Alghero Rosso Cinquanta Vendemmie '07 — 6
- ● Cannonau di Sardegna Le Bombarde '09 — 4*
- ● Monica di Sardegna '08 — 3*

★Cantina di Santadi

VIA CAGLIARI, 78
09010 SANTADI [CI]
TEL. 0781950127
www.cantinadisantadi.it

藏酒销售
预约参观
年产量 1 700 000 瓶
葡萄种植面积 606 公顷

山塔帝（Santadi）酒庄是一家合作式酒庄，位于撒丁岛（Sardinia）西南部。该酒庄使撒丁岛的葡萄，尤其是卡里格纳诺•德尔•苏尔西斯（Carignano del Sulcis）声名大振。它酿酒用的最多的葡萄品种是一种古老的苏尔西斯葡萄（Sulcis）。这些未经嫁接的葡萄藤多生长在海边的沙质土壤中，也有一些采用灌木丛式的方法栽培的无瘤蚜的葡萄藤。安托内罗•皮罗尼（Antonello Pilloni）从20世纪70年代起就是这家酒庄的董事长，拉斐勒•卡尼（Raffaele Cani）则是总经理。他们始终坚持质量为先的经营理念，精心酿制葡萄酒，其中有卡里格纳诺系列（Carignanos），也有坎侬纳（Cannonau）、莫尼卡（Monica）、努拉古斯（Nuragus）、富门（Vermentino）和用珀尔托•皮诺（Porto Pino）当地的葡萄品种酿制的纳斯科葡萄酒（Nasco）。

- ● Carignano del Sulcis Sup. Terre Brune '07 — 8
- ● Carignano del Sulcis Rocca Rubia Ris. '08 — 5*
- ● Shardana '07 — 6
- ● Araja '09 — 4
- ● Carignano del Sulcis Grotta Rossa '09 — 4*
- ○ Latinia '06 — 6
- ● Cannonau di Sardegna Noras '09 — 5
- ● Carignano del Sulcis Le Torri '10 — 3
- ● Monica di Sardegna Antigua '10 — 4
- ○ Nuragus di Cagliari Pedraia '10 — 4
- ○ Vermentino di Sardegna Cala Silente '10 — 4
- ○ Vermentino di Sardegna Villa Solais '10 — 3
- ○ Villa di Chiesa '10 — 6
- ● Carignano del Sulcis Sup. Terre Brune '05 — 8
- ● Carignano del Sulcis Sup. Terre Brune '04 — 8
- ● Carignano del Sulcis Sup. Terre Brune '03 — 7

Sardus Pater

via Rinascita, 46
09017 Sant'Antioco [CI]
Tel. 0781800274
www.cantinesarduspater.com

藏酒销量
预约参观
年产量 600 000 瓶
葡萄种植面积 300 公顷

近些年来，圣德•安蒂奥科（Sant'Antioco）的萨尔杜斯•帕特尔（Sardus Pater）酒庄的葡萄酒，其品质以惊人的速度提高着。该酒庄出品了多种令人印象深刻的葡萄酒，不仅风格独特，而且清新的香味更是别具一格，还有很多经典之作。他们有一支很精明的工作团队，在酿制葡萄酒时充分利用了那些种植已久的灌木丛式葡萄藤，当然也有一些未被嫁接的生长在海边沙质土壤中的葡萄藤。此外，他们也对葡萄藤进行了无数次的尝试和调研，使长成的葡萄化为餐桌上的琼浆玉露。

- ● Carignano del Sulcis Sup. Arruga '07 — 3 red glasses, 6
- ● Cannonau di Sardegna Foras '09 — 2 black glasses, 4
- ⊙ Carignano del Sulcis Horus '10 — 2 black glasses, 4
- ○ AD 49 — 1 black glass, 6
- ○ Vermentino di Sardegna Lugore '10 — 1 black glass, 4
- ○ Vermentino di Sardegna Terre Fenicie '10 — 1 black glass, 4
- ● Carignano del Sulcis Arenas Ris. '05 — 3 white glasses, 5*
- ● Carignano del Sulcis Is Arenas Ris. '07 — 3 white glasses, 5*
- ● Carignano del Sulcis Is Arenas Ris. '06 — 3 white glasses, 5*
- ● Carignano del Sulcis Is Solus '08 — 2 white glasses, 4*
- ● Carignano del Sulcis Kanai Ris. '06 — 2 white glasses, 5
- ● Carignano del Sulcis Nur '08 — 2 white glasses, 4*
- ● Carignano del Sulcis Sup. Arruga '04 — 2 white glasses, 6
- ○ Moscato di Cagliari Amentos '09 — 2 white glasses, 5
- ○ Vermentino di Sardegna Lugore '09 — 2 white glasses, 4
- ○ Vermentino di Sardegna Terre Fenicie '09 — 2 white glasses, 4*

Giuseppe Sedilesu

via Vittorio Emanuele II, 64
08024 Mamoiada [NU]
Tel. 078456791
www.giuseppesedilesu.com

藏酒销量
预约参观
年产量 100 000 瓶
葡萄种植面积 17 公顷
葡萄栽培方式 有机种植

这个村庄位于巴尔巴吉亚（Barbagia）的马莫伊亚达（Mamoiada），它不仅是栽培种植坎侬纳葡萄（Cannonau）的绝佳之地，而且酿酒业的发展也历史悠久，酿制的葡萄酒更是口感香醇。赛迪勒苏（Sedilesu）兄弟十分尊重地域特色和本土品种，这些年来他们栽培出了全区范围内最好的坎侬纳葡萄，同时他们也一直致力于对葡萄园和酿酒厂的调研，从葡萄的精选品种一直到桶装贮藏，他们都十分投入。

- ○ Perda Pintà '09 — 3 red glasses, 5
- ● Cannonau di Sardegna Ballu Tundu Ris. '07 — 2 red glasses, 7
- ○ Perda Pintà Sulle Bucce '08 — 2 red glasses, 6
- ● Cannonau di Sardegna Mamuthone '09 — 2 black glasses, 5
- ● Cannonau di Sardegna S'Annada '09 — 2 black glasses, 4
- ● Cannonau di Sardegna Mamuthone '08 — 3 white glasses, 4*
- ○ Perda Pintà '07 — 3 white glasses, 6
- ● Cannonau di Sardegna Ballu Tundu Ris. '06 — 2 white glasses, 7
- ● Cannonau di Sardegna Ballu Tundu Ris. '05 — 2 white glasses, 7
- ● Cannonau di Sardegna Carnevale '07 — 2 white glasses, 6
- ● Cannonau di Sardegna Carnevale '06 — 2 white glasses, 6
- ● Cannonau di Sardegna Mamuthone '07 — 2 white glasses, 4*
- ● Cannonau di Sardegna S'Annada '08 — 2 white glasses, 4*
- ○ Perda Pintà '06 — 2 white glasses, 6

★Tenute Sella & Mosca

Loc. I Piani
07041 Alghero [SS]
Tel. 079997700
www.sellaemosca.com

藏酒销量
预约参观
年产量 7 600 000 瓶
葡萄种植面积 550 公顷

几十年来，赛拉莫斯卡（Sella & Mosca）商标已使撒丁岛（Sardinia）的葡萄酒闻名于世。该酒庄位于阿尔格罗地区（Alghero），现为卡姆帕里集团（Campari）所有。所有权的转变不仅对产品的分配及销售市场产生了积极影响，也使追求高品质的理念更加坚定。该酒庄对葡萄栽培重视有加，一丝不苟，同时也一直在酒窖做各种尝试。他们出品的葡萄酒品质极佳，其中不乏一些十分优秀的顶级葡萄酒，贮藏时间愈久，口味就愈加香醇。

- ● Alghero Marchese di Villamarina '06 7
- ○ Vermentino di Gallura Sup. Monteoro '10 4*
- ○ Alghero Torbato Terre Bianche Cuvée 161 '10 5*
- ⊙ Alghero Oleandro '10 4*
- ○ Alghero Torbato Terre Bianche '10 4
- ● Monica di Sardegna Acino M '09 4*
- ● Alghero Tanca Farrà '07 5
- ○ Alghero Thilion '10 5
- ○ Vermentino di Sardegna Cala Reale '10 4
- ○ Vermentino di Sardegna La Cala '10 4
- ● Alghero Marchese di Villamarina '05 7
- ● Alghero Marchese di Villamarina '04 7
- ● Alghero Marchese di Villamarina '03 7
- ● Alghero Marchese di Villamarina '01 7
- ○ Alghero Torbato Terre Bianche Cuvée 161 '07 4*
- ○ Vermentino di Gallura Monteoro '08 4*

Tenute Soletta

Loc. Signor'Anna
07040 Codrongianos [SS]
Tel. 079435067
www.tenutesoletta.it

藏酒销量
预约参观
年产量 100 000 瓶
葡萄种植面积 15 公顷

索勒塔（Soletta）是一家小型酒庄，由三兄弟共同经营，其中弗朗西斯科（Francesco）负责出口业务，皮那（Pina）负责销售，而作为顶梁柱的施勒德乌姆伯托（Shrewd Umberto）则负责生产。该酒庄位于罗谷多洛（Logudoro）中部，它的葡萄园主要种植一些传统的极具特色的当地品种，主要是坎侬纳（Cannonau），富门（Vermentino）和莫斯卡托（Moscato），另外也有一两种国际品种。葡萄多生长在沙质土壤中，有一些从20世纪50年代以来就采用以马刺圈划的栽培方式。

- ● Cannonau di Sardegna Keramos Ris. '07 6
- ● Cannonau di Sardegna Corona Majore '08 5*
- ○ Kianos '10 5
- ⊙ Prius '10 4
- ○ Vermentino di Sardegna Chimera '10 5
- ○ Vermentino di Sardegna Sardo '10 4
- ● Cannonau di Sardegna Keramos Ris. '04 5
- ● Cannonau di Sardegna Corona Majore '07 5
- ● Cannonau di Sardegna Corona Majore Ris. '06 5
- ● Cannonau di Sardegna Corona Majore Ris. '05 5
- ● Cannonau di Sardegna Keramos Ris. '06 5
- ○ Dolce Valle Moscato Passito '04 4*
- ○ Hermes '05 5
- ○ Vermentino di Sardegna Chimera '09 4*

Vigne Surrau

SP Arzachena - Porto Cervo
07021 Arzachena [OT]
Tel. 078982933
www.vignesurrau.it

预约参观
年产量 200 000 瓶
葡萄种植面积 38 公顷

苏尔拉乌（Surrau）酒庄成立于2003年，离珀尔托•凯尔沃城（Porto Cervo）只有几千米远。这家企业包括其酿酒厂极具吸引力，对参观者十分友好，而且展览和会议设施都十分完善。从一开始，经营者就奉行品质第一的理念，为此，该酿酒厂从当地葡萄品种中汲取精华，其中最主要的就是富门葡萄（Vermentino）。此外，他们还采用现代化的酿酒技巧，充分体现了浓郁的地域特色。该酒庄种植了38公顷的葡萄，年产葡萄酒20万瓶。他们最近迈入撒丁岛（Sardinia）精品酿酒厂的行列，实现了一次大的跨越。

○ Vermentino di Gallura Sup. Sciala '10	6
● Rosso Surrau '08	5
○ Vermentino di Gallura Branu '10	5
● Barriu '07	6
● Cannonau di Sardegna Sincaru '09	6
● Barriu '06	6
● Barriu '05	6
● Cannonau di Sardegna Sincaru '07	6
● Surrau '07	5

Cantina Trexenta

v.le Piemonte, 40
09040 Senorbì [CA]
Tel. 0709808863
www.cantinatrexenta.it

藏酒销量
预约参观
年产量 1 000 000 瓶
葡萄种植面积 350 公顷

特雷森塔（Trexenta）是一家合作式酒庄，位于撒丁岛（Sardinia）南部，成立于20世纪50年代。近些年来，该酒庄因其高品质的葡萄酒尤其是红葡萄酒而与众不同。它的葡萄酒生产线很宽，主要有6条，而且很多产品的价格都非常低。它酿酒主要采用传统葡萄品种，不仅有坎侬纳（Cannonau）和富门（Vermentino），也有莫尼卡（Monica）和努拉古斯（Nuragus），这些葡萄都生长在混合有石灰泥、石灰岩和砂岩的土壤中。目前，该酒庄种植葡萄350公顷，年产葡萄酒1 000 000瓶。

● Cannonau di Sardegna Bingias '09	4*
● Cannonau di Sardegna Corte Adua '09	3*
● Cannonau di Sardegna Goimajor '09	2*
● Monica di Sardegna Bingias '09	4*
● Antigu '07	6
● Cannonau di Sardegna Baione '08	4
○ Vermentino di Sardegna Bingias '10	3
○ Vermentino di Sardegna Contissa '10	3
○ Vermentino di Sardegna Monteluna '10	2
● Cannonau di Sardegna Corte Adua '07	3*
● Cannonau di Sardegna Goimajor '08	2*
● Cannonau di Sardegna Tanca su Conti Ris. '07	5

Cantina del Vermentino Monti

via San Paolo, 2
07020 Monti [SS]
Tel. 078944012
www.vermentinomonti.it

藏酒销量
预约参观
年产量 2 500 000 瓶
葡萄种植面积 500 公顷

这家位于蒙提（Monti）的坎提纳•德尔•富门（Cantina del Vermentino）酒庄，与大多数合作式酒庄一样成立于20世纪50年代中期。近些年来，他们一直在艰难地摸索着发展方向。他们和撒丁岛（Sardinia）的其他合作式酒庄决定一起通过推广富门葡萄（Vermentino）来提升加鲁拉地区（Gallura）的知名度，并且取得了可喜的成就。除此之外，该酒庄一直严把质量关，这要求酒庄的所有成员共同努力，其中葡萄种植成员的努力尤为重要。除了富门葡萄之外，他们还种植坎侬纳葡萄（Cannonau）、莫斯卡托葡萄（Moscato）和一些国际品种。

Wine	Rating
● Galana '05	🍷🍷 5
○ Moscato di Sardegna Spumante V. del Portale	🍷🍷 4
○ Vermentino di Gallura Funtanaliras '10	🍷🍷 4
○ Vermentino di Gallura Sup. Arakena '09	🍷🍷 5
● Cannonau di Sardegna Tàmara '09	🍷 4
⊙ Spumante Brut Rosato V. del Portale	🍷 4
○ Vermentino di Gallura Aghiloia '10	🍷 4
● Abbaìa '09	🍷🍷 3*
○ Vermentino di Gallura Funtanaliras '09	🍷🍷 4
○ Vermentino di Gallura S'Eleme '09	🍷🍷 3*

Cantina Sociale della Vernaccia

loc. Rimedio
via Oristano, 6a
09170 Oristano
Tel. 078333155
www.vinovernaccia.com

藏酒销量
预约参观
年产量 250 000 瓶

成立于20世纪50年代早期的坎提纳•德拉•维尔纳西亚（Cantina della Vernaccia）酒庄，是一家小型合作式酒庄。近些年来，他们的技术专家正和种植成员一起致力于提高葡萄酒品质。维尔纳西亚迪•奥里斯塔诺（Vernaccia di Oristano）当数该酒庄的旗舰产品，另外利塞尔瓦斯（Rivervas）也极具吸引力，不仅年代久远而且风味十足。其他的产品也都很受欢迎，尤其是那些用红皮葡萄酿制的葡萄酒，十分有力地证明了奥里斯塔诺地区（Oristano）确实是生产优质葡萄酒的圣地。

Wine	Rating
○ Vernaccia di Oristano Jughissa '05	🍷🍷 5
● Montiprama '07	🍷🍷 4
○ Terresinis '10	🍷🍷 3*
● Cannonau di Sardegna Maiomone '09	🍷 4
⊙ Seu '10	🍷 4
○ Vermentino di Sardegna Benas '10	🍷 2
● Cannonau di Sardegna Corash Ris. '07	🍷🍷 4*
○ Vernaccia di Oristano '03	🍷🍷 3*

Agricola Punica

LOC. BARRUA
09010 SANTADI [CI]
TEL. 0781941012
www.agripunica.it

- ● Barrua '08 — 7
- ● Montessu '09 — 5
- ● Barrua '07 — 7
- ● Barrua '05 — 6

Poderi Atha Ruja

VIA EMILIA, 45
08022 DORGALI [NU]
TEL. 3475387127
www.atharuja.com

- ● Cannonau di Sardegna Kuentu Ris. '07 — 6
- ● Cannonau di Sardegna '08 — 8
- ● Tului '06 — 5

Berritta

VIA KENNEDY, 108
08022 DORGALI [NU]
TEL. 078495372
franser.dorgali@tiscali.it

- ● Cannonau di Sardegna Thurcalesu '08 — 4
- ● Merula '09 — 4

Cantina del Bovale

LOC. S'ISCA
09098 TERRALBA [OR]
TEL. 078383462
www.cantinadelbovale.it

- ● Monica di Sardegna Sustantzia '09 — 4
- ● Terralba Arcuentu '09 — 4
- ● Terralba Majorale '09 — 5
- ● Sinnos '09 — 4
- ○ Vermentino di Sardegna Sabbie d'Oro '10 — 3

Cantina di Calasetta

VIA ROMA, 134
09011 CALASETTA [CI]
TEL. 078188413
www.cantinacalasetta.com

- ● Carignano del Sulcis Aina Ris. '08 — 5
- ● Carignano del Sulcis Piede Franco '09 — 4*
- ● Carignano del Sulcis Tupei '09 — 4
- ○ Vermentino di Sardegna Cala di Seta '10 — 3

Cantina delle Vigne Piero Mancini

LOC. CALA SACCAIA - VIA MADAGASCAR, 17
07026 OLBIA
TEL. 078950717
www.pieromancini.it

- ○ Vermentino di Gallura Cucaione '10 — 3*
- ● Scalapetra '09 — 3
- ○ Vermentino di Gallura Primo '10 — 5

Carpante

VIA GARIBALDI, 151
07049 USINI [SS]
TEL. 079380614
www.carpante.it

- ● Carpante '09 — 5
- ○ Vermentino di Sardegna Frinas '10 — 5
- ● Cagnulari '10 — 4
- ○ Vermentino di Sardegna Longhera '10 — 4

Cantina Sociale di Castiadas

LOC. OLIA SPECIOSA
09040 CASTIADAS [CA]
TEL. 0709949004
www.cantinacastiadas.com

- ● Cannonau di Sardegna Capo Ferrato Rei '07 — 3*
- ● Cannonau di Sardegna Capo Ferrato '10 — 3

Nino Castiglia
via Mosca, 3
07023 Calangianus [OT]
Tel. 079670530
castigliavini@yahoo.it

- ● Intentu '09 — 🍷🍷 5
- ● Pergula '09 — 🍷🍷 4
- ○ Vermentino di Gallura Myali '10 — 🍷 4

Colle Nivera
via Veneto, 14
08100 Nuoro
Tel. 0784294037
www.collenivera.com

- ● Cannonau di Sardegna '09 — 🍷🍷 5
- ⊙ Punta Caitirina Rosato '10 — 🍷 4
- ○ Vermentino di Sardegna Talai '10 — 🍷 5

Gianluigi Deaddis
loc. San Pietro
SS 134 km 2,2
07030 Bulzi [SS]
Tel. 079588314
www.cantinadeaddis.com

- ● Ultana '09 — 🍷🍷 6
- ○ Vermentino di Sardegna Narami '10 — 🍷🍷 4
- ● Padres '09 — 🍷 4
- ○ Vermentino di Sardegna Narami Barricato '10 — 🍷 5

Paolo Depperu
loc. Sas Ruinas
07025 Luras [OT]
Tel. 079647314
azienda.depperu@tiscali.it

- ○ Ruinas '10 — 🍷🍷 5
- ○ Vermentino di Gallura Luris '10 — 🍷🍷 5
- ● Tiu Paolo '09 — 🍷 5

Vigne Deriu
loc. Signoranna
07040 Codrongianos [SS]
Tel. 079435101
www.vignederiu.it

- ● Cannonau di Sardegna '09 — 🍷🍷 4
- ○ Vermentino di Sardegna '10 — 🍷🍷 4
- ● Tiu Filippu '08 — 🍷 6

Fradiles
via Sandro Pertini, 2
08030 Atzara [NU]
Tel. 3331761683
www.fradiles.it

- ● Bagadiu '09 — 🍷 5
- ● Mandrolisai '09 — 🍷 4
- ● Mandrolisai Antiogu '08 — 🍷 5

Cantina Giogantinu
via Milano, 30
07022 Berchidda [OT]
Tel. 079704163
www.giogantinu.it

- ● Nastarrè '10 — 🍷🍷 3*
- ○ Vermentino di Gallura '10 — 🍷🍷 3*
- ● Terra Saliosa '10 — 🍷 4
- ○ Vermentino di Gallura Lunghente '10 — 🍷 4

Antonella Ledà d'Ittiri
loc. Arenosu, 29
07100 Alghero [SS]
Tel. 3292528891
www.margallo.it

- ● Cigala '09 — 🍷 4
- ● Ginjol '08 — 🍷 4
- ● Margallò '08 — 🍷 4
- ○ Vermentino di Sardegna Vi Marì '10 — 🍷 4

Li Duni
LOC. LI PARISI
07030 BADESI [OT]
TEL. 079585844
www.cantinaliduni.it

- ● Nalboni '09 🍷🍷 3*
- ○ Vermentino di Gallura Rena Bianca '10 🍷🍷 5
- ● Tajanu '07 🍷 5
- ○ Vermentino di Sardegna Nozzinnà Amabile '10 🍷 5

Sebastiano Ligios
C.SO EUROPA, 111
07039 VALLEDORIA [SS]
TEL. 3296724241
www.cantinaligios.it

- ● Cannonau di Sardegna Carammare '07 🍷🍷 4
- ● Campanara '07 🍷 5
- ● Carys '07 🍷 5
- ○ Juliola '10 🍷 5

Alberto Loi
SS 125 KM 124,1
08040 CARDEDU [OG]
TEL. 070240866
www.cantina.it/albertoloi

- ● Cannonau di Sardegna Alberto Loi Ris. '07 🍷 5
- ● Cannonau di Sardegna Sa Mola '09 🍷 4
- ● Monica di Sardegna Nibaru '10 🍷 3

Meloni Vini
VIA GALLUS, 79
09047 SELARGIUS [CA]
TEL. 070852822
www.melonivini.com

- ● Cannonau di Sardegna Le Ghiaie Ris. '07 🍷🍷 5
- ● Cannonau di Sardegna Terreforru '09 🍷🍷 3*
- ● Girò di Cagliari Donna Jolanda '08 🍷🍷 5
- ○ Nasco di Cagliari Donna Jolanda '08 🍷 5

Giovanni Montisci
VIA ASIAGO, 7B
08024 MAMOIADA [NU]
TEL. 0784569021
www.barrosu.it

- ● Cannonau di Sardegna Barrosu '08 🍷🍷 6
- ○ Barrosu Passito '08 🍷🍷 6
- ● Cannonau di Sardegna Barrosu Ris. '08 🍷🍷 7

Murales
VIA COLCÒ, 45
07026 OLBIA
TEL. 3929059400
www.vinimurales.it

- ● Ai Posteri '08 🍷🍷 8
- ● Nativo '09 🍷🍷 4
- ○ Vermentino di Sardegna Tutti i Venti '10 🍷🍷 4
- ○ Velo de Flor '07 🍷 6

Tenuta Nuraghe Crabioni
VIA UMBERTO I, 30
07037 SORSO [SS]
TEL. 079351217
www.nuraghecrabioni.com

- ○ Sussinku '10 🍷🍷 5
- ● Cannonau di Sardegna '09 🍷 4

Cantina Sociale di Ogliastra
VIA BACCASERA, 36
08048 TORTOLÌ [NU]
TEL. 0782623228
cantina.ogliastra@live.it

- ● Bisu Ruju '08 🍷🍷 4
- ● Cannonau di Sardegna Violante de Carroz '07 🍷 3
- ● Nou '09 🍷 4

Tenute Olbios

LOC. VENAFIORITA
VIA LOIRI, 83
07026 OLBIA
TEL. 0789641003
info@tenuteolbios.com

- ○ Vermentino di Sardegna Lupus in Fabula '09 — 6

Olianas

LOC. PORRUDDU
09031 GERGEI [CA]
TEL. 0558300411
www.sardegnavini.eu

- ● Cannonau di Sardegna '10 — 5
- ● Perdixi '09 — 5
- ○ Vermentino di Sardegna Olianas '10 — 4

Cantina Cooperativa di Oliena

VIA NUORO, 112
08025 OLIENA [NU]
TEL. 0784287509
www.cantinasocialeoliena.it

- ● Cannonau di Sardegna Nepente di Oliena '09 — 4*
- ● Cannonau di Sardegna Nepente di Oliena Corrasi Ris. '07 — 5

Cantine di Orgosolo

VIA SANTA LUCIA
08027 ORGOSOLO [NU]
TEL. 0784403096
www.cantinediorgosolo.it

- ● Cannonau di Sardegna Soroi Ris. '08 — 6
- ● Cannonau di Sardegna Urulu '09 — 5
- ● Locoe '10 — 5

Gabriele Palmas

V.LE ITALIA, 3
07100 SASSARI
TEL. 079233721
gabrielepalmas@tiscali.it

- ● Alghero Cabernet '09 — 5
- ● Isola dei Nuraghi '09 — 5
- ○ Vermentino di Sardegna '10 — 5
- ● Cannonau di Sardegna '09 — 5

Poderosa

VIA E. TOTI, 14
07047 THIESI [SS]
TEL. 3283237413
www.agricolapoderosa.it

- ○ Lunadu Gobba a Levante '09 — 5
- ○ Lunadu Gobba a Ponente '09 — 5
- ● Lierra '08 — 6
- ● Montesantu '08 — 5

Giampietro Puggioni

VIA NUORO, 11
08024 MAMOIADA [NU]
TEL. 0784203516
www.cantinagiampietropuggioni.it

- ● Cannonau di Sardegna Mamuthone '09 — 4
- ● Cannonau di Sardegna Lakana '09 — 4

F.lli Serra

VIA GARIBALDI, 25
09070 ZEDDIANI [OR]
TEL. 0783418276
www.vernacciaserra.it

- ● Kora Kodes Rosso '09 — 5
- ○ Vernaccia di Oristano Ris. '99 — 5*
- ○ Vernaccia di Oristano Ris. '00 — 4

Tanca Gioia Carloforte

LOC. GIOIA
09014 CARLOFORTE [CI]
TEL. 3356359329
www.u-tabarka.com

- ● U Tabarka Ciù Roussou '08 — 7
- ○ U Tabarka Giancu '10 — 4
- ● U Tabarka Roussou '09 — 4
- ○ U Tabarka Quae — 6

Cantina Tondini

LOC. SAN LEONARDO
07023 CALANGIANUS [OT]
TEL. 079661359
cantinatondini@tiscali.it

- ● Cannonau di Sardegna Taroni '09 — 4*
- ○ Vermentino di Gallura Sup. Karagnanj '09 — 4

Villa di Quartu

LOC. CEPOLA
VIA G. GARIBALDI, 90
09045 QUARTU SANT'ELENA [CA]
TEL. 070820947
www.villadiquartu.com

- ● Cannonau di Sardegna Parillas '09 — 5
- ● Cepola Rosso '09 — 4
- ● Monica di Sardegna Ammostus '10 — 3

Zarelli Vini

VIA VITTORIO EMANUELE, 36
08010 MAGOMADAS [OR]
TEL. 078535311
zarellivinisrl@libero.it

- ○ Contos — 5
- ○ Malvasia di Bosa Licoro '06 — 5
- ○ Andula — 6
- ● Turudas '10 — 4

索 引

各酒庄（以首字母顺序排序）

各酒庄（以首字母顺序排序）

各酒庄（以首字母顺序排序）

各酒庄（以首字母顺序排序）

各酒庄（以首字母顺序排序）

各酒庄（以首字母顺序排序）

各酒庄（以首字母顺序排序）

各酒庄（以首字母顺序排序）

各酒庄（以首字母顺序排序）

各酒庄（以首字母顺序排序）

各酒庄（以首字母顺序排序）

各酒庄（以首字母顺序排序）

各酒庄（以首字母顺序排序）

各酒庄（以首字母顺序排序）

各酒庄（以地区排序）

各酒庄（以地区排序）

各酒庄（以地区排序）

各酒庄（以地区排序）

各酒庄（以地区排序）

各酒庄（以地区排序）

各酒庄（以地区排序）

各酒庄（以地区排序）

各酒庄（以地区排序）

各酒庄（以地区排序）

各酒庄（以地区排序）

各酒庄（以地区排序）

各酒庄（以地区排序）

各酒庄（以地区排序）

各酒庄（以地区排序）

各酒庄（以地区排序）

各酒庄（以地区排序）

各酒庄（以地区排序）

各酒庄（以地区排序）

各酒庄（以地区排序）